国家卫生健康委员会"十四五"规划教材

全国高等学校**制药工程专业第二轮**规划教材

供制药工程专业用

药物化学

第**2**版

主　编　程卯生　赵桂森
副主编　李　剑　马玉卓

编　者（按姓氏笔画排序）

马玉卓（广东药科大学）

孙平华（暨南大学药学院）

杜云飞（天津大学药物科学与技术学院）

李　剑（华东理工大学）

李　雯（郑州大学药学院）

沙　宇（沈阳药科大学）

孟艳秋（沈阳化工大学）

赵桂森（山东大学药学院）

董国强（中国人民解放军海军军医大学）

程卯生（沈阳药科大学）

温鸿亮（北京理工大学）

人民卫生出版社

·北　京·

图书在版编目（CIP）数据

药物化学 / 程卯生，赵桂森主编. —2 版. —北京：
人民卫生出版社，2023.7
ISBN 978-7-117-34739-6

Ⅰ. ①药… Ⅱ. ①程…②赵… Ⅲ. ①药物化学－医
学院校－教材 Ⅳ. ①R914

中国国家版本馆 CIP 数据核字（2023）第 066888 号

人卫智网	www.ipmph.com	医学教育、学术、考试、健康，购书智慧智能综合服务平台
人卫官网	www.pmph.com	人卫官方资讯发布平台

药 物 化 学
Yaowu Huaxue
第 2 版

主　　编：程卯生　赵桂森
出版发行：人民卫生出版社（中继线 010-59780011）
地　　址：北京市朝阳区潘家园南里 19 号
邮　　编：100021
E - mail：pmph @ pmph.com
购书热线：010-59787592　010-59787584　010-65264830
印　　刷：人卫印务（北京）有限公司
经　　销：新华书店
开　　本：850×1168　1/16　印张：50
字　　数：1184 千字
版　　次：2014 年 9 月第 1 版　　2023 年 7 月第 2 版
印　　次：2023 年 7 月第 1 次印刷
标准书号：ISBN 978-7-117-34739-6
定　　价：148.00 元

打击盗版举报电话：**010-59787491**　E-mail：**WQ @ pmph.com**
质量问题联系电话：**010-59787234**　E-mail：**zhiliang @ pmph.com**
数字融合服务电话：**4001118166**　E-mail：**zengzhi @ pmph.com**

出版说明

随着社会经济水平的增长和我国医药产业结构的升级,制药工程专业发展迅速,融合了生物、化学、医学等多学科的知识与技术,更呈现出了相互交叉、综合发展的趋势,这对新时期制药工程人才的知识结构、能力、素养方面提出了新的要求。党的二十大报告指出,要"加强基础学科、新兴学科、交叉学科建设,加快建设中国特色、世界一流的大学和优势学科。"教育部印发的《高等学校课程思政建设指导纲要》指出,"落实立德树人根本任务,必须将价值塑造、知识传授和能力培养三者融为一体、不可割裂。"通过课程思政实现"培养有灵魂的卓越工程师",引导学生坚定政治信仰,具有强烈的社会责任感与敬业精神,具备发现和分析问题的能力、技术创新和工程创造的能力、解决复杂工程问题的能力,最终使学生真正成长为有思想、有灵魂的卓越工程师。这同时对教材建设也提出了更高的要求。

全国高等学校制药工程专业规划教材首版于2014年,共计17种,涵盖了制药工程专业的基础课程和专业课程,特别是与药学专业教学要求差别较大的核心课程,为制药工程专业人才培养发挥了积极作用。为适应新形势下制药工程专业教育教学、学科建设和人才培养的需要,助力高等学校制药工程专业教育高质量发展,推动"新医科"和"新工科"深度融合,人民卫生出版社经广泛、深入的调研和论证,全面启动了全国高等学校制药工程专业第二轮规划教材的修订编写工作。

此次修订出版的全国高等学校制药工程专业第二轮规划教材共21种,在上一轮教材的基础上,充分征求院校意见,修订8种,更名1种,为方便教学将原《制药工艺学》拆分为《化学制药工艺学》《生物制药工艺学》《中药制药工艺学》,并新编教材9种,其中包含一本综合实训,更贴近制药工程专业的教学需求。全套教材均为国家卫生健康委员会"十四五"规划教材。

本轮教材具有如下特点:

1. 专业特色鲜明,教材体系合理 本套教材定位于普通高等学校制药工程专业教学使用,注重体现具有药物特色的工程技术性要求,秉承"精化基础理论、优化专业知识、强化实践能力、深化素质教育、突出专业特色"的原则来合理构建教材体系,具有鲜明的专业特色,以实现服务新工科建设,融合体现新医科的目标。

2. 立足培养目标,满足教学需求 本套教材编写紧紧围绕制药工程专业培养目标,内容构建既有别于药学和化工相关专业的教材,又充分考虑到社会对本专业人才知识、能力和素质的要求,确保学生掌握基本理论、基本知识和基本技能,能够满足本科教学的基本要求,进而培养出能适应规范化、规模化、现代化的制药工业所需的高级专业人才。

3. 深化思政教育，坚定理想信念 以习近平新时代中国特色社会主义思想为指导，将"立德树人"放在突出地位，使教材体现的教育思想和理念、人才培养的目标和内容，服务于中国特色社会主义事业。各门教材根据自身特点，融入思想政治教育，激发学生的爱国主义情怀以及敢于创新、勇攀高峰的科学精神。

4. 理论联系实际，注重理工结合 本套教材遵循"三基、五性、三特定"的教材建设总体要求，理论知识深入浅出，难度适宜，强调理论与实践的结合，使学生在获取知识的过程中能与未来的职业实践相结合。注重理工结合，引导学生的思维方式从以科学、严谨、抽象、演绎为主的"理"与以综合、归纳、合理简化为主的"工"结合，树立用理论指导工程技术的思维观念。

5. 优化编写形式，强化案例引入 本套教材以"实用"作为编写教材的出发点和落脚点，强化"案例教学"的编写方式，将理论知识与岗位实践有机结合，帮助学生了解所学知识与行业、产业之间的关系，达到学以致用的目的。并多配图表，让知识更加形象直观，便于教师讲授与学生理解。

6. 顺应"互联网＋教育"，推进纸数融合 在修订编写纸质教材内容的同时，同步建设以纸质教材内容为核心的多样化的数字化教学资源，通过在纸质教材中添加二维码的方式，"无缝隙"地链接视频、动画、图片、PPT、音频、文档等富媒体资源，将"线上""线下"教学有机融合，以满足学生个性化、自主性的学习要求。

本套教材在编写过程中，众多学术水平一流和教学经验丰富的专家教授以高度负责、严谨认真的态度为教材的编写付出了诸多心血，各参编院校对编写工作的顺利开展给予了大力支持，在此对相关单位和各位专家表示诚挚的感谢！教材出版后，各位教师、学生在使用过程中，如发现问题请反馈给我们（发消息给"人卫药学"公众号），以便及时更正和修订完善。

人民卫生出版社

2023 年 3 月

前　言

　　《药物化学》(第 2 版)为国家卫生健康委员会"十四五"规划教材,定位于普通高等学校制药工程专业,在确保学生掌握基本理论、基本知识和基本技能的同时,紧紧围绕专业培养目标,以制药工程应用为背景,通过理论与实践相结合,满足高级科学技术人才和高级工程技术人才培养的需求。在讲述药物化学的基本原理和基本知识的基础上,结合制药工程专业的实际需求,给出代表药物的多条可行的合成路线,并对不同的合成路线产生的不同杂质进行机制分析,结合反应条件及药物的化学稳定性,给出相关药物的杂质结构,加强学生对药品杂质的认识,建立在药品合成中控制杂质的理念,适合我国制药工业发展的需求。

　　《药物化学》(第 2 版)的编写和修订,扩大了编写团队,并且听取了教学一线教师的意见和建议,在上一版的基础上进行了一些调整和改动,更新了代表性药物,补充了新上市药物,增加了新知识、新成果,进一步体现了专业特色。绪论开篇为第一章,将上一版《药物化学》总论的内容"第二十二章药物的化学结构与生物活性""第二十三章药物的化学结构与药物代谢"和"第二十四章药物的化学结构修饰与新药研究开发"分别调整为第二章、第三章和第四章,系统介绍了药物的化学结构所反映的理化性质、结构特征、药物代谢与药物活性的关系,即"构 - 性关系""构 - 效关系"和"构 - 代关系"等核心内容。其余章节也进行了相应的编排和适当的合并调整后,本教材共二十三章。上一版"第五章局部麻醉药"增加了全身麻药的内容,相应地改为"第九章麻醉药";上一版"第九章心脏疾病治疗药物和血脂调节药"增加了抗血栓药物的内容,改为"第十二章心血管疾病治疗药物";上一版"第十六章抗寄生虫药"并入"第十二章化学治疗药",改为"第十六章合成抗菌药和抗寄生虫药";上一版"第十章抗溃疡药"与"第二十章抗变态药物"合并,改为"第十四章抗过敏和抗溃疡药物"。

　　本教材的编者为国内药物化学教学经验丰富的教师,具体编写分工如下:山东大学药学院赵桂森教授编写了第二章、第三章和第十九章;华东理工大学李剑教授编写了第七章和第十二章;广东药科大学马玉卓副教授编写了第十七章和第二十二章;郑州大学药学院李雯教授编写了第九章和第十一章;沈阳药科大学沙宇副教授编写了第五章和第六章;北京理工大学温鸿亮副教授编写了第十八章和第二十章;暨南大学药学院孙平华教授编写了第十章和第十三章;中国人民解放军海军军医大学董国强副教授编写了第十五章和第十六章;沈阳化工大学孟艳秋教授编写了第八章和第二十三章;天津大学药物科学与技术学院杜云飞教授编写了第四章和第二十一章;沈阳药科大学程卯生教授编写了第一章和第十四章,并与赵桂森及沙宇共同完成全书的修改和统稿。

　　为方便教师及学生使用该教材,本书有配套的教学课件及习题。

在教材编写过程中，得到众多从事药物化学教学工作的教师和企业专家的支持，一并表示感谢。

由于业务水平和教学经验有限，教材中难免存在缺点、不足甚至疏漏之处，恳请广大读者和各院校在使用中提出宝贵意见。

程卯生

2022 年 12 月于沈阳

目　录

第一章 绪论

一、药物化学在制药工程中的地位

药物化学是制药工程领域的重要研究内容,药物化学课程是制药工程专业的核心课程和骨干学科,同时也是药学等相关专业的专业必修课程。

人们把首次成为药品的新化学结构称为新化学实体(new chemical entity,NCE),药物化学的重要工作内容是创造用于治疗、诊断和预防疾病的新化学实体,并进一步得到新药。新化学实体是新创造或新发现的,但新的化学物质不一定是新药,而是需要进行一系列的药学研究才能成为新药。药物化学的具体研究内容是通过研究药物或天然产物有效成分的理化性质、化学结构、体内代谢途径、合成制备方法以及药物作用靶点特征,采用化学的方法进行结构合成或修饰,最终实现新药的开发,这些都是制药工程的基础内容。

二、药物化学的基本定义

药物是对疾病具有预防、治疗和诊断作用或用以调节机体生理功能的物质。药物包括化学药品、中药、生物制品(如疫苗、单克隆抗体、类毒素和抗毒素)等。

国际纯粹与应用化学联合会(International Union of Pure and Applied Chemistry,IUPAC)将药物化学定义为:关于药物的发现、发展和确证,并在分子水平上研究药物作用方式的一门学科。药物化学也是在化学学科基础上,涉及生物学、医学和药学等多个学科知识的一门交叉学科。总之,与创制和发展新药有关的化学规律和方法均属药物化学研究的范畴。药物根据来源和性质的不同,可以分为化学药物、生物药物和中药。其中,化学药物是既具有药物功效,同时又有确切化学结构的一类物质,是目前临床应用的主要药物,也是药物化学研究的主要对象。化学药物可以是无机的矿物质,也可以是合成或天然的有机化合物,可以是动植物中提取的有效成分或单体,也可以是通过发酵方法得到的抗生素或半合成抗生素。化学药物是以化合物作为其物质基础,以药物发挥的功效(生物效应)作为其应用基础。由此可以认识到,以化学药物作为主要研究对象的药物化学是一门多种化学学科和生命科学学科相互渗透的综合性学科。

三、药物化学研究的内容和任务

药物化学的主要研究内容包括以下几点:

（一）不断探索开发新药的途径和方法

创制新药是近代药物化学的首要任务。在新药研究过程中，通过化合物活性筛选而获得具有生物活性的先导化合物是创新药物研究的基石。所谓先导化合物（lead compound），是在新药发现过程中，通过活性筛选、功能评价和类药性研究，显示具有一定生物活性、选择性和类药性，可以用于结构优化获取新药的原型化合物。先导化合物虽具有改造成新药的潜力，但往往存在着某些缺陷，如活性不够高、化学结构不稳定、毒性较大、选择性不好、药代动力学性质不合理等，因此需要对先导化合物进行化学修饰，进一步优化使之发展为理想的药物。先导化合物的发现有多种途径和方法。21世纪以来，基于生命基础过程研究、受体契合方法和对已知药物的总结性研究来实现先导化合物的发掘引人瞩目。随着分子水平的药物筛选模型的出现，筛选方法和技术都发生了根本性的变化，高内涵筛选和高通量筛选（high throughput screening，HTS）等新技术的出现，大大加速了先导化合物的寻找和发现。这些筛选技术的进步，导致供试化学样品的需求呈数量级地增长，因而促进了高通量有机合成（high throughput organic synthesis，HTOS）技术的发展。

当前计算机技术与生命科学相互渗透，计算机辅助药物设计（computer aided drug design，CADD）成为了设计和优化先导化合物的新方法。计算机辅助药物设计，即以生物化学、酶学、分子生物学以及遗传学等生命科学的研究成果作为基础，针对其揭示的酶、受体、离子通道及核酸等潜在的药物设计靶点，参考其他内源性配体或天然产物的化学结构特征，综合运用计算机图形学、计算化学、化学信息学、生物信息学等技术，科学地计算出药物分子靶标各种相互作用模式和能量变化，合理地设计出药物分子，并预测出其生物活性，以提高药物设计效率的方法。为研究药物与生物大分子作用的三维结构、药效构象、构效关系以及两者的作用模式，提供了理论依据和先进手段，使药物设计更趋于合理化，推动了我国的新药研究与开发，促进了我国新药研究开发战略由仿制向创制的转轨。

（二）为药物结构优化、剂型选择及临床合理用药提供理论基础

研究药物的理化性质与化学结构的定性与定量关系，以及药物稳定性方面的探讨，不仅可以确保药物的质量，还为制剂剂型的选择和分析检验，以及药物流通过程中药物的贮存条件奠定了理论基础；研究药物的结构与生物活性之间的关系，为临床药学研究中配伍禁忌和合理用药，以及新药研究和开发过程中药物的结构改造奠定了化学基础；药物在机体的代谢过程及代谢产物的推测和确定，以及药物作用机理的了解，为制剂剂型的制备和药物的化学结构修饰提供了重要依据；药物代谢动力学、前体药物与软药的理论研究和实践，以受体作用模式为基础的合理药物设计，促使这一任务不断深化，也为近代分子药理学的研究奠定了相应的化学基础。

（三）为生产化学药物提供经济合理的方法和工艺

研究药物合成路线及工艺条件，提高合成设计水平，发展新原料、新工艺、新技术、新方法和新试剂，是药物化学研究的一项主要内容。提高产品的质量和产量，降低成本，获得最高的经济效益，则是工艺研究的中心环节。最终，把研究成果转化为生产实践，则构成了生产工艺学。近二十多年的发展已将这方面单独演化出一门新的学科分支——化学制药工艺学。目前，使用有机合成反应相关数据库，在有机合成设计的基础上，发展药物合成工艺设计，快

速找到一条经济合理的制药工艺路线已经成为现实。流动化学等技术的应用也是最近几年乃至今后的化学药物研究的热点之一，该方法对于现有药物的工艺研究具有很大的现实意义，真正实现了安全、绿色、高效的药物工艺化目的。

药物化学的总体目标是创造新药和有效利用或改进现有药物，不断地提供新品种，促进医药产业的发展，保障人民健康。但针对不同专业的学生，教学内容有所偏重。制药工程专业的药物化学教学内容是在学习药物化学基本原理基础上，掌握药物的合成方法，学会选择合理的合成路线，使学生能够掌握药物路线的合理性及质量控制要点，为化学制药行业服务。

四、国外药物化学的发展

药物是人类为了自身繁衍生息而在对自然界的实践探索过程中发现和发展的，而药物化学的发展也经历了一个由粗到精、由盲目到自觉、由经验性的实验到科学性的合理设计的过程。

1. 以天然活性物质和简单合成化合物为主的药物发现时期（19世纪至20世纪初） 人类最早使用的药物为天然药物，主要是天然植物的根、茎、叶、皮等。我国有几千年的中医药使用历史。到19世纪中期，基于化学学科的发展，人类希望从药用天然植物中获得具有治疗作用的活性成分。吗啡、士的宁、奎宁、可卡因、阿托品、咖啡因等活性成分的分离和结构确定，说明了天然药物中所含的化学物质是天然药物产生治疗作用的物质基础，不仅为临床应用提供了准确适用的药品，而且也为药物化学的发展创立了良好的开端。

19世纪中期以后，化学工业特别是染料、化工、煤化工等工业的发展，为人们提供了更多的化学物质和原料。同时有机合成技术的发展，使人们用简单的化工原料合成药物成为可能。人们使用三氯甲烷和乙醚作为全身麻醉药，水合氯醛作为镇静催眠药，这些药品的成功应用，促进了制药工业的发展。制药行业开始大量地合成和制备化学药物是在19世纪末和20世纪初，水杨酸、阿司匹林、苯佐卡因、安替比林、非那西丁等简单的化学药物得以合成，并且实现了大规模的工业生产，药物化学的研究开始由天然产物的研究转入人工合成品的研究。但是这个时期也仅限于寻找和发现已有物质的可能的药用价值，是一种孤立的研究方式，未能在天然或者合成物质的化学结构和生物活性的关系上进行深入的研究。

随着天然药物和合成药物数量的增加和广泛应用，对药物化学结构的研究促使人们开始思考：在药物分子中，哪些组成或基团是产生药效的必要基团，具有类似结构的化合物是否也有效，在这些思想的指导下，人们开始探索药物的药效基团（pharmacophore）、作用机制（mechanism of action）、受体（receptor）、结构（structure）和构效关系（structure-activity relationship，SAR）等。1868年Brown和Fraser观察到四甲基季铵盐和四乙基季铵盐对神经节阻断作用的差异，第一次提出化学结构与生理活性有一定的联系；1878年Langley依据阿托品和毛果芸香碱对猫唾液分泌的拮抗作用，首先提出受体（receptor）概念，并把体内能与药物结合的部分称为"接受物质"。20世纪初，Ehrlich在用染料治疗原虫性疾病和用有机砷化合物治疗梅毒时，提出了化学治疗（chemotherapy）的概念；但由于当时科学水平的限制，人们过多关注基团的特殊效应，而忽略了分子结构的整体性。

2. 以合成药物为主的药物发展时期（20世纪初至20世纪50年代） 自20世纪初期以后，药物化学研究的中心转向从产生同样药理作用的多数化合物中寻找产生该效应的共同结构。在此基础上总结和应用了药物化学的一些基本原理，如同系原理、异构原理、同型原理、电子等排原理和拼合原理等，并利用这些原理改变基本结构上的取代基团或扩大基本结构的范围，从而得到较多的有效药物。例如，通过对可卡因的结构简化设计出普鲁卡因。

20世纪30年代至40年代是药物化学发展史上最为重要的一个阶段。30年代中期，Domagk等研究发现了百浪多息和磺胺，并在磺胺的结构基础上陆续合成了许多磺胺类药物。磺胺的发现为治疗细菌感染性疾病提供了很好的药物，还给人们一个重要的启示：化学合成的小分子化合物可以抑制细菌的生长，达到抗菌的目的。1940年，Wood和Fildes在对磺胺类药物作用机制的研究中发现，磺胺类药物和细菌生长所需的对氨基苯甲酸结构相似，可竞争性抑制细菌生长过程中重要的酶，使细菌不能生长繁殖，从而建立了"代谢拮抗"的学说。这一学说不仅能够阐明一些药物的作用机制，而且为寻找新药开拓了新的途径和方法，据此，药学家设计和发现了一系列抗肿瘤药、抗病毒药、抗疟药、利尿药、抗菌防腐剂等。早在1928年，Alexander Fleming就发现了能杀死细菌的青霉菌分泌物，并命名该物质为青霉素。40年代，青霉素抗菌活性得到进一步的证实，并首次应用于临床，成为第一个用于临床的抗生素药物。由于青霉素结构独特，抗菌活性强，在治疗学上带来了一次革命。青霉素的出现促使人们开始从微生物中分离和寻找其他抗生素，同时在青霉素的临床应用的基础上，开展了半合成抗生素的研究。目前抗生素和半合成抗生素已成为临床应用中主要的抗感染药物。

3. 以药理活性评价和疾病生物学机制为指导的药物设计时期（20世纪50年代至今） 20世纪50年代以后，恶性肿瘤、心脑血管疾病和免疫性疾病的药物研究与开发遇到了困难。按以前的方法与途径研究开发，成效并不令人满意。因此，客观上要求改进研究方法，将药物的研究和开发过程，建立在科学合理的基础上，即药物设计。同时，随着生物学科、医学的发展，人们对体内的代谢过程、身体的调节系统、疾病的病理过程有了更多的认识和了解，对蛋白质、酶、受体、离子通道的性能和作用有了更深入的研究。在此基础上发展起来了酶抑制剂、受体调控剂和离子通道调控剂类药物。

人们通过对体内具有重要生理生化活性的酶的研究，寻找药物与酶的作用方式。随着对酶的结构（特别是三维结构）、功能和活性部位的深入研究，以酶为靶点进行的酶抑制剂研究取得了很大的进展。例如，在此基础上发展起来的血管紧张素转化酶抑制剂（angiotensin converting enzyme inhibitor, ACEI），通过干扰肾素-血管紧张素-醛固酮系统发挥抗高血压作用；羟甲戊二酰辅酶A（HMG-CoA）抑制剂，通过干扰体内胆固醇合成发挥降血脂作用；以及能够调节身体机能的磷酸二酯酶抑制剂等。

随着对受体的深入研究，尤其是许多受体亚型的发现，促进了受体激动剂和拮抗剂的发展，寻找特异性地仅作用于某一受体亚型的药物，可提高其选择性，减少毒副作用。例如，2019年上市的Trifarotene（Aklief）是一种可选择性靶向皮肤中最常见的维甲酸受体γ亚型（RAR-γ）的外用维甲酸类药物，也是FDA批准的用于治疗痤疮的首款新型维甲酸类药物。

离子通道作为药物作用的重要靶标之一，也得到了研究工作者的广泛研究。例如，钙离子通道阻滞剂维拉帕米的发现，使一系列各具药理特点的钙离子通道阻滞剂问世，为心脑血管疾病的治疗提供了有效的药物。对钠离子和钾离子通道调控剂的研究，也为寻找抗高血压药物、抗心绞痛药物和抗心律失常及镇痛药物开辟了新途径。

近些年来，肿瘤免疫疗法成为肿瘤治疗热点，免疫疗法不同于放、化疗以及靶向治疗，它是直接作用于自身免疫系统，阻断免疫检查点，从而恢复 T 细胞的活化和增殖，以达到杀伤癌细胞的目的。截至 2022 年 11 月，全世界上市的 PD-1 或 PD-L1 阻断药有 15 款，国内上市有 11 款，均属于大分子抗体类药物，其中的代表药物有：派姆单抗 / 帕博利珠单抗、纳武单抗 / 纳武利尤单抗、卡瑞利珠单抗、特瑞普利单抗、替雷利珠单抗等国外国内品种。近期我国自主研发的 PD-L1 小分子抑制剂 BPI-371153，已经获得临床实验批准，有望成为全球首批上市的小分子 PD-L1 抑制剂。此外，还可以通过联合治疗提高免疫治疗效果，扩大获益人群范围。CAR-T 细胞（嵌合抗原受体 T 细胞）治疗技术是一种全新的免疫治疗方法，已有临床案例证明该疗法有效。我国已有两款 CAR-T 国产新药阿基仑赛及瑞基奥仑赛上市，用于大 B 细胞淋巴瘤。20 世纪 80 年代以来，有机合成技术的发展加快了新化合物分子的合成速度，组合化学（combinatorial chemistry）技术的出现是药物合成化学上的一次革新，是近年来药物领域中最显著的进步之一。20 世纪 90 年代，蛋白激酶及其抑制剂的发现揭开了肿瘤分子靶向治疗的篇章。近几年伴随着自动化水平的提高，组合化学由最初的药物合成领域也延伸到了有机小分子及无机材料合成领域。高通量筛选等技术的出现，提高了活性筛选的范围和效率，大大加速了新药的发现速度。同时，分子生物学等生命科学的飞速发展，人类基因组和蛋白质组学的研究也为药物化学研究提供了大量新的药物靶标。当前，新药的研究与开发不再单纯地采用化学方法，而是以生物学为导向，采用化学与分子生物学相结合的手段。

众所周知，药物研发周期长、研发成本高、研发难度大。以美国为例，每个新药研发的平均周期长达 12～15 年，投资高达 10 亿美元，且研发费用逐年增长。为了节约新药的开发时间和成本，老药新用受到了药物化学界、医学界等的广泛关注。例如，经典的非甾体抗炎药阿司匹林、双胍类口服降血糖药二甲双胍、抗叶酸类抗肿瘤药甲氨蝶呤都在临床实践中发现了新用途。可以说老药新用实现了最大化的资源利用。

药物化学的发展过程与不同时期的科学技术、生产水平、经济建设以及相关学科的配合存在密切的关系。当今世界生物技术蓬勃兴起，推动了医药行业的飞速发展，医药科技在自然科学和工程技术等高新理论和技术方法广泛渗透和应用的促进下，正在出现多学科融合、全方位研究及高度综合的态势，发展异常迅猛。随着诊断医学和转化医学的快速发展，生物标记物和诊断试剂的设计和制备将是药物化学的又一个崭新领域。人类功能基因组研究的不断进展，使许多与疾病相关的蛋白质被鉴定，蛋白质类药物将成为今后的新星。今后，生物技术药物、天然药物、海洋药物、化学药物、药物新型制剂等是现代药物发展的主要趋向。

五、我国药物化学的发展

我国药物化学的发展主要表现在医药产业的布局和新药研究两个方面。

在中华人民共和国成立以前，我国的化学制药工业非常落后，基础薄弱，设备落后。1949 年全国生产原料药仅 40 种，总产量不足百吨。中华人民共和国成立以后，化学制药工业得到较快的发展，尤其是在改革开放以后得到迅速发展，现已形成了科研、教学、生产、质控、经营等比较完善的工业体系。

在中华人民共和国成立初期，我国医药工业的发展战略是以保障人民群众基本医疗用药，满足防病治病需要为主要任务。先后发展了抗生素和半合成抗生素、磺胺类药、抗结核药、地方病防治药、解热镇痛药、维生素、甾体激素、抗肿瘤药、心血管药、中枢神经系统药物等一大批临床治疗药物。化学制药工业的发展形成一定的规模后，技术进步对医药工业的发展起着极其重要的作用。我国科技人员结合生产实际，广泛开展技术革新和工艺改进并取得了较为显著的成果。例如，中华人民共和国成立初期利用国产原料生产氯霉素的新工艺居国际领先水平。20世纪60年代，开展对薯蓣皂素资源的综合利用，自主开发生产青霉素；20世纪70年代经过筛选和培养高产菌株，开发了两步发酵制备维生素C的新生产工艺。20世纪70~80年代研究成功的维生素 B_6 噁唑法合成新工艺，形成了具有特色的维生素 B_6 专利生产技术等，这些生产工艺充分体现了我国医药工业的水平，部分产品的工艺研究已经达到了世界先进水平。

天然药物中喜树碱、三尖杉酯碱和紫杉醇类抗癌药的发现，使天然药物的研究再次成为研究的热点，历史的实践表明，生物活性天然产物的发现仍是先导化合物发现的重要途径。20世纪60年代，中华人民共和国成立不久，部分地区疟疾猖獗，中国缺乏有效的药物治疗。1967年国家紧急命令中国军事医学科学院、中国中医研究院等60多个单位500多名科研人员研制无抗药性的高效抗疟新药——代号"523项目"，科研人员兵分两路：一路合成上万个化学结构进行筛选，另一路从5 000种植物中进行筛选。研究人员屠呦呦注意到：葛洪《肘后备急方》卷三《治寒热诸疟方》中，有"青蒿一握，以水二升渍，绞取汁，尽服之"记载。由于青蒿素资源丰富易采，遂定以此为主攻对象。经过多次失败，改煮为乙醚低温提取，终于在协作单位的配合下，发现青蒿家族黄花蒿内含物，对红细胞内期疟原虫有强大、迅速的杀灭作用。1973年，她从中药黄花蒿中分离得到青蒿素，并确定其结构为含有过氧桥的倍半萜内酯的新型抗疟疾的母环结构，其对恶性疟，尤其是对氯喹耐药的脑型疟有较好的疗效。青蒿素的发现者屠呦呦教授获得了2015年诺贝尔生理学或医学奖，成为我国自然科学领域获得的第一个世界最高奖励。后来，在青蒿素结构的基础上经过改造得到了双氢青蒿素、蒿甲醚和青蒿琥酯，抗疟活性增强，毒性降低。

近年来，我国重大药物品种研发成果显著，中国本土制药行业涌现出的化学新药和生物制剂的数量在持续增加。基于肿瘤信号传导机制的靶向类药物不断获得突破，国内研发的BTK抑制剂泽布替尼（Brukinsa）于2019年在美国获准上市，成为第一个在美获批上市的中国本土自主研发的抗癌新药，该药物适用于治疗既往至少接受过一次治疗的成人套细胞淋巴瘤患者。

甘露特钠胶囊（代号GV-971），以海洋褐藻提取物为原料，制备获得的低分子酸性寡糖化合物，是我国自主研发并拥有自主知识产权的创新药。2019年11月2日，国家药品监督管理局批准甘露特钠有条件上市，用于轻度至中度阿尔茨海默病，改善患者认知功能。甘露特钠是中国原创、国际上首个靶向脑-肠轴的阿尔茨海默病治疗新药，其研发逻辑背后是对阿尔茨海默病发病机理的一种全新认识。

在党的领导下，我国药物创新体系的定位和布局不断完善，基础研究得到不断加强，科技前沿取得新突破,开拓了新药研究和产业发展的新方向,同时也加强了多学科、多种技术方法的交汇融合和综合集成。我国药物化学取得了突出的成就,形成了一支成熟的研究队伍,建立了较为完整的科研、教学、生产及销售体系,促进了医药工业的发展,保障了人民建康。这些年国内药企从仿制到创新药物的研究过程中,仍然存在一定的隐患,例如,研究靶点扎堆,上市同类药物品种太多,因此以临床需求为导向,为患者提供更优治疗选择的新药研发是今后必须考虑的一个现实、迫切的课题。

六、药物化学发展的新方向

早期的药物化学以化学学科为主导,随着科技发展,天然药物化学、合成药物化学和药物分析等学科相继建立,现代药物化学是化学和生物学相互渗透的综合性学科,主要任务是创制新药,发现具有进一步研究开发前景的先导化合物。

21世纪是生命科学发展的重要时期,生命科学的发展将揭示许多人类原本尚未认识的东西,对生命的本质、人类的生殖、疾病的发生和发展机制及其生理、生化基础更多的了解,将会为新药的研究、设计和开发提供新的理论基础和靶物质;其他学科,尤其是计算机科学的发展,将许多新的理论、技术和手段引入药物化学研究中,这将会给药物化学的发展带来许多新的机遇和挑战。

(1)分子生物学研究:随着人类基因组计划的实施,大量与疾病相关的基因被发现,这给新药物的设计提供了更多的靶标分子,为新药创制提供了机会,这从根本上改变药物发现和开发的模式。在对致病基因或基因功能有了一定的认识以后,可以有针对性地设计开发能从根本上改变疾病过程的新药,新药的研究将会产生新的模式。

人们在研究过程中通过寻找和发现与疾病有关的基因或致病基因,进行克隆和表达,并在此基础上表达得到相关的蛋白,获得新药作用的靶物质,对此靶物质进行三维空间结构研究,借助计算机技术和手段,进行新药分子的设计或以该蛋白为靶标进行药物筛选或用计算机对化合物库进行虚拟筛选,可以获得针对性强、选择性高的候选药物(candidate drug)。

基因治疗在恶性肿瘤、代谢疾病、感染性疾病、遗传病及罕见病治疗方面有着非常重要的意义。广义的基因治疗一般包括基于质粒DNA、RNA干扰(RNA interference,RNAi)和信使RNA(messengerRNA,mRNA),反义核酸技术等概念的临床应用实践20世纪90年代,基于质粒DNA的基因治疗发展迅速,直到1999年9月出现了第一个基因治疗受试患者的死亡案例,使该领域进入沉寂期。与此同时,基于反义核酸技术、RNAi技术的研究与应用迅速崛起。1998年,Andrew Fire和Craig C. Mello首次发现并提出RNAi的概念,并于2006年获得诺贝尔生理学或医学奖。近些年,基于mRNA的基因疗法开始成为重要的研究热点和发展方向,利用mRNA作为疫苗和药物来预防、治疗和诊断某些疾病正逐渐成为制药企业关注的焦点。直至2018年,FDA批准4款基因治疗药物上市,使基因治疗有了更多的可能性和更大的应用前景。Protac技术可以靶向传统难以成药的缺乏小分子结合区域的蛋白靶点,选择性降解特定目标蛋白,克服无法用小分子调控或抗体影响的缺点,这类技术类似催化反应,不需要等物质的量的药物,因此获得极高活性的药物成为可能。

（2）化学信息学研究：随着计算机技术的成熟，应用信息技术和信息处理方法已成为药物发现过程中的一个很重要的部分。近几年出现的"AI预测蛋白结构"这一技术将极大提升药物研发的进度。多家公司开发了以AlphaFold2为代表的人工智能系统，可基于氨基酸序列，精确预测蛋白质的3D结构，其准确性可与使用冷冻电子显微镜（cryo-electron microscopy）、核磁共振或X射线晶体学等实验技术解析的3D结构相媲美，这些精确预测的蛋白靶标可以提高新药研究设计上的效率。化学信息学是化学领域中近几年发展起来的一个新的分支，它可将数据转换为信息，再由信息转换为知识，从而帮助化学工作者对药物先导化合物进行辨识和优化。化学数据库的数据来源于各制药公司的研究积累，化学品公司、数据库公司的文献，以及组合化学样品库和高通量筛选的数据。化学信息学、计算机辅助药物设计和分子模拟的结合运用，在药物化学的研究中占有重要的地位，现已成为现代药物研究和开发的一个重要方法和工具。

（3）连续流动化学研究：近年来随着我国经济的快速发展，化学研究及化学工艺研发发展迅速，流动化学满足了更加安全、高效的合成方法的需要。流动化学是大型化学品和石油化工领域一项非常成熟的技术，流体化学及在流体化学理论上建立起来的微通道反应系统的快速发展逐渐应用到药物工艺中。在化学工艺特别是工艺条件的优化上，微通道反应系统得到比较广泛的应用，解决了一些化学反应剧毒、易爆、不易运输等安全问题。

（4）手性药物研究：手性药物（chiral drug）指药物分子结构中引入手性中心后，得到的一对互为实物与镜像的对映异构体。从20世纪50年代的反应停事件中人们认识到手性药物的活性毒性差异，到20世纪90年代末手性药物的研究已成为国际上新药研究的热点，人们开始越来越重视手性药物的手性制备及活性差异研究。在药品安全备受重视的今天，具有单一手性药物凭借药效高、机制明确的特点颇受人们重视。与此同时，与创制新药相比，开发手性药物风险小、周期短、耗资少、成果大。左西替利嗪是抗过敏药西替利嗪的R-对映体，对组胺H_1受体的亲和力比西替利嗪高两倍，作为第三代抗组胺药，其通过光学异构避免了镇静、嗜睡等中枢神经系统副作用。在对消旋体和单一对映体作用进行长期临床前及临床评估之后，单一异构体药物才能够被开发。手性药物的研究将继续成为药物化学研究的重点课题之一。

（5）生物药研究：治疗性生物药，也称为生物制品或生物药，生物药物是指运用微生物学、生物学、医学、生物化学等的研究成果，从生物体、生物组织、细胞、体液等，综合利用微生物学、化学、生物化学、生物技术、药学等科学的原理和方法制造的一类用于预防、治疗和诊断的制品，与完全经合成的药物不同。生物药是制药行业近年来发展最快的子行业之一，代表未来医药市场的发展趋势。生物药具有特异性强、药理活性高、毒副作用小等优点。2018年单克隆抗体依帕伐单抗（Gamifant）获FDA批准上市，成为上市的首款嗜血细胞性淋巴组织细胞增生症新型治疗药物，并在美国获得孤儿药资格。我国也在疫苗等生物药品研发过程中取得重大进展，国内研发的双价人乳头瘤病毒（HPV）疫苗馨可宁（Cecolin）于2019年在中国获批，适用于9～45岁的女性接种，结束了中国宫颈癌疫苗只能依赖进口的历史。

（6）医药领域新技术研究：再生医学是指利用生物学及工程学的理论方法创造丢失或功能损害的组织和器官，使其具备正常组织和器官的结构和功能。以干细胞为主的再生医学技术可以治愈糖尿病和修复子宫内膜。21世纪，人工智能发展迅速，其技术已渗透到各个领域，医药领域也不例外，如 IBM 研发出模拟人脑芯片，控制记忆与正面或负面情感关联。同时 3D 打印技术的兴起，使心脏、血管、软骨等组织和器官实现人造以及产业化成为可能。

目前，恶性肿瘤、神经退行性疾病、精神疾病、自身免疫性疾病和各种遗传性疾病等重大疾病的发病机理至今未能完全阐明，导致针对这些疾病的药物研发缺乏准确的科学依据，故而这些疾病在临床上缺少有效治疗药物，是药物化学和新药研发亟待突破的攻坚领域。今后新药的发现将主要依靠生物信息学、化学信息学、基因组学和蛋白质组学的方法和有机合成分离新技术，当然，对靶标明确的药物研究仍可沿用行之有效的传统途径。在日臻完善的新理论、新方法和新技术的基础之上，在药物化学家的共同努力下，21 世纪药物化学研究将会产生飞跃式的发展。

第一章　目标测试

（程卯生）

第二章 药物的化学结构与生物活性

第二章 药物的化
学结构与生物活性
（课件）

药物的化学结构与生物活性的关系是药物化学研究的中心内容之一。人们在应用药物治疗疾病的过程中，会很自然想了解药物具有治疗作用的原因，希望知道有哪些因素影响药物的活性，即药物的化学结构与生物活性之间的关系。了解这种关系的目的还在于改变药物的化学结构以合成出疗效更高、毒副作用更低的药物。

第一节 影响药物活性的主要因素

药物在体内的基本过程是吸收、转运、分布并到达作用部位、产生药理作用（包括副作用）和排泄。分布到作用部位并且在作用部位达到有效的浓度是药物产生活性的重要因素之一；药物在作用部位与受体的相互作用则是产生药效的另一个重要因素。

随着对药物作用受体理论的深入研究，人们认识到药物的理化性质在决定药物的生物活性方面发挥着重要作用；药物的理化性质（如溶解度、分配系数、离子化程度等）又取决于药物的化学结构。

药物分子从给药部位到达作用部位之前需要穿过各种生物膜，并和细胞内、细胞外的液体相互作用，药物的理化性质必须有利于吸收和分布过程，以便增大药物在各活性部位的浓度。而且，药物的这些理化性质必须保证药物在受体表面的特定位置启动一系列的反应，呈现药理作用。药物分子如果缺乏这些理化性质，通常表现出很小的药理作用或者完全无效。

药物的化学特性（如酯、盐）、离子大小和表面积、剂型（如溶液、混悬液、胶囊、片剂）以及生产过程中使用的赋形剂和工艺等，都会影响药物的释放速率和到达体内作用部位的药量。

药物的化学结构决定了它的理化性质并直接影响药物分子在体内的吸收（absorption）、分布（distribution）、代谢（metabolism）和排泄（excretion），最终影响药物的生物活性。

一、药物吸收

药物吸收（drug absorption）受许多生理因素的影响，同时也取决于药物分子自身的许多理化性质。大多数从胃肠道吸收的药物都是通过非离子化形式穿过脂质膜的扩散过程。药物的解离常数、脂溶性和吸收部位的 pH 决定了其吸收的程度，pH 分配理论（pH partition theory）描述了这些系数之间的相互关系，为理解药物从胃肠道吸收和药物跨生物膜转运提供了理论基础：①胃肠道及其他生物膜的作用好比是脂质屏障；②酸性或碱性药物的非离子化形式更易被吸收；③大多数药物都是通过被动扩散吸收；④药物吸收的速率和量与药物的脂水分配系数有关（脂溶性越大，吸收越快）；⑤弱酸性或中性药物可在胃中吸收，碱性药物不能在胃中吸收。

当一个药物经静脉注射给药，可迅速经体液分布到作用部位；其他的血管外给药途径，包括口服、肌内注射、舌下含服、皮下注射、皮肤、直肠和鼻腔等，药物必须在给药部位能够被吸收；如果以固体形式如片剂或胶囊剂给药，药物必须在给药部位溶解，然后再吸收。药物的溶解速率会影响药物的整体治疗作用。许多因素影响药物从固体剂型中的溶出速率，从而影响吸收速率，以致影响药物的作用强度和作用时间，这些因素包括药物的溶解度、药物粒子的粒径和表面积、药物的晶型以及崩解速率。

药物的药理作用强弱和持续时间不仅取决于药物活性，还取决于药物到达作用部位的数量和速度。药物在作用部位的浓度很难测定，但可测定血浆或血清和尿中的药物浓度。药物的吸收与其化学结构、理化性质相关，非解离药物的吸收与亲脂性密切相关；可解离药物分子的吸收与其中未解离分子的比率有关。药物在溶液中非离子化形式的分数是由药物的解离常数和吸收部位溶液的 pH 决定的。在胃液低 pH 条件下，大多数弱酸性药物主要以非离子化形式存在，因此可以在胃中吸收。例如，阿司匹林（aspirin）（$pK_a = 3.5$）是弱酸性药物，在大鼠胃（pH = 1）中吸收 61%。大多数弱碱性药物在胃中很少吸收，因为在 pH 1～2 的条件下它们大多数以离子化的形式存在，主要在小肠吸收，例如，奎宁（quinine）（$pK_a = 8.4$）在胃（pH = 1）中吸收率为零，在肠道（pH 7～8）吸收率为 41%～54%。

阿司匹林　　　　　　奎宁

有些药物在胃肠道中虽然主要以非离子化的形式存在，但是它们经口服给药后吸收很少，原因是这些药物具有低的脂溶性。药物可以在水相和亲脂性的细胞膜之间分配，例如，抗生素能从体液向微生物体内分配。虽然脂溶性高的药物吸收也好，但是药物还必须具有某种程度的水溶性。因为吸收部位的生物液体是水溶性的，药物吸收的前体条件是药物分子以溶液的形式存在。因此，药物必须既具有亲水性又具有亲脂性。

二、药物分布

药物进入血液后，需要经过一条通道到达生物作用部位。身体由各种各样的组织组成，药物与各种组织的亲和力不同，因此药物的组织分布必然对其生物活性产生巨大影响。药物在体内各组织的分布很大程度上取决于药物的理化性质，药物的分布与下列因素有关：①药物分子的亲脂性和组织的亲脂性；②药物分子的解离度；③与血液和组织成分的结合程度。还需注意蛋白结合和分布的相互依赖关系。

药物在中枢神经系统的分布取决于药物的脂溶性和解离度。药物通过血脑屏障的速度与在生理 pH 7.4 时药物的脂水分配系数成正比；药物的脂水分配系数低（或解离度高），进入中枢神经的速度也低。药物在血浆与脂肪之间的分布，取决于他们的脂水分配系数，这种分布影响药物作用的强度和持续时间。以静脉麻醉药硫喷妥钠（thiopental）为例，说明药物分布与持续时间的关系。该药物在生理 pH 7.4 时的分配系数为 2，静脉注射几分钟内，在许多组织达到较高的药物浓度，包括中枢神经系统，从而迅速催眠。但血药浓度在 10 分钟后迅速下降，催眠作用消失；原因是药物通过再分布积累于脂肪和肌肉中，而不是由于药物的代谢和排泄。

药物分布的一个重要方面是在中枢神经系统和外周分布的关系。中枢与外周循环之间由血脑屏障隔开，穿越血脑屏障的药物一般需要更高的亲脂性。

药物成离解状态带电荷时，较难穿越细胞膜和血脑屏障，是限制分布过程的因素。对于作用于外周的药物，不希望有中枢神经作用，可在药物结构中引入离解性基团。例如，阿托品（atropine）是叔胺化合物，作为消化道解痉药，可进入脑内而具有中枢作用；季铵化的异丙托溴铵（ipratropium bromide）只对外周有解痉作用，为支气管舒张药。

阿托品   异丙托溴铵

三、药物的蛋白结合

药物进入体循环血液之后，随着血液流经各器官或组织，药物分布于血液与器官或组织之间达到动态平衡。血浆中有 6%～8% 的蛋白，有的药物能与血浆蛋白结合，称为蛋白结合，使一部分药物从游离型变为结合型。

药物蛋白结合分可逆和不可逆两种。不可逆的药物蛋白结合一般是化学反应的结果，在反应中，药物通过共价键与蛋白结合。大多数药物与蛋白的结合是可逆的过程，药物以氢键、范德瓦耳斯力、疏水键或离子键与蛋白结合。

蛋白结合药物是一个大的复合物，不容易通过细胞膜，所以其分布受到限制。此外，蛋白结合药物没有药理活性，不能发挥治疗作用。而游离或未结合的药物能够通过细胞膜，有治疗活性。药物的蛋白结合对药物的作用强度影响大；在有蛋白结合存在时，药理作用的强弱取决于游离药物的浓度,而不是取决于总的药物浓度。

药物和蛋白的结合还会影响药物作用的持续时间。如果一个药物有很强且可逆的蛋白结合,由于药物储存于药物-蛋白复合物中,可能有较长的作用持续时间。

四、药物的消除

药物消除过程包括代谢和排泄。当血液循环把药物分布到能代谢药物的器官或能从体内排泄药物的器官时,药物的消除过程就开始了。绝大多数药物在体内经历生物转化。经过生物转化,所吸收的药物有所减少。药物的生物转化是药物消除的组成部分。药物生物转化的主要部位在肝脏。药物经生物转化生成的代谢物,可能有活性,也可能完全无活性。活性代谢物的作用可能比母体药物强,也可能弱;作用可能与母体药物相似,也可能不相似。代谢物的代谢与消除动力学可能与母体药物不同,因为官能团的添加或改变导致代谢物与母体药物的理化性质有差异。

肾排泄原型药物及其代谢物,涉及肾小球滤过、肾小管重吸收和肾小管分泌三个过程。只有游离药物才能被过滤,而结合药物不能被过滤。被过滤的药物中,亲脂性药物可在肾小管重吸收,而极性大的和离子型药物则随尿排出体外。弱酸和弱碱的重吸收取决于肾小球液体的pH。血浆的pH为7.4,尿液pH在4.5~8.0之间。因此这些药物的消除与尿的pH有关。如弱酸性的磺胺(sulfanilamide)和磺胺乙二唑(sulfaethidole),当尿pH保持在5时,其半衰期为11.4小时,尿碱化至pH 8时半衰期为4.2小时。磺胺在pH 5时76%未解离,而在pH 8时仅剩0.3%未解离。肾小管的分泌是主动转运。青霉素的迅速消除即由主动转运所致。丙磺舒(probenecid)为弱酸,它竞争抑制青霉素的肾小管分泌,从而延长了青霉素的作用持续时间。

磺胺

磺胺乙二唑

丙磺舒

当药物随血液经过肾和胆时,部分药物随尿和胆汁排泄。药物的排泄和代谢使药物在体内消失,即为消除。一部分药物也可能经肾小管和肝肠循环重新进入血液循环,称为重吸收。药物的胆汁排泄经历肝细胞、胆和肠。有的药物经肝肠循环可被重吸收。胆汁排泄主要是消除一些有机阴离子和阳离子,即在肠pH条件下解离,不能被重吸收的离子。药物经历这样一个转运过程,最后只有一部分药物到达作用部位,与靶组织的受体相互结合产生预期的药理作用。了解药物在体内的转运过程,对于认识药物的构效关系进而从各种途径优化药物的生物利用度,满足治疗对药物的各种要求有很大的意义。

第二节　药物理化性质对活性的影响

　　为了研究药物的化学结构对生物活性的影响,人们需要理解药物发挥作用的机制,理解药物分子及其理化性质如何影响药代动力学(吸收、分布、代谢、毒性、消除)和药效学(药物分子对机体的作用)。一个分子所含官能团的理化性质(酸碱性、水溶性、分配系数)及其晶体结构和立体化学影响药物分子与生物系统的相互作用。药物口服给药后经胃肠道吸收进入血液。药物在转运过程中,必须通过各种生物膜,才能到达作用部位或受体部位。药物分布到作用部位并且在作用部位达到有效浓度,是药物与受体结合的基本条件。但是,能和受体良好结合的药物并不一定具有适合转运过程的最适宜理化性质参数,如有些酶抑制剂在体外实验具有很强活性,但因它的脂水分配系数过高或过低,不能在体内生物膜的脂相 - 水相 - 脂相间的生物膜组织内转运,无法到达酶所在的组织部位,造成体内实验几乎无效。因此,药物的水溶性、脂水分配系数和解离度均对其活性产生影响。

一、药物的水溶性

　　药物分子在水中的溶解性(solubility)对药物的给药途径以及药物的吸收、分布和排泄均有较大影响。药物的水溶性与药物分子中官能团形成氢键的能力和官能团的离子化程度密切相关。

　　1. 氢键　每一个氢键供体或氢键受体官能团都能增加该化合物的水溶性,增加分子的亲水性。相反,不能形成氢键的官能团不能增加亲水性,但会增加分子的疏水性。虽然一个氢键的能量很小(1~10kcal/mol),但是许多氢键加合以后就能提高一个药物分子的水溶性。在本章第三节可学习这种氢键的相互作用在药物 - 受体相互作用中的重要性。一般来讲,一个药物分子与水之间形成氢键的可能性越大,其水溶性就越大。

　　2. 离子化　一个药物分子的水溶性大小,除了形成氢键的能力外,离子 - 偶极相互作用在决定分子的水溶性方面也具有重要作用。离子 - 偶极相互作用通常在一个阳离子与一个带负电的偶极子(如水中的氧原子)之间,或者一个阴离子与带正电的偶极子(如水中的氢原子)之间形成(图 2-1)。

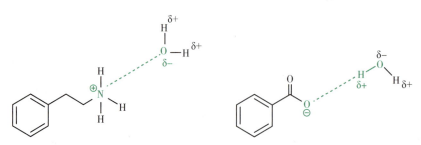

图 2-1　离子 - 偶极相互作用示意图

　　有机盐类药物分子由药物的离子形式及其带相反电荷的离子组成。不是所有的有机盐都是水溶性的。为了与水充分相互作用,盐必须高度离解,即阳离子和阴离子必须分开并分别能与水分子相互作用。由强酸强碱、强酸弱碱（如硫酸阿托品）、弱酸强碱（如苯巴比妥钠）形成的盐都是高度解离的盐，该类药物分子的水溶性好。羧酸和有机胺形成的盐是弱酸与弱碱形成的盐，不能很好地解离，该类药物分子的水溶性不好。

分子内离子的相互作用也会影响可解离分子在水中的溶解性。例如，酪氨酸含有三个极性官能团（图 2-2），但是其水溶性很小（溶解度为 0.45g/1 000ml），因为分子中的氨基和羧酸在生理 pH 下离子化形成两性分子，这两个相距很近的带电基团形成很强的离子-离子相互作用（图 2-2），从而阻止了各自与周围水分子形成偶极-离子相互作用；缺乏与水分子相互作用，导致该分子不易溶于水。并不是所有的两性离子或多电荷的分子都表现出这种性质，只有那些含有离子化的官能团相距非常近并发生离子-离子相互作用的化合物，其水溶性才较低。

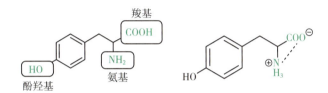

图 2-2　酪氨酸分子中的有机官能团及其两性分子中的离子键

药物要转运扩散至血液或体液，需要溶解在水中，即要求有一定的水溶性，而药物要通过脂质的生物膜需要一定的脂溶性。以常用的口服药物为例，吸收过程基本上分为两步，先在胃肠介质水溶液内溶解，继而在水和脂质两相间分配，吸收进入血液。因此，过大或过小的水溶性或脂溶性都可构成吸收过程的限速步骤，不利于药物的吸收。药物的脂溶性和水溶性的相对大小一般以脂水分配系数来表示。

二、脂水分配系数

脂水分配系数 P 是化合物在有机相和水相中分配达到平衡时浓度之比值，即 $P = C_O / C_W$，常用 $\log P$ 表示，$\log P = \log(C_O / C_W)$。在构效关系研究中，常选用正辛醇（1-Octanol）为有机相测定脂水分配系数，因为正辛醇有一个极性基团（伯醇）和一个长的碳链，与构成脂质膜的脂肪酸相似。药物转运扩散至血液或体液，需有一定的亲水性（hydrophilicity），通过脂质的生物膜转运，需有一定的亲脂性（lipophilicity）或疏水性（hydrophobicity）。

$\log P$ 是构成整个分子的所有官能团的亲水性和疏水性的总和，分子中的每一个取代基对分子整体的亲水性和疏水性都有影响，即 $\log P = \sum \pi(Fragments)$。当药物结构中增加氢键的供体官能团或氢键的受体官能团时，可增加药物的整体水溶性。这种官能团越多，药物的亲水性越强，这种官能团主要有羟基、氨基和羧基。通过这些官能团的数目，可以判断药物的溶解度趋势。分子中如含有亲脂性的烷基、卤素和芳环等，一般会增加药物的脂溶性。P 值越大，则药物的亲脂性越高。一般来说，脂水分配系数应有一个适当的范围，才能显示最好的药效。例如，中枢神经系统的药物需要穿过血脑屏障，适当增加药物亲脂性可增强活性，降低亲脂性可使活性降低。易于穿过血脑屏障的适宜的分配系数 $\log P$ 在 2 左右。

三、酸碱性

人体的 70%～75% 是由水组成的，人服用药物后可按照稀溶液理论解释和预测药物的酸碱性。多数药物为弱酸或弱碱，其解离度由化合物的解离常数 pK_a 和溶液介质的 pH 决定。药物解离后以部分离子型和部分分子型两种形式存在，以醋酸和甲胺为例，pK_a 的计算方法为：

$$CH_3COOH + H_2O \rightleftharpoons CH_3COO^- + H_3O^+ \quad pKa = pH - \log\frac{[CH_3COO^-]}{[CH_3COOH]}$$

$$CH_3NH_2 + H_2O \rightleftharpoons CH_3NH_3^+ + OH^- \quad pKa = pH - \log\frac{[CH_3NH_2]}{[CH_3NH_3^+]}$$

弱酸或弱碱类药物在体液中解离后，离子型与非离子型（分子型）分子的比率由解离常数 pK_a 和介质的 pH 决定。

如果知道分子中的官能团是酸性还是碱性，便可预测该分子在给定 pH 下是否可以被离子化。如果知道该分子中官能团的 pK_a 和分子周围环境的 pH，可定量预测分子的离子化程度。例如，巴比妥酸（barbital acid）的 pK_a 为 4.12，在 pH 7.4 时，99% 以上解离，以离子状态存在，不能透过细胞膜和血脑屏障，故无镇静作用。异戊巴比妥（amobarbital）的 pK_a 为 8.0，在 pH 为 7.4 时未解离（酸形式）占 79.9%，离子化（共轭碱）占 20.1%。计算过程如图 2-3。

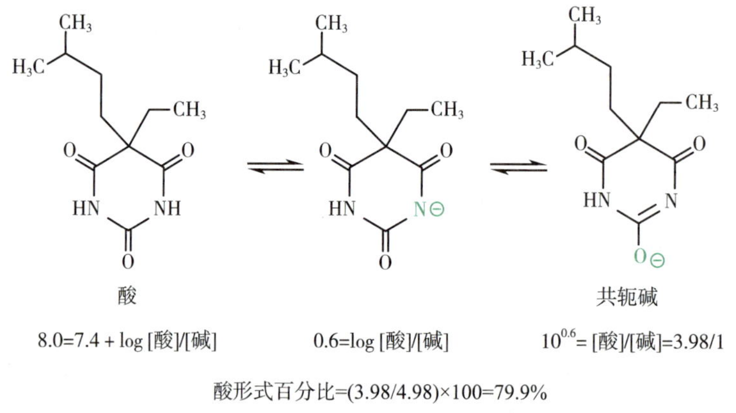

酸
共轭碱
8.0=7.4 + log [酸]/[碱]
0.6=log [酸]/[碱]
10^0.6= [酸]/[碱]=3.98/1
酸形式百分比=(3.98/4.98)×100=79.9%

图 2-3 异戊巴比妥未解离百分数的计算

一个分子中可能含有多种官能团，而具有酸碱两性。例如，喹诺酮类抗菌药环丙沙星（ciprofloxacin）（图 2-4）含有一个烷基仲氨和一个羧酸基，根据溶液的 pH，这个分子既可以接受一个质子，也可以给出一个质子，或同时发生，因此它既是一个酸，又是一个碱，是一个两性化合物。胃肠不同部位有不同的酸碱性，因此环丙沙星有不同的解离形式，在 pH 5.6～7.0 时，烷氨基和羧基均被离子化；在 pH 1.0～3.5 时，只有烷氨基团离子化（图 2-5）。

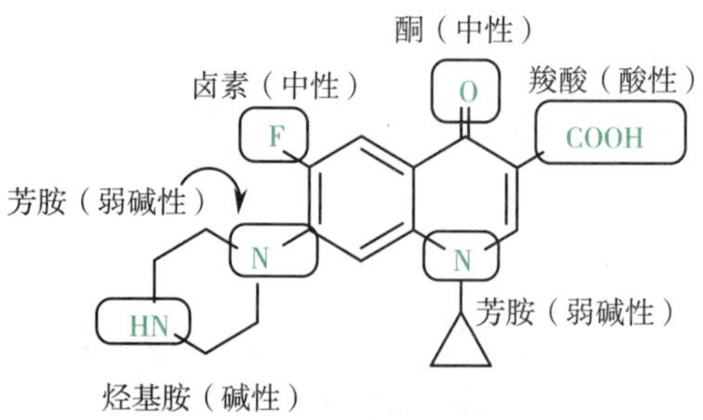

酮（中性）
卤素（中性）
羧酸（酸性）
芳胺（弱碱性）
芳胺（弱碱性）
烃基胺（碱性）

图 2-4 环丙沙星的化学结构

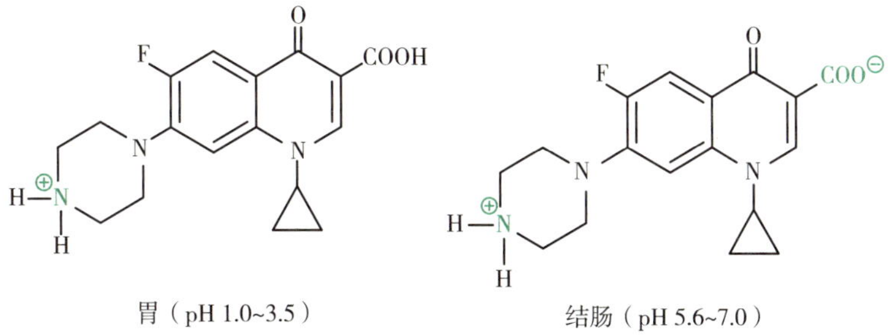

图 2-5　环丙沙星在胃肠道中不同部位的主要存在形式

胃（pH 1.0~3.5）　　　　结肠（pH 5.6~7.0）

　　药物常以分子型通过生物膜,在膜内的水介质中解离成离子型再起作用。因此,药物需要有适宜的解离度。

第三节　药物与受体的相互作用对药效的影响

　　根据药物在分子水平上的作用方式,可将药物分为结构非特异性药物(structurally nonspecific drug)和结构特异性药物(structurally specific drug)。大多数药物通过与体内特定的受体或酶的相互作用而发挥药理作用,药物结构上细微的改变将会导致生物活性的变化,这种药物称为结构特异性药物。结构非特异性药物的化学结构可有很大差异,其药效主要决定于药物分子的物理或物理化学性质,而对化学结构或化学性质的要求无特异性。例如,吸入型麻醉药,其药理活性主要与药物在周围空气中的局部蒸气压与药物本身的蒸气压比率有关。典型的结构非特异性药物只有在高浓度时才有活性,而结构特异性药物即使在很低的浓度时也能产生生物效应,其原因之一是该类药物能利用某些效能扩增机制,例如,它们能激活受体,产生第二信使,从而在细胞内发挥作用。

　　通常,受体是指激素和神经递质作用的靶标,他们在细胞间转换信号。除了这些大分子,许多蛋白质分子如酶也有重要的生理功能,也是药物作用的靶点。因此,广义的受体是指所有的生物大分子,如激素和神经递质的受体、酶、其他蛋白质和核酸。

　　结构特异性药物的活性主要取决于药物与受体的相互作用,药物与受体形成复合物后才能产生药理作用,许多因素都能影响药物和受体间的相互作用,如药物-受体的结合方式、药物的各官能团、药物的电荷分布及立体因素等。

　　结构特异性药物的生理作用依赖于药物分子的整体性,即药物分子整体的化学反应性和理化特性。分子的完整统一性决定了分子内各原子或基团间的相互作用和影响。药物分子中部分结构的改变或基团的变化,会影响分子整体性,继而影响药代、药效和毒理学性质。

一、化学键的作用

　　结构特异性药物与特定的靶点,通常是生物大分子(受体或酶等)发生相互作用形成药物-受体复合物,才能产生药理作用,各种各样的化学键能使这种药物-受体复合物稳定。

这些化学键可分为可逆和不可逆两类。药物与受体以共价键结合是不可逆的，但在大多数情况下，药物与受体结合是可逆的。可逆的结合方式主要有离子键、氢键、范德瓦耳斯力等（表2-1）。这些化学键的总强度决定药物与受体之间的亲和力大小。

表 2-1　药物 - 受体相互作用的化学键类型

键型	键能(千卡／摩尔)	实例
共价键	40～140	
离子键	5	
氢键	1～10	
偶极 - 偶极键	1	
疏水键	1	
范德瓦耳斯力	0.5～1	

1. **共价键**　是药物与受体相互作用最强的键，是由有关原子间共享电子而形成的，即成键的两个原子一个来自配体，一个来自受体，共享一对电子。共价键的结合通常能导致配体与受体不可逆的结合。某些有机磷酸酯类胆碱酯酶抑制剂和烷化剂类抗肿瘤药都是通过与其作用的受体间形成共价键结合而发挥作用的。

2. **离子键**　是指药物带电荷的正(负)离子与受体的负(正)离子之间，因静电引力而产生的电性作用。在生理 pH 时，药物分子中的羧基、磺酰胺基和脂肪族氨基等基团，均呈电离状态，季铵盐在任何 pH 时都呈电离状态。另一方面，主要由蛋白质构成的受体，其分子表面也有许多可以电离的基团，如精氨酸和赖氨酸的碱性基团，在生理 pH 时全部质子化，生成带正电荷的阳离子。组氨酸的咪唑环、色氨酸的吲哚环也可以质子化，但程度较低，因环境条件而异。门冬氨酸和谷氨酸的酸性基团在生理 pH 时，通常完全电离，生成阴离子基团。

3. **氢键**　与电负性较强的原子(如氧、氮、硫)共价结合的氢可与另一带有相对负电荷的原子形成氢键。氢键是药物与受体结合时普遍的存在。另外，氢键对药物的理化性质也有较大影响。如药物与水形成氢键，可增加药物的水溶性。如果药物分子内形成氢键，则在水中的溶解度减小。

4. **疏水键**　当药物分子中含有烷基链等非极性结构时，水分子在非极性结构外周有序地排列，体系的熵值很小。当药物亲脂部分与受体亲脂部分相互接近时，在两个非极性区之间的水分子有序状态改变，导致体系的熵值增加，体系的自由能降低，稳定了两个非极性部分的结合，这种结合称为疏水键或疏水作用。

5. **范德瓦耳斯力**　是指当两个原子核之间的距离在 0.4～0.6nm 时，其中一个原子核对另一个原子核的外围电子产生吸引作用。其键能与两个原子之间距离的 6 次方成反比。是所有键合作用中最弱的一种，但非常普遍。

6. 离子 – 偶极键及偶极 - 偶极键 当药物分子中存在电负性的 N、O、S 等原子时，由于这些原子的诱导，分子中的电荷分布不均匀，形成偶极。该偶极与另一个带电离子形成相互吸引的作用，称为离子 - 偶极键；如果和另一个偶极产生相互静电作用，则称为偶极 - 偶极键。偶极作用常常发生在酰胺、酯、酰卤及羰基类化合物之间。

7. 电荷转移复合物 又称电荷迁移络合物，是电子相对丰富的分子与电子相对缺乏的分子之间通过电荷转移而形成的复合物。形成复合物的键既不同于离子键，又不同于共价键，键能较低。一些含多个杂原子的药物分子的电子云密度分布不均匀，有些原子周围的电子云密度较高，有些较低，所以这些分子既是电子给予体，又是电子接受体。电荷转移复合物的形成可增加药物的稳定性及溶解度，并增强药物与受体的结合。

8. 金属配合物 金属配合物又称金属络合物，是由缺电子的金属离子和电荷密度相对丰富的配位体组成。一个金属离子可以与两个或两个以上的配位体形成配合物，如果是二齿以上的配位体，在形成配合物时往往形成环状化合物，通常有四元环、五元环和六元环，一般五元环以上较稳定。卡托普利（captopril）与血管紧张素转化酶（ACE）的作用方式（图 2-6）是巯基与酶的锌离子形成四面体过渡态，是一种类似金属配合物的结合方式。

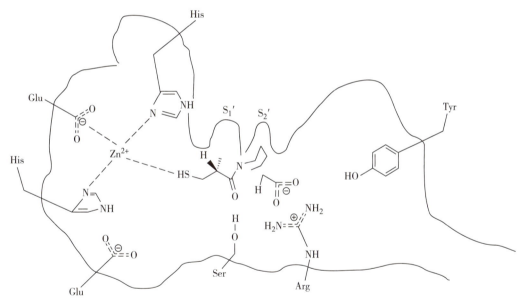

图 2-6　卡托普利与 ACE 结合示意图

二、立体化学的作用

蛋白质和其他生物大分子是非对称的，药物与受体分子的识别和结合过程是在三维空间中发生的，立体互补性是实现该过程的重要因素。药物要与受体结合形成复合物，在立体结构上必须互相适应，即在立体结构上有互补性。药物与受体的互补性越大，其作用越强。互补性是结构特异性药物分子与受体识别的一个决定因素。它不仅包括药物与受体间电学特性的互补,表现为各种分子间力的形成,而且也包括空间结构的互补,也就是药物的构型与构象也应与受体互补。药物分子中某些有效官能团大小的改变或由不对称中心转换引起的基团空间排列或分子内偶极方向的改变,均能强烈影响药物和受体的结合,对药物活性也有明显影响。立体化学的作用主要介绍几何异构体、光学异构体和构象异构体对药物活性的影响。

1. **几何异构体(geometric isomer)** 当药物分子中含有双键,或有刚性或半刚性的环状结构时,可产生几何异构体。几何异构体的理化性质和生物活性都有较大的差异,如顺、反式己烯雌酚(diethylstilbestrol)(图2-7)。

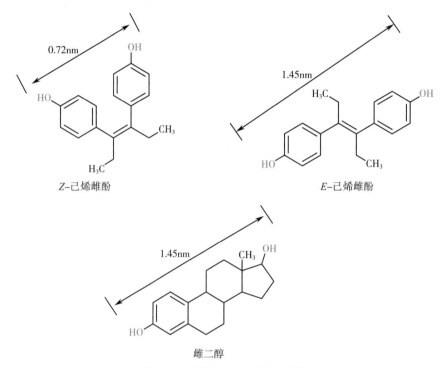

图 2-7 己烯雌酚几何异构示意图

在雌激素的构效关系研究中,发现两个含氧官能团及氧原子间的距离对生理作用是必需的,而甾体母核对雌激素并非必需结构。人工合成的反式己烯雌酚中,两个羟基的距离是1.45nm,这与雌二醇(estradiol)两个羟基的距离近似,表现出较强的生理活性。顺式己烯雌酚羟基间距离为0.72nm,作用大大减弱。

2. **光学异构体(optical isomer)** 光学异构分子中存在手性中心,两个对映体互为实物和镜像,又称为对映异构体。对映异构体有着相同的物理性质和化学性质,但它们能使偏振光等量地向相反的方向旋转。生物体内的生物大分子都有特定的立体结构,如蛋白质都是由 L-构型的 α-氨基酸组成,因此,蛋白质(受体)也是手性物质。受体与两个对映异构体形成的复合物为非对映异构体,而不是对映异构体,因而它们具有不同的能量和化学性质,这意味着对映异构体药物与受体形成的药物-受体复合物的解离常数可能存在差异,也可能它们有不同的结合部位,在生物学效应方面,对映异构体可能会显示下列不同情况。

(1)一个对映异构体有活性,另一个对映异构体没有或几乎没有活性。例如,氯霉素有两个手性碳,其四个异构体中只有(1*R*, 2*R*)-(−)异构体有抗菌活性。

(1*R*,2*R*)-(－)-氯霉素　　　　　　　　　　　　艾司奥美拉唑

抗消化性溃疡药奥美拉唑（omeprazole）是 H^+/K^+-ATP 酶抑制剂，亚磺酰基是个手性中心（孤电子对可看作一个取代基），首先上市的是消旋体。奥美拉唑是前药，*S* 和 *R* 异构体都在酸性环境下分子内亲核取代生成非手性的活化形式抑制 H^+/K^+-ATP 酶。在人体内奥美拉唑 *S* 构型起效较快，药效强于消旋体，后来开发了 *S* 异构体称作艾司奥美拉唑（esomeprazole）作为新分子实体批准上市。

（2）两个对映异构体均具有同类型的活性，但活性强度可能相同或不同。例如，左旋和右旋氯喹具有相同的抗疟活性；而在有的药物中，左旋体和右旋体的生物活性则不相同，例如，抗菌药氧氟沙星（ofloxacin）(*S*)-(－)异构体对细菌 DNA 螺旋酶的抑制活性是(*R*)-(＋)异构体的 9.3 倍，是消旋体的 1.3 倍，对细菌的抑菌活性左旋体是右旋体的 8～128 倍。氧氟沙星分子中氮氧环上有一个手性碳原子，甲基在母核平面的取向不同，导致与酶活性中心结合的能力不同，决定了两个异构体抗菌效力不同。左氧氟沙星（levofloxacin）已经取代了曾上市的消旋体氧氟沙星。

氯喹　　　　　　　　　　　　　　　　左氧氟沙星

再如，D-(－)- 异丙基肾上腺素的支气管扩张作用为 L-(＋)- 异丙基肾上腺素的 800 倍；D-(－)- 去甲肾上腺素的支气管舒张作用为 L-(＋)- 去甲肾上腺素的 70 倍；D-(－)- 肾上腺素的血管收缩作用为 L-(＋)- 肾上腺素的 12～20 倍，其生物活性的差异反映了光学异构体与受体结合时的立体选择性。一般认为，这类药物需要通过三点与受体结合，如图 2-8 中 D-(－)- 肾上腺素通过下列三个基团与受体在三点结合：①氨基；②苯环及其二个酚羟基；③侧链上的醇羟基。而 L- 异构体只能有两点结合，因而活性较弱。

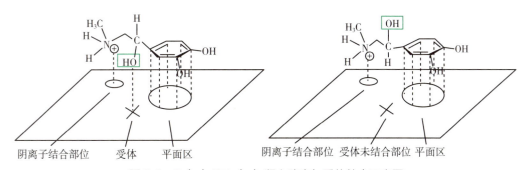

图 2-8　D-(－)- 和 L-(＋)- 肾上腺素与受体结合示意图

（3）两个对映异构体显示相反的生物活性。例如，强心药多巴酚丁胺（dobutamine）是心脏β_1受体激动剂，其左旋体可以激动α_1受体，而其右旋体却拮抗α_1受体。

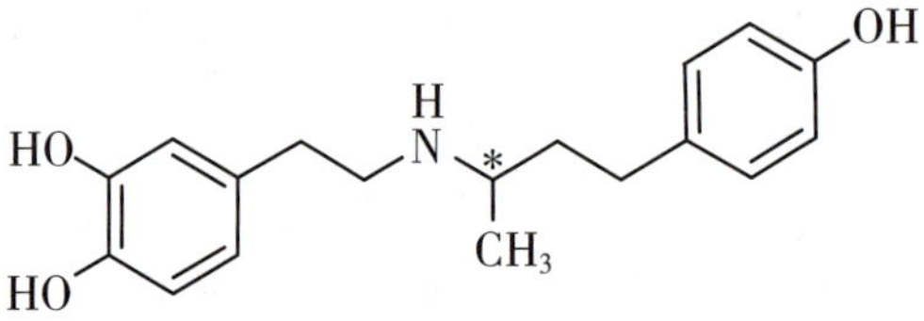

多巴酚丁胺

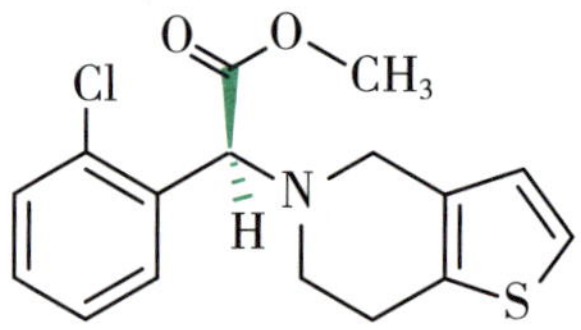

（S）-氯吡格雷

抗血小板药氯吡格雷（clopidogrel）是腺苷二磷酸（ADP）受体拮抗剂，其S异构体为活性成分，且没有明显的神经毒性，而其R异构体作用相反，没有抑制血小板聚集活性，却有神经毒性，因而临床应用（S）-氯吡格雷。

沙利度胺（thalidomide）是1956年在德国上市的镇静剂，可预防妊娠呕吐，引发了震惊世界的"反应停"事件。研究证明沙利度胺S异构体有致畸性，R异构体没有，因而拆分出R构型光学异构体，但手性中心在血浆中容易消旋化。现作为抗肿瘤药物用于治疗多发性骨髓瘤。

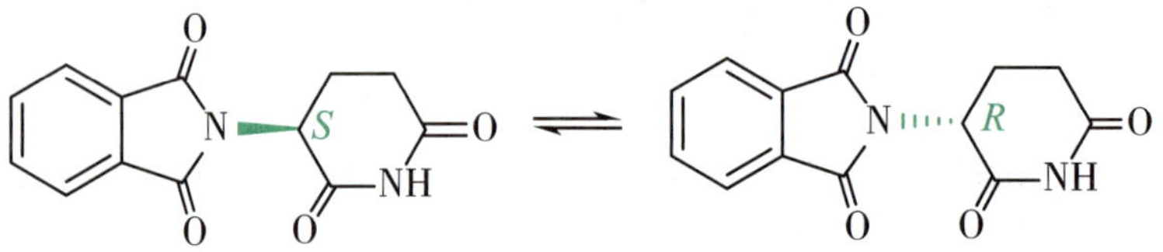

（S）-沙利度胺　　　　　（R）-沙利度胺

（4）两个对映异构体显示不同类型的生物活性。例如，奎宁（quinine）主要用于解热和抗疟，而奎尼丁（quinidine）用于心房纤颤和心律不齐。右丙氧芬（dextropropoxyphene）是镇痛药，而其对映体左旋丙氧芬（levopropoxyphene）为镇咳药。又如氯胺酮（ketamine），其右旋体[S-（+）-氯胺酮]是静脉麻醉药（具有催眠止痛作用），而其左旋体[异构体R-（-）]则有产生噩梦、幻觉的副作用。

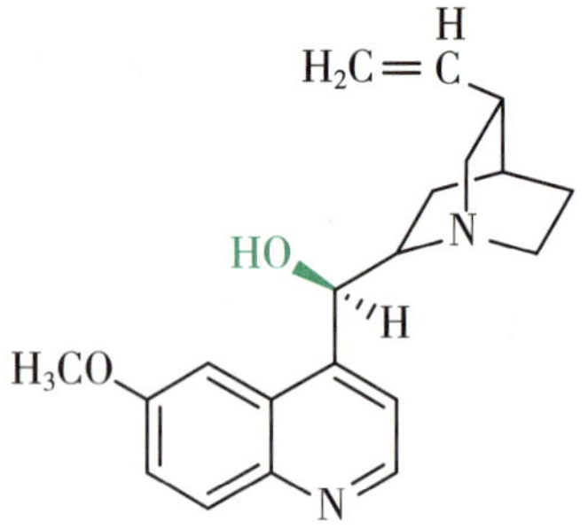

奎宁 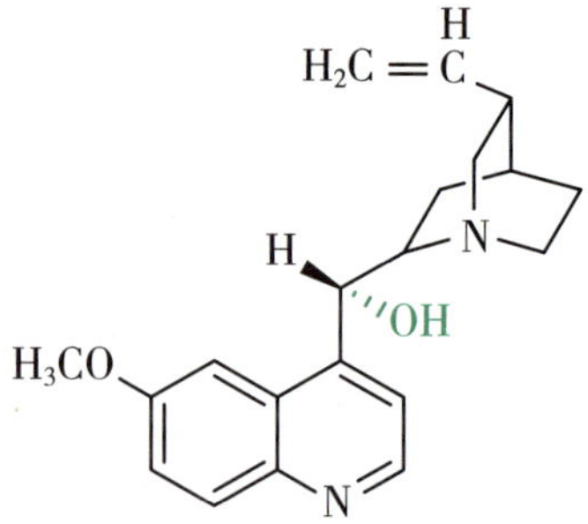　　　　　　　　　奎尼丁

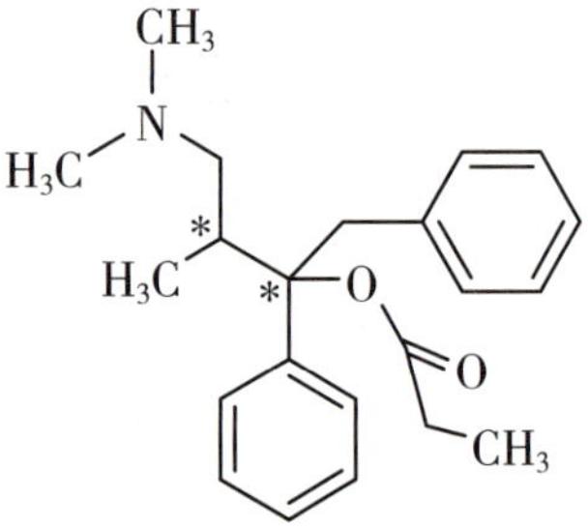

右旋丙氧芬 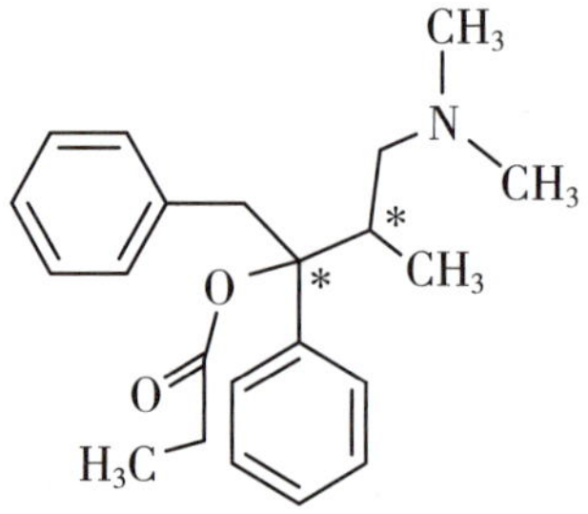　　　　　左旋丙氧芬 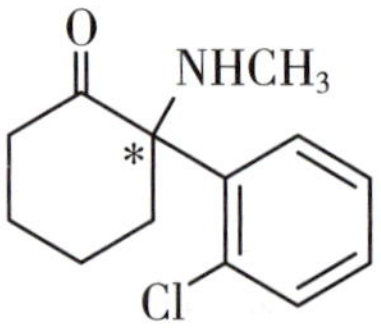　　　　S-（+）-氯胺酮

由于对映异构体具有不同的三维结构,可能会产生不同的生物学反应,其原因可能是药物和受体立体互补性(亲和力)的差别。如果含有光学异构体的药物存在立体选择性,由于生物膜、血浆和组织上的受体蛋白和酶对药物进入机体后的吸收、分布和排泄过程均有立体选择性的优先通过与结合的情况,也可导致药效上的差别。胃肠道对 D- 葡萄糖、L- 氨基酸、L-甲氨蝶呤和 L-(＋)- 维生素 C 等有立体选择性,可优先吸收,主动转运。在药物代谢过程中,代谢酶(多为光学活性的大分子)对药物的立体选择性可导致代谢差异,而出现代谢速率和药效、毒性的差异。因此,对于手性药物需要研究单一异构体的药代动力学、药效学和毒理学性质,择优进行临床研究和开发,而不能只对消旋体药物进行研究。

3. 构象异构(conformational isomer) 由于碳碳单键的旋转或扭曲(键不断开)而引起的分子中原子或基团在空间的不同排列形式称为构象(conformation)。这种因单键的旋转或扭曲而产生的异构体称为构象异构体。由于旋转所需能量较小,一般低于 5kcal/mol,理论上一个分子可以有无数构象式同时存在,但由于分子中较大基因(或原子)的立体障碍,一些构象需要克服的立体能垒大而存在的可能性较小,而以分子势能最低的构象存在的可能性最大。我们称分子势能最低的构象为优势构象(preferential conformation),一般由 X 射线结晶学测定的构象为优势构象。

因为相互作用能量的影响,药物和受体结合时,药物本身不一定采取它的优势构象。这是由于药物分子与受体间作用力的影响,可使药物与受体相互适应达到互补,即分子识别过程的构象重组,因此我们把药物与受体作用时所采取的实际构象为药效构象(pharmacophoric conformation),药效构象不一定是药物的优势构象,药物与受体间作用力可以补偿由优势构象转为药效构象时分子内能的增加所需的能量,即维持药效构象所需的能量。

药物分子的基本结构不同,但可能会以相同的作用机理引起相同的药理或毒理效应,这是由于它们具有共同的药效构象,即构象等效性(conformational equivalence),从而以相同的作用方式与受体部位相互作用。构象等效性不仅存在于同系化合物和 / 或同型化合物,而且在结构差异很大或化学类型不同的化合物之间,也可能有相同的药效构象。

一些结构相似的药物,往往由于某个部位取代基的变化使化合物的构象发生了重大改变,进而使活性强弱发生改变,甚至显示出不同的生理活性。经典的抗精神病药物是多巴胺受体拮抗剂,要求其构象和多巴胺(dopamine)有一定的构象相似性,才能和多巴胺受体更好地结合发挥效应。氯丙嗪(chlorpromazine)正是由于苯环 2 位的氯原子引起了分子的不对称性,使侧链倾斜于含氯原子的苯环方向,X 射线衍射测定表明氯丙嗪这一构象和多巴胺的构象能部分重叠。失去氯原子则不能保持这一构象,化合物也无抗精神病作用。

氯丙嗪顺式构象　　　　多巴胺　　　　氯丙嗪反式构象

三、原子或基团的作用

1. 氘原子 元素同位素之间化学性质没有区别，例如，氘和氢在药物化学上互为等排体。碳氘键C—D短于C—H大约0.005Å，烷基的氢被氘取代可降低对疏水表面的亲和力，所以亲脂性略低于氢（Δlog P_{oct} = −0.006）。药物中的D/H变换由于动力学同位素效应（kinetic isotope effect, KIE）可改变药代动力学性质。当分子中C—H是代谢位点（被CYP催化氧化），换作C—D可因KIE效应代谢稳定性提高1～10倍。例如，抗抑郁药文拉法辛（venlafaxine）的代谢失活是O—和N—去甲基化，其氘代物的代谢速率降低了50%，因而提高了在血浆中的暴露量。非核苷类HIV蛋白酶抑制剂依法韦伦（efavirenz）体内代谢位点是环丙基的H被氧化成羟基，生成的羟基因提高了炔键的亲电性，从而与谷胱甘肽发生加成反应，生成的代谢物有肾脏毒性。依法韦伦的氘代物减缓环丙基的氧化代谢，可降低该特质性药物毒性。

文拉法辛　　　　　　　文拉法辛氘代物

依法韦伦　　　　　依法韦伦代谢物　　　　　依法韦伦氘代物

2. 烷基 烷基链的改变，例如，增加或缩短烷基链、形成支链或改变环的大小，都能显著影响分子的药理活性和强度。烷基链上仅改变—CH_2—的长度，或增加一个支链，都能改变分子的亲脂性，从而改变其吸收、分布和排泄。如果烷基链直接参与受体的相互作用，那么碳链长度或支链的变化，能影响与受体的结合。如果在一个烷基链的关键位置引入一个支链，将使较易改变构象的分子的构象不易改变。构象的变化能影响分子中官能团的空间位置，从而能影响与受体的结合。例如，伊马替尼（imatinib）分子中的苯环A上的甲基使嘧啶环不能与苯环共平面，有利于将吡啶环插入到激酶的特定腔内，增强了结合力，而没有甲基的活性较弱。

伊马替尼　　　　　　　　　　　　　帕那替尼

乙炔基是以线型方式相连的两个 sp^1 杂化碳原子，占据的空间较小，可适配于受体蛋白狭窄的缝隙。例如，Bcr-Abl 抑制剂伊马替尼（imatinib）治疗慢性粒细胞白血病出现耐药性是由于靶标 Bcr-Abl[T315I] 突变，第 315 位苏氨酸（Thr315）突变为异亮氨酸（Ile），氨基酸侧链由 —CH(CH₃)OH 变成体积大的 —CH(CH₃)CH₂CH₃，阻碍了伊马替尼的 2-氨基嘧啶连接的片段进入激酶结合口袋发生相互作用，帕那替尼（ponatinib）分子中乙炔基连接的咪唑并哒嗪环避开了异亮氨酸侧链的阻碍，结合于激酶催化域深部的腔穴内，因而对 T315I 突变 Bcr-Abl 具有抑制活性。

乙炔基末端的氢有弱酸性，作为氢键给体可与受体发生氢键相互作用。乙炔基可作为位阻基团提高代谢稳定性延长作用时间。例如甾体激素类药物炔雌醇（ethinylestradiol）和异炔诺酮（norethynodrel）是在甾体母核的 17 位引入乙炔基，使 17β-羟基代谢反应受阻，是口服避孕药。

炔雌醇　　　　　　　　　　　　　异炔诺酮

特比萘芬

炔基作为连接基，以直线方向引出基团，C1—C≡C—C4 的 C1 到 C4 距离为 44Å。由于炔键是稳定性基团，成为骨架设计的重要片段。例如，抗真菌药物特比萘芬（terbinafine）通过乙炔基连接两个疏水性片段为角鲨烯环氧化酶抑制剂。

3. 卤素　为电负性大于碳的原子，在脂肪链中由于 C—Cl 和 C—Br 为极性键，在体内可与亲核基团发生取代反应，形成的共价结合由于缺乏选择性而引起细胞毒作用，所以药物化学避免脂肪族的氯化物或溴化物，这与键能很强、高稳定性的 C—F 键不同。氯和溴与芳香环相连,因 p-π 共轭使碳卤键有部分双键性质,因而是稳定的取代基团,芳环引入氯原子,可提高分子的脂溶性,有利于过膜和吸收,并能提高代谢稳定性。溴原子与芳香环相连,增加环的稳定性和亲脂性。

氟原子体积较小,范德瓦耳斯半径接近于氢原子,且 C—F 键(键能 114kcal/mol)强于 C—H 键(93kcal/mol),常常连接于分子易受代谢攻击的部位,以阻止代谢作用。

4. 羟基与巯基 醇羟基或酚羟基既是氢键的给体,也是氢键接受体,所以在分子的适宜位置和方向引入羟基与受体形成氢键,则有利于提高活性。羟基具有亲水性,因而有助于分子溶解性。邻位羟基如果发生分子内氢键结合,则减少水合作用,降低增溶性。酚羟基容易发生 II 相代谢,被葡萄糖醛酸苷化或硫酸半酯化。

含巯基的药物,主要利用其阴离子与金属离子具有高亲和性的性质,例如,卡托普利(captopril)分子中的巯基与酶分子中的锌离子络合,抑制血管紧张素转移酶,而发挥抗高血压作用。

5. 磺酸基和羧基 羧酸的水溶性和解离度较磺酸基小,羧基成盐可进一步增加药物的水溶性。由于羧基在体内的 pH 条件下可解离为阴离子,一般来说,由于生物膜只能通过非解离型分子,所以酸性强且易离子化的酸不易通过生物膜,不易吸收,但是一旦被吸收,便会与碱性氨基酸,特别是血清白蛋白、酶或受体蛋白中的赖氨酸产生很强的离子性相互作用。先导化合物中含有羧基,在进行改造结构时常采用成酯或成酰胺的方式以优化其药动学或药效学特性。羧酸成酯后化合物脂溶性增大,易被吸收。

6. 氨基和酰胺 分子中含有氨基和酰胺的化合物易与生物大分子形成氢键;氨基易与受体蛋白的羧基形成离子键;易与受体结合,常显示很好的活性并表现出多种特有的生物活性。芳香氨基与脂肪氨基的碱性不同。芳香氨基的氮原子中的未共享电子对,由于参与苯环的共扼,降低了碱性,即芳香氨基在体内的解离倾向性较低,多以氢键与受体相互作用。芳胺通常比脂肪胺毒性强,且能产生毒性代谢物。芳香胺类化合物通过引入羧基可解毒,例如,苯胺引入羧基成为对氨基苯甲酸。将含有氨基的药物制成相应的酰胺前药,可提高药物的靶向性降低毒性。例如,基于肾脏中存在高浓度的 γ- 谷氨酰转肽酶(γ-glutamyl transpeptidase)和 L- 芳香氨基酸脱羧酶(L-aromatic amino acid decarboxylase),服用 L- 多巴(L-dopa)的前药 γ- 谷氨酰多巴(γ-glutamyldopa)后,在酶的催化下 γ- 谷氨酰多巴在肾脏释放出多巴胺(dopamine),从而产生特异性的肾脏组织血管舒张作用。

γ- 谷氨酰多巴(γ-glutamyldopa)

N- 乙酰 -γ- 谷氨酰磺胺甲噁唑（N-acetyl-γ-glutamylsulfamethoxazole）是将磺胺甲噁唑（sulfamethoxazole）经酰胺修饰制成的前药。选择性地蓄积在肾脏。N- 酰基氨基酸脱酰酶（N-acylamino acid decacylase）在肾脏中的浓度也很高，在 γ- 谷氨酰转肽酶和 N- 酰基氨基酸脱酰酶作用下释放出磺胺甲噁唑，使其选择性地作用于肾脏和尿道。

N–乙酰–γ–谷氨酰磺胺甲噁唑

磺胺甲噁唑

7. 醚键　氧和亚甲基为电子等排体，醚相当于将链烃中的一个 CH_2 用氧原子代替而成的化合物。醚类化合物 C—O 键长及 C—O—C 键角与烃键中的 C—C 键长及 C—C—C 键角相近，因此由链烃转变为醚后，化合物空间构象不会发生显著变化。醚类化合物分子中氧原子的孤对电子能与水形成氢键，有一定亲水性，烃基则有亲脂性，使化合物易于通过生物膜，有利于药物的转运，从而提升药物活性。

8. 氰基　氰基为碳氮三键，吸电子效应大于氯和溴，但由于电荷分散于碳氮两个原子，氰基的离去作用弱于氯和溴，因而连接在烷基上，形成碳正离子的趋势低。氰基体积小于氯、溴和甲基。

氰基氮原子上存在孤对电子，可作为氢键接受体与靶标结合。连接于 sp^3 杂化碳原子的氰基还可以与靶标的亲核基团发生加成反应，形成共价键结合。例如，维格列汀（vildagliptin）分子中的氰基与二肽基肽酶 -4（dipeptidyl peptidase-4，DPP-4）的 Ser 630 羟基发生类似于有机化学的 Pinner 加成反应，是 DPP-4 共价可逆性抑制剂，用于治疗 2 型糖尿病。

维格列汀

第二章　目标测试

（赵桂森）

第三章　药物的化学结构与药物代谢

第三章　药物的化学结构与药物代谢（课件）

　　药物是进入人体的一类外源物（xenobiotic），药物对机体产生作用，即药效和毒性；同时，机体对药物亦产生作用，在体内各种酶的作用下，发生一系列的化学反应，使药物的化学结构发生转变，即药物代谢（metabolism）。药物代谢又称生物转化（biotransformation），通常情况下代谢物的极性（或水溶性）较原药大，利于排出体外。药物在体内的代谢对其药理作用的发挥有较大的影响，药物代谢多使有效药物转化为低效或无效的代谢物，或由无效结构转变成有效结构。在这过程中，也可能将药物转变为毒副作用较高的产物。

　　药物代谢通常是两相过程：首先进行官能团化反应，又称为Ⅰ相反应（phase Ⅰ reaction），包括氧化、还原、水解或羟基化反应，即在酶催化下药物分子中引入或使药物分子暴露出像氨基或羟基的官能团；再进行第二步代谢反应，即与内源性成分发生结合反应（conjugation reaction），亦称为Ⅱ相反应（phase Ⅱ reaction）。有的药物经Ⅰ相反应生成的代谢物无须进行结合反应，即排出体外；也有一些药物直接进行结合反应而排出体外；还有一些药物先进行结合反应，再发生官能团化反应后排出体外。

　　影响药物代谢的因素有年龄、动物的种属和微生物株系、遗传因素、性别、酶的诱导或抑制（药物相互作用）等。药物代谢不仅对药效的强弱和持续时间的长短有直接影响，而且还会显著影响药物的安全性，因此，研究药物代谢规律，对于认识药物的作用机制、药物不良反应的原因、理性药物分子设计等都有重要意义。

第一节　药物的官能团化反应

　　药物代谢反应主要分为两种类型即官能团化（功能基化）反应（functionalization reaction）和结合反应（conjugation reaction）。官能团化反应又称Ⅰ相生物转化（phase Ⅰ biotransformation），包括对药物分子的氧化、还原、羟基化和水解等反应，在药物分子中引入一个新的，或使药物分子暴露出已有的、易于进行Ⅱ相生物转化（即结合反应）的官能团。

　　药物的官能团化反应是在酶的催化下进行的，氧化反应和还原反应由多种氧化还原酶催化，水解反应由各种水解酶催化完成。

第三章　药物的化学结构与药物代谢 | 29

一、催化官能团化反应的酶

（一）细胞色素 P450

单加氧反应（monooxygenation reactions）是药物代谢中的重要反应，是由各种各样的酶催化进行的，其中，细胞色素 P450（cytochromes P450）是催化这类反应最重要的酶。细胞色素 P450 存在于肝脏及其他肝脏外组织的内质网（endoplasmic reticulum）中，是一组血红素偶联单加氧酶（heme-coupled monooxygenases）。细胞色素 P450 是由细胞色素基因超家族编码的一组酶的总称，命名时用 CYP 代表细胞色素 P450，然后用一个阿拉伯数字表明家族序号（CYP1、CYP2、CYP3），再用一个字母表示亚家族（CYP1A、CYP2C、CYP2D），另一个阿拉伯数字代表不同的基因。CYP3A 和 CYP2C 是参与临床相关药物代谢的最主要的家族，CYP2A2 主要参与环境物质的生物转化。

细胞色素 P450 催化药物生物转化中的氧化反应，需要还原型烟酰胺腺嘌呤二核苷酸磷酸（reduced form of nicotinamide adenine dinucleotide phosphate，NADPH）和氧分子（O_2）共同参与。细胞色素 P450 催化的反应（表 3-1）包括烯烃和芳烃化合物的氧化反应；烯烃、多环烃、卤代苯的环氧化反应；仲胺、叔胺和醚的脱烷基反应；伯胺的脱氨基反应；胺类化合物向 N- 氧化物、羟胺和亚硝基衍生物的转化；卤代烃的脱卤素反应；还催化硫代磷酸酯的氧化消除反应，硫醚的磺氧化反应，磷酸硫酯向磷酸酯衍生物的转化反应，以及把偶氮化合物和硝基化合物还原为芳香伯胺。

表 3-1 细胞色素 P450 催化的反应

芳烃的羟基化反应：	$CH_3CO-N-C_6H_5 \xrightarrow{[OH]} CH_3CO-N-C_6H_4-OH$
脂肪烃的羟基化反应：	$R-CH_3 \xrightarrow{[OH]} R-CH_2OH$
脱氨基反应：	$R-CH(NH_2)-CH_3 \xrightarrow{[OH]} [R-C(OH)(NH_2)-CH_3] \longrightarrow R-COCH_3 + NH_3$
O- 脱烷基反应：	$R-OCH_3 \xrightarrow{[OH]} [R-OCH_2OH] \longrightarrow R-OH + CH_2O$
N- 脱烷基反应：	$R-N(CH_3)_2 \xrightarrow{[OH]} [R-N(CH_2OH)CH_3] \longrightarrow R-NHCH_3 + CH_2O$
	$R-NHCH_3 \xrightarrow{[OH]} [R-NHCH_2OH] \longrightarrow R-NH_2 + CH_2O$
N- 氧化反应：	$(CH_3)_3N \xrightarrow{[OH]} [(CH_3)_3NOH] \longrightarrow (CH_3)_3NO + H^\oplus$
硫氧化反应：	$R-S-R' \xrightarrow{[OH]} \begin{bmatrix} R-S-R' \\ | \\ OH \end{bmatrix} \longrightarrow \begin{matrix} R-S-R' \\ || \\ O \end{matrix} + H^\oplus$

细胞色素 P450 催化药物生物转化中的氧化反应，通过活化氧分子（O_2），使其中一个氧原子和有机物分子结合，同时将另一个氧原子还原成水，从而在有机药物的分子中引入氧，细胞色素 P450 再活化，这一催化循环过程可概括为如下步骤（图 3-1）：①含三价铁的细胞色素 P450（Fe^{3+}-CYP450）可逆性的与底物分子（RH）结合形成复合物；② Fe^{3+}-CYP450- 底物复合物被来源于 NADPH 的电子还原为 Fe^{2+}-CYP450- 底物复合物；③被还原的 Fe^{2+}-CYP450- 底物复合物易于和氧分子结合，形成氧 -Fe^{2+}-CYP450- 底物复合物；④电负性的氧使氧 -Fe^{2+}-CYP450- 底物复合物自动转换为 Fe^{3+}-CYP450- 超氧 - 底物复合物；⑤ Fe^{3+}-CYP450- 超氧 -

底物复合物通过接受来自黄素蛋白(flavoprotein)的第二个电子进一步还原为过氧 -Fe^{3+}-CYP450- 底物复合物;⑥ Fe^{3+}-CYP450- 底物复合物通过过氧离子的异裂,生成水和高亲电性的铁氧(Fe^{4+}＝O)中间体,该中间体在反应中具有催化活性;⑦高铁氧中间体从底物获取一个氢原子,形成一个以碳为中心的自由基 - 高铁 - 氢氧化物复合物,自由基和 π 键加成或从杂原子获取一个电子形成以杂原子为中心的自由基 - 高铁离子中间体;⑧随后,自由基重组(氧重新结合)或电子转移(去质子化)生成羟基化产物,以及 Fe^{3+}-CYP450 复合物再生。

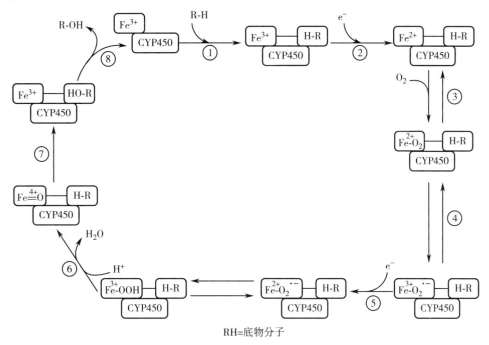

图 3-1　药物氧化过程中细胞色素 P450 的催化循环

（二）其他氧化还原酶

醛 - 酮还原酶(aldo-keto reductase, AKR)是一类依赖 NADPH 或 NADH(reduced form of nicotinamide adenine dinucleotide, 还原型烟酰胺腺嘌呤二核苷酸)的氧化还原酶超家族,包括醛还原酶(aldehyde reductase)和二氢二醇脱氢酶(dihydrodiol dehydrogenase)。

醇脱氢酶(alcohol dehydrogenase)是一种含锌酶,主要存在于哺乳动物的肝脏细胞及多种肝外组织细胞的胞浆中。酮还原酶(ketone reductase)包括 α- 和 β- 羟甾脱氢酶(α-and β-hydroxysteroid dehydrogenase),前列腺酮还原酶(prostaglandin ketoreductase)。

钼羟化酶(molybdenum hydroxylase)是能催化药物氧化的非细胞色素 P450 酶,包括醛氧化酶(aldehyde oxidase)、黄嘌呤氧化酶(xanthine oxidase)和黄嘌呤脱氢酶(xanthine dehydrogenase)。

除细胞色素 P450 外,其他重要的单加氧酶(monooxygenase)是黄素单加氧酶(flavin-containing monooxygenase, FMO)和多巴胺 β- 羟化酶(dopamine β-hydroxylase)。各种过氧化酶(peroxidase)逐渐被发现在药物代谢中发挥重要作用。一些细胞色素 P450 酶显示具有过氧化酶活性。过氧化酶是一种血红蛋白,是与细胞色素 P450 单加氧酶最为类似的一种酶。这类酶以过氧化物作为氧的来源,在酶的作用下进行电子转移,通常是对杂原子进行氧化(如 N- 脱烃基化反应)和1,4- 二氢吡啶的芳构化。

在药物代谢中发挥一定作用的其他还原酶还有谷胱甘肽还原酶(glutathione reductase)和

醌还原酶(quinone reductase)。

（三）水解酶

羧酸酯和酰胺类药物通常被血液、肝微粒体、肠、肾和其他组织的酶水解。羧酸酯酶(carboxylesterase)包括胆碱酯酶(cholinesterase)、芳香酯酶(arylesterase)以及许多丝氨酸内肽酶(serine endopeptidase)。芳磺酸酯酶(arylsulfatase)、芳基磷酸二酯酶(aryldialkylphosphatase)、β-葡萄糖苷酸酶(β-glucuronidase)、环氧化物水解酶(epoxide hydrolase)等对药物代谢也具有一定作用。

二、氧化反应

药物代谢中的氧化反应包括失去电子、脱氢反应、加氧反应等。参与氧化反应的药物代谢酶种类较多，主要有 CYP450 酶系、单加氧酶、过氧化酶等。

（一）芳环及碳-碳不饱和键的氧化

1. 含芳环药物的代谢　含芳环药物的氧化代谢主要在细胞色素 P450 酶系催化下进行。由于氧化形成羟基化合物，因此又称羟基化反应。芳香化合物在酶的催化下首先被氧化成环氧化物，由于环氧化物较活泼，或在质子的催化下重排生成酚，或被环氧化水解酶(epoxide hydrolase)催化生成二羟基化合物。

含一个或多个芳环药物的氧化代谢反应主要产物是酚，一般符合芳环亲电取代反应的原理，如果芳环上有供电子取代基，生成酚羟基的位置在取代基的对位或邻位；如果有吸电子取代基则削弱反应的进行，生成酚羟基的位置在取代基的间位。和一般芳环的取代反应一样，芳环的氧化代谢部位也受到立体位阻的影响，通常发生在立体位阻较小的部位。

如果药物分子中含有两个芳环时，一般只有一个芳环发生氧化代谢，如苯妥英(phenytoin)和保泰松(phenylbutazone)。保泰松在体内氧化代谢后生成的代谢产物羟布宗(oxyphenbutazone)，与保泰松比较，抗炎作用强而副作用小。

苯妥英

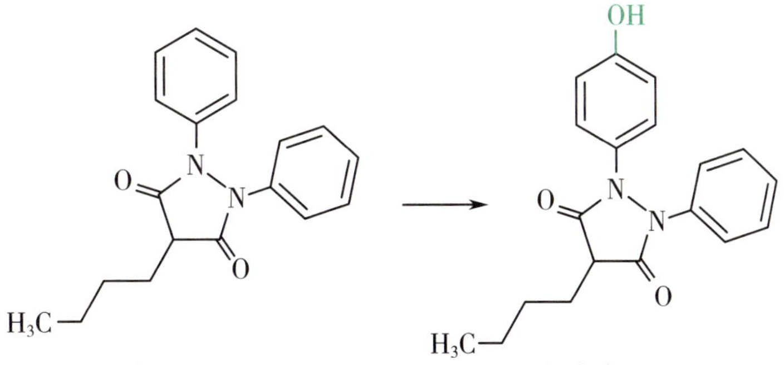

保泰松 → 羟布宗

若两个芳环上取代基不同时,一般是电子云较丰富的芳环易被氧化。例如,抗精神病药氯丙嗪(chlorpromazine)易氧化生成 7- 羟基化合物,而含氯原子的苯环则不易被氧化。芳环上含强吸电子基的药物,如可乐定(clonidine)和丙磺舒(probenecid)则不发生芳环的氧化代谢。

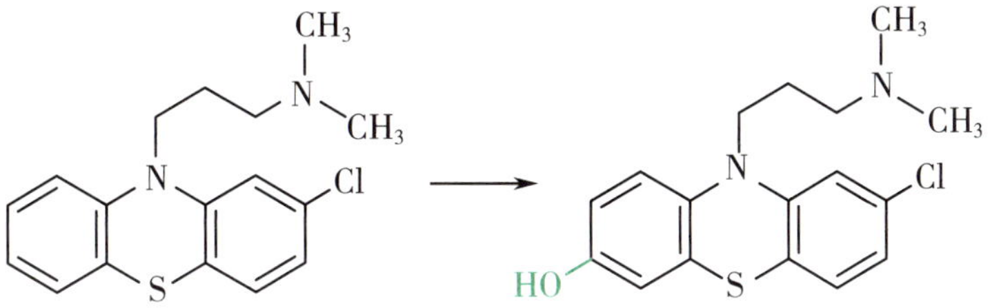

氯丙嗪

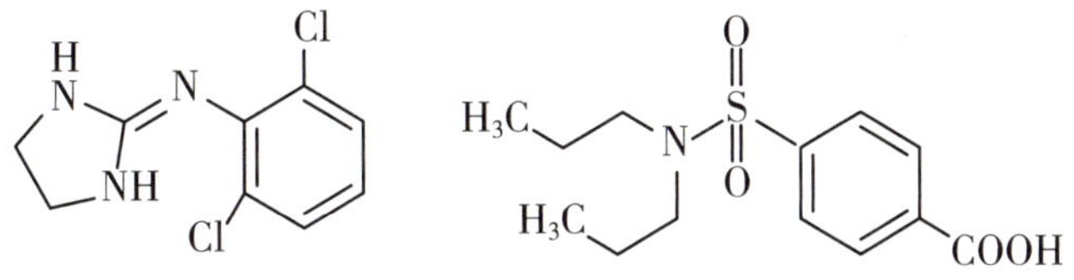

可乐定　　　　　　丙磺舒

2. 含烯烃和炔烃药物的代谢　　在细胞色素 P450 催化下,烯烃化合物也会被代谢生成环氧化物。与芳香环环氧化物比较,烯烃环氧化物相当稳定,能被分离、鉴定;也能被环氧化酶水解产生二羟基化合物。

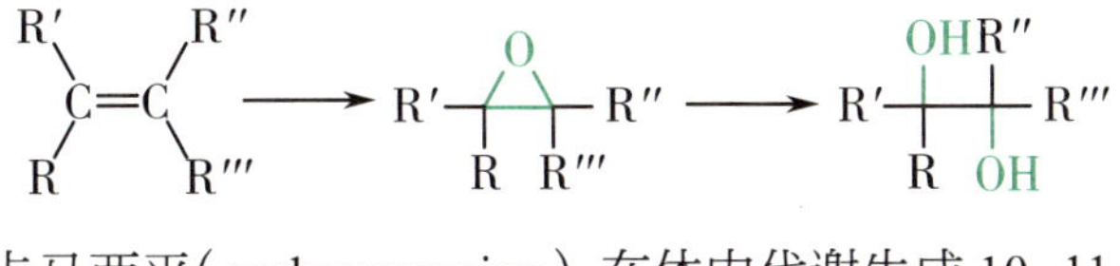

例如,抗癫痫药卡马西平(carbamazepine),在体内代谢生成 10,11- 环氧化物,该环氧化物是卡马西平产生抗癫痫作用的活性成分,是活性代谢物;该环氧化合物会经进一步代谢,被环氧化酶水解生成无活性的二羟基化合物,经尿排出体外。

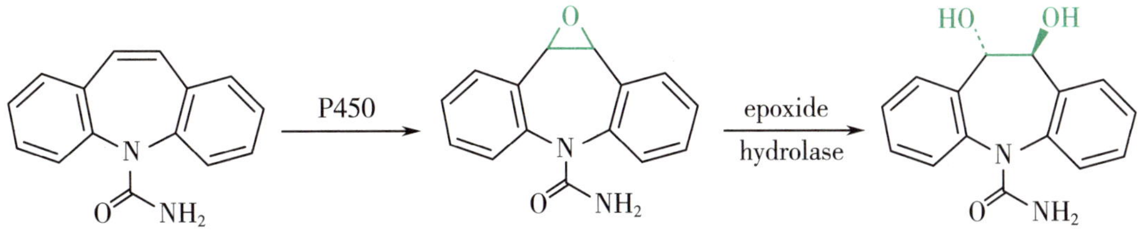

卡马西平

细胞色素 P450 也能催化炔烃类药物发生氧化代谢反应，与炔基碳原子上连接的基团不同，生成不同的中间体以各种方式参与反应，如与酶共价结合，或形成高活性的烯酮，再经水解生成取代乙酸。

$$R-C\equiv C-H \longrightarrow \left[R-\overset{O}{\underset{}{C=C}}-H \longleftrightarrow R-\overset{\oplus}{C}=\overset{O^{\ominus}}{C}-H \right] \longrightarrow R-\underset{H}{C}=C=O \longrightarrow R-CH_2COOH$$

（二）饱和碳原子的氧化

在细胞色素 P450 催化下，非活化的烷基碳原子可发生羟基化反应；烷基侧链的倒数第二个碳原子最易发生羟基化，烷基末端的碳原子也会发生羟基化反应；在脱氢酶作用下，产生羰基衍生物醛或酮；在醛脱氢酶作用下，生成羧酸代谢物。除了羟基化反应，细胞色素 P450 还能催化烷烃脱氢生成烯烃。

$$R-CH_2CH_2\cdot R' \longrightarrow R-CH=CH-R'$$

例如，抗癫痫药丙戊酸钠（sodium valproate），长碳链烷烃常在末端碳原子氧化生成羟基，再被脱氢酶进一步氧化生成羧基；碳链末端倒数第二位碳原子也会被氧化，生成 2- 丙基 -4- 羟基戊酸钠。

丙戊酸钠

当烷基碳原子和 sp^2 碳原子相连时，如羰基的 α- 碳原子、苄位碳原子及烯丙位的碳原子，由于受到 sp^2 碳原子的作用，使其活化反应性增强，在 CYP450 酶系的催化下，易发生氧化生成羟基化合物。

$$Y-CH_2\cdot CH_3 \longrightarrow Y-CH_2OH-CH_3 \quad Y=Aryl,\; \underset{R}{\overset{R'}{C}}=\underset{R''}{C},\; R'-C\equiv C-$$

例如，镇静催眠药地西泮（diazepam），处于羰基 α 位的碳原子易被氧化，经代谢后生成替马西泮（temazepam）；镇痛药喷他佐辛（pentazocin）与 sp^2 碳原子连接的碳原子被氧化产生羟基化代谢物。

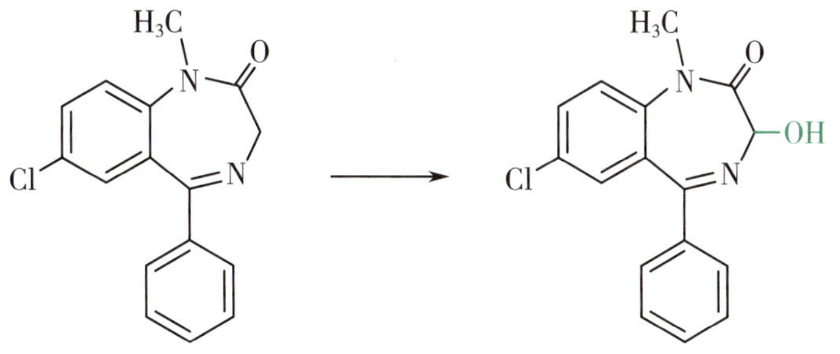

地西泮 → 替马西泮

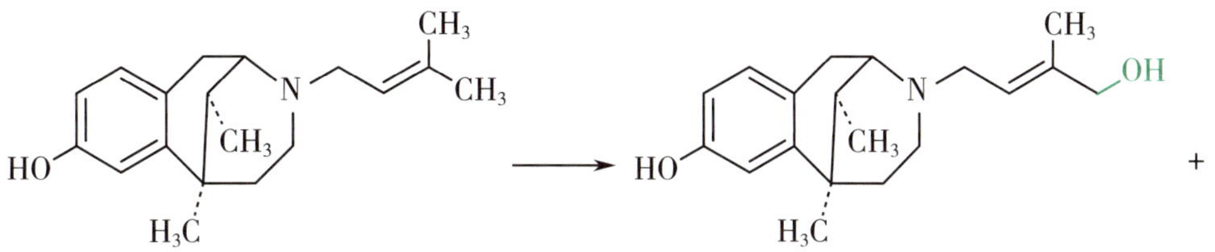

喷他佐辛 →

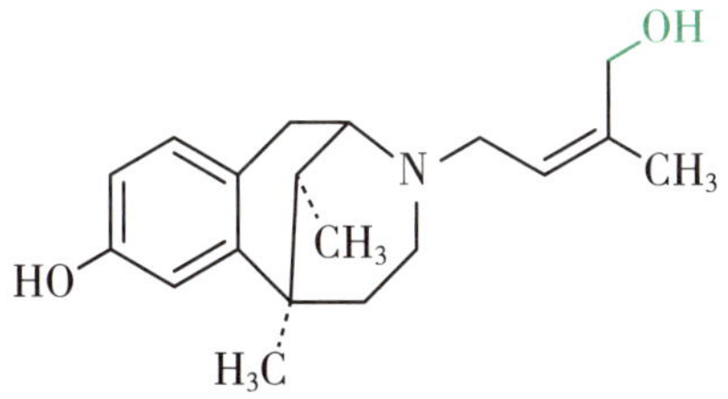

当烷基碳原子与 N、O、S 等杂原子相连时,该碳原子易被羟基化,羟基化的代谢物不稳定,立即进行消除反应,生成仲胺或伯胺,醇或酚,或者是硫醇,烷基部分裂解为醛或酮。

$$R{-}X{-}CH_2 \cdot R' \longrightarrow [R{-}X{-}CHOH{-}R'] \longrightarrow R{-}XH + R'{-}CHO$$

$$X{=}NR',O,S$$

氧化脱卤素反应是许多卤代烃常见的代谢途径。细胞色素 P450 催化氧化卤代烃,生成过渡态的偕卤醇,然后,再消除卤氢酸,生成脱卤素产物 - 羰基化合物;这一反应需被代谢的分子中至少有一个卤素和一个 α- 氢原子。

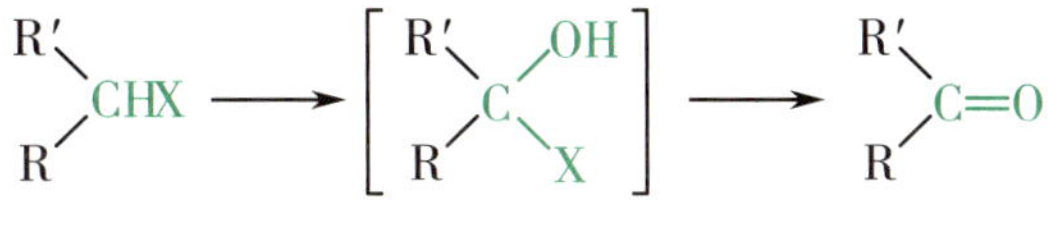

$$\underset{R}{\overset{R'}{>}}CHX \longrightarrow \left[\underset{R}{\overset{R'}{>}}C\underset{X}{\overset{OH}{<}}\right] \longrightarrow \underset{R}{\overset{R'}{>}}C{=}O$$

(三)含氮化合物的氧化

1. *N*- 氧化反应   药物分子中氮原子的主要代谢反应如图 3-2,在大多数情况下,这些反应由细胞色素 P450 或黄素单加氧酶催化。脂肪族和芳香族的叔胺、含吡啶环或含氮芳杂环的药物分子在体内经氧化代谢生成极性更大、亲水性的 *N*- 氧化物;这些 *N*- 氧化反应是可逆的,在细胞色素 P450 或其他还原酶的作用下,*N*- 氧化物又被脱氧还原生成胺类化合物。

伯胺、仲胺和酰胺也能发生 *N*- 氧化反应,生成羟胺衍生物。脂肪族伯胺的 *N*- 氧化代谢物还能被氧化为亚硝基代谢物,但在体内不能进一步氧化为硝基化合物;然而,芳香族硝基化合物能够通过逆向反应,在体内生成芳香伯胺。

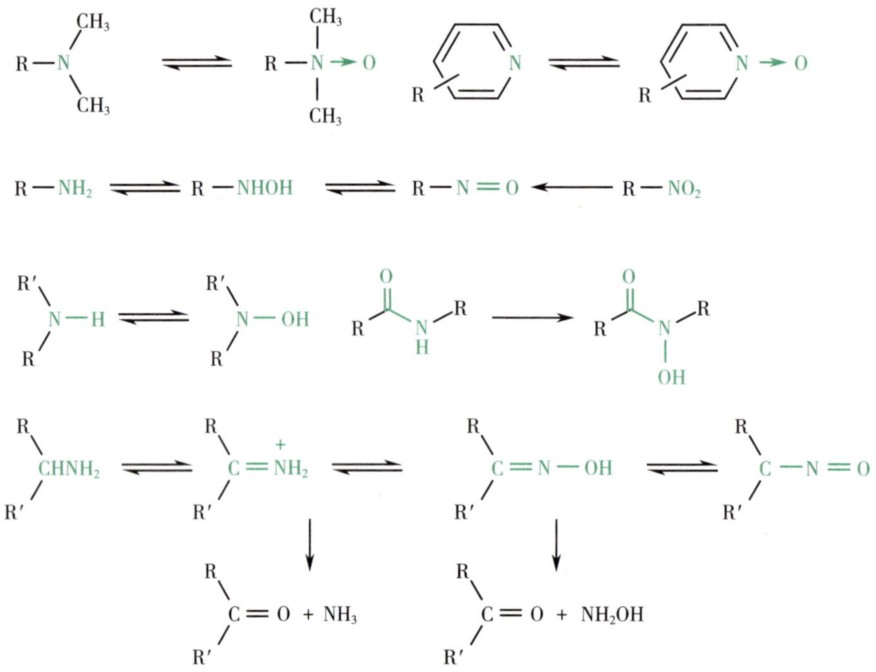

图3-2　含氮化合物主要的官能团化反应

α- 碳原子上含有氢的脂肪族伯胺,除了发生 N- 氧化反应,还能进行另外的反应生成烯胺,进一步氧化生成肟,重排生成硝基化合物。

例如,抗麻风病药氨苯砜(dapsone)分子中的芳香伯胺,被氧化生成羟基胺。叔胺经 N- 氧化后生成的 N- 氧化物化学性质较稳定,不再进一步发生氧化反应,如抗高血压药胍乙啶(guanethidine),在环上的叔胺氮原子氧化生成 N- 氧化物。

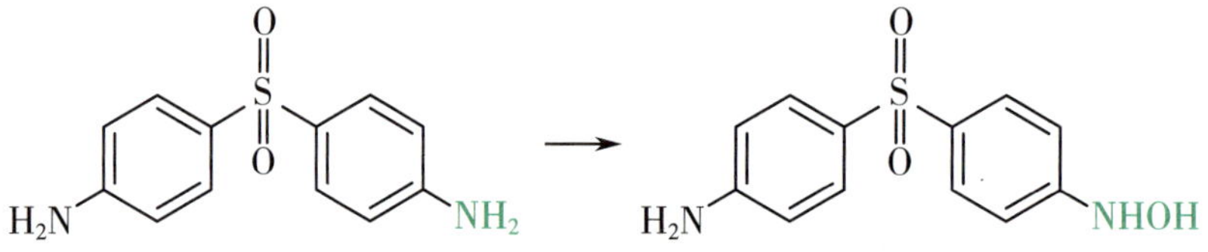

氨苯砜

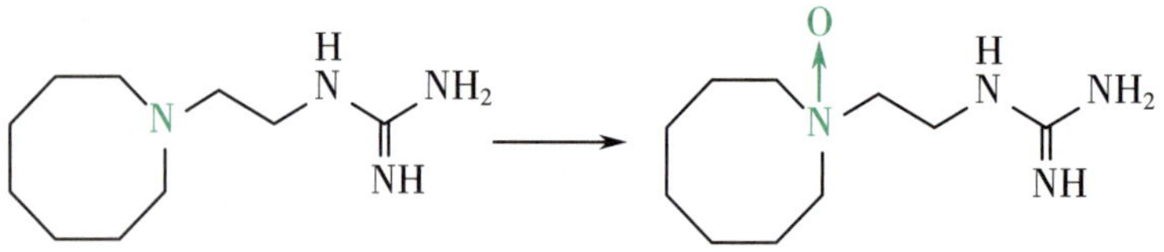

胍乙啶

2. N- 脱烷基化和脱氨反应　在细胞色素 P450 催化下进行的 N- 脱烷基和脱氨反应,与氮原子相连的烷基碳原子上应有氢原子(即 α- 氢原子),首先该 α- 氢原子被氧化成羟基,生成的 α- 羟基胺是不稳定的中间体,会发生自动裂解,生成仲胺或伯胺,烷基部分裂解为醛或酮。

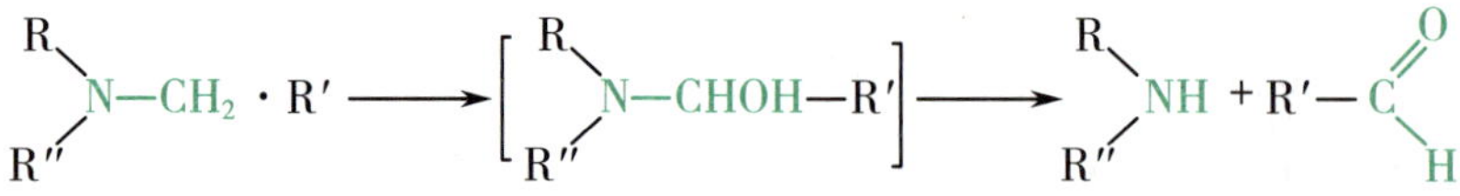

例如,β 受体拮抗剂普萘洛尔(propranolol)分子中与氮相连的两个碳原子上都含有 α- 氢,有两条途径。

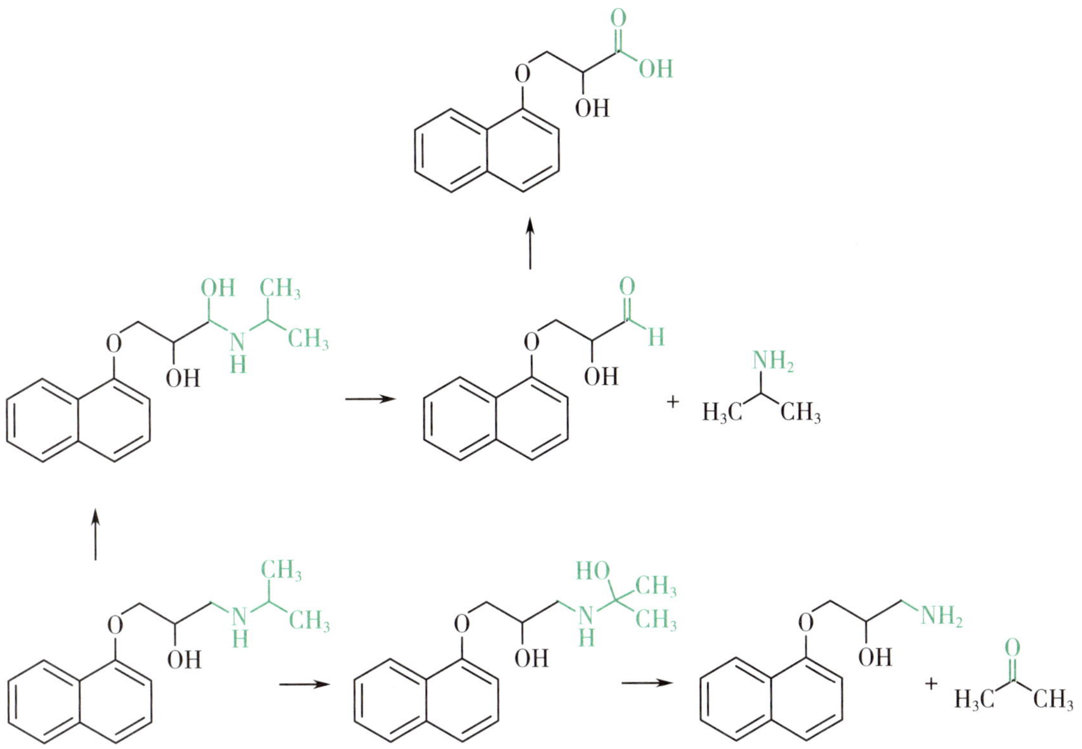

普萘洛尔

氯胺酮（ketamine）为甲基仲胺，代谢生成脱甲基产物；后者由于与氮原子连接的碳原子上无 α- 氢，不能进行氧化羟基化。

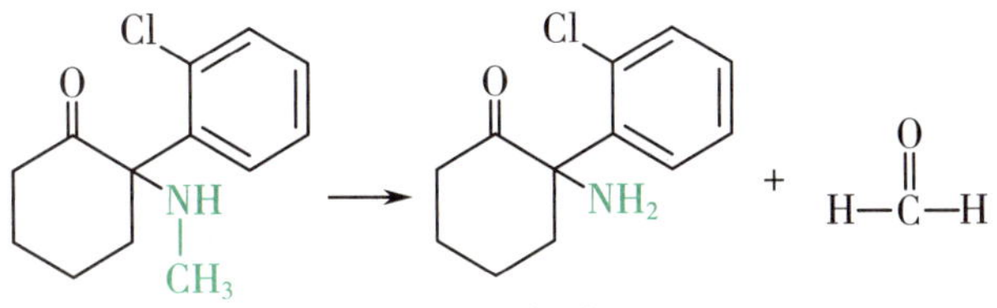

氯胺酮

N- 脱烷基化脱去的基团通常是甲基、乙基、丙基、异丙基、丁基、烯丙基和苄基，以及其他含 α- 氢原子的基团。取代基的体积越小，越容易脱去。N- 脱烷基化反应速度，叔胺比仲胺快。例如，利多卡因（Lidocaine）的代谢，脱第一个乙基比脱第二个乙基容易。

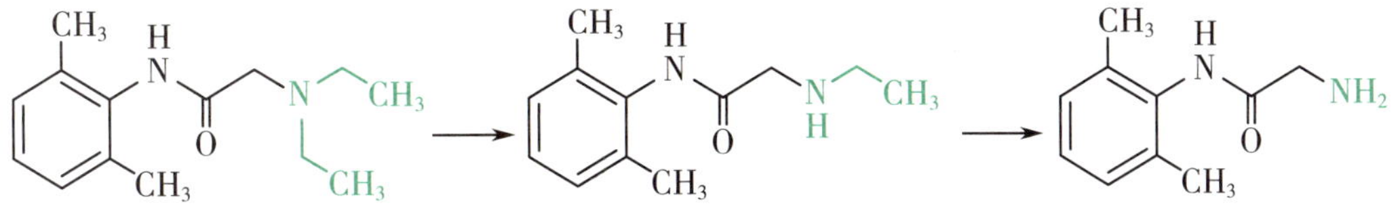

利多卡因

胺类药物 N- 脱烷基化后，代谢产物通常会产生活性代谢物，例如，三环类抗抑郁药物丙米嗪（imipramine）经 N- 脱甲基代谢生成的地昔帕明（desipramine）也具有抗抑郁活性；或产生毒副作用，例如，N- 异丙甲氧明（N-isopropylmethoxamine）经 N- 脱烷基后生成甲氧明（methoxamine），会引起血压升高。

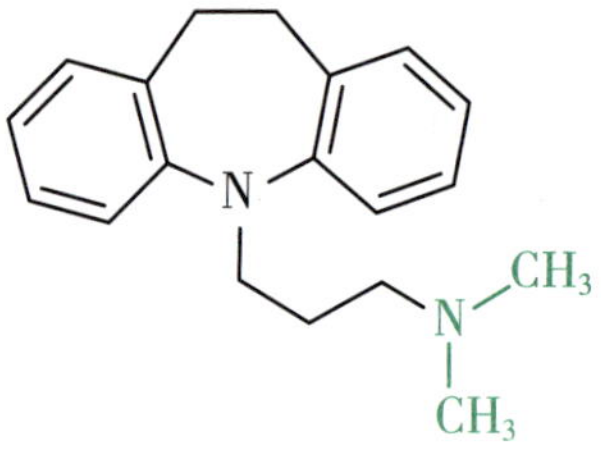

丙米嗪

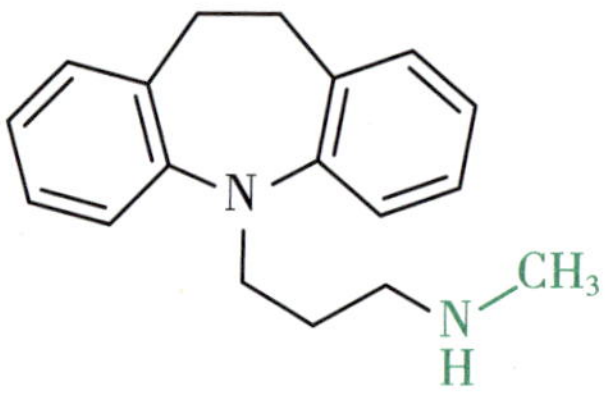

地昔帕明

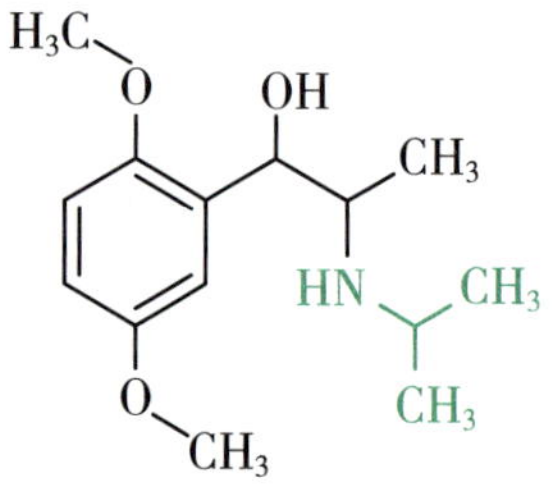

N–异丙甲氧明

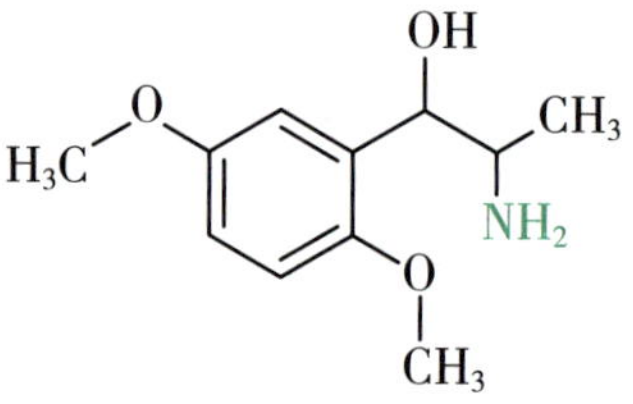

甲氧明

（四）含氧化合物的氧化

含氧化合物的氧化代谢以醚类药物为主，醚类药物在微粒体混合功能酶的催化下，进行 *O*- 脱烷基化反应，反应机制是与氧原子相连的烷基碳原子上应有氢原子（即 *α*- 氢），该碳原子易被羟基化，羟基化的代谢物不稳定，发生 C—O 键断裂，生成羟基化合物（醇或酚）以及羰基化合物。

$$R—O—CH_2\cdot R' \longrightarrow [R—O—CHOH—R'] \longrightarrow R—OH + R'—CHO$$

例如，镇咳药可待因（codeine）经氧化代谢 *O*- 脱甲基后生成吗啡（morphine）；非甾体抗炎药吲哚美辛（indomethacin）经氧化代谢后生成 *O*- 脱甲基化合物。

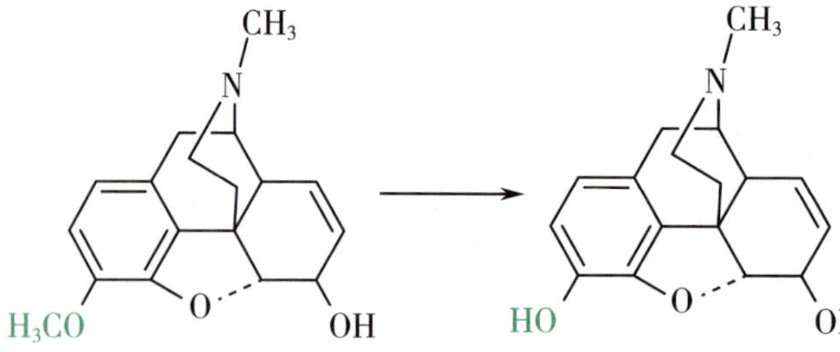

可待因　　吗啡

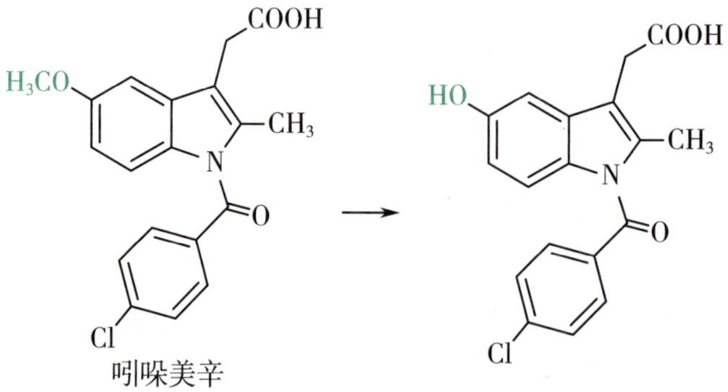

吲哚美辛

（五）含硫化合物的氧化

含硫原子的药物主要经历三个氧化代谢反应：S- 脱烷基、S- 氧化和氧化脱硫。

1. S- 脱烷基　S- 脱烷基反应的机理与 O- 脱烷基化反应相同，芳香或脂肪族的硫醚通常在细胞色素 P450 的催化下，经氧化 S- 脱烷基生成巯基和羰基化合物。

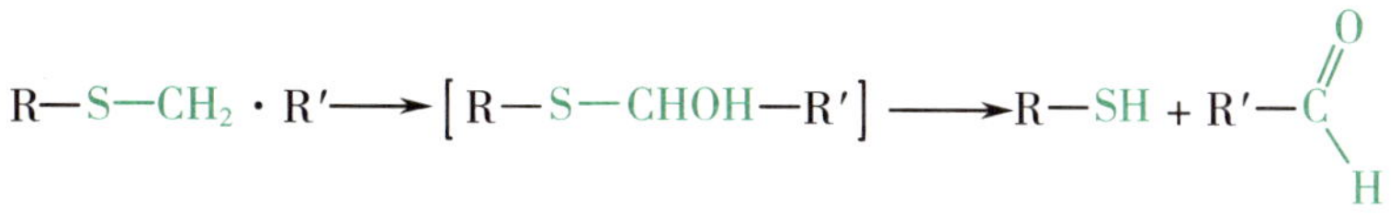

例如，抗肿瘤药 6- 甲巯嘌呤（6-methylmercaptopurine）经氧化代谢脱 6 位甲基得巯嘌呤（mercaptopurine）。

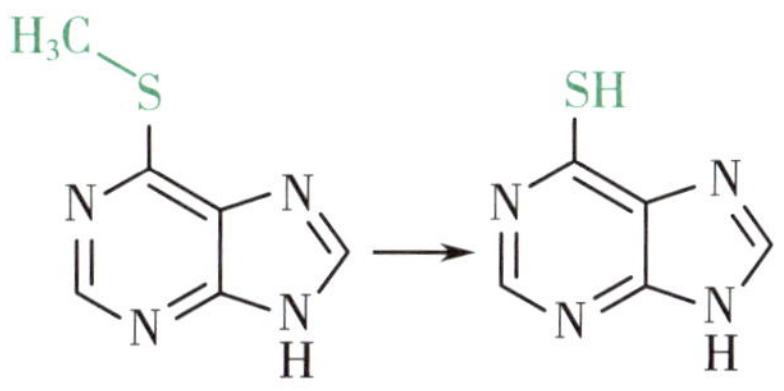

6–甲巯嘌呤　　　　巯嘌呤

2. S- 氧化反应　黄素单加氧酶（flavin-containing monooxygenase，FMO）催化氧化杂原子 N 和 S，但不能催化杂原子的脱烷基化反应。在 FMO 催化下，含硫原子的药物通常被氧化生成亚砜，亚砜还会被进一步氧化生成砜。

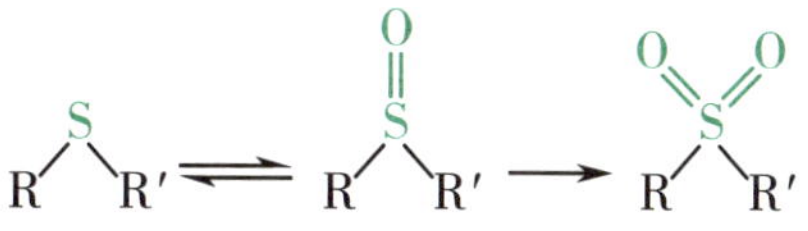

例如，抗精神失常药硫利达嗪（thioridazlne），经氧化代谢后生成亚砜化合物，美索哒嗪（mesoridazine），其抗精神失常活性比硫利达嗪高 1 倍。

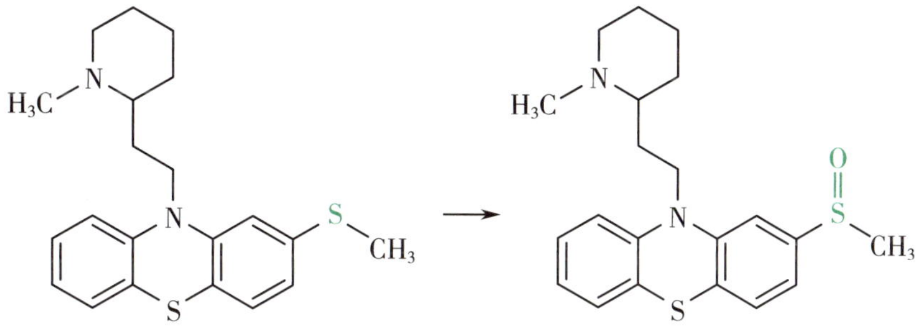

硫利达嗪　　　　　　　　　　　　美索哒嗪

驱虫药阿苯达唑（albendazole）经氧化代谢，生成亚砜化合物，其生物活性均比氧化代谢前提高。

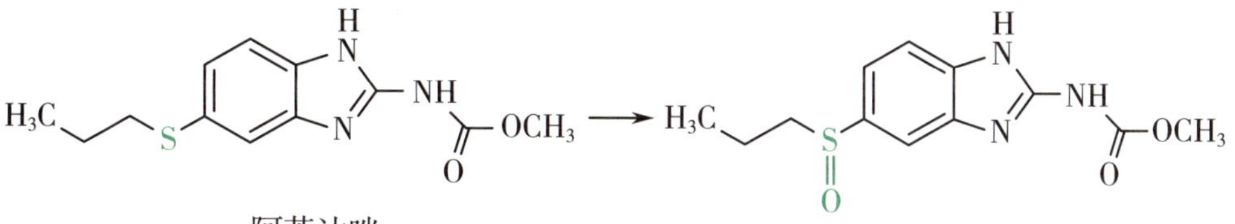

阿苯达唑

免疫抑制剂奥昔舒仑（oxisuran），含亚砜结构，经代谢生成相应的砜化合物。

奥昔舒仑

3. 氧化脱硫 氧化脱硫反应主要是指对碳 - 硫双键和磷 - 硫双键的化合物经氧化代谢后生成碳 - 氧双键和磷 - 氧双键。例如，硫喷妥（thiopental）经氧化脱硫生成戊巴比妥（pentobarbital）。

硫喷妥　　　　　　　　戊巴比妥

（六）醇和醛的氧化

结构中含有羟基、醛基的药物在体内醇脱氢酶和醛脱氢酶的催化下被氧化，得到相应的羰基化合物。大部分伯醇在体内很容易被氧化生成醛，但醛不稳定，在体内醛脱氢酶的催化下进一步氧化生成羧酸；仲醇可被氧化生成酮，也有不少仲醇不经氧化而和叔醇一样经结合反应直接排出体外。

乙醇在体内经氧化生成乙醛和乙酸，乙酸是乙醇体内代谢的最终产物及排泄形式。当体内代谢生成的乙醛当大量积聚时，会和体内蛋白质等生物大分子反应生成加成物，减弱酶及蛋白质的功能，引起细胞毒性；此外，还会引起肝脏毒性及细胞膜的脂质过氧化。

甲醇的代谢速度比乙醇慢。甲醇进入体内后，被代谢生成甲酸，几乎检测不到血中甲醛的存在。甲酸的大量聚集，可导致酸中毒及视神经损伤，使眼睛失明。

催化伯醇氧化生成醛的醇脱氢酶是双功能酶，既能催化伯醇氧化生成醛，也会催化醛还原生成醇。该反应的平衡和 pH 有关，pH 较高（约 pH = 10）条件下有利于醇的氧化；生理 pH 条件下有利于醛的还原。由醛氧化生成羧酸是一个降低能量的过程，因此，在体内的醛几乎全部氧化生成羧酸，只有很少一部分醛被还原生成醇。

三、还原反应

还原反应在药物代谢中也起着非常重要的作用。还原反应主要发生于药物结构中的羰基、硝基、偶氮基等功能基。大多数情况下，药物经代谢生成相应的羟基、氨基化合物，提高了极性，有利于第Ⅱ相结合反应的进行。

（一）羰基的还原

酮羰基是药物结构中常见的基团，酮在体内难于被氧化，通常在体内经酮还原酶的作用,生成仲醇。由于醛类易于氧化,因此,醛很少被还原为伯醇。脂肪族和芳香族不对称酮羰基在酶的催化下,立体专一性还原生成一个手性羟基。例如,降血糖药乙酸己脲（acetohexamide）经代谢后以生成 S-(−)- 代谢物;镇痛药 S-(+)- 美沙酮（methadone）经代谢后生成 3S.6S-α-(−)- 美沙醇。

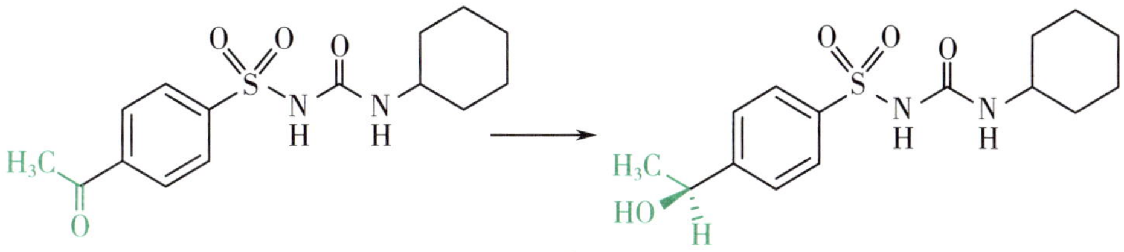

乙酸己脲

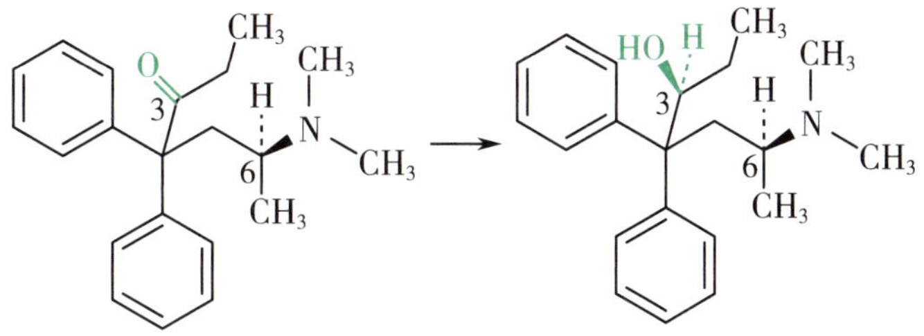

美沙酮

（二）偶氮和硝基化合物的还原

肝微粒体包含偶氮和硝基化合物还原成伯胺的还原酶系统。许多偶氮化合物都能通过肝微粒体中的偶氮还原酶转化为伯胺。例如,抗溃疡性结肠炎药物柳氮磺吡啶（sulfasalazine）被还原生成磺胺吡啶（sulfapyridine）和 5- 氨基水杨酸（5-aminosalicylic）;硝基化合物,如氯霉素（chloramphenicol）,在硝基还原酶的催化下,生成亚硝基、羟胺等中间体,再生成芳香伯胺。

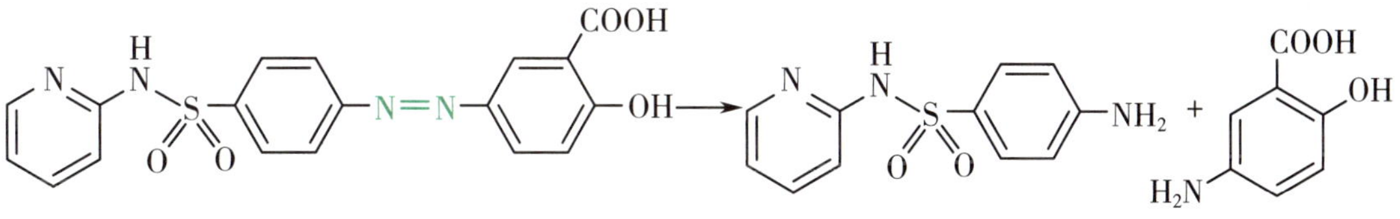

柳氮磺吡啶   磺胺吡啶   5–氨基水杨酸

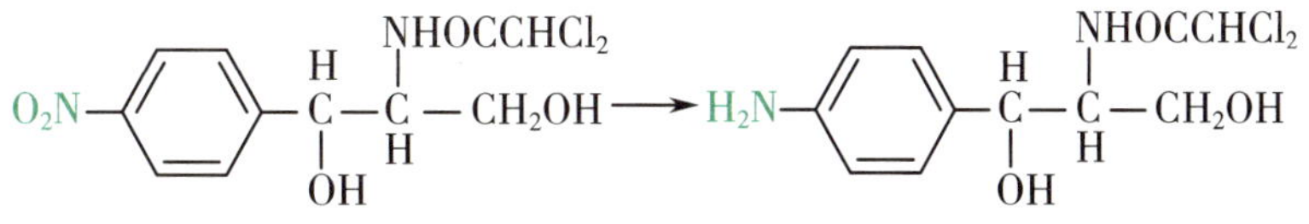

氯霉素

四、水解反应

水解反应是具有酯和酰胺类药物在体内代谢的主要途径,主要反应物包括有机酸酯、无机酸酯（如硝酸酯、硫酸酯）以及酰胺,在酶的催化下代谢生成相应的酸及醇或胺。

$$R-COO-R' \longrightarrow R-COOH + R'-OH \qquad R-ONO_2 \longrightarrow R-OH + HNO_3$$

$$R-OSO_3H \longrightarrow R-OH + H_2SO_4 \qquad R-CONHR' \longrightarrow R-COOH + R'-NH_2$$

酯和酰胺的水解反应可以在羧酸酯酶的催化下进行,这些酶主要分布在血液、肝脏微粒体、小肠、肾脏及其他组织中,也可以在体内酸或碱的催化下进行非酶的水解。

羧酸酯酶包括胆碱酯酶(cholinesterases)、芳基羧酸酯酶(arylcarboxylesterases)、肝微粒体羧酸酯酶(liver microsomal carboxylesterases)等。胆碱酯酶催化水解琥珀胆碱(succinylcholine)、普鲁卡因(procaine)及阿司匹林(aspirin)。具有立体位阻的酯水解较慢,在尿中能发现其原型药物,例如,大约 50% 剂量的阿托品(atropine)以原形从尿中排泄。

琥珀胆碱

阿司匹林   阿托品

按照一般规律,酰胺比酯稳定,较难水解,因此,酰胺大部分以原药形式排出。例如,普鲁卡因(procaine)可在体内很快被水解,而普鲁卡因胺(procainamide)水解速度较慢,约有 60% 的药物以原形从尿中排出。体内酯酶水解有时具有一定选择性,有些水解脂肪族酯基,有些只水解芳香羧酸酯。例如,可卡因(cocaine)在体内水解脂环羧酸酯基,不水解芳香羧酸酯基。

普鲁卡因   普鲁卡因胺

可卡因

第二节 药物的结合反应

药物分子或经体内代谢的官能团化反应后的代谢物中的极性基团,可在酶的催化下将内源性的机体小分子如葡萄糖醛酸、硫酸、氨基酸、谷胱甘肽等结合到药物分子中或第Ⅰ相的药物代谢产物中。这一过程称为结合(轭合)反应(conjugation reaction),又称Ⅱ相生物转化(phase Ⅱ biotransformation)。通过结合使药物去活化以及产生水溶性的代谢物,有利于从尿和/或胆汁中排泄。该过程是药物失活和消除的重要过程。

结合反应分两步进行,首先是内源性的小分子物质被活化,变成活性形式,然后经转移酶(transferases)的催化与药物或药物在第Ⅰ相的代谢产物结合,形成代谢结合物。药物或其代谢物中被结合的基团通常是羟基、氨基、羧基、杂环氮原子及巯基。对于有多个可结合基团的化合物,可进行多种不同的结合反应,如对氨基水杨酸(p-aminosalicylic acid)。

一、葡萄糖醛酸结合反应

药物和葡萄糖醛酸的结合反应(glucuronic acid conjugation)是药物代谢中最普遍的结合反应,生成的结合产物含有可解离的羧基和多个羟基,易溶于水和排出体外。

葡萄糖醛酸通常是以活化型的尿苷 -5′- 二磷酸 -α-D- 葡萄糖醛酸(uridine-5′ diphospho-α-D-glucuronic acid,UDPGA)作为辅酶存在,在尿苷二磷酸葡萄糖醛酸转移酶(UDP-glucuronyltransferase,UGT)的催化下,使葡萄糖醛酸和药物或代谢物结合。在 UDPGA 中葡萄糖醛酸以 α- 糖苷键与尿苷二磷酸相连,而形成葡萄糖醛酸结合物后,则以 β- 糖苷键结合,这是因为反应机理是亲核取代反应,使构象反转。几乎所有的官能团都能与葡糖醛酸结合,葡萄糖醛酸结合反应的产物可分为 O-、N-、S- 和 C- 葡萄糖醛酸(图 3-3)。

UDPGA

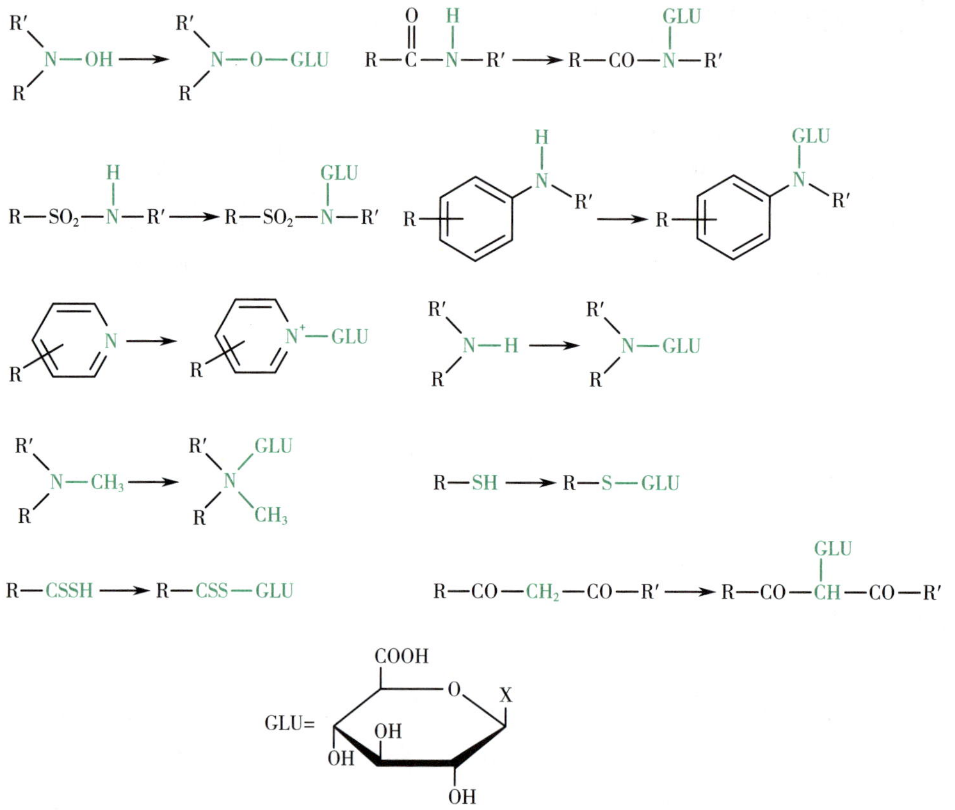

图 3-3 主要的葡萄糖醛酸结合反应

例如,在尿苷二磷酸葡萄糖醛酸转移酶(UGT)的催化下,对乙酰氨基酚(acetaminophen)可发生 O-葡萄糖醛酸苷化反应;布洛芬(ibuprofen)能形成酯化的葡萄糖醛酸;对氨基水杨酸(p-aminosalicylic acid)形成 N-葡萄糖醛酸。

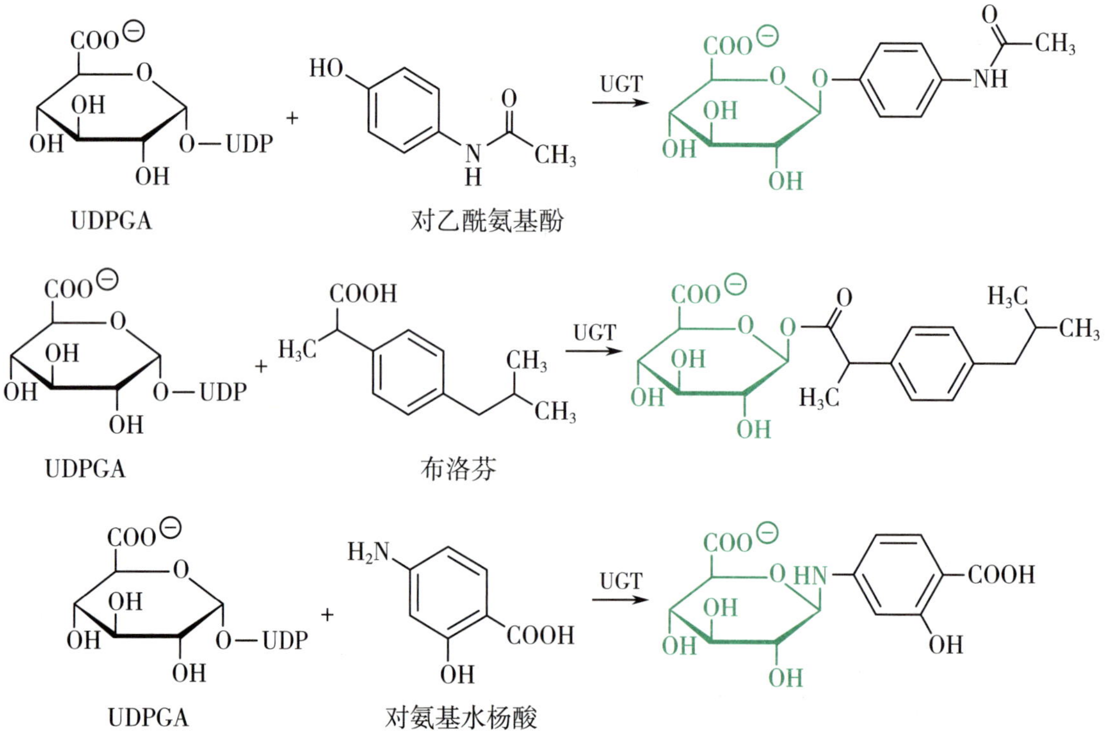

含有 1,3- 二羰基结构的化合物,例如,保泰松(phenylbutazone)能形成 C- 葡萄糖醛酸,1,3- 二羰基结构中的亚甲基的酸性决定了形成 C- 葡萄糖醛酸的程度。吗啡分子中有酚羟基和仲醇基,分别与葡萄糖醛酸结合,生成的 3-O- 葡萄糖醛酸苷是弱的阿片受体拮抗剂;生成的 6-O- 葡萄糖醛酸苷是强的阿片受体激动剂,镇痛活性比吗啡强 45 倍。

保泰松-C-葡萄糖醛酸苷   吗啡-3-O-葡萄糖醛酸苷

吗啡-6-O-葡萄糖醛酸苷

N- 葡萄糖醛酸代谢物由酰胺、磺酰胺、芳香胺、吡啶、脂肪胺与葡萄糖醛酸结合生成。例如,卡马西平(carbamazepine)可发生酰胺类 N- 葡萄糖醛酸苷化反应;苯妥英(phenytoin)的 3 位发生酰胺类 N- 葡萄糖醛酸苷化反应。磺酰胺类抗菌药磺胺二甲氧嘧啶(sulfadimethoxine)通过 N- 葡萄糖醛酸苷化反应生成 N- 葡萄糖醛酸代谢物水溶性提高,不会有在肾脏析出结晶的危险。

卡马西平   苯妥英   磺胺二甲氧嘧啶

尼古丁分子中吡啶环上的氮生成 N- 葡萄糖醛酸代谢物;曲吡那敏(tripelennamine)、丙咪嗪分子中的叔胺能形成季胺 N- 葡萄糖醛酸苷。

尼古丁N–葡萄糖醛酸苷　　曲吡那敏N–葡萄糖醛酸苷　　丙米嗪N–葡萄糖醛酸苷

新生儿由于尿苷二磷酸葡萄糖醛酸转移酶（UGT）活性尚未发育成熟，会导致药物在体内聚集产生毒性。如新生儿在使用氯霉素时，由于氯霉素和葡萄糖醛酸不能形成结合物而排出体外，导致药物在体内聚集，引起"灰婴综合征"。

二、硫酸酯化结合反应

硫酸酯化结合（sulfonation conjugation）是在磺基转移酶（sulfotransferase）催化下，把3′-磷酸腺苷-5′-磷酰硫酸酯（3′-phosphoadenosine-5′-phosphosulfate，PAPS）中的活泼硫酸基转移到底物分子上，形成硫酸酯。参与硫酸酯化反应的基团主要有羟基、氨基和羟氨基。

PAPS

醇类化合物形成的硫酸酯稳定性不同，内源性甾醇类药物能形成稳定的硫酸酯。酚羟基可形成稳定的硫酸酯，但因为机体的硫酸源较少，且硫酸酯酶的活性强，形成的硫酸结合物易于分解，故与硫酸结合的药物不如与葡萄糖醛酸结合的普遍。

酚羟基具有较高的亲和力可形成稳定的硫酸酯，脂肪醇羟基不易硫酸化，且形成的硫酸酯易水解为起始物。例如，支气管扩张药沙丁胺醇（salbutamol），结构中有三个羟基，其中只有酚羟基形成硫酸酯化结合物。

沙丁胺醇

芳香羟胺和羟基酰胺是磺基转移酶较好的底物，形成磺酸酯后，N—O 极易分解断裂生成的氮正离子，具有较高的亲电性，引起肝脏毒性和致癌性。例如，解热镇痛药非那西丁（phenacetin）在体内经官能团化反应的代谢物，经硫酸化结合反应形成磺酸酯，与生物大分子结合，引起肝、肾毒性。

非那西丁

三、氨基酸结合反应

氨基酸结合反应（conjugation with amino acid）是羧酸类药物的重要代谢途径。在与氨基酸的结合反应中，甘氨酸是最常见的氨基酸，它能与芳酸、芳烷酸及杂环羧酸结合形成水溶性的结合产物；这些甘氨酸结合物往往较羧酸类原药毒性小，易于从尿或胆汁排出。

羧酸类药物首先与三磷酸腺苷（ATP）和辅酶 A（CoA）在乙酰合成酶（acyl synthetase）的作用下被活化形成辅酶 A 硫酯，再在 N- 酰基转移酶（transacetylase）催化下，将酰基转移到氨基酸的氨基上，形成氨基酸结合物。

$$R—COOH + ATP + CoA \xrightarrow{\text{乙酰合成酶}} R—CO—S—CoA + AMP$$

$$R—CO—S—CoA + R'—NH_2 \xrightarrow{\text{酰基转移酶}} R—CO—NH—R' + CoASH$$

例如，苯甲酸（benzoic acid）与甘氨酸发生结合反应，生成马尿酸（hippuric acid）。

苯甲酸   马尿酸

抗组胺药溴苯那敏（brompheniramine）经 I 相生物转化形成的羧酸代谢物与甘氨酸反应，形成甘氨酸结合物。

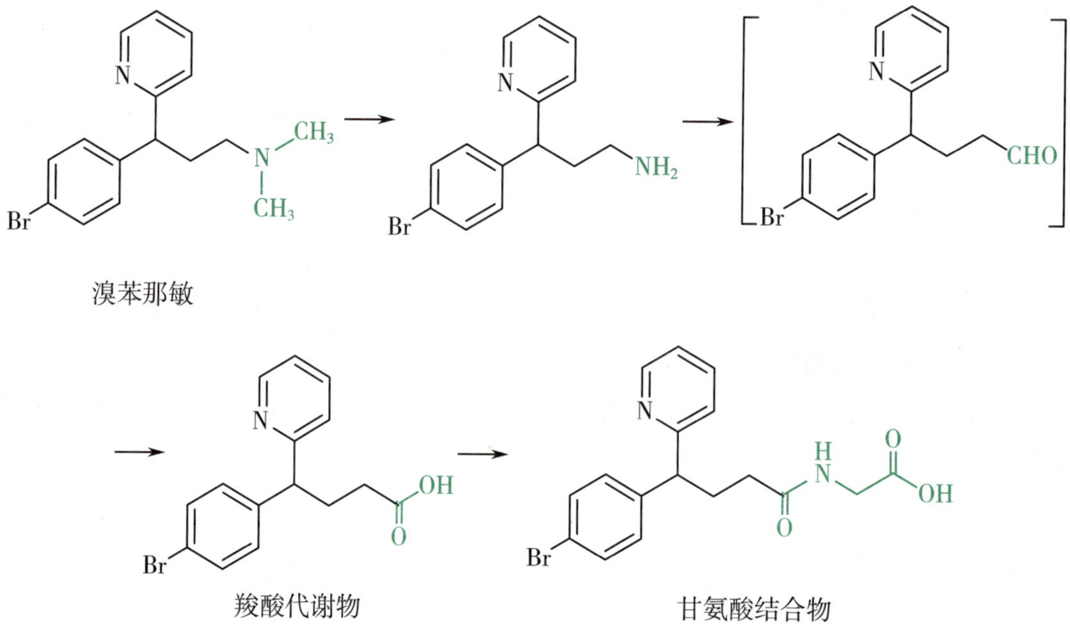

溴苯那敏

羧酸代谢物　　　　　　　　　　　甘氨酸结合物

四、辅酶 A 结合反应

　　羧酸类化合物在乙酰辅酶 A 合成酶（acyl CoA synthetase）催化下,通过形成乙酰辅酶 A 硫酯可被生物活化。2- 芳基丙酸类（洛芬类）是非甾体抗炎药（NSAID）中的一大类,其抗炎活性（抑制环氧酶）与 S-（ + ）- 异构体有关,R-（ - ）- 异构体无抗炎活性。2- 芳基丙酸类在体内的代谢是单向手性转化,使 R-（-）异构体转化为 S-（ + ）异构体（图 3-4）,手性转化过程中 2- 芳基丙酸 - 酰基

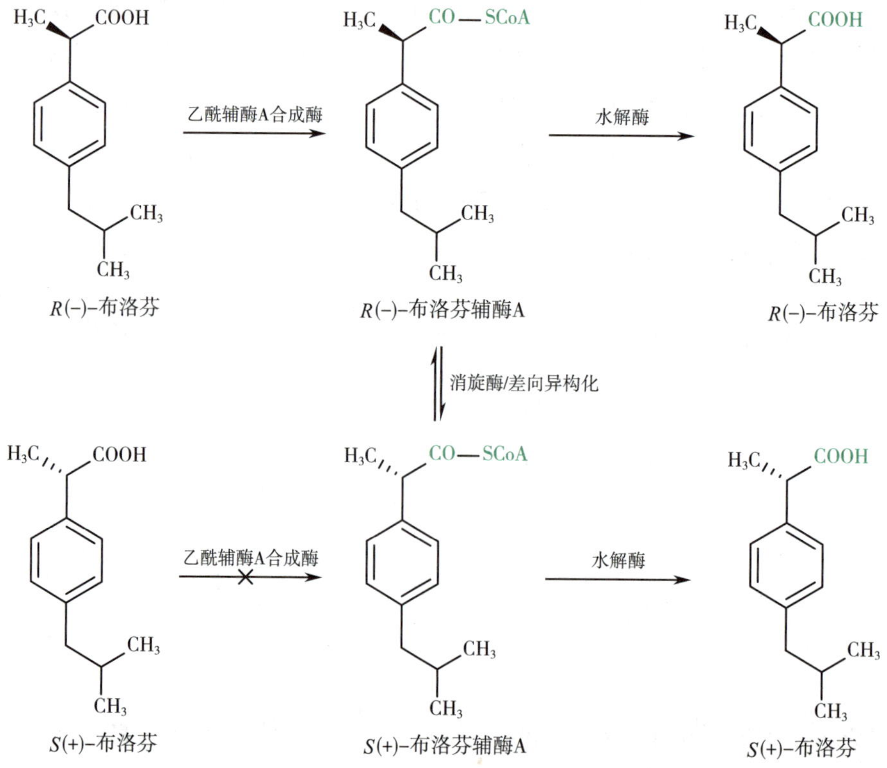

图 3-4　R-（-）布洛芬向 S-（ + ）布洛芬转化过程

辅酶 A 硫酯是关键中间体,该硫酯的形成对无活性的 R- 异构体有立体选择性。消旋体布洛芬在体内能通过酰基辅酶 A 硫酯的形成、差向异构化和水解反应,代谢转化生成活性更好的 S- 异构体。R- 构型布洛芬向 S- 构型布洛芬的单行转化是由于立体选择性地形成 R- 布洛芬 - 辅酶 A 硫酯,而差向异构化和水解反应没有立体选择性;在体内,S-(+)布洛芬并不形成其 CoA 硫酯。

五、谷胱甘肽结合反应

谷胱甘肽(glutathione,GSH)是由谷氨酸、半胱氨酸和甘氨酸组成的三肽,结构中半胱氨酸的巯基具有强的亲核性,可与高亲电性的化合物,或者被代谢为高亲电的化合物结合形成 S- 取代的谷胱甘肽结合物。如果谷胱甘肽没有截获这些反应活性化合物,细胞内的亲核性物质与这些亲电性代谢物发生反应则会产生毒性。亲电性物质含有的官能团可发生 S_N2 反应(与卤代烷、环氧化物和芳香卤代物的反应)、共轭加成反应(与羰基共轭的双键或三键的加成反应)和还原反应(如二硫化物和自由基)。谷胱甘肽 S- 转移酶(glutathione S-transferase)催化上述反应,如果没有酶的催化,反应速率较低。

由于谷胱甘肽结合物具有两亲性和大的分子量,所以很少从尿液排出,而是从胆汁排出。但是,更普遍的情况是谷胱甘肽结合物不排出体外,而是进一步发生代谢,最终生成 N- 乙酰基 -L- 半胱氨酸(又称硫醚氨酸)衍生物排出体外。谷胱甘肽结合物在谷氨酰转肽酶(glutamyl transferase)催化下生成半胱氨酰甘氨酸结合物(cysteinylglycine conjugate),由半胱氨酰甘氨酸二肽酶(cysteinylglycine dipeptidase)催化生成半胱氨酸结合物(cysteine conjugate),再在 N- 乙酰基转移酶(N-acetyltransferase)催化下,生成硫醚氨酸结合物(mecapturic acid conjugate)。

谷胱甘肽(GSH)与丙烯醛(acrolein)、硝酸甘油(nitroglycerin)、苄氯(benzyl chloride)和苯乙烯环氧物(styrene oxide)发生结合反应生成相应的谷胱甘肽结合物(见图 3-5)。

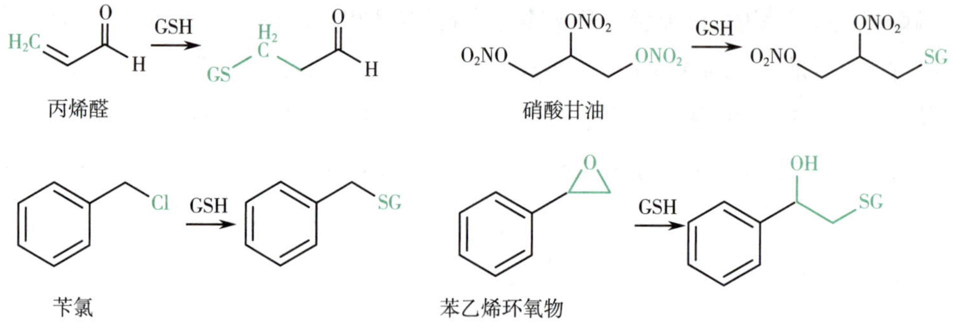

图 3-5 谷胱甘肽结合反应实例

六、乙酰化结合反应

乙酰化（acetylation）是以乙酰辅酶 A（acetylcoenzyme A）作为辅酶，在 N- 乙酰基转移酶（N-aceyltransferase）催化下，乙酰基转移到氨基或羟基官能团上。

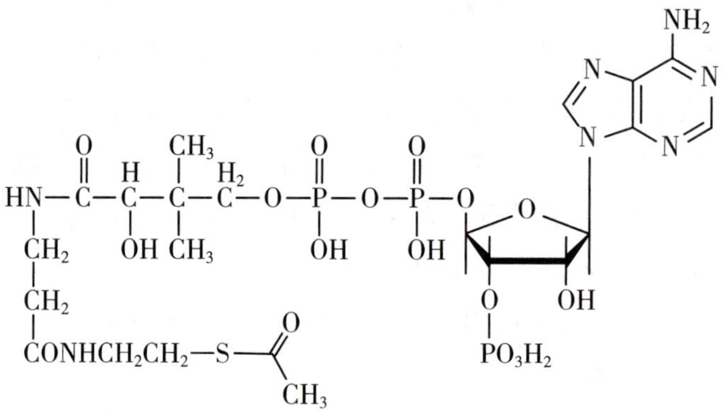

乙酰辅酶A

乙酰化是含有伯氨基的外源性化合物代谢的一条重要途径（图 3-6）。脂肪族伯胺和仲胺很少进行乙酰化反应，即使进行，结合率也比较低；大多数芳香伯胺易进行乙酰化反应；芳香羟胺也能进行乙酰化反应，主要产物是 O- 乙酰化物，虽然也会产生 N- 乙酰化物，但由于会发

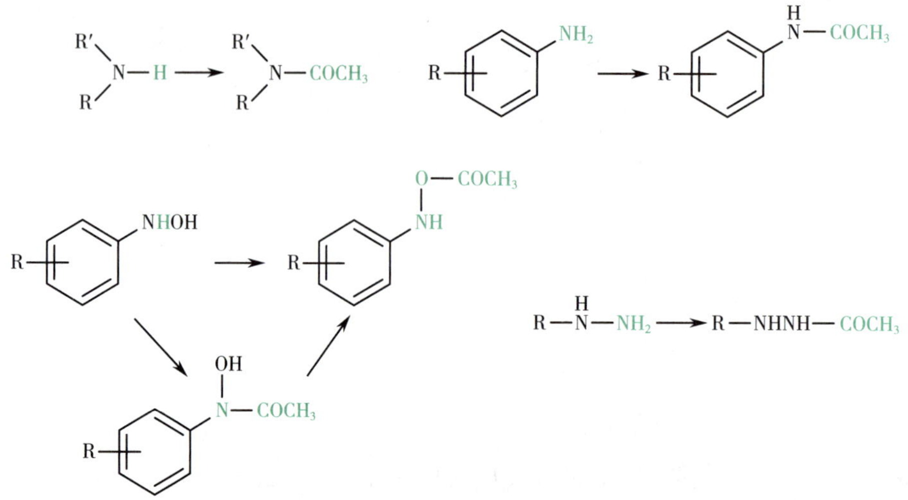

图 3-6　含伯氨基化合物的乙酰化反应

生分子内 N, O- 乙酰基转移，因此芳香羟胺 N- 乙酰化物也会在体内转变为 O- 乙酰化物；肼或酰肼亦能发生 N- 乙酰化反应。

例如，对氨基水杨酸（para-aminosalicylic acid）、异烟肼（isoniazid）和肼屈嗪（hydralazine）均能发生 N- 乙酰化反应。

| 对氨基水杨酸 | 异烟肼 | 肼屈嗪 |

七、甲基化结合反应

在药物代谢中，甲基化（methylation）是比较次要的结合途径，但在内源性化合物（如肾上腺素）的生物合成中，在内源性胺类化合物（如去甲肾上腺素、多巴胺、5- 羟色胺和组胺）的代谢中，以及在调节生物大分子（如蛋白质和核苷酸）的活性过程中，甲基化都是非常重要的。伯胺和仲胺的 N- 甲基化反应在体内一般很少发生，因为生成的甲基胺很容易被氧化脱甲基；杂环氮原子，如咪唑和组胺的吡咯氮原子，易被 N- 甲基化。吡啶环中的氮原子发生甲基化后形成季铵，较稳定，不易发生 N- 脱甲基化反应，而且极性和亲水性增加，易于代谢。

甲基化反应是在甲基转移酶（methyltransferase）的作用下以 S- 腺苷 -L- 甲硫氨酸（S-adenosyl-L-methinnine，SAM）为辅酶进行的反应。

SAM

甲基转移酶，例如，儿茶酚 -O- 甲基转移酶（catechol-O-methyltransferase，COMT）催化儿茶酚发生 O- 甲基化，生成 O- 单甲基化的儿茶酚代谢产物。β- 肾上腺素能受体激动剂异丙肾上腺素（isoproterenol）甲基化代谢反应是区域选择性地在 C-3 位羟基发生甲基化。另一个 β_2-肾上腺素能受体激动剂特布他林（terbutaline），虽然结构与异丙肾上腺素相似，但两个羟基处于间位，不能发生甲基化。茶碱可发生 N- 甲基化反应生成咖啡因。该反应在成年人体内不会发生，但会在新生儿体内发生（茶碱给药量的 5%～10%）并产生副作用。

异丙肾上腺素　　　　　　　　　特布他林

茶碱　　　　　　　　咖啡因

第三节　药物代谢与新药研发

　　药物的化学结构及人体生理环境因素影响药物的代谢，而药物代谢与药效学、毒理学关系密切。在药物设计和新药研发过程中，寻找对目标受体有高亲和力的配体时，除了综合利用构效关系信息外，为了优化治疗指数，还必须考虑候选药物的代谢和毒理学特性。在新药研究和开发的早期阶段，要尽早研究活性化合物的代谢，探索可能发生代谢的部位，推测可能发生的反应，预估可能出现的代谢物。分离和鉴别代谢过程中出现的中间体，并研究代谢物的药理和毒理性质，在临床前和早期临床研究期间，通过对药物代谢的研究，了解获得药代动力学数据，为大规模临床研究作好准备。因此对药物化学家来讲，通过对药物代谢原理和规律的认识，了解药物在体内可能的代谢过程及产物，对合理设计新药、指导新药研究和开发具有至关重要的作用。

一、药物代谢与毒副作用

　　药物代谢是指药物在酶催化下的生物转化。许多药物具有与内源性物质相似的结构，因此药物分子既能被非特异性酶催化代谢，也能被特异性催化内源性底物的酶代谢。大部分药物要在肝脏及肝外组织代谢酶的催化下，进行生物转化成为亲水性的代谢物排出体外。在某些情况下，特别是经过氧化代谢后，许多化疗药物生成活性代谢物与生物大分子如蛋白质、核酸进行共价结合，导致基因突变，产生细胞毒性和致癌性。因此，研究药物的生物转化和生物活性对评估药物的安全性至关重要。

　　对药物在各种哺乳动物种属中的解毒和毒性作用的研究表明，不同动物对毒性作用的敏感性有差异,这种差异是由于种属之间同工酶及细胞色素 P450 单加氧酶的基因不同造成的。细胞色素 P450 酶系的表达水平受诸多因素,如遗传、各种内源性物质(激素)、性别、年龄、疾病等调控。因此,进行药物研究开发时不要忽视人们在遗传和代谢方面的差异,避免药物产生各种不良反应。

药物不再被认为是发挥药理作用后即可被排出体外的化学稳定的实体,药物在肝脏、肾、肺和其他组织中酶的催化下发生各种化学变化,使其药理活性、作用时间和毒性发生改变。因此,药物的药理和毒理活性在很多方面是代谢的结果。

药物代谢的研究对评价药物的疗效、安全性和设计剂量具有重要作用。药物代谢是许多毒性(如致癌性、致畸性和组织损伤)产生的基础。通常情况下,参与药物代谢的酶也调节和代谢内源性物质,所以,药物对这些酶的抑制和诱导作用对正常的代谢过程也有重大作用。

熟悉药物的代谢机制经常可以预测药物 - 药物相互作用、药物 - 食物相互作用,也有利于解释药物的副作用。

药物产生毒性特别是慢性毒性的主要原因是药物经生物转化成为具有反应活性的代谢中间体。通过结构 - 毒性关系(structure-toxicity relationship)研究阐明药效和药代动力学机制,对优化药物结构、降低药物毒性具有重要作用。

活化毒性基团的官能团化反应主要包括氧化生成亲电中间体或还原生成亲核自由基,这些亲电或亲核中间体与生物大分子作用产生急性或非急性的机体损伤。因此了解常见毒性基团及毒性反应对指导化合物结构优化及新药研发具有重要意义。

在化学治疗药物(如抗菌药或抗癌药)中,有相当一部分药效团具有毒性,即毒性基团(toxicophore)。作用于组织、器官(除肿瘤外)的药物应避免含有毒性基团或潜在的毒性基团(在体内转化生成毒性基团)。毒性的出现可能是代谢物或活性中间体通过烷化反应和氧化反应与生物大分子相互作用的结果。

体内一些生物转化也有可能产生毒性基团,如对乙酰氨基酚(acetaminophen)在给药剂量很高(约 250mg/kg)时,在细胞色素 P450 单氧化酶氧化催化下,产生的代谢物 N- 乙酰对苯醌亚胺(N-acety1-p-benzoquinone imine, NAPQI),与谷胱甘肽结合,使这些毒性代谢物解毒。当肝脏的谷胱甘肽被耗竭,不能使毒性代谢物失活的时候,N- 乙酰对苯醌亚胺会与组织大分子发生迈克尔加成反应形成共价结合物,从而表现出肝脏毒性。

对乙酰氨基酚 N-乙酰对苯醌亚胺   谷胱甘肽结合物   细胞大分子结合物

己烯雌酚(diethylstilbestrol)的主要代谢产物是双键的环氧化,代谢产物是亲电试剂,具有毒性。黄曲霉毒素 B_1(aflatoxin B_1)分子中的二氢呋喃环的双键未参与共轭是孤立双键,被 CYP 代谢成环氧化物,与 DNA 的亲核基团结合,是引起肝癌的致癌机理。

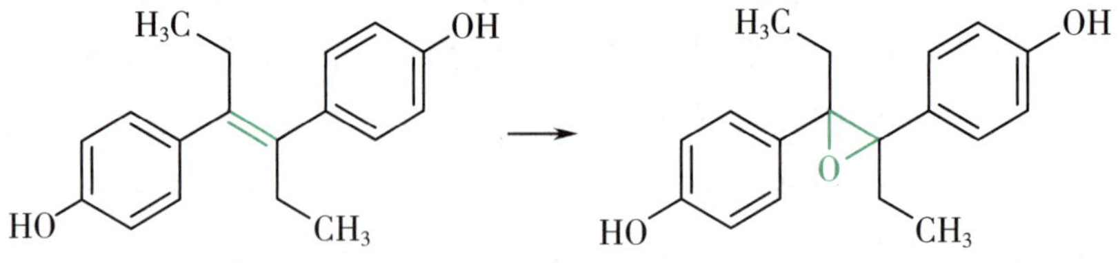

己烯雌酚

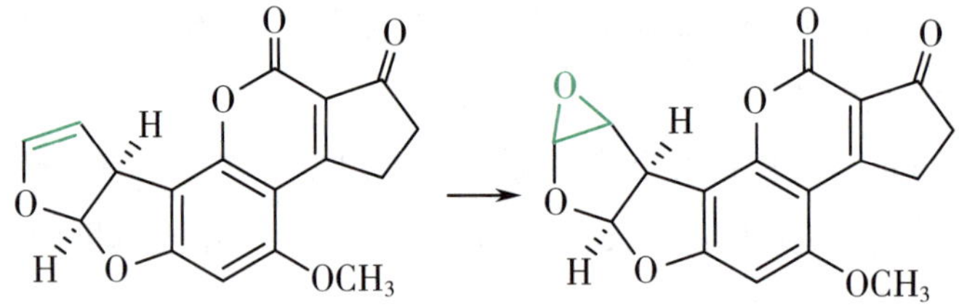

黄曲霉毒素B_1

芳香族硝基化合物被还原生成伯胺的生物转化过程中,产生硝基自由基阴离子、亚硝基衍生物、硝酰基游离基和羟胺等中间体,如图 3-7 所示,其中羟胺可导致高铁血红蛋白血症。硝基自由基阴离子、亚硝基衍生物或酯化羟胺与细胞内大分子结合可能引起致突变和致癌。如氯霉素(chloramphenicol)结构中芳香环上的对位硝基是引起再生障碍性贫血的主要基团。

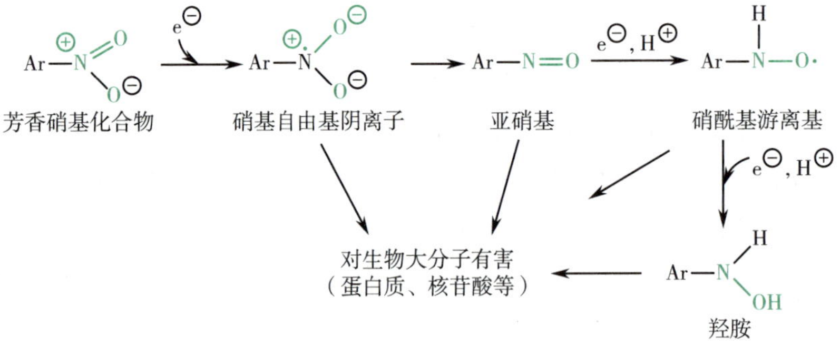

图 3-7 硝基苯的还原生物转化

具有毒性作用的基团一般是亲电基团,含有一个缺电子(带部分或全部正电荷)的部分。这使它能在生理条件下与体内核酸、蛋白质或其他重要成分中的亲核中心发生取代反应,使这些成分发生不可逆的损伤,表现为毒性、致突变或致癌等作用。抗肿瘤药物往往含有亲电基团,这是它们能够抑制杀伤肿瘤细胞的原因,也往往是它们产生毒副作用的原因。如含有氮芥基团的生物烷基化剂环磷酰胺(cyclophospamide)、含有 N- 亚硝基脲基团的卡莫司汀(carmustine)和含有磺酸酯基的白消安(busulfan)等抗肿瘤药物在治疗肿瘤的同时产生了骨髓抑制和肾毒性等作用。

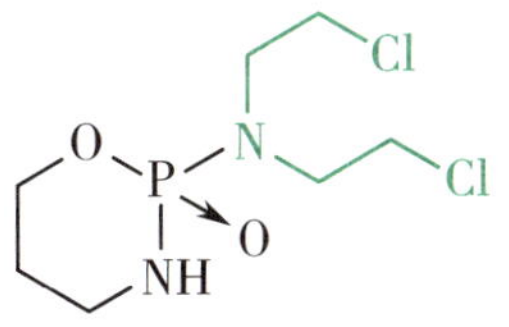

环磷酰胺 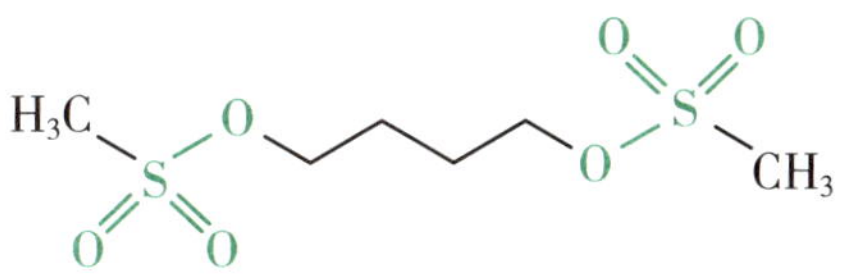 白消安 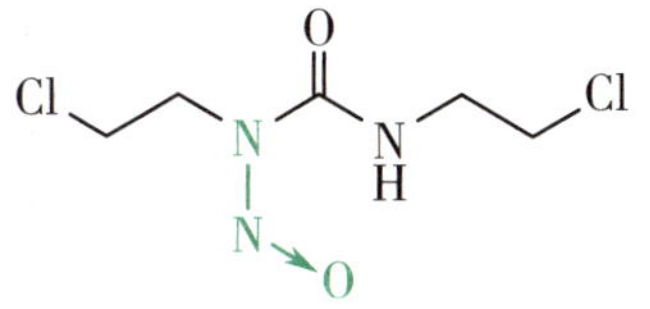 卡莫司汀

在药物设计中熟悉毒性基团及其毒性反应是必需的,但要知道含有毒性基团的化合物并不是一定会出现毒性,因为有许多因素可决定该化合物是有毒还是无毒。这些因素是:①底物分子的性质将会增加或降低其毒性作用和去毒性作用途径的反应活性。②毒性代谢反应的同时,总会竞争性地存在一系列的去毒性反应,去毒性反应会抑制毒性代谢物的生成。③活性代谢物的反应活性和半衰期决定其作用部位以及决定其能否到达该敏感部位。④剂量、速率、给药途径都是影响毒性反应的重要因素。⑤总之,存在着最基本的机制来修复组织损伤,去除损伤组织以及生成新的组织。总而言之,毒性基团的存在不是能观察到毒性的充分条件;因为可能存在其他的毒性发生机制,例如,许多溶剂引起的急性毒性,所以,毒性基团的存在也不是出现毒性的必要条件。

二、药物代谢与生物活性

药物在酶的催化下进行生物转化,通常导致药理活性丧失。有一些药物经药物代谢生成活性代谢物,从而发挥更好的治疗作用。例如,百浪多息(prontosil)在体内经代谢生成具有抗菌活性的磺胺。在某些情况下,代谢产物与原药有相同的生物活性。例如,抗抑郁药丙米嗪(imipramine)经 N- 去甲基化反应生成去甲丙米嗪(地昔帕明,desipramine);抗焦虑药地西泮(diazepam)经 N- 去甲基化反应生成去甲基地西泮(desmethyldiazepam)。

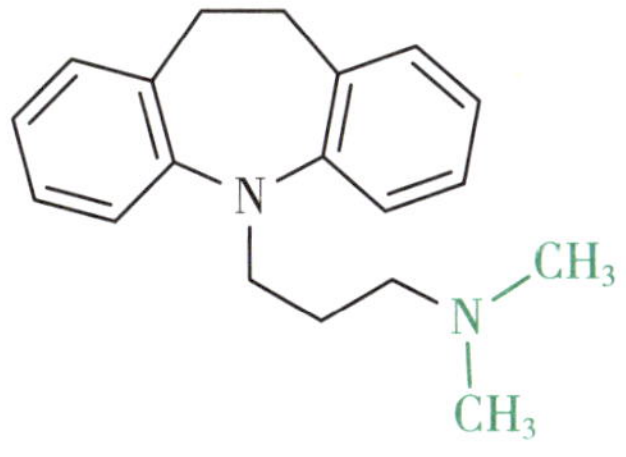

丙米嗪 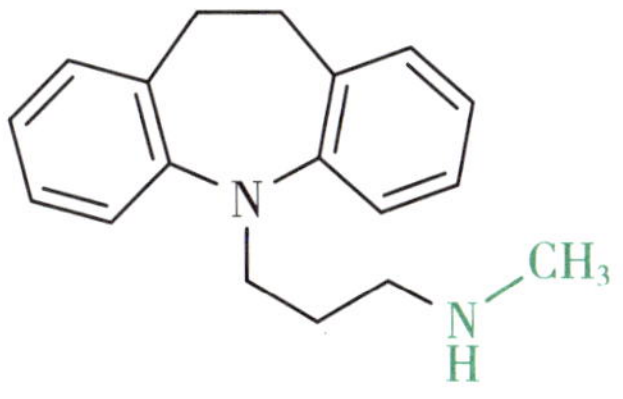 地昔帕明

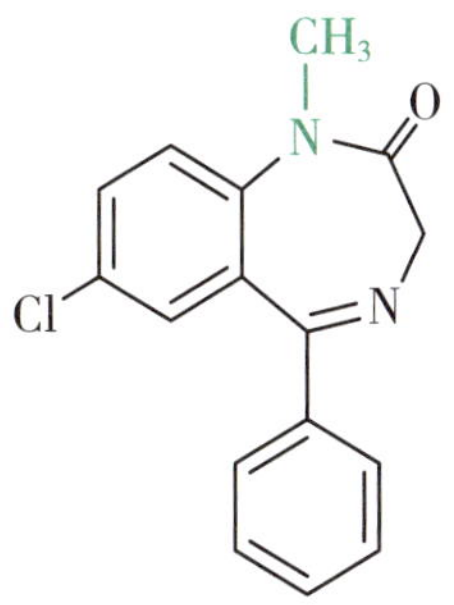

地西泮 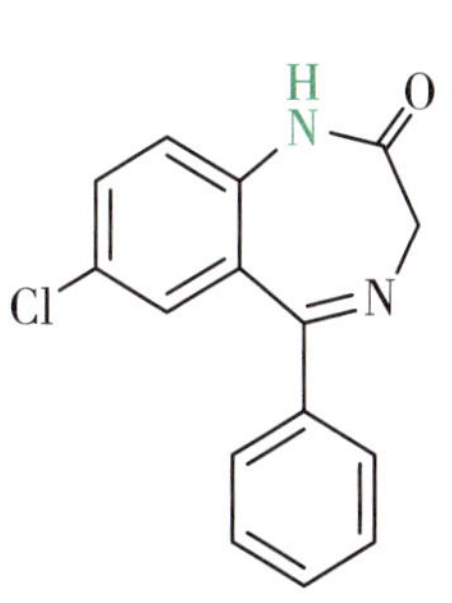 去甲基地西泮

在新药研究的过程中,可以通过对药物代谢产物的研究,进行先导化合物的结构优化,来

设计活性更好的化合物。例如，H_1 受体拮抗剂特非那定（terfenadine）与肝细胞色素 P450 酶抑制剂（如红霉素和酮康唑）合用时会导致心律失常，然而，其体内氧化代谢生成的含羧基的活性代谢物非索非那定（fexofenadine）没有导致心律失常的副作用。

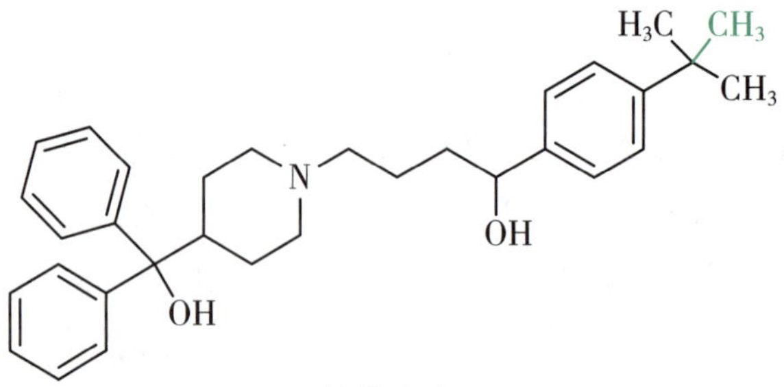

特非那定

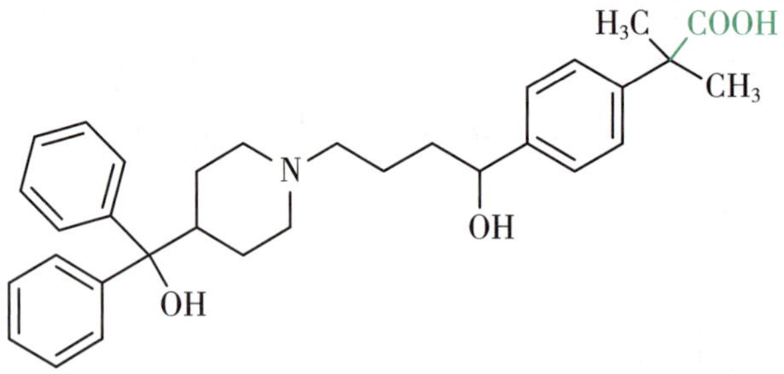

非索非那定

如果一个候选药物代谢过快，会因为其生物利用度低或作用时间太短而终止进一步开发；如果血浆半衰期太长，化合物不能被排出体外，即使毒性较小，积累起来也会产生严重问题。例如，在研发抗关节炎药塞来昔布（celecoxib）过程中发现，一个塞来昔布的氯代类似物对环氧酶 -2（COX-2）的选择性比塞来昔布高，但在犬血浆中的半衰期为 680 小时（芳香环的对位引入卤素原子可阻止芳环的氧化），这看似是个有利的性质，尤其对于关节炎这样的疾病，每天都需要服药。但是，该氯代类似物在各种组织中都有积蓄，导致肝毒性。为了缩短血浆半衰期，通过结构修饰，将其转变为一个更有可能被代谢而排出体外的化合物，即用电子等排体置换，将氯原子用甲基替换（甲基可被代谢为醇，然后氧化为醛和羧酸），得到塞来昔布，其半衰期为 9 小时（犬）和 10～12 小时（人），在人体内血浆达峰时间为 2 小时。

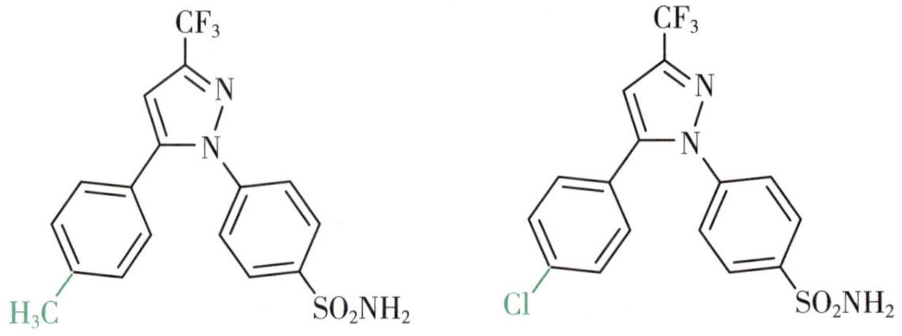

塞来昔布

氯代类似物

三、药物代谢与给药途径

口服给药时，药物通常经胃黏膜和肠黏膜吸收进入血液循环，经血液循环进入肝脏，发生第一次代谢。药物在进入体循环之前被肝脏酶代谢的过程称为首过效应（first pass effect）。首过效应有可能使药物完全失活。如果进入体内的药物大部分被代谢失活，为了达到所希望的药效，则需加大给药剂量或多次给药。有时可以通过改变给药途径，避免药物的首过效应。例如，抗心绞痛药硝酸甘油（nitroglycerin）舌下给药可绕过肝脏，经口腔吸收后直接进入体循环。硝酸甘油经线粒体中的醛脱氢酶转化为亚硝酸根离子，亚硝酸根离子被还原为一氧化氮，一氧化氮作为第二信使扩张血管。直肠给药，就是通过固体栓剂或液体灌肠剂的方式用药，通过直肠黏膜吸收。例如，治疗偏头痛药物麦角胺（ergotamine）即采用直肠方式给药。当需要快速引起治疗作用时，静脉注射作为最佳选择。静脉注射将药物直接注入体循环，快速呈现治疗效果，药物随血液循环全身的时间仅为 15～20 秒。如果药物较慢地被吸收或者药物在胃酸的作用下不稳定，可肌内注射较大剂量的药物。皮下注射是经皮下的结缔组织来输送药物。气体或高挥发性药物可采用呼吸道给药经肺部吸收。例如，抗哮喘药物异丙肾上腺素（isoproterenol）在小肠和肝脏中被代谢，如果采用气雾剂给药，药物可直接进入支气管发挥药效。在皮肤或黏膜表面局部给药，可以产生局部药效，只有很少的药物可以通过渗透进入皮肤。有些药物需经过结构修饰，才可使首过效应降低或避免首过效应。

硝酸甘油

麦角胺

异丙肾上腺素

第三章　目标测试

（赵桂森）

第四章　药物的化学结构修饰与新药研究开发

新药研究与开发是一项系统工程，涉及分子生物学、药物化学、药理学、药剂学等十几门学科甚至更多。而且有些研究工作虽属同一学科，却属不同领域，如临床前研究和临床研究都涉及药效学，但临床前为体外药效学，属于细胞层面的研究，而临床研究为体内药效学，包括动物体内和人体内药效学研究，两者属于不同的领域。即使是改变剂型的研究，也要涉及药物分析学、药代动力学、护理学、统计学等学科。

一个新药从发现到上市主要经过两个阶段，即新药发现阶段和开发阶段。新药发现（drug discovery）环节是药物研发活动的开始，具有浓厚的科研探索性质，旨在找到并确定针对某一疾病具有活性的先导化合物。新药发现通常分为四个阶段：靶分子的确定和选择、活性评价系统的建立、先导化合物（lead compound）的发现和先导化合物的优化。药物化学研究的重点是后两个阶段。一般而言，先导化合物的发现是新药研究的起始点。如何发现先导化合物，如何对其进行化学结构修饰以改善或改变其药物性质，是本章讨论的主要内容。

第一节　药物的化学结构修饰对药效的影响

为了明确药物的化学结构如何影响生物活性，不仅要了解药物产生药效的作用机制，还要了解药物分子及其理化性质如何影响药物药代动力学（pharmacokinetic），包括药物的吸收、分布、代谢、排泄和毒性（ADMET）及药效学（pharmacodynamic）。

为了设计更好的药物分子，必须评价药物分子中每一个官能团对分子的整体理化性质的影响，即进行构效关系（structure-activity relationship，SAR）研究，阐明具有什么样的结构特征能够增加分子的生物活性，具有什么样的结构特征能够降低分子的生物活性。

构效关系是药物化学研究的基本内容，相似的分子具有相似的生物活性，在一个分子中的官能团通常是以加合的方式影响该分子的理化性质及其生物活性。为了寻找更好的药物，必须确定在一个特定的结构中，哪些或哪个官能团对药物的药理活性最重要，如何对其修饰以致产生活性更强、选择性更高、更安全的药物。

可以设想，假如已经分离出一个天然产物，并将它命名为格列平。结构中有各种各样的官能团，下图中显示了可能与目标受体产生潜在相互作用的官能团。但实际上所有相互作用全部发生不太可能，所以有必要识别出哪些是能够发生的。通过合成类似物，去除或改变分子中的某一特定官能团，就有可能找出哪些官能团是必要的、哪些不是。如在格列平中，两个苯环酚羟基和氮原子都是必不可少的。该过程需要测试所有类似物的生物活性，并将其与原始化合物进行比较。如果模拟物显示出明显的活性降低，那么经过修改的官能团一定很重要。如果活性保持相似，那么该官能团就不是必不可少的。

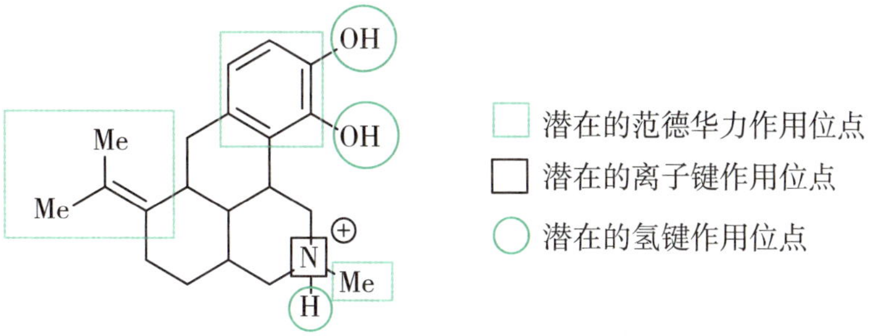

潜在的范德华力作用位点
潜在的离子键作用位点
潜在的氢键作用位点

格列平

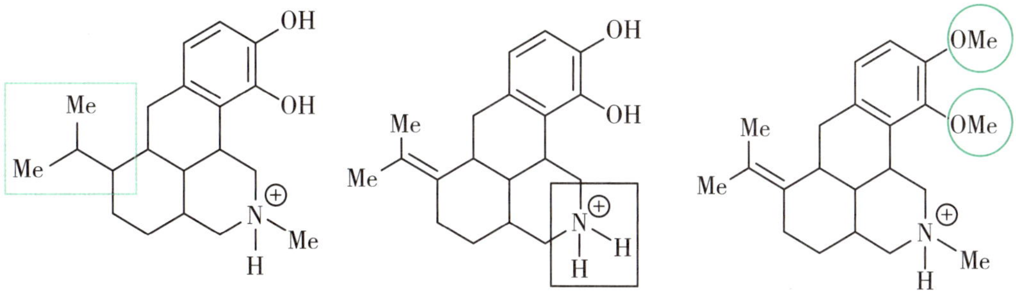

药物分子要显示其药理活性必须与受体相互作用。药物分子与受体的结合是许多理化性质（包括酸碱性和相对离子化程度，官能团的形状、体积以及其三维空间结构等）表现出来的一种功能。药物分子与受体结合的质量直接影响药物的生物活性。

药效团（pharmacophore）是指药物分子中含有的与生物活性关系密切的官能团，这些官能团直接与受体的活性部位结合，产生相应的生物活性。例如，我们前面所提到的药物格列平，其重要的结合基团是两个酚羟基、芳香环和氮原子。

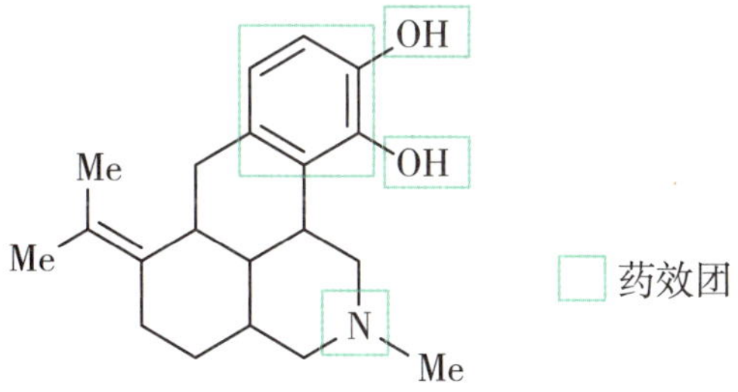

药效团

格列平

对先导化合物化学结构修饰的目的是改善其药理活性、毒理学性质、理化性质和药代动力学性质，或者影响代谢消除的反应活性和稳定性，最后使其成为可制成适当剂型并可用于进行临床试验的候选药物（drug candidate）。

结构修饰是提高活性和效应的关键。增长或缩短烷基链、烷基链支化、改变环的大小，都能对分子的药理活性产生影响。一个 CH_2 烷基链长度的变化就能改变分子的亲脂性，从而改变其吸收、分布和排泄的特性。如果该烷基链直接参与受体的相互作用，那么烷基链长度或支化的变化，能影响这种相互作用。如果在一个烷基链的关键部位引入一个支链，就使比较容易改变构象的分子不易改变构象。构象的改变能够影响分子中官能团之间的空间排列，从而影响与受体的相互作用。这种微小的变化在设计同系物时非常重要。但烷基链通常是分子碳骨架的一部分，不容易增加或去除，通常需要进行一次完整的合成来改变它们。

如果烷基在受体结合位点上与疏水袋相互作用，那么改变烷基的长度和体积（如甲基、乙基、丙基、丁基、异丙基、异丁基或叔丁基）可以探测疏水袋的深度和宽度。选择一个能填满疏水袋的取代基将增加药物与受体的结合作用。

烷基链支化也能影响分子的药理活性。如果作用机制与分子的亲脂性密切相关，碳链的支化将降低化合物的亲脂性，从而显著改变其生物活性。例如，异丙嗪（promethazine）呈现抗组胺活性，丙嗪（promazine）抗组胺活性大大降低，却明显增加了镇静和安定作用。

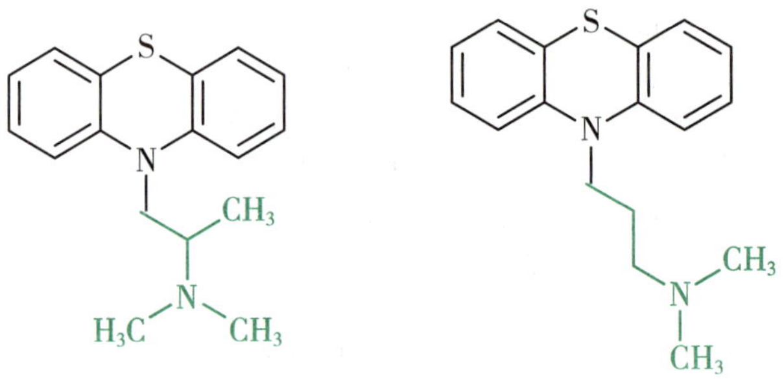

异丙嗪　　　　　　　　　　丙嗪

芳环上取代基位置不同也会产生不同的药理活性。芳环上的取代基可以通过改变环电子的分布，从而影响芳环与生物靶标的相互作用。例如，一个吸电子的硝基如果处于对位而不是间位，将更加显著地影响芳香胺的碱性。对位上的硝基会使胺成为较弱的碱，从而不易产生质子酸。这会降低胺与结合位点离子结合基团的相互作用能力，降低药物的活性。

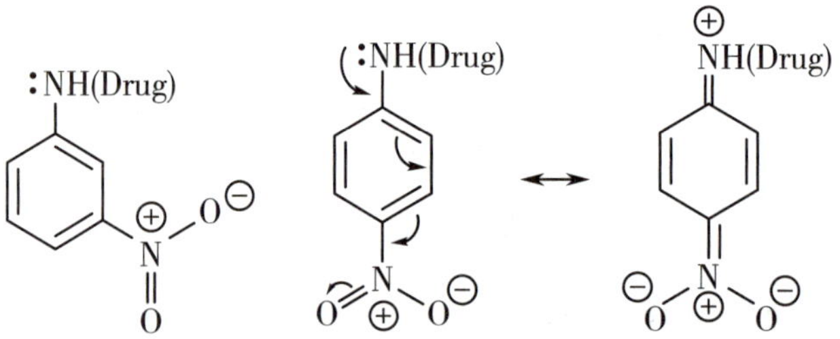

芳环上的取代基，特别是当这些取代基位于柔性侧链的邻位时，会影响柔性分子的构象。环上的取代基可通过立体相互作用改变邻近基团的构象，从而显著影响与生物靶标的相互作用。例如，在一系列苯并吡喃类抗心律失常药物中，磺胺取代基位于芳香环的 7 位时，活性要远高于其他位置。

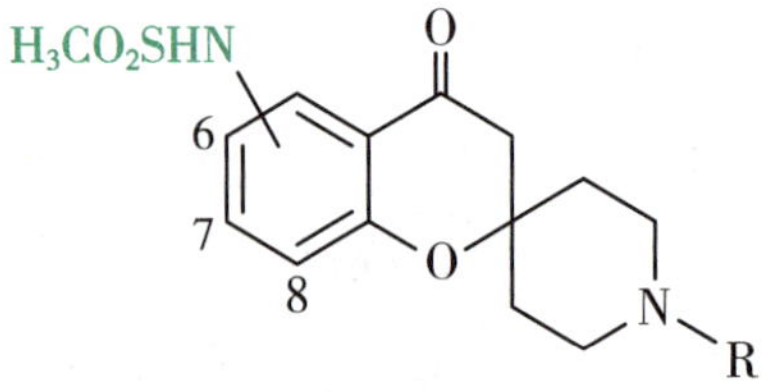

苯并吡喃

将烷基取代基转化为环状类似物的结构修饰对活性的影响有可能不明显。例如，异丁嗪

(trimeprazine)的支链甲基和二甲胺基中的一个甲基连接成环,得到甲地嗪(methdilazine),具有相似的止痒作用。

阿利马嗪　　　　　　　甲地嗪

第二节　药物化学结构修饰的常用方法

在新药研究过程中,很少有先导化合物是完全理想的,通常情况下发现的先导化合物都存在着某些缺陷,如活性不够高,化学结构不稳定,毒性较大,选择性不高,药代动力学性质不合理等。也有可能是它们本身很难以合成,所以寻找具有改进性质的类似物是必要的。对先导化合物进行结构修饰或改造,使之成为理想的药物,这一过程称为先导化合物的优化。运用生物电子等排原理是进行先导化合物优化的重要途经。

一、生物电子等排替换

生物电子等排体(bioisostere)是由化学电子等排体(chemical isostere)演化而来。1919年 Langmuir 首先提出化学电子等排体的概念,来描述原子、官能团、自由基和分子之间物理性质的相似性。原子间的相似性是指含有相同价电子数、来自元素周期表中同一主族的原子。为了解释价电子数相同而原子数不同的基团之间的相似性,Grimm 提出了氢化物取代规则,即元素周期表中 C、N、O 等原子每结合一个氢原子,即与下一列原子或基团互为电子等排体,如—O—、—NH—和—CH$_2$—互为电子等排体,—F、—O、—NH$_2$ 和—CH$_3$ 互为电子等排体,它们价电子数相同而原子数不同。1925 年 Friedman 提出了生物电子等排体的概念,用来描述结构相关和生物活性也相似的基团。其定义是:生物电子等排体是具有相似的物理和化学性质,并能产生相似或拮抗的生物活性的分子或基团。Burger 进一步扩大了这个定义:生物电子等排体是具有相似的分子形状和体积、相似的电荷分布,并由此表现出相似的物理性质(如疏水性),对同一标靶产生相似或拮抗的生物活性的分子或基团。

生物电子等排体可分为经典和非经典的生物电子等排体两类。经典的生物电子等排体包括外层价电子相同的原子或基团、元素周期表中同一主族的元素以及环等价体。非经典的生物电子等排体指具有相似的空间排列、电性或其他性质的分子或基团,相互替换会产生相似或相反的生物活性。药物设计中常用的生物电子等排体见表4-1。

表 4-1 常用的生物电子等排体

生物电子等排体的分类	可相互替换的等排体
经典电子等排体	
一价电子等排体	—F, —OH, —NH$_2$, —CH$_3$, —SH, -t-C$_4$H$_9$, -i-C$_3$H$_7$
二价电子等排体	—O—, —S—, —CH$_2$—, —NH—
三价电子等排体	—N=, —P=, —CH=, —As=
环内等排体	—CH=CH—, =CH—, —S—, =N—, —O—, —S—, —CH$_2$—, —NH—
非经典电子等排体	
羟基	—OH, —CH$_2$OH, —NHCOR, —NHSO$_2$R, —NHCONH$_2$, —NHCN
羰基	—CO—, C=C(CN)$_2$
羧基	—COOH, —SO$_2$NHR, —SO$_3$H, —CONHOH
卤素	—Cl, —CF$_3$, —CN, —N(CN)$_2$, —C(CN)$_3$
吡啶	
环-链交换	

利用生物电子等排体一方面可以确定取代基的体积对药物活性的影响,而另一方面可以确定电子效应对药物活性的影响。例如,氟原子常被用作氢原子的生物电子等排体,因为它们的范德瓦耳斯半径相近。然而,氟的电负性更强,可以用来改变药物的电子特性而不产生任何空间效应。

利用生物电子等排体原理对先导化合物中的某一个官能团逐个进行替换得到一系列的新化合物,是药物化学家设计研究药物的经典方法,有许多成功的例子。例如,将 H$_2$ 受体拮抗剂西咪替丁(cimetidine)结构中的咪唑环用呋喃环和噻唑环替换得到雷尼替丁(ranitidine)和法莫替丁(famotidine),它们的 H$_2$ 受体拮抗作用均比西咪替丁强。

西咪替丁

雷尼替丁

法莫替丁

经典的抗肿瘤药 5- 氟尿嘧啶（5-fluorouracil）也是通过生物电子等排体原理设计的。因为只是用氟取代了正常底物尿嘧啶（uracil）上的一个氢，所以该药物能够被其靶向的酶所接受。但酶催化反应的机制却被完全打乱，因为氟取代了酶催化反应中通常失去的氢，使得碳氟键不容易断裂。

5-氟尿嘧啶

二、前药

前药（prodrug）的概念最初由 Albert 提出，用来描述经过生物转化后才显示药理作用的任何化合物。这一广泛定义包括偶然发现的前药、活性代谢物和为改善活性化合物的药代动力学性质而制备的化合物。基于这一观点，Harper 提出了药物潜伏化的概念来表达前药设计的意图。药物潜伏化（drug latentiation）是通过对生物活性化合物的化学修饰形成新的化合物，该新化合物在体内酶的作用下释放出母体化合物而发挥作用。通常，一种代谢酶参与将前药转化为活性药物，因此，熟练掌握药物代谢和所涉及的酶的药物化学家可以设计一种合适的前药，使药物代谢成为一个优势而不是一个问题。从化学的角度，可将前药分为载体前药（carrier prodrug）和生物前体（bioprecursor）两种类型。

载体前药（carrier prodrug）是活性药物与载体部分连接构成的在体外无活性或活性较小、在体内经酶或非酶的转化释放出活性药物而发挥药效的化合物。

生物前体（bioprecursor）是经过代谢能转化为有活性的新化合物或者进一步代谢成为活性药物的化合物。

载体前药是将一个活性药物连接到一个载体上；生物前体的结构与活性药物的结构不同，简单地从前药断裂某个基团不能转变为活性药物。

前药设计是对先导物优化的一种方法，利用前药设计策略，可以修正候选药物的某种缺陷。设计载体连接的前药时，理想的药物载体应该是：①在药物到达作用部位之前起保护作用；②使药物集中于作用部位；③经化学或酶促释放药物；④对宿主的毒性最小；⑤经生物途径降解但又是生物化学惰性的，同时不是免疫原；⑥易于合成制备；⑦制成制剂时是化学和生物活性稳定的。

概括起来前药设计的目的主要有：增加药物的代谢稳定性，或干扰转运特点，使药物定向靶细胞，提高作用选择性，延长药物作用时间，或降低药物的副作用，或消除不适气味，或改变溶解度以适应剂型的需要。

应用前药原理增加活性化合物的体内代谢稳定性，如羧苄西林（carbenicillin）口服时对胃酸不稳定，易被胃酸分解失效。将其侧链上的羧基酯化得到亲脂性的衍生物卡茚西林（carindacillin）则对酸稳定，可供口服，吸收也得以改善。

羧苄西林

卡茚西林

雌二醇（estradiol）等天然雌激素在体内迅速代谢，作用时间短。与长链脂肪酸形成的酯类，因不溶于水而贮存于体内脂肪组织中成为延效制剂。如雌二醇戊酸酯（estradiol valerate）及苯甲酸雌二醇（estradiol benzoate）可在体内缓慢水解，释放出母体药物而延长疗效，作用时间可持续数周。

雌二醇

雌二醇戊酸酯

苯甲酸雌二醇

氮芥

环磷酰胺

利用作用部位的某些特异的物理及化学或生物学特性，应用前药原理设计前体药物，可使药物在某些特定靶组织中定位，这样可以提高药物作用的选择性及疗效。

如果化合物具有较高毒性，但对病理组织细胞有良好治疗作用，则可以在药物分子上引入一个载体，使药物能转运到靶组织细胞部位，而后通过酶的作用或化学环境的差异使前药在该组织部位分解，释放出母体药物，达到治疗目的。许多有效的抗肿瘤药物就是根据这种设想而设计的。例如，氮芥（chlormethine）是一个有效的抗肿瘤药，但其选择性差，毒性大。由于发现肿瘤组织细胞中酰胺酶含量和活性高于正常组织，于是设想合成酰胺类氮芥，期望它进入机体后转运到肿瘤组织时被酰胺酶水解，释放出氮芥发挥抗肿瘤作用，于是合成了一系列酰胺类化合物，其中环磷酰胺（cyclophosphamide）已被证明是临床上最常用的毒性较低的细胞毒类抗肿瘤药。它本身不具备细胞毒活性，而是通过在体内的代谢转化，经肝微粒体混合功能氧化酶活化才有烷基化活性。它对肿瘤细胞的选择性是基于正常组织和肿瘤组织代谢酶系的差异。另外某些易于参与体内代谢的物质或选择性基团与生物功能基团结合，有可能提高药物对靶细胞的选择性,降低毒副作用。氨基酸、糖类、甾体、嘌呤、嘧啶等内源性物质,由于其主动转运而常被用作氮芥、亚硝基脲等细胞毒类抗肿瘤药物的载体。

在研究肠道用药方面也有不少例子,泻药羟苯吲哚酮常是直肠给药,口服时达不到肠道下段,不能发挥作用。乙酰化产物双酯酚汀则可口服,在肠道碱性水解条件下生成母体药物发挥作用。酚类在碱性肠道液中不被吸收,因此在研究肠道消毒剂时,与邻苯二甲酸或琥珀酸成酯,使其转运到肠道降解释放出母体药物发挥作用。

许多药物由于味觉不良而限制其应用。例如,苦味是一个化合物溶于口腔唾液中,与味觉感受器苦味受体产生相互作用之故。克服苦味的方法,除制剂上的糖衣法、胶囊之外,还可利用前体药物的方法来解决,即制成具有生物可逆性的结构衍生物。由于这些药物的水溶性很小,因此在唾液中几乎不能溶解,故无苦味的感觉。例如,抗疟药奎宁(quinine)具有强烈的苦味,儿童用药受到限制,后利用奎宁分子中的羟基使其成为碳酸乙酯,由于水溶性下降而成为无味奎宁,又称优奎宁(equinine),适合于儿童用药。因此,利用羟基的酰化,就成为一种常用的制备前药的方法。许多抗生素都有强烈的苦味,例如,氯霉素、红霉素等就是利用结构中的羟基酰化作用来遮蔽苦味的,常用的前体药物有琥珀氯霉素(chloramphenicol succinate)、红霉素碳酸乙酯和硬脂酸酯等。

奎宁　　　　　　　　　　　优奎宁

氯霉素　　　　　　　　琥珀氯霉素

有的药物由于分子中缺少亲水基团而水溶性太小,解决的办法之一就是利用前药原理,在分子中引入一些亲水性基团,增加水溶性,以利于注射给药。如甾体抗炎药倍他米松、地塞米松、氢化可的松等可通过分子中的羟基与磷酸或有机二元酸成酯,制成有良好水溶性的盐类,可以制成针剂。在体内通过酶解而重新释放出母体化合物进而发挥作用。

抗肿瘤药依托泊苷(etoposide)因为水溶性小,制剂中需加入表面活性剂吐温 -80、聚乙二醇和乙醇,这些物质都有一定毒性。将依托泊苷转变为依托泊苷磷酸酯(etoposide phosphate)后,就可在没有加入有害辅料的条件下,在较短时间内以更高的浓度在体内转运。

依托泊苷

依托泊苷磷酸酯

三、软药

药物一旦到达作用位点，呈现了预期的药效反应后，希望药物经代谢途径以适宜的速度排出体外，否则会继续保留在体内，产生的药效长于预期时间，会造成药物在体内蓄积，导致细胞毒性。软药（soft drug）是指本身有生物活性的药物，在体内起作用后，经预料的和可控制的代谢作用，转变为无活性和无毒性化合物。例如，肌肉松弛药十烃溴铵（decamethonium bromide）在外科手术中作为麻醉的辅助用药。手术后，由于十烃溴铵不易被代谢，在体内滞留会引起肌肉疼痛。将该药物结构中两个季铵盐离子之间引入两个易水解的酯基，得到氯化琥珀胆碱（suxamethonium chloride）。氯化琥珀胆碱中两个季铵盐离子之间的距离和十烃溴铵相同，产生的肌肉松弛作用相同，但氯化琥珀胆碱在体内易被血浆中酯酶水解生成琥珀酸和胆碱从而缩短了其作用时间，减少了副作用。

十烃溴铵

氯琥珀胆碱

阿曲库铵的设计是基于上述软药中提到的十烃溴铵和氯化琥珀胆碱。该药物不经肝肾代谢，它在酸性 pH 下是稳定的，但当它满足血液的微碱性条件时（pH = 7.4），会通过霍夫曼消除（Hofmann elimination）而降解，代谢产物无肌松活性。该药物的作用时间很短，由于该药物的代谢不依赖于代谢酶的活性，而代谢酶的活性可能因患者的具体情况而有所差异。所以该药物的代谢被认为在所有患者中大体上保持一个相同的速率。像阿曲库铵这种在某种条件下化学稳定，但在另外一种条件下变得不稳定并自动降解的药物又被称为自毁药物（self-destruct drug）。

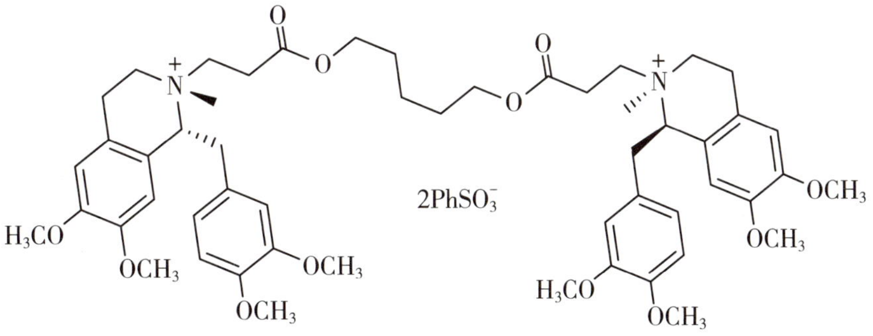

顺苯磺阿曲库铵

四、药效构象

构象在药物与靶点受体结合时起着至关重要的作用。对于一个药物分子而言,通常可以产生大量的构象。只有其中一种构象能够被受体识别,该构象被称为活性构象,也即是该药物的药效构象(详见第二章)。而其他构象不能与受体有效地相互作用,在结构上不活跃,只有当它们转化为药效构象时才能与受体产生有效的相互作用。在某些情况下,一个相当简单的取代基就可以阻碍单键的自由旋转。例如,将甲基取代基引入多巴胺受体拮抗剂得到结构Ⅱ,会导致其亲和力显著降低。这是因为新的甲基和相邻环上的一个正位氢原子产生空间位阻,使得两个环不能在同一平面上,围绕两个环之间的单键不再能够自由旋转,因此产生了两个环彼此成一个角度的构象。在结构Ⅰ中,围绕连接键的自由旋转允许分子采用一种芳香环共平面的构象——这是受体的药效构象。

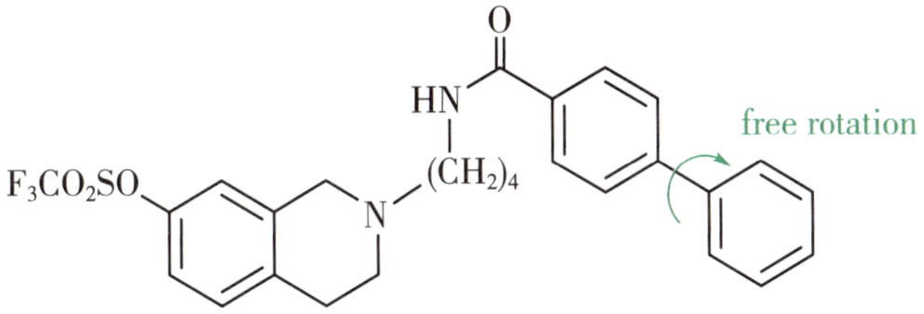

Ⅰ

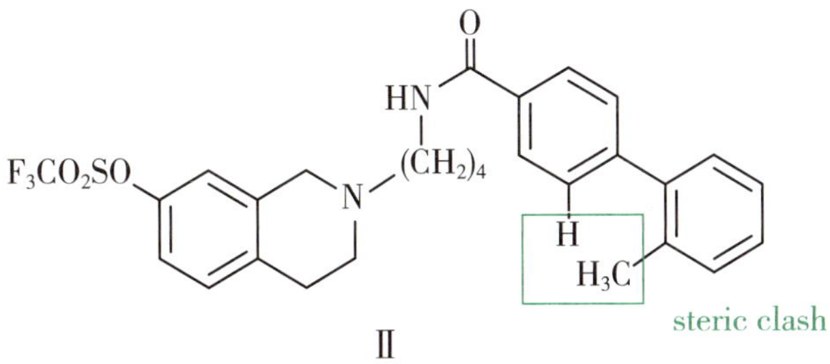

Ⅱ

五、结构简化

结构简化是一种常用的策略,通常被用于自然来源产生的复杂先导化合物的优化。一旦这种药物的基本官能团通过构效关系被受体识别,通常可以去掉结构中的一些非必要官能团而不会对活性产生影响。例如,可以考虑去除不属于药效团组成部分的官能团,简化碳骨架(例如去除环)和去除不对称中心。

结构简化策略已成功地应用于天然生物碱可卡因(cocaine)的优化。可卡因具有局部麻醉的特性,它的简化导致了局部麻醉剂的发展,使其在实验室中很容易被合成。最早的一种是1909年发现的普鲁卡因(procaine)。

结构简化策略也用于药物地伐西匹(devazepide)的开发,它的前体是微生物代谢产物阿司利辛(asperlicin)。阿司利辛固有的苯二氮䓬和吲哚骨架对药物活性很重要,所以被保留下来。阿司利辛和地伐齐平都是一种神经肽化学信使——胆囊收缩素(CCK)的拮抗剂,而CCK与引起无端恐慌症的发作有关。因此,CKK拮抗剂可能被用于治疗此类无端恐慌症的发作。

可卡因 ⟹ 普鲁卡因

阿司利辛 ⟹ 地伐西匹

六、定量构效关系

定量构效关系(quantitative structure-activity relationship, QSAR)是研究药物活性与化学结构之间的定量关系。定量构效关系研究是对药物分子的化学结构与其生物活性之间的关系进行定量分析,找出药物的化学结构与生物活性之间的量变规律,或得到构效关系的数学方程,为进一步优化结构提供理论依据。

早在19世纪中叶就有学者曾提出化合物的生物活性A与化学结构C之间有某种函数关系:$A = f(C)$。直到20世纪60年代,随着学科的发展,三个研究组选择不同的数学模式,分别应用药物分子的物理化学参数、结构参数和拓扑学参数表示分子的结构特征,建立了三种不同的二维定量构效关系研究方法,即Hansch方法、Free-wilson方法和分子连接性方法。

Hansch方法是1962年美国Hansch和日本藤田共同开创,该方法假设同系列化合物的某种生物活性变化与它们的理化性质(疏水性、电性和立体性质)变化相联系,并假定这些因子是彼此孤立的,采用多重自由能相关法,借助多重线性回归等统计学方法得到定量构效关系模型。

Free-Wilson 方法(Free-Wilson method)是 1964 年由 Free 和 Wilson 提出,用数学加和模型表达药物的结构特征,分析其定量构效关系。该方法认为一组有相同母核的同源化合物生物活性是其母核结构的活性贡献与取代基活性贡献之和。应用 Free-Wilson 方法不需要各种物化参数,直接把结构和各种生物活性关联起来。在农药杀虫剂、除草剂和植物生长刺激素的构效关系研究中有不少成功的例子。但 Free-Wilson 方法只能应用于符合加和性的生物活性,且只能预测系列化合物中已经出现的取代基在新化合物中的生物活性。因此该方法的应用不像 Hansch 方法广泛。

分子连接性(molecular connectivity)方法 1976 年由 Kier 和 Hall 提出,方法使用拓扑学(topology)参数表达分子的结构特征。该参数即分子连接性指数(molecular connectivity index, MCI),把有机化合物结构中的分支情况作为参数,用多元回归分析方法把化合物结构与生物活性关联起来。MCI 可根据分子的结构式计算得到,能较准确地反映分子的立体结构,但反映分子电子结构的能力较弱,缺乏明确的物理意义,应用受到限制。

下文将重点介绍 Hansch 方法的原理及其在药物设计中的应用。

Hansch 方法(Hansch method)认为药物经过结构改造成为其衍生物时,其生物活性的改变主要与结构改变后引起的疏水性、电子效应和空间效应的变化有关。当每一种因素对生物活性具有独立的、加和性的贡献时,可通过统计学方法导出这些理化参数与生物活性的关系式,即 Hansch 方程。

$$\lg(1/C) = K_1(\lg P)^2 + K_2\lg P + K_3\sigma + K_4Es + K_5 \qquad \text{式(4-1)}$$

对于系列化合物,如果只改变基本骨架的取代基时,可以用 π 代替 lgP:

$$\lg(1/C) = K_1\pi^2 + K_2\pi + K_3\sigma + K_4Es + K_5 \qquad \text{式(4-2)}$$

或 $$\lg(1/C) = a\pi^2 + b\pi + c\sigma + dEs + K \qquad \text{式(4-3)}$$

式中,C 为化合物产生某种生物活性的浓度(如 ED_{50}, ID_{30} 或 MIC 等),P 为脂水分配系数,π 为疏水性参数,σ 为电性参数,Es 为立体参数。利用计算机软件确定 K_1-K_5 常数,可以得到最佳拟合方程。

1. 疏水性参数 疏水性参数(hydrophobicity parameters)包括分子疏水性参数和取代基疏水常数。

(1)分子疏水性参数:即分子的脂水分配系数 P(lipid-water partition coefficient)。如前所述,P 是化合物在有机相和水相中分配平衡时的摩尔浓度 C_o 和 C_w 之比值,即 $P = C_o/C_w$。一般以正辛醇和水为溶剂系统,采用摇瓶法测定脂水分配系数,多使用 P 的对数,即 $\lg P$。通常来说疏水化合物 P 值高,而亲水化合物 P 值低。Hansch 及其他研究组已对大量已知化合物进行了测定,从 Hansch 的数据手册或计算机辅助药物设计工作站数据库能查到有关数据。对新的化合物,目前比较快速的方法是在计算机工作站上构建化合物的二维结构,通过分子动力学优化,得到三维优势构象,用 CLOGP 商业软件模块计算,可自动得到化合物 $\lg P$ 的数据。

(2)取代基疏水常数(substituent hydrophobic constant):π。脂水分配系数 $\lg P$ 反映的是整个分子的疏水性质,在比较母体结构相同的类似物时,分子中相同结构片段的疏水值可看作定值，只需比较各个取代基的相对疏水性即可。因此用取代基疏水常数 π 更方便，它是一个取代基相对于氢的疏水性的度量。

化合物的脂水分配系数具有加和性，实验测量了标准化合物，有取代基和无取代基（X）的分配系数。取代基（X）的疏水性常数 π 可用下式表示：

$$\pi_X = \lg P_X - \lg P_H \qquad 式（4-4）$$

式中，$\lg P_X$ 和 $\lg P_H$ 分别代表同源的取代化合物和未取代化合物的脂水分配系数，与 $\lg P$ 相似，当取代基 π 值大于 0，表示该基团的疏水性较大；值小于 0，表示该基团是亲水性的，氢原子的 π 值为 0。取代基疏水常数的优点是可直接查表得到，如表 4-2 所示是一些常用的芳香环取代基的疏水性、电性和立体结构参数。

由式（4-4）可知，取代化合物的 $\lg P_X$ 可由下式计算：

$$\lg P_X = \lg P_H + \pi_X \qquad 式（4-5）$$

如果有多个取代基，则上述计算公式变为：

$$\lg P_X = \lg P_H + \sum \pi_X + \sum F_X \qquad 式（4-6）$$

式中，$\sum \pi_X$ 是各取代基 π 值的总和，$\sum F_X$ 是各取代基加和时，需进行校正的因素之和，如一个分支的校正值是 -0.20，一个共轭双键是 -0.30 等。计算机辅助药物设计中的 CLOGP 软件可以自动计算化合物的 $\lg P$，其基本原理就是上述的热力学加和原理。

表 4-2　一些常用的芳香环取代基的疏水性、电性和立体结构参数

取代基	π	MR	F	R	σ_m	σ_p	L/Å	B_1/Å	B_5/Å
r	0.86	8.88	0.45	-0.22	0.39	0.23	3.83	1.95	1.95
Cl	0.71	6.03	0.42	-0.19	0.37	0.23	3.52	1.80	1.80
F	0.14	0.92	0.45	-0.39	0.34	0.06	2.65	1.35	1.35
I	1.12	13.94	0.4	-0.19	0.35	0.18	4.23	2.15	2.15
NO_2	-0.28	7.36	0.65	0.13	0.71	0.78	3.41	1.70	2.44
NNN	0.46	10.20	0.30	-0.13	0.27	0.15	4.62	1.50	4.18
H	0.00	1.03	0.00	0.00	0.00	0.00	2.06	1.00	1.00
OH	-0.67	2.85	0.33	-0.07	0.12	-0.37	2.74	1.35	1.93
SH	0.39	9.22	0.30	-0.15	0.25	0.15	3.47	1.61	2.33
NH_2	-1.23	5.42	0.08	-0.74	-0.16	-0.66	2.93	1.50	1.84
CF_3	0.88	5.02	0.38	0.16	0.43	0.54	3.30	1.98	2.61
CN	0.56	6.33	0.51	0.15	0.56	0.66	4.23	1.60	1.60
COOH	0.37	6.93	0.34	0.11	0.37	0.45	3.91	1.60	2.66
CH_2Br	0.79	13.39	0.10	0.05	0.12	0.14	4.00	1.52	3.75
CH_2Cl	0.17	10.49	0.10	0.03	0.11	0.12	3.80	1.52	3.46
CH_3	0.56	5.65	0.01	-0.008	-0.07	-0.17	3.00	1.52	2.04
OCH_3	-0.02	7.87	0.26	-0.51	0.12	-0.27	3.98	1.35	3.07
CH_2OH	0.00	7.19	0.03	-0.03	0.00	0.00	3.97	1.52	2.70
C_2H_5	1.02	10.30	0.00	-0.15	-0.07	-0.15	4.11	1.52	3.17
n-C_3H_7	1.55	14.96	-0.05	-0.08	-0.07	-0.13	5.06	1.52	3.49
i-C_3H_7	1.53	14.96	-0.05	-0.10	-0.07	-0.15	4.11	2.04	3.17
◁	1.14	—	-0.03	-0.09	-0.07	-0.21	4.14	1.98	3.24
C_6H	1.96	25.36	0.12	-0.13	0.06	-0.01	6.28	1.70	3.11

2. 电性参数 电性参数(electronic parameter)是用来描述化合物的电性特征的参数。在药物与靶点相互作用时,电性作用的类型最为广泛。各种取代基的电子效应会对药物的电离或极性产生明显的影响。反过来,这可能会影响药物通过细胞膜的容易程度,或者药物与结合位点的相互作用强度。因此,测量取代基的电子效应是有必要的。药物分子中不同电负性原子的存在使分子电荷分布不均匀,而且不同取代基也会影响分子中电荷的分布,形成离子键、离子-偶极、偶极-偶极等电性作用。

电性参数描述药物或取代基电荷分布特征和电量大小,通过这些参数可以分析结构中的电性作用与活性的关系,预测药物与受体的作用部位及作用模型。用来描述分子电性的参数有很多,其中可以用查表的方法直接得到的参数有 σ、F、R 等(表4-2)。

(1)Hammett 常数(σ):1935 年英国 Hammett 根据取代基对苯甲酸解离度的影响,提出了著名的 Hammett 方程及 σ 电性参数。这是一种专门针对芳香环上取代基的测量方法,该电性参数用于评价环上取代基的吸电子能力或给电子能力。他发现用一组取代的苯甲酸的解离常数($\lg K_a$)与苯甲酸的解离常数($\lg K_H$)作图可得到一条直线,方程如下。

$$\lg Kx = \rho\sigma + \lg K_H \qquad \text{式}(4\text{-}7)$$

式中,K_x 为取代苯甲酸的解离常数;K_H 为苯甲酸的解离常数;σ 为取代基电性常数;ρ 为与实验条件有关的系数,在标准条件(25℃,丙酮水溶液)下测定解离常数,ρ 值定义为 1,式 4-7 则为:

$$\sigma = \lg Kx - \lg K_H = pK_{a(H)} - pK_{a(X)} \qquad \text{式}(4\text{-}8)$$

由式 4-8 可见,H 的 σ 值为 0,当取代基为吸电子基团时,σ 为正值;当取代基为给电子基团时,σ 为负值。Hammett 常数 σ 与取代基的环境有关,需要查不同系统数据表。在芳香族化合物中,间位取代基对反应中心的影响只有诱导效应;对位取代基则包括共轭和诱导两种效应。考虑到两种取代方式的电性效应不同,一般芳香族化合物的取代基电性参数值有两种,即 σ_m 和 σ_p。σ_m 为间位取代基的 Hammett 常数,σ_p 为对位取代基的 Hammett 常数。邻位取代基除电性效应外,还存在与邻位基团的位阻或氢键效应,情况更为复杂,一般需单独处理。

(2)Taft 常数(σ^*):Taft 以取代乙酸乙酯的水解速率常数计算诱导效应参数 σ^*。Taft 常数 σ^* 值与 Hammett 常数 σ 不同,它表示脂肪族取代基的诱导效应,也可以通过查相应的数据库得到。

(3)诱导效应(F)与共轭效应(R)的分离:由于电性参数包含两种不同的效应,20 世纪60 年代,Swain 将 σ 参数中的诱导效应与共轭效应进行了分离,用 F 值表示取代基的诱导效应参数,用 R 值表示取代基的共轭效应参数。它们之间的关系是:

$$\sigma_p \approx F + R \qquad \text{式}(4\text{-}9)$$

一些芳香取代基的 F 和 R 值见表 4-2。

(4)其他电性常数:除上述电性参数外,也可以将偶极矩(μ)、解离常数(pK_a)等作为电性参数。另外,各种红外、紫外、NMR 和 MS 等光谱数据都与分子的电荷分布有关,因此都可用作构效关系研究的电性参数。

随着量子化学,尤其是计算机辅助药物设计学科的发展,电性参数得到了扩展,一些量化参数应用越来越广泛。例如,最早使用的量化参数有原子净电荷(q)和分子轨道(HOMO,

LUMO），现在用计算机计算分子的电荷密度、各种电场、各种构象等都成为非常方便之手段，这些都可作为构效关系研究的依据。

3. 立体参数　当药物分子与靶点结合时，立体效应也是影响两者相互作用的重要因素。立体效应不仅涉及药物的立体结构与靶点三维结构的相互匹配，同时也涉及药物分子自身构象和特征变化。

（1）Taft 立体参数（Es）：20 世纪 50 年代 Taft 在研究取代的苯甲酸酯水解反应时，发现取代基对酸性水解速率的影响主要是立体位阻的影响，他采用取代的乙酸甲酯与母体乙酸甲酯酸条件下水解速率的比值，来代表取代基的立体参数 Es。

$$Es = \lg(K_X/K_H)_A \qquad\qquad 式（4-10）$$

式中，K_X 和 K_H 分别是取代的乙酸甲酯和母体乙酸甲酯的水解速率常数，下标 A 表示在酸性条件下水解。从计算中可见，一般如果取代基的体积越大，水解速率越慢，则 Es 值越负，故大部分的 Es 值是负数，Es 是间接的立体参数，可以从一些数据库查到。

（2）摩尔折射率（molar refraction，MR）：是描述立体效应的一个物理量，MR 间接表示取代基的体积特征（表 4-2），其数值越大可视为取代基的体积越大。MR 具有加和性，可计算得到。另外，在同系物之间，取代基的摩尔折射率 MR 与疏水参数 π 值之间往往会出现共线性，故在计算中应该特别注意。

（3）van der Waals 体积：分子或取代基的 van der Waals 体积可直接描述取代基以及化合物的体积大小，可从原子半径计算求得。目前在一些计算机辅助药物设计的软件中，都附带这个数据库，应用方便，故在 QSAR 研究中是使用广泛的立体参数。它的缺点是在计算中由于会涉及多个原子间 van der Waals 体积的重叠问题，为了简化计算，只考虑两个成键原子间的体积重叠，而不考虑与第三、第四原子的体积重叠，所以严格来说，van der Waals 体积只是一个近似的数值，使定量构效关系计算产生一定的误差。

（4）Sterimol 参数：是 Verloop 提出的多维立体参数，用五个参数，即一个长度参数（L）和四个宽度参数（B_1，B_2，B_3，B_4）来描述一个取代基的立体性状（图 4-1）。

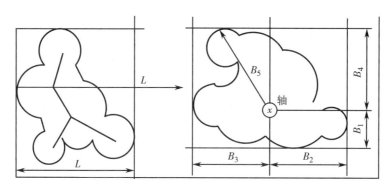

图 4-1　Sterimol 立体参数图解

图 4-1 中 L 是 Sterimol 长度，是母体与取代基连接的第一个原子在成键方向延长至取代基最边缘的位置，之间所形成的轴长可视为取代基的量长度。$B_1 \sim B_4$ 是取代基在横切面上从轴到四面的垂直距离，B_1 到 B_4 依次表示最小到最大的宽度。后来 Verloop 提出 B_5 宽度参数，B_5 是从轴到取代基边缘的最大距离。做定量构效关系计算时，由于 L、B_1 和 B_5 的差别较大，

故使用价值较大，常见芳香环上取代基的 L、B_1 和 B_5 参数见表4-2。

研究发现，Sterimol 立体参数与 Es 之间没有很好的相关性，但与 MR 之间相关性较好。因此，在定量构效关系研究中若发现用 Es 得不到好的相关方程时，可换用 Sterimol 立体参数。

4. 指示变量 指示变量（indicator variables）又称为虚拟参数（dummy parameters）。Hansch 方程常用 I 表示指示变量，属于一种经验性参数，在方程中表示某些特定结构对活性的贡献。赋值为 1 或 0，表示该结构特征的有无。例如，具有光学活性的系列化合物，可将右旋体定义为 1，左旋体定义为 0。此外分子结构中具有顺反异构现象、分子内氢键等情况也可引入指示变量。

5. Hansch 方法在药物设计中的应用 Hansch 方程在优化先导化合物并预测同源物的生物活性、药物代谢动力学研究及了解药物作用机制等方面均取得了一定成绩。Hansch 方法的一般操作过程分四个步骤。第一，从先导化合物出发，设计并合成首批化合物，测得生物活性。第二，查表确定或计算化合物及取代基的各种理化参数。第三，用适当的计算机程序，输入结构参数及活性数据，回归分析计算得到多个 Hansch 方程，从中选择一个或几个显著相关的方程。第四，用 Hansch 方程定量地设计第二批新化合物，并预测活性，从中选择预测值高的化合物进行合成及活性测定，可检验第三步研究结果的准确性，并指导新一轮的新药设计。

下面以喹诺酮类抗菌药物为例，说明应用 Hansch 方法分析 QSAR，设计新化合物及预测活性的过程。

喹诺酮类基本结构   环丙沙星

首先，从母体喹啉羧酸出发，合成 71 个同源物，并进行了体外抑菌活性实验，MIC 表示各化合物对大肠杆菌的最低抑制浓度（mol/L）。以 10 个自变量包括各疏水参数、电性参数、立体参数和指示变量 I，对 71 个同源物进行构效关系回归分析，得到 Hansch 方程：

$$\lg(1/\text{MIC}) = -0.036(0.25)(L_1)^2 + (3.036 \pm 2.21)L_1 - 2.499(\pm 0.55)(Es_6)^2$$
$$- 3.345 \pm (0.73)(Es_6) + 0.986(\pm 0.24)I_7 - 1.023(\pm 0.23)(B_{4(8)})^2$$
$$+ 3.724(\pm 0.92)B_4 - 0.205(\pm 0.05)(\sum \pi_{6,7,8})^2 - 0.485(\pm 0.10)\sum \pi_{6,7,8}$$
$$- 0.681(\pm 0.39)\sum F_{6,7,8} - 4.571(\pm 0.271)$$

$$n = 71, r = 0.964, s = 0.274$$

$$L_{1(0)} = 0.417\text{nm}, Es_{6(0)} = -0.67, B_{4(0)} = 1.82, \sum \pi_{6,7,8(0)} = -1.18。$$

方程中 L_1 是 1 位取代基的 Sterimol 长度，计算值可见，其 L_1 最佳量长度 $L_{1(0)}$ 为 0.417nm，分析认为环丙基的 L_1 最佳量长度（$L_1 = 0.414$nm）更接近最佳值，预测环丙基化合物的活性比相应乙基（$L_1 = 0.411$nm）化合物活性强，故设计 1 位环丙基取代。Es_6 是 6 位取代基的 Taft

立体参数，其最佳值 $Es_{6(0)} = -0.67$，氟原子最符合此值。I_7 是七位取代基的指示变量，定义为 I_7 是哌嗪取代时，$I_7 = 1$；当 7 位是其他基团取代时，$I_7 = 0$。由于 I_7 系数为正，表明 7 位哌嗪基的化合物活性比其他取代基的化合物活性大约强 10 倍。$\sum \pi_{6,7,8}$ 是 6、7 和 8 位取代基疏水性之和，其最佳 $\sum \pi_{6,7,8(0)}$ 值为 -1.18，说明这三个取代基为亲水性时，有利于药物的转运和穿透细菌细胞。方程中 $\sum F_{6,7,8}$ 的系数为 -0.681，显示 6、7 和 8 位的诱导效应之和是给电子作用时可增强活性，给电子诱导作用可增加 4 位酮基的电荷密度而增强与酶的结合能力。

根据上述分析，设计新的药物环丙沙星（ciprofloxacin），合成并测定其活性。按方程计算，抗菌活性预测值 $\lg(1/MIC)$ 为 6.38，实测值为 6.63。

Hansch 方法是二维 QSAR 研究方法，只考虑了化合物与受体作用的位点，没有考虑化合物与受体在结合时构象的变化，所有参数只能表达二维意义上的结构特点，对研究药物与受体三维空间作用有一定的局限性。另外，Hansch 方法不能研究药物构象和构型对活性的影响，不能全面解释生物活性的本质，不能描述三维结构与生物活性间的关系；只能优化先导化合物，不能发现先导化合物。这些是 Hansch 方法的主要缺陷，可在三维构效关系方法中解决。

七、三维定量构效关系

20 世纪 80 年代，计算化学的发展和计算机图形工作站的出现为三维定量构效关系的实现提供了平台，随后陆续出现的多种考虑药物分子与靶点结合时三维结构性质的定量构效关系研究方法，统称为三维定量构效关系（three-dimension quantitative structure-activity-relationship，3D-QSAR）。3D-QSAR 与 Hansch 分析法的最大不同在于考虑了药物的三维结构信息，从而能够准确地反映出药物分子与靶点作用时的真实图像，更加深刻地揭示出生物活性分子与靶点的结合机制。

在建立 3D-QSAR 模型时，一般遵循以下步骤：①选择一组对特定靶点具有生物活性的化合物；②确定药效构象并按一定方式将分子叠加；③计算空间参数；④将分子的空间参数与对应的生物活性进行回归分析得到 3D-QSAR；⑤检验 3D-QSAR 模型的预测能力。

最经典的 3D-QSAR 方法有三种，分子形状分析法、距离几何方法和比较分子力场分析法。其中 Cramer 于 1988 年提出的比较分子力场分析法仍然是目前应用最多的方法。随后还发展了其他几种方法，如比较分子相似因子分析、虚拟受体等，近年来也开始应用于科研工作中。

1. 分子形状分析法 分子形状分析法（molecular shape analysis，MSA）是 Hopfinger 于 1980 年提出了一种 3D-QSAR 方法。属于分子构象分析与 Hansch 方法结合的产物。分子形状分析法认为柔性分子可以有多种构象，而受体所能接受的形状是有限的。因此，分子的活性就应该与该分子形状对受体腔的适应能力有关。MSA 使用一些可以表达分子形状的参数，如与参照分子之间重叠体积、共同重叠体积比例、非共同重叠体积比例和分子势场积分差异等作为变量，经统计分析求出 QSAR 关系式。MSA 法将经典的 QSAR 分析进一步扩展到包含三维结构信息的分子形状参数,目的是进一步寻找药物分子空间形状的相似性与活性的关系。这样既可以得到更好的 QSAR 关系式,也为深入研究药物 - 靶点的作用机制提供有益的参考。

2. 距离几何方法　距离几何方法(distance geometry, DG)认为,药物靶点的相互作用是通过药物的活性基团和受体结合部位相应的结合点直接作用而实现的。因此药物的活性高低可通过其活性基团和受体结合位点的结合能来衡量,这一结合能与药物活性基团的性质和受体结合点的类型有关。通过选择合理的靶点结合点分布模型和药物分子的结合模式,建立药物分子结合能力与活性之间的关系就可得到一套与药物活性基团和受体结合点类型相关的能量参数。确定新化合物结合模式后,使用这些能量参数,可定量预测其结合能,进而推知其药效程度。

距离几何方法的基本步骤如下:①定义药物分子中可能的作用位点,这些作用位点可能是与靶点直接作用的部位;②计算配体分子的距离矩阵,从原子的距离矩阵得到配体分子中作用位点的距离矩阵;③定义靶点结合位点的分布,靶点结合位点能直接和配体作用位点产生相互作用,这些结合位点间的相对位置也采用距离矩阵表示;④确定靶点结合位点的分布,通过配体分子结合位点以及靶点分子活性位点的距离矩阵来确定最佳结合模式以及靶点活性位点的空间分布,计算过程中只有配体分子的结合位点进入到靶点活性位点周围半径的球形范围之内,才认为结合位点与活性位点产生了结合,通过计算,不断地调整结合模式以达到最好的拟合程度。若调整结合模式仍然结果很差,需返回第一步重新定义结合位点,直到取得最佳结果为止。

与传统的 2D-QSAR 相比,距离几何法除了提供活性预测模型外,还能够得到靶点与配体之间可能的结合信息,但计算操作烦琐,定义配体作用位点有很大的主观性,因此二十多年来一直应用较少。

3. 比较分子场分析法　比较分子场分析法(comparative molecular field analysis, CoMFA)是 Cramer 1988 年创立的三维定量构效关系研究方法。CoMFA 提出后不久,就作为 SYBYL 软件中的一个模块实现了商业化,是广泛应用的 3D-QSAR 方法。CoMFA 认为,当药物与受体产生相互作用时,主要是非共价键作用的立体和静电等相互作用。作用于同一靶点且结合模式相同的一系列药物分子,它们与受体之间的上述两种作用力场应该有一定的相似性。这样,在不了解靶点三维结构的情况下,研究这些药物分子周围两种作用力场的分布,把它们与药物分子的生物活性定量地联系起来,既可以推测受体的某些性质,又可以依次建立一个模型来设计新的化合物,并预测新化合物分子的药效强度。

CoMFA 方法的一般操作过程:

(1)确定化合物的活性构象:刚性化合物的构象固定,因此活性构象易于确定。但对于柔性化合物来说,由于药物与靶点结合时构象会发生一定变化,因此在实际操作中如何确定化合物中柔性键较多的活性构象有很多困难。

(2)分子叠加:即按照一定规则将药物分子构象进行叠合。分子重叠方式及重叠程度对 CoMFA 影响很大,在计算过程中必须保证所有分子在三维网格中取向一致,通常以活性最大的化合物的最优构象作为模板,其余分子都和模板分子骨架上的相应原子相重叠。叠加过程中,如果已知该类化合物药效团,可直接把这些基团在空间上重叠起来即可;如果不知道其药效团,就需要分析该类化合物中哪些官能团或原子对生物活性影响较大,从而重叠其相应的基团和主要共同结构特征。

(3)建立网格,计算场效应:将重叠好的分子放置在一个足够大的三维网格中,该网格按照一定步长均匀划分产生格点;每个格点上用一个探针原子(一般用 sp³ 杂化、带 + 1 价电荷的碳原子)在网格中以一定的步长移动(通常为 2Å),计算格点上探针与化合物相互作用能,以此确定化合物周围各种作用力场的空间分布。

(4)偏最小二乘法分析:将上步计算得到的分子场数值作为自变量,将分子的活性作为因变量,由于此时自变量数目远大于因变量,故采用偏最小二乘法进行回归。首先用交叉验证方法检验所得模型的预测能力,并确定最佳主成分数,再以得出的最佳主成分对变量进行回归分析,拟合 QSAR 模型(图 4-2)。

(5)用等势线系数图(contour maps)(图 4-3)显示 QSAR 方程,表现结构和活性的关系。在三维立体图中,化合物各取代基性质及方位变化对活性的影响用红、蓝、黄、绿四种不同颜色表示。图中绿色和黄色表示立体场对活性的影响;蓝色和红色表示静电场对活性的影响。分子周围出现红色(蓝色)区域,提示该处连接带负电性基团有可能提高(降低)分子活性;分子周围出现黄色(绿色)区域,提示该处连接带空间体积较小基团有可能提高(降低)分子活性。

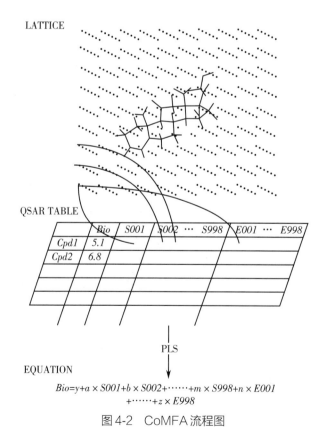

图 4-2　CoMFA 流程图

4. 比较分子相似因子分析法(comparative molecular similarity indices analysis, CoMSIA)　1999 年 Klebe 等提出,该法与 CoMFA 方法最大的区别是分子场的能量函数采用

的是与距离有关的高斯函数。CoMSIA 方法定义了五种分子场,即立体场、静电场、疏水场、氢键受体场和氢键给体场,进行定量构效关系研究,弥补了 CoMFA 方法的缺陷。

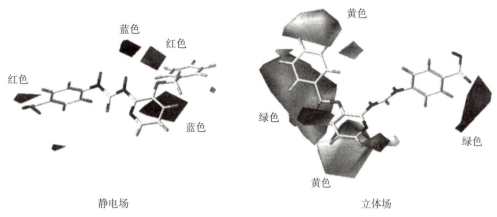

图 4-3　COMFA 等势线系数图

第三节　药物发现、设计与新药开发

药物发现、设计与新药开发是药物化学学科的重要内容之一,药物设计与开发的关键是发现新药,也就是要发现结构新颖的、有自主知识产权保护的新化学实体(new chemical entitie, NCE)。NCE 是指在以前的文献中没有报道过,并能以安全、有效的方式治疗疾病的新化合物,药物设计与新药开发是一个创造性和探索性的研究工作,需要从基础科学到临床医学多学科的相互配合。

一、药物发现

新药的研究实际上是新药发现的过程。其中第一步就是确定所针对疾病的类型或药物作用受体或靶标,然后根据药物靶点进行先导化合物的确定和优化。通过对先导化合物的结构修饰获得目标化合物,即候选药物(candidate drug)。再通过生化试验和活性测试了解该化合物的药效、毒性及药理作用,并对其构效关系进行研究,得到具有一定活性,能进行临床前研究的新化合物,即研究中的新药(investigating new drug, IND)。

通常新药的发现分为两个主要阶段:药物靶点的选择与优化和先导化合物的发现与优化。

(一) 药物靶点的选择与优化

对于一种新药的发现,首先要做的事就是确定合适的药物靶点(如受体、酶或核酸)。了解哪些生物大分子与特定疾病状态有关显然是很重要的,它允许医学研究团队确定是否应该为特定的受体设计激动剂或拮抗剂,或者是否应该为特定的酶设计抑制剂。例如,血清素受体激动剂可用于治疗偏头痛,而多巴胺受体拮抗剂可用作抗抑郁药。

有时无法确定某一特定目标是否合适。例如，三环抗抑郁药（tricyclic antidepressant），如去丙嗪（desipramine），已知通过抑制去甲肾上腺素（noradrenaline）的载体蛋白，抑制神经突触对去甲肾上腺素的摄取。然而，这些药物也会抑制一种叫作血清素（serotonin）的单独神经递质的摄取，并且抑制血清素摄取也可能是有益的。开始了对选择性 5- 羟色胺摄取抑制剂（selective serotonin uptake inhibitor）的研究，这导致了最畅销的抗抑郁药物氟西汀（fluoxetine，Prozac）的发现，但当这个项目开始时，还不能确定 5- 羟色胺摄取抑制剂是否有效。

去丙嗪　　　　　　　　　　　　氟西汀

如果一种药物或毒药能产生生物效应，那么它在体内必须有一个分子靶点。在过去，药物靶点的发现依赖于首先发现药物。许多早期的药物，如止痛剂吗啡，都是从植物中提取的天然产物，只是碰巧与人体中的一个分子靶点相互作用。由于这更多的是巧合而不是设计，所以对药物靶点的检测是非常偶然的。后来，人体自身的化学信使开始被发现，并指向了更多的目标。例如，自 20 世纪 70 年代以来，人们发现了各种各样的肽和蛋白质，它们作为身体自身的止痛剂（脑啡肽和内啡肽）。另一个例子是相当令人惊讶的发现，即一氧化氮可以作为一种化学信使。尽管如此，相对较少的身体信使被识别出来，要么因为它们存在的数量太少，要么因为它们太短暂而无法被孤立。事实上，许多化学信使至今仍未被发现。反过来，这就意味着体内许多潜在的药物靶点仍然隐藏着。基因组学和蛋白质组学的进步改变了这一切。绘制人类和其他生命形式 DNA 的各种基因组计划，以及更新的蛋白质组学领域，正在揭示越来越多的新蛋白质，它们是未来潜在的药物靶点。这些靶点已经隐藏了很长时间，以至于它们本来的化学信使也不为人知，所以没有先导化合物与它们相互作用。这些靶点被定义为孤受体（orphan receptor）。现在的挑战是找到一种能与这些靶点相互作用的化学物质，以弄清它们的功能以及它们是否适合作为药物靶点。这是组合和平行合成（combinatorial and parallel synthesis）发展背后的主要驱动力之一。

靶标特异性和选择性是现代药物化学研究的关键因素。一种药物对其靶点的选择性越高，它与不同靶点相互作用并产生不良副作用的可能性就越小。

一旦选定药物靶点，下一步就是寻找先导化合物（lead compound）。先导物的活性水平可能不是很高，也可能有不良的副作用，但其为药物设计和开发过程提供了一个起点。

（二）先导化合物的发现与优化

先导化合物简称先导物，又称原型物，是通过各种途径得到的具有一定生物活性的化合物。先导化合物的发现有多种途径和方法。

1. 从天然产物得到先导化合物　天然产物包括从植物、微生物、海洋动植物及爬行类和两栖类动物中得到的化合物。通常，天然来源化合物具有某种形式的生物活性，使其可以作为先导化合物。大多数具有生物活性的天然产物都是具有相当复杂的结构和多个手性中心的次生代谢产物,这类化合物的优点在于它们是非常新颖的化合物。但不幸的是,这种复杂性也使得它们的合成变得非常困难,而且化合物通常必须从其天然来源中提取,这是一个缓慢、昂贵和低效的过程。因此,设计合成更简单的类似物通常具有明显优势。许多天然产物具有非常复杂的化学结构。例如,抗疟药物青蒿素(artemisinin)是一种天然化合物,它拥有一个极其不稳定的三氧杂环己烷环结构,是从中药黄花蒿中分离出的抗疟疾有效成分。实验证明,其对耐氯喹的疟原虫有极高的杀灭作用。后采用结构修饰的方法合成了抗疟效果更好的蒿甲醚(artemether)和青蒿琥酯(artesunate),疗效比青蒿素高 5 倍,且毒性比青蒿素还低。

青蒿素　　　　　　　　　蒿甲醚　　　　　　　　　青蒿琥酯

植物一直是先导化合物的丰富来源,例如,吗啡 morphine、可卡因 cocaine、洋地黄 digitalis、奎宁 quinine、筒箭毒碱 tubocurarine、尼古丁 nicotine 和毒蕈碱 muscarine。其中许多先导化合物本身就是有用的药物(如奎宁),其他先导化合物则是合成药物的基础(如由可卡因发展而来的局部麻醉剂)。从植物中分离出的临床使用药物包括从红豆杉属树皮中提取分离的抗肿瘤药物紫杉醇(taxol),从石蒜科植物中提取的可治疗阿尔兹海默病的药物加兰他敏(galantamine)。

紫杉醇

细菌和真菌等微生物也为药物和先导化合物提供了丰富的资源。这些微生物产生了大量的抗菌剂,这些抗菌剂的进化使它们的宿主在微生物世界中比它们的竞争对手具有优势。青霉素的发现使微生物的筛选变得十分普遍,近代应用超敏菌株方法发现了许多新的抗生素,例如,用对内酰胺类抗生素特别敏感的菌株,并用不同内酰胺酶做区别实验,发现了内酰胺酶抑制剂克拉维酸(clavulanic acid)。从桔青霉菌(penicillium citrinum)的代谢物中发现的羟甲戊二酰辅酶 A(HMG-CoA)还原酶抑制剂美伐他汀(mevastatin)为新型降血脂药物的发现奠定了基础,而后洛伐他汀(lovastatin)、普伐他汀(pravastatin)相继问世。

克拉维酸　　　　　　洛伐他汀　　　　　　普伐他汀

近年来,人们对从海洋中寻找先导化合物产生了极大的兴趣。珊瑚、海绵、鱼类和海洋微生物具有丰富的生物活性化学物质,具有一定的消炎、抗病毒和抗肿瘤活性。例如,葫芦素 A(cucurbitacin A)是从一种海洋氰基细菌中获得,并显示出强大的抗肿瘤活性。其他从海洋来源获得的抗肿瘤化合物包括苔藓虫素(bryostatin)、杜他汀(dotastatin)、头孢抑素(cephalostatin)和软海绵素 B(Halichondrin B)。2010 年,一种简化的软海绵素 B 类似物被批准用于乳腺癌的治疗。

葫芦素A

动物有时可以成为新的先导化合物的来源。例如,从非洲爪蛙的皮肤中提取了一系列被称为蛙皮素(magainin)的抗生素多肽。这些药物可保护青蛙免受感染,并可能为人类医学中新型抗菌和抗真菌药物的开发提供线索。另一个例子是从厄瓜多尔毒蛙的皮肤提取物中提取的一种叫作巴替丁(epibatidine)的强效止痛化合物。

2. 以现有药物作为先导化合物　已有的药物中有些可被选作先导物,进一步优化得到新药,有以下几种类型。

(1)由药物副作用发现先导物:药物对机体常有多种药理作用,用于治疗的称治疗作用,其他的作用通常称为副作用。一种现有药物通常有一种轻微的特性或不良的副作用,可用于其他医学领域。因此,根据其副作用,该药物可以作为先导化合物。其目的是增强预期的副作用并消除主要的生物活性。这被描述为 SOSA 方法——副反应的选择性优化(selective optimization of side activity)。选择一种已知药物作为副作用的先导化合物具有这样的优势,即该化合物已经是类药物,开发具有所需药效学和药代动力学特性的临床有用药物应该更加可行。从高温超导中获得的许多靶标不具有类药物结构，可能需要付出更多的努力来优化它们。在某些情况下，一种药物的副作用可能对另一种疾病有治疗作用。这需要了解药物的药效学基础，如果副作用与治疗作用的药效学基础不同就有可能将两者分开，否则就难以实现。例如，吩噻嗪类抗精神失常药氯丙嗪（chlorpromazine）及其类似物，是由结构类似的抗组胺药异丙嗪（promethazine）的镇静副作用发展而来的。

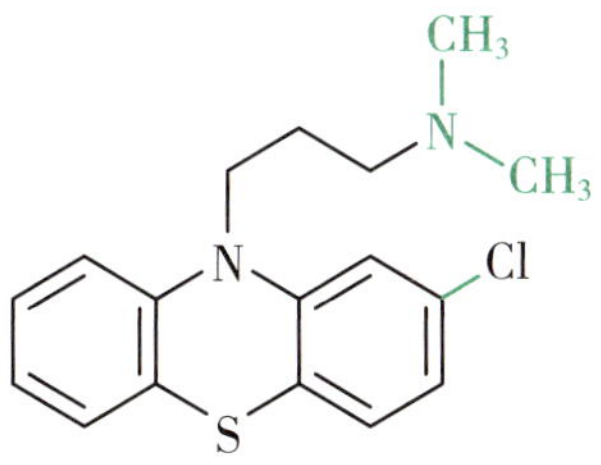

氯丙嗪 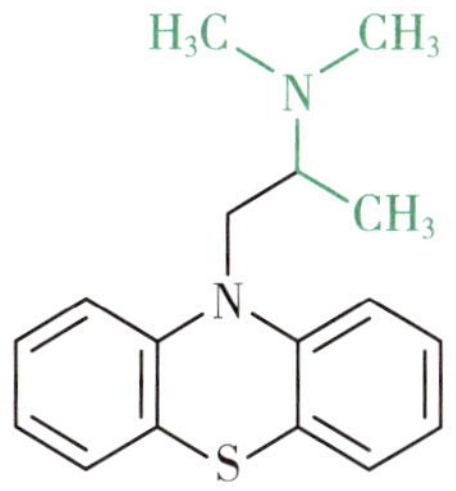   异丙嗪

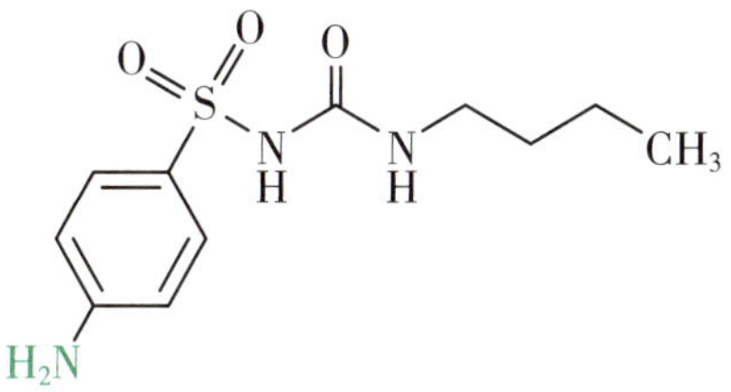

氨磺丁脲 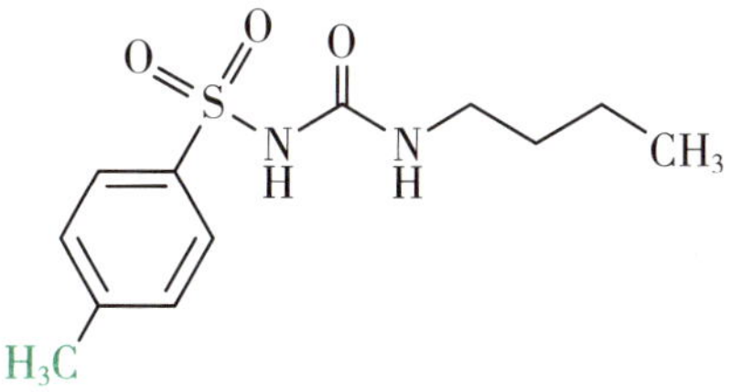   甲磺丁脲

又如磺酰脲类降血糖药甲苯磺丁脲（tolbutamide）是根据磺胺类药物降血糖的副作用经结构改造而发现的。抗菌药氨磺丁脲（carbutamide）具有降低血糖的副作用，但不能用作降糖药，因为其抗菌作用会导致细菌的耐药性增强。将氨磺丁脲的氨基用甲基取代，得到甲苯磺丁脲消除了抗菌作用，成为第一代磺酰脲类降血糖药。而在发现了磺胺利尿的副作用系抑制碳酸酐酶的结果之后，先后合成了许多磺酰胺类利尿药，如呋塞米（furosemide）及吡咯他尼（piretanide）等都有很强的利尿作用。

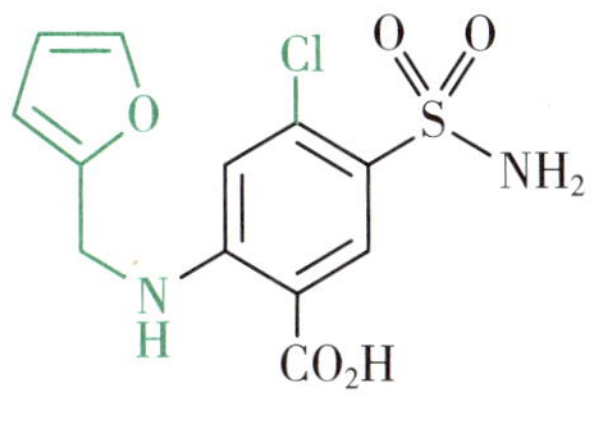

呋塞米 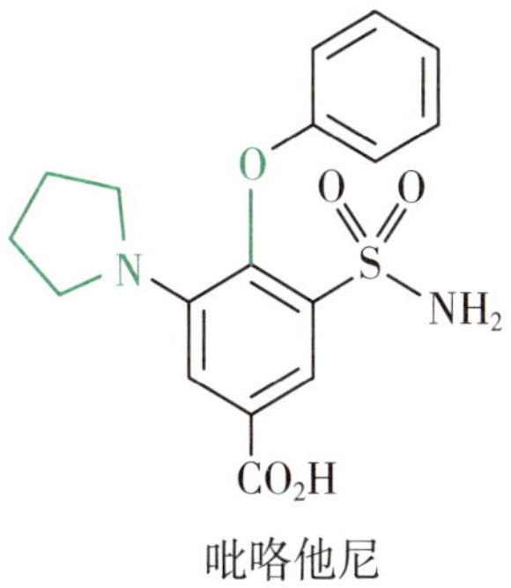   吡咯他尼

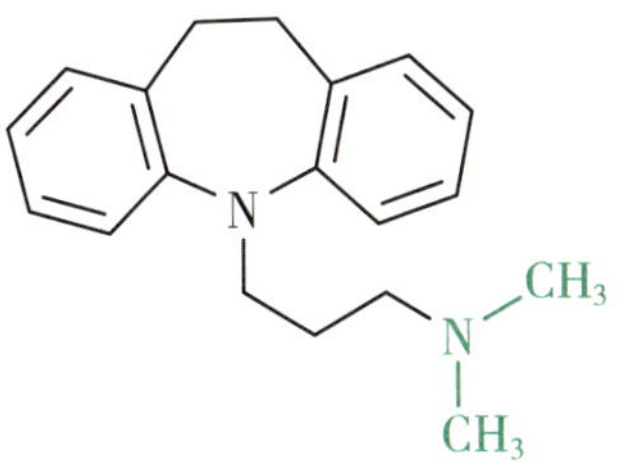

丙咪嗪 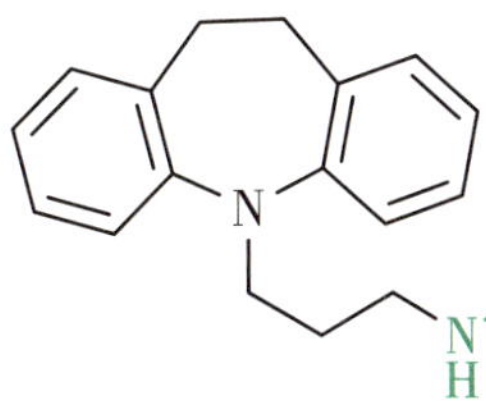   地昔帕明 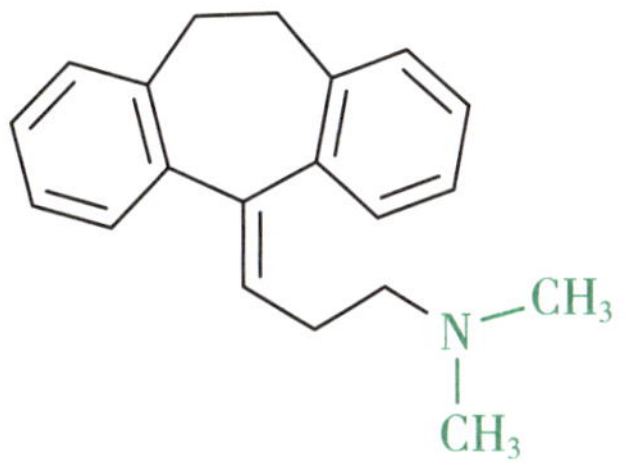   阿米替林

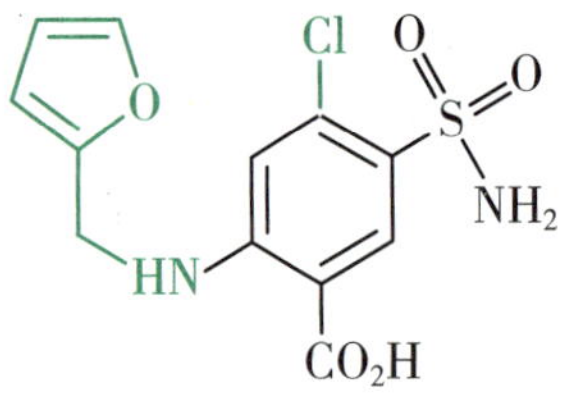

呋塞米

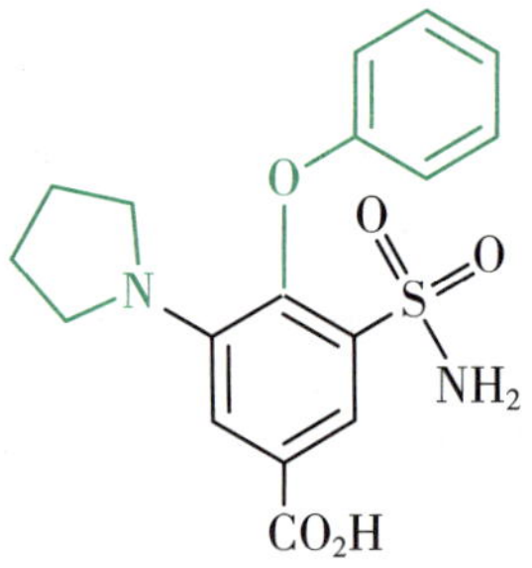

吡咯他尼

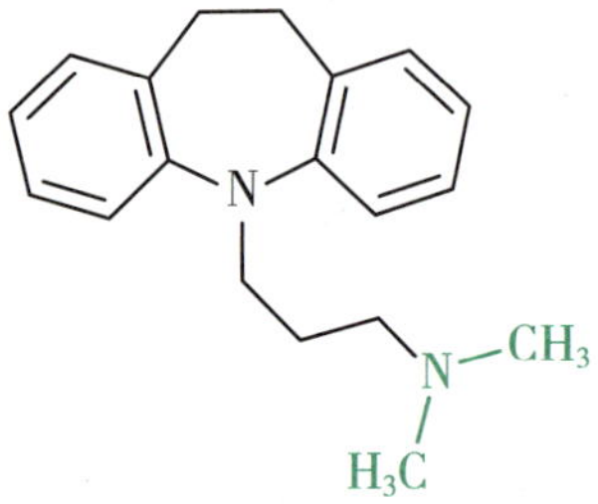

丙咪嗪

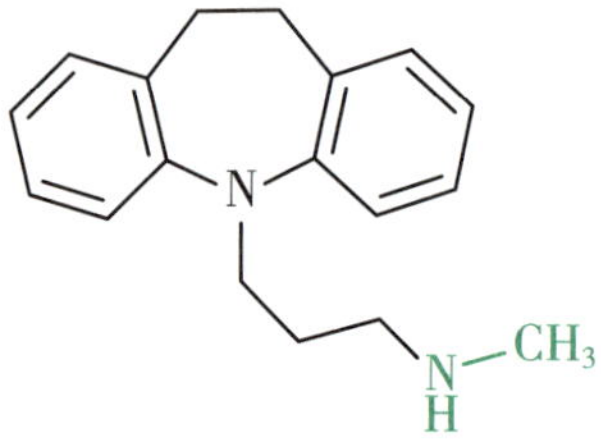

地昔帕明

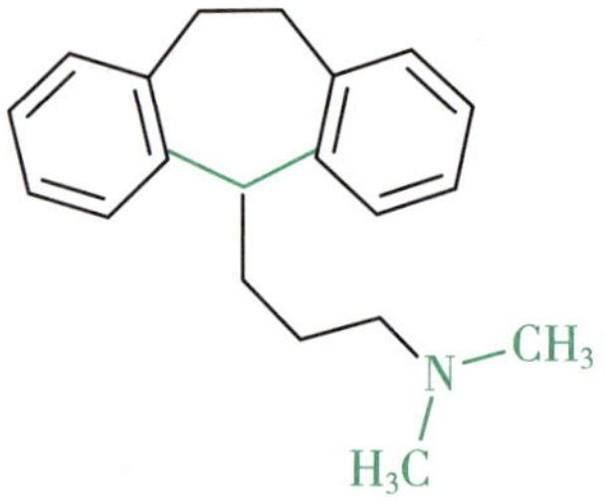

阿米替林

在某些情况下，副作用可能强到可以不加修饰就使用药物。例如，抗阳痿药物西地那非（sildenafil，万艾可），最初是作为血管扩张剂设计用于治疗心绞痛和高血压。在临床试验中，人们发现它在阴茎中作为血管舒张剂的作用比在心脏中更有效，从而提高勃起功能。这种药现在被用来治疗勃起功能障碍和性阳痿。另一个例子是抗抑郁药安非他酮（bupropion），服用该药物的患者报告说，它帮助他们戒烟，因此该药物现在作为反吸烟辅助药物销售。阿司咪唑（astemizole）是一种用于治疗过敏的药物，但已被发现是一种有效的抗疟剂。

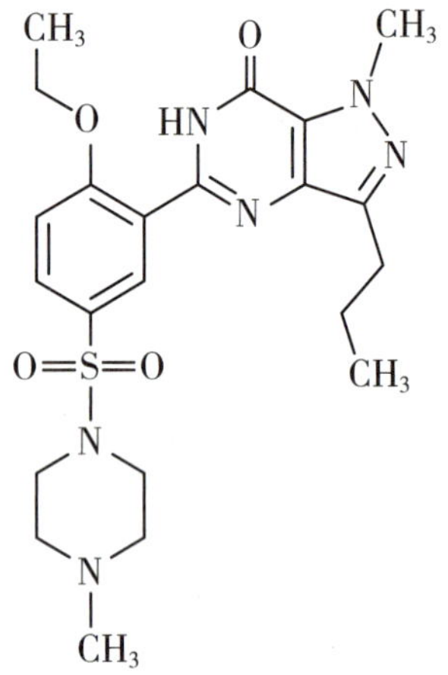

西地那非

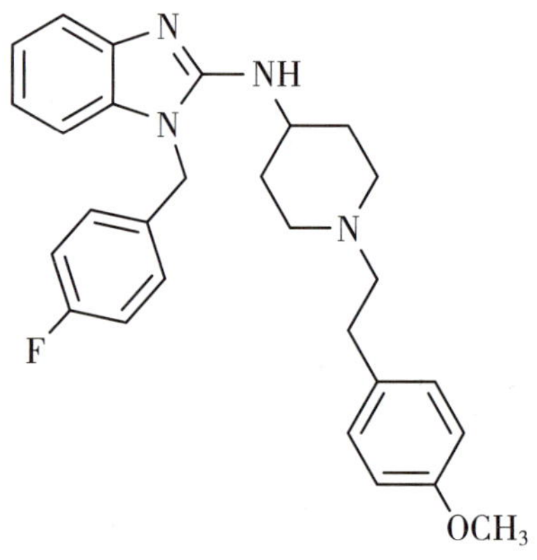

阿司咪唑

在药物化学的一个领域使用的药物可能是另一个领域的先导化合物。此外，人们可能会陷入这样的思维陷阱，认为一组化合物的结构都具有相同的生物活性。磺胺通常被认为是抗菌剂，但我们已经看到，它们还可以有其他特性。

（2）通过药物的代谢研究发现先导化合物：药物通过体内代谢过程，可能被活化，也可能被失活，甚至转化成有毒的化合物。在药物研究中，可以选择其活化形式，或考虑可以避免代谢失活或毒化的结构来作为药物研究的先导物。采用这类先导物，得到优秀的药物的可能性较大,甚至直接得到比原来药物更好的药物。例如,抗抑郁药丙咪嗪(imipramine)和阿米替林(amitriptyline)的代谢物地昔帕明(desipramine)和去甲替林(nortriptyline),抗抑郁作用比原药强,且有副作用小、起效快的优点。再如,羟布宗(oxyphenbutazone)是保泰松(phenylbutazone)的活性代谢物,奥沙西泮(oxazepam)是地西泮(diazepam)的活性代谢物等。

去甲替林   羟布宗

保泰松   奥沙西泮   地西泮

在研究奎宁(quinine)代谢过程中,发现其 2' 位易被氧化失活,用芳香基团封闭 2' 位虽可增加活性,但有光毒化作用,当用吸电子基团—CF₃,取代时,光毒化作用大大降低。以此为先导,在 8' 位上再引入一个—CF₃基团,发现了代谢阻滞剂甲氟喹(mefloquine)。副反应大大减小,而活性更强的甲氟喹,现已被认为是安全有效、治疗有多重抗药性的恶性疟的药物。

奎宁   甲氟喹

(3)以现有突破性药物作先导:近年来随着对生理生化机制的了解,得到了一些疾病治疗的突破性的药物,这些药物不仅在医疗效果方面,而且在医药市场上也取得了较大的成功,这些药物通常被称为原型药物(prototype drug)。随之出现了大量的"me-too"药物。"me-too"药物是指对已有药物的化学结构稍作改变而得到的与已有药物的结构非常相似的一类药物。有时可能得到比原"突破性"药物活性更好或有药代动力学特色的药物。例如兰索拉唑(lansoprazole)及其他的拉唑的研究是以奥美拉唑(omeprazole)为先导物的,其活性比奥美拉唑活性更强。

"me-too"药物的研究对于我国的新药研究有特别重要的意义。知识产权的保护促进了更多高水平的新药研究,推动了药物研究的发展。

3. 用活性内源性物质作先导化合物　现代生理学认为,人体被化学信使(生理介质或神经递质)所控制。体内存在一个非常复杂的信息交换系统,每一个信使都各具特殊的功能,并在其作用的特定部位被识别。患病时机体失去了平衡,而药物治疗就是用外源性的化学物质(信使)来帮助机体恢复平衡。根据对生理病理的了解来研究新药,通常是针对与该生理活动有关的酶或受体来设计药物,被称作合理药物设计(rational drug design)。

(1)以内源性配体为先导化合物:天然配体肾上腺素(adrenaline)和去甲肾上腺素(noradrenaline)是开发肾上腺素能 β- 激动剂的起点,如沙丁胺醇(salbutamol)、多巴酚丁胺(dobutamine)、沙莫特罗(xamoterol)和 5- 羟色胺(5-HT)是开发 5-HT-1 激动剂舒马曲坦(sumatriptan)的起点。

5-羟色胺　　　　　　舒马曲坦

受体的天然配体也可作为拮抗剂设计中的先导化合物。例如,在 H_2 组胺(histamine)拮抗剂药物西咪替丁(cimetidine)的开发中,组胺被用作最初的先导化合物。将激动剂转化为拮抗剂通常是通过在先导结构上添加额外的结合基团来实现的。其他例子包括肾上腺素能拮抗剂丙萘洛尔(pronethalol)、H_2 拮抗剂布里马胺(burimamide)和 5-HT_3 拮抗剂昂丹司琼(ondansetron)和格拉司琼(granisetron)的开发。

有时受体的天然配体是未知的(孤儿受体,orphan receptor),寻找它本身就是一项重大的工程。如果搜索成功,那么将开辟一个全新的药物设计领域。例如,对吗啡的阿片受体的识别导致了对内源性阿片的探索,这最终导致了内啡肽(endorphin)和脑啡肽(enkephalin)的发现,并将它们用作先导化合物。

(2)以内源性酶为先导化合物:脑啡肽已被用作设计脑啡肽酶抑制剂的先导化合物。脑啡肽酶是代谢脑啡肽的酶,抑制脑啡肽酶对消化道内源性脑啡肽的降解,可以延长脑啡肽的生理活性。HIV 蛋白酶的天然底物被用作第一种用于治疗 HIV 的蛋白酶抑制剂的先导化合物。其他被用作抑制剂先导化合物的底物的例子包括法尼基转移酶底物、基质金属蛋白酶底物和 1 型 17β- 羟类固醇脱氢酶。

(3)以内源性调节剂为先导化合物:许多受体和酶受变构控制,发挥这种控制作用的内源性化学物质(调节剂,modulator)也可以作为先导化合物。在某些情况下,可能存在酶或受体的调节剂,但尚未发现。例如,苯二氮䓬类化合物(benzodiazepine)可通过结合变构结合位点调节 γ- 氨基丁酸(GABA)受体。内源性肽调节剂内源性苯二氮䓬(endozepine)已经发现绑定到相同的变构结合位点,并可能作为苯二氮䓬类药物的先导化合物。

4. 利用组合化学和高通量筛选得到先导化合物 随着基因组学和蛋白质组学项目中潜在新药靶点的增加,迫切需要找到新的先导化合物与之相互作用。不幸的是,传统的先导化合物来源并没有跟上步伐,在过去的十年左右,研究人员已经投入了大量的组合和平行合成,以解决这个问题。组合化学(combinational chemistry)是近十几年发展起来的新合成技术与方法,目的是在尽可能短的时间内生成尽可能多的不同结构。组合化学的化合物库的构建是将一些基本小分子如氨基酸、核苷酸、单糖等通过化学或生物合成的手段装配成不同的组合,由此得到大量具有结构多样性的化合物分子。同时配合高通量筛选(high-throughput screening),寻找先导化合物。高通量筛选是以随机筛选和广泛筛选为基础的。高通量筛选是利用近二三十年来,生物化学、分子生物学、分子药理学和生物技术的研究成果,将已阐明影响生命过程的一些环节的酶、受体、离子通道等用作药物作用的靶标进行分离、纯化和鉴定,由此建立起来的分子、细胞水平的高特异性的体外筛选模型,具有灵敏度高、特异性强、需用药量少、快速筛选的特点。在此基础上加上自动化操作系统,即可以实现高通量、快速、微量的筛选。

5. 计算机辅助药物设计 计算机辅助药物设计(computer-aided-drug design, CADD)是利用计算机的快速计算功能、全方位的逻辑判断功能、一目了然的图形显示功能,将量子化学、分子力学、药物化学、生命科学、计算机图形学和信息科学等学科交叉融合,从药物分子的作用机制入手进行药物设计。受体是生物体的细胞膜上或细胞内的特异性大分子,药物小分子称为配体(ligand),在产生药理作用时,配体首先要分布到受体部位,并与受体结合(binding)。受体与配体结合部位(binding site)是计算机辅助药物设计的重点研究问题,一般只涉及受体中的几个氨基酸残基,计算机辅助药物设计就是利用计算机技术研究发现能够与靶酶或受体结合的新的配体,因此,也称为计算机辅助配体设计(computer-aided ligand design)。如果靶酶或受体的三维结构已知,可进行直接药物设计(direct drug design);如果受体的三维结构未知,可采用间接药物设计(indirect drug design)。

(1)直接药物设计:直接药物设计(direct drug design)又称基于靶点结构的药物设计,该法的最基本要求是必须清楚作用受体(靶点)的三维空间构型,根据受体结合位点的形状和性质要求,借助计算机自动构造出形状和性质互补的新的配基分子的三维结构。其理论基础是受体结合位点与配基之间的互补性。靶受体的三维结构可用 X 射线衍射法或蛋白质同源模建得到。最简单的方法是从互联网上的蛋白结构数据库(protein data bank, PDB)查到,可方便地下载蛋白质结构。

直接药物设计常用的方法有分子对接法和从头设计法。

1)分子对接法:分子对接(docking)是预测小分子配体与受体大分子相互匹配、相互识别而产生相互作用的一种方法。分子对接的理论基础是受体学说理论。其一是占领学说,认为药物产生药效首先需要与靶标分子充分接近,然后在必要的部位相互匹配,这种匹配表现在药物与受体的互补性(complementarity),包括立体互补、电性互补和疏水性互补。其二是诱导契合学说,认为大分子和小分子通过适当的构象调整,得到一个稳定的复合物构象。因此,分子对接的过程就是确定复合物中两个分子的相对位置、取向和特定的构象,作为设计新药的基础。

常用的分子对接软件有 Dock、AutoDock 和 Surflex-Dock。Dock 是 1982 年 Kuntz 研究小组开发的程序,该程序考虑了配体与受体的柔性对接、配体与受体形状与性质互补以及配体在受体活性位点的精确定位,并引入了经验势能函数作为配体与受体结合强弱的评价函数。AutoDock 是由美国 Scripps 研究院开发的一款免费的分子对接软件,其 4.0 版本遵循 GNU 通用公共许可证协议。作为经典的对接程序组件,AutoDock 有对接结果准确、速度较快的优点。Surflex-Dock 是 Syby1 软件包中的一个模块,该方法在配体和受体之间结合评价中采用基于半经验方程的结合自由能函数。目前可用于分子对接的小分子数据库很多,常用的数据库: 剑桥结构数据库(Cambridge Structure Database, CSD)、现有化学品目录数据库(Available Chemicals Directory, ACD)、美国国家癌症研究所数据库(National Cancer Database, NCDB)、中国天然产物数据库(Chinese Natural Product Database, CNPD)等。

在数据库中,通过对接、搜寻与靶标生物大分子有较好亲和力的小分子。不同分子对接软件的操作有区别,一般过程是:①把库中的配体小分子放在受体活性位点的位置,逐一与靶标分子进行对接。②按照几何互补、能量互补以及化学环境互补的原则,寻找小分子与靶标大分子作用的最佳构象,计算其相互作用能。③找出两个分子之间最佳的结合模式,评价药物和受体相互作用的好坏。

通过分子对接虚拟筛选出来的化合物大都为已知化合物,大部分可通过购买获得,为快速寻找先导化合物提供了方便。

2)从头药物设计: 从头药物设计(de novo drug design)是基于受体结构的全新药物设计,根据受体活性位点的形状和性质要求,利用计算机在化合物的整个化学空间寻找与靶点形状和性质互补的活性分子。大多数情况下,这种设计基于靶受体的三维结构。与三维结构数据库搜寻相比,全新配体设计策略可以设计出适合靶蛋白活性位点的新结构。

从头设计方法一般包括五个过程:①获取受体三维结构及其活性部位;②计算活性部位的结构性质;③在关键活性位点设置与之匹配的原子或基团;④在原始基团的基础上产生完整的分子,或用连接基团将上述原子或基团连接成完整的分子;⑤预测所设计的一系列化合物分别与靶点的亲和性等。

从头设计的核心是通过与靶点结构和性质的基本构建块获得新结构。根据构建块的不同,从头设计方法可分为原子生长法、分子碎片法和模板定位法。

(2)间接药物设计: 间接药物设计(indirect drug design)是指在受体三维空间结构未知的情况下,利用计算机技术对同一靶点具有活性的各种类型生物活性分子进行计算分析,得到三维构效关系模型,通过计算机显示其构象来推测受体的空间构型,并以此虚拟受体的三维空间结构进行药物设计,因此又称为基于配体结构的药物设计。在本章第二节三维定量构效关系中介绍的分子形状分析法、距离几何方法和比较分子场分析法也属于间接药物设计方法,在此主要介绍药效团模型法(pharmacophore modeling)。

在药物分子和靶点发生相互作用时,药物分子为了能和靶点产生良好的几何与能量的匹配,会采用特定构象与靶点结合,即活性构象。对于一个药物分子,分子中的不同基团对其活性影响不同,有些基团的改变对分子活性影响甚小,而有一些则对药物分子与靶点的结合至关重要。这些药物活性分子中对活性起重要作用的"药效特征元素"及其空间排列形式即为药效团(pharmacophore)。从不同类的先导化合物出发可以构建药效团模型,得到与生物活性有关的重要药效团特征,这些药效团特征是对配体小分子活性特征的抽象与简化,即小分子拥有药效团特征,就可能具备某种生物活性,而这些活性配体分子的结构未必相同。因此药效团模型方法可以用来寻找结构全新的先导化合物。

目前用于识别药效团模型的软件很多,国内计算机辅助药物设计工作站最常用的商业软件有两类,一类是 s 商业公司开发的 CATALYST 模块,在 InsightII 上使用;另一类是 DISCO 和 DISCOtech,是 Syby1 操作系统的一个模块,DISCO 是距离比较(distance comparison,DISCO)法,其最新版为 Discotech。

药效团识别的方法及基本步骤如下:

1)选择两组已知活性的化合物,分别作为训练集和测试集。化合物的选择直接影响研究结果的可靠性。选择训练集原则一般是活性好的,结构多样性的,其中一些化合物最好是刚性或部分刚性结构,使分子的构象相对减少,便于下步操作。测试集中应包括活性由强到弱各个层次及无活性的化合物。

2)分子构象分析及分子叠合。将训练集的每个分子进行构象分析,搜索最低能量构象及其他合理的构象,存入数据库。然后将所有分子的构象按一定规则进行叠合,由于叠合方式的不同,叠合结果是多样化的。

3)计算三维药效团模型。在叠合的基础上计算机可识别出属于同一活性级别化合物的共同结构模式,建立分子三维药效团模型。

药效团是基于药效特征元素为基础建立的模型。药效特征元素主要分为七种:①氢键给体(hydrogen bond donor, HBD);②氢键受体(hydrogen bond acceptor, HBA),包括带孤对电子的 N、O、F、S 等;③疏水中心或极性小的原子及原子团,如疏水烷基(hydrophobic aliphatic, HYALI)、芳环(ring aromatic, RA)等片段;④亲水中心或极性大的片段;⑤负电荷中心(negative ionizable, NI);⑥正电荷中心(positive ionizable, PI);⑦上述各元素的几何约束特征,包括特征元素间的距离、夹角、二面角等(图 4-4)。

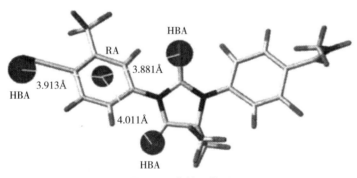

图 4-4　药效团模型

对药效团模型进行必要和合理的修正。一般初步得到的药效团模型有一些误差,而且往往得到数个模型,所以要对药效团模型进行检验。应用测试集,根据打分情况及观察构象的实际叠合情况进行模型的评价,进行必要的和合理的修正,以确定最合理的药效团模型。

应用药效团模型进行合理的新药设计和虚拟筛选。药效团模型的成功构建可以用来设计新的配体,该方法既可用于先导物的优化,也可用来设计新的先导化合物。药效团模型不能定量预测与受体的亲和力,而是在研发过程中用来选择出新的分子进行合成。

其中卡托普利和茚地那韦就是利用计算机辅助药物设计的方法来进行药物设计的。

卡托普利（captopril）

1981 年合成的第一个普利类降压药——卡托普利（captopril），开启了肾素 - 血管紧张素 - 醛固酮系统（renin-angiotensin-aldosterone system，RAAS）体系药物研发的新时代。卡托普利的成功给药物化学的发展带来了实质性的进步，以化学结构为基础的新药设计（structure-based drug design）并配合计算机辅助药物设计从此进入了主流，成为应用最普遍的新药研究方法之一。

药物研发团队以天然多肽类血管紧张素转化酶抑制剂（ACEI）为起点，采用当时很先进的定位突变（site-directed mutagenesis）生物技术，仔细研究了血管舒缓激肽增强因子的构效关系。研究发现这些多肽 C 末端的脯胺酸对 ACE 的抑制活性非常重要，是一个不可缺少的药效基团。后续研究以这个脯胺酸残基作为核心，利用 CADD 技术测试了两千多个衍生物，根据药物靶点结构，研究蛋白和小分子之间的相互作用，设计与活性口袋互补的新分子，他们发现在脯氨酸附近引入巯基能进一步提高化合物对 ACE 的抑制活性。在巯基和脯氨酸残基这两个结构单元的基础上，最后找到了高效率的 ACE 抑制剂，成功地设计出了卡托普利。

茚地那韦（indinavir）

茚地那韦（indinavir）是 1996 年合成的用于成人 HIV-I 感染的抗病毒药，它可与抗逆转录病毒制剂（如核苷和非核苷类逆转录酶抑制剂）合用治疗成人的 HIV-I 感染。茚地那韦研发的各个阶段，包括从早期的先导发现到靶点识别、靶点验证中的应用，再到临床试验都运用了计算机辅助药物设计技术。首先基于结构进行药物设计，通过分子模拟方法分析羟乙酰基类抑制剂与 HIV-PR 复合物的三维结构模型后，对抑制剂进行化学改造，得到活性较高的抑制剂 L-735524，此后使用 CADD 工具预测药物吸收、分布、代谢、排泄和毒性等特性，并将其与生物测定数据进行比较，最终获得了上市许可。

二、药物设计

先导化合物可以作为药物设计的起点，药物设计的目的是多方面的，最终的药物应该对其靶点具有良好的选择性和活性水平，并具有最小的毒副作用。先导化合物应该很容易被合成，化学稳定性好。此外，它应该是无毒的，并具有可接受的药代动力学特性。本节主要介绍药物设计的策略,可以用来优化药物与其靶点的相互作用,以产生预期的药效学特性。

(一)构效关系的研究

一旦已知先导化合物的结构,药物化学家就会继续研究其构效,以识别出分子中那些对产生生物活性起到重要作用的药效基团。如果可以将先导化合物结合到受体上,然后使目标物结晶,则可以通过 X 射线晶体学求解复合物的晶体结构,进而用分子建模软件进行研究,可以确定那些重要的结合作用。如果目标结构尚未确定或结合物不能结晶,就有必要采用传统方法,合成一些与原始结构略有差异的化合物,进而研究这些化合物对生物活性的影响。

(二)先导化合物的优化:药物设计中的策略

一旦先导化合物的药效基因被确定,就可以合成含有相同药效基因的类似物。如果先导化合物具有有用的生物活性,为什么还要合成类似物呢?原因是先导化合物通常会存在一些缺陷,大多数可能具有低活性、选择性差、显著毒副作用、化学结构不稳定或难以合成等缺点。因此有必要对先导化合物进行化学修饰,以期找到更为理想的药物。

如何获得先导化合物?早期的先导化合物是通过广泛筛选和意外发现获得的。如从天然药用植物中筛选提炼的抗疟有效成分青蒿素,意外发现的抗菌药青霉素和抗肿瘤药顺铂等。随着计算机技术的普及发展,计算机辅助的合理药物设计已成为药物研发过程中先导化合物发现的一个重要途径。此外,已有的药物可被选作先导化合物,经过进一步的结构优化进而研发出新药。以已有药物为先导化合物,运用生物电子等排体策略获得了大量的"me-too"药物,该类药物的研发可大大加快药物先导物到药物候选物的转化过程。此外,筛选化合物库,特别是运用组合化学技术构建的组合化合物库,运用高通量虚拟筛选(virtual high-throughput screening, VHTS)技术和 DNA 编码小分子化合物库合成及筛选技术均可以获得先导化合物。

先导化合物的优化方法通常包括传统的药物化学方法和现代计算机辅助药物设计技术。传统的药物化学优化方法有剖裂(dissection & shearing)、拼合(association)生成孪药(twin drug)、局部修饰法(local manipulation)包括开环、关环、同系物变换、引入烯键("插烯")、大基团、改变基团的电性等方法,优化策略通常采用生物电子等排原理、前药原理、"软药和硬药"原理。此外,通过定量构效关系、三维定量构效关系和计算机辅助药物设计研究均可以优化先导化合物。

三、新药开发

新药开发(drug development)是在获得新化学实体(new chemical entity, NCE)后,通过各种评价使其成为可上市使用的药物。前期开发主要包括临床前毒理学研究、临床前的各类研究、有选择的 I 期临床前研究和早期的 II 期临床研究,后期开发主要涉及大量的临床研究工作,以及这些临床前及临床中所得到数据的整理和药物的工艺化过程。新药从开发到上市主要有以下四个过程。

(一)在药物探索中,寻找药物作用的靶点,研究构效关系,在筛选活性化合物的同时确定先导化合物。

(二)在药学研究和临床前研究中,首先通过体内外实验对安全性、药效性进行成药性研究,之后结合初步的药代动力学结果进行初步的制剂研究,来判断候选药物是否具有进入临床阶段的潜力。

（三）在临床层面，主要是临床Ⅰ期、Ⅱ期和Ⅲ期研究中，进行试验药物的系统性研究，以证实其安全性和有效性。临床Ⅰ期研究主要观测药代动力学和人体对新药的耐受程度，为制定给药方案和安全剂量提供依据；临床Ⅱ期主要研究药物治疗有效性，对其有效性和安全性进行初步评价，为Ⅲ期临床给药剂量提供依据；临床Ⅲ期的研究可以进一步获得药物的有效性资料，同时鉴定其副作用和与其他药物的相互作用关系。

（四）在药品注册上市后的Ⅳ期临床研究中，主要服务于学术推广，适应证拓展及药物安全性的持续跟踪。

目前，新药从发现到上市的过程及所需的大致时间如图4-5所示。

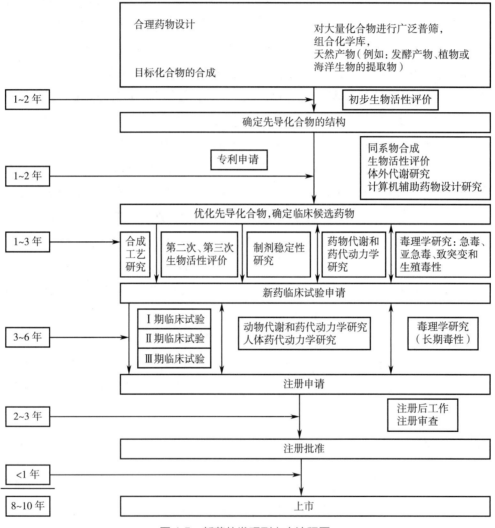

图4-5 新药从发现到上市流程图

第四章 目标测试

（杜云飞）

第五章　镇静催眠药和抗癫痫药

镇静催眠药是主要用于治疗精神活动的轻度病态兴奋状态和失眠的一类药物。通常镇静催眠药的药效与使用剂量有着密切的相关性,小剂量可以起到镇静的作用,消除患者的紧张和焦虑不安,中等剂量时可产生睡眠作用,大剂量时产生深度抑制而有全身麻醉作用,一些镇静催眠药还具有抗癫痫、抗震颤和抗焦虑的作用。

癫痫(epilepsy)即俗称的"羊角风",是大脑神经元突发性异常放电,导致短暂的大脑功能障碍的一种慢性疾病。抗癫痫药物可通过影响中枢神经元,以防止或减少其病理性过度放电;也能提高正常脑组织的兴奋阈,减弱病灶兴奋的扩散,防止癫痫复发。部分镇静催眠药和抗癫痫药具有成瘾性和耐受性,根据国家《精神药品品种目录(2007年版)》多被列为国家第二类精神药品管理。

镇静催眠药按化学结构可分巴比妥类、苯二氮䓬类及以唑吡坦、佐匹克隆等为代表的非苯二氮䓬类镇静催眠药物。从作用机制看,上述三类药物及GABA的结构类似物均属于GABA$_A$受体调节剂。

鉴于以苯巴比妥为代表的巴比妥类药物的耐药性和依赖性,现在临床上较少将其作为催眠药,主要作为抗癫痫药物。抗癫痫药物则以巴比妥及其衍生物(乙内酰脲、噁唑烷酮、丁二酰亚胺)、二苯并氮杂䓬类、GABA衍生物、丙戊酸衍生物、取代磺酰胺类衍生物等为主要治疗药物。

第一节　苯二氮䓬类催眠镇静药

苯二氮䓬类药物是20世纪60年代初发展起来的,在临床上可用于镇静催眠、抗焦虑、抗惊厥、麻醉剂和肌肉松弛。鉴于其催眠镇静作用强,且副作用比巴比妥类药物小,在临床上已经取代巴比妥类药物,成为镇静、催眠及抗焦虑的首选常用药。

一、1,4-苯二氮䓬类药物的研发

1,4-苯二氮䓬类药物属于偶然发现的镇静催眠药物。1955年,Leo Stembach博士进行苯并庚噁二嗪类镇静剂的合成时,见下图路线,发现当使用甲胺进行最后一步环合的时候没有得到目标化合物苯并庚噁二嗪,而是得到一个含六元环的喹唑啉N-氧化物,但没有预想的活性,他便放弃了这个研究计划。两年后他在清理实验室时发现了当初实验瓶中残留的产品并重新测定了这个化合物的活性,这个化合物在六种不同测试实验均表现出很好的安定

作用，他发现这个化合物的结构不是原来假定的结构而是一个新的七元环化合物，即氯氮䓬（chlordiazepoxide，利眠宁，librium）。

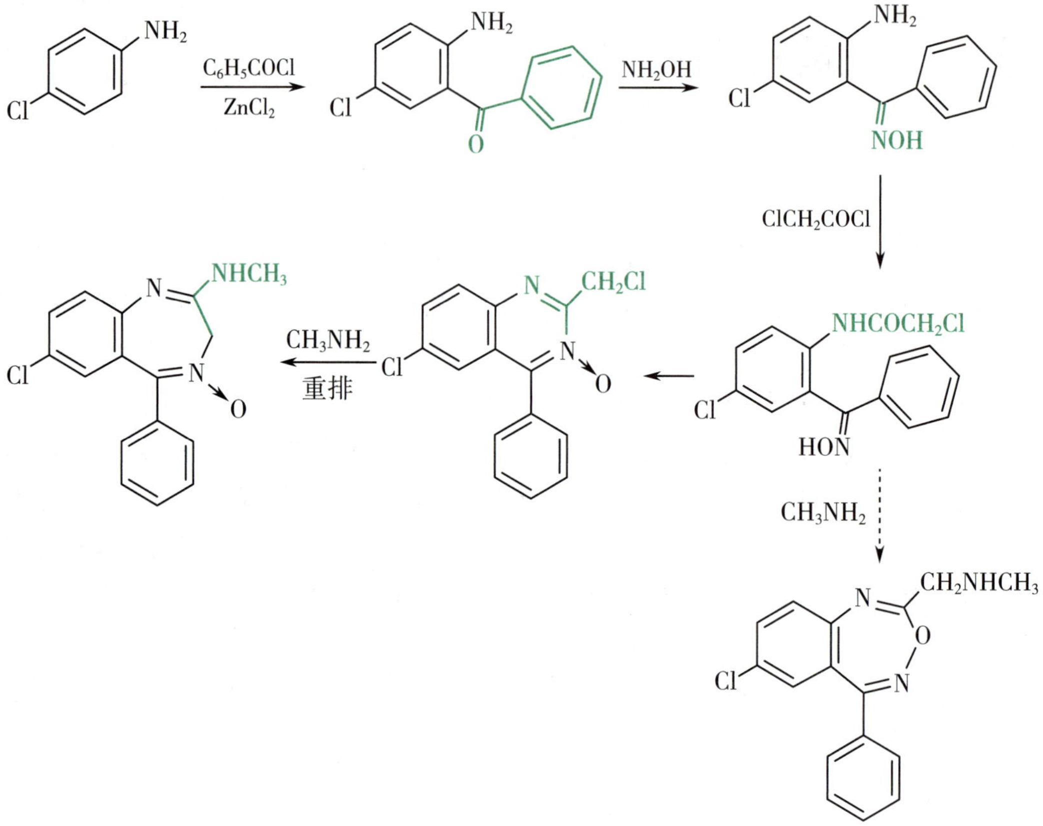

氯氮䓬喹唑啉 *N*- 氧化物苯并庚噁二嗪

他推测这种结构变化是由喹唑啉 *N*- 氧化物在长期放置中经历了分子内亲核进攻、开环再环合的扩环过程。重排机理如下：

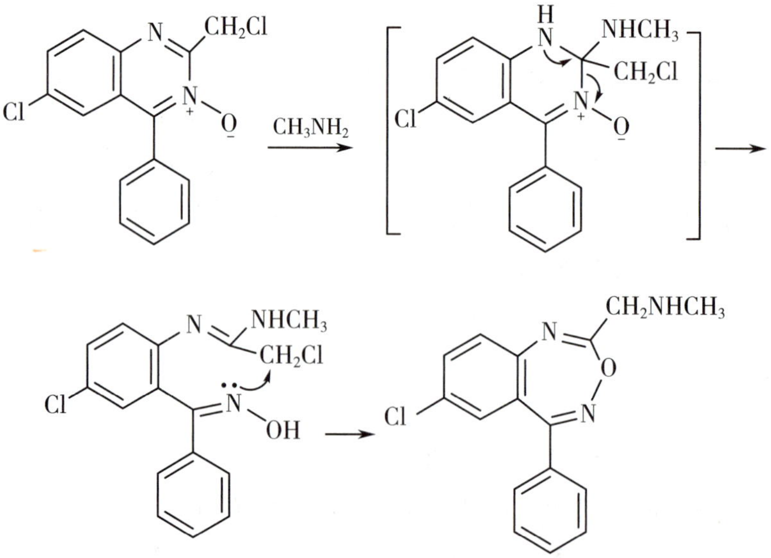

科学家对氯氮䓬的构效关系研究时发现，氯氮䓬分子中脒的结构及氮氧化物并不是生物活性所必需的，经结构简化得到地西泮（diazepam）的活性为氯氮䓬的 5 倍，且它的合成方法

简单,毒性和依赖性相对较低,于是 1,4- 苯二氮䓬 -2 酮化合物的研究成为热点。

二、1,4- 苯二氮䓬类药物的发展和构效关系

继地西泮发现后,以降低药物毒性和提高活性为目标,对该类结构进行了大量修饰,陆续有几十个药物上市,其结构效关系总结如下。

1. A 环上 7 位有吸电子基团增加活性　研究发现 1,4- 苯二氮䓬 A 环上的 7 位取代基性质对生物活性有较大的影响,当 7 位引入吸电子取代基(如 Cl,Br,NO_2,CF_3,CN)时活性增强,如硝西泮(nitrazepam)和氯硝西泮(clonazepam)的活性均比地西泮强。7 位引入大体积取代基及供电基均使活性下降。A 环的 6、8、9 位引入取代基均导致活性下降。

| 地西泮 | 奥沙西泮 | 劳拉西泮 | 替马西泮 |

| 硝西泮 | 氯硝西泮 | 氟西泮 | 溴西泮 |

2. A 环的生物电子等排体替换可保持镇静催眠作用　将苯二氮䓬的苯环用生物电子等排体如噻吩等杂环进行置换时,仍可保留较好的生理活性,如溴替唑仑(brotizolam)和依替唑仑(etizolam),前者具有催眠、抗激动、抗惊厥、肌肉松弛等作用,后者主要作为抗焦虑药。

| 溴替唑仑 | 依替唑仑 |

3. 1, 2 位的修饰可提高稳定性及活性 1 位 N 上一般可连接较小的烷基，大的取代基会降低活性。当 1 位引入－CH₂CF₃，2 位 O 被电子等排体 S 替换得到夸西泮（quazepam），在体内代谢成 α-氧夸西泮和 N-脱烃-α-氧夸西泮，仍具有催眠活性。因此夸西泮的半衰期可延长到 41 小时，为长效的抗焦虑和镇静催眠药。

由于苯二氮䓬类结构中一般具有 1, 2 位的酰胺键和 4, 5 位的亚胺键，在酸性条件下两者均易发生水解开环反应，引起药物失活。为增加该类药物的稳定性，在 1, 4-苯二氮䓬的 1, 2 位并上 1, 2, 4-三氮唑环，可使稳定性增加，又因增加整体分子的脂溶性，提高了与受体的亲和力，活性显著增加。如艾司唑仑（estazolam）、阿普唑仑（alprazolam）和三唑仑（triazolam），三者活性均比地西泮强几十倍。其中，三唑仑被列为国家精神药品一类药。如果在 1, 2 位并入咪唑环，起效快，作用时间短，碱性较强，药理活性也得到很大提高。如咪达唑仑、瑞马唑仑，具有典型的苯二氮䓬类药理活性，可产生抗焦虑、镇静、催眠、抗惊厥及肌肉松弛作用。

夸西泮　　　　　　艾司唑仑　　　　　　阿普唑仑

三唑仑　　　　　　咪达唑仑　　　　　　瑞马唑仑

瑞马唑仑是咪达唑仑的类似物，在咪达唑仑的结构上引入可以代谢的丙酸甲酯侧链，从而得到的一个新型的超短效镇静/麻醉药物。瑞马唑仑作用于 GABAₐ 受体，与咪达唑仑一样是精神类管制药。它具有易代谢的酯成分，因而有类似于瑞芬太尼的器官独立代谢，在体内可被无处不在的组织酯酶迅速水解为无活性的羧酸代谢物。代谢产物也可与 GABAₐ 受体结合，但亲和力仅是瑞马唑仑的 1/400，几乎不具有药理活性，这使得瑞马唑仑的恢复时间比咪达唑仑显著缩短，具有良好的有效性和安全性。

瑞马唑仑 → 瑞马唑仑代谢产物

4. 4,5 位拼入四氢噁唑环做成前药　构效关系研究发现 4,5 位双键为重要的药效团,双键若被还原后活性降低。在酸性条件下,4,5 位易于开环而降低活性,为了减少 4,5 位亚胺键的开环,可在 4,5 位并入四氢噁唑环,如噁唑仑(oxazolam)、卤噁唑仑(haloxazolam)和美沙唑仑(mexazolam)等,这些药物在体外无效,在体内其噁唑环可在代谢过程中除去,重新得到 4,5 位亚胺键而产生药效,这三个药物均是前体药物。

噁唑仑　　　　　卤噁唑仑　　　　　美沙唑仑

5. 3 位引入取代基产生手性碳导致活性差异　对于地西泮代谢的研究中,发现它在体内可以经 N- 脱甲基、3 位氧化等生物转化生成奥沙西泮(oxazepam),仍具有与地西泮类似的活性且副作用低,3- 羟基衍生物还有替马西泮(temazepam)和劳拉西泮(lorazepam)。

　　奥沙西泮的 3 位引入羟基后产生了手性碳原子,其光学异构体的活性有所差别,这可能与七元环的构象有关,苯二氮䓬七元亚胺 - 内酰胺环可形成两种船式的构象,在室温下很容易相互转换,因而不能完全以稳定的构象与受体作用。以奥沙西泮为例,由于 3 位羟基取代,其稳定构象为羟基在平伏键的构象,对受体的亲和力强,故 S-(+)- 奥沙西泮 A 的活性比 R-(-)-奥沙西泮 B 强。这也说明七元苯二氮䓬环是与受体作用的关键部位。

A　　　　　　　　　　B

6. C 环上 2′ 位取代基对活性的影响　C 环取代也是产生作用的重要药效团之一,苯环的 2′ 位引入体积小的吸电子基团,如 F、Cl、Br 可使活性增强。如氟西泮(flurazepam)和氟地西泮(fludiazepam)等。但 3′, 4′ 位引入取代基导致活性下降。

7. B环多取代基修饰可得到苯二氮䓬受体拮抗剂　当1,2位并上咪唑甲酸乙酯基,且4位氮上的氢原子被甲基取代,5位苯基被羰基取代得到 N- 甲基酰胺衍生物,即氟马西尼,为特异性苯二氮䓬受体拮抗剂。用于治疗苯二氮䓬类药物过量使用或中毒的患者,也用于逆转苯二氮䓬药物麻醉后的镇静作用。

氟马西尼

三、苯二氮䓬类药物的作用机理

　　研究发现,苯二氮䓬类药物及抗癫痫药物的作用机理均与GABA(γ- 氨基丁酸,γ-amino butyric acid)系统密切相关。GABA 为中枢神经系统中重要的抑制性神经递质,参与介导大约 40% 的抑制性神经传导。现已发现 GABA 受体有三种亚型,分别是 $GABA_A$、$GABA_B$ 及 $GABA_C$ 受体。其中 $GABA_A$ 受体存在于人体内多种神经元中,脑内主要分布的是该受体亚型。$GABA_A$ 受体是一种膜蛋白,可以是由来自 8 个亚家族的 19 种亚基组成的五聚体(α_{1-6},β_{1-3},γ_{1-3},δ,ε,θ,π 和 ρ_{1-3}),形成中空的氯离子通道。这 19 种亚基通过空间排列组合,目前已经在脑内发现了约 500 种类型的 $GABA_A$ 受体。其中以由两个 α_1,两个 β_2 及一个 γ_2 亚基组成的 $2\alpha_12\beta_2\gamma_2$ 类型的 $GABA_A$ 受体在脑内分布最多。

　　当 GABA 与 $GABA_A$ 受体的 β_1 亚基结合时,可形成 GABA- 氯离子通道复合物,使氯离子通道打开,氯离子从突触后膜外内流,引起突触后膜超极化,导致神经元的放电受到抑制,而产生中枢神经的抑制作用。$GABA_A$ 受体有多个结合位点,除了 GABA 有两个结合位点外,还有巴比妥类(barbiturates)的结合位点和苯二氮䓬类(benzodiazepines,BZs)的结合点。研究表明,GABA 的结合位点在两个 β 亚基上,苯二氮䓬类结合在 α 及 γ 亚基之间,而巴比妥类结合位点与苯并二氮䓬不同,接近于跨膜 I 区(图 5-1)。

　　苯二氮䓬类药物可与 $GABA_A$ 受体的 α_1 及 γ_2 亚基发生作用,形成苯二氮䓬 - 氯离子通道大分子复合物。该复合物可导致氯离子通道开放频率的增加,进而增加受体与 GABA 的亲和力,增强了 GABA 的作用,从而产生镇静、催眠、抗焦虑、抗惊厥

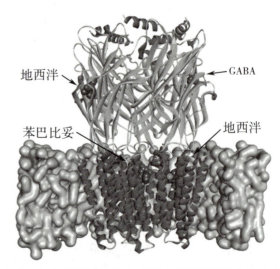

图 5-1　小分子与 $GABA_A$ 受体氯离子通道的作用位点

和中枢性肌松等抑制性药理作用。因此,苯二氮䓬类为 GABA$_A$ 受体激动剂(GABA$_A$ agonists)。

可以和苯二氮䓬类药物特异性结合的 GABA$_A$ 受体又被称为苯二氮䓬受体(BZR)。苯二氮䓬受体按照功能分类有 BZ$_1$ 受体和 BZ$_2$ 受体两种亚型。BZ$_1$ 受体与镇静催眠有关,它包含了由 α_1 亚基、任意 β 亚基(β_x)和 γ_2 亚基组成 $\alpha_1\beta_x\gamma_2$ 类型的 GABA$_A$ 受体;而 BZ$_2$ 受体则与焦虑症有关,它包含了 $\alpha_2\beta_x\gamma_2$、$\alpha_3\beta_x\gamma_2$ 和 $\alpha_5\beta_x\gamma_2$ 三种类型的 GABA$_A$ 受体。但研究证明,$\alpha_4\beta_x\gamma_2$ 和 $\alpha_6\beta_x\gamma_2$ 这两类 GABA$_A$ 受体并不能与苯二氮䓬类药物发生特异性结合。苯二氮䓬类药物与 BZ 受体结合没有选择性,他们吸收迅速,血药达峰时间一般为 60~90 分钟,起效快、作用强、毒性低,可小剂量、间歇或短期治疗慢性失眠,但是苯二氮䓬类药物具有耐药性、停药后反跳现象、依赖性、精神运动损害、残余效应等不良反应。

四、苯二氮䓬类药物的代谢

苯二氮䓬类药物主要在肝脏代谢,以地西泮为例主要有去 N- 甲基、1,2 位开环、C3 位上羟基化、苯环羟基化、N- 氧化等 I 相代谢反应。代谢产生的羟基代谢物与葡萄糖醛酸结合得到 II 相代谢物排出体外。

地西泮的代谢过程

地西泮（diazepam）

化学名为 1- 甲基 -5- 苯基 -7- 氯 -1，3- 二氢 -2*H*-1，4- 苯并二氮䓬 -2- 酮，1-methyl-5-phenyl-7-chloro-1,3-dihydro-2*H*-1,4-benzodiazepin-2-one，又名安定。

地西泮的 pK_a 为 3.4，$\lg P$ 为 2.9。

地西泮等苯二氮䓬类药物的 1，2 位酰胺键和 4，5 位亚胺键在遇酸及受热时易发生 1，2 位或 4，5 位开环，两个过程可同时进行，地西泮的最终开环产物为 2- 甲氨基 -5- 氯 - 二苯甲酮及甘氨酸。

4，5 位的开环反应是可逆性反应：在酸性条件下，发生水解开环；当 pH 到碱性时可以重新环合。尤其是当 7 位有强吸电子基团或 1，2 位有并合环存在时，4，5 位重新环合特别容易进行。硝西泮、氯硝西泮等口服后在酸性的胃液中，4，5 位水解开环，开环化合物进入弱碱性的肠道，又关环成原药。故这些药物拥有生物利用度高，作用时间长等特点。

地西泮的合成主要有两条路线，路线一是以 5- 氯 -3- 苯基 - 苯并[c]异噁唑为原料，在甲苯中用硫酸二甲酯进行甲基化反应，引入 *N*- 甲基生成的季铵与硫酸单甲酯负离子成盐。该盐在乙醇中用铁粉还原得到 2- 甲氨基 -5- 氯二苯甲酮，甲氨基的 N 被氯乙酰氯酰化，最后与盐酸乌洛托品环合得目标化合物。此方法通常为地西泮的合成方法。

路线二是由 5- 氯 -N- 甲基 - 依托酸酐与甘氨酸氨解及缩合得到邻甲氨基马尿酸的分子内酰化产物,然后经过 4 位 N 的乙酰化,格氏反应引入苯环,与盐酸羟胺缩合得到肟同时脱去乙酰基,经亚硫酸氢钠作用进行环合得目标产物。文献报道,该路线每步收率都在 90% 以上。相对路线一产品收率及质量有所提高。

地西泮相关限量杂质有 A～F 六种,其中 A、B 和 D 为特定杂质,即 A 为在制备 2- 甲氨基 -5- 氯二苯甲酮时,甲基化不充分得到的 2- 氨基 -5- 氯二苯甲酮,再经系列反应得到的去甲基地西泮,或由于反应中发生去甲基化而产生的去甲基地西泮;B 及 D 为合成路线一的两个中间体；C、E 及 F 为可检测到的三个杂质，均为最后一步环合过程产生的副产物。

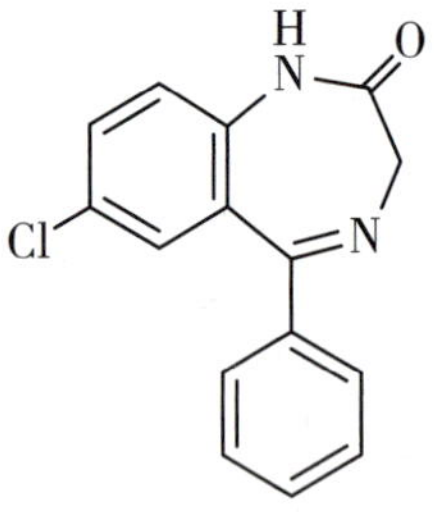

A

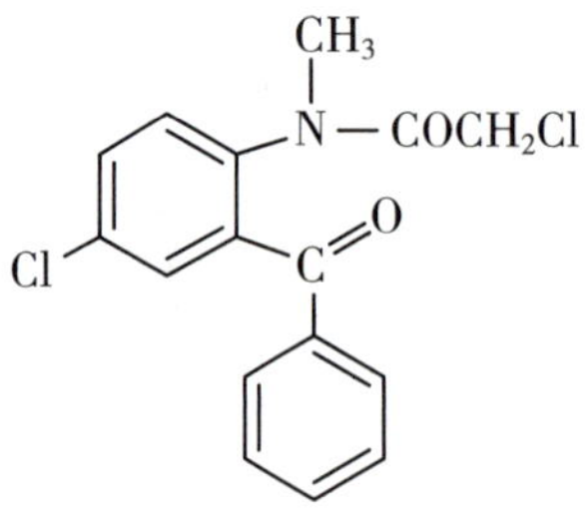

B

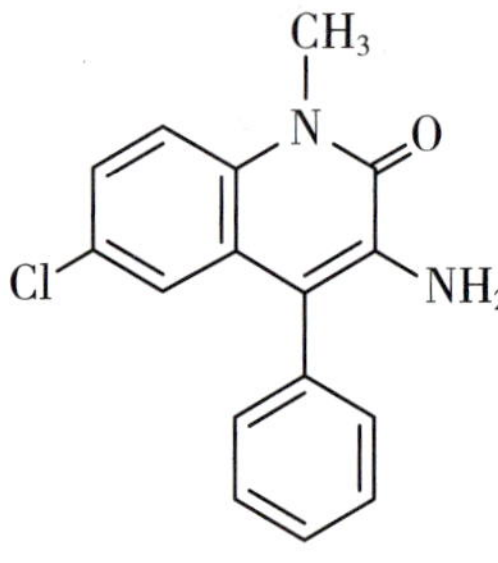

C

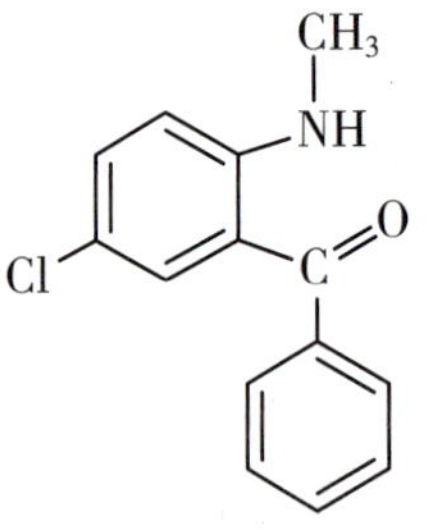

D

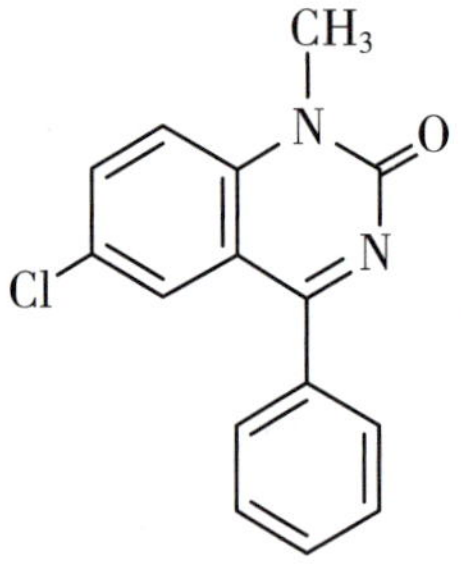

E

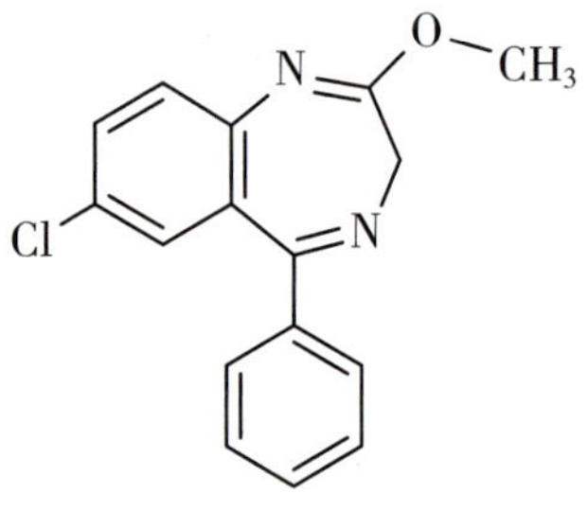

F

奥沙西泮（oxazepam）

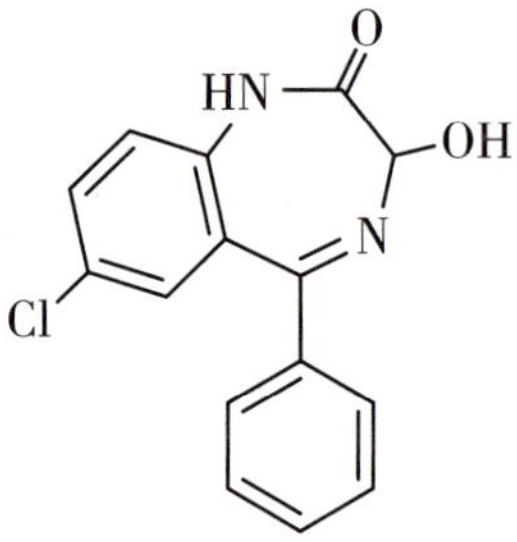

化学名为 5- 苯基 -3- 羟基 -7- 氯 -1，3- 二氢 -2H-1，4- 苯并二氮杂䓬 -2- 酮，5-phenyl-3-hydroxy-7-chloro-1，3-dihydro-2H-1，4-benzodiazepine-2-one，又名去甲羟安定。

奥沙西泮的 pKa 为 10.9，lgP 为 2.2。

奥沙西泮是地西泮的 3 位氧化代谢产物，有毒性低、副作用小等特点。对于焦虑、紧张及失眠均有效，还能对癫痫大发作和小发作有一定的控制作用。奥沙西泮的 3 位有手性，S- 右旋体的活性比左旋体强，但左旋体毒性小，目前在临床使用的是外消旋体。

与地西泮类似，奥沙西泮在酸中加热，可分别经过 1，2 位及 4，5 位的水解生成 2- 苯甲酰基 -4- 氯苯胺和甘氨酸，前者具有芳伯胺的特征反应：加亚硝酸钠试液，再加碱性 β- 萘酚，生成橙红色沉淀。可用来区别水解后不能生成芳伯胺的苯二氮䓬类药物，如带有 1 位 N- 甲基的地西泮无此鉴别反应。

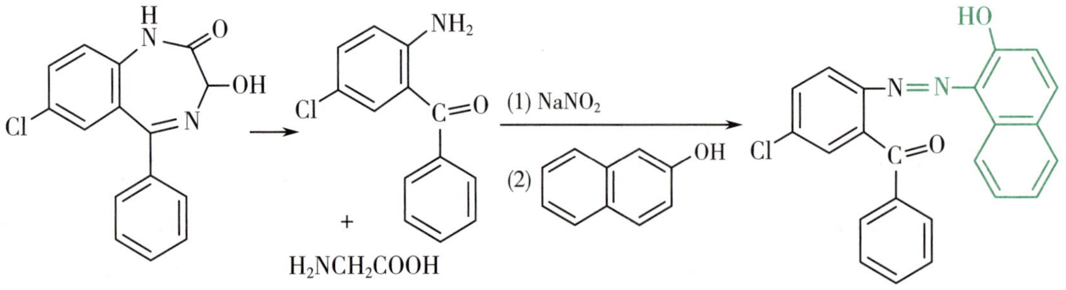

奥沙西泮的合成方法一是 6-氯 -2-氯甲基 -4-苯基喹唑啉 -3-氧化物经氢氧化钠扩环后,与醋酐作用,发生 polonovski 重排,形成 3 位酯化产物 7-氯 -2-氧代 -5-苯基 -2,3-二氢 -1*H*-苯并[e][1,4]二氮 -杂䓬 -3-醇的乙酸酯,再用等当量的碱水解处理,得到目标化合物。

方法二比较简单,在去甲地西泮 3 位直接发生碘催化的乙酰氧代反应后,水解得到奥沙西泮,劳拉西泮也可采取此合成方法。方法二的原料为去甲地西泮,其合成可参照地西泮的路线一的最后一步,即经乌洛托品的环合方法得到。

路线二中,苯二氮䓬环 3 位发生取代反应的机理可解释如下,首先在单质碘的催化下发生 3 位的单碘代可逆反应,3 位碘代物与 OAc$^-$ 继续发生不可逆的 SN$_2$ 亲核取代反应。过硫酸钾可将生成的 I$^-$ 再氧化为单质碘,后者可重新参与反应,促进碘代及随后与 OAc$^-$ 的亲核取代反应进行。因此在反应中,碘的使用量只有 0.5 倍量,需要加入 2 倍量的氧化剂(如过硫酸钾 K$_2$S$_8$O$_4$)。

药典规定,奥沙西泮特定杂质有 5 个,即 A、B、C、D、E。其中,化合物 B、E 为路线一合成中残留的中间体,A 可能是由化合物 B 的酯键的碱水解的互变产物,C 则为反应过程中得到的异构化环合产物。D 为碱性条件七元环水解开环产物。相比之下,路线二也有相应的 B、D 等杂质。

A

B

C

D

E

第二节　非苯二氮䓬类催眠药

虽然曾经有多种结构类型的镇静催眠药物在临床中使用,但目前主要使用的是被称为第三代镇静催眠药物唑吡坦、佐匹克隆及扎来普隆。非苯二氮䓬类药物虽然在结构上与苯二氮䓬类药物有很大区别,但均能作用于苯二氮䓬结合位点,只是与之产生相互作用的氨基酸残基有所不同。其作用机制属于非苯二氮䓬类 $GABA_A$ 受体激动剂,按照结构分属咪唑并吡啶类、吡咯酮类和吡唑并嘧啶类,它们上市后作为“短效”镇静催眠药物使用。这类药物有亲脂性强、吸收迅速、在血液和脑组织中无活性代谢产物等共同特性。它们也作用于 $GABA_A$ 受体,但作用位点却有别于传统的苯二氮䓬类药物,因此副作用小。

一、吡咯酮类

吡咯酮类(pyrrolone)药物佐匹克隆(zopiclone)是第一个非苯二氮䓬类 $GABA_A$ 受体激动剂药物,它的催眠作用迅速,并可提高睡眠质量。同类吡咯酮类药物还有艾司佐匹克隆等。

佐匹克隆作用在 $GABA_A$ 受体 - 氯离子通道复合物的特殊位点上,虽然在 BZ_1 受体上产生作用,但这些作用位点与苯二氮䓬发生结合的关键氨基酸残基不同。由于它的代谢产物会经唾液腺排泄,因此服药后口腔会有苦味,可改变味觉。

佐匹克隆（zopiclone）

化学名为 4- 甲基 -1- 哌嗪羧酸 -6-（5- 氯 2- 吡啶)-6，7- 二氢 -7- 氧 -5H- 吡咯并 [3，4-b] 吡嗪 -5- 醇酯，4-methyl-1-piperazinecarboxylic acid 6-（5-chloro-2-pyridinyl）-6，7-dihydro-7-oxo-5H-pyrrolo [3，4-b] pyrazin-5-yl ester。

佐匹克隆的 pK_a 为 6.70（25℃)，$\lg P$ 为 0.8。

研究发现,（＋）- 右旋佐匹克隆具有很好的短效催眠作用,而（－）- 左旋佐匹克隆对映体则是引起毒副作用的主要原因。因此对佐匹克隆进行拆分,不仅可提高药物疗效,而且可以降低药物毒性,减少副作用。后来开发了其右旋体,即（S）-zopiclone（艾司佐匹克隆,eszopiclone，lunesta）。该药耐受性好,无依赖性,但长期用药突然停药时可产生戒断症状。该药仍保留了味觉异常口苦、头晕、胸痛、偏头痛等副作用,临床有 1mg、2mg、3mg 等不同剂型便于个体化给药。

佐匹克隆的合成路线一是以苯二胺为起始原料,经与乙二醛环合,得到苯并吡嗪。酸性氧化开环,生成吡嗪二酸。经乙酸酐环合、2- 氨基 -5- 氯吡啶亲核反应,引入吡啶环。再经乙酸酐和二氯亚砜先对羧基酰化,然后与氨基环合。经硼氢化钾还原得到重要中间体Ⅵ,其与 4- 甲基哌嗪 -1- 酰氯经过酯化得佐匹克隆。酯化反应的反应条件有很多方法,传统工艺采用 NaH/DMF 体系,后换用吡啶为碱性溶剂,但存在吡啶难回收等问题,后采用以二氯甲烷为代表的有机溶剂中,加入不同的有机碱进行酯化取得很好效果。佐匹克隆可经化学拆分,得到艾司佐匹克隆。目前对其拆分的方法有很多专利及文献报道,将消旋的佐匹克隆与 D-（＋）- 苹果酸或者 D-（＋）- 二苯甲酰酒石酸等手型酸成盐拆分即可。除了化学方法,也有采用酶水解拆分法。在合成路线二中,借鉴路线一在还原后得到的中间体Ⅵ为原料,经过氯甲酸乙烯酯的酰化,得到活性酯,该左旋活性酯可以被南极假丝酵母脂肪酶（candida antarcticalipase）选择性水解,而右旋体不被水解,可与 N- 甲基哌嗪发生氨解,得到艾司佐匹克隆。

路线一:

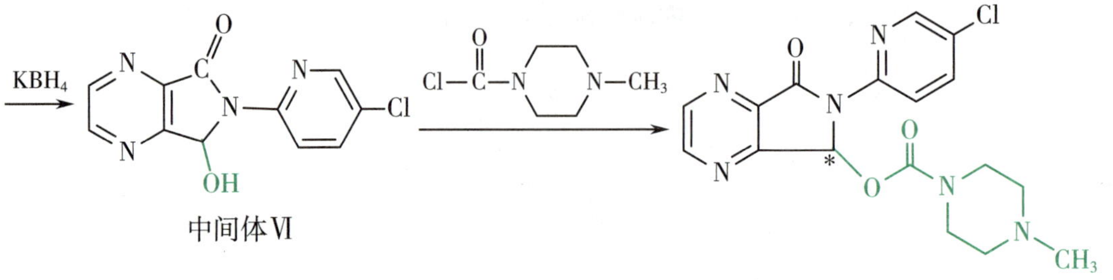

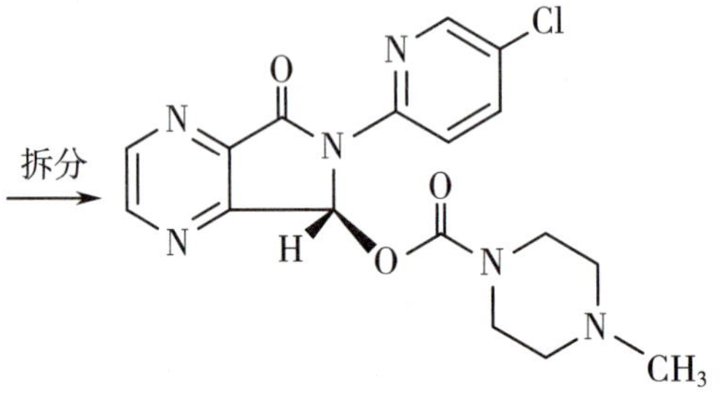

中间体Ⅵ

路线二：

中间体Ⅵ

回收

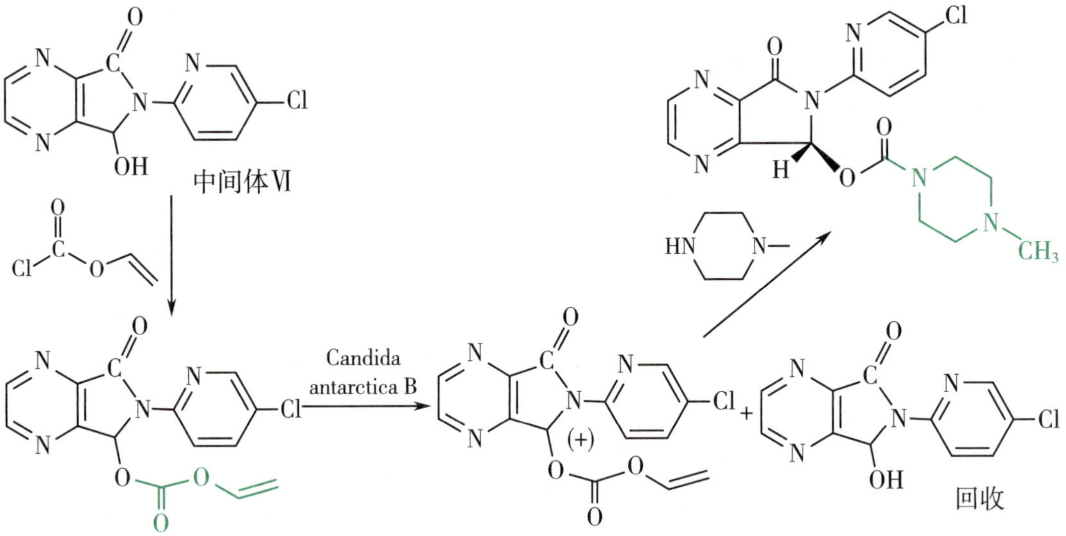

目前，欧洲药典列出其特定杂质有如下 A、B 及 C 共 3 种：即哌嗪环端位 N 的氧化物 A；杂质 B 为合成的残留中间体Ⅵ，也可能是佐匹克隆的水解产物；杂质 C 可能是还原过程的过度还原产物，其中文献报道杂质 C 的合成可由中间体Ⅵ（即杂质 B）经碱性开环得羟甲基后再氯化环合得到。

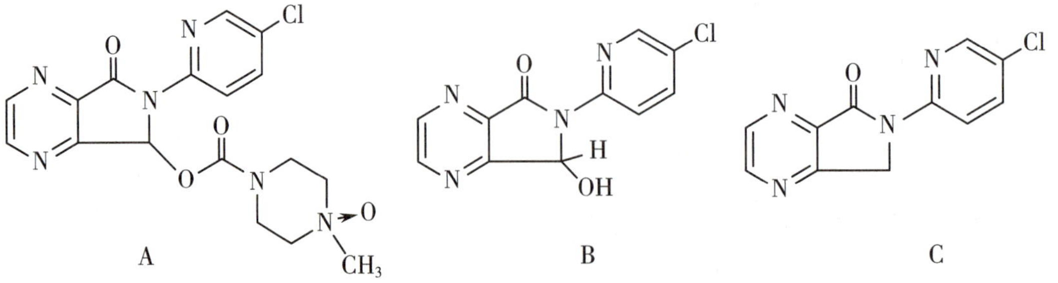

A   B   C

二、咪唑并吡啶类

咪唑并吡啶类(imidazolopyridine)药物唑吡坦(zolpidem, ambien)也是新一代的催眠药,它虽然不像苯二氮杂䓬类药物对 $GABA_A$ 受体有高度的亲和力,对苯并二氮䓬的受体具有不同于苯二氮䓬的结合位点,对苯二氮杂䓬受体 BZR_1 的亲和力强于 BZR_2,因而其药理作用特点与苯二氮䓬类药物不同,镇静作用强而副作用小。它的半衰期只有 2.5 小时,作用维持 1.6小时,停药时无反弹,副作用小,对呼吸无抑制作用,目前是常用的镇静催眠药。

酒石酸唑吡坦(zolpidem tartrate)

化学名为 N,N,6- 三甲基 -2-(4- 甲基苯基)咪唑并[1,2-α]吡啶 -3- 乙酰胺 L-(+)- 半酒石酸盐,N,N,6-trimethyl-2-(4-methylphenyl)imidazo[1,2-α]pyridine-3-acetamide hemitartrate。

唑吡坦属于咪唑并吡啶类结构,其 pK_a 为 6.2,lg$P$ 为 1.2。

唑吡坦多与酒石酸盐以 2:1 的复合盐形式使用,口服后吸收迅速,半衰期约为 2.5 小时。唑吡坦的代谢是在 CYP3A4 催化下发生两个芳环甲基的逐步氧化,最终得到羧酸。也有少量吡啶的甲基邻位氧化产物。

唑吡坦的合成路线是以 2- 氨基 -5- 甲基吡啶为原料，与 4- 甲基 -2'- 溴苯乙酮环合形成咪唑并吡啶环。用二甲胺和甲醛进行 mannich 反应后在咪唑环上引入二甲胺基甲基，再与 CH₃I 生成季铵盐。经取代反应引入的氰基水解得到羧基，再与二甲胺酰化得唑吡坦，成盐得到酒石酸唑吡坦，该路线有很多工艺改进，如路线二以 N, N- 二甲基 -2, 2- 二甲氧基乙酰胺替换甲醛 / 二甲胺，直接在中间体Ⅲ上引入 N, N- 二甲基 -α- 羟基乙酰胺基侧链，侧链羟基经氯代、脱氯即得唑吡坦，本路线可避免 NaCN 及 CH₃I 的使用。也可经路线三的方法，由 N, N- 二甲基 -4- 氧代 -4- 对甲苯基丁酰胺，经 α- 溴代，再与 2- 氨基 -5- 甲基吡啶环合直接得到唑吡坦，本路线先引入侧链后环合构建咪唑并吡啶母环而得唑吡坦，此路线中，N, N- 二甲基 -4- 氧代 -4- 对甲苯基丁酰胺的 α 位亦可与 Koser 试剂 [羟基 (甲苯磺酰氧代) 碘苯] 引入对甲苯磺酰氧基并同样经环合得到唑吡坦。

路线一：

路线二：

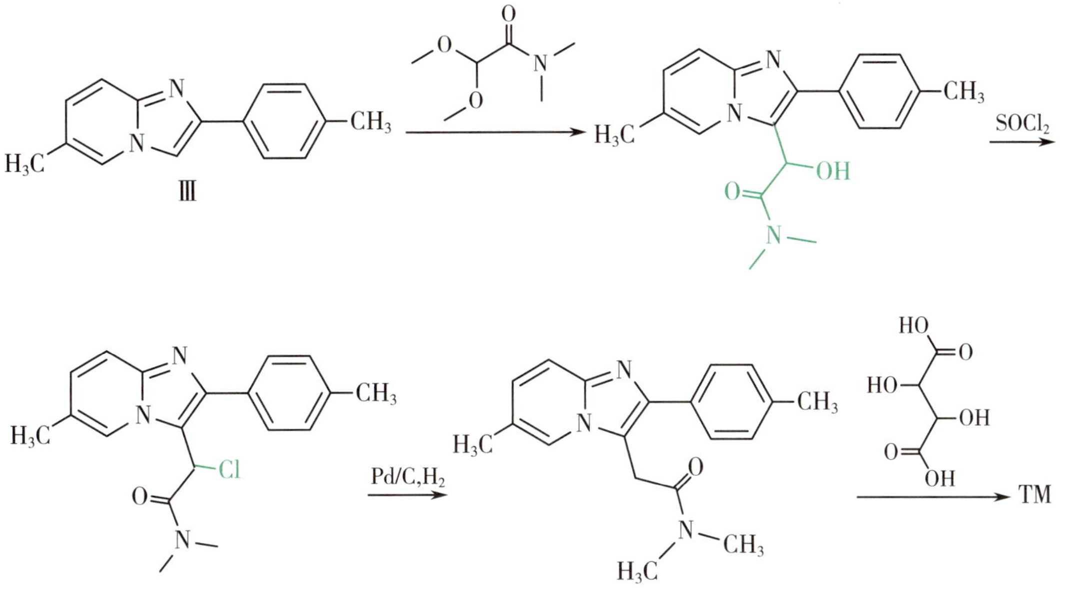

路线三：

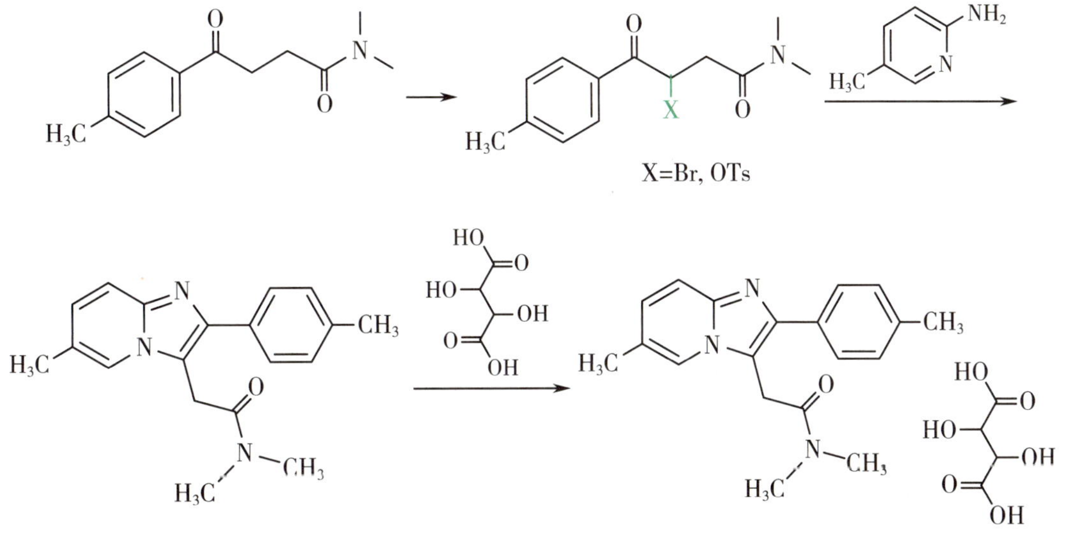

药典规定，酒石酸唑吡坦有一个可检测到的杂质 A。其可能来源是路线一的起始原料 5-甲基-2-氨基吡啶含有的微量 4-甲基-2-氨基吡啶参与了整个反应过程，因此每一步合成得到的中间体均可能含有极性接近的甲基异构化杂质，并最终导致唑吡坦可能含有其异构体 7-甲基唑吡坦，即杂质 A。

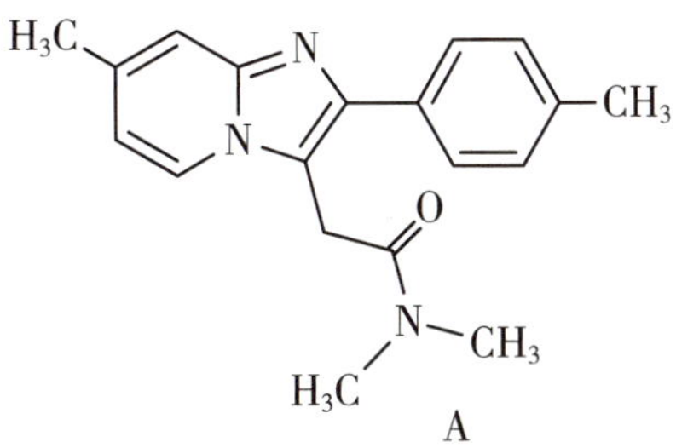

三、吡唑并嘧啶类及褪黑素受体激动剂

另一种非苯二氮䓬类 GABA$_A$ 受体激动剂是国家第二类精神药品扎来普隆（zaleplon），扎来普隆是吡唑并嘧啶类化合物，于 1999 年 7 月在丹麦和瑞典率先上市，同年在美国上市。本品与唑吡坦药理作用相似，选择性作用于 BZ 受体亚型 BZ$_1$，并作用于 GABA$_A$ 受体，而产生中枢抑制作用。跟其他治疗失眠症的药物相比，其基本临床优点是起效快、半衰期短、耐受性好、严重副作用少。常见副作用有头痛、头昏、口干、嗜睡、厌食、恶心、乏力。无明显的"宿醉"作用、反跳性失眠，依赖潜力小。适用于那些入睡困难，或夜间中途醒来难以再入睡的患者。是一种较理想的镇静催眠类药物。

扎来普隆

褪黑素（melatonin，MT）是松果体合成分泌的一种吲哚类神经内分泌激素，对许多生理活性具有广泛的调节作用，其中对睡眠的调节作用尤为突出。它能矫正人体生物钟，调节、维持昼夜节律，治疗睡眠节律障碍，所以被称为生理性催眠剂。MT 受体有三种亚型：MT$_1$、MT$_2$、MT$_3$。虽然 MT 的疗效较好，但是 MT 催眠的有效时间短（半衰期仅 10～20 分钟），为达到有效的治疗目的，长效或缓释的褪黑素激动剂成了研究的热点。其上市药物有美乐托宁长效缓释片（circadin）、雷美替胺（ramelteon）、他司美琼（tasimelteon）及阿戈美拉汀（agomelatine）等。

美乐托宁长效缓释片（circadin）是一种天然褪黑激素的长效缓释片剂，具有天然褪黑激素的特性，它能显著改善患者睡眠潜伏期，提高睡眠质量，对记忆和睡眠稳定性无负面影响。

雷美替胺（ramelteon）是首个不作为特殊管制的镇静催眠药物，于 2005 年 7 月在美国上市。其主要机制为高选择性的 MT$_1$、MT$_2$ 受体激动剂，因其不与 GABA 受体复合物等神经递质受体结合，在一定范围内也不干扰多数酶的活性，故长期用药没有依赖性、成瘾性，不产生戒断症状。尤其适用于长期用药的失眠症患者，对慢性失眠和短期失眠疗效显著。

他司美琼（tasimelteon）是新型 MT 受体激动剂。用于治疗盲人 4 小时睡眠觉醒障碍，这是一种昼夜节律性睡眠障碍，是完全失明患者中最常见的一种睡眠障碍形式，可引起夜间睡眠模式混乱及日间过度嗜睡。他司美琼通过减少睡眠潜伏期、提高睡眠效率和促进睡眠维持状态，来改善睡眠紊乱，此外，本品治疗昼夜节律失调性睡眠障碍和急性失眠的效果较好。

阿戈美拉汀（agomelatine）是一种具有新颖作用机制的抗抑郁药，通过激活褪黑素受体和拮抗 5-HT 受体，以及对两条通路间的相互作用来发挥抗抑郁和促睡眠效应。阿戈美拉汀可同时解决抑郁和睡眠问题，并且具有良好的安全性和耐受性，有望成为抑郁性失眠的首选药物。

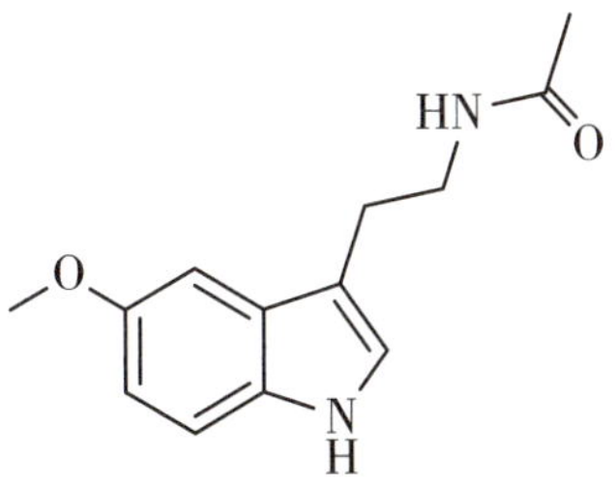

美乐托宁

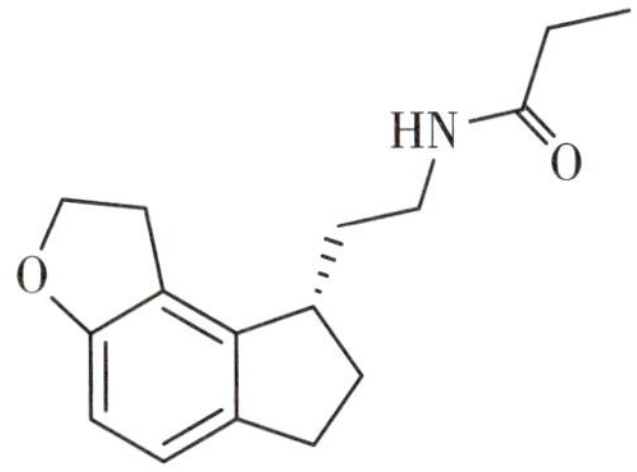

雷美替胺

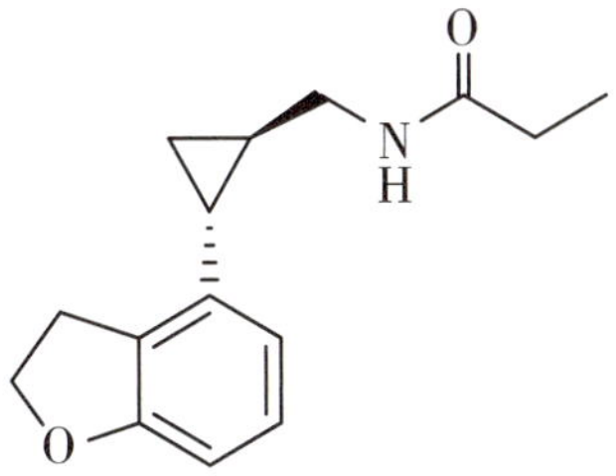

他司美琼

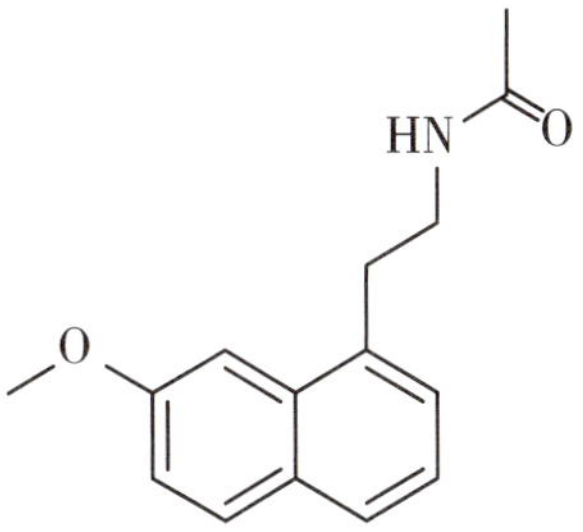

阿戈美拉汀

第三节　抗癫痫药

癫痫是中枢神经系统功能异常的一种常见症状,多由脑内大量神经元细胞突然异常同步放电导致,患者发病时多表现为肌肉抽搐及意识丧失。根据癫痫发作时的不同症状,临床上将癫痫而分为三种类型:全身性发作、部分发作和非典型发作,包括一些精神性发作。尽管可以进行手术治疗,但对于大多数患者,仍需要长期使用抗癫痫药用于防止和减少癫痫发作,目前全球约有5 000万患者,我国患者约900万。

溴化钾、苯巴比妥、苯二氮䓬类药物均曾经用于癫痫的治疗,它们与苯妥英(phenytoin)类抗癫痫药物为第一代抗癫痫药物;卡马西平(carbamazepine)和丙戊酸(valproic acid)衍生物、扑米酮、乙琥胺为第二代抗癫痫药物;加巴喷丁(gabapentin)、拉莫三嗪(lamotrigine)、非尔氨酯(felbamate)、奥卡西平(oxcarbazepine)、托吡酯(topiramate)和噻加宾(tiagabine)、左乙拉西坦(levetiracetam)等为20世纪90年代上市的第三代抗癫痫的药物。

目前临床上常用的抗癫痫药物按结构类型,可分为巴比妥类、苯二氮䓬类、乙内酰脲类及其同型物、二苯并氮杂䓬类、GABA类似物、脂肪羧酸类和磺酰胺类衍生物等。

一、抗癫痫药的作用机制

不同抗癫痫药物可作用于不同的靶点发挥作用,多与离子通道相关:如与GABA系统相关受体及蛋白(药物调节$GABA_A$受体、抑制GABA转氨酶活性及选择性抑制GABA转运蛋白Ⅰ）、作用于电压敏感的钠离子通道及钙离子通道、作用于 N- 甲基 -D- 天冬氨酸（NMDA）和 α- 氨基 -3- 羟基 -5- 甲基异噁唑 -4- 丙酸（AMPA）类谷氨酸受体通道、作用于超极化激活 - 环核苷酸门控的阳离子通道（HCN 通道）等，也可抑制碳酸酐酶发挥作用。但很多抗癫痫药物的作用机制仍有待深入研究。

如前所述，作用于 GABA 受体的苯二氮䓬类药物具有镇静催眠及抗惊厥作用，临床上以氯硝西泮、地西泮、氯拉䓬酸为代表的多种苯二氮䓬类药物也作为广谱抗癫痫药物使用，该类药物可作用于 GABA 受体，加速了与 GABA 受体偶联的氯离子通道开放的频率，使氯离子内流增加，降低细胞兴奋性。

巴比妥类药物的作用机理与体内多种靶点有关。目前认为，该类药物可作用于 GABA 系统。目前已知的 GABA 受体有 $GABA_A$、$GABA_B$、$GABA_C$ 三种，脑内 GABA 受体主要是 $GABA_A$ 受体。$GABA_B$ 受体较少，属于 G 蛋白偶联受体家族。$GABA_C$ 受体目前仅在视网膜发现，$GABA_A$ 受体是中枢神经系统的主要抑制性受体，也是与癫痫关系最密切，研究最深入的 GABA 受体。该受体为配体门控性氯离子通道，巴比妥类药物与 GABA- 氯离子通道的亚基接近跨膜区结合，形成复合物，使通道的构象发生改变，延长氯离子通道的开放时间，延长了 GABA 的作用。它对 GABA 的释放、代谢或重摄入不能产生影响。巴比妥也可阻断脑干网状结构上行激活系统的传导机能，使大脑皮质细胞从兴奋转入抑制，而产生镇静作用。由于这种过程降低了兴奋性神经突触后的电位，抑制神经元的去极化，降低神经冲动的传导，所以巴比妥属于抗去极化阻断剂。另一种作用机制则认为该类药物具有解偶联氧化磷酸化作用（uncouple oxidative phosphorylation），可降低脑中的氧化代谢过程而使脑的兴奋性活动功能降低。因而具有弱的抗焦虑作用。该类药物还能抑制电子的传递系统，抑制脑内碳酸酐酶的活性。

多数 GABA 与 $GABA_A$ 受体在氯离子通道结合产生中枢抑制作用。GABA 也可与 $GABA_B$ 受体结合，该受体与惊厥的发作频率有关，$GABA_B$ 受体通过 G 蛋白偶联受体及第二信使与钙离子通道相连。通过对钙第二信使的调节，可以控制癫痫发作的频率。

二、巴比妥类及同型药物

1. 巴比妥类药物　由于长期用药可产生成瘾性及呼吸中枢抑制等副作用，曾经作为第一代催眠药的巴比妥类药物目前主要作为抗癫痫药物使用。其结构为 5,5- 二取代的环丙二酰脲衍生物。

临床上常用的巴比妥药物，按作用时间可分为四种类型。

长效类：如苯巴比妥（作用持续 4～12 小时，45 分钟显效，pK_a 为 7.29）；中效类：如异戊巴比妥（持续 2～8 小时，45 分钟显效，pK_a 为 7.9）；短效类：如司可巴比妥（持续 1～4 小时，10 分钟显效，pK_a 为 7.7）和戊巴比妥（持续 3～4 小时，15 分钟显效，pK_a 为 8.0）；超短效类：如海索比妥（持续 1 小时，10 分钟显效）和硫喷妥钠（持续 0.5 小时，0.5 分钟显效，pK_a 为 7.6）等。

巴比妥酸　　　巴比妥　　　苯巴比妥　　　异戊巴比妥

戊巴比妥　　　司可巴比妥　　　海索比妥　　　硫喷妥钠

2. 巴比妥类药物的理化性质与构效关系　　巴比妥类药物属于结构非特异性药物,其起效快慢及作用强度,与其理化性质酸性离解常数 pK_a 和脂水分配系数 $\lg P$ 有关,而作用的维持时间则与药物的体内代谢过程有关。

(1)巴比妥类药物的 5 位取代基决定药物的起效速度及作用时长。

巴比妥类药物含有三个内酰胺结构,因 pK_a 不同而互变为内酰胺、单内酰亚胺及双内酰亚胺,因而可解离成离子形式存在。

内酰胺　　　　　　单内酰亚胺　　　　　　双内酰亚胺

巴比妥类药物 5 位取代基的类型决定了药物的起效速度及作用时长。5 位无取代的巴比妥酸(pK_a 为 4.12)本身无活性,5 位单取代的巴比妥类酸性也较强,如 5-苯基巴比妥(pK_a3.75)。这两者在生理 pH 7.4 下,几乎全部都以离子状态存在,因此不易透过血脑屏障而起效,故无镇静催眠作用。当 5 位上的两个氢原子被烃基取代后才呈现出活性。5,5-二取代的巴比妥化合物的 pK_a 多在 7.1~8.4 之间,酸性减弱,在生理 pH 下不易离解,有相当比例的分子状态药物易通过血脑屏障发挥作用,故显效快,作用强。如在生理条件下海索比妥的分子状态占 90.91%,故可在 10 分钟起效。

(2)巴比妥类药物要有合适的脂水分配系数($\lg P$)。巴比妥等中枢神经系统药物需要透过血脑屏障,因此必须有一个适当的脂水分配系数,才有利于药物在体内转运、分布及发挥作用。5 位无取代基的巴比妥酸的亲脂性小,不易透过血脑屏障,无镇静及催眠作用。5 位引入两个乙基得到巴比妥,碳原子总数达到 4 时开始显效;临床常用的巴比妥药物 5 位取代基的碳原子总数在 7~8 之间作用最强。当 5 位二个取代基的原子总数大于 10 时,亲脂性过强,作用反而下降并出现惊厥。当以亲脂性大的硫原子代替 2 位碳上的氧原子,称为硫巴比妥类,药物更易透过血脑屏障进入中枢神经系统,药物起效快,但又易被代谢,持续时间短。如硫喷妥,30 秒即可生效,多作为麻醉前用药。

（3）巴比妥类药物的作用时间与其体内代谢过程有关。巴比妥类药物在肝脏进行代谢,最主要的代谢方式是 5 位取代基被细胞色素 P450 酶氧化,氧化产物由于脂溶性下降而失活;此外,还可经 N- 脱烷基、2 位脱硫、内酰胺水解开环等途径进行代谢。5 位取代基不同则代谢速度不同,影响药物的作用时长。当 5 位取代基为芳烃或烷烃时,一般经较长时间氧化为酚或醇,然后与葡萄糖醛酸结合排出体外。苯巴比妥的氧化多发生在苯环的对位,得到的酚羟基与葡萄糖醛酸结合,未发生代谢的原形药经由肾小球吸收后可再发挥作用,因此维持作用时间较长。而苯巴比妥还可发生 N 位的葡萄糖醛酸结合。巴比妥类的内酰胺也可水解开环得相应的酰胺或酰脲。

当 5 位取代基含有支链烷烃(戊巴比妥、异戊巴比妥)或不饱和烃(司可巴比妥)时,易发生氧化代谢,则药物作用时间变短,成为中、短效药物。例如异戊巴比妥在侧链的叔碳易被氧化成醇。

硫喷妥钠发生 2 位可发生脱硫代谢,得相应的 O 取代物,即异戊巴比妥。

（4）巴比妥的 1 位 N 引入甲基,得到短效的甲苯比妥及美索比妥,两者可发生去甲基化代谢。如甲苯比妥作为前药,体内发生 1 位 N- 脱甲基代谢为苯巴比妥。

苯巴比妥（phenobarbital）

化学名为 5- 乙基 -5- 苯基 -2，4，6-（1H，3H，5H）嘧啶三酮，5-ethyl-5-phenyl-2，4，6-（1H，3H，5H）-pyrimidinetrione。

苯巴比妥作为经典的抗癫痫药物已有百年历史，该药治疗癫痫的剂量低于催眠的剂量，优于其他巴比妥类药物。苯巴比妥的解离常数（pK_a）为 7.29，油水分配系数 lgP 为 1.74，属长效药。巴比妥酸由于分子的内酰胺 - 内酰亚胺互变异构为烯醇式结构而具有弱酸性，微溶于水（1.11mg/ml）。

苯巴比妥的双内酰亚胺结构易水解，在中性 pH 和室温条件下较难发生，但随着 pH 和温度升高水解速度加快，苯巴比妥易水解生成苯基丁酰脲而失去活性。为避免水解失效，临床将苯巴比妥做成钠盐的粉针注射制剂。苯巴比妥钠容易吸收空气中的二氧化碳而析出苯巴比妥，且钠盐水溶液于室温放置时可水解生成酰脲类化合物，若加热可进一步发生水解脱羧反应，生成苯基丁酸钠和氨。

苯巴比妥的合成有两条路线，多以传统的路线一进行的，即以苯乙酸乙酯在醇钠作用下与草酸二乙酯发生 Claisen 酯缩合引入苯基，然后加热脱羰基，得到 2- 苯基丙二酸二乙酯，再用溴乙烷引入乙基得到二取代的丙二酸二乙酯，最后碱性下与尿素环合得苯巴比妥钠，进一步酸化得到苯巴比妥。路线二与路线一均以苯乙酸乙酯为原料，但路线二中，其在碱性下直接与碳酸二乙酯发生 Claisen 酯缩合得苯基取代丙二酸酯，并同样用溴乙烷引入乙基得到二取代的丙二酸二乙酯，同样再与尿素发生环合反应得到苯巴比妥，相比之下，两条路线仅一个原料不同，但路线二避免了加热脱羧反应。

路线一：

路线二：

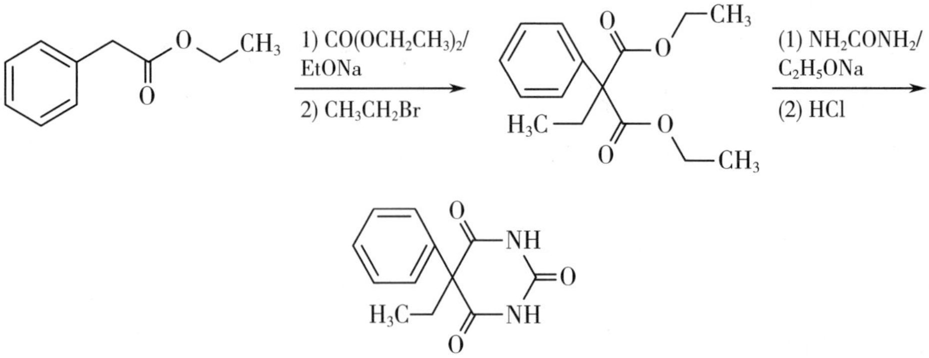

3. 巴比妥的同型药物 巴比妥类是丙二酰脲类化合物，若将巴比妥母环的一个酰胺键以不同的生物电子等排体，如氨基、氧原子、亚甲基、亚乙基等进行替换，可以得到相应的类似物：如乙内酰脲类（hydantoins）、噁唑烷酮类（oxazolidinediones）、丁二酰亚胺类（succinimides）及戊二酰亚胺类（glutarimides）。

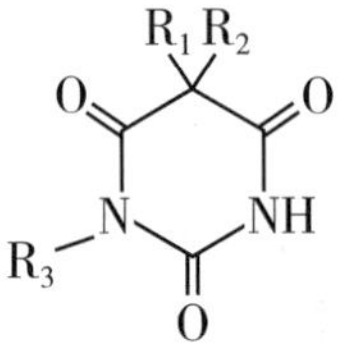

| 巴比妥类 | 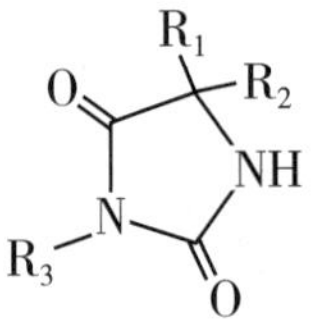 乙内酰脲类 | 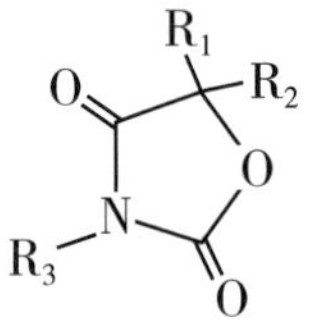 唑烷酮类 | 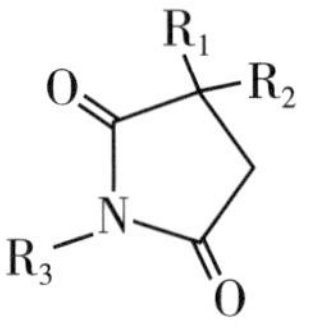 丁二酰亚胺类 | 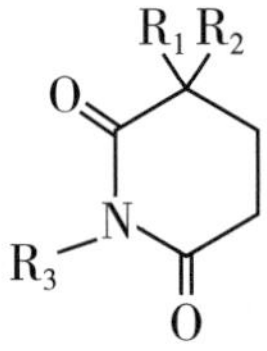 戊二酰亚胺类 |

苯妥英（phenytoin）是第一个用于临床的乙内酰脲类药物，为大发作的常用药物，其抗惊厥作用强，但毒性较大，有致畸副作用。它的作用机制是可对电压依赖性的钠通道进行阻断，降低钠离子电流。并可对突触前膜和后膜的磷酸化作用进行抑制，减少兴奋神经递质的释放，稳定了细胞膜，抑制神经元反复放电活动而发挥抑制癫痫发作的疗效。此外，乙内酰脲类药物还可增加脑内抑制性递质 GABA 含量。该类药物还有乙苯妥英（ethotoin）和磷苯妥英钠（fosphenytoin sodium）。乙苯妥英的抗癫痫作用仅为苯妥英的20%，但毒性小，且口服易吸收。磷苯妥英钠是一个水溶性的苯妥英磷酸酯水溶性前药，在体内经磷酸酯酶水解迅速转化为苯妥英钠，用于急性癫痫发作及癫痫持续状态等。噁唑烷酮类的三甲双酮（trimethadione）和二甲双酮（dimethadione）可用于对小发作的治疗，但对造血系统有较大的毒性。丁二酰亚胺类药物一般有苯琥胺（phensuximide）、甲琥胺（methsuximide）和乙琥胺（ethosuximide）。乙琥胺与其他酰脲类药物不同，它对丘脑神经元的钙离子电流具有选择性的阻断作用。乙琥胺对癫痫大发作的疗效不佳，故常用于小发作和其他类型的发作，是失神性发作的首选药物。

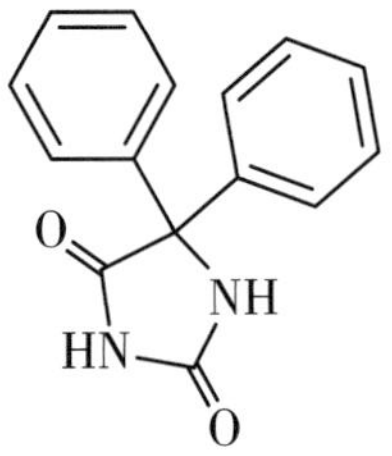

| 苯妥英 | 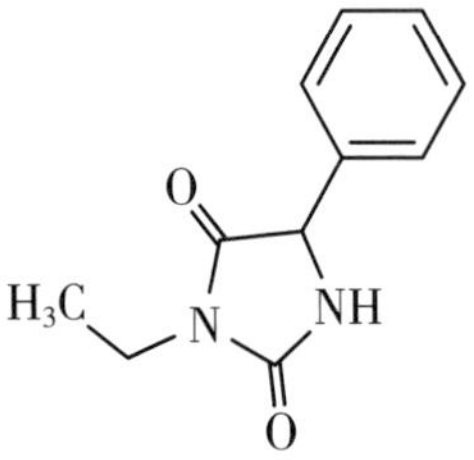 乙苯妥英 | 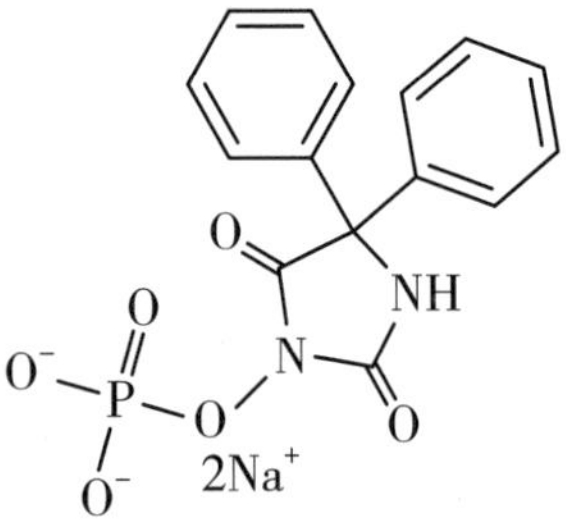 磷苯妥英钠 | 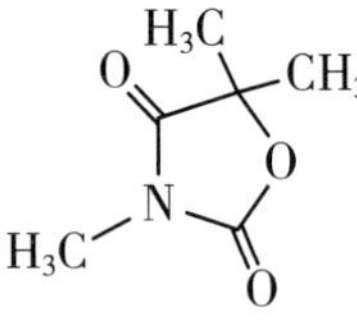 三甲双酮 |

二甲双酮　　　　苯琥胺　　　　　甲琥胺　　　　　乙琥胺

苯妥英(phenytoin)

化学名为 5,5-二苯基-2,4-咪唑烷二酮,5,5-diphenyl-2,4-imidazolidinedione,又名大伦丁。

苯妥英具弱酸性,其 pK_a 为 8.33,$\lg P$ 为 2.2,几乎不溶于水,多制成苯妥英钠使用,后者可吸收空气中二氧化碳而析出苯妥英,故苯妥英钠及其水溶液都应密闭保存。

苯妥英主要被肝微粒体酶代谢,两个苯环中的一个被氧化,其主要代谢产物是 5-(4-羟苯基)-5-苯乙内酰脲,代谢产物结构中含有手性碳原子,与葡萄糖醛酸结合排出体外。约有五分之一以原形由尿液排出。苯妥英具有"饱和代谢动力学"的特点,如果用量大或短时内反复用药,可使代谢酶饱和,苯妥英或其合用药物代谢过程减慢,并易产生毒性反应。

本品为治疗癫痫大发作和部分性发作的首选药,但对癫痫小发作无明显疗效。此外,苯妥英阻断电压依赖性的钠通道,还可用于心律失常和三叉神经痛。

对于苯妥英的合成一般采用路线一,即两分子苯甲醛经过安息香缩合、氧化得二苯乙二酮,后者在碱性条件下重排、环合得苯妥英钠,酸化得苯妥英。该路线原料易得,收率高。安息香缩合一般采用氰化钾等剧毒品,为了避免使用氰化钾,安息香缩合反应也可使用噻唑铵盐(如维生素 B_1)催化。路线二则直接由二苯甲酮出发,与氰化钾及碳酸铵(三者量比 1:2:3)发生 Bucherer-Bergs 反应制得。

路线一:

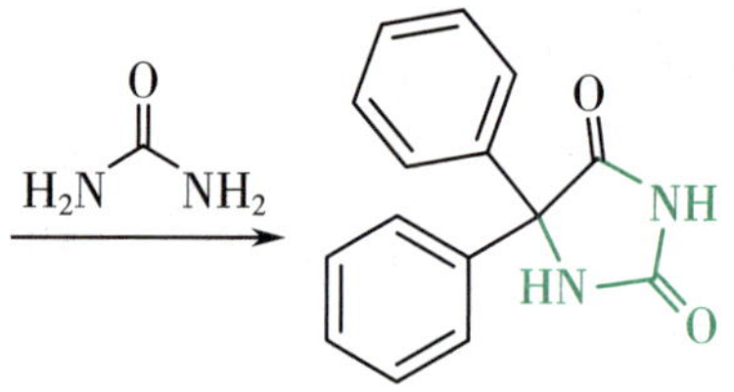

路线二：

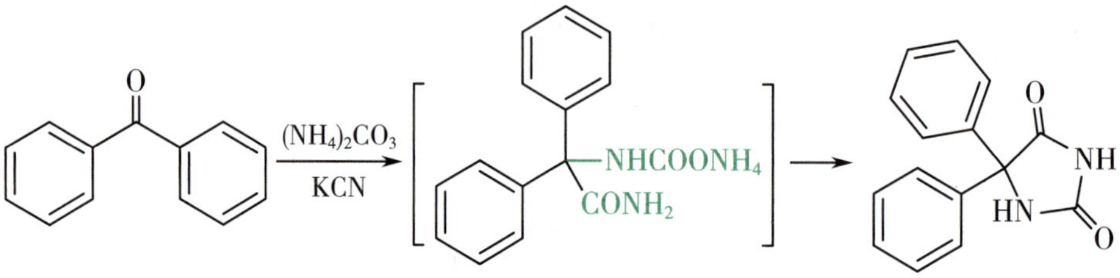

　　药典规定苯妥英杂质有六个，其中三个为特定杂质 B、C 及 D，另三个为可检测到的杂质 A、B 及 F，杂质 C 及 E 则为苯妥英的酰胺键开环产物，杂质 D 则为路线一的中间体二苯乙二酮直接与两分子尿素缩合而未发生苯环迁移得到的环合物。A 即二苯甲酮，为路线二的原料残留，B 即二苯乙二酮，则为路线一的中间体残留，F 也是路线二中原料二苯甲酮含有的对甲基二苯甲酮参与反应得到的甲基苯妥英。

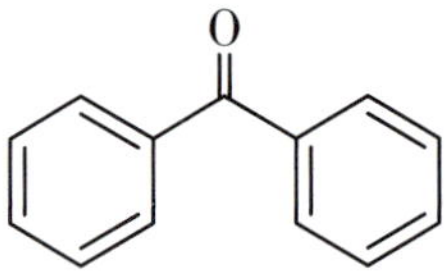

A

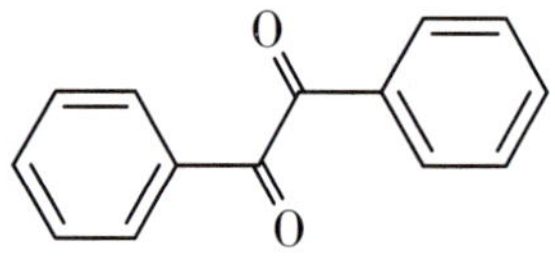

B

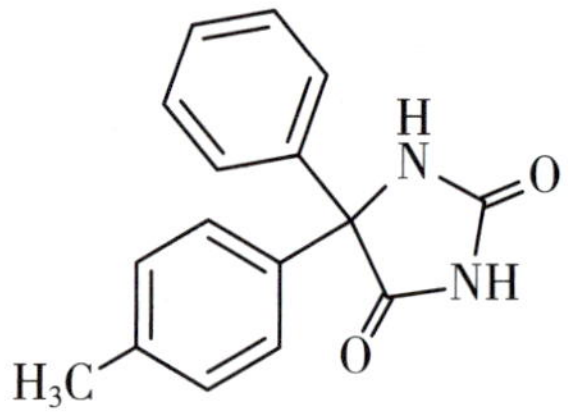

F

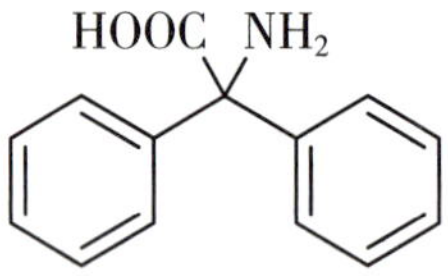

C

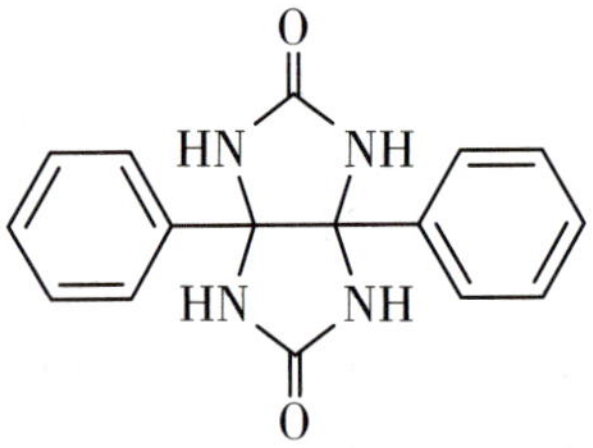

D

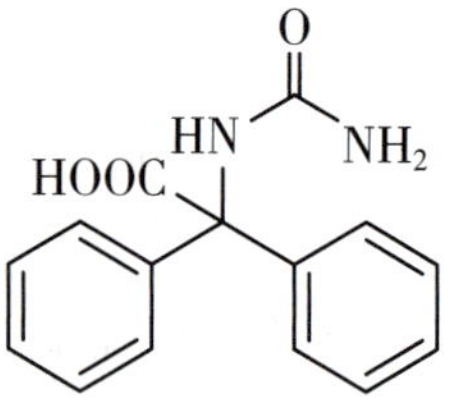

E

三、二苯并氮杂䓬类

　　二苯并氮杂䓬类，即亚氨芪类化合物，具有两个苯环与七元氮杂环并合的结构。卡马西平最初用于三叉神经痛的治疗，而后发现有很强的抗癫痫作用。它主要用于苯妥英钠等其他药物难以控制的癫痫大发作、复杂的部分性发作或其他全身性发作。卡马西平的 10- 酮基衍生物奥卡西平（oxcarbazepine），作为第二代抗癫痫药物通过阻断脑内电压依赖性的钠通道而产生抗癫痫活性。

卡马西平（carbamazepine）

化学名为 5H- 二苯并[b，f]氮䓬 -5- 甲酰胺，5H-dibenzo[b，f]azepine-5-carboxamide，又名酰胺咪嗪。

卡马西平的 pK_a 为 13.94，lgP 为 2.3，其作用机理是减慢电压敏感性钠离子通道的复极化速率降低细胞兴奋性而产生抗癫痫作用。本品对精神运动性发作、大发作、局限性发作和混合型癫痫均有效，为广谱抗癫痫药。对三叉神经痛、舌咽神经痛、躁狂症、抑郁症也有疗效。

卡马西平长时间光照会形成 10，11 位的环氧化物，或者两分子卡马西平通过 10，11 位双键形成二聚体，故需避光保存以避免分解变色。

卡马西平在肝脏内发生代谢，生成具有抗癫痫活性的 10，11- 环氧卡马西平，但该活性代谢产物有一定的毒性。最终代谢产物为无活性的 10，11- 二氢 -10，11- 二羟基卡马西平，其中 10 位及 11 位羟基以 S 构型为主要代谢产物构型。奥卡西平（oxcarbazepine），又称氧代卡马西平，该药在体内被代谢为活性的 10，11- 二氢 -10- 羟基卡马西平（MHD）而发挥活性，或可进一步代谢为 10，11- 二氢 -10，11- 二羟基卡马西平，但不生成环氧化物毒性代谢物。该药血浆浓度高，半衰期长，其副作用和不良反应低，毒性小。

卡马西平有很多合成路线，其中路线一以 5H-10，11- 二氢二苯并[b，f]氮䓬为原料，应用光气进行 5 位氯甲酰化反应，利用溴化试剂对苄位单溴代，再进行消除反应脱溴化氢形成双键，最后用氨水胺化得到卡马西平。传统溴化方法采用溴素，目前多采用 DBDMH（1，3- 二溴 -5，5- 二甲基海因）为溴化试剂。

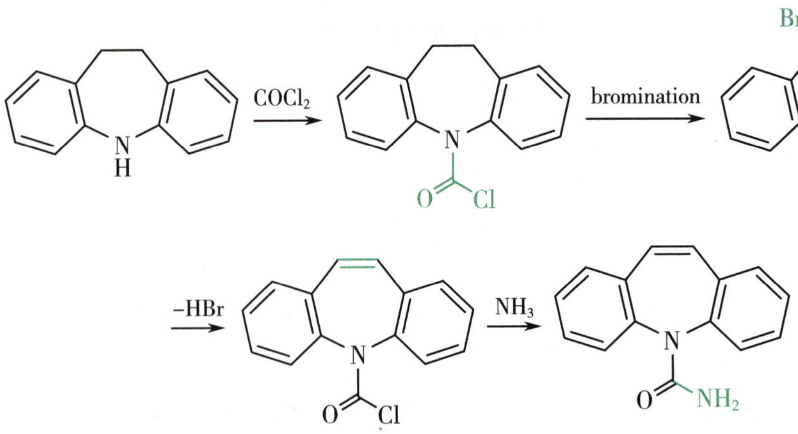

另一条路线是以 5H- 二苯并[b,f]氮䓬为原料,与氰酸钠反应得到。氰酸钠是无毒的盐,该路线不使用光气,工业生产比较安全。或者采取路线一类似方法,原料用光气进行 5 位氯甲酰化后进行胺化得目标产物。

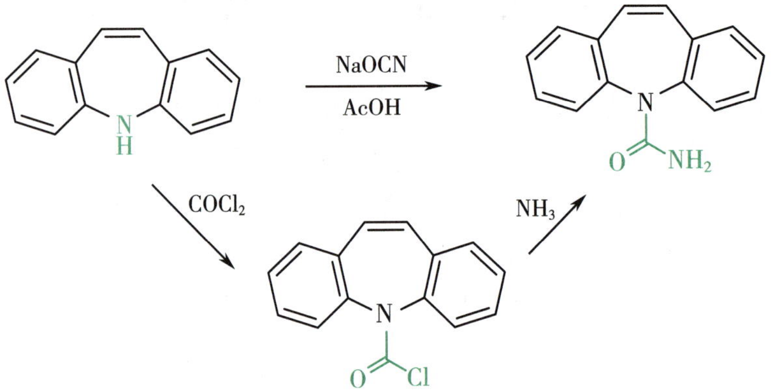

药典规定,卡马西平杂质有六个 A～F,杂质 A 和 E 为特定杂质,路线一中第一步溴代不充分导致的原料即杂质 E 的残留,残留的原料 E 经氨甲酰化,得到杂质 A。其余四个 B、C、D 及 F 则为可检测到的杂质。其中杂质 B 为路线一的 10 位溴原子消除时发生烷基迁移的重排产物。杂质 C 则可能是由路线一中卡马西平发生进一步氨甲酰化导致。杂质 D 为路线二的原料残留。F 则为最后一步氨化不彻底造成的中间体残留。

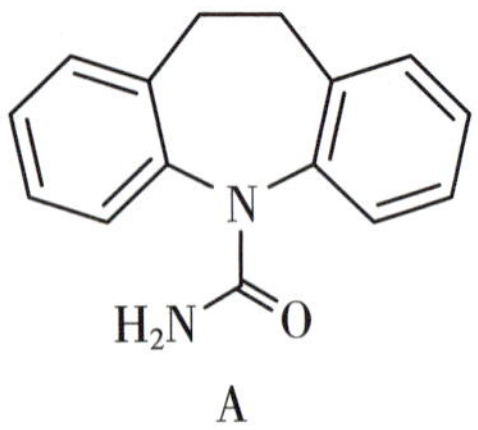

A

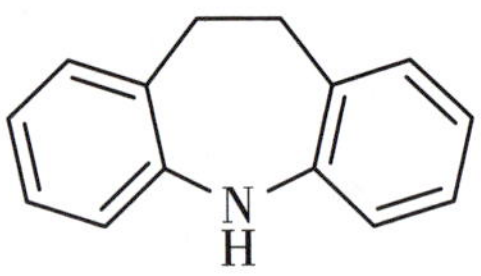

E

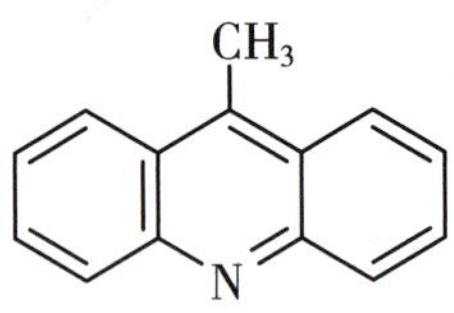

B

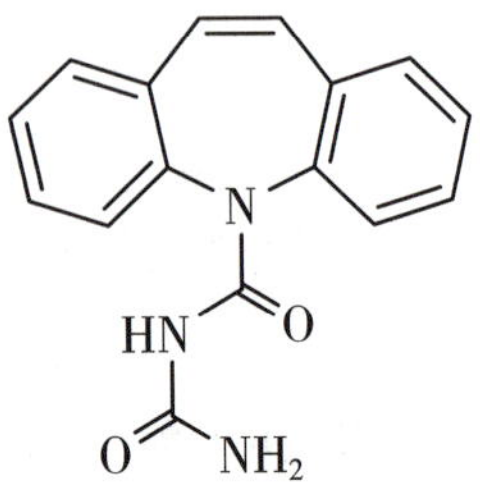

C

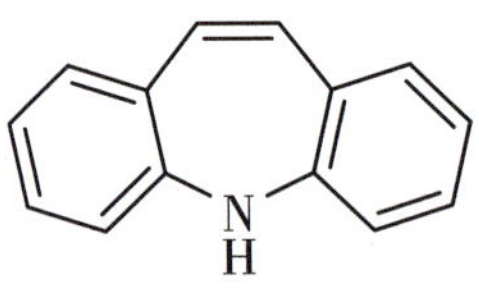

D

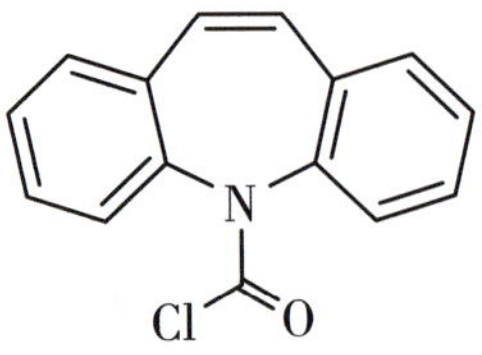

F

四、其他抗癫痫药物

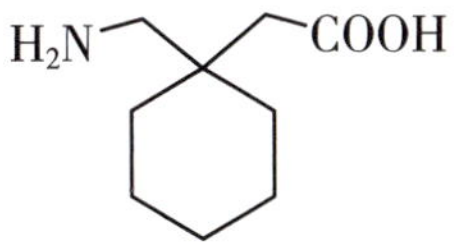

加巴喷丁

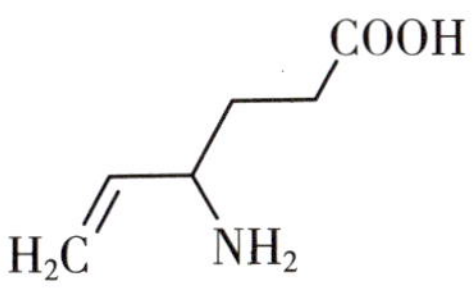

氨己烯酸

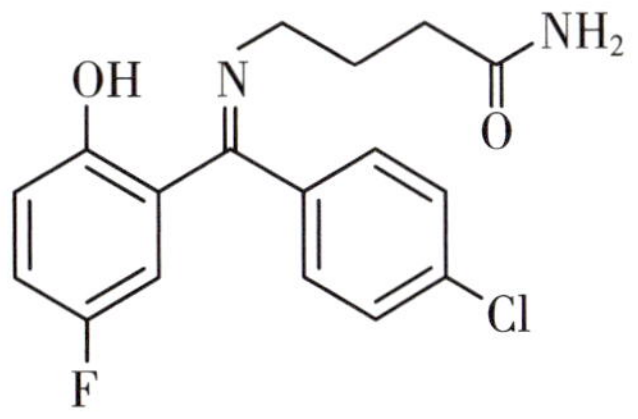

卤加比

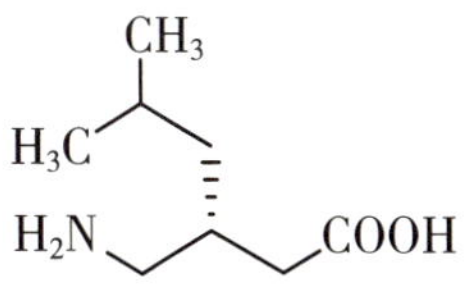

普瑞巴林

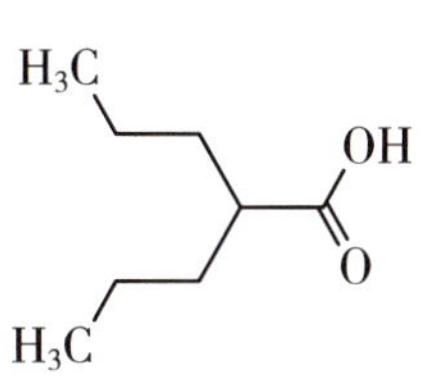

丙戊酸

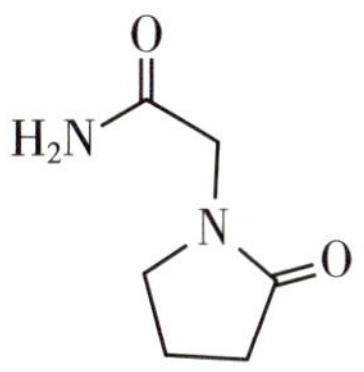

吡拉西坦

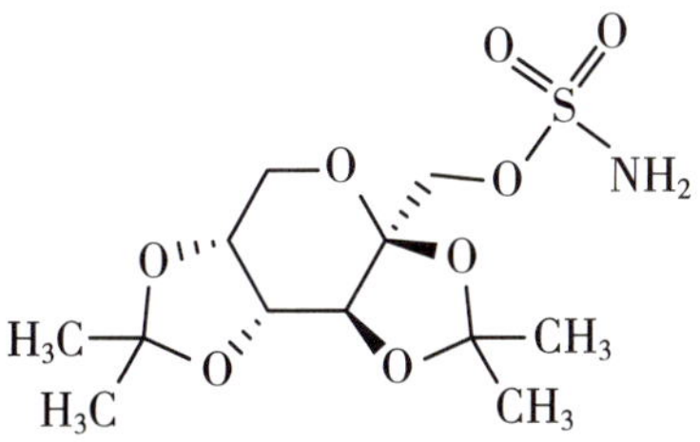

托吡酯

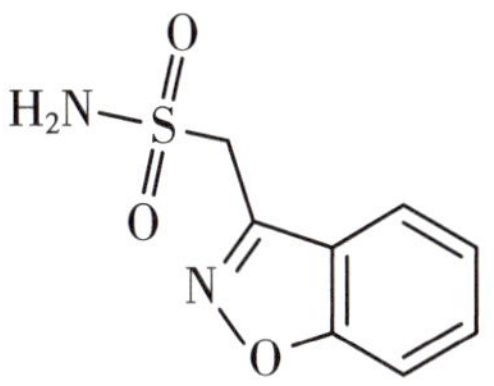

唑尼沙胺

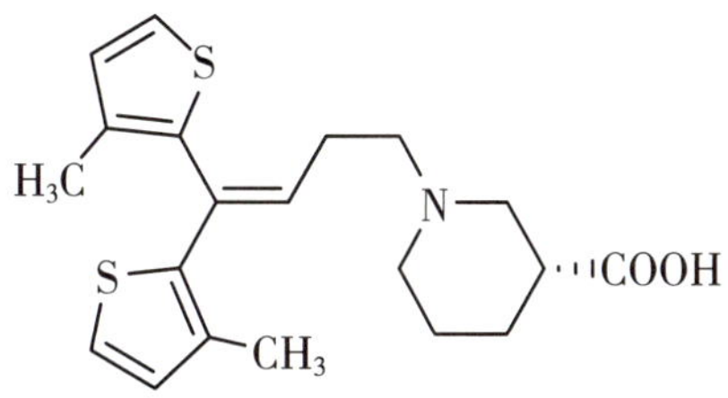

噻加宾

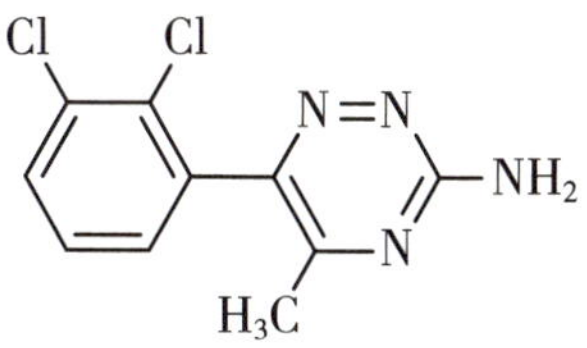

拉莫三嗪

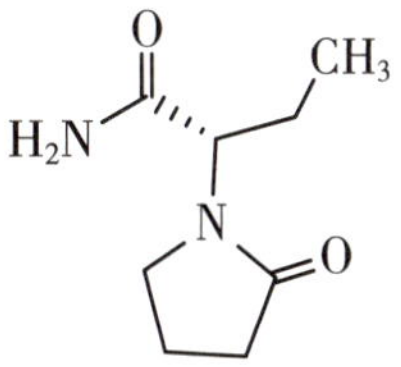

左乙拉西坦

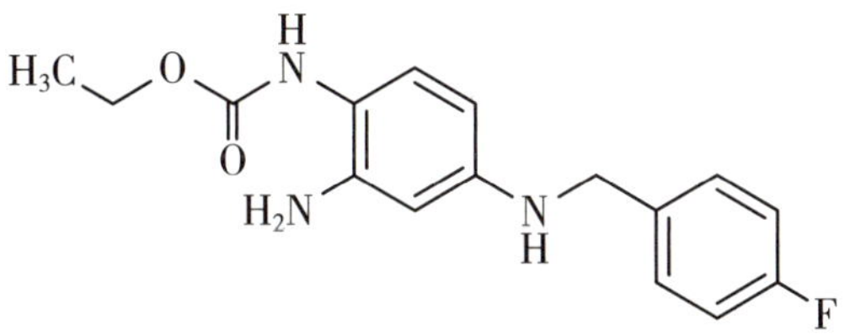

瑞替加滨

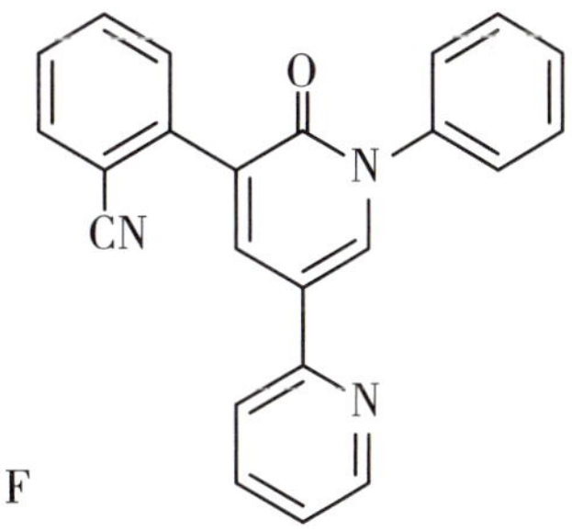

吡仑帕奈

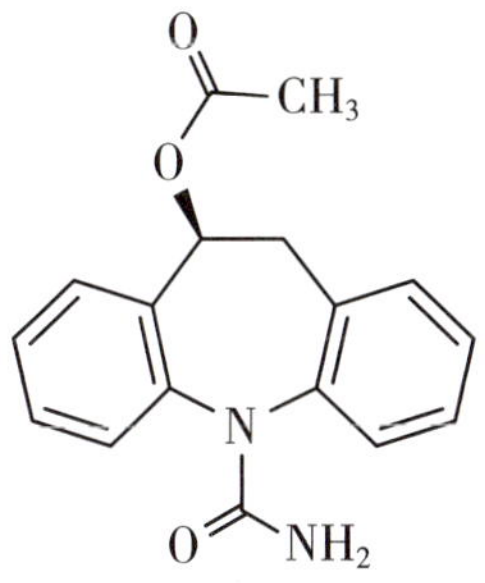

醋酸艾司利卡西平

1. GABA 系统药物　癫痫发作的原因之一是 γ- 氨基丁酸（GABA）系统失调，抑制性递质 GABA 减少所引起的。因此设计 GABA 类似物作为 GABA 转氨酶（GABA-T）的抑制剂，以避免 GABA 的降解，从而提高脑内 GABA 浓度。

加巴喷丁（gabapentin），是一种带有环状结构的 GABA 衍生物，亲脂性强，易透过血脑屏障，因此对急性发作型的患者疗效较好，可应用于全身强直阵发性癫痫，而且毒性小，不良反应少。该药最大优点是同其他抗癫痫药联合应用无相加的副作用。

氨己烯酸（vigabatrin）对 GABA 转氨酶有不可逆的抑制作用，也可抑制 GABA 的重摄取及钠离子通道，是比较安全的一种抗癫痫药。分子中具有不对称碳原子，（S）-异构体活性强。

卤加比（halogabide）是 GABA 的载体性前药，其结构的二苯亚甲基作为载体部分可增加分子亲脂性，促使药物向脑内分布，而亚胺键经代谢断裂后产生 γ-氨基丁酰胺及 GABA，故可看作外源性 γ-氨基丁酸。该药及其活性代谢产物都可直接作用于 GABA 受体而发挥作用。

2. 脂肪羧酸类（carboxylic acid） 丙戊酸（valproic acid）是在筛选抗癫痫药物时，发现其作为溶剂，本身亦有很强的抗癫痫作用，进而研究和发展了一类具有脂肪羧酸结构的抗癫痫药物。目前多以其钠盐及丙戊酰胺作为抗惊厥药物使用。丙戊酸有升高 GABA 的浓度及抑制钠离子通道的作用。

3. 其他结构（other structure） 一些具有磺酰胺类结构的化合物也具有抗癫痫的作用，如托吡酯（topiramate）为果糖磺酰胺类广谱抗癫痫药物，具有独特的多重抗癫痫作用，可作用于 GABA 受体-氯离子通道、电压敏感的钠通道及钙离子通道、碳酸酐酶等多个靶点，特别对原发性、继发性全身强直-阵挛发作及单纯或复杂部分发作效果明显。

唑尼沙胺（zonisamide）是苯磺酰胺的衍生物，是一种碳酸酐酶抑制剂。该药通过对碳酸酐酶的抑制作用，使脑中钠离子增加，从而使细胞膜的稳定性增加，抑制脑内的异常放电，主要用于控制大发作。

噻加宾（tiagabine）作为一种抗癫痫、镇静催眠药，能增加突触部位 GABA 的水平、抑制 GABA 的重摄取等。

新型的抗癫痫药拉莫三嗪（lamotrigine）是 5-苯基-1，2，4-三唑衍生物，也可用于抗抑郁及双向障碍等。其作用机理是通过抑制钠、钙离子通道而调节兴奋性递质谷氨酸及天冬氨酸等的释放，而产生抗惊厥作用。

普瑞巴林虽结构与 GABA 类似，但它对 GABA 受体没有作用，而是作为中枢钙离子通道调节剂，阻断钙离子内流，减少去甲肾上腺素的释放，而恢复神经元稳定性，因此具有多活性，其可辅助性治疗局限性部分癫痫发作及带状疱疹后神经痛、糖尿病性周围神经痛、纤维肌痛及脊髓损伤疼痛，亦可用于抗焦虑等，耐受性好。该药作为三代抗癫痫代表药物占据抗癫痫药物市场的重要份额。

吡拉西坦结构属于 GABA 的环形衍生物，为促智药。左乙拉西坦为吡拉西坦的衍生物，也占据抗癫痫药物市场比较重要份额。其结构不同于前面的抗癫痫药物，主要用于部分耐药及病情反跳的癫痫患者。

新型抗癫痫药瑞替加滨的作用机制为激活脑内电压门控的 KCNQ 家族钾离子通道（主要为 KCNQ2/3 通道），从而保持钾离子的持续外流，引起膜电位超极化，进而降低神经细胞兴奋性，最终导致产生抗癫痫效果。此作用机制与以往的抗癫痫药物均不相同。

吡仑帕奈是一种新型的抗癫痫药物。该药是经化合物库高通量筛选及后续的结构改造优化而开发的一种高度选择性非竞争性 α-氨基-3-羟基-5-甲基-4-异噁唑丙酸（AMPA）型谷氨酸受体拮抗剂，是以 AMPA 受体为靶点的首个上市药物。

　　醋酸艾司利卡西平是用于治疗部分性癫痫发作的口服片剂，该药在化学结构上属于二苯并氮杂䓬类抗癫痫药物。

第五章　目标测试

（沙　宇）

第六章　精神疾病治疗药

人类最高级的活动是精神活动,随着社会的进步和经济的发展,工作和生活的压力逐渐增大,精神失常的患病率也在逐年增加,主要表现为精神分裂症、焦虑、抑郁、躁狂等。精神分裂症是以阳性症状、阴性症状、情感及认知症状为临床特点的慢性精神疾病;阳性症状包括幻觉、妄想、情感、情绪不稳定、行为怪异等一系列较容易被人发现的症状;阴性症状包括情感淡漠、注意力削弱、思维缓慢、言语缺乏、社交回避等症状;认知症状主要表现为记忆减退、定向障碍等症状。

本类药物根据药理作用特点、作用机制及临床应用一般可分为四类。抗精神病药物（antipsychotic drug）,主要用于精神分裂症,使具有幻觉和妄想作用的患者恢复正常理智。抗抑郁药（antidepressive drug）可治疗抑郁症,改善患者的低落情绪。抗焦虑药（anxiolytic agent）可缓解各种原因引起的焦虑和紧张。抗躁狂药（antimanic drug）主要治疗病态的情感活动过度高涨。

第一节　经典的抗精神病药

在无合适的药物治疗手段之前,精神疾病的治疗通常使用溴化钾,或者用电休克的方法。直到 20 世纪 50 年代氯丙嗪的问世,才促进了各种类型抗精神病药物的发展。精神病的发病机制比较复杂,一般认为可能与脑内神经递质多巴胺（dopamine,DA）功能失调有关,大多数药物是多巴胺受体的拮抗剂。

多巴胺是重要的神经递质之一,在脑内分布很不均匀,大部分集中分布在纹状体、黑质和苍白球三个区域内。DA 在脑内有多条通路,其中中脑 - 边缘通路（mesolimbic pathway）和中脑 - 皮质通路（nigtostriatal pathway）与精神、情绪、情感等行为活动有关。精神分裂症患者往往出现这两条通路功能失常,并伴有脑内 DA 受体增多,抗精神分裂症药正是通过阻断这两条通路的 D_2 受体发挥疗效。第三条通路是结节 - 漏斗通路,主管垂体前叶的内分泌功能。另外一条通路是黑质 - 纹状体通路,属于锥体外系,促使运动协调,当此通路的功能减弱时会引发帕金森病,而功能亢进时则会出现多动症。若药物在阻断前两条通路的同时阻断黑质 - 纹状体和结节 - 漏斗通路,可分别导致锥体外系副作用和内分泌方面改变,这就是产生锥体外系副作用的机制。早期的抗精神病药物常可发生锥体外系反应。随着精神药理学的发展,研究了新的锥体外系副作用低的抗精神病药物。前者被称为经典的抗精神病药物,后者为非经典精神病药物（atypical antipsychotic drug）。

经典的抗精神病药物通常按化学结构分类,主要有吩噻嗪类、硫杂蒽类、丁酰苯类、苯二氮䓬类和苯酰胺类。

一、吩噻嗪类

1. 吩噻嗪类(phenothiazine)药物的发现、发展及构效关系 研究吩噻嗪类抗精神病药物是在研究吩噻嗪类抗组胺药异丙嗪(promethazine)的构效关系时发现的,将异丙嗪侧链的异丙基用直链的丙基替代,抗组织胺作用减弱,而产生抗精神病的作用。如果2位以氯取代,则抗过敏作用消失,抗精神病作用增强,成为第一个吩噻嗪类的药物氯丙嗪(chlorpromazine)。

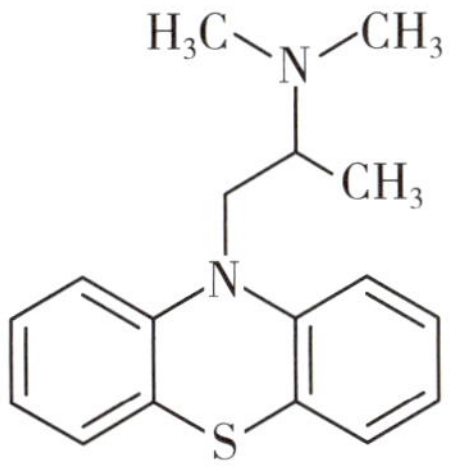

异丙嗪 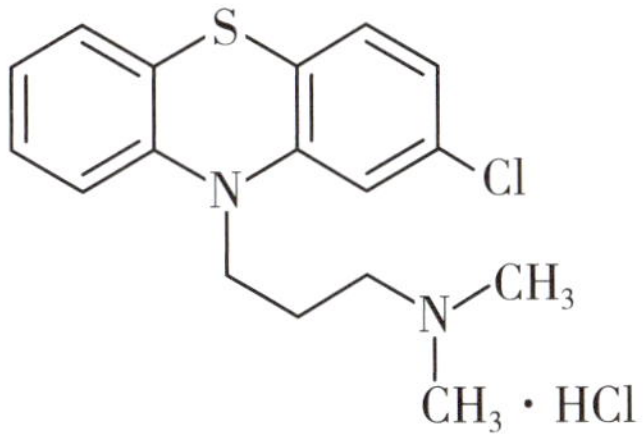   盐酸氯丙嗪

最早问世的氯丙嗪在临床上常用来治疗以兴奋症为主的精神病,虽有较强的安定作用,但副作用较大。以氯丙嗪为先导化合物,对吩噻嗪类药物进行了结构改造。结构改造的重点多为三环系的取代基、N-10位上的取代基及三环自身的生物电子等排体的替换,并在结构改造中总结出吩噻嗪类药物的构效关系。

(1)苯环上取代基的影响。2位引入吸电子基团可增强活性,其他位置引入基团均使活性降低,2位取代基对活性大小的影响是 $CF_3 > Cl > COCH_3 > H > OH$,其中,三氟甲基取代时得三氟拉嗪,抗精神病活性得到增强;2位乙酰基取代可降低药物的毒性和副作用,如乙酰丙嗪(acetylpromazine),但作用效果弱于氯丙嗪,2位乙酰基取代的乙酰奋乃静(acetylphenazine),产生的帕金森副作用低于奋乃静。

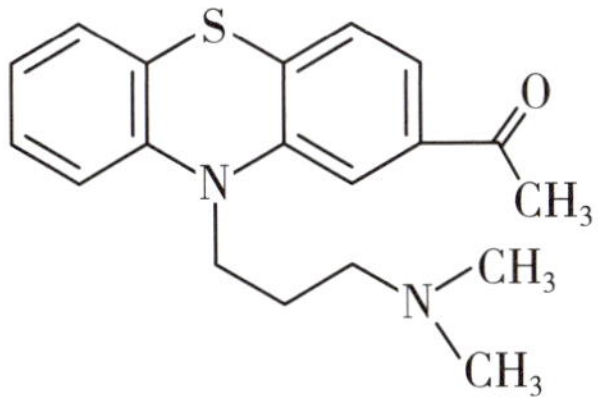

乙酰丙嗪 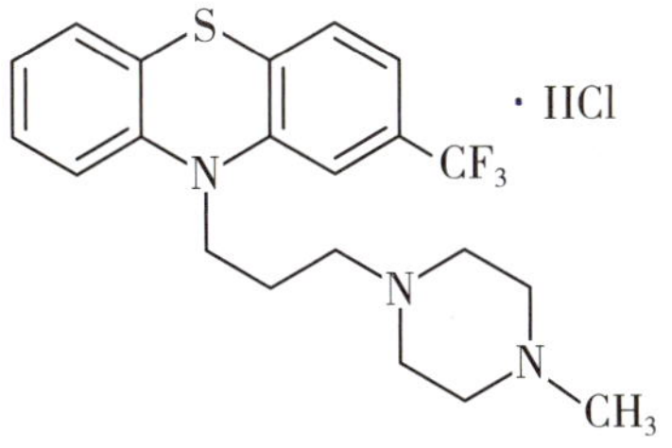   盐酸三氟拉嗪 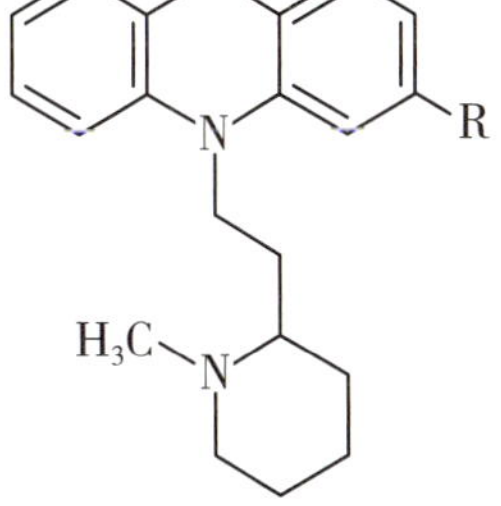   R=—SCH₃甲硫达嗪

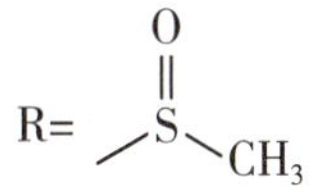

R= 美索达嗪

硫乙拉嗪

派泊噻嗪

R₁=—Cl　　奋乃静

R₂=$\overset{\overset{\displaystyle O}{\|}}{C}$—CH₃　乙酰奋乃静

R₃=—CF₃　氟奋乃静

替沃噻吨

临床常用吩噻嗪类抗精神病药物

（2）2位引入含硫官能团（如硫醚和磺酰胺的引入）可降低锥体外系副作用。如硫利达嗪、硫乙拉嗪和派泊噻吩。锥体外系副作用是抗精神病药物最常见的一种副作用，发生率为25%～60%。产生的原因主要是阻断了运动神经的多巴胺受体，其表现主要有四个方面。第一是急性肌张力障碍，局部肌肉群持续强直性收缩，出现各种怪异动作和姿势，突然斜颈、吐舌、面肌痉挛等。第二是震颤麻痹综合征，即帕金森副作用，运动不能或运动迟缓，唇、舌、双手震颤，面部表情呆板，还可出现流涎、多汗等。第三是静坐不能，患者主观感到必须来回走动，无法控制躯体活动，伴有焦虑不安。第四是迟发性运动障碍，为不自主、有节律的刻板式运动，如吸吮、鼓腮、舐舌、咀嚼、歪颈等。甲硫达嗪（thioridazine）锥体外系副作用很弱，主要用于治疗精神分裂症，此外还具有较强的降血压作用，美索达嗪为其代谢产物，锥体外系反应小。

（3）吩噻嗪 N-10 位应为含碱性叔氨基侧链，叔胺基可为二甲氨基、哌啶或哌嗪等杂环。当侧链为哌嗪取代时，得到奋乃静（perphenazine）等一系列药物，此作用效果最强，但锥体外系副作用强烈；当为二甲氨基时具有中等锥体外系作用，而为哌啶时，锥体外系作用轻微。

（4）吩噻嗪 N-10 位的氮原子与侧链氮原子相隔为 3 个直链碳原子时，作用最强，碳链的延长、缩短或出现分支，均不利于活性提高。

（5）有些药物可进行前药修饰。氟奋乃静的作用强，但作用时间只能维持一天，利用其侧链上的伯醇基，制备其长链脂肪酸酯类的前药，可延长药物的作用时间。如庚氟奋乃静（fluphenazine enanthate）注射给药可持续 1～2 周，癸氟奋乃静（fluphenazine decanoate），注射给药可持续作用 2～3 周。

庚氟奋乃静

癸氟奋乃静

（6）通过生物电子等排体的替换，得到了硫杂蒽类及其他三环类抗精神病药物，同样也具有良好的抗精神病作用。

2. 吩噻嗪类药物与受体的作用方式 多巴胺受体是吩噻嗪类药物的作用靶点，它是由七个跨膜区域组成的 G 蛋白偶联受体家族。根据它们的生物化学和药理学性质，目前已分离出 D_1~D_5 五种多巴胺受体亚型。图 6-1a 是人脑的多巴胺 D_1 受体和多巴胺的共结晶结构。按照药物的作用方式，把多巴胺受体分为 A、B、C 三个部分，多巴胺的衍生物奋乃静类化合物与受体之间的相互作用也有 A、B、C 三个部分（图 6-1b）。

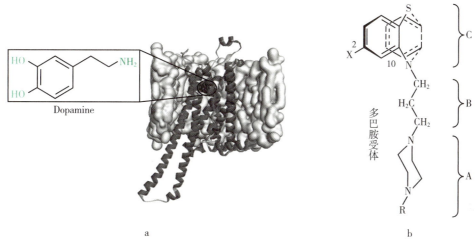

a   b

图 6-1　吩噻嗪药物与多巴胺受体的作用模型

（1）结构专属性要求次序：B>C>A。

（2）B 部分为三个碳原子时最为合适，且无支链时活性最强，若引入支链则与多巴胺的 B 部分从立体上不匹配，抗精神病活性明显下降，抗组胺和抗瘙痒的作用加强，同时 B 部分的自由旋转也是必需的，若外加环时，则活性下降。

（3）C 部分即吩噻嗪环以 N—S 键折叠，2 位吸电子取代基的引入有利于活性。一般 2 位无取代基的化合物无抗精神病作用，这可以用药物分子的构象来解释。通过氯丙嗪和多巴胺的 X 射线衍射结构测定发现，氯丙嗪苯环 2 位氯原子的存在，引起了分子的不对称性。当侧链与氯取代的苯环同侧时，称为顺式构象，当侧链位于无氯取代的苯环方向时，称为反式构象。顺式氯丙嗪和多巴胺的优势构象能部分重叠，反式氯丙嗪与多巴胺不能重叠。氯丙嗪的顺式构象正好与多巴胺的构象能部分重叠，与多巴胺受体是相匹配的，有利于药物与多巴胺受体的作用。这也解释了 2 位有取代基时活性强的原因。

（4）A 部分分子侧链的碱性基团必须适合插入到受体的较窄凹槽中，二甲氨基和哌嗪环均可，但当为二乙胺基时，由于其空间体积偏大，活性较差。

3. 吩噻嗪类药物的代谢 吩噻嗪类药物在体内的代谢过程是非常复杂的，产物至少有几十种。该类药物与其他中枢药物相同，代谢主要受CYP450酶的催化，在肝脏进行。

氯丙嗪在体内的主要代谢过程

体内的代谢过程以氧化为主，其中5位的S通过氧化生成亚砜并进一步氧化成砜，两者均是无活性的代谢产物。苯环7位的酚羟基是主要的氧化位点，同时存在3-OH氯丙嗪和8-OH氯丙嗪产物。这些羟基氧化物可以以葡萄糖醛酸轭合的形式，或生成硫酸酯，排出体外。羟基氧化物同样可在体内发生烷基化反应，代谢成相应位置的甲氧基氯丙嗪。另一条代谢途径是N-10位或侧链N的脱烷基反应，分别得到单脱甲基氯丙嗪和双脱甲基氯丙嗪。这两种代谢产为活性代谢产物,在体内均可以与多巴胺 D_2 受体作用。

盐酸氯丙嗪(chlorpromazine hydrochloride)

化学名为 *N*,*N*- 二甲基 -2- 氯 -10*H*- 吩噻嗪 -10- 丙胺盐酸盐,*N*,*N*-dimethyl-2-chloro-10*H*-phenothazine-10-propanamine hydrochloride,又名冬眠灵。

氯丙嗪的 pK_a 为 9.3(25℃),lgP 为 5.41。

氯丙嗪及其他该类药物均具有吩噻嗪母核,结构中的 S 和 N 都是很好的电子给予体,极易氧化,所以氧化产物非常复杂,大约有十几种,最初的氧化产物是醌式化合物。

服用氯丙嗪后应尽量减少户外活动,避免日光照射,因为氯丙嗪遇光会分解,生成自由基及进一步氧化反应,自由基与体内一些蛋白质作用时,发生过敏反应。故一些患者在服用药物后,在日光照射下皮肤会产生红疹,称为光毒化过敏反应。

氯丙嗪的合成主要有两条路线,路线一是由邻碘间氯苯胺与邻溴苯硫酚直接缩合得到三环吩噻嗪母核,再于碱性缩合剂催化下引入相应的卤代侧链及成盐得到。

路线二是由邻溴苯硫酚、*N*,*N*- 二甲基丙胺与邻溴碘苯直接缩合得到反应的目标产物。该路线每步反应收率高,极大地缩短了反应步骤,同时反应中应用微波反应,减少了反应时间,但工业化难度增加。相对路线一,路线二中的产品收率及质量有所提高。

氯丙嗪特定杂质有 A～E 五种,即由于氯丙嗪环中的 S 是很好的电子给予体,特别容易氧化,A 为氯丙嗪氧化成亚砜的产物;B 为路线一在侧链引入过程中第二分子侧链与氯丙嗪侧链 N 发生季胺化及脱甲基得到的杂质;C 为反应过程碱性下氯消除产物,D 则为反应过程侧链 N 的氧化脱甲基产物;E 为合成路线一的中间体。

二、硫杂蒽类

将吩噻嗪环上 10 位氮原子换成碳原子,形成硫杂蒽(thioxanthenes),又称噻吨类。由于硫杂蒽衍生物的母核一般与侧链以双键相连,故有几何异构体存在。以 2 位取代基与侧链在同侧,称为顺式(cis-)异构体,一般是 Z 型;2 位取代基与侧链在异侧,称为反式(trans-)异构体,一般是 E 型。此类药物一般是顺式体的抗精神病的活性大于反式体。如顺式氯普噻吨(chlorprothixene)的抗精神病活性是反式体的 5～7 倍。推测原因,可能是顺式异构体与多巴胺受体的配体多巴胺的优势构象能部分重叠而有利于与受体的相互作用。

氯普噻吨(chlorprothixene)对精神分裂症和神经官能症疗效较好、作用比氯丙嗪强,毒性也较小。对其进行结构修饰,将氯普噻吨的侧链以羟乙基哌嗪取代,得到珠氯噻醇(zuclopenthixol),活性增强,作用与氟哌啶醇相同。它也有顺反异构体,其反式异构体为氯哌噻吨(clopenthixol),作用比氟哌啶醇弱。2 位是三氟甲基取代的衍生物是氟哌噻吨(flupenthixol),其活性超过珠氯噻醇。氨砜噻吨(thiothixene)是 2 位以磺酰胺基取代的硫杂蒽类药物。

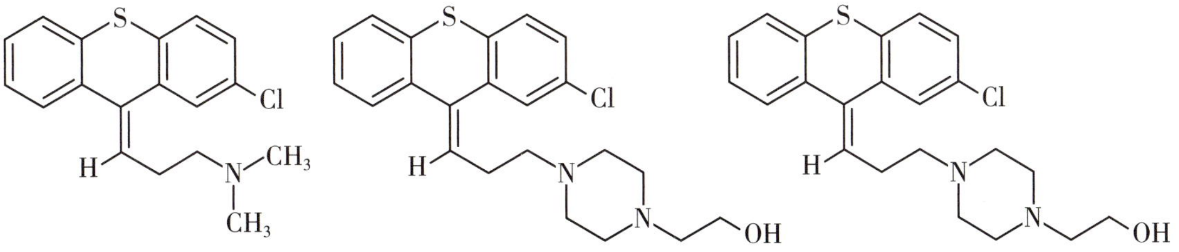

氯普噻吨   珠氯噻醇   氯哌噻吨

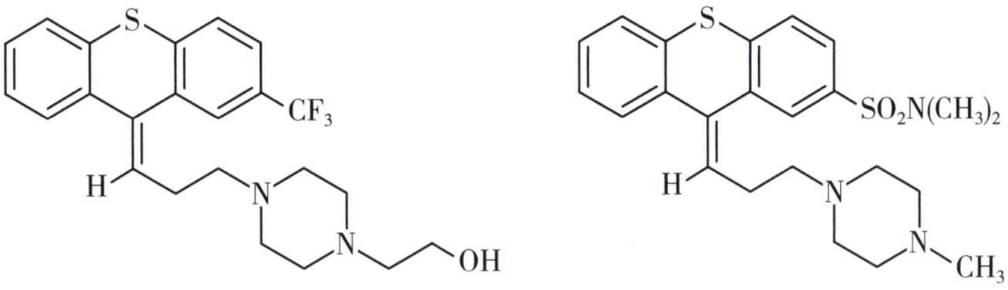

氟哌噻吨   氨砜噻吨

氯普噻吨(chlorprothixene)

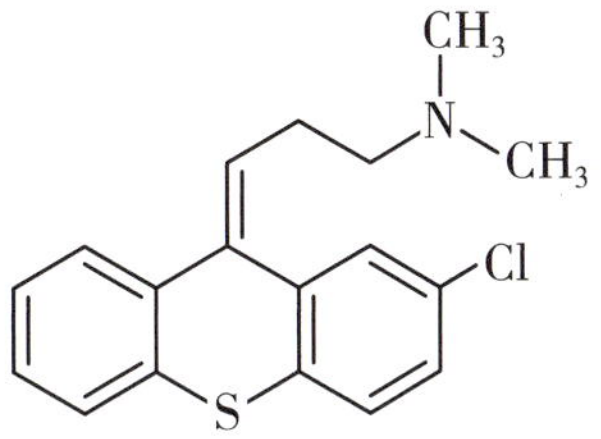

化学名为(Z)-N,N-二甲基-3-(2-氯-9H-亚噻吨-9-基)-1-丙胺,3-(2-Chloro-9H-thioxanthen-9-ylidene)-N,N-dimethyl-1-propanamine。

氯普噻吨的 pK_a 为9.76,lgP 为5.18。

氯普噻吨具有碱性,侧链的二甲胺基能与盐酸成盐。

氯普噻吨在室温条件下比较稳定,在光照和碱性条件下,可发生双键的分解,生成2-氯噻吨和2-氯噻吨酮。

2-氯噻吨   2-氯噻吨酮

氯普噻吨的合成主要有两条路线,路线一是以邻氨基苯甲酸为原料,经重氮化、缩合、脱水环合得到三环物2-氯噻吨酮。经格氏反应,再用硫酸脱水,得到 E 和 Z 型的混合物。利用两种构型化合物在石油醚中的溶解度不同,用石油醚处理,得到在石油醚中溶解度小的 Z 型氯普噻吨结晶。E 型体可以用硫酸加热转化为 Z 型氯普噻吨。此方法通常为氯普噻吨的合成方法。

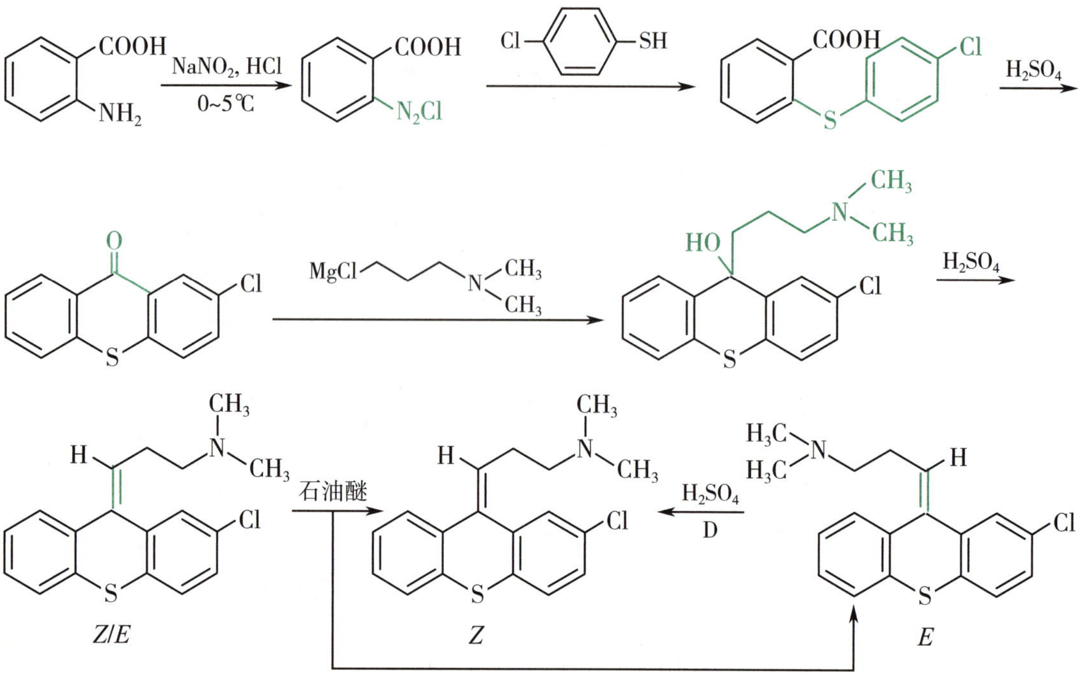

路线二是由苯硫酚、N,N-二甲基丙胺的格氏试剂与间溴邻碘苯甲酸直接缩合得到反应的目标产物。该路线具有反应收率高、路线步骤短、反应速度快等优点。相对路线一缩短了反应时间。

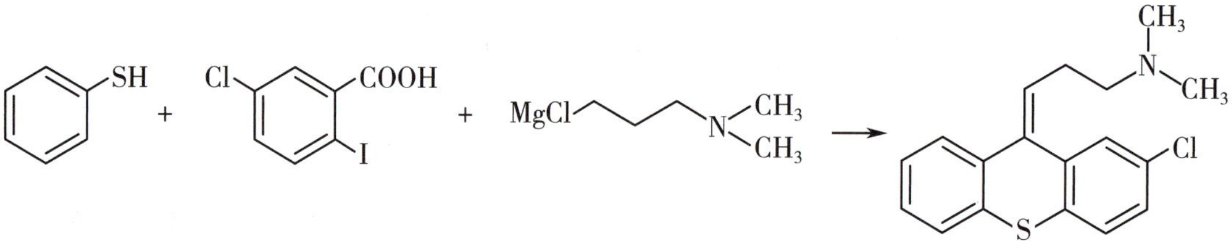

氯普噻吨特定杂质有 A～F 六种,即 A 及 E 分别为路线一中格氏反应及脱水得到的中间体;B 为氯普噻吨氯原子的消除产物,C 为脱甲基氧化产物;D 为浓硫酸催化环合过程,原料对氯苯硫酚含有邻氯苯硫酚而导致的最终异构化产物;为路线一的一个中间体;F 为目标产物的顺反异构体。

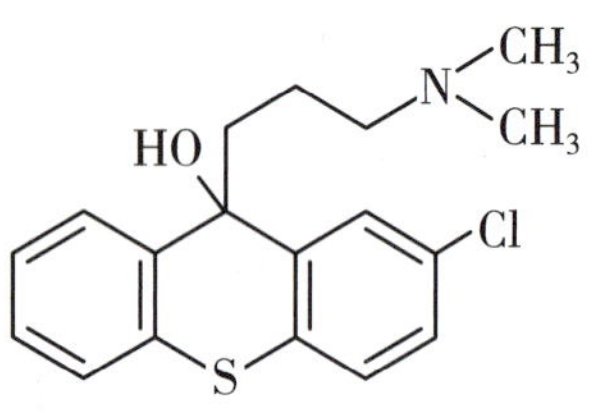

A(±)

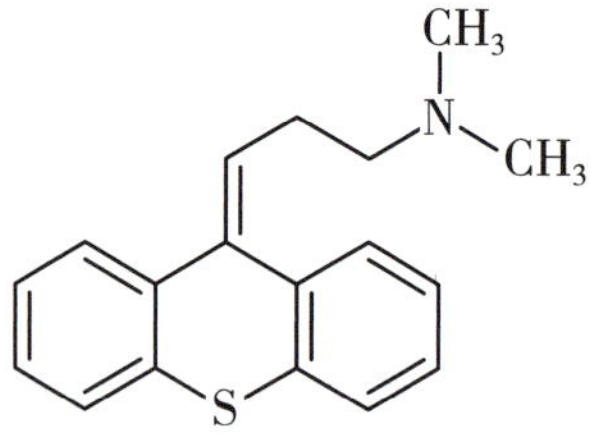

B

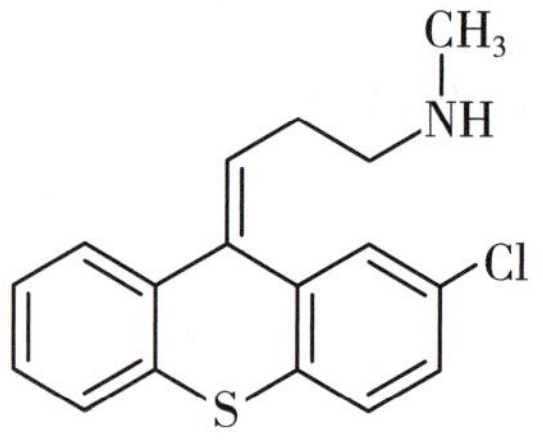

C

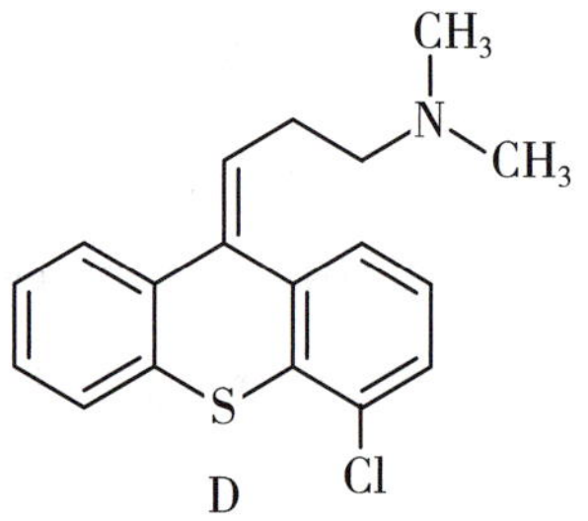

D

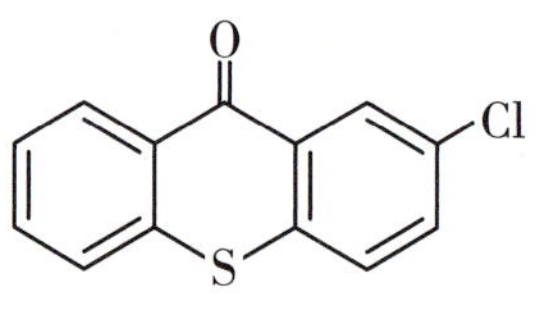

E

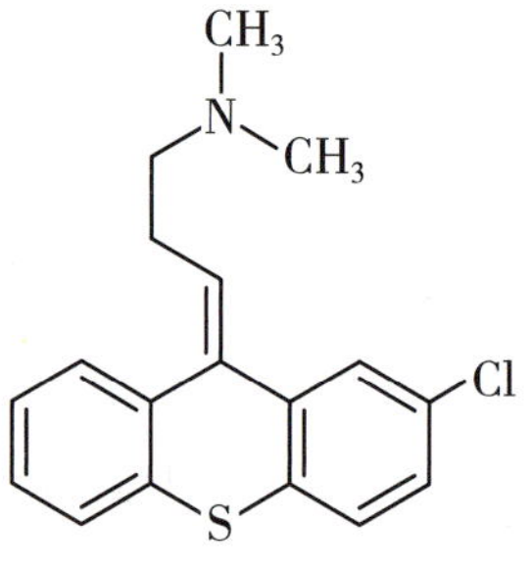

F

三、丁酰苯类及其类似物

此类药物的发现有一定的偶然性,在研究中枢镇痛药哌替啶的衍生物过程中,人们发现哌替啶的哌啶环上的 N- 甲基为某一类特定基团取代之后,分子产生较强的抗精神分裂作用,由此人们发现了第一个丁酰苯类抗精神分裂药氟哌啶醇,此后人们以氟哌啶醇为先导化合物又经过结构改造优化出更多其他药物,经构效关系研究发现将丙基的碳链延长为丁基,可使吗啡样的成瘾性消失,而发展了有较强抗精神失常作用的丁酰苯类(butyrophenones)。该类药物的抗精神病作用一般比吩噻嗪类强,同时用作抗焦虑药。

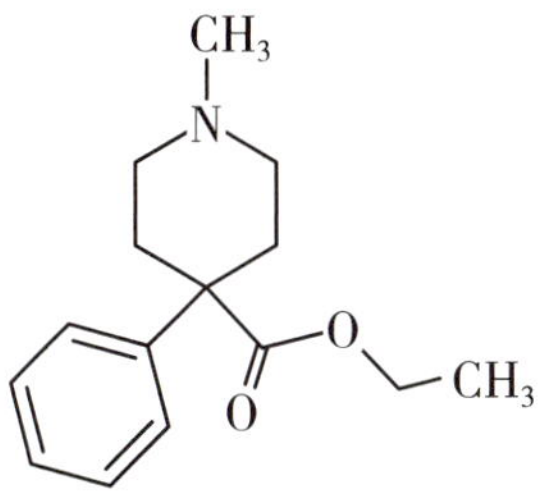

哌替啶 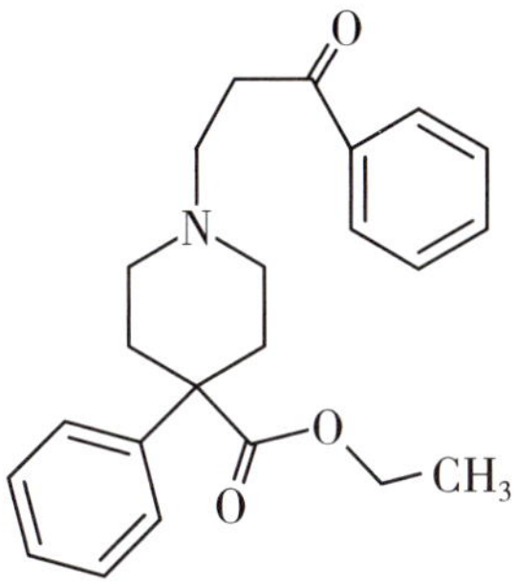　　　　　　　丙酰苯类似物 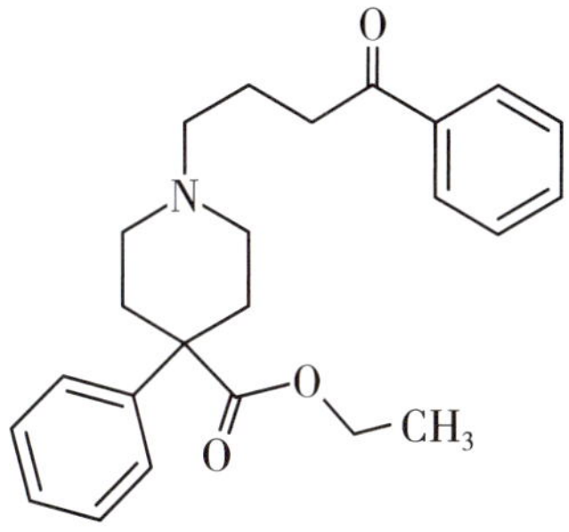　　　　　　　丁酰苯类似物

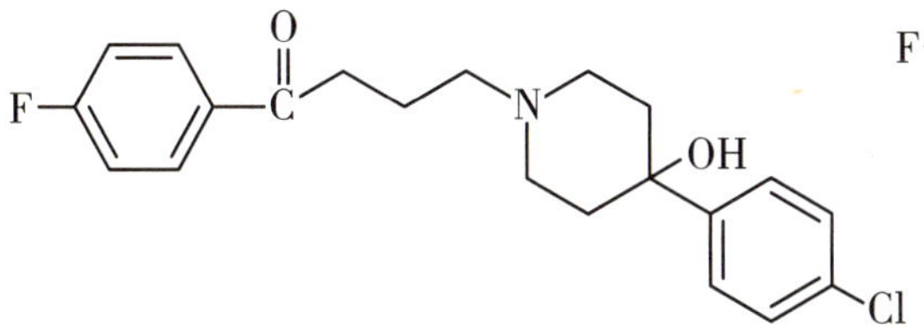

氟哌啶醇 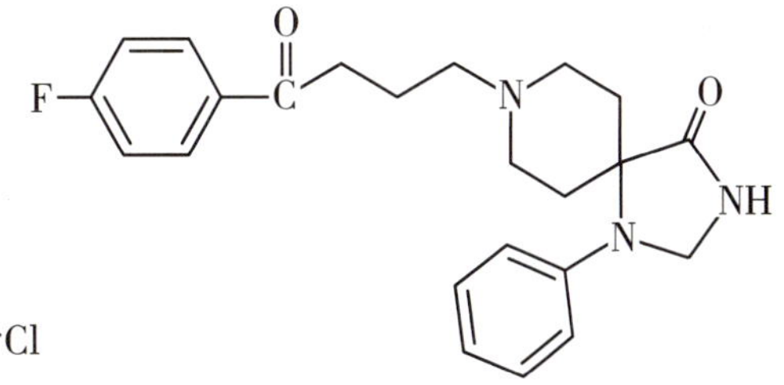　　　　　　　　　　　螺哌隆

此类中最早应用于临床的是氟哌啶醇(haloperidol)。后来发现哌啶环的苯环取代基以三氟甲基取代时,活性超过氟哌啶醇,例如三氟哌多(trifluperidol)。螺哌隆(spiperone)是哌啶与咪唑酮的螺环化合物,活性也较强。氟哌利多(droperidol,氟哌啶)通过阻滞脑内多巴胺受体而发挥作用,具有非常强的镇静作用和镇吐作用。

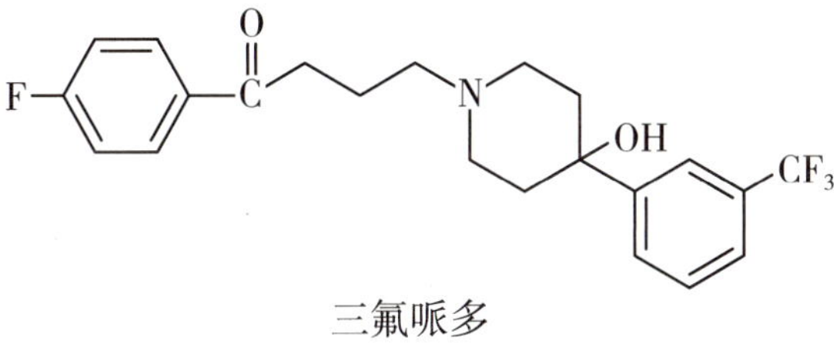

三氟哌多 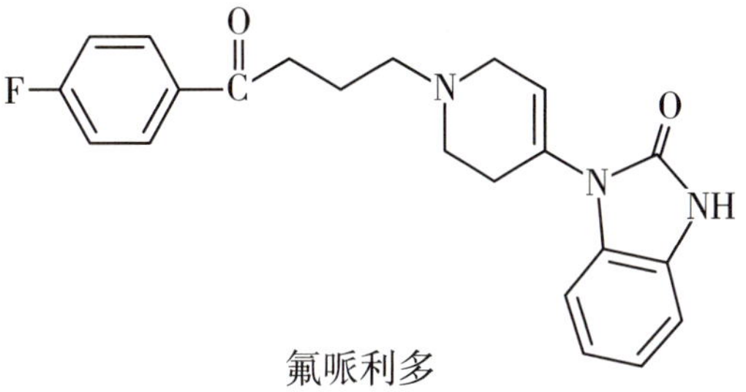　　　　　　　　　　　氟哌利多

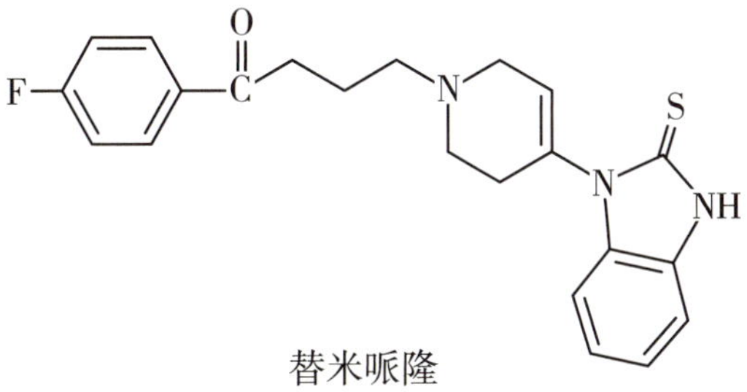

替米哌隆

丁酰苯类药物的锥体外系副作用较大，将氟哌利多侧链苯并咪唑酮上的氧用其电子等排体硫替代，得到替米哌隆（timiperone），其抗精神病的作用强而锥体外系或运动系统的副作用则很小，但其他方面的不良反应也较多。

在对丁酰苯类的结构改造中，用 4-氟苯甲基取代丁酰苯部分的酮基，而发现了二苯丁基哌啶类（diphenylbutylpiperidines）。五氟利多（penfluridol）的结构与氟哌啶醇近似，可阻断 D_2 受体产生活性。由于亲脂性强，口服吸收后，先储存在脂肪组织中，然后缓慢释放，为长效的抗精神病药物。氟司必林（fluspirilene）和匹莫齐特（pimozide）也属于二苯丁基哌啶类。氟司必林具有长效作用，深部肌内注射后药物在注射部位吸收缓慢，可维持一周。

五氟利多

氟司必林

匹莫齐特

氟哌啶醇（haloperidol）

化学名为 1-（4-氟苯基）-4-[4-（4-氯苯基）-4-羟基-1-哌啶基]-1-丁酮，[4-(4-chlorophenyl)-4-hydroxy-1-piperidinyl]-1-(4-fluorophenyl)-1-butanone。

氟哌啶醇的 pK_a 为 8.66，$\lg P$ 为 4.30。

氟哌啶醇对光敏感，需避光保存。属于多巴胺受体阻断剂类抗精神病药，亦用于镇吐。

氟哌啶醇的合成主要有两条路线，路线一是以对二氯苯为原料，经格氏反应，水解，脱水，再用 1-氯-4-异丙烯基苯与氯化铵、甲醛缩合，得到的产物经盐酸加热脱水重排生成 4-（4-氯苯基）-1，2，3，6-四氢吡啶，经溴化氢加成、水解生成 4-（4-氯苯基）哌啶-4-醇。后者与 4-氯-1-（4-氟苯基）丁酮缩合得到氟哌啶醇。此方法通常为氟哌啶醇的合成方法。

路线二是由对氟苯甲醛、丙烯酸甲酯，直接缩合得到（4-氟苯基）1-羰基丁酸甲酯，经乙二醇对羰基保护及酯还原得醛后，与4-氯-1-（4-氟苯基）丁酮缩合得到氟哌啶醇。该路线具有反应收率高、路线步骤短，反应中所用催化剂可回收利用。

氟哌啶醇特定杂质有 A～F 六种，即 A 为由于原料对二氯苯中含有氯苯引入的杂质；B 为原料 4-氯-1-（4-氟苯基）丁酮含有的邻氟取代异构体引起的；C 亦是来源于原料 4-氯-1-（4-氟苯基）丁酮中的 4-氯-1-（2-乙基-4-氟苯基）丁酮而引入杂质；D 为产物氟哌啶醇的氟源自被 4-（4-氯苯基）哌啶-4-醇取代得到的杂质；E 及 F 则为对二氯苯含有的联苯杂质，或是格氏反应过程产生的联苯副产物导致的两个杂质。

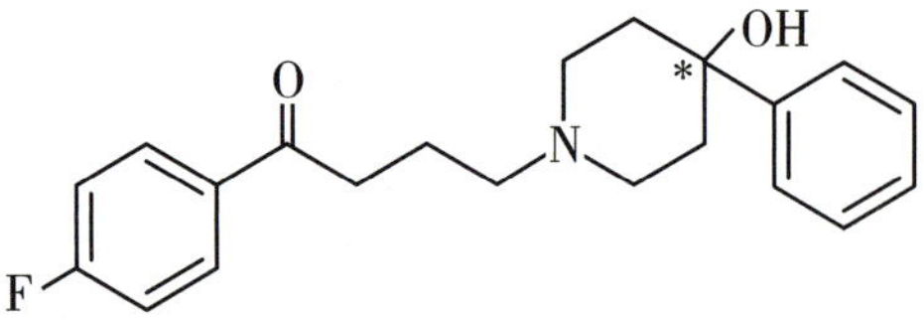

四、苯酰胺类

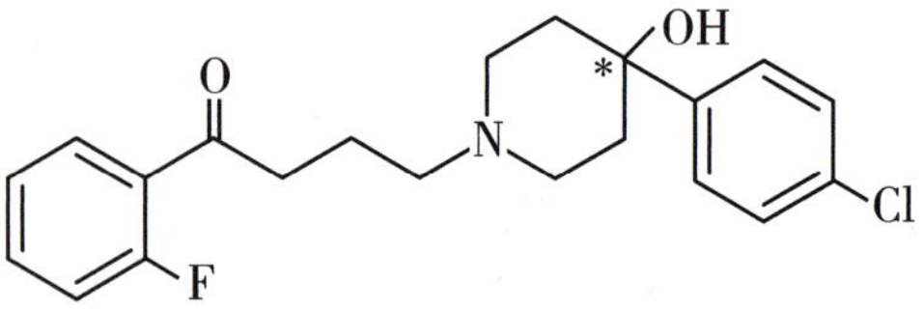

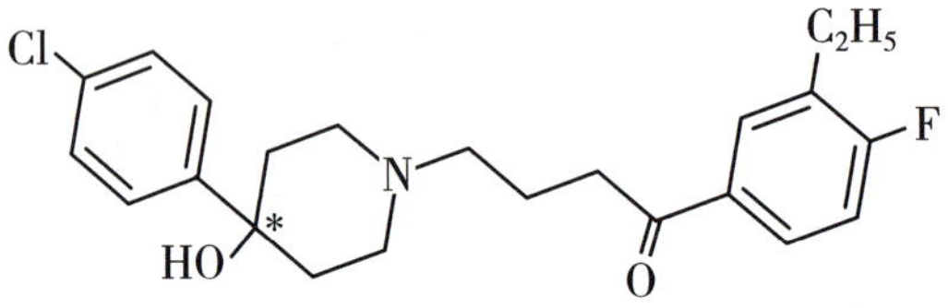

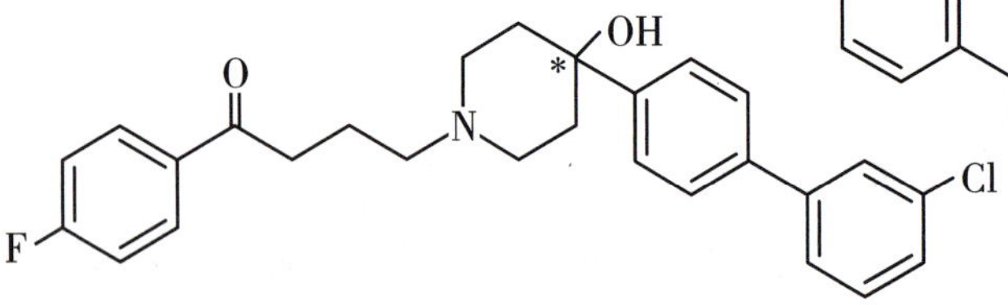

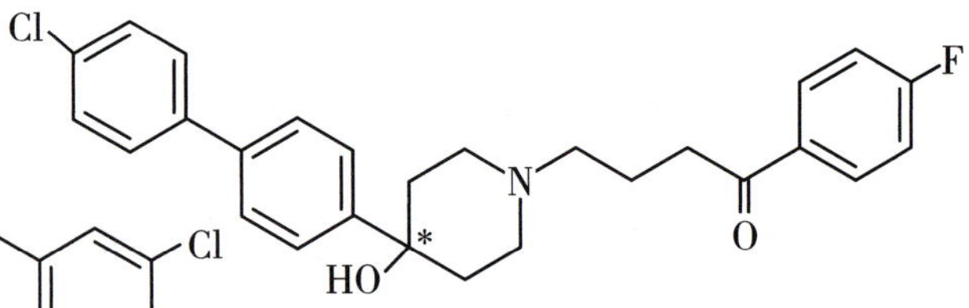

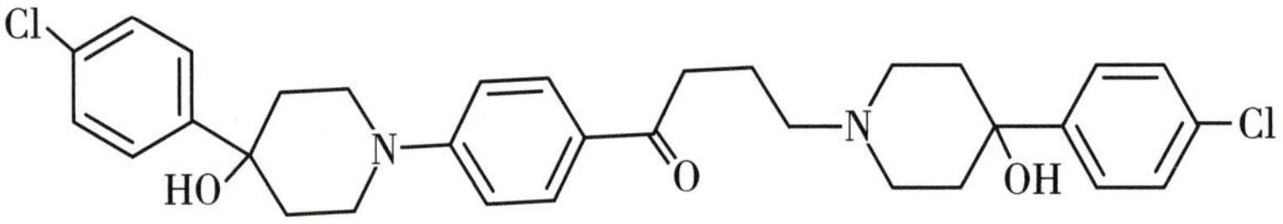

苯酰胺类(benzamide)抗精神病药物是在对局部麻醉药普鲁卡因的结构改造中发现的。在合成对氨基苯甲酸衍生物和对氨基类似物研究中,进一步改造合成了具有很强止吐活性而且局麻作用减弱的甲氧氯普胺。深入研究其作用机制,发现与拮抗多巴胺受体有关,因此进一步对苯甲酰胺类结构进行研究,发现了舒必利(sulpiride)等苯酰胺类的抗精神病药物。舒必利既无镇静作用又很少有锥体外系反应,具有非常强的抗精神病作用,并具有较强的镇吐作用。它的作用机制是对中脑边缘系统多巴胺功能的亢进有明显的抑制作用,并有特殊的神经肌肉作用。由于它能阻滞疼痛冲动经丘脑束向网状结构的传导,因此具有镇痛作用。

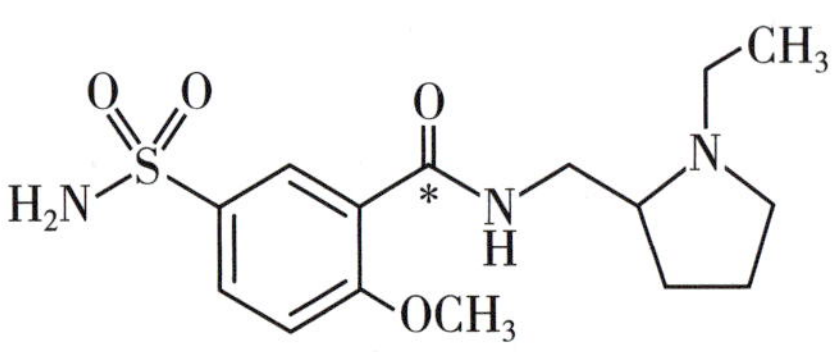

舒必利 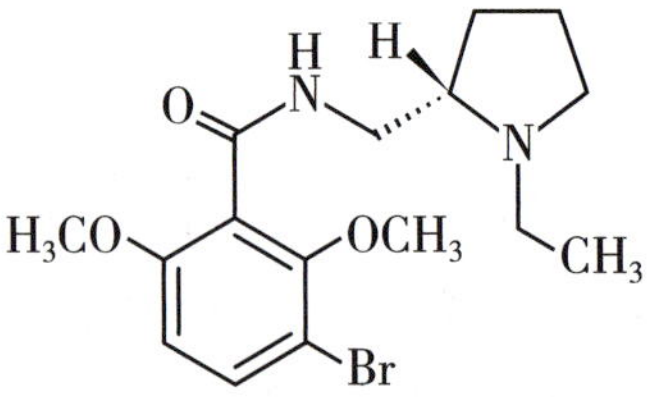　　　　　　　　瑞莫必利

奈莫必利

硫必利

氨磺必利

S-(−)瑞莫必利(remoxipride)是选择性 D_2 受体拮抗剂,为舒必利的同系物,但作用比舒必利强 50 倍,无经典抗精神病药的许多副作用,治疗剂量下锥体外副作用很小,对多巴胺刺激的腺苷酸环化酶的活性无影响。它的生物利用度大于 90%,半衰期 4~7 小时。用于精神分裂症。

奈莫必利(nemonapride)除对多巴胺 D_2 受体有阻断作用以外,对多巴胺 D_4 受体的亲和力也比较高,有较强的抗精神病作用,特别对阿扑吗啡引起的运动过度行为有明显的抑制。其结构中有两个手性碳,临床用(2*R*,3*R*)-异构体。

硫必利(tiapride)结构与舒必利相似,是一种非依赖性神经精神安定药,对感觉运动方面神经系统疾病及精神运动行为障碍具有良效。本品用于治疗多种疼痛、舞蹈病、迟发性运动障碍、抽动秽语综合征,老年性精神病疗效显著,毒性较低,奏效迅速,耐受性好,几无锥体外系不良反应。

氨磺必利(amisulpride,ASP)是一种非典型抗精神病药,它属于苯酰胺类衍生物,本品于 1986 年在葡萄牙被首次批准上市,2011 年在中国上市,对急性或慢性需长期维持治疗的患者的精神分裂症的阳性及阴性症状的治疗有明显的效果,它能选择性作用于多巴胺 D_2 和 D_3 受体,尤其能很好地消除大多数药物对 D_2 受体阻断的副反应,且具有锥体外系不良反应少和不会升高血糖等优点。

舒必利(sulpiride)

化学名为 *N*-[(1-乙基-2-吡咯烷基)-甲基]-2-甲氧基-5-(氨基磺酰基)-苯甲酰胺,5-(aminosulfonyl)-*N*-[(1-ethyl-2-pyrrolidinyl)methyl]-2-methoxybenzamide。

舒必利的 pK_a 为 0.776 ± 0.414,$\lg P$ 为 9.98 ± 0.60(酸)及 8.97 ± 0.50(碱)。

本品为白色或类白色结晶性粉末;无臭,味微苦。在乙醇或丙酮中微溶,在水中几乎不溶；但由于苯酰胺的存在，在氢氧化钠溶液中极易溶解。

左旋体 S-（－）具有抗精神病活性，临床上使用外消旋体。去除右旋体后毒性降低，剂量也减少一半，目前已有左旋体上市，称为左舒必利。

此处合成以左舒必利进行路线分析，可以自然看出舒必利的合成。左旋体 S- 左舒必利（levosulpiride）的合成有两条路线，一般用外消旋的 1- 乙基 -2- 氨基甲基四氢吡咯，以 D-（－）酒石酸拆分得到左旋体，再经 2- 甲氧基 -5-（氨基磺酰基）- 苯甲酸甲酯缩合，直接合成左旋舒必利。

路线二以左旋脯氨酸为原料，经乙酸酐酰化，氢化锂铝还原、氯化亚砜氯化和氨气氨解反应，得到左旋的 1- 乙基 -2- 氨基甲基四氢吡咯，再以与路线一相同的方法合成左旋舒必利。

舒必利对精神分裂症和抑郁状态均有效，无镇静作用和抗躁狂作用，也用于止吐，很少有锥体外系副作用。其作用机制是该药具有选择性 D_2 受体拮抗作用，与其他抗精神病药物不同的是，它对多巴胺能神经元的作用与腺苷酸环化酶的功能无关。

舒必利的特定杂质有 A～G 七种，即：A 为路线一的起始原料；B 为原料 2- 甲氧基 -5-（氨基磺酰基）- 苯甲酸甲酯；C 为 B 的酯交换产物；D 为 B 的水解产物；E 为 B 的氨解产物；F 为舒必利被氧化后的产物；G 为舒必利的水解产物。

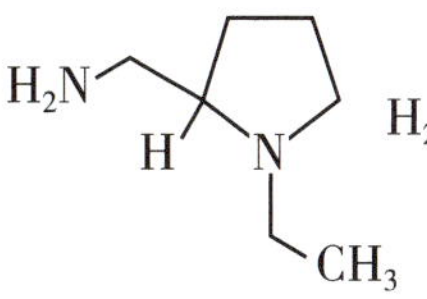

A(±) 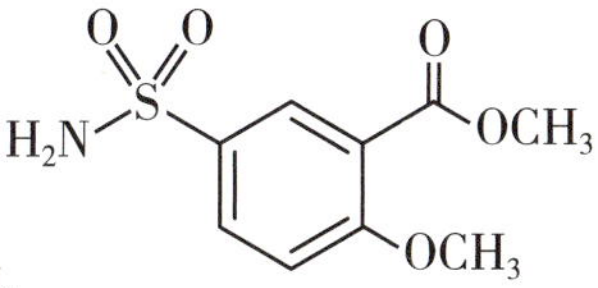   B 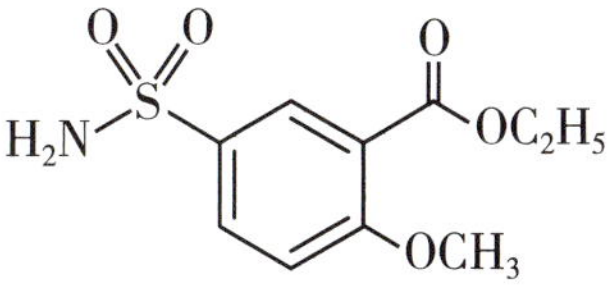   C 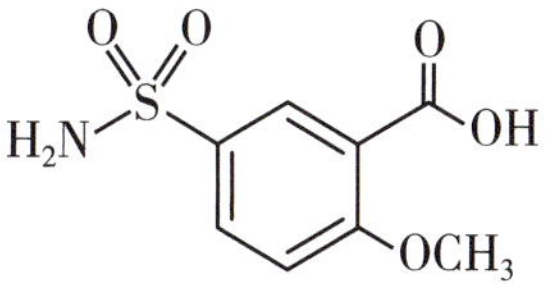   D

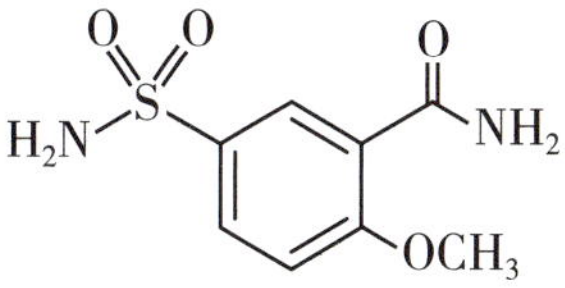

E 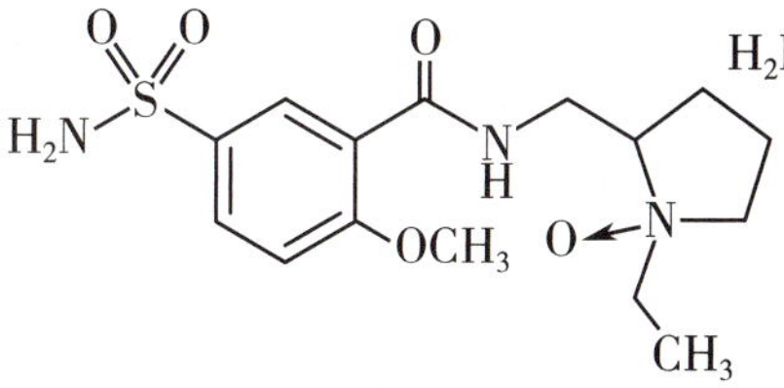   F 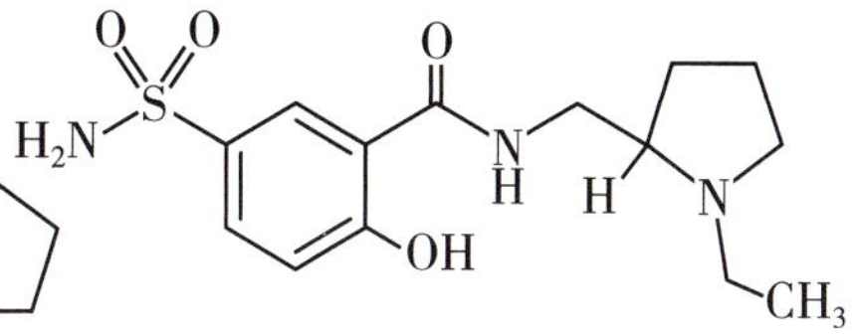   G(±)

五、二苯二氮䓬类及其衍生物

在抗精神病药物的研究中,人们一直致力于减少或者消除药物的锥体外系反应和迟发性运动障碍等毒副作用。用生物电子等排体原理对吩噻嗪类的噻嗪环进行结构改造,将6元环扩为二氮䓬环得到氯氮平(clozapine)。氯氮平于1966年开始在临床上使用,是一种非典型的广谱抗精神病药物。但发现其有严重的致粒细胞减少的副作用,受到美国FDA的严格限制。后来发现该药的锥体外系副作用小,从1990年又重新批准使用。

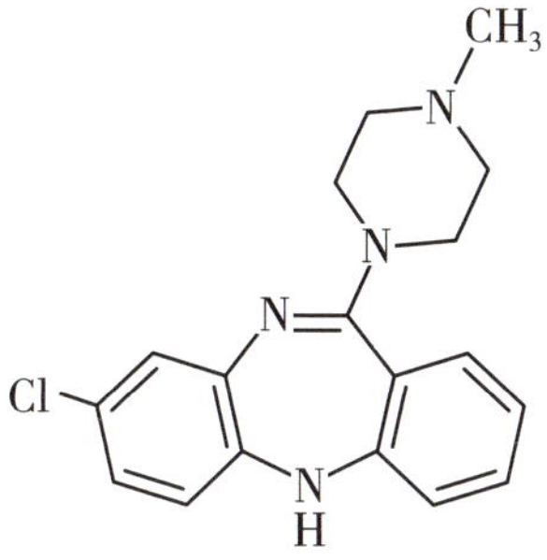

氯氮平 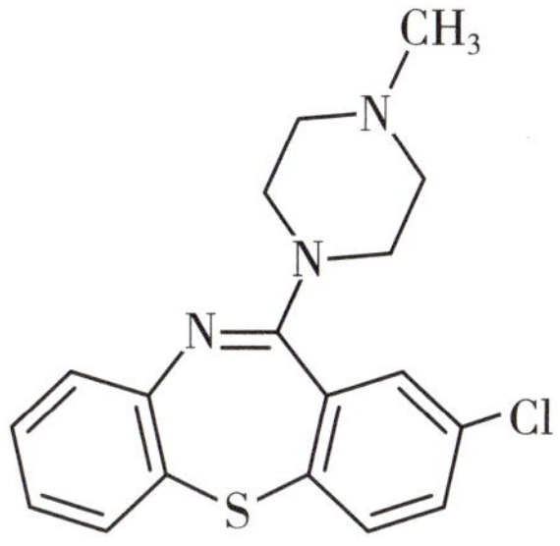   氯噻平 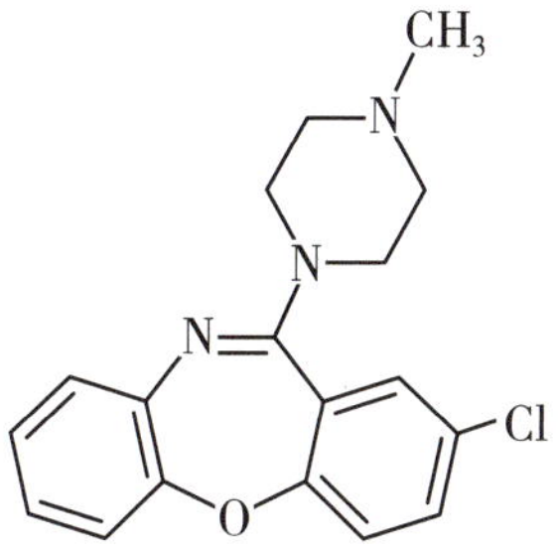   洛沙平

对氯氮平进行构效关系的研究,发现5位的—NH—以生物电子等排体O或S取代时,抗精神病作用保留。5位—NH—替换为S时,形成二苯并硫氮杂䓬(dibenzsufazepine),例如氯噻平(clothiapine)具有很好的抗幻觉、妄想和抗兴奋躁动的作用,可用于精神分裂症。5位—NH—替换为O时,形成二苯并氧氮杂䓬(dibenzoxazepine),其代表药物为洛沙平,作用机制主要是阻断中枢多巴胺受体,有镇静和对攻击行为有抑制作用,尤其对兴奋、攻击性行为的精神分裂症有效。

第二节　非经典的抗精神病药物

经过对精神病发病机制的深入研究,发现多巴胺受体有5种亚型,分别是 D_1、D_2、D_3、D_4、D_5。其中以 D_1 和 D_2 为主,D_2 受体兴奋时,能够抑制腺苷酸环化酶,降低cAMP的含量,所以

选择性地抑制 D_2 受体可以产生很强的抗精神病的作用。早期经典的抗精神病药物常可发生锥体外系反应（extra-pyramidal side effect，EPS）。精神分裂症与中枢多巴胺能系统功能过强有密切关系，现有的大部分药物均是不同类型的 DA 受体拮抗剂。抗精神病作用与锥体外系副作用主要区别在于当对边缘系统及皮层的多巴胺能系统抑制时，可产生抗精神病作用；而对黑质 - 纹状体多巴胺能系统进行抑制时则产生锥体外系不良反应。故从此发展出一类非经典的抗精神病药物。

单一靶标的药物尽管特异性很高，但是人类的多数疾病并不是由单一基因或靶标导致的，而是与多个基因相关，发病机制复杂，所以近些年在生物化学、药物化学和药理学领域提出了突出一种多靶标药物设计的概念，与选择单一靶标相比，药物同时作用于多个靶标，可以更好地控制一些较为复杂的疾病，而且通过几个靶标之间的平衡调节，可以同时调控疾病的多个环节，产生更完善的疗效和降低副作用，且不易产生抗药性。氯氮平就是一种典型的多靶标药物，可对 D_4、$5HT_{2A}$、$5HT_{2c}$、$5HT_6$ 等 10 种以上的神经递质受体有一定的亲和力，并产生拮抗作用，受到氯氮平的启发，用这种多靶标药物的思路，其他一些非经典抗精神病药物陆续成功设计并应用于临床上，例如奥氮平对 D_1、D_2、D_4、$5HT_{2A}$、$5HT_{2c}$、$5HT_4$、α_1 等靶点有一定的亲和力，喹硫平对 α_1、$5HT_{2A}$ 有一定的亲和力，利培酮对 D_2、D_3、$5HT_{2A}$、$5HT_{2c}$、α_1 等靶点有一定的亲和力。这些药物被称为第二代抗精神病药物。

非经典的抗精神病药物主要有奥氮平（olanzapine）及喹硫平（quetiapine），二者可视为氯氮平的生物电子等排体。喹硫平在临床上用其富马酸盐，该药物虽然对 DA_2 和 $5-HT_2$ 的结合力比较弱，其抗精神病作用可能不如经典药物，但对两者亲和力的比值较高，因此几乎不产生锥体外系副作用。

喹硫平

利培酮

莫沙帕明

奥氮平可作用于中枢神经系统的多种受体，包括 $5-HT_{2A}$、$5-HT_3$、$5-HT_6$，DA_1-DA_5，毒蕈碱受体 M_1-M_5 等。因此，奥氮平对精神病疗效广泛。另外，它只选择性地减少中脑边缘系统的多巴胺神经元活动，对纹状体的运动功能影响小，因此几乎无锥体外系副作用，适用于各种精神分裂症的治疗。

利培酮（risperidone）的结构虽然与上述两种药物有区别，但其作用机制相似，均是对

5HT$_2$ 及多巴胺 DA$_2$ 受体有拮抗活性,疗效高且锥体外系副作用少。利培酮属于非经典的新一代抗精神病药物,它的特点是高选择性的 5HT$_2$/DA$_2$ 受体平衡拮抗剂,故减少了锥体外系的作用。它对多巴胺 D$_2$ 受体的阻断作用极强,可调节幻觉、妄想等神经分裂症的阳性症状,又对 5HT$_2$ 受体有一定的阻断作用,可改善思维贫乏、感情冷漠等精神分裂症的阴性症状。故适用于各种精神分裂症,还对焦虑和抑郁症有治疗效果。利培酮口服吸收完全,经肝脏受 CYP450 酶催化,生成仍具有活性的 9- 羟基利培酮。原药的 $t_{1/2}$ 只有 3 小时,而该活性代谢物的 $t_{1/2}$ 长达 24 小时。因此利培酮有较长的作用时间。

莫沙帕明(mosapramine)是二苯并氮䓬类的衍生物,向结构中引入螺环使作用增强,对 D$_2$ 受体和 5-HT$_2$ 受体有选择性抑制作用。可适用于精神分裂症。

阿立哌唑(aripiprazole)是第三代非典型抗精神病药物,由日本大冢化学工业株式会社研制开发,于 2002 年 11 月获美国 FDA 批准上市。临床上用于治疗精神分裂症的治疗。与其他抗精神病药物相比,阿立哌唑不会出现体重增加和非自主性肌肉活动等常见不良反应。

氯氮平(clozapine)

化学名为 8- 氯 -11-(4- 甲基 -1- 哌嗪基)-5H- 二苯并[b,e][1,4]二氮䓬,8-Chloro-11-(4-methy-1-piperazinyl)-5H-dibenzo[b,e][1,4]diazepine,又名氯扎平。

氯氮平的 pK_a 为 7.5,lg$P$ 为 3.23。

氯氮平有两种合成方法。路线一是以邻氨基苯甲酸为原料,经铜催化用 2- 溴 -5- 氯硝基苯进行 N- 烷基化后,再还原硝基,加热环合,在与 1- 甲基哌嗪反应得到目标产物。另一条路线是从 8- 氯 -11- 硫代 -10,11- 二氢 -5H- 二苯并[b,e]-1,4- 二氮䓬出发,与 4- 硝基氯苄进行亲核取代后再与 N- 甲基哌嗪发生两次亲核取代得到目标产物。

路线一:

路线二：

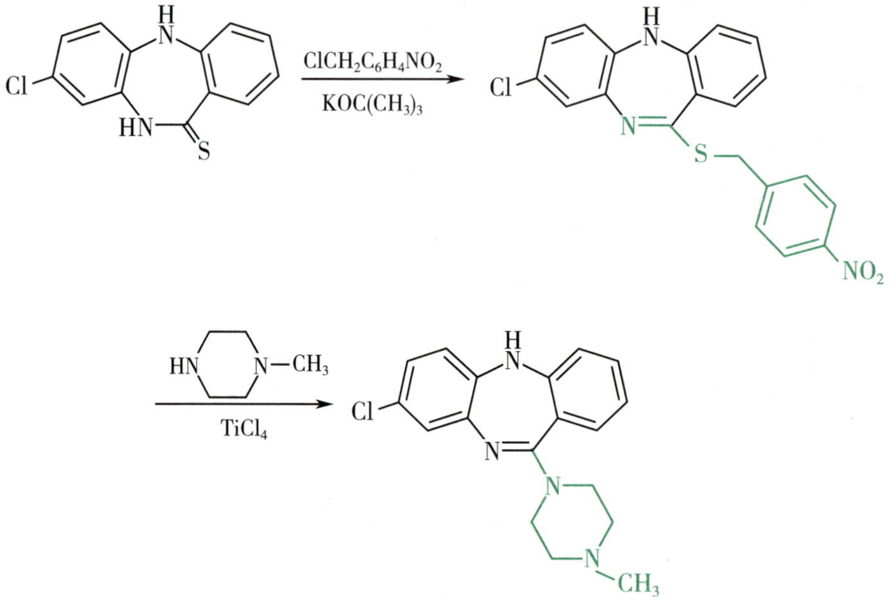

氯氮平特定杂质有 A～D 四种，即：A 为反应中间体；其中 B 及 C 为甲基哌嗪可能含有的哌嗪导致的，或由路线一中氯氮平与中间体发生亲核取代产物所得。D 则为路线一中最后一步取代条件剧烈导致开环产生，亦或是取代苯甲酸未发生环合与甲基哌嗪酰化得到。

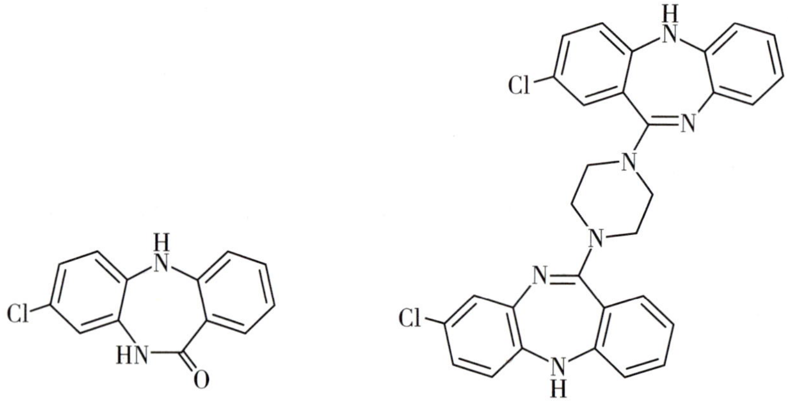

A

B

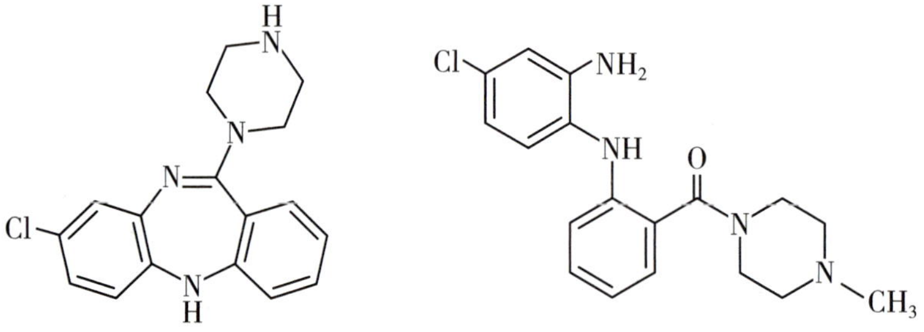

C

D

利培酮(risperidone)

化学名为 3-[2-[4-(6- 氟 -1,2- 苯并异噁唑 -3- 基)-1- 哌啶]乙基]-6,7,8,9- 四氢 -2- 甲基 -4*H*- 吡啶并[1,2-α]嘧啶 -4- 酮,3-[2-[4-(6-fluoro-1,2-benzisoxazol-3-yl)piperidin-1-yl] ethyl]-2-methyl-6,7,8,9-tetrahydro-4*H*-pyrido[1,2-α]pyrimidin-4-one。

本品为白色结晶性粉末;熔点为 170.0℃;几乎不溶于水,易溶于二氯甲烷,微溶于乙醇,溶于稀酸溶液。

利培酮的 pK_a 为 8.76,lg*P* 为 2.5。

利培酮为高选择性的 5-HT$_2$/DA$_2$ 受体平衡拮抗剂,因此减少了锥体外系作用,对多巴胺 D$_2$ 受体的阻断作用极强,适用于各种精神分裂症、双相精神障碍、焦虑和抑郁症以及与自闭症有关的易怒情绪都有效。该药口服吸收完全,在肝脏内受 P450 酶催化,生成的代谢物 9- 羟基利培酮仍具有抗精神病活性,在此基础上,科学家开发出新药帕利哌酮(即 9- 羟基利培酮),作为多巴胺 2 受体拮抗剂及 5-HT$_{2A}$ 拮抗剂用于精神分裂症,其棕榈酸帕利哌酮缓释片剂或注射剂为长效制剂,注射剂具有每三个月或六个月给药一次的使用优势。

帕利哌酮,9–羟基利培酮

利培酮的合成主要有两条路线,路线一是以 4- 哌啶甲酸通过乙酰化、氯化、傅克反应、水解、肟化、环合共 6 步合成 6- 氟 -3-(4- 哌啶基)-1,2- 苯并异噁唑,2- 氨基吡啶经环合后氯化、加氢还原 2 步合成 2- 甲基 -3-(2- 氯乙基)-6,7,8,9- 四氢吡啶并(1,2-α)嘧啶 -4- 酮,所得 2 个化合物经缩合反应得到利培酮。该合成路线具有工艺条件温和、原材料易得等优点,适合工业化生产。

路线二以 2- 氨基吡啶为原料，经缩合、还原、溴代、Stille Carbonylative 交叉耦合、硼氢化 - 氧化反应得关键中间体 2-（2- 甲基 -4- 氧代 -6，7，8，9- 四氢 -4H- 吡啶并［1，2-a］- 嘧啶 -3-基）乙醛，再经相应的二氟苯基哌啶酮发生缩合、还原、成肟及环合等反应得到利培酮。

利培酮的特定杂质有 A～E 五种，即：A、B 为路线二反应过程中的中间体；C 为使用溴素溴代过程哌啶环引入溴原子后经水解等多步得到的利培酮氧化产物；D 为原料间二氟苯中含有对二氟苯异构体所引入的杂质；E 为反应过程使用三氯甲烷引入甲基导致的甲基利培酮。

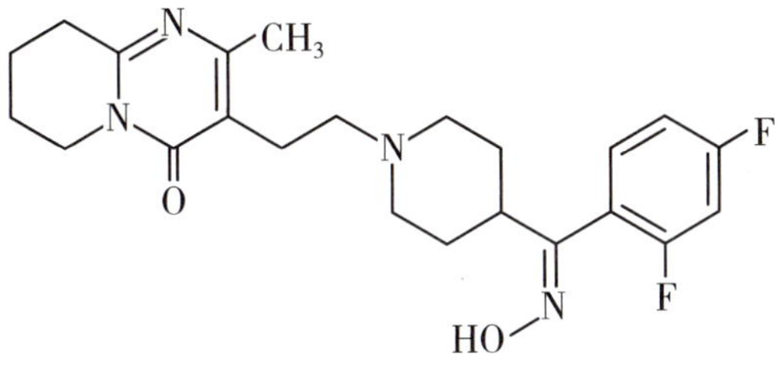

A

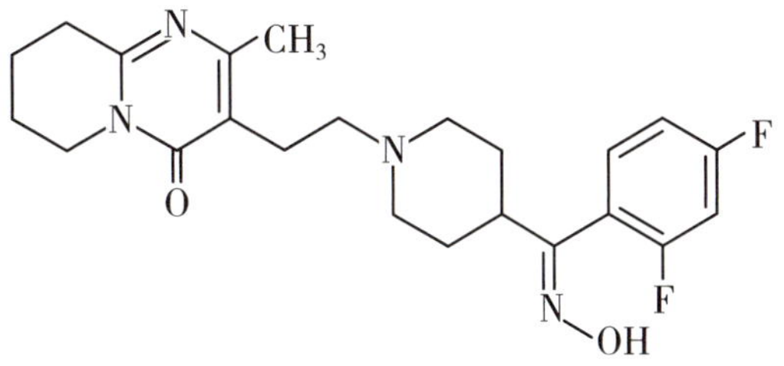

B

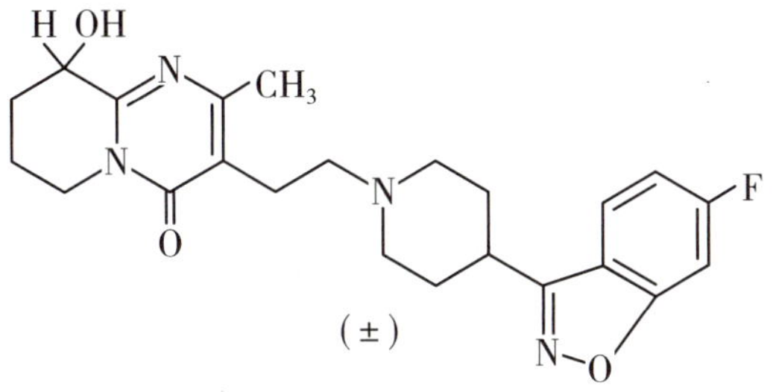

C

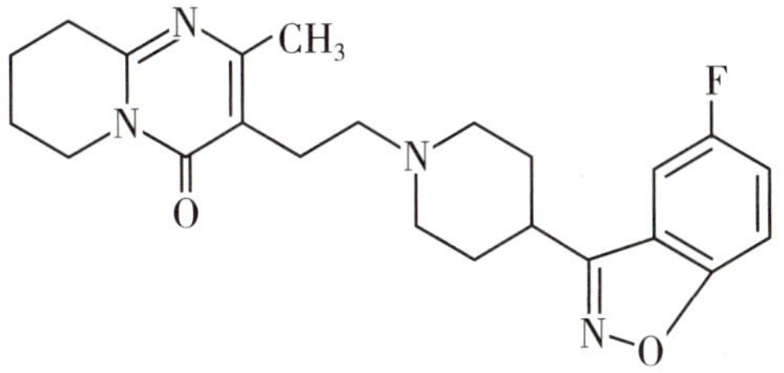

D

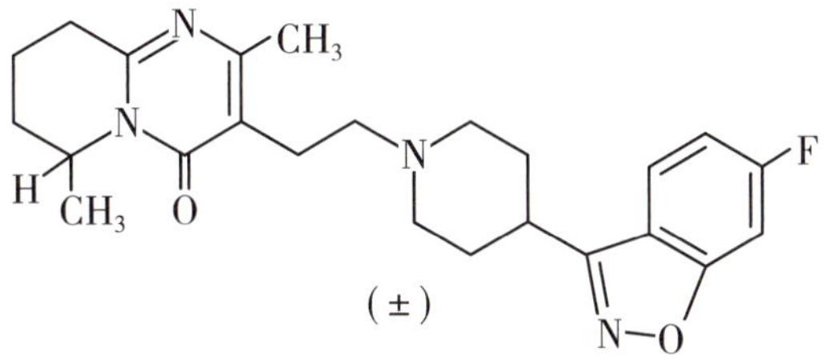

E

第三节　抗抑郁药

抑郁症是一类情感障碍或心境障碍的疾病，是一组发病与生物遗传因素密切相关的，临床以"抑郁心境"自我体验为主要症状的心境障碍，其临床表现为注意力不集中或思考能力下降；失眠、食欲缺乏；厌倦日常生活，情绪低落；有自杀死亡的念头。一般以上症状持续 2 周以上，即可能是抑郁症。

抑郁症更严重的形式包括重度抑郁症（major depressive disorder，MDD）、产后抑郁症（post partum depression，PPD）、双相抑郁症、精神病性抑郁症、更年期抑郁症、继发性抑郁症如卒中后抑郁症（post stroke depression，TRD）及其他难治性抑郁症。研究显示，2020 年全球范围内重度抑郁症和焦虑症分别增加了 28% 和 26%，预计到 2030 年，抑郁症将成为全球的第一大常见疾病。抑郁症是一种高患病率、高复发率、高自杀率的精神疾患，易发生机体功能障碍和认知损害，在临床上应引起重视，给予积极治疗。

抑郁症的病因复杂,临床研究发现其机制可能与脑内单胺类的功能失调有关。脑内神经末梢突触前部的囊泡中释放出神经递质,包括 5- 羟色胺(5-HT)及去甲肾上腺素(NA),它们会因被重摄取而含量降低。研究认为,当 5-HT 和 NA 的水平降低时,可导致精神失常。另外,当 NA 功能亢进时,表现为躁狂症;当 NA 功能低下时,表现为抑郁症。因此抗抑郁药和抗躁狂药可通过调节脑内 NA 水平以及提高 5-HT 的含量,达到治疗效果。

抗抑郁药有几十种品种,其中三环类(TCA)是品种最多的结构类型。抗抑郁药按作用机制分六类。①单胺氧化酶抑制剂(monoamine oxidase inhibitor, MAOI);②去甲肾上腺素重摄取抑制剂(norepinephrine reuptake inhibitor, NaRI),主要药物有氯米帕明、阿米替林等;③选择性 5- 羟色胺重摄取抑制剂(selective serotonin reuptake inhibitor, SSRI),是目前开发及应用较多的一类抗抑郁药物;④ 5-HT 和去甲肾上腺素重摄取抑制剂(serotonin reuptake inhibitors and norepinephrine reuptake inhibitor, NSRI);⑤ α_2 肾上腺素受体拮抗剂,又称去甲肾上腺素能和特异性 5- 羟色胺拮抗剂(noradrenergic and specific serotonin antagonist, NaSSA),是具有去甲肾上腺素和 5-HT 双重作用机制的抗抑郁药,对 $5-HT_2$、$5-HT_3$、H_1 及 α_2 受体均有阻断作用,可以使大脑去甲肾上腺素水平和 5-HT 水平升高,米氮平是首个 NaSSA 类药物;⑥ 5-HT 拮抗和重摄取抑制剂(serotonin antagonists and reuptake inhibitor, SARI),目前主要有曲唑酮,其中⑤和⑥又属于 5-HT 受体调节剂(serotonin receptor modulator, SRM);此外还有多巴胺及去甲肾上腺素重摄取抑制剂(dopamine and norepinephrine reuptake inhibitor, DNRI)、褪黑素受体调节剂及情绪稳定剂,$GABA_A$ 变构调节剂等。

随着科技的进步,近年来又发现了治疗抑郁症的一个新靶点——NMDA 受体(N-methyl-D-aspartic acid receptor, NMDAR)即 N- 甲基 -D- 天冬氨酸受体,是离子型谷氨酸受体的一个亚型,NMDAR 是中枢神经系统兴奋性氨基酸——谷氨酸的离子型受体中的一种亚型,在神经系统发育和神经元回路的形成中发挥着重要的生理作用。NMDAR 的过度激活与一系列神经系统疾病有关,近年来发现,NMDAR 靶向拮抗剂在减轻兴奋毒性和治疗抑郁症方面具有显著疗效。

一、单胺氧化酶抑制剂

单胺氧化酶(monoamine oxidase, MAO)是一种催化体内单胺类神经递质代谢失活的酶,单胺氧化酶抑制剂可以通过抑制 NA、Adr、DA 和 5-HT 等单胺类神经递质的代谢失活,而减少脑内 5-HT 和 NA 的氧化脱氨代谢,使其在脑内受体部位浓度增加,促使突触的神经传递而达到抗抑郁的目的。

抗抑郁药是从 20 世纪 50 年代开始偶然发现的,肺结核患者服用异烟肼(isoniazid)后,有情绪明显提高等与体征不相符的现象。研究人员通过对异烟肼的这个副作用进行研究而发现其有抑制 MAO(单胺氧化酶)的作用。受其启发,研究人员又合成出了苯乙肼(phenelzine)和异卡波肼(isocarboxazid)等肼类抗抑郁药。但这些药物的肼结构有较大的肝毒性而受限,取而代之的是丙咪嗪(imipramine)等三环类抗抑郁药(tricyclic antidepressant, TCA),但 TCA 有较严重的副作用而日渐衰竭。

异烟肼　　　　　　苯乙肼　　　　　　　异卡波肼

吗氯贝胺　　　　　　　　托洛沙酮

后来发现,单胺氧化酶有两种亚型,分别是 MAO-A 和 MAO-B。MAO-A 与 NA 和 5-HT
的代谢有关。因此若特异性地与 MAO-A 结合,则能提高药物的选择性而增强抗抑郁作用。
用于临床的第一个该类药物是近年来开发的吗氯贝胺(moclobemide),它可在体内对 MAO-A
发生高度选择性和可逆性的抑制作用,称为可逆性 MAO-A 抑制剂。托洛沙酮(toloxatone)作
为一种抗抑郁药,可以选择性地抑制 MAO-A 活性,阻断 5-HT 和 NA 等神经递质的代谢。与
吗氯贝胺相同,也属于可逆性 MAO-A 抑制剂。由于其口服吸收快,0.5 小时即可达到最高血
药浓度。

吗氯贝胺(moclobemide)

化学名为 4- 氯 -N-[2-(4- 吗啉基)乙基]苯甲酰胺,N-(morpholinoethyl)-4-
chlorobenzamide。

本品是从异丙醇重结晶所得白色结晶性粉末。吗氯贝胺的 pK_a 为 1.34(pH10),lg$P$ 为
14.26±0.46(酸)及 6.53±0.10(碱)。

吗氯贝胺是特异性 MAO-A 的可逆性抑制剂。临床主要用于治疗抑郁症。

吗氯贝胺的合成路线主要有两条,路线一是以对氯苯甲腈与 4-(2- 氨乙基)吗啉反应生成
吗氯贝胺。此方法需用到高沸点的 4-(2- 氨乙基)吗啉,设备要求相对较高,反应时间较长。

路线二是以 4- 氯 -N-(2- 溴乙基)苯甲酰胺与吗啉反应:以乙醇胺为原料,先亲核取代生
成溴乙胺氢溴酸盐,再酰胺化合成中间体 4- 氯 -N-(2- 溴乙基)苯甲酰胺,最后与吗啉反应生
成吗氯贝胺。路线二以乙醇胺与对氯苯甲酰氯为原料合成吗氯贝胺,具有原料易得、工艺操

作简便、产品收率较高的特点。

$$HO\diagdown\diagup NH_2 + 2HBr \longrightarrow Br\diagdown\diagup NH_2 + H_2O$$

吗氯贝胺在体外实验中对大鼠脑内 MAO-A 的抑制作用较弱,但在体内却呈现较明显的抑制作用。故推测药物在体内经生物转化,真正起到抑制作用是其活性代谢产物。

吗氯贝胺无催眠副作用,在正常治疗量下无明显的镇静作用。与不可逆的 MAO-A 抑制剂相比,吗氯贝胺在停药后,MAO 活性恢复快,不良反应轻。不过由于其在体内代谢速度快,开始治疗时需要加大剂量。

二、去甲肾上腺素重摄取抑制剂

脑内去甲肾上腺素(noradrenaline,NA)功能亢进可表现为狂噪,而功能低下则表现为抑郁。神经突触对 NA 的重摄入,可降低其在脑内的含量,因此去甲肾上腺素重摄取抑制剂(NaRI)是重要的抗抑郁药。

NA 重摄入抑制剂的结构主要是三环类,利用生物电子等排原理,将吩噻嗪类分子中的硫原子以乙撑基−CH_2−CH_2−或−CH=CH−等电子等排体取代时,形成丙米嗪(imipramine)等二苯并氮䓬类抗抑郁药,它们通过抑制神经末梢对 NA 和 5-HT 的再摄取,减少其氧化脱氨代谢,增加其在突触间隙的浓度,促进神经传递,而产生抗抑郁作用。但显效慢,大多数患者在一周以后才显效。它在体内脱甲基生成活性代谢产物地昔帕明(desipramine,去甲米嗪),也有明显的抗抑郁作用。

氯米帕明(chlomipramine)是一种起效迅速的抗抑郁药,它同时还能产生抗焦虑作用。氯米帕明除了对 NA 重摄取有抑制作用外,对 5-HT 的重摄取抑制作用也很强,是广谱的抗抑郁药。它经肝脏代谢成活性代谢产物去甲氯米帕明,其血药浓度是原药的 2 倍,亦具有抑制 NA 重摄取的作用。

丙咪嗪　　　　　　　地昔帕明　　　　　　　氯米帕明

按照硫杂蒽类的结构设计的思路,采用生物电子等排体原理,将二苯并氮䓬母核中的氮原子以碳原子取代,并通过双键与侧链相连,设计形成二苯并环庚二烯类抗抑郁药。如阿米替林(amitriptyline)可选择性地抑制中枢突触部位对 NA 的再摄取,其活性代谢产物去甲替林(nortriptyline)抗抑郁作用比丙咪嗪强,可提高患者情绪。氯氮平的结构衍生物多塞平(doxepin,多虑平)具有较强的抗抑郁作用,由于其镇静作用较强,常用于治疗焦虑性抑郁症。

马普替林(maprotiline)属于 9,10- 二氢蒽的 9,10- 亚乙基桥环衍生物,也称为四环类抗抑郁药,为选择性 NA 重摄取抑制剂,对 5-HT 几乎没有作用。是广谱的抗抑郁药,副作用比丙米嗪小且起效迅速。由于它有适度的镇静作用,因此具有既不影响白天的活动,解除因抑郁引起的焦虑,还有一定的催眠作用等特点。

阿米替林

去甲替林

多赛平

马普替林

将氯氮平 5 位的氮原子用氧原子取代,形成二苯并氧氮䓬(dibenzoxazepine),洛沙平(loxapine)是其中的代表药物。阿莫沙平(amoxapine)为其脱甲基的活性代谢物,又称氯氧平。它通过抑制脑内突触前对 NA 的再摄取,产生较强的抗抑郁和精神兴奋作用。阿莫沙平可继续代谢生成有抗抑郁活性的活性代谢物 7- 羟基阿莫沙平和 8- 羟基阿莫沙平,前者 $t_{1/2}$ 是 6.5 小时,而后者更长,为 30 小时。大部分代谢中间产物最终与葡萄糖醛酸结合,排出体外。阿莫沙平具有抗抑郁谱广等特点,对其他抗抑郁药治疗无效的内源性抑郁病人也有一定的疗效。曲米帕明(trimipramine)具有副作用小、无中枢抑制作用、显效快等特点。其作用机制是与脑内 5-HT$_2$ 受体有高度的亲和力,可直接作用于受体,而不影响 5-HT 及 NA 的重摄取。除用于治疗抑郁外,还对焦虑、失眠和精神分裂症有治疗作用。

洛沙平

阿莫沙平

曲米帕明

盐酸阿米替林（amitriptyline hydrochloride）

化学名为 N,N- 二甲基 -3-（ 10,11- 二氢 -5H- 二苯并［a,d］环庚烯 -5- 亚基)-1- 丙胺盐酸盐,（ 3-(10,11-Dihydro-5H-dibenzo[a,d]cyclohepten-5-ylidene)-N,N-dimethyl-1-propanamine hydrochloride。

阿米替林的 pK_a 为 9.4, $\lg P$ 为 4.92。

阿米替林的合成主要有两条路线,路线一是以邻苯二甲酸酐、苯乙酸为原料,经缩合、水解、还原、环合得到二苯[a,d]环庚酮,再经 Grignard 反应,得到 5- 羟基 -5-(3- 二甲氨基丙基）二苯[a,d]环庚二烯,用浓盐酸进行消除反应,并成盐得到盐酸阿米替林。此方法通常为阿米替林的合成方法。

路线二以邻苯二甲酸为原料,经过缩合、还原、环化得中间体 5,中间体 5 与乙基格氏试剂反应得中间体 6,中间体 6 经过多步引入二甲氨基得盐酸阿米替林。

2   3   4

阿米替林特定杂质有 A～F 六种,即: A 为反应中间体;B 为反应过程产生的芳构化产物;C 为阿米替林被氧化产生的脱甲基产物亦或由于最后一步甲基化不充分的杂质;D 为路线一中间体残留;E 是由于羰基还原步骤苯环发生了还原导致的;F 则是苯环被还原同时羰基还原不彻底导致的;G 为杂质 A 进行格式反应得到的非预期还原产物。

本品具有双苯并稠环共轭体系,并且侧链含有脂肪叔胺结构,因此对日光较敏感,易被氧化变成黄色,故需避光保存。加氧化剂硫酸时,溶液可显红色。其水溶液不稳定,在缓冲溶液中能分解,某些金属离子可加速此过程。

阿米替林在肝脏进行脱甲基化代谢,生成活性代谢产物去甲替林(nortriptyline),活性与阿米替林相同而毒性较低,故已在临床上使用。去甲替林抑制 NA 重摄取的选择性比阿米替林强。其进一步脱甲基的代谢物活性消失,其他的氧化代谢物也无活性。

阿米替林适用于多种抑郁症的治疗,尤其对内因性精神抑郁症有明显的治疗作用。由于其不良反应少,是临床最常用的三环类抗抑郁药,可明显改善或消除抑郁症状。

三、5-羟色胺重摄取抑制剂

5-羟色胺重摄取抑制剂(serotonin reuptake inhibitor)是通过抑制神经细胞对 5-HT 的重摄取,提高其在突触间隙中的浓度,从而可以改善患者的低落情绪。该类药物具有选择性强,不良反应明显低于三环类等优势。在抗抑郁药物中,该类药物的种类最多。从 20 世纪 70 年代开始,5-羟色胺再摄取抑制剂(SSRI)开始逐渐进入抗抑郁药物市场,氟西汀成为当时应用最为广泛的抗抑郁药。目前,传统的选择性 5-HT 重摄取抑制剂除了氟西汀(fluoxetine)还有氟伏沙明(clovoxamine)、帕罗西汀(paroxetine)、西酞普兰(citalopram)以及舍曲林(sertraline)等。

氟西汀　　　　　　　　去甲氟西汀　　　　　　　　氯伏沙明

氟伏沙明

帕罗西汀　　　　　　　　艾司西酞普兰　　　　　　　舍曲林

氟西汀(fluoxetine)是新一代的非三环类的抗抑郁药。与传统三环类药物相比,其具有疗效好、副作用轻而少、安全性高、耐受性好等优势,临床上常用其盐酸盐。它是具有高选择性的 5-HT 重摄取抑制剂,因此安全性高。本品口服吸收好,生物利用度达 100%。$t_{1/2}$ 长达 70 小时,而活性代谢产物 N- 去甲氟西汀(demethyl fluoxetine)具有与其相同的药理活性,且 $t_{1/2}$ 长达 330 小时,故氟西汀是长效的口服抗抑郁药。具有明显改善抑郁症状,以及焦虑和睡眠障碍等作用。但由于其代谢物去甲氟西汀具有很长的 $t_{1/2}$,可能会产生药物积蓄及排泄缓慢的现象,故肝病和肾病患者需考虑用药安全问题。过去临床上使用其消旋体,现可得到单一构型的 R- 氟西汀,使毒性和副作用明显降低,安全性更高。

氯伏沙明(clovoxamine)和氟伏沙明(fluvoxamine)都可对 5-HT 的重摄取产生较强的抑制作用,而对中枢的多巴胺摄取无影响。氟伏沙明具有无兴奋和镇静作用等特点,也不影响 MAO 的活性及 NA 的重摄取。

帕罗西汀(paroxetine,Paxil)可对神经递质进入神经元膜的主动转运过程进行竞争性地干扰作用,从而选择性地抑制突触对 5-HT 的重摄取,对用三环类抗抑郁药疗效不佳的病人有明显的治疗作用。帕罗西汀结构中有两个手性碳原子,其 trans-(−)- 异构体具有抗抑郁作用,只有 S,S 型的活性最高,超过其对映异构体近 130 倍。

艾司西酞普兰(escitalopram)是一种选择性 5- 羟色胺再摄取抑制剂。临床上通常为其草酸盐,主要用于重型抑郁症的治疗。在化学上,艾司西酞普兰是非手性药物氢溴酸西酞普兰的 S 构型对映体。临床研究表明,氢溴酸西酞普兰中的两个光学异构体中,S- 西酞普兰的抗抑郁作用要比 R- 西酞普兰至少强 100 倍。S- 西酞普兰即艾司西酞普兰,作为氢溴酸西酞普兰及其他一线抗抑郁药物如氟西汀、文拉法辛和舍曲林等的升级换代产品,与之相比,艾司西酞普兰具有选择性强、治疗速度快、不良反应小等优点,已被视为新药开发中的理想药物,其市场需求日益增大。

舍曲林(sertraline)是作为抗抑郁药,其 1S-cis-(+)异构体具有抗抑郁作用,为强效的选择性 5-HT 重摄取抑制剂。而其(−)异构体的活性要比(+)异构体小很多。与其他抗抑郁药相比，其抑制程度强，通过干扰 5-HT 重摄取，可作为预防抑郁症早期发作复发的药物。由于不会改变心脏的传导作用，故其适合老年人使用。其 $t_{1/2}$ 在 22～36 小时，它的代谢产物 N- 去甲舍曲林的药理作用是舍曲林的 1/20，但 $t_{1/2}$ 长达 62～104 小时。舍曲林对抑郁症的治疗有显著的效果，若继续服用，可预防抑郁症复发。

氟西汀（fluoxetine）

化学名为（R）-N- 甲基 -[4-（三氟甲基）苯氧基]苯丙胺，（R）-3-（p-trifluoromethyl-phenoxy）-N-methyl-3-phenylpropylamine。

氟西汀的 pK_a 为 9.8，$\lg P$ 为 4.05。

本品为白色或类白色结晶性粉末，微溶于水，易溶于甲醇。临床上常用其盐酸盐。拆分获得单一异构体可降低毒性和副作用，安全性更高。

盐酸氟西汀的一对对映体的药效及半衰期都是不同的，其中（R）- 盐酸氟西汀的主要功效是治疗抑郁症，且半衰期较短，这将使药物转化快速进行，从而消除药物间的相互作用，减轻盐酸氟西汀的副作用；而（S）- 盐酸氟西汀能起到预防偏头痛的作用，但半衰期较长。早期多以拆分的方式得到盐酸氟西汀的单一异构体，现在多以不对称合成的方式来合成盐酸氟西汀。

氟西汀的合成主要有两条路线，路线一是以苯乙烯为原料，在亚铁氰化钾、手性配体（DHQ）₂-PHAl 存在下，与四氧化锇进行 Sharpless 不对称双羟基化反应，生成（R）-1- 苯基乙二醇，再连续与对甲苯磺酰氯、氰化钠反应生成（R）-1- 苯基 -2- 氰基乙醇，再将氰基还原成氨基，在碱性条件下，与 1- 三氟甲基 -4 氯苯缩合，最后将氨基甲基化，成盐得到氟西汀。该方法通常为氟西汀的合成方法。

路线二是由苯甲酰基乙腈在聚合物支持的手性磺酰胺催化作用下,不对称还原得到(R)-1-苯基-3-氨基丙醇,与氯甲酸乙酯进行酰化反应得到3-苯基丙胺基甲酸乙酯,在用四氢铝锂还原,在碱性条件下,与4-三氟甲基氯苯缩合得到氟西汀。该路线具有反应收率高、路线步骤短,极大地缩短了反应时间。

氟西汀特定杂质有 A～C 三种,即 A 为反应中间体;B、C 均为反应过程产生的副产物。

A(±) B C(±)

帕罗西汀(paroxetine)

化学名为(3S,4R)-3-[(1,3-苯并二噁茂-5-基-氧)甲基]-4-(4-氟苯基)-哌啶,(3S-trans)-3-[(1,3-Benzodioxol-5-yloxy)methyl]-4-(4-fluorophenyl)piperidine。

帕罗西汀的 pK_a 为 9.77,$\lg P$ 为 3.6。

帕罗西汀有两个手性碳原子,其合成方法涉及不对称合成形成手性碳。路线一是首个不对称催化合成帕罗西汀的方法,具有路线简洁、收率高等特点。

该不对称催化合成是以 N-叔丁氧羰基-N-苯基-对氟苯丙烯胺为起始原料,与正丁基锂(n-buLi)在左旋司巴丁[(−)-spartine]的作用下,与(E)-三异丙基-(3-硝基烯丙氧基)硅烷经过缩合反应,得到 S,S 构型的缩合物,经硼氢化钠还原生成 R,S 构型的硝基醇化合物。经 Pd/C 催化氢化,将硝基还原成氨基,随后引入 Boc 保护氨基。得到的化合物在氟化四丁铵(TBAF)存在下,用甲磺酰氯(MsCl)酯化后,在正丁醇钾催化下环合得得到 S,R-对氟苯基哌啶化合物。成酯后与芝麻酚（sesamol，3，4-亚甲二氧基苯酚）发生亲核取代，加三氟乙酸（TFA）脱去 Boc 保护基，得到 S，R 构型的帕罗西汀。

本合成路线考虑到特定手性碳构型的立体选择，故需用等摩尔量的左旋司巴丁（-）-sparetine（金雀花碱），成本高是其缺点。

路线二用 3-氯-对氟苯丙酮 8 与 4-甲氧基苯胺（PMPNH₂）为原料，经三步得到不饱和内酰胺 9，再在铜盐催化下，以聚甲基氢化硅氧烷的不对称选择性还原双键，得到反式对映体 10 构建了两个手性碳，然后引入羟甲基后与芝麻酚亲核取代得到目标产物。

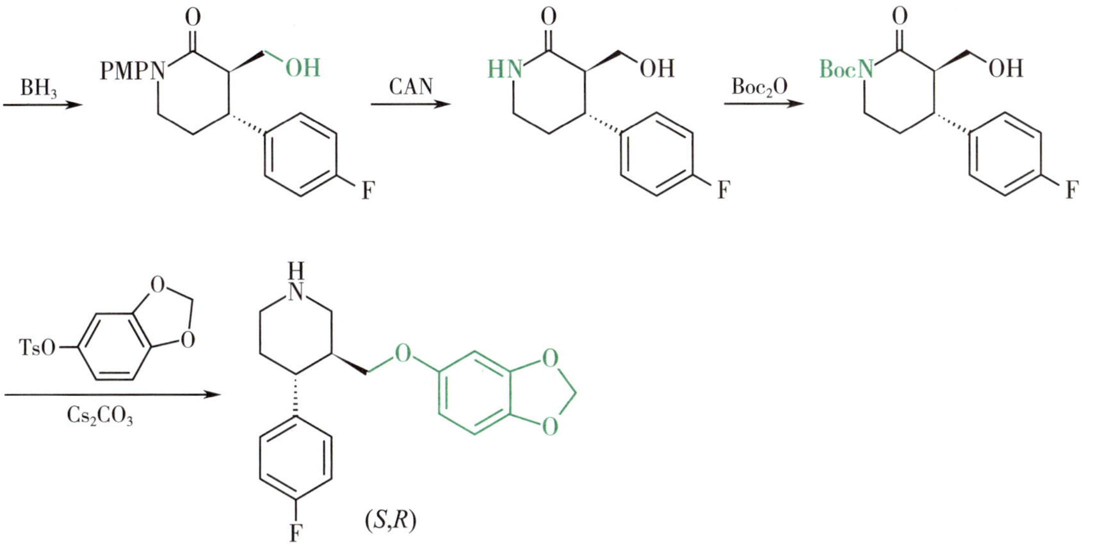

帕罗西汀的特定杂质有 A~J 十种。A 为帕罗西汀反应过程的脱氟产物；B 为路线二原料的水解产物；D 和 E 分别为不对称催化还原一步所产生的对映异构体和非对映异构体；I 为反应过程的中间体；C、F、H 则是路线二以苄基作为 N 的保护基最后脱保护不彻底产生的杂质。

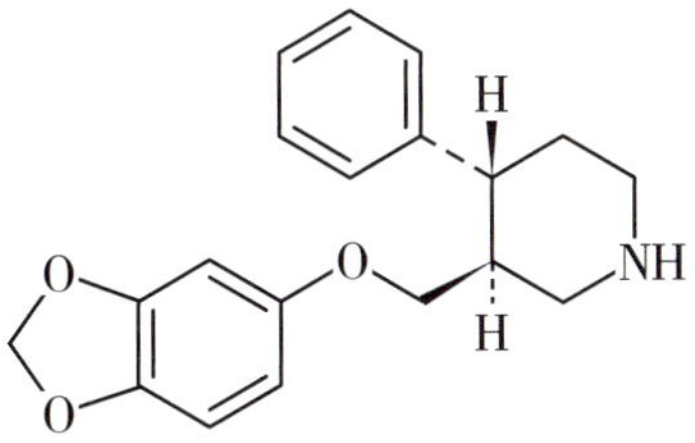

A 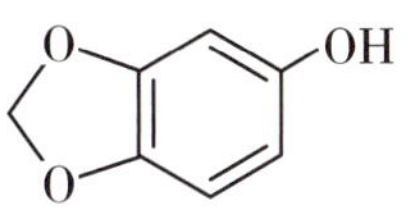   B 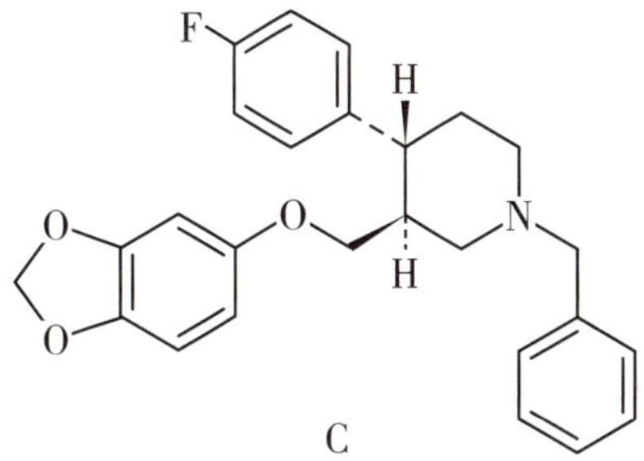   C

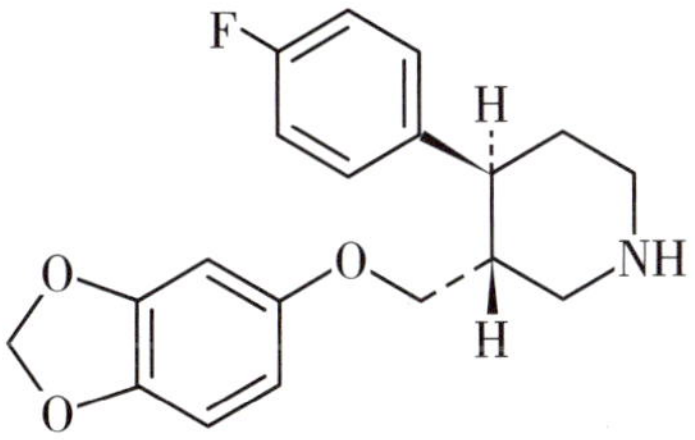

D 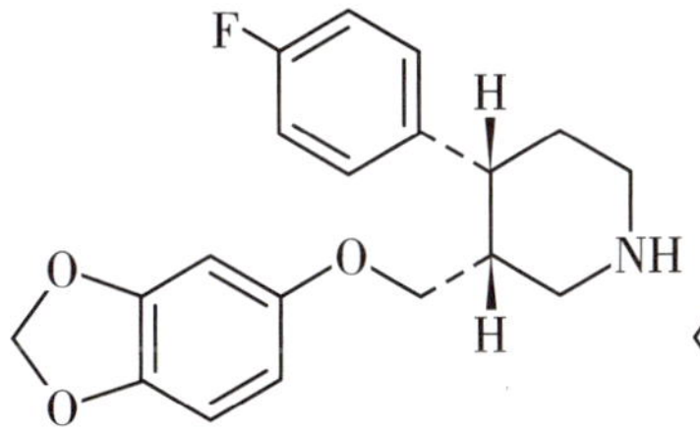   E 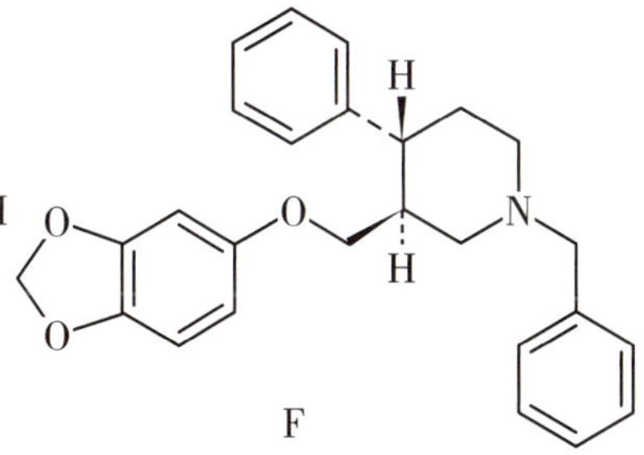   F

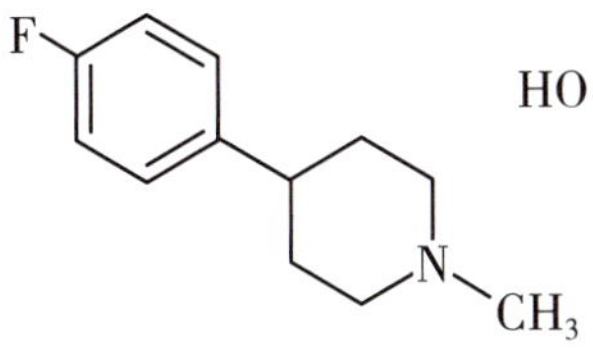

G 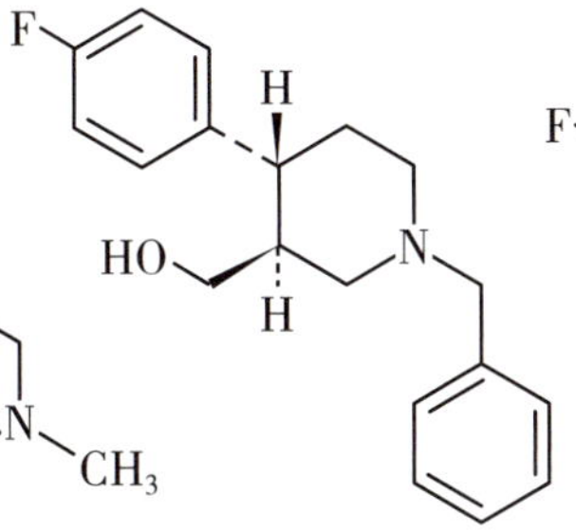   H 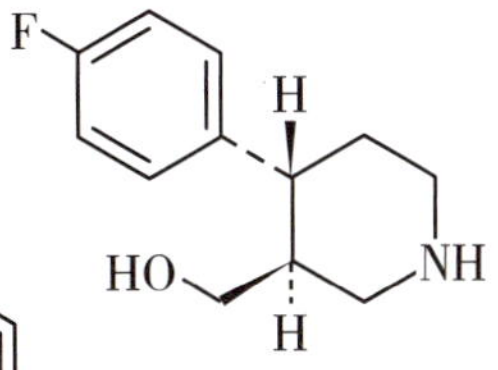   I 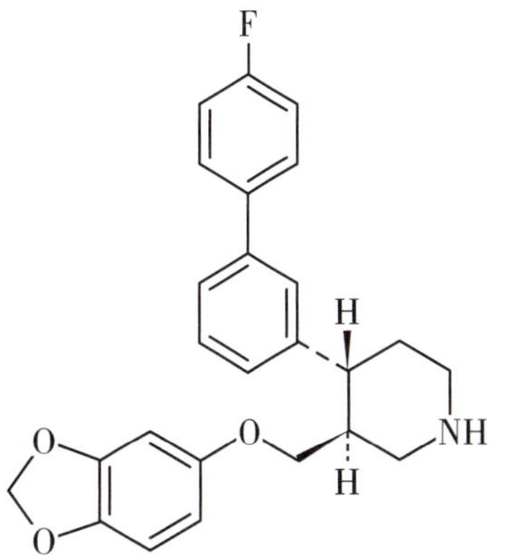   J

艾司西酞普兰（escitalopram）

化学名为:（S）-1-（3- 二甲基氨基丙基）-1-（4- 氟苯基）-1,3- 二氢异苯并呋喃 -5- 甲腈,
（S）-1-（3-Dimethylaminopropyl）-1-（4-fluorophenyl）-1,3-dihydroisobenzofuran-5-carbonitrile

艾司西酞普兰的 pK_a 为 9.57,$\lg P$ 为 3.8。

艾司西酞普兰有一个手性碳原子,其合成方法涉及化学拆分的方法。

该合成方法以 5- 氰基苯酞为起始原料,通过"一锅煮"反应直接制得外消旋的二醇（33）。在此过程中,5- 氰基苯酞首先与对氟溴苯格式试剂发生亲核加成,反应生成过渡态化合物（31）,然后迅速分解为芳香酮（32）。32 与二甲氨基丙基格式试剂反应生成外消旋二醇（33）,后者通过（+）- 二对甲苯甲酰 - 酒石酸拆分,以 55% 的收率得到光学纯的 S- 异构体（36）。最后,以甲苯为溶剂用甲磺酰氯将二醇关环,得到艾司西酞普兰（25）。

艾司西酞普兰的特定杂质有 A～E 五种,杂质 A 为反应过程中,氰基被还原导致;杂质 B、C 为最后环合过程产生的;杂质 D 为拆分不充分导致的异构体残留;杂质 E 为中间体或目标物 N 原子被氧化导致。

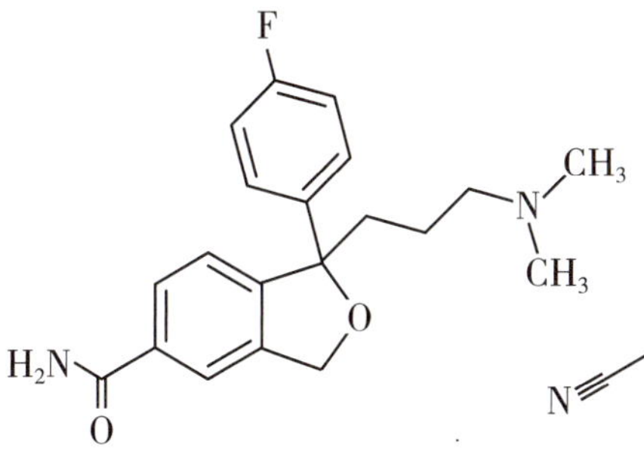

A 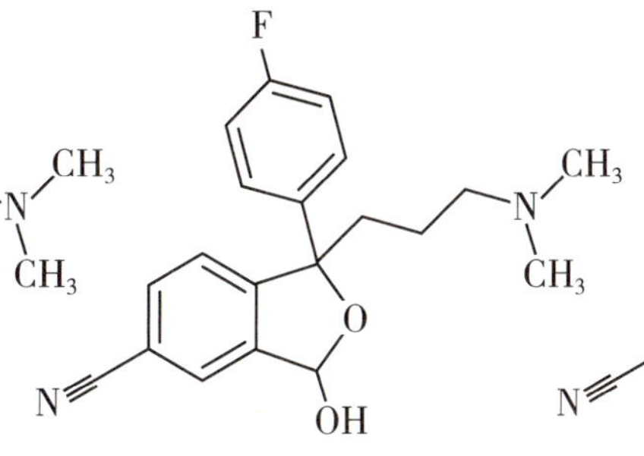   B 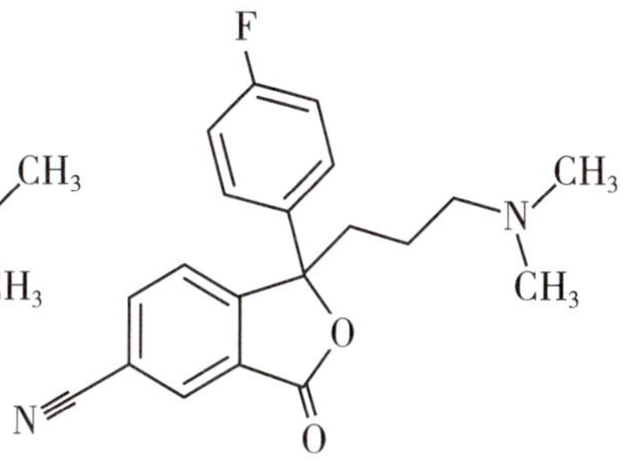   C

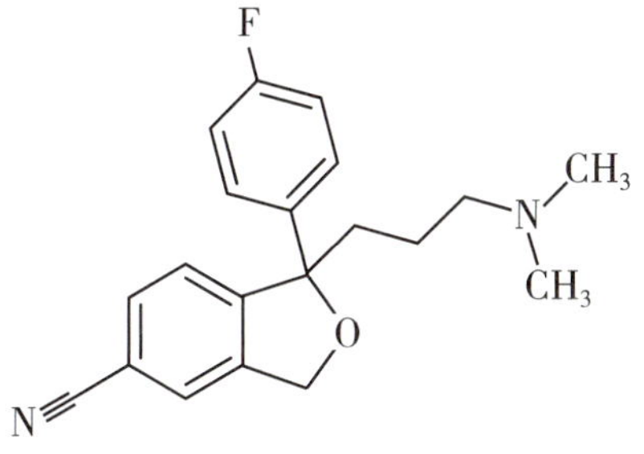

D 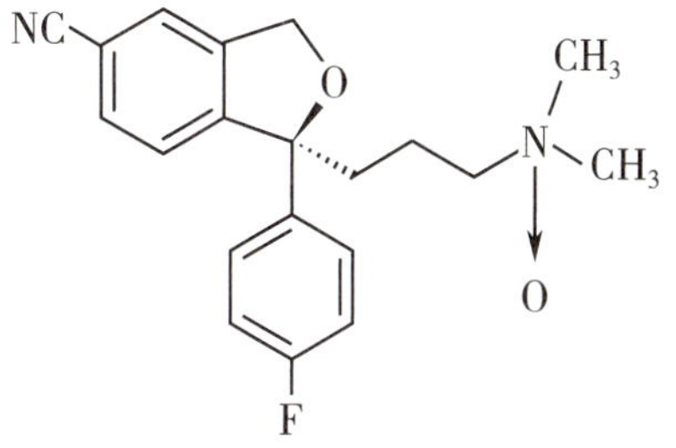   E

四、5-HT 和去甲肾上腺素重摄取抑制剂

文拉法辛(venlafaxine)是全球首个 SNRI 类抗抑郁药物,对 5-HT 和 NA 重摄取具有双重抑制作用,而对 M1、H1、α1 等受体作用轻微,副作用在此类药物中最少。此外,文拉法辛是混合性焦虑抑郁的首选药物,是抗抑郁药物中缓解焦虑状态疗效最确切的药物。度洛西汀是最新的 SNRI 类药物,2004 年上市,属 5-HT 和去甲肾上腺素平衡和强再摄取抑制剂。去甲文拉法辛(O-desme-thylvenlafaxine)是文拉法辛的 O- 去甲基代谢产物,亦可阻断 5-HT 及 NA 的再摄取,比传统抗抑郁药对 5-HT 的选择性吸收抑制效果好,其抗抑郁效果与文拉法辛相似,可用于治疗重性抑郁症。

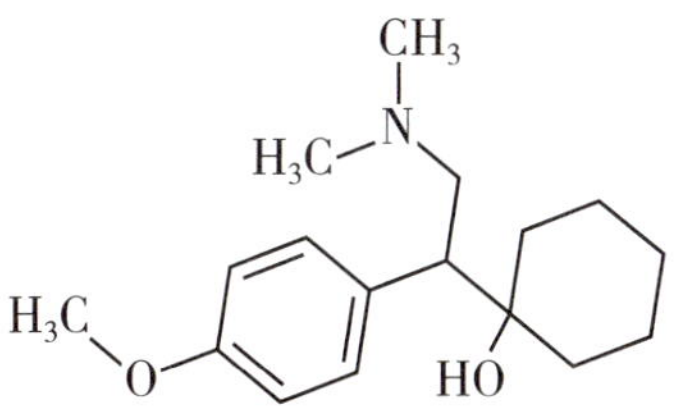

文拉法辛 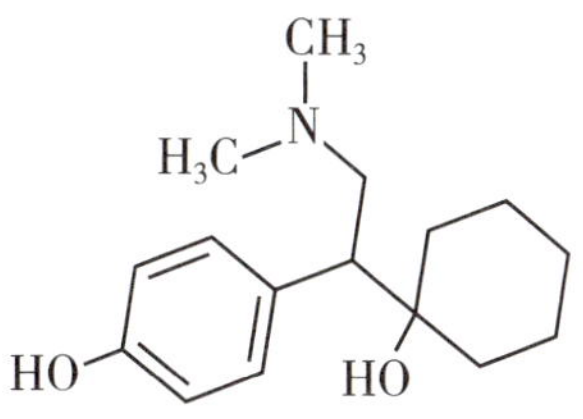   去甲文拉法辛 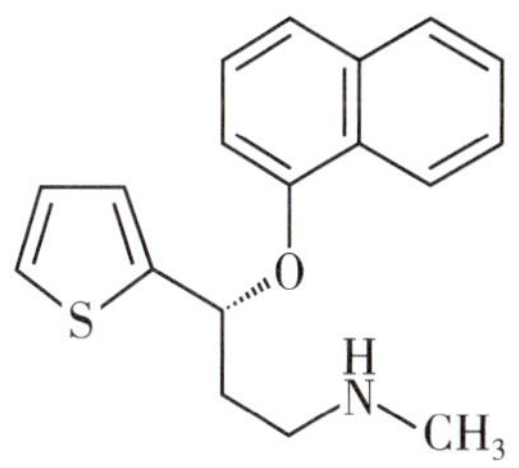   度洛西汀

五、α2 肾上腺素受体拮抗剂

α2 肾上腺素受体拮抗剂(α2 adrenergic receptor blocker)是发展成熟的抗抑郁药,又称去甲肾上

腺素能与特异性 5- 羟色胺能抗抑郁药(NaSSA)。其作用机制是通过阻断 α_2 肾上腺素受体起作用,使两种神经递质浓度升高。它不同于其他抗抑郁药的作用机制,以前的抗抑郁药均是对重摄取的阻断,而 NaSSA 具有促进 NA 和 5-HT 释放的双重作用,因而是具有崭新药理学特性的药物。

米氮平(mirtazapine)是目前唯一的 NaSSA 抗抑郁药,同时也代表着抗抑郁药的最新进展。

米氮平(mirtazapine)

化学名为 1,2,3,4,10,14b- 六氢 -2 甲基吡嗪并[2,1-a]吡啶并[2,3-c][2]苯并氮䓬,1,2,3,4,10,14b-Hexahydro-2-methylpyrazino[2,1-a]pyrido[2,3-c][2]benzazepine,又名瑞美隆(remeron)。

米氮平的 pK_a 为 6.67,$\lg P$ 为 3.21。

米氮平作为抗抑郁药,其作用机制是对中枢突触前膜 α_2 肾上腺素受体进行拮抗作用,通过阻断 α_2 自受体,使 NA 释放的抑制作用减弱,NA 释放增加,突触后神经元产生兴奋;同时拮抗 α_2 异受体,使 5-HT 释放的抑制作用减弱,导致 5-HT 释放增加;同时由于 NA 的释放增加通过阻滞肾上腺素能 α_2 受体,增强 NA 及 5-HT 的释放。

米氮平的合成主要有两条路线,路线一是由苯甲酰甲酸甲酯与 N- 甲基乙二胺环合得到 1- 甲基 -3- 苯基 -3,4- 去氢 -2- 哌嗪酮,还原后与 2- 氯 -3- 氰基吡啶缩合为 1-(3- 氰基吡啶 -2- 基)-2- 苯基 -4- 甲基哌嗪,再经水解、还原得到 1-(3- 羟甲基吡啶 -2- 基)-2- 苯基 -4- 甲基哌嗪,最后环合得米氮平。该路线步骤较少,原料易得,所需的都是常用试剂,且反应条件也相对温和。

路线二以苯基环氧乙烷为原料，经 4 步反应得到中间体 2- 苯基哌嗪，选择性甲基化后与 2- 氯 -3- 氰基吡啶反应后经水解、还原、关环反应生成米氮平，其中首步反应需高压条件。

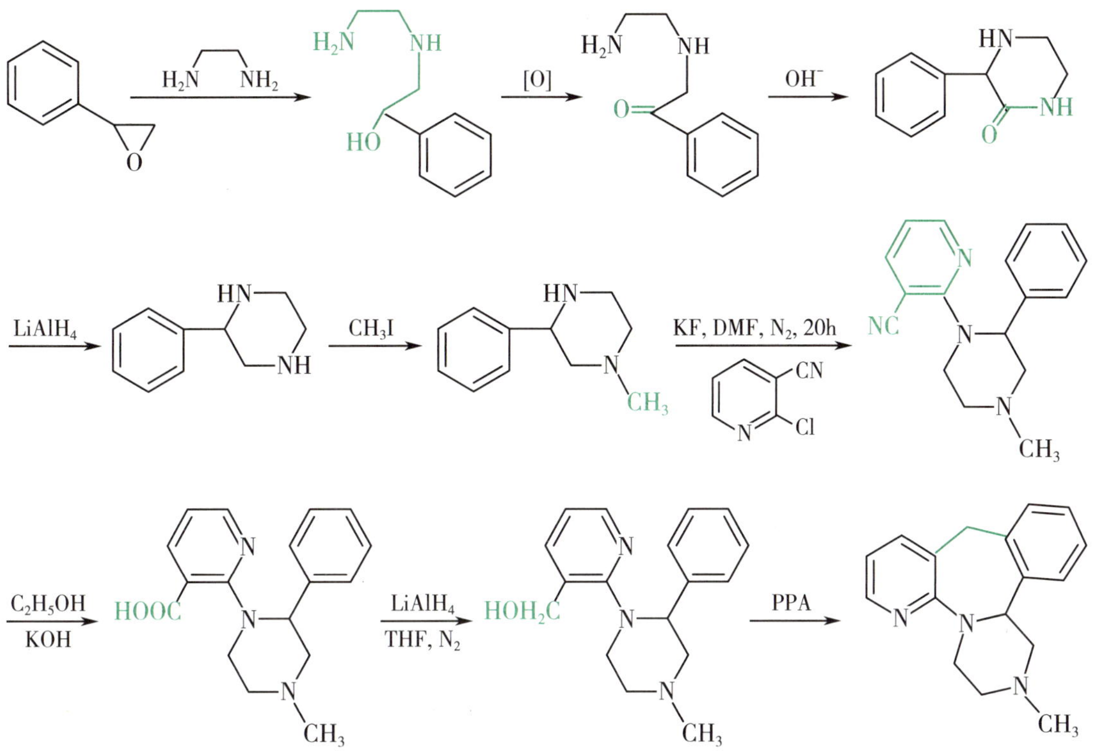

米氮平的特定杂质有 A～F 六种。A 为米氮平的对映异构体和氮原子上的差向异构体，B、E 为其开环产物，C、D、F 为反应步骤中羰基、氰基未被还原所产生的杂质。

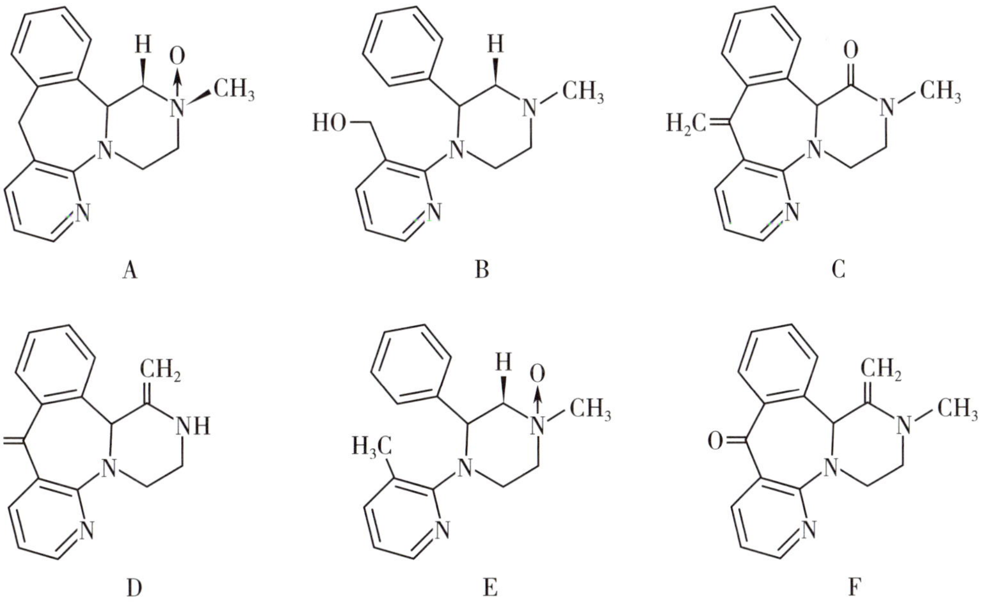

A　　　　　　　　　B　　　　　　　　　C

D　　　　　　　　　E　　　　　　　　　F

米氮平有两种旋光异构体，均有抗抑郁活性，但其左旋体阻断 α_2、5-HT$_2$ 受体，而右旋体阻断 5-HT$_3$ 受体，并可与 H$_1$ 受体进行结合，起镇静作用。米氮平的代谢产物是 N- 脱甲基米氮平，活性保留；另一种代谢产物是其氧化产物，活性丧失。

米氮平具有良好的抗抑郁治疗作用及可靠的安全性，在起效快、良好的耐受性等方面具有突出的优势。其既能增强去甲肾上腺素能系统传导，也增强 5-HT$_1$ 介导的 5- 羟色胺能神经传导，这是其全面抗抑郁活性的原因。米氮平几乎对 CYP-450 酶的同工酶系统不产生抑制作用，故药物间的相互作用少，易与其他药物进行合并用药。

米氮平可与组胺 H$_1$ 受体进行结合，并有镇静作用。常见的不良反应包括镇静和体重增加。但镇静作用会随着治疗的继续而逐渐消失。本品的复发率较低，且复发间隔明显延长。还可对与抑郁有关的焦虑有缓解作用，改善睡眠。其疗效优于氟西汀，现已成为中重度抑郁，伴焦虑、失眠、激越及需长期治疗的患者的首选抗抑郁药物，为严重抑郁的一线治疗药物。

六、其他类

曲唑酮

阿戈美拉汀

别孕烯醇酮

安非他酮

曲唑酮（trazodone）是三唑并吡啶类的 SARI 类抗抑郁药，由于对心血管系统的毒性小，适用于老年或有心血管疾病的抑郁症患者。

阿戈美拉汀与传统的选择性 5- 羟色胺再摄取抑制剂和 5- 羟色胺去甲肾上腺素再摄取抑制剂等抗抑郁药相比，作用机制独特，是褪黑激素 MT1 和 MT2 受体激动剂，能有效治疗抑郁症，尤其对重度抑郁症疗效明显，并能有效改善睡眠参数和保持性功能。

安非他酮，作为多巴胺和去甲肾上腺素再摄取抑制剂（DNRI），可用于抑郁及戒烟。

孕烯醇酮，具有甾体母核，是一种突触和突触外的 GABA$_A$ 受体变构调节剂，具有治疗产后抑郁、镇静醉眠等作用。

第四节　抗焦虑药和抗躁狂药

一、抗焦虑药

焦虑作为人类心理失调中最常见的问题之一，一直是心理学比较活跃的研究领域，但关于焦虑发生的原因,存在着众多不同的观点。焦虑症是一种以焦虑情绪为主的精神症状,主要由广泛性焦虑(GAD)和急性焦虑发作(GAP)组成。据统计,流行病学研究表明城市人口中大约有4.1%~6.6%在他们的一生中会得焦虑症,且仍呈增长趋势。

目前临床上治疗焦虑的首选药为苯二氮䓬类药物,该类中常用的抗焦虑药有地西泮(diazepam)、硝西泮(nitrazepam)、氯硝西泮(clonazepam)、奥沙西泮(oxazepam)、劳拉西泮(lorazepam)、三氮唑(triazole)、三唑仑(triazolam)、艾司唑仑(estazolam)、阿普唑仑(alprazolam)、坦度螺酮(tandospirone)等。其中三唑仑属于第一类精神药品,地西泮、氯硝西泮、硝西泮、阿普唑仑、艾司唑仑属于第二类精神药品,医师应当根据医疗需要合理使用精神药品,严禁滥用。除特殊需要外,第一类精神药品的处方,每次不超过三日常用量;第二类精神药品的处方,每次不超过七日常用量。处方应当留存两年备查。

氯美扎酮　　　　　　　　　　　　　　坦度螺酮

抗焦虑药丁螺环酮(buspirone)属于氮杂螺环癸烷双酮类,氯美扎酮(chlormezanone)是另一种抗焦虑药,其特点在于起效迅速,用药15分钟即可发挥药理作用,除用于精神紧张、恐惧等精神性疾病外,还可用于震颤性麻痹、瘫痪及脑震荡等。具有异吲哚类结构的坦度螺酮(tandospirone)为选择性5-HT$_{1A}$受体激动剂,适用于广泛性焦虑,但有嗜睡等不良反应。

丁螺环酮(buspirone)

化学名为8-[4-(嘧啶-2-基)-1-哌嗪基丁基]-8-氮杂螺[4,5]癸烷-7,9-二酮,8-(4-(4-(2-pyrimidinyl)-1-piperizinyl)butyl)-8-azaspiro(4,5)decane-7,9-dione。

本品为白色结晶性粉末;几乎不溶于水。吗氯贝胺的pK_a为7.72±0.10,$\lg P$为1.591±0.470。

丁螺环酮为特异性5-HT$_{1A}$受体激动剂,可以加强5-HT系统的功能和增加5-HT的含量。现普遍认为它是特异性的突触5-HT$_{1A}$受体的激动剂。它口服吸收快而完全,0.5~1小时达血药浓度峰值。存在肝脏首过效应,$T_{1/2}$为2~3小时,血浆蛋白结合率为95%。大部分在肝内代谢,经氧化代谢生成5-羟基丁螺环酮和1-(2-嘧啶基)哌嗪仍具有一定抗焦虑活性。

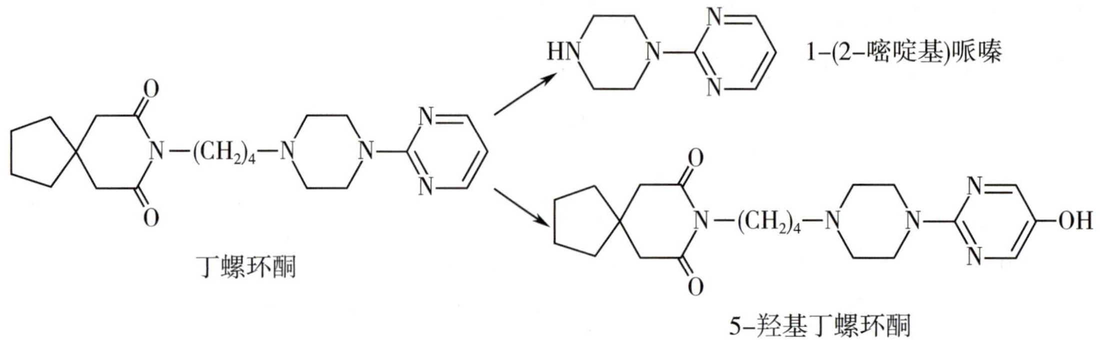

1-(2-嘧啶基)哌嗪

5-羟基丁螺环酮

丁螺环酮

本品优点是既无镇静催眠作用,也无中枢性肌肉松弛作用,不会引起嗜睡的副作用,因此适用于驾驶、高空作业等人员。目前临床尚未发现有依赖性。

丁螺环酮的合成主要有两条路线,路线一是以环戊烷二乙酸为原料,经环合、氨解得 β, β- 四亚甲基戊二酰亚胺(4),中间体 4 与 1,4- 二溴丁烷生成中间体 5,中间体 5 与 1-(2- 嘧啶基)哌嗪缩合得丁螺环酮。该合成路线各步收率稳定,操作简便,原料易得。

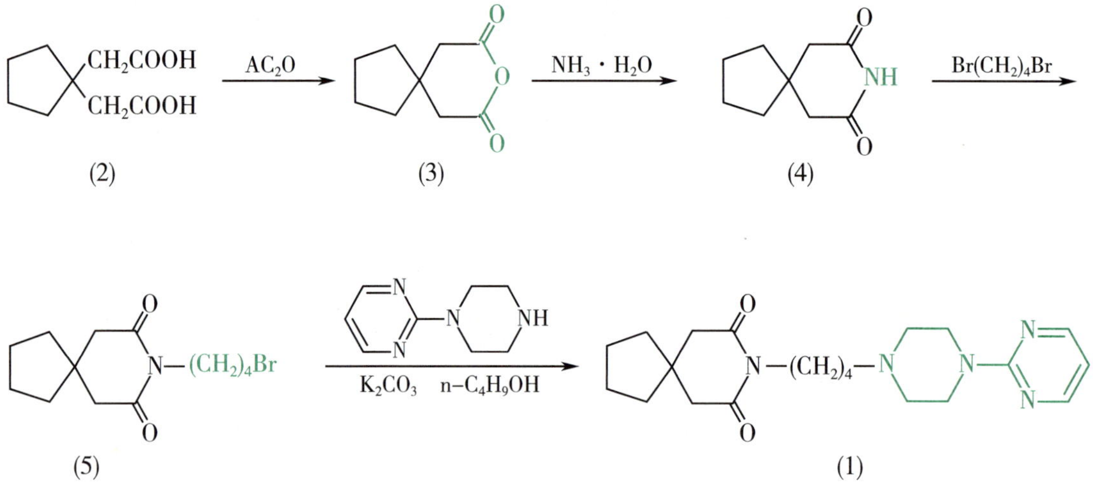

路线二以 1-(2- 嘧啶基)哌嗪为原料,经取代、还原引入丁基胺与酸酐得到丁螺环酮。该路线与路线一的丁基的引入策略不同,但两个起始原料相同。

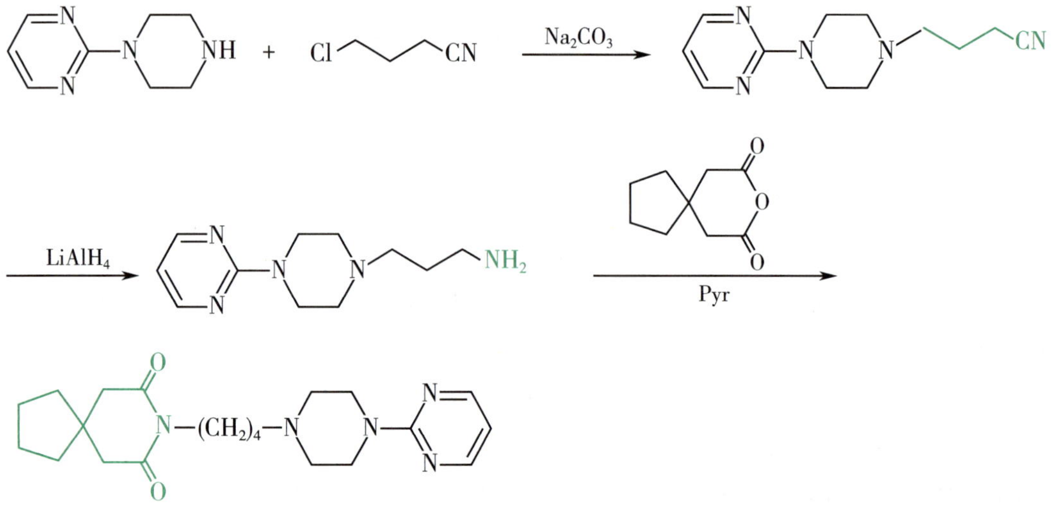

丁螺环酮的特定杂质有 A～M 十三种,即:A 为反应过程中的原料;B、C、D 为反应过程

中由 1，4- 二溴丁烷与 1-（2- 嘧啶基）哌嗪反应导致的副产物；E、F、H、J 为中间体开环所产生的多酰化产物；K、M 为反应过程中的中间体；L 由 1，4- 二溴丁烷中杂质所引入。

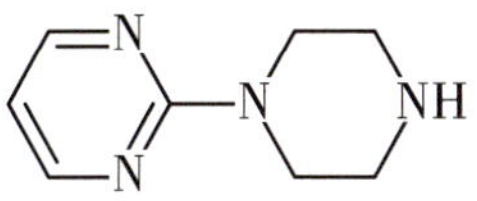

A

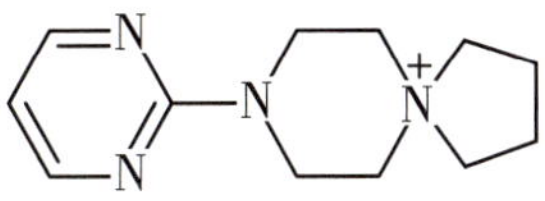

B

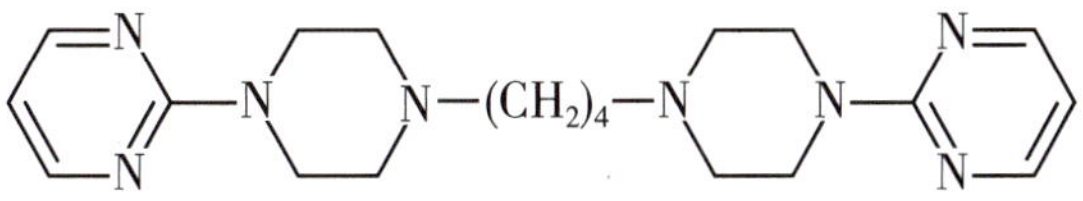

C

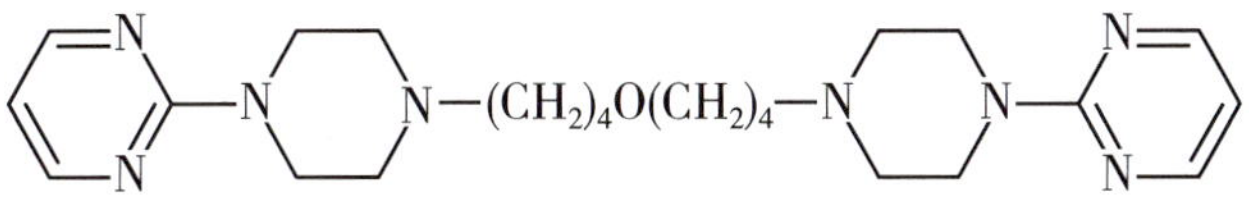

D

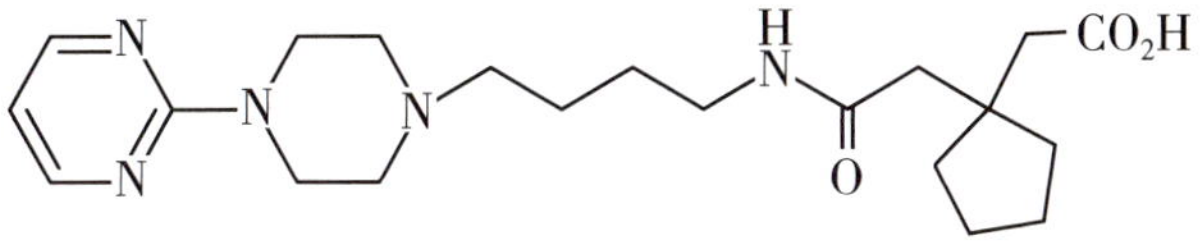

E

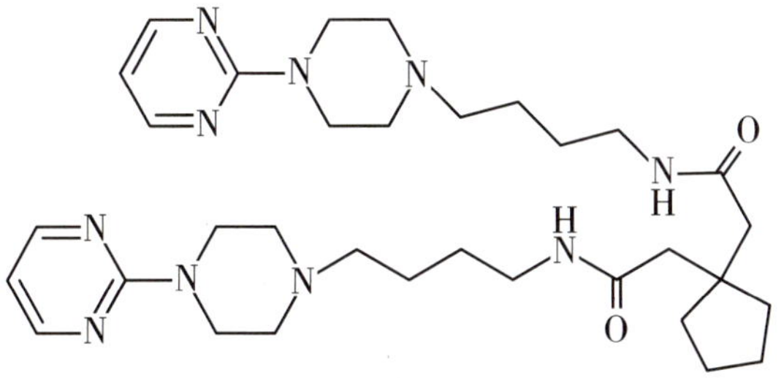

F

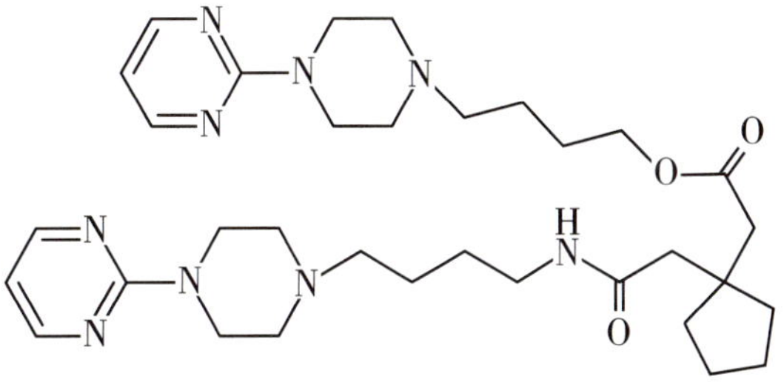

H

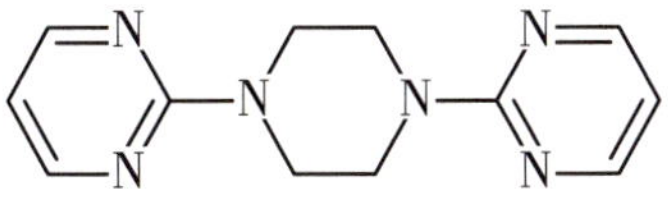

G

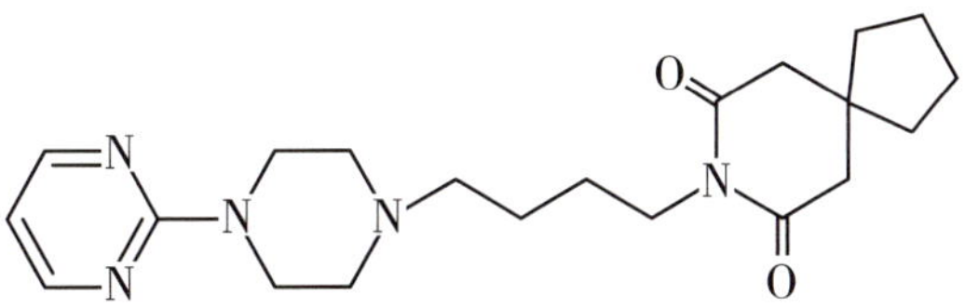

I

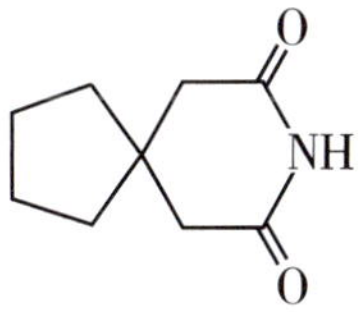

K

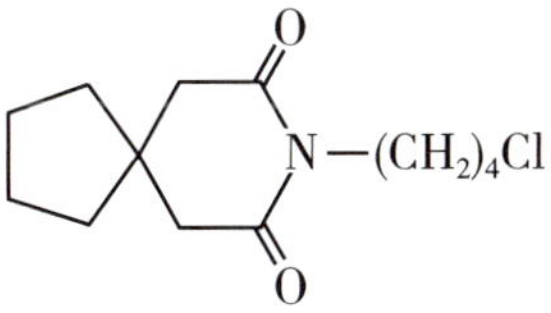

L

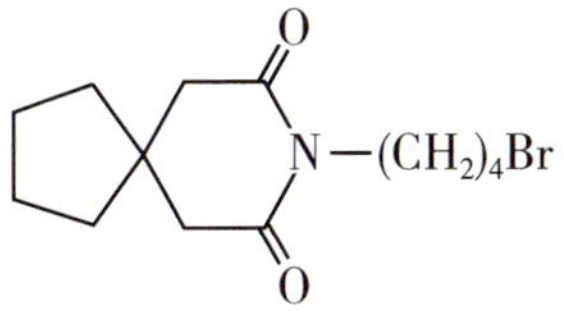

M

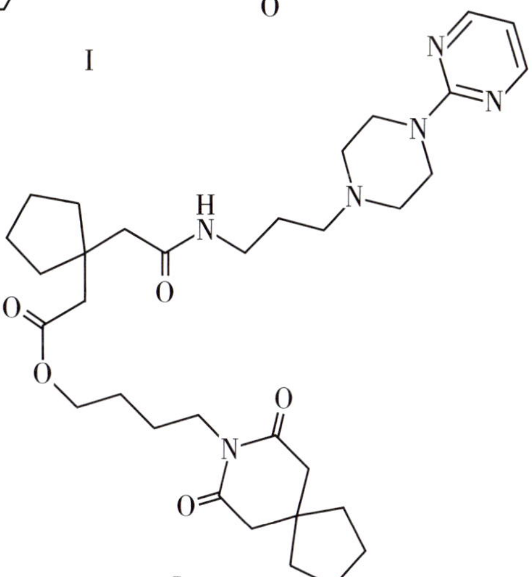

J

二、抗躁狂药

躁狂症是指一种在一段明确的时间内以有异常而持续的心境高涨、夸大或易激惹为特征的精神疾病。典型躁狂症患者通常会伴有言语增多、思维奔逸、随境转移、睡眠需要减少、有目的的活动增加或精神运动性激越以及冒险轻率行为等症状。

目前治疗躁狂症的首选药为碳酸锂（Li_2CO_3, lithium carbonate），它对正常人的精神活动没有影响。其作用机制可能是 Li^+ 可改善神经元间细胞膜 Na^+ 转换功能，降低神经递质的含量，还可促进 5-HT 合成，使情绪稳定；还可能抑制脑内神经突触部位的 NA 释放，促进其重摄取，使 NA 的含量降低。虽然口服吸收完全，但因其难以通过血脑屏障，故显效慢。Li_2CO_3 可稳定患者的情绪，还能用于精神分裂症的治疗。但是对于高龄和有心脏病的患者要谨慎使用，因为很容易出现锂中毒，在用药的过程当中要定期检查患者的心电图以及血清电解质。

临床上一些非常规抗躁狂药可用于 Li_2CO_3 治疗无效或不可耐受患者的治疗。例如抗癫痫药物中丙戊酸盐、卡马西平有一定的抗躁狂作用，氯硝西泮、利培酮、氯氮平或奥氮平也常与 Li_2CO_3 合用。其中，奥氮平与 Li_2CO_3 或丙戊酸盐的联合用药于 2003 年由 FDA 批准用于治疗双相情感障碍的急性躁狂发作。此外，氯丙嗪、氟哌啶醇和氟奋乃静等抗精神失常药也可治疗躁狂症。

第六章 目标测试

（沙 宇）

第七章　神经退行性疾病治疗药物

神经退行性疾病（neurodegenerative disease，ND）是由大脑和脊髓神经元退行性病变而引起的慢性进行性神经系统疾病。由于大脑和脊髓的细胞难以再生，神经退行性疾病随着时间的推移会愈加严重，导致运动、记忆认知等功能性障碍，临床上主要包括帕金森病（Parkinson's disease，PD）、阿尔茨海默病（Alzheimer's disease，AD）、肌萎缩侧索硬化症（amyotrophic lateral sclerosis，ALS）、多发性硬化症（multiple sclerosis，MS）、亨廷顿病（Huntington's disease，HD）等。本章重点介绍抗帕金森病药物和抗阿尔茨海默病药物。

第一节　抗帕金森病药物

帕金森病（Parkinson's disease，PD）又称震颤麻痹（paralysis agitans），是一种多发于老年人的神经退行性疾病，其临床特征主要表现为静止性震颤、运动迟缓和肌肉强直（运动症状），并常伴有知觉、识别和记忆障碍等非运动症状。帕金森病最主要的病理改变是中脑黑质多巴胺（dopamine，DA）能神经元的变性死亡，导致纹状体 DA 含量明显减少以及黑质残存神经元胞质内出现嗜酸性包涵体（路易小体），而造成这一病理改变的确切病因目前尚不清楚。

帕金森病的发生与脑内多巴胺水平不足密切相关，因此，帕金森病的治疗与多巴胺在生物体内的合成、代谢、重摄取，以及多巴胺与受体的结合等过程密切相关。多巴胺在体内生物合成和代谢途径（图 7-1）：L- 酪氨酸在酪氨酸羟化酶（tyrosine hydroxylase，TH）作用下生成左旋多巴（L- 多巴），其在芳香 -L- 氨基酸脱羧酶（aromatic L-amino acid decarboxylase）催化下生成多巴胺。多巴胺在体内的代谢主要通过单胺氧化酶（monoamine oxidase，MAO）、多巴胺 β- 羟化酶（dopamine β-hydroxylase，DBH）和儿茶酚 -O- 甲基转移酶（catechol-O-methyltransferase，COMT）进行。

脑内纹状体多巴胺水平不足是帕金森病的主要病理特征，通过一种或多种途径来补偿脑内多巴胺的缺失或者功能不足，有望实现对帕金森病的治疗。主要包括增加脑内多巴胺的合成、刺激突触前多巴胺的释放、直接激动多巴胺受体、减少突触前多巴胺的再摄取以及减少多巴胺的分解等。多巴胺生物合成和代谢通路中的催化酶是调控体内多巴胺水平的主要靶标。

此外，研究表明，脑中其他神经递质如乙酰胆碱（ACh）、去甲肾上腺素（NE）、谷氨酸（glutamic acid）、5- 羟色胺（5-HT）、γ- 氨基丁酸（GABA）等与受体的结合作用也和帕金森病症有关。

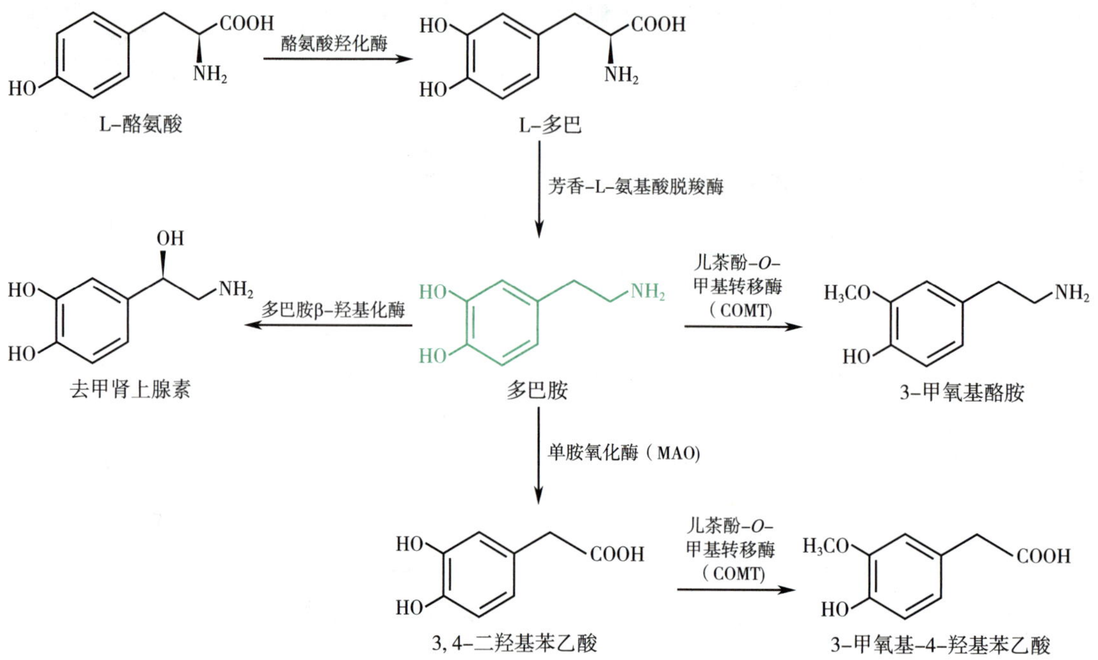

图 7-1　多巴胺在体内生物合成和代谢的主要途径

目前没有能够有效减慢、逆转帕金森病的治疗方法,临床上仍然以对症治疗为主,按照作用机制主要分为两类,作用于多巴胺能神经系统的药物,包括多巴胺替代物和外周脱羧酶抑制剂、多巴胺受体激动剂、多巴胺代谢酶抑制剂、多巴胺重摄取抑制剂等;作用于非多巴胺能神经系统的药物,包括抗胆碱药、NMDA 受体拮抗剂、腺苷 A_{2A} 受体抑制剂等。

一、作用于多巴胺能神经系统的药物

1. **多巴胺替代物和外周脱羧酶抑制剂**(dopamine replacer and peripheral decarboxylase inhibitor)　多巴胺的解离常数 pK_a 为 10.6,在生理 pH 条件下主要以质子化形式存在,不能透过血脑屏障进入大脑,因此,多巴胺不能直接给药。临床上采用多巴胺生物合成途径的前体左旋多巴(levodopa,L-dopa)作为多巴胺替代物,用于治疗帕金森病。这是因为左旋多巴碱性比多巴胺碱性弱(pK_a =8.7),部分能以分子形式透过血脑屏障到达中枢,然后在脑内芳香 -L- 氨基酸脱羧酶催化下生成多巴胺而发挥治疗作用。

左旋多巴(levodopa)

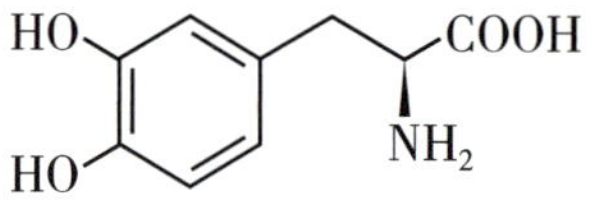

化学名为(S)-2- 氨基 -3-(3,4- 二羟基苯基)丙酸,(S)-2-amino-3-(3,4-dihydroxyphenyl)propanoic acid,别名 L- 多巴(L-dopa)。

左旋多巴本身无药理活性,进入中枢后经脱羧酶转化成多巴胺而发挥药理作用。本品具有儿茶酚结构,极易氧化变色,在临床使用中应妥善保存或者添加抗氧化剂使用,如出现变色则不能供药用。

在生理 pH 条件下,左旋多巴以离子态(约 99%)- 分子态(约 1%)平衡形式解离,其中分子态左旋多巴可以透过血脑屏障进入中枢,然后在芳香 -L- 氨基酸脱羧酶催化下生成多巴胺发挥作用。而大部分的离子态左旋多巴不能透过血脑屏障,被外周组织的芳香 -L- 氨基酸脱羧酶催化形成多巴胺而不能进入中枢,从而造成了左旋多巴的严重损耗。此外,外周生成的大量多巴胺是引起不良反应的主要原因。为提高左旋多巴的利用率,临床上常以卡比多巴(carbidopa)或苄丝肼(benserazide)和左旋多巴联用,这是因为卡比多巴和苄丝肼是外周芳香 -L- 氨基酸脱羧酶抑制剂,可以抑制外周组织左旋多巴的代谢,提高左旋多巴进入中枢的比率,从而降低左旋多巴用药剂量,也减少了外周组织的不良反应。

卡比多巴　　　　　　　　　　　　　　苄丝肼

2. 多巴胺受体激动剂(dopamine receptor stimulants) 体内多巴胺必须与多巴胺受体结合才能发挥相关生理作用。多巴胺受体分为 D_1 和 D_2 两个家族,其中 D_1 家族包括 D_1 和 D_5 2 个亚型,D_2 家族包括 D_2、D_3 和 D_4 3 个亚型。多巴胺受体激动剂(dopamine receptor agonists)是一类选择性作用于多巴胺受体,产生类似多巴胺功能的药物。该类药物包括麦角生物碱类的溴隐亭(bromocriptine)、α- 二氢麦角隐亭(dihydro-α-ergocryptine)等,以及非麦角生物碱类的阿扑吗啡(apomorphine)、普拉克索(pramipexole)、罗匹尼罗(ropinirole)、他利克索(talipexole)和吡贝地尔(piribedil)等。

溴隐亭是由麦角菌属(*claviceps*)产生的肽类生物碱经半合成改造得到,最早在临床上用于治疗与催乳素有关的生殖系统功能异常,是最早用于治疗帕金森病的多巴胺 D_2 受体激动剂。其口服吸收迅速,可有效改善不同阶段帕金森病的震颤、僵直、活动迟缓和其他症状。α-二氢麦角隐亭为 D_1 受体激动剂、D_2 受体部分激动剂,相比其他麦角生物碱类药物副作用小,耐受性好,适用于轻、中度帕金森病患者。

溴隐亭　　　　　　　　　　　　　　α-二氢麦角隐亭

阿扑吗啡是吗啡在酸性条件下的重排产物,脂溶性大,可透过血脑屏障,是强效的 D_1、D_2

受体激动剂。阿扑吗啡最初用作催吐药,在20世纪50年代开始用于治疗帕金森病,其作用强度与左旋多巴相当。多巴胺具有多种构象,其中以*trans-α*旋转构型与受体结合。而阿扑吗啡中的儿茶酚胺结构具有类似于多巴胺的*trans-α*构象,从而解释了阿扑吗啡具有多巴胺受体激动活性的原因。

普拉克索是非麦角碱类多巴胺受体激动剂,对D_2受体有高度选择性和特异性,并具有完全的内在活性,对D_3受体有优先亲和力。普拉克索常以水合盐酸盐形式给药,可单独使用或与左旋多巴联合使用治疗帕金森病。

罗匹尼罗是多巴胺D_2、D_3受体的选择性激动剂,1997年被首次批准用于治疗帕金森病,可单独使用或与左旋多巴联用。该药后被批准用于治疗中度到重度的不宁腿(多动腿)综合征。

他利克索是一种选择性多巴胺D_2受体激动剂,通过选择性地刺激纹状体突触后膜的多巴胺D_2受体,能够有效改善帕金森病引起的运动障碍症状,以及减轻多巴胺衰竭的严重程度。本品单用疗效明显好于溴隐亭,且副作用更少。本品对帕金森病患者引起的临床波动反应比左旋多巴少得多,与左旋多巴合用可减少左旋多巴用量。

吡贝地尔是一种多巴胺受体激动剂,可刺激大脑黑质纹状体突触后的D_2受体及中脑皮质、中脑边缘叶通路的D_2和D_3受体,发挥有效的多巴胺效应。本品可单一用药或与左旋多巴联合用药治疗帕金森病,亦可改善老年人智能缺陷所致的某些症状,如注意力和记忆力下降、眩晕、下肢动脉栓塞性疾病所致的间歇性跛行(2期)的辅助治疗。本品可改善视网膜缺陷性发作患者的视敏度,以及改善外周血液循环,对阻塞性或栓塞性眼底病有一定疗效。

阿扑吗啡　　　　　　普拉克索　　　　　　罗匹尼罗

他利克索　　　　　　吡贝地尔

在多巴胺受体激动剂类药物中,麦角生物碱类药物长期使用可引起严重副作用,如今研究报道较少。非麦角生物碱类药物普拉克索、罗匹尼罗和他利克索等对多巴胺受体选择性强,耐受性较好。

盐酸普拉克索(pramipexole dihydrochloride)

化学名为 (S)-N^6- 丙基 -4，5，6，7- 四氢 -1，3- 苯并［d］噻唑 -2，6- 二胺二盐酸盐一水合物，(S)-N^6-propyl-4，5，6，7-tetrahydro-1，3-benzo［d］thiazole-2，6-diamine dihydrochloride monohydrate。

普拉克索是高选择性多巴胺 D_2 受体激动剂，临床上常以其水合盐酸盐形式给药，可单独使用治疗早期 PD，也可与多巴胺联合使用治疗晚期症状。普拉克索口服后可迅速吸收，2～3小时达到血药峰值，生物利用度>90%，只有小部分被代谢，绝大部分以原药形式经肾脏排出。

本品不良反应与其他多巴胺受体激动剂相似，包括恶心、头晕、嗜睡和失眠，以及出现幻觉、运动障碍、口干、便秘等。治疗初期，常见体位性低血压。

本品的合成以 4- 乙酰氨基环己酮为起始原料，经溴代后与硫脲环合、酸水解、L-（＋）- 酒石酸拆分、丙酰化、还原及成盐制得。

盐酸罗匹尼罗（ropinirole hydrochloride）

化学名为 4-［2-（二丙氨基）乙基］-1，3- 二氢 -2H- 吲哚 -2- 酮盐酸盐，4-［2-（dipropylamino）ethyl］-1，3-dihydro-2H-indol-2-one hydrochloride。

本品口服吸收迅速完全，首过效应严重，生物利用度为 50%。本品在肝脏 CYP1A2 酶的作用下，主要通过 N- 脱丙基化合氧化代谢失活，代谢物经与葡糖醛酸结合由肾脏排出体外。本品耐受性好，大多数不良反应与外周 DA 能活性有关。

本品的合成以异色满为原料，在氯化锌催化下，与苯甲酰氯发生加成开环反应生成苯甲酸酯，经 Sommelet 反应将氯甲基氧化为醛基，然后，醛基与硝基甲烷缩合成硝基乙烯基中间体，该化合物在三氯化铁和乙酰氯存在下关环生成氯代吲哚酮化合物。随后，经水合肼和钯碳脱氯并水解得到 4-（2- 羟基乙基）-1，3- 二氢 -2H- 吲哚 -2- 酮，再依次与对甲苯磺酰氯、二正丙胺反应得罗匹尼罗，最后经与盐酸成盐制备得目标化合物。

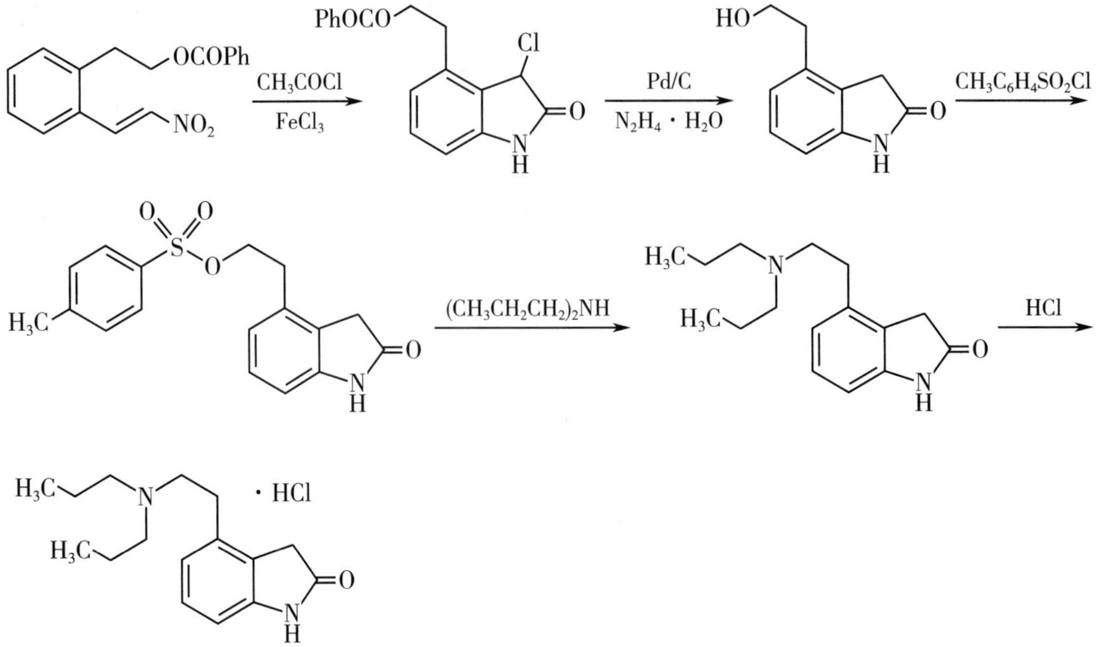

罗匹尼罗的主要限量杂质有 A～D 四种, 其中杂质 A 为合成中间体; 其余为反应副产物杂质, 其中 B 为反应过程中 *N*- 脱丙基化合物; C 为碱性条件下 *N*- 羟基化产物; D 为原料中杂质经系列反应生成的产物。

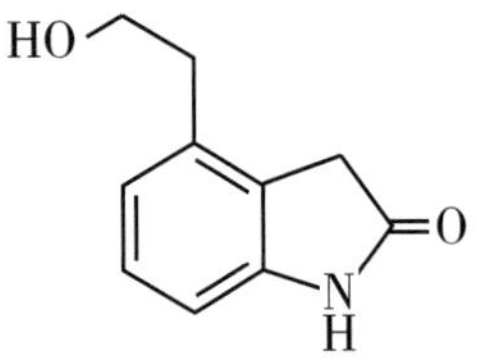

A

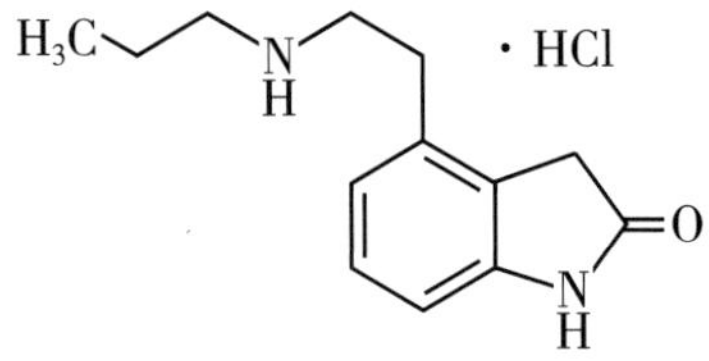

B

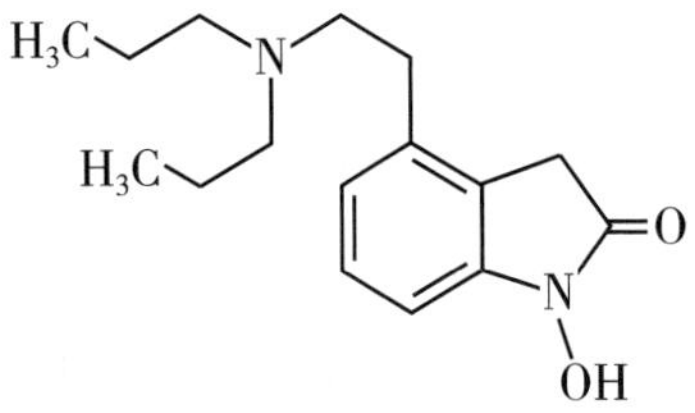

C

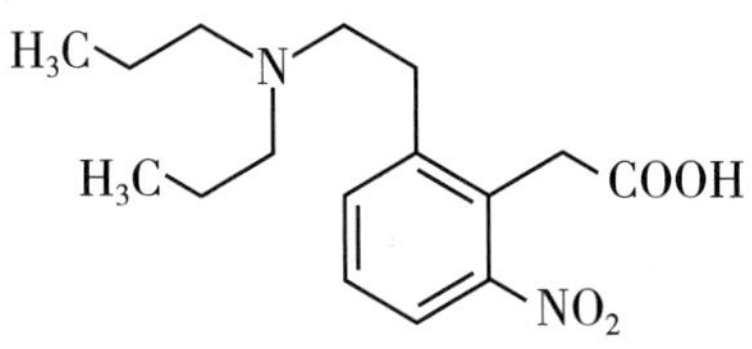

D

3. 多巴胺代谢酶抑制剂(inhibitors of the metabolic enzymes of dopamine) 如图 7-1 所示, 多巴胺的体内代谢主要通过单胺氧化酶(MAO)、儿茶酚 -*O*- 甲基转移酶(COMT) 和多巴胺 β- 羟基化酶进行(DBH), 若抑制这三种代谢酶的活性, 能够降低脑内多巴胺的代谢速率, 提高脑内多巴胺水平, 从而达到治疗帕金森病的目的。

司来吉兰(selegiline)是第一代高选择性的 MAO 不可逆抑制剂, 可阻断多巴胺的代谢, 抑制多巴胺的降解, 也可抑制突触多巴胺的再摄取, 从而延长多巴胺作用的时间。与左旋多巴合用, 可增强左旋多巴的作用, 并可减轻左旋多巴引起的运动障碍。

雷沙吉兰(rasagiline)是第二代高选择性 MAO 不可逆抑制剂, 与司来吉兰相比抑制作用强 5～10 倍, 且不良反应少, 对长期应用多巴制剂药效出现衰退的患者也有改善的作用。此外, 本品的主要代谢产物 1-R- 氨基茚满具有神经保护作用, 本品是目前临床上治疗 PD 的主要 MAO-B 抑制剂。

近年来, 对 MAO-B 可逆抑制剂的研究受到众多关注。沙芬酰胺(safinamide)是一种高选择性的 MAO-B 可逆抑制剂, 其对 MAO-B 的选择性比 MAO-A 高 5 000 倍, 并且能够阻断电压依赖的钠、钙通道和抑制谷氨酸的释放。临床研究表明, 沙芬酰胺可以提高帕金森病患者的运动能力和认知障碍, 且具有良好的耐受性, 可与左旋多巴或其他抗帕金森药物联用用于特发性帕金森病中晚期治疗。

儿茶酚 -O- 甲基转移酶抑制剂是根据内源性底物多巴胺结构设计得到, 其芳环上的邻苯二酚和硝基的存在对抑制活性至关重要, 代表性药物有恩他卡朋(entacapone)和托卡朋(tolcapone)。恩他卡朋能够可逆的、选择性的作用于中枢和外周的 COMT, 使脑内多巴胺含量增加, 其选择性强、毒性小、口服有效。当本品和左旋多巴联合用药时, 能够增加其生物利用度以及减少不良反应。托卡朋是一种选择性和可逆性的 COMT 抑制剂, 临床上用作左旋多巴辅助用药。

镰孢菌酸(fusaric acid)又名萎蔫酸, 是由尖孢镰刀菌(*Fusarium oxysporum*)产生的一种强效的多巴胺 β- 羟基化酶抑制剂, 可阻断多巴胺转化为儿茶酚胺, 从而提高中枢多巴胺含量。

| 司来吉兰 | 雷沙吉兰 | 沙芬酰胺 |

| 恩他卡朋 | 托卡朋 | 镰孢菌酸 |

4. 多巴胺重摄取抑制剂(dopamine reuptake inhibitors) 多巴胺重摄取抑制能够延长多巴胺在突触的停留时间, 增强多巴胺生理功能, 可用于帕金森病的治疗。然而, 过去的临床数据表明基于该理论的药物研发大多是不成功的, 这可能归咎于开发高度选择性多巴胺重摄取抑制剂十分困难以及存在较多的副作用。安非他酮是多巴胺和去甲肾上腺素双重摄取抑制剂, 其对多巴胺重摄取转运蛋白的抑制活性远强于去甲肾上腺素, 临床上用于治疗重症抑郁症和辅助戒烟。

二、作用于非多巴胺能神经系统的药物

1. 抗胆碱药(anticholinergic drug) 多巴胺 - 乙酰胆碱动态平衡学说认为, 在正常情

况下，机体内抑制型神经递质多巴胺与兴奋型神经递质乙酰胆碱之间保持平衡，对维持锥体外系正常功能起着重要作用。在帕金森病患者脑内，由于纹状体内多巴胺含量显著下降，而乙酰胆碱含量不变，打破了两者之间的平衡，导致肌张力亢进等运动障碍。抗胆碱药的作用机制是抑制纹状体内毒蕈碱能神经的活性和输出，从而使纹状体内多巴胺和乙酰胆碱输出功能趋于平衡。该类药物对改善肌张力优于震颤和运动障碍，能减轻帕金森病患者的肌强直和震颤症状，对于有震颤和流涎的患者较为适用，尤其适宜 PD 早期。

抗胆碱能药应用于临床时间较长，种类繁多，常用者有阿托品、东莨菪碱、丁溴东莨菪碱、溴丙胺太林等，该类药物虽然具有抗震颤麻痹作用，但由于外周抗胆碱作用引起的不良反应多，常用于其他需要改善肌张力的适应证用途。中枢性抗胆碱药对抗震颤麻痹具有更好的选择性，代表性药物有盐酸苯海索（benzhexol hydrochloride）、丙环定（procyclidine）、比哌立登（biperiden）、苯扎托品（benzatropine）。盐酸苯海索具有良好的中枢分布，选择性阻断纹状体的胆碱能神经通路，而对外周作用较小，从而有利于恢复帕金森病患者脑内多巴胺和乙酰胆碱的平衡，改善患者的帕金森病症状。本品主要用于轻症以及不能耐受左旋多巴的患者，也常与左旋多巴联用。

2. NMDA 受体拮抗剂（NMDA receptor antagonist） NMDA 受体（*N*-methyl-D-aspartic acid receptor）即 *N*- 甲基 -D- 天冬氨酸受体，是离子型谷氨酸受体的一个亚型，其拮抗剂能够保护黑质 - 纹状体的多巴胺神经元少受兴奋性毒素损害，从而起到治疗 PD 作用。金刚烷胺（amantadine）能调节 NMDA 受体的敏感性，美金刚（memantine）为非竞争性 NMDA 受体拮抗剂。

美金刚治疗帕金森病的作用机制可能与促进纹状体内多巴胺能神经末梢释放多巴胺，并增加神经元的多巴胺含量有关。本品分子中含有碱性伯胺，在生理条件下多以质子化形式存在，但其非极性笼状结构使得整个分子呈现较强脂溶性，并阻止了氧化酶对氨基的代谢，因而使较多药物能进入中枢而发挥作用。本品口服吸收迅速且完全，对各型帕金森病均有缓解作用，且疗效强于抗胆碱药但弱于左旋多巴。此外，本品还可作为抑制流感病毒的抗病毒药。

美金刚是一种低中度亲和力、电压依赖、非竞争性 NMDA 受体拮抗剂，可非竞争性阻滞 NMDA 受体，降低谷氨酸引起的 NMDA 受体过度兴奋，防止细胞凋亡，改善记忆，是新一代改善认知功能的药物。本品口服给药吸收良好，可用于治疗帕金森病，但目前临床上本品更多用于阿尔茨海默病的治疗。

3. 腺苷 A_{2A} 受体抑制剂（adenosine A_{2A} receptor inhibitor） 腺苷 A_{2A} 受体是腺苷受体（A_1，A_{2A}，A_{2B}，A_3）4 种亚型之一，属 G 蛋白偶联受体，参与调控乙酰胆碱和 α- 氨基丁酸在纹状体的释放，阻断腺苷 A_{2A} 受体可以增强运动功能。此外，研究显示腺苷 A_{2A} 受体与多巴胺 D_2 受体存在着相互拮抗的作用，抑制 A_{2A} 受体可以增强多巴胺对 D_2 受体的亲和力，最终实现对 PD 的治疗作用。

伊曲茶碱是全球首个批准用于治疗帕金森病的腺苷 A_{2A} 受体抑制剂，于 2013 年在日本首先上市。本品通过阻断 A_{2A} 受体在纹状体及苍白球中的表达，改变神经元的活动，从而改善 PD 患者的运动机能，临床用于治疗 PD 和改善 PD 初期的运动障碍，耐受性和安全性良好。当与左旋多巴联用时，可增强药效并延长作用持续时间。

伊曲茶碱

目前，帕金森病的治疗仍以症状改善为主，主要包括能够缓解相关症状、阻止疾病进一步发展和具有神经保护作用的药物，尚无可以彻底治愈或逆转病程的特效药物。近年来，一些新作用机制药物，如腺苷 A_{2A} 受体拮抗剂、$α_2$ 肾上腺素受体拮抗剂、抗抑郁药、靶向 α- 突触核蛋白的药物等，具有单独使用或联合使用治疗 PD 的潜力。帕金森病是全球第二大神经退行性疾病，发现更加安全高效的抗帕金森治疗药物一直是新药研发的热点、重点领域，随着基因组学和蛋白质组学的发展，将有更多新的抗 PD 药物靶标被发现，亦将涌现出更多具有更好治疗效果的抗 PD 新药。

第二节　抗阿尔茨海默病药物

痴呆症（dementia）是一种由器质性脑损伤引起的慢性、进行性综合征，表现为记忆、思维、行为和日常活动能力的衰退。目前，全世界大约有 5 000 万痴呆症患者，预计 2050 年将达到 1.52 亿。痴呆症是全世界老年人残疾和依赖他人的主要原因之一,给患者本人以及护理者和家庭都带来巨大压力。

痴呆症存在几种不同形式,主要包括阿尔茨海默病(Alzheimer's disease,AD)、血管性痴呆(vascular dementia,VD)、路易体痴呆(lewy body dementia,LBD)和额颞叶痴呆(frontotemporal dementia,FTD)。其中,阿尔茨海默病是痴呆症最常见的形式,俗称老年痴呆,约占痴呆症的 60%～70%,由德国神经病理学家 Alois Alzherimer 于 1906 年首先发现的一种慢性进行性神经退行性疾病。阿尔茨海默病起病隐匿,临床主要表现为记忆力逐渐减退、认知功能障碍、行为异常和社交障碍。通常病情呈进行性加重,逐渐丧失独立生活能力,发病后 5～10 年因并发症而死亡。AD 的根本致病原因尚不清楚,年龄是其最主要的风险因素,多发于 65 岁以上老年人。随着社会老龄化继续加剧,AD 患病人数逐年攀升,目前全球有 3 000 多万患者。AD 严重威胁老年人生命健康,并带来了大量的社会问题,如经济负担、生活照料、医疗保健等。

阿尔茨海默病最主要的两大病理特征:一是在大脑皮层和海马神经元细胞外出现由 β-淀粉样蛋白(β-amyloid,Aβ)高度聚集形成的老年斑(senile plaque,SP);二是神经细胞内 Tau 蛋白过度磷酸化并异常聚集形成的神经纤维缠结(neurofibrillary tangle,NFT)。阿尔茨海默病的起病原因和根本发病机制尚不明确,有多种病因假说被提出,包括胆碱能假说、β-淀粉样蛋白级联假说、Tau 蛋白假说、炎症假说、谷氨酸兴奋毒性假说、氧化应激假说、生物金属离子稳态失衡假说、基因遗传假说、钙稳态失调假说、脑-肠轴假说等,其中以前三种假说影响力最大。

胆碱能假说由 Bartus 等于 1982 年提出,是最早公认的 AD 假说。乙酰胆碱(ACh)是脑组织中参与意识形成和学习记忆的重要神经递质,各种原因引起的胆碱能神经元损伤以及与此相关的皮层和海马等区域的胆碱能神经传递受损,可使 ACh 的生物合成、释放和摄取减少,导致学习和记忆力衰退,被认为是 AD 发病的重要原因。

β-淀粉样蛋白级联假说认为,AD 患者脑内 Aβ 的过量产生、异常聚集和沉积,以及复杂的级联变化引起的神经毒性、神经元损伤及神经元细胞凋亡是引起 AD 发病的重要原因。Aβ 由淀粉样前体蛋白(APP)水解产生,在正常情况下,Aβ 的产生和降解处于平衡,而 AD 患者脑内,Aβ 代谢平衡被破坏,脑内 Aβ 浓度增加并聚集为不溶性 Aβ 纤维沉着在细胞间,与变性的神经突起、反应性神经胶质细胞一起形成老年斑,从而产生一系列神经毒性,导致神经元损伤及细胞的凋亡,最终引起 AD 患者学习记忆和认知功能的降低。

Tau 蛋白假说认为,Tau 蛋白过度磷酸化并聚集形成神经纤维缠结是造成 AD 神经病变的主要原因。Tau 蛋白是一种微管相关蛋白,通过与微管结合维持细胞骨架的稳定性。在 AD 患者脑内,Tau 蛋白发生过度磷酸化,磷酸化的 Tau 蛋白水平是正常人体的 3～4 倍,并相互聚集形成不溶性神经纤维缠结,产生神经毒性。另一方面,由于正常 Tau 蛋白减少,而磷酸化的 Tau 蛋白与微管的亲和力弱,导致微管解体,神经元因细胞结构破坏而死亡。

基于阿尔茨海默病的各种机制假说,人们尝试从不同角度开发 AD 治疗药物,主要包括乙酰胆碱酯酶抑制剂、NMDA 受体拮抗剂、作用于 Aβ 的药物、作用于 Tau 蛋白的药物、改善神经递质功能的药物、作用于其他靶点的药物和多靶点药物等。AD 是新药研发的重灾区,虽然在研药物众多,但临床失败率极高,大部分距离实际应用仍有较大距离。截至目前,仅有几种药物被批准用于阿尔茨海默病的治疗,分别是乙酰胆碱酯酶抑制剂他克林(tacrine)、石杉碱甲(huperzine A)、多奈哌齐(donepezil)、加兰他敏(galanthamine)、卡巴拉汀(rivastigmine)以及 NMDA 受体拮抗剂美金刚(memantine)和海洋褐藻提取物甘露特钠(GV-971)(图 7-2)。

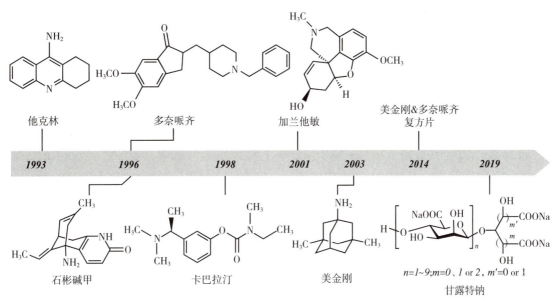

图 7-2 已上市的阿尔茨海默病治疗药物

一、乙酰胆碱酯酶抑制剂

乙酰胆碱(ACh)是中枢胆碱能系统中重要的神经递质(图 7-3),在维持意识的清醒以及学习记忆方面起重要作用。根据胆碱能假说,脑内 ACh 的生物合成、释放和摄取减少,是造成 AD 患者记忆认知障碍的主要病因之一。因此,提高脑内 ACh 的含量有利于改善、缓解

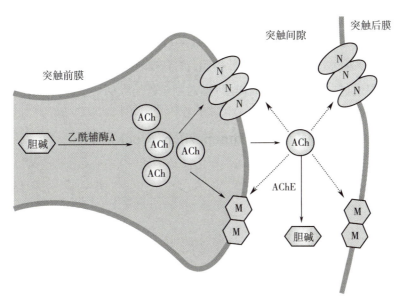

图 7-3 乙酰胆碱作用示意图

AD 患者的认知功能衰退。乙酰胆碱酯酶（AChE）的主要作用是水解乙酰胆碱成为胆碱和乙酸，从而使乙酰胆碱失活。如果抑制该酶活性，可延长突触间隙 ACh 作用时间，从而增强中枢 ACh 生理功能，改善 AD 患者的记忆认知和日常行为。目前，乙酰胆碱酯酶抑制剂仍然是临床上最主要的抗 AD 药物。

他克林（tacrine）是第一个用于治疗 AD 的乙酰胆碱酯酶抑制剂，具有吖啶的结构骨架，可逆性地抑制 AChE，从而减缓脑内 ACh 的降解，提高 ACh 含量而发挥治疗作用。本品脂溶性高，易透过血脑屏障，可明显推迟患者进入医院的护理时间，用于轻度、中度 AD 患者的治疗。本品后来由于肝毒性大、用药剂量高、作用时间短等缺点而限制了其临床应用，目前已撤市。

石杉碱甲（huperzine A）是一种高效、可逆、高选择性的 AChE 抑制剂，是我国科学家于 1986 年首次从石杉科植物千层塔中分离得到的一种倍半萜生物碱。石杉碱甲分子量小，脂溶性高，易透过血脑屏障，进入中枢后较多地分布于大脑的额叶、颞叶、海马等与学习和记忆有密切联系的脑区，在低剂量下对乙酰胆碱酯酶有强大的抑制作用，使分布区内神经突触间隙的 ACh 含量明显升高，从而增强神经元兴奋传导，强化学习与记忆脑区的兴奋作用，起到提高认知功能、增强记忆保持和促进记忆再现的作用。我国于 1996 年批准其上市用于治疗阿尔茨海默病。

多奈哌齐（donepezil），苄基哌啶类化合物，是第二代选择性、非竞争、可逆的乙酰胆碱酯酶抑制剂。本品具有良好的透血脑屏障能力，对外周 AChE 作用小，主要作用于脑组织中 AD 病理敏感的皮层和海马区，因此，可极大地减轻乙酰胆碱缺乏所导致的认知功能障碍、增加脑血流量、减轻淀粉样蛋白的神经毒性，临床上主要用于轻度、中度阿尔茨海默病的治疗。

卡巴拉汀（rivastigmine）又名利凡斯的明、利斯的明，属于氨基甲酸酯类胆碱酯酶抑制剂。卡巴拉汀是乙酰胆碱酯酶和丁酰胆碱酯酶双重抑制剂，其对丁酰胆碱酯酶抑制活性强于乙酰胆碱酯酶。本品作用强度中度，临床用于治疗轻、中度阿尔茨海默病。

加兰他敏（galanthamine）是从石蒜属植物中分离得到的一种生物碱类可逆性胆碱酯酶竞争性抑制剂。本品最早用于治疗重症肌无力、进行性肌营养不良、脊髓灰质炎后遗症等。20 世纪 90 年代，人们发现加兰他敏能够可逆且特异地与乙酰胆碱酯酶结合并抑制其活性，导致突触间隙乙酰胆碱含量增加，起到改善 AD 患者学习记忆和生活自理能力的作用。此外，加兰他敏对烟碱样乙酰胆碱受体有变构调节作用，在突触前调节谷氨酸、血清素和去甲肾上腺素的释放。本品易透过血脑屏障，中枢作用强，对阿尔茨海默病症状有肯定治疗效果，临床上常用其氢溴酸盐。

盐酸多奈哌齐（donepezil hydrochloride）

化学名为 2-[（1- 苄基哌啶 -4- 基）甲基]-5,6- 二甲氧基 -2,3- 二氢 -1H- 茚 -1- 酮盐酸盐，2-((1-benzylpiperidin-4-yl)methyl)-5,6-dimethoxy-2,3-dihydro-1H-inden-1-one hydrochloride。

多奈哌齐结构式中有一个手性碳,临床使用的是其消旋体。

盐酸多奈哌齐是上市药物中活性最强的乙酰胆碱酯酶抑制剂,其抑制乙酰胆碱酯酶活性强度是丁酰胆碱酯酶的 570 倍,具有较高的选择性。本品口服 1～10mg/kg 可对脑内胆碱酯酶产生明显抑制作用,呈剂量依赖性。本品易透过血脑屏障,对消化道和心脏胆碱酯酶没有显著抑制作用,低剂量下无明显外周副作用。与他克林相比,盐酸多奈哌齐没有肝毒性,不良反应少,口服剂量,在临床上广泛用于轻度、中度阿尔茨海默病症状的治疗。

盐酸多奈哌齐口服吸收良好,作用时间长,血浆蛋白结合率约95%,半衰期约70 小时,经多次每日单剂量给药后血药浓度缓慢达到稳态。本品主要由肝脏代谢,主要代谢物为 O- 脱甲基产物、N- 脱烷基产物和 N- 氧化物,其中 6-O- 去甲基多奈哌齐具有与多奈哌齐相当的胆碱酯酶抑制活性。此外,O- 脱甲基产物的羟基可与葡萄糖醛酸结合发生Ⅱ相代谢。

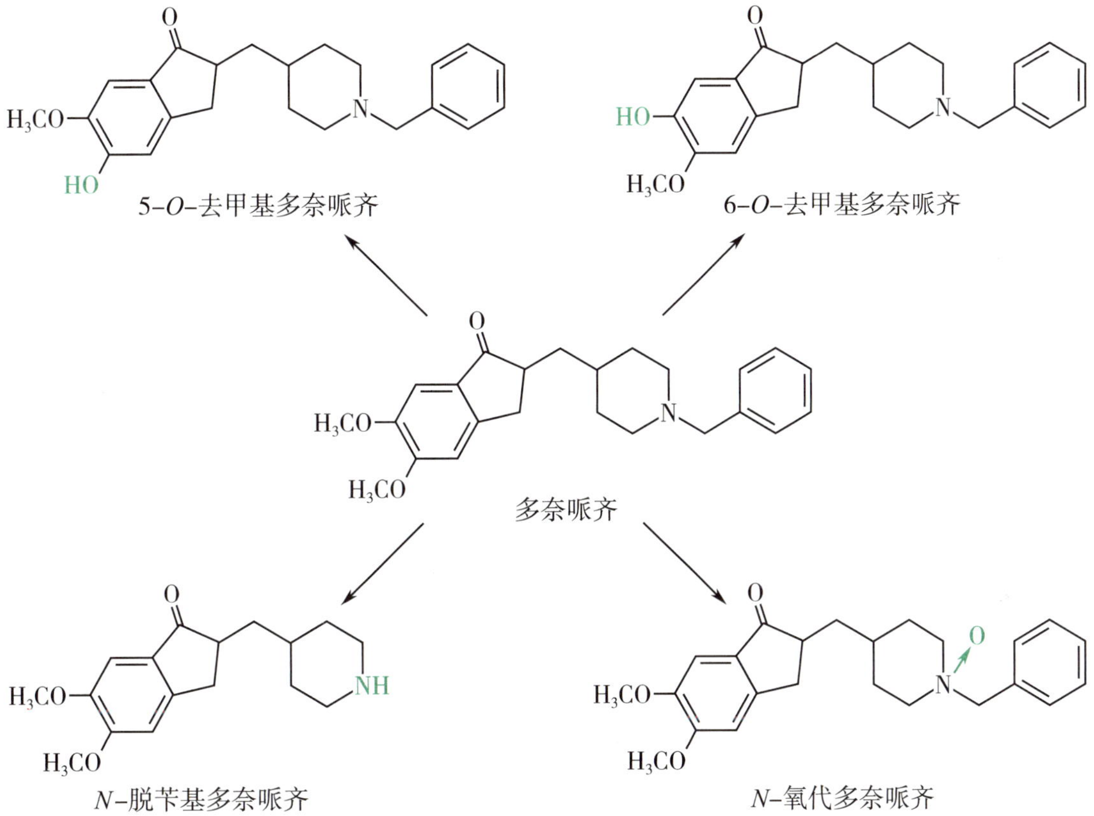

5-O-去甲基多奈哌齐

6-O-去甲基多奈哌齐

多奈哌齐

N-脱苄基多奈哌齐

N-氧代多奈哌齐

盐酸多奈哌齐的合成方法较多,主要有以下两种。

方法一: 以 5,6- 二甲氧基 -1- 茚酮与 1- 苄基 -4- 哌啶甲醛在二异丙基氨基锂(LDA)作用下发生缩合反应,然后经 Pd/C 催化氢化以及与盐酸成盐制备得到盐酸多奈哌齐。该方法主要不足之处在于起始原料1- 苄基 -4- 哌啶甲醛的合成难度高,需要在 -80℃低温、惰性气体保护和强碱条件下进行,收率低,生产成本高,限制了该方法在工业生产中的应用。

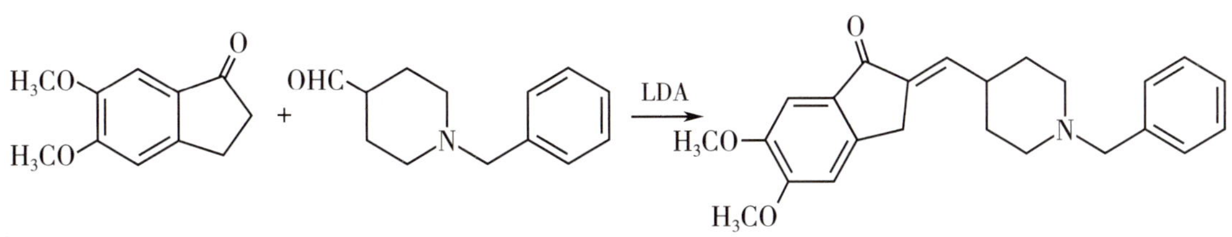

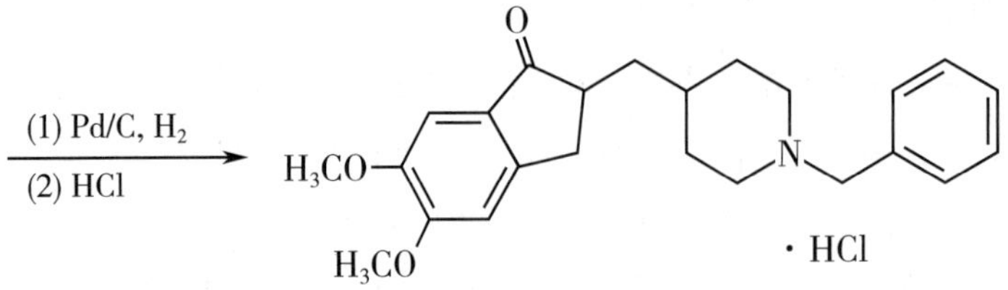

方法二：以5,6-二甲氧基-1-茚酮和4-吡啶甲醛为原料，在对甲苯磺酸作用下发生缩合反应生成 α,β- 不饱和酮中间体，然后在高压或酸性条件下经 Pd/C 催化氢化还原，得到哌啶关键中间体，最后与苄基溴反应，并与盐酸成盐制备得盐酸多奈哌齐。该路线起始原料廉价易得，工艺简单，未使用昂贵或有毒溶剂。

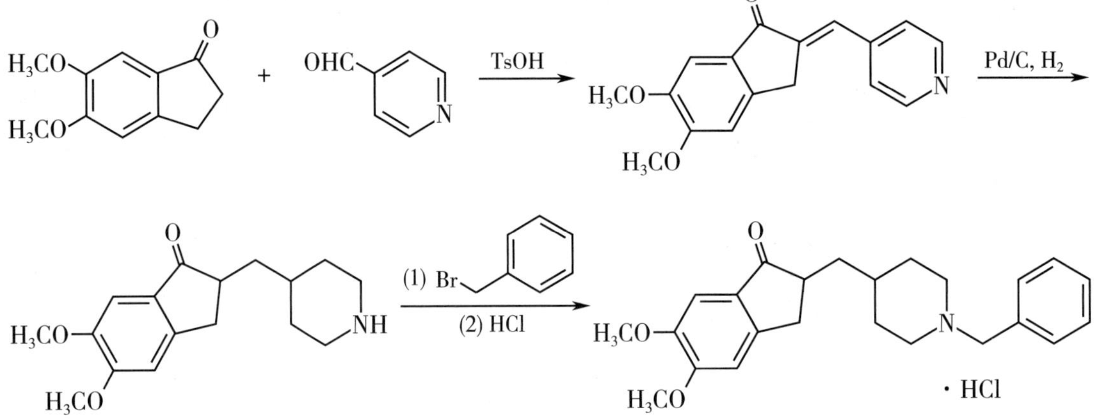

盐酸多奈哌齐的主要限量杂质有 A～E 五种，其中杂质 A 和 B 是中间体杂质；其余为反应副产物杂质，其中，C 是由多生成的奈哌齐与另一分子苄基溴反应而来；D 为脱氢脱氧多奈哌齐，E 为脱氧多奈哌齐，二者是自路线一氢化还原步骤的副产物。

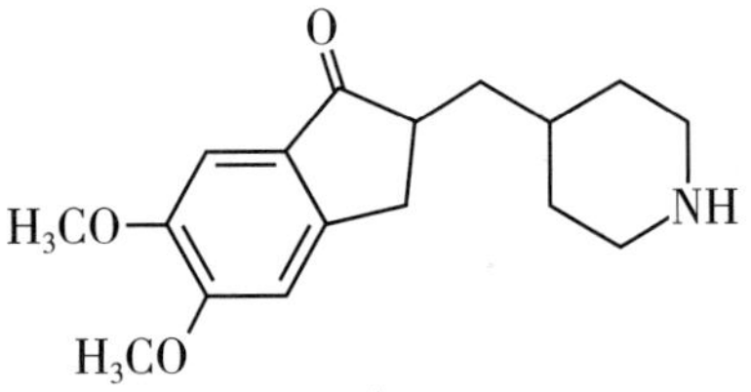

A

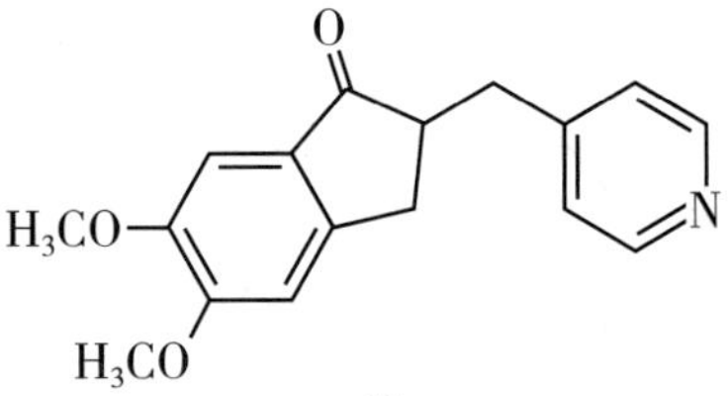

B

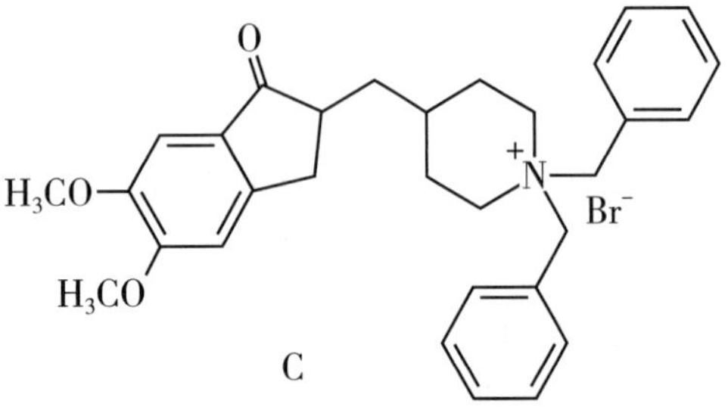

C

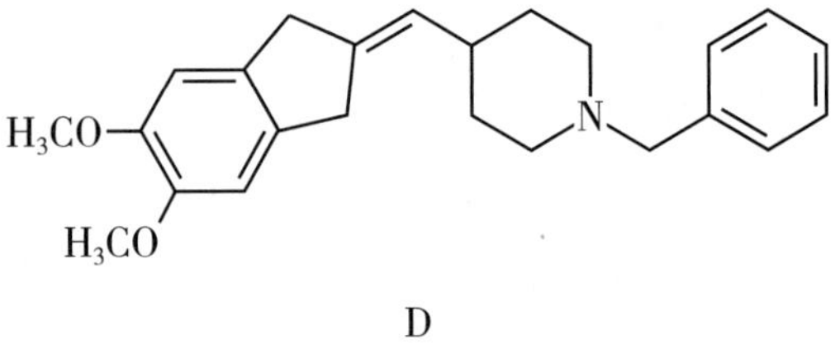

D

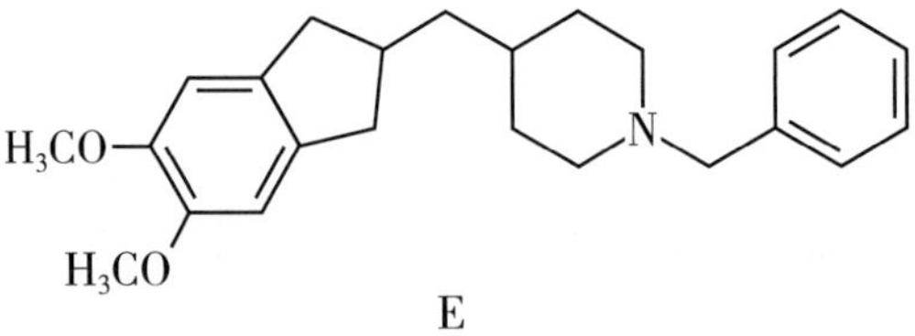

E

重酒石酸卡巴拉汀（rivastigmine hydrogen tartrate）

化学名为（S）-3-[1-（二甲氨基）乙基]苯基 -N- 乙基 -N- 甲基氨基甲酸酯酒石酸盐,（S）-3-[1-（dimethylamino）ethy]phenyl-N-ethyl-N-methylarbamate tartrate, 又名酒石酸利斯的明。

重酒石酸卡巴拉汀是氨基甲酸酯类化合物, 其结构与 ACh 有相似性, 氨基甲酸酯部分容易被 AChE 丝氨酸残基上的羟基亲核进攻, 共价结合生成氨基甲酰化的 AChE, 表现出不可逆抑制作用。卡巴拉汀是乙酰胆碱酯酶和丁酰胆碱酯酶的双重抑制剂, 其对丁酰胆碱酯酶抑制活性强于乙酰胆碱酯酶。本品具有良好的种属选择性, 尤其在皮层和海马区显示出高度活性, 临床上适用于轻、中度阿尔茨海默病的治疗。

重酒石酸卡巴拉汀口服吸收迅速, 约 1 小时达到血药峰值, 与血浆蛋白结合力较弱（约40%）, 易透过血脑屏障。重酒石酸卡巴拉汀不经肝脏 P450 酶代谢, 无须肝功监测, 几乎没有药物相互作用。本品主要通过胆碱酯酶介导的水解作用而迅速、广泛地代谢, 代谢物主要通过肾脏排出。

二、NMDA 受体拮抗剂

NMDA 受体是中枢神经系统内重要的兴奋性神经递质受体, 在神经系统发育过程中发挥重要的生理作用, 如调节神经元的存活, 调节神经元的树突、轴突结构发育及参与突触可塑性的形成等, 同时, NMDA 受体是学习和记忆过程中一类至关重要的受体。在 AD 患者脑内, NMDA 受体被过度激活而产生兴奋毒性, 导致神经细胞死亡。NMDA 受体拮抗剂能够阻止过量的兴奋性神经递质谷氨酸的传递, 从而起到保护神经元的作用。

盐酸美金刚（memantine hydrochloride）

化学名称为 3,5- 二甲基金刚烷 -1- 胺盐酸盐, 3,5-dimethyladamantan-1-amino hydrochloride。

盐酸美金刚, 是一种新型、低中度亲和力、电压依赖、非竞争性的 NMDA 受体拮抗剂, 可非竞争性阻滞 NMDA 受体, 降低谷氨酸引起的 NMDA 受体过度兴奋, 防止细胞凋亡, 改善记忆,是新一代改善记忆认知功能损伤的药物。盐酸美金刚于 2003 年成为第一个被 FDA 批准用于治疗中、重度阿尔茨海默病的药物,同时也是第一个 NMDA 受体拮抗剂类抗 AD 药物。

盐酸美金刚口服给药吸收良好,且不受食物影响,口服给药 3～7 小时血药浓度达峰值,血浆蛋白结合率较低(45%),半衰期约为 60～80 小时,作用时间长,以原型或代谢物形式经尿液排泄。

2014 年,FDA 批准了固定剂量的盐酸美金刚和盐酸多奈哌齐复方片,作为一种联合疗法用于中、重度阿尔茨海默病治疗。

盐酸美金刚的合成以 1,3- 二甲基金刚烷为起始原料,经溴化得到 1- 溴 -3,5- 二甲基金刚烷,然后在硫酸作用下和乙腈反应得到 1- 乙酰氨基 -3,5- 二甲基金刚烷,经碱性水解得到美金刚粗品,与盐酸成盐,再经乙醇 - 乙醚重结晶纯化制得盐酸美金刚。

三、甘露特钠

甘露特钠胶囊(GV-971)是以海洋褐藻提取物为原料,制备获得的低分子酸性寡糖化合物,是我国自主研发并拥有自主知识产权的创新药。2019 年 11 月 2 日,国家药品监督管理局(NMPA)有条件批准 GV-971 用于轻度至中度阿尔茨海默病治疗,填补了该领域 16 年无新药上市的空白,为广大 AD 患者提供了新的治疗方案。该成果是我国"十三五"期间重大新药创制代表性重大科技成果。

甘露特钠(GV-971)

$n=1\sim9$; $m=0$、1 or 2, $m'=0$ or 1

GV-971 是从海洋褐藻中提取、分离并经降解而得到的具有特定分子骨架的海洋酸性寡糖类化合物,平均分子量为 670～880,类白色粉末,易溶于水。

研究表明，GV-971 可能的作用机制是通过重塑肠道菌群平衡，抑制肠道菌群相关代谢产物苯丙氨酸 / 异亮氨酸的异常增多，减少外周及中枢炎症，降低 β 淀粉样蛋白沉积和 Tau 蛋白过度磷酸化，从而改善认知功能障碍。大量的研究表明，胃肠道菌群与神经系统疾病、代谢性疾病、脑血管疾病等有着密切的关系。GV-971 是我国原创、国际上首个靶向脑 - 肠轴的阿尔茨海默病治疗新药，其研发逻辑背后，是对阿尔茨海默病发病机理的一种全新认识。靶向脑 - 肠轴的这一独特作用机制，为深度理解甘露特钠胶囊临床疗效提供了重要科学依据。

临床研究表明，甘露特钠胶囊口服生物利用度低，安全性高，使用剂量为一次 3 粒（3×150mg），一日 2 次，食物对其吸收无显著影响。血浆中甘露特钠的达峰时间为 2.6～5.4 小时，半衰期约为 11～22 小时。阿尔茨海默病发病机制十分复杂，病程时间长，治愈难度大，本品的上市为患者提供新的用药选择，但其治疗 AD 的作用机制仍有待完善。国家药监局要求上市后继续进行药理机制方面的研究和长期安全性有效性研究，完善寡糖的分析方法，按时提交有关试验数据。

四、作用于其他靶点的药物

阿尔茨海默病一直是新药研发的热点和难点领域，除了前面几种药物外，还有众多基于其他作用靶点的药物，按作用机制主要分为以下几种。

1. 作用于 Aβ 的药物（drugs regulating the level of Aβ） 根据 Aβ 假说，AD 患者脑内 Aβ 的大量生成、聚集和异常沉淀是导致神经炎症及神经元损伤甚至死亡的重要因素。因此，可以通过抑制 Aβ 的生成、阻止 Aβ 聚集以及加速 Aβ 清除途径来设计和研发抗 AD 药物。Aβ 由淀粉样前体蛋白 APP 水解生成，APP 在体内有两条水解途径（图 7-4）：一条是非淀粉样蛋白途径，APP 先后经 α- 分泌酶和 γ- 分泌酶水解成可溶性片段；另一条是淀粉样蛋白途径，APP 先后经 β- 分泌酶和 γ- 分泌酶水解生成 Aβ 片段。根据 Aβ 的生成途径可知，激活 α- 分泌酶活性或抑制 β-/γ- 分泌酶活性是减少 Aβ 生成的有效途径。

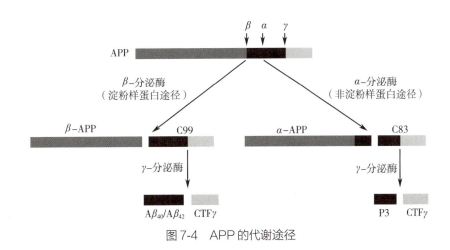

图 7-4　APP 的代谢途径

β- 分泌酶抑制剂：β- 分泌酶（BACE）是一种天冬氨酸蛋白酶，是 Aβ 生成过程的限速酶,分 BACE1 和 BACE2 两种亚型,其中 BACE1 是脑内水解 APP 的主要酶,曾被认为是最有希望的药物靶点之一。近年来,有多个 BACE1 小分子抑制剂被发现并进入临床研究,如 elenbecestat、lanabecestat、verubecestat 等。它们能够显著降低中枢和血浆中的 Aβ 水平,但在临床Ⅲ期试验中未能达到显著改善记忆认知功能的治疗终点。

γ- 分泌酶抑制剂:γ- 分泌酶也是一种天冬氨酸蛋白酶,是 Aβ 生成过程中最后一步的关键酶。γ- 分泌酶抑制剂 semagacestat 能降低 AD 患者脑脊液和血清中的 Aβ 水平,但在临床Ⅲ期研究中未观察到显著治疗作用,且可能加速患者记忆认知功能的丧失。研究表明,γ- 分泌酶有二十多种不同功能的底物,对底物的选择性差可能是 γ- 分泌酶抑制剂不良反应多的原因之一。基于此,近年来人们发展了与变构位点结合的 γ- 分泌酶调节剂,从而改变 γ- 分泌酶对底物的选择性和底物蛋白酶解的位置,例如 tarenflurbil,但其在临床研究中同样未能表现出显著治疗作用。

elenbecestat

lanabecestat

verubecestat

semagacestat

tarenflurbil

α- 分泌酶激动剂:α- 分泌酶不是指单一的蛋白酶,而是一类膜结合的金属蛋白酶。提高 α- 分泌酶的活性,不仅可以减少 Aβ 的产生,还可以产生对神经元细胞有保护和营养作用的 sAPP。但由于 α- 分泌酶激动剂作用广泛,对神经元受体的影响较大,目前不是首选的分泌酶靶点。

Aβ 免疫疗法是快速清除 Aβ 的最有效途径,在 AD 治疗方面有着巨大应用潜力。免疫疗法分主动免疫和被动免疫。主动免疫即以外源性 Aβ 为抗原刺激机体产生相应抗体,继而与内源性 Aβ 形成抗原 - 抗体复合物,可被激活的吞噬细胞清除,从而减少 Aβ 沉积。目前,尚没有基于主动免疫研发的 Aβ 疫苗被批准上市。被动免疫是指直接注射外源性 Aβ 单抗或混合抗体。被动免疫对人体自身免疫系统要求较低,可避免由于老年患者免疫系统功能低下而造成的疗效降低。目前,已有多个 Aβ 单抗产品进入临床Ⅲ期研究,其中 FDA 批准了 Aducanumab(2022 年)和 Lecanemab(2023 年)的上市申请作为靶向 β 淀粉样蛋白的创新疗法,有望用于减缓 AD 患者认知能力衰退。这两者在安全性方面均存在一定隐患,仍需对其安全有效性进行继续研究。

2. 作用于 Tau 蛋白的药物(drugs acting on Tau protein) Tau 蛋白是神经元中含量最高的微管相关蛋白,其主要生物学功能是促进微管蛋白组装和维持微管的稳定性,对维持神经元的正常形态和保证胞内营养物质运输至关重要。根据 Tau 蛋白假说,Tau 蛋白的过度磷酸化、形成神经纤维缠结的过程严重破坏神经元骨架系统,是神经细胞变性和学习记忆障碍发生的重要诱因。同时研究表明,AD 患者脑内神经纤维缠结的数量与其临床痴呆程度呈正相关,是临床上诊断 AD 病程进展的重要生物标志物。因此,稳定微管结构、抑制 Tau 蛋白聚集、抑制 Tau 蛋白磷酸化、使用 Tau 蛋白抗体阻止其病理扩散等被认为是 AD 治疗药物研发的有效途径。

微管稳定剂:由于 Tau 蛋白功能失活导致的微管不稳定是 AD 的可能病理机制之一,因此,能够增加微管稳定性的药物可能有利于缓解 AD 患者的症状。紫杉烷类药物 TPI-287 是紫杉烷双萜类衍生物,被证实有微管稳定作用,已进入Ⅰ期临床试验研究。

抑制 Tau 蛋白聚集:亚甲基蓝(methylene blue)是一种广泛使用的染料,具有抗自由基活性,并能直接抑制 Tau 蛋白聚集,且易透过血脑屏障。在Ⅱ期临床实验中发现亚甲基蓝可减缓轻中度 AD 患者疾病进展,但提高其剂量后治疗效果反而减弱,认为可能是剂型缺陷所致。TRx0237 是亚甲基蓝的纯化产物,已进入临床Ⅲ期研究。

抑制 Tau 蛋白磷酸化:Tau 含有多个可以被磷酸化的氨基酸残基位点,这些位点的过度磷酸化导致 Tau 结合微管的能力下降,更容易组装形成纤维。因此,通过抑制磷酸激酶的活性能够减少 Tau 的磷酸化水平。目前已知有多种磷酸激酶能够参与 Tau 蛋白的磷酸化,其中糖原合成酶激酶 3(GSK-3)和细胞周期蛋白依赖性激酶 5(CDK5)与神经元纤维缠结显示出高度的共定位,它们的酶活性升高都可以导致 Tau 的过磷酸化,被认为是调节 Tau 磷酸化的关键激酶。

TPI287　　　　　　　　　亚甲基蓝(TRx0237)

Tau 蛋白的免疫疗法：Tau 蛋白的免疫疗法包括主动免疫治疗和被动免疫治疗。主动免疫是指将载有 Tau 多肽或片段的抗原注入人体诱发宿主的免疫应答反应，产生 Tau 抗体。被动免疫治疗中，外源性 Tau 抗体被直接注入宿主体内，避开了免疫应答过程。不管是主动免疫产生的抗体，还是被动免疫的抗体，都可以加速 Tau 的清除，抑制 Tau 在细胞间的病理扩散。目前，已有多个 Tau 疫苗、单克隆抗体进入临床研究。

3. 改善神经递质功能的药物（drugs improving the function of neurotransmitter） 阿尔茨海默病的发生与多种神经递质功能紊乱密切相关，其中包括乙酰胆碱、5- 羟色胺、谷氨酸、去甲肾上腺素、γ- 氨基丁酸等，通过补偿这些神经递质水平或增强其生物功能，可以改善 AD 患者的学习记忆和认知损伤。

5- 羟色胺受体激动剂及拮抗剂：5- 羟色胺（5-HT）是大脑皮层质及神经突触内含量较高的一种抑制型神经递质，广泛参与多种生理功能及病理状态的调节。5-HT 需要通过相应受体介导从而产生作用，目前已发现的 5-HT 受体有 7 类 14 种亚型，其中的一些亚型参与调控学习记忆功能，被认为是 AD 治疗的潜在靶点。目前研究最多的是 5-HT$_6$ 受体拮抗剂，如 intepirdine、idalopirdine，此外还有 5-HT$_4$ 受体激动剂或部分激动剂以及 5-HT$_{1A}$ 受体拮抗剂。

组胺 H$_3$ 受体拮抗剂：组胺 H$_3$ 受体主要分布在中枢神经系统组胺能神经元密集的区域，是一种突触前自身受体，介导组胺在组织中的合成与释放，同时它也是一种异身受体，可以调控其他神经递质，如乙酰胆碱、多巴胺、去甲肾上腺素、5-HT 等的释放。组胺 H$_3$ 受体参与调控学习记忆等多种神经行为功能，其拮抗剂对改善认知能力和提高记忆力具有一定效果。

单胺氧化酶 B 抑制剂：单胺氧化酶（MAO）是催化单胺类物质氧化脱氨的一种线粒体酶，多巴胺、5-HT、去甲肾上腺素等递质都能被 MAO 氧化失活。MAO 分 MAO-A 和 MAO-B 两种亚型，其中 MAO-B 活性在 AD 患者脑中水平升高并且能够引起氧化应激反应。有文献报道，MAO-B 抑制剂可以通过减少多巴胺、5-HT 等的代谢，提高脑内的神经递质水平，改善 AD 患者的记忆认知功能，还可以减少氧化应激给神经细胞带来的损伤及神经毒性，因此，MAO-B 可以作为治疗 AD 的潜在靶点。

Sigma-1 受体激动剂：Sigma（σ）受体是一种非阿片受体，分为 Sigma-1 和 Sigma-2 两种亚型。其中 Sigma-1 受体主要定位于神经元和少突胶质细胞的内质网，在调节 NMDA 能、多巴胺能、胆碱能和 GABA 能神经系统功能中发挥重要作用，参与学习记忆、条件性恐惧应激反应和精神分裂症等生理病理过程。Sigma-1 受体激动剂 ANAVEX2-73 已进入 III 期临床试验。

γ- 氨基丁酸受体激动剂：γ- 氨基丁酸（GABA）是一种重要的中枢神经系统抑制性神经递质，GABA 及其受体在学习记忆损害方面对神经细胞具有保护作用。GABA 激动剂被认为是阿尔茨海默病治疗的潜在疗法。

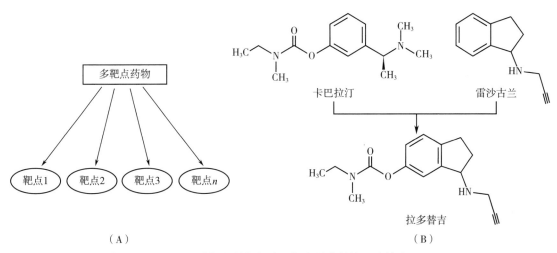

intepirdine   idalopirdine   ANAVEX2-73

4. 基于其他作用机制的治疗策略(treatment strategies based on other mechanisms of action) AD 的发病机制十分复杂,涉及多种信号通路和多种假说。除了作用于上述靶点的药物外,还有多种基于其他作用机制的治疗策略,包括减少氧化应激的药物、抗神经炎症药物、磷酸二酯酶抑制剂、Ca^{2+} 离子拮抗剂、神经保护剂、金属离子螯合剂、改善脑血液循环的药物等。

5. 多靶点药物(multi-target directed ligand) 鉴于 AD 多因素病理机制的特征,近年来药物科学家们提出了同时调控多种 AD 发病相关信号通路或靶点的多靶点药物分子设计策略(multi-target directed ligand, MTDL),旨在通过同时干预多个药物靶点或通过多靶点间的协同作用更好地发挥治疗作用(图 7-5)。多靶点药物拉多替吉(ladostigil)是 AChE 和 MAO 双重抑制剂,其结构设计策略是将抗 PD 药物雷沙吉兰,与抗 AD 药物卡巴拉汀的 AChE 抑制活性关键药效团氨基甲酸酯片段拼接起来制备而成,用于潜在改善 AD 患者的学习记忆损伤。基于多靶点的抗 AD 药物设计近年来受到广泛关注,成为有潜力的治疗策略之一。

图 7-5 多靶点药物概念及拉多替吉结构设计策略

五、阿尔茨海默病早期诊断

AD 的诊断主要依靠临床表现和病史采集,并结合临床病理检查和神经心理测试(NINCDS-ADRDA 标准)。由于对 AD 认识不足或存在误区,我国 AD 的就诊率和治疗率均较低。AD 前期病程隐匿,患者往往出现明显认知障碍后才就医,错过了最佳干预时期。根据认知能力和身体机能的恶化程度可将 AD 的病程划分成三个时期,即临床前期(无症状期)、痴呆前期(轻度认知障碍期)和痴呆期。AD 的病理改变开始时间比出现临床症状早 10 年甚至更长,这些病理改变可作为 AD 早期诊断的生物标志物,以实现对疾病的早期精准诊断。针对临床前期 AD,如能及时发现并进一步诊断、干预,可有效阻止其病情发展,极大改善患者的生活质量。

目前已发现多种与 AD 病程相关的生物标志物,其中仍以 Aβ 和 Tau 蛋白的病理变化作为诊断的金标准,根据检测方式的不同可以分为脑脊液检测、影像学检测和血液检测。

脑脊液(CSF)是脑与血液进行物质交换的媒介,能准确反映脑内微环境中生化分子的变化,是检测 AD 生物标志物的一个重要样品来源。脑脊液的核心生物标志物包括 $Aβ_{42}$、总 Tau 蛋白(t-Tau)和磷酸化 Tau 蛋白(p-Tau),这些标志物用于 AD 早期诊断的准确率高,敏感性和特异性可超过 80%,他们联合应用情况下诊断准确率高于单独使用。脑脊液中 Aβ 和 Tau 的检测被美国 AD 学会和 NIH 纳入 2011 年颁布的 AD 早期临床诊断病理指标。脑脊液检测方法的不足之处在于采集脑脊液是一种创伤性技术,患者在没有任何 AD 症状时一般不会同意抽取脑脊液。

影像学检测是 AD 诊断的另一常用技术。电子计算机断层扫描(CT)和核磁共振成像(MRI)能够显示脑结构的异常变化。正电子发射计算机断层显像(PET)是功能性脑影成像技术,可特异性检测脑内 Aβ 或 Tau 等信号变化,需要配合相应含同位素的造影剂使用。目前,常用的 PET 造影剂有示踪 Aβ 的 florbetapir F-18、flutemetamol F-18、florbetaben F-18,以及用于示踪 Tau 蛋白的 flortaucipir F-18,他们对 AD 的诊断价值均已得到广泛认可。

florbetapir F–18

flutemetamol F–18

florbetaben F–18

flortaucipir F–18

与脑脊液相比,血液样品的检测更易实施,对人体伤害小,与 PET 成像技术相比成本低,因此,发展精准的血液生物标志物检测技术对于在人群中进行大规模筛查更加有意义。与脑脊液相比,血液中生物标志物的浓度低、干扰因素多,实现精准检测更加困难,比如血浆中 Aβ 水平仅为脑脊液的 1% 左右。虽然目前尚没有被广泛认可的用于 AD 早期诊断的血液生物标准物,但从血液中寻找灵敏度高、能早期预警 AD 的生物标志物是近年来 AD 诊断技术领域研究的热点和前沿。有研究表明,血液中一种被称为 p-Tau217 的特殊 Tau 蛋白能够在痴呆症状出现的前 20 年显示出可检测到的变化,是一种可潜在用于 AD 诊断的血液生物标志物。

目前,阿尔茨海默病的治疗主要是改善患者的记忆认知障碍,尚无可以彻底治愈或逆转病程的特效药物。AD 的早期精准诊断和新药研发是一项十分艰巨的任务,高投入、高风险、耗时长,但预防、缓解乃至治愈 AD 的迫切临床需求是人类健康事业中无法回避的现实问题,需要全球各政府、制药企业和学术界共同携手解决。

第七章　目标测试

（李　剑　李晓康）

第八章　阿片类镇痛药

　　疼痛是直接作用于身体的伤害性刺激在脑内的反应，是一种保护性警觉功能，也是多种疾病的常见症状之一。剧烈的疼痛会引起血压下降、呼吸衰竭，严重者甚至导致休克。常用于镇痛的药物有两大类，一类是抑制前列腺素生物合成的非甾体解热镇痛药，另一类是作用于阿片受体的镇痛药，后者习惯上称为阿片类镇痛药。两类药物的作用机制不同，适应证和副作用也不同。

　　阿片类镇痛药（opioid analgesics）也称麻醉性（或成瘾性）镇痛药，最早来源于未成熟的罂粟蒴果浆汁风干获取的干燥物（也称"鸦片"），具有强烈镇痛与致幻作用，但也是最早应用于临床的一类镇痛药，临床主要用于严重创伤、急性心肌梗死、手术后或癌症引起的剧烈锐痛的止痛。阿片类镇痛药是目前已知的最有效的镇痛药，药物通过作用于中枢神经系统，选择性地消除或减轻痛觉并改善患者对疼痛的情绪反应。本类药物的镇痛作用强，但副作用较为严重，长期使用会产生依赖性、耐受性以及呼吸抑制等作用，突然停药后会出现戒断症状，危害极大。因此，本类药物的生产以及应用都受国家颁布的《麻醉药品和精神药品管理条例》管理。

　　阿片类镇痛药物按照来源和化学结构可分为阿片生物碱、半合成镇痛药（吗啡衍生物）、全合成镇痛药和内源性阿片肽类物质四类。从作用机制上看，这些药物均通过作用于脑中阿片受体而发挥镇痛作用。

第一节　吗啡及其半合成镇痛药

　　1806 年，德国药师 Serturner 从阿片中分离出吗啡（morphine），1847 年确定分子式；1923 年 Gulland 和 Robinson 推测了吗啡的化学结构；1952 年 Gazte 和 Tschudi 完成了吗啡的化学全合成并确定了吗啡的化学结构，开创了吗啡类镇痛药物研究的先河；1968 年完成其绝对构型的研究。但直到 20 世纪 70 年代后，才逐渐揭示出其作用机制。

一、吗啡

　　吗啡是由五个环（A、B、C、D、E）稠合而成的刚性结构，其中，A 环为苯环、B 环和 C 环均为环己烯、D 环为二氢呋喃环、E 环为哌啶环，从立体结构上看，B/C 环呈顺式，C/E 环呈反式，C 和 E 环分别在 A、B、D 三个环所形成平面的两侧，这样的稠合结构使吗啡的空间立体构象呈现“T”形。天然的吗啡为左旋体，分子中的五个手性中心分别为 5*R*、6*S*、9*R*、13*S* 和 14*R*，具有生物活性。右旋体吗啡的药效与左旋体完全不同，不具有生物活性。因此，吗啡的生物活性与其立体结构密切相关。

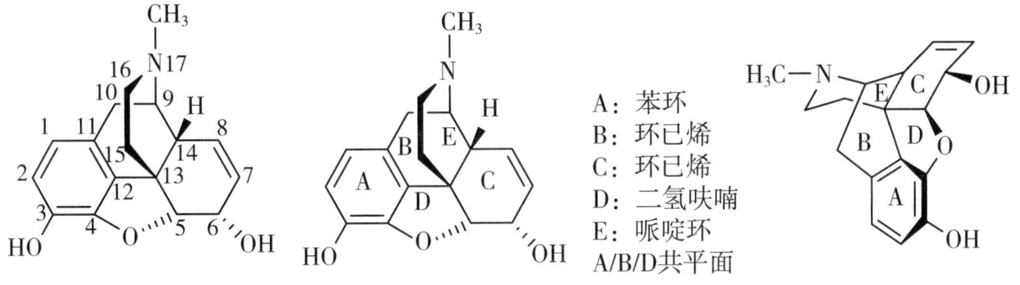
A：苯环
B：环已烯
C：环已烯
D：二氢呋喃
E：哌啶环
A/B/D共平面

吗啡编号　　吗啡环标示　　吗啡的立体结构

吗啡具有酸碱两性，3- 位酚羟基显弱酸性，17- 位叔胺显弱碱性，其解离常数 pK_a 分别为 9.9（碱）和 8.0（酸），通常吗啡以其盐酸盐形式进行制剂生产并应用于临床。

吗啡的结构稳定性差，在酸性、光照以及空气等条件下会发生结构改变。在酸性加热条件下，D 环水解开环并发生 C 环脱水重排，生成阿扑吗啡（apomorphine），镇痛活性降低，催吐作用显著增强，用于抢救意外中毒及不能洗胃的患者；吗啡遇空气和光照时，会发生偶联反应和 *N*- 氧化反应，分别转化为伪吗啡（pesudomorphine）和 *N*- 氧化吗啡，其中，伪吗啡又被称为双吗啡（dimorphine），作为吗啡的双聚物具有较大毒性。因此，吗啡应避光密封保存。

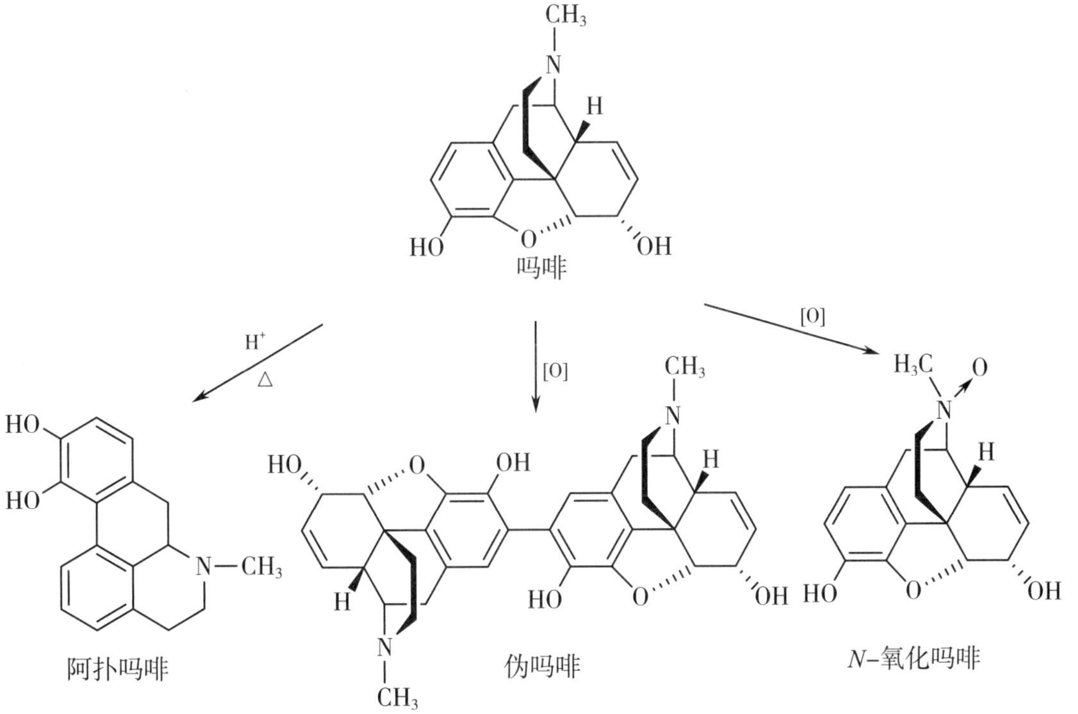
吗啡
H⁺
△
[O]
[O]
阿扑吗啡
伪吗啡
N–氧化吗啡

1952 年，盖茨（Gazte）首次实现了吗啡的全合成，可以被视为全合成领域中的经典之作，如 scheme 8-1 所示。

以 2，6- 二羟基萘（1）为原料，首先经过酰化保护其中一个羟基，再经过亚硝化反应得到化合物 2；化合物 2 经过催化加氢和氧化反应得到化合物 3，再与 SO_2 反应生成磺酸内酯中间体 4；中间体 4 在碱性条件下被甲基化，并再次经过亚硝化，催化加氢与氧化反应得到化合物 5；化合物 5 与铁氰化钾反应，在结构中引入氰基得到化合物 6；化合物 6 与丁二烯在加热条件下发生分子间的 Diels-Alder 反应形成化合物 7，再经铜 - 铬催化加氢反应获得中间体 8；中间体 8 经 Wolff-Kishner- 黄鸣龙还原，仲氨基甲基化和 LiAlH₄ 还原酰胺得到化合物 9；之后经区域选择性水合反应，脱甲基反应和 Oppenauer 氧化反应得化合物 10；然后经羰基 α 位溴代和苯环溴代，再与 2,4- 二硝基苯肼反应成腙后水解得到化合物 12，此时 14- 位的立体构型发生翻转，产生热力学稳定的正确天然产物构型；化合物 12 经双键氢化、溴代，再与 2,4- 二硝基苯肼反应合成了二氢呋喃环，水解腙得到 α, β- 不饱和酮化合物，最后使用 LiAlH₄ 还原羰基和苯基溴得到了吗啡，最终以 31 步反应首次完成了天然产物吗啡的全合成。

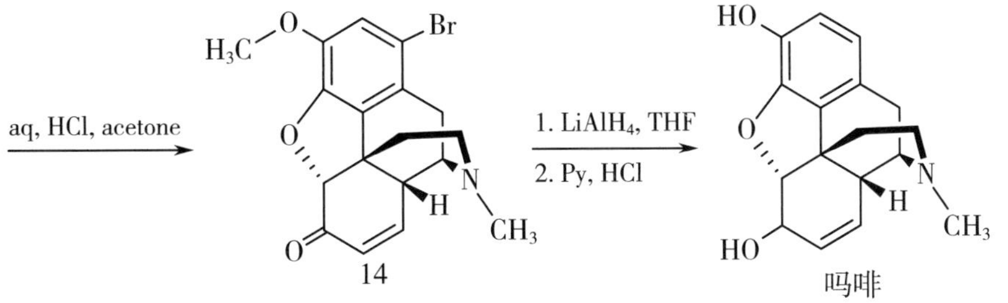

Scheme 8-1　吗啡合成路线一

2016 年，Smith 研究团队以 2- 羟基 -4- 烯丙基苯甲醚（15）为原料与粘溴酸（16）反应后再经硼氢化钠还原得到化合物 17；化合物 17 与化合物 18 在金属钯催化下发生偶联反应得到化合物 19，然后利用光环化反应合成了吗啡骨架中的苯并呋喃化合物 20；化合物 20 的内酯环在碱性水溶液中被水解并在钌酸钠溶液中发生选择性氧化合成了化合物 21；化合物 21 的内酯环在碱性条件下开环并在二甲基（重氮甲基）膦酸二甲酯和酰胺缩合剂（DMTMM）催化下生成炔烃与酰胺，得到化合物 22；之后化合物 22 与乙烯基溴化镁反应生成化合物 23；化合物 23 脱去 Boc 保护基并经过 1，6 加成合成了吗啡中的哌啶环，在硼氢化钠的作用下将羰基还原为羟基得到天然产物可待因（24）；最后去甲基化合成了吗啡，如 Scheme 8-2 所示。该路线减少了反应步骤，是一种有潜力的合成方法。

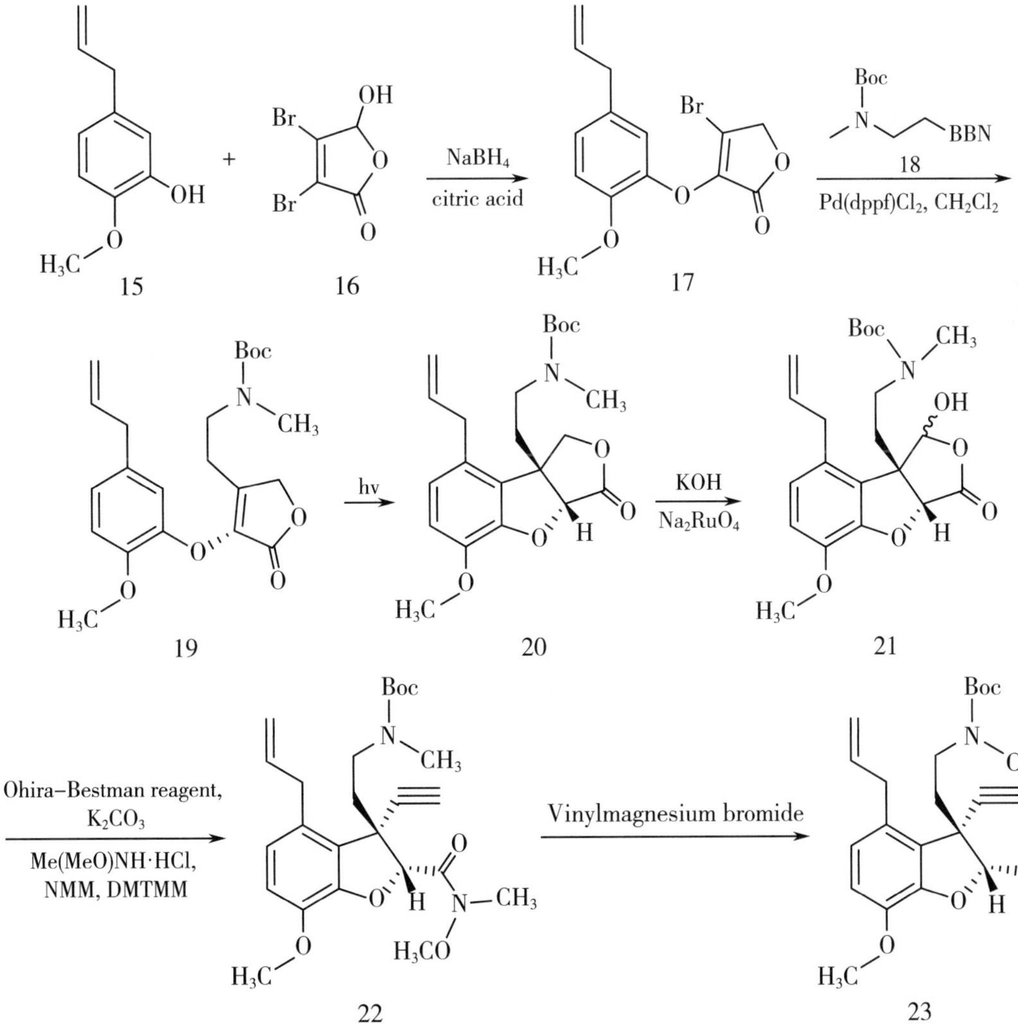

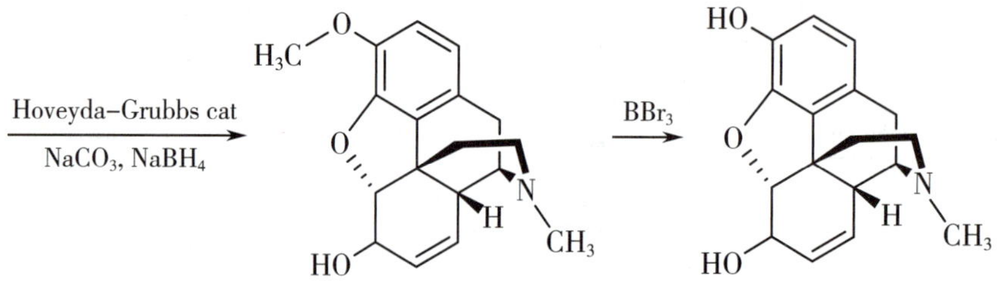

Scheme 8-2　吗啡合成路线二

吗啡的化学结构复杂,通过化学合成工业化生产吗啡还具有困难。目前我国生产的吗啡全部来源于药用原植物。国家根据麻醉药品的医疗、国家储备和企业生产的需要确定需求总量并制定年度生产计划,对麻醉药品药用原植物的种植、麻醉药品和精神药品的生产实行总量控制。国务院药品监督管理部门和国务院农业主管部门根据麻醉药品年度生产计划,制定麻醉药品药用原植物年度种植计划。

吗啡虽具有优良的镇痛作用,但副作用较为严重,成瘾性和呼吸抑制作用限制了其临床应用。因此,寻找成瘾性小、不良反应少的药物一直是新镇痛药研究开发的目标,其中就包括对吗啡的化学结构进行改造。

二、半合成镇痛药

1. 3,6- 位羟基的结构改造　对吗啡结构中 3- 位和 6- 位的羟基进行成醚和成酯的结构改造获得以下结果。

3- 位酚羟基烷基化后可得到可待因(codeine)和乙基吗啡(ethylmorphine)等半合成镇痛药。镇痛活性降低和成瘾性均降低,可待因的体内镇痛活性约为吗啡的 20%,体外活性仅为 0.1%。可待因对延脑的咳嗽中枢有直接抑制作用,镇咳作用强而迅速,是临床上最有效的镇咳药之一,也可用于镇痛、镇静。可待因可与对乙酰氨基酚、阿司匹林或者布洛芬等非甾体抗炎药混合使用,镇痛作用加强。乙基吗啡对黏膜有刺激作用,主要以滴眼液形式用于改善眼内血液和淋巴循环。

6- 位醇羟基甲基化后可得到异可待因(heterocodeine)。镇痛活性比吗啡高 5 倍,但成瘾性也更强,可导致惊厥,故临床禁用。

3,6- 位羟基乙酰化后得到的二乙酸酯被称为海洛因(heroin),镇痛及麻醉作用均强于吗啡,毒性也大 5～10 倍,成瘾性极强。这是由于吗啡酰化后,脂溶性增强,静脉注射后更容易通过血脑屏障到达中枢。经代谢转变为 6- 乙酰吗啡,对 μ 受体激动作用强于吗啡,欣快感更强。海洛因在 1874 年上市后,由于成瘾性极强,产生耐受性和依赖性而被定为禁用的毒品。

$$R = -CH_3 \quad 可待因$$
$$R = -CH_2CH_3 \quad 乙基吗啡$$

异可待因　　　　　　海洛因

2. 6-位羟基氧化，7,8-位双键还原的结构改造　将6-位羟基氧化成酮，7,8-位双键还原后得到氢吗啡酮（hydromorphone），镇痛作用为吗啡的8～10倍；在氢吗啡酮分子中14-位引入羟基，得到羟吗啡酮（oxymorphone），二者均应用于临床，镇痛作用虽然强于吗啡，但副作用也增大。将氢吗啡酮与羟吗啡酮的3-位羟基甲基化，分别得到氢可酮（hydrocodone）和羟考酮（oxycodone），二者均作为镇痛药，镇痛作用弱于吗啡。

氢吗啡酮　　　　　　羟吗啡酮

氢可酮　　　　　　羟考酮

3. N-取代基的结构改造　当N上取代基为氢时，得到N-去甲基吗啡，镇痛活性与成瘾性均降低；当N-甲基变为N-氧化物或季铵盐时，会丧失镇痛活性；若将吗啡的N-甲基用N-烯丙基、N-环丙甲基取代后可得到烯丙吗啡（nalorphine）、纳洛酮（naloxone）和纳曲酮（naltrexone），生物活性发生跳跃性变化。

烯丙吗啡是吗啡N-烃基取代产物，也称纳洛芬，是阿片受体激动剂-拮抗剂，激动κ_3和κ_1受体，拮抗μ受体和δ受体，小剂量时表现为阻断吗啡作用，大剂量时有一定的镇痛作用，临床上主要用于吗啡中毒的解救。

纳洛酮和纳曲酮是在羟吗啡酮结构上进行N-烃基结构改造获得的，为阿片受体的拮抗剂，二者并无明显的药理效应和毒性，但对吗啡中毒患者，小剂量（0.4～0.8mg）静脉注射便能翻转吗啡的作用，临床上用于吗啡类镇痛药物的急性中毒，解救吗啡类药物产生的呼吸抑制和中枢抑制症状。作为阿片受体拮抗剂，纳洛酮和纳曲酮是镇痛药物研究过程中重要的工具药。

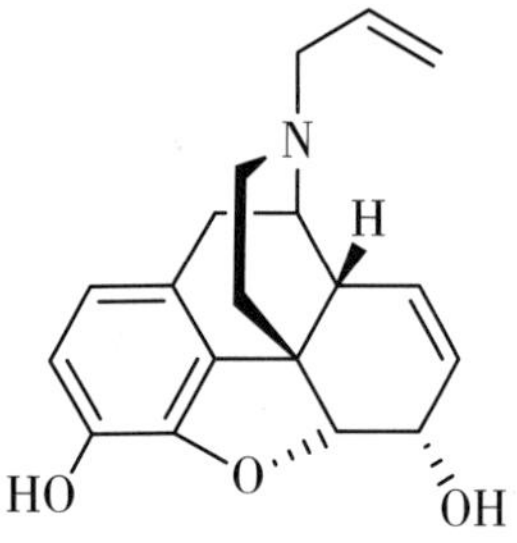

丙烯吗啡 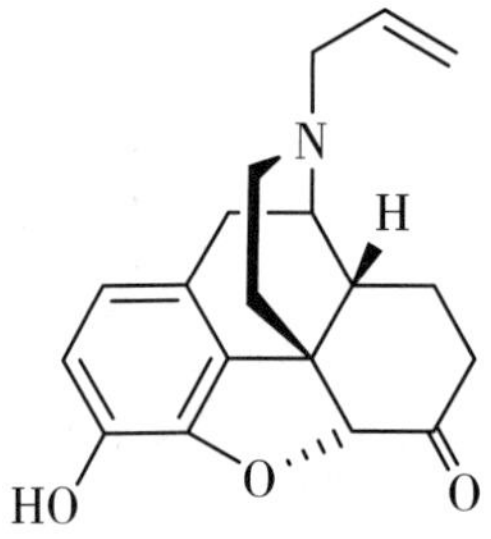　　　　　　　　　纳洛酮 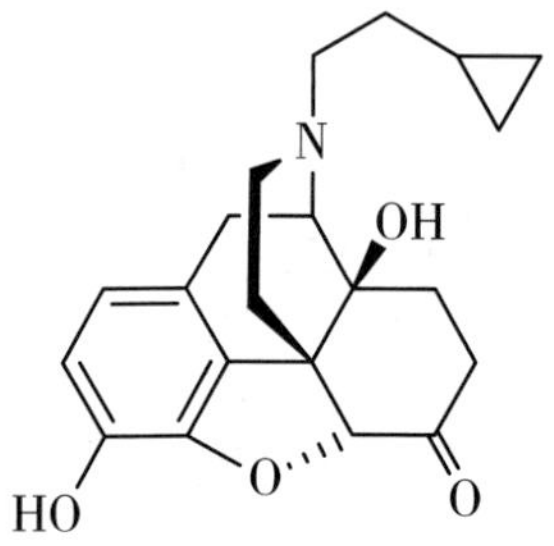　　　　　　　　　纳曲酮

4.6,14-桥和7-位取代结构改造　在 C 环的 6-位和 14-位之间引入一桥链乙烯基,形成一个新的稠环,可得到高效镇痛药埃托啡(etorphine),其镇痛作用为吗啡的 2 000~10 000 倍,但治疗指数低,副作用大。将埃托啡的桥乙烯基氢化,可获得到二氢埃托啡(dihydroetorphine),其镇痛作用更强,副作用也较小,可用于缓解癌症疼痛。将埃托啡结构中的 N-甲基变为烯丙基,得到镇痛活性比吗啡高 15 倍的烯丙基降依托啡(allylnoretorphine)。1976 年上市的长效拮抗性镇痛药丁丙诺啡(buprenorphine)在 7-位取代基结构中引入了叔丁基,提高了药物脂溶性,镇痛活性与作用时间分别为吗啡的 30 倍和 2 倍,且成瘾性极低,是临床上用于癌症和术后疼痛的理想治疗药物。

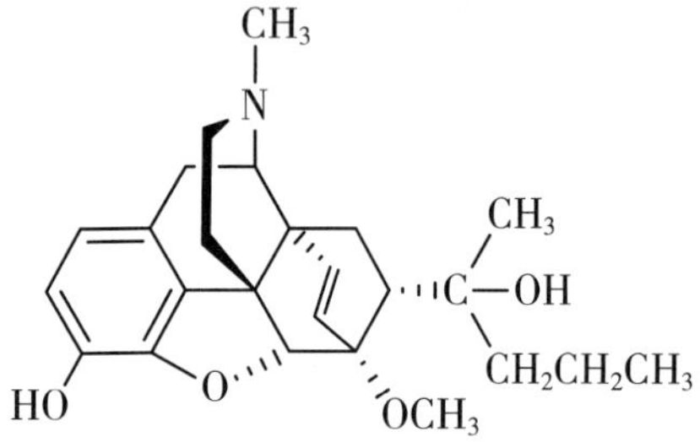

埃托啡 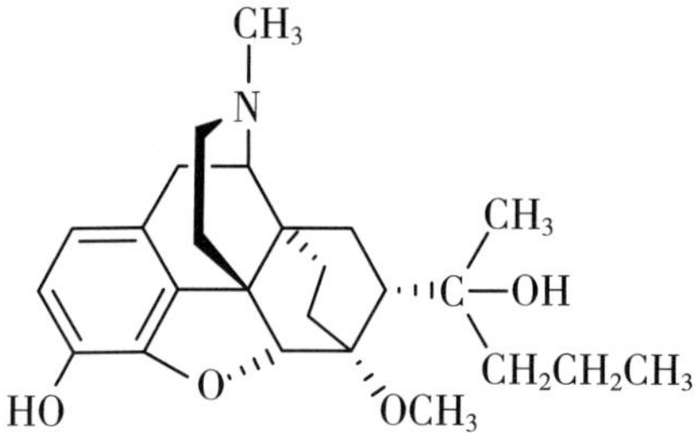　　　　　　　　　　　　　二氢埃托啡

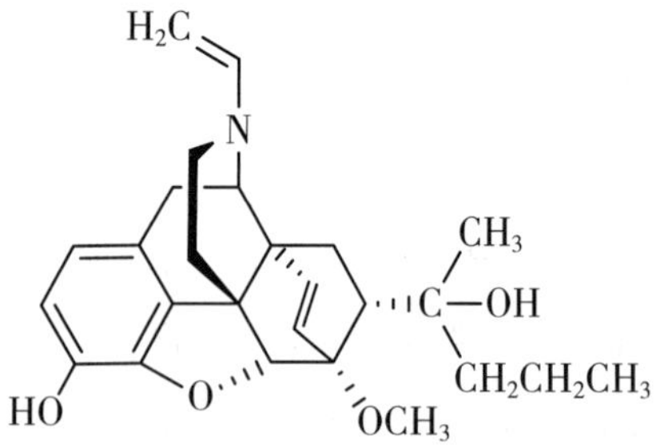

烯丙基降依托啡 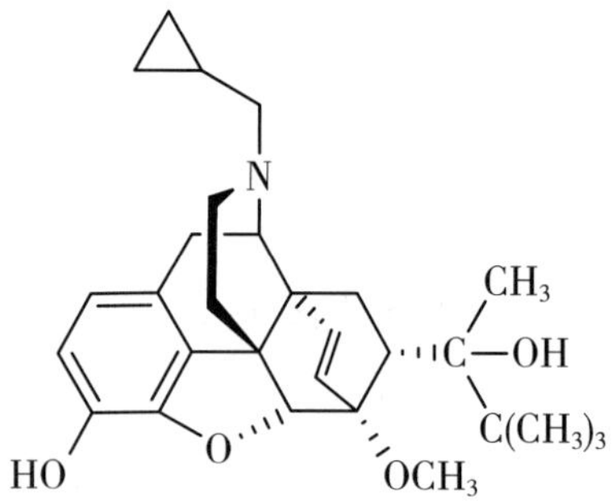　　　　　　　　　丁丙诺啡

第二节　合成镇痛药

吗啡的半合成衍生物在不同程度上仍然具有吗啡样副作用,此外,因需要以吗啡为原料进行合成,应用上受到限制。对吗啡结构进行简化,发展了合成镇痛药。在对吗啡的结构改造过程中,把五个环依次剖裂,将结构依次简化为四环、三环、二环的方法获得了吗啡烃类、

苯并吗喃类、哌啶类等合成镇痛药（synthesis analgesics）。

吗啡　　剖裂D环→　吗啡烃类　　剖裂C环→　苯并吗喃类　　剖裂B环→　哌啶类

一、哌啶类

第一个合成镇痛药哌替啶（pethidine）是于 1939 年在研究阿托品的类似物时被意外发现，为典型的 μ 受体激动剂，这一发现对吗啡替代品的研究起到了极大的推进作用。哌替啶具有 4- 苯基哌啶结构，其结构较吗啡大大简化，只保留吗啡结构的 A、E 环，可与阿片受体结合产生镇痛作用，成瘾性较吗啡低。

哌替啶的 N- 苯基类似物也具有较强的镇痛活性，哌啶环上 N- 甲基被较大的基团取代得到阿尼利定（anileridine），镇痛作用和成瘾性与哌替啶类似，可肌内注射或皮下注射用于镇痛和辅助麻醉；苯哌利定（phenoperidine）镇痛作用是吗啡的 75 倍，是哌替啶的 275 倍，但成瘾性较哌替啶更强；匹米诺定（piminodine）镇痛作用是哌替啶的 5 倍，用于胆囊炎合并胆结石、胰腺炎、癌症等引起的剧烈锐痛。

阿尼利定　　　　　　苯哌利定　　　　　　匹米诺定

对 4- 苯基哌啶进行进一步结构修饰，在苯基和哌啶之间插入氮原子发现了 4- 苯氨基哌啶类似物芬太尼（fentanyl）及其类似物。芬太尼是强效镇痛药，镇痛作用是吗啡的 80 倍，哌替啶的 500 倍。

以芬太尼为基础，开发了一系列太尼类药物。如舒芬太尼（sufentanil）、阿芬太尼（alfentanil）、卡芬太尼（carfentanil）和瑞芬太尼（remifentanil）。其中舒芬太尼的治疗指数最高，安全性好，镇痛作用是吗啡的 600～800 倍；阿芬太尼为 N- 乙基四氮唑酮基结构，药物起效快，但作用维持时间短，临床用于辅助麻醉；具有甲酸甲酯或 N- 丙酸甲酯结构的卡芬太尼和瑞芬太尼，由于酯基容易被水解，这两个药物的作用时间短，其中，瑞芬太尼半衰期小于 10 分钟，无累积性阿片样效应，停药后可迅速复原，用于全麻诱导或全麻中的维持镇痛。

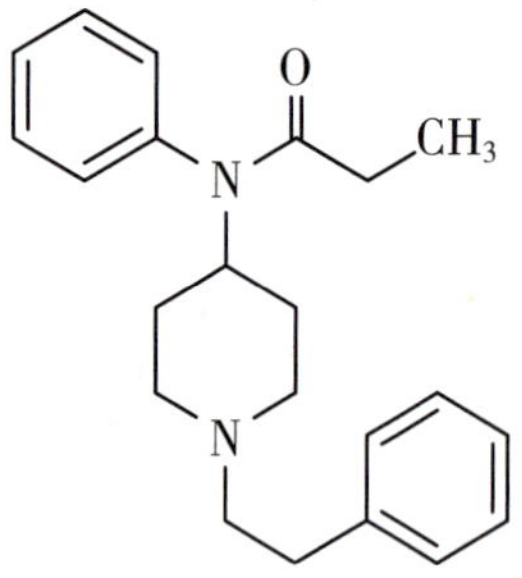

芬太尼

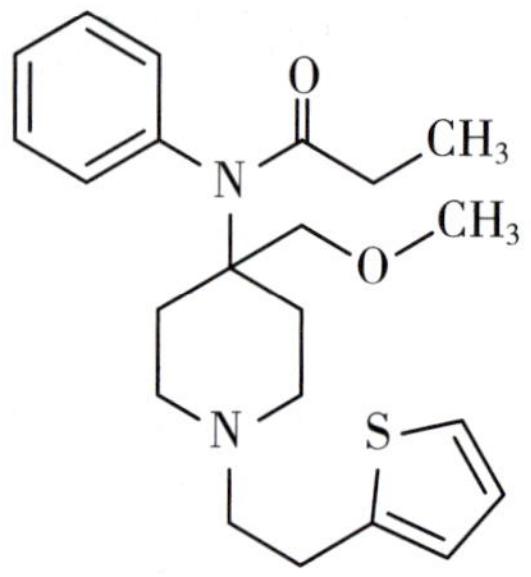

舒芬太尼

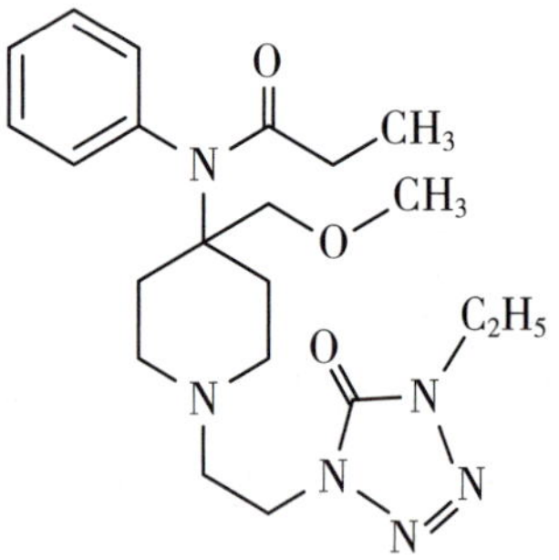

阿芬太尼

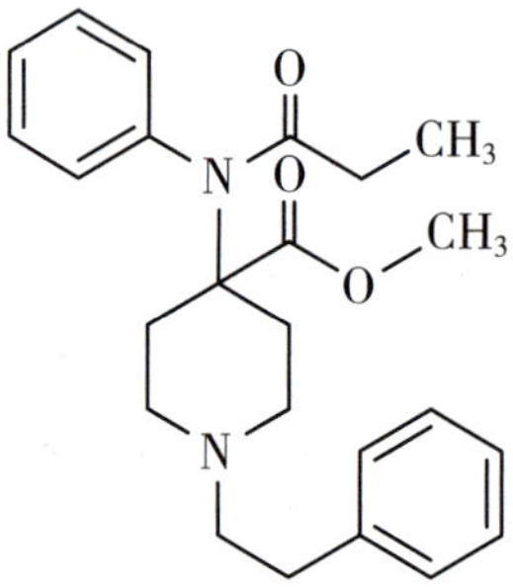

卡芬太尼

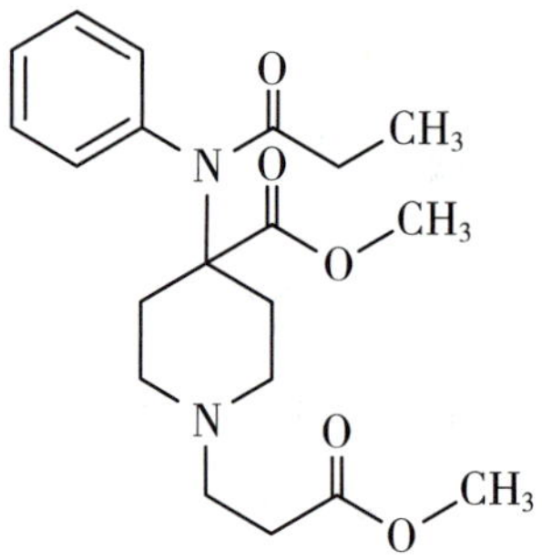

瑞芬太尼

因此,芬太尼哌啶环 N- 苯乙基是活性必须基团,当苯基被其他芳香环取代时,仍能保持较强活性,且苯乙基链的长度和酯类衍生物均能对活性产生影响。

盐酸哌替啶(pethidine hydrochloride)

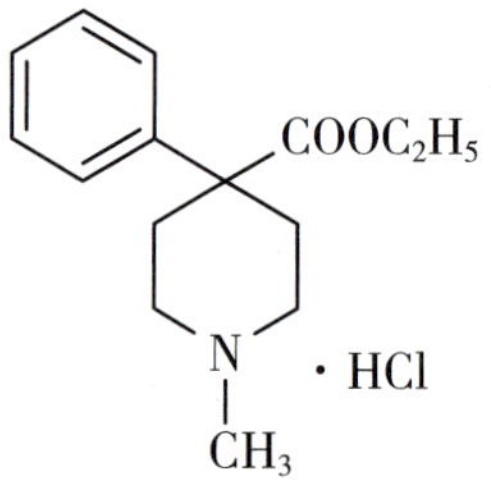

化学名为 1- 甲基 -4- 苯基 -4- 哌啶甲酸乙酯盐酸盐,1-methyl-4-phenyl-4-piperidine carboxylic acid ethyl ester hydrochloride,又名度冷丁。

本品为白色结晶性粉末,无臭或几乎无臭,在水或乙醇中易容,三氯甲烷中溶解,乙醚中几乎不溶,解离平衡常数(pK_a)为 8.7,熔点 186~190℃,油水分配系数为 2.72,在生理 pH 条件下,94% 以离子态形式存在。易吸潮,遇光易变质,故应密封避光保存。

盐酸哌替啶是目前最常用的哌啶类镇痛药物之一,用于各种创伤性疼痛及平滑肌痉挛引起的疼痛,也用于麻醉前给药。

哌替啶进入体内后发生 N- 脱甲基、酯基水解、葡萄糖醛酸结合反应,生成游离态和结合态的去甲哌替啶、哌替啶酸、去甲哌替啶酸等产物,最后经尿液排出体外。其中,去甲哌替啶是毒性代谢物,由于在体内代谢缓慢,易产生毒性蓄积并造成严重的精神毒性症状。

盐酸哌替啶的合成路线主要有三条。

路线一：以二乙醇胺为原料，首先经过 N- 苄基保护、羟基氯代、缩合反应得到 N- 苄基 -4- 氰基 -4- 苯基哌啶，随后酸性水解、酯化、氢化脱苄基、N- 甲基化反应、成盐制得盐酸哌替啶。

路线二：以苯乙腈和双(2- 氯乙基)甲胺为原料，经缩合、酸性水解、酯化、成盐制得盐酸哌替啶。

路线三: 以氯乙醇为原料, 经消去和开环反应首先合成 N, N- 二(β- 羟乙基)甲胺, 然后经过羟基氯代合成了双(2- 氯乙基)甲胺, 后续的反应与路线二相同。

路线一需 N- 苄基保护和脱保护步骤, 收率较低; 路线二反应步骤少, 制备效率高, 是目前常用得盐酸哌替啶制备方法, 但所用原料双(2- 氯乙基)甲胺价格较为昂贵且毒性大; 路线三在路线二的基础上以氯乙醇为原料首先合成双(2- 氯乙基)甲胺, 降低了生产成本。

哌替啶相关限量杂质有 A~J, 共十种, 其中, 杂质 B 的限量要求最高, 不得超过 0.1ppm。原料中间体类杂质为 C、E、F 和 H, 其余为反应副产物: A 为合成中间体 1- 甲基 -4- 苯基 -4- 哌啶甲酸脱羧得到的 1- 甲基 -4- 苯基哌啶; B 和 I 为哌啶不完全还原所得的副产物经后续反应产生; D 为 N- 甲基化过程中发生酯交换反应产生; G 为反应过程中甲酸乙酯 α- 碳甲基化产物; J 为 E 发生 N- 乙基化产生。

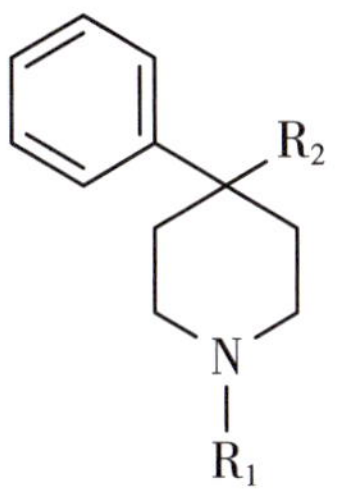

A R₁=CH, R₂=H
C R₁=CH₃, R₂=COOH
D R₁=CH₃, COOCH₃
E R₁=H, R₂=COOCH₂CH₃
F R₁=CH₂C₆H₅, R₂=COOH
G R₁=CH₃, R₂=COOCH(CH₃)₂
H R₁=CH₂C₆H₅, R₂=COOCH₂CH₃
J R₁=CH₂CH₃, R₂=COOCH₂CH₃

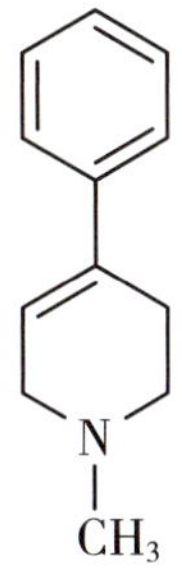

枸橼酸芬太尼（fentanyl citrate）

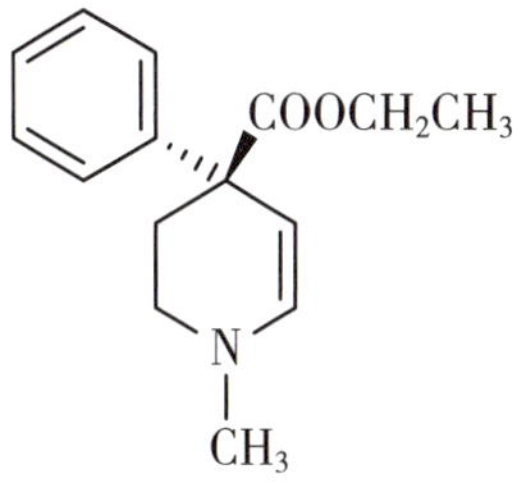

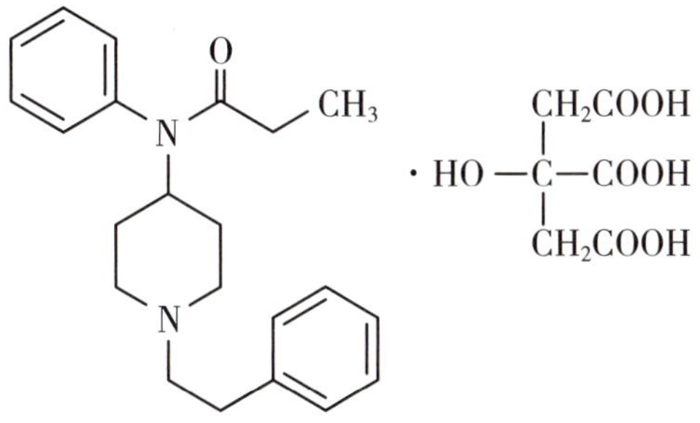

化学名为 N-[1-(2-苯乙基)-4-哌啶基]-N-苯基-丙酰胺枸橼酸盐，N-phenyl-N-[1-(2-phenylenthyl)-4-piperidy]propenamide citrate。

枸橼酸芬太尼的解离常数(pK_a)为 8.4，油水分配系数为 4.05，生理 pH 条件下，有 90% 以离子形式存在。

枸橼酸芬太尼于 1972 年在美国上市，在临床上主要用于治疗手术期间和术后管理的严重疼痛，也可用于治疗慢性疼痛。

枸橼酸芬太尼的合成路线主要有三条。

路线一：以苯乙胺为原料，经共轭加成、环化缩合和脱羧得到 N-苯乙基-4-哌啶酮，然后与苯胺脱水缩合生成亚胺，最后还原亚胺并经过丙酰化得到芬太尼。

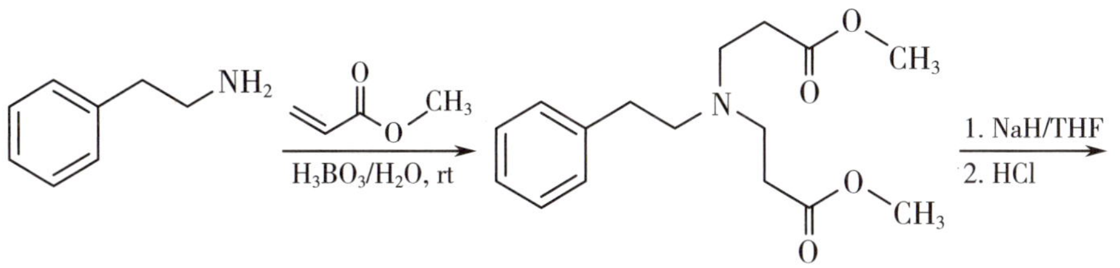

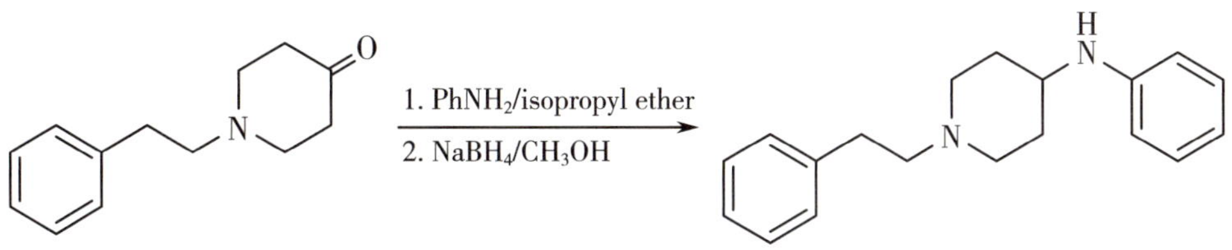

路线二：以 N- 乙基 -4- 哌啶酮为原料和苯胺进行脱水缩合生成亚胺，亚胺经有机还原剂 2- 甲基 -5- 乙基吡啶硼烷还原，最后经过丙酰化得到芬太尼。

路线三：以 4- 苯氨基 -N- 苯乙基哌啶为原料，用贵金属钯催化合成芬太尼。

路线一以苯乙胺为原料,反应步骤多,总收率较低。路线二以 N- 乙基 -4- 哌啶酮为原料,尽管反应简单,但原料和有机还原剂价格昂贵使得该路线不适合工业化生成。路线三反应步骤少,总收率可达 96%,是目前收率最高的合成方法。

枸橼酸芬太尼的相关限量杂质有 A～E 五种,其中 A～D 为特定杂质。原料和中间体类杂质为 D,其余均为反应副产物,其中,A 为反应中哌啶环上氮原子被氧化的产物及其差向异构体;B 为 N- 苯基 -N-(4- 哌啶基)- 丙酰胺,由 N- 脱苯乙基产生;C 为 N- 苯基 -N-[1-(2- 苯乙基)-4- 哌啶基]- 乙酰基,由丙酰化试剂中的乙酰氯或乙酸酐残留造成;E 为苯甲醛,由反应过程中苯胺氧化产生。

及N*差向异构体

A

B R$_1$=COC$_2$H$_5$, R$_2$=H
C R$_1$=COCH$_3$, R$_2$=CH$_2$CH$_2$C$_6$H$_5$
D R$_1$=H, R$_2$=CH$_2$CH$_2$C$_6$H$_5$

E

二、氨基酮类

美沙酮(methadone)为吗啡哌啶环的开环衍生物,但由于分子内相互作用力的存在,美沙酮的空间构象与吗啡相似,因此药效也与吗啡类似,但比吗啡作用时间长,不易产生耐受性和药物依赖性。临床上用于海洛因依赖性脱毒和替代维持治疗。

盐酸美沙酮(methadone hydrochloride)

·HCl

化学名为 4,4- 二苯基 -6- 二甲氨基 -3- 庚酮盐酸盐,6-dimethylamino-4,4-diphenyl-3-heptanone hydrochloride。

本品为无色结晶或白色结晶性粉末;无臭,味苦。熔点 230～234℃。易溶于醇和三氯甲烷,在水中溶解,不溶于醚和甘油,水溶液在 20℃时 pK_a 为 8.25。1% 水溶液的 pH 为 4.5～6.5。

盐酸美沙酮的合成路线如下:

以二苯乙腈为原料,经取代、重排、加成和成盐反应后得到盐酸美沙酮。

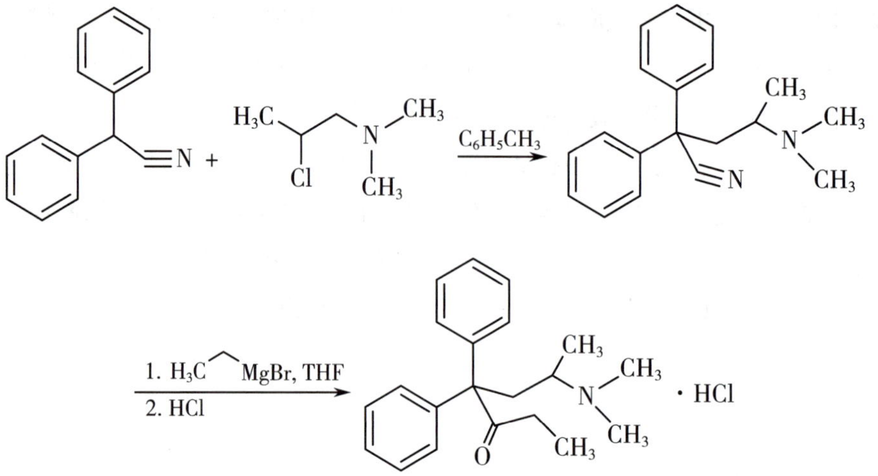

右吗拉胺(dextromoramide)和右丙氧芬(dextropropoxyphene)也属于氨基酮类合成镇痛药,它们分别将美沙酮分子中氮原子和羰基进行结构修饰而获得。右吗拉胺的镇痛活性与美沙酮相当,口服吸收好,成瘾性低,用于各种剧痛的治疗。右丙氧芬于1957年应用于临床,其右旋体具有镇痛作用,是成瘾性很小的镇痛药,镇痛作用约为吗啡的20%,适用于由慢性病引起的疼痛。

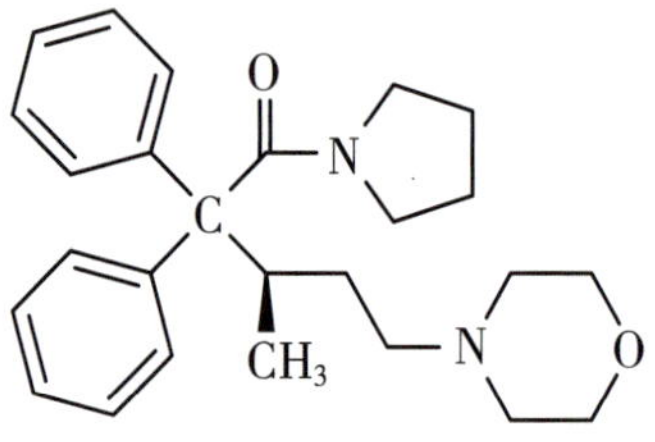

右吗拉胺 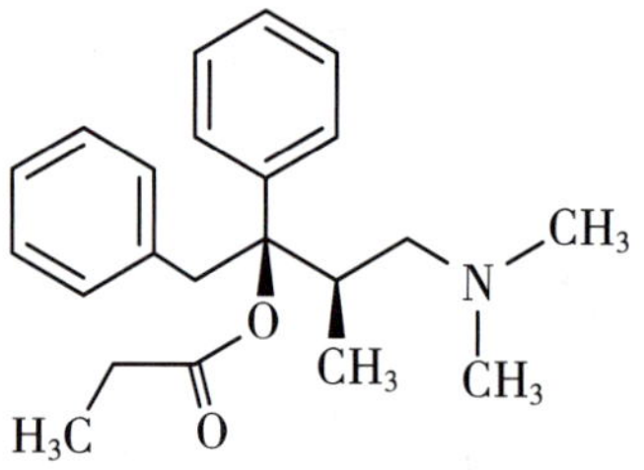   右丙氧芬

三、苯并吗喃类

苯并吗喃类(benzomorphane)合成镇痛药保留了吗啡的 A、B、E 环,该类药物的立体构型与吗啡相似,代表药物有非那佐辛(phenazocine)、喷他佐辛(pentazocine)以及塞克洛斯(cyclocine)。非那佐辛为 μ 受体激动剂,镇痛作用是吗啡的 10 倍;喷他佐辛是 μ 受体拮抗剂,κ 受体激动剂,这种兼有激动 - 拮抗作用的药物称为拮抗性镇痛药或阿片受体部分激动剂,其镇痛活性约为吗啡的 20%,成瘾性更小;塞克洛斯的镇痛作用强于喷他佐辛,具有安定和松弛肌肉的作用。

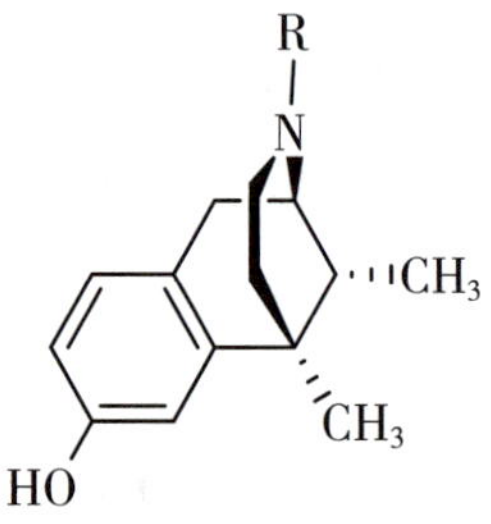

R=CH₂CH₂C₆H₅   非那佐辛

R=CH₂CH=C(CH₃)₂   喷他佐辛

R=CH₂CH₂CH₂—C(=O)—C₆H₄—F   塞克洛斯

四、吗啡烃类

吗啡结构中去除呋喃环可得到吗啡烃类合成镇痛药,立体结构与吗啡相似,代表药物为左啡诺(levorphanol)和布托啡诺(butorphanol)。左啡诺由于失去了呋喃环的醚键,脂溶性强于吗啡,使得其对 μ 受体的亲和力增加,镇痛作用是吗啡的 4 倍;布托啡诺为左啡诺的结构类似物,区别在于 N- 取代基为环丁亚甲基,药理作用与喷他佐辛相似,也表现为 μ 受体拮抗和 κ 受体激动,与喷他佐辛同为拮抗性镇痛药,镇痛效果弱于吗啡,但安全有效且成瘾性低。

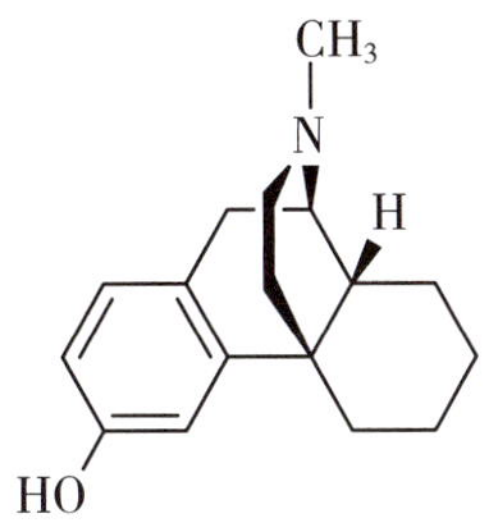

左啡诺 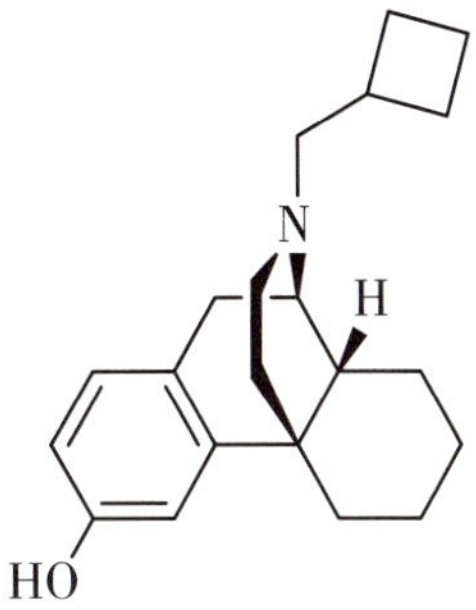　　　　　　　　　布托啡诺

五、其他类

地佐辛(dezocine)具有氨基四氢萘类化学结构,保留了吗啡的 A、B 环和类似的氨基结构,立体构型与吗啡的 A、B 环相似,是拮抗性镇痛药物,成瘾性小,镇痛作用弱于喷他佐辛,可用于缓解手术后疼痛。

曲马多(tramadol)为环己烷衍生物,与 4- 苯基哌啶的空间结构相似,为 μ 受体激动剂,同时,它还具有抑制单胺重摄取的作用,可阻断疼痛信号传导,临床上可代替吗啡和哌替啶用于中度或重度急慢性疼痛的镇痛。

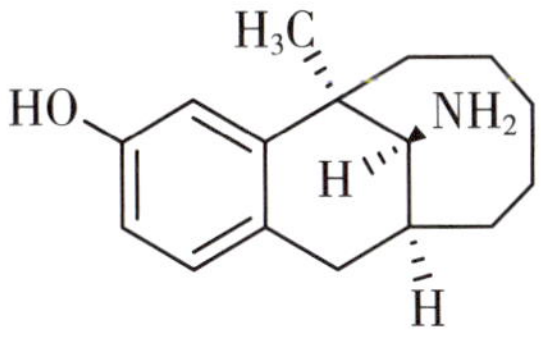

地佐辛 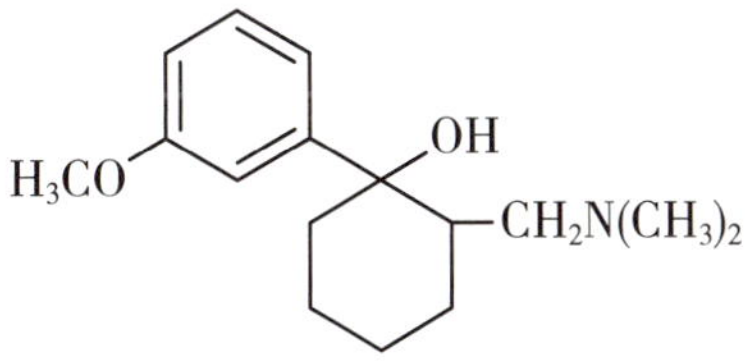　　　　　　　　　曲马多

第三节　内源性阿片肽与阿片受体

一、内源性阿片肽

在哺乳动物的大脑内存在着一类具有吗啡样镇痛作用的肽类物质,这些肽类物质是一种重要的神经递质,对疼痛的调节与阿片类镇痛药相似。因此,这些物质被称为内源性阿片肽

（endogenous opioid peptide，EOP）。内源性阿片肽结构丰富，包括脑啡肽、内啡肽、强啡肽、孤啡肽、内吗啡肽等多种结构类型。

1. 脑啡肽（enkephaline） 在 1975 年，由苏格兰的 Hughes 等首次从猪脑中分离得到两个具有阿片样镇痛活性的五肽，并命名为脑啡肽（enkephaline），它们分别为亮氨酸脑啡肽（leucine enkephaline，LE）和甲硫氨酸脑啡肽（methionine enkephaline，ME）。二者的结构相似，且都具有四个相同的氨基酸，它们依次为酪氨酸（Tyr）、甘氨酸（Gly）、甘氨酸（Gly）和苯丙氨酸（Phe），二者的区别仅在于碳端一个氨基酸残基的不同，亮氨酸脑啡肽为亮氨酸（Leu），甲硫氨酸脑啡肽为甲硫氨酸（Met）。

H┼Tyr–Gly–Gly–Phe–Leu┼OH   H┼Tyr–Gly–Gly–Phe–Met┼OH   Tyr–D-Ala–Gly–Phe–Me–Met–NH$_2$

    亮氨酸脑啡肽   甲硫氨酸脑啡肽   美克法胺

亮氨酸脑啡肽和甲硫氨酸脑啡肽在大脑中的分布与阿片受体的分布基本一致，对阿片 δ 型受体亲和力强，对 μ 型受体也有一定程度的亲和力，表现为与吗啡具有相似的生理作用。尽管脑啡肽与吗啡的化学结构差异很大，前者为多肽，后者为具有刚性稠环结构的生物碱，但 X 射线衍射的结果证实，二者的空间构象相仿。即脑啡肽是一个具有很强柔性的五肽分子，拥有多种构象，其中，主要的构象为 Gly-Gly 和 Gly-Phe 之间的 β 折叠型，此时分子形成"U"形，与吗啡空间结构非常相似，酪氨酸残基中的氨基氮原子相当于吗啡 E 环上的氮原子，酪氨酸残基中的酚环与吗啡的 A 环相当，苯丙氨酸残基中的芳香环相当于吗啡中 C 环。

吗啡结构   甲硫氨酸脑啡肽结构

目前发现的多种内源性阿片肽结构中，虽然氨基酸的数目由 5～33 个不等，但都在氨端连接着 ME 或 LE。这说明酪氨酸-甘氨酸-甘氨酸-苯丙氨酸-甲硫氨酸（或亮氨酸）的序列是这类多肽与阿片受体结合并发挥生物活性所必需的结构。

内源性阿片肽容易被肽酶降解失活，可以通过改变这类物质的结构，达到延缓或抑制降解的效果，从而延长肽类物质的作用时间。当用 D-Ala 取代甲硫氨酸脑啡肽中的甘氨酸（Gly），并将苯丙氨酸（Phe）甲基化、甲硫氨酸酰胺化可得到美克法胺（metkefamide），镇痛活性与吗啡相当，但不易产生呼吸抑制和成瘾性等副作用。

2. 内啡肽（endorphin） 也称为安多芬或脑内啡，是一种由哺乳动物脑垂体分泌的并且与镇痛及精神活动有关的多肽。1975 年，Hugbes 和 Kotelit 等人从猪脑中分离得到了 α、β 和 γ 三种内啡肽，它们分别含有 16、31、17 个氨基酸残基，但结构基本相似，N 端 1～5 肽片段为甲硫氨酸脑啡肽序列，仅 C 端不同，其中，内啡肽对阿片 μ、δ 和 κ 受体均有较强亲和力，镇痛作用也最强，约为吗啡的 10 倍，它与脑啡肽共同调节神经传导，除此之外还具有内分泌调节作用。

H–Tyr–Gly–Gly–Phe–Met┊Thr–Ser–Glu–Lys–Ser–Gln–Thr–Pro–Leu–Val–Thr–OH α-内啡肽

H–Tyr–Gly–Gly–Phe–Met┊Thr–Ser–Glu–Lys–Ser–Gln–Thr–Pro–Leu–Val–Thr–Leu–OH γ-内啡肽

H–Tyr–Gly–Gly–Phe–Met┊Thr–Ser–Glu–Lys–Ser–Gln–Thr–Pro–Leu–Val–Thr–Leu–Phe–Lys–Asn–Ala–

Ile–Lys–Asn–Ala–Tyr–Lys–Lys–Gly–Glu–OH β-内啡肽

3. 强啡肽（dynorphin） 在 1979 年，由 Goldstein 从猪脑的垂体中分离得到了强啡肽。强啡肽也是目前已知的活性最强的内源性阿片肽，对阿片 κ 受体有极强的亲和力，对 μ 和 δ 受体也有一定的亲和力，含有 17 个氨基酸，对豚鼠回肠的生物活性是亮氨酸脑啡肽的 700 倍，结构中 N- 端 1～5 肽片段为亮氨酸脑啡肽序列，具有多种生理功能，除了最早被发现的镇痛功能外，对心血管系统和呼吸系统也有明显的调节功能，也表现出很强的成瘾性和药物依赖性。

H–Tyr–Gly–Gly–Phe–Leu┊Arg–Arg–Ile–Arg–Pro–Lys–Leu–Lys–Trp–Asp–Asn–Gln–OH 强啡肽

4. 孤啡肽（orphanin） 在 1995 年，由瑞士和法国的科学家，分别从大鼠和猪的下丘脑中，分离得到了一种 17 个氨基酸的阿片肽并命名为孤啡肽（或称痛敏素）。孤啡肽为阿片受体样受体（ORL1 受体）的高选择性配体。其结构中 N- 端 2～4 位氨基酸序列与脑啡肽完全相同，分布于中枢神经系统和外周组织中，参与痛觉调节、心血管系统和运动系统等多种生理功能的调节。

H–Phe┊Gly–Gly–Phe┊Thr–Gly–Ala–Arg–Lys–Ser–Ala–Arg–Lys–Leu–Ala–Asn–Gln–OH 孤啡肽

5. 内吗啡肽（endomorphin） 在 1997 年，由 Zadina 从牛的大脑中分离获得的一种小肽，由 4 个氨基酸残基组，具有与吗啡样镇痛活性并将其命名为内吗啡肽，根据其结构可分为内吗啡肽 -1 和内吗啡肽 -2。内吗啡肽对 μ 受体的亲和力比 δ 受体高 240 倍。

H-Tyr-Pro-Trp-Phe-NH₂   H-Tyr-Pro-Phe-Phe-NH₂

内吗啡肽 -1   内吗啡肽 -2

与脑啡肽的前 4 个氨基酸残基 Tyr-Gly-Gly-Phe 的序列相比，内吗啡肽的氨基酸序列与脑啡肽不同，第 2 位改变为 Pro，第 3 位改变为 Gly 或 Phe，第 4 位由 Phe 改变为 $Phe-NH_2$，说明阿片肽氨基酸序列的变化与其功能的改变密切相关。

二、阿片受体

阿片受体（opiate receptors）的发现早于内源性阿片肽。早在 1973 年，人们便已经证实脑中存在阿片受体，随后，又根据药理学特性和解剖学定位将阿片受体分为 μ、δ、κ 等不同亚型。1992—1993 年，又发现了与传统阿片受体高度同源的阿片受体样受体（ORL1 受体），但由于当时没有发现其生理性配体，因此该受体也被称为孤儿 ORL1 受体，直到 1995 年，人们发现其内源性的配体：孤啡肽。

最初人们认为镇痛作用和副作用是由于不同类型的阿片受体所引起的,比如,吗啡对 μ、δ 和 κ 受体均有激动作用,所以镇痛作用和副作用并存,因此,人们希望药物可以选择性作用于镇痛作用受体,从而找到可以减轻或消除副作用的镇痛药物。但是,研究结果表明,镇痛作用与副作用的产生受相同受体的支配,三种不同类型的受体中,μ 受体镇痛活性最强但成瘾性也最强,δ 受体镇痛活性最小相应的成瘾性也最小,κ 受体镇痛作用与成瘾性介于以上两者中间,且有明显的致焦虑作用。因此,选择性阿片受体激动剂难以达到将镇痛作用和副作用分离的目的。

内源性阿片肽与阿片受体的作用强度及选择如表 8-1 所示。

表 8-1　内源性阿片肽与阿片受体的亲和力

类型	δ 受体	κ 受体	μ 受体	ORL1 受体
亮氨酸脑啡肽	+++	−	+	−
甲硫氨酸脑啡肽	+++	−	++	−
β- 内啡肽	+++	+++	+++	−
内吗啡肽 -1	−	−	+++	−
内吗啡肽 -2	−	−	+++	−
强啡肽	+	+++	++	−
孤啡肽	−	−	−	+++

在吗啡、吗啡衍生物以及合成镇痛药中,吗啡和芬太尼等药物是 μ 受体的激动剂,喷他佐辛、布托啡诺是 κ 受体激动剂。其中,药物与 μ 受体的结合模型研究最为成熟,κ 受体模型是在 1983 年由 Martin 提出,但有待进一步的验证,δ 受体模型研究成果少见报道。

1954 年,Becket 和 Casy 提出了药物与阿片 μ 受体的三点结合模型。模型要求镇痛药物分子结构应具有三个特征:①一个碱性中心,如吗啡哌啶环上氮原子,在生理条件下可发生部分解离生成带正电荷的离子,该离子可与 μ 受体表面负离子结合部位相结合;②一个芳香环结构,如吗啡的苯环,可与 μ 受体的平坦区域以范德瓦耳斯力的方式结合,此外,芳香环上的氢键供体还可以和受体以氢键的方式结合;③具有一个 N- 烃基哌啶或类似哌啶的结构,N- 烃基突出于哌啶空间构象所形成的平面的前方,该构型可与受体的孔穴相嵌合。吗啡与阿片 μ 受体的三点结合模型(图 8-1)。

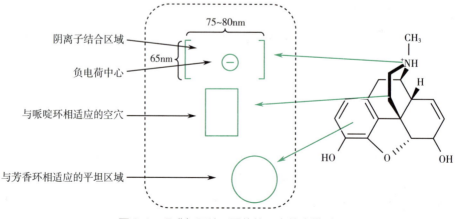

图 8-1　吗啡与阿片 μ 受体的三点结合模型

设想的 μ 受体包括三个部分：①一个平坦的结构，可以和药物的苯环通过范德瓦耳斯力相互结合；②一个阴离子部位能和药物的正电中心以静电结合；③一个方向合适的空穴哌啶环相适应。这一受体模型在应用若干年后，发现有很多事实不能解释。如埃托啡与吗啡的结构形象相似，但埃托啡的镇痛活性比吗啡高上万倍，为解释这些现象，在三点模型基础上提出了镇痛药物与受体的四点结合模型，即在阿片受体上存在着亲脂性结构的识别部位，如埃托啡与阿片受体的四点结合模型，如图 8-2 所示，新增的亲脂性结构与受体的结合使得镇痛活性显著提高。四点模型也可以很好解释脑啡肽和内啡肽具有高镇痛活性的原因，修正了三点模型的局限，但对阿片样物质和阿片受体的深入认识还处于不断发展完善中。

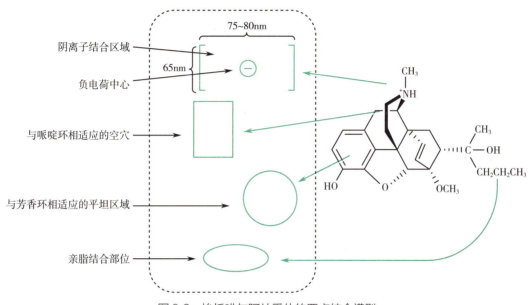

图 8-2　埃托啡与阿片受体的四点结合模型

研究吗啡受体的成果推动了镇痛药的发展，对阿片受体的研究已有多年，因阿片受体纯化困难，故对其分子水平的结构和功能知之甚少，目前研究的主要方法是受体的克隆，并以现代分子生物学技术对受体详加研究。随着阿片受体基因编码的发现和确认，阿片受体功能的研究，阿片类镇痛药作用机制的进一步阐明，将有助于研制和开发新的阿片类镇痛药物。此外，随着对疼痛生理研究的深入，人们发现其他一些机制也与疼痛有关。除阿片受体外，以谷氨酸受体、乙酰胆碱受体、神经肽受体等靶点作为新的镇痛靶点，正进行新的镇痛药的研究。现有的镇痛药研究已突破传统的非甾体抗炎药和阿片类镇痛药的局限，有望获得新型的无成瘾性镇痛药。这些药物的成功，将会避免和减少阿片类镇痛药的使用，并提高镇痛治疗的效果。

三、阿片样镇痛药的构效关系

在大量吗啡类药物的基础上，进行了构效关系研究（图 8-3）。

20 世纪 50 年代，根据吗啡和大量半合成以及全合成镇痛药的结构分析，归纳出镇痛药具有以下共同的结构特征：①分子中具有一个平坦的芳环结构；②有一个叔氮原子碱性中心，能在生理 pH 条件下大部分电离为阳离子，并且碱性中心和平坦结构在同平面；③含有哌啶或类似哌啶的空间结构,而哌啶或类似哌啶的烃基部分,应凸出于由芳环构成的平面之上。

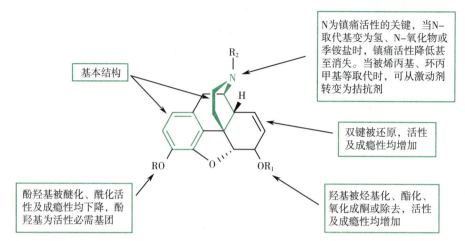

图8-3 吗啡类药物的构效关系

N为镇痛活性的关键,当N-取代基变为氢、N-氧化物或季铵盐时,镇痛活性降低甚至消失。当被烯丙基、环丙甲基等取代时,可从激动剂转变为拮抗剂

双键被还原,活性及成瘾性均增加

羟基被烃基化、酯化、氧化成酮或除去,活性及成瘾性均增加

酚羟基被醚化、酰化活性及成瘾性均下降,酚羟基为活性必需基团

基本结构

同期,吗啡类药物立体构象的研究表明,吗啡与合成镇痛药具有相似的立体构象。当吗啡中的哌啶环为椅式构象时,苯基以直立键取代在哌啶环的 4- 位上。合成镇痛药哌替啶、喷他佐辛等通过键的旋转,可转变为相似的构象;美沙酮虽然为开链化合物,但通过羰基碳的部分正电荷与氮原子上的未共用电子对配位,可形成类似的哌啶环,也呈相似的构象。

吗啡

喷他佐辛

哌替啶

芬太尼

美沙酮

第八章 目标测试

（孟艳秋）

第九章 麻醉药

早在公元 2 世纪,《后汉书·华佗列传》就记载了我国伟大的医学家华佗,将麻沸散用于腹腔手术的事件;公元 15 世纪,在阿拉伯国家出现过应用鸦片汁、曼陀罗草等镇痛的方法;1562年,法国医师 Pare 采用绑扎四肢的方法,进行血管压迫而止痛;1595 年,Costa 采用冷冻的方法进行止痛;随后,产生了放血产生脑贫血失神、饮酒等止痛方法。但这些方法处于麻醉发展的萌芽阶段,麻醉效果和安全性与现代麻醉存在巨大差距。

19 世纪中叶至 20 世纪 40 年代,为近代麻醉发展阶段。麻醉乙醚的发现和使用为这一阶段的开端,这一时期,麻醉药物和方法得到了快速的发展。

20 世纪 50 年代后,为现代麻醉学阶段,这一时期,各种新型麻醉药物(局部麻醉药、镇静催眠药、阿片类镇痛药、静脉麻醉药)、麻醉辅助药物(肌肉松弛剂)及麻醉操作技术得到了不断改进和完善。

目前,临床有数百种麻醉用药,代表性药物的发展简况如表 9-1 所示。

表 9-1　麻醉药物发展阶段、代表药物及药物类型

发展阶段	代表药物及药物类型
麻醉萌芽阶段 （公元 2 世纪—1840 年）	东汉末年　麻沸散 公元 15 世纪　鸦片汁、曼陀罗草
近代麻醉阶段 （1840—1940 年）	1846 年　乙醚(吸入全麻药) 1906 年　普鲁卡因(局部麻醉药) 1932 年　利多卡因(局部麻醉药) 1934 年　硫喷妥钠(镇静类静脉全麻药)
现代麻醉阶段 （1940 年至今）	1952 年　琥珀胆碱(肌松剂类麻醉辅助药) 1963 年　布比卡因(局部麻醉药) 1972 年　依托咪酯(镇静类静脉全麻药) 1977 年　丙泊酚(镇静类静脉全麻药) 1980 年　维库溴铵(肌松剂类麻醉辅助药) 1993 年　七氟烷(吸入全麻药) 1994 年　罗库溴铵(肌松剂类麻醉辅助药) 1996 年　瑞芬太尼(镇痛类静脉全麻药) 1996 年　罗哌卡因(局部麻醉药)

临床上常用的麻醉药包括全身麻醉药(全麻药)和局部麻醉药(局麻药)。全麻药作用于中枢神经系统,产生可逆的神经抑制作用,从而使所有的意识、感觉和反射消失。局部麻醉药作用于神经末梢或者神经干,阻滞神经冲动传导,产生局部的痛感消失。全麻药和局麻药的作用机制不同,但均产生痛觉消失的作用,在麻醉辅助药的共同作用下,达到适用于手术止痛、手术期准备与治疗的要求。

目前临床使用的麻醉药物,虽然种类繁多,但毒性仍然普遍较高。常规药物的治疗指数均可达数百或数千,而全麻药物的治疗指数一般为3～4之间,用药仍存在较高风险。

第一节　全身麻醉药

理想的全身麻醉要具有镇静、无痛、肌肉松弛和不利神经反射消失的特征,才能满足手术需要。目前,尚未有一个药物同时满足上述要求。因此,临床上常用多种药物组合进行全身麻醉。这些药物包括吸入全麻药(inhalation anesthetics)、静脉全麻药(intravenous anesthetics)和麻醉辅助药(anesthesia aided drug)。

一、吸入全麻药

吸入全麻药(inhalation anesthetics)又称为挥发性全麻药(volatile anesthetics),是一类挥发性、化学性质不活泼的气体或液体,在麻醉操作时,药物与空气或氧气混合,随呼吸进入患者肺部,通过气体的弥散作用,通过肺泡进入血液,再分布于神经组织中,当达到有效浓度后,发挥全麻作用。这类药物包括烃类及烯烃类、醚类、氯代烷、氟代醚等结构类型,临床达百余种之多。

最早在外科手术中使用的全麻药为乙醚(ether)、三氯甲烷(chloroform)和氧化亚氮(nitrous oxide)。1846年,乡村医生Crawded W. Long将乙醚麻醉成功应用于患者颈部肿物手术;1847年,Simpon将三氯甲烷成功应用于分娩镇痛;1884年,Wells将氧化亚氮(笑气)用于牙科手术。乙醚、三氯甲烷和氧化亚氮的使用,成为近代麻醉学的开端。

乙醚具有优良的全麻作用,并能产生较好的镇痛和肌肉松弛作用,使用时易于控制,但乙醚具易燃易爆特性,对呼吸道黏膜有刺激性,麻醉诱导期长,苏醒慢。氧化亚氮的毒性低,麻醉作用弱,可与其他麻醉药合并使用。三氯甲烷的全麻和肌松作用明显,但对肝肾毒性大,且可引起心律失常的症状,现在临床已经不用。

随后,发现了低级饱和脂肪烃和低分子量脂肪醚类全身麻醉药,如环丙烷(cyclopropane)、双乙烯醚(divinyl ether)和乙基乙烯醚(ethyl vinyl ether)。环丙烷于1933年应用于临床,具有麻醉作用强的优点,安全剂量范围宽,虽然具有易燃和可引起心律失常的缺点,目前仍在临床使用。双乙烯醚和乙基乙烯醚曾在临床得到应用,但对肝肾毒性大,现已不用。

$$CH_2=CH-O-CH=CH_2 \qquad CH_3CH_2-O-CH=CH_2$$

环丙烷　　　　双乙烯醚　　　　　　乙基乙烯醚

20世纪50年代以后,开发了含氟麻醉药。低级烃类引入氯原子后,麻醉作用增强,但毒副作用也增强。如氯乙烷、三氯乙烯等化合物,虽然降低了易燃性,但肝肾毒性强,安全剂量范围小,可引起心律失常,限制了氯代物的临床应用。随后发现,氟原子毒性较其他卤原子小,产生了含氟全麻药,这类化合物麻醉作用强,在较低的肺泡浓度下即可产生全麻作用,在临床得到应用的氟代物包括氟烷（halothane）、甲氧氟烷（methoxyflurane）、恩氟烷（enflurane）、异氟烷（isoflurane）、氟乙烯醚（fluroxene）、地氟烷（desflurane）、七氟烷（sevoflurane）等。其中，七氟烷于 1993 年在日本首次上市，1995 年获 FDA 批准，由于具有无明显气道刺激性、麻醉诱导和觉醒平稳而迅速、麻醉深度容易调节的优点，是儿童麻醉诱导和成人麻醉维持的常用药物。

氟烷　　　　　甲氧氟烷　　　　　　恩氟烷　　　　　　异氟烷

氟乙烯醚　　　　　地氟烷　　　　　七氟烷

七氟烷（sevoflurane）

化学名为 1，1，1，3，3，3- 六氟 -2-（氟甲氧基）丙烷，1，1，1，3，3，3-hexafluoro-2-（fluoromethoxy）-propane。

七氟烷为无色透明液体，油水分配系数 2.42，20℃的蒸气压为 157mmHg，25℃的蒸气压为 197mmHg，36℃的蒸气压为 317mmHg。37℃，在血液中分配系数为 0.63～0.69，水中分配系数为 0.36。微溶于水，可与乙醇混溶（96%）。

七氟烷的合成主要有两条路线。

路线一以六氟丙酮为原料，钯碳催化氢化得六氟异丙醇，六氟异丙醇再与甲醛、氟化氢在硫酸催化下，反应得到七氟烷。这一合成方法的产品中，含有二氟甲基六氟异丙醚等副产物，产品难以纯化。

路线二也以六氟丙酮为原料，在钯碳催化下，氢化得六氟异丙醇，六氟异丙醇再与甲醛发生氯甲基化反应得到氯甲基六氟异丙醚，最后经氟化剂（氟化氢、氟化钾等）取代得到七氟烷。该一方法较之路线一增加了一步氯甲基化过程，但避免了氟代时的多取代副反应，总收率也有提高。

七氟烷限量杂质有 A～C 三种。杂质 A 来源于起始原料六氟丙酮的未完全氟化的杂质，经后续的反应生成；杂质 B 为氯甲基化反应步骤的副产物；杂质 C 为未反应的中间体。

$$F_3C \diagdown CH-O-CH_2F \qquad F_3C \diagdown CH-O-CH_3 \qquad F_3C \diagdown CH-OH$$
$$F_2CH \diagup \qquad\qquad F_3C \diagup \qquad\qquad\quad F_3C \diagup$$
A   B   C

吸入全麻药的确切靶标蛋白迄今尚未阐明。

早期的 Meyer-Overton 法则认为,全麻药溶于脑细胞的脂质部分,从而改变细胞活性,进而导致麻醉。脂质学说可以解释吸入性麻醉药的作用与脂溶性之间的密切相关性,即脂溶性越高麻醉作用越强,但脂质学说无法解释麻醉药物的立体选择性、截止效应等现象。

20 世纪 80 年代后,Franks 和 Lieb 提出的蛋白质假说(protein hypothesis)获得了广泛支持,蛋白质学说认为这类药物与神经细胞蛋白质结合,但该假说不能解释与蛋白结合后的生理作用。

随后,人们先后发现吸入全麻药可能通过多个靶点和多个神经通路发挥中枢抑制作用,如恩氟烷、七氟烷可增强大鼠神经细胞 γ- 氨基丁酸 A 型(GABA$_A$)受体介导的抑制性突触传递,异氟烷对海马 N- 甲基 -D- 天冬氨酸(NMDA)受体介导的兴奋性有调节作用,七氟烷作用于小鼠伏隔核多巴胺 D1(DRD1)受体,在生理性觉醒调节中发挥重要作用。因此,吸入全麻药的作用机制可能是多部位、多靶标共同参与的结果。

二、静脉全麻药

静脉全麻药(intravenous anesthetics)为非吸入全麻药(non inhalation anesthetics),是一类非挥发性的药物,通过静脉或者肌内注射方式给药,在中枢神经产生全麻作用。这类药物早期多为水溶性盐类,后期开发的药物结构类型多样,如巴比妥类、γ- 羟基羧酸盐类、苯基取代环己酮类、咪唑甲酸酯类、异丙酚类等。

静脉全麻药根据其作用特点可分为镇痛、镇静药。其中,镇痛药多为阿片类药物,包括度冷丁(meperidine)、芬太尼(fentanyl)、舒芬太尼(sufentanil)、瑞芬太尼(remifentanil)、吗啡(morphine)等,这类药物在第八章已经进行了介绍。本章介绍镇静类全麻药。

早在 1872 年,Pierre 医生就报道了水合氯醛(chloral hydrate)可应用于人体静脉麻醉。水合氯醛具有催眠、镇静和抗惊厥作用,可经消化道吸收,在肝脏迅速生成活性代谢物三氯乙醇,后者脂溶性强,易透过血脑屏障,15～30 分钟内产生作用,1 小时达到峰值,作用可维持 4～8 小时。镇静时间长,容易导致麻醉死亡率高,目前,该药正逐渐被新型静脉全麻药取代。

                     水合氯醛   硫喷妥钠   海索比妥

20 世纪初,合成了具有催眠镇静作用的巴比妥类衍生物。1934 年,硫喷妥钠(thiopental sodium)在临床成功应用,成为早期静脉全麻药的主要药物,与其类似的一些超短时的巴比妥类药物（第五章抗癫痫药物），如海索比妥（hexobarbital sodium）、硫戊比妥钠（thiamylal sodium）、美索比妥钠（methohexital sodium）等也在同一时期得到应用。这一类药物脂溶性大，极易透过血脑屏障达到大脑，可快速产生麻醉作用，但作用时间短，仅能持续数分钟。这些静脉麻醉药的优点为作用快、对呼吸道黏膜无刺激性，但安全剂量范围小，高浓度时易产生呼吸抑制，常用于诱导麻醉或与吸入麻醉剂配伍使用。

硫代比妥钠　　　　　　　　美索比妥钠

随后，发展了非巴比妥类药物，如羟丁酸钠（sodium hydroxybutyrate）、盐酸氯胺酮（ketamine hydrochloride）、依托咪酯（etomidate）和丙泊酚（propofol）。

羟丁酸钠　　　　　盐酸氯胺酮　　　　艾司氯胺酮

羟丁酸钠为 γ- 羟基羧酸盐，有镇静、催眠、抗惊厥作用，静脉注射 5～10 分钟后，患者意识消失，作用可持续 60～90 分钟，个别可达 4～5 小时，是作用时间最长的静脉全麻药。该品只能引起深度睡眠而无镇痛作用，故一般不单独用作麻醉药，而与其他麻醉辅助药合用，适用于神经外科、整形外科、妇产科、头颈及四肢部位的外科手术，由于对呼吸影响轻微，尤其适用于体弱或外伤休克患者。羟丁酸钠通过阻断乙酰胆碱对受体的作用，从而干扰突触部位冲动的传递，产生直接抑制中枢神经活动的作用，而引起生理性睡眠。

盐酸氯胺酮为苯基取代环己酮类化合物，于 1970 年被批准使用，并在随后的很长一段时间内，成为最常用的医用麻醉剂。本品具有高度亲脂性，脂溶性较硫喷妥钠高 5～10 倍。静脉注射后（1～2mg/kg）25～30 秒内，患者意识消失，作用可持续 10～15 分钟。和其他麻醉药相比，当采用 1～2mg/kg 的剂量静脉注射给药时，本品镇静镇痛效果好，同时对呼吸、循环和血管的抑制风险小，几乎没有副作用，适用于各种一般诊断检查或小手术及全身复合麻醉。当采用 4～8mg/kg 剂量肌内注射时，常用于儿童基础麻醉。本品易产生幻觉，一度被滥用为毒品，过量吸食可产生致死风险，长期使用可导致泌尿系统、肾脏、心脏和大脑损伤，在我国被列入 I 类精神药品进行管制。盐酸氯胺酮选择性地抑制丘脑的内侧核，通过阻断乙酰胆碱、L- 谷氨酸兴奋性神经递质及 N- 甲基 -D- 天门冬酸受体产生全麻作用。

盐酸氯胺酮为手性药物，其 S-(＋)- 异构体又名盐酸艾司氯胺酮（esketamine）。2019 年，盐酸艾司氯胺酮的鼻腔喷雾作为抗抑郁药物上市应用。该药成为过去 30 年中，第一个具有新作用机制的抗抑郁药物。

依托咪酯为咪唑甲酸酯类化合物，在临床有 30 余年的应用历史，是麻醉诱导常用的药物之一。单次静脉注射后，通常 30～60 秒内起效，停止静脉持续输注后，患者可在 10～15 分钟苏醒。依托咪酯安全剂量范围宽，具有镇静、催眠和遗忘作用，但无镇痛与肌肉松弛作用，适用于有创或无创性小诊疗操作，如内窥镜检查、妇产科、介入治疗、手法骨折复位等，由于对心血管功能影响轻微，尤其适用于伴有心血管疾病或呼吸抑制的患者及老年患者。依托咪酯不溶于水，中性溶液中不稳定。本品通过作用于 $GABA_A$ 受体产生生理作用，催眠作用与 $GABA_A$ 受体的 β_2、β_3 亚基的关系大于 α_1 亚基，$GABA_A$ 受体拮抗剂可拮抗其作用。

依托咪酯　　　　　丙泊酚

丙泊酚（又名异丙酚），化学名称为 2,6-二异丙基苯酚，1977 年上市，目前在国内外获得了极为广泛的应用。以 2.5mg/kg 静脉注射后，40 秒内可产生睡眠状态，进入麻醉迅速、平稳，维持时间约为 10 分钟。丙泊酚镇痛作用较弱，常与硬膜外或脊髓麻醉同时应用，也常与镇痛药、肌肉松弛药及吸入性麻醉药同用，适用于麻醉诱导和静脉全身麻醉的维持，也用于妇产科及患者接受机械通气时的镇静。丙泊酚通过作用于 $GABA_A$ 受体产生生理作用。

丙泊酚（propofol）

化学名为 2,6-二异丙基苯酚，2,6-diisopropylphenol。

丙泊酚的解离常数（pK_a）为 11.10（H_2O，20℃），油水分配系数为 3.79，无色至淡黄色液体，溶于大部分有机溶剂，不溶于水。

丙泊酚主要经肝脏代谢，主要代谢产物为水溶性的 4-羟基丙泊酚和 1-葡萄糖醛酸丙泊酚，4-羟基丙泊酚随后与葡萄糖醛酸轭合生成无活性的最终代谢产物 4′-葡萄糖醛酸丙泊酚。

丙泊酚的体内代谢

丙泊酚的合成主要有两条路线。

路线一:以丙烯和苯酚为原料,铝催化,发生傅 - 克烷基化反应得到丙泊酚。这一方法副反应较多,收率约为 60%。

路线二:以 2- 异丙基苯酚为原料,与异丙醇在高温下,发生醚化反应得到中间体,再经高温重排得到丙泊酚。该方法虽然较烷基化方法多了一步反应,但是副反应少,产品纯化难度小。

丙泊酚限量杂质有 A～P 十五种。其中,杂质 A、B、C、D、F、G 和 H 是傅 - 克反应的副产物;E 是丙泊酚氧化生成的降解产物;I 是苯酚脱水成醚的副产物;J 是丙泊酚氧化生成的醌类降解产物;K 是路线二的中间体;L 是路线二的原料 2- 异丙基苯酚发生氧化、缩合反应生成的副产物;N 是原料苯酚的杂质,经后续的傅 - 克反应、氧化反应生成的副产物;O 是原料 2- 异丙基苯酚或者异丙醇的杂质,经后续的傅 - 克反应生成;P 是杂质 N 与异丙醇发生酯化反应生成的副产物。欧洲药典对因毒性较大的杂质 E(3 , 3′, 5 , 5′- 四异丙基联苯酚)、G(O- 异丙基 - 丙泊酚)和 J(2 , 6- 二异丙基 -1 , 4- 苯醌)进行了单独控制,限度分别为 0.04%、0.04% 和 0.05%。

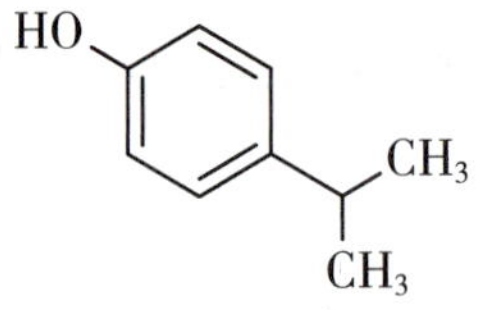

H 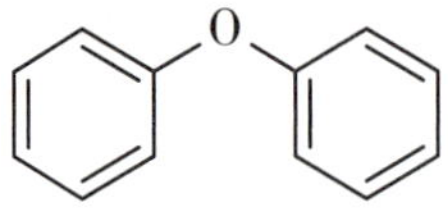   I 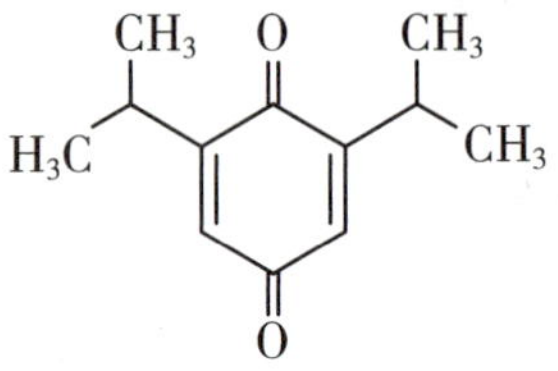   J 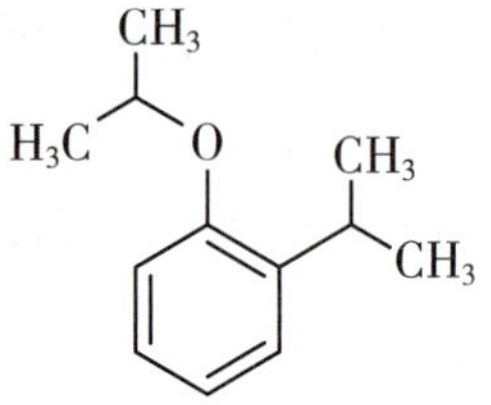   K

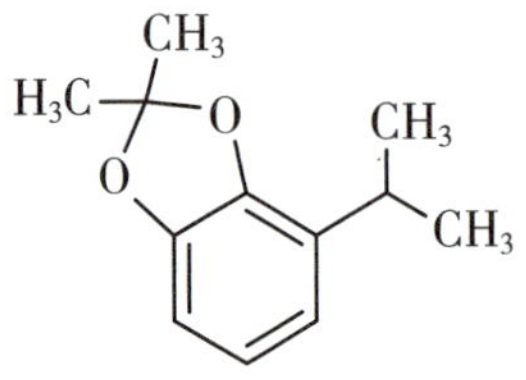

L 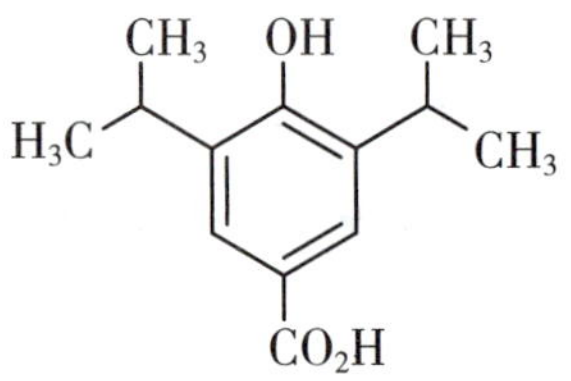   N

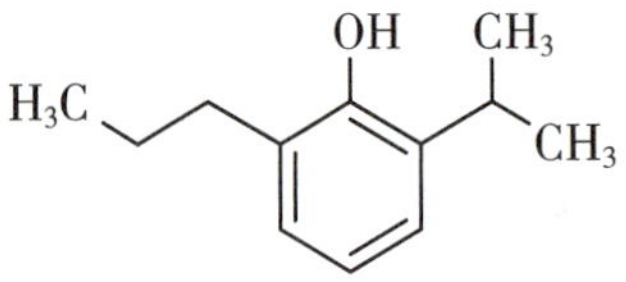

O 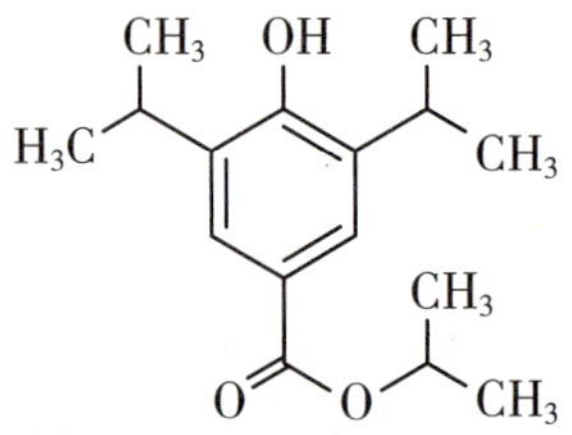   P

静脉全麻药的结构类型多样。其中,巴比妥类、依托咪酯、丙泊酚等药物均通过激活大脑 GABA-A 受体起效。这些药物在与 GABA-A 受体结合时,结合位点存在差异,以依托咪酯和丙泊酚为例,体外诱变实验表明,与地西泮相同,二者均作用于 GABA 受体的 β-α 作用面,但在亲和力标记和诱变研究中发现,与依托咪酯不同,丙泊酚还可产生胞外结合域连接作用。因此,二者与 GABA-A 受体作用时,既可以共享地西泮结合位点,也有不同的结合位点,这也解释了二者临床作用的多样性。

三、麻醉辅助药

麻醉辅助药(anesthesia aided drug)主要为肌肉松弛药物(肌松药,muscle relaxant),可使病患在较浅的全身麻醉下肌肉松弛,达到手术需求,避免深度麻醉可能引起的严重不良反应。肌肉松弛药的出现和应用,进一步改善了全身麻醉的效果。

1942 年,Griffiths 和 Johnson 将双苄基异喹啉类生物碱右旋氯化筒箭毒碱(tubocurarine chloride)应用于临床。本品为白色或类白色结晶性粉末,可溶于水,水溶液稳定,可加热消毒。右旋氯化筒箭毒碱为竞争性乙酰胆碱受体拮抗剂(第十章拟胆碱和抗胆碱药),可使肌细胞膜上的去极化不能发生,肌肉不能收缩,用于外科手术时,具有使横纹肌松弛的作用,以利于手术的进行。但右旋氯化筒箭毒碱具有麻痹呼吸肌的危险,随后,被各种新型肌松剂取代。

氯化筒箭毒碱

十甲季铵

←————— 14.5Å —————→

氯化琥珀胆碱

在对氯化筒箭毒碱构效关系的研究中发现,两个季铵氮原子之间的距离为14.5Å,间隔10个碳原子,由此,设计合成了十甲季铵。十甲季铵的肌松作用较氯化筒箭毒碱更强,在此基础上,进一步进行结构改造获得了氯化琥珀胆碱(succinylcholine chloride)。

静脉注射氯化琥珀胆碱后,60~90秒起效,肌松作用维持10分钟左右,重复注射或者滴注可使作用时间延长。氯化琥珀胆碱的作用机制与右旋氯化筒箭毒碱不同,作用于乙酰胆碱受体后,本品可使肌细胞膜产生去极化,并使膜的去极化保持一段时间,由于不能立即复极化,因而阻断肌细胞膜对乙酰胆碱的反应,从而使肌肉处于松弛状态。

维库溴铵

罗库溴铵

维库溴铵(vecuronium bromide)为雄甾烷的单铵衍生物,无性激素的作用。静脉注射后,60秒内显效,3~5分钟达高峰,肌松作用维持时间约为15~30分钟,且随用药剂量增加,维持时间延长。维库溴铵不阻断迷走神经,不干扰去甲肾上腺素重摄取,无组胺释放作用,因而不影响心律、血压和颅内压,适用于心肌缺血及心脏病患者。本品作用机制与右旋氯化筒箭毒碱相似,为竞争性乙酰胆碱受体阻断剂。

罗库溴铵(rocuronium bromide)为维库溴铵的结构类似物,为甾烷单铵类化合物,作用机制也与维库溴铵相似。静脉注射后,60秒后就能为插管提供极好的条件,起效时间与氯化琥珀胆碱相似或稍长,但比维库溴铵快2倍,本品作用维持时间至少30分钟,是氯化琥珀胆碱的3倍。

第二节 局部麻醉药

局部麻醉药(local anesthetic)是一类局部作用于神经末梢或神经干的药物,它们能可逆性地阻滞感觉神经冲动的传导,在不影响意识和不损伤各类组织的条件下,起到使局部痛觉暂时消失的作用。局部麻醉药常以表面麻醉、浸润麻醉、传导麻醉、腰椎麻醉、硬膜外麻醉等方式应用于五官科手术、妇科和外科表浅小手术中以缓解疼痛,还经常用于暂时缓解虫咬、烧伤和各种皮肤表面受伤所引起的疼痛。

局部麻醉药的发展源于以盐酸普鲁卡因为代表的氨基甲酸酯类药物,随后发展了酰胺类、氨基酮类、氨基醚类、氨基甲酸酯类等结构类型的局部麻醉药物,这些药物对钠离子通道产生可逆的阻滞作用,是钠通道阻滞剂(sodium channel blocker)。

一、局部麻醉药的发展

最初的局部麻醉药源于可卡因(cocaine)的发现和应用。早在 16 世纪,秘鲁人就通过咀嚼南美洲古柯树(*Erythroxylon Coca Lam*)的叶子来止痛;1859 年,德国化学家纽曼(A.Newman)从古柯树叶中精制出更高纯度的物质,命名为可卡因(cocaine);1868 年秘鲁外科医生 Maiz 提出可卡因有希望成为一种局部麻醉药;1884 年,澳大利亚医生 Koller 成功将可卡因首次应用于眼科手术中,开启了局部麻醉技术的应用历史。但是,可卡因在应用过程中表现出了成瘾性、结构不稳定性、组织刺激性、中枢性呼吸抑制、典型的变态反应等缺陷,使得其临床使用受到限制。因而,人们试图对可卡因进行结构改造以寻求更好的局部麻醉药物,这些研究极大促进了该类药物的发展。

可卡因分子中有两个酯键,分别是羧酸甲醇酯和苯甲酸酯,经水解后可获得三个化学结构:(−)- 爱康宁(ecgonine)、甲醇和苯甲酸,研究表明这三者均没有局部麻醉活性。如果用其他的羧酸与爱康宁中羟基成酯,麻醉作用降低或者消失,推测苯甲酸酯是可卡因表现出局部麻醉作用的有效基团。

可卡因的类似物托哌古柯碱(tropacocaine)分子中未含有羧酸甲醇酯结构,而含有苯甲酸酯结构,同样表现出了局部麻醉作用,证实了苯甲酸酯结构是产生局部麻醉作用的基团。

为进一步研究(−)- 爱康宁的双环结构、*N*- 原子上甲基及羧酸甲醇酯基是否为局部麻醉活性的必要基团,人们设计合成了两个单环的六氢吡咯衍生物 α- 优卡因(α-eucaine)和 β- 优卡因(β-eucaine),活性研究表明,这两个结构都表现出类似可卡因的局部麻醉作用,而且二者的水溶液稳定,不易水解,毒性也较可卡因低。

可见,可卡因的双环结构即莨菪烷基、*N*- 原子上甲基及羧酸甲醇酯基并非是产生局部麻醉作用的必需结构。进一步的研究证实,可卡因分子中的羧酸甲醇酯基团,是产生成瘾性副作用的原因,为消除该类药物的成瘾性,去除羧酸甲醇酯基团是必要的。

可卡因   (−)-爱康宁   苯甲酸   甲醇

托哌古柯碱

可卡因　　　　　　　　α-优卡因　　　　　　　　+　　　β-优卡因

1890 年，在人们认识到苯甲酸酯结构片段对产生局部麻醉作用的重要性基础上，发展了具有局部麻醉作用的对氨基苯甲酸酯类麻醉药苯佐卡因（benzocaine），随后，含有羟基的苯佐卡因类似物奥索卡因（orthocaine）和新奥索仿（new orthoform）也被证实具有强于苯佐卡因的局部麻醉活性。但这些化合物在水中的溶解度小，无法以水溶液的形式制成注射剂，若以盐酸盐的形式存在时，药物的酸性太强难以实际应用。为克服这个难题，将具有较强碱性的氨基醇结构引入到氨基甲酸酯的结构中，成功获得了普鲁卡因（procaine）。普鲁卡因没有可卡因的成瘾性等严重的毒副作用，至今，已在临床上应用一百余年，成为最为经典的局部麻醉药物。

从可卡因结构改造的研究到普鲁卡因的问世，是天然产物有效成分结构改造发现新药的典型事例。

苯佐卡因　　　　　　　　　R=OH　　奥索卡因
　　　　　　　　　　　　　R=NH₂　　新奥索仿

普鲁卡因

普鲁卡因的问世，使得局部麻醉药物进入到快速发展的时期，人们陆续获得了多种结构类型的局部麻醉药物。与早期的局部麻醉药物相比，这些药物在局部麻醉活性、起效时间、持续时间、毒副作用方面取得了长足的突破和进展。但是，在临床应用过程中，局部麻醉药物表现出对中枢神经系统和心血管系统的毒副作用，这是由于在给药部位吸收或直接进入到血液循环时，局部麻醉药物可对中枢神经系统和心肌细胞膜电位产生稳定作用，严重时出现震颤、惊厥心室颤动或心搏停止。

（一）对氨基甲酸酯类

1891 年至 1930 年，继普鲁卡因之后，对氨基苯甲酸酯类局部麻醉药得到了快速发展。

1. 酯基邻位的结构改造 若在普鲁卡因酯基邻位引入取代基，可使酯基水解难度增加，从而可以增强局部麻醉活性，如在普鲁卡因的苯环 2- 位上引入氯原子后得到氯普鲁卡因（chloroprocaine），由于氯原子的引入增加了分子的脂溶性，其麻醉起效时间缩短，局麻活性增强至普鲁卡因的 2 倍，半衰期仅为 25 秒，为短效低毒的局部麻醉药；在普鲁卡因的苯环 2- 位上引入羟基后得到羟普鲁卡因（hydroxyprocaine），羟基的引入增加水溶性的同时，局麻活性增强，作用时间延长，主要用于浸润麻醉；若在普鲁卡因 2- 位上引入丙氧基得到丙氧卡因（propoxycaine），其特点是起效快，作用时效较普鲁卡因长，临床上主要用于局部浸润麻醉和牙科手术的神经阻滞。

氯普鲁卡因

羟普鲁卡因

丙氧卡因

2. 酯基间位的结构改造 若在普鲁卡因酯基间位引入取代基，同样可以增加局部麻醉活性。如引入正丙氧基得到丙美卡因（proparacaine），局部麻醉活性强于普鲁卡因 10 倍以上，刺激性小，主要用于眼科表面麻醉，15 秒起效，作用时间可维持 15 分钟；如引入正丁氧基得到奥布卡因（oxybuprocaine），作用时间和局麻活性均优于普鲁卡因，常以盐酸盐溶液用于眼科的表面麻醉，也可以用于耳鼻喉科表面麻醉。

丙美卡因

奥布卡因

3. 芳氨基结构改造 若在普鲁卡因苯环上的氨基进行结构修饰，引入烃基形成仲胺基，可以显著增强局部麻醉活性，如引入正丁基得到丁卡因（tetracaine），局部麻醉活性约为普鲁卡因的 10 倍，无血管收缩左右、瞳孔扩大和局部刺激作用，临床应用于眼、耳、鼻、喉科等手术。由于局部麻醉活性的优异和广泛的应用，丁卡因成为普鲁卡因结构改造过程中最突出的成就。

丁卡因

4. 脂肪氨基结构改造 对普鲁卡因的侧链结构改造也获得了局部麻醉活性增强的药物。如将侧链的二甲氨基改变为二正丁氨基获得了布他卡因（butacaine），由于脂溶性的增强使得局部麻醉活性增强至普鲁卡因的 3 倍，主要用于浸润麻醉和表面麻醉；如将侧链上引入支链烃基得到徒托卡因（tutocaine）和二甲卡因（dimethocaine），侧链烃基可以增加空间位阻，使酯基水解变得较难，增加了代谢稳定性，使得二者的局部麻醉活性均大于普鲁卡因。

布他卡因

徒托卡因   二甲卡因

5. 酯基结构改造 普鲁卡因羧酸酯中的酯基若被生物电子等排体硫代酯基置换，可得到硫卡因（thiocaine），其脂溶性增大，局部麻醉效果较普鲁卡因增强，应用于浸润麻醉和表面麻醉。如果酯基被另一个电子等排体酰胺基取代，可得到普鲁卡因胺（procainamide），其局部麻醉作用下降为普鲁卡因的 1%，主要用于心律不齐的治疗。

硫卡因   普鲁卡因胺

（二）酰胺类

由于酯基较酰胺更易水解，因此，氨基甲酸酯类局部麻醉药物作用持续时间短于随后发展起来的酰胺类局部麻醉药。目前，具有长效强效特点的酰胺类局部麻醉药物在临床上有着重要的用途。

酰胺类的发展起源于天然生物碱异芦竹碱（isogramine）的全合成研究。1936 年，发现异芦竹碱全合成中间体 N-苯基-2-（N, N-二甲氨基）-乙酰胺具有麻醉作用，1943 年，从 53 个 N-苯基-2-（N, N-二甲氨基）-乙酰胺的类似物中筛选出第一个酰胺类局部麻醉药物利多卡因（lidocaine），利多卡因的结构可看成异芦竹碱的开链类似物。利多卡因的局部麻醉作用强于普鲁卡因 2～9 倍,且作用时间延长一倍,还具有穿透性强、无刺激、扩散性强的优点,作为临床常用局部麻醉药,主要用于阻滞麻醉和硬膜外麻醉。此外,由于具有对室性心律失常的良好治疗效果,1960 年以后,以静脉注射的方式用于治疗室性心动过速和频发室性早搏。

异芦竹碱　　　　　　　N-苯基-2-(N,N-二甲氨基)-乙酰胺　　　　　　利多卡因

利多卡因的噻吩羧酸甲酯类似物为阿替卡因(articaine)。由于甲酸甲酯基空间位阻大于甲基,使得酰胺键的水解变得困难,阿替卡因表现出较高局部麻醉作用。此外,酯基易被血浆中酯酶代谢失活生成羧酸,难以透过血脑屏障和心脏的脂质膜,因而,阿替卡因少有中枢和心脏的毒副作用。阿替卡因常与肾上腺素合用,采用口腔内黏膜下注射给药进行局部浸润或神经阻滞麻醉,安全性好,是目前国内唯一的口腔专用的局部麻醉药物。

阿替卡因

利多卡因的 N,N- 二乙氨基被 N- 烷基取代哌啶基替代可得到系列酰胺类局部麻醉药物,如甲哌卡因(mepivacaine)、罗哌卡因(ropivacaine)和布比卡因(bupivacaine)。与利多卡因相比,取代哌啶基的引入使得该类药物脂溶性提高,麻醉持续时间也显著提高。其中,甲哌卡因局部麻醉作用与利多卡因相似或稍强,是普鲁卡因的 2 倍,起效迅速,浸润麻醉的持续时间长至 45～90 分钟;布比卡因局部麻醉效能比利多卡因强 4 倍,硬膜外阻滞持续时间达 200～400 分钟。罗哌卡因消旋体仅比布比卡因在支链上少了一个碳原子,二者解离常数接近(pK_a 为 8.1),脂溶性罗哌卡因较布比卡因稍小,在局部麻醉活性的实验研究中,绝大多数实验结果表明,二者在起效时间、作用强度、作用持续时间上均相似。

R=CH₃ 甲哌卡因
R=C₃H₇ 罗哌卡因消旋体
R=C₄H₉ 布比卡因

R=C₃H₇ 罗哌卡因
R=C₄H₉ 左布比卡因

甲哌卡因及其类似物的结构中所含有的取代哌啶基上有一个手性碳原子,对该类药物的立体构型、局部麻醉活性与毒副作用关系的研究发现,该类药物的 S- 构型为优势构象,如罗

哌卡因和左布比卡因均为 S- 构型，与 R- 构型相比，都具更长麻醉时间、更低毒副作用、更高临床安全性的特点。

盐酸罗哌卡因（ropivacaine hydrochloride）

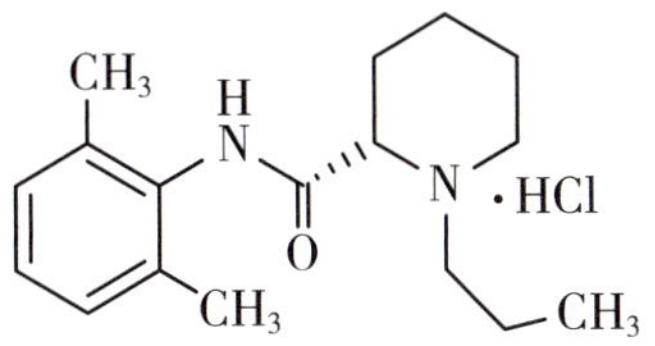

化学名为 S-(-)-N-(2,6- 二甲基苯基)-1- 丙基哌啶 -2- 甲酰胺盐酸盐，S-(-)-N-(2,6-dimethylphenyl)-1-propylpiperidine-2-carboxamide hydrochloride。

罗哌卡因的解离常数（pK_a）为 8.1，油水分配系数 2.9，在生理 pH 条件下，17% 以分子态形式存在。

罗哌卡因的合成主要有两条路线。

路线一以 S-1,2,3,4- 四氢 -2- 吡啶甲酸为原料，经苄氧羰基氯保护、酰氯化、酰化反应得到 N- 苄氧羰基保护的酰胺，然后，经催化氢化还原、N- 烷基化、成盐获得盐酸罗哌卡因。

路线一：

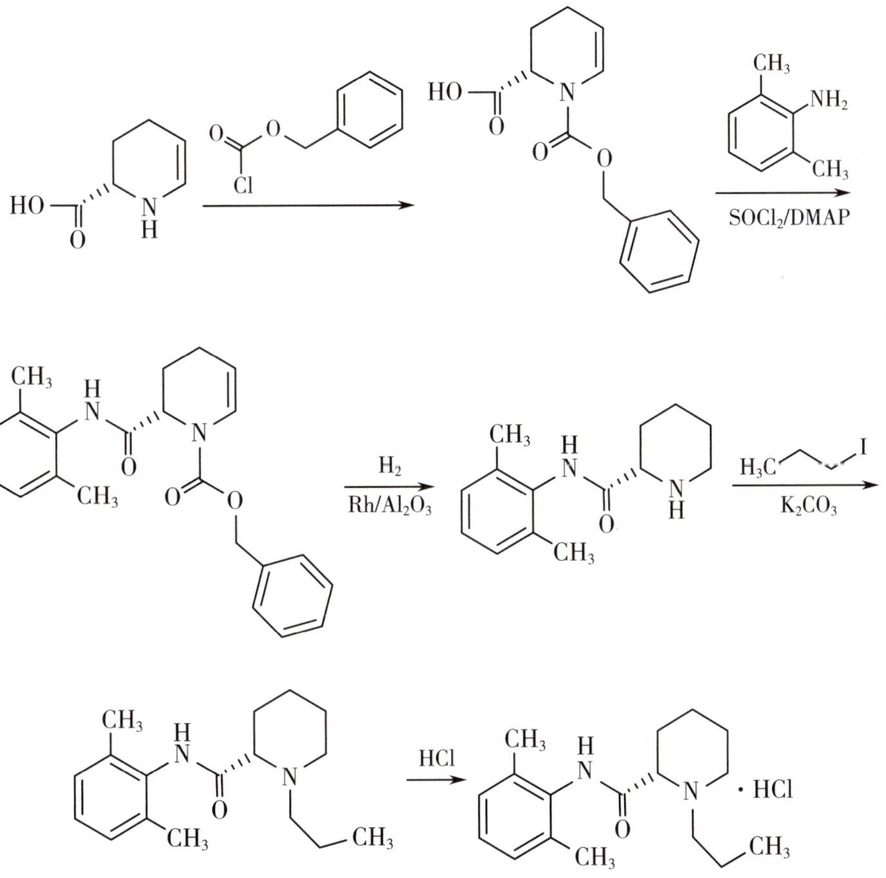

路线二以 2- 哌啶甲酸消旋体为原料，经 (+)- 酒石酸拆分获得 S-2- 哌啶甲酸，再经酰氯化、酰化、烷基化、成盐制得目标化合物。此方法与路线一相比，省去了 N- 原子的苄氧羰基保护与脱保护的步骤，各步反应收率均较高，是目前罗哌卡因的常用合成方法。

路线二：

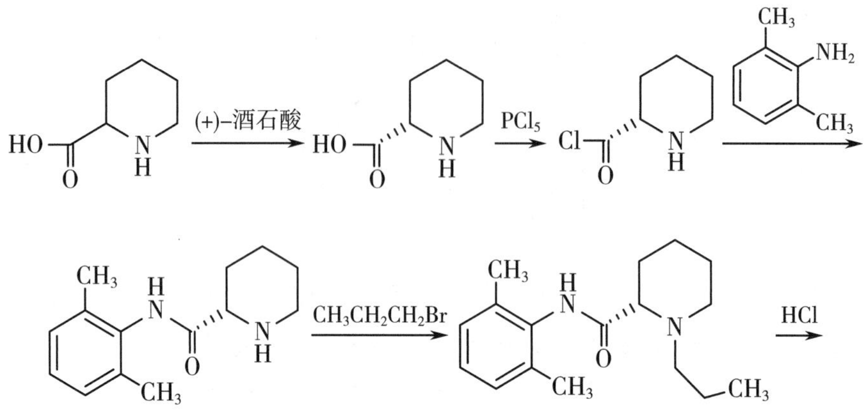

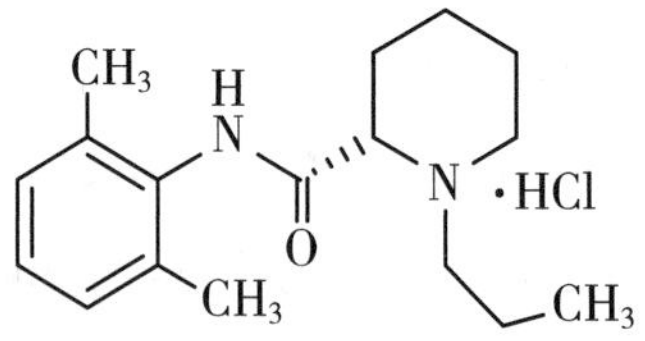

罗哌卡因的限量杂质有 A～C 三种。原料和中间体杂质为 A 和 B；C 为 *R*-罗哌卡因，是目标物罗哌卡因的对映异构体，其主要来源有两个，一是来源自罗哌卡因的拆分过程残留的少量异构体，另一个来源是反应过程中可能发生的手性碳原子的消旋化过程。

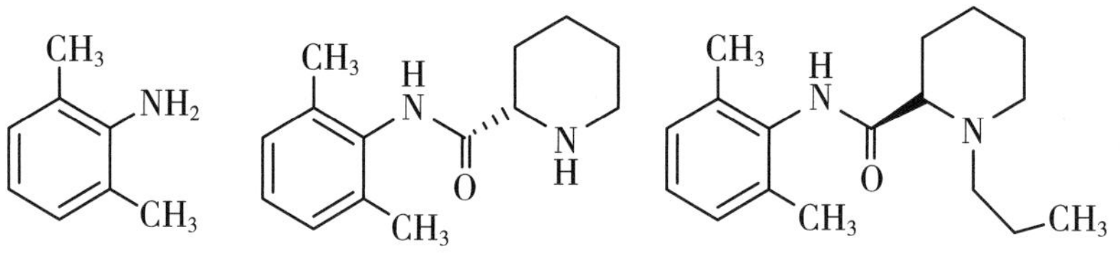

A B C

（三）氨基酮类

以羰基取代普鲁卡因中酯基得到氨基酮类（aminoketones）局部麻醉药物，在临床上具有应用价值的为达克罗宁（dyclonine）。由于酮基较酯基难以代谢，因此，达克罗宁表现出强效的局部麻醉作用，且起效快、持续作用时间长。此外，达克罗宁对皮肤还具有较强的止痛及杀菌作用，常用作黏膜表面麻醉及皮肤镇痛、止痒。

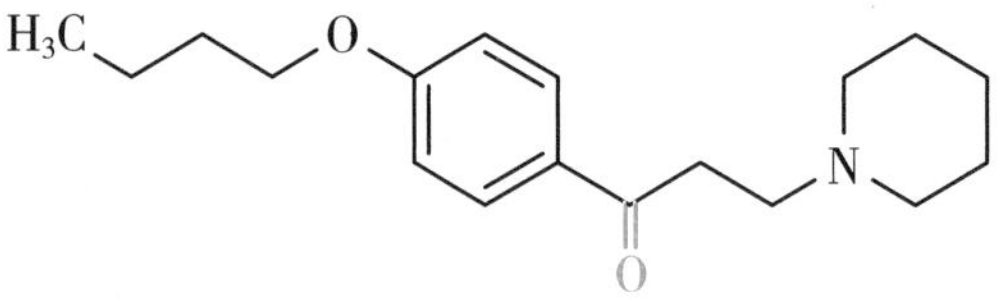

达克罗宁

（四）氨基醚类

以醚键代替普鲁卡因酯基得到氨基醚类（aminoethers）局部麻醉药物，普莫卡因（pramocaine）是这类药物的代表。由于醚键的高度稳定性，使得普莫卡因难以代谢，可产生持久的麻醉作用，临床上用作表面麻醉。

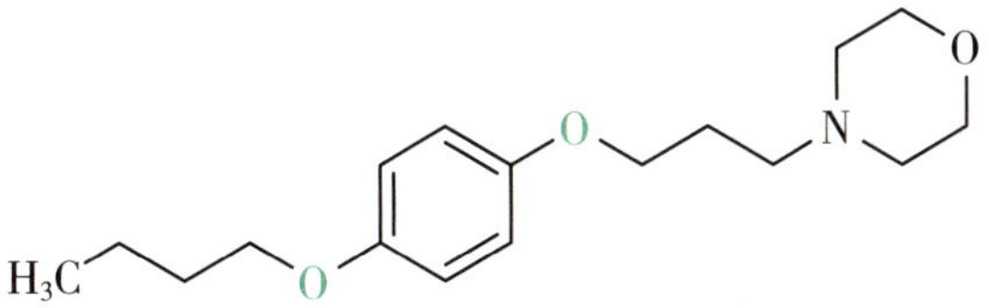

普莫卡因

（五）氨基甲酸酯类

将普鲁卡因的苯环与酯基之间引入氨基，获得氨基甲酸酯类（carbamate）局部麻醉药物。地哌冬（diperodon）和庚卡因（heptacaine）属于该类药物。地哌冬在临床用作表面麻醉剂，庚卡因在动物实验中表现出强于可卡因100倍的表面麻醉作用，二者均为强效的局部麻醉药物。

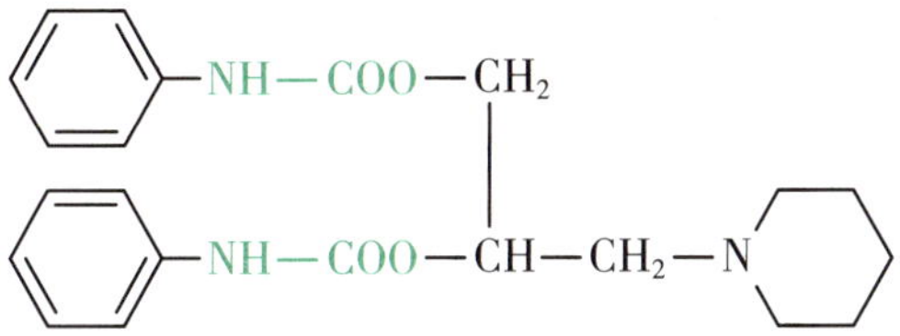

地哌冬

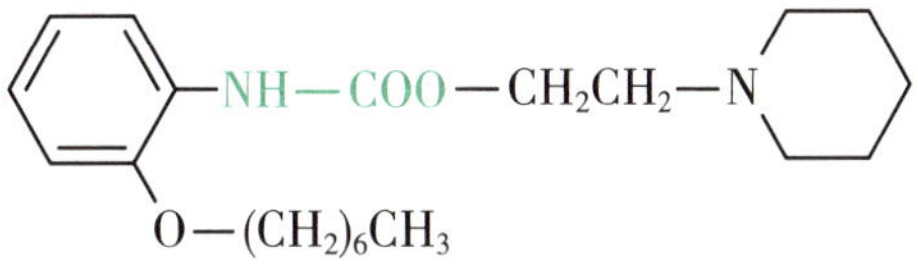

庚卡因

二、局部麻醉药的构效关系

局部麻醉药物结构特异性较低，其活性与理化性质如脂溶性、解离常数密切相关，而与化学结构关系较小。大部分局部麻醉药物的结构可以概括为由三部分构成：亲脂部分（A）、中间部分（B）和亲水部分（C）。

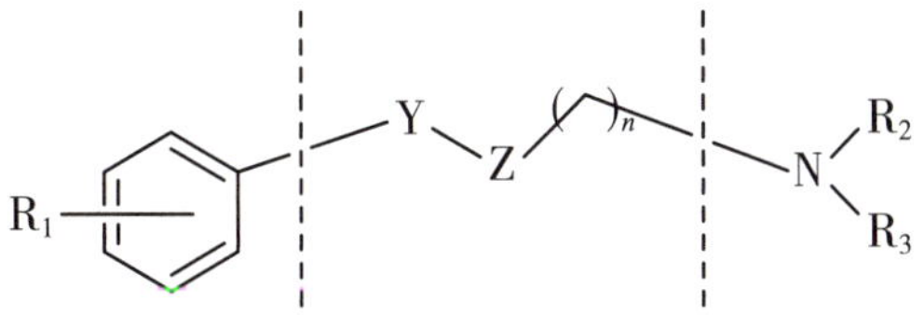

A 亲脂部分　　B 中间部分　　C 亲水部分

（一）亲脂部分（A）

亲脂部分是局部麻醉活性的必要组成部分，可以是芳环或芳杂环，但以苯环最为多见。芳环对局部麻醉活性影响强度为：

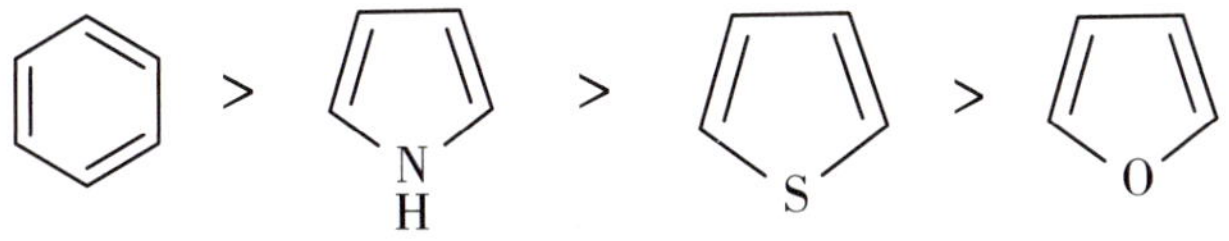

对于大多数的局部麻醉药，这一部分或者是芳环直接与羰基相连构成酯类局部麻醉药；或者是 2,6- 二甲基苯胺与羰基相连构成酰苯胺类局部麻醉药；也可以是苯环分别与羰基、醚键、氨基甲酸酯基相连形成氨基酮类、氨基醚类、氨基甲酸酯类局部麻醉药。

这一部分的结构修饰对理化性质影响大，影响局部麻醉活性。酯类局麻药的亲脂部分多有邻位、间位或对位单取代或多取代,多数情况下,对位为氨基取代,或间位为烷氧基取代的局部麻醉活性较未取代的苯甲酸酯的活性高,邻位连有氯、羟基或烷氧基时,由于空间位阻增加酯基水解难度大,活性增强,作用时间也延长。酰胺类邻位二甲基可保护酰胺键,使酰胺键不易水解以提供足够的局部麻醉时间。

可见,对于苯甲酸酯、酰胺类局部麻醉药,当苯环上邻对位有给电子基取代基时可提高局部麻醉活性,这是由于有利于两性离子共振结构的形成,从而使活性增加;而有吸电子基取代时不利于两性离子的生成从而使活性下降,如下图所示。

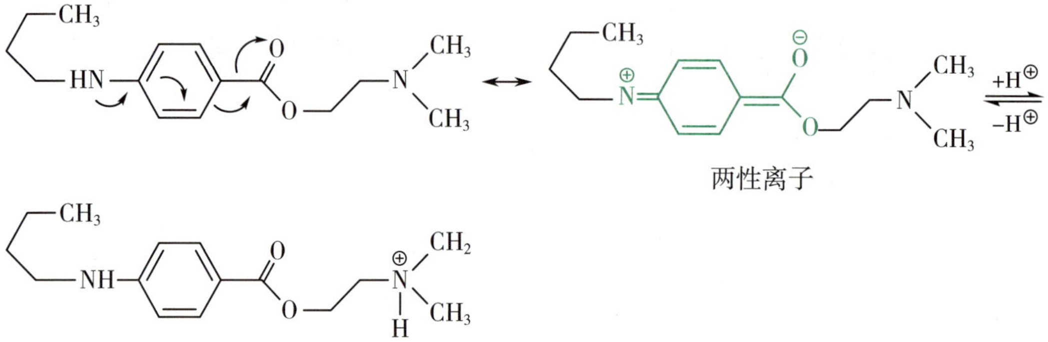

两性离子

丁卡因两性离子的共振结构

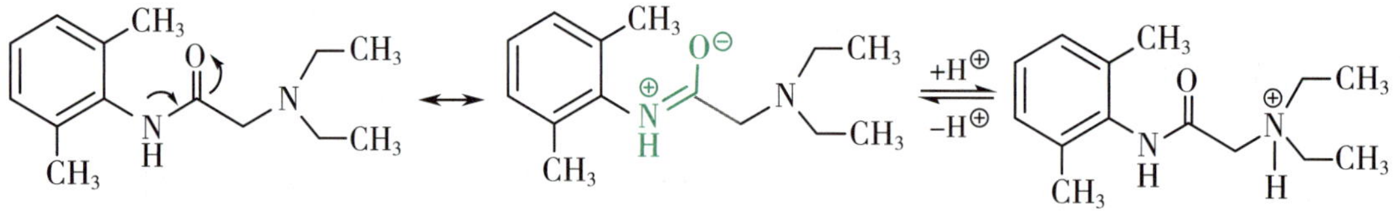

两性离子

利多卡因两性离子的共振结构

(二)中间部分(B)

中间部分由羰基部分和烷基部分构成,决定了药物稳定性。

中间部分的羰基与作用强度和持续时间有关,其作用持续时间的顺序为:酮基>酰胺>硫代酯>酯,也就是说随着基团在体内水解变得容易,其作用时间变短;作用强度的顺序为硫代酯>酯>酮>酰胺。

中间链上碳原子被烷基取代,特别是在酯基和酰胺基的附近的烷基取代(如徒托卡因),会阻碍酯酶或酰胺酶的催化水解,从而延长作用时间,需要注意的是同时也增加了毒性。酰胺类局部麻醉药,烷基链碳原子从一个到两个到三个的延长,使 pK_a 相应地从 7.7 升高到 9.0 或 9.5,使生理条件下离子形式减少,从而降低了局部麻醉活性。

(三)亲水部分(C)

目前常用的局部麻醉药亲水部分为仲胺、叔胺或吡咯烷、哌啶、吗啉等,以叔胺最为常见。局部麻醉药作用于神经末梢或神经干,必须有一定的脂溶性才能穿透神经细胞膜到达作用部位。而为了保持较高的局部浓度,维持相当长的作用时间,药物的脂溶性又不能太大,否则将易于穿透血管壁,被血流带走,使局部浓度很快降低。因此,局部麻醉药的亲脂性部分和亲水性部分应当保持一定的平衡。亲脂性与亲水性部分达到平衡时,可以得到最好的麻醉效果。

（四）立体化学性质

手性化合物的不同对映异构体在理化性质方面有许多相似的地方,但手性化合物的一对对映体进入动物和人体后所产生的生物效应是不尽相同的。对映体在体内以不同的速度代谢,对组织也有不同的亲和力,体内特定受体或酶对一对对映异构体具有选择性。

布比卡因作为长效强效的麻醉药物,在临床上有着重要的用途,但是布比卡因较强的毒副作用使其应用受到限制。为了开发出较低毒副作用的长效强效麻醉药,人们对布比卡因及其类似物进行了对映异构体拆分。通过大量的体内、体外药理学研究表明,相同的用药剂量时,此类局部麻醉药 S- 异构体麻醉作用接近或强于消旋体,而且具有较小的毒副作用,因此优势对映异构体是 S- 构型。通过进一步的研究开发出了左布比卡因,类似的情况还有罗哌卡因以 S- 型光学异构体的上市应用。

三、局部麻醉药的作用机理

神经冲动的传导过程中,电压门控钠离子通道(voltage-gated Na^+ channels,简称钠通道)起着极其关键的作用,当钠通道开放,钠离子内流时,神经冲动以电信号的方式得以传导。目前,公认的局部麻醉药的作用靶点是钠离子通道,局麻药可产生钠通道阻滞作用,使神经纤维的兴奋阈升高、不应期延长、膜通透性降低,阻滞动作电位产生和神经冲动的传导,从而产生局部麻醉作用。

钠通道有备用态(reserve state)、激活态(activated state)和失活态(resting state)三种位相状态。这三种状态的变化与膜电位和通道状态变化的时间过程有关。当通道处于备用态时,钠通道虽然关闭,但是可被激活,受到外来刺激时可被激活开放进入激活态,此时,Na^+ 快速内流引起膜的进一步除极,然后钠通道很快关闭转化为失活态,Na^+ 内流终止。失活态钠通道需要一段时间恢复到备用态后才可被再次激活。

目前,对于局部麻醉药物作用机制的研究提出了多种理论但尚未有定论,主要可归纳为三方面的机制:

第一,局部麻醉药物可减少活化状态的钠通道,增加失活状态的钠通道的比重。

第二,局部麻醉药物可部分或全部抑制钠通道的位相变化过程,直接阻止钠通道从备用态转化为激活态。

第三,局部麻醉药物可减少激活态钠通道的离子流的内流。

以上三种情况都直接造成钠离子内流减少,从而产生局部麻醉作用。

进一步的研究表明,对于局部麻醉药物来说,解离常数和脂水分配系数是两个重要的理化参数。

临床应用的局部麻醉药物多是以盐的形式给药,这样局部麻醉药物的胺基部分形成了离子结构,当这些药物的解离常数 $pK_a = 7.5 \sim 9.0$,在生理 pH 条件下,存在着适宜的解离态(RNH$^+$)和分子态(RN)的平衡,使得药物产生作用时,可以顺利以分子态穿过生物膜,然后以离子态形式与钠通道的受体结合位点结合产生作用(图 9-1)。当 pK_a 低于 7.0 时,不足在生理条件下的离子化,尽管药物能穿过生物膜,但难以产生局麻效果;相应的当 pK_a 高于 9.5 时,在生理条件下主要是离子形式,难以穿过生物膜产生作用。研究还表明,依据麻醉药物不同的 pK_a、脂溶性和离子通道的状态,不同分子结构到达受体结合位点有多条通路,但都与统一受体结合位点作用,产生局部麻醉作用。

　　局部麻醉药物的脂水分配系数对药物在体内的转运和分布产生影响,亲水性使得分子在体内能够穿透组织液,迅速转运和分布。亲脂性有利于药物穿透生物膜,到达神经纤维。脂溶性过大的分子易于透过血脑屏障,产生严重的中枢抑制作用,亲水性过大的分子难以透过生物膜达到作用位点。因此,具有一定的脂水分配系数是发挥麻醉作用的必要条件。

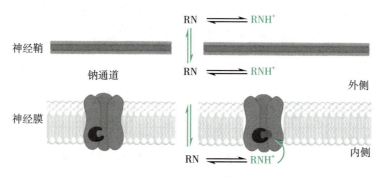

局麻药中阳离子(RNH⁺)是结合钠通道所必需的,
而分子态(RN)是药物到达细胞内作用部位所必需的

图 9-1　局部麻醉药物的作用机制图示

第九章　目标测试

（李　雯）

第十章　拟胆碱药和抗胆碱药

外周神经系统主要由传出神经系统和传入神经系统组成,作用于传出神经系统的药物用途广泛,作用于传入神经系统的药物比较少,主要为局部麻醉药。传出神经系统包括自主神经系统和运动神经系统。其中自主神经系统又包括交感神经系统和副交感神经系统,这两种系统的显著区别在于它们的节后纤维分泌不同的神经递质。副交感神经系统分泌乙酰胆碱(acetylcholine,ACh),而交感神经系统的神经节后纤维释放去甲肾上腺素(norepinephrine,NE)。大多数器官的自主神经支配同时利用副交感神经和交感神经系统,这两者的作用通常是对立的。根据神经末梢释放递质的不同,传出神经又分为胆碱能神经和肾上腺素能神经。

乙酰胆碱(ACh)是交感神经节前神经元、全部副交感神经、神经肌肉接点和神经节后突触中的神经递质。在胆碱能神经末梢胞质中,胆碱(Ch)和乙酰辅酶A(CoA)在胆碱乙酰基转移酶(ChAT)的催化下,合成乙酰胆碱(ACh)并贮存于胆碱能神经末梢近膜处的囊泡内。在静息状态下,少量的ACh缓慢释放,在突触后膜产生电反应以维持效应器官的生理反应性;当神经冲动传导到神经末梢时,引起递质释放。释放入突触间隙的ACh一方面作用于相应的胆碱受体产生效应,另一方面被突触间隙中的乙酰胆碱酯酶(AChE)水解形成胆碱和乙酸,从而作用消失。

乙酰胆碱这种神经-体液传递过程可以在几个方面受到药物的影响。第一,药物可能会改变乙酰胆碱本身的形成;第二,药物可影响囊泡储存和释放乙酰胆碱的能力;此外,药物可通过影响乙酰胆碱与受体的相互作用和乙酰胆碱的代谢等环节,增强或减弱乙酰胆碱的作用,进而调节胆碱能神经系统兴奋过度或低下的病理状态,达到治疗目的。

乙酰胆碱的生物合成途径

乙酰辅酶A　　胆碱　　　胆碱乙酰基转移酶　　　乙酰胆碱

乙酰胆碱　　乙酰胆碱酯酶　　　乙酰胆碱酯酶复合物

组氨酸

丝氨酸

乙酰胆碱的代谢途径

根据对不同生物碱反应的不同,乙酰胆碱受体可分为 M 型胆碱受体和 N 型胆碱受体。M型胆碱受体(简称 M 受体)对毒蕈碱(muscarine)相对敏感;而 N 型胆碱受体(简称 N 受体)对烟碱(nicotine)相对敏感。乙酰胆碱本身既可产生 M 样作用又可产生 N 样作用,在一定程度上,乙酰胆碱的药理作用与毒蕈碱和烟碱的混合作用相似。

毒蕈碱　　　　　烟碱

M 受体属 G 蛋白偶联受体(G protein-coupled receptor, GPCR),激动剂与 M 受体结合后,通过 G 蛋白介导,再经第二信使诱导出一系列生化反应。M 受体广泛存在于副交感神经节后纤维支配的效应器细胞上,它在调节副交感神经系统靶器官的功能中起着关键作用。近年发现 M 受体有五种亚型,各亚型有着不同的解剖部位分布和生理功能:M_1 受体在中枢神经系统中广泛表达,主要分布在神经节和分泌腺体中,能够调节脑的各种功能以及汗腺和消化腺的分泌;M_2 受体主要分布在心肌和平滑肌中,能够引起心肌收缩力减弱、心率降低;M_3 受体主要分布在分泌腺体和平滑肌中,能够舒张血管平滑肌及括约肌、收缩胃肠道和膀胱平滑肌,使腺体分泌增加;M_4 受体主要分布在中脑黑质纹状体内,转导其间的多巴胺通路信号,对多巴胺参与的运动认知功能调控发挥着重要的作用;M_5 为孤儿受体,在中枢神经中的表达量不足胆碱受体表达总量的 2%,主要分布于脑内黑质致密部和腹侧被盖区的多巴胺能神经元中,可通过影响多巴胺能神经传递在成瘾/奖励调控中发挥重要作用。

N 受体根据分布不同分为 N_1 受体和 N_2 受体。N_1 受体又称为 N_N 受体(nicotinic neuronal receptor),主要分布在神经节中;N_2 受体又称为 N_M 受体(nicotinic muscle receptor),主要分布在神经骨骼肌接头处。两型受体均是配体门控型阳离子通道受体。当 ACh 与 N 受体结合后,N 受体空间构象发生改变,通道开放,Na^+、Ca^{2+} 进入细胞产生局部去极化。当去极化水平达到钠通道开放阈值时,钠通道开放,引发动作电位。

早期研究发现,N 受体主要与神经电信号传导有关。近年来的研究表明,N 受体与许多人类重大疾病和病理生理现象如阿尔茨海默病、帕金森病、精神分裂症、抑郁症等诸多中枢神经系统疾病的发病机制有密切关系,阐明这些生理机制对重症肌无力、中枢神经系统以及多器官衰竭等相关疾病具有重要的临床意义,因此该受体成为神经功能障碍调节药的重要作用靶点。

第一节　拟胆碱药

拟胆碱药(cholinergic agent),又名胆碱能药物,为一类作用效果类似于乙酰胆碱的药物。按照其作用机制的不同,可将其分为直接作用于胆碱受体的拟胆碱药(direct-acting cholinomimetic drug,又称胆碱受体激动剂,cholinoceptor agonist)和间接作用于胆碱受体的乙酰胆碱酯酶抑制剂(acetylcholinesterase inhibitor)两类。胆碱受体激动剂可直接兴奋胆碱受体,效应与乙酰胆碱相似。胆碱酯酶抑制剂通过与乙酰胆碱酯酶结合,使其水解乙酰胆碱较慢,活性受到抑制,从而导致胆碱能神经末梢释放乙酰胆碱堆积,产生拟胆碱作用。直接作用于胆碱受体的拟胆碱药物主要包括胆碱酯类(乙酰胆碱、甲基胆碱、卡巴胆碱)和生物碱类(毒蕈碱、毛果芸香碱、西维美林)。间接作用于胆碱能的药物主要包括可逆药(毒扁豆碱、新斯的明、溴吡斯的明、依德罗芬、卡巴拉汀)和不可逆药(碘依可酯、美曲膦酯、沙林、乐果)。

一、胆碱受体激动剂

大多数胆碱能药物通过刺激位于副交感神经系统神经节后纤维支配的组织上的毒蕈碱受体来产生副交感神经反应。这些药物通常被称为毒蕈碱或副交感神经激动剂。一些胆碱能激动剂通过激活位于神经节后纤维细胞体上的神经节烟碱受体,对自主神经系统的副交感神经和交感神经分支产生非选择性刺激。此外,一些胆碱能激动剂通过激活位于神经肌肉连接点运动端板上的另一组尼古丁受体来刺激骨骼肌,中枢神经系统中那些含有尼古碱和毒蕈碱受体的突触可以被能够穿透血脑屏障的拟胆碱激动剂所刺激。乙酰胆碱由于在体内很快被乙酰胆碱酯酶水解而丧失活性,在临床上不能作为药物使用,并且选择性不高,故需研究具有稳定性较高、选择性较好的拟胆碱药用于临床。根据化学结构的不同,胆碱受体激动剂可以分为胆碱酯类和生物碱类。

(一)胆碱酯类

该类药物化学稳定性强于乙酰胆碱,不易被胆碱酯酶水解,但选择性仍然差,对 M、N 胆碱受体的选择性与乙酰胆碱相似,均有激动作用。其中,卡巴胆碱(carbachol chloride)又名氯化氨甲酰胆碱,对 M 和 N 胆碱受体作用均很强,对平滑肌作用亦强,但由于该药副作用较多,故目前主要用于青光眼的治疗。氯贝胆碱(bethanechol chloride)是一种合成酯,作为一种胆碱能药,在结构和药理功能上与乙酰胆碱相似,并在需要刺激副交感神经系统的特殊情况下使用,临床上用于治疗术后或产后尿潴留。

卡巴胆碱　　　　　　　　　　氯贝胆碱

(二)生物碱类

本类主要包括三种天然生物碱如毛果芸香碱、槟榔碱和毒蕈碱,此外,还包括合成同类物氧特莫林(oxotremorine,氧化震颤素),也作为胆碱受体激动药使用。此类药物脂溶性很强,具有多种给药途径,它们只有M样作用而无N样作用,但对M受体亚型无选择性。

毛果芸香碱　　　　　　　　槟榔碱　　　　　　　　氧特莫林

硝酸毛果芸香碱(pilocarpine nitrate)

化学名为(3S,4R)-3-乙基-二氢-4[(1-甲基-1H-5-咪唑基)甲基]-2(3H)-呋喃酮硝酸盐,(3S,4R)-3-ethyldihydro-4[(1-methyl-1H-5-imidazole)methyl]-2(3H)-furanone nitrate,又名匹鲁卡品,是芸香科植物毛果芸香属(Pilocarpus)植物中提取的一种生物碱,也可人工合成。

毛果芸香碱的 pK_a 为6.78,lg$P$ 为1.1。

毛果芸香碱共有4个立体异构体,在天然产物中主要存在的是毛果芸香碱及其差向异构体异毛果芸香碱,两者药理作用相似,但异毛果芸香碱活性仅为毛果芸香碱的1/20~1/6。毛果芸香碱在pH 4.0~5.5时较稳定。毛果芸香碱结构中五元内酯环上的乙基与甲基咪唑环处于顺式构型,空间位阻较大,当加热或在碱中温热时可迅速地发生 C_3 位差向异构化。在稀氢氧化钠溶液中,内酯环被开环成无药理活性的毛果芸香酸钠。

异毛果芸香碱　← Differential isomer ←　毛果芸香碱　→ H₂O/NaOH →　毛果芸香酸钠

毛果芸香碱的合成主要有两条路线。

路线一的合成关键是构型的翻转。此路线是由毛果芸香素与氯乙烷在二异丙基氨基锂的条件下直接缩合,得到异毛果芸香碱,再经3位消旋化及拆分,得到构型翻转的目标产物。

H₃C—CH₂—Cl / LDA, THF → ... LDA, THF, BHT →

Ditoluoyltaric acid recrystallization

路线二是由丙二酸甲酯与 *N*- 甲基 -5- 氯甲基咪唑为原料,在碱性条件下与溴丙炔经缩合、脱羧、还原、环合、烷基化五步反应最终制得终产品毛果芸香碱。与路线一相比较,该路线原料(丙二酸甲酯和 *N*- 甲基 -5- 氯甲基咪唑)易得、各步反应收率高,总收率达到 37%。

COOCH₃⌒COOCH₃ →(NaH, DMF) → →(NaOMe, MeOH) → →(DMF, NaCl, H₂O, imidazole(3.0 epuiv) reflux, 4h) → →(LiAlH₄, Et₂O, rt) → →(tBuOK, tBuOH reflux, 3h) → →(mCPBA, r.t. CH₂Cl₂) →

毛果芸香碱的特定杂质有三种,即 A 为毛果芸香碱的异构体,B、C 均为酯环开环产生的副产物。

A   B   C

(三)胆碱受体激动剂的构效关系

乙酰胆碱为 M 胆碱受体的天然配基,其为直链柔性分子,对乙酰胆碱分子进行分子轨道计算和 X 射线单晶结构的测定、核磁共振谱的测定,结果表明乙酰胆碱分子的优势构象为顺错式,C_α 上的季铵氮原子和 C_β 上的酰基氧原子的二面角 τ 接近于 60°。此时季铵氮原子上正电荷可以和酰基氧原子的 δ- 电荷发生静电作用,从而能量较低。但是刚性的环状类似物的立体化学研究表明,配基与 M 受体作用时,季铵氮原子与酰基氧原子的二面角 τ 为 137°,接近于反错式,说明能量最稳定的优势构象并不一定是配基与受体作用的药效构象。对于 M 受体来说,药效构象是呈反式的反错式。这种柔性分子的药效构象,随受体亚型不同而表现出明显差异。

順錯式　　　　　　　反錯式

通过大量配基的构效关系研究,得到 M 受体激动剂的基本药效基团模型:含有带正电荷的氮原子,与受体上羧基阴离子结合;含有一个氧原子,最好是酯基氧原子,可与受体形成氢键;氮原子与酯氧原子之间间隔 2 个碳原子;酰基末端的烃基与受体的疏水口袋发生疏水作用。

酰基部分　　　1,2-亚乙基　季铵部分

1)氮原子可以是质子化的叔氮原子,但以季铵盐最佳。氮原子上所连烃基只能为甲基,若取代基大于甲基则拟胆碱活性降低;若被 3 个乙基取代,则由激动剂转化为拮抗剂。氮原子与酯基氧原子之间间隔 2 个碳原子时,即氮原子与酰基末端的烃基上氢原子之间的距离为 5 个原子时活性最佳。

2)亚乙基的 α 位被甲基取代,则 M 作用和 N 作用均有不同程度的降低。亚乙基上 β 位被甲基取代,则 N 作用大大降低,同时可以减缓乙酰胆碱酯酶的酶解作用,延长作用时间。亚乙基连上甲基,将会产生手性碳原子。由于配基与受体的结合具有空间特异性,所以不同构型的分子表现出的拟胆碱活性有极大的差异。

3)酰基也可以变换成氨甲酰基,其将保留拟胆碱活性,比如卡巴胆碱和氯贝胆碱。氨基甲酸酯水解活性比羧酸酯小,不易被乙酰胆碱酯酶催化水解,也不易在胃肠道中水解,可以口服给药。

二、胆碱酯酶抑制剂

胆碱酯酶抑制剂(cholinesterase inhibitor)是通过抑制乙酰胆碱酯酶的活性而间接刺激胆碱能传递的药物,乙酰胆碱酯酶在自主神经系统、中枢神经系统和躯体神经系统的神经肌肉连接处的突触间隙中水解并使乙酰胆碱失活,这类药物的药理作用来自于它们延长受体位点乙酰胆碱寿命的能力。胆碱酯酶抑制剂因其化学结构不同可分为三类。第一类为非共价结合的抑制药,此类药具有一个季铵阳离子,可与胆碱酯酶负离子部位形成离子键,并较易从酶部位离去,作用时间短,为可逆酶抑制剂。第二类为氨甲酰类抑制药,与胆碱酯酶反应后生成氨甲酰化胆碱酯酶,水解恢复成胆碱酯酶的速度较慢,故作用时间较长,可维持数小时,为拟似不可逆酶抑制剂(pseudoirreversible inhibitor)。第三类为有机磷酸酯类,这类化合物与胆碱酯酶作用生成的磷酰化胆碱酯酶难以水解,造成胆碱酯酶的不可逆的抑制,为不可逆酶抑制剂。

（一）乙酰胆碱酯酶抑制剂

乙酰胆碱酯酶抑制剂（acetylcholinesterase inhibitors，AChEIs）的作用机制是抑制突触间乙酰胆碱酯酶（AChE）的活性，减少突触间隙乙酰胆碱的降解，提高乙酰胆碱水平，增加突触间乙酰胆碱的可利用性，此类药物的代表药物为毒扁豆碱和溴新斯的明。

毒扁豆碱（physostigmine）

化学名为（3a，S-cis）-1，2，3，3a，8，8a- 六氢 -1，3a，8- 三甲基吡咯并［2，3-b］吲哚 -5- 醇甲基氨基甲酸酯，（3a，S-cis）-1，2，3，3a，8，8a-hexahydro-1，3a，8-trimethylpyrrolo［2，3-b］indol-5-ol'methylcarbamate，又名依色林（eserine）、卡拉巴豆碱，于 1864 年 J•约布斯特和 O•黑塞从非洲西部出产的毒扁豆中获得。本品多以硫酸盐或水杨酸盐形式给药。

毒扁豆碱的 pK_{a1} 为 6.12，pK_{a2} 为 12.24。

毒扁豆碱的合成主要有两条路线。

路线一是以 L- 色氨酸为起始原料，经吲哚氮甲基保护、还原和环合三步反应制得手性噁唑烷酮中间体，再与重氮乙酸乙酯反应制备得到 3- 取代四氢吡咯并吲哚骨架，再经四氢锂铝还原、兰尼镍脱去羟亚甲基，得到去氧毒扁豆碱，后经亲电溴代反应、甲醚化、脱甲基和羧酰胺化四步反应得到毒扁豆碱。

路线二是以邻硝基苯甲醛为原料，经 Wittig 反应和 Claisen 重排反应、再经烯烃氧化、醛基还原、Mitsunobu 反应、硝基还原、环合及双甲基化得到与路线一相同的中间体去氧毒扁豆碱，后续反应同路线一。

毒扁豆碱是最早被发现的抗胆碱酯酶药，拟胆碱作用是乙酰胆碱的 300 倍，因选择性较差，临床上水杨酸毒扁豆碱主要局部使用，用于治疗青光眼，其效力较毛果芸香碱强而持久，可维持几个小时至几天。但该药毒性较大，作用选择性差，并有成瘾性等缺点，临床上已很少使用，毒扁豆碱水溶液不稳定，放置后会水解成毒扁豆酚（physostigmol）而失去酶抑制作用。

毒扁豆碱　　　　　　　　　　　　　　毒扁豆酚

毒扁豆碱能与胆碱酯酶的阴离子位点产生竞争性结合作用，减少了胆碱酯酶与乙酰胆碱的结合，产生了抑制胆碱酯酶效果，间接提高了乙酰胆碱的水平。乙酰胆碱本身是一种季铵化合物，因此季铵阳离子被认为是抑制乙酰胆碱酯酶的主体部分，故将毒扁豆碱分子的叔胺基替换成季铵基可增强抗胆碱酯酶的作用。一些季铵类药物,如依酚溴铵(edrophonium bromide)和带有氨甲酰基的安贝氯铵(ambenonium chloride),主要抑制神经肌肉连接处的胆碱酯酶,临床上用于治疗重症肌无力和腹气胀等。

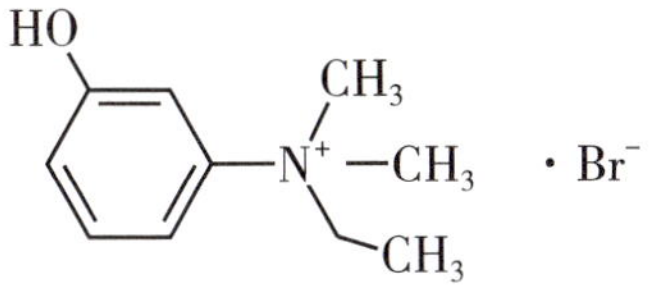

依酚溴铵 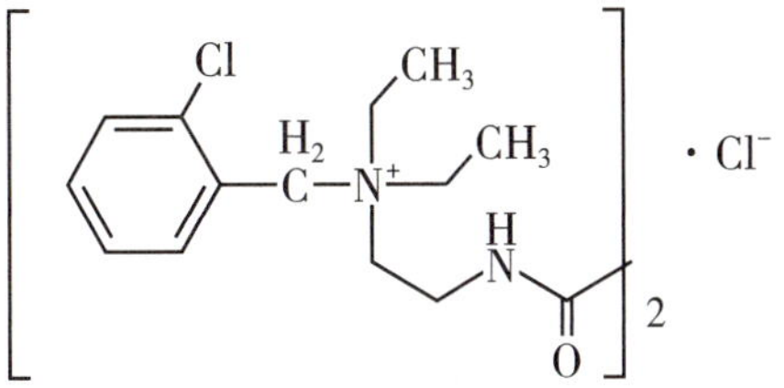　　　　　　　　　　　　　安贝氯铵

毒扁豆碱水解成毒扁豆酚后会失去酶抑制活性的结果,提示了氨基甲酸酯基团可能对酶抑制的作用具有很强的重要性,从而促使了对大量酚类的氨基甲酸酯类化合物进行研究。经研究发现结构中两个含氮五元杂环对抑制胆碱酯酶活性不是必需的,且经对构效关系的研究发现,N-甲基氨基甲酸酯衍生物的药理作用虽强,但不稳定,且在水中很易水解而失去活性,但经修饰成 N,N-二甲基氨基甲酸酯后则不易水解,以此为出发点开发出了疗效更好的药物新斯的明(neostigmine),在临床上主要使用的是溴新斯的明。新斯的明类似物还有溴吡斯的明、苄吡溴铵(benzpyrinium bromide)和溴化双吡己胺(distigmine bromide)等,主要用于治疗胃排空障碍、重症肌无力和尿潴留等。

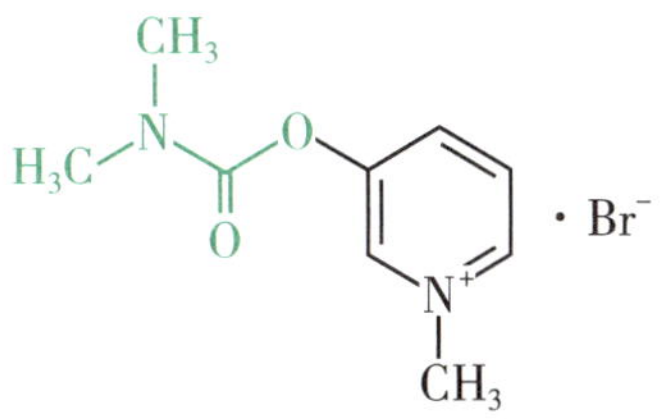

溴吡斯的明 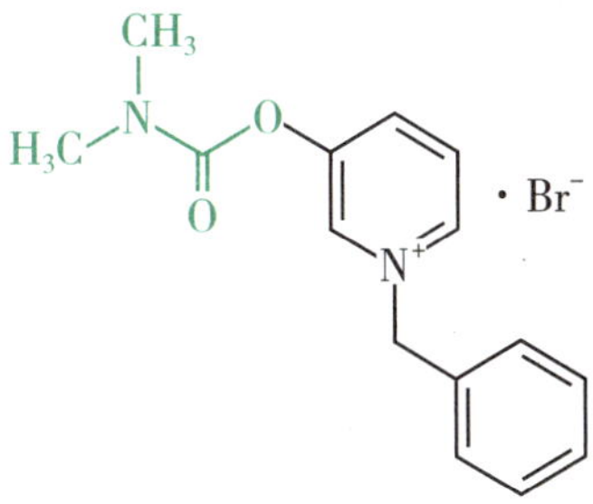　　　　　　　　　　　　苄吡溴铵

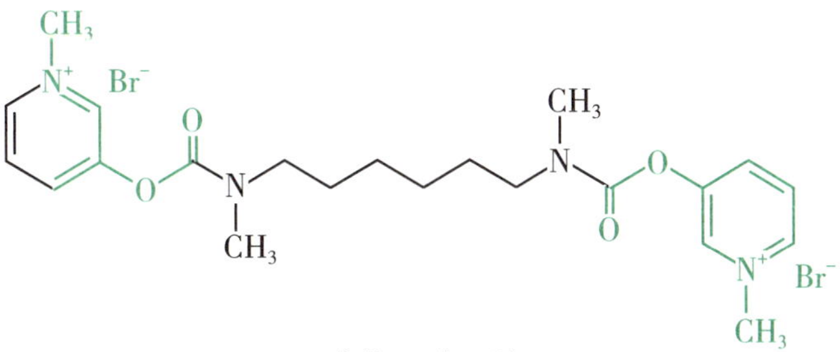

溴化双吡己胺

溴新斯的明(neostigmine bromide)

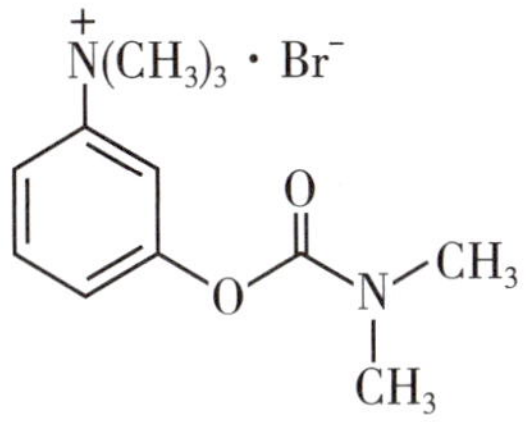

化学名为溴化 *N*, *N*, *N*- 三甲基 -3-[（二甲氨基）甲酰氧基]苯铵，3-[[（dimethy lamino）carbonyl]oxy]-*N*, *N*, *N*-trimethylbenzenaminium bromide。

溴新斯的明的 lg*P* 为 -1.6、-2.2。

本品合成的关键是氨基甲酸酯的制备，路线一是间二苯酚与二甲胺在高压作用下得到间二甲氨基苯酚，然后再与二甲氨基甲酰氯经酯化，再经季铵化即得最终产品。

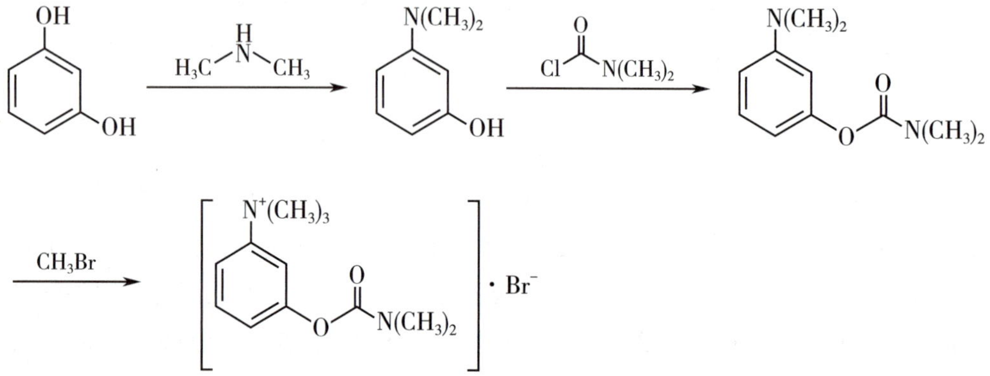

路线二是将间二甲氨基苯酚在氢氧化钠的条件下成盐，然后再与二甲氨基甲酰氯经酯化，再经季铵化即得最终产品。此合成路线在成甲酸酯的过程中选用了氢氧化钠和二甲氨基甲酰氯，而避免传统路线中的光气与二甲胺，使反应更加安全、环保。

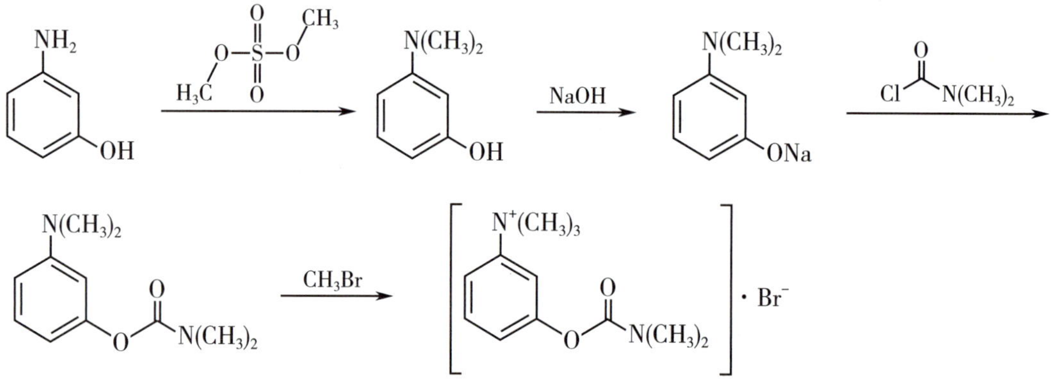

溴新斯的明属于可逆酶抑制剂，其有一种特定杂质，即：

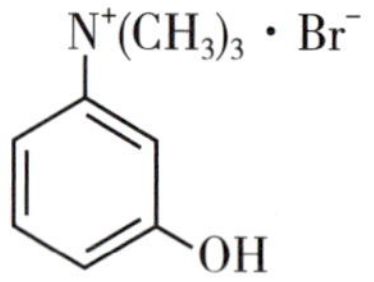

A

利斯的明（rivastigmine）

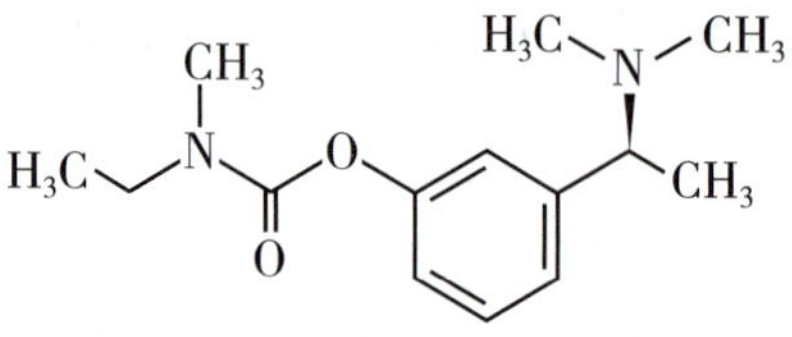

化学名为 *N*- 乙基 -*N*- 甲基氨基甲酸 -3-[（*S*）-1-（二甲氨基）乙基]苯酯，3-[（1*S*）-1-（Dimethylamino）ethyl]phenyl *N*-ethyl-*N*-methylcarbamate，又名卡巴拉汀。

利斯的明的 pK_a 为 8.99。

利斯的明的合成有两条路线。路线一是以 3- 甲氧基苯乙酮为起始原料,经还原、羟氨基化反应制得手性中间体,再通过溴化氢还原得到氨基苯酚中间体,再与 *N*- 乙基 -*N*- 甲基氨基甲酰氯发生酯化反应得到利斯的明。

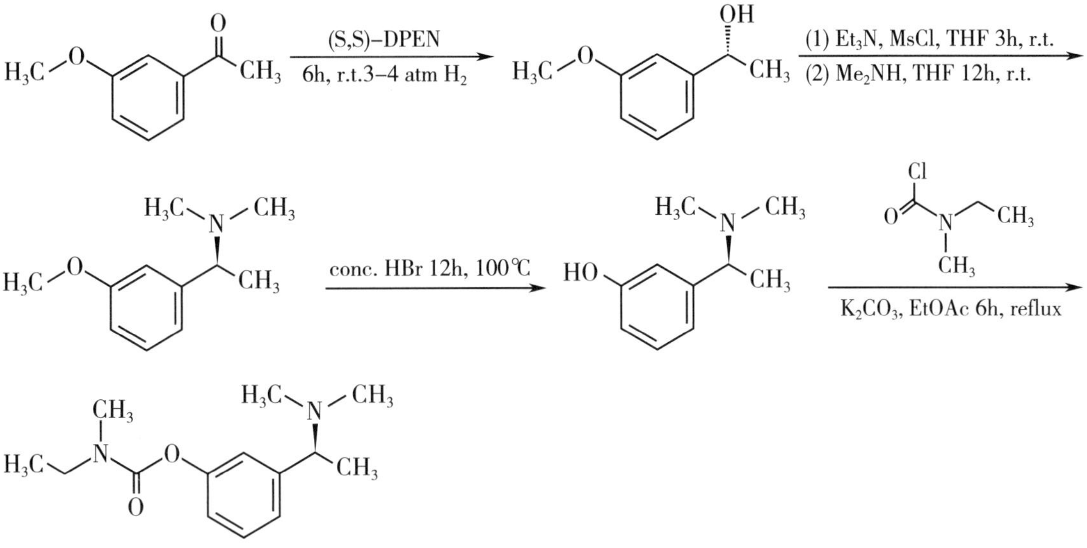

路线二是以 3- 甲氧基苯乙酮为起始原料,经过还原胺化反应,脱甲基反应,在(＋)-10- 樟脑磺酸催化作用下,生成手性中间体,最后与 *N*- 乙基 -*N*- 甲基氨基甲酰氯发生酯化反应得到利斯的明。

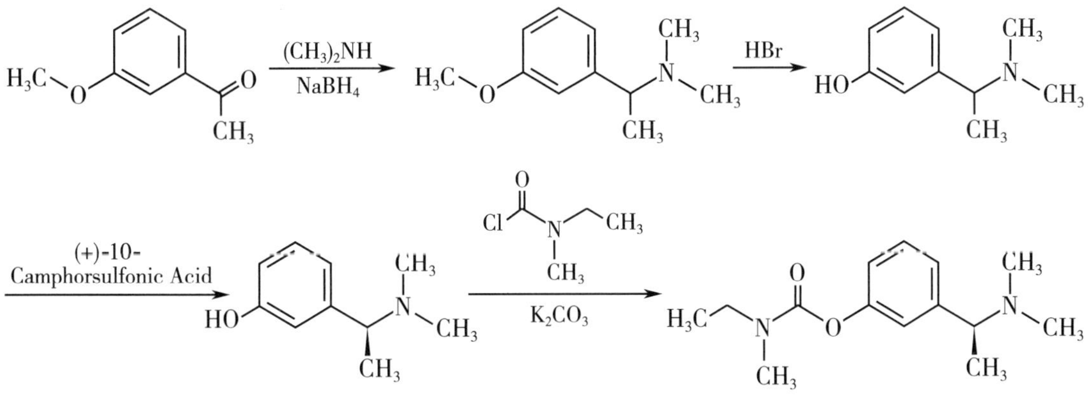

路线二的杂质分析:

利斯的明存在杂质 A～C,其中 A 是最后一步生成的氧化产物;B 是第三步的降解产物;C 是终产物的外消旋体。

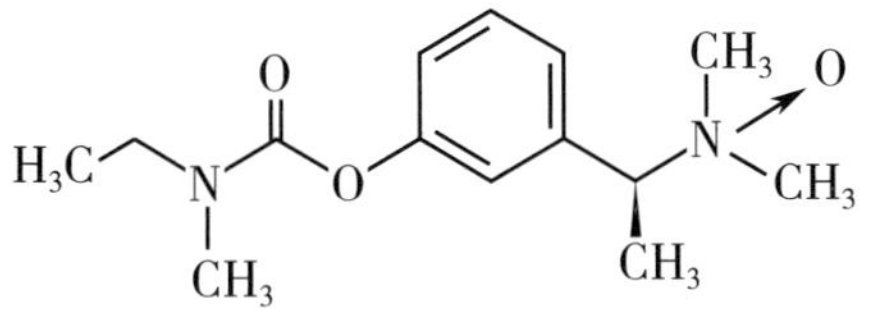

A

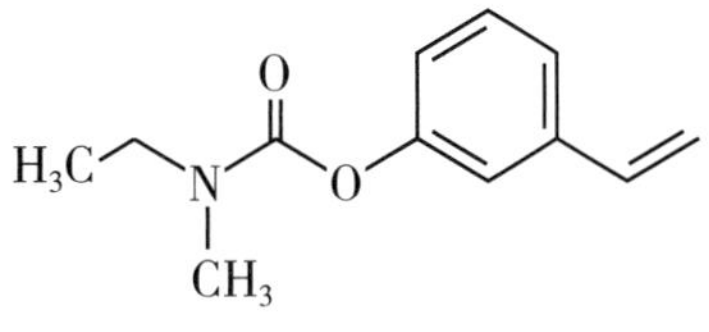

B

C

利斯的明属于第二代胆碱酯酶抑制药,对中枢 AchE 的抑制作用比对外周乙酰胆碱酯酶(AchE)的抑制作用强,同时可抑制丁酰胆碱酯酶。对轻、中度 AD 患者有效,尤其适用于患有心脏、肝脏以及肾脏等疾病的 AD 患者(可见于第七章神经退行性疾病治疗药物)。

(二)胆碱酯酶抑制剂分子骨架

截至目前,有 4 个乙酰胆碱酯酶抑制剂已经成功在美国食品药品管理局(FDA)上市用于治疗 AD;同时,大量的胆碱酯酶抑制剂被设计合成用于开发可能的抗 AD 药物。近十年来广泛报道胆碱酯酶抑制剂有八大类,这些骨架的设计或来源于已上市的药物如多奈哌齐、他克林、利斯的明、加兰他敏;或来源于天然产物如黄酮类、香豆素类、咔唑/吲哚类和喹啉类。

1. **基于上市药物的胆碱酯酶抑制剂结构骨架**　多哌奈齐的分子骨架,烷基环胺侧链在抑制 AChE 活性中起着重要作用。他克林可归入吖啶家族,被认为是一种具有中枢作用的间接胆碱能激动剂,起 AChE 抑制作用,4H-吡喃是其生物活性的主要骨架结构。利斯的明是一种 AChEI,用于治疗轻至中度的 AD,氨基甲酸酯部分是利斯的明化学结构中的主要官能团。

多哌奈齐　　　　　　　　　　　　　他克林

利斯的明

2. **基于天然产物的胆碱酯酶抑制剂结构骨架**　黄酮由 2-苯基色原酮组成,其衍生物为类黄酮,氨基烷基取代的类黄酮衍生物,被认为是潜在的胆碱酯酶抑制剂。香豆素又被称为苯并吡喃酮,归类于 α、β-不饱和 δ-内酯类,其中 7-取代香豆素和 3-取代香豆素以及烷基胺侧链,是其骨架的重要组成部分。咔唑/吲哚类是一种双环杂环化合物,还是氨基酸色氨酸的核心结构,这些化合物显示出良好的抗 AChE 活性。基于喹啉骨架的苯并吡啶的杂环芳香族有机化合物二氢喹啉-3-羧酸酰胺和二氢喹啉-3-羧酸肼衍生物作为胆碱酯酶抑制剂显示出良好的抑制活性。

黄酮　　　　　香豆素　　　　吲哚　　　　　咔唑　　　　　喹啉

（三）不可逆酶抑制剂与胆碱酯酶复能药

不可逆酶抑制剂主要为有机磷酸酯类。有机磷酸酯类分子中的磷原子与 AchE 中丝氨酸羟基的氧原子以牢固的共价键结合，生成磷酰化 AChE，该磷酰化酶难以自行水解，从而使 AChE 丧失活性。如碘依可酯，又名依可碘酯、碘化二乙氧磷酰硫胆碱、碘化磷等。由于其具有不可逆酶抑制性导致的毒性，故仅限于局部使用。此药用于治疗原发性开角型青光眼和内斜视的调节。有些生成的磷酰化 AChE 更不易被水解，甚至不能被恢复，故用作杀虫剂和神经毒剂，如有机磷酸酯类杀虫剂美曲磷酯（metrifonate，敌百虫，dipterex）、敌敌畏（dichlorvos，DDVP）、乐果（dimethoate，Rogor）和神经毒剂沙林（sarin）等。

碘依可酯　　　　　　美曲磷酯　　　　　　敌敌畏

乐果　　　　　　　沙林

有机磷酸酯、磷酸胺、磷酰氟等不可逆胆碱酯酶抑制剂，可与 AChE 牢固结合，从而抑制 AChE 活性，使其丧失水解 ACh 的能力。造成 ACh 在体内大量堆积，并可引起一系列中毒症状。生成的磷酰化酶可向不同的两个方向转化——发生酶的复能，或者发生酶的老化。老化是指磷酰化胆碱酯酶的磷酸化基团上的烷氧基断裂，生成磷酸酯阴离子，从而使酶更难甚至不能再活化。此时即使用胆碱酯酶复活药也难以恢复酶的活性，必须等待新生代胆碱酯酶出现，才有水解 ACh 的能力。胆碱酯酶复能药（cholinesterase reactivator）是一类可使磷酰化乙酰胆碱酯酶复活的药物，能通过血脑屏障，在中枢神经系统中可达到治疗浓度，毒性小，化学和制剂稳定性好。

有机磷酸酯　胆碱酯酶　　　　　　　　　磷酰化胆碱酯酶
　　　　　　　（活性）　　　　　　　　　（无活性）

磷酰化胆碱酯酶的复能

磷酰化胆碱酯酶的老化

$$\underset{OR}{\overset{O}{R'O-\overset{||}{\underset{|}{P}}-E}} \xrightarrow{H_2O} \underset{O^-}{\overset{O}{^-O-\overset{||}{\underset{|}{P}}-E}}（无活性）$$

碘解磷定（pralidoxime iodide）是最早应用的胆碱酯酶复能药物，又名磷敌、解磷毒、派姆（PAM）。它是根据酶 - 配基契合原理设计出的吡啶甲醛肟季铵盐，分子中的季铵基团可与胆碱酯酶的阴离子结合，分子中的亲核基团肟基上的氧原子与磷酰化胆碱酯酶的磷原子处于适宜的距离，能通过亲核取代来发挥复能作用。通过计算肟基氧原子与磷原子的相对距离，发现其反式构型是最为合适的。该药水溶性较低，水溶液不稳定，久置可释放出碘。碘解磷定为有机磷农药解毒剂，对内吸磷、马拉硫磷和对硫磷中毒疗效较好。它能与有机磷酸酯类直接作用，结合成无毒的化合物排出体外。但它仅对形成不久的磷酰化胆碱酯酶有复能作用，对老化的磷酰化胆碱酯酶复能效果差。

碘解磷定　　　　　双复磷

碘解磷定虽是季铵盐，但在水中溶解度较小，故需静脉注射给药。用 Cl^- 替代 I^- 制得的盐，称氯解磷定（pralidoxime chloride），易溶于水（640mg/ml），可肌内注射给药，毒性较低。它们均难通过血脑屏障，对中枢神经系统的解毒作用效果差。

双复磷（obidoxime chloride）是二氯甲醚的双 4- 吡啶甲醛肟的季铵盐，同氯磷定一样作用强而持久，并且能通过血脑屏障和兼有阿托品样作用，故能同时解除有机磷酸酯类引起的 M样、N样及中枢神经系统症状。

第二节　抗胆碱药

胆碱能系统利用两种类型的受体，即与质膜结合的 G 蛋白偶联毒蕈碱受体和配体门控离子通道烟碱受体。烟碱受体存在于自主神经系统的节后树突和神经体以及神经肌肉接头的运动终板上，毒蕈碱受体存在于副交感神经系统的靶器官细胞和交感神经系统中的汗腺上。胆碱能系统的拮抗作用减少或在某些情况下，阻止胆碱能神经传递在中枢神经系统和周围组织中的作用。抗胆碱药（anticholinergic agents）为具有阻断胆碱受体，使乙酰胆碱不能与受体结合而呈现与拟胆碱药相反的作用，或通过抑制乙酰胆碱的生物合成或释放，来治疗胆碱能神经过度兴奋引起疾病的一类药物。临床用于抢救感染中毒性休克、解除有机磷农药中毒、阿斯综合征和内脏绞痛,也可用于麻醉前给药、散瞳或治疗角膜炎、虹膜炎等。胆碱受体拮抗剂(cholinoceptor antagonists)是目前临床上最常用的抗胆碱药,这类拮抗剂对胆碱受体亲和力强,能阻断乙酰胆碱对受体的激动作用,从而干扰由胆碱能神经传递引起的生理功能,发挥抗胆碱作用。按其作用胆碱受体的选择性不同,可将胆碱受体拮抗剂分为三类: M 受体拮抗剂、N_1 受体拮抗剂和 N_2 受体拮抗剂。

一、M 胆碱受体拮抗剂

M 胆碱受体拮抗剂(muscarinic antagonists)能阻断节后胆碱能神经所支配的效应器细胞上的 M 受体,故可对抗乙酰胆碱及拟胆碱药的 M 样作用,并产生抑制腺体分泌、松弛平滑肌、扩大瞳孔、加快心率等效应。M 受体拮抗药物主要分为四类:①天然存在的颠茄生物碱,如阿托品和东莨菪碱,它们属于有机酯类,阿托品和东莨菪碱由芳香酸和复杂的有机碱(分别为托品或莨菪碱)组成;②半合成衍生物,如右马托品,其由托品与扁桃酸联合生产,以及阿托品、东莨菪碱和高马托品的季铵衍生物;③合成季铵化合物,如格隆溴铵、丙四醇和异丙托溴铵;④合成非季铵化合物的抗毒蕈碱类药物,如苯扎托品、苯海索酯和环戊酸盐等。临床最早使用的 M 受体拮抗剂是颠茄生物碱类阿托品,对其进行结构改造和优化也得到了大量的合成类抗胆碱药。

(一)颠茄生物碱类

此药是一类从茄科(*Solanaceae*)植物,如颠茄(*Atropa belladonna*)、莨菪(*Hyoscyamus niger*)和曼陀罗(*Datura stramonium*)等中提取的生物碱,具有对 M 受体拮抗的作用。这类生物碱都是由不同有机酸与莨菪醇(tropine)形成的酯。(−)-莨菪碱(hyoscyamine)又名天仙子胺,是(*S*)-莨菪酸与莨菪醇形成的酯,其中(*S*)-莨菪酸[(*S*)-tropic acid]又名(*S*)-托品酸[(*S*)-scopolic acid],即(*S*)-3-羟基-2-苯基丙酸。

莨菪醇 　　　　　(−)-莨菪碱

莨菪醇结构的基本骨架为莨菪烷,又名托品烷(tropane),莨菪烷结构中的哌啶环存在椅式和船式两种构象,其中椅式能量稍小。由于莨菪酸的羧基 α 碳原子为手性碳原子,所以天然(−)-莨菪碱在分离过程中容易发生消旋化。硫酸阿托品(atropine sulfate)是其外消旋体药用形式。

对阿托品的莨菪烷环进行结构改造,得到了溴甲阿托品(atropine methobromide)、噻托溴铵(tiotropium bromide)、异丙托溴铵(ipratropium bromide)等临床常用药物,三者均为季铵盐结构。

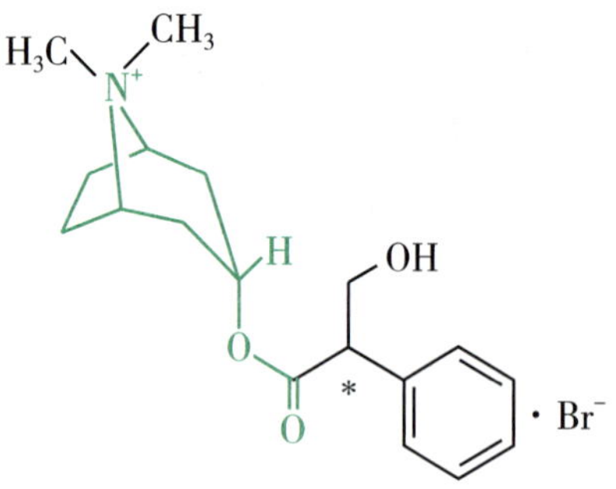

溴甲阿托品

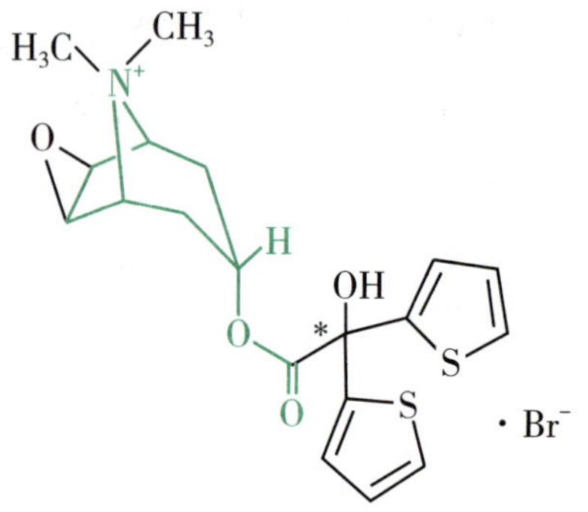

噻托溴铵

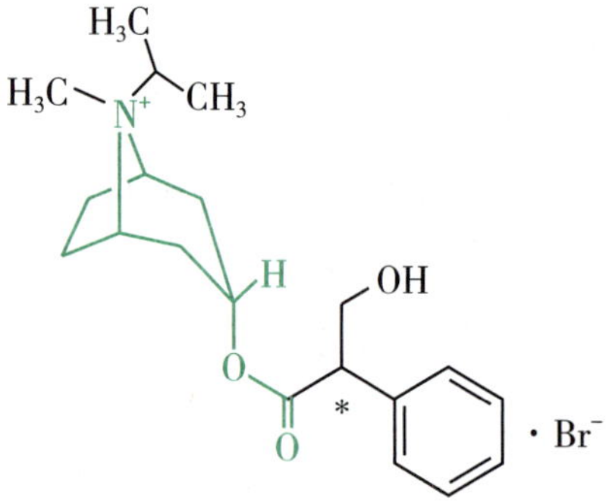

异丙托溴铵

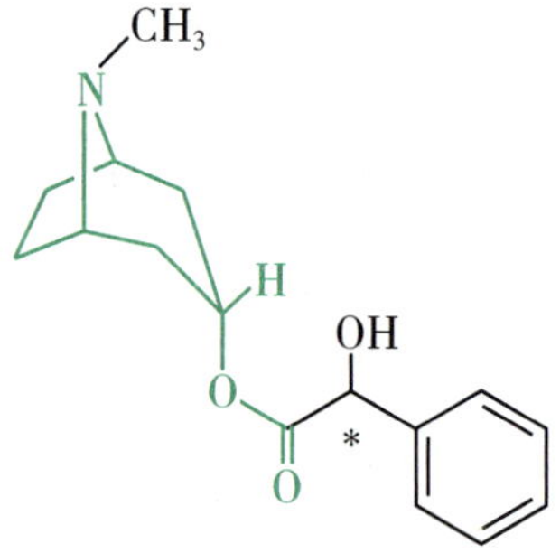

后马托品

将阿托品的 N 上再引入一个甲基得到溴甲阿托品,又名胃疡平。其作用与阿托品相似,因其化学结构属季铵盐结构,脂溶性较差,不易通过血脑屏障,对中枢神经系统几乎没有影响,可用于治疗胃及十二指肠溃疡、胃酸过多、胃炎等。

噻托溴铵是在莨菪酸的羧基 α 碳原子引入两个噻吩环,因空间位阻变大而部分影响药物与受体的结合,呈现一种特异选择性,不良反应轻微。它通过抑制平滑肌 M_3 受体,产生支气管扩张作用,且作用时间持久,对于治疗慢性阻塞性呼吸道疾病疗效显著,属于一种新型的吸入型长效支气管扩张剂。

将阿托品的 N 上引入一个异丙基得到异丙托溴铵,这是一种对支气管平滑肌有较高选择性的强效抗胆碱药,松弛支气管平滑肌作用较强,对呼吸道腺体和心血管系统的作用不明显,用于防治支气管哮喘和哮喘型慢性支气管炎。

后马托品(homatropine)是通过莨菪醇与杏仁酸成酯后得到的半合成的阿托品类似物,相比阿托品少一个 C 原子,扩瞳作用好,且无抑制分泌的副作用。

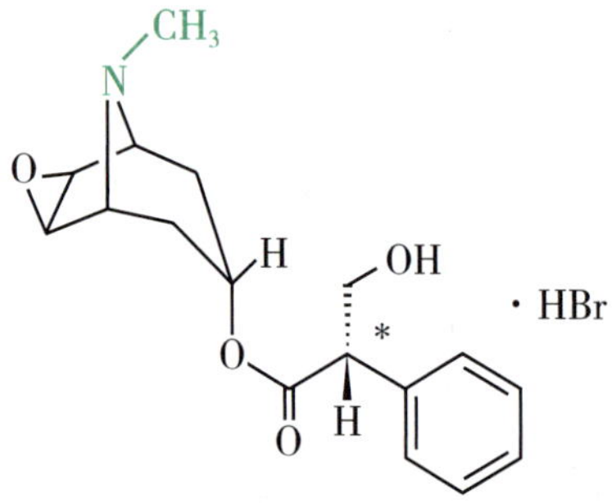

氢溴酸东莨菪碱

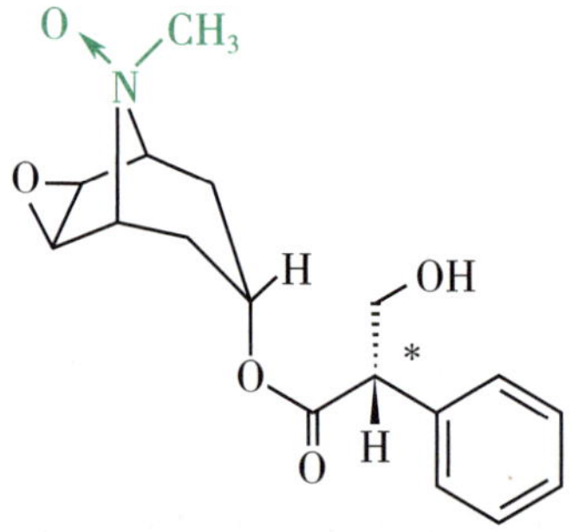

氧化东莨菪碱

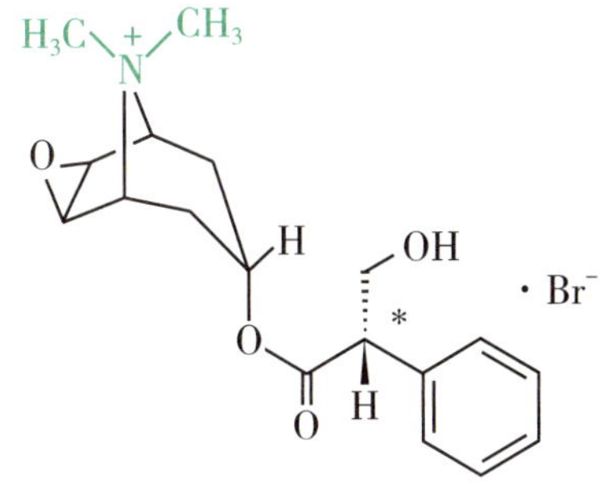

甲溴东莨菪碱

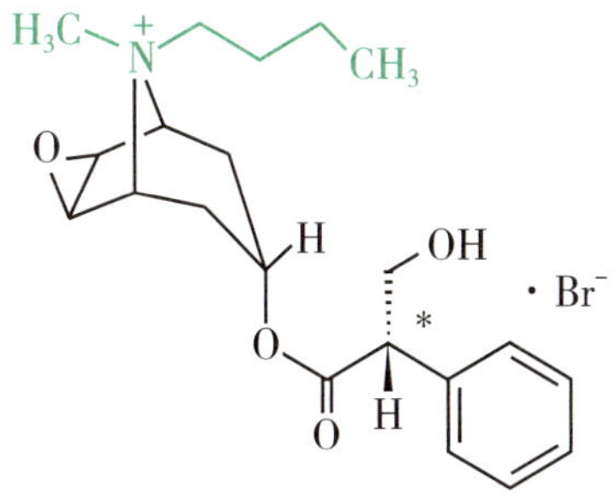

丁溴东莨菪碱

东莨菪碱（scopolamine）是1892年E·施密特首先从东莨菪中分离出来的，结构上相当于连有6,7-环氧基阿托品。游离碱为黏稠状液体，本品是选择性 M_1 受体拮抗剂，具中枢抑制作用。作用与阿托品相似，对呼吸中枢具兴奋作用，但对大脑皮质有明显的抑制作用，故用于麻醉前给药、眩晕病、震颤麻痹、精神病和狂躁症等。此外还有扩张毛细血管、改善微循环以及抗晕船晕车等作用。

将东莨菪碱的 N-氧化后得到其前体药物氧化东莨菪碱（genoscopolamine），其进入体内后可转变成东莨菪碱，具有毒性小等优点。甲溴东莨菪碱（scopolamine methobromide）和丁溴东莨菪碱（scopolamine butylbromide）分别是东莨菪碱与溴甲烷和溴丁烷所成的季铵盐，极性增加，脂溶性降低，难以透过血脑屏障，故无中枢抑制作用。前者用于溃疡和胃肠道痉挛等，后者除具有平滑肌解痉作用外，尚有神经肌肉接头和神经节阻滞作用。

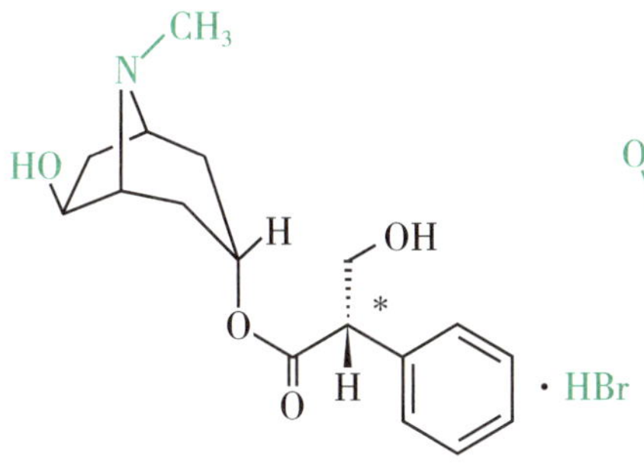

氢溴酸山莨菪碱

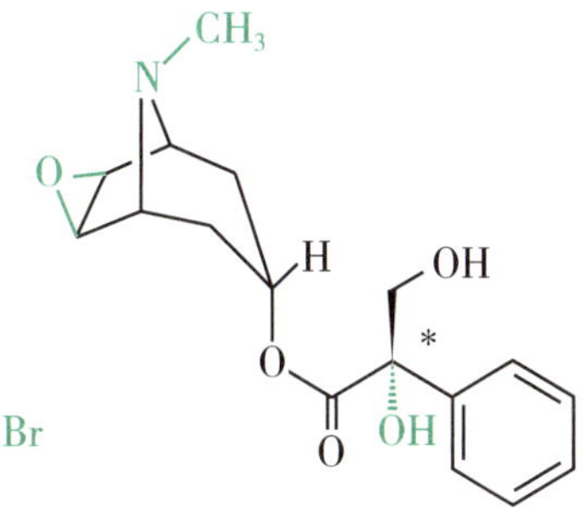

樟柳碱

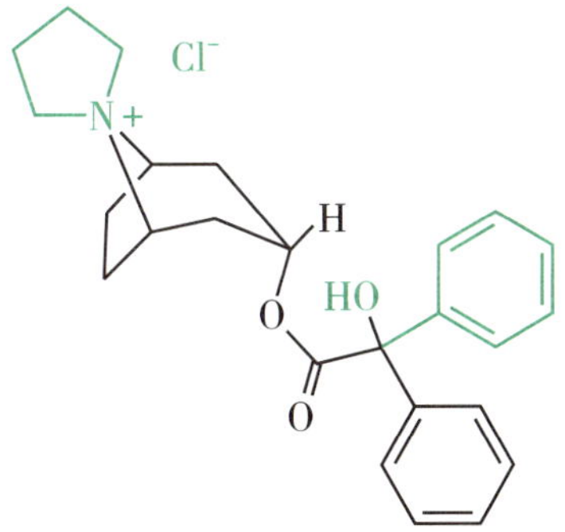

曲司氯铵

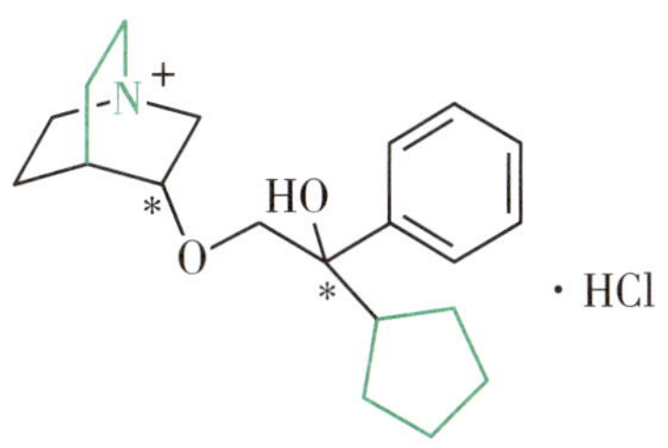

盐酸戊乙奎醚

氢溴酸山莨菪碱（anisodamine hydrobromide）为阻断 M 受体的抗胆碱药，是从茄科植物山莨菪根中提取得到的一种结构上相当于6-羟基化阿托品氢溴酸盐。药理作用与阿托品相似或稍弱。具有松弛平滑肌、解除血管痉挛、改善微循环的作用，并有镇痛作用。临床上用于感染中毒性休克、血管性疾患、多种神经痛、平滑肌痉挛、突发性耳聋等。

樟柳碱(anisodine)是从唐古特莨菪中分离得到的生物碱,解痉作用与山莨菪碱相似,有抗震颤、解痉、平喘、散瞳、抑制唾液分泌以及对抗有机磷农药中毒等作用。

曲司氯铵(trospium chloride),为新型的用于治疗尿失禁症的阿托品类抗胆碱药物,具有拮抗 M 受体的作用,从而拮抗乙酰胆碱对膀胱平滑肌的收缩效应,可松弛膀胱平滑肌,减轻导致膀胱过度活动症的平滑肌收缩。用于治疗伴有急迫性尿失禁症状的膀胱过度活动症,起效快、长期使用疗效优良。因分子结构中含有季铵基团,水溶性大,生物利用度低,不能通过血脑屏障,没有中枢神经系统毒性,但有抗胆碱药物的外周常见不良反应,如口干、便秘等。

盐酸戊乙奎醚(penehyclidine hydrochloride,商品名长托宁)为我国自行研制的抗胆碱新药,用于有机磷毒物(农药)中毒急救治疗和中毒后期或胆碱酯酶老化后维持阿托品化。该药能选择性作用于 M_1、M_3 受体,而对 M_2 受体无明显作用,主要作用部位是脑、腺体和平滑肌,该药见效快、用量小、药效强、安全性较高。

颠茄类生物碱的构效关系研究表明,当分子中存在环氧基时,脂溶性较强,易进入中枢,产生中枢样副作用,如东莨菪碱;若环氧基开环,形成羟基,则由于极性较大,而使中枢作用减弱,如山莨菪碱。樟柳碱的结构中同时具有环氧基及羧酸 α 位羟基,其中枢作用弱于东莨菪碱,但比山莨菪碱强。这说明如果在东莨菪碱的托品酸 α 位,或在托品烷环上 6 位引入羟基均能增大极性而减小中枢样副作用。含季铵氮原子的药物如溴甲阿托品、异丙托溴铵、噻托溴铵、甲溴东莨菪碱、丁溴东莨菪碱和曲司氯铵等由于极性大而不易透过血脑屏障,所以引起的中枢样副作用很小。

硫酸阿托品(atropine sulfate)

化学名为(±)- 内型 -α-(羟甲基)苯乙酸 -8- 甲基 -8- 氮杂双环[3.2.1]-3- 辛酯硫酸盐一水合物,endo-(±)-α-(hydroxymethyl)benzeneacetic acid 8-methyl-8-azabicyclo[3.2.1]oct-3-yl ester sulfate monohydrate,是莨菪碱的外消旋体,即($1\alpha H$, $5\alpha H$)- 托品烷 -3α- 醇(±)- 托品酸酯硫酸盐单水合物。

阿托品的 pK_a 为 9.43,lg$P$ 为 1.83。

虽然阿托品分子结构中含有 4 个手性碳原子,但由于存在一个无手性的对称平面,整个分子的手性来自于托品酸部分的 α 碳原子。天然存在的(-)- 莨菪碱的抗 M 样作用比外消旋的阿托品强 2 倍,但左旋体的中枢兴奋作用比右旋体强 8～10 倍,为减少中枢副作用,临床上一般使用外消旋阿托品。

阿托品的合成路线是以 2,5- 二甲氧基四氢呋喃为原料,经水解得到丁二醛,后与甲胺及丙酮二羧酸缩合得到托品酮,催化氢化后得到托品醇,随后经成盐和与乙酰托品酰氯的酰化作用得到乙酰阿托品,再经水解脱乙酰基、成盐,得到硫酸阿托品。

本品为阻断 M 胆碱受体的抗胆碱药,以硫酸盐水合物的形式在临床上使用,具有能解除平滑肌痉挛、抑制腺体分泌、解除迷走神经对心脏的抑制,使心跳加快、瞳孔散大、兴奋呼吸中枢等药理作用,但其副作用较多。临床上主要用于治疗各种内脏绞痛(如胃痛、肠绞痛、肾绞痛)和散瞳,对有机磷酸酯的中毒可以迅速解救。目前我国阿托品主要是从天然植物中提取、纯化制得。

药典规定在天然产物中提取阿托品时可能存在杂质 A～G: A. 阿朴阿托品;B. 去甲阿托品;C. 托品酸;D. 6- 羟基(+)- 莨菪碱;E. 7- 羟基(+)- 莨菪碱;F. 东莨菪碱,G. 后马托品。

A   B   C   D

E   F   G

（二）合成抗胆碱药

胆碱受体拮抗剂对胆碱受体亲和力强，能与乙酰胆碱或其拟似药竞争与受体结合，从而阻碍拟胆碱药对胆碱受体的激动作用，从而发挥抗胆碱作用。颠茄生物碱类抗胆碱药由于药理活性广泛，在应用时常引起如口干、心悸、视力模糊等一系列副作用。将其结构简化，衍生化得到了具有选择性更高、副作用更少的合成抗胆碱药——氨基醇酯类衍生物。根据其分子中氨基的不同，可分为叔胺类 M 受体拮抗剂和季铵类 M 受体拮抗剂。

1. 叔胺类　叔胺类 M 受体拮抗剂较易口服吸收，易通过血脑屏障，用以抑制中枢内乙酰胆碱的作用，改善多巴胺含量减少而失调的状态，用于治疗帕金森症引起的震颤、肌肉强直和运动功能障碍，解痉作用较明显，同时具有抑制胃酸分泌的作用。其代表性药物是盐酸苯海索（benzhexol hydrochloride）。

盐酸苯海索（benzhexol trihexyphenidyl hydrochloride）

化学名为 1- 环己基 -1- 苯基 -3-（1- 哌啶基）-1- 丙醇盐酸盐，3-（1-piperidyl）-1-cyclohexyl-1-phenyl-1-propanol hydrochloride，又名安坦、盐酸三己芬迪。

苯海索的 pK_a 为 13.84（强酸），9.32（强碱），$\lg P$ 为 4.49。

本品有两条合成路线，路线一是以苯乙酮为原料，与甲醛、盐酸哌啶进行曼尼希反应得 β-哌啶基苯丙酮盐酸盐，再与氯代环己基镁进行格氏反应而得到苯海索。

路线二是首先将溴苯制成溴代苯基镁，然后与 1- 环己基 -3-(1- 哌啶基)- 丙酮在醚溶液中回流得到苯海索，再成盐制得产品。两条路线均采用曼尼希及格氏反应的构建策略。

本品为中枢抗胆碱抗帕金森病药，选择性阻断纹状体的胆碱能神经通路，而对外周作用较小，从而有利于恢复帕金森病患者脑内多巴胺和乙酰胆碱的平衡，改善患者的帕金森病症状。

苯海索的杂质有一种，即中间体 A。

A

托特罗定（tolterodine）

化学名为（ R ）-2-[3-（ 二异丙胺基)-1- 苯丙基]-4- 甲基苯酚，2-[（ $1R$ ）-3-[Bis（ 1-methylethyl)amino]-1-phenylpropyl]-4-methyl-phenol。

托特罗定的 pK_a 为 9.8。

本品是也是一种叔胺类 M 受体拮抗剂，作用于 M_2 和 M_3 受体，用于治疗由于膀胱过度兴奋引起的尿失禁、尿急和尿频。

本品的合成有两条路线，路线一是以 5- 甲基水杨醛为原料，通过 wittig 反应得到肉桂酸酯，再经苄基化、酯水解、草酰氯处理得到肉桂酰氯，再与（ S)-4- 叔丁基 -2- 噁唑烷酮反应形成关键中间体肉桂酰胺，再经共轭加成、还原、氧化、还原胺化反应得到托特罗定前体。最后通过氢解反应得到托特罗定。

路线二是以肉桂酸和对甲苯酚为起始原料,经环合、甲基化、还原、对甲苯磺酰化、胺化、脱甲基、拆分七步反应合成酒石酸托特罗定。

托特罗定存在杂质 A～E,其中 A 是由苯环 5′ 位羟基取代的托特罗定类似物;B 为 1 位被羟基取代的托特罗定类似物；C 为杂质 B 的 1 位羟基脱氢形成羰基的产物；D 是氧原子与托特罗定的 N 配位形成的氮氧化物；E 为托特罗定的降解产物，即脱去异丙基的产物。

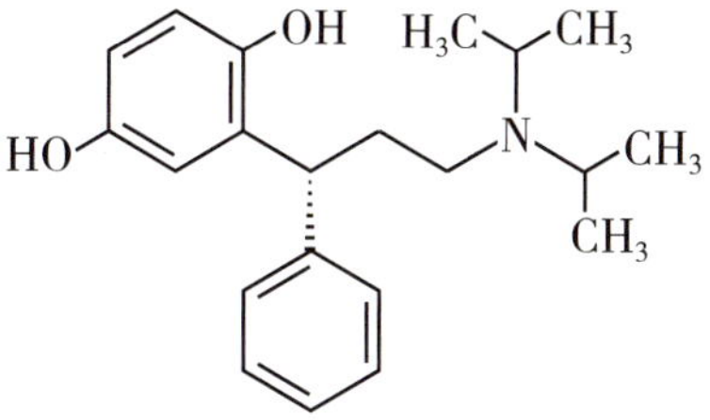

A

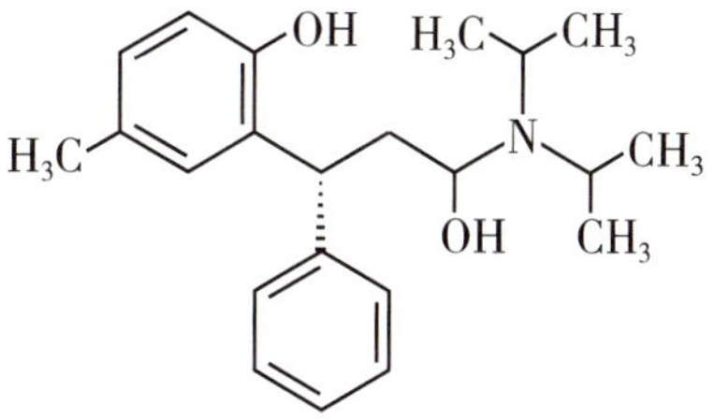

B

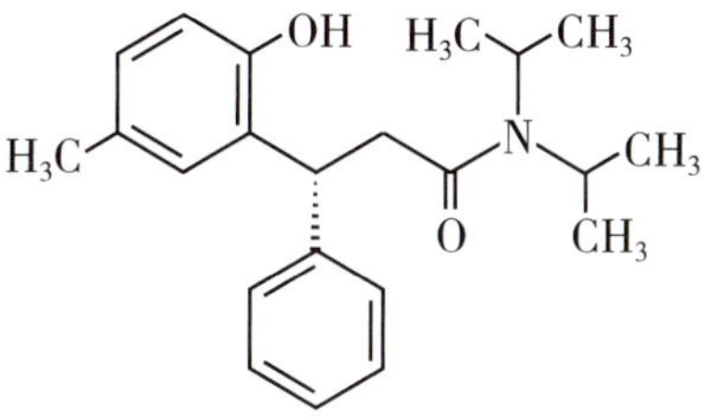

C

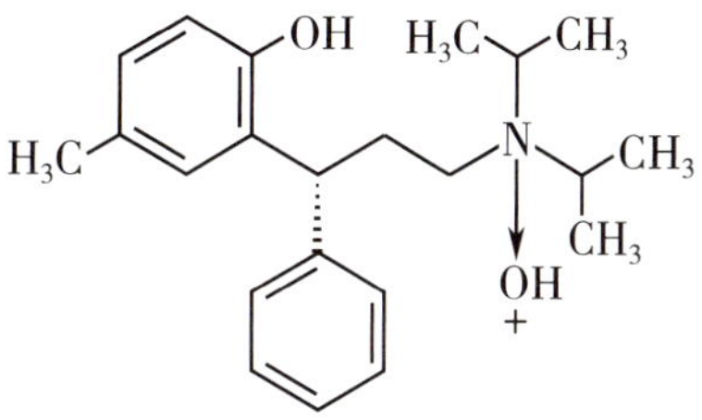

D

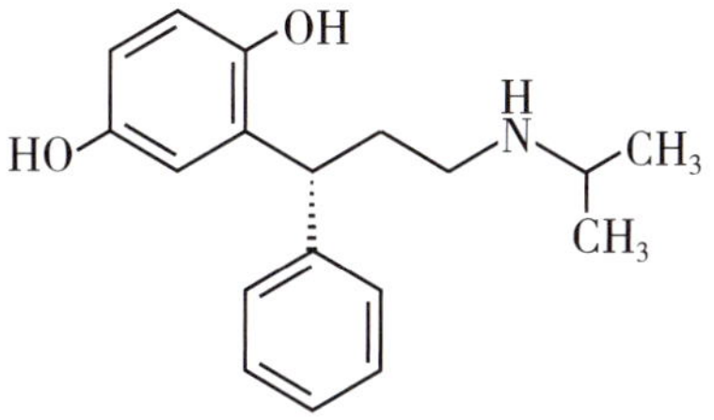

E

2. 季铵类 季铵类 M 受体拮抗剂口服不易吸收，不易通过血脑屏障，很少发生中枢副作用，对胃肠道平滑肌的解痉作用较强，并有不同程度的神经节阻断作用。中毒量时可致神经肌肉传递阻断，引起呼吸麻痹。其代表性药物是溴丙胺太林（propantheline bromide）。

溴丙胺太林（propantheline bromide）

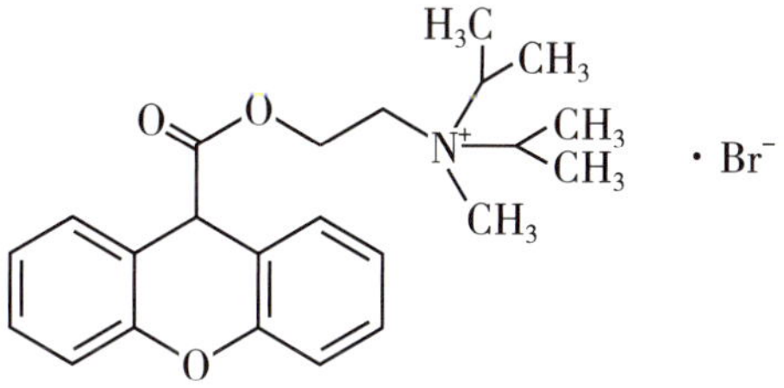

化学名为溴化 N- 甲基 -N-(1- 甲基乙基)-N-[2-(9H- 呫吨 -9- 基甲酰氧基)乙基]-2- 丙铵，N-methyl-N-(1-methylethyl)-N-[2-(9H-xanthen-9-ylcarbonyl)oxy]ethyl]-2-propaninium bromide，又名普鲁本辛。

pK_a 为 18.1(强酸)、- 7.2(强碱)，$\lg P$ 为 2.66。

本品具有与阿托品相似的 M 受体拮抗作用，但是对胃肠道 M 受体的选择性较高，解痉和抑制胃酸分泌的作用较强而持久。

本品合成的关键是呫吨酮环的合成，可以由水杨酸苯酯经高温裂解环合得到，也可由邻氯苯甲酸与苯酚在氢氧化钠和铜粉的条件下催化制成邻苯氧基苯甲酸，再经浓硫酸加热环合得到。本合成路线是以呫吨酮为起始原料，在碱性条件下经锌粉还原成呫吨醇，再经氰化、水解得呫吨 -9- 羧酸，然后与二异丙氨乙醇在发生酯化反应，最后用溴甲烷季铵化得溴丙胺太林。

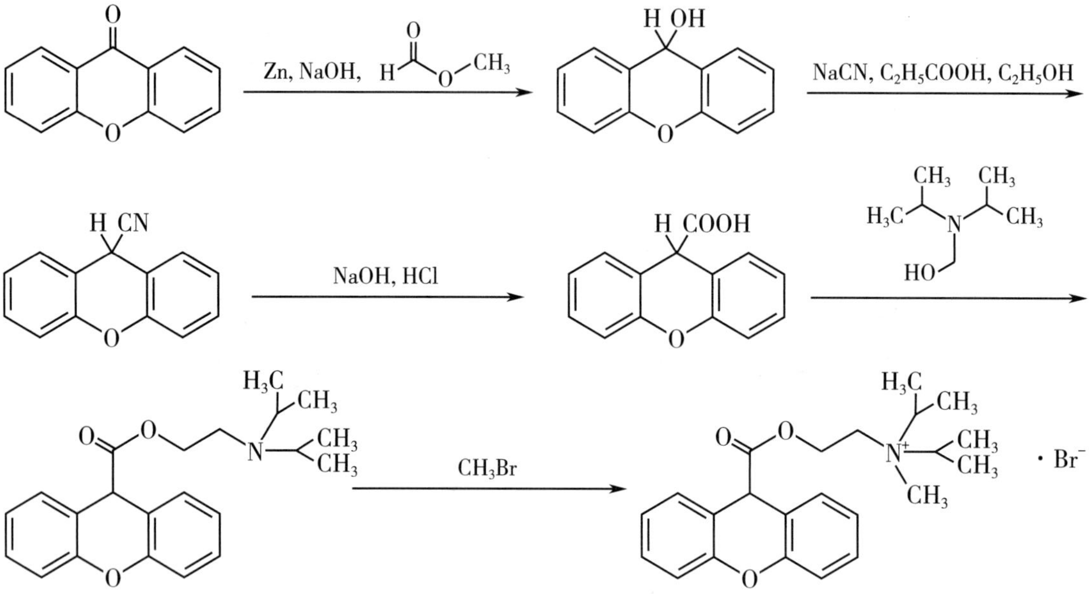

溴丙胺太林的特定杂质有9- 羟基溴丙胺太林（ A ）。

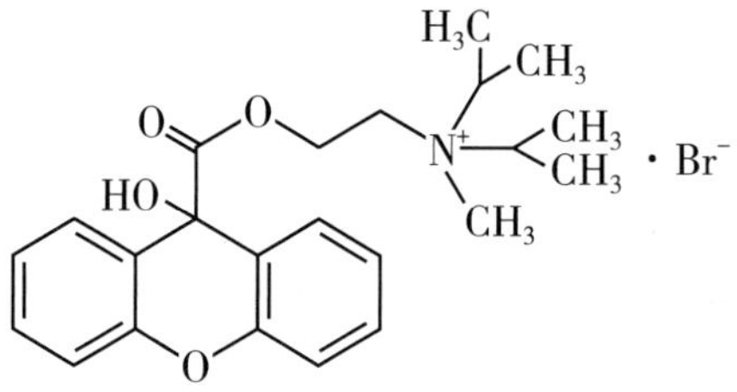

A

此外，还有其他的季铵类抗胆碱药，如阿地溴铵、格隆溴铵。

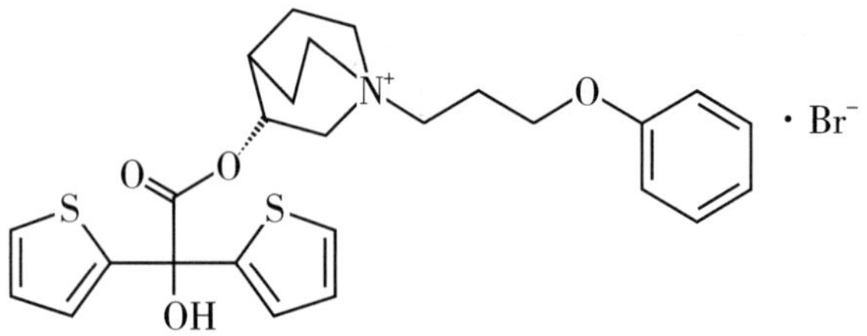

阿地溴铵 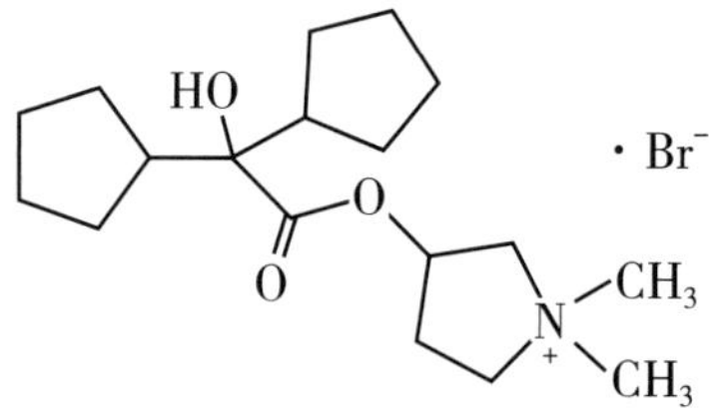　　　　　　　　　　　　　格隆溴铵

新型长效吸入性抗胆碱能支气管扩张剂阿地溴铵（ aclidinium bromide ）可选择性地与支气管内的 M_2 及 M_3 尤其是 M_3 受体结合并发挥作用，具有起效快，维持时间长及不良反应相对较轻等优点，并于 2012 年 7 月 23 日由美国食品药物管理局（FDA）批准并在欧洲和美国用于慢性阻塞性肺疾病的长期维持治疗，目前并未在中国上市。

格隆溴铵（ glycopyrrolate bromide ）为季铵类抗胆碱药，是一种对 M_1 受体有最高亲和力的 M 胆碱受体拮抗剂，具有抑制胃液分泌及调节胃肠蠕动的作用，还具有比阿托品更强的抗唾液分泌作用,但没有中枢性抗胆碱活性。

(三)M 胆碱受体拮抗剂的构效关系

将阿托品作为 M 胆碱受体拮抗剂的基本模板,探索一系列 M 受体拮抗剂的结构特点。

阿托品分子中的虚线框部分为与乙酰胆碱相似的氨基醇酯结构,与 M 受体有较好的亲和力,是产生拮抗作用的基本药效团。虽然氮原子与酯基氧原子间相隔 2 个以上原子,但由于其立体构型使得空间距离近似于乙酰胆碱分子的长度。阿托品和乙酰胆碱在结构上最重要的差异在于分子中酰基的大小。酰基的大小可能是决定拮抗作用强弱的主要因素。因此通过改变酰基上取代基的大小,可以设计新颖的,更有效的 M 胆碱受体拮抗剂。

乙酰胆碱、阿托品结构中的乙酰胆碱类似部分及 M 胆碱受体拮抗剂的基本结构

构效关系研究结果表明:

(1)R_1 和 R_2 必须是饱和的或芳香的碳环或杂环,但随着环的增大立体位阻增加,与 M 受体的结合能力下降,使活性降低。R_1 与 R_2 是否相同对活性影响不大,R_1 和 R_2 还可稠合成三元环。这些取代基团通过疏水键或范德瓦耳斯力与 M 受体上相应的亲脂性区域结合,阻断乙酰胆碱或拟胆碱药对 M 受体的作用。

(2)R_3 可以是 $-H$,$-OH$,$-CH_2OH$ 或 $-CONH_2$。当 R_3 为 $-OH$ 或 $-CH_2OH$ 时,能与 M 受体形成氢键,与 M 受体的亲和力增加,活性增大。

(3)X 部分对活性影响不大,不是必需基团,当 X 为酯键结构时,为取代苯乙酸酯类,如贝那替秦;当去掉 X 部分时,为二环丙醇胺类,如苯海索。

(4)氮原子可以为叔胺,也可以为季铵,后者活性更强,质子化的氮原子可以与 M 受体的羧基阴离子部位结合。

(5)一般碳链长度 $n=2 \sim 4$,但 $n=2$ 时活性最大。取代苯乙酸酯类拮抗剂($n=2$),质子化氮原子和苯环虽然相距约 5 个原子,但采取扭曲型构象,空间距离缩短,拮抗活性大;二环丙醇胺类拮抗剂($n=2$)仅相距 3 个原子,仍有较强的拮抗活性。

二、N 胆碱受体拮抗剂

N 胆碱受体拮抗剂是指能与烟碱能受体(受体,烟碱酸)结合并阻断乙酰胆碱或胆碱能激动剂作用的药物,其可阻断自主神经节、骨骼神经肌肉接头和中枢神经系统突触处的突触传递。N 型胆碱受体又称烟碱型胆碱受体,根据对 N 胆碱受体亚型的选择性不同,N 胆碱受体拮抗剂(nicotinic antagonists)分为 N_1 受体拮抗剂和 N_2 受体拮抗剂。

N_1 受体拮抗剂(type-1 nicotinic antagonists),能选择性地与神经节细胞的 N_1 胆碱

受体结合,竞争性地阻断乙酰胆碱与 N_1 胆碱受体的结合,使节前纤维末梢释放的乙酰胆碱不能引起节后神经细胞去极化,从而干扰神经冲动在神经节的传递,故又称神经节阻断药(ganglioplegic)。这类药物曾在临床上主要用于高血压危象的治疗,如美卡拉明(mecamylamine,又称美加明)和六甲溴铵(hexamethonium bromide),但由于毒副作用大,几乎不用。

N_2 受体拮抗剂(type-2 nicotinic antagonists)能选择性地与骨骼肌运动终板上的 N_2 受体结合,阻断神经冲动向骨骼肌的正常传递,导致肌张力下降、肌肉松弛,临床上作为全麻辅助药,因此 N_2 受体拮抗剂又称骨骼肌松弛药(skeletal muscular relaxants)。骨骼肌松弛药按作用方式和特点分为非去极化型骨骼肌松药(nondepolarizing skeletal muscular relaxants)和去极化型骨骼肌松药(depolarinzing skeletal muscular relaxants)两类。

1. 非去极化型骨骼肌松弛药 非去极化型骨骼肌松弛药,又称竞争型肌松药(competitive muscular relaxants),能与 ACh 竞争骨骼肌运动终板膜上的 N_2 胆碱受体,本身无内在活性,但可通过阻断 ACh 与 N_2 胆碱受体结合,使终板膜不能去极化,导致骨骼肌松弛。非去极化型肌松药在临床使用中容易调控,较安全。抗胆碱酯酶药(如新斯的明)能拮抗其骨骼肌肌松作用,过量时可用适量新斯的明解救,吸入性全麻药(如乙醚)和氨基苷类抗生素能增强和延长该类药物的作用。此类药物多为天然生物碱及其类似物,按化学结构可分为苄基异喹啉和氨基甾体两大类。

(1)苄基异喹啉类:最早应用于临床的肌松药是右旋氯筒箭毒碱(d-tubocurarine chloride),它是从防己科植物(*Chondrodendron tomentosum*)中提取出的有效成分,广泛用作肌松剂及辅助麻醉药。

汉肌松

傣肌松

防己科植物中含有多种可做肌松剂的生物碱,从防己科海南轮环藤(*Cyclea heinanensis Aeyr*)中分离出的左旋箭毒碱(l-tubocurarine)经季铵化制成的氯甲左箭毒碱(l-tubocurarine methochloride),从我国防己科植物粉防己(stephania tetrandra)的根中分离得到的汉防己甲素(tetrandrine),经季铵化制成汉肌松(tetrandrine dimethiodide),以及从我国中草药锡生藤(*Cissampelos pareira* L. var typica diels)中分离出锡生碱(hayatine),经季铵化得无旋光性的傣肌松(cissampelosine methiodide, hayatine methiodide),效价均与右旋氯筒箭毒碱相似。

右旋氯筒箭毒碱（*d*-tubocurarine chloride）

右旋氯筒箭毒碱，又名氯化竹筒箭毒碱、管箭毒碱。可与 5 个结晶水形成复合物。化学名：2，2′，2′- 三甲基 -6，6′- 二甲氧基 -7，12′- 二羟基 - 氯化筒箭毒鎓盐酸盐，2，2′，2′-trimethyl-6，6′-dimethoxy-7′，12′-diol-2，2′-tubocurarandiium。

其 pK_a 为 6.45、8.12，lg$P$ 为 3.12。

右旋氯筒箭毒碱的 2 个手性碳原子的构型相反，其中，标记为 a 的碳原子构型为 *S* 构型，X 射线晶体结构表明，整个分子呈折叠构象，两个四氢异喹啉环平面近似平行，中间两个取代苯环与之相垂直。两个氮原子之间的距离为 0.897nm。

右旋氯筒箭毒碱临床用于外科手术时增加肌肉的松弛。若与其他麻醉作用更强的麻醉剂合用必须减量，其后续使用剂量取决于手术时间。亦用于产科麻醉。但重症肌无力患者忌用。偶尔也用于重症肌无力的诊断。

将右旋氯筒箭毒碱甲基化，得到双季铵结构的生物碱，其肌松作用增强。氯甲左箭毒碱（*l*-tubocurarine methochloride）即采用此原理设计合成，其 N 上的 H 进行了甲基化得到双季铵结构而具有起效快、维持时间长等优点，临床用于全身各部分手术的麻醉（见第九章麻醉药）。其作用比右旋氯筒箭毒碱强 1.5～4 倍，临床上可代替右旋氯筒箭毒碱使用。

氯甲左箭毒碱

上述含苄基四氢异喹啉结构的天然生物碱类肌松药的结构特征是含有两个季铵氮原子，两个季铵氮原子间隔 10～12 个原子。以此结构特征为先导化合物，药物化学家们设计并合成了一系列活性优良的苄基四氢异喹啉类肌松药。

阿曲库铵分子是一个含有 C_1、C_1'、N_2 和 N_2' 4 个手性中心的对称分子，只有 10 个立体异构体，其中活性最强的是（1R-cis，1'R-cis）异构体顺苯磺阿曲库铵（cisatracurium besylate），为阿曲库铵的 3 倍，在等效剂量下所产生的副作用也小，大剂量使用时亦不释放组胺，临床应用上已逐渐代替维库溴铵和阿曲库铵。

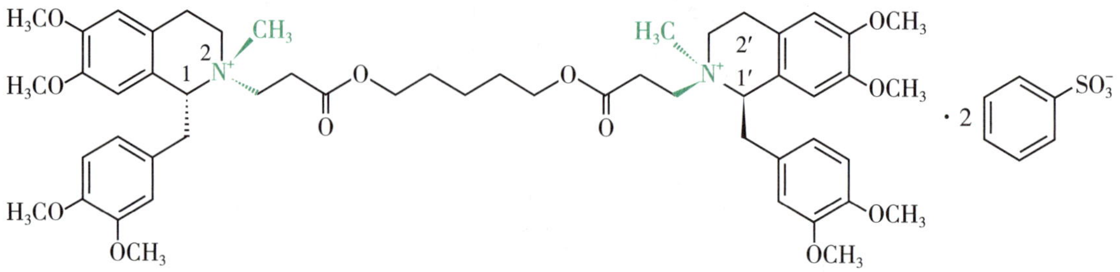

顺苯磺阿曲库铵

米库氯铵（mivacurium chloride）是一短效肌松药，起效快，为作用时间最短的非去极化型肌松药，可被血浆酯水解酶代谢。随剂量增加而起效迅速，但作用持续时间延长不多。常用量时对心血管系统无影响。促使组胺释放作用较小，对颅内压和眼压无影响，常用于气管插管和维持肌松。

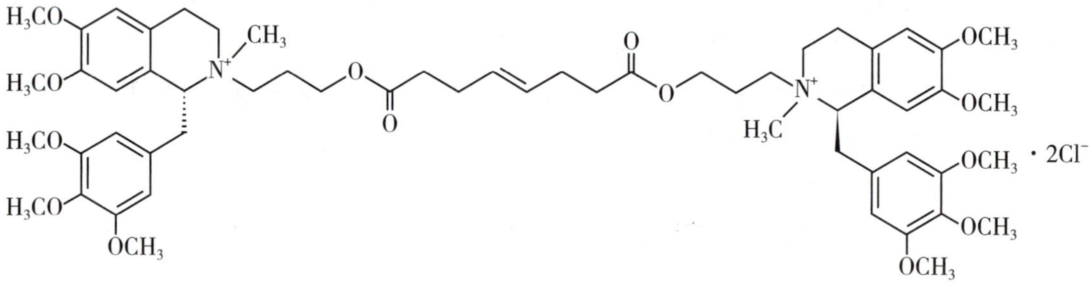

米库氯铵

多库氯铵（doxacurium chloride）为长效非去极化型神经肌肉阻断药，临床前研究发现其安全性较高，重复用药似无蓄积作用。其药效最强、起效慢、但作用时间长，肌松作用容易被逆转。

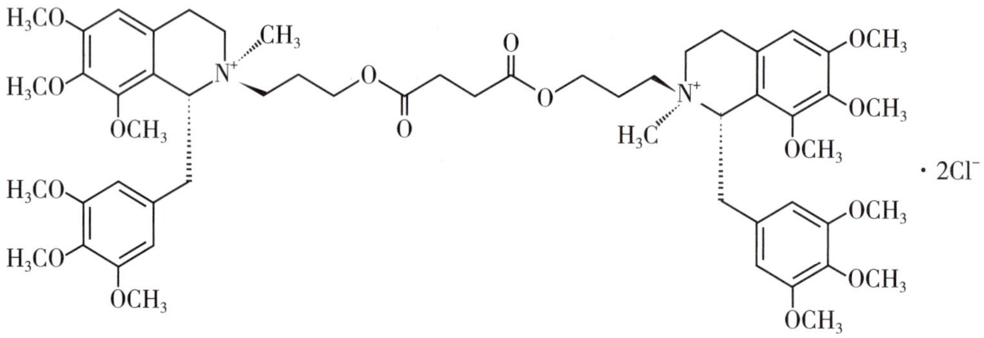

多库氯铵

（2）氨基甾体类：从中非雨林植物 *malouetisbequaertiana* 提取出的马洛易亭（malouetine）和双吡咯烷（dipyrrolidinium）具有较强的肌肉松弛作用，但是作用时间太短。它们属于具有雄甾烷母核的季铵生物碱类，但并无雄性激素样作用，也无神经节阻滞作用。对其进行结构改造时发现结构中的 2 个氮原子是必需的,其中至少 1 个必须是季铵氮原子,并在氮原子的邻位应有适当的取代基。随后根据其结构特点修饰合成了泮库溴铵等化合物。这些化合物分子中甾环的 2 位和 16 位为季铵氮原子,邻位(3 位和 17 位)被乙酰氧基取代,因此可看成具有乙酰胆碱的结构片段。

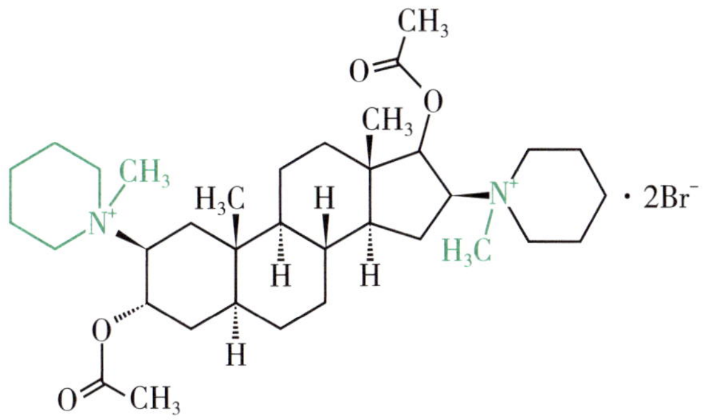

泮库溴铵

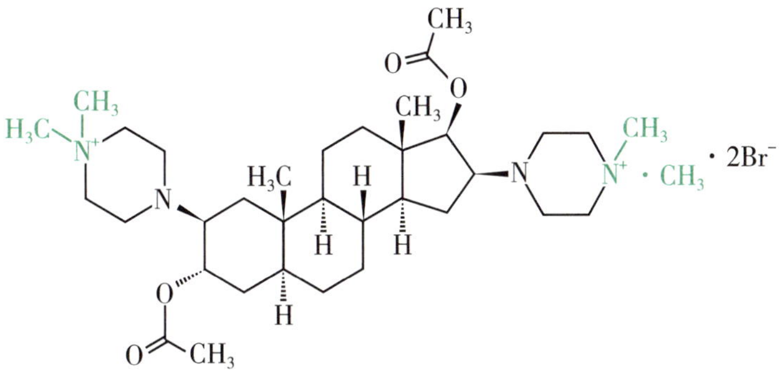

哌库溴铵

泮库溴铵(pancuronium bromide)属非去极化型肌肉松弛药,起效快,效用较长。化学结构上属雄甾烷衍生物,但无雄激素样作用,亦无乙酰胆碱样作用,不促进组胺释放,因此对心血管系统副作用小。其肌松作用类似于筒箭毒碱,但强度要强 5 倍。与阿曲库铵类似,容易发生 Hofmann 消除反应,受热不稳定。此药需静脉注射给药,1 分钟出现肌松,2~3 分钟达高峰,持续约 20~40 分钟。约 30% 在肝脏内代谢失活,其余大部分以原形经肾脏排出。临床上主要用于外科手术麻醉的辅助用药。

哌库溴铵(pipecuronium bromide)为泮库溴铵的哌嗪类似物,作用持续时间适中,副作用较小。可加强一些吸入性麻醉药、静脉内注射麻醉药、琥珀酸胆碱或其他去极化神经肌肉阻滞剂的作用效果。瑞帕库溴铵(rapacuronium bromide)是新上市的非去极化型甾醇类肌松药,起效快,时效短。体内代谢的 3 位水解羟化物仍具有活性,该代谢产物可使术后肌张力恢复延迟。

苯磺阿曲库铵(atracurium besylate)

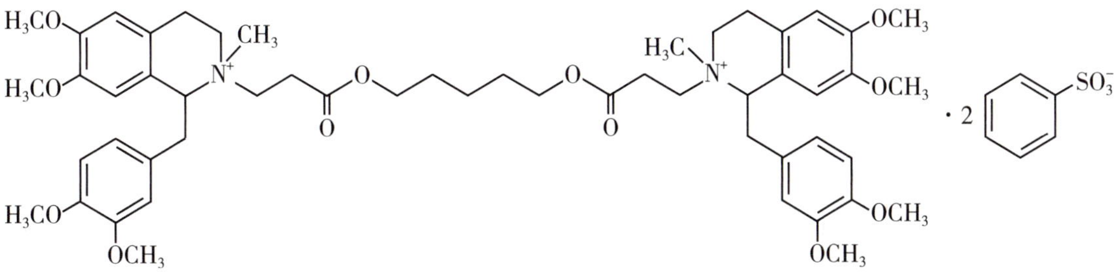

化学名为 2, 2'-[1, 5- 亚戊基双[氧 -(3- 氧代 -3, 1- 亚丙基)]]双[1-[(3, 4- 二甲氧基苯基)甲基]-1, 2, 3, 4- 四氢 -6, 7- 二甲氧基 -2- 甲基异喹啉]二苯磺酸盐, 2, 2'-[1, 5-pentanediylbis[oxy-(3-oxy-3, 1-propanediyl)]]bis[1-[(3, 4-dimethoxyphenyl)methyl]-1, 2, 3, 4-tetrahydro-6, 7-dimethoxy-2-methylisoquinolinium]dibenzenesulfonate。

苯磺阿曲库铵的 pK_a 为 19.02(强酸), −4.1(强碱), $\lg P$ 为 3.41、−0.96。

本品作用与筒箭毒碱相同, 但起效快, 持续时间短。临床用于辅助全身麻醉, 适用于气管内插管所需的肌肉松弛和胸腹部手术所需的肌肉松弛。此药在体内几乎完全通过酯水解或 Hofmann 消除反应生成无活性的代谢物从尿或胆汁中排出, 不需肝和肾的酶催化反应, 因此不会影响肝肾功能, 适用于肝肾功能不全者。但大剂量, 尤其是快速给药, 可诱发由组胺释放而引起低血压、皮肤潮红、支气管痉挛等不良反应。

由于阿曲库铵具有肌松作用, 肌内注射容易导致肌肉组织坏死, 因此需静脉注射给药。为提高水溶性, 临床上使用的是阿曲库铵苯磺酸盐。本品因易发生碱催化的 Hofmann 消除反应和酸、碱催化的酯水解反应, 因此制备注射剂应调至最稳定的 pH(3.5), 并于低温贮藏。

苯磺酸阿曲库铵

Ester hydrolysis

Hofmann Eliminate

Quaternary ammonium carboxylic acid
+

N–methyl tetrahydropapaverine
+

Quaternary ammonium alcoho

Ester hydrolysis

Hofmann Eliminate

Quaternary ammonium carboxylic acid

N–methyl tetrahydropapaverine

阿曲库铵的合成是以丙烯酰氯和 1,5- 戊二醇为原料,在碱性条件下经酯化得到 1,5- 亚戊基二丙烯酸酯,再与四氢罂粟碱发生 Michael 加成反应,再成季铵盐,最终得到目标产物阿曲库铵。因本品易发生碱催化的 Hofmann 消除反应和酸、碱催化的酯水解反应,故应严格控制反应条件。

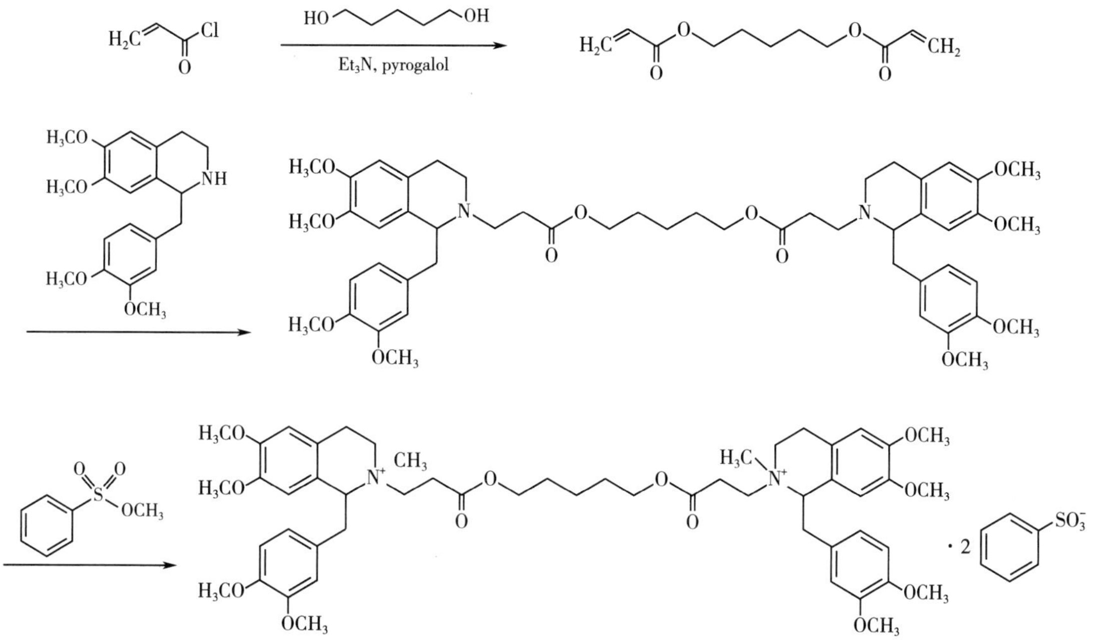

药典规定,阿曲库铵存在杂质 A～K,其中 A 为在最后一步合成反应中,由于成盐不完全所引入的杂质;B 为最后一步合成时未成盐的中间体;C 为丙烯酸酯与一分子四氢罂粟碱发生反应所得产物;D 为第一步反应中因酯化反应不完全而导致的杂质;E 为阿曲库铵的水解产物;F 与 G 为四氢罂粟碱发生甲基化所引入的杂质;H 为残留的原料苯磺酸酯;I 与 K 为原料 1,5- 戊二醇中存在相应的六元杂醇杂质所产生的杂质;J 为过度甲基化产物。

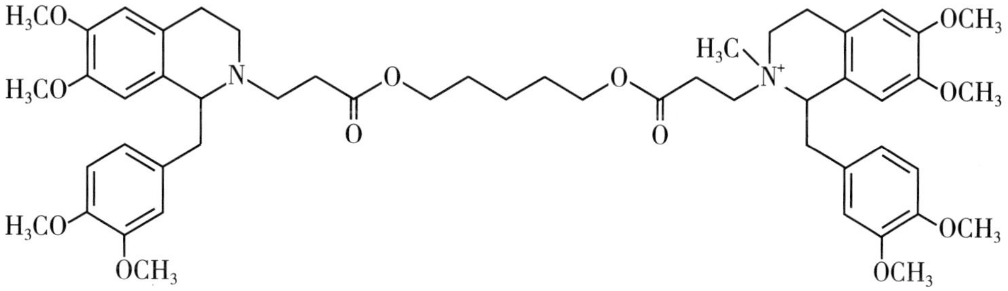

A

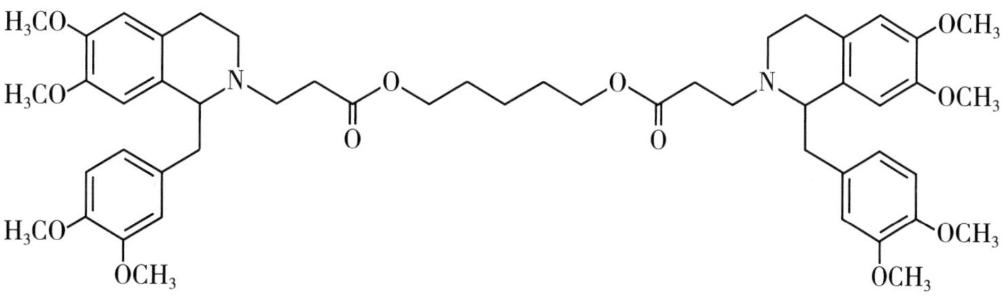

B

C

D

E

F

G

H

I

J

K

2. 去极化型骨骼肌松弛药 去极化型肌松药与运动终板膜上的 N_2 胆碱受体结合后,使终板产生与乙酰胆碱相似的作用而使神经肌接头去极化,阻断神经冲动的传递。由于肌细胞持久去极化而使运动终板膜对乙酰胆碱反应降低,引起骨骼肌松弛。乙酰胆碱酯酶抑制剂不仅不能抑制这类肌松药的作用,反而会加重肌松作用,因此过量时不能用新斯的明来解毒。此类代表药物有十烃溴铵(decamethonium bromide),其为临床肌肉松弛剂;氯琥珀胆碱(suxamethonium chloride),亦为去极化型肌松药,本品在极短时间(约 1 分钟)内开始发挥肌松作用,临床用量下无神经节阻断作用,药效易于控制。在血液里,氯琥珀胆碱仅有少量能到达神经肌肉接头处。该药是一个典型的软药,软药是一类本身具有生物活性的药物,在体内发挥作用后,经可预料的和可控制的代谢途径,生成无毒和无药理活性的代谢产物,在分子中设计极易代谢失活的部分称为软部分。软药缩短了药物在体内的过程,避免了有毒代谢物的生成,这样可以降低药物的毒副作用,提高治疗指数。将十烃溴铵的烷基用相同原子数的酯键代替,这样该药能很快地被血浆的胆碱酯酶水解为琥珀单胆碱,然后进一步水解成无毒及无活性的琥珀酸和胆碱,可避免患者使用后需要长时间恢复肌肉功能。

十烃溴铵

氯琥珀胆碱

3. 双相型骨骼肌松弛药 有的肌松药还具有去极化和非去极化双重作用。典型的双相型肌松药有溴己氨胆碱(hexacarbacholine bromide),对神经肌肉阻滞具有双重性质,作用初期发生短时间的去极化,持续几分钟,随后转变为较长时间的非去极化的类箭毒样肌松作用,此时可用新斯的明拮抗其作用。临床用于心脏血管大手术,但其抑制呼吸,不易控制。

溴己氨胆碱

第十章　目标测试

（孙平华）

第十一章 作用于肾上腺素能受体的药物

在接受交感神经节后纤维支配的各种器官中存在着与肾上腺素（epinephrine，E，或 adrenaline，AD）、去甲肾上腺素（norepinephrine，NE，或 noradrenaline，NA）相作用的受体，称为肾上腺素能受体（adrenergic receptor），简称为肾上腺素受体（adrenoceptor）。肾上腺素能受体可分为 α、β 两大类，又可以进一步细分为 α_1、α_2、β_1、β_2、β_3、β_4 等多种亚型（表 11-1）。

表 11-1 肾上腺素能受体分类、分布、效应、典型配基和适应证

受体分类	主要分布	激动后效应	激动剂	拮抗剂
α_1	心脏平滑肌、皮肤和黏膜血管平滑肌、瞳孔扩大肌和毛发运动平滑肌	收缩平滑肌、增加心肌收缩力、升高血压、毛发竖立	去氧肾上腺素 甲氧明	哌唑嗪 坦洛新
α_2	突触前膜、血小板、皮肤和黏膜血管等	降压、血小板凝集	可乐定 利美尼定	育亨宾
β_1	心脏、肾脏、脑干	增强心脏功能和升高血压	多巴酚丁胺 普瑞特罗	美托洛尔 比索洛尔
β_2	骨骼肌血管、冠状血管、腹腔内脏血管、支气管及胃肠平滑肌等	舒张支气管和腹腔平滑肌、平喘	沙丁胺醇 特布他林	ICI-118551
β_3	脂肪组织	分解脂肪，增加氧耗量	SR58611A CL316243	LGP20712A

肾上腺素能神经系统在调节血压、心律、胃肠运动、支气管平滑肌方面有着重要的作用。作用于肾上腺素能受体的药物称为肾上腺素能药物（adrenergic drug），根据其生理活性分为拟肾上腺素能受体药物（adrenergic agent）和抗肾上腺素药物（adrenergic antagonist）。这些药物应用于抗休克（肾上腺素）、抗高血压（可乐定）、强心（多巴酚丁胺）、抗心律失常（普萘洛尔）、平喘（沙丁胺醇）和改善微循环（酚妥拉明）等诸多方面。

第一节 肾上腺素能神经递质的生物合成和体内代谢

去甲肾上腺素、肾上腺素和多巴胺（dopamine）是含有邻苯二酚（儿茶酚）的生物胺类物质，因而，又称为儿茶酚胺（catecholamine）。去甲肾上腺素和肾上腺素是肾上腺素能神经递

质,在身体应激时由神经末梢释放,作用于肾上腺素能受体而产生效应。

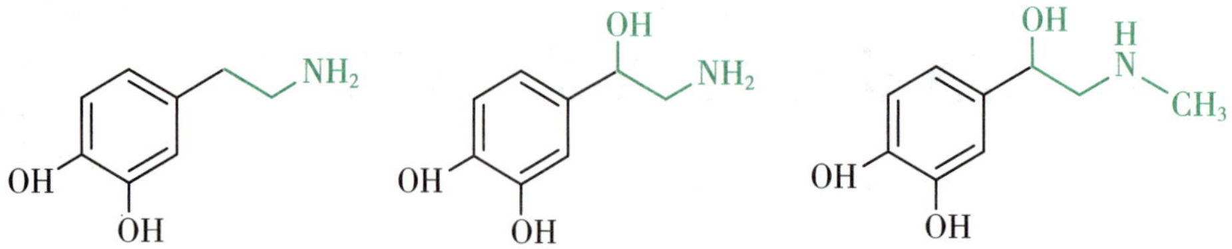

多巴胺　　　　　　去甲肾上腺素　　　　　　肾上腺素

　　三种儿茶酚胺递质体内生物合成均来自于 L- 酪氨酸的代谢过程(图 11-1),首先,L- 酪氨酸在酪氨酸羟化酶的作用下生成左旋多巴(L- 多巴),然后,在多巴脱羧酶催化下生成多巴胺,生成的多巴胺在多巴胺 β- 羟基化酶(DBH)作用下生成去甲肾上腺素,随后,去甲肾上腺素在苯乙醇胺 -N- 甲基转移酶催化下生成肾上腺素。

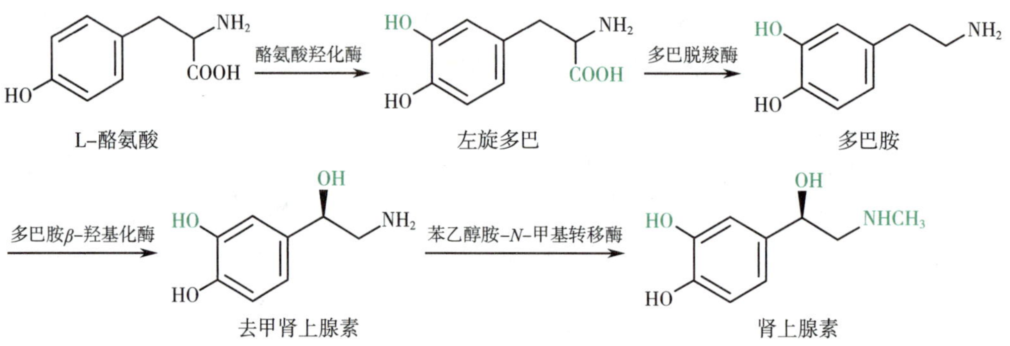

图 11-1　儿茶酚胺的生物合成途径

　　儿茶酚胺递质合成后贮存在囊泡中,与 ATP、嗜铬颗粒蛋白等疏松地结合在一起,这样的结合使得其不易渗入胞浆而遭单胺氧化酶的破坏。当神经冲动传导到神经末梢时,突触前膜附近的囊泡便与前膜融合,破裂并生成小孔,这时囊泡内的儿茶酚胺递质连同嗜铬颗粒蛋白等一起被释放入突触间隙,进而与受体发生结合,产生生理效应。

　　释放后的去甲肾上腺素约有 75%～95% 被重摄取而贮存于囊泡中,其余部分被酶代谢失活,其代谢途径见图 11-2。参与去甲肾上腺素代谢的酶主要为单胺氧化酶(MAO)和儿茶酚 -O- 甲基转移酶(COMT)。

　　肾上腺素的体内代谢途径和去甲肾上腺素相同,也是在单胺氧化酶(MAO)和儿茶酚 -O- 甲基转移酶(COMT)两种主要酶的催化下发生类似的生物转化过程。

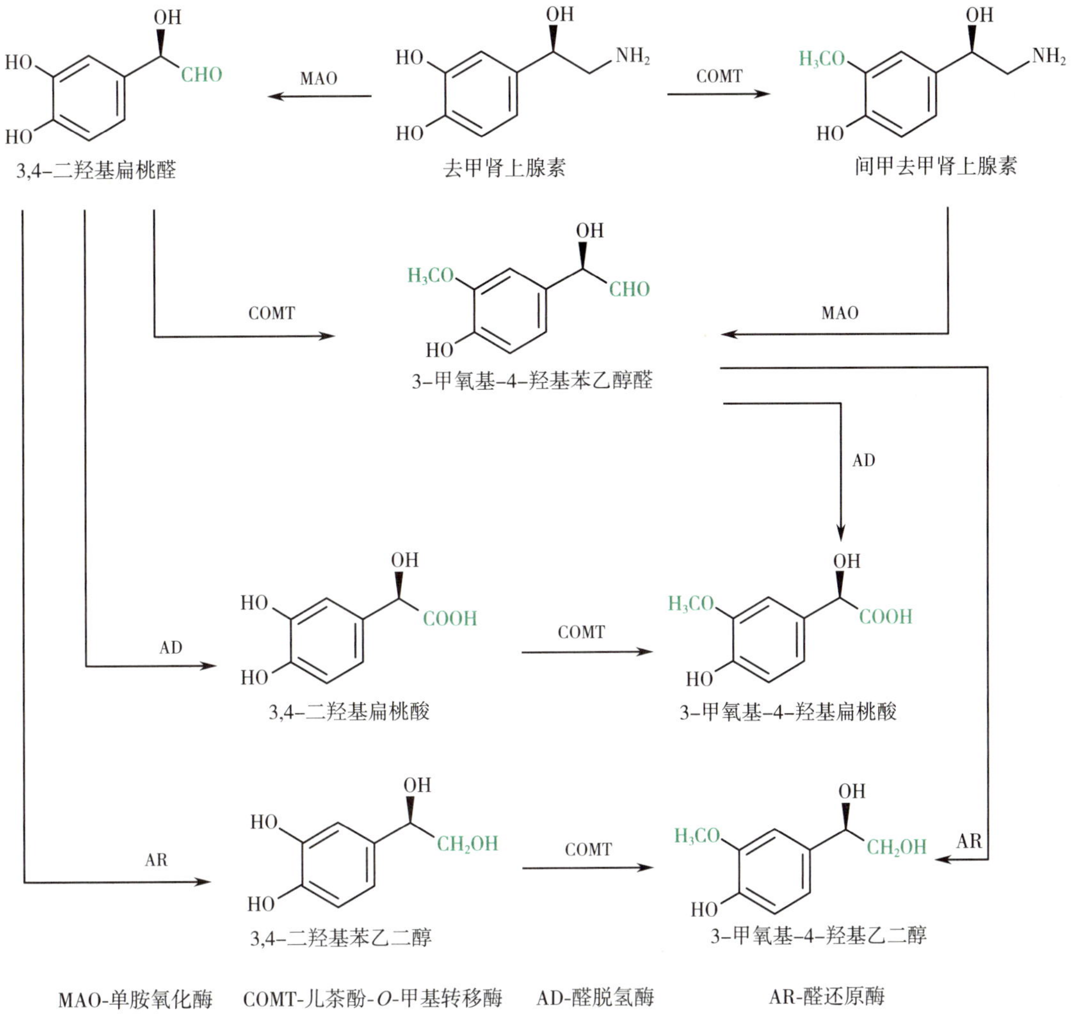

MAO-单胺氧化酶　　COMT-儿茶酚-O-甲基转移酶　　AD-醛脱氢酶　　　AR-醛还原酶

图 11-2　去甲肾上腺素代谢途径

第二节　拟肾上腺素药

拟肾上腺素药也称为肾上腺素受体激动剂(adrenergic agonists)、拟交感作用药(sympathomimetics)或拟交感胺(sympathomimetic amines)。在临床应用的这类药物多达上百种,根据作用机制的不同,这类药物分为直接作用药、间接作用药和混合作用药三类。

直接作用药多拥有儿茶酚胺的结构,直接与肾上腺素能受体结合产生激动剂作用,如异丙肾上腺素;间接作用药为非儿茶酚胺的化学结构,通过促进肾上腺素能神经末梢释放递质而产生激动剂的作用,如龙胆碱;混合作用药兼有直接和间接作用药物的特点,如麻黄碱,既可以直接作用于肾上腺素能受体,又可以促进神经递质的释放,发挥肾上腺素能受体激动剂的作用。

这类药物的结构母环多为 β-苯乙胺,根据这类药物对肾上腺素能受体亚型是否具有选择性作用,又可把这类药物分为非选择性肾上腺素能受体激动剂、α 受体激动剂和 β 受体激动剂三类。

一、非选择性肾上腺素能受体激动剂

肾上腺素、多巴胺和盐酸麻黄碱(ephedrine hydrochloride)产生拟肾上腺素作用时,对肾上腺素能受体的亚型没有选择性,为非选择性肾上腺素能受体激动剂。

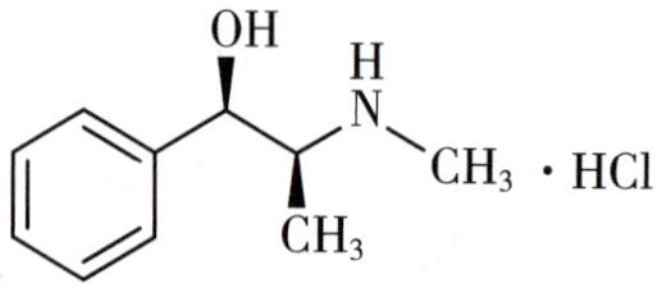

盐酸麻黄碱

肾上腺素可直接作用于肾上腺素能 α、β 受体,产生快速、强烈、短暂的兴奋效应,可使心肌收缩力增强,心率加快,同时可收缩血管、松弛支气管平滑肌。临床主要用于心脏骤停、过敏性休克的急救,控制支气管哮喘的急性发作。

肾上腺素含有苯乙胺的基本结构,遇空气或日光照射易氧化成醌,逐渐转变为淡粉红色,并进一步聚合为棕色多聚体而失效。

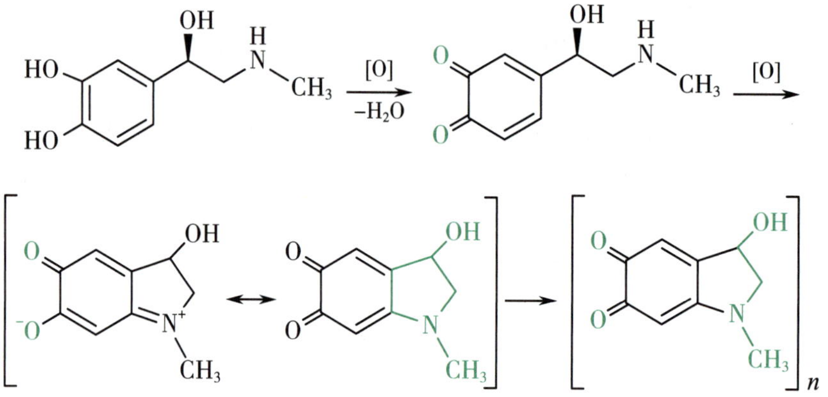

肾上腺素红　　　　　　多聚体

肾上腺素水溶液在室温放置或加热条件下可发生消旋化而降低药效,若在 pH 小于 4 的条件下,则消旋化速度更快。

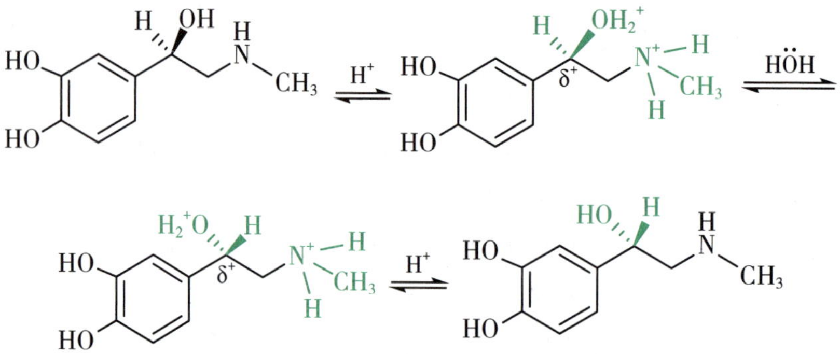

对酸、碱、氧化剂和温度的敏感性是儿茶酚胺类药物的化学通性,口服后在碱性肠液、肠黏膜及肝内易被破坏氧化失效不能达到有效血药浓度。因此,该类药物常成盐后以注射剂形式给药,如肾上腺素常制成其盐酸盐或酒石酸盐,去甲肾上腺素常制成其重酒石酸盐,多巴胺常制成盐酸盐。

盐酸多巴胺不易透过血脑屏障,主要表现为外周作用,可直接兴奋肾上腺素能 α、β 受体,对外周血管有轻微的收缩作用,对肾、肠系膜、冠脉有血管扩张作用,为选择性血管扩张药。口服无效,作用时间短暂,临床用于各种类型的休克,尤其适用于休克伴有心收缩力减弱,肾功能不全者。

麻黄碱分子中含有两个手性碳原子,共有四个光学异构体,其中,(1R,2S)和(1S,2R)构型是一对赤藓糖型异构体称为麻黄碱,(1S,2S)和(1R,2R)构型是一对苏阿糖型异构体称为伪麻黄碱。

| (1R,2S) | (1S,2R) | (1S,2S) | (1R,2R) |
| (-)-麻黄碱 | (+)-麻黄碱 | (+)-伪麻黄碱 | (-)-伪麻黄碱 |

(1R,2S)-赤藓糖型是药用麻黄碱的结构,分子中羟基所在的碳原子与肾上腺素构型相同,可直接兴奋肾上腺素能 α、β 受体,同时,还具有促进肾上腺素能神经末梢释放神经递质的双重作用。临床上用作支气管哮喘的治疗,也用于过敏性反应及鼻黏膜充血肿胀引起的鼻塞症状的治疗。与儿茶酚胺类药物相比,由于麻黄碱的分子中没有酚羟基,稳定性好,不易代谢失活,可口服给药,作用持久,可维持 3～6 小时。

(1S,2R)-赤藓糖型构型由于与儿茶酚胺类神经递质结构不同,因此无直接兴奋肾上腺素能受体的作用,但其具有促进肾上腺素能神经末梢释放神经递质的间接作用。

(1S,2S)-苏阿糖型伪麻黄碱有间接作用于肾上腺素能受体的作用,拟肾上腺素作用比麻黄碱稍弱,中枢副作用小,对心率和血压几乎无作用,具有减轻鼻充血的作用,主要用作复方感冒药的组成成分。

麻黄碱和伪麻黄碱可从中药麻黄中提取。将碾压后的麻黄草用热水浸煮,加氢氧化钠碱化后,用甲苯提取出麻黄碱和伪麻黄碱,萃取液用草酸水溶液反提取,利用生成的草酸麻黄碱与草酸伪麻黄碱溶解度的不同将两者分离。麻黄碱也可从生物转化或化学合成的途径制备。

麻黄碱在我国是特殊管理药品,为二类精神药品,同时是易制毒化学品,以麻黄碱为原料可以制备 N-甲基苯丙胺(冰毒)、3,4-亚甲基双氧基甲基安非他明(3,4-methylenedioxy methamphetamine,MDMA)及其类似物。

| N-甲基苯丙胺 | MDMA | 苯丙醇胺 |

苯丙醇胺(phenylpropanolamine,PPA)与麻黄碱结构相似,能激动肾上腺素受体,具有收缩血管的作用,曾广泛应用于治疗鼻黏膜充血和感冒引起的头痛、鼻塞等症状,但具有诱发心

律失常、心肌受损等严重不良反应,在国内外已被禁止使用。

二、α受体激动剂

α受体激动剂(α adrenergic agonists)分为非选择性的α受体激动剂、选择性α_1受体激动剂和选择性α_2受体激动剂三类。

(一)非选择性的α受体激动剂

重酒石酸去甲肾上腺素可直接兴奋肾上腺素能α_1、α_2受体,对β_1受体作用较弱,对β_2受体无作用。与肾上腺素比较,其收缩血管作用和升高血压作用较强,而兴奋心脏、扩张支气管作用较弱,用于各种原因引起的休克。

重酒石酸间羟胺(metaraminol bitartrate)又名阿拉明,主要作用于α受体,可通过促进交感神经末梢释放去甲肾上腺素发挥间接的拟交感作用,具有较强的收缩周围血管作用和中度的增加心肌收缩力的作用,由于不含有儿茶酚胺结构。因此,不能被儿茶酚-O-甲基转移酶(COMT)催化失活,作用持久。临床用于休克早期的治疗,椎管内阻滞麻醉时发生的急性低血压的治疗。

重酒石酸去甲肾上腺素   重酒石酸间羟胺

盐酸羟甲唑啉(oxymetazoline)为α-受体激动剂,具有良好的鼻腔黏膜血管收缩作用,减轻充血和水肿,从而改善鼻充血症状,作用迅速,几分钟内起效,可维持数小时。本品还具有抑制组胺等致敏致炎物质的释放作用,也具有抑制鼻、喉黏膜腐生菌生长作用和较强的抑菌消炎作用,临床主要用于急慢性鼻炎、鼻窦炎、肥厚性鼻炎、过敏性鼻炎的治疗。

盐酸羟甲唑啉   萘甲唑啉

萘甲唑啉(naphazoline)又名鼻眼净、滴鼻净、盐酸纳发唑啉,为α受体激动剂,能直接兴奋皮肤、黏膜、内脏的血管平滑肌,对黏膜血管有强烈的收缩作用,可以迅速收缩鼻黏膜血管作用,减轻鼻黏膜肿胀充血症状,临床主要用于治疗伤风过敏性鼻炎、炎症性鼻充血、急慢性鼻炎,对麻黄碱耐受者可选用。

(二)选择性α_1受体激动剂

盐酸去氧肾上腺素(phenylephirine hydrochloride,苯福林)和盐酸甲氧明(methoxamine hydrochloride)是选择性α_1受体激动剂,它们通过直接作用于肾上腺素能α_1受体产生拟肾上腺素作用,具有收缩血管、升高血压的生理作用,由于不含有儿茶酚结构,作用时间比肾上腺素长得多,且可口服。盐酸去氧肾上腺素用于防治低血压,也用于室上性心动过速和散瞳检查等;盐酸甲氧明主要用于外科手术,以维持和恢复血压。

盐酸去氧肾上腺素 　　　　　　　盐酸甲氧明

(三)选择性 α_2 受体激动剂

甲基多巴(methyldopa)是左旋多巴的类似物,临床常用其外消旋体,其 S- 异构体活性较强且对 α_2 受体具有高度的立体选择性。甲基多巴透过血脑屏障后,在中枢神经系统,经芳香族氨基脱羧酶和多巴胺 β 羟基化酶代谢生成 α- 甲基去甲肾上腺素(α-methylnorepinephrine),然后与突触后膜的 α_2 受体结合产生抑制交感神经冲动传导的作用,导致血压的下降。该药口服吸收好,服药后 4 小时达到血药浓度峰值,可维持作用 2 天。

甲基多巴S-异构体 　　　　甲基多巴R-异构体 　　　　α-甲基去甲肾上腺素

盐酸可乐定(clonidine hydrochloride)又名氯压定,可直接兴奋延髓背侧孤束核突触后膜的 α_2 受体,使外周交感神经的张力降低,心率减慢,心输出量减少,导致血压下降。此外,近几年的研究表明,可乐定也作用于侧网状核的咪唑啉受体使交感神经张力下降,外周血管阻力降低,从而产生降压作用。该药口服吸收迅速,生物利用度可达 95% 以上,大部分在肝脏代谢,主要代谢产物为 4- 羟基可乐定及 4- 羟基可乐定葡萄糖醛酸酯或硫酸酯。临床用于中、重度高血压的治疗,还具有镇静、镇痛、对抗吗啡戒断症状、减低眼压的作用。

可乐定

盐酸可乐定不具有儿茶酚胺的化学结构但具有与 α_2 受体直接结合的作用,这是由于其分子构象与质子化的去甲肾上腺素相似的缘故(图 11-3)。可乐定存在着氨基型和亚胺型两种互变异构体,主要以亚胺型结构存在,如下式:

氨基型 　　　　　　　　　　　　亚胺型

在可乐定亚胺型结构中,因 2,6- 位两个氯原子的空间位阻的原因,苯胺和咪唑环处于非共轭的共平面状态。量子化学半经验方法计算得到的结果为苯环平面和咪唑环平面的二面角为 74°,而 X 射线晶体衍射的结果证实其二面角为 76°。可乐定成盐酸盐后发生质子化,其正电荷约有一半分布于胍基碳原子上,其余通过共振均匀分布于胍基的三个氮原子上,苯胺和咪唑环呈现非平面的构象。该构象与质子化去甲肾上腺素的构象有着相同的结构特征,即药物分子的芳环中心与质子化氮原子的平均距离为 0.51nm,质子化氮原子与芳环平面的距离约为 0.13nm。

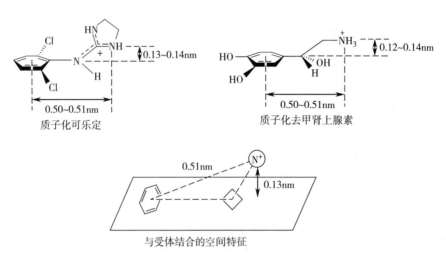

质子化可乐定

质子化去甲肾上腺素

与受体结合的空间特征

图 11-3　质子化可乐定与质子化去甲肾上腺素的结构特征

将可乐定结构中苯环用嘧啶环取代得到莫索尼定(moxonidine),可直接兴奋中枢 α_2 受体,也是咪唑啉 I_1 受体高亲和力的选择性激动剂,使外周血管阻力下降而起到降压作用,其降压效果和钙拮抗剂硝苯地平和血管紧张素转化酶抑制剂卡托普利相似,临床用于原发性高血压的治疗。

将可乐定的咪唑环用噁唑环替换,苯环用双环丙基甲基替换得到利美尼定(rilmenidine),该药作用机制及活性与盐酸可乐定相似,为中枢降压药物,口服吸收迅速、完全,无心脏抑制作用。

右美托咪定(dexmedetomidine)为可乐定结构类似物,以右旋异构体用药,对 α_2 受体激动作用是可乐定的 8 倍,对 α_2 受体的选择性是 α_1 受体的 1 600 倍,具有中枢性抗交感、抗焦虑和催眠镇静作用,可产生近似自然睡眠的作用,可明显减少诱导麻醉所需麻醉剂用量。

莫索尼定　　　　　　利美尼定　　　　　　右美托咪定

胍那苄(guanabenz)和胍法辛(guanfacine)为咪唑环开环类似物,为中枢性 α_2 受体激动剂。胍那苄用于治疗轻度及中度高血压,不良反应较可乐定轻。胍法辛用于治疗中度至重度高血压,不良反应与可乐定相似,但停药症状出现较晚、较轻。

胍那苄   胍法辛

三、β受体激动剂

β受体激动剂（β adrenergic agonists）分为非选择性的β受体激动剂、β_1受体激动剂和选择性β_2受体激动剂三类。

（一）非选择性的β受体激动剂

盐酸异丙肾上腺素（isoprenaline hydrochloride）为最早得到应用的人工合成的拟肾上腺素类的药物，其外消旋体用于支气管哮喘的治疗。其作用机制为兴奋β_1、β_2受体，因此，在兴奋β_2受体产生松弛支气管平滑肌的同时，可因β_1受体的兴奋对心脏产生正性肌力作用，从而使心率加快，出现心悸、心动过速等副作用。

盐酸异丙肾上腺素

寻找选择性作用于β_1或β_2受体的激动剂，降低脱靶效应，是研究降低副作用的强心药或平喘药的目标。

（二）选择性β_1受体激动剂

盐酸多巴酚丁胺（dobutamine hydrochloride）是选择性的心脏β_1受体的激动剂，可增加心肌收缩力和心搏量。盐酸多巴酚丁胺为手性药物，其左旋体和右旋体均可兴奋β_1受体，且右旋体比左旋体活性更强。此外，左旋体还具有兴奋α_1受体的作用，而右旋体对α_1受体显示阻断作用，临床应用的是外消旋体。由于外消旋体的生理作用的互补，该药不影响心律也不升高血压，可用于心力衰竭、心源性休克及术后低血压等疾病的治疗。该药口服无效，静脉注入1~2分钟内起效，半衰期约为2分钟，易产生耐受性和增加心肌耗氧量。

普瑞特罗（prenalterol）与一般的β受体激动剂结构不同，在苯环和丙胺基之间插入了氧原子形成了芳氧基丙醇胺类化合物，使得分子具有β受体拮抗剂的结构特征，但药物是选择性β_1受体激动剂，对肺及血管的β_2受体无明显作用。由于不含有儿茶酚胺结构，可口服也可静脉注射，适用于治疗各种原因引起的急性心力衰竭、慢性心力衰竭。

扎莫特罗（xamoterol）是普瑞特罗的结构类似物，也是芳氧基丙醇胺类化合物，选择性作用于心脏β_1受体，是β_1受体的部分激动剂，产生双向的心脏调节作用。当交感神经功能亢进时，如重症或劳累激动时，可产生负性肌力作用，使心率下降；当交感神经功能低下时，如轻度慢性心衰，可产生正性肌力作用和正性频率作用。临床用于治疗伴有交感神经功能低下的心衰患者。

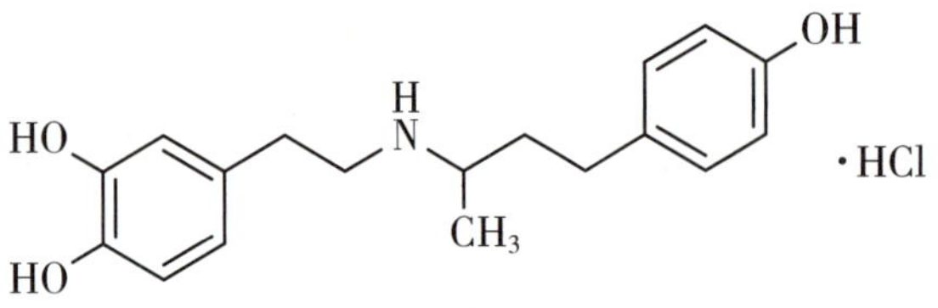

盐酸多巴酚丁胺 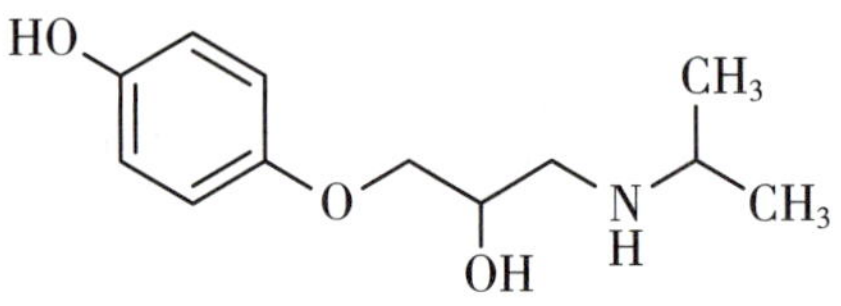   普瑞特罗

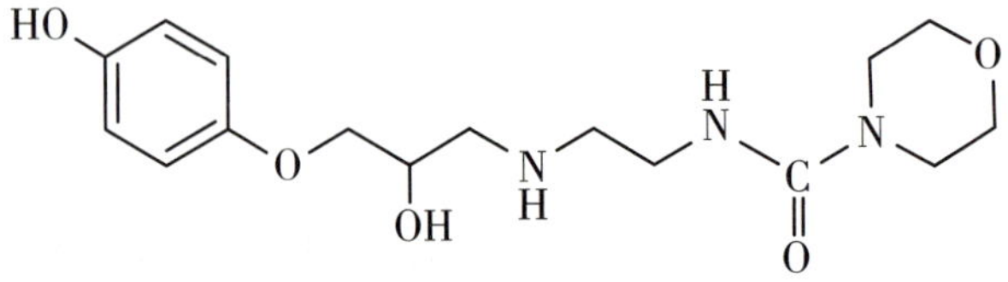

扎莫特罗

（三）选择性 β_2 受体激动剂

自 20 世纪 60 年代以来,具有高选择性、疗效好和副作用少特点的选择性 β_2 受体激动剂开始应用于哮喘的治疗,这类药物通过兴奋支气管平滑肌和肥大细胞膜表面的 β_2 受体,舒张支气管平滑肌、减少肥大细胞和嗜碱性粒细胞脱颗粒及其介质的释放、降低微血管的通透性、增加支气管上皮纤毛的摆动等作用而缓解哮喘症状。进入 70 年代,受体选择性更高、作用时间更长,可口服给药的 β_2 受体激动剂得到了快速的发展,使 β_2 受体激动剂成为目前缓解哮喘急性症状的首选药物。

目前,β_2 受体激动剂类平喘药物有 30 多种(表 11-2),根据这些药物作用时间的长短将这些药物分为短效、中效、长效三大类。

表 11-2 β_2 受体激动剂

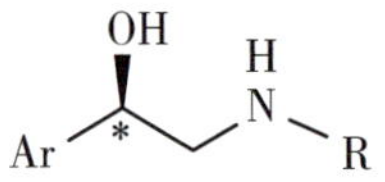

类型	药物名称	Ar—	R—
短效型	沙丁胺醇(salbutamol)	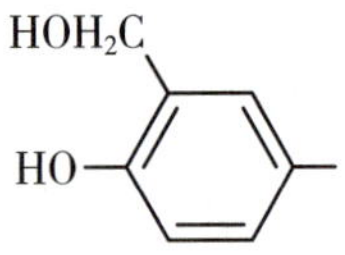	(CH₃)₃C—
	克伦特罗(clenbuterol)	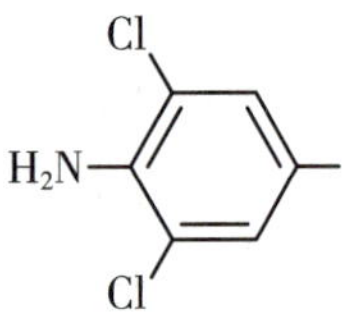	(CH₃)₃C—
	氯丙那林(clorprenaline)	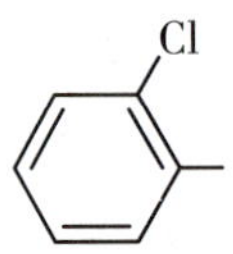	(CH₃)₂CH—
中效型	特布他林(terbutaline)	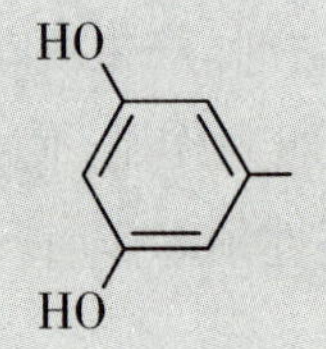	(CH₃)₃C—

类型	药物名称	Ar—	R—
中效型	马布特罗(mabuterol)	Cl, H_2N, F_3C 取代苯环	$(CH_3)_3C-$
	妥布特罗(tulobuterol)	Cl 取代苯环	$(CH_3)_3C-$
长效型	沙美特罗(salmeterol)	HOH_2C, HO 取代苯环	$-(CH_2)_4-O-(CH_2)_6-$ 苯基
	福莫特罗(formoterol)	HCOHN, HO 取代苯环	H_3CO苯环$-CH_2CH(CH_3)-$

短效类药物包括沙丁胺醇(salbutamol)、克伦特罗(clenbuterol)、氯丙那林(clorprenaline)等,作用时间可维持4～6小时。代表性药物沙丁胺醇支气管舒张作用较异丙肾上腺素强10倍以上,且作用更持久,对心脏β_1受体激动作用较弱,增加心率的作用仅为异丙肾上腺素的1/7。分子不含儿茶酚胺结构,不易被儿茶酚-O-甲基转移酶(COMT)代谢失活,口服有效。一般以气雾吸入给药,可迅速缓解哮喘急性症状,口服给药用于频发性或慢性哮喘的症状控制和预防发作。该药的不良反应为心悸、肌肉震颤等,研究表明,其R-异构体是导致副作用产生的原因,S-异构体无此不良反应且对β_2受体选择性是R-异构体的100倍。因此,左旋沙丁胺醇(levalbuterol)已于1999年上市。

中效类药物包括特布他林(terbutaline)、马布特罗(mabuterol)、妥布特罗(tulobuterol)等,作用时间可维持6～8小时。这类药物起效较短效β_2受体激动剂慢,而药效持续时间又较长效β_2受体激动剂短。因此,其应用率相对较低。代表性药物特布他林又名特布他林,临床用其外消旋体的硫酸盐,扩张支气管的作用与沙丁胺醇相近,对心脏的副作用仅为异丙肾上腺素的1/100。

长效类药物包括沙美特罗(salmeterol)、福莫特罗(formoterol)等,作用时间可维持约12小时。这类β_2受体激动剂的分子结构中多具有较长的侧链,因此具有较强的脂溶性和对β_2受体高的选择性。代表性药物沙美特罗是第一个长效β_2受体激动剂,是具有明显抗炎活性的支气管扩张药,结构中长而无极性的侧链不影响其与β_2受体的结合显示激动剂作用,还可以紧贴细胞膜使分子不易与受体结合位点脱离,显示强而持久的活性。

班布特罗(bambuterol)是特布他林的前体药物,口服后经血浆丁酯胆碱酯酶水解缓慢释放出原药发挥支气管扩张作用,口服给药后,约7小时可以达到活性代谢物特布他林的最大血浆浓度,活在维持时间长达24小时,副作用小。

比托特罗(bitolterol)是可尔特罗的前药,药物脂溶性增加,给药后在体内水解释放出可尔特罗显示药效,作用时间由原药的 4 小时增加至 8 小时,可有效延长给药间隔时间。

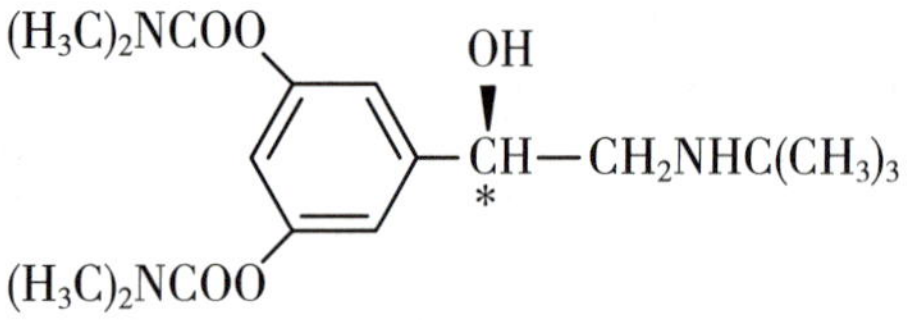

班布特罗

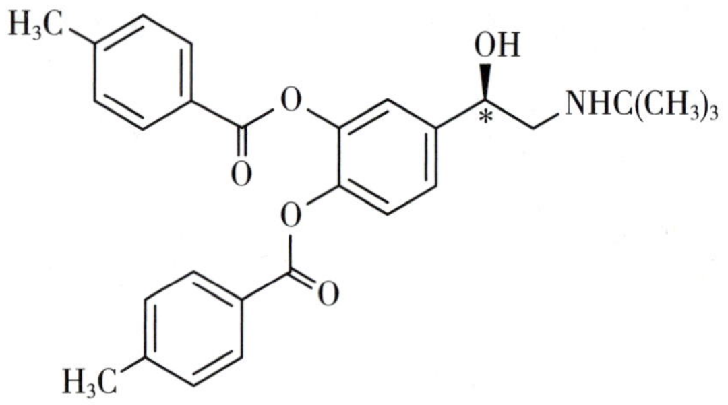

比托特罗

硫酸沙丁胺醇 （salbutamol sulfate）

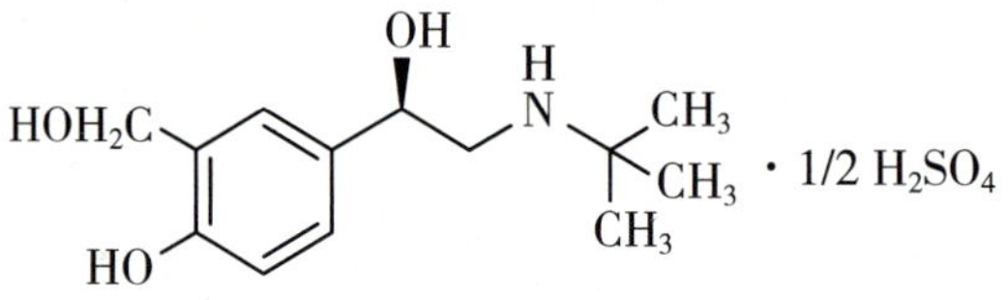

化学名为 1-(4- 羟基 -3- 羟甲基苯基)-2-(叔丁胺基)乙醇硫酸盐, 2-(tert-butylamino)-1-(4-hydroxy-3-hydroxymethylphenyl)ethanol sulfate,又名 albuterol,舒喘灵。

沙丁胺醇的解离常数(pKa)为 5.9,硫酸沙丁胺醇的解离常数(pKa)有两个,分别为 $pKa_1 = 9.3$(氨基), $pKa_2 = 10.3$(酚羟基);沙丁胺醇的油水分配系数为 0.66。在生理 pH 条件下,几乎全部以离子形式存在。

硫酸沙丁胺醇的合成主要有两条路线。

路线一以 5-(2- 溴乙酰基)-2- 羟基 - 苯甲酸甲酯为原料,经 N- 烷基化、氢化铝锂还原羧基、Pd-C 催化氢化还原羰基得到沙丁胺醇,再经成盐得到目标化合物。

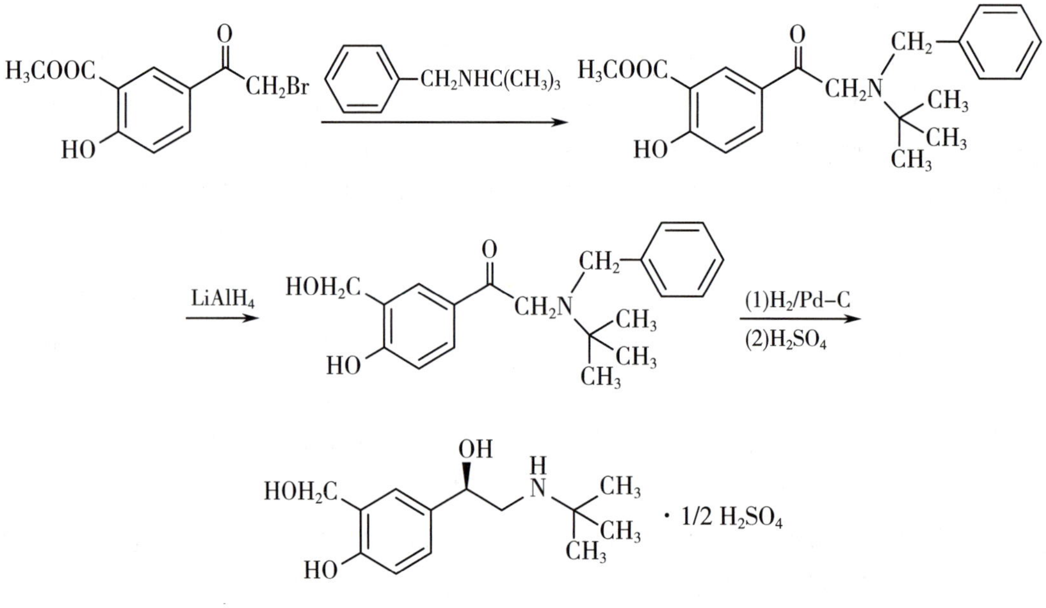

路线二以对羟基苯乙酮为原料,经氯甲基化、酰化、α- 位溴代,再经 N- 烷基化、水解、催化氢化脱苄基、成盐得到目标化合物。

路线一步骤较少,收率较高,但原料 5-(2- 溴乙酰基)-2- 羟基 - 苯甲酸甲酯价格昂贵,生产成本高,且还原羧基步骤采用氢化铝锂还原,须无水操作,反应条件苛刻。路线二步骤较多,但每步骤反应副产物较少,收率高,是合成硫酸沙丁胺醇的通用方法。

硫酸沙丁胺醇的限量杂质有 A～J 十种,其中,原料和中间体杂质为 G,其余为反应副产物杂质:A 为苯环 α- 位羟基甲基化产物;B 为氯甲基化反应过程,未充分反应的原料对羟基苯乙酮经过系列转化得到的产物;C 为加氢还原步骤羟甲基被还原为甲基的产物;D 为还原酯基时未完全转化成羟甲基而生成了醛基的副产物;E 为催化氢化步骤时,仅发生了羰基还原未发生脱苄基反应的副产物;F 为两分子沙丁醇胺发生脱去一分子水成醚生成的苄醇醚;G 为反应过程中间体;J 为催化氢化步骤时,仅发生了脱苄基未发生羰基还原反应的副产物;H 为催化氢化还原时,发生了两分子苯环 α- 位羟基的还原成为甲基和亚甲基的副产物;I 为催化氢化步骤苯环羟甲基与苄基成醚、苯环 α- 位羟基被过度还原成为亚甲基的副产物。

A R$_1$=OCH$_3$, R$_2$=CH$_2$OH
B R$_1$=OH, R$_2$=H
C R$_1$=OH, R$_2$=CH$_3$
D R$_1$=OH, R$_2$=CHO

E R$_1$=H, R$_2$=OH, R$_3$=CH$_2$C$_6$H$_5$
G R$_1$+R$_2$=O, R$_3$=CH$_2$C$_6$H$_5$
J R$_1$+R$_2$=O, R$_3$=H

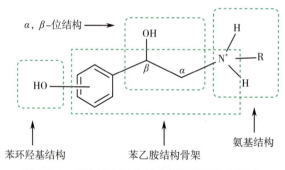

H R₁=R₂=H

I R₁=OH, R₂=CH₂C₆H₅

四、肾上腺素受体激动剂的构效关系

肾上腺素受体激动剂类药物发展过程中,构效关系的研究起着重要的指导作用。该类药物多符合图 11-4 所示的结构通式,即含有苯乙胺结构骨架,苯环羟基结构、氨基结构和氨基 α- 位和 β- 位结构。肾上腺素受体激动剂的构效关系可归纳如下。

图 11-4 肾上腺素受体激动剂类药物结构通式

(一)苯乙胺结构骨架特征

肾上腺素受体激动剂的结构骨架多为苯乙胺,即苯环和氨基相隔两个碳原子时,兴奋受体作用最强。部分具有苯氧丙胺结构骨架的药物,如普瑞特罗和扎莫特罗,可具有选择性兴奋心脏 β_1 受体的生理活性。

当化合物的药效构象与质子化的去甲肾上腺素相似时,如盐酸可乐定及其类似物,可具有选择性兴奋 α_2 受体的作用。

(二)苯环羟基结构

苯环上羟基可与肾上腺素受体形成氢键,增强药物 - 受体复合物的结合能力,从而显著增加兴奋受体的作用。

3,4-二羟基化合物活性大于只含一个羟基的化合物,而不含羟基时,活性较弱,如肾上腺素的活性是麻黄碱的100倍。但含3,4-二羟基酚结构的药物易被体内COMT和MAO代谢失活,因此,难以口服给药且作用时间短。而无3,4-二羟基酚结构的药物代谢困难,作用时间长且多可口服。

(三)氨基结构特征

氨基需为仲胺或伯胺结构,叔胺结构无活性。在生理条件下,氨基质子化形成氮正离子,与肾上腺素受体以离子键结合,是保持活性的必需结构。

氨基上取代基的大小与对受体亚型的选择性有着密切的关系,一般而言,取代基越大,对β受体的选择性越大,相应的对α受体的选择性越小。例如,去甲肾上腺素无取代基,主要作用于α受体;肾上腺素含一个甲基取代基,兼有兴奋α和β受体的效应;异丙肾上腺素含有一个异丙基取代基,选择性作用于β受体;沙丁醇胺含有一个叔丁基取代基,选择性作用于β_2受体。

当 N-取代基为亲脂性长链时,药物的亲脂性增加的同时,伴随着作用时间的大大增加。如沙丁胺醇的脂水分配系数 $\lg P$ 为 0.66,作用维持时间为 4～6 小时,而沙美特罗的 $\lg P$ 为 3.88,其作用时间可达 12 小时。沙美特罗与β_2受体结合时,亲脂性长链起着固定药物分子的作用,即亲脂性长链的末端苯环可以与β_2受体的第四跨膜片段(TM4)发生亲脂性结合,药物的其他部分可以绕着结合部位转动,使得脱离的药物再次与另外两个结合位点 TM3 和 TM5结合(图 11-5),增加药物-受体复合物的结合力和结合时间,使得沙美特罗的作用时间获得较大程度的延长。

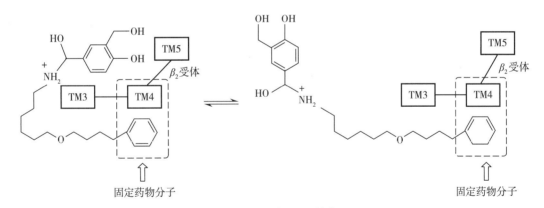

固定药物分子　　　　　　　　　　　　　　固定药物分子

图 11-5　沙美特罗与β_2受体作用图示

(四)氨基α-位结构特征

氨基α-位上若引入α-甲基,如麻黄碱、甲氧明、间羟胺,因增加空间障碍而可增加代谢稳定性,因而有利于延长药物的作用时间。

α-位上引入烷基不利于药物与β受体的结合,可能是α-烷基使得苯环和烷基间存在张力,影响了药物与受体结合的立体互补性。

(五)氨基β-位结构特征

氨基β-位碳原子的连接羟基,使得分子具有手性,研究表明,肾上腺素激动剂类药物的β-位立体构型与其活性有关。通常情况下,R-构型(左旋体)较 S-构型(右旋体)具有更高的活性。如支气管扩张作用,肾上腺素的 R 与 S 构型的活性比值为 45,去甲肾上腺素的 R 与 S 构型的活性比值为 100,异丙肾上腺素的 R 与 S 构型的活性比值为 800。

立体构型与其活性有关的原因为药物与受体的结合是高度立体选择性的,R- 构型与肾上腺素能受体存在着三位点结合(图 11-6),即氨基正离子、苯环平面区和氨基 β- 位碳原子的羟基通过氢键的结合,S- 构型无法与受体形成三位点匹配,表现为不同立体构型的活性差异(有关药效构象可参看第二章内容)。

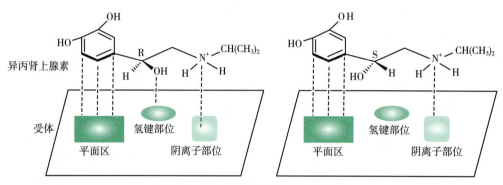

图 11-6　异丙肾上腺素与受体结合模型

第三节　抗肾上腺素药

抗肾上腺素药又称为肾上腺素受体拮抗剂(adrenoceptor antagonist),与受体结合后不产生或者较少产生拟肾上腺素能的生理作用,能阻断肾上腺素、去甲肾上腺素或其他肾上腺素能神经递质与受体的结合。根据这类药物对不同受体产生阻断作用的选择性,可分为 α 受体拮抗剂、β 受体拮抗剂和 α、β 受体拮抗剂三类。

一、α 受体拮抗剂

根据 α 受体拮抗剂(α adrenergic antagonist)对受体亚型的选择性作用,又可以进一步分为非选择性 α 受体拮抗剂(non selective α antagonist)、选择性 α_1 受体拮抗剂(selective α_1-antagonist)和选择性 α_2 受体拮抗剂(selective α_2 antagonist)。

(一)非选择性 α 受体拮抗剂

也称为 α 受体拮抗剂,同时对 α_1、α_2 受体具有阻断作用,阻断 α_2 受体可促使进甲肾上腺素的释放,引起心率和心肌收缩力的增加,这与阻断 α_1 受体产生的降压作用部分抵消。因此,这类药物降压作用弱、时间短且不良反应多。

酚妥拉明(phenotolamine)和妥拉唑林(tolazoline)是短效 α 受体拮抗剂,可与受体发生竞争性结合,主要用于治疗外周血管疾病,如肢端动脉痉挛症、手足发绀等。妥拉唑林与酚妥拉明阻断 α 受体的作用相似,但稍弱。这两个药物结构中含有与组胺相似的咪唑啉结构,表现出较强的组胺作用和抗胆碱作用,且妥拉唑林组胺作用强于酚妥拉明,常见胃酸分泌增加、皮肤潮红等不良反应。

| 酚妥拉明 | 妥拉唑林 | 盐酸酚苄明 |

盐酸酚苄明(phenoxybenzamine hydrochloride)是 β-氯代烷胺类 α 受体拮抗剂,化学结构与氮芥类抗肿瘤药物相似,但仅含有一个 N-β-氯代烷基。生理 pH 条件下,酚苄明存在着质子化和分子态游离碱的平衡,游离态的氨基具有亲核性,发生分子内反应形成吖丙啶鎓离子。然后,与受体的氨基酸残基上的富电子基团发生烷基化反应,生成稳定的共价键,该结合不能被肾上腺素递质逆转。因此,该药物是不可逆的 α 受体拮抗剂,作用持久,是长效的 α 受体拮抗剂。由于 β-氯乙胺结构的化学活泼性强,可与体内多种酶作用,因此,该药毒副作用多。此外,该药还有抑制去甲肾上腺素重摄取的作用。临床用于嗜铬细胞瘤的治疗和术前准备、周围血管痉挛性疾病和前列腺增生引起的尿潴留的治疗。

吖丙啶鎓离子

(二)选择性 α_1 受体拮抗剂

选择性 α_1 受体拮抗剂能通过扩张血管,降低外周血管阻力,产生降压作用,这类药物对心排出量无明显影响,较少引起心动过速等副作用,降压效果较好。

盐酸哌唑嗪(prazosin hydrochloride)是第一个选择性 α_1 受体拮抗剂,于 20 世纪 60 年代末被发现,口服吸收完全,达最大血药浓度约 1~3 小时,半衰期 2~3 小时,用于轻、中度高血压的治疗,常与利尿药合用,也用于充血性心力衰竭、麦角胺过量等症。

特拉唑嗪(terazosin)和多沙唑嗪(doxazosin)是哌唑嗪的结构类似物。三个药物均含有 4-氨基-6,7-二甲氧基喹唑啉环母体,并在 2-位连接哌嗪基。特拉唑嗪与哌唑嗪的区别仅在于呋喃环被还原为四氢呋喃环,分子脂溶性上升,亲水性增加,阻断 α_1 受体作用稍微下降,毒性也随之减少,半衰期是哌唑嗪的2~3倍,临床主要用于治疗良性前列腺肥大。多沙唑嗪和哌唑嗪的区别在于呋喃环被替换为苯并二氧六环,分子亲水性进一步增加,其半衰期增长至19~22小时,用于原发性高血压和良性前列腺增生的治疗。

乌拉地尔(urapidil)是1,3-二甲基脲嘧啶类化合物,其化学结构与哌唑嗪区别显著。该品存在多晶型现象,可以晶型Ⅰ、晶型Ⅱ、晶型Ⅲ、水合物和乙醇溶剂化物形式存在。其中,最为稳定、生物利用度最高的晶型Ⅱ,是药用优势晶型。乌拉地尔具有外周和中枢双重降压作用,中枢作用通过激活5-HT$_{1A}$受体起效,主要用于治疗重度和极重度高血压、难治性高血压和高血压危象。

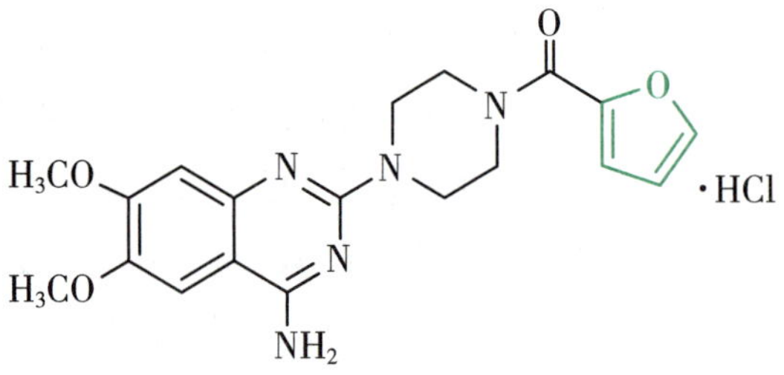

盐酸哌唑嗪

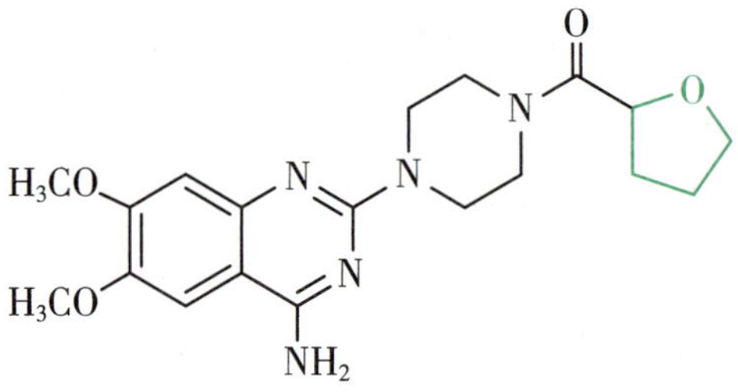

特拉唑嗪

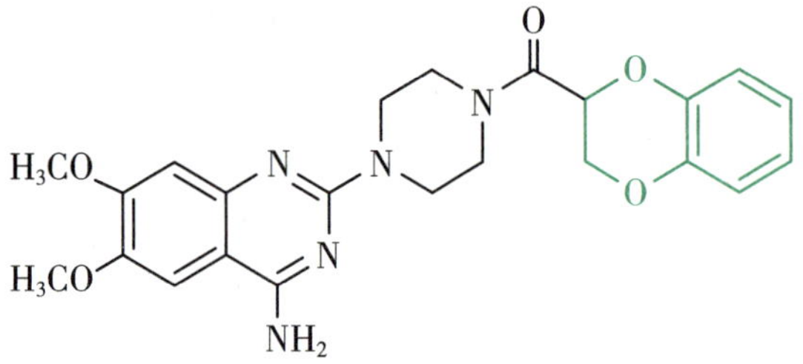

多沙唑嗪

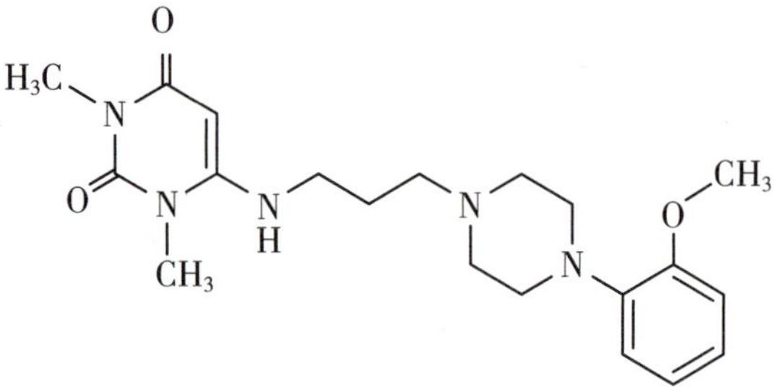

乌拉地尔

坦洛新(tamsulosin)、吲哚拉明(indoramine)是不含喹啉环的α_1受体拮抗剂。坦洛新对尿道、膀胱及前列腺平滑肌有高选择性的阻断作用,主要用于改善前列腺增生引起的排尿障碍。吲哚拉明除降低血压外,还具有局部麻醉作用,使心肌膜稳定性增加,临床用于各种类型的原发性高血压。

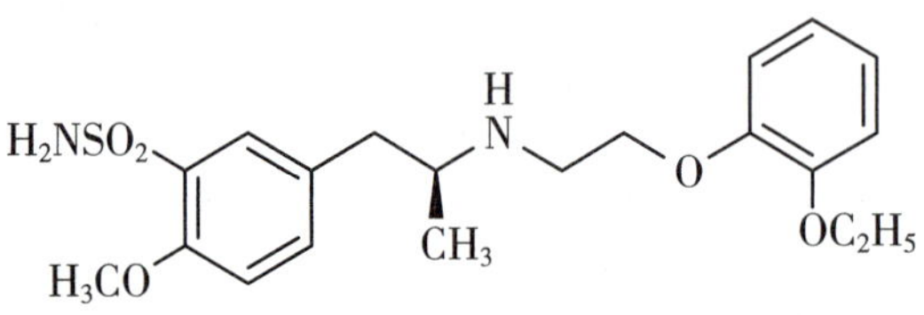

坦洛新

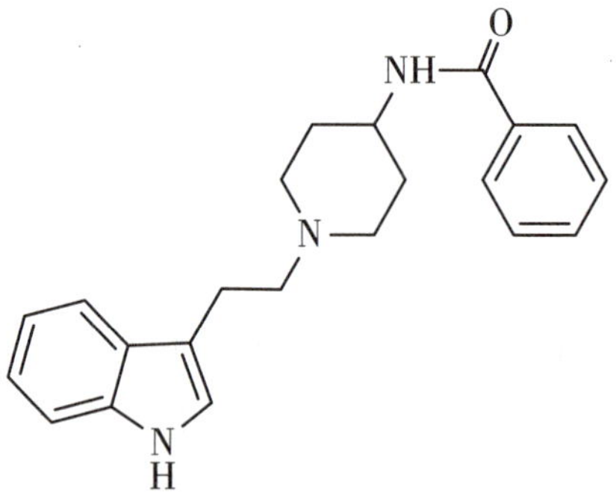

吲哚拉明

(三)选择性α_2受体拮抗剂

选择性α_2受体拮抗剂类代表药物为育亨宾(yohimbine),该生物碱是非洲植物育亨宾

（*Corynante yohimbe*）的干燥树皮提取物,该药可增加外周副交感神经张力,降低交感神经张力,可使海绵体神经末梢释放较多的去甲肾上腺素,减少阴茎静脉回流。育亨宾常用作 α_2 受体拮抗剂相关研究的工具药物,也用于治疗体位性低血压、男性性功能障碍等症。

育亨宾

二、β 受体拮抗剂

β 受体拮抗剂(β adrenergic antagonist)的发现是 20 世纪药学发展过程中的里程碑之一,该类药物在心绞痛、心肌梗死、高血压、心律失常、冠心病等心血管疾病的治疗方面得到了广泛的应用。

β 受体拮抗剂通过与肾上腺素类激动剂竞争性与 β 受体结合,抑制肾上腺素激动剂的生理作用,起到减慢心率、减弱心肌收缩力、减少心肌耗氧量、降低血压、防止儿茶酚胺对心脏的损害、改善左室和血管的重构及功能的作用。根据 β 受体拮抗剂对受体亚型的选择性作用,又可以进一步分为非选择性 β 受体拮抗剂、选择性 β_1 受体拮抗剂(表 11-3)。

表 11-3 β 受体拮抗剂

类型	药物名称	Ar-	R-
非选择性 β 受体拮抗剂	普萘洛尔(propranolol)		$(CH_3)_2CH-$
	纳多洛尔(nadolol)		$(CH_3)_3C-$
	吲哚洛尔(pindolol)		$(CH_3)_2CH-$
	卡拉洛尔(carazolol)		$(CH_3)_2CH-$

类型	药物名称	Ar-	R-
非选择性β受体拮抗剂	(S)-噻吗洛尔(timolol)		(CH₃)₃C—
	索他洛尔(sotalol)		(CH₃)₂CH—
选择性β₁受体拮抗剂	阿替洛尔(atenolol)		(CH₃)₂CH—
	醋丁洛尔(acebutolol)		(CH₃)₂CH—
	美托洛尔(metoprolol)		(CH₃)₂CH—
	倍他洛尔(betaxolol)		(CH₃)₂CH—
	艾司洛尔(esmolol)		(CH₃)₂CH—
	比索洛尔(bisoprolol)		(CH₃)₂CH—

（一）非选择性 β 受体拮抗剂

非选择性 β 受体拮抗剂能同时阻断 β_1、β_2 受体，在发挥阻断 β_1 受体作用而起到治疗心血管疾病的同时，因阻断 β_2 受体而引起支气管痉挛和糖代谢副反应。所以，此类药物禁用于哮喘和糖尿病患者。

异丙肾上腺素是作用较强的 β 受体兴奋剂，其儿茶酚结构中 3，4- 二羟基与其内源性拟交感活性（ISA，即部分激动肾上腺素能受体的能力）关系密切，当用氯原子分别取代两个羟基后得到二氯特诺（dichloroisoproterenol，又名二氯异丙肾上腺素），其生理活性转变为 β 受体阻断作用，这是第一个被发现的 β 受体拮抗剂，但其内源性拟交感活性较强未能应用于临床。

若将 3，4- 二取代基用其他官能团取代则化合物拟交感作用减弱，如用萘环取代异丙肾上腺素的 3，4- 二羟基苯基得到丙萘洛尔（pronetalol），其内源性拟交感作用几乎完全消失，表现为强的 β 受体阻断作用，但因中枢神经系统副作用和致癌作用未能临床应用。

二氯特诺 丙萘洛尔

将肾上腺素类药物苯乙醇胺的芳环和乙醇胺侧链之间插入次甲氧基—OCH₂—,得到芳氧基丙醇胺的结构,其阻断 β 受体的作用强于苯乙醇胺类,例如在丙萘洛尔的结构中插入—OCH₂—得到的普萘洛尔(propranolol),可同时阻断 β_1 受体和 β_2 受体,临床用于心律失常、心绞痛、高血压的治疗。普萘洛尔的亲脂性大,脂水分配系数可达 20.4,易透过血脑屏障产生中枢效应。此外,由于同时作用于 β_2 受体,可引起支气管痉挛及哮喘副作用。在该药的结构中含有手性中心,其 S- 异构体阻断 β 受体作用是 R- 异构体的 40 倍,临床用其外消旋体。

与普萘洛尔作用机制相似的 β 受体拮抗剂类的药物还有纳多洛尔(nadolol)、吲哚洛尔(pindolol)、卡拉洛尔(carazolol)、(S)- 噻吗洛尔(timolol)和索他洛尔(sotalol)等药物。

这类药物芳环部分为各种芳香杂环,这样的结构使得药物对 β_1、β_2 受体缺乏选择性。如纳多洛尔的环己烷并苯、吲哚洛尔的吲哚、卡拉洛尔的苯并吲哚、噻吗洛尔的噻二唑等,环上连有吸电子性或斥电子性取代基,取代基的数目可以是一个或多个,取代位置可以是芳氧基丙醇胺的氧原子的邻位或对位。

盐酸普萘洛尔(propranolol hydrochloride)

化学名为 1- 异丙胺基 -3-(1- 萘氧基)-2- 丙醇盐酸盐,1-(1-methylethyl)amino-3-(1-naphthalenyloxy)-2-propanol hydrochloride,又名心得安。

盐酸普萘洛尔的解离常数 pK_a 为 9.5,$\lg P$ 为 3.48,在生理 pH 条件下,几乎全部以离子形式存在。

盐酸普萘洛尔的通用合成路线为:以 α- 萘酚为原料,在碱性条件下,与环氧氯丙烷进行 O- 烷基化反应得到中间体 1, 2- 环氧 -3-(α- 萘氧基)丙烷。然后,与异丙胺反应发生环氧基开环加成得到普萘洛尔,最后,与盐酸成盐得到目标化合物。

盐酸普萘洛尔的有关杂质有 A~C 三种,均为副反应产物。其中,化合物 A 为中间体 1,2-环氧-3-(α-萘氧基)丙烷在反应过程中水解开环的产物;B 为生成的普萘洛尔与化合物 A 形成的季铵化合物;C 为两分子化合物 A 脱一分子水形成的醚。

A

B X = N–CH(CH₃)₂
C X = O

$$B\ X = N–CH(CH_3)_2$$
$$C\ X = O$$

(二)选择性 β_1 受体拮抗剂

选择性 β_1 受体拮抗剂由于提高了对受体的选择性,主要影响心脏而对支气管和糖代谢影响较小,可慎用于哮喘和糖尿病患者。在抗高血压方面,β 受体拮抗剂具有强于 β_1 受体拮抗剂的效果。

目前,选择性最高的 β_1 受体拮抗剂是阿替洛尔(atenolol),该药物对支气管的作用很小,心脏选择性高,无内源性拟交感活性。该药脂水分配系数小,不易透过血脑屏障,中枢神经系统的副作用较小,可用于治疗窦性心动过速及早搏、高血压、心绞痛及青光眼等症。

美托洛尔(metoprolol)、倍他洛尔(betaxolol)、艾司洛尔(esmolol)、比索洛尔(bisoprolol)也是选择性 β_1 受体拮抗剂。其中,艾司洛尔结构中含有酯基,易被血浆中酯酶水解失活,半衰期近 10 分钟,静脉滴注给药,停药后 20 分钟作用基本或全部消失,是一个超短时的药物,适用于心房颤动和心房扑动时控制心室率、围手术期高血压、窦性心动过速的治疗。

与非选择性 β 受体拮抗剂相比,这类药物的芳环部分多为对位取代的苯基,即在芳氧基丙醇胺的氧原子的对位连有取代基,且该取代基含羰基或烷氧基醚的结构时,有利于药物选择性作用于 β_1 受体。

三、α、β 受体拮抗剂

β 受体拮抗剂在心血管疾病治疗中有着重要的用途,但临床应用时存在着不良反应,这是由于 β 受体阻断后,α 受体收缩血管的效应失去抗衡,为解决这一问题,曾将 α 受体拮抗剂哌唑嗪和 β 受体拮抗剂普萘洛尔联合使用,发现有协同效应。为此,设计能同时阻断 α 受体和 β 受体的药物分子。研究发现,当把 β 受体拮抗剂的氨基取代基的烷基改为芳基时,可同时产生 α 受体阻断作用。

拉贝洛尔(labetalol)是第一个 α、β 受体拮抗剂,能同时阻断 α_1、β_1、β_2 受体,分子中具有 2 个手性碳原子,临床应用的是 4 个立体异构体的混合物,通过减少外周血管阻力而起到降血压的作用,不会显著影响心率和心输出量,临床用于治疗轻度至重度高血压和心绞痛,静脉注射给药可用于治疗高血压危象。

卡维地洛(carvedilol)能同时阻断 α_1、β_1 受体,分子含有一个手性碳原子,临床用其外消旋体。对于 β_1 受体,S-构型为优势异构体,其活性是 R-型的 100 倍,但 S-构型对 α_1 受体的阻

断作用较弱。该药在阻断受体的同时具有舒张血管作用、钙通道阻滞作用、抑制儿茶酚胺释放作用,对心功能、肾功能、外周血流量、血浆电解质和血脂水平没有影响,不影响心率或使其稍微减慢,极少产生水钠潴留。用于治疗轻度及中度高血压或伴有肾功能不全、糖尿病的高血压患者。

盐酸阿罗洛尔(arotinolol)具有 β 受体阻断作用的同时可适度阻断 α 受体,在降低血压的同时,可降低交感神经的张力,使降压效果更理想,临床用于轻度至中度原发性高血压、心绞痛、心动过速性心律失常和原发性震颤的治疗。

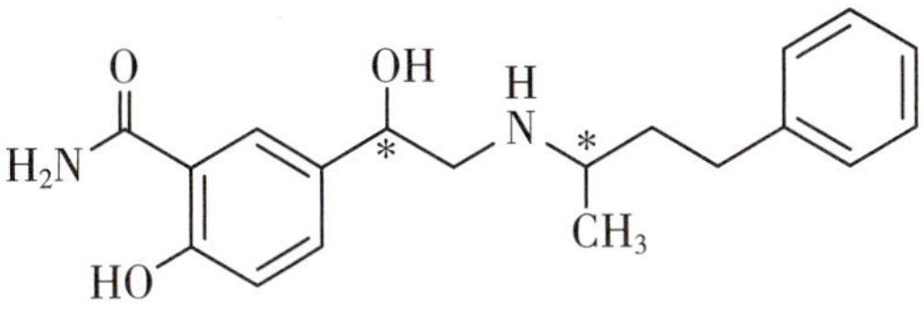

拉贝洛尔

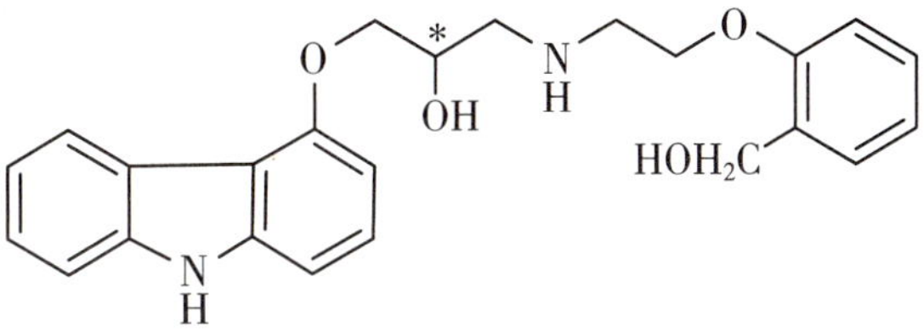

卡维地洛

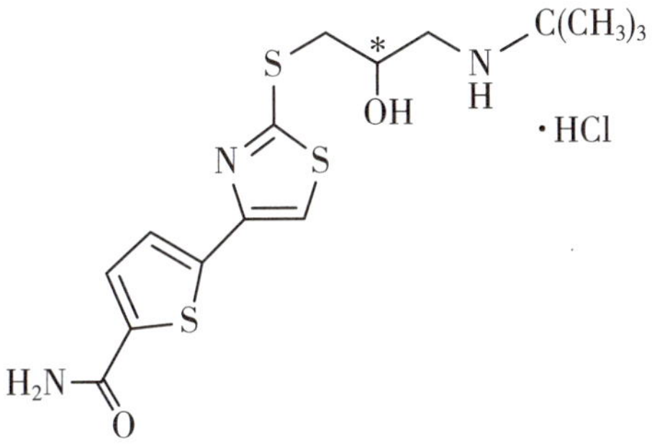

阿罗洛尔

四、β 受体拮抗剂的构效关系

β 受体拮抗剂可分为苯乙醇胺类和芳氧丙醇胺类(图 11-7)。

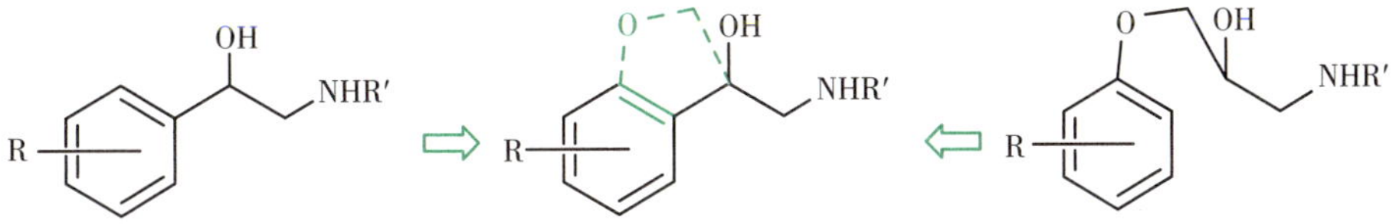

苯乙醇胺   芳氧丙醇胺

图 11-7 β 受体拮抗剂结构通式

该类药物构效关系可归纳如下。

(一)骨架结构

β 受体拮抗剂的骨架结构与激动剂异丙肾上腺素相似。苯乙醇胺类拮抗剂丙萘洛尔、拉贝洛尔的苯环与氨基之间的原子数,与异丙肾上腺素完全一致;芳氧丙醇胺类拮抗剂普萘洛尔、艾司洛尔等药物,虽然侧链较苯乙醇胺类多一个亚甲基氧基,但分子构象研究显示,芳氧丙醇胺类拮抗剂处于较低能量构象时,结构中的芳基、羟基和氨基均可与苯乙醇胺类拮抗剂重叠(图 11-7)。

（二）芳环结构

β受体拮抗剂的芳环部分结构要求不严格，可以是芳环、芳杂环或者稠环等结构。芳环上取代基的种类与位置影响β受体拮抗作用的选择性，苯环引入芳杂环或稠环对受体选择性低，如普萘洛尔、吲哚洛尔，为非选择性β受体拮抗剂；苯环对位引入长链取代基能提高对受体的选择性，如兰地洛尔、倍他洛尔，对β_1受体具有较好的选择性。此外，不同的芳环及环上取代基可影响药物的脂溶性，进而影响代谢方式，可根据患者的耐受性进行药物的选择。

（三）N-取代基

N-取代基对β受体拮抗活性的影响与激动剂相似，N-原子上无取代基的伯胺化合物的拮抗作用最低，N-原子上异丙基或者叔丁基单取代的化合物对β受体的拮抗作用较高，如普萘洛尔、纳多洛尔，N,N-双取代则拮抗活性显著降低。

第十一章　目标测试

（李　雯）

第十二章 心血管疾病治疗药物

心血管系统疾病严重危害人类健康，是目前导致人类死亡的首要原因。它的确切发病原因尚不清楚，但很多因素会增加人们患心血管疾病的风险，被称为风险因素（risk factors），风险因素越多，患心血管疾病的概率就越大。心血管疾病的主要风险因素包括糖尿病、高血压、高胆固醇、吸烟、缺乏运动、肥胖、心血管家族史、年龄（50 岁以上人群更易患病，且患病概率随着年龄增加而增加）、性别（男性比女性更易患病）等。

心血管系统药物是指用于治疗心血管疾病的药物，主要包括强心药物、抗心律失常药物、抗心绞痛药物、血脂调节药物、抗血栓药和抗高血压药物。本章主要介绍前五类药物，抗高血压药物在第十三章介绍。

第一节 强心药

强心药物临床上用于充血性心力衰竭（congestive heart failure, CHF）的治疗。充血性心力衰竭是指心脏不能搏出同静脉回流及身体组织代谢所需相称的血液供应，往往由心肌收缩能力损伤而使心脏的血液输出量减少，以至于不足以满足机体的需要而产生的一系列症状和体征。冠状动脉硬化、高血压、非阻塞性心肌病变、内分泌疾患、先天性心脏病、肺气肿或其他慢性肺脏疾患等都可诱发充血性心力衰竭的发生。

强心药物通过加强心肌收缩力起效，又称为正性肌力药，按照作用机制可分为强心苷类（Na^+/K^+-ATP 酶抑制剂）、β 受体激动剂、磷酸二酯酶抑制剂和钙增敏剂。

一、强心苷类

强心苷类药物是目前最常见的充血性心力衰竭治疗药物，在临床上应用已有一百多年历史，这类药物对心肌收缩力强，治疗剂量与中毒剂量接近，使用不当易发生严重的心脏毒性，毒性主要表现为心律失常，可用钾盐防止或缓解。

迄今为止从植物中已发现的强心苷有数百种，但用于和曾用于临床的种类不过二三十种，主要为提取自紫花洋地黄叶、毛花洋地黄叶、毒毛旋花种子、羊角拗根或茎叶、夹竹桃叶和铃兰叶强心苷类，其中铃兰毒苷（convallatoxin）、毒毛花苷 K（strophanthin K）、洋地黄毒苷（digitoxin）、地高辛（digoxin）和毛花苷 C（lanatoside C）最为常用。这些药物具有相似的药理学性质和结构特点，不同之处在于药物代谢动力学性质、作用强度、起效快慢和作用时间长短。

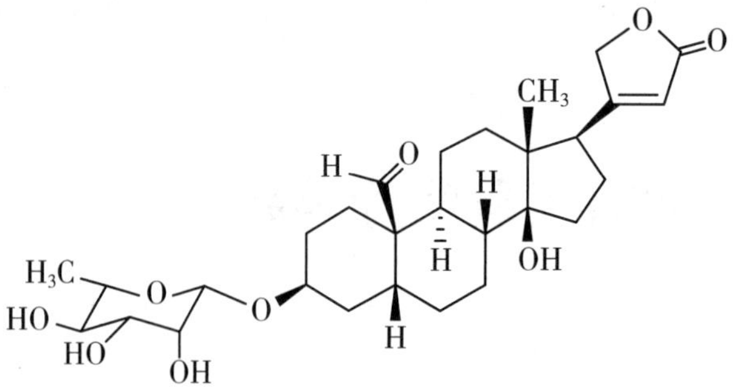

铃兰毒苷

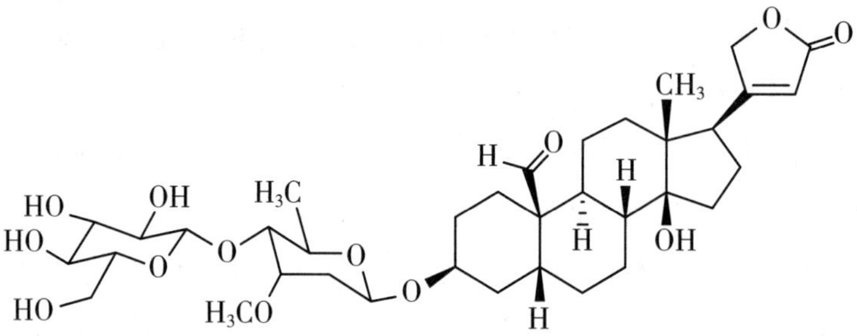

毒毛花苷K

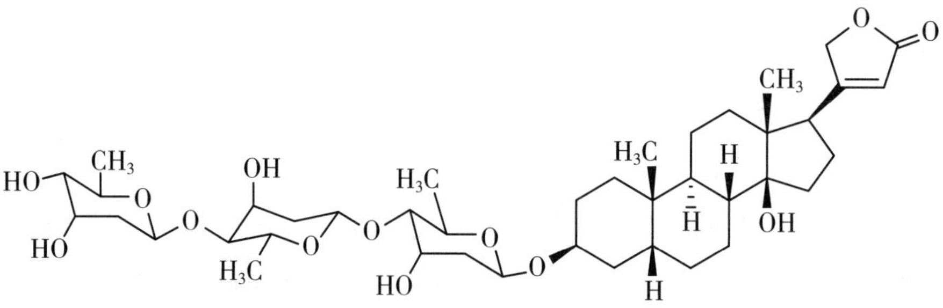

洋地黄毒苷

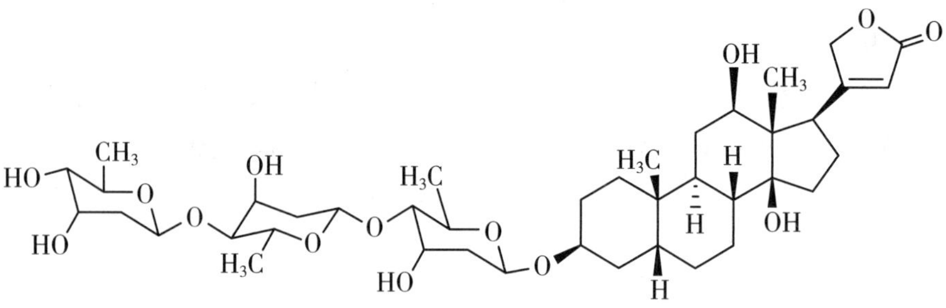

地高辛

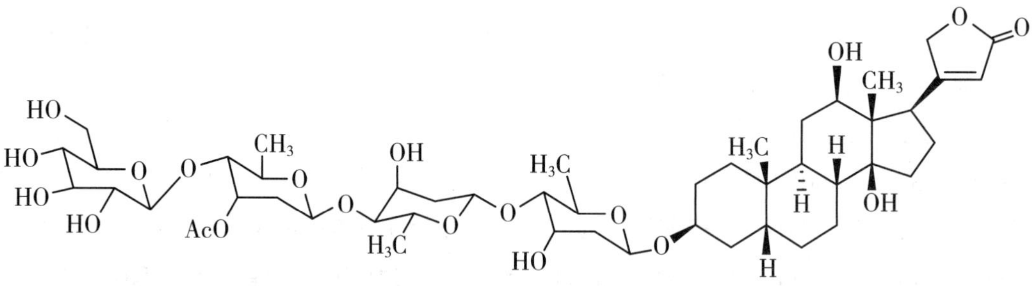

毛花苷C

强心苷由糖苷基和苷元两部分组成,苷元是药物发挥正性肌力作用的关键药效团,但苷元脂溶性大,易透过血脑屏障进入中枢神经系统,产生严重的中枢毒副作用,因此苷元不能作为治疗药物,必须与具有强水溶性的糖苷基结合形成糖苷才具有适宜的脂溶性而成药。

苷元由甾体母核和不饱和内酯环组成,甾体母核的稠合方式为 A/B、C/D 环以顺式稠合,B/C 环以反式稠合,整个分子呈"U"形,而甾体激素类药物甾体母核的稠合方式为全反式稠合,分子中位于 C18 和 C19 角甲基均为 β- 构型。甾体母核 C17 位连有 α,β- 不饱和内酯环,这也是该类药物的特征之一。植物来源的强心苷通常为五元环,即卡烯内酯(cardenolide);动物来源的强心苷则为六元环,即蟾二烯羟酸内酯(bufadienolide);C17 位内酯环构型对活性有重要影响,若为 α- 构型,则活性降低;若双键被还原,活性也降低。

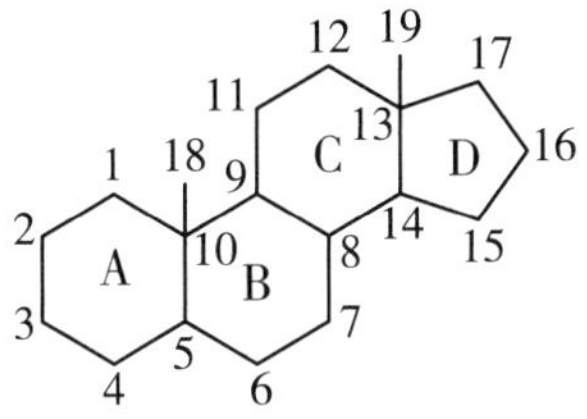

甾体母核 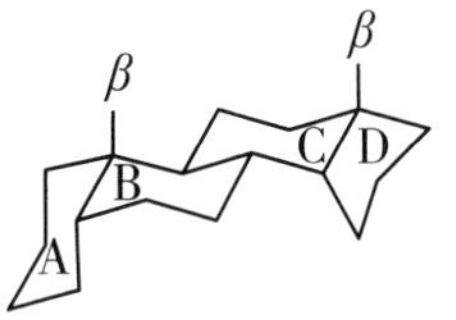　　　　　　顺反顺稠合 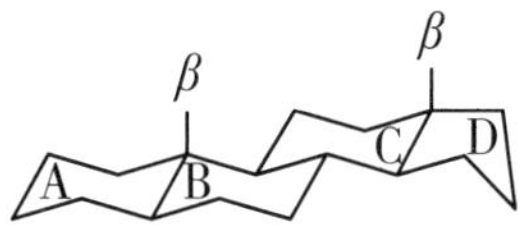　　　　　　全反式稠合

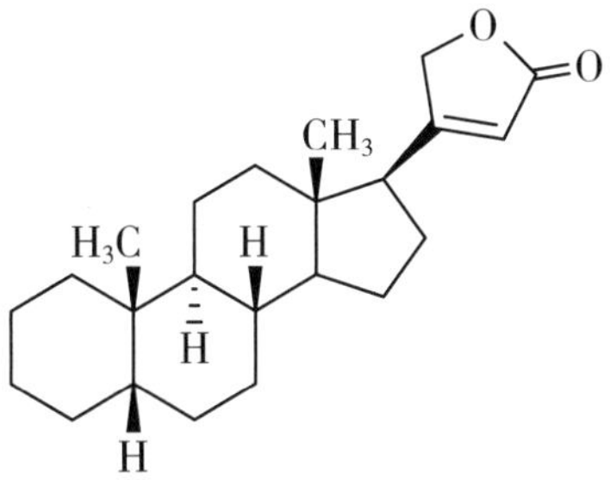

卡烯内酯 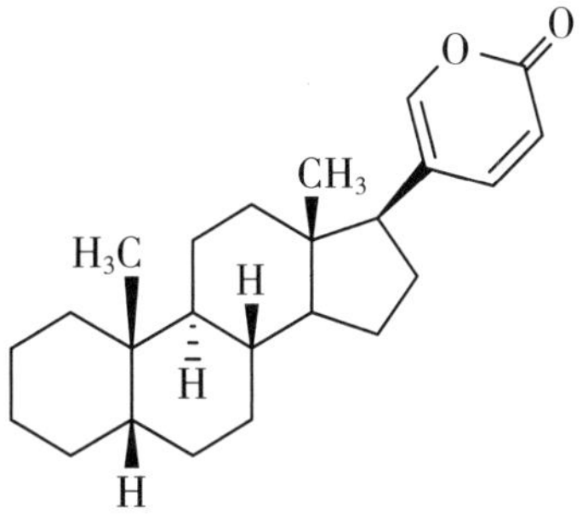　　　　　　　　　　蟾二烯羟酸内酯

强心苷的糖基多通过 3 位羟基以 β-1,4 糖苷键与苷元连接,常见的糖基有 D- 葡萄糖(D-glucose)、D- 洋地黄毒糖(D-digitoxose)、L- 鼠李糖(L-rhamnose)和 D- 加拿大麻糖(D-cymarose)。

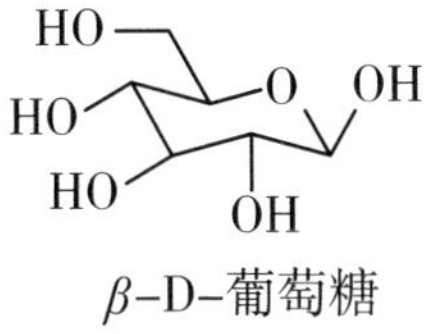

β–D–葡萄糖 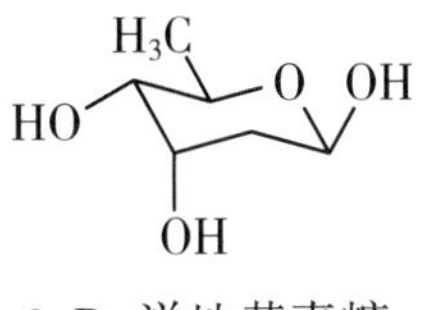　　　　　　　　　β–D–洋地黄毒糖

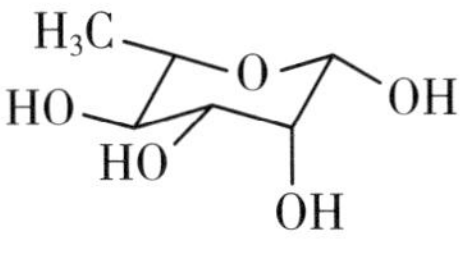

β–L–鼠李糖 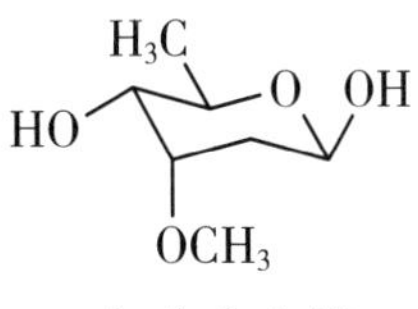　　　　　　　　　β–D–加拿大麻糖

强心苷类药物的构效关系研究表明:

（1）强心苷的糖苷基本身无强心作用,但却是正性肌力作用的必要辅助成分,由于本身具有强的水溶性,可以增强强心苷的水溶性,延长苷元的作用时间并影响苷元的作用强度,3 位

羟基上糖越少,其强心作用越强,糖苷基与苷元相连的键为 α- 构型或 β- 构型对活性无影响。

（2）17 位 β- 构型的 α,β- 不饱和内酯环对活性影响非常重要,变为 17α- 构型,则活性降低;双键被饱和,活性降低;内酯环被立体、电性相似的开链 α,β- 不饱和腈取代,活性有所提高。另外,甾体部分也是活性必不可少的,单独的 α,β- 不饱和内酯环并无强心作用。

（3）当甾体母核上 C1、C5、C11、C12、C16 等位置上连有羟基,强心苷的水溶性增强,口服吸收率降低,强心作用持续时间缩短,当甾体母核上羟基酯化后,强心苷的水溶性降低,口服吸收快,强心作用持续时间延长,但静脉注射给药时,羟基化合物较酯化化合物的作用强。

（4）C19 位角甲基被氧化为羟甲基或醛基时,强心作用增强;若进一步氧化成羧基,水溶性增加,强心作用下降;去除 C19 位角甲基,活性显著降低。

强心苷类药物的作用靶点为心肌细胞膜上的 Na^+/K^+-ATP 酶,该酶又称为钠泵或钠钾泵,对维持细胞内外离子梯度具有重要作用,它能利用能量使 3 个 Na^+ 逆浓度梯度主动转运至细胞外的同时,2 个 K^+ 主动转运进入细胞内。强心苷类药物通过抑制 Na^+/K^+-ATP 酶的活性,使细胞内外的 Na^+/K^+ 交换被抑制,导致细胞内 Na^+ 增多,K^+ 减少,然后通过 Na^+-Ca^{2+} 双向交换机理,增加细胞内 Ca^{2+} 浓度,而 Ca^{2+} 是触发心肌兴奋 - 收缩偶联的关键物质,可与心肌钙蛋白结合,表现出正性肌力作用。

二、β 受体激动剂

β 受体激动剂中选择性 β_1 受体激动剂在临床上用作正性肌力药。β_1 受体主要分布于心肌,当 β_1 受体兴奋时,对心脏产生正性肌力作用。临床上常用的治疗心衰的 β_1 受体激动剂类药物为盐酸多巴酚丁胺（dobutamine hydrochloride）,该药可选择性激动心脏 β_1 受体,增加心肌收缩力和心搏量,同时对心律、动脉收缩的影响较小,临床用于治疗器质性心脏病心肌收缩力下降引起的心力衰竭、心肌梗死所致的心源性休克。但多巴酚丁胺易被儿茶酚 -O- 甲基转移酶（COMT）代谢失活,口服无效,所以仅限注射使用。为解决其口服问题,对多巴酚丁胺进行结构改造和修饰,得到异波帕胺（ibopamine）、多培沙明（dopexamine）、地诺帕明（denopamine）等。

多巴酚丁胺（口服无效）

异波帕胺

地诺帕明

多培沙明

三、磷酸二酯酶抑制剂

磷酸二酯酶(PDE)具有水解细胞内第二信使 cAMP 或 cGMP 的作用,降解细胞内 cAMP 或 cGMP,从而终结这些第二信使所传导的生化作用。PDE 在人体内分布广泛,生理作用涉及多个研究领域,因此引起了众多学者广泛的关注,成为一个新的研究热点。目前已经发现 PDE 同工酶有 11 种,其中位于心肌细胞膜是 PDE-Ⅲ亚型。PDE-Ⅲ作为 cAMP 和 cGMP 的降解酶,其活性被抑制将增加心肌胞内 cAMP 含量,高浓度的 cAMP 激活多种蛋白激酶,使心肌膜上钙通道开放,促 Ca^{2+} 内流,经过一系列生理效应而引起心肌纤维收缩,发挥正性肌力作用,从而达到强心的目的(图 12-1)。代表性药物主要有氨力农(amrinone)、米力农(milrinone)、依诺昔酮(enoximone)和匹罗昔酮(piroximone)等。

图 12-1　磷酸二酯酶Ⅲ抑制剂作用机制

氨力农是第一个 PDE-Ⅲ抑制剂临床药物,对心脏有正性肌力作用,能增加心排出量,减轻前后负荷,缓解心力衰竭症状,但副作用较大,如血小板下降,肝酶异常,心律失常及严重低血压等。米力农是氨力农的类似物,对 PDE-Ⅲ选择性更高,强心活性优于氨力农,不良反应少,但仍有心律失常的潜在危险。在临床用药指南中,急性心力衰竭治疗推荐使用米力农,静脉滴注,一般用药时间为 3～5 天。

依诺昔酮为咪唑酮类 PDE-Ⅲ抑制剂,静脉注射和口服均有效,耐受性好,是治疗充血性心力衰竭的理想药物。匹罗昔酮是依诺昔酮的类似物,强心活性优于依诺昔酮。

氨力农　　　　　　　　米力农

依诺昔酮　　　　　　　匹罗昔酮

四、钙增敏剂

钙增敏剂是一类新的强心药物,该类药物通过增加心肌收缩蛋白对 Ca^{2+} 的敏感性来发挥强心作用,克服了传统强心药引起的心肌耗氧量增加、细胞内钙超载等缺点,在治疗心衰、休克及心脏保护方面有良好的发展前景。代表性药物主要有硫马唑(sulmazole)、伊索马唑(isomazole)、匹莫苯丹(pimobendan)和左西孟旦(levosimendan)等。

硫马唑和伊索马唑是吡啶并咪唑衍生物,硫马唑副作用大,可致肝癌,已被淘汰;伊索马唑强心作用比硫马唑强,副作用降低。匹莫苯丹和左西孟旦是一种新型钙增敏剂,具有双重作用机制,除了钙增敏作用外,还能抑制心脏的 PDE-Ⅲ,在临床应用上具有一定优势。

硫马唑　　　　　　　　　　伊索马唑

匹莫苯　　　　　　　　　　左西孟旦

第二节　抗心律失常药

心律失常(cardiac arrhythmia)指心律起源部位、心搏频率与节律以及冲动传导等任一项异常。心肌电生理的正常节律受到多种因素的影响都可能诱发心律失常的发生。心律失常可分为心动过速型和心动过缓型两种,心动过缓可用抗胆碱药阿托品或 β 受体激动剂异丙肾上腺素治疗,本节仅介绍用于治疗心动过速型心律失常的抗心律失常药物。

心律失常可由冲动形成障碍或冲动传导障碍或二者兼有所引起,冲动的本质是心脏电生理活动,即动作电位。抗心律失常药物作用机制与心肌电生理特征密切相关,不同类型的心肌细胞具有不同的动作电位变化规律。本节以快反应自律细胞浦肯野细胞为例介绍心肌细胞动作电位时程(图 12-2)。心肌细胞的

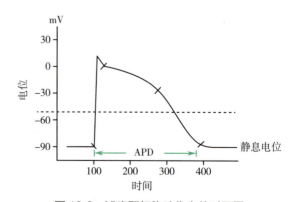

图 12-2　浦肯野细胞动作电位时程图

静息膜电位,膜内负于膜外约-90mV,处于极化状态。心肌细胞兴奋时,发生除极和复极,形成动作电位。它分为5个时相(表12-1),其中,0期为除极过程,是Na^+快速内流所致;1期为快速复极初期,是K^+短暂外流所致;2期为平台期,缓慢复极过程,由Ca^{2+}及少量Na^+经慢通道内流K^+外流所致;3期为快速复极末期,是K^+外流所致;4期为静息期,此时自律细胞为自发性舒张期除极,非自律细胞中膜电位稳定于静息电位水平,是特殊Na^+内流所致,其通道在-50mV开始开放,当除极达到阈电位时就重新激发动作电位。0~3期的时程合称为动作电位时程(action potential duration,APD)。复极过程中,膜电位恢复到-60~-50mV时,心肌细胞才对刺激产生可扩布的动作电位,从除极开始到此之前的一段时间即为有效不应期(relative refractory period,ERP),它反映了离子通道恢复有效开放所需要的最短时间,其时间长短一般与APD的长短变化相关。一个APD中,ERP数值越大,就意味着心肌不起反应的时间越长,越不易发生心动过速型心律失常。

表 12-1　浦肯野细胞动作电位时程

时相	时程	膜电位变化	离子转运
0期	除极过程	-90mV 上升到 +30mV 左右	Na^+ 内流
1期	快速复极初期	+30mV 迅速下降到 0mV 左右	K^+ 外流
2期	平台期	膜电位下降非常缓慢	Ca^{2+} 内流 Na^+ 内流 K^+ 外流
3期	快速复极末期	0mV 左右快速下降到 -90mV	K^+ 外流
4期	静息期	稳定于静息电位水平	特殊 Na^+ 内流

抗心律失常药物主要通过影响心肌细胞膜离子通道,改变离子流,从而改善心肌细胞的电生理特征而发挥药效。按照VaughanWillams分类法,这一大类药物可分为四类:钠通道阻滞剂(Ⅰ类)、β肾上腺素受体拮抗剂(Ⅱ类)、钾通道阻滞剂(Ⅲ类)和钙通道阻滞剂(Ⅳ类)。

一、钠通道阻滞剂

根据钠离子通道阻滞程度的不同,可将钠通道阻滞剂进一步分为I_A、I_B、I_C三类。

1. I_A类抗心律失常药物　I_A类抗心律失常药物对Na^+通道具有适度阻滞能力,减少除极时的Na^+内流,降低动作电位振幅,减慢传导速度,降低自律性,间接抑制K^+外流。这类药物中最早被发现并应用于临床的药物是奎尼丁(quinidine)。奎尼丁是从金鸡纳树皮中提取出来的生物碱,是抗疟药物奎宁的非对映异构体。奎尼丁分子中有两个氮原子,其中,喹啉环上的氮原子碱性强,可制成硫酸盐、葡萄糖酸盐、聚半乳糖醛酸盐等。由于硫酸盐水溶性小,只适用于制成片剂;葡萄糖酸盐水溶性好,适于制成注射液,这些盐口服生物利用度好(大约95%)。

奎尼丁可使心肌传导细胞、心室肌细胞和心房肌细胞的动作电位0期上升速度减慢、冲动传导减慢。降低心房和心室肌的兴奋性,减慢细胞的复极化,延长APD和ERP,在抑制钠通道开放时不明显影响钾离子和钙离子通道,是广谱抗心律失常药物。将奎尼丁的双键加氢还原得到双氢奎尼丁,其抗心律失常作用和机制与奎尼丁相同,有类似的药代动力学性质,但毒性稍大。

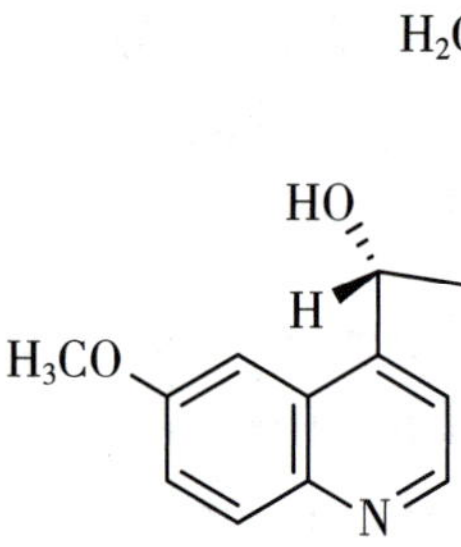

奎尼丁 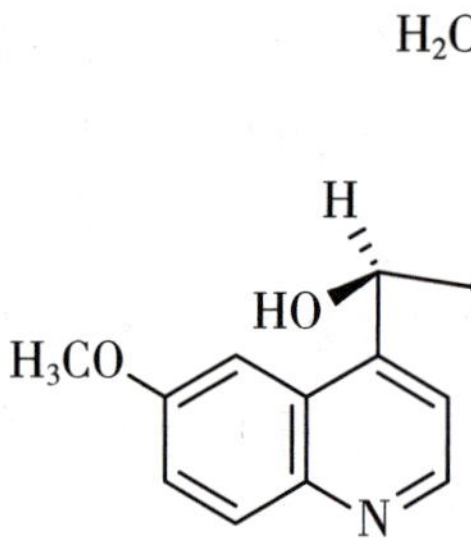　　　　　　　　　奎宁 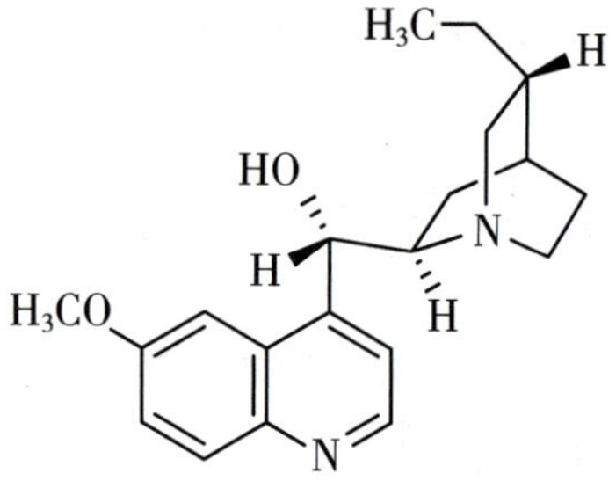　　　　　　　　　双氢奎尼丁

硫酸奎尼丁的生物利用度为 80%～85%，半衰期为 6 小时，经肝脏代谢，其主要代谢产物为 2- 羟基奎尼丁、2′- 羟基奎尼丁、O- 脱甲基奎尼丁和双键氧化物。

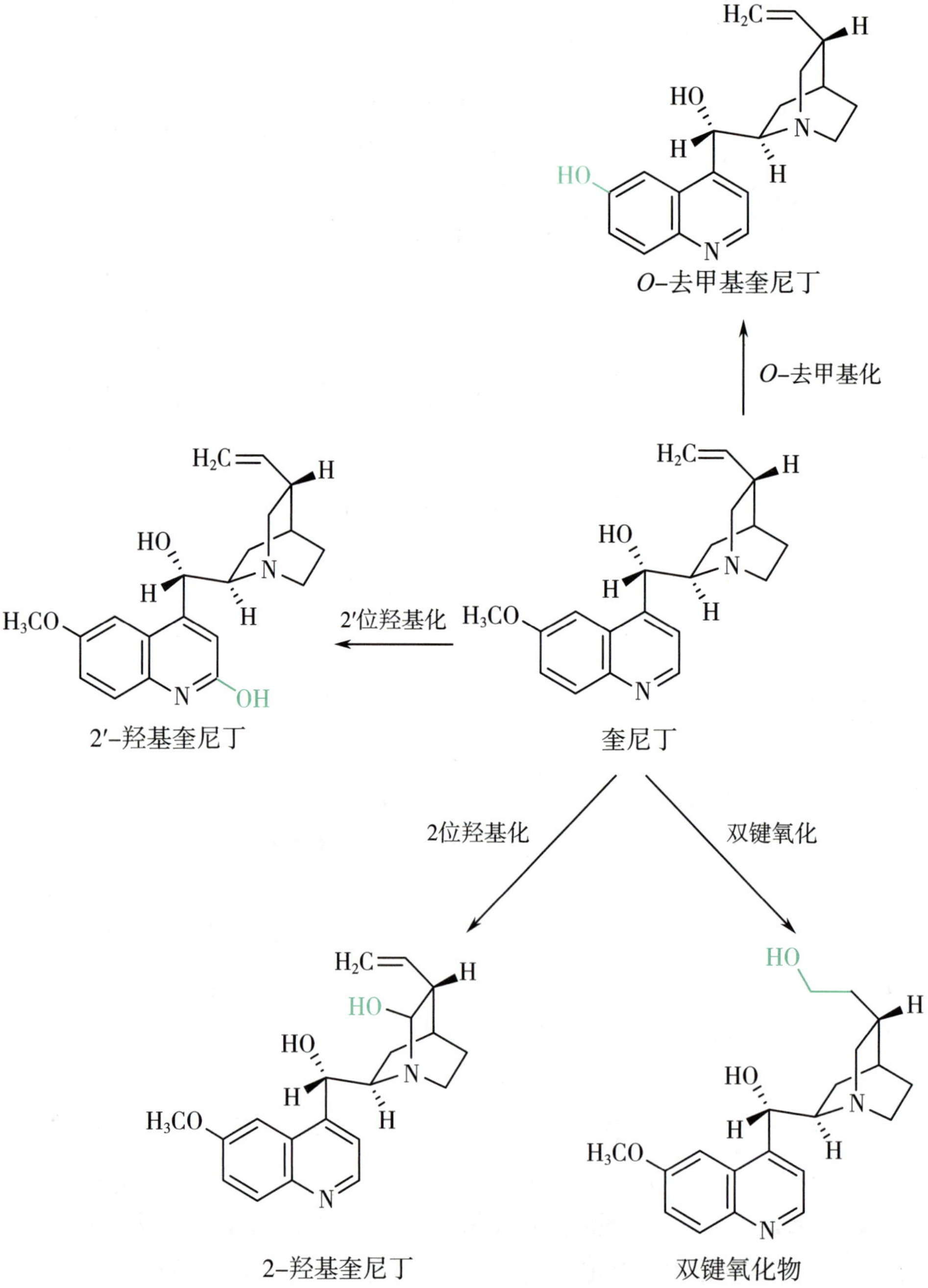

O-去甲基奎尼丁

O-去甲基化

2′位羟基化

2′-羟基奎尼丁　　　　　　　奎尼丁

2位羟基化　　　　　　双键氧化

2-羟基奎尼丁　　　　　　双键氧化物

临床上应用的 I_A 类抗心律失常药物还有普鲁卡因（procaine）、普鲁卡因胺（procainamide）、丙吡胺（disopyramide）、西苯唑啉（cibenzoline）、吡美诺（pirmenol）等，这些药物的作用机制与奎尼丁相似。普鲁卡因是酯类局部麻醉药物，虽然对治疗心律失常有效但因酯基易于水解不能口服用药，将其改造为酰胺类普鲁卡因胺，增加了代谢稳定性，可口服亦可注射给药，适用于阵发性心动过速、期前收缩、房颤和心房扑动的治疗。

普鲁卡因　　　　　　　　　　　　　　　　　　普鲁卡因胺

丙吡胺　　　　　　　　　　西苯唑啉　　　　　　　　　　吡美诺

2. I_B 类抗心律失常药物　　I_B 类抗心律失常药物对钠离子通道具有轻度的阻滞能力，临床上常用的药物主要有盐酸利多卡因（lidocaine hydrochloride）、美西律（mexiletine）、妥卡尼（tocainide）、苯妥英（phenytoin）等，前三种药物是也用作局部麻醉药物，苯妥英也用于治疗癫痫。盐酸利多卡因于 1963 年用于治疗心率失常，口服后快速被肝脏代谢失活，一般采用注射给药，是目前防治急性心肌梗死及各种心脏病并发快速室性心律失常药物。美西律可以抑制心肌细胞钠内流，降低动作电位 0 相除极速度，主要用于慢性室性心律失常。妥卡尼用于治疗多室性心律失常，尤其是洋地黄中毒和心肌梗死所致的室性心律失常，优点为口服吸收迅速完全，无明显负性肌力作用，致心律失常作用小。苯妥英可以口服用于治疗室性期前收缩，与其他局麻药抗心律失常作用不同之处在于还可抑制钙离子内流。此外，苯妥英还可抑制洋地黄中毒时所出现的触发活动，并可改善洋地黄中毒所致的传导阻滞，是治疗洋地黄中毒导致的心律失常的首选药物。

盐酸利多卡因　　　　　　　美西律　　　　　　　妥卡尼　　　　　　苯妥英

3. I_C 类抗心律失常药物　　I_C 类抗心律失常药对钠离子通道具有强大的阻滞能力，能减低去极化最大速率，对 APD 无影响。代表性药物有莫雷西嗪（moricizine）、普罗帕酮

（propafenone）等。

莫雷西嗪为吩噻嗪类衍生物,是近年来上市的抗心律失常药,具有钠通道阻滞和局麻双重活性,也有解痉和抗 M 胆碱能作用,兼有 I_B、I_C 类药物的特点,具有显著的抗快速性心律失常作用,其作用与奎尼丁相似,适用于房性和室性期前收缩、阵发性心动过速、房颤和房扑的治疗。

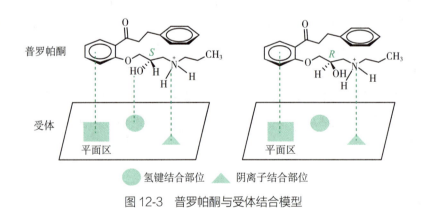

| 莫雷西嗪 | 普罗帕酮 |

普罗帕酮为广谱抗心律失常药,有快速抗心律失常作用,可抑制心肌 Na^+、K^+ 内流,稳定心肌细胞膜,可降低快反应、慢反应动作电位和 4 期除极速率,降低心房和心室的兴奋性,降低自律性和抑制房室结的传导性。由于结构中含有 β 受体拮抗剂的结构片段,所以有一定程度的 β 受体拮抗活性,此外,它还具有一定的钙离子通道阻滞活性。临床上用于室性或室上性异位搏动、室性或室上性心动过速、预激综合征、电转复律后室颤发作等。

普罗帕酮具有 R、S 两个旋光异构体,它们在药效和药物代谢动力学方面存在着显著差异,两者均具有钠通道阻滞作用。在拮抗 β 受体方面,其 S- 型异构体活性是 R- 型的 100 倍,这是由于药物与受体结合时有着较高立体要求,S- 型普罗帕酮与受体存在着三点结合,即铵基正离子、苯环平面区和侧链羟基氢键的结合,而 R- 型不能形成氢键结合,因此活性低于 S- 型构型(图 12-3)。

普罗帕酮

受体

平面区　　　　　　　　　　　平面区

● 氢键结合部位　　▲ 阴离子结合部位

图 12-3 普罗帕酮与受体结合模型

普罗帕酮（propafenone）

化学名为 1-[2-[2- 羟基 -3-(丙氨基)- 丙氧基]苯基]-3- 苯基 -1- 丙酮, 1-[2-[2-hydroxyl-3-(propylamino)propoxy]phenyl]-3-phenyl-1-propanone。

普罗帕酮的解离常数(pK_a)为 8.8, 油水分配系数为 3.2, 在生理 pH 条件下, 几乎全部以离子态形式存在。

本品口服吸收完全, 在肝内可代谢为有活性的 5- 羟基普罗帕酮和 N- 去丙基普罗帕酮。

有活性　　　　　　　　　　　　　　　弱活性

普罗帕酮的合成主要有两条路线。

路线一以苯甲酸乙酯为原料, 经三氯化铝催化, Fries 重排得邻羟基苯乙酮, 然后与苯甲醛经羟醛缩合反应得 α, β- 不饱和酮中间体, 再经钯碳催化氢化还原双键得 2- 羟基二氢查尔酮, 再与环氧氯丙烷反应, 最后引入氨基丙醇结构得普罗帕酮。

路线二以丙二酸二乙酯为原料, 首先与苄基氯反应生成 2- 苄基丙二酸二乙酯, 然后与苯酚缩合得 3- 苄基 -4- 羟基香豆素, 水解得 2- 羟基二氢查尔酮, 后续步骤和路线一相同。

路线一总收率为 25%，路线二的总收率为 20%～27%。路线一的原料已实现工业化生产，工艺较为成熟，但 Fries 重排有对位副产物生成，分离较困难。路线二原料易得，反应条件温和，操作简便。

普罗帕酮限量杂质有 A～H，其中 B、C、D、F、G 为特定杂质。A、C 为中间体杂质；B 为还原反应步骤未反应的 α,β- 不饱和酮中间体经后续氧烷基化反应而得；D 由中间体 C 经水解反应而得；E 由 C 与 HCl 发生加成副反应而得；F 由 D 与 A 脱水成醚而得；G 由普罗帕酮与 C 发生加成反应而得；H 由 α,β- 不饱和酮中间体分子内羟基与双键加成得到。

G

and enantiomer

H

二、β 受体拮抗剂

β 受体拮抗剂（β adrenergic antagonist）通过与肾上腺素类激动剂竞争性地与 β 受体结合，抑制肾上腺素等激动剂的生理作用，起到减慢心率的作用，在抗心律失常的治疗方面有着广泛的应用，约占所有抗心律失常药物的一半，具体见第十一章。

三、钾通道阻滞剂

钾通道阻滞剂（potassium channel blocker）通过选择性阻滞心肌钾通道，延长 2 期平台期，进而延长 APD 而起到抗心律失常作用，因此又称为延长动作电位时程药物。20 世纪 80 年代，该类药物是抗心律失常药物研究的重点。

1879 年，从地中海伞形科草本植物阿密芹的种子和果实中提取分离得到活性成分凯林，1939 年确认凯林为含有呋喃并色酮结构的化合物；1945 年，人们发现凯林可选择性作用于冠状动脉，具有缓解冠状动脉痉挛、改善心肌供氧作用，后用于心绞痛的治疗。人们在对凯林的改造过程中，发现了含碘苯并呋喃环药物苯碘达隆（benziodarone），扩张冠脉作用比硝酸甘油强，且作用持久，对苯碘达隆进一步结构改造，最终在 1961 年发现盐酸胺碘酮（amiodarone hydrochloride）。

盐酸胺碘酮在 20 世纪 60 年代用于治疗心绞痛，70 年代用于治疗心律失常，是广谱抗心律失常药，可以用于危及生命的阵发性、室性心动过速、室颤的预防，也可用于其他药物无效的阵发性室上性心动过速、阵发性心房扑动、心房颤动。此外，盐酸胺碘酮对 α、β 受体也有非竞争性拮抗作用，对钠、钙离子通道也有一定阻滞作用，其口服吸收慢、起效慢，一般一周左右才起效，体内半衰期长，平均 25 天。长期使用可引起皮肤色素沉淀，因与甲状腺素结构类似，也会引起甲状腺功能紊乱。

索他洛尔（sotalol）是钾通道阻滞剂抗心律失常药物，它的作用机制是阻滞快速激活钾通道,延长心肌的复极化时间,进而延长 APD 和 ERP,不影响传导及最大除极速率,能够使传导兴奋中的折返兴奋到心肌组织,组织仍处于不应期,从而使心律失常消失,恢复心脏的窦性心律。

凯林　　　　　　　　　苯碘达隆　　　　　　　　　　索他洛尔

盐酸胺碘酮(amiodarone hydrochloride)

化学名为(2-丁基-3-苯并呋喃基)[4-[2-(二乙氨基)乙氧基]-3,5-二碘苯基]甲酮盐酸盐,(2-butyl-benzofuran-3-yl)[4-[2-(diethylamino)ethoxy]-3,5-diiodophenyl]methanone hydrochloride。

胺碘酮的解离常数(pK_a)为 6.59(25℃),油水分配系数为 7.57,在生理 pH 条件下,86% 以分子态形式存在。

本品的合成是以苯并呋喃为起始原料,与丁酸酐进行酰化反应,然后经黄鸣龙反应将酮羰基还原成次甲基,再与对甲氧基苯甲酰氯进行 Friedel-Crafts 酰化反应,在苯并呋喃的 3 位引入对甲氧基苯甲酰基,利用甲氧基对苯环的活化核定位作用引入 3,5 位碘,甲氧基水解得到 2-丁基-3-(4-羟基-3,5-二碘苯甲酰基)苯并呋喃,最后 O-烃基化反应,与盐酸成盐得到盐酸胺碘酮。

盐酸胺碘酮的限量杂质有 A～H。D 和 E 为中间体杂质，H 为原料杂质，其余为反应副产物杂质。其中 A、C、F 为碘代反应时未发生反应或单碘代及后续反应副产物；B 为脱乙基胺碘酮，为反应过程中 N- 脱乙基副反应产物，G 为中间体 2- 丁酰基苯并呋喃在还原羰基为亚甲基时不完全还原生成了羟基产物，再经后续甲基化生成的化合物。

F   G   H

四、钙通道阻滞剂

维拉帕米、地尔硫䓬、苄普地尔等钙通道阻滞剂类的药物具有良好的抗心律失常作用,具体见第十三章。

第三节 抗心绞痛药

抗心绞痛药(antianginal drug)主要用于因动脉粥样硬化、血小板聚集和血栓形成等诱发的不稳定型心绞痛治疗。心绞痛的主要病理生理机制是心肌需氧与供氧的平衡失调,心肌组织耗氧量增加、冠脉供氧不足导致心肌暂时性缺血缺氧引起疼痛。抗心绞痛药物主要通过扩张冠脉、促进侧支循环、促进血液重新分布、减慢心率、减少心肌耗氧量而达到治疗目的。

常用的抗心绞痛药物有硝酸酯及亚硝酸酯类、钙通道阻滞剂、β受体拮抗剂以及部分脂肪酸氧化抑制剂,钙通道阻滞剂和β受体拮抗剂分别在第十三章和第十一章介绍,本节只介绍硝酸酯及亚硝酸酯类药物和部分脂肪酸氧化抑制剂。

一、硝酸酯及亚硝酸酯类

硝酸酯及亚硝酸酯类药物已应用于临床一百多年,是最早应用于临床的抗心绞痛药物。随着20世纪60年代β受体拮抗剂和20世纪70年代钙通道阻滞剂的发展,治疗心绞痛有了更多的选择,但硝酸酯及亚硝酸酯类药物仍是治疗心绞痛的重要药物。

本类药物都是醇或多元醇与硝酸或亚硝酸而成的酯,第一个得到应用于临床的药物为亚硝酸异戊酯,因副作用大已停用。目前临床上常用的药物有硝酸甘油(nitroglycerin)、丁四硝酯(erythrityl tetranitrate)、硝酸异山梨酯(isosorbide dinitrate)、戊四硝酯(pentaerythrityl tetranitrate)、甘露六硝酯(mannityl nitrate)等。除有机硝酸之外,还有吗多明(molsidomine)、硝普钠(sodium nitroprusside)等。

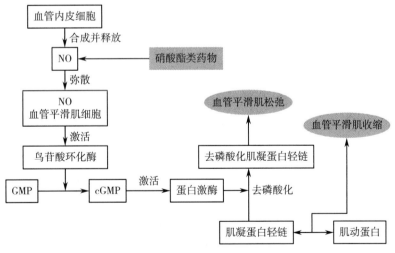

亚硝酸异戊酯　　　　硝酸甘油　　　　丁四硝酯

硝酸异山梨酯　　　　戊四硝酯

甘露六硝酯　　　　　吗多明

　　硝酸酯及亚硝酸酯类药物在平滑肌细胞与硝酸酯受体结合,并被硝酸酯受体的巯基还原成 NO 分子或—SNO(亚硝巯基),因此也被称为一氧化氮供体药物(NO donors drug)。NO 为血管内皮舒张因子,可以激活鸟苷酸环化酶,使细胞内 cGMP 含量增加,激活依赖性的蛋白激酶,引起肌凝蛋白轻链去磷酸化,从而使引起血管平滑肌松弛,进而使血管扩张,心肌耗氧量降低,并选择性扩张冠状动脉输送血管,增加缺血区血流量,缓解心绞痛症状(图 12-4)。

```
血管内皮细胞
   │ 合成并释放
  NO  ←──────  硝酸酯类药物
   │ 弥散
  NO
血管平滑肌细胞
   │ 激活
鸟苷酸环化酶                          血管平滑肌松弛        血管平滑肌收缩
                                        ↑                    ↑
                              去磷酸化肌凝蛋白轻链
GMP ──→ cGMP ──激活──→ 蛋白激酶 ──→ 去磷酸化
                                    肌凝蛋白轻链  ←──  肌动蛋白
```

图 12-4　硝酸酯类药物作用机制

　　硝酸酯类药物连续用药易于产生耐受性,其可能的原因是硝酸酯受体中的巯基被药物耗竭所致,若在服药同时,补充硫化物如 1,4- 二巯基 -3,3- 丁二醇、甲硫氨酸等还原剂,可迅速反转这种耐药现象。

　　硝酸酯及亚硝酸酯类都易于透过黏膜或皮肤吸收,口服吸收效果较好,但肝脏首过效应后大部分已经代谢失活,导致血药浓度极低。这类药物的代谢动力学特点是吸收快、起效快,部分硝酸酯类药物的作用特点见表12-2。

表 12-2　硝酸酯类药物的起效时间、最大有效时间和作用时程

药物	给药方式	起效时间 /min	最大有效时间 /min	作用时间程 /min
亚硝酸异戊酯	吸入	0.25	0.5	1
硝酸甘油	舌下	2	8	30
丁四硝酯	口服	15	30	180
硝酸异山梨酯	口服	3	15	60
戊四硝酯	口服	20	70	330

该类药物在体内主要被谷胱甘肽还原酶、有机硝酸酯还原酶降解,脱去硝基成为硝酸盐而失活,脱硝基产物与葡萄糖醛酸结合后经肾脏排泄。硝酸异山梨酯经肝代谢后可得两个活性代谢产物 2- 单硝酸异山梨酯和 5- 单硝酸异山梨酯,仍具有扩张血管及抗心绞痛作用,这两个代谢产物的半衰期分别为 1.8～2 小时和 5～7 小时。由于 5- 单硝酸异山梨酯半衰期长,又克服了硝酸异山梨酯因脂溶性大而引起的中枢神经系统的副作用,因此,5- 单硝酸异山梨酯也开发成了临床用药。

2-单硝酸异山梨酯　　　5-单硝酸异山梨酯

硝酸甘油(nitroglycerin)

化学名为 1,2,3- 丙三醇三硝酸酯,1,2,3-propanetriyl trinitrate,又名三硝酸甘油酯。

本品高浓度具有爆炸性,故不宜以纯品形式放置和运输。舌下含服,通过口腔黏膜迅速吸收,直接进入人体循环避免首过效应。硝酸甘油起效快,1～2 分钟起效,8 分钟达到最大有效时间,作用时间可维持 30 分钟,对 90% 以上的心绞痛都有效,是冠心病发作心绞痛时的最常用急救药。

二、部分脂肪酸氧化抑制剂

心脏的收缩及舒张需要的能量主要有由脂肪酸氧化和葡萄糖氧化提供。正常情况下,心肌活动所需能量的 60%～90% 来自游离脂肪酸氧化,另外 10%～40% 的能量由葡萄糖代谢提供。由于每一单位的氧氧化葡萄糖产生的能量比脂肪酸高,在可利用氧相同的条件下,葡萄糖氧化能产生更多的能量,使心脏做更多的功,可缓解心绞痛发作。近年来以心肌能量代谢调节为作用机制的部分脂肪酸氧化抑制剂类新型抗心绞痛药物不断应用于临床,代表性药物有曲美他嗪(trimetazidine)和雷诺嗪(ranolazine)。

曲美他嗪通过抑制部分脂肪酸氧化,促进心肌代谢和能量的产生,能够改善心肌缺氧,并能够降低血管阻力,增加冠脉血流的储备,降低心绞痛患者的发作频率,维持血压的平稳等。口服给药后,吸收迅速,2 小时内即达到血浆峰浓度;重复给药后,24~36 小时达到稳态浓度,并且在整个治疗中保持非常稳定。本品主要通过尿液以原型清除,清除半衰期约为 6 小时,起效比硝酸甘油慢,但作用时间比硝酸甘油长。临床上用于心绞痛发作的预防治疗和眩晕、耳鸣的辅助性对症治疗。它不适合心绞痛的治疗用药,心绞痛在治疗的时候还是以硝酸甘油类药物为主。服用该药后可能会出现恶心、呕吐,少数患者会出现震颤、肢体不灵活以及过敏反应,但停药后症状就会消失。

雷诺嗪消旋体于 2006 年 1 月经美国 FDA 批准上市,通过改变心肌能量代谢方式而减少心肌需氧量,为新型 pFOX 抑制剂,临床上用于预防或治疗慢性稳定型心绞痛,对心率、血压无影响。口服后不会引起心率减慢和血压下降,还可防止乳酸中毒,大大增加了使用安全性。

曲美他嗪　　　　　　　　　　　　雷诺嗪

第四节　血脂调节药

血脂是血浆中的脂类物质的总称,广泛存在于人体中,主要包含甘油三酯、胆固醇、胆固醇酯以及磷脂等,其中甘油三酯参与人体内能量代谢,而胆固醇则主要用于合成细胞浆膜、类固醇激素和胆汁酸。

人体内血脂有两个来源,外源性和内源性。外源性血脂从食物摄取,经消化吸收进入血液;内源性血脂由肝、脂肪细胞及其他组织合成释入血液。具体来说,内源性血脂是指通过人体自身分泌、合成的一类血清脂类物质;相对于内源性血脂而言,来自外界,不能由人体直接合成的血脂称为外源性血脂,这类血脂大多是人体从摄取的食物中吸收而来的。

脂类物质极性小,难溶于水,正常人的血脂含脂类物质虽多,但血浆仍需澄清透明,说明脂类在血浆中不是以游离态存在的,而是与蛋白质结合形成脂蛋白才能以溶解的形式存在于血浆中。脂蛋白中的蛋白质组分被称为载脂蛋白,迄今已从血浆中分离出载脂蛋白有 18 种。脂蛋白根据密度大小可分为五种:乳糜微粒(chylomicrons,CM)、极低密度脂蛋白(very low density lipoproteins,VLDL)、中等密度脂蛋白(intermediate density lipoproteins,IDL)、低密度脂蛋白(low density lipoproteins,LDL)以及高密度脂蛋白(high density lipoproteins,HDL)。

正常生理条件下,人体血浆中各种脂质和脂蛋白浓度基本恒定以维持平衡,如果比例失调,则会引起脂质代谢紊乱。血浆中过量脂质的存在会造成高脂血症;人体高脂血症主要是 VLDL、LDL 水平过高,而血浆中 HDL 则有利于预防动脉粥样硬化。临床上将血浆总胆固醇高于230mg/100ml（5.72mmol/L）和甘油三脂高于140mg/100ml（1.70mmol/L）统称为高脂血症。临床上高脂血症分为四种类型：①高胆固醇血症，血清总胆固醇含量增高，超过5.72mmol/L，而甘油三酯含量正常，即甘油三酯<1.70mmol/L；②高甘油三酯血症，血清中甘油三酯含量升高，超过1.70mmol/L，而总胆固醇含量正常，即总胆固醇<5.72mmol/L；③混合型高脂血症，血清中总胆固醇和甘油三酯含量均升高，即总胆固醇超过5.72mmol/L，甘油三酯超过1.70mmol/L；④低高密度脂蛋白血症，血清高密度脂蛋白-胆固醇（HDL-胆固醇）含量降低<9.0mmol/L。

高脂血症与动脉粥样硬化发病密切相关，动脉粥样硬化的病因是血液中胆固醇和胆固醇酯等脂质含量异常增高，这些黄色粥样脂质积聚在动脉内膜上，导致动脉管壁增厚变硬、失去弹性和管腔缩小，严重影响供血器官的血液供应并可引起血栓性疾病。血脂调节药物通过抑制脂类物质的吸收、代谢而起到降低血脂的作用，对防治动脉粥样硬化具有重要的作用。

胆固醇（cholesterol）又称胆甾醇，是环戊烷多氢菲衍生物。胆固醇的生物合成过程复杂，有近30步酶促反应，大致可分为三个阶段：第一阶段，以乙酰辅酶A为原料合成异戊烯焦磷酸酯，在这一阶段，由羟甲戊二酰辅A还原酶（3-hydroxy-3-methyl glutaryl CoA reductase，HMG-CoA reductase）催化羟甲戊二酰辅A生成3,5-二羟基-3-甲基戊酸（甲羟戊酸）的步骤为反应的限速步骤；第二阶段，由6个异戊烯焦磷酸酯合成鲨烯；第三阶段，由鲨烯经过约20步反应转换为胆固醇。胆固醇在体内有两种代谢途径，一种是代谢成各种内源性甾体激素；另一种是代谢成胆汁酸及其盐。

血脂调节药物一般分为两类,一类是降低胆固醇和低密度蛋白的药物,如胆汁酸螯合剂和羟甲戊二酰辅酶 A 还原酶抑制剂;一类是降低甘油三酯和极低密度脂蛋白的药物,如苯氧酸类和烟酸类。

一、降低胆固醇和低密度脂蛋白的药物

1. 胆汁酸螯合剂 胆汁酸螯合剂类药物主要有考来烯胺(colestyramine,又名消胆胺)和考来替泊(colestipol,又名降胆宁),该类药物为碱性阴离子型交换树脂,不溶于水,不易被消化酶破坏,口服不吸收。该类药物的作用机制是在肠道与胆汁酸形成络合物随粪便排出,故能拮抗胆汁酸的重吸收,由于肝中胆汁酸减少,使胆固醇向胆汁酸转化的限速酶——7α-羟化酶更多地处于激活状态,肝中胆固醇向胆汁酸转化加强,在减少胆汁酸重吸收的同时,使肝胆固醇含量减少。此外,胆汁酸也是肠道吸收胆固醇所必需,树脂与胆汁酸络合,也影响胆固醇吸收。

考来烯胺是由考来烯胺是由聚苯乙烯和少量的二乙烯基苯交联剂的聚合物,其分子量可达 1 000 000,分子中含有大量的苯乙烯季铵官能团,可与阴离子结合。考来替泊是由四亚乙基戊胺和环氧氯丙烷缩合而得的聚合物,分子中含有仲胺和季铵官能团,可与阴离子结合。二者的解离常数 pK_a 在 9~10.5 之间,在肠道中几乎全部以离子形式存在。临床上主要用于Ⅱ型高脂血症,该类药物的缺点是长期应用可引起脂溶性维生素缺乏,量大易产生胃肠道不良反应。

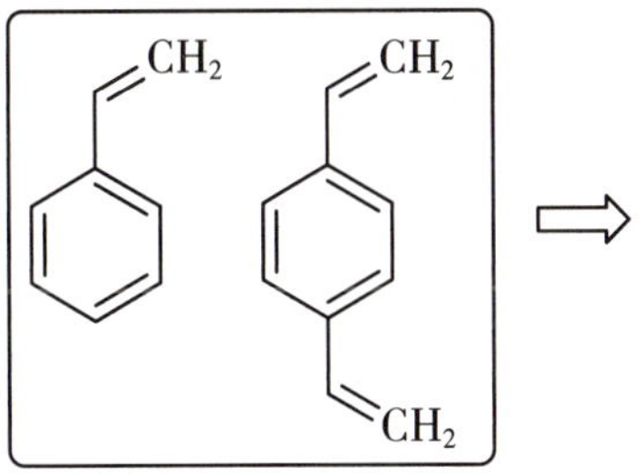

考来烯胺合成前体 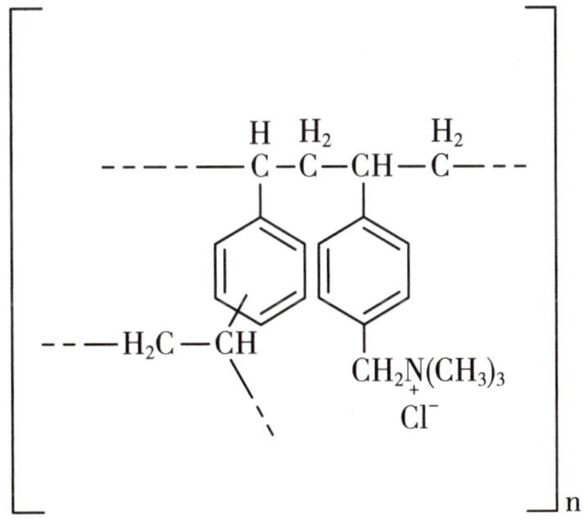　　　　　　考来烯胺

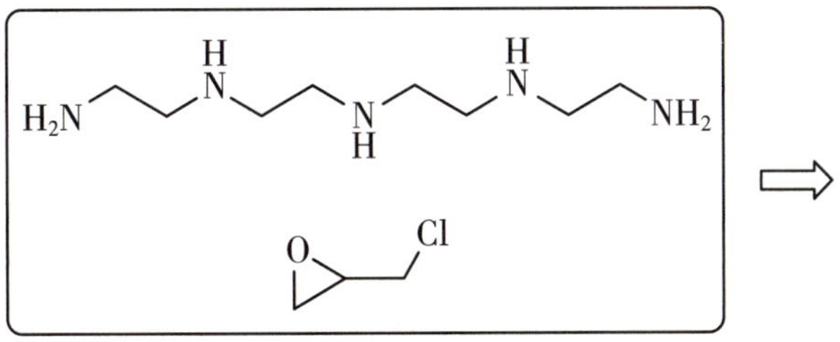

考来替泊合成前体

考来替泊
R = H或环氧丙烷交联

2. 羟甲戊二酰辅酶 A 还原酶抑制剂 羟甲戊二酰辅酶 A 还原酶抑制剂类药物源于美伐他汀（mevastatin）的发现。1976 年，Akira Endo 等从真菌桔青霉菌（*Penicillium citrinum*）发现美伐他汀，随后 A. G. Brown 从布氏青霉菌（*Penicillium brevicompactum*）中单独分离出来。作为真菌的次级代谢产物，美伐他汀可竞争性抑制 HMG-CoA 还原酶的活性，对该酶的亲和性为对底物亲和性的 10 000 倍，但在动物实验阶段发现具有导致狗肠形态学改变的毒副作用，因而，美伐他汀未在临床应用。

1978 年，科学家分别从红曲霉和土曲霉培养液中分离出洛伐他汀（lovastatin），洛伐他汀是一个高效的 HMG-CoA 还原酶抑制剂，与美伐他汀相比，两种物质结构区别仅在于六氢化萘环上 6′- 位氢原子与甲基的不同，洛伐他汀的六氢化萘环上 6′- 位有甲基取代；在降低胆固醇活性方面，洛伐他汀比美伐他汀强 2 倍。1987 年，洛伐他汀被 FDA 批准上市，成为第一个 HMG-CoA 还原酶抑制剂类降血脂药物。

非活性的前药 R = H, 美伐他汀
R = CH₃, 洛伐他汀

活性形式

3, 5-二羟基戊酸

洛伐他汀和美伐他汀体外无 HMG-CoA 还原酶抑制作用，进入体内后，分子中的羟基内酯结构在体内水解为 3, 5- 二羟基戊酸才表现出活性，可见，开环的 3, 5- 二羟基戊酸是产生酶抑制活性的必需结构。3, 5- 二羟基戊酸结构与 HMG-CoA 还原过程中间状态的四面体结构十分相似，可作为生物伪分子与 HMG-CoA 还原酶紧密结合，抑制 HMG-CoA 还原酶将 HMG-CoA 还原为 3, 5- 二羟基 -3- 甲基戊酸，从而抑制胆固醇的合成。

HMG-CoA还原酶
NADPH

HMG-CoA还原酶

HMG-CoA　　　　　　　　　　中间状态　　　　　　　　甲羟戊酸
3,5-二羟基-3-甲基戊酸

临床上使用的HMG-CoA还原酶抑制按来源可分为天然及半合成和人工合成两大类。

洛伐他汀和美伐他汀是天然的HMG-CoA还原酶抑制,在HMG-CoA还原酶抑制类药物研究中起到了先导化合物的作用,对其进行结构修饰,得到半合成衍生物辛伐他汀(simvastatin)。辛伐他汀是在洛伐他汀六氢萘环侧链上引入甲基取代基而得,由于亲脂性的提高,辛伐他汀的活性比洛伐他汀高。普伐他汀是1989年从自营诺卡菌(*Nocardia antotrophica*)分离获取,其结构与洛伐他汀的不同之处在于6'-位羟基和六元内酯环水解开环为羟基酸形式。普伐他汀常以钠盐形式存在,比辛伐他汀和洛伐他汀具有更高的水溶性,使得药物减少了对亲脂性细胞的进入,提高了对肝组织的选择性,减少了副作用。

天然及半合成来源的HMG-CoA还原酶抑制剂:

辛伐他汀　　　　　　　　　　普伐他汀

将洛伐他汀分子中的双环简化,用芳香环替代双环部分,经骨架跃迁发现了第一个全合成HMG-CoA还原酶抑制剂氟伐他汀钠(fluvastatin sodium)。此后,一系列新的全合成他汀类药物被发现并应用于临床,主要有阿托伐他汀钙(atorvastatin calcium)、瑞舒伐他汀钙(rosuvastatin calcium)、匹伐他汀钙(pitavastatin calcium)和西立伐他汀钠(cerivastatin sodium)。

氟伐他汀钠是第一个全合成HMG-CoA还原酶抑制剂,于1993年经美国FDA批准上市,次年于英美上市,临床上用于治疗高胆固醇血症和冠心病等。

将氟伐他汀钠分子中的吲哚环骨架用吡咯环替代并进行结构修饰得到阿托伐他汀钙。阿托伐他汀钙1997年在美国上市,临床上主要用于治疗高胆固醇血症和混合型高脂血症,具有显著的降低血浆胆固醇和脂蛋白水平的作用,在低剂量下仍具有较好疗效。

将氟伐他汀钠分子中的吲哚环骨架用嘧啶环替代并进行结构修饰得到瑞舒伐他汀钙,在抑制胆固醇合成方面是现有他汀类药物中活性较强的,可显著降低密度脂蛋白胆固醇的量,临床上用于原发性高胆固醇血症(Ⅱa型,包括杂合子家族性高胆固醇血症)或混合性脂血障碍(Ⅱb型)患者在节食或锻炼疗法不理想时的辅助治疗。

匹伐他汀钙分子中骨架为喹啉环,具有较好的耐受性和安全性,口服生物利用度是他汀类药物中最高的,达80%,临床上用于治疗高胆固醇症、家族性高胆固醇症。

西立伐他汀钠分子中骨架为嘧啶环,于1997年获FDA批准上市,对原发性高胆固醇血症和混合高脂血症有效,但该药具有严重的横纹肌溶解副作用,曾在2001年美国有31例服用西立伐他汀钠出现严重横纹肌溶解症而导致死亡,美国FDA及生产厂家共同发表声明,将西立伐他汀钠撤出市场。

他汀类降血脂药主要是HMG-CoA还原酶抑制剂,是临床上最常用的治疗高胆固醇血症的药物,但也存在很多副作用,如肌病风险(横纹肌溶解是他汀类药物共同的不良反应,特别是当他汀类药物与吉非罗齐及其他苯氧芳酸类药物联用时,导致横纹肌溶解的风险增加)、糖尿病风险、肝酶异常、精神神经症状风险、肿瘤复发风险等,在临床使用中也要警惕。

人工合成的HMG-CoA还原酶抑制:

氟伐他汀钠　　　　　　　　阿托伐他汀钙　　　　　　　　瑞舒伐他汀钙

匹伐他汀钙　　　　　　　　西立伐他汀钠

天然的、半合成和全合成的HMG-CoA还原酶抑制剂类药物由侧链7-取代-3,5-二羟基羧酸和环系统(母环)构成,天然及半合成类药物母环用环A表示,合成类药物母环用环B表示。其构效关系归纳如下(图12-5)。

7-取代-3,5-二羟基羧酸侧链部分:

(1)3,5-二羟基羧酸是产生酶抑制活性的必需结构,为保持对酶的抑制活性,其pK_a一般为2.5～3.5,在生理 pH 才能保持离子化,洛伐他汀和辛伐他汀的羧基形成了内酯环,可视为前药。

（2）3,5-二羟基的绝对构型与洛伐他汀的构型相同,才具有酶抑制活性。

（3）连接 C5 与母环之间的碳链为两个碳的距离,合成类多为乙烯基结构,而天然的及半合成改造物类多为饱和的乙基链。

（4）在 C6 与 C7 之间引入双键,活性增加或减弱,受环系影响。

天然及半合成类药物母环（环 A）部分:

（1）六氢化萘环是与 HMG-CoA 还原酶结合的必需结构,若以环己烷取代则活性降低10 000 倍。

（2）酯基侧链的立体化学性质对活性影响较小,若酯替换为醚活性降低。

（3）酯基 α-位引入甲基,活性增强。

（4）R^1 为 β-羟基时,亲水性增加,对某些细胞显示专属性。

（5）R^2 为甲基时活性优于氢。

合成类药物母环（环 B）部分:

（1）W、X、Y 可以为 C、N,n 为 0 或 1,形成各种芳杂环,如吲哚、吡咯和嘧啶环。

（2）4-氟苯基与中心芳环不能共平面。

（3）当 R 为芳烃时亲脂性和酶抑制活性比为烷基时高。

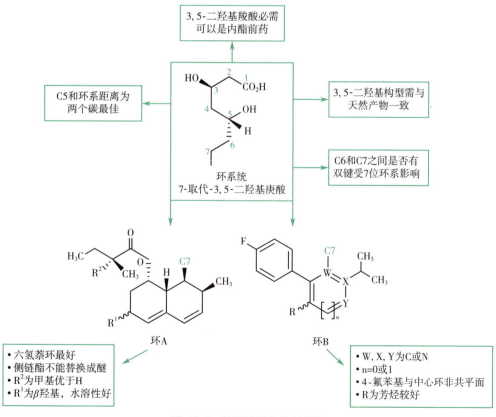

图 12-5 他汀类药物构效关系

阿托伐他汀钙（atorvastatin calcium）

化学名为（3R，5R)-7-[2-（ 4-氟苯基）-5-异丙基 -3-苯基 -4-（苯基氨基甲酰基）-吡咯 -1-基]-3，5-二羟基庚酸钙盐三水合物，（3R，5R)-7-[4-fluorophenyl)-5-(1-methylethyl)-3-phenyl-4-(phenylcarbamoyl)-1H-pyrrol-1-yl]-3，5-dihydroxy-heptanoic acid calcium salt trihydrate。

阿托伐他汀钙的解离常数（pK_a）为 4.5，油水分配系数为 5.7，在生理 pH 值条件下，几乎全部以离子态形式存在。阿托伐他汀钙分子中有两个手性碳原子，临床上使用 3R，5R 构型，其余三个构型 3R，5S、3S，5S 和 3S，5R 为杂质。

本品的合成方法很多，较优的合成路线是以 2-溴对氟苯乙酸乙酯为原料，通过氨基化、酰胺化、酯基水解、酰胺环合、水解得到关键中间体 3-[2-（ 4-氟苯基）]-5-异丙基 -3-苯基 -4-（苯基氨基甲酰基）-1-H-吡咯丙醛；然后与乙酰乙酸甲酯缩合，在三丁基硼存在下经硼氢化钠还原碳基，再经过重结晶得到反式的阿托伐他汀内酯；以 R-2-甲基苄胺为拆分剂，经过手性拆分、水解成盐获得阿托伐他汀钙。

(5RS)   (3RS, 5RS)

(3RS)   (3R, 5R)

(3R, 5R)

阿托伐他汀钙的限量杂质有 A～H，其中 A～E 为特定杂质。A、B、C 为原料和中间体类杂质，其余为反应副产物杂质。其中，A 为脱氟阿托伐他汀，B 为消旋体（3*RS*，5*SR*），C 为氟阿托伐他汀，D 为开环产物，E 为（3*S*，5*S*）异构体，F 为中间体的酰化产物，G 为甲基醚化物，H 为内酯化产物。

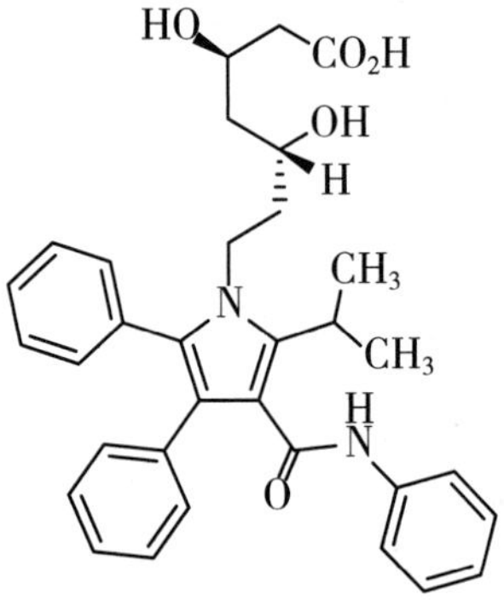

A

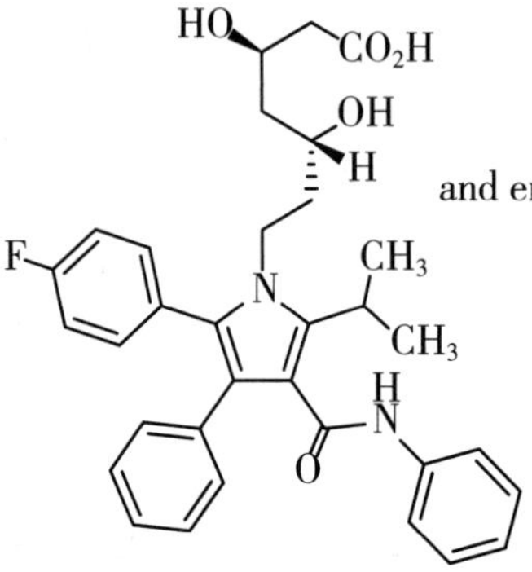

and enantiomer

B

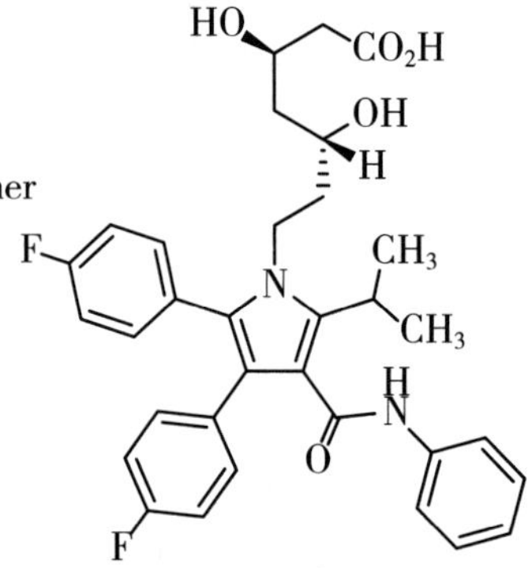

C

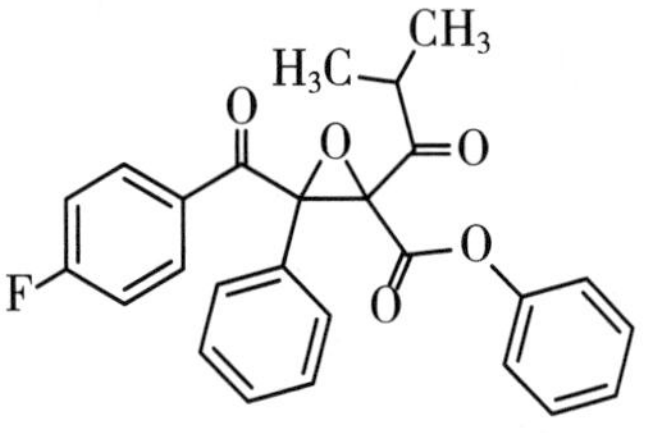

D

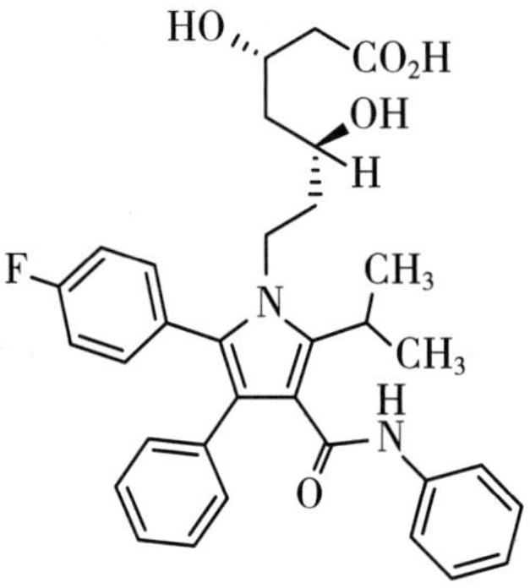

E

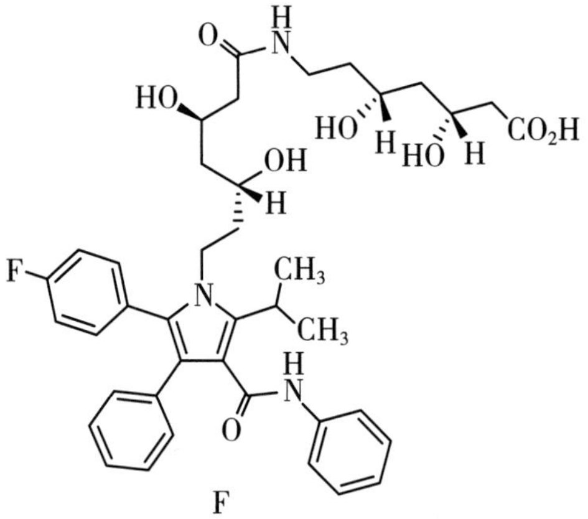

F

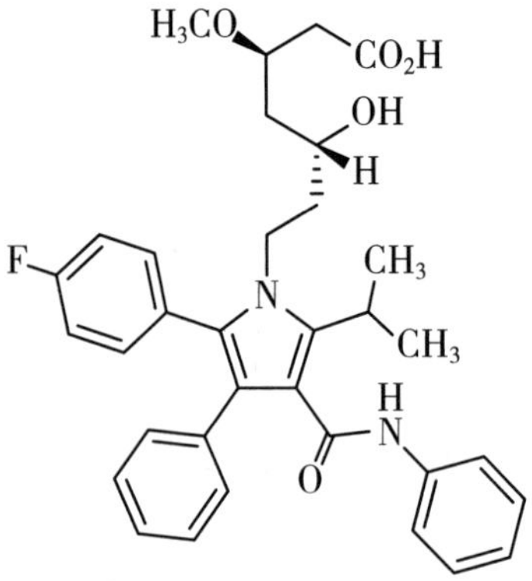

G

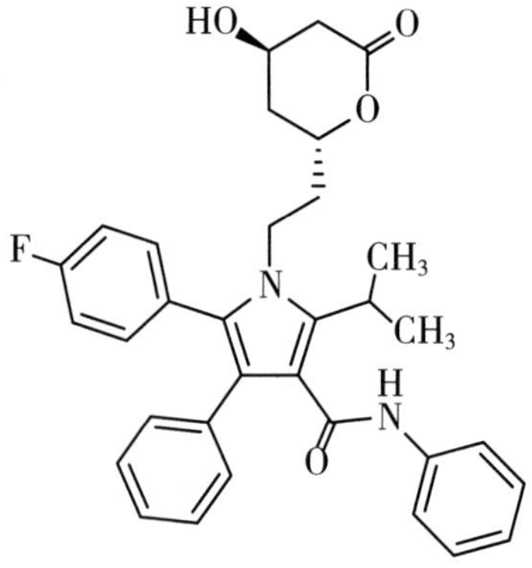

H

3. 胆固醇吸收抑制剂 胆固醇吸收抑制剂类降血脂药物主要通过抑制肠道内饮食和胆汁中胆固醇的吸收，来达到降低血脂的目的，代表性药物是依折麦布（ezetimibe）。依折麦布附着于小肠绒毛刷状缘，抑制胆固醇的吸收，从而降低小肠中的胆固醇向肝脏的转运，使得肝脏胆固醇贮量降低，从而促进血液中胆固醇的清除。临床上主要应用于高胆固醇血症患者，尤其适用于他汀类药物不耐受患者。本品耐受性和安全性好，可有头痛、腹痛、腹泻等不良反应,但多较轻微,无须特殊处理,亦不影响继续治疗。

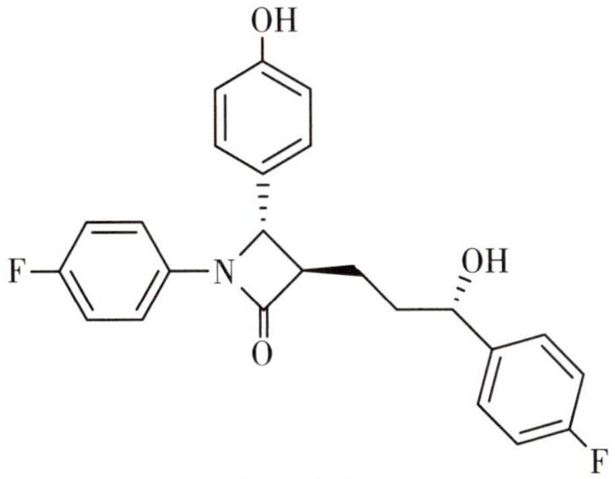

依折麦布

二、降低甘油三酯和极低密度脂蛋白的药物

1. 苯氧酸类 由于胆固醇在体内的生物合成是以乙酸为起始原料,因此科学家们合成了大量的乙酸衍生物,以寻找拮抗胆固醇合成的降血脂药物,随后发现了苯氧乙酸类(贝特类)降血脂药物,该类药物是降低甘油三酯(TG)的首选药物。目前,约有30个化学结构类似的该类药物在临床应用。随后的研究表明,该类降血脂药物主要降低三酰甘油而不是胆固醇,且可明显降低极低密度脂蛋白,并可调节性地升高高密度脂蛋白的水平及改变低密度脂蛋白的浓度。

氯贝丁酯(clofibrate)是苯氧乙酸酯类药物中应用最为广泛,它是一个前药,在体内酯基水解转化为氯贝酸(对氯苯氧异丁酸)而产生作用,由此,发展了氯贝酸的其他前药,如氯贝酸铝(aluminum clofibrate)、双贝特(simfibrate)和普拉贝脲(plafibride)。氯贝酸铝在胃中不分解,对胃无刺激;双贝特在体内水解为为氯贝酸而发挥作用,作用强度和持续时间都稍优于氯贝丁酯;普拉贝脲由氯贝酸与吗啉甲基脲拼合得到,降血脂作用强于氯贝丁酯,体内分解出的吗啉甲基脲还具有抑制血小板聚集的作用。由于氯贝丁酯长期使用的不良反应较多,如致心律失常作用、致癌作用及对肝脏有较显著的损害作用等,一些国家已禁用氯贝丁酯及其前药。

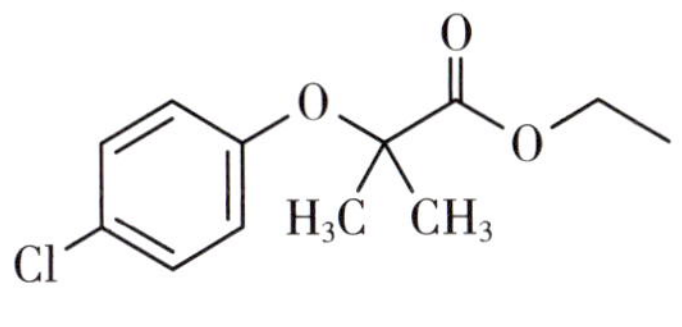

氯贝丁酯

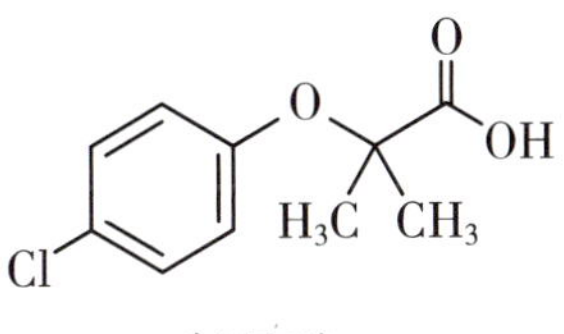

氯贝酸

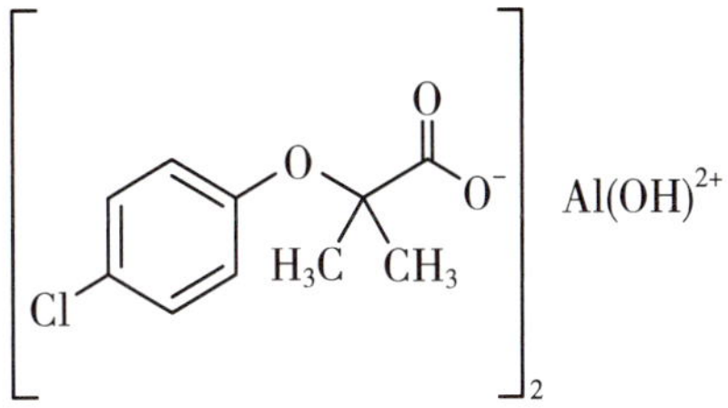

氯贝酸铝

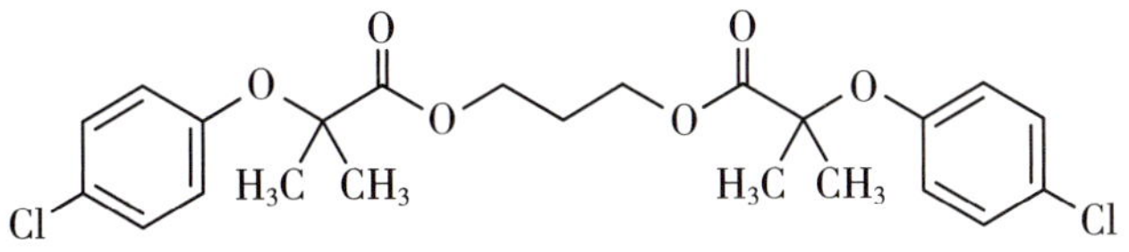

双贝特

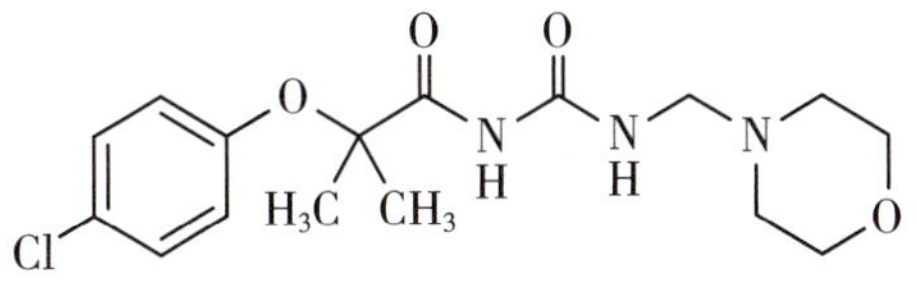

普拉贝脲

对氯贝丁酯的结构修饰主要有两个方面,一是芳环上取代基的变化,二是附带取代基的

空间因素。芳基的对位一般有氯原子取代,其作用是为了防止和减慢羟基化,从而延长作用时间。氯贝酸芳环上氯原子被烷基、烷氧基、三氟甲基置换,基本不影响药物的降血脂活性。

苄氯贝特(beclobrate)、非诺贝特(fenofibrate)和非尼贝特(fenirofibrate),具有与甲状腺素分子类似的结构,在体内可促进甲状腺素释放,由于甲状腺素具有加快胆固醇代谢分解的作用,因此这类药物降血脂效果很强,如苄氯贝特降血脂作用强于氯贝丁酯20倍,是效果更优的一类降血脂药物。

苄氯贝特   非诺贝特

非尼贝特   甲状腺素

吉非贝齐(gemfibrozil)为非卤代的苯氧戊酸衍生物,可显著降低胆固醇和甘油三酯,而且不使胆汁形成结石,既可减少VLDL和甘油三酯的合成,又激活脂蛋白酯酶而加速其血中清除,因此有较好的降低甘油三酯的作用,此外还具有降低胆固醇和升高HDL作用,临床主要用于原发性和继发性高脂血症,糖尿病引起的血脂过高等。

本品口服吸收快,口服后约70%以葡萄糖醛酸结合物或代谢物的形式经肾脏排泄,只有少量经粪便排泄。主要代谢发生在苯环上,甲基被氧化成羟甲基、羧基或苯环被羟基化。

普罗布考(probucol,又名丙丁酚)为含硫原子的芳基硫醚类化合物,在体内代谢为苯硫乙酸类代谢物而产生降血脂作用。分子中的双叔丁基酚作用于胆固醇合成的初期,可使胆固醇下降20%。普罗布考具有很强的抗动脉粥样硬化和抗氧化作用。本品通过降低胆固醇合成、促进胆固醇分解使血胆固醇和LDL降低,对甘油三酯无影响。虽然具有降低HDL的作用，但本品对防治动脉粥样硬化及其所引起的心脑血管疾病具有明确的疗效。普罗布考本身为强脂溶性的抗氧化剂，易于进入体内各类脂蛋白，有显著的抗脂质过氧化作用，减少血脂的生成。

普罗布考　　　　　　　　　　　　　　普罗布考代谢产物

2. 烟酸及其衍生物　烟酸（niacin）是一种人体必需的水溶性维生素（维生素 B$_3$ 或维生素 PP），在体内转化为烟酰胺，烟酰胺是辅酶 I 和辅酶 II 的组成部分，参与体内脂质代谢、组织呼吸的氧化过程和糖类无氧分解的过程。烟酸及烟酰胺是防治癞皮病的重要辅助药物。1955年，发现大剂量的烟酸可以降低人体内胆固醇和甘油三酯的水平，临床上用于高脂血症的治疗。但烟酸用于降血脂时，具有引起皮肤潮红瘙痒、血清尿酸值升高、葡萄糖耐受性减损和肝脏方面的损害的副作用。

对烟酸进行结构改造，将其与醇反应成酯，得到了酯类前药，如烟酸肌醇酯（inositol nicotinate）、烟酸戊四醇酯（niceritrol）等，这些药物在体内被酯酶水解释放出烟酸起效。

烟酸的氟代物 5- 氟烟酸（5-fluoronicotinic acid）在烟酸结构改造物中降脂活性最强，但其降 VLDL 和 LDL 作用并不比烟酸强。吡啶甲醇（3-pyridinemethanol）是烟酸的还原产物，在体内氧化成烟酸而起作用，不良反应较少。阿昔莫司（acipimox）是氧化吡嗪羧酸衍生物，能增加血浆内 HDL，降低胆固醇和甘油三酯的作用与烟酸相同，不良反应少，长期用药耐受性好。

烟酸　　　　　　　　烟酸肌醇酯　　　　　　　　烟酸戊四醇酯

吡啶甲醇　　　　　　　　5-氟烟酸　　　　　　　　阿昔莫司

近年来，还出现烟酸和氯贝酸结合而成的酯类前药，如依托贝特（etofibrate）和氯烟贝特（ronifibrate），两者在体内水解为烟酸和氯贝酸而发挥作用，作用持久，是一种广谱高效率的血脂调节新药。

依托贝特   氯烟贝特

  烟酸类药物主要通过影响酯代谢而发挥作用。烟酸抑制脂肪酶,使脂肪组织中的甘油三酯不能分解释放出游离脂肪酸,该脂肪酶为激素敏感性,可被儿茶酚通过 cAMP 激活。而烟酸类药物则能降低 cAMP 的水平,cAMP 减少,使依赖 cAMP 的甘油三酯酶活性降低,脂肪组织分解减少,释入血中的游离脂肪酸减少,继而肝脏合成甘油三酯减少。烟酸也能促使胆固醇经胆汁排出,并阻止胆固醇的酯化。同时,它还能适度提高血中 HDL 水平,因而有抗动脉粥样硬化和冠心病的作用。

三、其他降血脂药物

  1. 甲状腺素 甲状腺素分子结构中含有一个手性碳原子,其 L- 异构体(左旋体)虽具有促进胆固醇代谢分解的作用,但同时可升高基础代谢,可导致心律失常、心绞痛,副作用很大。其 D- 异构体即右旋甲状腺素(dextrothyroxine)可显著促进胆固醇分解而降低血浆中胆固醇水平,但对肌体基础代谢和心肌代谢作用很少产生影响。这两种异构体的活性区别与药物在体内的分布不同有关。

右旋甲状腺素

  2. 微粒体甘油三酯转运蛋白抑制剂(新型降血脂药) 微粒体甘油三酯转运蛋白(microsomal triglyceride transfer protein, MTP)是继载脂蛋白 B(apoB)之后发现的参与甘油三酯转运及极低密度脂蛋白组装的内质网腔内蛋白,是一种重要的脂质转运蛋白,位于肝细胞和小肠细胞微粒体腔内。它的主要作用是加快膜间甘油三酯、胆固醇和磷脂的转运及细胞和亚细胞膜的组成,对含有 apoB 的脂蛋白的组装分泌起限速作用。

  甲磺酸洛美他派(lomitapide mesylate)是一种新型降血脂药,于 2012 年 12 月 21 日由美国食品药品管理局(FDA)审核并批准上市,临床上用于治疗纯合子型家族性高胆固醇血症(HoFH),该药与其他降脂药物联用,配合低脂饮食可以取得不错的效果。但需要注意的是,洛美他派可使辛伐他汀和洛伐他汀暴露增加,合并用药时有肌病风险,包括横纹肌溶解,因此,同服洛美他派时,洛伐他汀须减量服用。甲磺酸洛美他派能够直接与 MTP 结合且产生抑制作用,进而阻止 apo B 在肝细胞和肠上皮细胞的装配,抑制乳糜微粒和极低密度脂蛋白生成;阻止极低密度脂蛋白的合成,能够使血浆中低密度脂蛋白的浓度降低。

甲磺酸洛美他派

第五节　抗血栓药

血栓是血流在心血管系统血管内面剥落处或修补处的表面所形成的小块,由不溶性纤维蛋白、沉积的血小板、积聚的白细胞和陷入的红细胞组成。血栓形成是由一组遗传和环境因素相互作用、相互影响的多因素变化过程,血液成分改变导致高凝,血流改变导致血液淤滞和血管壁改变(如动脉硬化等)均可能引起血栓形成。血栓的形成被认为是引起心血管疾病发病的主要原因,血栓形成如果发生在供应心脏的动脉,就可能会引起心绞痛或者心肌梗死;如果发生在供应大脑的动脉,就可能引起脑卒中。抗血栓药物主要用于血栓栓塞性疾病的预防与治疗,且以预防为主。

抗血栓药物根据作用机制不同,可分为抗凝血药、抗血小板药和纤维蛋白溶解药三类。

一、抗凝血药

抗凝血药(anticoagulant)是一类干扰凝血因子,阻止血液凝固的药物,主要用于血栓栓塞性疾病的预防与治疗。凝血酶在血栓性疾病的形成中具有核心作用,它通过血小板、纤维蛋白和凝血因子等多方面的作用影响血栓的形成。临床上常用的抗凝血药主要包括肝素、香豆素类及沙班类。

1. **肝素**　肝素(heparin)是一种存在于体内肥大细胞以及嗜碱性粒细胞表面的天然黏多糖,于 1916 年发现,是首个应用于临床的抗凝血药,体内外抗凝血作用均很强,临床应用广泛。抗凝机制复杂,能够使凝血酶灭活以及抑制多种凝血因子,包括凝血因子Ⅹa、Ⅱa、Ⅺa、Ⅸa 和Ⅻa,具有多靶点性。低分子量肝素(low molecularheparin)相比于普通肝素分子质量小,体内半衰期长,是普通肝素的3~4倍,其有效性和安全性均优于肝素,使用方便。相比于普通肝素的多靶点性,低分子量肝素主要对凝血因子Ⅹa 有抑制作用。

2. **香豆素类**　香豆素类抗凝血药是一类含 4- 羟基香豆素基本结构的药物,口服有效,体外无抗凝血作用。该类药物通过抑制维生素 K 依赖性凝血因子Ⅱ、Ⅶ、Ⅳ、Ⅹ的合成而发挥抗凝血作用,因此香豆素类抗凝血药物也称维生素 K 拮抗剂。常用的该类药物是华法林(warfarin),华法林用药个体差异较大,需要频繁的取血监测后对用药剂量严格调控,因其价格低廉,效果明确而被广泛应用于临床。华法林对血液中已有的凝血因子Ⅱ、Ⅶ、Ⅸ、Ⅹ并无抵抗作用,因此,不能作为体外抗凝血药使用。

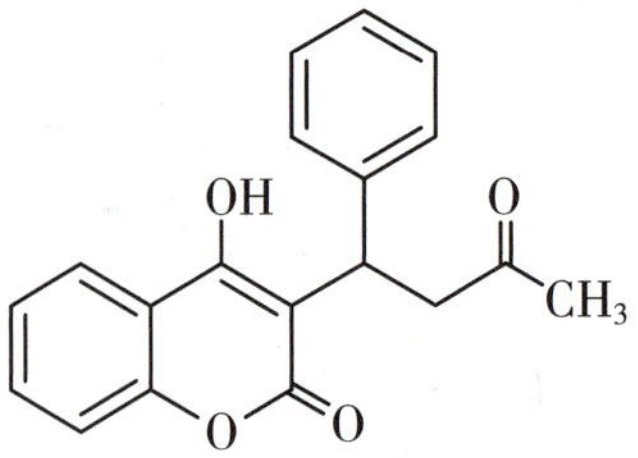

华法林

3. 沙班类 沙班类抗凝血药物通过抑制凝血级联反应中可促进血栓形的关键调节因子Xa而发挥抗凝血作用,在预防和治疗血栓栓塞性疾病中发挥着重要作用,该类药物缓解了肝素、华法林等传统药物的不足,是新型、可口服的抗凝血药物。目前应用于临床的该类药物主要有利伐沙班(rivaroxaban)、阿哌沙班(apixaban)、依多沙班(edoxaban)等。

利伐沙班是全球第一个口服的Xa因子抑制剂,于2011年7月获美国FDA批准上市,临床上用于髋关节或膝关节置换手术成人患者,以预防静脉血栓形成(VTE),以及治疗成人深静脉血栓形成(DVT),降低急性DVT后DVT复发和肺栓塞(PE)的风险。

阿哌沙班于2012年12月获美国FDA批准上市,临床上用于预防非瓣膜性心房颤动中的中风和全身性栓塞,以及髋关节或膝关节置换术后的患者,预防深静脉血栓形成(DVT),降低肺栓塞(PE)的风险。

依多沙班是一种新型口服抗凝血剂,临床上用于降低非瓣膜性心房颤动(NVAF)患者的卒中和全身性栓塞(SE)风险。

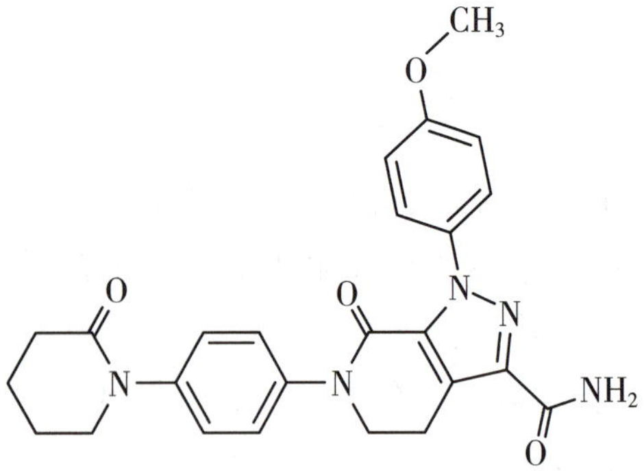

阿哌沙班 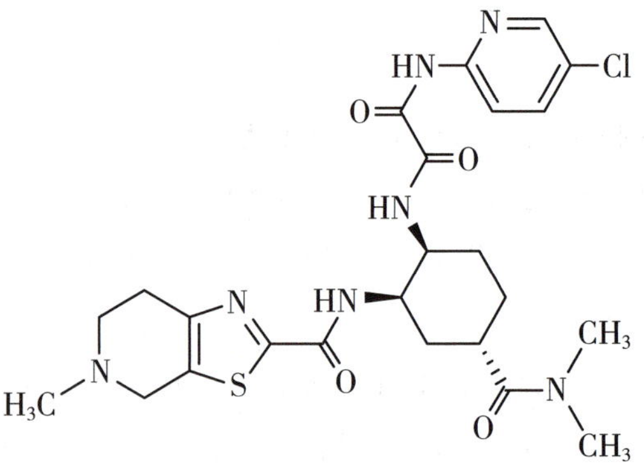   依多沙班

利伐沙班(rivaroxaban)

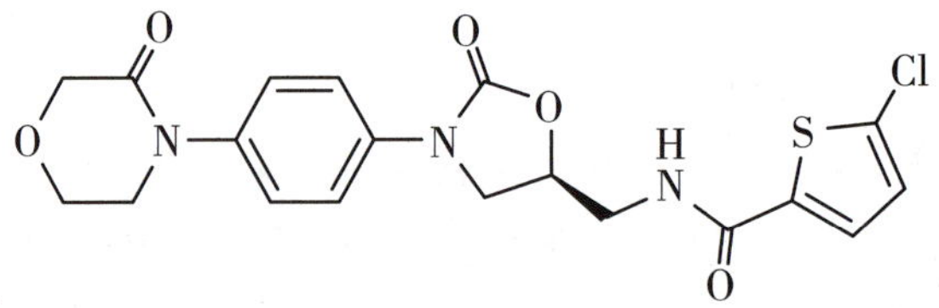

化学名为(S)-5-氯-N-[[2-氧代-3-[4-(3-氧代吗啉-4-基)苯基]-1,3-噁唑啉-5-基]

甲基]噻吩 -2- 甲酰胺,(S)-5-chloro-N-((2-oxo-3-(4-(3-oxomorpholino-4-yl)phenyl)-1, 3-oxazolidin-5-yl)methyl)thiophene-2-carboxamide。

本品直接与因子 Xa 结合,选择性高,能有效地阻断凝血级联反应的放大,防止血栓的形成。本品口服,10mg 片剂胃肠吸收不受食物的影响,可与食物同服,也可以单独服用,15mg 或 20mg 片剂食物可促进药物的吸收,应与食物同服。本品主要通过 CYP3A4、CYP3A5、CYP2J2 代谢,约三分之二经尿液排泄,其中约 36% 为原型药物,30% 为非活性代谢物。三分之一经粪便排出,其中 7% 为原型药物,21% 为非活性代谢物。

本品的合成路线较多,较优的合成路线是以 4-(4- 氨基苯基)-3- 吗啉酮为起始原料,与(R)- 环氧氯丙烷反应得(R)-4-(4-(3- 氯 -2- 羟丙胺基)苯基)-3- 吗啉酮,再与 N, N′- 羰基二咪唑环合得(R)-4-[4-(5- 氯甲基 -2- 氧代 -3 噁唑烷基)苯基]-3- 吗啉,进一步与邻苯二甲酰亚胺钾取代,然后在水合肼中水解,最后与 5- 氯噻吩 -2- 甲酰氯经酰化反应制得利伐沙班,总收率达 46.1%。

二、抗血小板药

随着研究的深入,人们已经逐渐地认识到血栓形成的关键因素在于血小板的异常活动。抗血栓治疗不仅是控制凝血酶的生成以及其活性,抗血小板治疗已经成为预防和治疗动脉系统血栓的基础。抗血小板药物通过抑制血小板的黏附和聚集能力而起到抗血栓作用。按作用机制可以分为血栓素合成酶抑制剂、磷酸二酯酶抑制剂、血小板 ADP(P2Y12)受体拮抗剂和血小板糖蛋白Ⅱb/Ⅲa受体拮抗剂。

1. 血栓素合成酶抑制剂　阿司匹林(aspirin)为最早作为解热镇痛药应用于临床,主要通过抑制环氧合酶而抑制花生四烯酸转化为前列腺素,从而发挥解热镇痛和抗炎作用。近年研究发现,阿司匹林可通过抑制血小板中血栓素(TXA2)生成进而抑制血栓的形成,作为抗血小板药物在临床上广泛应用,是老药新用的一个典型例子。阿司匹林抗血栓活性稳定性好,价格低廉,是临床上预防心血管疾病的首选药物,也是联合用药抗血栓方案的首选药物。临床上使用的血栓素合成酶抑制剂类抗血小板药物还有咪唑类化合物奥扎格雷(ozagrel)和吡啶衍生物利多格雷(ridogrel)等。

| 阿司匹林 | 奥扎格雷 | 利多格雷 |

2. 磷酸二酯酶抑制剂　双嘧达莫(dipyridamole)原作为冠脉扩张药用于治疗冠心病,后发现它可以通过抑制血小板上磷酸二酯酶5(PDE5)而增加血小板内cGMP,进而降低血小板内Ca^{2+}浓度而有效地抑制血小板聚集,临床上用于防止血栓栓塞性疾病及缺血性心脏病,但可引起外周血管扩张,故低血压患者应慎用。

西洛他唑(cilostazol)为喹啉酮类磷酸二酯酶抑制剂的代表药物,可以抑制血小板聚集,扩张血管,改善脑内血内流,从而预防血栓的形成。

| 双嘧达莫 | 西洛他唑 |

3. 血小板ADP(P2Y12)受体拮抗剂　血小板在血栓形成过程中发挥关键作用,二磷酸腺苷(denosine diphosphate,ADP)是血小板活化与聚集过程中的重要激动剂。血小板致密体内含有大量ADP,当血小板活化时释放大量ADP,通过与血小板表面受体结合,促进血小板活化、聚集、释放等过程,从而加速血栓形成。血小板表面ADP受体属于嘌呤类受体,包括$P2X_1$、$P2Y_1$和$P2Y_{12}$受体。

氯吡格雷(clopidogrel,CPG)是目前广泛使用的噻吩并吡啶类P2Y12受体抑制剂,属于第二代口服噻吩并吡啶类抗血小板药物,临床上常使用其硫酸盐的形式。氯吡格雷作为一种前药,在体外几乎无活性,需要通过两步不同的代谢转化产生活性代谢物与$P2Y_{12}$受体不可逆结合后抑制血小板表面糖蛋白 GP Ⅱb/Ⅲa 的活化进而产生抗血小板聚集的作用。临床上用于防治动脉粥样硬化引起的血栓形成。有关预防血栓形成和导致出血风险的评估表明,氯吡格雷的安全性与阿司匹林相当,但有效性超过阿司匹林。

氯吡格雷

4. 血小板糖蛋白(GP)Ⅱb/Ⅲa 受体拮抗剂 盐酸替罗非班(tirofiban hydrochloride)是一个酪氨酸衍生物,为模仿天然 GP Ⅱb/Ⅲa 受体的小分子化合物,1998 年经 FDA 批准上市,通过竞争性拮抗血小板 GP Ⅱb/Ⅲa 受体,阻止纤维蛋白原与 GP Ⅱb/Ⅲa 结合,因而拮抗血小板的交联及血小板的聚集。临床用于治疗急性冠脉综合征,包括不稳定性心绞痛或无 Q 波心肌梗死患者。

替罗非班

三、纤维蛋白溶解药

纤维蛋白溶解药物(fibrinolytic drug)也称溶栓药,通过激活纤溶酶原引发纤维蛋白降解起到溶解血栓的作用,该类药物大多是激活纤溶酶原激活物或类似物,是生物药物,本教材只作简单介绍。

自 20 世纪 80 年代应用链激酶溶栓治疗心肌梗死取得满意疗效后,溶栓药物在治疗急性心肌梗死、脑栓塞等心脑血管疾病中取得了巨大进展,并已经成功发展了三代溶栓药。

第一代溶栓药于 20 世纪 60 年代开始研发,虽然溶栓能力强,但缺乏选择性,会将血液中其他正常纤维蛋白原降解而引起出血等严重的不良反应。链激酶是临床上最早使用的第一代溶栓药,具有抗原性,容易引起过敏反应。尿激酶是从健康人体尿液中提取精制得到的,也能够激活纤溶酶原,不良反应比链激酶小。

第二代溶栓药主要为解决首代溶栓药的溶栓选择性问题,相比于第一类溶栓药虽然选择性得到提高,但半衰期短,用药量大,容易引起严重的出血,价格更昂贵。代表性药物有重组组织型纤溶酶原激活物、乙酰纤溶酶原 - 链激酶复合物、阿尼普酶、重组葡激酶及其衍生物。

第三代溶栓药是利用分子生物学技术对第一代、第二代溶栓药进行结构改造,具有溶栓迅速、半衰期长,选择性好、安全性好等优点,代表性药物有瑞替普酶和替奈普酶。

第十二章　目标测试

（李　剑　毛　斐）

第十三章　抗高血压药

高血压是一种动脉血压持续升高的慢性疾病。根据静息血压的标准测量方法，分为三类：轻度高血压 140～159/90～99mmHg（收缩压 / 舒张压），中度高血 160～179/100～109mmHg 和重度高血压≥180/110mmHg。即使血压很高，大多数高血压患者在日常生活中没有明显的症状。

高血压在临床上分为两类，原发性高血压与继发性高血压，其中原发性高血压患者占大多数。原发性高血压是一种以血压升高为主要临床表现而病因尚未明确的独立疾病；而继发性高血压，是由肾上腺肿瘤、肾脏问题、甲状腺问题、摄入过量酒精或服用某些药物（如避孕药）等潜在因素引起的、病因较为明确的高血压。老年人中还常见单纯收缩性高血压，这种高血压的特征是舒张压正常（<90mmHg），但收缩压偏高（>160mmHg）。血压会随着年龄增长而升高，高血压在中年早期的男性中常见，在 65 岁以后的女性中也常见。

高血压与吸烟过度、日常饮食中摄入过多的盐、过量饮酒、长期高度紧张以及慢性疾病如糖尿病、肾病有关。无法控制的持续高血压会增加中风、心脏病、心力衰竭、肾脏损伤和视力丧失的风险。因此，高血压要早发现早治疗。改善高血压首先要保持良好的日常习惯，包括少吃盐的健康饮食、定期运动、戒烟，以及保持健康的体重。当这些健康的生活方式依然无法改善高血压时，才建议使用抗高血压药物进行治疗。有几种不同的药物可以降低血压。抗高血压药按其作用机制可分为：中枢性抗高血压药、肾素抑制剂、血管紧张素转换酶抑制剂、血管紧张素Ⅱ受体阻滞剂、钙通道阻滞剂等。利尿药在临床上也用于高血压的辅助治疗。图 13-1 为各种抗高血压药物的作用部位。

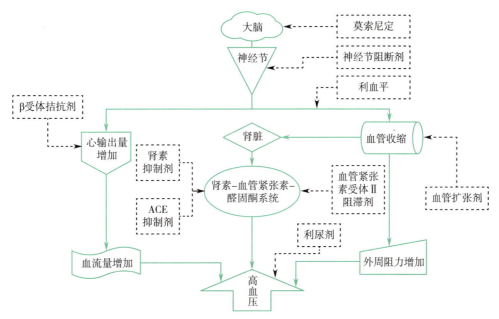

图 13-1　各种抗高血压药的作用部位

第一节 中枢性抗高血压药

一、第一代中枢性抗高血压药

1918年印度首次报道了一种萝芙木植物（*Rauwolfia serpentina*）的根提取物具有降压作用。经研究表明其有效成分为利血平（reserpine）、美索舍平（methoserpidine）和地舍平（deserpidine）等。其中利血平为该植物中有效的抗高血压药物和主要成分，而美索舍平和地舍平虽然有降压作用，但它们的降压作用较利血平相对温和，相对含量较低。

R₁= H, R₂= OCH₃, 利血平
R₁= OCH₃, R₂= H, 美索舍平
R₁= H, R₂= H, 地舍平

利血平、美索舍平和地舍平结构图

利血平能够抑制转运 Mg-ATP 酶的活性，同时影响去甲肾上腺素、肾上腺素、多巴胺、5-羟色胺等神经递质进入神经细胞内囊束泡中，使这些神经递质不能被重新吸收、贮存和再利用，而被单胺氧化酶破坏失活，导致神经末梢递质耗竭，使肾上腺素能传递受阻，降低交感神经紧张，引起血管舒张，从而导致血压降压。此外，利血平还能进入中枢神经系统，耗竭中枢的神经递质去甲肾上腺素和 5- 羟色胺。利血平的降压作用具有缓慢、温和而持久的特点，用于早期轻、中度高血压，尤其适用于伴精神紧张的患者。

利血平（reserpine）

化学名为 11,17α- 二甲氧基 -18β-[（3,4,5- 三甲氧基苯甲酰）氧]-3β,20α- 育亨烷 -16β- 甲酸甲酯，11,17α-Dimethoxy-18β-[（3,4,5-trimethoxy benzoyl）oxy]-3β,20α-yohimban-16β-carobxylic acid methyl erter，又名利舍平、蛇根碱。

本品为白色至淡黄褐色的结晶或结晶性粉末，在三氯甲烷中易溶，在丙酮中微溶，在水、乙醇中几乎不溶。本品具有旋光性$[\alpha]_D^{23}$ − 118°（CHCl₃）;$[\alpha]_D^{26}$ − 164°（c = 0.96 吡啶中）;$[\alpha]_D^{26}$ − 168°（C = 0.624DMF），具有弱碱性，pK_b 为 6.6，熔点为 264～265℃。

利血平及其水溶液都比较稳定，pH 为 3.0 时最稳定。但在酸、碱催化下，水溶液可发生水

解、生成利血平酸,仍有抗高血压活性。

在光和热的影响下,本品发生 3β-H 差向异构化,生成无效的 3-异利血平 (3-isoreserpine)。

本品在光和氧的作用下可发生氧化,首先氧化生成 3,4-二去氢利血平,为黄色物质,具有黄绿色荧光;进一步氧化生成 3,4,5,6-四去氢利血平,具有蓝色荧光;再进一步氧化则生成无荧光的褐色和黄色聚合物。故本品应在避光、密闭、干燥的条件下贮存。

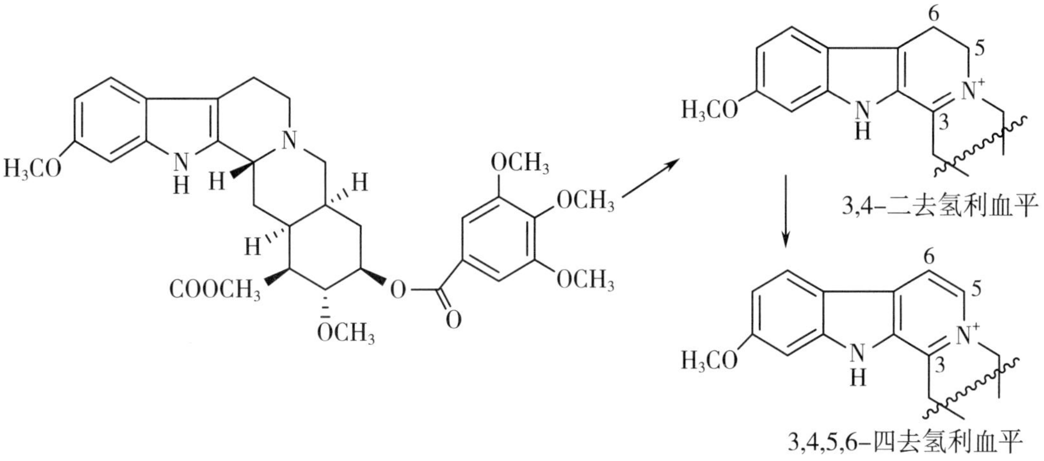

3,4-二去氢利血平

3,4,5,6-四去氢利血平

本品体内代谢较为复杂。尿中含有多种分解产物,如 11-去甲氧利血平酸,11-去甲氧利血平,3,4,5-三甲氧基苯甲酸,3,5-二甲氧基-4-羟基苯甲酸等。

构效关系研究表明:16 位、18 位的酯基和 17 位的甲氧基对于其抗高血压活性是至关重要的,将酯键水解或脱甲基其活性均减弱或消失,分子中的 C、D 环芳构化活性也消失,将 11 位或 17 位的甲氧基除去仍保持活性。

本品分子中有 6 个手性碳,且集中在 D、E 环,其全合成难度较大,1958 年有机合成大师 Woodward 发表了该化合物的全合成,本品的全合成被认为天然产物合成的经典范例。

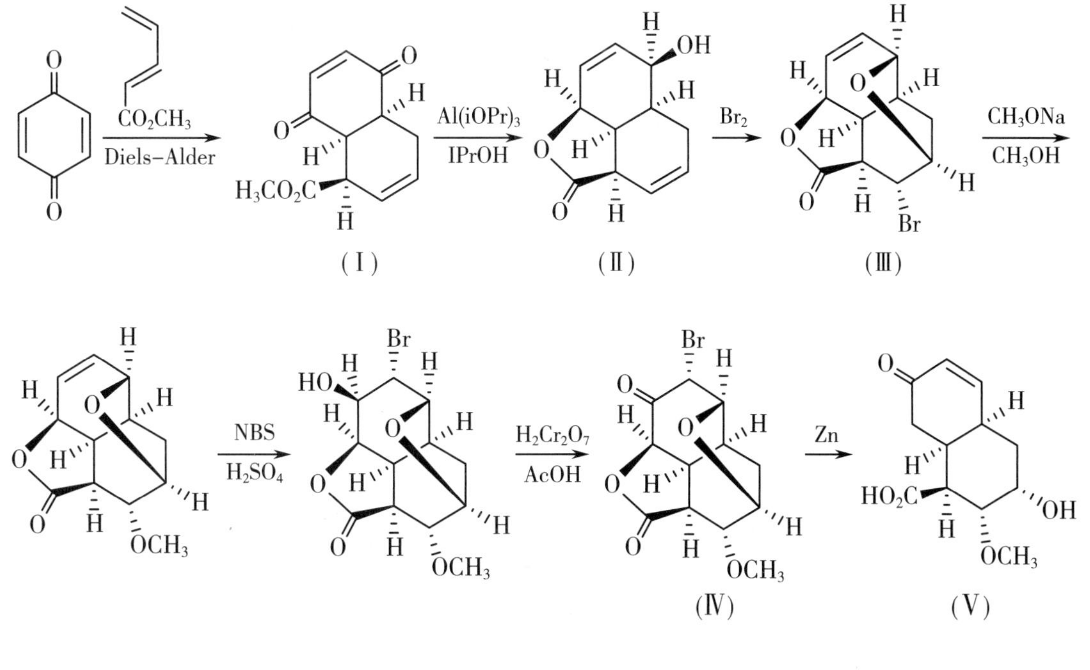

本品用于治疗轻度至中度的早期高血压,作用缓慢、温和而持久。因有安定作用,故对老年患者和有精神病症状的患者尤为适宜。对严重和晚期病例,常与肼屈嗪、双氢氯噻嗪等合用,以增加疗效。

二、第二代中枢性抗高血压药

20 世纪 90 年代中期,随着中枢咪唑受体的发现,科学家们进一步说明了中枢性抗高血压药的作用机制,第二代中枢性抗高血压药随之问世。莫索尼定(moxonidine)与磷酸利美尼定(rilmenidine)是新一代中枢性抗高血压药的代表药物,这类药物通过作用于延髓头端腹外侧部的咪唑啉受体,抑制交感神经活性,从而降低血压,不良反应较上一代有所减轻。

莫索尼定被批准用于治疗轻中度原发性高血压。通常在其他抗高血压药物如噻嗪类药物、β受体拮抗剂、ACE 抑制剂和钙通道阻滞剂不合适或无效的情况下使用。

莫索尼定（moxonidine）

化学名为 4-氯-N-（4,5-二氢-1H-咪唑-2-基）-6-甲氧基-2-甲基-5-嘧啶胺，4-chloro-N-（4,5-dihydro-1H-imidazol-2-yl）-6-methoxy-2-methyl-5-pyrimidinamin，又名莫索尼啶。

本品熔点为 217～219℃，极微溶于水、乙腈，微溶于甲醇、二氯甲烷。

本品是选择性咪唑啉受体亚型 I 激动剂，用作抗高血压药，同时还可以小程度地刺激中枢突触前 α_2 受体。其降压效果和钙拮抗剂硝苯地平和 ACE 抑制剂卡托普利相似。用于原发性高血压。

莫索尼定的合成路线一是通过乙脒盐酸盐与丙二酸二乙酯在回流下环化，硝化，用 POCl₃ 氯化，再用 Fe/HCl 还原，加入 1-乙酰基 -2- 咪唑啉酮并氢化，以及甲醇分解，合成莫索尼定。

莫索尼定的合成路线二是以 2-甲基 -4,6- 二氯 -5- 氨基嘧啶与 N- 乙酰基 -2- 咪唑烷酮为原料通过偶联的化合物 4,6- 二氯 -2- 甲基 -5-（1- 乙酰基 -2- 咪唑啉 -2）- 氨基嘧啶（下文称为 DMAIA）；最后再在碱性条件下与甲醇发生亲核反应得最终产物。

在 DMAIA 至莫索尼定的反应中主要的挑战是若干副产物的产生。其产生的主要杂质有：杂质 A：4,6-二氯-N-(咪唑烷-2-亚基)-2-甲基嘧啶-5-胺（6-氯莫索尼定）；杂质 B：N-(咪唑烷-2-亚基)-4,6-二甲氧基-5-胺（4-甲氧基-莫索尼定）；杂质 C：5-[(咪唑烷-2-亚基)氨基]-6-甲氧基-2-甲基嘧啶-4-醇（4-羟基莫索尼定）；杂质 D：6-氯-5-[(咪唑烷-2-亚基)氨基]-2-甲基嘧啶-4-醇（6-去甲基莫索尼定）。

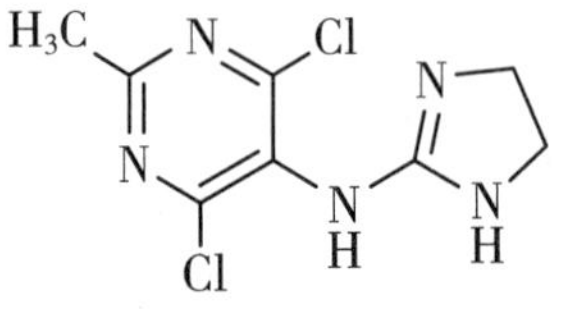

杂质A 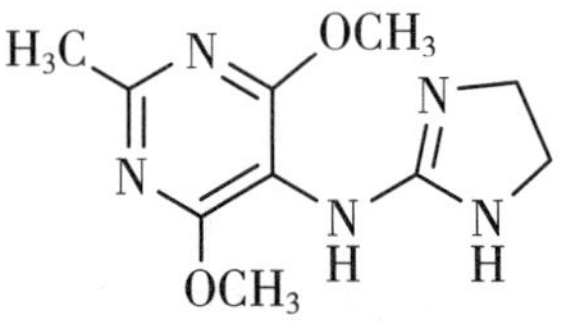　　　　　　　　杂质B

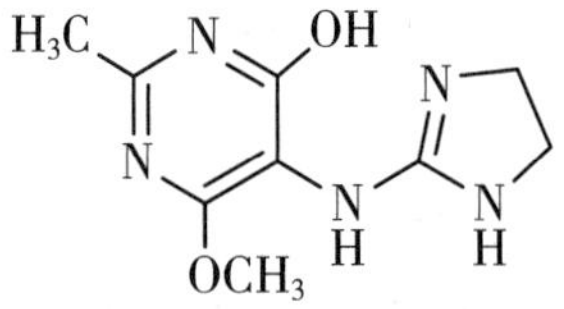

杂质C 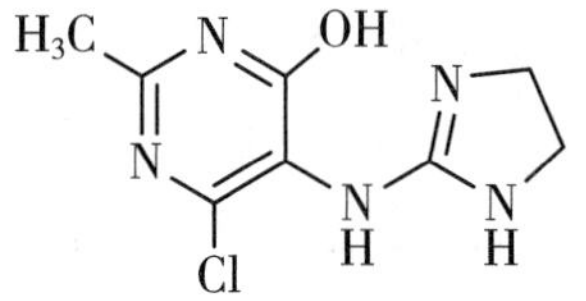　　　　　　　　杂质D

而在现有技术中难以同时获得低水平的杂质 A 和 B 的原因为：由 DMAIA 至莫索尼定的反应中包括脱乙酰步骤，导致形成"杂质 A"。在第一步取代步骤中，两个氯原子中的第一个随后被来自溶剂的甲醇的甲氧基取代，产生莫索尼定。在连续的取代步骤中，另一个氯取代基也被另一个甲氧基取代，直接产生杂质 B。由杂质 A 与莫索尼定相比有些"反应不足"，因为仅有酰基从 DMAIA 中去除，而两个 Cl 原子仍然保留。另一方面，可以说杂质 B 与莫索尼定相比有些"反应过度"，因为不止一个 Cl 取代基被甲氧基取代，而是两个均被取代。而现有技术中没有提及杂质 C 和 D。

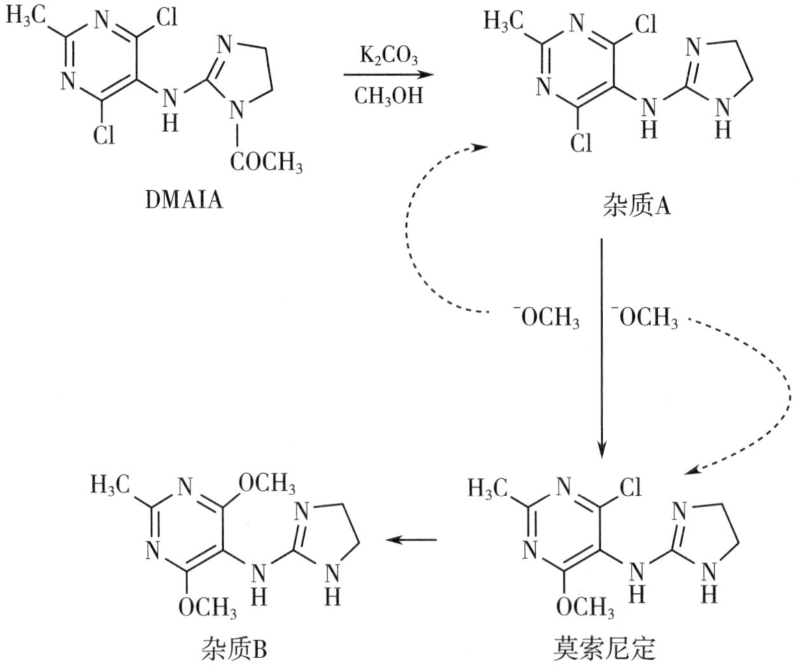

DMAIA　　　　　　　　杂质A

杂质B　　　　　　　　莫索尼定

对于合成路线二，虽制备过程中产生了若干杂质，但合成步骤精简；而合成路线一不仅步骤烦琐，且总收率低，仅为 24.8%。相较而言，合成路线二是更好的选择。

磷酸利美尼定（rilmenidine phosphate）

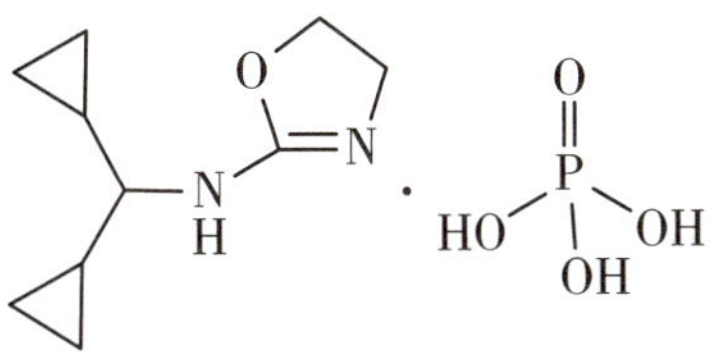

化学名为 N-（双环丙基甲基）(-4, 5- 二氢)-2- 噁唑胺磷酸盐，N-（dicyclopropylmethyl）-4, 5-dihydro-1, 3-oxazolyl)-2-amine phosphate。

本品易溶于水，微溶于乙醇，几乎不溶于二氯甲烷。

本品是选择性的咪唑啉受体亚型 I 激动剂，用于治疗高血压。临床上针对高血压、室性心律失常、心力衰竭的治疗发挥重要作用。

莫索尼定的合成路线有两条：

路线一是以负载于氧化铝上的氟化钾存在下，2- 氯乙基异氰酸酯与双环丙基甲胺加热环和，在与磷酸反应得磷酸利美尼定。

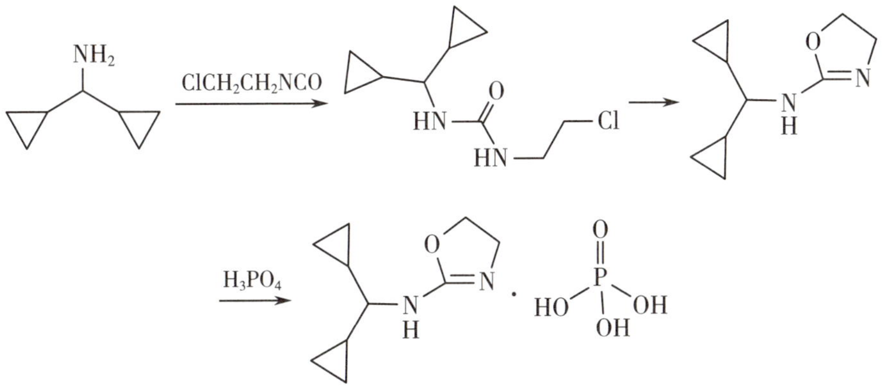

路线二是利用双环丙基甲酮为原料，经肟化、氢化，"一锅法"得到关键中间体——双环丙基甲胺，以三氟化硼乙醚及环氧氯丙烷为基本原料与 2- 噁唑烷酮制备得另一关键中间体 2-乙氧基唑啉，然后由双环丙基甲胺与 2- 乙氧基唑啉通过缩合反应、重结晶制得利美尼定，最后再与磷酸反应得磷酸利美尼定。

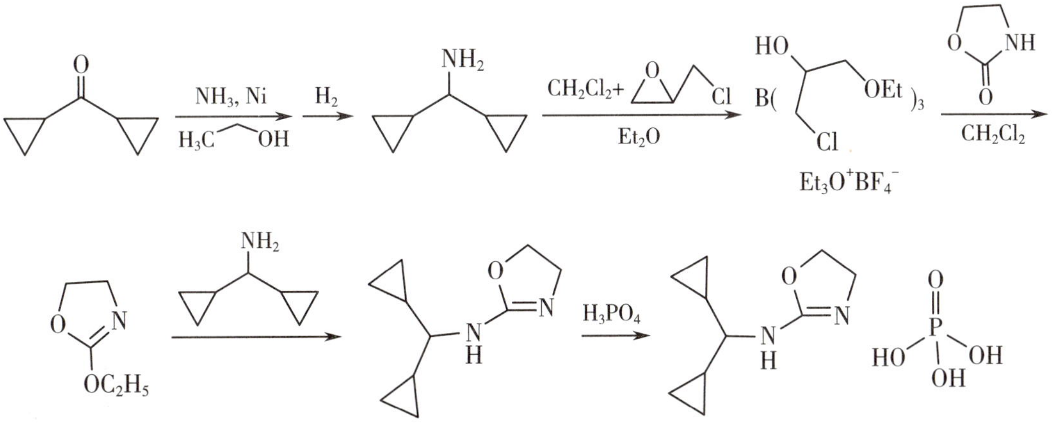

相较于路线一，路线二改变了传统工艺原料难得、价格昂贵的问题，并且反应条件温和，适合工业化生产。

第二节　肾素抑制剂、血管紧张素转换酶抑制剂以及血管紧张素Ⅱ受体阻滞剂

一、肾素 - 血管紧张素 - 醛固酮系统

血压持续性的升高是原发性高血压的主要临床表现, 长时间的高血压会对心、脑及肾的结构和功能造成不良影响, 其中肾素 - 血管紧张素 - 醛固酮系统(renin-angiotensin-aldosterone system, RAAS)在其中发挥了重要作用。

肾素 - 血管紧张素 - 醛固酮系统是一种调节血流量、电解质平衡以及动脉血压所必需的高效系统(图 13-2), 已经成为抗高血压药物重要的作用靶点。肾素是一种天冬氨酰蛋白酶, 为血管紧张素转化的一级限速酶, 具有调控血容量及血压等作用。它能使在肝脏产生的血管紧张素原(angiotensinogen)转化为血管紧张素 Ⅰ (angiotensin Ⅰ, Ang Ⅰ), Ang Ⅰ 在血管紧张素转化酶(angiotensin converting enzyme, ACE)的作用下生成血管紧张素Ⅱ(Ang Ⅱ), 最后转化为血管紧张素Ⅲ(Ang Ⅲ)并被灭活。Ang Ⅱ是一种作用极强的肽类血管收缩剂, 并可使肾上腺皮质增加醛固酮的合成和分泌醛固酮; Ang Ⅲ也有缩血管和促进醛固酮合成和分泌的作用, 但血中的浓度低、作用弱。肾素表达量过高时, 会导致血管紧张素Ⅱ水平升高, 除了导致血管收缩, 还会诱发机体的炎症反应, 增加心血管疾病及动脉粥样硬化发生的概率。

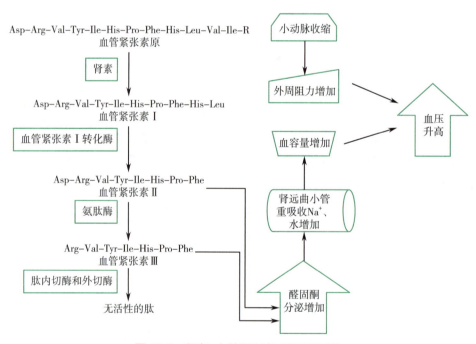

图 13-2　肾素 - 血管紧张素 - 醛固酮系统

血管紧张素原是一种 α_2 球蛋白, 分子量为 58 000～61 000, 包含了 452 个氨基酸, 主要存在于血浆, 由肝脏不断地合成和分泌。糖皮质激素、甲状腺素以及血管紧张素Ⅱ等均可刺激血管紧张素原的合成。肾素可以催化血管紧张素原的 Leu10-Val11 肽键断裂, 生成 Ang Ⅰ (一种非活性十肽), 然后, ACE 催化 Ang Ⅰ 的 Phe8-His9 肽键断开, 生成 AngⅡ (一种活性八肽),

氨肽酶能够通过去掉 N- 端的天冬氨酸残基，进一步使 AngⅡ转化成七肽的 AngⅢ，最后，通过羧肽酶、氨肽酶以及肽链内切酶的进一步作用，生成无活性的肽片段。

血管紧张素转化酶（ACE）是一种锌蛋白酶，在 AngⅡ生成过程中，ACE 的酶催化作用并不是一个速率限制步骤，ACE 是一种相对非特异性的二肽羧肽酶，它对底物要求仅是一个三肽，该三肽的唯一结构特征是在肽序列中倒数的第二个氨基酸不能为脯氨酸，而 AngⅡ肽序列中倒数第二个氨基酸为脯氨酸。因此，AngⅡ不能被 ACE 进一步催化代谢。ACE 对缓激肽通道也有作用，缓激肽能引起局部血管舒张、产生疼痛、增加血管渗透性以及刺激前列腺素的合成。在 ACE 的作用下，缓激肽被降解，生成非活性肽。因此 ACE 不仅可产生具有血管收缩作用的物质，而且还可以使血管舒张物质失活。

RAAS 激活后会分泌过多的 AngⅡ，进而引起肾脏血管的收缩，加速合成醛固酮并促进其释放，最终，钠离子在近端肾小管的重吸收增强从而诱导血压升高。该过程还会促进 AngⅡ的生成，促进血压升高；AngⅡ促进肾上腺素的释放，肾上腺素能引起收缩血管，导致醛固酮水平进一步增加，血压继续升高。

目前，抗高血压药针对 RAAS 已研发出肾素抑制剂、血管紧张素转化酶抑制剂、血管紧张素Ⅱ受体拮抗剂和血管紧张素 - 脑啡肽酶双重抑制药，这四类药物通过影响 RASS 中的关键靶点，从而达到降血压的目的。

二、肾素抑制剂

肾素是 RAAS 起始的特异性限速酶，研究表明，在长期应用 ACEI 和 AngⅡ受体拮抗剂时会出现一种"AngⅡ逃逸"现象，这是由于在 AngⅠ向 AngⅡ转变的过程中，除了通过 ACE 作用生成 AngⅡ外，还有旁路途径，ACEI 和 AngⅡ受体拮抗剂类药物在长期应用时可导致 AngⅠ的堆积，激活旁路途径，使得循环组织中的 AngⅡ浓度逐渐回升到治疗前的水平，从而影响高血压的临床治疗。肾素抑制剂（renin inhibitors）可以抑制肾素活性，从源头上使 AngⅡ的生成减少，不会出现 AngⅠ堆积现象，而且肾素抑制剂不会升高缓激肽的水平，而缓激肽水平升高被认为是 ACEI 类药物产生不良反应的重要原因。因此，理论上肾素抑制剂比 ACEI 和 AngⅡ受体拮抗剂具有更高的疗效、更少的不良反应和更好的耐受性。但也存在口服活性差、代谢快速等缺点。

第一代肾素抑制剂是拟肽类和肽类，拟肽类如依那克林（enalkiren）和雷米克林（remikiren）。由于该类药物相对分子量大，口服不易吸收，使其临床应用价值受到限制。

依那克林

雷米克林

第二代肾素抑制剂是非肽类，其活性和药动学特性都得到了很大改善。阿利克仑（aliskiren）是第一个临床使用的非肽类小分子肾素抑制剂。阿利克仑的水溶性好，生物利用度较高，半衰期长，一天只需服用一次，为一种长效抗高血压药物。

阿利吉仑（aliskiren）

化学名为（2S,4S,5S,7S）-5-氨基-N-（2-氨基甲酰基-2-甲基丙基）-4-羟基-2-异丙基-7-[4-甲氧基-3-（3-甲氧基丙氧基）苄基]-8-甲基壬酰胺，（2S,4S,5S,7S）-5-amino-N-（2-carbamoyl-2-methylpropyl）-4-hydroxy-2-isopropyl-7-[4-methoxy-3-（3-methoxypropoxy）benzyl]-8-methylnonamide。

分子量为551.76，熔点98～99℃，$pK_a = 9.49$。

本品通过与肾素在其活性部位结合，阻止血管紧张素的裂解，进而抑制血管紧张素 I 的形成，从而终止血管紧张素 II 介导的血压升高反应。

阿利吉仑的合成路线一，首先利用（R）2-异丙基-4-戊烯酸发生分子间脱水缩合得到含有 2 个手性中心的酸酐化合物，在 Hoveyda-Grubbs 第 2 代催化剂催化下，得到九元内酯环化合物。在 $LiAlH_4$ 存在下开环水解得到的化合物，经卤代内酯化、叠氮化和溴代得到内酯。进一步与被金属基团取代的芳基片段（Aryl-Met）发生偶联反应，最后与含氨基片段的化合物发生氨酯交换再还原胺化得到阿利吉仑。

路线二,原料 I 的合成始于(+)- 伪麻黄碱异戊酰胺,用 LDA 有效地去质子化,用溴化烯丙基烷基化;粗制反应混合物结晶得到非对映异构体纯度的中间产物,产率 78%。用 *n*- 溴代丁二酰亚胺在无乙酸条件下继续进行溴内酯化反应,得到螺旋中心构型单一的酰胺缩醛和反式∶顺式环取代基比例为 6∶1 的混合物。用乙酸四丁基铵置换溴化物,然后进行碱性水解,收率为 85%。最后用二甲基亚砜 - 三氧化硫 / 吡啶氧化,得到合成阿利吉仑的原料 I,收率为 60%。

用由原料 II 制备的相应格氏试剂的有机铈试剂处理原料 I,实现了两个片段的偶联,以

51%的总收率生成了异构体混合物。所需的氮官能团通过溴氨酸酯连接,以68%的收率得到叠氮内酯。用3-氨基-2,2-二甲基丙酰胺氨解得到开链叠氮醇,收率为76%。最后通过结晶除去格氏加成步骤中残留的次要同分异构体,以43%的收率获得了阿利吉伦。

阿利吉伦的杂质有多种,其中大部分是阿利吉伦的手性异构体,A~D是因纯化不完全而留下的手性异构体;E是反应过程中产生的水解产物;F可能是合成原料Ⅱ中的杂质进一步反应得到的产物;G是未反应完的中间体。

A

B

C

D

E

F

G

三、血管紧张素转换酶抑制剂

血管紧张素转换酶抑制剂（angiotensin converting enzyme inhibitors，ACEI）通过抑制 ACE 活性，有效地阻断 Ang I 向 Ang II 转化，减少缓激肽的水解，导致血管舒张，血容量减少，血压下降。目前已有近二十种 ACEI 被批准上市，基于化学结构可以将本类药物分为含巯基的 ACEI、含二羧基的 ACEI 和含磷酰基的 ACEI 三大类。

ACEI 可用于治疗高血压、充血性心力衰竭、左心室功能障碍或肥大（LVD or LVH）、急性心肌梗死以及糖尿病性肾病。在许多情况下，ACEI 均可有效控制血压。ACEI 可以单独使用，也可以与其他药物联合使用。ACEI 特别适用于患有 CHF、LVD 或糖尿病的高血压患者。ACEI 能引起动脉和静脉的扩张，这不仅降低血压，而且对患有 CHF 患者的前负荷和后负荷都有较好的效果。

ACEI 最主要的副作用是引起干咳，其产生的原因是在抑制 ACE 的同时也阻断了缓激肽的分解，增加呼吸道平滑肌分泌前列腺素、慢反应物质以及神经激肽 A 等刺激咽喉 - 气道的 C 受体所致。

1. 含巯基的 ACEI 1965 年，Ferreir 在巴西一种毒蛇的毒液中发现了一种缓激肽增强因子（bradykinin potentiating factor，BPF），从 BPF 中分离出一种九肽（L-pyroglutamyl-L-tryptophyl-L-prolyl-L-arginyl-L-prolyl-L-glutaminyl-L-isoleucyl-L-prolyl-L-proline），即替普罗肽（teprotide）。替普罗肽在人体内对 ACE 具有较强的抑制作用，能有效控制血压，虽然由于其为多肽，口服活性差，其临床价值受到限制，但却为 ACEI 的开发提供了重要借鉴。

替普罗肽

由于替普罗肽及其他具有抑制 ACE 作用的蛇毒多肽的 C- 端氨基酸均为脯氨酸，因此早期设计的 ACEI 都含有脯氨酸结构。琥珀酰 -L- 脯氨酸（succinate-L-proline）为第一个被合成的 ACEI，它对 ACE 有特异性抑制作用，但作用效果仅为替普罗肽的 1/500。以其他氨基酸取代脯氨酸得到的衍生物，抑制 ACE 作用都较弱。在琥珀酰 -L- 脯氨酸的 2 位上引入甲基得到 D-2- 甲基琥珀酰 -L- 脯氨酸（D-2-methyl succinyl-L-proline），其作用仅为替普罗肽的 1/300。由于 ACE 中含有锌离子，用能够与锌离子良好结合的巯基取代得到 3- 巯基丙酰基 -L- 脯氨酸（3-mercaptopropionyl-L-proline），其作用比琥珀酰 -L- 脯氨酸强 100 倍，在抑制血管紧张素 II 引起的血管收缩和血管加压的效应是替普罗肽的 10～20 倍；在其 2 位引入甲基得到卡托普利

（captopril），其活性得到进一步的提高，于 1981 年成为第一个临床应用的 ACEI。

琥珀酰-L-脯氨酸

D-2-甲基琥珀酰-L-脯氨酸

3-巯基丙酰基-L-脯氨酸

卡托普利

卡托普利（captopril）

化学名为 1-[（2S）-2- 甲基 -3- 巯基 - 丙酰基]-L- 脯氨酸，1-[（2S）-2-Methyl-3-mercapto-propionyl]-L-proline 又名巯甲丙脯酸。

本品为白色或类白色结晶性粉末，有类似蒜的臭味道，味咸。在甲醇、乙醇或三氯甲烷中易溶，在水中溶解。卡托普利有两种晶型：一种为不稳定型，熔点 87～88℃；另一种为稳定型，熔点 105.2～105.9℃。

本品结构中有两个手性中心，为 S,S- 构型，用无水乙醇溶解后，测得其比旋度为 $[\alpha]_D^{20}=-127.8°$；在生产过程中可出现 R,S 异构体，其比旋度约为 +50°。卡托普利具有酸性，其羧酸的 pK_{a1}=3.7，其巯基也显示一定弱酸性，pK_{a2}=9.8。

由于巯基的存在，卡托普利易被氧化，能够发生二聚反应而形成二硫键，体内代谢有 40%～50% 的药物以原药形式排泄，剩下的以二硫聚合体或卡托普利 - 半胱氨酸二硫化物形式排泄。同时，本品含有巯基，其水溶液能使碘溶液褪色。

卡托普利　　　　　　　　　　　二硫聚合体

卡托普利-半胱氨酸二硫化物

本品具有舒张外周血管，降低醛固酮分泌，影响钠离子的重吸收，降低血容量的作用。使用后无反射性心率加快，不减少脑、肾的血流量，无中枢副作用，无耐受性，停药后也无反跳现象。主要用于治疗高血压，可单独应用或与其他降压药如利尿药合用；也可治疗心力衰竭，可单独应用或与强心药、利尿药合用。其注射剂还可治疗高血压急症。本品除了ACE抑制剂的一般副作用外，还有两个特殊副作用：皮疹和味觉障碍，这与其分子中含有巯基直接相关。

卡托普利合成路线主要有两条：

路线一以硫代乙酸和2-甲基丙烯酸为原料，经加成反应，得到外消旋2-甲基-3-乙酰硫基丙酸，再转化为酰氯后与L-脯氨酸反应生成(R,S)-和(S,S)-乙酰卡托普利，然后与二环己基胺成盐，利用其在硫酸氢钾溶液中的溶解度不同而分离，得到(S,S)-单一手性化合物。碱水解除去乙酰基得到卡托普利。

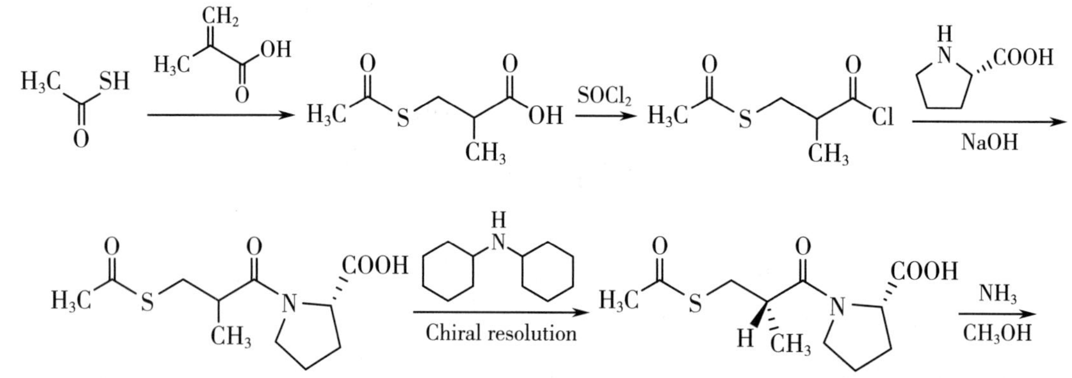

(*R*,*S*)-和(*S*,*S*)-乙酰卡托普利   (*S*,*S*)-乙酰卡托普利

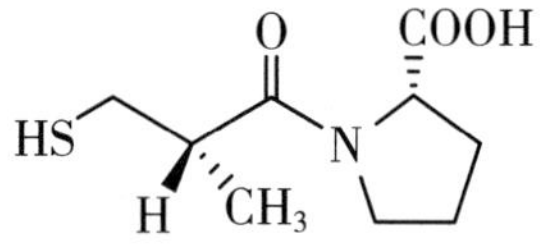

卡托普利

路线二也是以2-甲基丙烯酸为原料，与溴化氢发生加成反应得到3-溴-2-甲基丙酸，经二氯亚砜氯化得到3-溴-2-甲基丙酰氯，再与L-脯氨酸缩合得到1-（3-溴-2-甲基-1-氧代-丙基)-L-脯氨酸的混旋物，然后与二环己基胺成盐，分离得到(S,S)-构型的二环己基胺盐，再经脱盐、取代反应得到卡托普利。

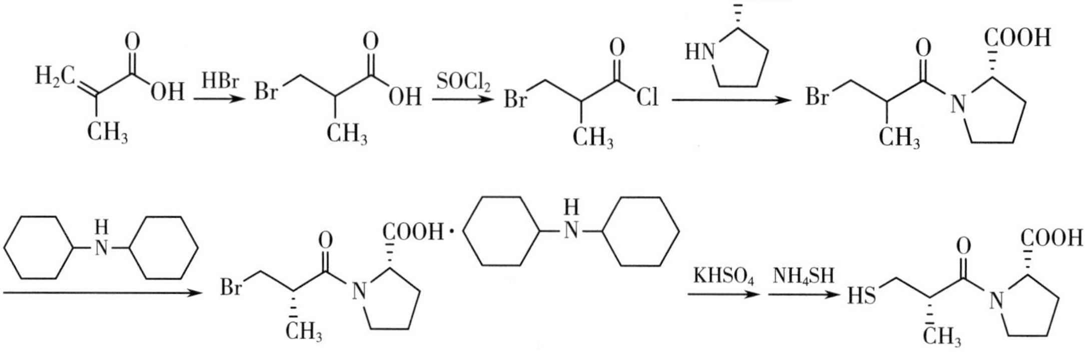

卡托普利的杂质较多，归纳起来有多种形式：合成原料、原料中杂质及中间体B、C、D、E、G、J和N。在合成中产生的副产物A、H、I、L、M和O以及卡托普利的异构体。

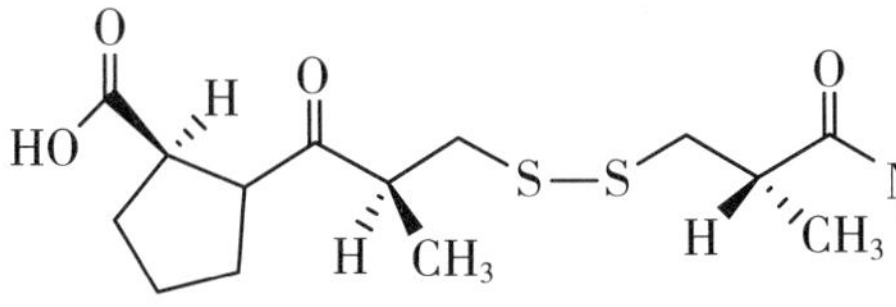

A. 氧化产物

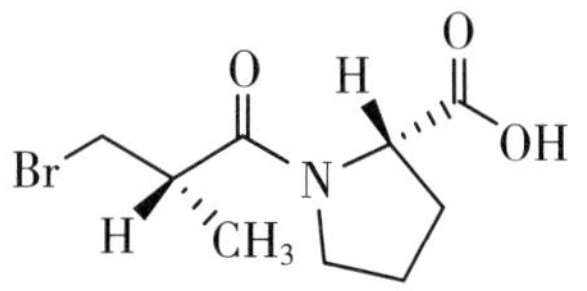

B. 合成原料

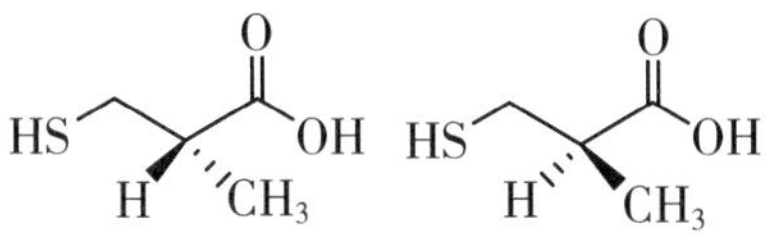

C. 合成原料

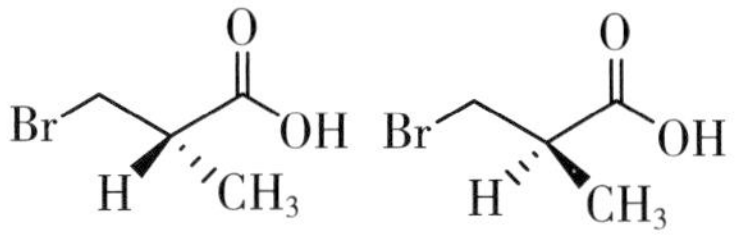

D. 合成原料

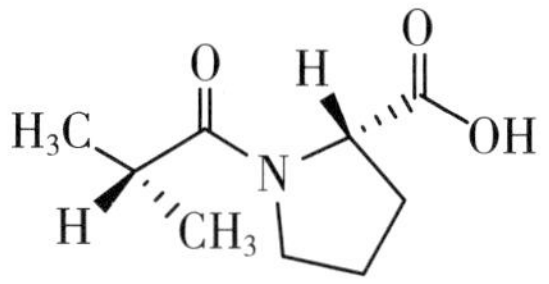

E. 合成原料

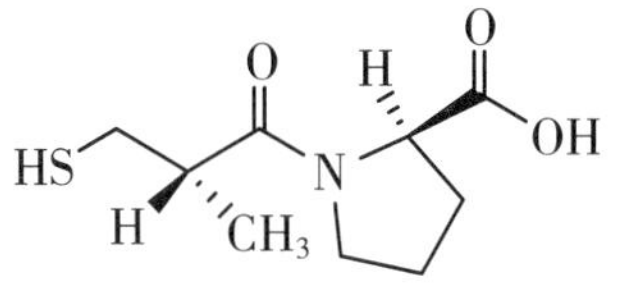

F. 对映体

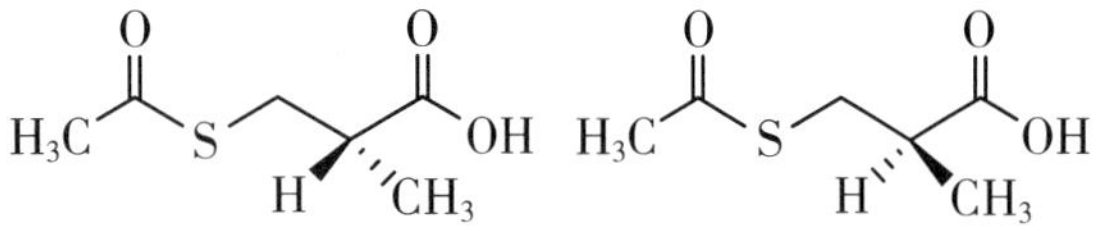

G. 合成原料

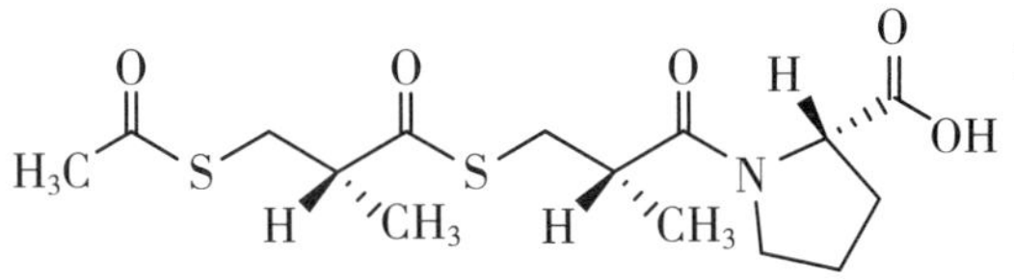

H. 副产物

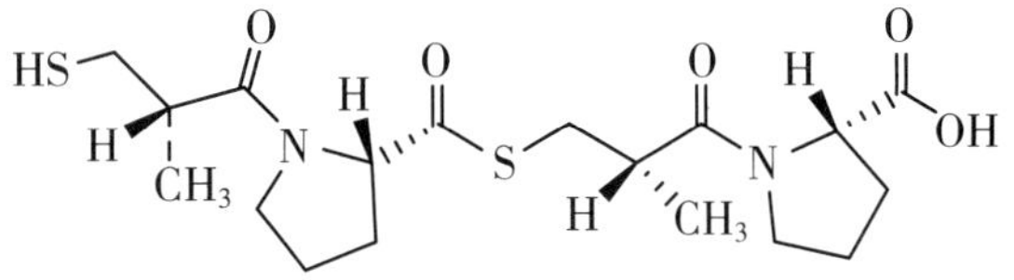

I. 副产物

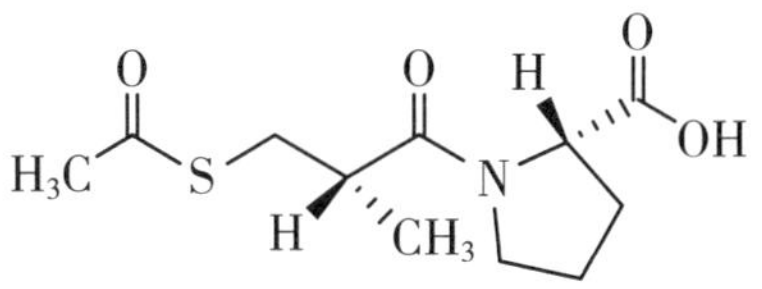

J. 反应中间体

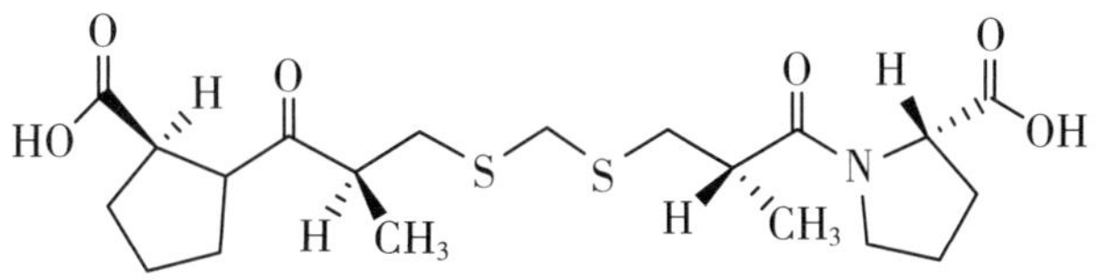

L. 副产物

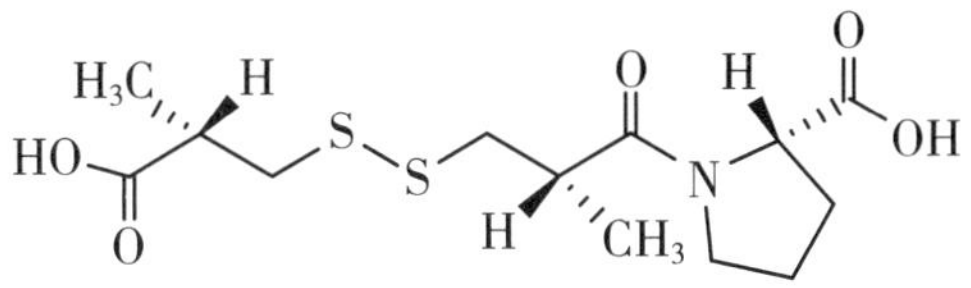

M. 副产物

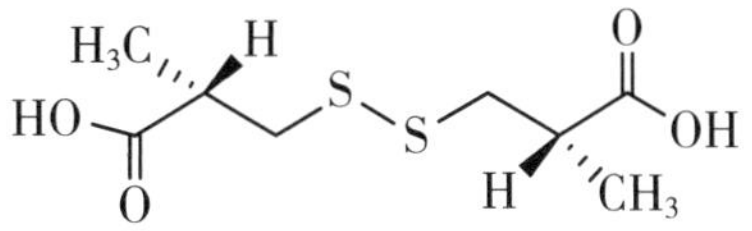

N. 原料中杂质

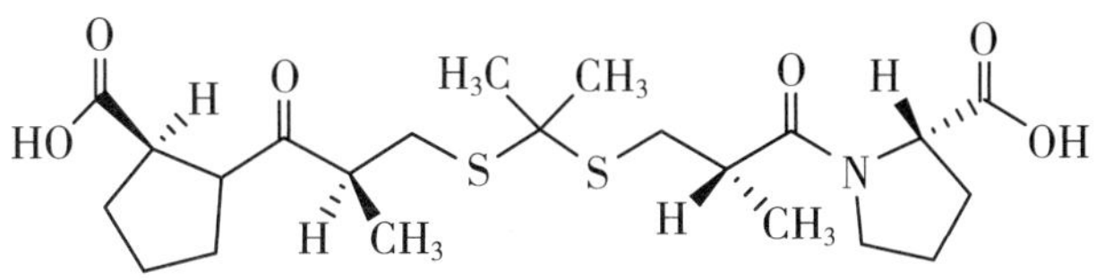

O. 副产物

2. 含二羧基的 ACEI　用羧基替代巯基与锌离子结合，得到含两个二羧基的 ACEI，虽然羧基的配位能力不及巯基，但可以避免巯基引起的副作用。二羧基 ACEI 的一般结构如下：

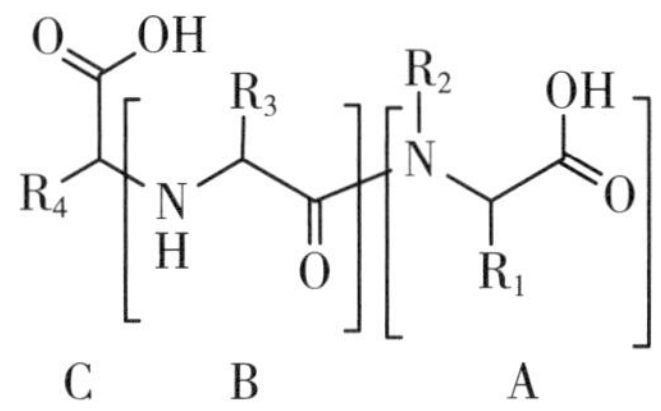

二羧基 ACEI 为三肽底物的类似物,其中 C-端(A)和倒数第二末端(B)氨基酸被保留,但第三个氨基酸 N-端(C)被羧甲基取代。与卡托普利相似,C-端脯氨酸类似物可提供最佳的 ACE 抑制活性。当 C-端(A)为脯氨酸、R_3 为甲基(即 B 为丙氨酸)和 R_4 为苯乙基时,得到了依那普利拉(enaprilat),其活性比卡托普利强 10 倍,但由于其口服吸收差,生物利用度低,将其做成酯类前药,得到依那普利(enalapril),依那普利是第一个有着良好口服生物利用度的二羧基类 ACEI。

当 C-端(A)为脯氨酸、R_3 为 $CH_2CH_2CH_2CH_2NH_2$(即 B 为赖氨酸)和 R_4 为苯乙基时,得到赖诺普利(lisinopril)。在化学结构上,赖诺普利有两个较为特殊的地方。一是碱性赖氨酸基团取代了非极性丙氨酸残基;二是两个羧基没有被酯化,不需要代谢激活。赖诺普利和卡托普利也是当前仅有的两个非前药的 ACEI。

临床上常用的其他含二羧基的 ACEI 还有盐酸喹那普利(quinapril hydrochloride)、贝那普利(benazepril)、雷米普利(ramipril)、咪达普利(imidapril)、培哚普利(perindopril)、西拉普利(cilazapril)、赖诺普利(lisinopril)、莫昔普利(moexipril)和替莫普利(temocapril)。上述 ACEI 在结构上与依那普利的主要区别在于 C-端连接的不是吡咯啉环(脯氨酸),而是较大的二环或螺环,这些较大的环系使药物与 ACE 的结合能力增强,也导致药物吸收、排泄、起效、作用持续时间以及剂量不同。这些药物用于治疗高血压时,可单用或与其他降压药如利尿药合用;治疗心力衰竭时,可单用或与强心药、利尿药合用。

盐酸喹那普利

贝那普利

雷米普利

咪达普利

培哚普利

西拉普利

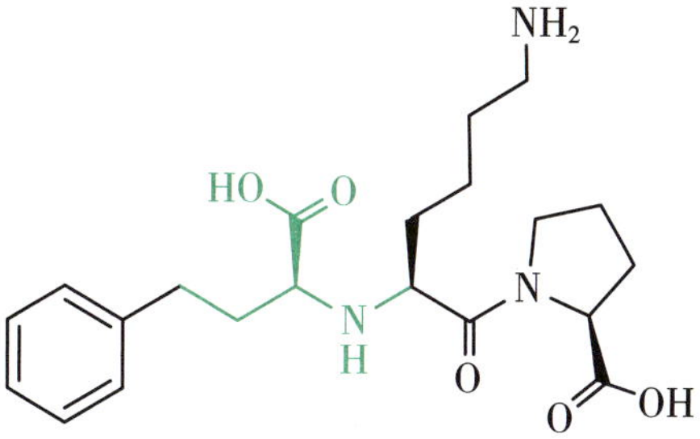

赖诺普利

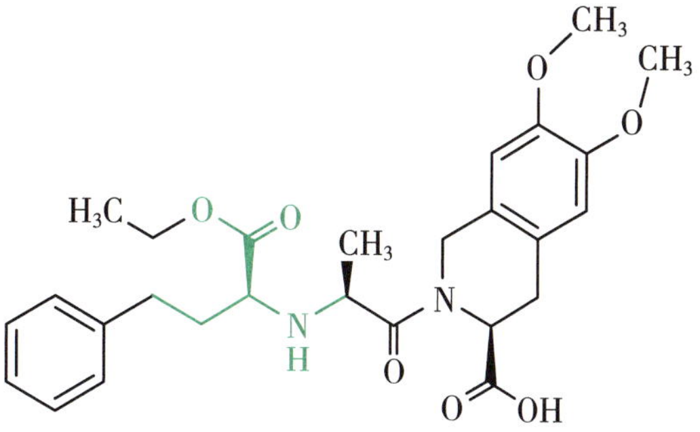

莫昔普利

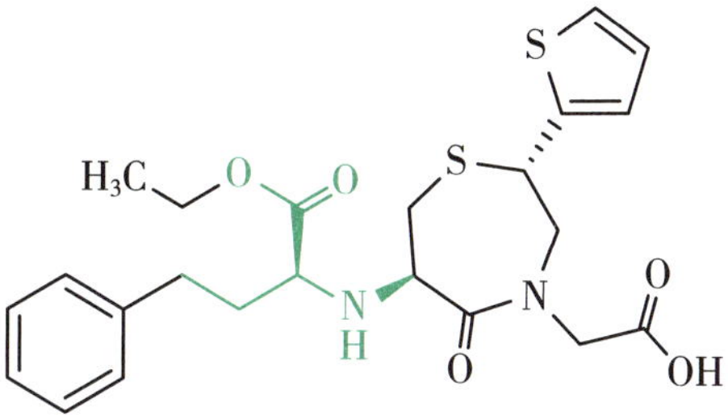

替莫普利

马来酸依那普利（enalapril maleate）

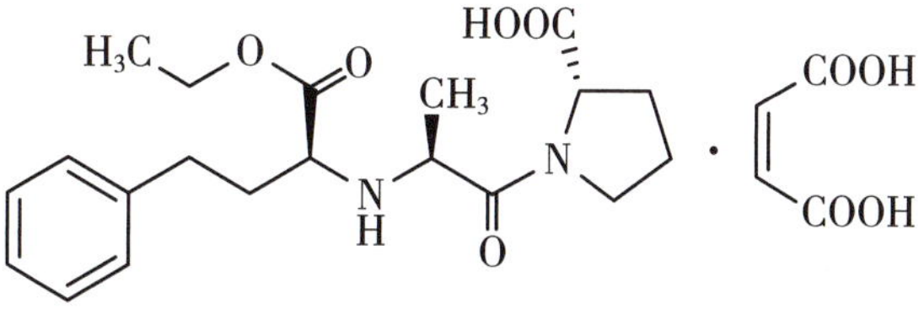

化学名为 N-[（S）-1-（乙氧羰基 -3- 苯丙基）-L- 丙氨酰]-L- 脯氨酸马来酸盐，N-[（S）-1-ethoxycarbonyl-3-phenylpropyl-L-alanyl]-L-proline hydrogen maleate，又名苯丁酯脯酸。

本品为白色或类白色结晶性粉末，无臭，微有引湿性。在甲醇中易溶，在水中略溶，在乙醇或丙酮中微溶。熔点 143～144℃，其中 $pK_{a1} = 12.97$，$pK_{a2} = 25.35$。本品含有三个手性中心，均为 S 构型。固体状态的马来酸依那普利非常稳定，室温贮存数年不会降解，马来酸依那普利水溶液可水解为依那普利拉和吡嗪双酮衍生物。

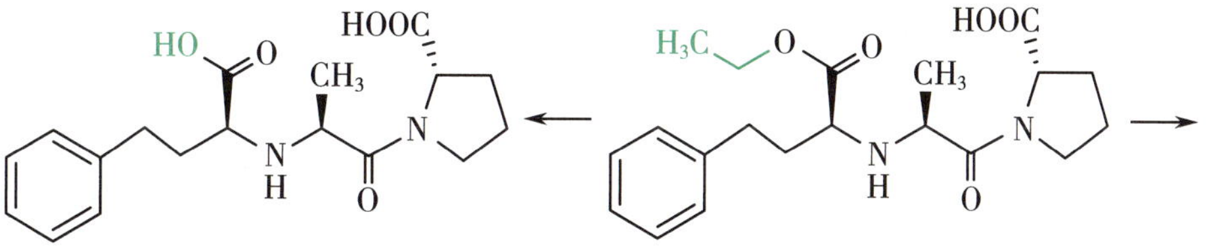

依那普利拉

依那普利

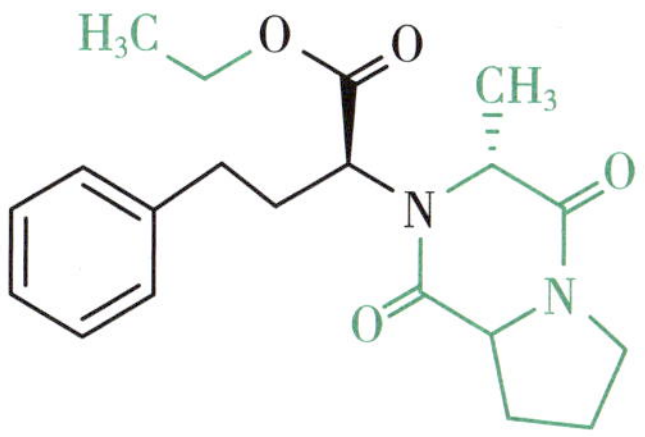

吡嗪双酮衍生物

依那普利拉为一种长效的 ACEI,依那普利为其乙酯,是一个前药。经口服给药,依那普利水解代谢为活性型依那普利拉,可治疗原发性高血压。

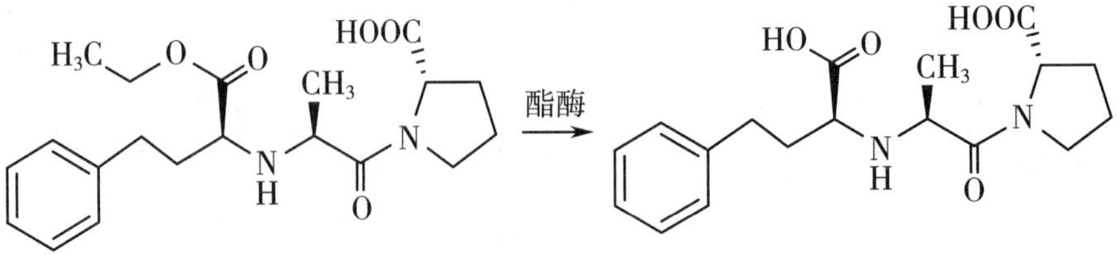

依那普利 → 酯酶 → 依那普利拉

依那普利主要合成路线有两条:

路线一是从 N-[1-(S)-乙氧羰基-3-苯丙基]-L-丙氨酸出发,在乙腈/DMF 中与 L-脯氨酸缩合,得到依那普利,再用马来酸的乙酸乙酯溶液处理,即可得到马来酸依那普利。

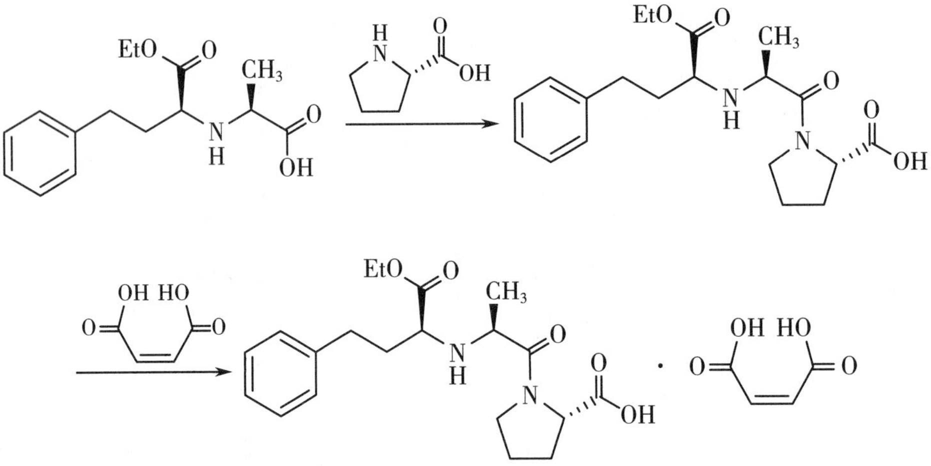

路线二是以外消旋的 2-羟基-4-苯基丁腈为原料,经脂肪酶催化发生对映选择性的不对称转酯化,经柱层析纯化得到(R)-2-羟基-4-苯基丁腈。在对甲苯磺酸吡啶盐(PPTS)存在下,用 DHP 保护其羟基后在碱性条件下水解得到相应的酸,再经酯化、同时脱保护基得到(R)-2-羟基-4-苯基丁酸乙酯,与 Tf₂O 反应得到三氟甲磺酸酯。在 Et₃N 作用下,继续与 L-丙氨酰-L-脯氨酸叔丁基酯反应,得到叔丁基保护的依那普利。经 HCl 脱保护,再用马来酸处理即得到马来酸依那普利。其中,L-丙氨酰-L-脯氨酸叔丁基酯的合成可以 N-苄氧羰基-L-丙氨酸为原料,与 L-脯氨酸叔丁酯在 DCC 作用下反应,再经 H₂,Pd/C 还原脱保护基得到。

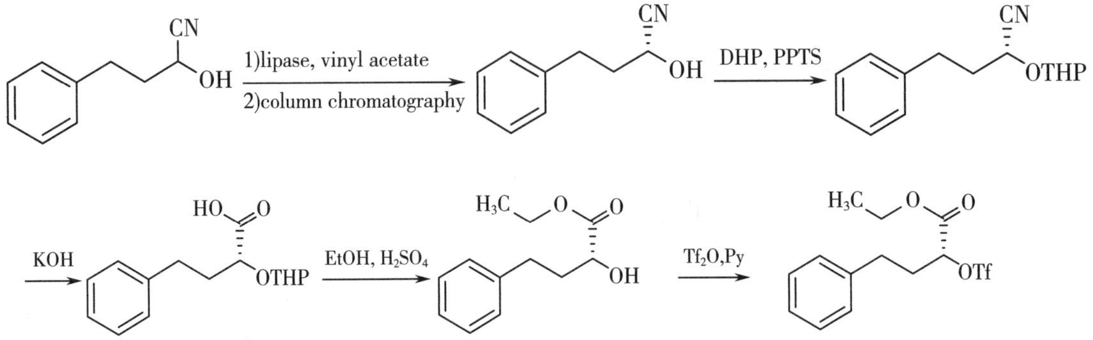

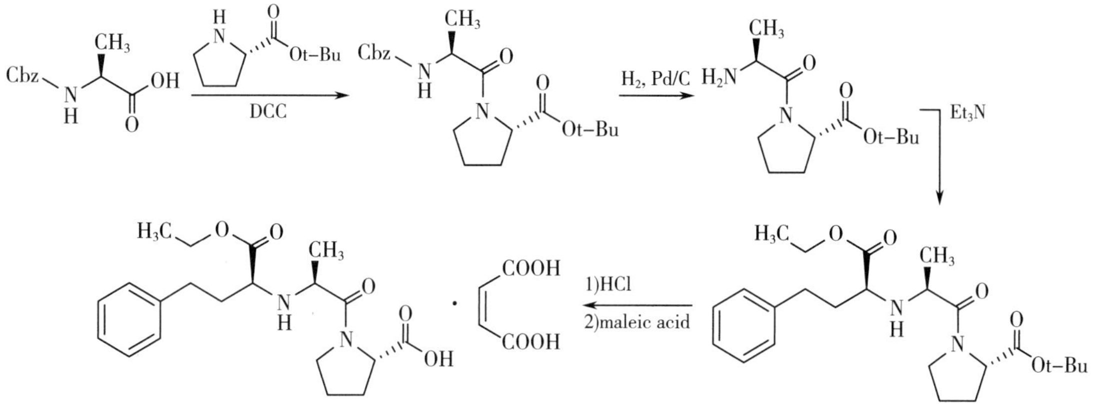

依那普利的杂质较多，归纳起来有三种形式：合成原料杂质、原料中杂质和中间体杂质等。

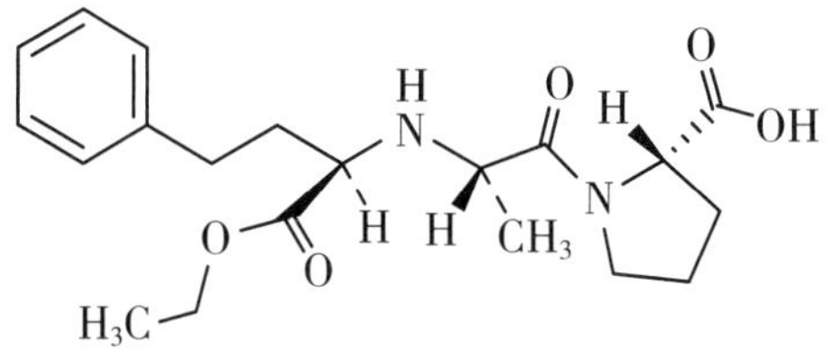

A 原料带来的杂质

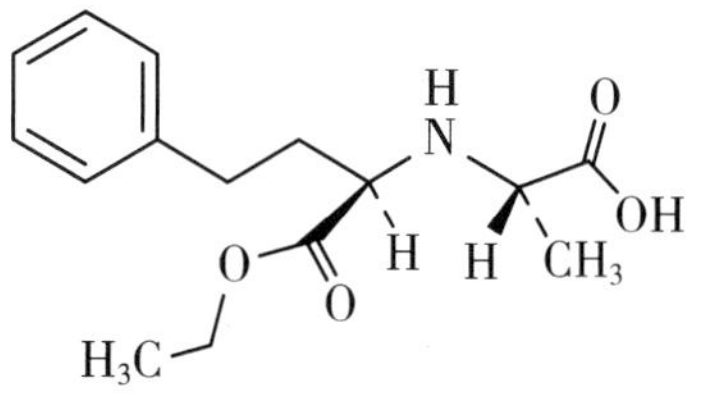

B 副产物

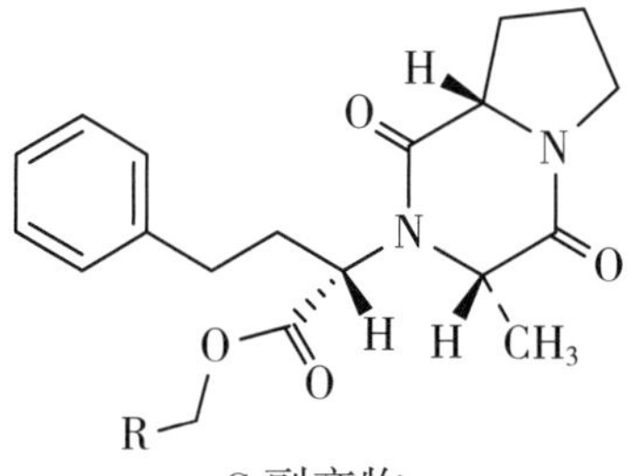

C 副产物

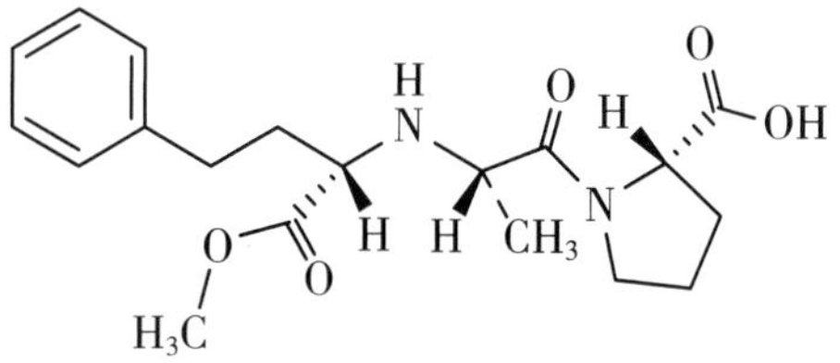

D 副产物

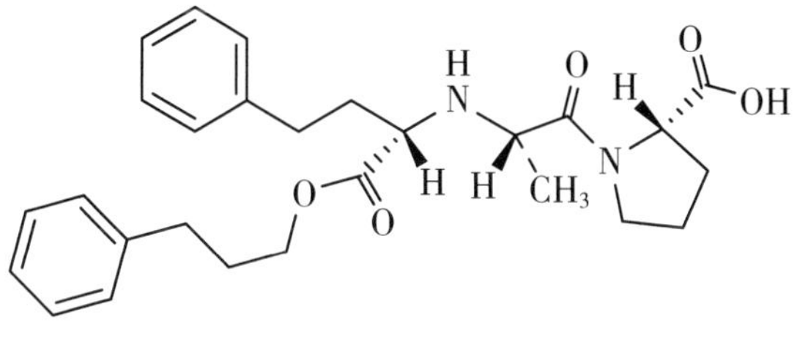

E 副产物

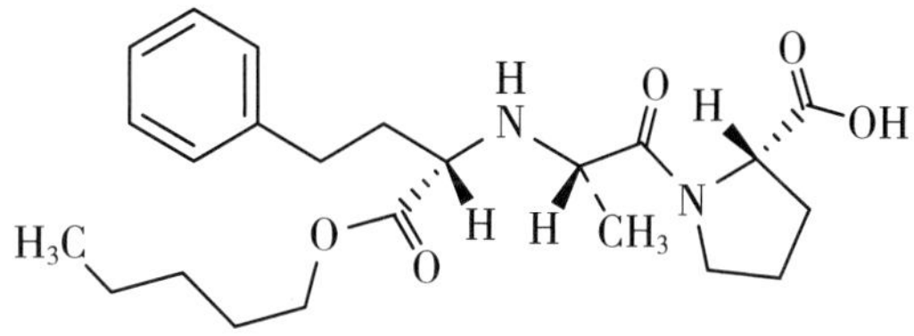

F 副产物

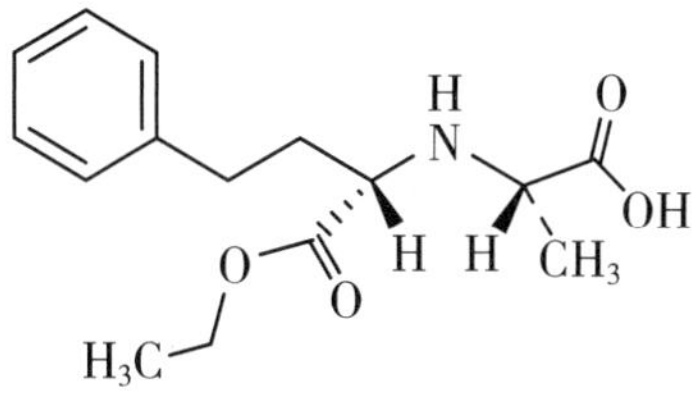

H 副产物

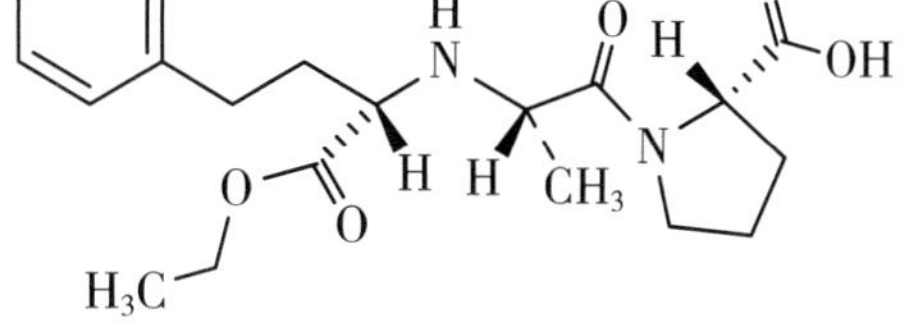

I 副产物

莫昔普利（moexipril）

化学式 2-[2-[(1-乙氧基甲酰 -3- 苯基丙基)氨基]丙酰基]-6，7- 二甲氧基 -3，4- 二氢 -1H- 异喹啉 -3- 羧酸，2-[2-[(1-Ethoxycarbonyl-3-phenyl-propyl)amino]propanoyl]-6，7-dimethoxy-3，4-dihydro-1H-isoquinoline-3-carboxylicacid。

本品是一种口服有效的非巯基血管紧张素转化酶（ACE）抑制剂，IC$_{50}$ 为 0.041μmol/L，用于治疗高血压和充血性心脏衰竭。本品是不含巯基的前体药物，口服给药后水解成具有活性的代谢物。莫昔普利口服生物利用度 22 %，用药后 2 小时达到峰浓度，消除半衰期为 10 小时。莫昔普利每日每次口服用量为 7.5mg 或 15mg，能有效地降低原发性高血压患者的血压（包括老年人和绝经后妇女）。其与卡托普利、氢氧噻嗪、阿替洛尔、美托洛尔、维拉帕米缓释剂和尼群地平等的降压效果相近，与氢氯噻嗪联用的降压作用显著强于各自单用时的效果。莫昔普利具有良好的耐受性，通常对糖、脂及电解质代谢和血流动力学参数没有显著影响。临床尤适用于绝经后妇女。

莫昔普利化学合成以 N-[(S)-1- 乙氧羰基 -3- 苯丙基]-L- 丙氨酸为原料，与 DCC 和 1- 羟基苯并三唑反应得到活化酯，再与(S)-1，2，3，4- 四氢 -6，7- 二甲氧基 -3- 异喹啉酸苄酯缩合得到莫昔普利苄酯，莫昔普利苄酯成盐酸盐后氢化脱苄得到盐酸莫昔普利。在此方法中，缩合反应采用 DCC 法是多肽合成的常用方法之一，在生成活化酯后直接加入(S)-1，2，3，4- 四氢 -6，7- 二甲氧基 -3- 异喹啉酸苄酯反应，收率为 65%，氢化反应为低压氢化脱苄，得到粗品的收率为 88%。二步总收率为 57.2%。

1–Hydroxybenzotriazole, Dicyclohexylcarbodiimide

上述合成方法采用了 DCC 和 1- 羟基苯并三唑为生成酰胺键的活化试剂,无可避免地产生较多三废排放,且由于原料的胺基未被保护的参与偶联反应,导致副产物过多,产率偏低(65%)。进一步工艺路线优化为:采用光气或三光气与氨基酸原料反应得到 N- 羧基酸酐(简称 NCA),以 NCA 作为活化酯与主环反应得到相应的缩合产物。该法在活化氨基酸羧基的同时保护了氨基,避免了氨基酸的自身缩合从而减少杂质产生,而且 NCA 缩合活性较高,温和条件下即可完全反应,副产物主要为二氧化碳,三废较少,该步收率可达 85%。使用该法可提高总体收率,减少杂质和三废产生。

合成莫昔普利最后三步产生的杂质主要有原料杂质、原料中杂质和反应副产物杂质等,如下 A~E。

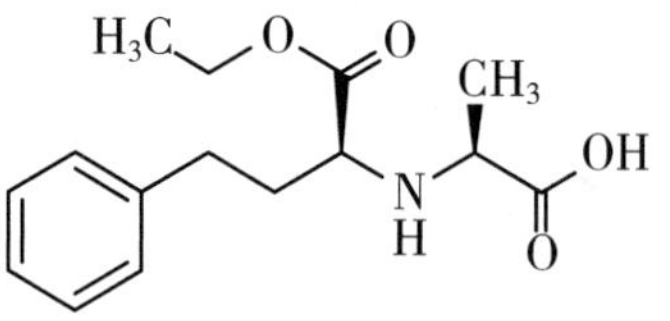

A 原料杂质

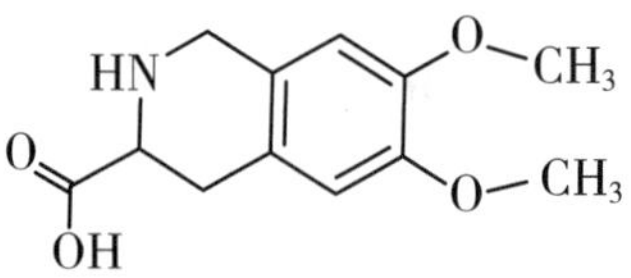

B 原料中杂质

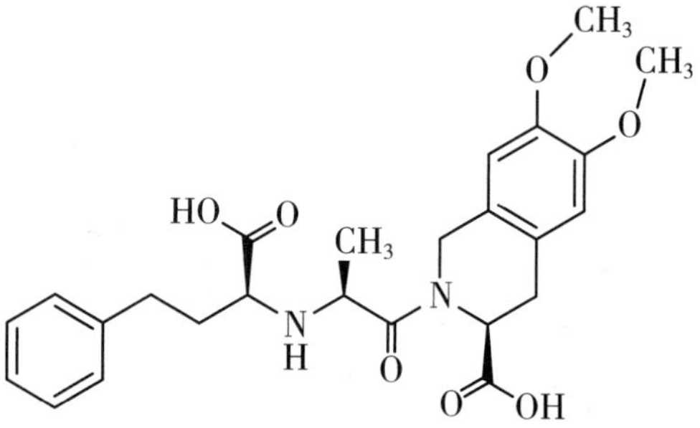

C 反应副产物

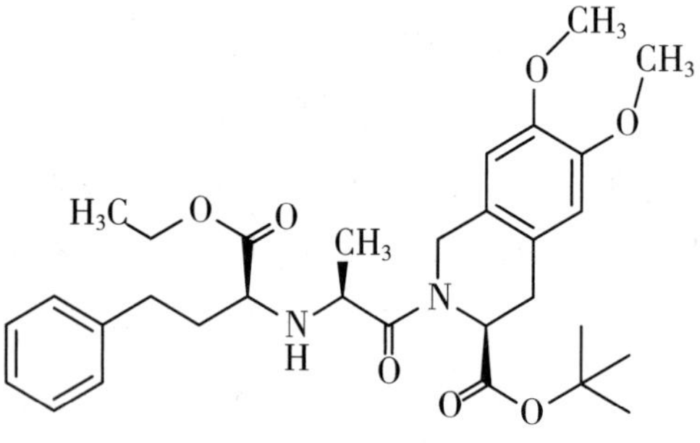

D 反应副产物

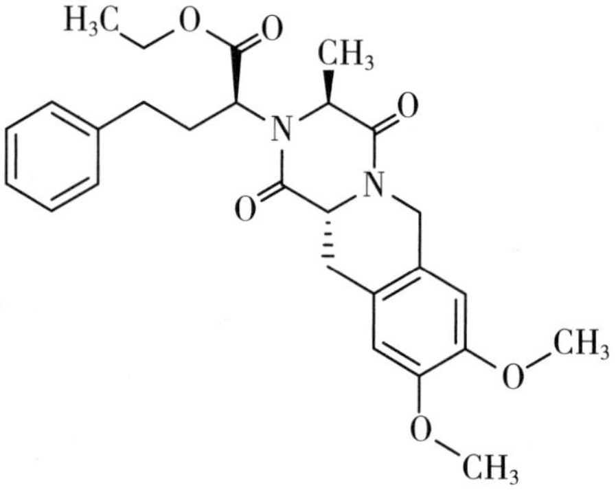

E 反应副产物

3. 含有磷酰基的 ACEI　非巯基 ACEI 的研究也促进了含磷酰基 ACEI 的发展,以次膦酸能够替代巯基或羧基与锌离子结合。对 C- 端疏水环系的结构改造导致了亚膦酸的 4- 环己基脯氨酸类似物的发展,最终得到了福辛普利拉(fosinoprilat)。福辛普利拉口服生物利用度不理想,其前药福辛普利(fosinopril)包含一个酰氧基烷基,具有较好的脂溶性和生物利用度。福辛普利经肠壁和肝的酯酶催化,形成活性的福辛普利拉而发挥作用。福辛普利在体内能经肝和肾双通道代谢而排泄,适用于肝或肾功能不良的病人使用。

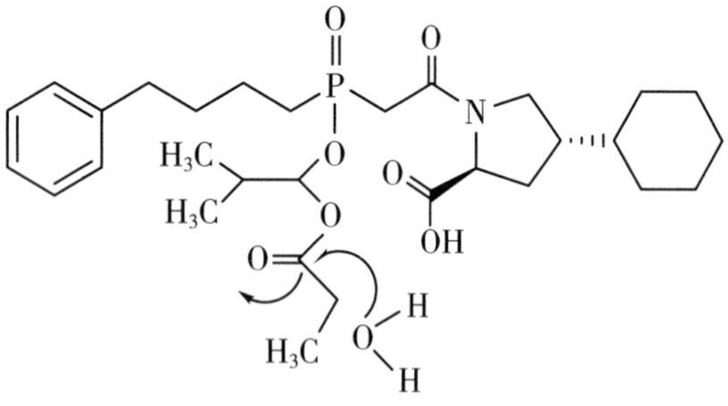

福辛普利　　　　　　　　　　　　　　酯酶

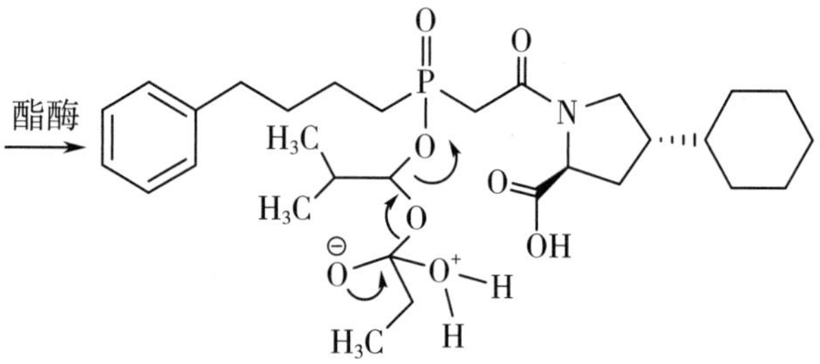

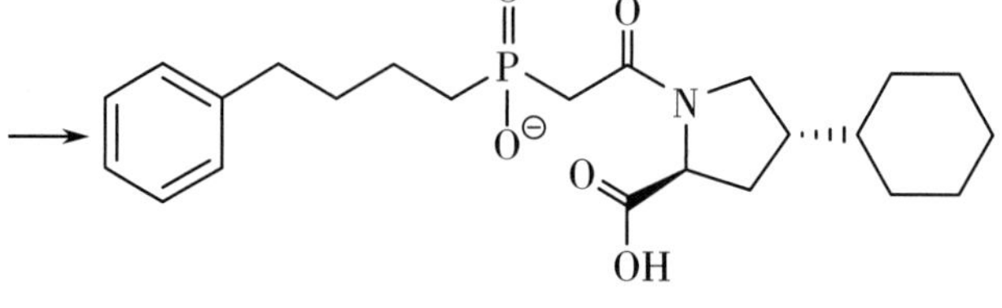

福辛普利拉

4. ACEI 的构效关系　ACE 是一个立体选择性的药物靶点。由于临床上的 ACE 抑制剂是以二肽或三肽作为酶的底物而起作用的,因此它们必须包含与自然界的 L- 氨基酸的构型一致的一个立体化学结构,若改变羧基端氨基酸或 R_1 取代基的构型,抑制活性会减少 100~1 000 倍。在双羧酸的 ACE 抑制剂中,都满足 S,S,S 的构型并得到较佳的酶抑制作用。

（1）N- 环上必须含有与 ACE 底物 C- 端羧酸相似的羧基。

（2）在 N- 环上连有较大疏水基团有利于增加药效和改变药代动力学参数。

（3）与锌离子结合的部位可以为 A、B 或 C 部分。

（4）A 部分的巯基有利于与锌离子结合,但会产生皮疹和味觉障碍;巯基还会由于形成二硫化物而减少其作用时间。

（5）B 和 C 部分是模仿肽水解的过渡态,以羧基或磷酰基与锌离子结合。将羧基或磷酸基酯化可得其可口服的前药。

（6）X 通常为与丙氨酸侧链相似的甲基。在双羧酸衍生物中,当 X 为正丁氨基时,为非前体药物的口服 ACEI。

（7）当 ACEI 的立体结构与 L- 氨基酸的立体结构一致时,可获得最佳活性。

四、血管紧张素Ⅱ受体阻滞剂

1982 年研究发现以 S-8308 为代表的咪唑 -5- 乙酸类似物具有抗高血压作用,其作用机制为特异性阻断 AngⅡ(angiotensinⅡ)受体。通过计算机分子叠合法模型找到了 S-8308 与 AngⅡ的三个共同的结构特征,S-8308 的离子化羧基与 AngⅡ的 C- 端羧基相对应;S-8308 的咪唑环与 His6 残基的咪唑侧链相对应;S-8308 的正丁基与 Ile5 烃基侧链相对应。

为提高 S-8308 的脂溶性以及与受体的结合力, 对其进行了大量的结构改造, 发现了对 AngⅡ受体有高度亲和力并有口服活性的氯沙坦(losartan)。

S–8308 (IC$_{50}$=15mmol/L)　　　　　　　　　氯沙坦 (IC$_{50}$=0.019mmol/L)

AngⅡ受体至少存在两种亚型, 即 AT$_1$ 受体和 AT$_2$ 受体。AT$_1$ 受体存在于大脑、神经元、血管、肾、肝、肾上腺、心肌等组织, 调节因血管紧张素Ⅱ所致的心血管、肾以及 CNS 效应。血管紧张素Ⅱ的心血管作用主要是通过 AT$_1$ 受体来介导的。

现有 AngⅡ受体拮抗剂(angiotensin Ⅱ receptor antagonists)均为选择性 AT$_1$ 受体拮抗剂, 能阻断经 AT$_1$ 受体介导的 AngⅡ生理作用。与 ACEI 不同, AngⅡ受体拮抗剂不升高缓激肽水平, 从而减少了咳嗽和血管性水肿的发生率。

氯沙坦为第一个上市的 AngⅡ受体拮抗剂, 通过对氯沙坦的结构改造或修饰得到了一系列 AngⅡ受体拮抗剂, 如联苯四唑类的缬沙坦(valsartan)、厄贝沙坦(irbesartan)、坎地沙坦酯(candesartan cilexetil)、奥美沙坦(olmesartan)和非马沙坦(fimasartan), 联苯羧酸类的替米沙坦(telmisartan)、联苯类阿齐沙坦酯(azilsartan medoxomil)以及非联苯类的依普沙坦(eprosartan)。

缬沙坦

厄贝沙坦

坎地沙坦酯

奥美沙坦

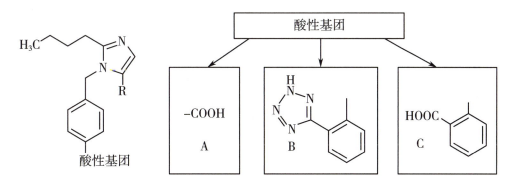

非马沙坦

替米沙坦

依普沙坦

阿齐沙坦酯

AngⅡ受体拮抗剂具有良好的耐受性,副作用比 ACEI 少,特别是干咳和血管水肿等的副作用明显较轻。由于 AngⅡ受体拮抗剂与 AngⅡ受体的特异性作用,此类药物不影响缓激肽和前列腺素的水平。

通常 AngⅡ受体拮抗剂都具有下面的基本结构:

酸性基团

–COOH

A

B

HOOC

C

酸性基团

(1)"酸性"基团被认为是模拟 Tyr_4 的酚羟基或者血管紧张素ⅡAsp1 中的羧基,这些"酸性基团"包括了羧基(A),苯基四唑基(B)或者苯甲酸基(C)。

(2)在联苯基系列中,当四唑基和羧基位于另一个苯环邻位上时,其活性最佳,在代谢稳定性、亲脂性和口服生物利用度这三方面到达最佳比例,而四唑基优于其他基团。

(3)模型化合物中的叔丁基提供疏水性,它为模拟血管紧张素Ⅱ的 Ile_5 的侧链,正如在坎地沙坦和替米沙坦中,此叔丁基可以被苯并咪唑环取代。

(4)咪唑环或其电子等排体模拟了血管紧张素Ⅱ的 His_6 侧链。

（5）取代基 R 包括羧基、羟甲基、醚基或者烷基链，取代基 R 可模拟血管紧张素ⅡPhe$_8$。所有这些基团被认为与 AT$_1$ 受体相互作用，其作用方式包括离子键，离子偶极键和疏水作用。

几乎所有 AngⅡ受体拮抗剂都为酸性，在氯沙坦、缬沙坦、依贝沙坦和坎地沙坦中的四唑环基的 pK_a 大约为 6，在正常的生理 pH 条件下，四唑环基至少有 90% 被离子化；在缬沙坦、坎地沙坦、替米沙坦和依普沙坦中的羧基的 pK_a 在 3～4 之间，因此在体内基本上被离子化。目前临床上使用的 AngⅡ受体拮抗剂虽具有多种类型的结构，脂溶性都不是很好。但四唑环基的亲脂性高于羧基的亲脂性，加之由于四唑环含有四个氮原子，与羧基相比四唑环基更易贡献电荷。因此，含四唑环基的化合物具有更高的亲和力和生物利用度。

氯沙坦（losartan）

化学名为 2- 丁基 -4- 氯 -1-[4-(2-1H- 四唑 -5- 基苯基)苄基]-1H- 咪唑 -5- 甲醇，2-butyl-4-chloro-1-[p-(o-1H-tetrazol-5-yl-phenyl)benzyl]imidazole-5-methanol。

本品为白色至类白色粉末，在水或乙醇中溶解，在三氯甲烷中极微溶解，熔点 182～185℃。本品的四唑结构呈酸性，为中等强度的酸，其 pK_a 5～6，能与钾离子成盐。临床用氯沙坦钾。

本品能特异性拮抗 AngⅡ受体的 AT$_1$ 受体亚型，阻断循环和局部组织中 AngⅡ所致的动脉血管收缩、交感神经兴奋和压力感受器敏感性增加等效应，强力和持久性地降低血压，使收缩压和舒张压均下降。用于治疗高血压，可单独应用或与其他抗高血压药如利尿药合用。

本品口服迅速被吸收，生物利用度约 35%。口服后约 14% 的氯沙坦被同工酶 CYP$_2$C$_9$ 和 CYP$_3$A$_4$ 氧化形成 EXP-3174，EXP-3174 为一种非竞争性 AT$_1$ 受体拮抗剂，其作用为氯沙坦的 10～14 倍，氯沙坦和 EXP3174 的血药浓度分别在服药后 1 小时及 3～4 小时达到峰值，半衰期分别为 2.2 小时和 6.7 小时。氯沙坦及其代谢物都从尿液和粪便中排出。本品的作用由原药与代谢产物共同产生。

氯沙坦   EXP-3174

氯沙坦的合成路线主要有两条：

路线一以 2- 丁基 -5- 氯 -1H- 咪唑 -4- 甲醛为原料，与对溴溴苄反应后，用 NaBH$_4$ 还原得到 1-(4- 溴苄基)-2- 丁基 -4-1H- 氯咪唑 -5- 甲醇，继而与苯基硼酸经 Suzuki 偶联反应、去三苯甲基化，得到氯沙坦。其中，苯基硼酸可经以下步骤合成：用 Ph$_3$C-Cl 保护 5- 苯基四唑，用丁基锂金属化后，与(i-PrO)$_3$B 反应即得。

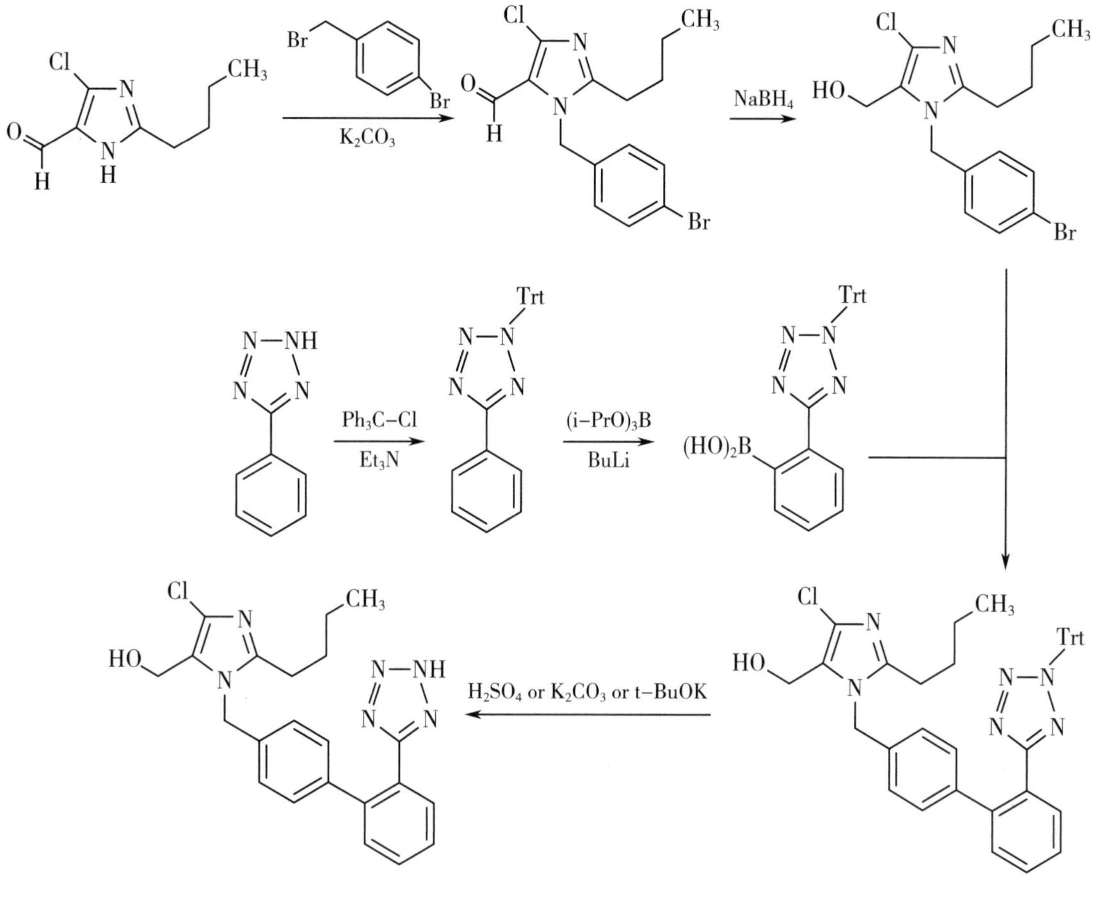

路线二是以对溴溴苄为原料，在 K$_2$CO$_3$ 存在下与邻苯二甲酰亚胺缩合，得到 N-(4- 溴苄基)邻苯二甲酰亚胺，然后在 Pd(PPh$_3$)$_4$ 和 Na$_2$CO$_3$ 存在下与苯基硼酸缩合得到联苯衍生物。将脱掉邻苯二甲酰亚胺保护基后得到的 4- 苯基苄胺继续与亚氨酸酯反应，再与 2- 溴 -3- 异丙氧基丙烯醛环合，得到咪唑 -5- 甲醛衍生物，经 NaBH$_4$ 还原、氯代、去三苯甲基化，最终得到氯沙坦。

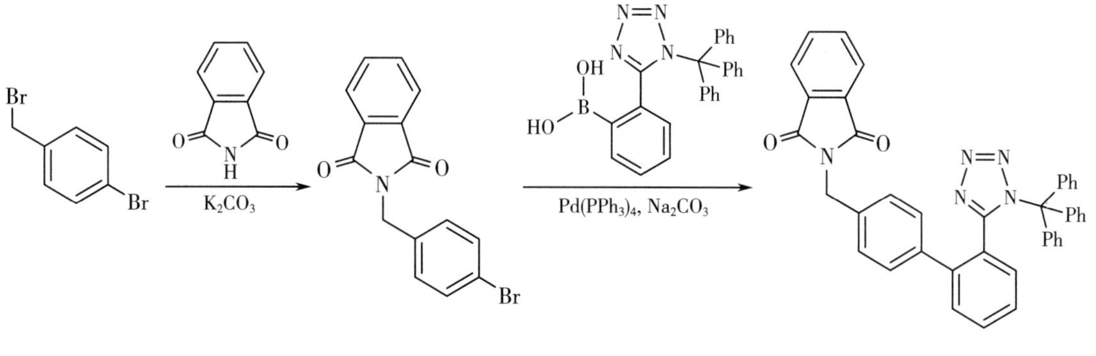

氯沙坦杂质主要有 A～N。

A. 中间的副产物　　　　　B. 中间的副产物　　　　　C. 原料

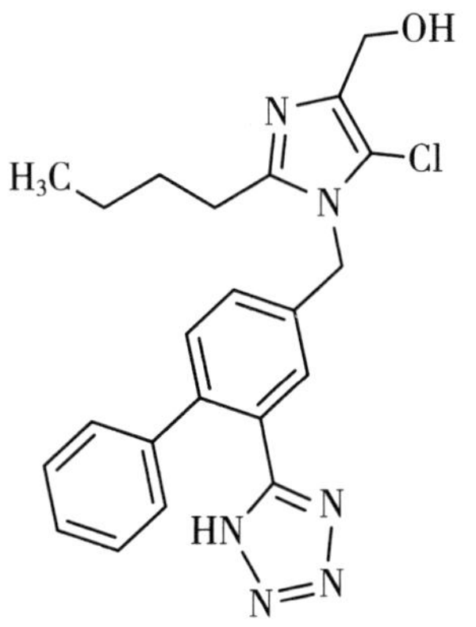

D. 中间的副产物

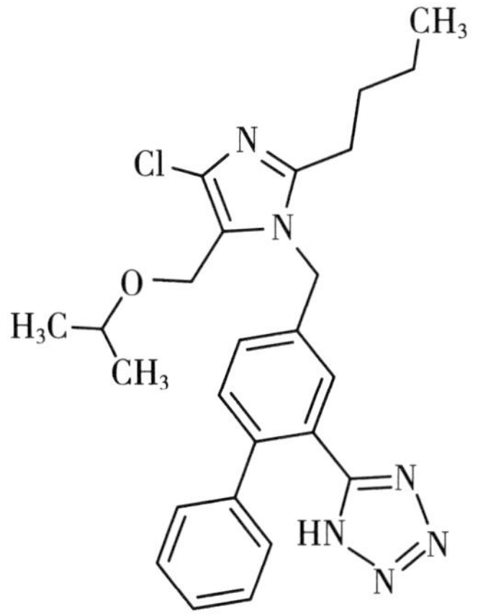

E. 中间的副产物

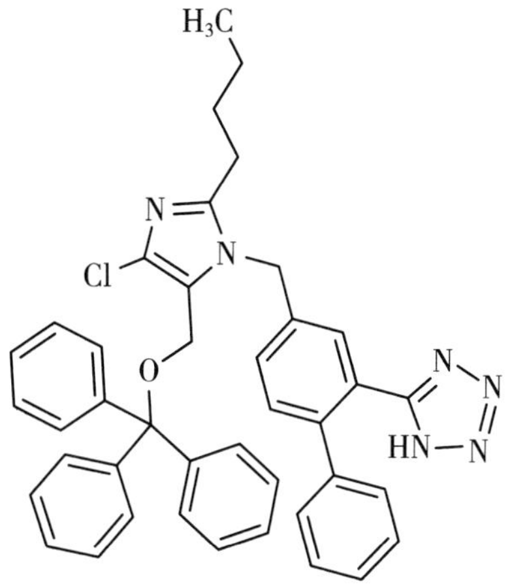

F. 中间的副产物

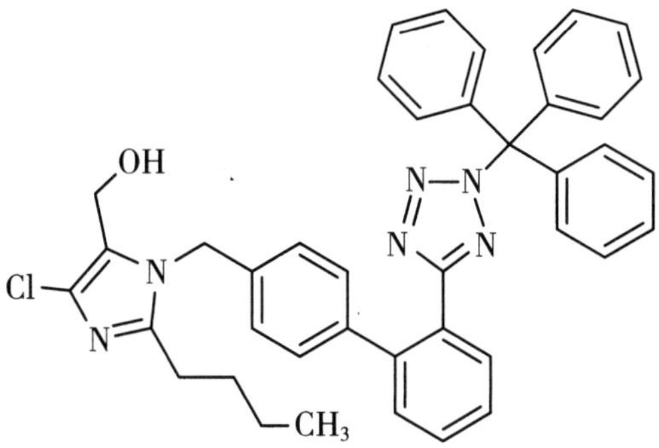

G. 中间的副产物

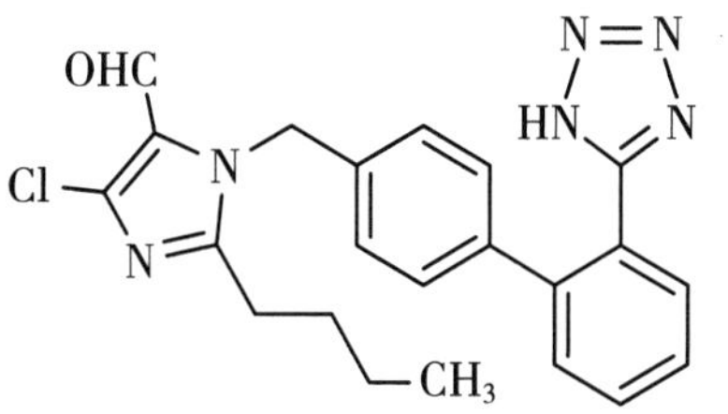

H. 中间的副产物

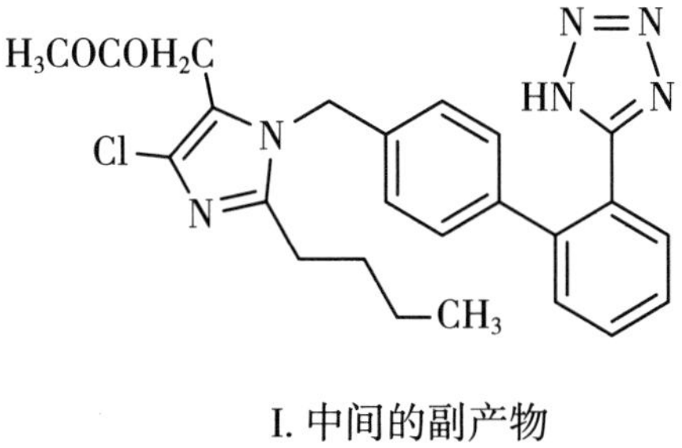

I. 中间的副产物

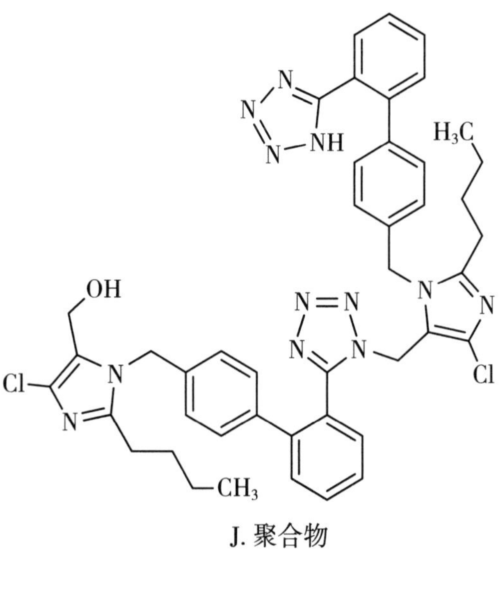

J. 聚合物

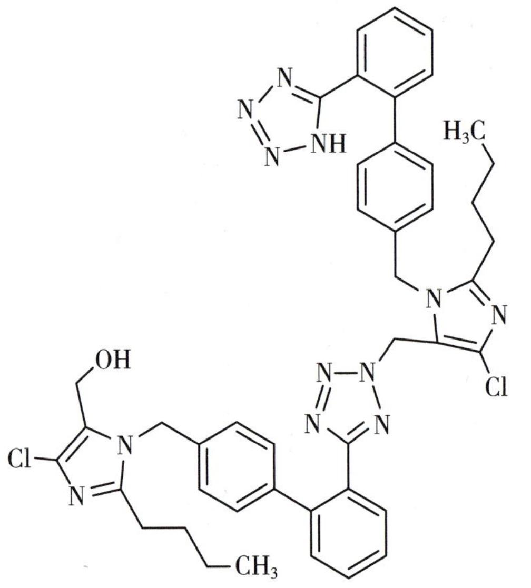

K. 聚合物

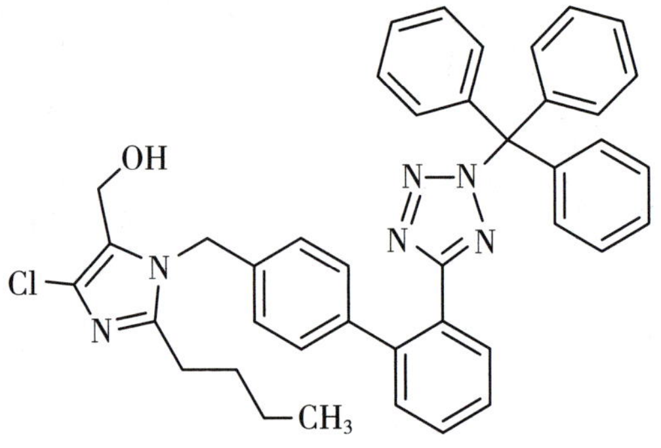

L. 中间的副产物

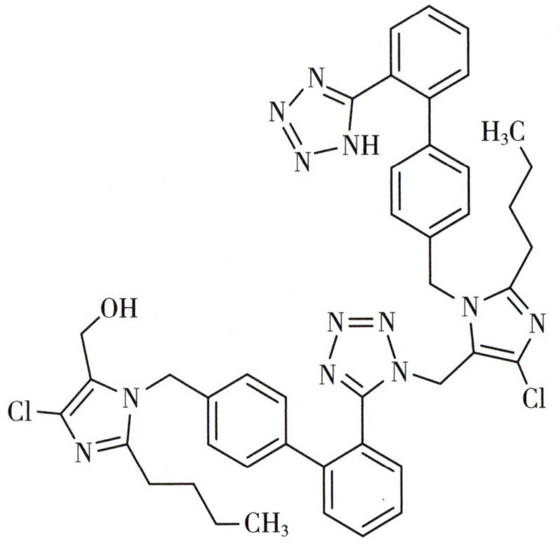

M. 聚合物

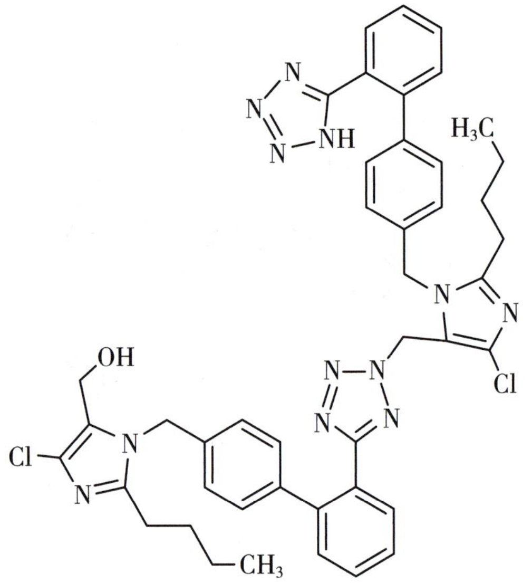

N. 聚合物

阿齐沙坦酯（azilsartan medoxomil）

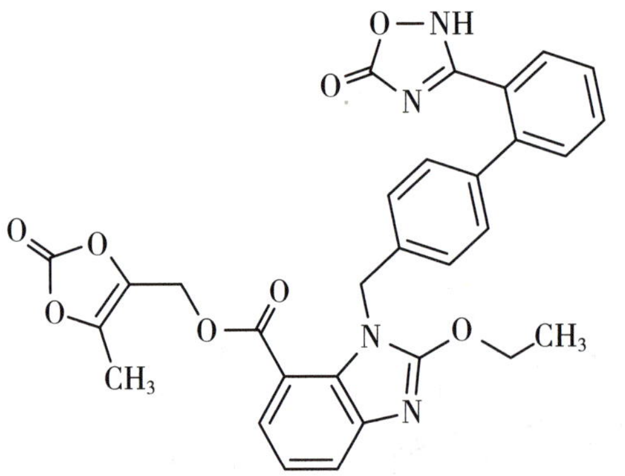

化学名为 1-[［2′-（2，5- 二氢 -5- 氧代 -1，2，4- 噁二唑 -3- 基）［1，1′- 联苯]-4- 基］甲基]-2- 乙氧基 -1H- 苯并咪唑 -7- 羧酸（5- 甲基 -2- 氧代 -1，3- 二噁茂 -4- 基）甲酯，1-[［2′-（2，

5-dihydro-5-oxo-1，2，4-oxadiazol-3-yl)[1，1′-biphenyl]-4-yl]Methyl]-2-ethoxy-，(5-Methyl-2-oxo-1，3-dioxol-4-yl)Methyl ester。

阿齐沙坦酯钾盐是阿齐沙坦的一种前药，在胃肠道吸收期间被水解为阿齐沙坦，2011 年 2 月 22 日在 FDA 批准上市。阿齐沙坦酯是一种选择性 AT_1 亚型血管紧张素Ⅱ受体阻滞剂。与血管紧张素转化酶抑制剂（ACEI）类降压药物相比，单独或联合用药均具有平稳降压、不会引起干咳的优点，平稳持久降血压作用。还能通过部分激活过氧化物酶体增殖物激活受体 -γ（PPAR-γ）而对糖尿病患者产生潜在的保护作用，相关临床试验结果表明其临床效果要优于现在临床广泛使用的奥美沙坦酯和缬沙坦。

阿齐沙坦酯的合成路线主要有两条：

路线一是通过草酰氯对阿齐沙坦进行氯化，提高阿齐沙坦酯的收率、质量和降低杂质的含量，然后在缚酸剂、对甲苯磺酰氯、DMAP 存在下与 4- 羟甲基 -5- 甲基 -1，3- 二氧基 -2- 酮发生酯化反应得到阿齐沙坦酯。

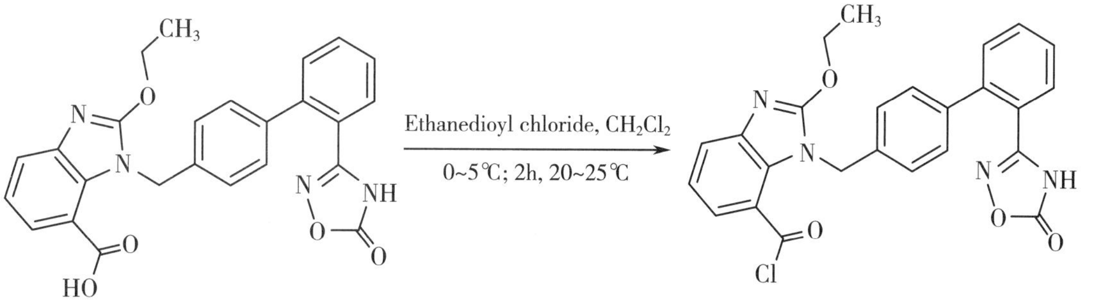

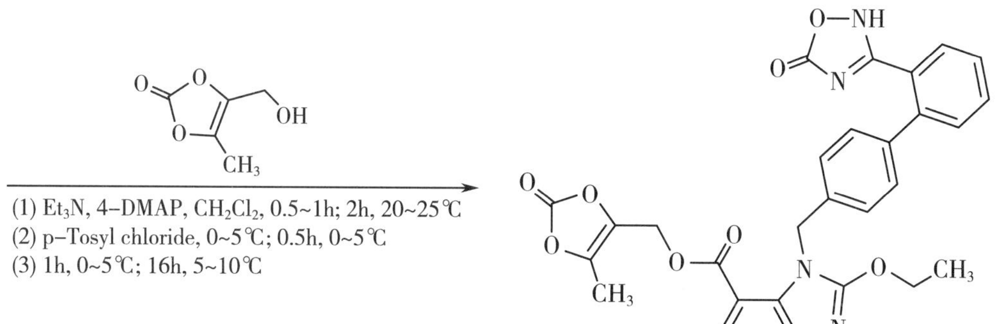

路线二是以 4′- 溴甲基 -2- 氰基联苯为原料经羟胺反应再进行环化制得化合物Ⅱ；以 2- 乙氧基苯并咪唑 -7- 羧酸为原料进行酯化反应制得化合物 V，然后利用化合物Ⅱ与化合物 V 反应制得阿齐沙坦酯。本发明的方法合成路线短，操作简便，收率高，同时减少了原料 4′- 溴甲基 -2- 氰基联苯的消耗，降低了成本。

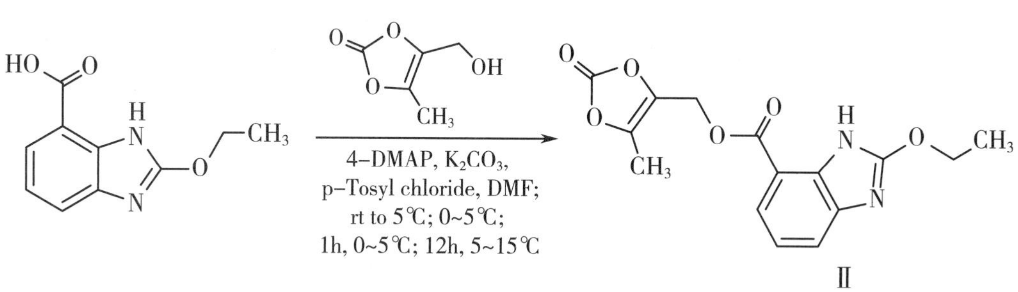

除了上述的代表性药物，最新一代的血管紧张素Ⅱ受体阻滞剂非马沙坦（fimasartan）也受到了人们的关注，虽然还处于临床试验阶段，但已在多种高血压类型中表现出快速和有效的抗高血压效果，相对于氯沙坦及奥美沙坦酯等其他沙坦药物有着更高效的降压效果。此外非马沙坦的不良反应发生率少，对心肾功能无不良影响，与 ACEI 药物相比不会引起刺激性干咳。

非马沙坦

五、血管紧张素 - 脑啡肽酶双重抑制药

当前一些研发多数集中在新型的抗高血压药物上，主要方向是在靶向治疗，如由缬沙坦（valsartan）和脑啡肽酶抑制药沙库巴曲（sacubitril）组成的药物诺欣妥（entresto）。

诺欣妥在 2015 年上市，是由美国诺华制药研发的一种治疗心衰药物，由缬沙坦和沙库巴曲以 1∶1 的摩尔比组成。

缬沙坦   沙库巴曲

  缬沙坦的成分可阻断血管紧张素Ⅱ与受体结合,抑制血管紧张素Ⅱ的作用,可达到扩张血管、排钠利尿、抑制交感神经兴奋的作用,进而改善血流动力学;也可改善心室重构、起到延缓心衰进展的作用等。沙库巴曲单用则可以抑制脑啡肽酶,提高血浆中利钠肽的水平,从而发挥降压和抗纤维化作用,但是使利钠肽降解最小化的同时,也使得血管紧张素Ⅰ、Ⅱ和内皮素 -1 浓度升高,二者作用相互抵消,故单独使用对心力衰竭没有太大影响。

  诺欣妥为白色粉末,易溶于水。其中沙库巴曲 pK_a 为 4.6。

  临床试验研究表明,诺欣妥可降低猝死率、心力衰竭住院风险以及全因死亡率。有研究显示,应用该药的患者,可以明显降低其心力衰竭再住院的复合终点事件发生率,同时可以明显降低心力衰竭患者的住院风险,而且显著改善患者的生活质量及症状,该药的临床应用对于心力衰竭患者具有极其重要的意义。

  由于缬沙坦部分的合成工艺比较成熟,因而合成焦点在沙库巴曲上。目前合成的主要工艺路线如下:

诺欣妥以 1,1'- 联苯 -4- 甲醛为原料,经过醛基烷基化、开环、氢化、氨基烷基化,与缬沙坦成盐最终制得。

路线二: 由手性氨基醇(R)- 叔丁基(1-([1,1'- 联苯]-4- 基)-3- 羟基丙烷 -2- 基)氨基甲酸酯为起始原料,经过氧化成醛、Wittig 反应、水解反应、手性还原、酯化、开环酰胺化、成钙盐、游离等系列反应得到沙库巴曲,最后与缬沙坦和氢氧化钠反应得到诺欣妥。

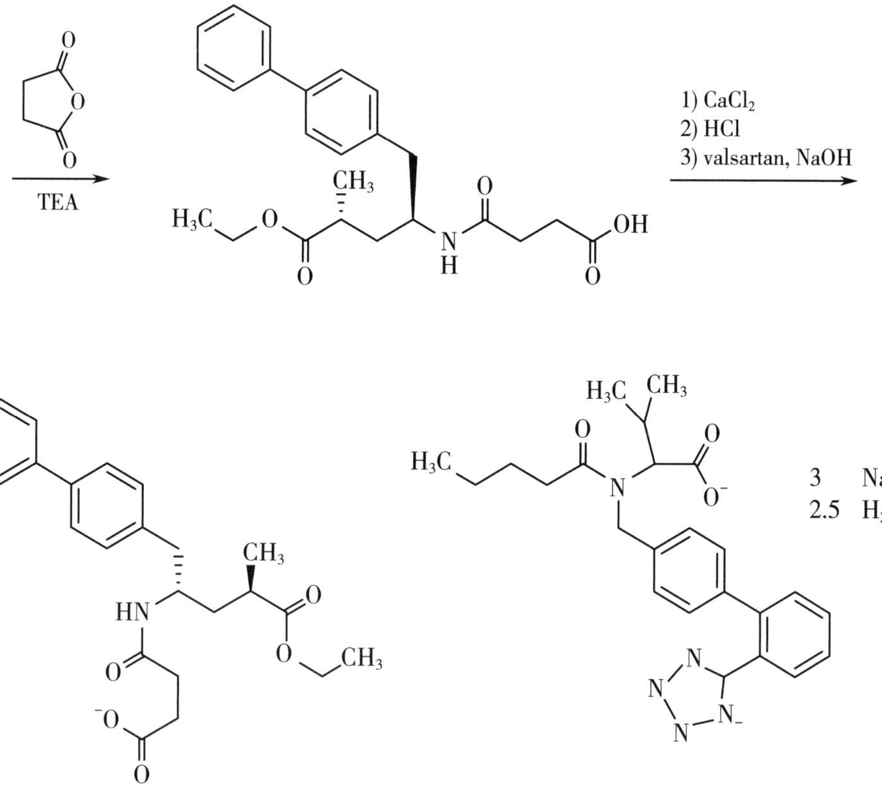

此路线是目前合成诺欣妥的主要工艺路线，但该路线步骤偏多，总体成本较高。起始原料需要多步合成并且水解过程中使用了较大当量的强酸，产生了大量的危险废液；在 Wittig 反应中产生了大量的三苯氧膦废料，钙化成盐、酸解游离又产生了较多的废水，环保压力也较大；另外在手性还原步骤中需要用到较大量的贵金属催化剂，选择性也不高，工艺成本偏高；在合成终产物过程中，沙库巴曲与缬沙坦利用氢氧化钠成盐时，容易因局部碱性过强造成沙库巴曲水解产生杂质，不利于提高产品纯度。

诺欣妥合成中存在杂质 A～C，其中 A 为丁二酸酐与化合物分子内环合杂质(3*R*,5*S*)-5-[(联苯 4 基)甲基] 3 甲基吡咯烷 -2- 酮继续反应所得；B 为反应溶剂与沙库巴曲双酯交换反应的产物；C 为氯化钙成盐反应中生成的钙盐。

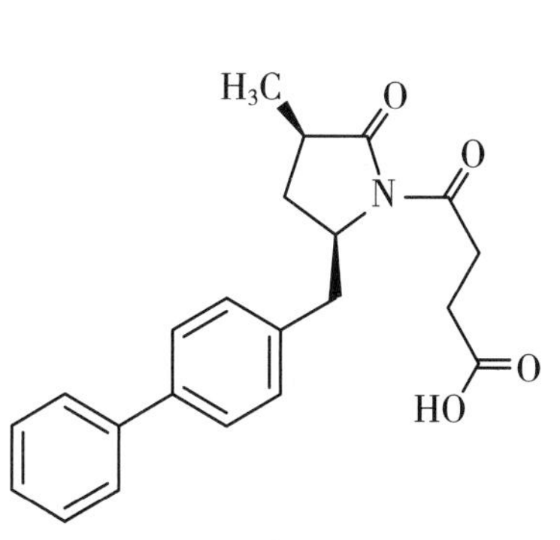

A

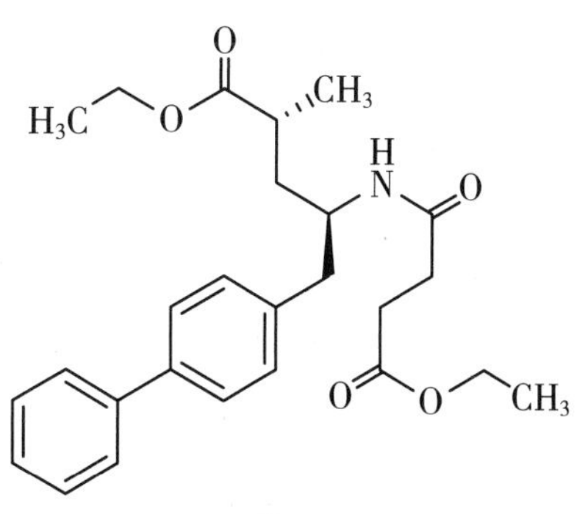

B

C

第三节　钙通道阻滞剂

　　正常细胞内外的钙离子浓度有很大的差别。细胞外钙离子浓度约为 10^{-3}mol/L，而细胞内仅有 10^{-7}mol/L。在心肌和血管平滑肌中，细胞内游离的钙离子浓度升高，促进心肌和血管平滑肌收缩，这是原发性高血压的病理因素。细胞内的钙离子也可与胞外钠离子通过 Na^+/Ca^{2+} 交换器互换而排出胞外，细胞外的钙离子也可与胞内钠离子交换而进入胞内。若阻止钙离子进入细胞，就能阻止血管平滑肌细胞收缩，血压就不致升高。

　　阻止钙离子通过通道进入细胞的药物称为钙通道阻滞剂。钙通道有多种类型，其电压调控钙通道中 L- 亚型钙通道是唯一产生治疗作用的钙通道。

　　目前临床上常用的钙通道阻滞剂，依据其作用类型可分为选择性钙通道阻滞剂和非选择性钙通道阻滞剂。其中选择性钙通道阻滞剂按化学结构可分为二氢吡啶类、苯硫氮类和芳烷基胺类，非选择性钙通道阻滞剂按化学结构可分为二苯基哌嗪类和二氨基丙醇醚类。

一、选择性钙通道阻滞剂

　　1. 二氢吡啶类　早在 1882 年，Hantzsch 就成功合成了二氢吡啶类化合物，但没有发现其药理作用。50 年后，发现当 1，4- 二氢吡啶环与辅酶 NADH 的"氢 - 转移"过程有关，在 20 世纪 70 年代初，人们才完全了解 1，4- 二氢吡啶类化合物的药理性质。

　　Hantzsch 反应得到的是一个对称的二氢吡啶类化合物，在这个化合物中，3、5 位有两个相同的酯基，2、6 位是两个相同的烷基。后来，在二氢吡啶骨架的基础上，通过对 C_4 取代基，C_3 和 C_5 的酯，C_2 和 C_6 的烷基以及 N_1-H 的修饰，确定了这类化合物的基本骨架。

　　二氢吡啶类钙通道阻滞剂（dihydropyridine calcium antagonist，DHP）为钙通道阻滞剂中特异性最高和作用最强的一类，主要用来治疗高血压和心绞痛。其作用机制为特异性地阻断平滑肌中的 L 型钙通道，抑制钙离子内流，从而诱导血管舒张和降低血压，增加血流量，具有较好的抗心绞痛及抗高血压作用，且在整体条件下不抑制心脏，副作用小。该类药物还可与 β 受体拮抗剂、利尿剂或强心苷合用。在心血管疾病治疗上占有较大的比重。

目前临床上可用的 1, 4- 二氢吡啶类钙通道阻滞剂有 20 余种, 代表性的药物有硝苯地平(nifedipine)、尼群地平(nitrendipine)、尼莫地平(nimodipine)、非洛地平(felodipine)、尼卡地平(nicardipine)、尼索地平(nisodipine)、苯磺酸氨氯地平(amlodipine besilate)、西尼地平(cilnidipine)、乐卡地平(lercanidipine)、贝尼地平(benidipine)、拉西地平(lacidipine)、伊拉地平(isradipine)等。

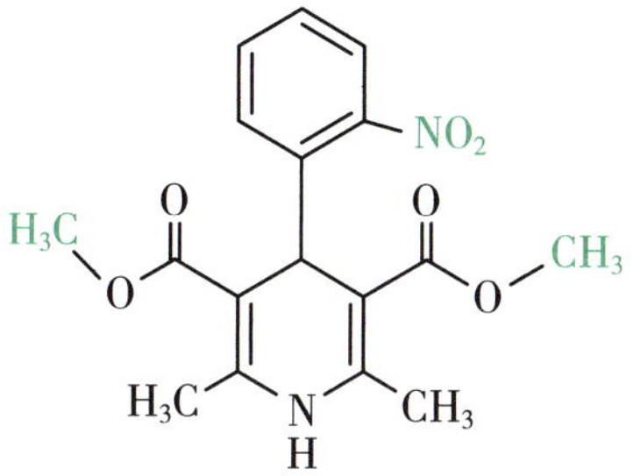

硝苯地平

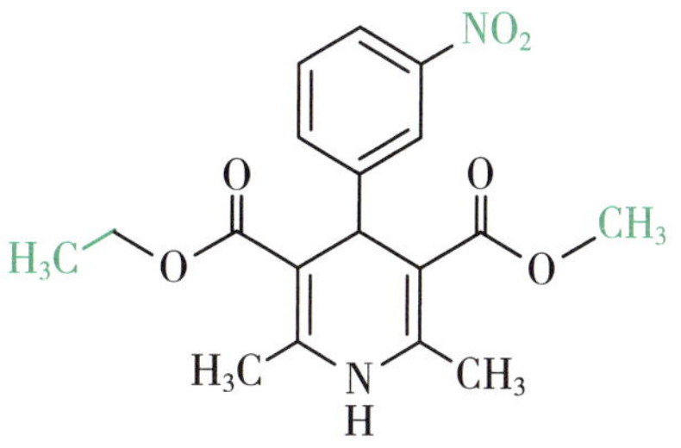

尼群地平

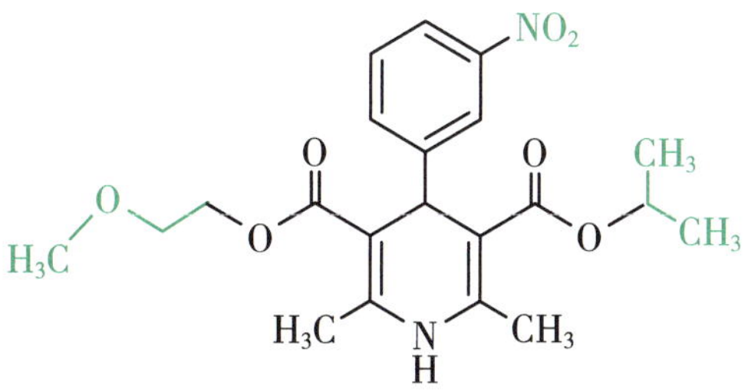

尼莫地平

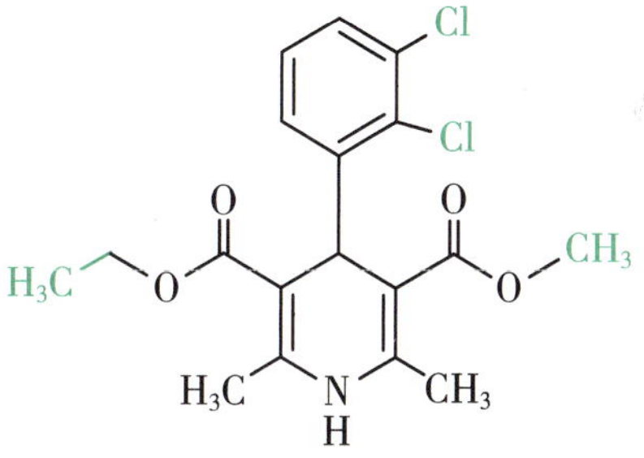

非洛地平

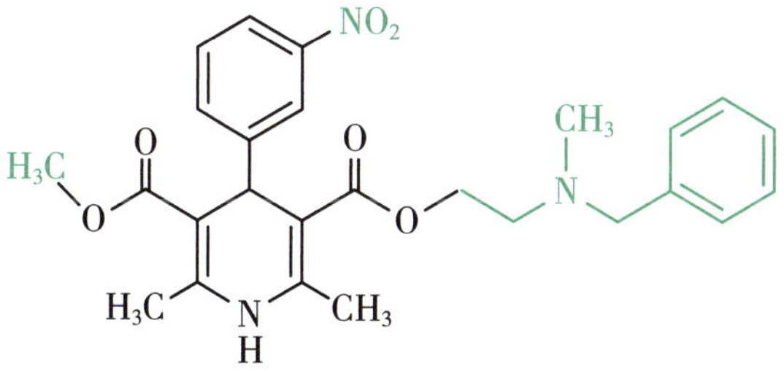

尼卡地平

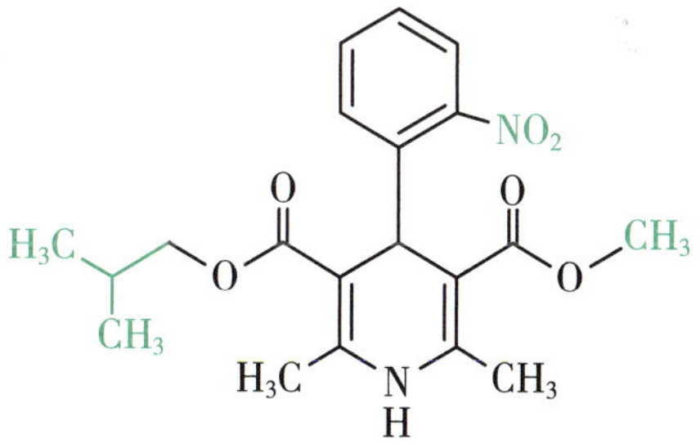

尼索地平

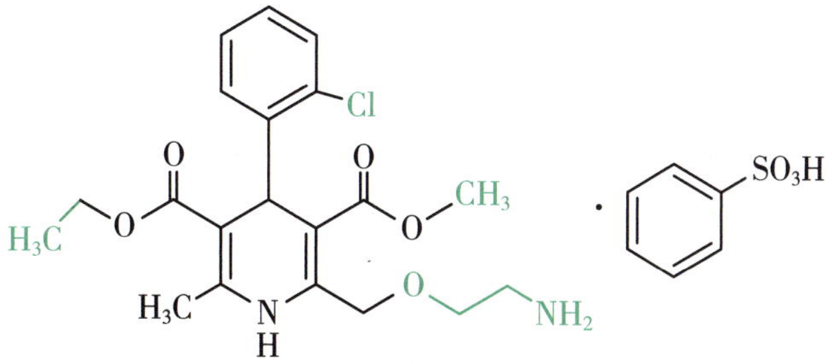

苯磺酸氨氯地平

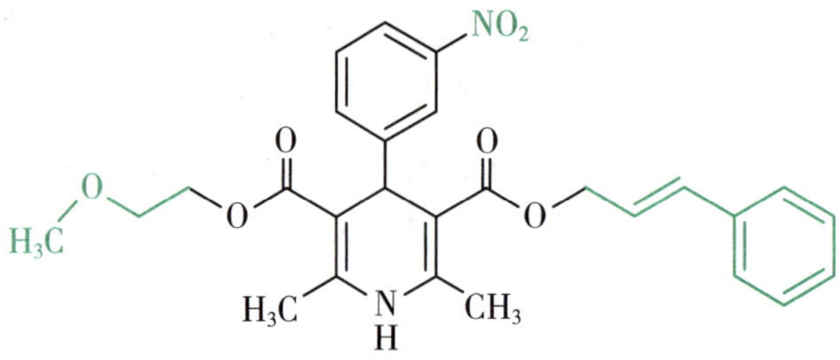

西尼地平

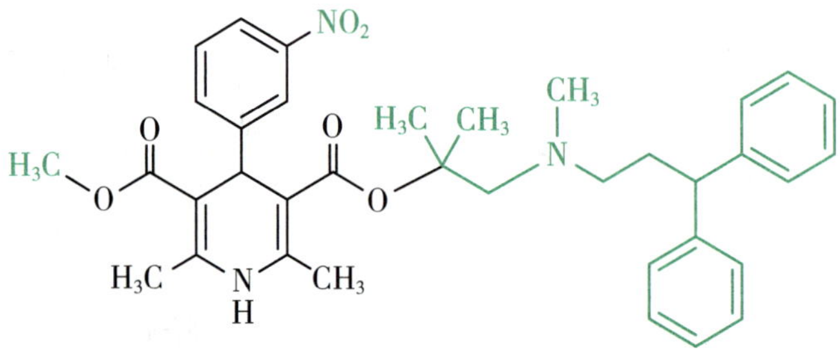

乐卡地平

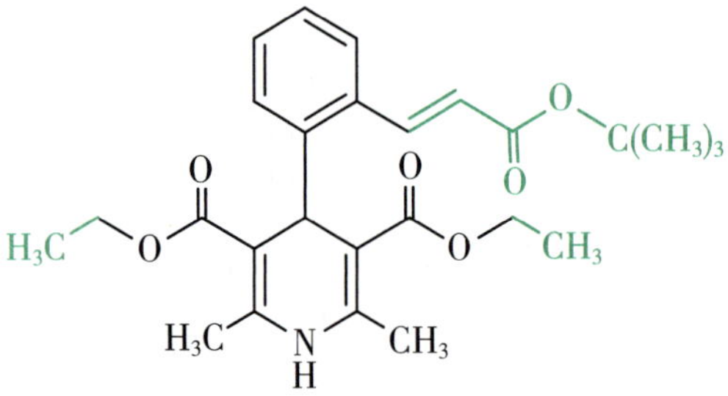

拉西地平

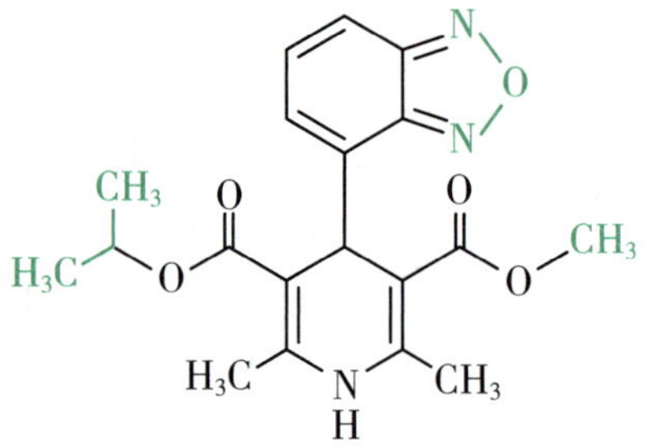

伊拉地平

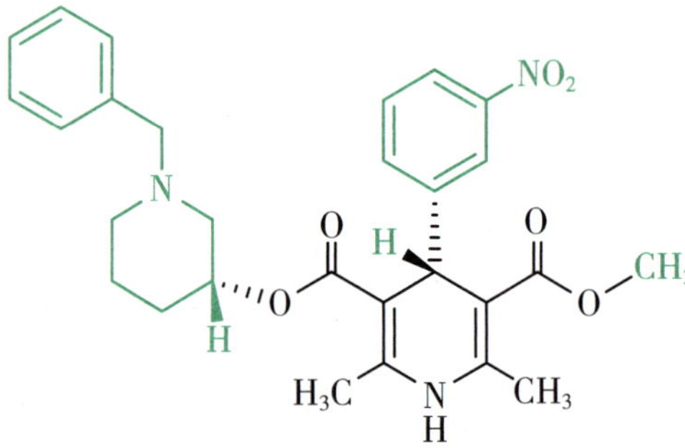

贝尼地平

　　硝苯地平为第一代 1,4- 二氢吡啶类钙通道阻滞剂,其疗效稳定,不良反应少,在抗高血压及防治心绞痛方面已经得到广泛的应用,但作用时间短。

　　第二代如尼群地平和尼莫地平等具有高度的血管选择性。其中尼莫地平能选择性地扩张脑血管,对抗脑血管痉挛,增强脑血管流量,对局部缺血有保护作用,临床用于预防和治疗蛛网膜下出血后脑血管痉挛所致的缺血性神经障碍、高血压和偏头痛等。

　　第三代如氨氯地平和乐卡地平等除了具有高度的血管选择性外,兼有半衰期长、作用持久等特点。其中氨氯地平分子中的 1,4- 二氢吡啶环的 2 位甲基被 2- 氨基乙氧基甲基取代,容易通过拆分获得两个光学异构体,临床用外消旋体和左旋体。氨氯地平的生物利用度近

100%,其吸收不受食物影响,血药浓度稳定,半衰期长达27小时,特别有利于预防心肌梗死等心血管疾病的发生。

该类药物中1,4二氢吡啶环的4位苯基上的取代基一般为硝基或氯原子,但拉西地平和伊拉地平例外。

1,4-二氢吡啶类钙通道阻滞剂的构效关系总结如下:

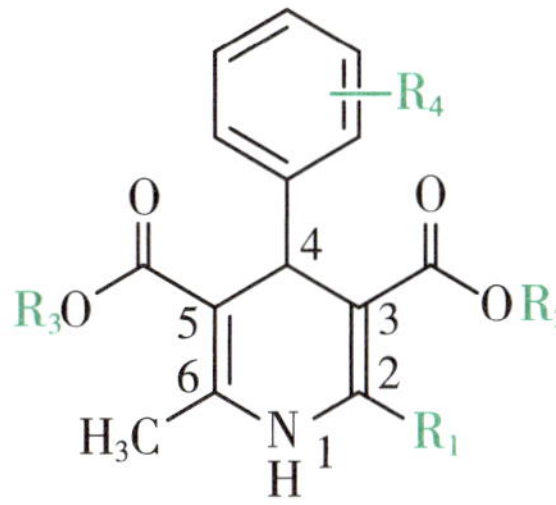

（1）1,4-二氢吡啶环是必要的,N_1上不宜带有取代基,若将1,4-二氢吡啶环氧化为吡啶环或还原为六氢吡啶环,则活性大为减小,甚至消失。

（2）C4位一般为苯环,若为芳杂环(如吡啶环),仍有效,但毒性大,若C4位为小的非平面烷基或环烷基,则活性大为减小。

（3）R_4为邻位或间位取代,或邻位和间位双取代时活性最大,而无取代或对位取代,则活性大为减小。

（4）C3、C5位上的羧酸酯对活性的影响优于其他基团。若为其他吸电子基团,则拮抗活性减弱,甚至可能表现为激动活性。例如,当用$-NO_2$取代依拉地平的羧酸酯时,则从钙通道阻断剂转变为钙通道开放剂。

（5）当R_2和R_3不同时,C4位的C原子将成为手性碳,因此将具有立体选择性。

（6）大部分1,4二氢吡啶类钙通道阻滞剂的C2、C6位上的取代基均为甲基,但氨氯地平例外($R_1=-CH_2OCH_2CH_2NH_2$),和硝苯地平相比,氨氯地具有更好的活性,这表明1,4-二氢吡啶类钙通道阻滞剂所作用的受体在此位置上能接受较大的取代基,因此可以通过改变这些取代基来提高活性。

硝苯地平（nifedipine）

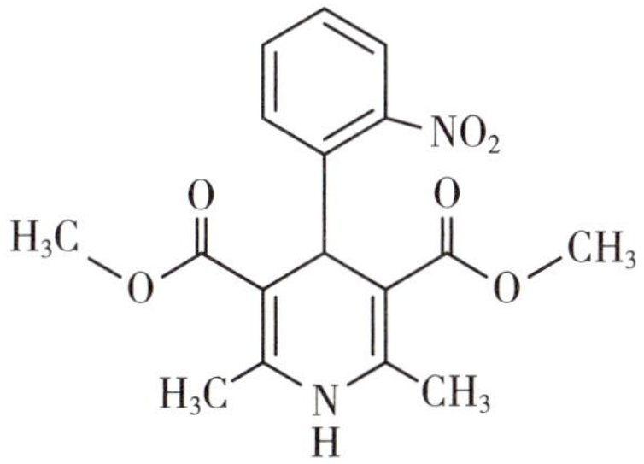

化学名为1,4-二氢-2,6-二甲基-4-(2-硝基苯基)-吡啶-3,5-二羧酸二甲酯,dimethyl［1,4-dihydro-2,6-dimethyl-4-(2-nitrophenyl)pyridine-3,5-dicarboxylate］,又名硝苯啶、硝苯吡啶、心痛定。

本品为黄色结晶粉末,无臭,无味。熔点171~175℃,在丙酮或三氯甲烷中易溶,在乙醇中略溶,在水中几乎不溶。

硝苯地平遇光或氧化剂极易发生二氢吡啶芳构化,其中光催化氧化还能发生分子内歧化反应,产生亚硝基苯吡啶衍生物。亚硝基苯吡啶衍生物对人体极为有害,故在生产、贮存过程中均应注意避光。

硝基苯吡啶   亚硝基苯吡啶

口服硝苯地平吸收良好,1~2 小时内达到血药浓度的最大峰值,有效时间持续 12 小时。经肝代谢,体内代谢物均无活性,80% 通过肾脏排泄。

1,4- 二氢吡啶类钙通道阻滞剂在体内被肝脏细胞色素 P450 酶系(CYP450)氧化代谢,产生一系列失活的代谢物。二氢吡啶环首先被氧化成一个失活的吡啶类似物,随后这些代谢物通过水解、聚合、氧化进一步被代谢。

本品能抑制心肌对钙离子的摄取,降低心肌兴奋 - 收缩偶联中 ATP 酶的活性,使心肌收缩力减弱,降低心肌耗氧量,增加冠脉血流量。还可通过扩张周边血管,降低血压,改善脑循环。用于治疗冠心病,缓解心绞痛。本品适用于各种类型的高血压,对顽固性、重度高血压和伴有心力衰竭的高血压患者也有较好疗效。

不良反应有短暂头痛、面部潮红、嗜睡。其他还包括眩晕、过敏反应、低血压、心悸及有时促发心绞痛发作。剂量过大可引起心动过缓和低血压。

硝苯地平分子中含有一个对称二氢吡啶环,可用 Hantzsch 法合成,以邻硝基苯甲醛为原料与二分子乙酰乙酸甲酯和过量氨水在甲醇中回流得到。

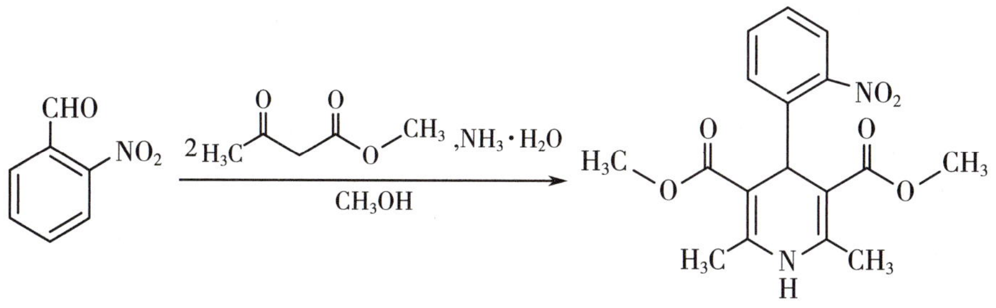

硝苯地平的主要杂质有 A～D。

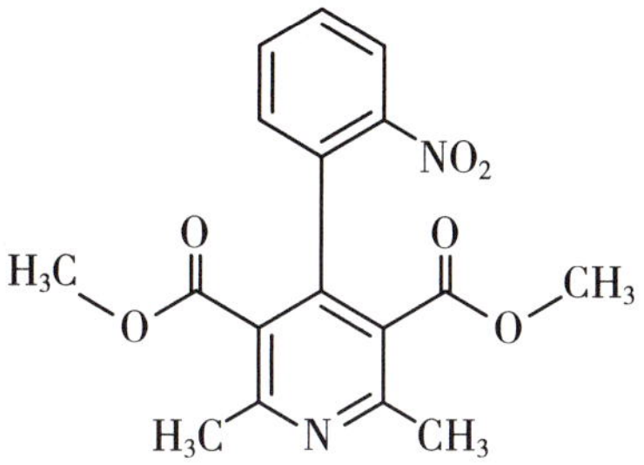

A. 氧化产物

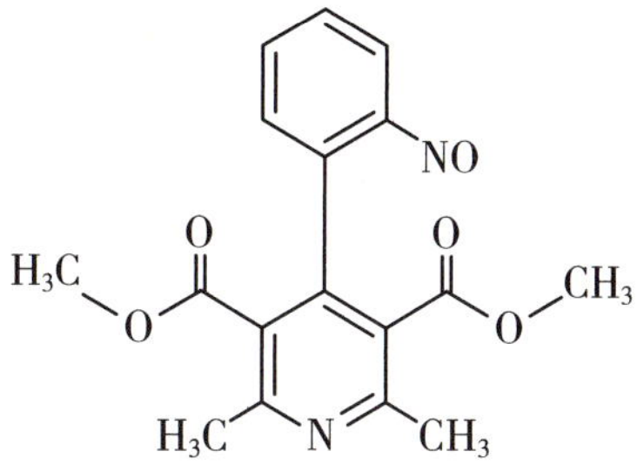

B. 氧化还原产物

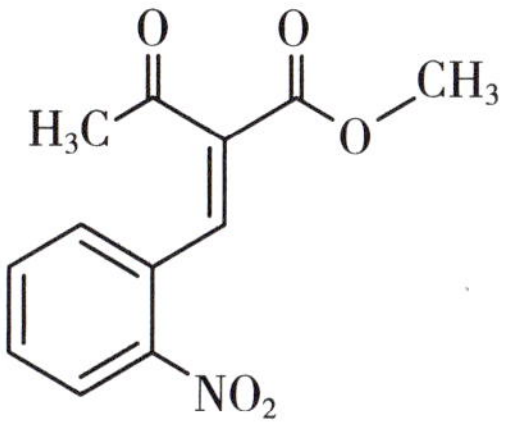

C. 反应原料

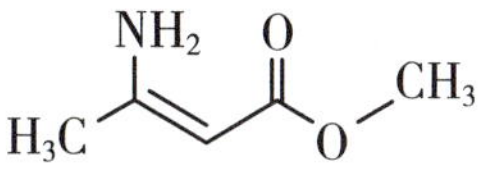

D. 反应原料

苯磺酸氨氯地平（amlodipine besilate）

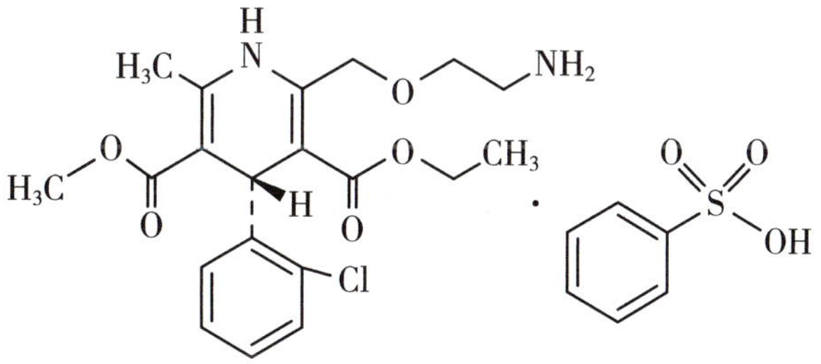

化学名为 (±)-2-[（2- 氨基乙氧基）甲基]-4-（2- 氯苯基)-1,4- 二氢 -6- 甲基 -3,5- 吡啶二甲酸,3- 乙酯,5- 甲酯,2-[（2-aminoethoxy）methyl]-4-（2-chlorophenyl)-1,4-dihydro-6-methyl-3,5-pyridinedicarboxylic acid 3-ethyl 5-methyl ester。

临床用本品的苯磺酸盐,微溶于水,略溶于乙醇,熔点 199～210℃。

本品既作用于 Ca^{2+} 通道的 1,4- 二氢吡啶类结合位点也作用于硫氮类结合位点,因此,起效较慢,但作用时间较长。可直接舒张血管平滑肌,具有抗高血压作用。可扩张外周小动脉,使外周阻力降低,从而降低心肌耗氧量。另外扩张缺血区的冠状动脉及冠状小动脉,使冠心病人的心肌供氧量增加。用于治疗高血压和缺血性心脏病。

本品的生物利用度近 100%，其吸收不受食物影响，血药浓度稳定。主要在肝脏代谢为氧化的吡啶衍生物，无药理活性。

本品的 1,4-二氢吡啶环上所连接的两羧酸酯结构不同，使其 4 位 C 原子具手性。但目前临床仍用外消旋体。

苯磺酸氨氯地平（amlodipine besilate）的合成可经邻苯二甲酰亚胺与乙醇胺在 120℃下反应得到 N-（2-羟乙基）-邻苯二甲酰亚胺，在 NaH 存在下与 4-氯乙酰乙酸乙酯发生反应，得到的中间体与邻氯苯甲醛发生 Knoevenagel 缩合，继而与 3-氨基巴豆酸甲酯发生 Hantzsch 环合反应、甲胺脱保护得到氨氯地平，最终与苯磺酸成盐，得到苯磺酸氨氯地平。

苯磺酸氨氯地平的另一条合成路线是以 Michael 加成反应来构建二氢吡啶环，以不饱和氨类化合物和二羰基化合物为原料，经 Michael 加成得到邻苯二甲酰基氨氯地平，再经水解、成盐得到苯磺酸氨氯地平。

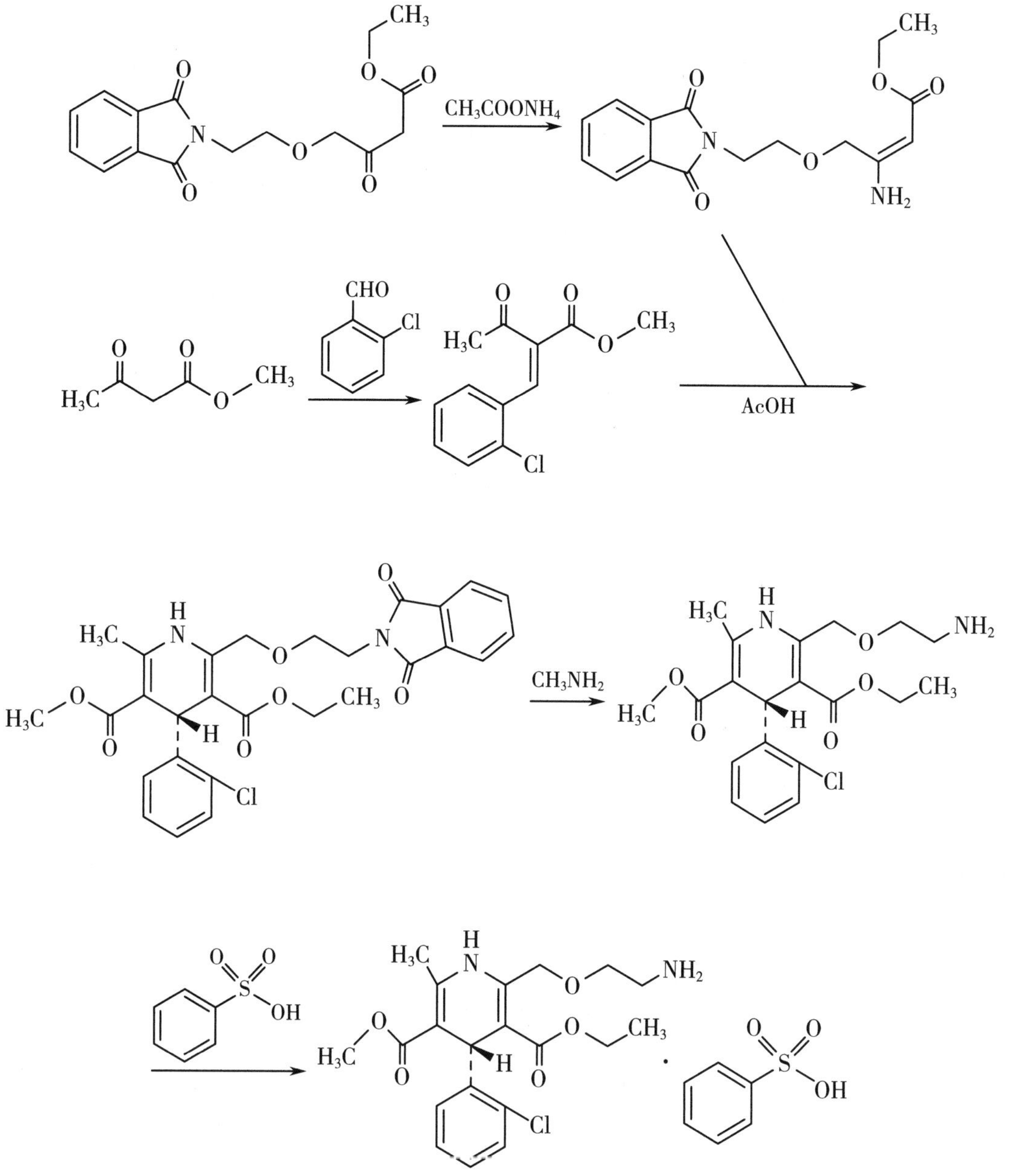

苯磺酸氨氯地平的杂质有 A～F。

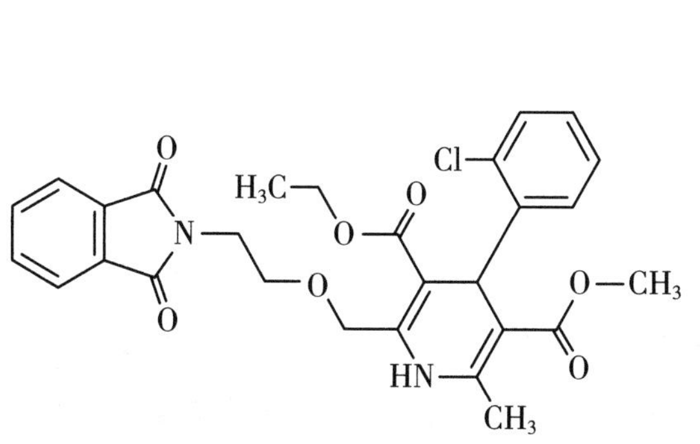

A. 中间体

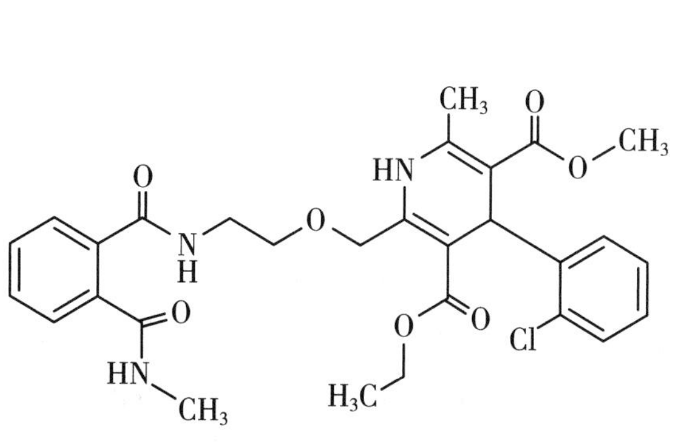

B. 中间体的杂质

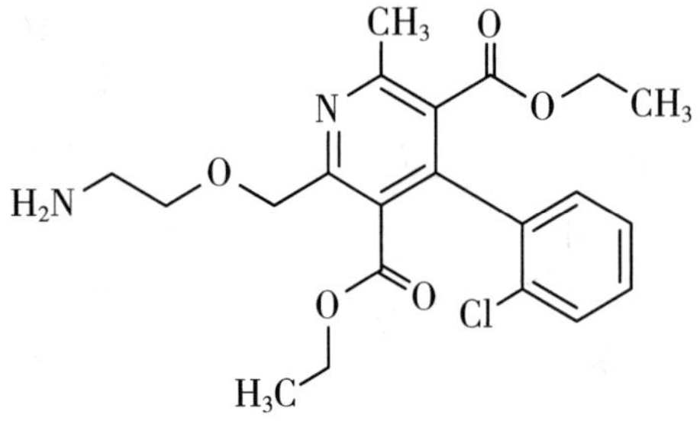

C. 杂质氧化产物

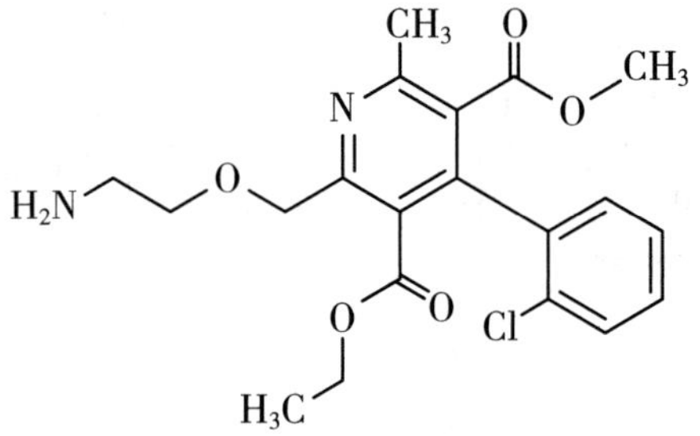

D. 氨氯地平氧化产物

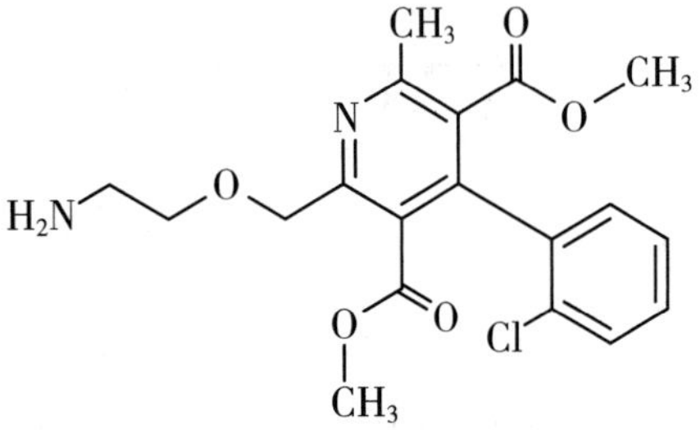

E. 杂质氧化产物

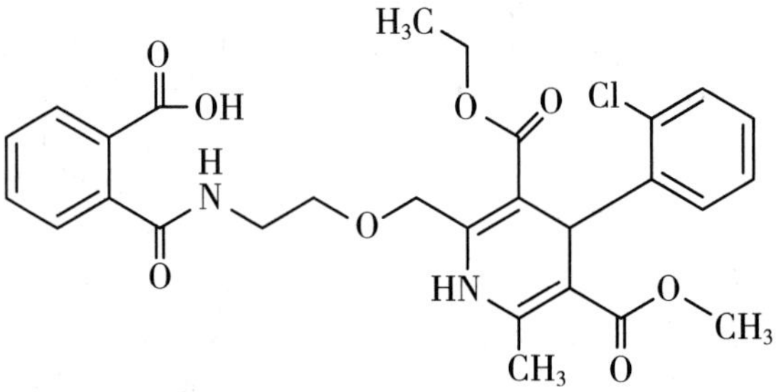

F. 中间体

第三代的代表药物除了氨氯地平,还有在降压的同时具有肾脏保护作用的马尼地平(manidipine),其有效性、安全性和苯磺酸氨氯地平片的效果相当。在治疗高血压的药物中,马尼地平相比其他二氢吡啶类钙拮抗剂对肾动脉的选择性可能更强,可减轻肾损害,延缓肾脏病变终末期,这也是马尼地平具有肾脏保护作用的基础。马尼地平具有比硝苯地平选择性高、降压作用强而持久、对心脏影响小等优点,特别对低肾素型高血压的降压效果更明显,并能改善尿酸代谢。

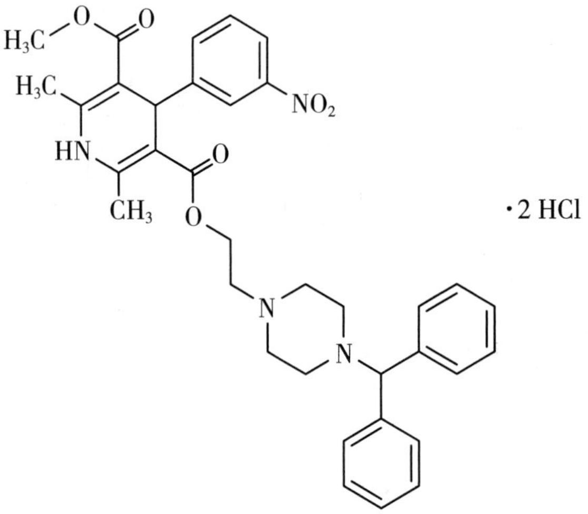

·2 HCl

马尼地平

2. 苯硫氮类 本类药物的代表为地尔硫草(diltiazem)。对其进行结构改造发现2位苯环上的4位以甲氧基或甲基取代活性最强,但增加苯环上的甲氧基数目或以4-氯、2,4-二氯、4-羟基取代,其活性会减弱或消失,而无取代时活性也会减弱。5位氮上的取代基对其活性也有较大的影响,仅叔胺有效,伯胺、仲胺、季胺均无效,无取代时也无活性,其中以二甲胺基乙基活性最强。

盐酸地尔硫䓬（diltiazem hydrochloride）

化学名为（＋）- 顺 -3- 乙酰氧基 -5-（2- 二甲胺基乙基）-2,3- 二氢 -2-（4- 甲氧基苯基）-1,5- 苯并硫氮䓬 -4（5H）- 酮盐酸盐，[（＋）-cis-3-acetoxy-5-（2-dimethylaminoethyl）-2,3-dihydro-2-（4-methoxyphenyl）-1,5-benzothiazepin-4（5H）-one hydrochloride]，又名硫氮酮。

本品为白色或类白色结晶性粉末，无臭，味苦。在水、甲醇和三氯甲烷中易溶，熔点 210～215℃（分解）。

本品分子结构中有 2 个手性碳原子，具有 4 个光学异构体。2S、3S 异构体冠脉扩张作用较强，临床仅用 2S、3S 异构体。

本品属苯并硫氮杂类钙通道阻滞剂。口服吸收完全，首过效应较大，生物利用度为 25%～60%，有效作用时间为 6～8 小时。主要代谢途径为脱乙酰基，N- 脱甲基和 O- 脱甲基。有报道脱乙酰基地尔硫䓬具有地尔硫䓬活性的 25%～50%。

本品是一个高选择性的钙通道阻滞剂，具有扩张血管作用，特别是对大的冠状动脉和侧支循环均有较强的扩张作用。临床用于治疗冠心病中各型心绞痛,也有减缓心率的作用。长期服用,对预防心血管意外病症的发生有效,无耐药性或明显副作用。

盐酸地尔硫䓬的合成有两条路线。

路线一从对甲氧基肉桂酸乙酯出发,在含水丙酮中与 NBS 反应得到外消旋赤 - 溴醇,然后用丁酸酐将其酯化得到外消旋溴代酯。用脂肪酶对映选择性水解(S, S)- 对映体,拆分得到手性溴醇。在甲醇钠存在下生成环氧环,继而与 2- 氨基苯硫酚反应得到去乙酰基地尔硫䓬,经 N- 烷基化、乙酸酐酯化,最后与盐酸成盐,得到盐酸地尔硫䓬。

路线二以茴香醛为原料，与氯乙酸甲酯经 Darzens 缩合得到外消旋的反式缩水甘油酸酯，用酶将其对映选择性水解得到所需的(2R, 3S)- 缩水甘油酸酯，与 2- 氨基苯硫酚反应使手性环氧环开环，继而在对甲苯磺酸存在下环合，再经 N- 烷基化、乙酸酐酯化、与盐酸成盐，得到盐酸地尔硫䓬。

盐酸地尔硫䓬的主要杂质有 A～F。

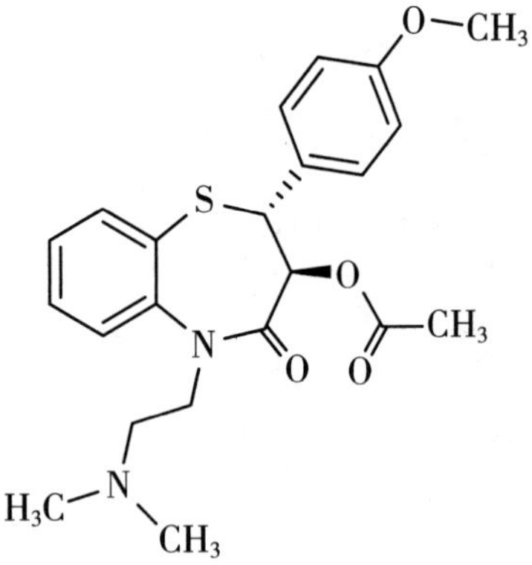

A. 异构体

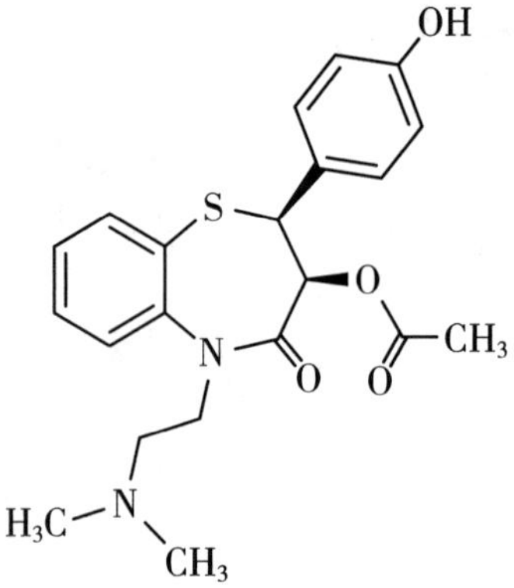

B. 脱甲基化物

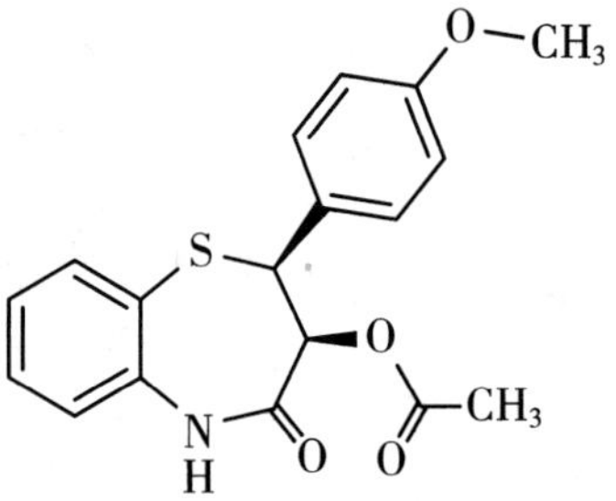

C. 脱烃基化物

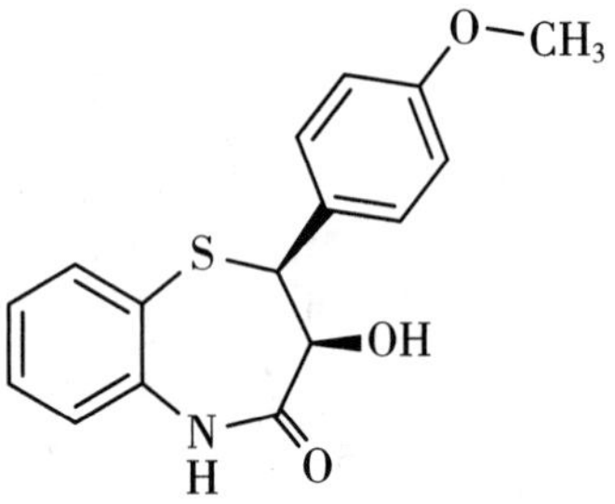

D. 脱烃基水解物

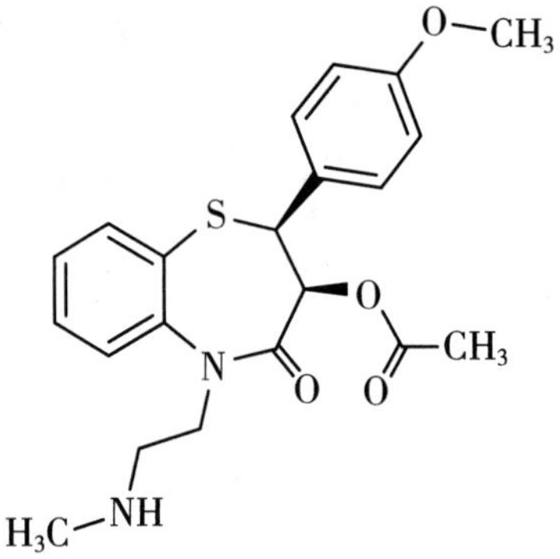

E. N–去甲基物

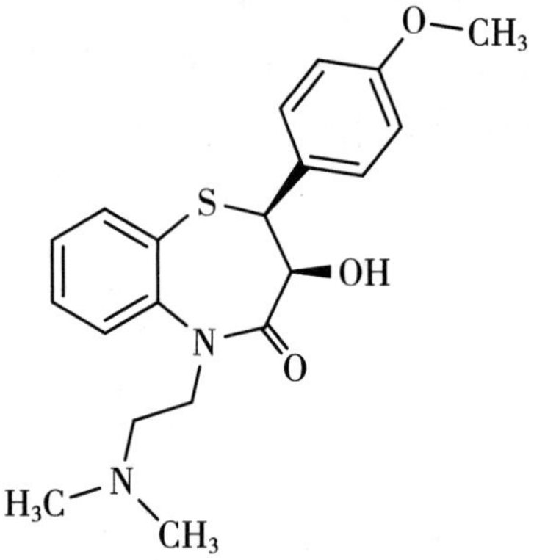

F. 去乙酰基物

3. 芳烷基胺类 芳烷基胺类的代表药物为维拉帕米（verapamil）和戈洛帕米（gallopamil）。戈洛帕米与维拉帕米相比仅在 2- 位苯环上多一个甲氧基，故又称甲氧维拉帕米。本类药物多有手性中心，其光学异构体的活性有所不同，如戈洛帕米在临床上使用其左旋体。

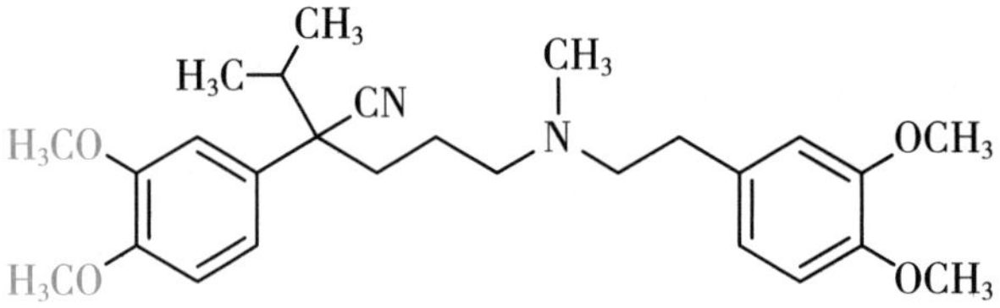

维拉帕米

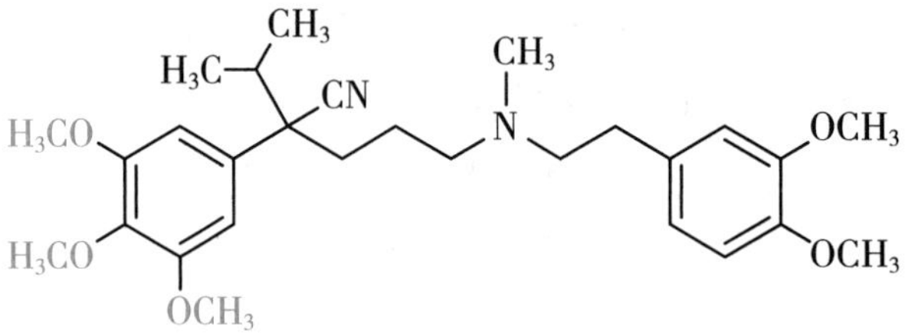

戈洛帕米

盐酸维拉帕米(verapamil hydrochloride)

化学名为 α-[3-[[2-(3,4-二甲氧苯基)乙基]甲氨基]丙基]-3,4-二甲氧基-α-异丙基苯乙腈盐酸盐,α-[3-[[2-(3,4-dimethoxyphenyl)ethyl]methylamino]propyl]-3,4-dimethoxy-α-isopropylphenylacetonitrile hydrochloride,又名异搏定、戊脉安。

本品为白色粉末;无臭。在乙醇、甲醇或三氯甲烷中易溶,在水中溶解,在异丙醇或乙酸乙酯中微溶。熔点为 140~144℃。

本品的化学稳定性良好,但其甲醇溶液,经紫外线照射 2 小时后降解 50%。

本品分子中含有一个手性碳,可产生两个对映异构体,左旋体为室上性心动过速的首选药物,而右旋体则为抗心绞痛药物。现用外消旋体。

本品口服后吸收达 90% 以上,首过效应较大,生物利用度约 20%~35%。单剂口服后 1~2 小时内达峰浓度,作用持续 6~8 小时,平均半衰期为 2.8~7.4 小时。其代谢物主要为 N-去甲维拉帕米,活性约为原药的 20%。口服后 5 天内大约 70% 以代谢物由尿中排泄,16% 或更多由粪便清除,约 3%~4% 以原形由尿排出。维拉帕米在肝功能不全的患者代谢延迟,清除半衰期延长至 14~16 小时,表观分布容积增加,血浆清除率降低至肝功能正常人的 30%。

本品能抑制心肌及房室传导,并能选择性扩张冠状动脉,增加冠脉流量。用于治疗阵发性室上性心动过速,也可用于急慢性冠状动脉功能不全或心绞痛,对于房室交界的心动过速疗效也较好。

本品副作用较小,偶有胸闷、口干、恶心、呕吐等不良反应。静注时可使血压下降,房室传导阻滞及窦性心动过缓。

盐酸维拉帕米的合成可从 2-(3,4-二甲氧基苯基)-β-甲基丁腈出发,在 NaNH₂ 存在下与 3-氯丙醛二乙基乙缩醛发生烷基化反应,用草酸/硫酸将其水解为相应的氰基醛,继而与 N-甲基-3,4-二甲氧基苯乙胺发生胺化反应,再经氢化还原、与盐酸成盐,即可得到盐酸维拉帕米。

另一条路线以 3，4 二甲氧基苯乙腈为原料，用 $LiAlH_4$ 还原得 3，4 二甲氧基苯乙胺，经 N- 甲基化后与 1- 溴 -3- 氯丙烷反应，得到 N-（γ- 氯丙基）-N- 甲基 -3，4 二甲氧基苯乙胺，在 $NaNH_2$ 作用下与 α- 异丙基 -3，4 二甲氧基苯乙腈发生反应，最后与盐酸成盐，得到盐酸维拉帕米。

盐酸维拉帕米主要杂质 A～Q。

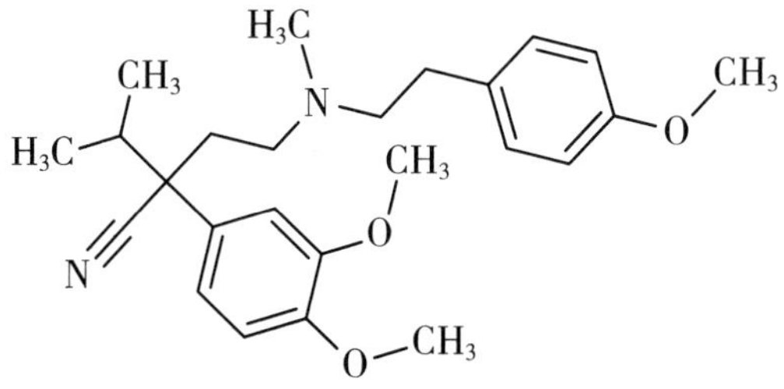

A. 由杂质原料引入合成杂质

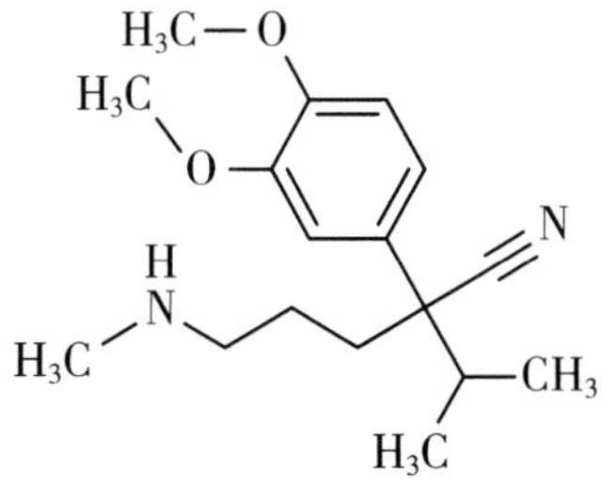

B. 副产物

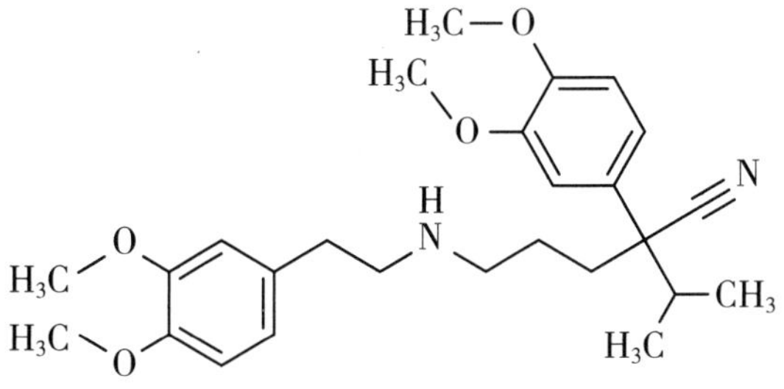

C. 代谢产物

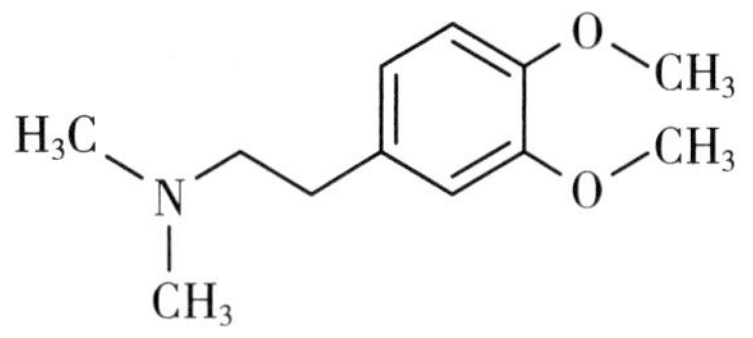

D. 原料中的杂质

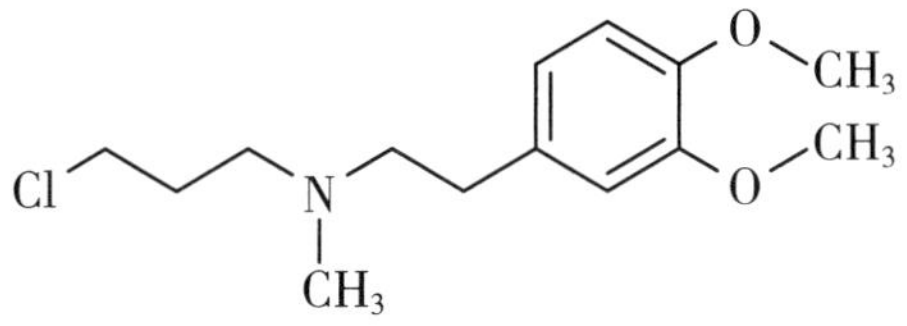

E. 中间体

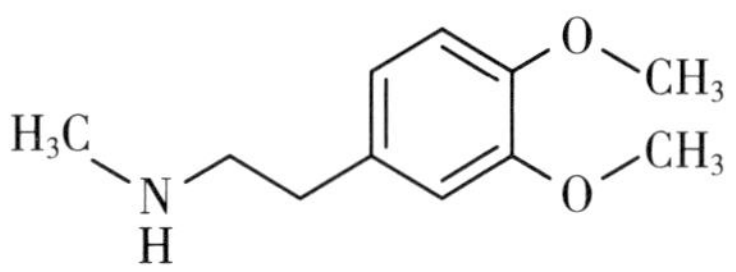

F. 中间体

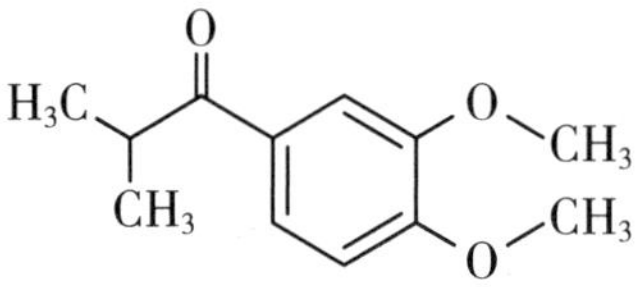

G. 原料中杂质

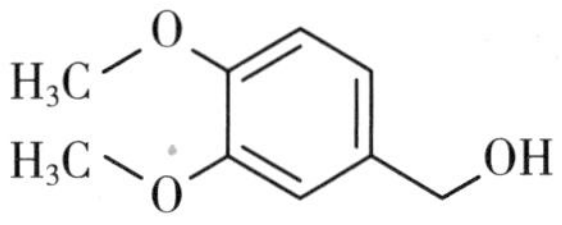

H. 原料中的杂质

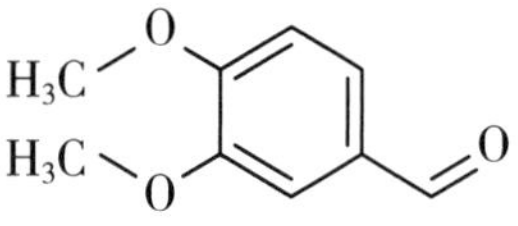

I. 原料中的杂质

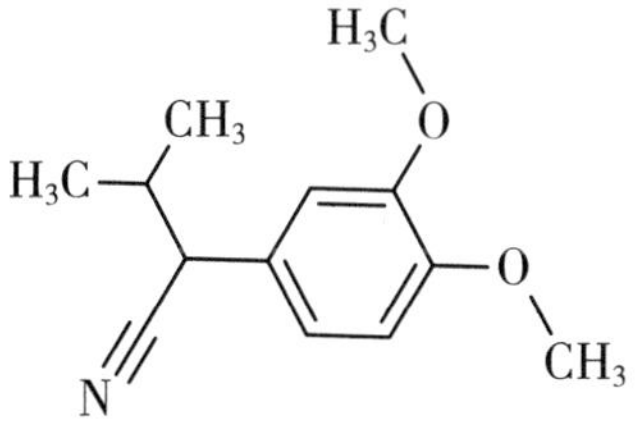

J. 原料

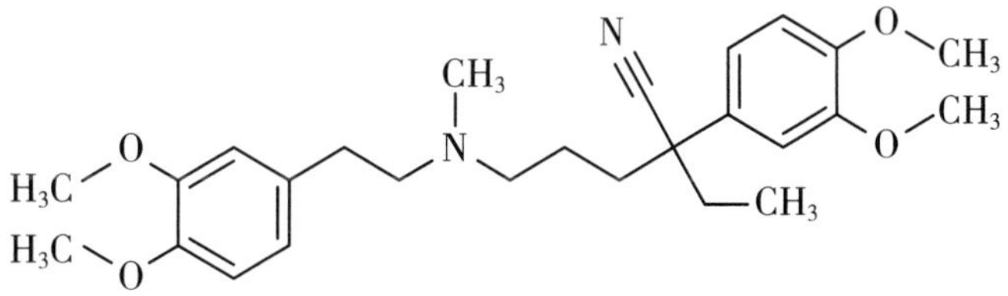

K. 由杂质原料引入合成杂质

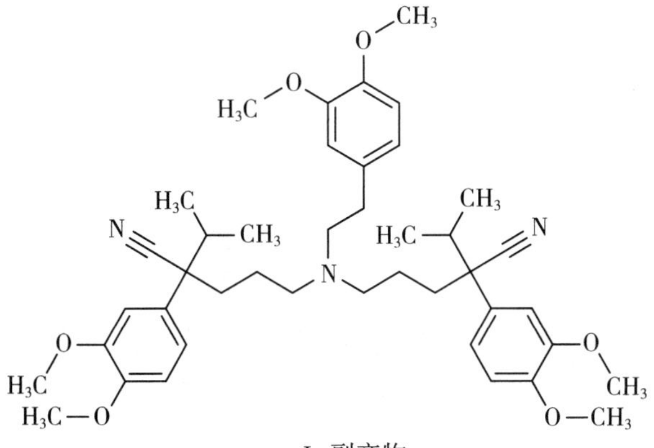

L. 副产物

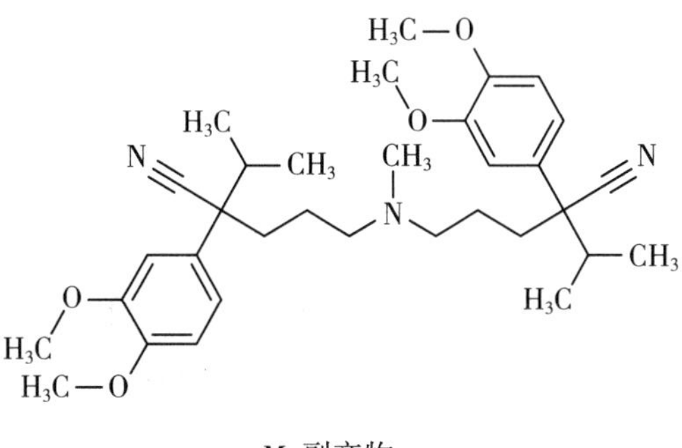

M. 副产物

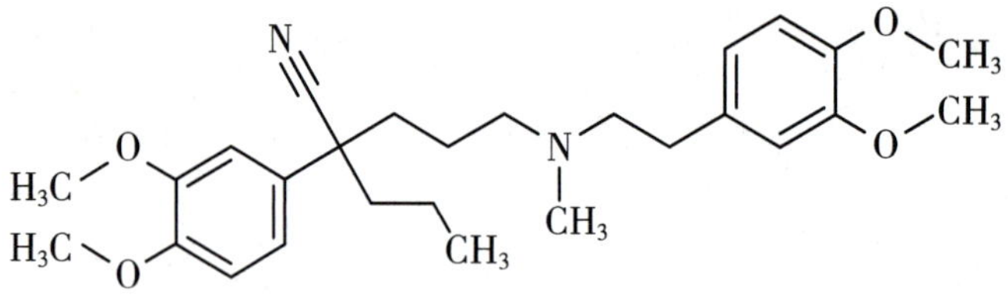

N. 由杂质原料引入合成杂质

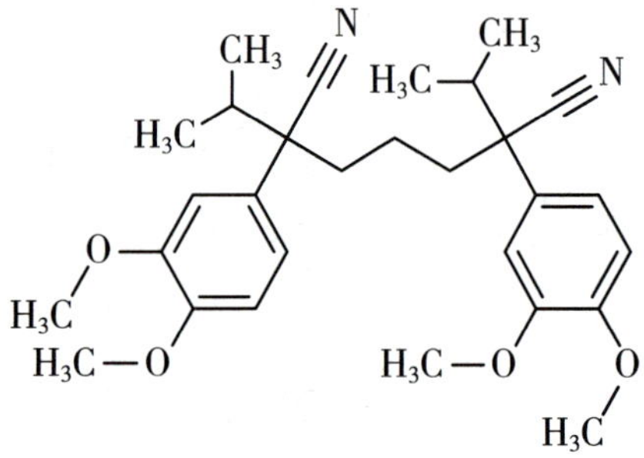

O. 副产物

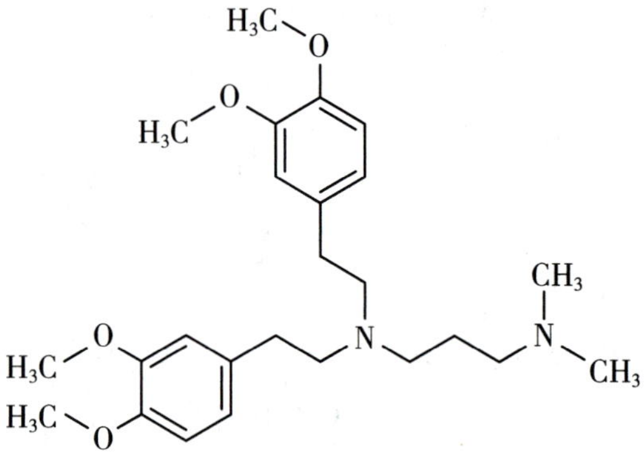

Q. 副产物

二、非选择性钙通道阻滞剂

非选择性钙通道阻滞剂主要有二苯基哌嗪类的桂利嗪（cinnarizine）、氟桂利嗪（flunarizine）、利多氟嗪（lidoflazine）和二氨基丙醇醚类的苄普地尔（bepridil）。

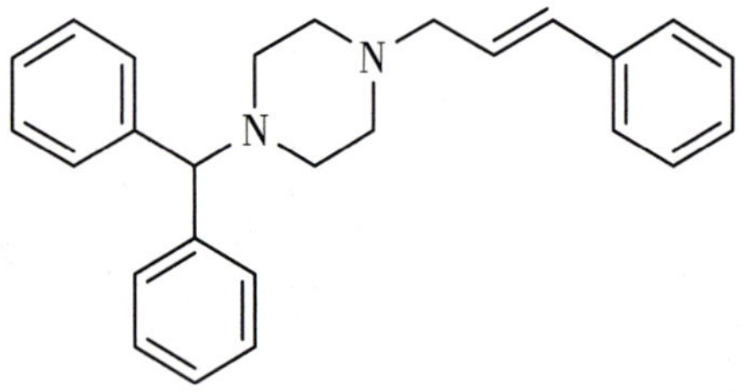

桂利嗪

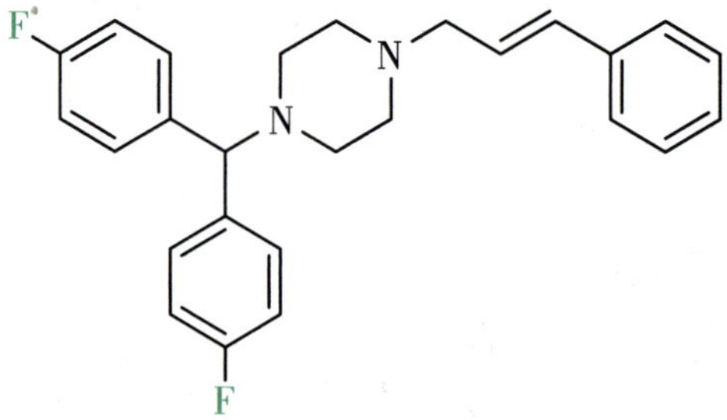

氟桂利嗪

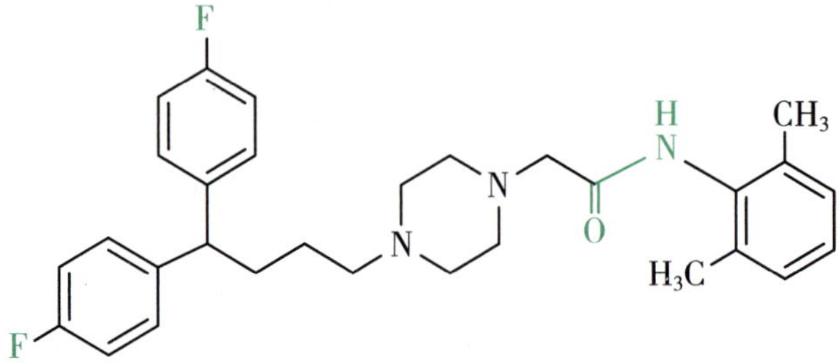

利多氟嗪

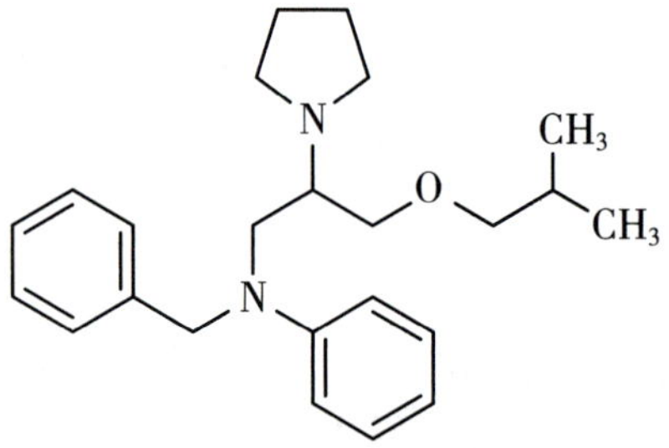

苄普地尔

桂利嗪、氟桂利嗪和利多氟嗪主要用于缺血性脑缺氧引起的脑损伤和代谢异常，能增加脑血流量，防治脑血管痉挛，减轻脑水肿。也可用于耳鸣、脑晕、偏头痛预防和癫痫的辅助治疗。

第四节　利尿药

利尿药（diuretics）通过影响肾小球的过滤、肾小管的再吸收和分泌等功能而实现利尿作用。大多数利尿药物影响原尿的重吸收，也影响 K^+、Na^+、Cl^- 等各种电解质的浓度和组成比例；有些利尿药物作用于某些酶和受体，间接影响原尿的重吸收，导致尿量增加和尿排泄加快。利尿药可使患者排出过多的体液，消除水肿，可用于治疗慢性充血性心力衰竭并发的水肿、急性肺水肿、脑水肿等疾病。利尿药也可减少血容量，用于容量型高血压疾病的治疗。

由于利尿药的降压机制是通过减少血容量降低血压，因此，从理论上说，利尿药可以和任何抗高血压药物联合应用，但是，联合应用这类抗高血压药物时，应该注意心功能、肾功能情况以及离子紊乱的发生。利尿药与 ACE 抑制剂、AngⅡ受体拮抗剂或钙通道阻滞剂联合应用时，可以实现最佳互补的作用机制，达到更理想的降压效果。利尿药也可与 α_1 受体拮抗剂或 β 受体拮抗剂联合应用或制成复方制剂。本章仅介绍在临床上常用与降压药物一起使用的利尿药物。

一、Na^+-Cl^- 协转运抑制剂

Na^+-Cl^- 协转运抑制剂（Na^+-Cl^- cotransport inhibitors）通过抑制 Na^+-Cl^- 协转运，使原尿 Na^+ 重吸收减少而发挥利尿作用。其代表药物氯噻嗪等是从磺胺类碳酸酐酶抑制剂的研究中得到的，但其利尿作用主要是促进 NaCl 的排泄，而不是依赖碳酸酐酶的作用。本类药物属于中效利尿药。

临床使用的 Na^+-Cl^- 协转运抑制剂有二十余个。大部分药物分子中含有苯并噻嗪核，如氯噻嗪（chlorothiazide）和氢氯噻嗪（hydrochlorothiazide）等，因此又被称为苯并噻嗪类利尿药物。以氯噻嗪和氢氯噻嗪为先导化合物，开发出许多苯并噻嗪类利尿药物，临床常用的有氢氟噻嗪（hydroflumethiazide）、泊利噻嗪（polythiazide）、苄氟噻嗪（bendroflumethiazide）、苄噻嗪（benzthiazide）、三氯噻嗪（trichlormethiazide）、甲氯噻嗪（methyclothiazide）等，也有噻嗪样利尿药物，如氯噻酮、吲达帕胺等等。

氯噻嗪　　　　　氢氯噻嗪　　　　　氢氟噻嗪

苄氟噻嗪　　　　　　　三氯噻嗪

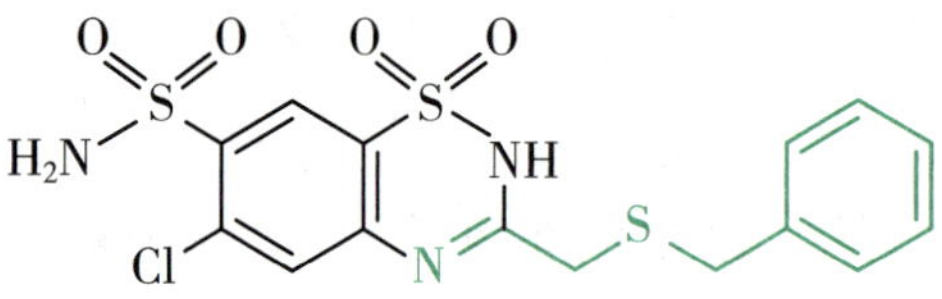

苄噻嗪

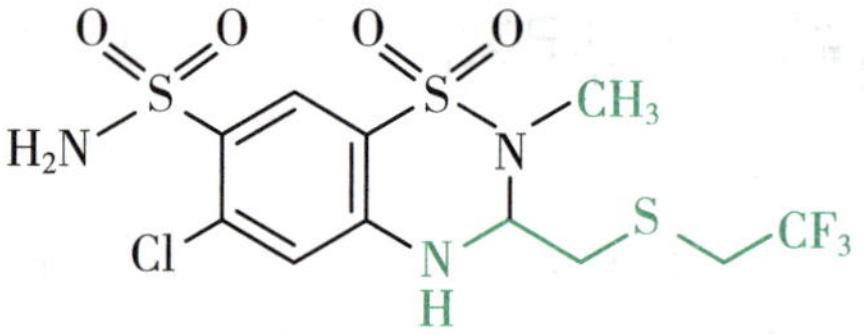

泊利噻嗪

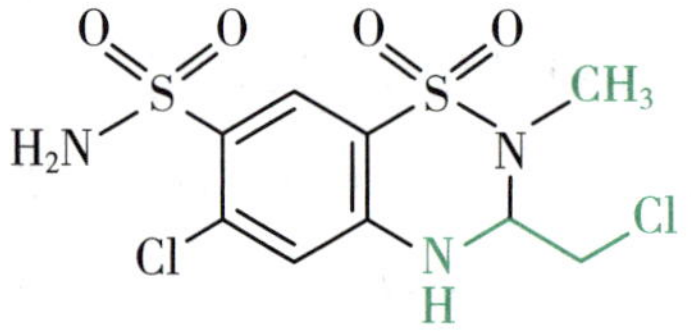

甲氯噻嗪

结构与活性关系研究表明:

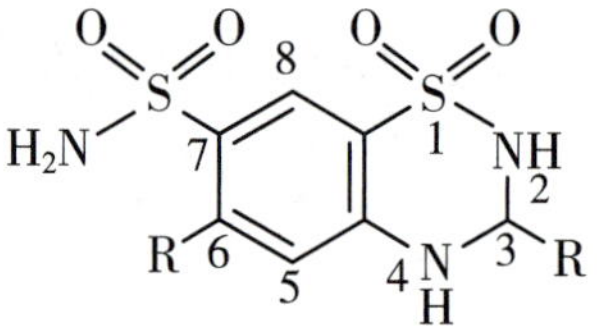

苯并噻嗪类药物为弱酸类化合物,2位上的氢由于受到1位磺酰胺基的强吸电作用而显酸性,7位的磺酰胺基也能为整个分子贡献酸性,但小于1位的贡献。这些酸性的质子可形成水溶性盐以制备注射剂。6位的吸电子基团有利于利尿作用,氯原子和三氟甲基为佳,三氟甲基由于其脂溶性大于氯,因此比氯取代有更长的作用时间。若以甲基、甲氧基等供电子基团置换时,其利尿作用明显减弱。

氢氯噻嗪(hydrochlorothiazide)

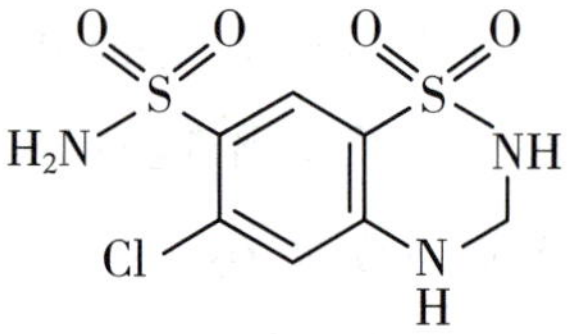

化学名为 6- 氯 -3,4- 二氢 -2H-1,2,4- 苯并噻二嗪 -7- 磺酰胺 1,1- 二氧化物,6-chloro-3,4-dihydro-2H-1,2,4-benzothiadiazine-7-sulphonamide 1,1-dioxide,又名双氢氯噻嗪、双氢克尿塞。

本品为白色结晶性粉末,无臭,味微苦,在丙酮中溶解,在乙醇中微溶,在水中不溶。本品含两个磺酰胺基,联结在磺酰胺基氮上的氢原子,具弱酸性,pK_a 分别为 7.0 和 9.2。本品在氢氧化钠溶液中溶解,成钠盐后可制成注射液。本品晶体在室温下贮存 5 年,未见明显降解。

本品口服后吸收良好,约 2 小时起作用,达峰时间为 4 小时,作用持续时间为 6～12 小时,半衰期为 15 小时。在体内不经代谢降解,主要以原药由尿排泄。

本品能抑制肾小管对 Na^+、Cl^- 的重吸收,从而促进肾脏对氯化钠的排泄。临床上用于治疗水肿性疾病。本品常与其他抗高血压药合用以增强疗效。对轻、中度高血压,单独使用即可有效。大剂量或长期使用时,应与氯化钾同服,以避免血钾过低。

本品的合成是以 3- 氯苯胺为原料,经氯磺化反应得 4- 氨基 -6- 氯 -1,3- 苯二磺酰氯,随后与氨反应制得 4- 氨基 -6- 氯 -1,3- 苯二磺酰胺,再与等物质的量甲醛缩合即得。

氢氯噻嗪的杂质主要有 A～C。

A. 副产物　　　　B. 水解物　　　　　　　　　　　　C. 副产物

常见的噻嗪类利尿药有氯噻酮(chlortalidone)与吲达帕胺(indapamide)。

氯噻酮　　　　　　　　　　　吲达帕胺

　　氯噻酮通过抑制远端小管前段和近端小管对氯化钠的重吸收,从而增加远端小管和集合管的 Na^+-K^+ 交换,达到疗效。主治心源性水肿、肝源性水肿和肾性水肿(如肾病综合征、急性肾小球肾炎等)、肾上腺皮质激素或雌激素引起的水肿、高血压等。

　　吲达帕胺则是一种强效、长效的抗高血压药,一般用于治疗高血压,以及失代偿性心力衰竭,临床上还用于充血性心力衰竭时水钠潴留的治疗。具体药理作用有:①可通过阻滞钙内流而松弛血管平滑肌,使外周血管阻力下降,产生降压效应而其利尿作用则不能解释降压作用,因出现降压作用时的剂量远远小于利尿作用的剂量;②本药降压时对心排血量、心率及心律影响小或无。长期用药很少影响肾小球滤过率或肾血流量;③本药通过抑制远端肾小管皮质稀释段再吸收水和电解质而发挥利尿作用。

二、Na^+-K^+-$2Cl^-$ 协转运抑制剂

　　分布在髓袢升支管腔膜侧的 Na^+-K^+-$2Cl^-$ 协转运体(Na^+-K^+-$2Cl^-$ cotransport inhibitor)也对

肾小管重吸收 NaCl 起着重要作用。通过抑制 Na^+-K^+-$2Cl^-$ 协转运体可以抑制 NaCl 的吸收，导致肾的稀释与浓缩功能减弱，排出的尿液接近于等渗。

托拉塞米（torasemide）

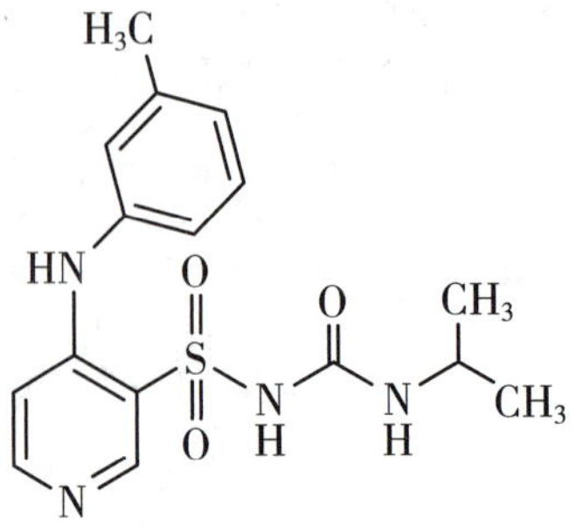

托拉塞米（torasemide）是新的长效吡啶磺酰脲类袢利尿剂，化学名称为 *N*-[[（1-甲基乙基）氨基]羰基]-4-[（3-甲基苯基）氨基]-3-吡啶磺酰胺，*N*-（isopropylcarbamoyl）-4-（3-methylphenylamino）pyridine-3-sulfonamide。

本品为白色或类白色片，其作用机制与呋塞米类似，但利尿作用强，为呋塞米的 2~4 倍，生物利用度高，作用持久，不良反应少且口服迅速，使用安全度高，副作用少。临床上广泛用于治疗高血压、心力衰竭、肾脏疾病及各种水肿性疾病。

本品主要作用于肾小管髓袢升支粗段和远曲小管，干扰管腔细胞膜的 Na^+-K^+-$2Cl^-$ 转运系统，抑制 Na^+ 和 Cl^- 的重吸收，使管液 NaCl 的浓度升高，渗透压增大，肾髓质间液的 NaCl 减少，渗透压梯度降低，从而干扰尿的浓缩过程，使尿 Na^+、Cl^- 和水的排泄增加，发挥利尿作用。托拉塞米还可抑制醛固酮分泌、抑制肾小管细胞质中醛固酮与受体的结合、降低醛固酮活性。这种抗醛固酮作用不但可以起到保钾排钠与利尿作用，更重要的是此药的排钾作用明显弱于其他利尿剂。

合成路线一：

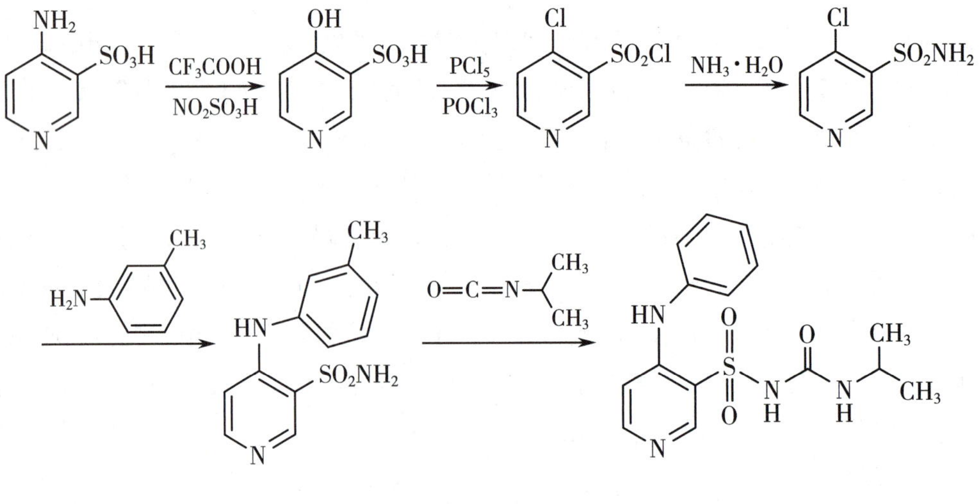

该路线以 4-氨基吡啶-3-磺酸为起始原料，首先经桑德迈尔反应合成 4-羟基吡啶-3-磺酸，然后进行羟基磺酸的氯化、氯磺酰胺化，合成中间体 4-氯吡啶-3-磺酰胺，磺酰胺再进行后续反应，合成托拉塞米。

此方法以氨基磺酸代替羟基磺酸作为起始原料，先经重氮化反应，羟基取代氨基，然后经后续相同步骤得到目标产物。当羟基磺酸不容易得到时，可用氨基磺酸作为替代原料合成托拉塞米，虽然多了一步，但经重氮化反应收率高，总收率变化不大。

合成路线二：

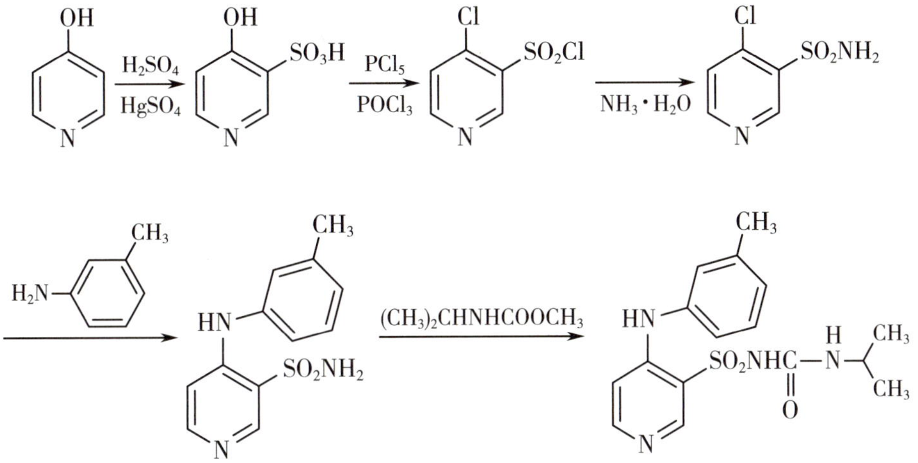

此路线以 4- 羟基吡啶为起始原料，不需要高温高压条件，通过磺化、氯代、氯磺酰胺化、吡啶环 4 号位的氯原子被 3- 甲基苯胺取代、与异丙氨基甲酸甲酯缩合等 5 步反应制备了 N 异丙基[4(3- 甲基)苯胺基吡啶 -3 磺酰胺基]甲酰胺。将中间体异丙基异氰酸酯替换为异丙氨基甲酸甲酯，总收率由先前 35.4% 提高到 37.9%，降低了生产成本，原料易得，简化了工艺操作，适于工业化生产。本方法具有反应步骤简单、后处理方便、产率较高、产品质量好等优点，是合成托拉塞米较为理想的方法。

药典规定，托拉塞米可能存在杂质 A～D，其中 A 为残余的原料羟基吡啶磺酸；B 为氯代不完全的产物；C 为过度胺化的产物；D 为过度缩合的产物。

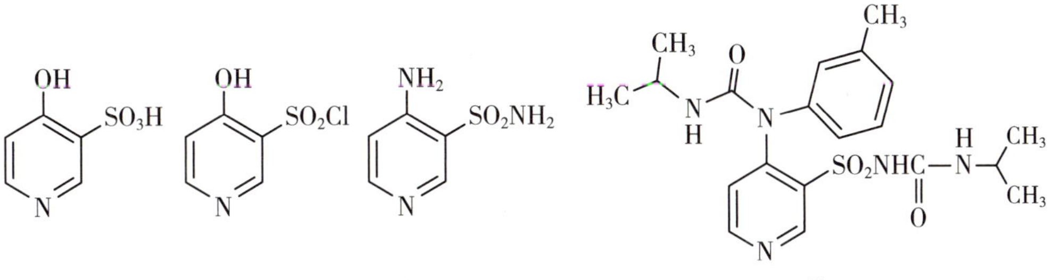

A   B   C   D

三、盐皮质激素受体拮抗剂

醛固酮是一种盐皮质激素，具有钠潴留作用，可增强肾小管对 Na^+ 及 Cl^- 的重吸收。盐皮质激素受体拮抗剂（mineralocorticoid receptor antagonists）竞争性抑制醛固酮和盐皮质激素受体的结合，而发挥保钾利尿作用。该类药物主要有螺内酯（spironolactone）和依普利酮（eplerenone）。

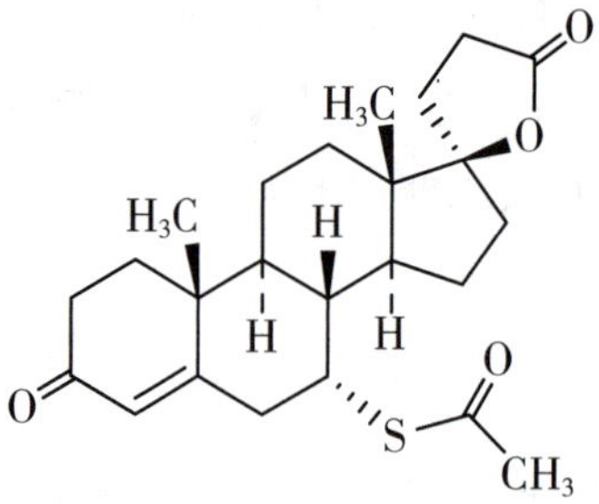

螺内酯 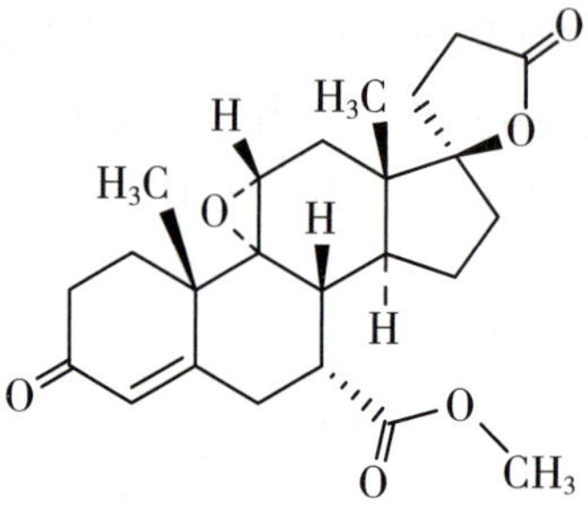   依普利酮

依普利酮是一种特异性的盐皮质激素受体拮抗剂，主要用于原发性高血压和心力衰竭的治疗。依普利酮和雄激素受体的亲和力仅为螺内酯的 0.1%，与黄体酮受体的亲和力不到 1%，有助于降低其生殖系统相关不良反应的发生率。例如男性乳房女性化的发生率（0.5%）与螺内酯（10%）相比大为降低。依普利酮主要的不良反应是高钾血症，此外还有高甘油三酯血症、低钠血症等。

螺内酯（spironolactone）

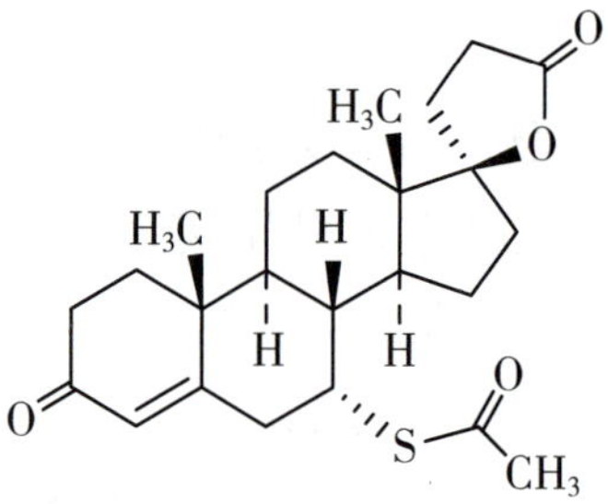

化学名为 17-羟基-7α-乙酰巯基-3-氧-17α-孕-4-烯-21-羧酸-γ-内酯（17-hydroxy-7α-acetylthio-3-oxo-17α-pregn-4-ene-21-carboxylic acid-γ-lactone），又名安体舒通。

本品为白色或类白色的细微结晶性粉末，在乙酸乙酯中易溶，在乙醇中溶解，在水中不溶。

本品口服后，约 70% 迅速被吸收，但在肝脏大部分被代谢，脱去乙酰巯基，生成坎利酮（canrenone）和坎利酮酸。

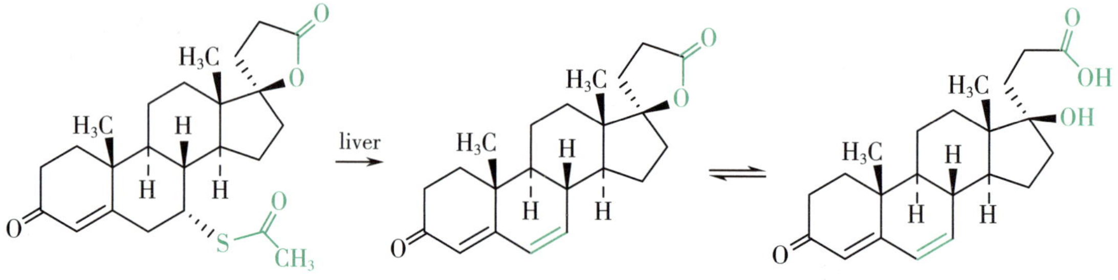

坎利酮   坎利酮酸

坎利酮是活性代谢物，具有拮抗盐皮质激素受体的作用，而坎利酮酸是无活性代谢物，但可内酯化为坎利酮。螺内酯在体内的半衰期约为 1.6 小时，但坎利酮的半衰期约为 16.5 小时。螺内酯在体内的活性是螺内酯与其活性代谢物的共同结果。

高钾血症是服用螺内酯常见的主要副作用，还有雌激素的作用，可引起阳痿和男性雌性化,同时还有微弱孕激素作用导致妇女月经不调。

　　本品常与氢氯噻嗪合用,两者可互为补充。螺内酯作用慢、弱但持久,而氢氯噻嗪作用较快、较强,螺内酯的保钾作用可对抗氢氯噻嗪缺钾的副作用。两者合用后疗效增加,不良反应减少。

　　螺内酯主要有两条合成路线。

　　路线一以 3-β- 羟基 - 去氧雄甾 -5- 烯 -17- 酮 -3- 醋酸酯为起始原料,与二甲基·亚甲基氧锍反应得到 17β, 20- 环氧 -17α- 乙烯甲基 -5- 雄甾烯 -3β- 醇,经 Oppenauer 氧化、酮的烯胺化、环氧环开环并随后形成内酯,再经烯胺水解,得到 3-(17β- 羟基 -3- 氧代 -4- 雄甾烯 -17α- 乙烯基)丙酸内酯。用四氯苯醌对其脱氢后,与硫代乙酸反应即可得到螺内酯。

Me₃SI, NaH → Al(i–PrO)₃ →

（反应式中试剂：Me$_3$SI, NaH；Al(i–PrO)$_3$；吡咯烷 NH；H$_3$C—COOH，1) LDA，2) HCl；chloranil, p–TsOH reflux；H$_3$C—SH）

　　路线二以雄甾烯二酮为原料,在 THF 中经锂化反应后与 2-(2- 溴乙基)-1, 3- 二氧戊环发生缩合,然后在回流丙酮中与 Al(t-BuO)₃ 发生 Oppenauer 氧化得到对应的雄甾 -4- 烯 -3- 酮衍生物,用四氯苯醌对其脱氢后,与硫代乙酸反应,得到双硫代乙酸酯衍生物,然后在丙酮中用 CrO₃ 和 H₂SO₄ 将其氧化,得到螺内酯。

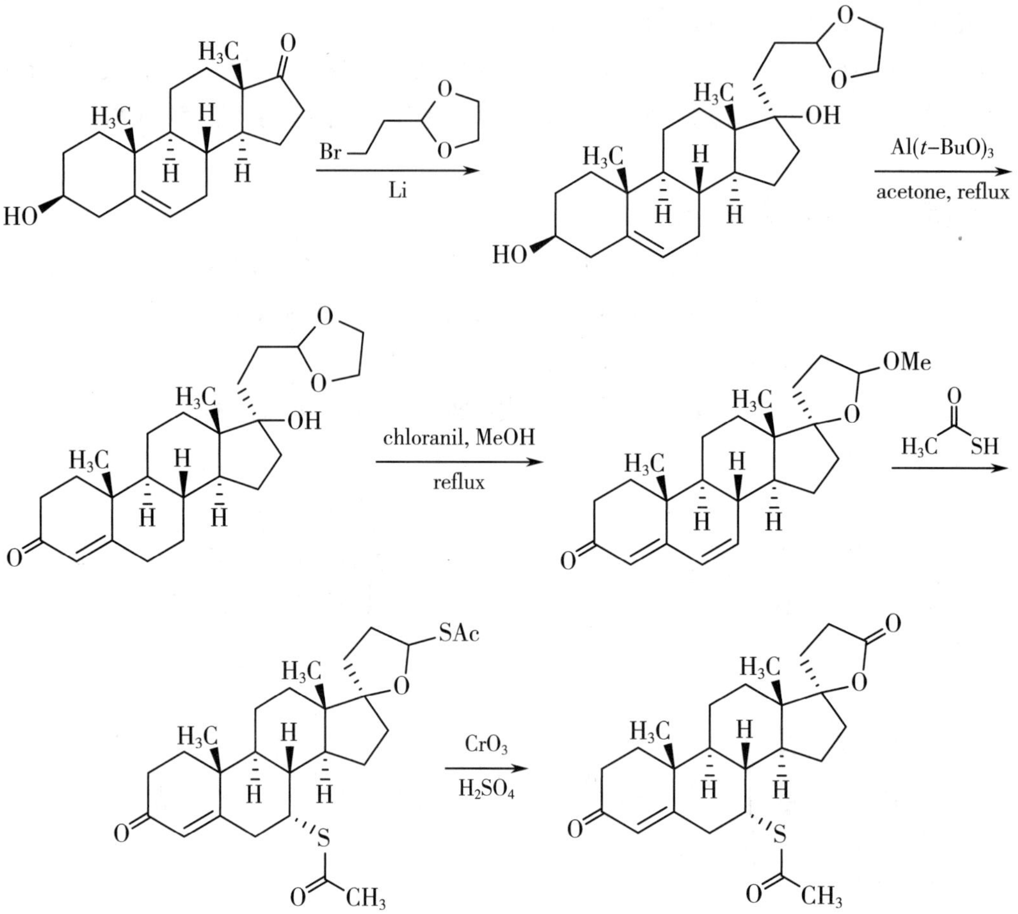

螺内酯的主要杂质有 A～H。

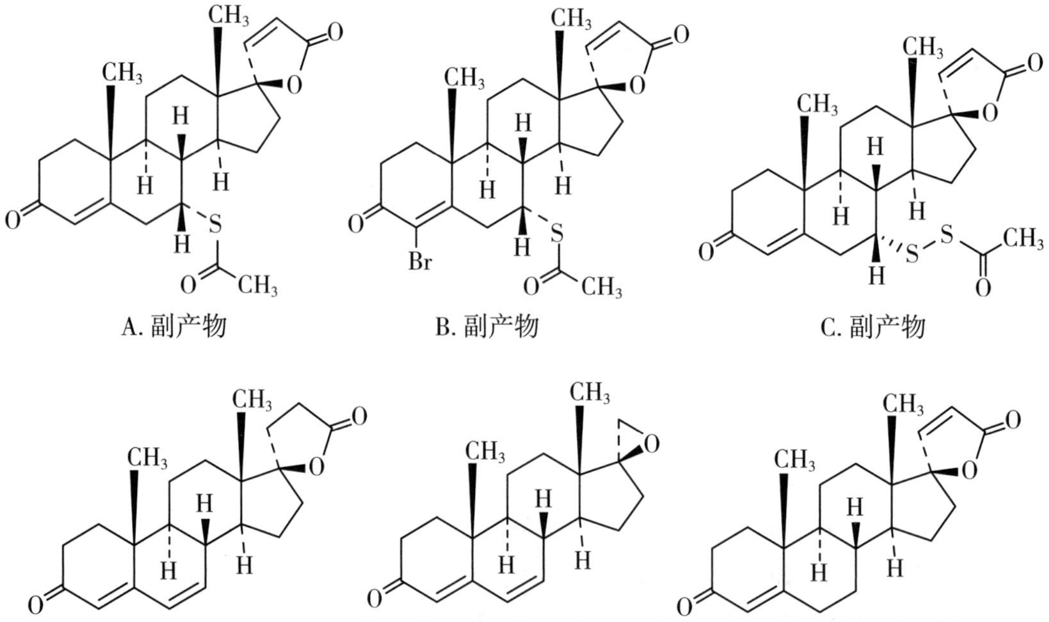

A. 副产物

B. 副产物

C. 副产物

D. 副产物

E. 中间体的副产物

F. 中间体的副产物

G. 代谢产物   H. 分解产物

第五节　针对特殊类型高血压的抗高血压药

抗高血压药多种多样,除了上文介绍的常见的抗高血压药,还有部分药物用于治疗特殊类型的高血压,如肺动脉高压(PH)、高血压急症。这类高血压的病理学特征与治疗方案与原发性高血压有着较大的区别,与前文介绍的原发性和继发性高血压既有平行,又有交叉,是将不同临床特征的高血压患者进一步更为细微的分类,进而在临床上进行更个体化的诊断和更特异有效的治疗。

针对不同的特殊类型高血压,需要不同的治疗药物,如鸟苷酸环化酶(SGC)激动剂利奥西呱、酪氨酸羟化酶抑制剂甲基酪氨酸。

利奥西呱(riociguat)

化学名为 N-[4,6-二氨基-2-[1-[(2-氟苯基)甲基]-1H-吡唑并[3,4-b]吡啶-3-基]-5-嘧啶基], N-甲基-氨基甲酸甲酯, N-[4,6-diamino-2-[1-[(2-florophenyl)methyl)]-1H-pyrazolo[3,4-b]pyridin-3-yl]-5-pyrimidinyl]-N-methyl-, methyl carbamate。

本品是一种口服可溶性鸟苷酸环化酶(SGC)激动剂,是 SGC 刺激器的第一类药物,用于治疗两种形式的肺动脉高压(PH)、慢性血栓栓塞性肺动脉高压(CTEPH)和肺动脉高压(PAH)(我们的心脏分为左心系统和右心系统,平时我们所说的高血压是指从左心发出的给全身供血的动脉压力升高;而从右心发出的动脉专门负责给肺部供血,被称为肺动脉,而这部分动脉压力升高则被称为肺动脉高血压,简称肺动脉高压)。

利奥西呱主要有两条合成路线。

路线一是以 2-溴苄基氟苯为原料,通过肼基化、吡唑环化、吡啶环化、水解及酰胺化、脱水腈基化、胍基化得重要中间体 1-(2-氟苄基)-1H-吡唑并[3,4-b]吡啶-3-甲脒(Ⅱ); 该中间体再经过嘧啶环化、偶氮还原、甲酰胺化和甲基化等反应制得利奥西呱。

路线二是以 2- 氨基丙二腈为原料,经过 N- 甲基化、酰胺化反应制得 N- 甲基 -N- 甲酸甲酯 -2- 氨基丙二腈(Ⅰ), N- 甲基 -N- 甲酸甲酯 -2- 氨基丙二腈(Ⅰ)与 1-(2- 氟苄基)-1H- 吡唑并[3,4-b]吡啶 -3- 甲脒(Ⅱ)在碱促进剂作用下发生环合反应制得利奥西呱。此路线具有原料易得、步骤较少以及成本低等优势,这样的合成路线符合现代绿色化学关于原子经济学的理念。

甲基酪氨酸(metyrosine)

化学名为(2S)-2- 氨基 -3-(4- 羟苯基)-2- 甲基丙酸,(2S)-2-Amino-3-(4-hydroxyphenyl)-2-methylpropanoic acid,可抑制与儿茶酚胺生成相关的酪氨酸羟化酶,是酪氨酸羟化酶抑制剂,用于嗜铬细胞瘤(PC)患者,改善儿茶酚胺过量分泌的状态。嗜铬细胞瘤是一种起源于肾上腺髓质或肾上腺外神经节的精神内分泌肿瘤。儿茶酚胺过量分泌可引起多种症状,如心动过速、头痛、心慌、出汗、便秘以及高血压急症。

高血压急症是指原发性或继发性高血压患者,在某些诱因下,血压突然显著升高,并伴有进行性心、脑、肾等重要靶器官功能不全的表现。高血压急症可能会导致嗜铬细胞瘤危象,甲基酪氨酸通过抑制酪氨酸羟化酶极大地减少嗜铬细胞瘤(PC)分泌的儿茶酚胺,减轻因儿茶酚胺过量分泌引起的症状,是一种很有前景的抗高血压药物,在接受交感神经药物无法充分控制症状的患者中已被证实可改善疾病症状。本品在 2015 年 5 月被日本卫生劳动福利部(MHLW)授予孤儿药资格(孤儿药又称罕见药,用于预防、治疗、诊断罕见病的药品,由于患病人群少、市场需求少、研发成本高,很少有制药企业关注其治疗药物的研发,因此这些药被形象地称为孤儿药），并于 2019 年 1 月获批用于改善嗜铬细胞瘤患者儿茶酚胺过量分泌这一症状。

甲基酪氨酸合成路线如下：

路线一以 4- 甲基 -2- 苯基 -5(4H)- 噁唑啉酮和碳酸甲基[(4- 甲氧基苯基)甲基]酯为原料，经过取代、开环、酯水解、酰胺水解生成(2S)-2- 氨基 -3-(4- 羟苯基)-2- 甲基丙酸。

路线二是以 1-(4- 甲氧基苯基)丙烷 -2- 酮为原料，经过亲核加成、成盐、碱化、脱甲基反应生成(2S)-2- 氨基 -3-(4- 羟苯基)-2- 甲基丙酸(甲基酪氨酸)。此路线原料易得、反应路线短、杂质少、产物纯度高等优势，同时避免了同分异构分离困难的问题。

第十三章 目标测试

（孙平华）

第十四章　抗过敏和抗溃疡药物

　　变态反应（allergic reaction）也叫超敏反应，是指机体对某些抗原初次应答后，再次接受相同抗原刺激时，发生的一种以机体生理功能紊乱或组织细胞损伤为主的特异性免疫应答。常见的变态反应有荨麻疹、支气管哮喘和过敏性休克等。

　　抗原抗体反应会使靶细胞释放组胺、白三烯、缓激肽、血小板活化因子等过敏介质，这些过敏介质均可引发各种过敏反应。组胺与分布于组织器官的 H_1 受体作用，H_1 受体被激活后，通过 G 蛋白激活磷脂酶 C，进而促使胞内 Ca^{2+} 浓度增加，从而使血管舒张、毛细血管渗透性增强，导致血浆渗出、局部组织红肿、支气管和胃肠道平滑肌收缩等变态反应。因此，拮抗或者抑制过敏介质可产生抗变态反应作用。组胺 H_1 受体拮抗剂是临床上常用的抗变态反应药物，是抗变态反应药物章节主要介绍的内容，在第一节进行详细的叙述，但是考虑到药物分类体系的完整性，过敏介质释放抑制剂、过敏介质拮抗剂等抗过敏药（antiallergic agents）放在第二节进行叙述。

　　在 H_2 受体发现前，英国科学家 Black 发现组胺的一种作用是刺激胃酸分泌，然而早期抗组胺药物并不影响这一活性，这说明存在其他的组胺受体，随后 Black 发现了 H_2 受体。H_2 受体为 G 蛋白偶联受体，它与过敏反应、胃酸分泌、免疫调节和神经递质释放等生理学过程有密切联系。H_2 受体兴奋时能促进胃酸分泌，兴奋心脏，抑制子宫收缩。在胃黏膜壁细胞底膜表面存在组胺（H_2）、乙酰胆碱（M）和胃泌素（G）受体，当这些受体与相应的配基作用后，可激活泌酸作用。组胺与受体结合后通过腺苷环化酶使环腺苷酸（cAMP）浓度升高或直接增高 Ca^{2+} 浓度，引发胞内一系列的生化和生物物理过程，最后在蛋白激酶的参与下，激活位于胃壁细胞小管膜上的 H^+/K^+-ATP 酶（又称质子泵），将 H^+ 泵出细胞外，从而分泌胃酸。抗酸、抑制胃酸分泌和保护黏膜等方法是治疗消化性溃疡的关键。制酸剂、抗胆碱药、胃泌素受体拮抗剂、前列腺素类药物、胃黏膜保护剂都是治疗消化性溃疡的有效途径，尤其是 H_2 受体拮抗剂和随后发现的质子泵抑制剂的作用更为突出。

　　研究发现幽门螺杆菌（Helicobacter pylori，Hp）也是引起消化性溃疡的一个重要因素。幽门螺杆菌首先由巴里·马歇尔（Barry J. Marshall）和罗宾·沃伦（J. Robin Warren）二人发现，此二人因此获得 2005 年的诺贝尔生理学成医学奖。研究表明，80% 的胃溃疡患者，95%～100% 的十二指肠溃疡患者 Hp 都呈阳性。Hp 感染不仅会导致胃溃疡，也是我国胃癌的主要病因。

　　单独使用传统的抗菌药物治疗胃溃疡很难有满意的治疗效果，因为幽门螺杆菌存在于胃的黏液层不受侵害，另一个原因是此杆菌产生的脲酶可将尿素转化为氨而中和胃酸。因此治疗中常使用三联或者四联疗法，三联疗法就是两种抗生素加质子泵抑制剂。但是随着幽门螺杆菌耐药性的越来越多，三联疗法的根治率也越来越低，有的甚至不到 50%。所以目前在中国推荐的幽门螺杆菌的治疗策略是四联疗法,也就是四种药同时服用,包括两种抗生素加质子泵抑制剂,再加一个铋剂,两种抗生素包括阿莫西林、甲硝唑、克拉霉素、四环素、呋喃唑酮以及喹诺酮类药物。质子泵抑制剂包括奥美拉唑、埃索奥美拉唑、兰索拉唑、雷贝拉唑等。铋剂包括枸橼酸铋钾和胶体果胶铋。三联和四联的用药数量不同,并且治疗的病情也不同。三联疗法用于幽门螺杆菌感染病情较轻的患者,而四联药物用于治疗感染严重的患者。胃壁细胞的泌酸过程及抗溃疡药物的作用示意图见图 14-1。

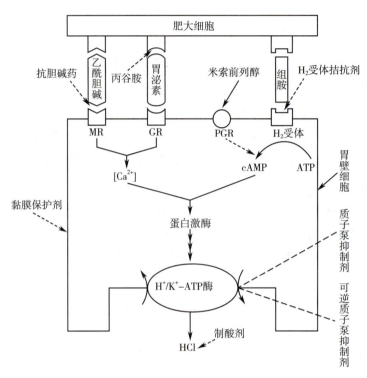

PGR:前列腺素受体　　MR:M胆碱受体　　GR:胃泌素受体　　------▶:抑制作用

图 14-1　胃壁细胞的泌酸过程及抗溃疡药物的作用示意图

第一节　组胺 H_1 受体拮抗剂

组胺(histamine),化学名为 4(5)-(2-氨乙基)咪唑,是广泛存在于人体组织细胞中的一种自身活性物质(autacoids),作为重要的化学递质参与多种复杂的生理过程。组胺呈碱性,N^π pK_a=5.80;N^α pK_a=9.40;N^τ pK_a=14.0。组胺分子在水溶液中存在互变异构现象,80% 以 N^τ-H 的形式,20% 以 N^π-H 的形式存在,其互变异构的平衡是通过质子化中间体来达到的(图 14-2)。

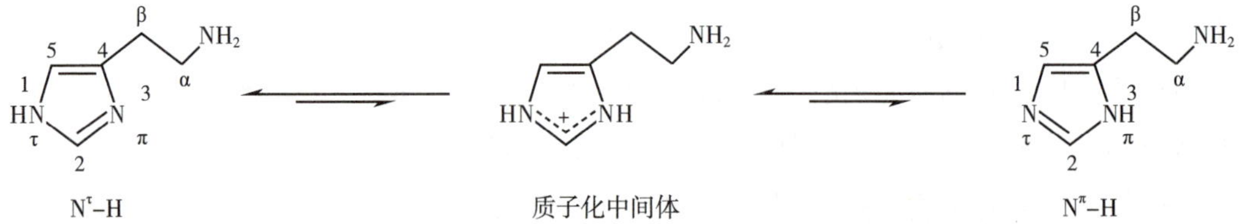

图 14-2　组胺的结构及其互变异构体

组胺在内源性和外源性刺激下释放,并与受体作用。组胺受体有 H_1、H_2、H_3 和 H_4 等亚型,它们均为 G 蛋白偶联受体(G protein coupling receptor,GPCR),生理作用各不相同。抗组胺药(anti-histamine)通过拮抗组胺与受体的作用,治疗相应疾病。

外源性抗原与靶细胞肥大细胞和嗜碱性粒细胞上的抗体免疫球蛋白(immunoglubulin E,Ig E)结合,可改变靶细胞膜的功能,导致释放出组胺和其他过敏介质。组胺 H_1 受体激活后,通过 G 蛋白激活磷脂酶 C,进而促使胞内 Ca^{2+} 浓度增加,从而使血管舒张、毛细血管渗透性增强,导致血浆渗出,局部组织红肿,支气管、胃肠道平滑肌收缩的过敏性症状。因此,拮抗组胺与 H_1 受体结合是抗过敏药的主要作用机制(见图 14-3)。

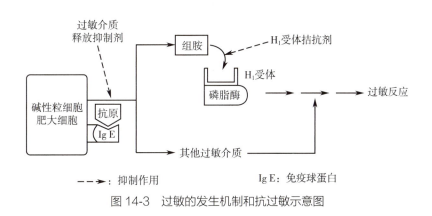

图 14-3 过敏的发生机制和抗过敏示意图

一、经典的 H_1 受体拮抗剂

20 世纪 80 年代以前的抗组胺药为第一代抗组胺药,如氯苯那敏、苯海拉明、异丙嗪、曲吡那敏等。它们能抑制组胺 H_1 受体,减轻过敏反应,主要用于治疗荨麻疹、过敏性皮炎。但因具有明显的中枢抑制和抗胆碱作用,可引起嗜睡、幻觉、口干、瞳孔散大等不良反应,且作用时间短,每天需服药 2~4 次,使其应用受到了一定的限制。它们按化学结构可分为氨基醚类、乙二胺类、丙胺类和三环类,其共同点是结构式均与组胺相似,都具有取代乙胺的侧链,区别是将组胺中的咪唑环替换成了不同的芳环。

1. 氨基醚类 1933 年 Forneau 和 Bovet 发现了具有抗组胺活性的哌罗克生(piperoxan),哌罗克生可以缓解实验动物因吸入组胺而引起的支气管哮喘。据此进一步研究了氨基醚类化合物的抗组胺活性。

1943 年报道,盐酸苯海拉明(diphenhydramine hydrochloride)能竞争性阻断组胺 H_1 受体,有镇静、防晕动和止吐作用,可缓解支气管平滑肌痉挛,曾是多年来临床上最常用的抗组胺药物之一,但因其中枢抑制作用显著,使它的应用受到限制。茶苯海明(Dimenhydrinate)是苯海拉明与具有中枢兴奋作用的嘌呤衍生物 8- 氯茶碱(chlorotheophylline)形成的盐,它克服了苯海拉明的嗜睡和中枢抑制副作用,已广泛用于晕动病。

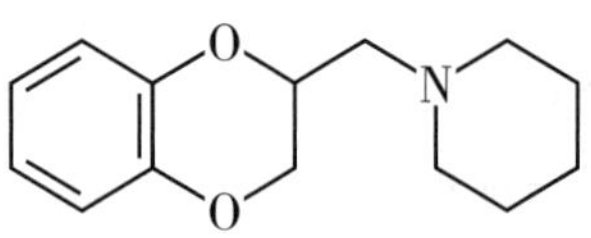

哌罗克生

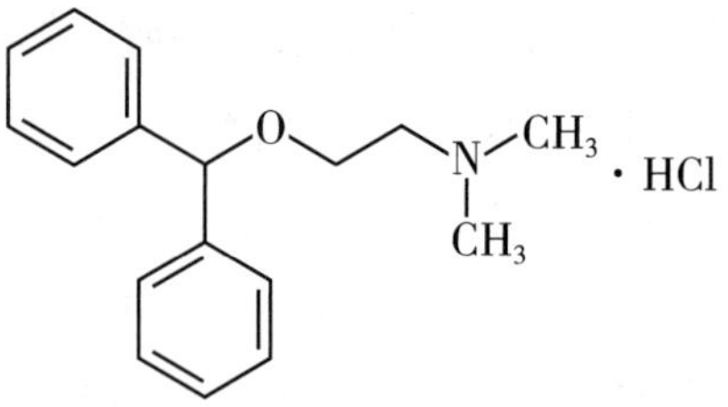

盐酸苯海拉明

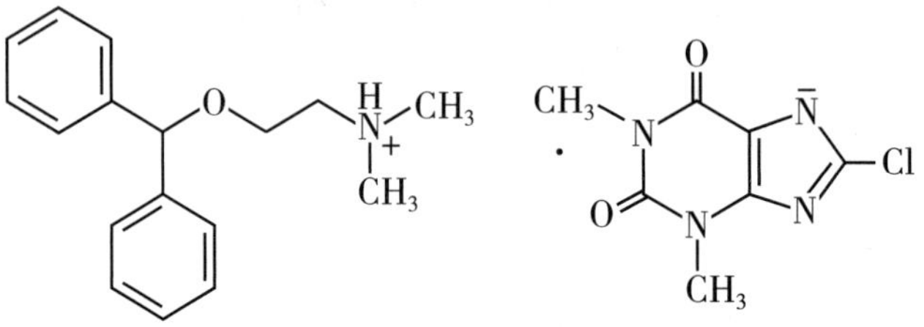

茶苯海明

氯马斯汀(clemastine)是在氯苯海拉明的次甲基上引入甲基,将二甲氨基用 2-(N- 甲基)吡咯烷置换获得。氯马斯汀是氨基醚类中第一个非镇静性抗组胺药,起效快,作用时间长。临床上用其富马酸盐治疗荨麻疹、过敏性鼻炎、湿疹及其他过敏性疾病,也可用于支气管哮喘。

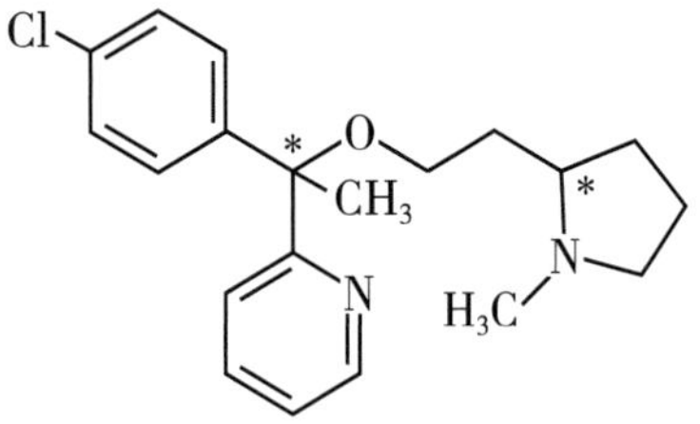

氯马斯汀

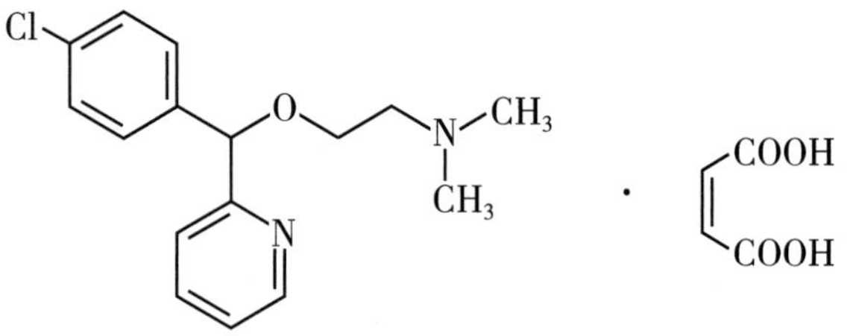

马来酸卡比沙明

2013 年,马来酸卡比沙明(carbinoxamine maleate,又名马来酸罗托沙敏)片剂获得 FDA 批准上市,本品具有抗组胺、抗胆碱、中枢镇静作用,常用于缓解过敏反应症状、感冒和咳嗽。

2. 乙二胺类 1937 年在氨基醚类抗组胺药的基础上将氨基醚类的氧原子替换成氮原子,即成为乙二胺类抗组胺药,其抗组胺活性较好,为开发研制新的抗组胺药开辟了新的途径。1942 年发现了本类药物的第一种抗组胺药安替根(antergan),1944 年以安替根为模型,改造得到曲吡那敏(tripelennamine),它具有一般抗组胺药没有的治疗哮喘的特点,并且抗组胺活性比苯海拉明强而持久。

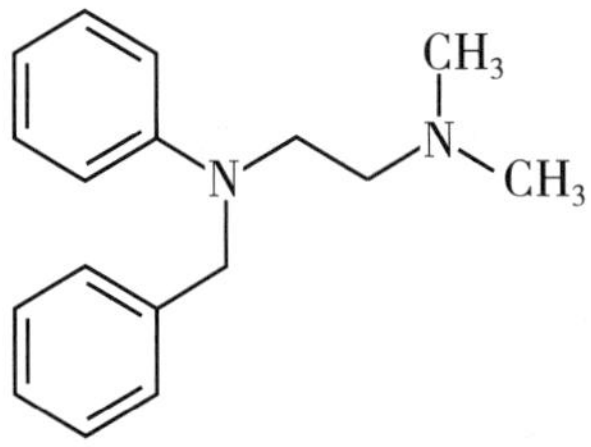

安替根

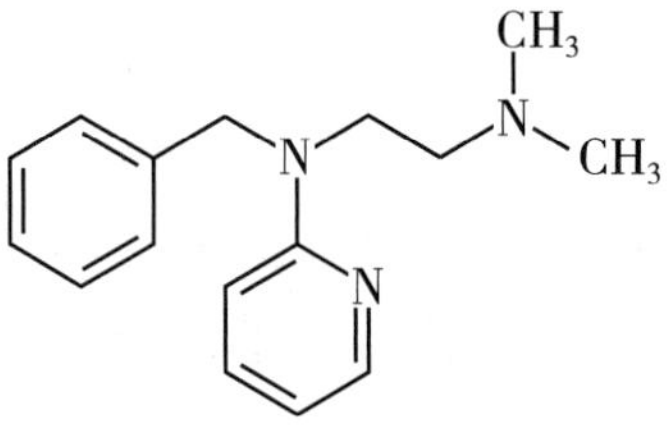

曲吡那敏

若使乙二胺的两个氮原子同在一个环上,则构成哌嗪类 H_1 受体拮抗剂。现今临床应用的有氯苯丁嗪（buclizine）和美克洛嗪（meclozine），其特点是长效，其中氯苯丁嗪镇吐作用显著持久，有安定作用，可用于妊娠呕吐或晕动病。

| 氯苯丁嗪 | 美克洛嗪 | 西替利嗪 |

本类药物更具代表性的药物为西替利嗪（cetirizine），其特点是有效和完全地阻滞外周 H_1 受体，不会出现嗜睡及困倦，不增加体重，可明显地降低哮喘患者对组胺所引起的气管过敏反应。其分子含有碱性的氨基和酸性的羧基，分子极性较大并呈两性，不易穿透血脑屏障，故大大减少了镇静作用，发展为第二代抗组胺药物。

3. 丙胺类　丙胺类 H_1 受体拮抗剂是运用生物电子等排原理，将氨基醚或乙二胺类结构中—NH—或—O—用—CH—替代而获得的。1949 年发现了非尼拉敏（pheniramine），其毒性较低，治疗指数比曲吡那敏约大 4 倍。随后又找到它的氯代类似物氯苯那敏（chlorphenamine）和溴代类似物溴苯那敏（brompheniramine），这三个药物的 H_1 受体优映体均为 S-（＋）体，对受体有着立体选择性。

| 非尼拉敏 | 溴苯那敏 |

马来酸氯苯那敏（chlorpheniramine maleate）

马来酸氯苯那敏，又名扑尔敏。化学名为（±）-3-（4- 氯苯基）-N, N- 二甲基 -3-（2- 吡啶基）丙胺顺丁烯二酸盐，（±）-3-（4-Chlorophenyl）-N, N-dimethyl-3-（2-pyridinyl）-propanamine（Z）-2-butenedioate。

氯苯那敏的pKa为9.13，logP为3.38。

氯苯那敏结构中含有一个手性碳原子，目前市售的均为氯苯那敏外消旋体的马来酸盐，其优映体为S-(+)，其S构型右旋体的急性毒性较小，已经上市。对组胺H_1受体的竞争性阻断作用强且持久，对中枢抑制作用较轻，嗜睡副作用较小，抗胆碱作用也较弱，适用于日间服用，主要用于鼻炎、皮肤黏膜过敏及缓解流泪、打喷嚏、流涕等感冒症状。马来酸氯苯那敏亦用于感冒的复方制剂中，如2011年一种含有重酒石酸氢可酮、马来酸氯苯那敏以及盐酸伪麻黄碱的复方口服液处方药批准上市，用于咳嗽和感冒等。

马来酸氯苯那敏的合成主要有两条路线，路线一以2-氯甲基吡啶与苯胺发生烷基化反应、Sandmeyer反应得2-对氯苄基吡啶，2-对氯苄基吡啶与溴代乙醛缩二乙醇进行烷基化，再与二甲基甲酰胺和甲酸经Leuckart反应缩合得氯苯那敏，最后与马来酸成盐即得马来酸氯苯那敏。此路线的合成步骤较多。

路线二以对氯氯苄与盐酸吡啶经铜催化反应得2-对氯苄基吡啶，与溴代乙醛缩二乙醇进行烷基化，再与二甲基甲酰胺和甲酸经Leuckart反应缩合得氯苯那敏，最后与马来酸成盐即得马来酸氯苯那敏。与路线一相比，路线二的合成要简单得多，原料价格较低。

马来酸氯苯那敏特定杂质有A～D四种，即：A为路线一中对氯氯苄未经Sandmeyer反应直接与溴代乙醛缩二乙醇及DMF发生取代所得；C为产物的脱甲基产物、D为路线最后一步引入二甲胺反应过程使用DMF产生的CN取代副产物；B为路线二第一步中残留吡啶在氨基钠碱性条件发生两分子吡啶与氨基钠的取代产物。

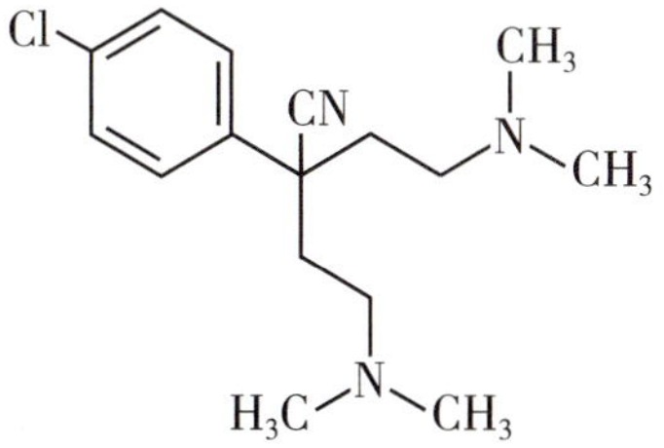

A

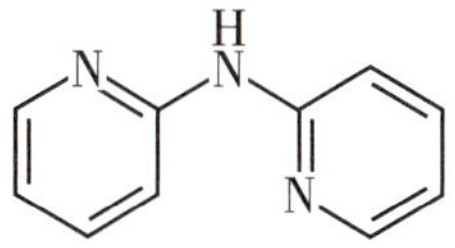

B

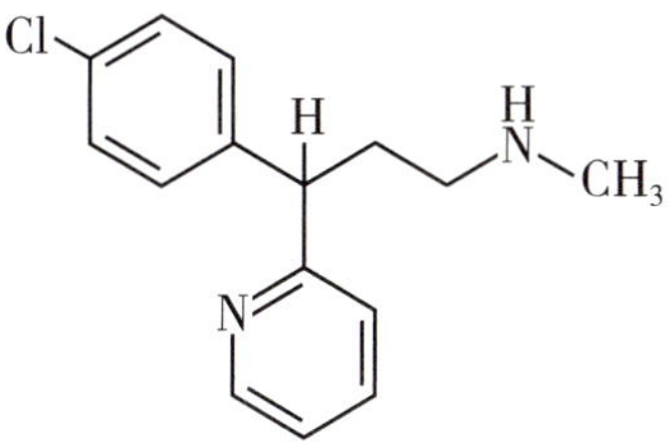

C

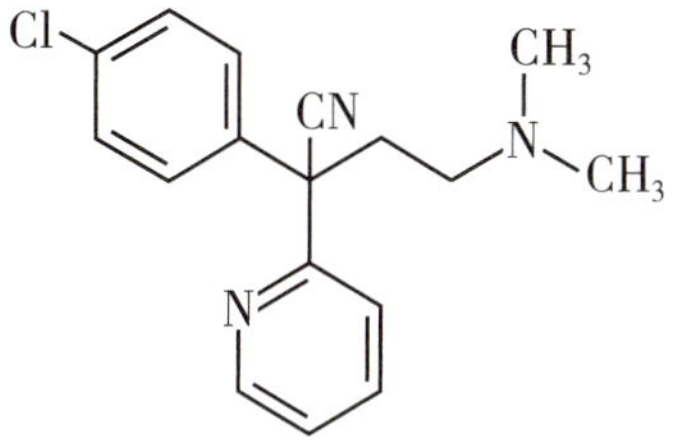

D

4. 三环类 以不同基团将氨基醚类、乙二胺类和丙胺类 H_1 受体拮抗剂的两个芳环部分邻位相连形成三环结构,再运用生物电子等排等方法加以修饰,成功地获得了很多新的三环类(tricyclines)抗过敏药。乙二胺分子中两个芳香环的邻位经硫原子联结,即构成吩噻嗪类 H_1 受体拮抗剂。其中异丙嗪(promethazine,又名非那根)作用强而持久,镇静和安定副作用较明显。美喹他嗪(mequitazine)的特点是可以抑制多种介质,如组胺、乙酰胆碱、5-羟色胺、缓激肽等,因而具有多方面的药理作用。临床上主要用于治疗过敏性鼻炎、过敏性结膜炎、荨麻疹、过敏性皮肤病等。后来在此基础上基于生物电子等排原理将吩噻嗪环的 S 和 N 原子用—CH＝CH—和 sp^2 杂化的碳原子代替,得到了赛庚啶。赛庚啶对 H_1 受体的拮抗活性强于异丙嗪。

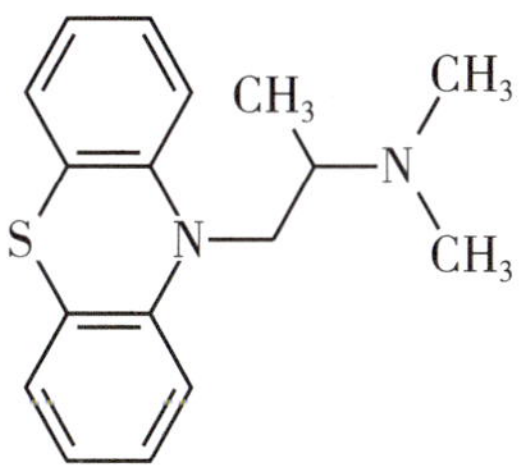

异丙嗪 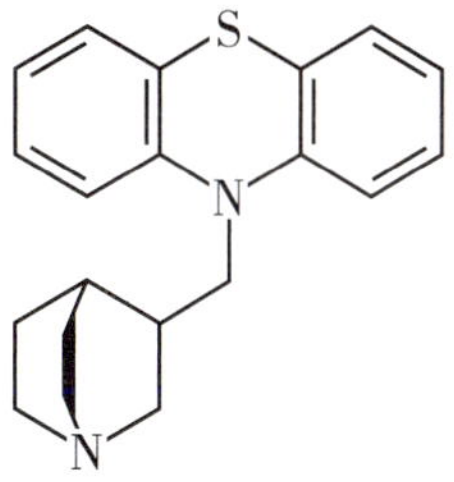   美喹他嗪

盐酸赛庚啶(cyproheptadine hydrochloride)

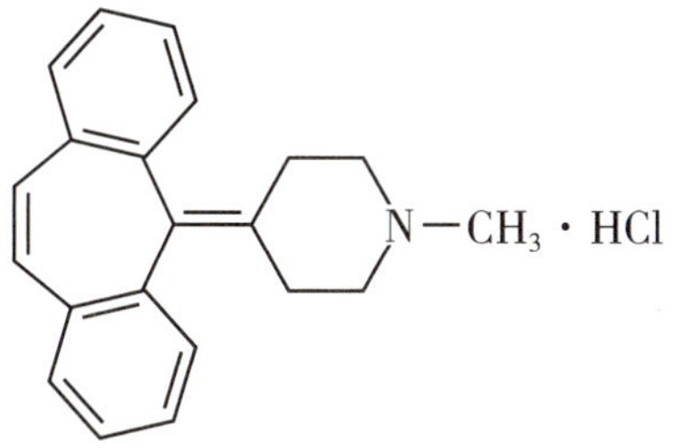

化学名为1-甲基-4(5H-二苯并[a,d]环庚三烯-5-亚基)哌啶盐酸盐,4(5H-Dibenzo[a,d]cyclohepten-5-ylidene)-1-methylpiperidine hydrochloride。本品可与水形成倍半水合物。

赛庚啶的 pK_a 为8.05,$logP$ 为4.69。

本品对 H_1 受体的拮抗作用比氯苯那敏和异丙嗪强。可治疗湿疹、荨麻疹、皮肤瘙痒、过敏性鼻炎、过敏性和接触性皮炎等过敏反应。且由于其有抗 5- 羟色胺和抗胆碱作用,并可抑制醛固酮和促肾上腺皮质激素(ACTH)的分泌,故亦可用于治疗偏头痛、肾上腺皮质功能亢进症及肢端肥大症等。

盐酸赛庚啶的合成一般均以如下路线进行:以苯乙酸与邻苯二甲酸酐反应得亚苄基酞,经水解、羰基还原、脱水、氢化、环合等反应得到二苯并环庚酮,再经溴代、消除、格氏反应和脱水、成盐反应得到盐酸赛庚啶。

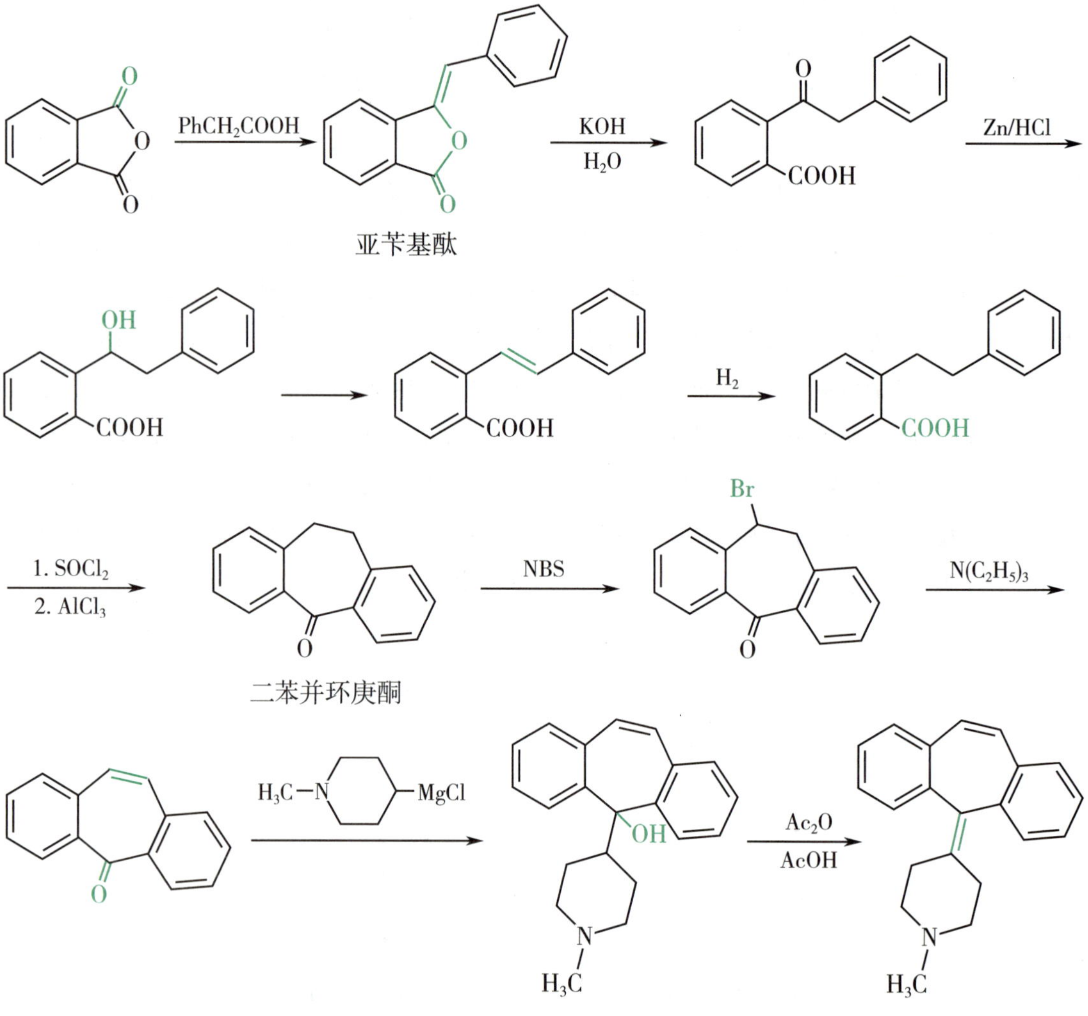

亚苄基酞

二苯并环庚酮

盐酸赛庚啶的特定杂质有 A、B 两种,即: A 为反应中间体羰基还原为亚甲基的副产物; B 为反应中间体二苯并环庚酮。

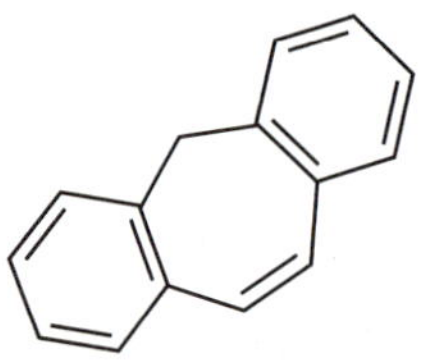

A

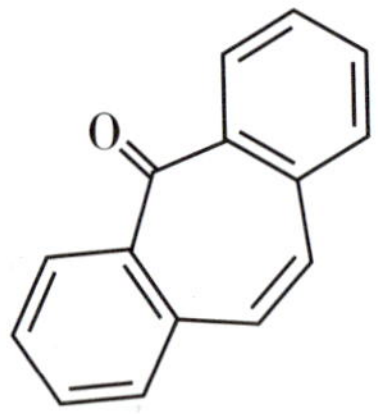

B

二、非镇静 H₁ 受体拮抗剂

经典的 H₁ 受体拮抗剂代谢与清除较快,必须较大剂量多次给药才能发挥疗效;其与组胺 H₁ 受体的结合缺乏特异性,与胆碱能受体结合产生口干、心动过速、胃肠道功能障碍等不良反应;经典的 H₁ 受体拮抗剂均含脂溶性较强的基团,可以透过血脑屏障,对中枢神经系统的组胺 H₁ 受体同样产生抑制作用,导致一系列 CNS 不良反应。因此,目前第一代抗组胺药在临床上已经很少单独使用。

第二代抗组胺药即非镇静 H₁ 受体拮抗剂,具有亲脂性低,镇静作用小,几乎无抗胆碱作用的优点,而且作用时间长,减少了服药次数,用药剂量相对较小,在临床上得到了广泛使用,但第二代 H₁ 受体拮抗剂对心血管系统有潜在毒性。20 世纪 80 年代以来,多个第三代 H₁ 受体拮抗剂上市,如非索非那定、地氯雷他定和诺阿司咪唑,均是第二代 H₁ 受体拮抗剂的体内活性代谢物,但其对 H₁ 受体拮抗活性强于第二代原药,且不具备第二代抗组胺药物心脏毒性等不良反应。

1. 哌啶类　特非那定(terfenadine)是 20 世纪 80 年代第一个上市应用的第二代抗组胺药,不通过血脑屏障,没有镇静作用,作用持久。动物实验表明具微弱或几乎无抗 5- 羟色胺能、抗胆碱能和抗肾上腺能活性;体外试验证明对 α、β、M 或 H₂ 受体的亲和力很低。但因可引起少见但严重的心血管副作用,包括心律失常、心搏骤停,且发生率高于其他同类药物,现已彻底撤出市场。

特非那定口服后吸收迅速,大部分经肝脏代谢,其主要代谢产物之一非索非那定(fexofenadine)为其羧酸衍生物,已上市,具有良好的抗组胺 H₁ 受体作用,无中枢副作用,且无特非那定可能出现的罕见的心血管毒性,口服后迅速吸收,达峰时间为 2.5 小时,仅有总量的 5% 被代谢,其余则随胆汁和尿液排泄,肾功能不全会导致药物消除减慢。直接使用非索非那定可减轻药物对肝脏的损伤,适用于肝功能衰竭患者。

特非那定

非索非那定

依巴斯汀(ebastine)是运用生物电子等排原理,将特非那定分子中二苯羟甲基替换为二苯甲氧基。其选择性更高,极少量通过血脑屏障。依巴斯汀进入人体之后形成羧酸代谢物卡巴斯汀而发挥药效,而卡巴斯汀主要经尿液排出体外。临床研究发现,依巴斯汀比特非那定更有效且作用持续时间更长,依巴斯汀可治疗各种过敏性疾病。该药口服后1~4小时起效,不适用于急性过敏的单药紧急治疗。左卡巴斯汀(levocabastine)是卡巴斯汀的左旋体,是在阿司咪唑基础上获得的具有更高 H_1 拮抗活性的化合物,治疗剂量极低,作用快而持久,临床上用于变态反应性结膜炎和鼻炎。

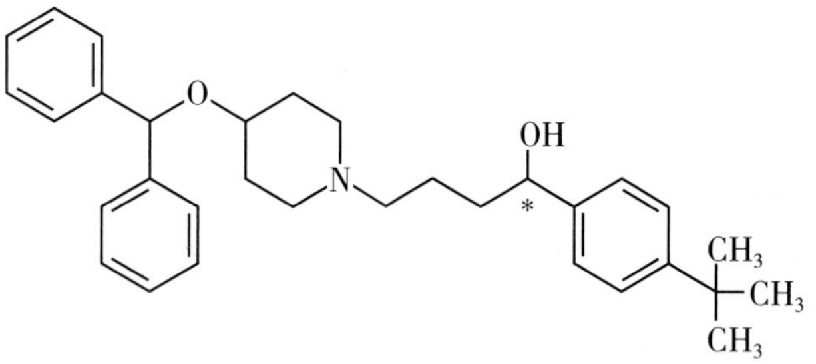

依巴斯汀　　　　　　　　　　　　　　　　左卡巴斯汀

去甲基阿司咪唑(desmethylastemizole)和诺阿司咪唑(norastemizole)为阿司咪唑(astemizole)在肝内的首过代谢产物。阿司咪唑商品名曾为息斯敏,含苯并咪唑胺结构,可选择性与外周组胺 H_1 受体结合,因而作用持久,每日服用1次足以抑制过敏反应症状可达24小时。但较难通过血脑屏障,为无中枢镇静和无抗胆碱作用的 H_1 受体拮抗剂,且存在严重不良反应,现已从市场上撤销。而去甲基阿司咪唑和诺阿司咪唑仍具有抗组胺活性,且诺阿司咪唑对 H_1 受体选择性更高,现已上市。

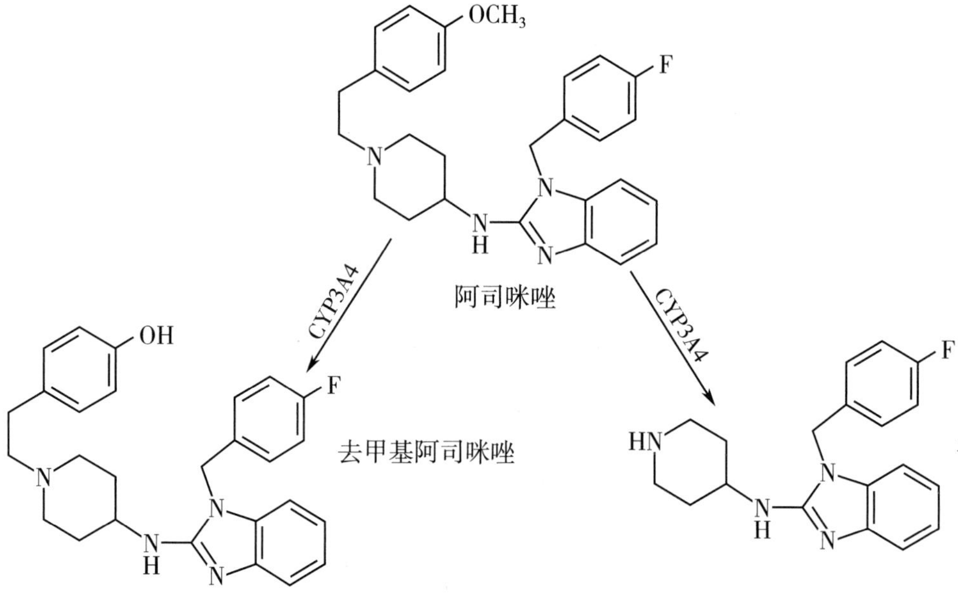

阿司咪唑

去甲基阿司咪唑　　　　　　　　　　　　　　诺阿司咪唑

氯雷他定（loratadine）

化学名为 4-(8- 氯 -5，6- 二氢 -11*H*- 苯并[5，6]环庚并[1，2-b]吡啶 -11- 亚基)-1- 哌啶甲酸乙酯，4-(8-chloro-5，6-dihydro-11*H*-benzo[5，6]cyclohepta[1，2-b]pyridine-11-ylidene)-1-piperidine carboxylic acid ethyl ester。

氯雷他定的 pK_a 为 4.27 ± 0.20，$\log P$ 为 3.895 ± 0.701。

本品可看成是在阿扎他啶的苯环上氯代，并将碱性氮甲基部分换以中性的氨甲酸乙酯得到。本品为强效、长效、选择性对抗外周 H_1 受体的非镇静类 H_1 受体拮抗剂，为第二代抗组胺药。其分子结构中的两性离子特征使其无明显的中枢抑制作用。临床上用于防治过敏性鼻炎、慢性特发性荨麻疹、过敏性哮喘和特异性皮炎等疾病。本品口服吸收迅速，作用时间长，不能通过血脑屏障。抑制肝药物代谢酶活性的药物能使本品的代谢减慢。无明显镇静作用，罕见嗜睡、肝功能改变等不良反应。

氯雷他定　　　　　　　　　地氯雷他定

本品在体内产生的主要代谢产物为去乙氧羰基氯雷他定，对 H_1 受体选择性更好，药效更强，现已开发成新的抗组胺药地氯雷他定(desloratadine)，是新型第三代抗组胺药，无心脏毒性、无中枢镇静作用，且具有起效快、效力强、药物相互作用少等优点。许多临床试验证实了地氯雷他定对过敏性鼻炎和慢性荨麻疹的疗效和安全性。该药的复方制剂 aerinaze 上市，是地氯雷他定和硫酸伪麻黄碱的复方制剂。

氯雷他定的合成主要有两条路线，路线一是以相应的三环酮与甲基哌啶格氏试剂加成消除后，与氯甲酸乙酯反应得到氯雷他定。

路线二以 2- 氰基 -3- 甲基吡啶为原料经醇解、烷基化、脱醇反应,得中间体Ⅰ。中间体Ⅰ再与甲基哌啶格氏试剂加成消除后,环合得到氯雷他定。

氯雷他定特定杂质有 A～H 八种,即: A 为环合后未消除副产物; F 为路线二用氟化氢关环产生的氟加成产物; B 为中间体Ⅰ的 CN 环合吡啶苯并环庚酮产物; C 为吡啶环经卤代副产物; D 为氯雷他定水解副产物; G 为反应中间体; E 为环合过程双键被 BF₃ 还原产生。

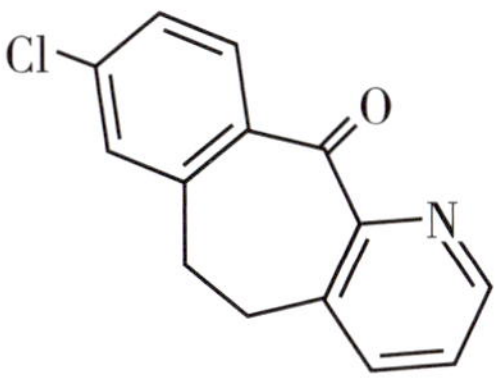

B

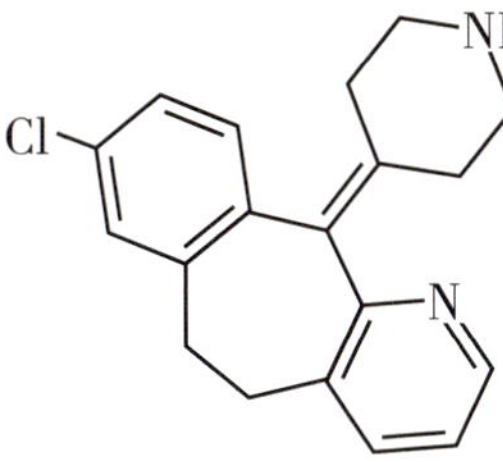

D

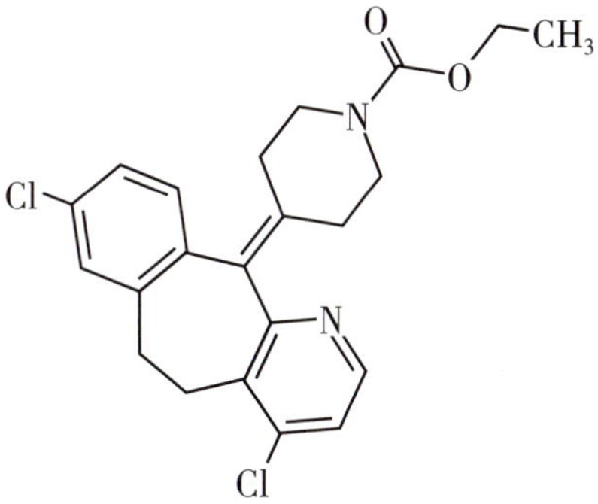

C

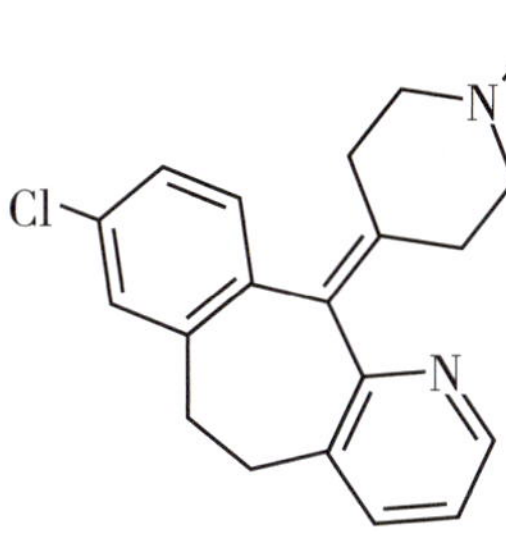

G

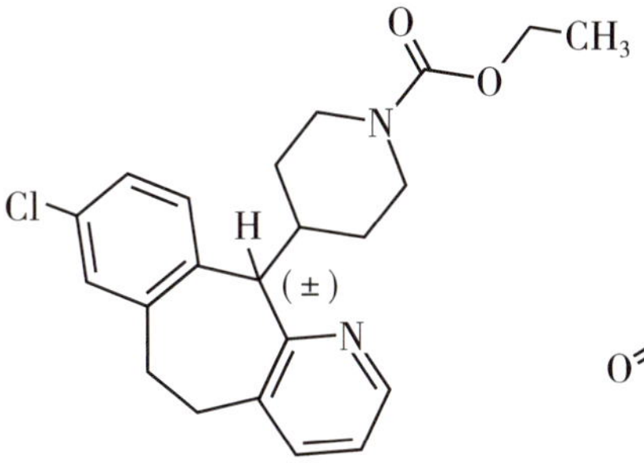

E

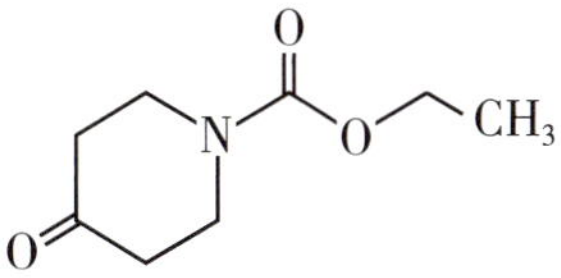

H

非索非那定（fexofenadine）

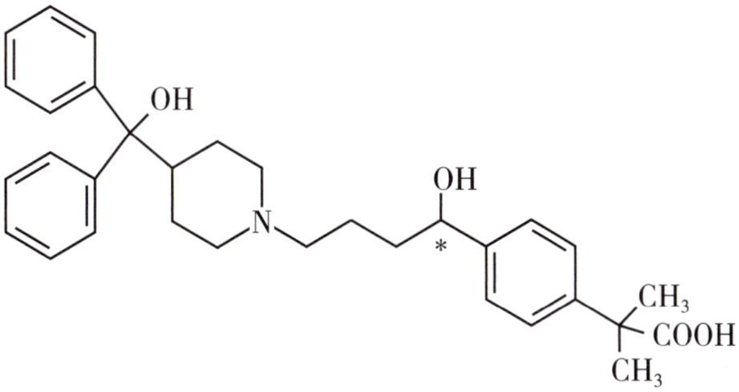

化学名为 α, α- 二甲基 -4-[1- 羟基 -4-[4-（ 羟基二苯甲基)-1- 派啶]丁基]- 苯乙酸，α, α-dimethyl-4-[1-hydroxy-4-[4-（ hydroxydiphenylmethyl)-1-piperidinyl]butyl]benzeneacetic acid。

非索非那定的 pK_a 为 4.43，$logP$ 为 6.25。

非索非那定的合成有两条路线，路线一以 α, α- 二甲基苯乙酸为起始原料，经过 LiAlH$_4$ 还原后醋酐保护羟基，与 ω- 氯代丁酰氯发生 Friedel-Crafts 酰基化反应。得到的加成产物与 α, α- 二苯基 -4- 哌啶基甲醇反应生成酮，先后经过碱性水解、氧化、还原得到非索非那定。

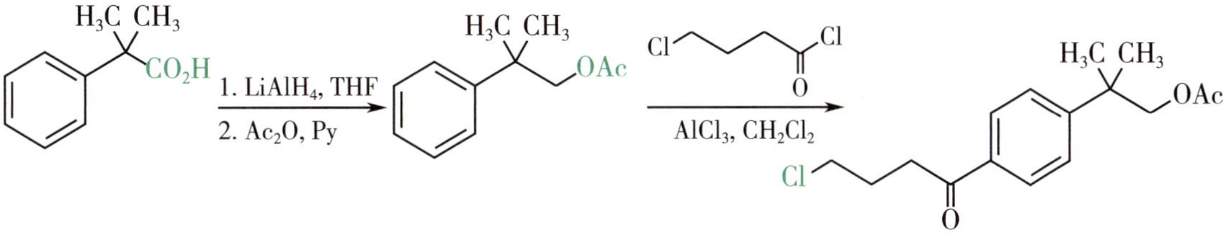

路线二以 4- 哌啶羧酸乙酯为原料,首先 Cbz 保护氨基,与两分子的苯基溴化镁处理得到叔醇中间体,经氢解脱保护生成 α,α- 二苯基 -4- 哌啶基甲醇。然后与乙二醇保护的 ω- 氯代丁醛发生烷基化反应,然后水解脱保护得到醛基中间体,最后与 2-(4- 溴苯基)-2- 甲基丙酸加成反应生成非索非那定。

关于非索非那定的有关物质,结合路线反应特点,有如下可能相关物质,这些相关物质的产生与酮羰基的不完全还原有关,与苄位的—OH被还原脱除有关,与N在氧化体系中被氧化相关,或反应及重结晶过程使用甲醇及正丁醇产生相应的目标产物的甲酯或者丁酯,杂质H是由间位取代的二甲基苯乙酸原料引入的。

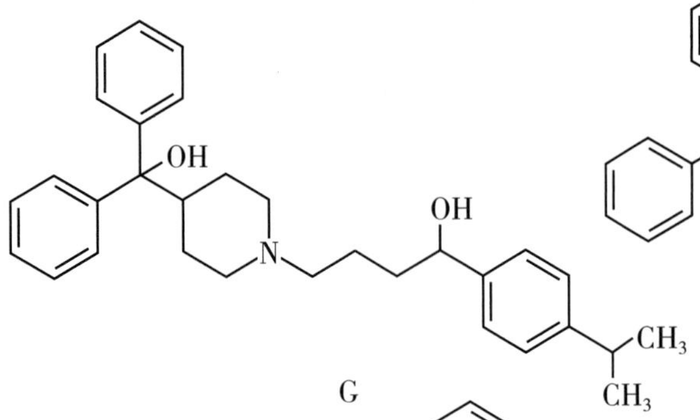

G

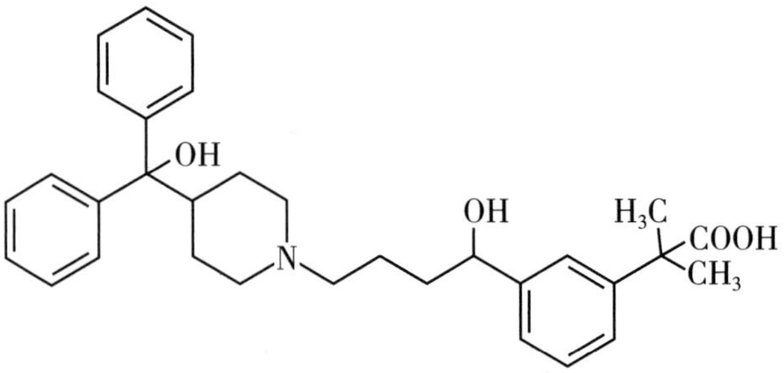

H

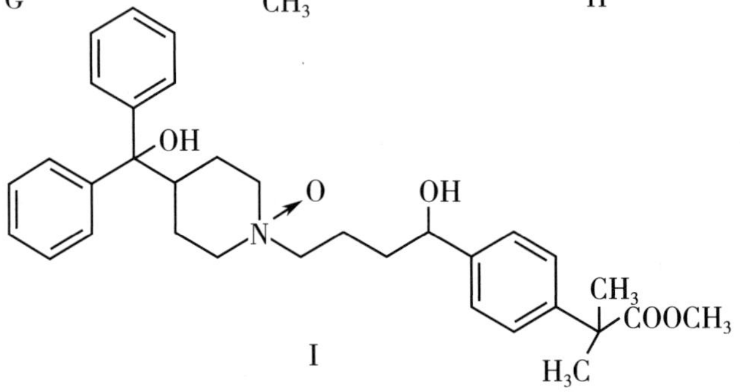

I

　　富马酸卢帕他定(rupatadinefumarate)是新型、强效抗过敏药,2003 年首次在西班牙上市。本品与氯雷他定、西替利嗪等相比,具有更好的疗效和更小的副作用。本品是唯一一个具有选择性抗组胺和血小板拮抗活化因子(PAF)双重作用的抗过敏药物,较西替利嗪和氯雷他定具有一定的优势,有望成为治疗过敏性鼻炎的一线药物。

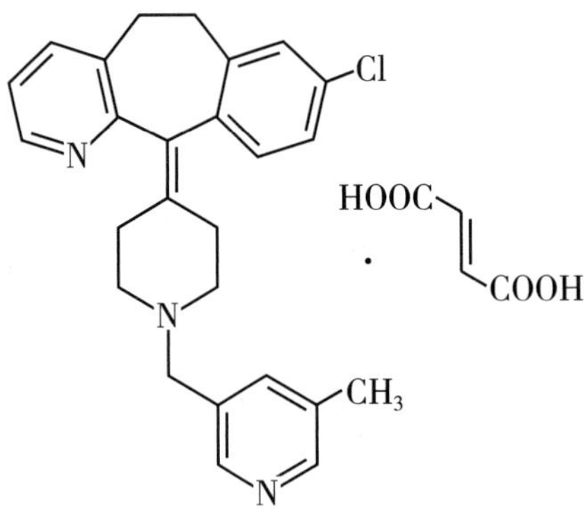

富马酸卢帕他定

　　虽然在药效学和药动学上第二代抗组胺药均有极大的优点,但仍有一些不良反应,还有一定程度的嗜睡副作用,并有明显的心脏毒性,这与抗组胺药的相互作用和个体差异等有关。第三代 H_1 受体拮抗剂则表现出了更多的优点:对 H_1 受体的选择性更高;无镇静作用;同时具有抗过敏介质作用;无肝脏的首过效应,很少与通过肝药酶 P450 代谢的药物发生竞争性拮抗,因此更安全有效。许多第三代 H_1 受体拮抗剂是第二代 H_1 受体拮抗剂的体内活性代谢物,如非索非那定、地氯雷他定和诺阿司咪唑,还有一些是第二代 H_1 受体拮抗剂的活性光学异构体,如左卡巴斯汀和左西替利嗪。

2. 哌嗪类 西替利嗪(cetirizine)是羟嗪的羧酸衍生物,能特异性地拮抗 H_1 受体,并具有强效、长效的特点。西替利嗪不易透过血脑屏障,服用后很少发生困倦及嗜睡等副作用。其代谢率很低,疗效稳定,且无明显的抗胆碱及抗 5- 羟色胺作用。左西替利嗪是西替利嗪的左旋异构体,对 H_1 受体的亲和力是西替利嗪的 2 倍,口服吸收迅速,不良反应较少,为第三代抗组胺药。

盐酸西替利嗪(cetirizine dihydrochloride)

化学名为[2-[4-[(4- 氯苯基)苯甲基]-1- 哌嗪基]乙氧基]乙酸二盐酸盐,[2-[4-[(4-chlorophenyl)phenylmethyl]-1-piperazinyl]ethoxy]acetic acid dihydrochloride。

西替利嗪的 pK_a 为 3.6(强酸),7.79(强碱),$\log P$ 为 2.8。

本品可抑制组胺介导的早期反应,同时还可明显减少嗜酸细胞向过敏反应部位的迁移及炎症介质的释放,从而抑制后期过敏反应,还具有一定抗胆碱作用。适用于过敏性鼻炎、过敏性结膜炎、荨麻疹等。偶见嗜睡、头晕等副反应。口服吸收快,在体内基本不代谢,以原药排出。

左旋(R)盐酸西替利嗪于 2001 年上市,在临床上克服了外消旋体常出现的镇静、嗜睡、肠胃紊乱等抗胆碱能不良反应及心律失常等心血管不良反应,用药量少,而抗组胺活性与西替利嗪相当,是一种高效和作用时间较长的新一代 H_1 受体拮抗剂。

盐酸西替利嗪的合成主要有两条路线,路线一以 4- 氯二苯基溴甲烷和 N- 羟乙基哌嗪为原料,经取代、成醚、酸化等步骤得到盐酸西替利嗪。此合成法所用原料易得,成本较低,反应条件也易达到。

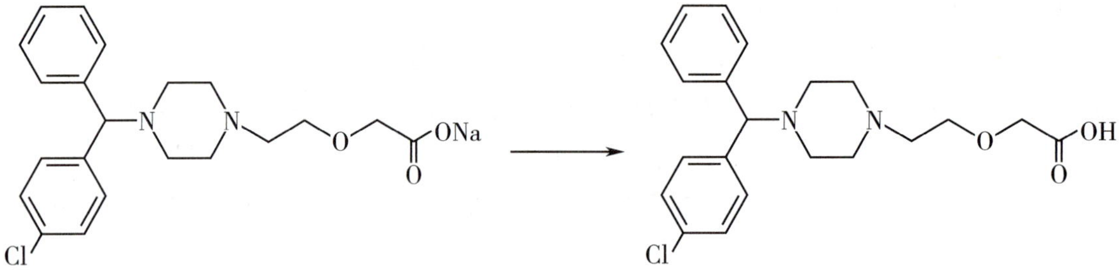

路线二以氯苯为起始原料,经傅 - 克苯甲酰化,还原和羟基经卤代,再与哌嗪反应及氯乙氧基乙醇依次发生取代反应,再经末端氧化为羧酸,成盐即得盐酸西替利嗪。

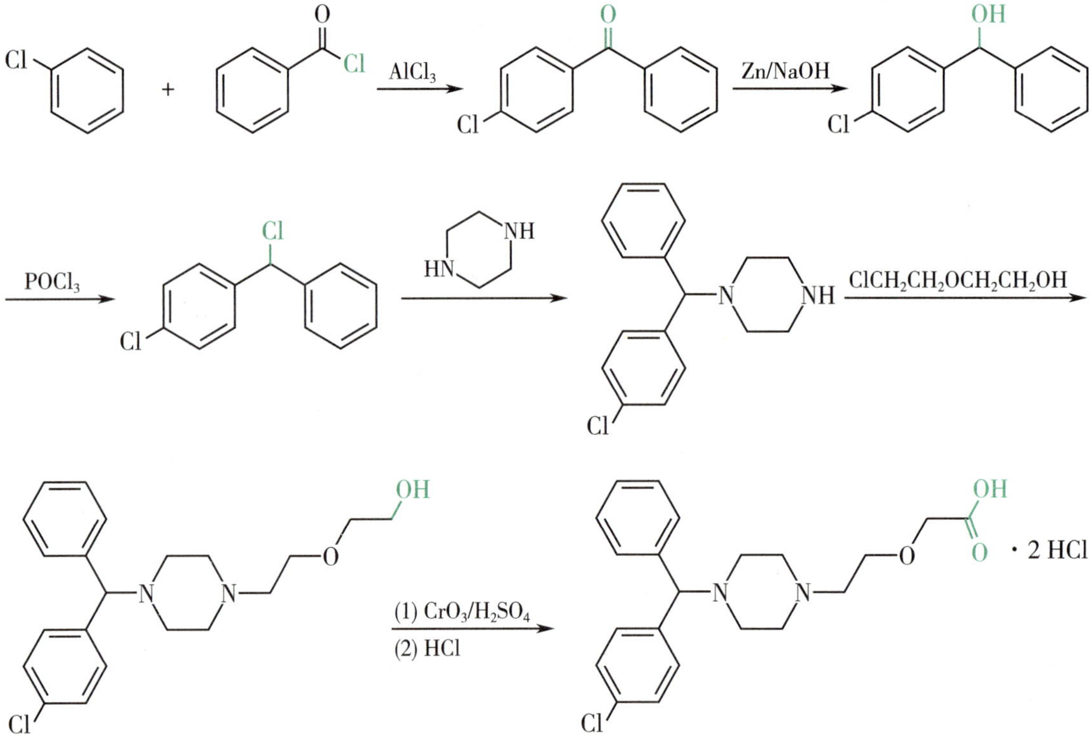

西替利嗪特定杂质有 A～G 七种,A 为中间体;F 为西替利嗪醚键断裂产物,B 为 F 的末端醇氧化为羧酸产物;C 为傅 - 克反应发生于氯的邻位而得到的西替利嗪异构体,D 为苯甲酰氯与原料中的苯经 F-C 酰基化后的产物;E 为原料氯代乙二醇单乙醚中含有氯乙氧基乙氧基乙醇参与反应引入的杂质;G 为中间体(杂质 A)与氯代二苯甲烷取代所得的产物。其中氯代二苯甲烷来源于原料氯苯中苯的残留参与反应而得。

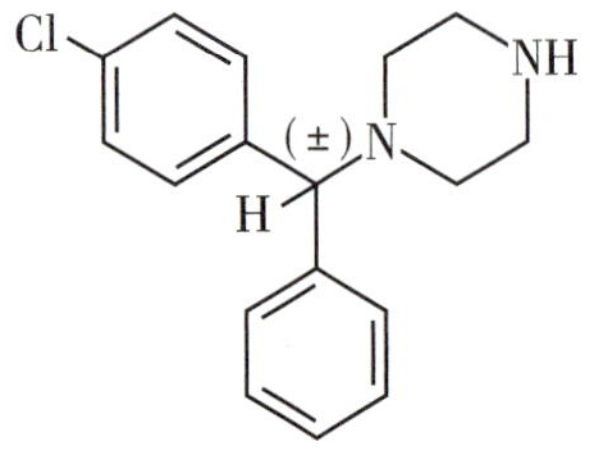

A

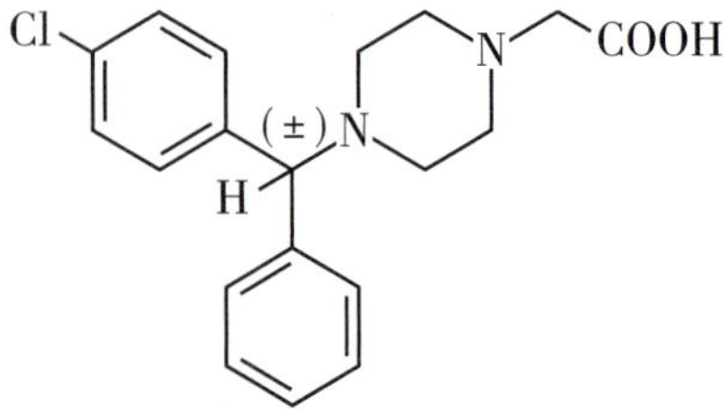

B

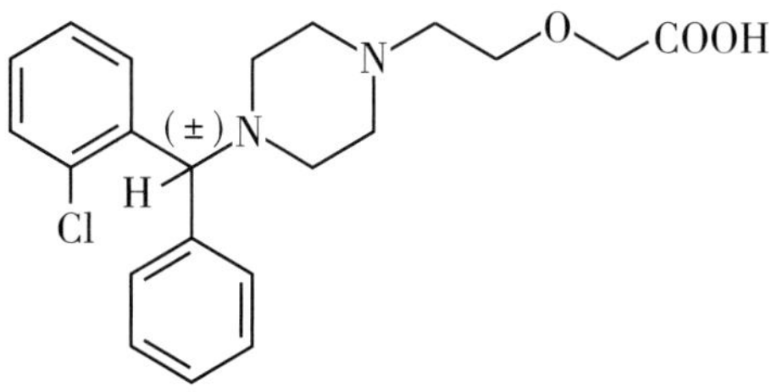

C

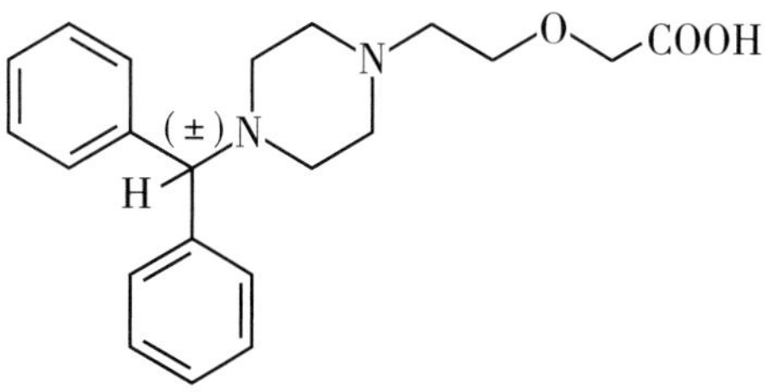

D

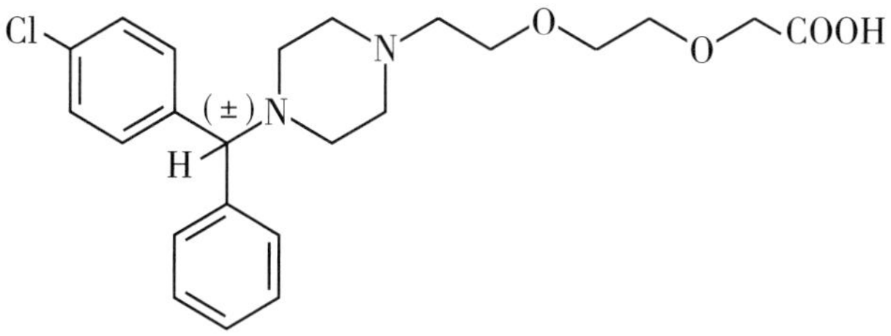

E

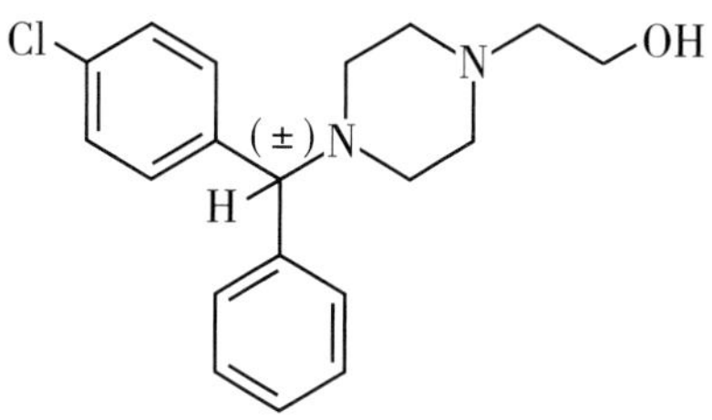

F

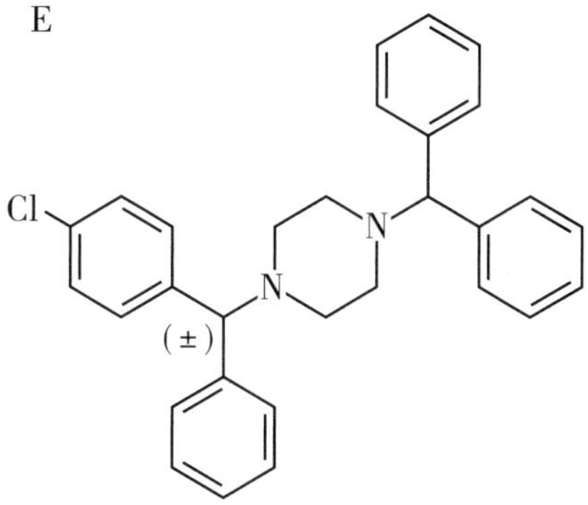

G

3. 吡咯胺类 阿伐斯汀(acrivastine)于 1988 年在英国首次上市,能与组胺竞争结合效应细胞上的 H_1 受体,从而抑制组胺引起的过敏反应。它是在曲普利啶(triprolidine)的吡啶环上增加一个亲水的丙烯酸基团,分子呈两性离子,故难以通过血脑屏障,一般不引起嗜睡不良反应。临床用于治疗花粉症和风疹热等。

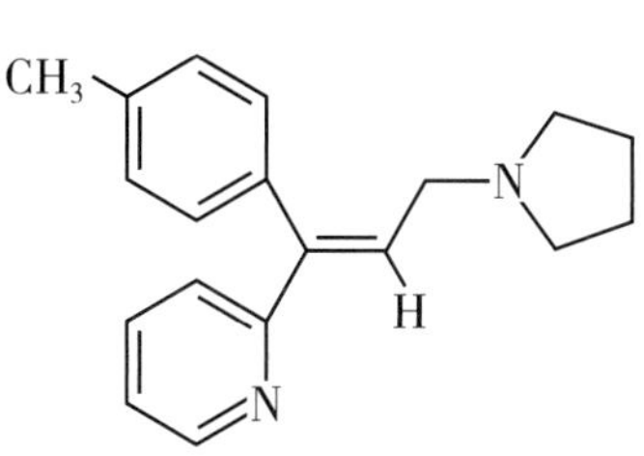

曲普利啶

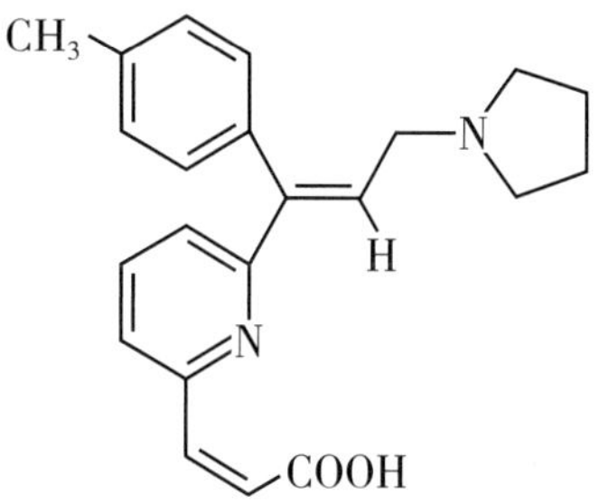

阿伐斯汀

4. 其他类:咪唑斯汀(mizolastine)能强效、高度专一性地作用于 H_1 受体,同时还具有抑制多种炎性介质产生的作用,无抗胆碱能、抗肾上腺素能和抗 5-HT 作用。由于本品具有低亲脂性和低心脏组织沉积等特点,故心血管不良反应较少。

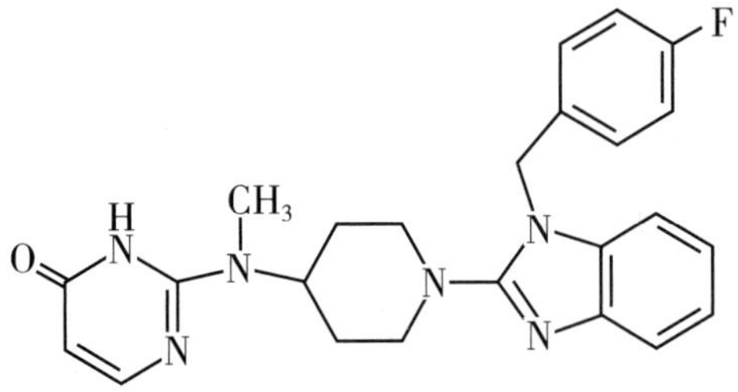

咪唑斯汀

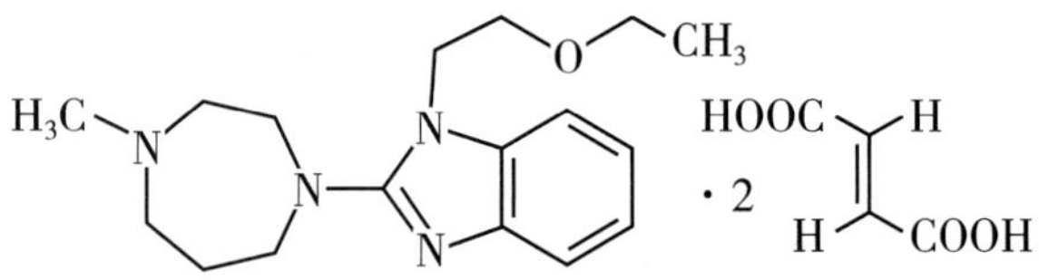

富马酸依美斯汀

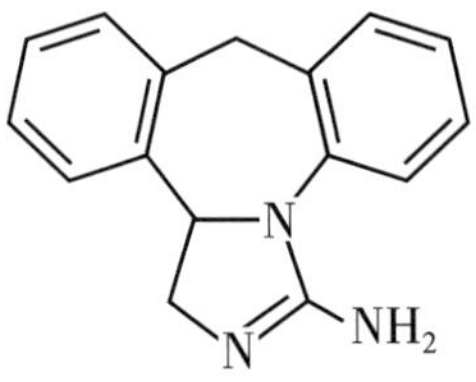

依匹斯汀

依美斯汀（emedastine）与阿司咪唑的苯并咪唑结构类似，于 1993 年首先在日本上市，是一种新型组胺 H_1 受体拮抗剂。本品较弱的抗胆碱能作用和抗 5- 羟色胺功能提示其具有选择性抗组胺作用。适用于过敏性鼻炎和荨麻疹。

依匹斯汀（epinastine）对组胺 H_1 受体有高亲和力，而没有抗胆碱能作用和抑制生物胺作用，也没有 CNS 活性（如镇静、减少精神性行为），为非镇静 H_1 受体拮抗剂，耐受性好，已用于临床治疗风疹块、支气管哮喘等。

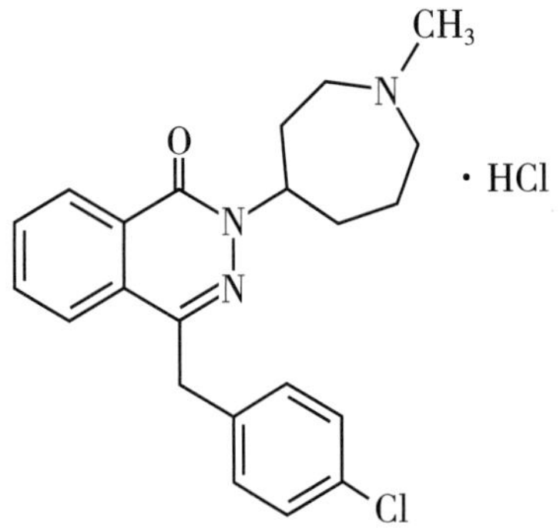

盐酸氮䓬斯汀

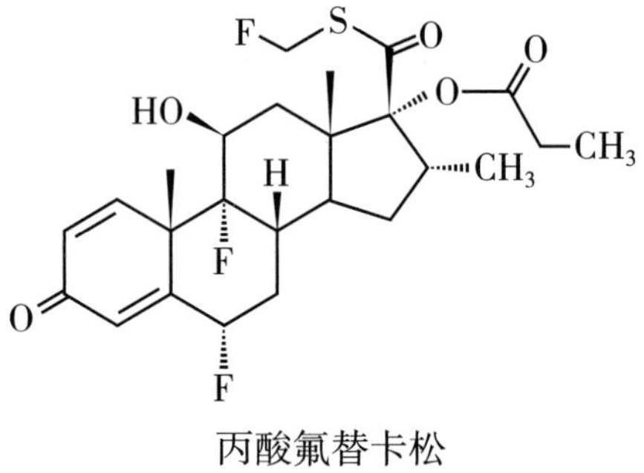

丙酸氟替卡松

2012 年，美国 FDA 批准了（盐酸氮䓬斯汀和丙酸氟替卡松）喷鼻剂用于治疗 12 岁以上患者的季节性过敏性鼻炎。2011 年比拉斯汀片（bilastine）由 FDA 批准上市，本品一日 1 次口服可用于治疗过敏性鼻结膜炎和荨麻疹。比拉斯汀系新型长效组胺拮抗剂，能选择性拮抗周围 H_1 受体而对毒蕈碱受体无明显的亲和性。

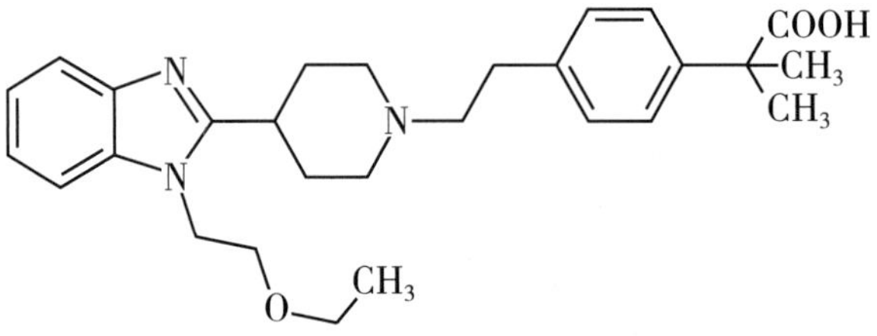

比拉斯汀

三、组胺 H_1 受体拮抗剂的构效关系

经典的 H_1 受体拮抗剂结构类似,其药效基团单元为叔胺及两个芳环,大多数氨基醚类、乙二胺类和丙胺类药物的共同特征如图 14-4 所示:

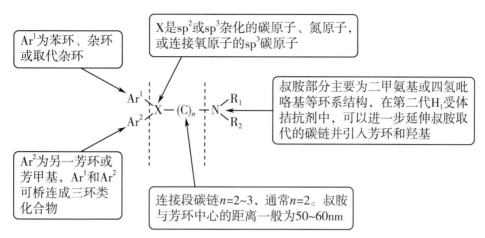

图 14-4　大多数氨基醚类、乙二胺类和丙胺类药物的共同特征

第二节　过敏介质与抗过敏药

抗原抗体反应除使靶细胞释放组胺之外,还能释放白三烯、缓激肽、血小板活化因子等其他过敏介质,这些体内活性物质均可引发各种过敏反应。因此抗过敏治疗除拮抗 H_1 受体之外,还应考虑上述因素。

一、过敏介质释放抑制剂

色甘酸钠(cromolyn sodium)是最早应用于临床的介质释放抑制剂,在抗原抗体的反应中,有稳定肥大细胞膜、抑制肥大细胞裂解、脱粒,阻止过敏介质释放的作用。该药用于治疗过敏性哮喘、过敏性鼻炎和季节性花粉症等。

色甘酸钠

酮替芬

酮替芬(ketotifen)既是 H_1 受体拮抗剂,又是过敏介质释放抑制剂,能抑制支气管黏膜下肥大细胞释放过敏介质,还能抑制嗜碱性粒细胞和中性粒细胞释放组胺及慢反应物质,有很强的抗过敏作用,对哮喘、过敏性鼻炎、皮炎、结膜炎及荨麻疹等均有效。酮替芬的分子结构

中的芳环等疏水基能与肥大细胞膜磷脂的疏水区相互作用,降低细胞膜流动性,减少抗原攻击肥大细胞引起的过敏介质的游离和释放。但酮替芬有较强的中枢抑制、嗜睡副作用。

二、过敏介质拮抗剂

抗过敏药还包括白三烯(LTs)、缓激肽、血小板活化因子(PAF)等过敏介质的拮抗剂。

白三烯(leukotriene, LTs)是由一类内源性的花生四烯酸代谢产生的,20碳的含三个共轭双键的直链不饱和羧酸化合物。抗原抗体反应会激发肥大细胞或嗜碱性粒细胞内磷脂酶 A_2 活化,裂解为膜磷脂,释放出花生四烯酸,5-脂氧酶激活蛋白(FLAP)促进花生四烯酸的转移,在关键的酶5-脂氧化酶催化下花生四烯酸被氧化,进而经一系列酶促反应,形成 LTs。其中 LTC_4、LTD_4、LTE_4 和 LTF_4 的结构中都含有半胱氨酸残基,称半胱氨酰白三烯(cysLT),有着比组胺更强的收缩支气管和增加微血管通透性的活性,是重要的过敏介质。

研究已经证实抑制白三烯有助于治疗哮喘。目前有两种方式可以抑制白三烯的作用:通过酶抑制阻断其合成、拮抗白三烯受体。抗白三烯药物包括5-脂氧化酶抑制剂,FLAP抑制剂和磷脂酶 A_2 抑制剂。

目前临床上常用的特异性白三烯受体拮抗剂有扎鲁司特(zafirlukast)和孟鲁司特钠,其药理作用和临床应用相当,可以抑制哮喘病的气道炎症、改善哮喘症状,用于哮喘的预防和治疗。扎鲁司特对 LTD_4 激发的支气管收缩具有保护作用,且与剂量呈线性关系,对 PAF 所致的气道阻力升高也有抑制作用,可作为轻中度哮喘的有效治疗药物。

扎鲁司特

齐留通

齐留通(zileuton)选择性可逆性地抑制5-脂氧化酶,从而抑制白三烯的合成,同时还能抑制致过敏原致敏后嗜酸性粒细胞向肺部浸润。给药后可产生快速支气管扩张作用,明显降低血中嗜酸性粒细胞的水平。可作为哮喘的长期用药。

白三烯仅是构成过敏反应的过敏介质之一,单独使用抗白三烯药物并不是过敏反应的理想治疗方法,应从病因学出发,联合使用其他药物,以全面控制症状。

孟鲁司特钠(montelukastsodium)

化学名为（R-(E)）-1-(((1-(3-(2-(7-氯-2-喹啉基)乙烯基)苯基)-3-(2-(1-羟基-1-甲基乙基)苯基)丙基)硫)甲基)环丙基乙酸钠，sodium（R,E）-2-(1-((1-(3-(2-(7-chloroquinolin-2-yl)vinyl)phenyl)-3-(2-(2-hydroxypropan-2-yl)phenyl)propylthio)methyl)cyclopropyl)acetate。

孟鲁司特钠的 pK_a 为 4.4（强酸）、3.12（强碱），log$P$ 为 7.9。

本品是一种新的非激素类的抗炎药物，作为一种选择性高、耐受性好的强效半胱氨酸白三烯受体拮抗剂类药物，通过选择性抑制气道平滑肌中白三烯多肽活性，减少血管内皮生长因子的表达而调整血管渗透性，改善气道炎症，舒张支气管，适合于治疗轻、中度的哮喘；对中、重度的长期使用激素的哮喘患者，联合应用可减少激素的用量，从而减轻激素的不良反应，而不影响哮喘的控制。同时，孟鲁司特钠能明显改善肺功能，减少哮喘症状和皮质激素及 β_2 受体激动剂的用量。另外，对于哮喘并过敏性鼻炎（AR）的患者，联合应用本品和支气管扩张剂可以同时改善两者的症状，使哮喘与 AR 症状控制更为平稳，是一种安全有效的方法。

孟鲁司特钠的合成有多种方法，其中研究比较多的路线一是以间苯二甲醛和 7-氯-2-甲基喹啉为起始原料，经 Aldol 缩合、格氏反应、Heck 反应等得中间体 2；中间体 2 经不对称还原、甲磺酰化、取代、水解、成盐得本品。

路线二亦是以间苯二甲醛和 7- 氯 -2- 甲基喹啉为起始原料经脱水缩合、格式反应、氧化、亲核取代得酮酯化合物，再经亲核取代、水解脱羧、酯化、还原、格氏反应，不对称还原，最后经取代、水解、成盐得本品。

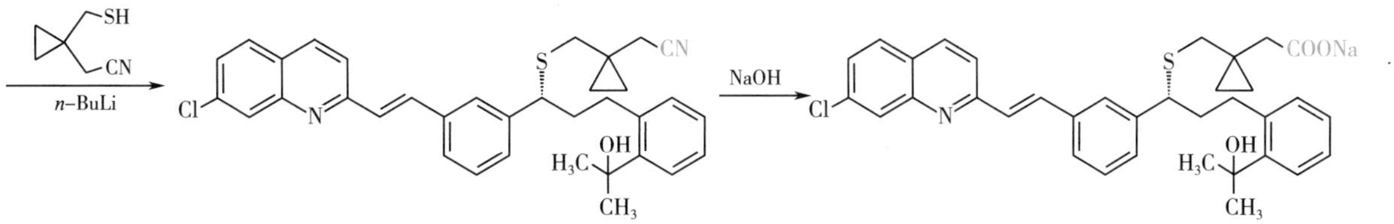

孟鲁司特钠的特定杂质有 A～G 七种：A 是孟鲁司特钠的对映异构体；B 为孟鲁司特的叔醇消除产物；C 为孟鲁司特的硫氧化为亚砜的产物；D、E 分别为孟鲁司特的双键经巯基化合物加成的产物；F 为中间体经一次格氏反应的产物；G 为孟鲁司特的顺式异构体。

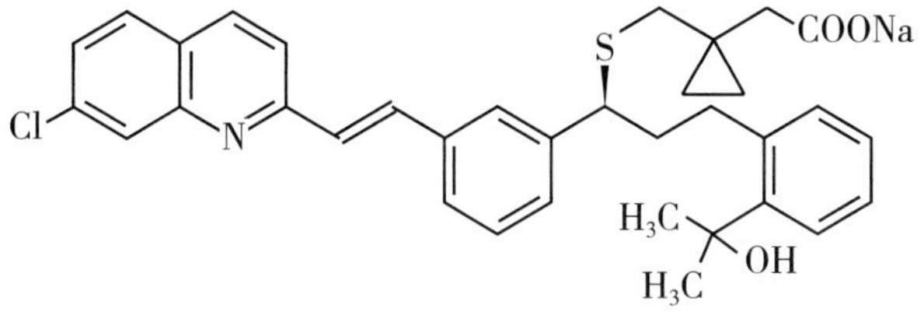

A

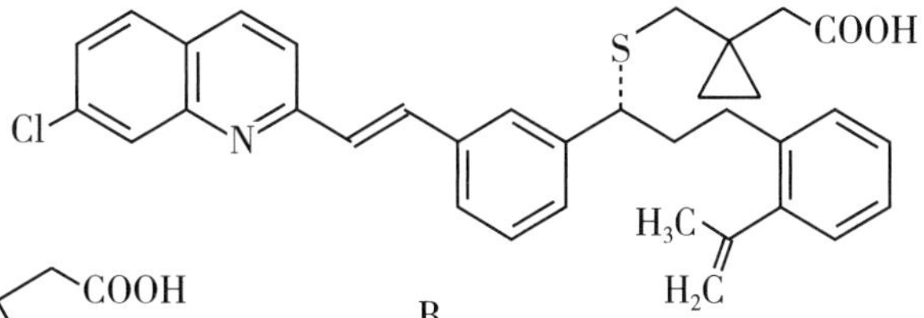

B

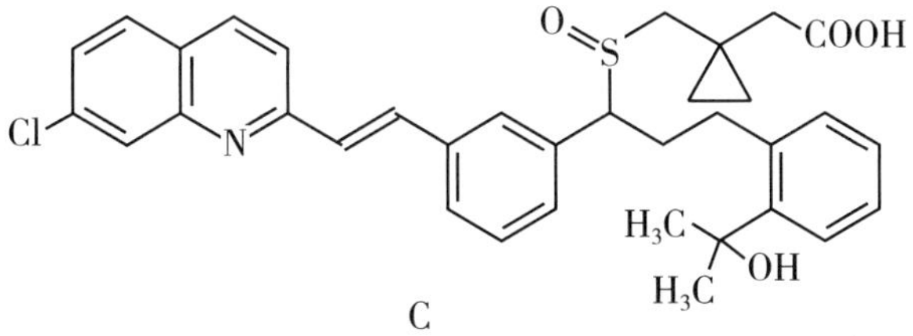

C

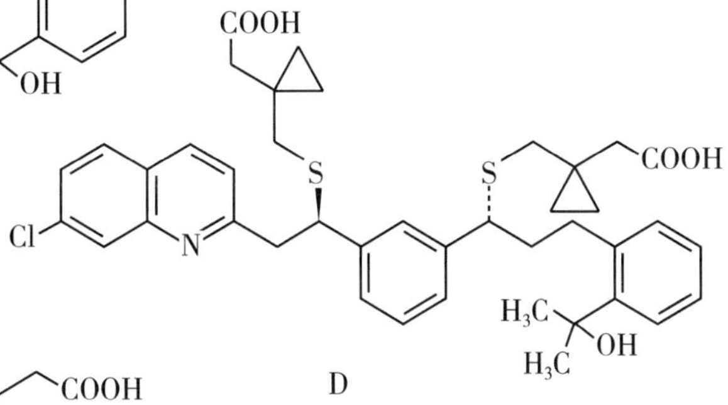

D

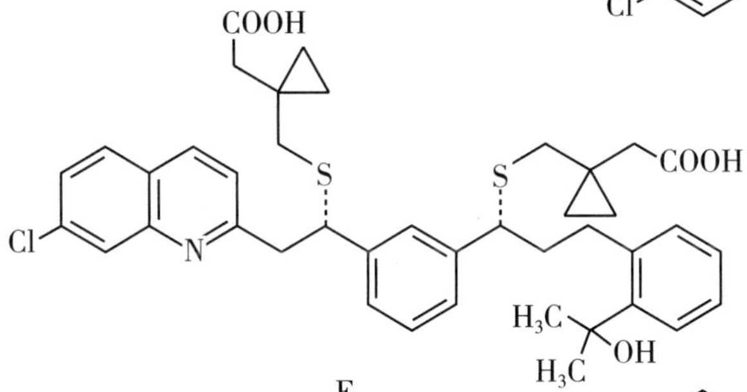

E

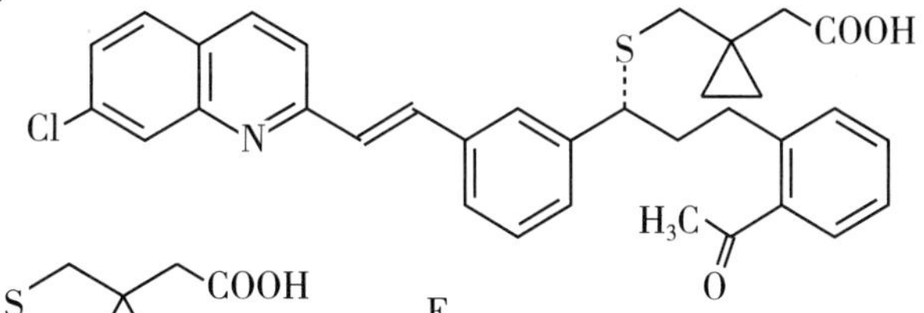

F

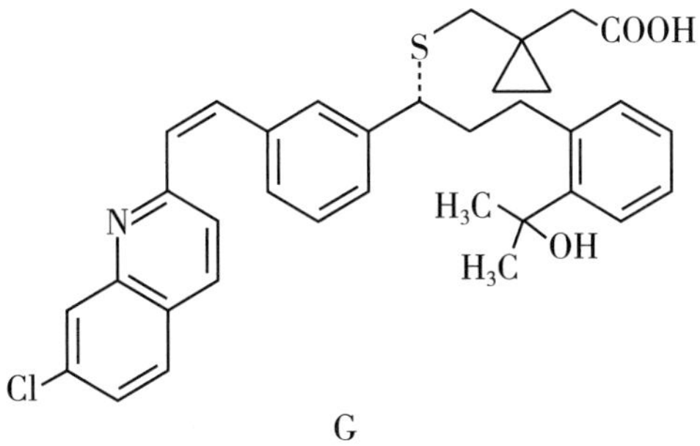

G

三、钙通道阻断剂

肥大细胞内 Ca^{2+} 增加,可导致过敏介质释放, Ca^{2+} 进入细胞质也可导致支气管平滑肌收缩,抑制 Ca^{2+} 内流则可抑制过敏性支气管痉挛。因此,钙通道阻断剂有可能被用于治疗变态反应性疾病。维拉帕米(verapamil)、硝苯地平(nifedipine)等能抑制肥大细胞或肺组织释放组胺或慢反应物质,均能抑制抗原或运动诱发的哮喘。但由于其抗变态反应所需剂量大于治疗心血管疾病的剂量,因此,限制了此类药物用于变态反应疾病。

除组胺 H_1 受体拮抗剂、抑制过敏介质释放药物和影响离子通道的药物外,糖皮质激素类、β_2 肾上腺素受体激动剂、抗胆碱药也都可以作为抗过敏药。糖皮质激素是治疗支气管哮喘的最有效药物,但因其全身应用副作用较多,因此在局部过敏反应时应用为多。β_2 受体激动剂通过松弛平滑肌,迅速减轻急性支气管痉挛。M 受体拮抗剂能抑制被动致敏的肥大细胞释放组胺而产生抗过敏作用。

第三节 H_2 受体拮抗剂

20 世纪 60 年代中期,在发现胃壁细胞里存在促进胃酸分泌的组胺 H_2 受体后,英国某制药公司启动了一项研究来寻找能够拮抗 H_2 受体的先导化合物。研究工作从组胺的结构改造开始,保留组胺的咪唑环,改变侧链取代。在改变组胺的侧链中发现组胺的胍类似物 N^α-胍基组胺(N^α-guanilhistamine)是一个组胺部分激动剂,且大剂量使用时具有拮抗胃酸分泌的作用。于是以 N^α-胍基组胺为先导化合物,将先导化合物上的胍基替换和改变侧链长度,在研究过程中发现分子侧链的长度会影响激动活性和拮抗活性。并且 H_2 受体中激动作用的结合位点与咪唑结合位点相距约为两个原子,拮抗作用的结合位点相距约为四个原子。

由于胍基是一个强碱性基团,在体内易质子化而带电荷。将侧链端基换成碱性较弱的甲基硫脲将侧链增长为四个碳原子,得到高度选择性 H_2 受体拮抗剂布立马胺(burimamide),拮抗作用强,选择性好,成为第一个在人体试验的 H_2 受体拮抗剂,但由于它缺乏足够的口服活性,因此需要继续寻找更有效的类似物。

N^α-胍基组胺   布立马胺

此后,研究者采用动态构效分析方法,将布立马胺侧链中的一个次甲基换成电负性较大的硫原子形成含硫四原子链,得到硫代布立马胺(thiaburimamide)。硫代布立马胺的咪唑环的 pK_a 接近于组胺,可与受体更好的作用,同时硫原子的亲水性比亚甲基强,硫代布立马胺的 $\lg P$ 为 0.16,布立马胺的 $\lg P$ 为 0.39。硫代布立马胺作为 H_2 组胺受体拮抗剂比布立马胺的体外活性强。而后在咪唑环的 5 位接上供电子的甲基,由于给电子基团增强了邻近氮原子的碱性,得到了具较高活性的药物甲硫米特(metiamide),体外试验结果表明,其拮抗作用比布立马胺强 8～9 倍；体内试验中，对抗组胺或五肽内泌素引起的胃酸分泌作用，也强 5 倍。活性强度和安全性都达到临床试用的要求但高剂量慢性毒性试验发现，甲硫米特对肾脏有损害作用，并能引起粒细胞缺乏症，这一副作用可能由分子中的硫脲基所致。后用硫脲的电子等排体胍的取代物替换硫脲基，由于碱性强，在生理条件下，几乎完全为阳离子，活性较小。为了降低胍基的碱性，在胍基的亚氨基氮原子上引入强吸电子的氰基和硝基，研究发现甲硫米特的氰基胍衍生物西咪替丁（cimetidine）活性最强，且不会引起肾损伤和粒细胞的缺乏，成为选择性的强效 H_2 受体拮抗剂。西咪替丁的问世开辟了寻找治疗溃疡药物的新领域。分子的咪唑环以呋喃、噻吩或氨烷基苯等替换，或改变侧链及末端基团，形成了一批新结构类型 H_2 受体选择性及疗效更好、毒副作用更小的抗溃疡药。

硫代布立马胺　　　　　　　　　　甲硫米特

一、受体拮抗剂抗溃疡药物结构类型

按化学结构可将组胺 H_2 受体拮抗剂分为两大类：含柔性连接链类和二元芳环或芳杂环类。

1. 含柔性连接链类　通过柔性链连接芳环和极性基团的"芳环 - 柔性链 - 极性基团"结构类型为含柔性连接链类。

西咪替丁（cimetidine）

化学名为 *N*- 氰基 -*N'*- 甲基 -*N''*-［2-［［（5- 甲基 -1*H*- 咪唑 -4- 基）甲基］硫代］乙基］胍；*N*-Cyano-*N'*-methyl-*N''*-［2-［［（5-methyl-1*H*-imidazol-4-nyl）methyl］thio］ethyl］guanidine，又名甲氰咪胍、泰胃美，是咪唑类 H_2 受体拮抗剂的代表药。

西咪替丁的 pK_a 为 6.8，log$P$ 为 0.40。

本品有显著抑制胃酸分泌的作用，能明显抑制基础和夜间胃酸分泌，也能抑制由组胺、分肽胃泌素、胰岛素和食物等刺激引起的胃酸分泌，并使其酸度降低，对因化学刺激引起的腐蚀性胃炎有预防和保护作用，对应激性胃溃疡和上消化道出血也有明显疗效。对抗病毒及免疫增强有一定的作用。抗 H_2 受体作用比甲硫米特强，对 H_1 和 M 受体几乎没有作用。用于治疗十二指肠溃疡、胃溃疡、上消化道出血、慢性结肠炎、带状疱疹、慢性荨麻疹等症。长期应用有抑制雄激素作用，可引起男性轻微性功能障碍、乳房发育、妇女溢乳、精神紊乱等副作用。

本品口服吸收快，生物利用度约为 70%，服药后 45～90 分钟血药浓度达到高峰，血浆蛋白结合率为 15%～20%，$t_{1/2}$ 为 2～2.5 小时。药物进入体内后，一半代谢为无活性的亚砜，另一半以原形从尿中排出。

本品的合成方法有多条途径。但归纳起来大致上有两种途径。

第一种是由乙酰乙酸乙酯经氯代、环合、还原得中间体 5- 甲基 -4- 咪唑甲醇（Ⅰ），然后中间体（Ⅰ）与半胱胺脱水制得关键中间体 2-[（5- 甲基 -1H- 咪唑 -4- 基）甲硫基]乙胺（Ⅱ），再与氰亚胺荒酸二甲酯（Ⅲ）及甲胺经二次取代制得西咪替丁，或与 N- 氰基 -N,S- 二甲基异硫脲（Ⅳ）一次取代得西咪替丁。

第二条路线是由 N- 氰基 -N'- 甲基 -N''-（2- 巯基乙基）胍（Ⅴ）与 4- 氯甲基 -5- 甲基咪唑（Ⅵ）或碘化 1- 甲基 -1[（5- 甲基 -1H- 咪唑 -4- 基）甲基]哌啶鎓（Ⅶ）进行 S- 烷基化的反应，制得西咪替丁。该鎓盐可由甲基咪唑经曼尼希反应及季胺化得到。

本品有 A、B、C、Z、H 等多种晶型。从有机溶剂中可获得 A 型晶，熔点为 139～144℃，其生物利用度和疗效较好。生产中用水结虽然可降低成本,但产品为混晶型,熔点136~144℃,影响产品的质量和疗效。

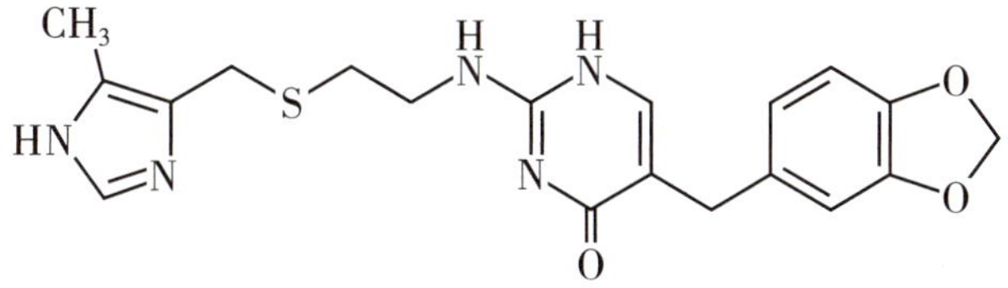

奥美替丁

西咪替丁分子的极性和亲水性质,限制了它对生物膜的穿透作用,故提高药物脂溶性,改善药代动力学的性质成为关键。因此采用前药方法,对咪唑环的 N_1 和 N_3 进行丁酰氧甲基化(n —Pro—COOCH$_2$—)和烷氧羰基化(—COOEt)可增加活性。另一种方法是通过改造氢键键合的极性基团,用脂水分配系数大的取代基异胞嘧啶基团代替氰胍基团获得奥美替丁(oxmetidine)。由于其脂溶性提高(分配系数增加 50 倍),抑制胃酸分泌作用增加了 15 倍,且维持时间更长,但有 H_1 拮抗副作用。

西咪替丁特定杂质有 A~F 六种: A 为中间体残留; B 为中间体 A 的甲氧基取代产物; C 为西咪替丁的水解产物,D 为西咪替丁的分解产物; E 为西咪替丁被氧化形成的亚砜; F 为关键中间体 2-[(5- 甲基 -1H- 咪唑 -4- 基)甲硫基]乙胺(Ⅱ)与氰亚胺荒酸二甲酯(Ⅲ)发生两次亲核取代得到的产物。

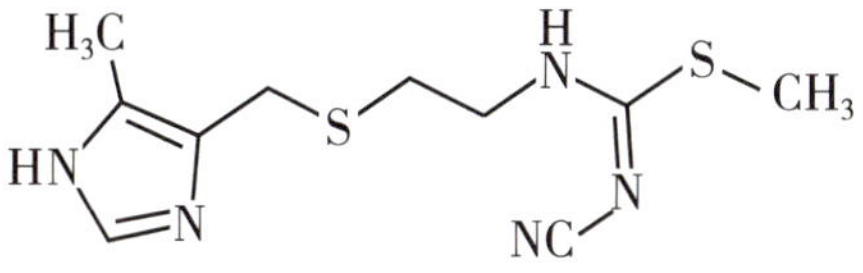

A

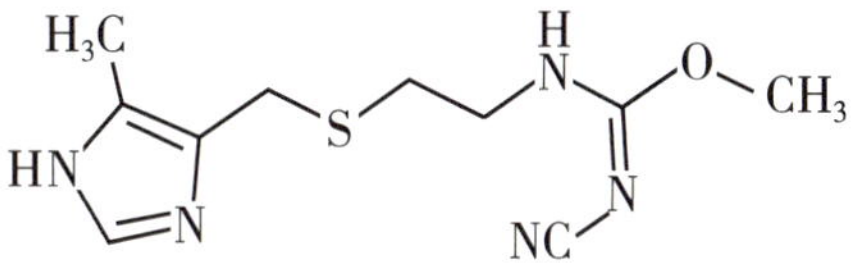

B

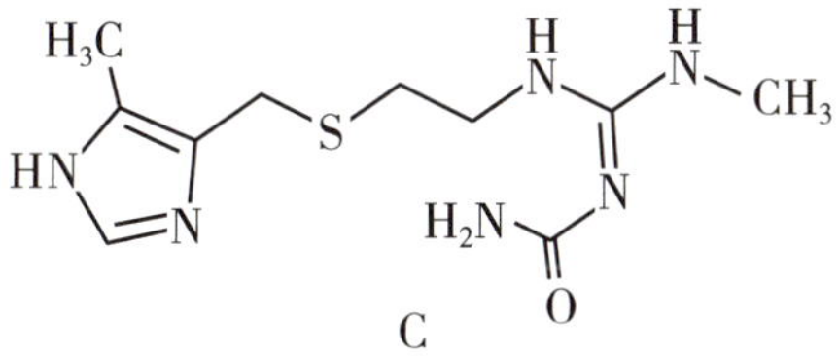

C

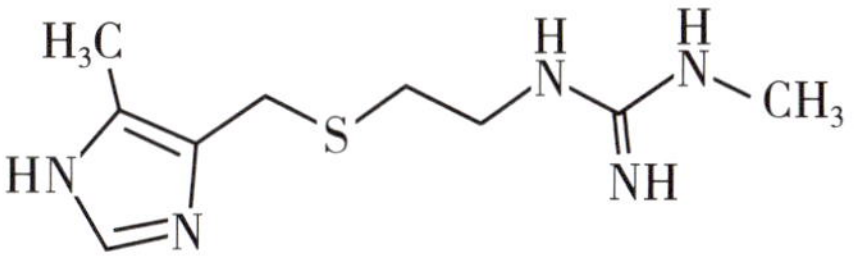

D

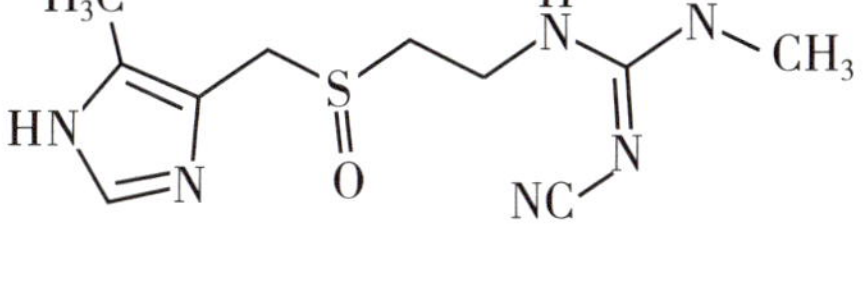

E

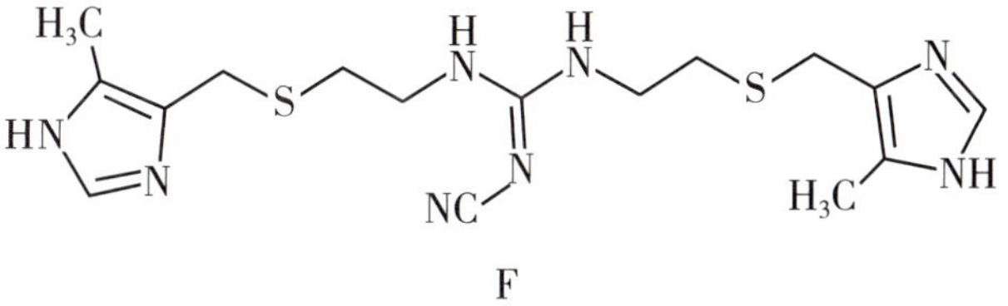

F

盐酸雷尼替丁(ranitidine hydrochloride)

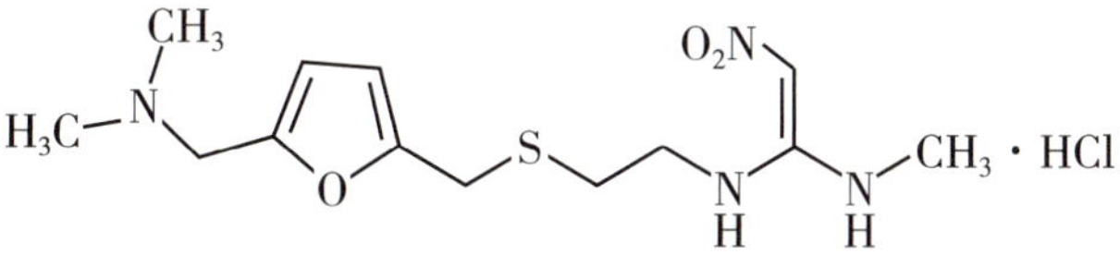

化学名为 N-[2-[[[5-[(二甲氨基)甲基]-2- 呋喃基]甲基]硫代]乙基]-N'- 甲基 -2- 硝

基 -1，1- 乙烯二胺盐酸盐，N-（2-（（（5-（（Dimethylamino）methyl）-2-furanyl）methyl）thio）ethyl）-N'-methyl-2-nitro-1，1-ethenediamine hydrochloride，又名善胃得。

雷尼替丁的 pK_a 为 8.08，$\log P$ 为 0.27。

本品分子结构中呋喃环相应于西咪替丁的咪唑环，用二氨基硝基乙烯结构替代氰胍结构作为氢键键合的极性基团，是呋喃类 H_2 受体拮抗剂的代表药。

本品为组胺 H_2 受体拮抗剂，能抑制基础胃酸分泌及刺激后的胃酸分泌，还可抑制胃蛋白酶的分泌。其抑酸强度比西咪替丁强 5～8 倍。对 H_1 受体和胆碱受体均无拮抗作用。它的特点之一是无抗雄激素作用，对内分泌的影响小，也未见西咪替丁存在的中枢副作用。临床用于治疗胃及十二指肠溃疡。停药后也可能出现复发，但复发率低于西咪替丁。主要用于良性胃溃疡、十二指肠溃疡、吻合口溃疡、反流性食管炎、卓 - 艾氏综合征的治疗。

本品口服吸收快，1～2 小时达血药浓度高峰，不受食物和抗酸药的影响，生物利用度为 50%～60%，体内分布广泛，$t_{1/2}$ 为 2.5～3 小时。本品 30% 经肝脏代谢为氮氧化物、去甲基物和硫氧化物等，至少 50% 以原形由肾脏经尿中排泄。

雷尼替丁的合成主要有两条路线，路线一以糠醇为原料，经曼尼希反应、成硫醚、取代等多步反应制得。

路线二以 2- 呋喃甲醇为原料，经曼尼希反应，再与半胱胺缩合，得到 S- 烷基化物，再与 N- 甲基 -1- 甲硫基 -2- 硝基乙烯胺反应制得。路线二与路线一相比反应步骤少，操作简单。

盐酸雷尼替丁特定杂质有 A～K 十二种。A 为路线一中两分子中间体 I-1 与原料 N- 甲基 -1- 甲氨基 -2- 硝基乙烯胺的取代产物；B 及 F 为反应的中间体；C 及 E 为雷尼替丁的氧化产物；I 为路线二的中间体，而 H 则为原料 I(N- 甲基 -1- 甲硫基 -2- 硝基乙烯胺)带入的杂质；D 为杂质 H 参与反应引入的或者是雷尼替丁水解产生的；G 为原料 N- 甲基 -1- 甲氨基 -2- 硝基乙烯胺与未反应的氨基乙硫醇的双取代产物。

在对雷尼替丁做结构改造过程中发现，用脂水分配系数较大的 5- 取代异胞嘧啶基团代替二氨基硝基乙烯结构作为氢键键合的极性基团，得到抑制胃酸分泌作用大于雷尼替丁的 H₂ 受体拮抗剂，如鲁匹替丁（lupitidine）。

雷尼替丁的生物利用度不高，将亲脂性较大的噻唑环代替雷尼替丁分子中的呋喃环所得的尼扎替丁（nizatidine），药理作用独特，可逆地抑制胃壁细胞上的 H₂ 受体功能，抑制胃酸分泌长达 12 小时，较西咪替丁、雷尼替丁作用均强，并且能显著抑制食物、五脏胃泌素等因素刺激而引起的胃酸分泌，生物利用度高达 95%。尼扎替丁已于 1988 年上市。

鲁匹替丁   尼扎替丁

法莫替丁

法莫替丁（famotidine）是继西咪替丁和雷尼替丁后出现的又一种 H₂ 受体拮抗剂，其作用强度比西咪替丁大 30～100 倍，比雷尼替丁大 6～10 倍。法莫替丁还能增加胃黏膜的血流量，增强防御机制，提高止血效果。适用于胃及十二指肠溃疡、反流性食管炎、上消化道出血、卓 - 艾综合征等症。法莫替丁的合成是以 2-[（2- 氨基噻唑 -4- 基）甲基]异硫脲为原料，分别在咪唑环的一侧异硫脲的 S 上引入丙腈，咪唑的氨基上引入胍基等多步反应制得。

拉呋替丁(lafutidine)具有持续的抗分泌作用及潜在的黏膜保护作用,本品持续抑制胃酸分泌和抗溃疡的活性是西咪替丁的 4~10 倍,且在抗分泌活性剂量以下就能明显表现出抗溃疡效果,而西咪替丁和法莫替丁只有在高于抗分泌剂量时才表现出抗溃疡活性。

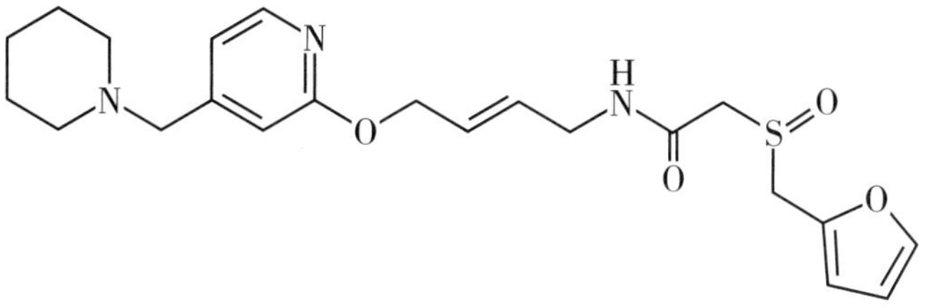

拉呋替丁

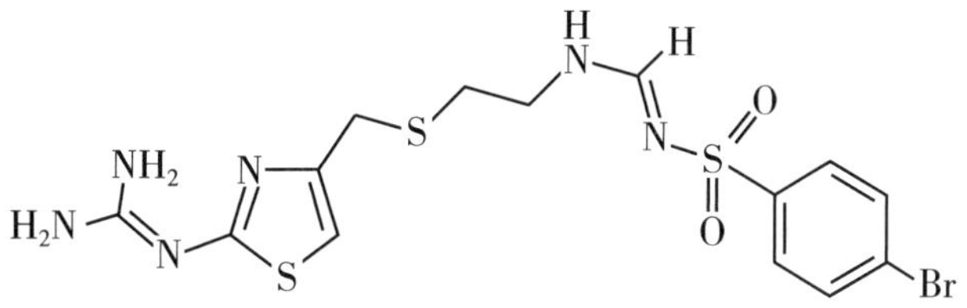

乙溴替丁

乙溴替丁(ebrotidine)是具有胃黏膜保护作用的新一代 H₂ 受体拮抗剂。除了拮抗组胺 H₂ 受体外,尚有黏膜保护作用可促进胃黏膜层黏联蛋白受体增加,增加黏液凝胶附着物的量和胃黏膜的血流量,增加黏液层的厚度,促进愈合,同时具有更强的杀灭幽门螺杆菌的作用。

兰替丁(lamtidine)、罗沙替丁(roxatidine)、吡法替丁(pifatidine)等为长效药物。它们均含有哌啶亚甲基取代的苯环,且侧链保留了与 H₂ 受体拮抗剂类似的氨基醚侧链结构。吡法替丁为罗沙替丁的乙酸酯。

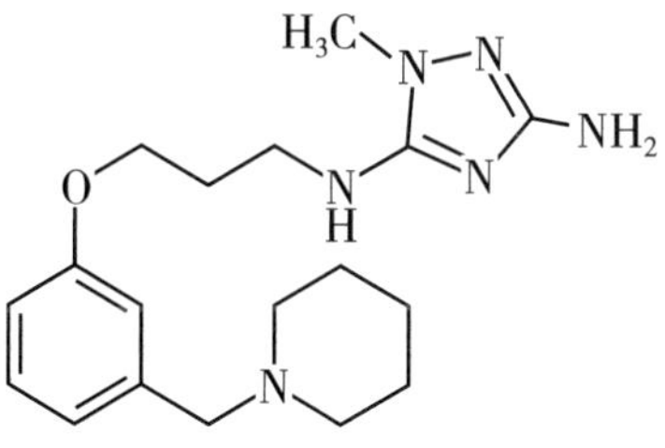

兰替丁 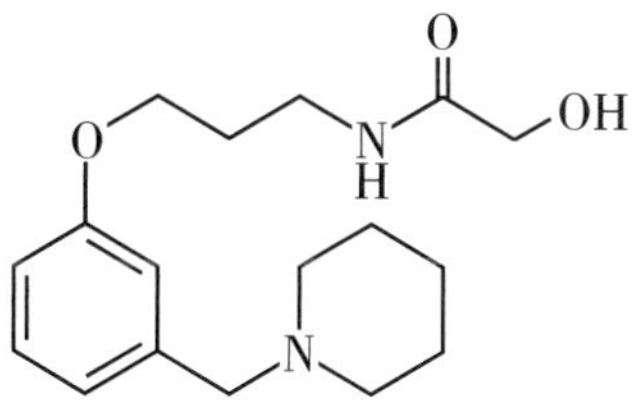　　　　　　　　罗沙替丁 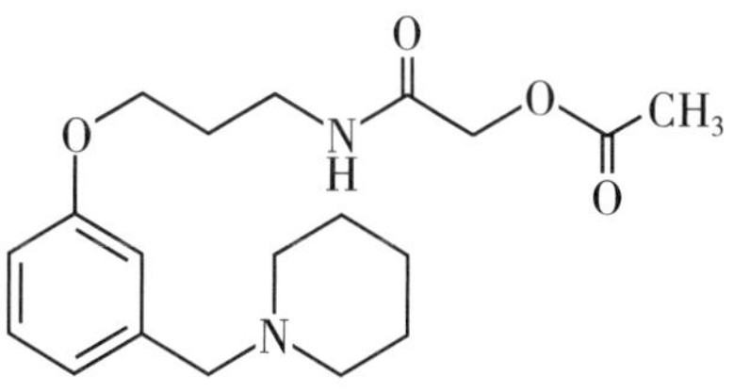　　　　　　　　吡法替丁

2. 二元芳环或芳杂环类　在通过以组胺的咪唑环和极性基团作为新的研究起点的过程中发现了一批二元芳环杂环类 H₂ 受体拮抗剂。

将连接芳环和极性基团的柔性链替换为刚性芳环,或者直接将芳环和氢键键合的极性基团连接起来,达到限制构象的目的。

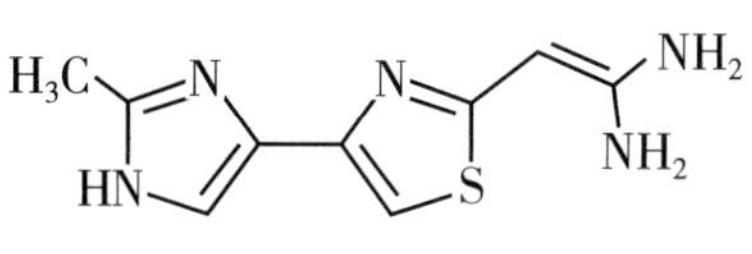

唑替丁 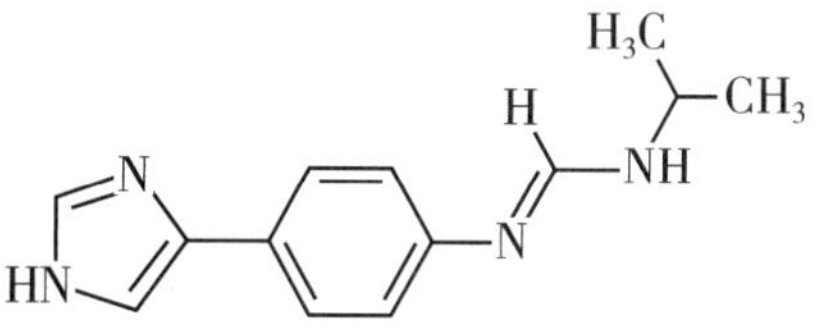　　　　　　　　　　　　　　　咪芬替丁

必芬替丁

唑替丁(zaltidine)是以咪唑环与氢键键合极性基团胍基噻唑部分直接相连而成的,其体外抑酸作用与法莫替丁相似,口服作用可长达 24 小时。咪芬替丁(mifentidine)和必芬替丁(bisfentidine)是以部分激动剂 N^α- 胍基组胺为先导化合物,将咪唑环通过苯环与胍基相连,从而使分子刚性更强。其抑制胃酸分泌的作用与法莫替丁相当。两者结构类似,仅有一个甲基的区别。

二、组胺 H₂ 受体拮抗剂的构效关系

H₂ 受体拮抗剂都具有两个药效部位:碱性的芳环结构和平面的极性基团。H₂ 受体上的谷氨酸残基阴离子作为碱性芳环的共同作用位点,而平面的极性基团可能与受体发生氢键键合作用。活性与整个分子的几何形状和药效基团的立体定向密切相关。而药物的疗效和生物利用度与其脂溶性和药物代谢过程有关。极性基团通常有二氨基硝基乙烯、氨磺酰胺、异胞嘧啶等,此类基团的特点是不易旋转,弱极性结构,具有偶极和亲水性质。此类药物的研究特点是主要采用了生物电子等排和拼合原理,将不同的药效团以不同的连接方式连接。

第四节　质子泵抑制剂

1972 年瑞典 Astra 公司在筛选抗病毒药物时,发现吡啶硫代乙酰胺有抑制胃酸活性,但该化合物对肝脏的毒性很大,为了使其毒性降低,用硫醚置换具有毒性的硫代酰胺,得到 H7767,仍然有抑制胃酸的活性。以此为基础,在对其进一步修饰的过程中发现,得到更加稳定的含亚砜连接链和苯并咪唑环结构的替莫拉唑(timoprazole),有很强的抗酸分泌的作用,然而毒理实验发现它因阻断甲状腺对碘的摄取,而失去临床价值。1977 年,在两个环上引入合适取代基合成了吡考拉唑(picoprazole),消除了该副作用。这些化合物呈弱碱性,对酸敏感。后来药理研究发现它们并不拮抗 H₂ 受体,其抑制胃酸分泌的机理是直接抑制胃壁细胞 H^+/K^+-ATP 酶的活性,从而开辟了 H^+/K^+-ATP 酶抑制剂研究开发的新领域。吡考拉唑由于含有芳酸酯结构化学稳定性较差,在吡啶环引入 3,5- 二甲基和 4- 甲氧基等给电子取代基,在苯并咪唑环上用甲氧基置换甲氧甲酰基,得到奥美拉唑(omeprazole)。作为第一个质子泵抑制剂(proton pump inhibitors, PPI),奥美拉唑于 1987 年在瑞典上市,第二个 PPI 兰索拉唑则于 1992 年在日本上市,1994 年 10 月德国研制的泮托拉唑在南非上市,1998 年 12 月日本又推出雷贝拉唑并于 1999 年 8 月获 FDA 批准在美国上市,PPI 治疗胃、十二指肠溃疡的地位已被国内外大量的临床试验所确立、证实。为了提高质子泵抑制剂拉唑类药物的稳定性,现在市售的质子泵抑制剂大多是其钠盐或镁盐。如市售的奥美拉唑有游离型及其钠盐和镁盐三种形式,兰索

拉唑有游离和其钠盐形式,泮托拉唑、雷贝拉唑都是以钠盐上市,埃索美拉唑以镁盐上市。

吡啶硫代乙酰胺　　　　　　　　H7767

替莫拉唑　　　　　　　　　　　吡考拉唑

H$^+$/K$^+$-ATP 酶分布在胃壁表层细胞,其抑酸作用强,特异性高,持续时间长久。现有研究认为,该酶是一种存在于胃壁,伸入到分泌细管膜的微绒毛内的跨膜蛋白,由 α 和 β 二个亚单位组成,α 亚单位作为触酶,使 ATP 水解,产生能量输出 H$^+$ 离子。胃酸分泌的最后步骤是胃壁细胞内质子泵驱动细胞内 H$^+$ 与小管内 K$^+$ 交换。PPI 阻断了胃酸分泌的最后通道,与以往临床应用的抑制胃酸药物——H$_2$ 受体拮抗剂相比较,作用位点不同且有着不同的特点,即夜间的抑酸作用好、起效快,抑酸作用强且时间长、服用方便,能抑制基础胃酸的分泌及组胺、乙酰胆碱、胃泌素和食物刺激引起的酸分泌。

根据质子泵抑制剂与 H$^+$/K$^+$-ATP 酶不同的作用方式,分为可逆型和不可逆型两大类。

一、不可逆型质子泵抑制剂

由于不可逆型质子泵抑制剂为弱碱性化合物,容易通过细胞膜。到达胃壁细胞后,在酸性环境下被 H$^+$ 激活,形成活性形式,在体内胃中泌酸小管口与质子泵发生共价结合,所以这一结合为不可逆。

奥美拉唑(omeprazole)

化学名为 5- 甲氧基 -2[[(4- 甲氧基 -3,5- 二甲基 -2- 吡啶基)甲基]亚硫酰基]-1H- 苯并咪唑,5-Methoxy-2[[(4-methoxy-3,5-dimethyl-2-pyridinyl)methyl]sulfinyl]-1H-benzimidazole。

奥美拉唑的 pK_a 为 9.29(强酸)、4.77(强碱),log$P$ 为 2.23。

奥美拉唑是第一个用于临床的苯丙咪唑类 PPI,为单烷氧基吡啶化合物,服药 2 小时后血浆浓度达高峰,半衰期约 1 小时。单剂量的生物利用度为 35%,多剂量生物利用度增至 60%。由于其强力抑酸作用,使一些以前需要手术治疗的溃疡病经过这种药物治疗即可得到治愈。近年来开发的奥美拉唑口服混悬剂是首个且唯一的 PPI 口服迅速释放制剂,是唯一获准用于临床危重患者使用的口服 PPI。其起效快、作用强,能持续控制胃酸分泌,使胃液 pH 保持在 4.0 以上达 18.6 小时。

经过反复的体内试验,发现奥美拉唑可看成是两种活性物的前药,表现出选择性和专一性的抑制胃酸分泌作用。奥美拉唑体内循环,称为前药循环(prodrug cycle)。奥美拉唑进入的胃壁细胞是具有低 pH 酸性环境的特殊细胞,奥美拉唑进入胃壁细胞后吡啶 N 成季胺盐形成"离子障",可集中于强酸性的胃壁细胞泌酸小管口,受质子对苯并咪唑环上 N 原子的催化影响发生分子内的亲核反应,即 Smiles 重排,转化为螺环中间体,形成两种不易通过膜的活性形式即次磺酸和次磺酰胺,然后再与 H^+/K^+-ATP 酶上 Cys813 和 Cys892 的巯基共价结合,形成二硫化酶抑制剂复合物,阻断质子泵分泌 H^+ 的作用。酶 - 抑制剂复合物在 pH<6 时很稳定,但可通过谷胱甘肽和半胱氨酸等内源性巯基化合物相竞争而复活,而在壁细胞酸性空室中谷胱甘肽极少,故本品的抑酶作用持久。复活生成的代谢物巯基化合物,经过碱催化发生第二次 Smiles 重排得硫醚化合物,在肝脏亦可被氧化成奥美拉唑。奥美拉唑还可以抑制胃黏膜的Ⅳ型碳酸酐酶而降低胃酸分泌。

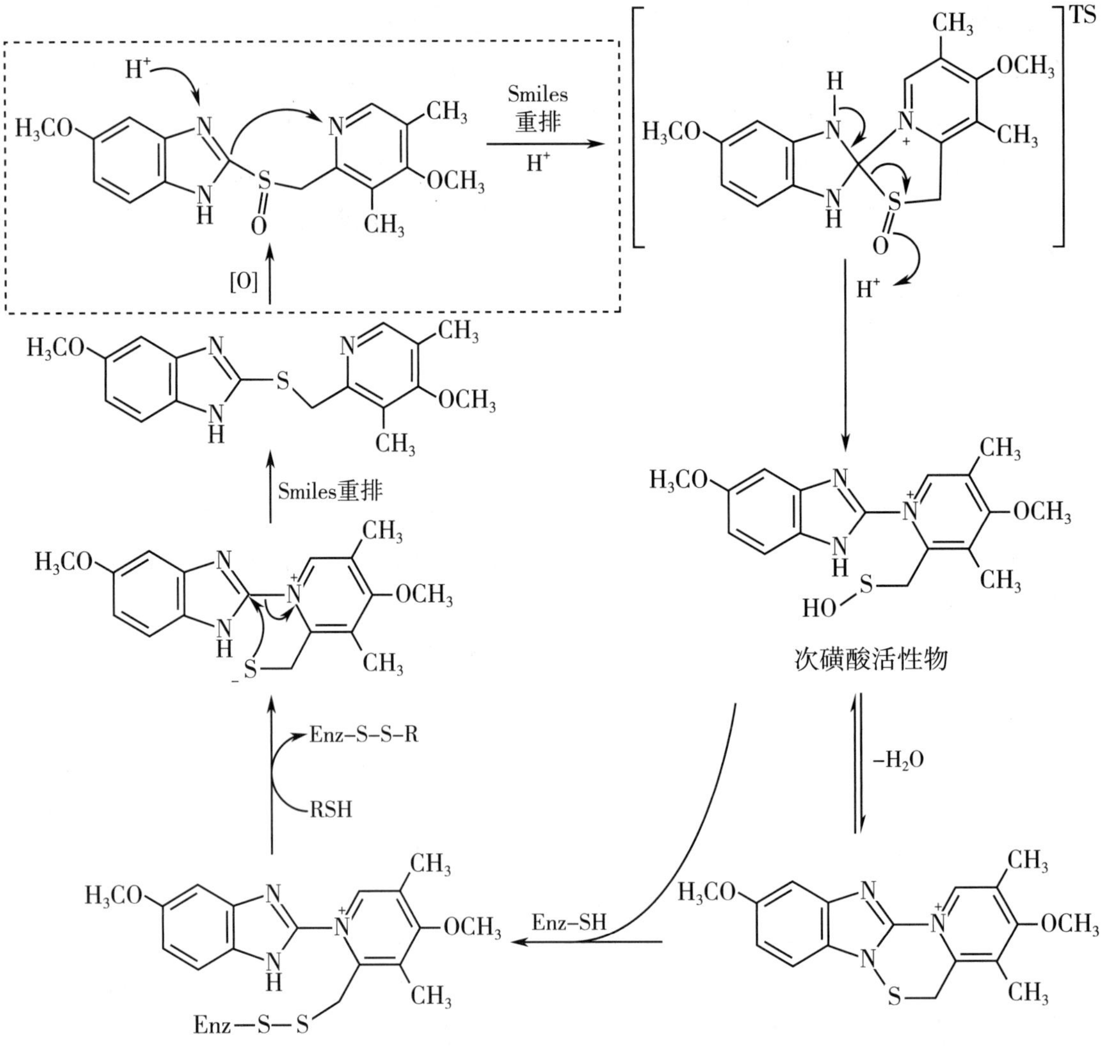

奥美拉唑体内循环

Enz-SH: H^+/K^+-ATP   RSH: 谷胱甘肽或半胱氨酸   [O]: 肝脏中氧化

次磺酸活性物

次磺酰胺活性物

酶-抑制剂复合物

奥美拉唑的合成是通过 3,5- 二甲基吡啶经甲基化、氧化、硝化、甲氧基取代、乙酰酰化重排、水解、羟甲基经卤代得 3,5- 二甲基 -4- 甲氧基 -2- 氯甲基吡啶 -N- 氧化物,3,5- 二甲基 -4- 甲氧基 -2- 氯甲基吡啶 -N- 氧化物再与 2- 巯基 -5- 甲氧基苯并咪唑缩合成硫醚,最后以间 - 氯过氧苯甲酸(MCPBA)将硫醚氧化成亚砜制得。

在对对氨基苯甲醚进行硝化前,对对氨基苯甲醚的氨基进行乙酰化保护有两个作用,一是保护氨基防止氧化反应发生,这是因为芳香伯胺极易发生氧化反应,而所用的硝化剂硝酸又具有氧化作用;二是避免氨基在碱性条件下成铵盐,—NH₃⁺具有强吸电子作用,使氨基从邻、对位定位基变成间位定位基,同时减慢硝化反应速度。

奥美拉唑的合成亦可以甲氧基邻苯二胺和[(3,5- 二甲基 -4- 甲氧基 - 吡啶基)甲基]- 硫代甲酸制备中间体硫醚,收率为 75%,或由甲氧基邻苯二胺和[(3,5- 二甲基 -4- 甲氧基 - 吡啶基)甲基]- 硫代甲酸酯制备硫醚,收率为 90% 以上,再以等摩尔量的间 - 氯过氧苯甲酸(MCPBA)将硫醚氧化成亚砜即得。

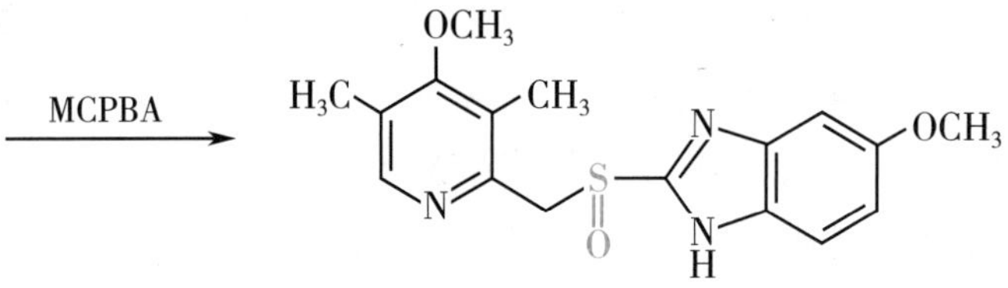

$$\xrightarrow{\text{MCPBA}}$$

奥美拉唑有 A～I 九个杂质。B 为中间体残留或者奥美拉唑分解产生；A、C 及 D 为合成吡啶环过程硝基没有被甲氧基取代导致的奥美拉唑类似物杂质；E 则为反应中甲氧基位置被氯取代的奥美拉唑类似物杂质；而 F 及 G 则为奥美拉唑氧化产物；H 及 I 为反应过程发生smiles 重排产生的杂质。

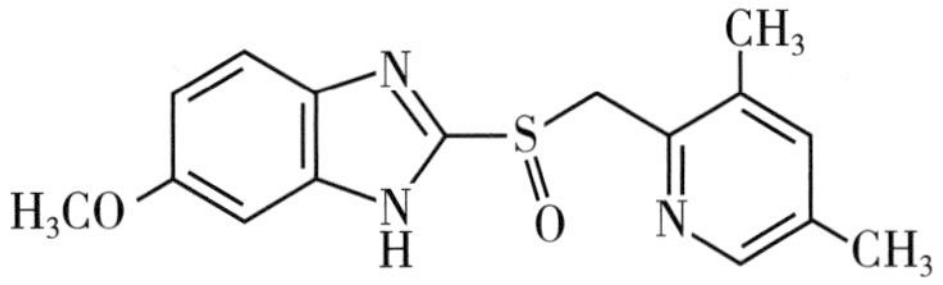

A

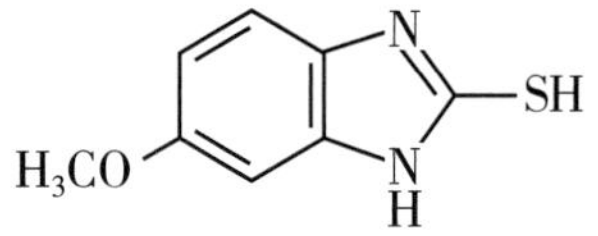

B

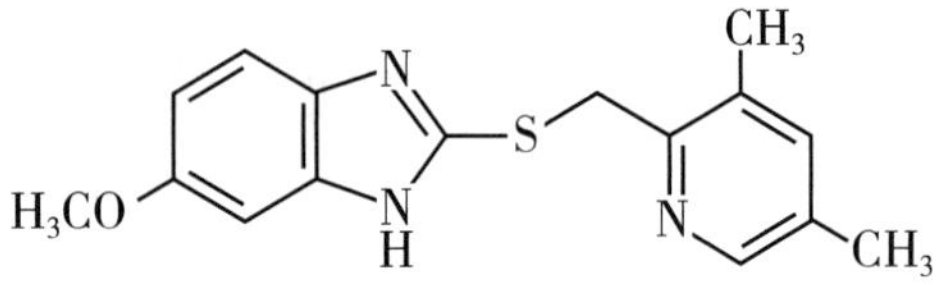

C

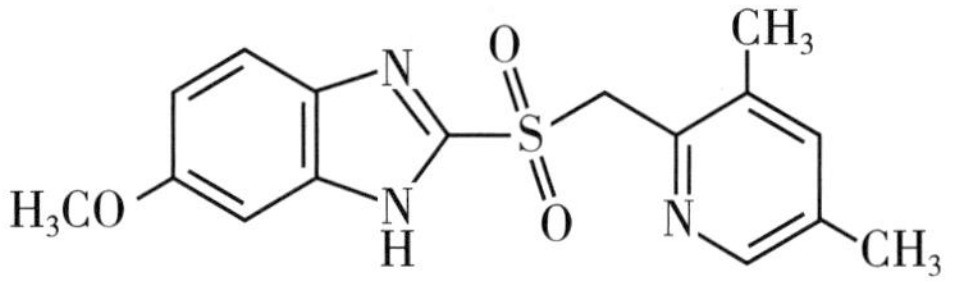

D

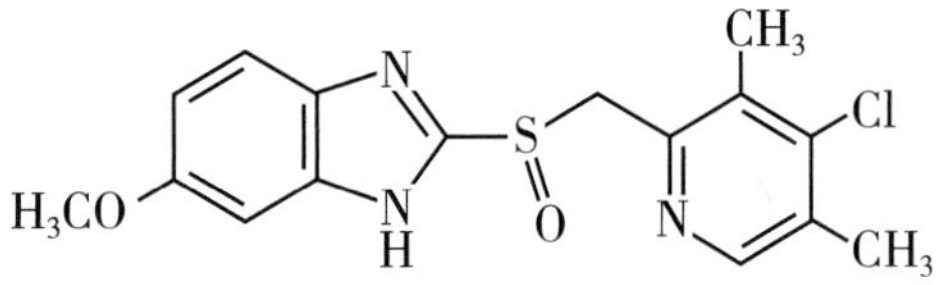

E

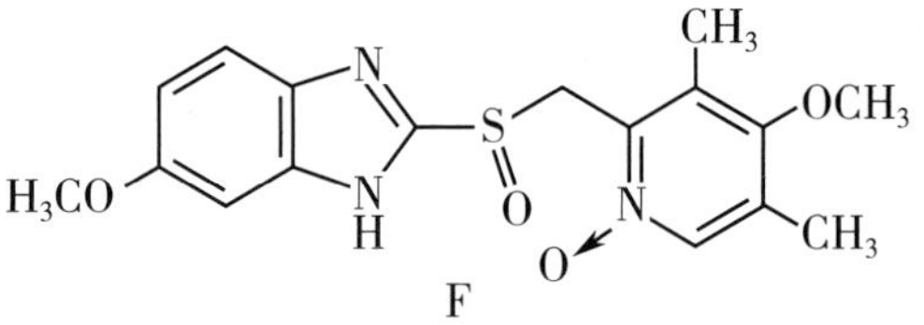

F

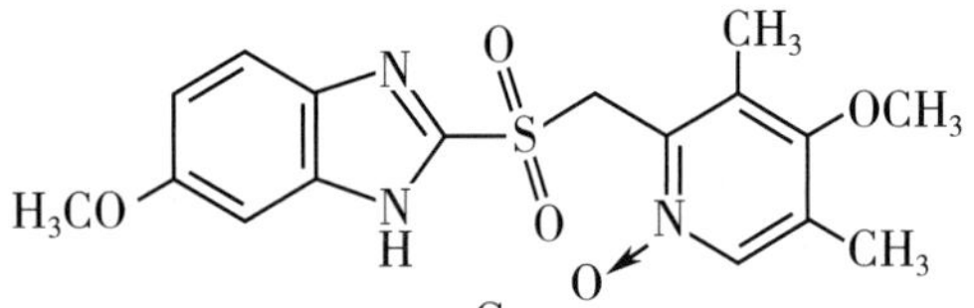

G

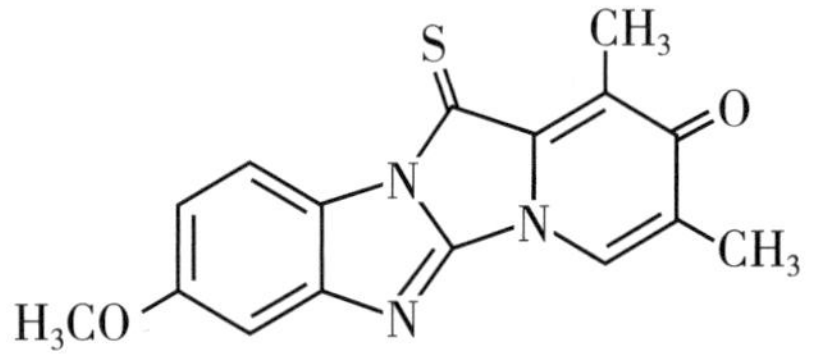

H

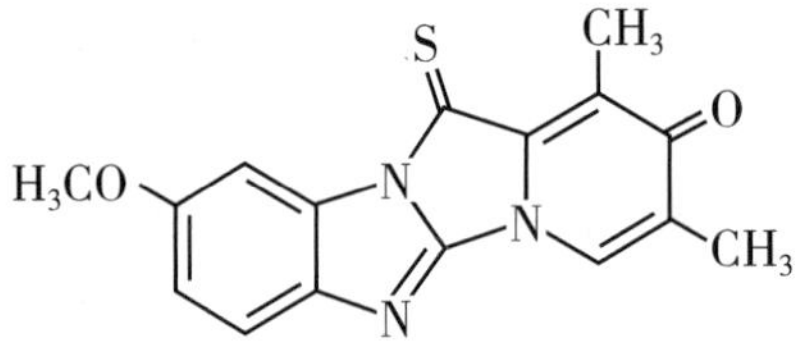

I

奥美拉唑分子中的 S 为不对称原子，具有光学活性。奥美拉唑是以外消旋物形式上市的，但在专利即将到期时，其 S 异构体的新专利获得了授权，该异构体作为埃索美拉唑（esomeprazole）被批准上市。有趣的是，其 R 异构体在大鼠实验中比 S 异构体或外消旋体更为有效，两个异构体在狗体内效力等同，而 S 异构体在人体内更为有效，这显然是由于 S

异构体具有更高的生物利用度和更稳定的药代动力学性质。埃索美拉唑可用拆分法及手性氧化等方法制得。

埃索美拉唑　　　　　　　兰索拉唑　　　　　　　雷贝拉唑

泮托拉唑　　　　　　　　来明拉唑

目前临床使用的绝大部分不可逆质子泵抑制剂的结构类型为苯并咪唑类。吡考拉唑是苯并咪唑类药物的先驱，由于其结构中苯并咪唑环上酯基的化学性质不甚稳定，继续研究发现了一批更优的衍生物，如兰索拉唑（lansoprazole）、泮托拉唑（pantoprazole）、雷贝拉唑（rabeprazole）和来明拉唑（leminoprazole）等。兰索拉唑、雷贝拉唑、泮托拉唑等的体内过程和作用过程与奥美拉唑相似。兰索拉唑因在吡啶环4位侧链导入氟而且有三氟乙氧基取代基，使其生物利用度较奥美拉唑提高30%以上，亲脂性也强于奥美拉唑，因此该品在酸性条件下可迅速地透过壁细胞膜转变为次磺酸和次磺酰衍生物而发挥药效，对Hp的抑菌活性提高为奥美拉唑的4倍。泮托拉唑在疗效、稳定性和对壁细胞的选择性方面比兰索拉唑更优，耐受性更好，而且药物相互作用少，配伍应用面广。来明拉唑在体内稳定性较好，因此作用时间较长。

二、不可逆型质子泵抑制剂的构效关系

苯并咪唑类不可逆质子泵抑制剂的基本药效基团由三个部分组成，即取代的芳环（如吡啶环）、取代的苯并咪唑环和硫甲基或亚砜甲基。这些基团都是与质子泵结合必需的基团，且在酸性环境中容易活化，发生 Smiles 重排。连接链部分以甲亚砜基为最佳，用其他基团如硫醚、砜基替代后药物活性下降。吡啶环上的取代基对活性影响很大，吡啶氮原子的碱性或亲核性决定螺环形成是否容易，从而影响活性，在吡啶环上引入推电子基，则吡啶N原子的亲核性增大，有利于 Smiles 重排，药物活性增加。在苯并咪唑环引入供电子取代基比吸电子取代基更好。

三、可逆型质子泵抑制剂

传统的质子泵抑制剂（proton pump inhibitors，PPI）虽然抑酸作用强、特异性高、持续时间长，但对酸不稳定，须制成耐酸制剂才可服用，且药效受胃排空影响较大。又因为这类化合物的体内半衰期较短，抑酸效果不稳定，导致患者接受质子泵抑制剂长期治疗仍然不能获得均衡的胃酸抑制，还会引发一系列不良反应，如恶心、呕吐、腹胀等。鉴于传统质子泵抑制剂的局限性，新型的可逆性质子泵抑制剂成为研究的热点。

钾离子竞争性酸阻滞剂（potassium-competitive acid blocker，P-CAB）亦称可逆性质子泵抑制剂。该类药物均为弱碱性物质，在酸性环境中经质子化后高浓度地聚集于胃壁细胞，通过氢键及其他分子间相互作用可逆性地竞争 H^+，K^+-ATP 酶上的 K^+ 结合位点，阻碍氢钾交换过程而减少胃酸分泌。相较于传统的质子泵抑制剂，该类药物在酸性环境中化学结构稳定，血浆半衰期长，首次给药就可达到最大效应，停药后泌酸功能迅速恢复。但因作用方式为可逆性抑制，使用较大剂量才能达到与质子泵抑制剂等效的作用强度。其代表药物有富马酸沃诺拉赞（vonoprazanfumarate）、盐酸瑞伐拉赞（revaprazanhydrochloride）、特戈拉赞（tegoprazan）。

盐酸瑞伐拉赞　　　　　　　富马酸沃诺拉赞　　　　　　　特戈拉赞

上市的可逆型质子泵抑制剂

富马酸沃诺拉赞（vonoprazanfumarate）作为新型钾离子竞争性酸阻滞剂受到医药界广泛关注，该药不仅可以有效发挥抑酸作用，且不经 CYP2C19 代谢，一定程度上克服了质子泵抑制剂的缺点。沃诺拉赞于 2014 年 12 月获准上市，用于治疗胃溃疡、十二指肠溃疡、糜烂性食管炎等。与传统质子泵抑制剂不同，沃诺拉赞通过可逆性、竞争性抑制质子泵（H^+，K^+-ATP 酶）上 K^+ 结合位点从而抑制胃酸分泌。

盐酸瑞伐拉赞（revaprazanhydrochloride）是一种新型可逆型质子泵抑制剂，2007 年首次在韩国上市，临床用于治疗十二指肠溃疡、胃炎和胃溃疡。本品与传统不可逆型质子泵抑制剂，如奥美拉唑（omeprazole）和兰索拉唑（lansoprazole）相比，具有潜在的抑制基础胃酸分泌的作用，最大优点是起效快，不会引起胃酸缺乏的不良反应。

特戈拉赞（tegoprazan），又名替戈拉生，是一种竞争性钾离子酸阻滞剂和氢离子/钾离子交换 ATP 酶（H^+/K^+ATP 酶）抑制剂，起效快，可长时间控制胃液 pH。于 2018 年 7 月获韩国食品药品安全部批准上市,用于胃食管反流疾病和糜烂性食管炎的治疗。

富马酸沃诺拉赞(vonoprazan fumarate)

化学名为 5-(2- 氟苯基)-N- 甲基 -1-(3- 吡啶磺酰基)-1H- 吡咯 -3- 甲胺富马酸盐, 1-[5-(2-Fluorophenyl)-1-[(pyridin-3-yl)sulfonyl]-1H-pyrrol-3-yl]-N-methylmethanamine。

富马酸沃诺拉赞的 pKa 为 9.06 ± 0.10,$\log P$ 为 3.83。

富马酸沃诺拉赞是一种钾离子竞争性酸阻滞剂,通过抑制 K^+ 与 H^+-K^+-ATP 酶(质子泵)的结合,提前终止胃酸的分泌,且抑制胃酸分泌的作用强劲、持久,临床上对糜烂性食管炎、胃溃疡、十二指肠溃疡、幽门螺杆菌感染等具有很好的疗效。

富马酸沃诺拉赞的合成路线一以邻氟苯乙酮为起始原料,经过溴取代和丙二腈取代得到 2-[2-(2- 氟苯基)-2- 羰基]丙二腈,然后在氯化氢 / 乙酸乙醋中酸化关环,钯碳催化脱氯得 5-(2- 氟苯基)-1H- 吡咯 -3- 腈。然后在雷尼镍条件下催化氢化得 5-(2- 氟苯基)吡咯 -3- 甲醛,与吡啶 -3- 磺酰氯发生亲核取代反应生成 5-(-2- 氟苯基)-1-(吡啶 -3- 磺酰基)-1H- 吡咯 -3- 甲醛,然后再与甲胺经还原氨化后与富马酸成盐制得富马酸沃诺拉赞。

路线二以 5-(2-氟苯基)吡咯 -3- 甲醛为原料,与吡啶 -3- 磺酰氯发生亲核取代反应生成 5-(-2-氟苯基)-1-(吡啶 -3- 磺酰基)-1*H*- 吡咯 -3- 甲醛,然后再与甲胺醇溶液经还原氨化后与富马酸成盐制得。

富马酸沃诺拉赞的杂质有 A～D 四种,杂质 A 是由原料吡啶 -3- 磺酰氯引入;杂质 B 是使用硼氢化钠和甲胺醇溶液晶型还原胺化时,羰基被还原为羟基;杂质 C 是由于还原胺化步骤中甲氨溶液中常含有微量的二甲胺,所以产生了二甲胺杂质;杂质 D 是终产品在加热重结晶过程中杂质 C 与富马酸缩合产生的产物。

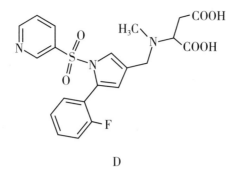

D

第十四章　目标测试

（程卯生　沙　宇）

第十五章　胃动力药和止吐药

消化系统疾病是临床常见病、多发病。正常胃肠运动是在中枢神经系统调控下，由交感和副交感神经系统、脑 - 肠轴以及平滑肌细胞相互协调来维持。根据治疗目的不同，消化系统药物可针对消化系统疾病的病因和症状作对症药物治疗，药物分为抗溃疡药、胃动力药和止吐药等。本章将着重介绍胃动力药（prokinetic agents）和止吐药（antiemetic agents）。

第一节　胃动力药

人体消化道大部分由平滑肌组成，这些平滑肌有规律的收缩和舒张，以及括约肌的协调性开闭，促成了胃肠道的运动。精神情绪因素、胃分泌紊乱和功能性消化不良会导致胃动力下降，胃内容物排空延迟，产生腹胀、恶心、呕吐、胃灼热、餐后不适及消化不良等症状，并可引起胃食管反流，导致食管溃疡等。

胃动力药，也称为促动力药，是促使胃肠道内容物向前移动的药物，临床上用于治疗胃肠道动力障碍的相关疾病，如反流性食管炎、功能性消化不良、慢性便秘、胃轻瘫、术后胃肠道麻痹及假性肠梗阻等。

胃肠道运动是受到神经和体液调节的自主运动，乙酰胆碱（acetyl choline，ACh）、多巴胺（dopamine，DA）和 5- 羟色胺（5-hydroxytryptamin，5-HT）等神经递质起到重要作用，参与调节消化道动力的受体主要包括 DA 受体和 5-HT 受体等。目前市场上的胃动力药大多以此为作用靶点，主要有多巴胺 D_2 受体拮抗剂、5-HT$_4$ 受体激动剂和胃动素受体激动剂。这些药物按化学结构可分为苯甲酰胺类（甲氧氯普胺、西沙必利、伊托必利和莫沙必利）、苯并咪唑类（多潘立酮）、苯并呋喃酰胺类（普芦卡必利）和吲哚烷基胺类（替加色罗）。由于部分药物为多巴胺受体拮抗剂，故存在中枢锥体外系副作用。

一、多巴胺 D_2 受体拮抗剂

多巴胺属于儿茶酚胺类神经递质，多巴胺受体是一种 G 蛋白偶联受体（分为 D_1～D_5 受体）。D_2 受体与胃肠动力的关系密切，D_2 受体兴奋抑制乙酰胆碱释放，促使胃平滑肌松弛，幽门收缩，抑制胃体运动，从而延迟胃排空。多巴胺 D_2 受体拮抗剂可提高胃肠肌细胞对乙酰胆碱的敏感性，增加胃肠蠕动，促进胃排空，而不影响胃酸分泌。甲氧氯普胺（metoclopramide），又名胃复安，20 世纪 60 年代问世，是第一个用于临床的多巴胺 D_2 受体拮抗剂类胃动力药，对

中枢及外周多巴胺 D_2 受体均有拮抗作用,易引起锥体外系反应。甲氧氯普胺结构与普鲁卡因胺类似,均为苯甲酰胺的类似物,但无局部麻醉和抗心律失常的作用。

甲氧氯普胺(metoclopramide)

化学名为 N-[(2-二乙氨基)乙基]-4-氨基-2-甲氧基-5-氯-苯甲酰胺,4-amino-5-chloro-N-[2-(diethylamino)ethyl]-2-methoxybenzamide,又名胃复安、灭吐灵,是苯甲酰胺的衍生物。

本品为白色结晶性粉末,无臭,味苦。熔点为 147～151℃。在三氯甲烷中溶解,乙醇、丙酮中微溶,水中几乎不溶,溶于酸性溶液。本品含叔胺和芳伯胺结构,具有碱性。

本品系中枢性和外周性多巴胺 D_2 受体拮抗剂,具有促动力作用和止吐作用。可改善糖尿病性胃轻瘫和特发性胃轻瘫的胃排空速率;对非溃疡性消化不良亦有效;对反流病效果不佳;大剂量时用作止吐药。后来研究发现多巴胺 D_2 受体和 5-HT$_3$ 受体有相似的分布,大剂量使用多巴胺 D_2 受体拮抗剂对 5-HT$_3$ 受体也具有拮抗的作用。

本品对胃肠的促动作用可治疗慢性功能性消化不良引起的胃肠运动障碍,包括恶心、呕吐等症。还常用于肿瘤化疗、放疗所引起的各种呕吐。本品易通过血脑屏障和胎盘屏障,有中枢神经系统的副作用(锥体外系症状),常见嗜睡和倦怠。孕妇、哺乳期妇女、儿童、老年人应慎用。

甲氧氯普胺的合成:以对氨基水杨酸为起始原料,与甲醇发生酯化反应,然后用乙酸酐酰化伯氨基,经 O-甲基化得到对乙酰氨基-邻甲氧基苯甲酸甲酯,再经苯环上氯代,与二乙基乙二胺发生氨解反应,最终在酸性条件下水解,得到甲氧氯普胺。

甲氧氯普胺的主要杂质有 A～H 七种：A、B 和 D 为合成中间体残留；C 为中间体 B 水解产生的杂质；E 为原料残留；F 为产物脱甲基产生的杂质；G 为甲氧氯普胺 N- 氧化物；H 为中间体 D 水解产生的杂质。

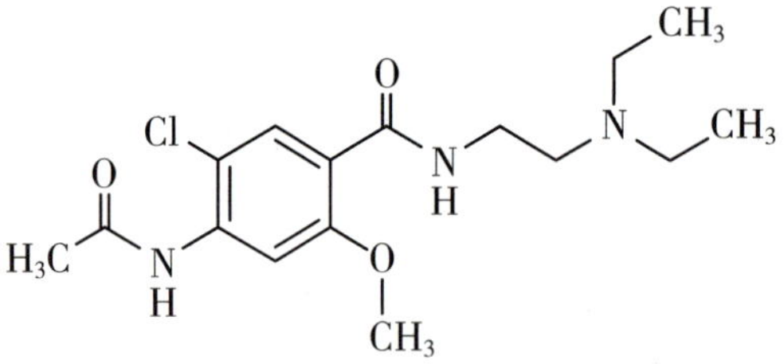

A

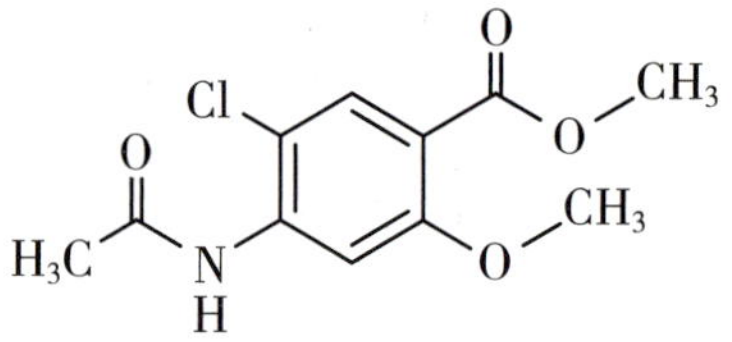

B

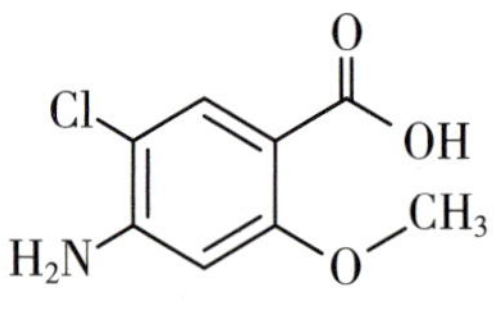

C

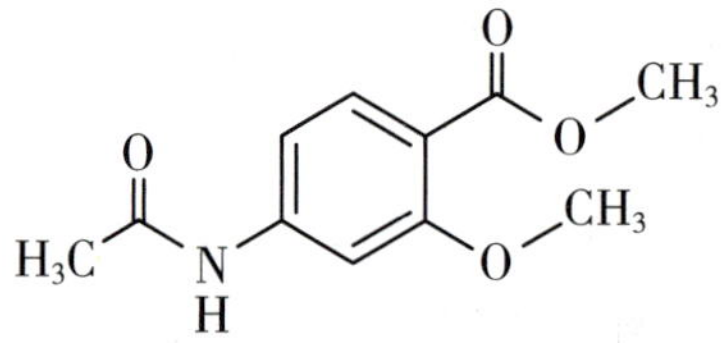

D

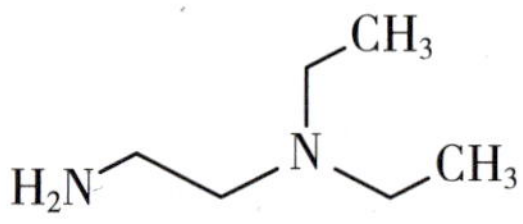

E

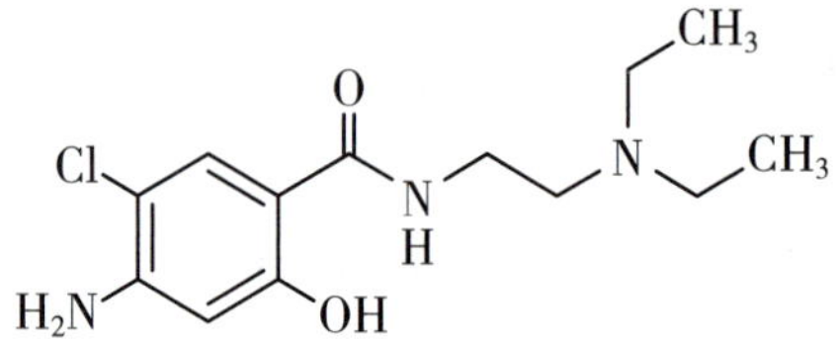

F

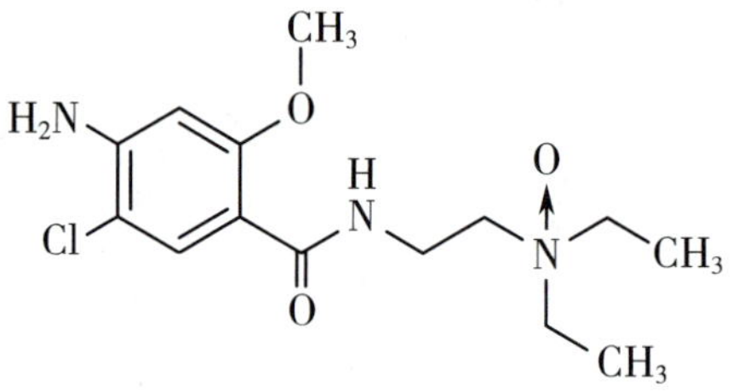

G

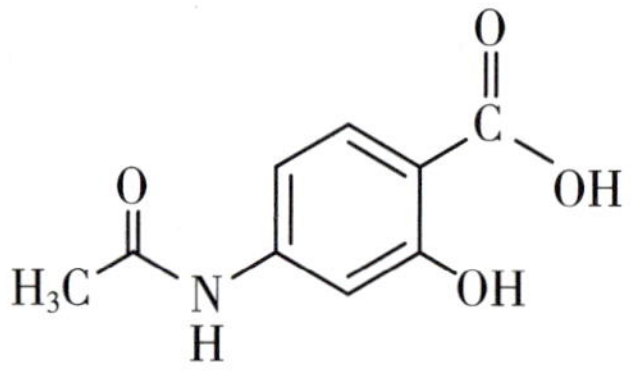

H

多潘立酮（domperidone）

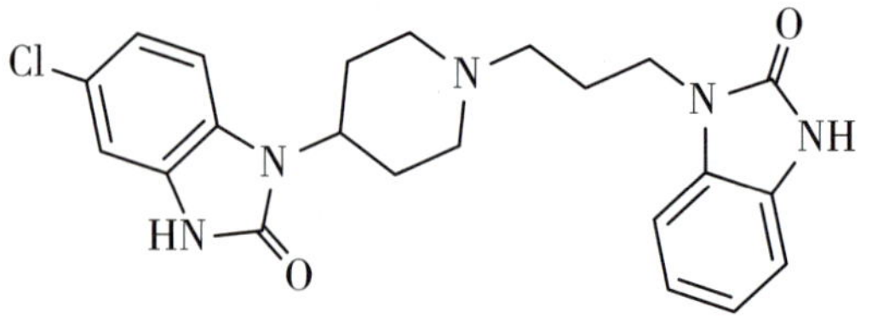

化学名为 5- 氯 -1-［1-［3-（2，3- 二氢 -2- 氧代 -1H- 苯并咪唑 -1- 基）丙基］-4- 哌啶基］-1，3- 二氢 -2H- 苯并咪唑 -2- 酮，5-Chloro-1-［1-［3-（2-oxo-2,3-dihydro-1H-benzimidazol-1-yl）propyl］piperidin-4-yl］-1,3-dihydro-2H-benzimidazol-2-one，又名吗丁啉（motilium）。

本品为白色或类白色粉末，几乎不溶于水，溶于二甲基甲酰胺（DMF），微溶于乙醇和甲醇。

本品几乎全部在肝内代谢，主要的代谢是 N- 脱烷基和芳环氧化。CYP3A4 是细胞色素

P450 参与多潘立酮 N- 去烃化作用的主要催化酶,而参与多潘立酮芳香族羟基化作用的有 CYP3A4、CYP1A2、和 CYP2E1。

本品为较强的外周性多巴胺 D_2 受体拮抗剂,可促进上胃肠道的蠕动,使张力恢复正常,促进胃排空,增加胃窦和十二指肠运动,协调幽门的收缩,通常也能增强食管的蠕动和食管下端括约肌的张力。但对小肠和结肠平滑肌无明显作用。

本品的极性较大,不能透过血脑屏障,故多潘立酮的中枢神经系统的副作用(锥体外系症状)较甲氧氯普胺少,其止吐活性也较甲氧氯普胺小。本品口服吸收迅速,生物利用度约 15%;代谢主要在肝脏,以无活性的代谢产物随胆汁排出,半衰期约 8 小时。不良反应较轻,副作用有口干、腹泻、皮疹。孕妇及 1 岁以下婴儿慎用。

本品的治疗适应症与甲氧氯普胺相似,用于促进胃动力及止吐。

多潘立酮主要有两条合成路线。

路线一:以邻二苯胺为起始原料,与氯甲酸乙酯反应生成苯并咪唑酮,后者与 1- 溴 -3- 氯丙烷反应生成 1-(3- 氯丙基)-1,3- 二氢 -2H- 苯并咪唑 -2- 酮;1- 乙氧羰基 -4- 氨基哌啶与 2,5- 二氯硝基苯反应生成乙氧羰基氨基衍生物,再经兰尼镍氢化还原,与尿素环合生成 5- 氯 -1,3- 二氢 -1-(4- 哌啶基)-2H- 苯并咪唑 -2- 酮。最后 1-(3- 氯丙基)-1,3- 二氢 -2H- 苯并咪唑 -2- 酮与 5- 氯 -1,3- 二氢 -1-(4- 哌啶基)-2H- 苯并咪唑 -2- 酮在 4- 甲基 -2- 戊酮中缩合制得多潘立酮。

路线二:以 1- 苄基 -4- 氨基 - 哌啶为原料,先与 2,5- 二氯硝基苯反应,生成苄基氨哌啶衍生物,经兰尼镍氢化还原生成对应的氨基化合物,再与尿素环合生成苯并咪唑衍生物,在钯碳存在下脱苄基生成 5- 氯 -1,3- 二氢 -1-(4- 哌啶基)-2H- 苯并咪唑 -2- 酮,再与 1-(3- 氯丙基)-1,3- 二氢 -2H 苯并咪唑 -2- 酮缩合得到多潘立酮。

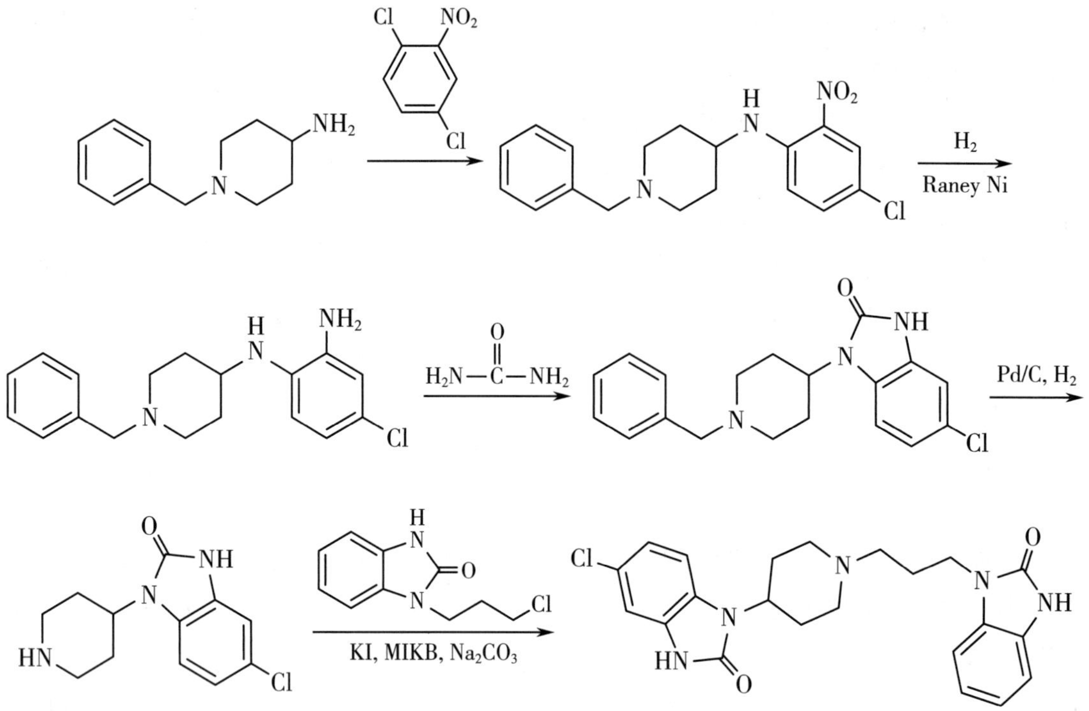

多潘立酮的主要杂质有 A～F 六种：A 为路线一合成中间体残留；B 为中间体副产物；C 为多潘立酮 N- 氧化物；D～F 为双取代产物。

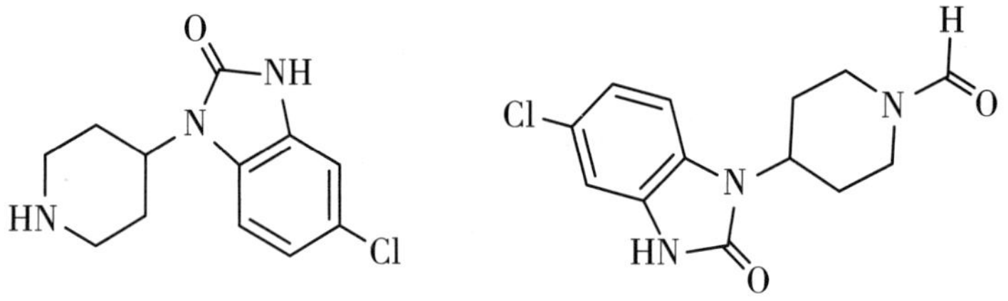

A

B

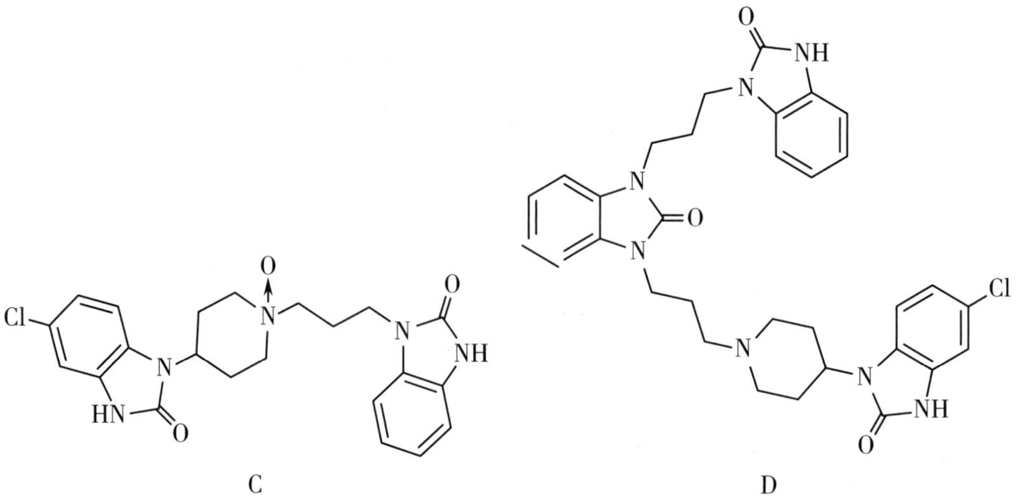

C

D

E   F

二、5-HT$_4$受体激动剂

5-HT 是重要的神经递质,90% 分布在消化道黏膜。5-HT 通过与受体的相互作用,在胃肠道动力、感觉和分泌中发挥重要作用。根据选择性激动剂和拮抗剂的不同以及受体 - 配基亲和力、受体的化学结构(受体蛋白的氨基酸序列)和细胞内转导机制的不同,5-HT 受体分为7 个成员 15 个亚型,胃肠道分布主要有 5-HT$_{1P}$、5-HT$_{2A}$、5-HT$_3$ 和 5-HT$_4$。其中 5-HT$_3$ 和 5-HT$_4$与胃肠道运动和感觉功能的关系密切。5-HT$_3$ 受体调控肌间神经元、促使副交感神经末梢释放 ACh,调节中枢性和外周性呕吐反射,其拮抗剂临床上用于化疗后止吐。5-HT$_4$ 受体通过激活腺苷酸环化酶使 cAMP 产生增多,从而促使电压敏感性钙离子通道开放,增强食管、胃、十二指肠以及小肠的协调运动,促进胃肠道的排空。

5-HT$_4$ 受体激动剂类胃动力药按药物化学结构可分为三类:苯甲酰胺类药物西沙必利(cisapride)、莫沙必利(mosapride)和伊托必利(itopride),苯并呋喃酰胺类药物普芦卡必利(prucalopride)和吲哚烷基胺类药物替加色罗(tegaserod)。主要作用机制是通过兴奋 5-HT$_4$受体,增加乙酰胆碱释放,还有轻微的 5-HT$_3$ 和多巴胺 D$_2$ 受体拮抗的作用。由于 5-HT 受体分布于全胃肠道,此类药物能加快食管、胃、小肠和大肠的排空,副作用是稀便、肠鸣、腹痛。

苯甲酰胺类 5-HT$_4$ 受体激动剂是在甲氧氯普胺的基础上发展起来的,通过改变氨基侧链,或同时改变苯环上的取代基,得到了一系列新的苯甲酰胺类衍生物,如氯波必利(clebopride)、达佐必利(dazopride)、西尼必利(cilitapride)、阿立必利(alizapride)、西沙必利(cisapride)等。其中几个已用于临床,但在控制化疗引起的呕吐的疗效上未能超过甲氧氯普胺。

氯波必利

达佐必利

阿立必利

西尼必利

西沙必利

    西沙必利（cisapride）是通过对早期止吐药甲氧氯普胺（metoclopramide）进行结构优化而得。甲氧氯普胺是多巴胺 D_2 受体的拮抗剂，故具有中枢锥体外系副作用。针对其缺点研究者从甲氧氯普胺出发，考虑到许多天然和合成的活性物质均具有乙醇胺的片段（—NH—CH_2CH_2—O—），选择了 3 位氧代的哌嗪衍生物对甲氧氯普胺的侧链进行替换。得到具有较好的止吐和促进胃动力作用，且不拮抗多巴胺受体的药物西沙必利（cisapride）。

    西沙必利上市后的不良反应监测中，发现西沙必利可延长心脏 QT 间期，可导致罕见的、可危及生命的心室心律失常。至 2000 年，已累计报道了疑由西沙必利所致的严重心血管系统的副作用 386 例，其中 125 例死亡。在 2000 年，美国和英国的药政部门权衡了利弊，决定取消该药物的上市许可，待进一步研究后再重新审查。我国的药政部门已将此品限制在医院里使用，并修改药品说明书，应使用最低有效剂量，警惕西沙必利引起心律失常。

    西沙必利以取代的苯甲酰胺为结构特征，具有类似化学结构的同类药物还有近年来上市的莫沙必利（mosapride）和伊托必利（itopride）等，也作为促动力药使用。莫沙必利为新型胃动力药物，由于从分子结构上进行了优化，克服了西沙必利的心脏副作用，无导致 QT 间期延长和室性心律失常作用。莫沙必利是强效、选择性 5-HT_4 受体激动剂，能促进乙酰胆碱的释放，刺激胃肠道而发挥促动力作用，从而改善功能性消化不良患者的胃肠道症状，但不影响胃酸的分泌。

莫沙必利   伊托必利

伊托必利(itopride)具有阻断多巴胺 D_2 受体活性和抑制乙胆碱酯酶的双重活性,适用于功能性消化不良引起的各种症状,如上腹部不适、餐后饱胀、早饱、食欲缺乏、恶心、呕吐等。本品在中枢神经系统分布少,无锥体外系副作用,也无致室性心律失常作用及其他严重药物不良反应,在 30 倍西沙必利的剂量下不会导致 QT 间期延长和室性心律失常。

苯并呋喃酰胺类药物普芦卡必利(prucalopride)可选择性地作用于结肠神经系统的 5-HT$_4$ 受体,增加 ACh 释放,刺激肠收缩,促进近端结肠的排空,而对健康人的胃排空无影响。吲哚烷基胺类药物替加色罗(tegaserod)是高选择性 5-HT$_4$ 受体部分激动剂,能促进胃肠道蠕动反射和肠道分泌,增强胃肠动力,加速胃排空,显著改善便秘型肠易激综合征的临床症状,主要不良反应为腹泻、腹痛和头痛等。但是,替加色罗会引起缺血性心血管事件,包括心肌梗死、心源性猝死、不稳定型心绞痛、卒中等,国内已停止使用。

第二节 止吐药

一、作用机制和分类

呕吐神经反射环受多种神经递质影响,延脑呕吐中枢可接受来自催吐化学感受区、前庭器官、内脏等传入冲动而引发呕吐。由于催吐化学感受区含有丰富的多巴胺、组胺、胆碱受体,同时前庭器官有胆碱能、组胺能神经纤维与呕吐中枢相联,故止吐药(antiemetics)根据作用靶点不同可分为:①抗组胺受体止吐药;②抗乙酰胆碱受体止吐药;③抗多巴胺受体止吐药;④神经激肽 1(neurokinin 1,NK$_1$)受体拮抗剂,如 NK$_1$ 受体拮抗剂阿瑞匹坦(aprepitant),⑤5-HT$_3$ 受体拮抗剂等。

止吐药也可依据抑制呕吐反应不同环节或机制分类:中枢性镇吐药,如氯丙嗪(chlorpromazine)和奋乃静(perphenazine)等,主要抑制催吐化学感受区,无特异性靶点,通过直接抑制呕吐中枢而具有很强的镇吐作用,对胃肠炎、化疗、妊娠及药物引起的呕吐有效;抗组胺药,如组胺 H$_1$ 受体拮抗剂苯海拉明(diphenhydramine)和布克力嗪(buclizine),能抑制呕吐中枢,兼具止吐和镇静的作用,主要用来治疗晕动病引起的恶心呕吐;抗胆碱药,如 M 胆碱受体拮抗剂东莨菪碱(scopolamine),通过抑制迷走神经和前庭神经而起作用,可用于防治晕动病呕吐;胃动力药,如多巴胺 D$_2$ 受体拮抗剂甲氧氯普胺、多潘立酮,对多种原因引起的呕吐都有效;5-HT$_3$ 受体拮抗剂,如昂丹司琼(ondansetron),通过阻断中枢和外周神经中的 5-HT$_3$ 受体而发挥止吐作用,效率高、耐受性好,且无锥体外系反应,已成为目前主要的止吐药物,特别是用于预防和治疗化疗引起的恶心、呕吐,是本节主要介绍的内容;NK$_1$受体拮抗剂是近年来开发的新一代止吐药,代表药物为阿瑞匹坦(aprepitant)。

二、5-HT$_3$受体拮抗剂

5-HT$_3$受体调控肌间神经元、促使副交感神经末梢释放ACh,调节中枢性和外周性呕吐反射,其拮抗剂临床上用于化疗后止吐。最先上市的5-HT$_3$拮抗剂类药物是含有吲哚环结构昂丹司琼(ondansetron)。昂丹司琼分子含有的咔唑酮母核即为吲哚并环己酮结构。选择咔唑酮曼尼希碱作为先导化合物的原因是20世纪60年代末发现该类曼尼希碱结构具有抗精神病作用。

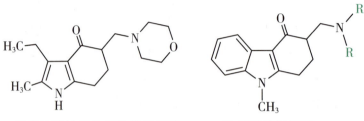

具有抗精神病作用的曼尼希碱   咔唑酮曼尼希碱

昂丹司琼是近代研究得到的一类优秀止吐药的代表。现已取代了传统的止吐药物,特别是在治疗癌症放化疗引起的呕吐方面有着广泛的应用,被认为是治疗因癌症化学治疗和放射治疗引起的呕吐的重大进展。

从吲哚衍生物中获得的药物还包括格拉司琼(granisetron)和托烷司琼(tropisetron)。这类化合物都有吲哚甲酰胺或其电子等排体吲哚甲酸酯的结构;连接的酯杂环大都较为复杂,通常接的是托品烷或类似的含氮双环。

格拉司琼   托烷司琼

格拉司琼是最早发现具有拮抗5-HT$_3$受体作用的化合物之一,但其开发进度较昂丹司琼慢,直到1991年才上市。上市后,由于其剂量小,半衰期较长,每日仅需注射一次,具高选择性和高效性,作用持续时间长,对中枢和外周的5-HT$_3$受体有较强的拮抗作用,对其他5-HT$_1$、5-HT$_2$、多巴胺D$_2$或肾上腺素α受体等仅具轻微或几无亲和性,与5-HT$_3$受体的亲和力比其他受体高113万倍。格拉司琼主要经肝脏代谢,与代谢的同工酶系CYP1A2、CYP2D6和CYP3A4抑制剂的相互作用不大。

托烷司琼对外周神经元和中枢神经内5-HT$_3$受体具高选择性拮抗作用,其可双重阻断呕吐反射中化学介质的传递,既阻断呕吐反射中枢外周神经元的突触前5-HT$_3$受体兴奋,在中枢神经系统内,又可直接影响调节传入最后区的迷走神经活动的5-HT$_3$受体。对预防癌症化疗引起的呕吐症状疗效较好。

昂丹司琼（ondansetron）

化学名为1，2，3，9-四氢-9-甲基-3-［（2-甲基-1H-咪唑-1-基）甲基］-4H-咔唑-4-酮，1，2，3，9-tetrahydro-9-methyl-3-［（2-methyl-1H-imidazol-1-yl）methyl］-4H-carbazol-4-one，又名奥丹西隆、枢复宁。

常用其二水合盐酸盐，为白色或类白色结晶性粉末。以五氧化二磷为干燥剂干燥30分钟后，熔点175～180℃，熔融时同时分解。

昂丹司琼的咔唑环上的3位碳具有手性，其中R体的活性较大，临床上使用外消旋体。昂丹司琼可静脉注射或口服，口服的生物利用度为60%。口服后吸收迅速，分布广泛，半衰期为3.5小时。90%以上在肝内代谢，尿中代谢产物主要为葡萄糖醛酸及硫酸酯的结合物，也有少量羟基化和去甲基代谢物。

本品为强效、高选择性的5-HT$_3$受体拮抗剂。对5-HT$_1$、5-HT$_2$、肾上腺素α_1、肾上腺素α_2、肾上腺素β_1、胆碱、GABA、组胺H$_1$、组胺H$_2$、神经激肽等受体都无拮抗作用。癌症病人因化学治疗或放射治疗引起的小肠与延髓的5-HT释放，通过5-HT$_3$受体引起迷走神经兴奋而导致呕吐反射。昂丹司琼可有效地对抗该过程。本品可用于治疗癌症患者的恶心呕吐症状，辅助癌症患者的药物治疗，其止吐剂量仅为甲氧氯普胺有效剂量的1%，无锥体外系副作用，毒副作用极小。本品还用于预防和治疗手术后的恶心和呕吐。

昂丹司琼主要有两条合成路线。

路线一：以邻溴代苯胺为起始原料，用经典咔唑酮的合成方法得到三环的咔唑-4-酮，然后进行氨甲基化（曼尼希反应），接上二甲氨基甲基，季铵化后，连上咪唑环，最后成盐酸盐。

路线二：以邻溴代苯胺为起始原料，与1,3-环己二酮缩合后，用碘甲烷将其N-甲基化，在乙腈中用三苯基膦醋酸钯或醋酸钯处理得到咔唑酮。在回流乙酸中，咔唑酮与酸性甲醛或多聚甲醛发生α-亚甲基化（曼尼希反应），得到亚甲基咔唑酮衍生物，在回流甲苯与2-甲基咪唑发生Michael加成，最后用HCl处理得到其盐酸盐二水合物。

昂丹司琼的杂质有A～G七种：A为路线一合成中间体；B为终产物副产物；C和D为路线二合成中间体；E为合成中的杂质；F为昂丹司琼N去甲基产物；G为原料中的杂质；H为原料残留；《中国药典》（2020年版）中要求检测杂质D。

A   B

C

D

E

F

G

H

第十五章　目标测试

（董国强）

第十六章　合成抗菌药和抗寄生虫药

　　抗微生物感染药（antimicrobial agents）也称为化学治疗药，其概念最早是 1909 年由德国细菌学家 Ehrlich 在发现砷凡钠明（salvisan）可以治疗原虫感染后提出来的。1932 年发现了磺胺类药物的先驱百浪多息（prontosil），此后，化学治疗药的概念被界定为用化学物质来治疗由微生物引起的感染性疾病的药物。但是后来由于抗生素的发现和使用，以及很多疾病几乎都可以用化学物质来治疗，化学治疗药的概念已经发生了很大的变化。目前，化学治疗药是指针对所有病原体，包括微生物、寄生虫，甚至肿瘤细胞所致疾病的治疗药物统称。本章将着重介绍合成抗菌药（喹诺酮类抗菌药、磺胺类抗菌药、抗真菌药、抗结核药）和抗寄生虫药。

第一节　喹诺酮类抗菌药

一、喹诺酮类药物的研究进展

　　喹诺酮类抗菌药物（quinolone antimicrobial agents）是指一大类具有 1,4- 二氢 -4- 氧代喹啉 -3- 羧酸结构的合成抗微生物药物，这类药物具有很好的抗菌活性，在临床使用上仅次于头孢菌素类抗生素。喹诺酮类药物按发展过程的先后以及抗菌活性的不同，可以分为四代产品。

　　1. 第一代喹诺酮类药物　第一代喹诺酮类抗菌药物的药效学特征为抗革兰氏阴性菌，对革兰氏阳性菌几乎无作用，活性中等，体内易被代谢，作用时间短，中枢毒性较大，易产生耐药性。第一个喹诺酮类药物是 1962 年偶然发现的萘啶酸（nalidixic acid），随后吡咯酸（piromidic acid）批准上市，两者虽具有较强的抗革兰氏阴性菌活性，但抗菌谱窄，对革兰氏阳性菌和铜绿假单胞菌则几乎没有活性。且存在口服吸收差，半衰期短和蛋白结合率高等缺陷，临床应用有限。鉴于当时对该类药物作用机制并不十分清楚，没有受到应有的重视，后被认为是第一代喹诺酮类药物。

萘啶酸　　　　　　　　　　吡咯酸

第一代喹诺酮类药物

2. 第二代喹诺酮类药物 第二代喹诺酮类药物的特征为抗菌活性增强,抗菌谱从革兰氏阴性菌扩大到革兰氏阳性菌,并对铜绿假单胞菌有效,药代动力学性质也得到了改善,耐药性低,毒副作用小,适用于治疗呼吸道、泌尿道、肠道、皮肤软组织等各种感染。通过对第一代药物结构生物电子等排,喹诺酮 7 位引入了哌嗪环得到吡哌酸(pipemidic acid),1974年批准上市。分子药理学研究结果表明,7 位哌嗪基团能和 DNA 螺旋酶 B 亚基之间相互作用,从而增加了喹诺酮类药物对 DNA 螺旋酶的亲和力。同时期开发的抗菌药还有西诺沙星(cinoxacin)。这两个药物被称为第二代喹诺酮类抗感染药物。在其分子结构的 7 位上多有哌嗪基取代,使它具有良好的组织渗透性。因此,表现出较好的药物在体内分布性质,在大多数组织中,其浓度大于血药浓度。这点在后续开发的喹诺酮类药物结构中被保留。另外,7 位哌嗪基的存在,增加了对 DNA 螺旋酶的亲和力,因此,其抗菌作用得以加强。

第二代喹诺酮类药物

3. 第三代喹诺酮类药物 喹诺酮类药物的重要进展是 1980 年诺氟沙星(norfloxacin)的发现,特别是在喹诺酮 6 位引入氟原子。诺氟沙星具有较好的抗革兰氏阳性菌活性和比先前喹诺酮类药物更优的抗革兰氏阴性菌活性。虽然诺氟沙星在血清和组织中浓度分布较低,但在尿路系统的浓度较高,适用于尿路系统感染的治疗。6 位引入的氟原子具有增强喹诺酮药物与靶标 DNA 聚合酶的作用并增加细菌细胞的通透性,从而增强其抗菌活性。6 位氟原子取代增强了此类药物的抗菌活性,使得在后期开发的喹诺酮类药物中都保留了氟喹诺酮结构。

第三代喹诺酮类药物

对诺氟沙星的结构修饰取得重大成功的是将 1 位氮上的乙基用环丙基取代得到环丙沙星（ciprofloxacin），它改善了对革兰氏阳性菌和革兰氏阴性菌的 MIC 值。由于环丙基对于喹诺酮类药物抗菌活性的重要贡献，1 位环丙基成了喹诺酮类药物常用的取代基。氧氟沙星（ofloxacin）保留了喹诺酮类药物氟甲喹中的三环结构，可广泛用于各种感染。在诺氟沙星的哌嗪环氮上增加一个甲基得到培氟沙星（pefloxacin），它比诺氟沙星的半衰期长 2 倍。诺氟沙星的萘啶酮类似物依诺沙星（enoxacin）与诺氟沙星具有相似的抗菌活性，但其生物利用度明显高于诺氟沙星。在诺氟沙星分子中的哌嗪环引入甲基及在 8 位引入氟原子分别得到氟罗沙星（fleroxacin）和洛美沙星（lomefloxacin）。这些药物的抗菌活性不优于诺氟沙星，但其药代动力学性质明显示优于诺氟沙星。芦氟沙星（rufloxacin）是由氧氟沙星中的氧被硫取代得到的药物，尽管它的活性低于诺氟沙星，但是它的药代动力学性质有了很大的改善，半衰期超过 28 小时，是喹诺酮类药物中半衰期最长的。

依诺沙星　　　　　　　　　　　　氟罗沙星

洛美沙星　　　　　　　　　　　　芦氟沙星

第三代喹诺酮类药物

这些在 1978—1996 年开发上市的喹诺酮类药物被称为第三代喹诺酮类药物，其结构特征是母核 6 位引入氟原子和 7 位有碱性哌嗪取代基，故又称为氟喹诺酮类。它们的抗菌谱进一步扩大，是目前临床应用最多的喹诺酮类药物。含氟喹诺酮在体内均具有良好的组织渗透性，除脑组织和脑脊液外，它们在各组织和体液中均有良好的分布，并因此提高了抗菌活性，增宽了抗菌谱，应用范围也扩大到人体的诸多部位，如尿路感染、淋病、呼吸道感染、皮肤感染、胃和关节感染、腹腔感染、胃肠道感染、伤寒、败血症及慢性阻塞性呼吸道疾病急性发作，某些喹诺酮类药物还具有抗结核作用。属于第三代喹诺酮类抗菌药的还有左氧氟沙星（levofloxacin）、替马沙星（temafloxacin）等。在第三代喹诺酮药物中，虽然 7 位哌嗪在体外抗菌活性上贡献不大，但对于体内药效的发挥却是至关重要的。这些药物具有较强的抗菌活性、较宽的抗菌谱，有很好的药代动力学性质，是临床上最常用的合成抗菌药物。

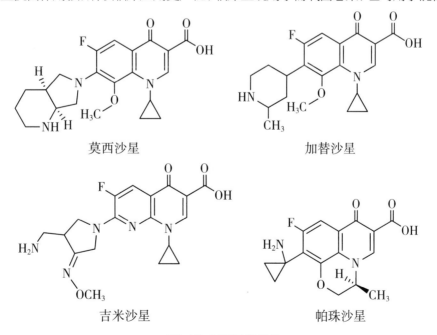

左氧氟沙星

替马沙星

司帕沙星

巴洛沙星

第三、四代喹诺酮类药物

4. 第四代喹诺酮类药物　从 1997 年至今开发的喹诺酮类药物被称为第四代喹诺酮类药物。主要代表有莫西沙星（moxifloxacin）、司帕沙星（sparfloxacin）、巴洛沙星（balofloxacin）、加替沙星（gatifloxacin）、吉米沙星（gemifloxacin）、帕珠沙星（pazufloxacin）等。第四代喹诺酮类抗菌药物除了保持第三代氟喹诺酮类药物抗菌谱广等优点外，其抗菌强度是第三代氟喹诺酮类药物的 3～30 倍。对革兰氏阳性菌、厌氧菌、衣原体、支原体的抗菌活性优于第三代。药动学特点更趋良好，与前三代同类药物相比药代动力学特点是吸收快、体内分布广、血浆半衰期较长。由于其抗菌谱广且抗菌作用强，所以临床应用更广泛，临床上既用于需氧菌感染，也可用于混合感染。

莫西沙星

加替沙星

吉米沙星

帕珠沙星

第四代喹诺酮类药物

二、喹诺酮类药物的作用机制

喹诺酮类抗菌药通过抑制细菌 DNA 回旋酶(gyrase)和拓扑异构酶Ⅳ(topoisomerase Ⅳ)起到抗菌作用。通过抑制细菌 DNA 回旋酶抑制 DNA 的合成(图 16-1)，DNA 螺旋酶特异性催化改变 DNA 拓扑学反应，DNA 回旋酶创建负超螺旋，这有助于在复制过程中稳定 DNA 的分离、防止过量和非模板的双链卷曲。细菌 DNA 回旋酶由四个亚基，即两个 A 和两个 B 聚体组成，A 亚基由基因 *gyrA* 控制，B 亚基由基因 *gyrB* 控制。DNA 回旋酶包裹着 A2B2 亚基 DNA，DNA 回旋酶与细菌的环状 DNA 结合，DNA 回旋酶的 A 亚基使 DNA 链的后链断裂形成缺口，产生正超螺旋的 DNA，随后在 B 亚基的介导下使 ATP 水解，前链移至缺口之后，最终在 A 亚基参与下使断链再连接并形成负超螺旋，喹诺酮类抗菌药以氢键和 DNA 回旋酶 DNA 复合物结合，使 DNA 回旋酶活性丧失，细菌 DNA 超螺旋合成受阻，造成染色体复制和基因转录中断。喹诺酮类抗菌药的另一个靶点为拓扑异构酶Ⅳ，DNA 回旋酶和拓扑异构酶Ⅳ两者都属于相同类的 DNA 酶，被称为拓扑异构酶。拓扑异构酶Ⅳ也由四个亚基组成，即两个 *parC* 和两个 *parE*。喹诺酮类抗菌药以 DNA 回旋酶和拓扑异构酶Ⅳ为靶点，通过与上述两种酶形成稳定的复合物，抑制细菌细胞的生长和分裂。

细菌对喹诺酮类产生耐药性的主要原因是：①细菌拓扑异构酶的结构发生变化，使药物无法与酶形成稳定复合物；②细菌细胞壁通透性的改变，降低亲水性小孔(hydrophilic pores，OMP)的通透性或激活药物主动外排泵，从而使细菌细胞内药物浓度降低。

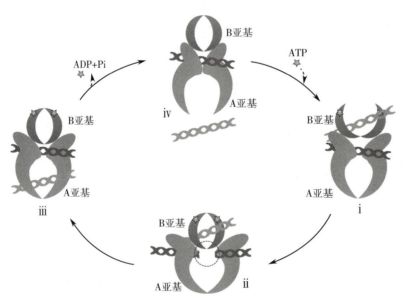

图 16-1　喹诺酮类抗菌药物的作用机制

注：(i)DNA 回旋酶四聚体与两段 DNA 链结合；(ii)B 亚基构象发生变化，A 亚基包裹并切断 DNA 形成缺口；(iii)上面的 DNA 片段穿过缺口；(iv)DNA 通过后，A 亚基将缺口 DNA 连接

三、喹诺酮类药物

1. 结构与活性的关系

（1）吡啶酮酸的 A 环是抗菌作用必需的基本药效结构，变化较小。其中 3 位 COOH 和 4 位 C＝O 与 DNA 螺旋酶和拓扑异构酶Ⅳ结合，为抗菌活性不可缺少的部分。3 位的羧基被磺酸基、乙酸基、磷酸基、磺酰氨基等酸性基团替代，以及 4 位酮羰基被硫酮基、亚氨基等取代均使抗菌活性减弱。

（2）B 环可作较大改变，可以是骈合的苯环（X＝CH，Y＝CH）、吡啶环（X＝N，Y＝CH）、嘧啶环（X＝N，Y＝N）等。

（3）1 位 N 上若为脂肪烃基取代时，在甲基、乙基、乙烯基、氟乙基、正丙基和羟乙基中以乙基或与乙基体积相似的乙烯基和氟乙基抗菌活性最好；若为脂环烃取代时，在环丙基、环丁基、环戊基、环己基、1（或 2）- 甲基环丙基中，其抗菌作用最好的为环丙基，而且其抗菌活性大于乙基衍生物。

1 位 N 上可以为苯基或其他芳香基团取代，若为苯取代时，其抗菌活性与乙基相似，其中 2,4- 二氟苯基较佳，对革兰氏阳性菌作用较强。

（4）2 位上引入取代基后，其活性减弱或消失，这可能源于 2 位取代基的空间位阻作用，喹诺酮类药物与受体结合时，1 位和 3 位取代基立体构象被干扰所致。

（5）5 位取代基中，以氨基的抗菌作用最佳。其他基团取代时，活性减弱。5 位取代基的存在，从空间张力的角度可干扰 4 位羰基与靶位的结合，取代基体积越大这种干扰作用越强，所以抗菌活性减弱。但从电性效应的角度考虑，向其母核共轭 π 键提供电子的取代基，均使 4 位羰基氧原子上的电荷密度有不同程度的提高，从而增加与靶位的结合力，使其抗菌活性增加，因此 5 位取代基对活性的影响为电性和立体因素的综合表现。

（6）6 位不同的取代基对活性的贡献大小顺序为 F>Cl>CN≥NH₂>H，6 位引入氟原子较 6 位为 H 的类似物的抗菌活性大 30 倍，这归因于 6 位氟取代使药物与细菌 DNA 回旋酶的亲和力增加 2～17 倍，对细菌细胞壁的穿透性增加 1～70 倍。

（7）7 位引入各种取代基均可明显增加抗菌活性，特别为五元或六元杂环取代时，抗菌活性明显增加，尤其是哌嗪取代基最好。哌嗪等取代基进一步加强与细菌 DNA 回旋酶的结合能力。但也增加对 GABA 受体的亲和力，因而产生中枢副作用。

（8）8 位以氟、甲氧基、氯、硝基、氨基取代均可使活性增加，其中以氟取代最佳，取代或与 1 位氮原子以氧烷基成为含氧杂环，可使活性增加但光毒性也增加。若为甲基、甲氧基取代和乙基取代，光毒性减少。若 1 位与 8 位间成环，产生的光学异构体的活性有明显的差异。

2. 结构与毒性及药物代谢的关系

（1）喹诺酮类药物通常的毒性：①喹诺酮类药物结构中 3、4 位分别为羧基和酮羰基，极易和金属离子如钙、镁、铁、锌等形成螯合物，不仅降低了药物的抗菌活性，同时也使体内的金属离子流失，尤其对妇女、老年人和儿童能引起缺钙、贫血、缺锌等副作用；②光毒性；③药物 - 药物相互作用（与 P450）；④另有少数药物还有中枢渗透性，增加毒性（与 GABA 受体结合）、胃肠道反应和心脏毒性。这些毒性都与其化学结构相关。

（2）药物代谢动力学与化学结构的关系：喹诺酮类药物结构和药物代谢也显示一定规律性。7 位取代基的体积增大时，可以使其半衰期增加。将 8 位以氮取代时，使生物利用度提高。

1 位大的取代基存在可使分布容积增加。喹诺酮类抗菌药口服吸收迅速，如诺氟沙星口服 1～2 小时血药浓度达峰值，但食物能延缓其吸收，由于可与金属离子络合，因而此类药物不宜和牛奶等含钙、铁等食物和药品同时服用。本类药物吸收后，在体内分布较广，保持浓度以伊诺沙星为最佳，诺氟沙星能较好地进入泌尿生殖系统，多数药物能保持尿中浓度高于对多数病原微生物的最小抑制浓度（MIC）值。本类药物血浆 $t_{1/2}$ 较长，如诺氟沙星为 4 小时，多数药物可以 8～12 小时间隔给药。大多数喹诺酮类抗菌药的代谢物是 3 位羧基和葡萄糖醛酸结合物。哌嗪环很容易被代谢，其代谢物活性减少，而且其代谢物结构差别较大。培氟沙星易被代谢，其他药物代谢物则较少。诺氟沙星约 30% 以原药由尿排出，伊诺沙星代谢物最少，其代谢主要发生在哌嗪环上，培氟沙星主要发生 N 去甲基化反应；培氟沙星、诺氟沙星、环丙沙星和伊诺沙星可发生哌嗪顶端 N 旁碳原子上的羟化反应，再进一步氧化成酮；诺氟沙星和环丙沙星又可发生哌嗪顶端 N 氧化及哌嗪开环等反应。

喹诺酮类药物分子中存在的羧酸基团和碱性官能团使这些化合物为两性化合物，其 pK_a 在 6～8 之间，这确保了这些化合物具有足够穿过各种组织的脂溶性，在所有的 pH 范围内的脂水分配系数为 2.9～7.6。

盐酸环丙沙星（ciprofloxacin hydrochloride）

化学名为 1- 环丙基 -6- 氟 -1，4- 二氢 -4- 氧代 -7-（1- 哌嗪基）-3- 喹啉羧酸盐酸盐一水合物，1-cyclopropyl-6-fluoro-1，4-dihydro-4-oxo-7-（1-piperazinyl）-3-quinoline-carboxylic acid hydrochloride monohydrate，又名环丙氟哌酸。

本品为白色或微黄色结晶性粉末。在水中溶解，在甲醇中微溶，在三氯甲烷中几乎不溶。熔点 308～310 ℃。本品的游离碱为微黄色或黄色的结晶粉末，几乎不溶于水或乙醇，溶于乙酸或稀酸。熔点 255～257 ℃。

环丙沙星口服后，生物利用度为 38%～60%，血药浓度较低，静脉滴注可弥补此缺点，半衰期为 3.3～5.8 小时，药物吸收后体内分布广泛。

环丙沙星的合成路线主要有两条。

路线一：以 2,4- 二氯氟苯为起始原料，与乙酰氯反应后再氧化，得 2,4- 二氯 -5- 氟苯甲酸，在乙醇镁存在下与丙二酸二乙酯缩合，生成酰基丙二酸二乙酯，在催化量的对甲苯磺酸存在下经水解和脱羧，进而生成 2,4- 二氯 -5- 氟苯甲酰乙酸酯。此酯与原甲酸三乙酯缩合，生成 2-(2,4- 二氯 -5- 氟苯甲酰)-3- 环丙基丙烯酸乙酯，与氢化钠作用环合得 7- 氯 -1- 环丙基 -6- 氟 -1,4- 二氢 -4- 氧代喹啉 -3- 羧酸，最后在二甲基亚砜溶液中与哌嗪缩合得环丙沙星。

路线二：以 2,4- 二氯 -5- 氟苯乙酮为起始原料，与碳酸二乙酯缩合后，一步得到 2,4- 二氯 -5- 氟苯甲酰乙酸乙酯，与原甲酸三乙酯缩合后，再与环丙胺反应得到 2-(2,4- 二氯 -5- 氟苯甲酰)-3- 环丙基丙烯酸乙酯，在 NaH 作用下环合，最后在 DMF 中与哌嗪缩合即得环丙沙星。

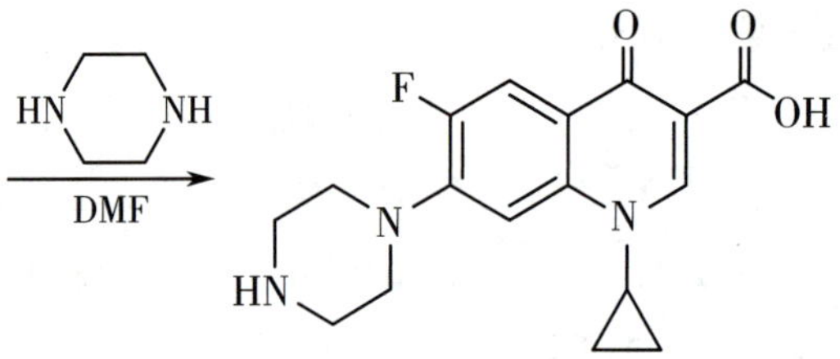

环丙沙星的主要杂质有以下 6 个，其中有合成中间体 A，反应中生成的副产物有 C、D 和 E，杂质 B 和 F 则可能是原料中的杂质生成的物质。

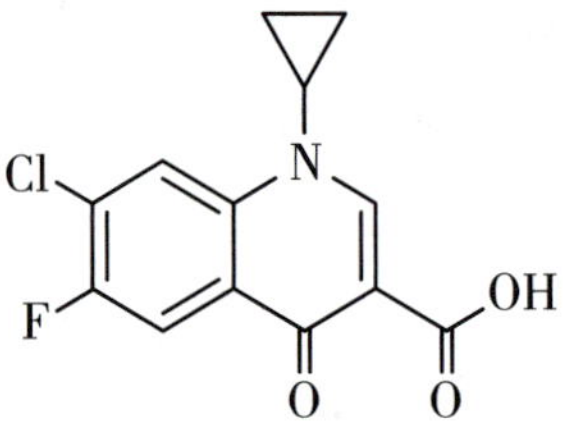

A

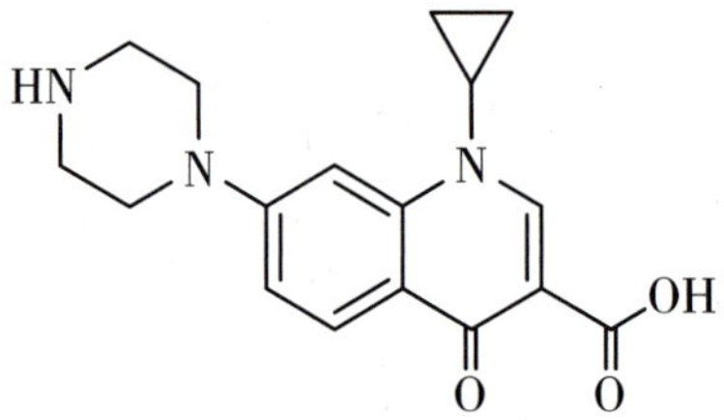

B

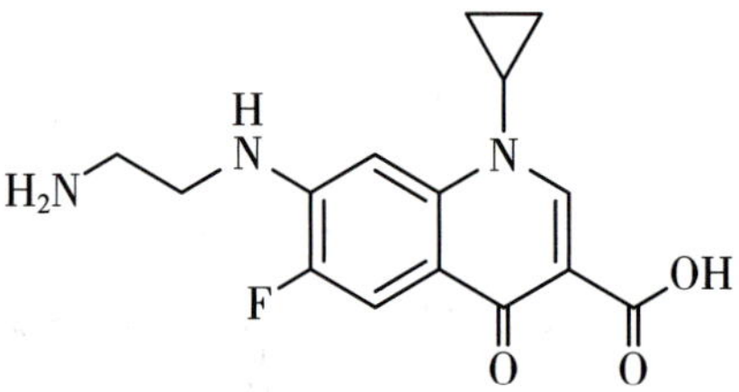

C

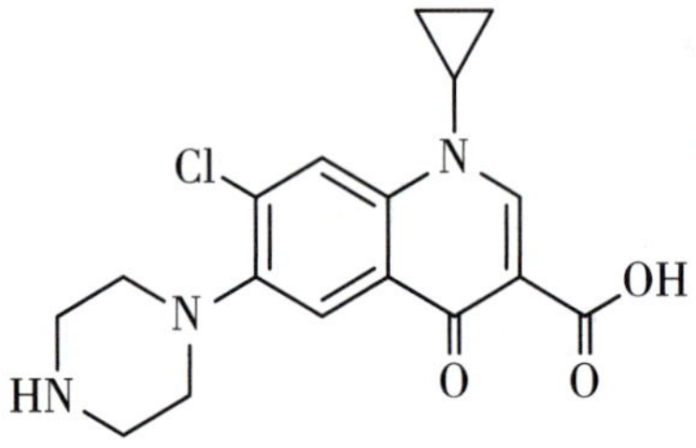

D

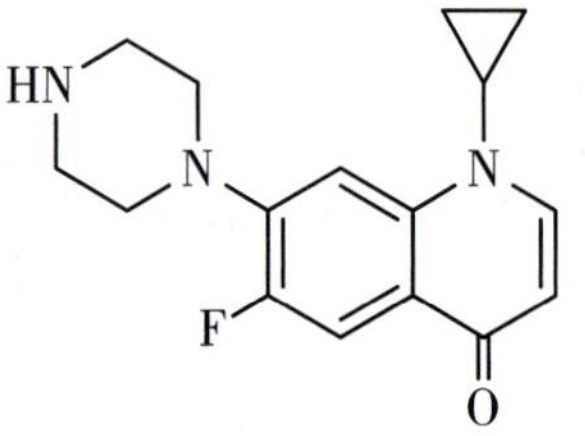

E

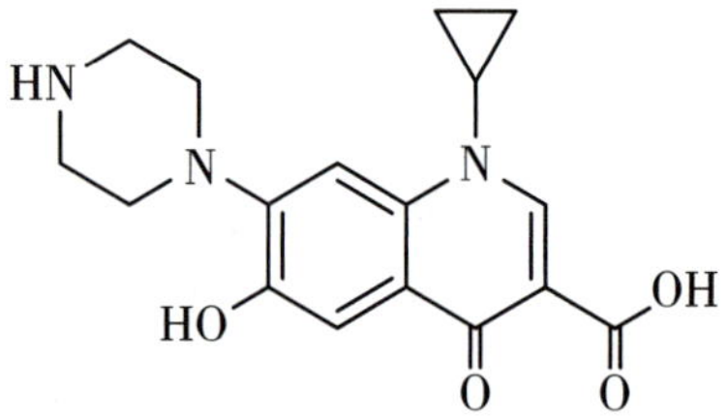

F

左氧氟沙星（levofloxacin）

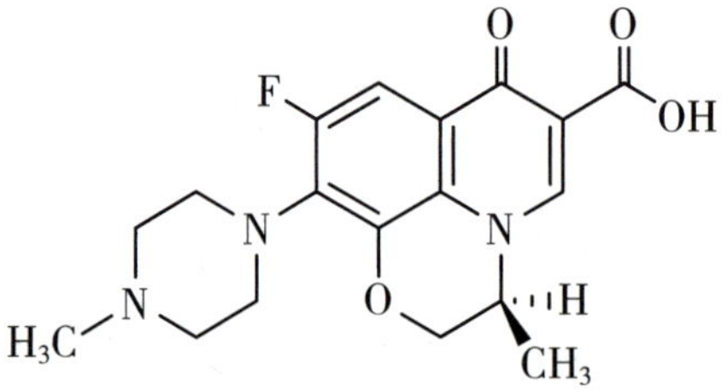

化学名为 (S)-($-$)-9- 氟 -2，3- 二氢 -3- 甲基 -10-（4- 甲基 -1- 哌嗪基）-7- 氧代 -7H- 吡啶并 [1，2，3-de][1，4]苯并噁嗪 -6- 羧酸，(S)-($-$)-9-fluoro-2，3-dihydro-3-methyl-10-(4-methyl-1-piperazinyl)-7-oxo-7H-pyrido[1，2，3-de]-1，4-benzoxazine-6-carboxylic acid。

本品为黄色或灰黄色结晶性粉末，无臭，有苦味。微溶于水、乙醇、丙酮、甲醇，极易溶于乙酸。

左氧氟沙星临床上主要用于革兰氏阴性菌所致的呼吸系统、泌尿系统、消化系统、生殖系统感染等，亦可用于免疫损伤患者的预防感染。本品为左旋体，其消旋体为氧氟沙星，也在临床上使用。左氧氟沙星的抗菌作用比其右旋异构体高约 8～128 倍，这主要是因为两者对 DNA 螺旋酶的活性不同。与氧氟沙星相比，左氧氟沙星具有更明显的优势：①活性为氧氟沙星的 2 倍；②水溶性好，水溶性是氧氟沙星的 8 倍；③毒副作用小，是已上市的喹诺酮类抗菌药中最小的。

左氧氟沙星的合成主要有两条路线。

路线一：以四氟苯甲酸为原料，经氯化亚砜或草酰氯氯化后，再与丙二酸二乙酯缩合得到

2-（2，3，4，5- 四氟苯甲酰基）丙二酸二乙酯。经部分脱羧后与原甲酸三乙酯反应，得到乙氧基亚甲基衍生物，再与（S）-2- 氮基丙醇缩合，然后在 DMF 中用 K_2CO_3 或 CuI 和 Fe（acac）$_3$ 使其环化，得到（S）-9，10- 二氟 -2，3- 二氢 3- 甲基 -7- 氧代 -7H- 吡啶[1，2，3-de]-1，4- 苯并噁嗪 -6- 甲酸乙酯。最后在乙酸的存在下用 HCl 使其酯基水解，与 1- 甲基哌嗪缩合即可得到左氧氟沙星。

路线二：以外消旋的 9，10- 二氟 -2，3- 二氢 -3- 羟甲基 -7- 氧代 -7H- 吡啶[1，2，3-de]-1，4- 苯并噁嗪 -6- 甲酸乙酯为原料，与 3，5- 二硝基苯甲酰氯作用成酯，经拆分得到（-）- 光学异构体，再用 $NaHCO_3$ 的乙醇水溶液将其部分水解，在 DMF 中用甲基三苯氧基碘磷处理，得到相应的（-）- 碘甲基衍生物。在乙醇中用三正丁基氢化锡将其还原同时水解，得到（S）-9，10- 二氟 -2，3- 二氢 -3- 甲基 -7- 氧代 -7H 吡啶[1，2，3-de]-1，4- 苯并噁嗪 -6- 甲酸，最后与 1- 甲基哌嗪反应得到左氧氟沙星。

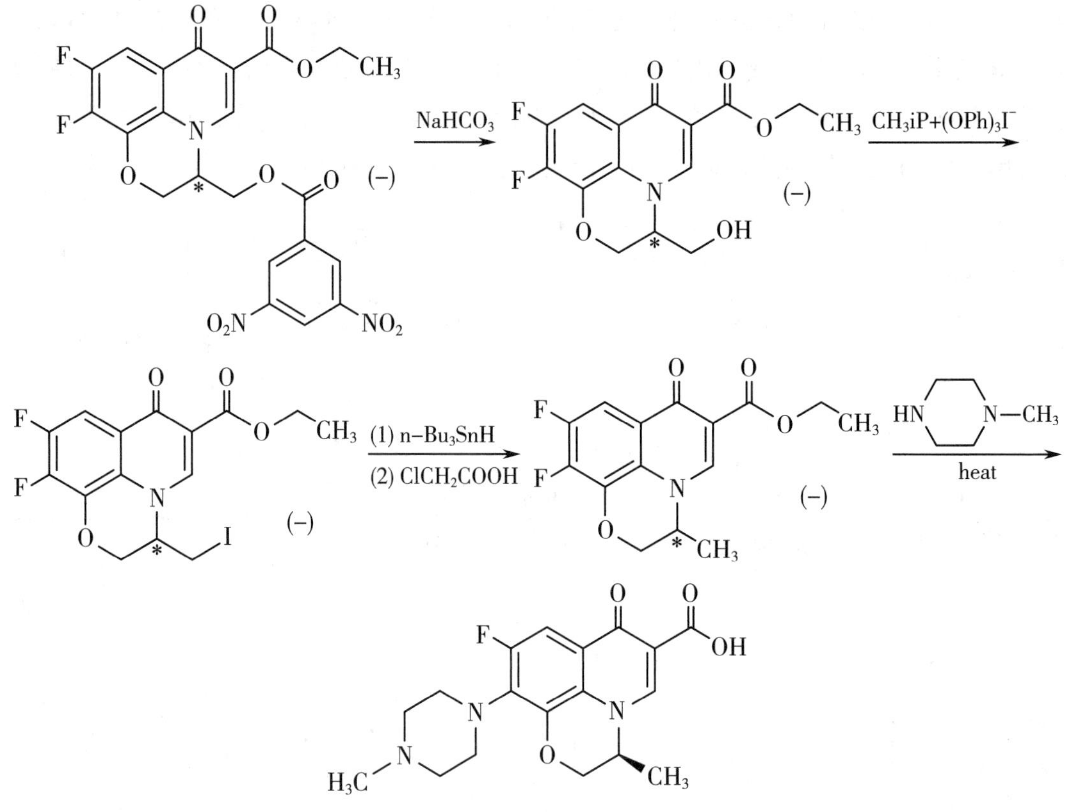

由于氧氟沙星分子存在手性碳，其主要杂质都是一对对映异构体，主要有原料 A，反应的副产物 B、D、E 和 F 以及有原料杂质衍生出来的 C。

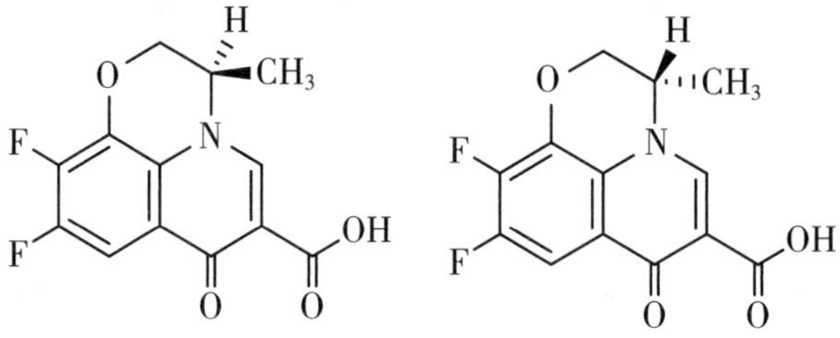

A

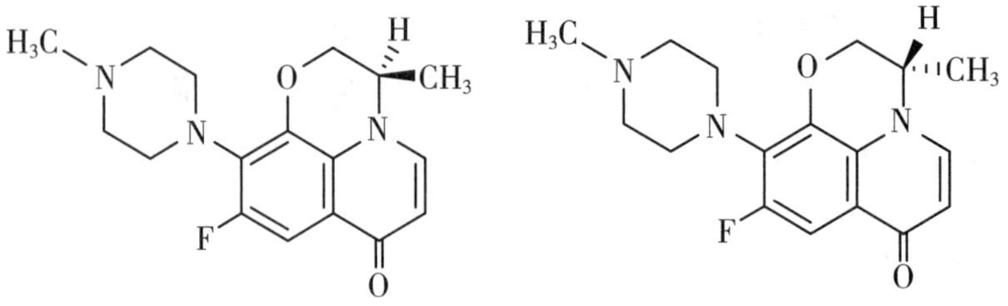

B

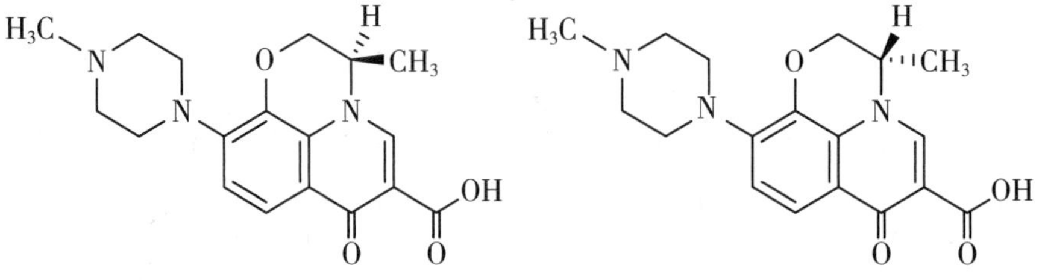

C

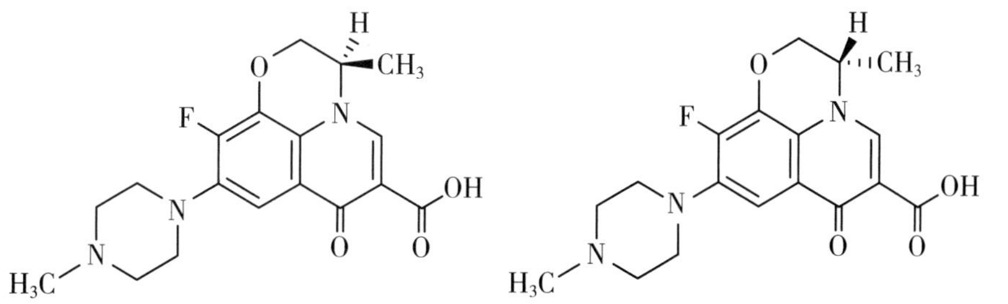

D

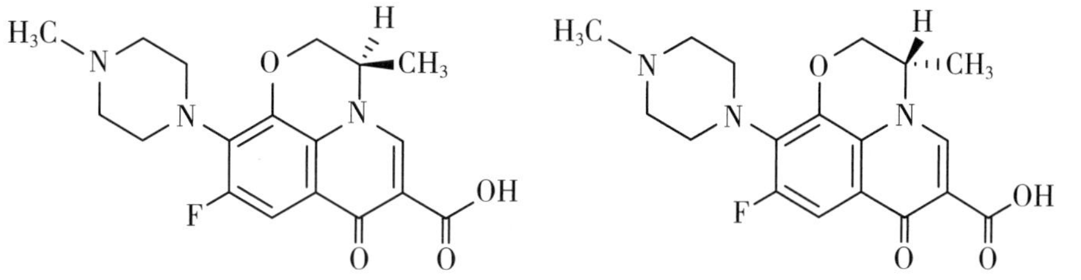

E

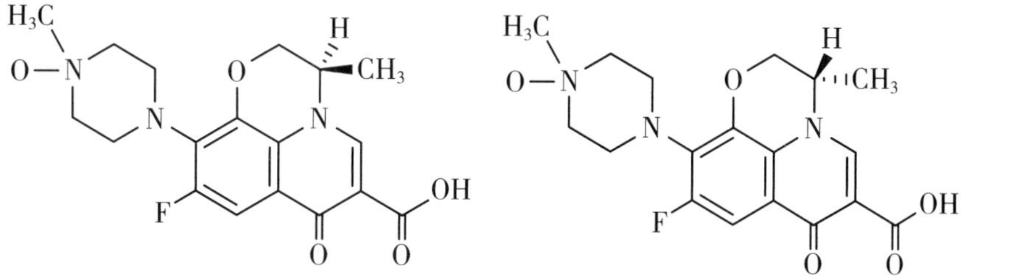

F

而左氧氟沙星的主要杂质有在合成过程中产生的 G、H 和 I，也有原料杂质衍生出来的 J，与氧氟沙星所不同的是，他们均为光学异构体，其中 G 和 J 与氧氟沙星中杂质类似。另一个重要杂质是左氧氟沙星的对映体 K。

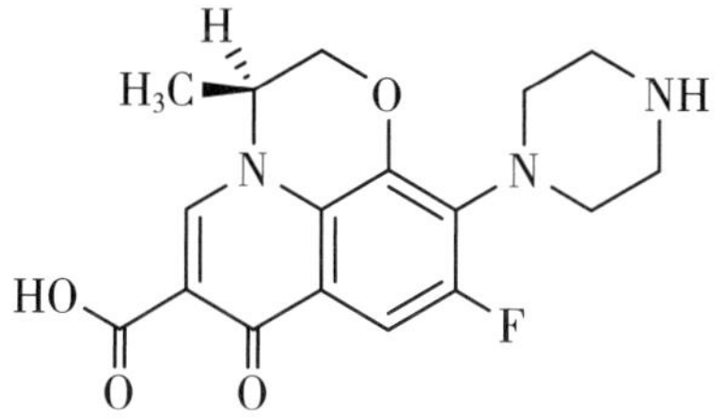

G

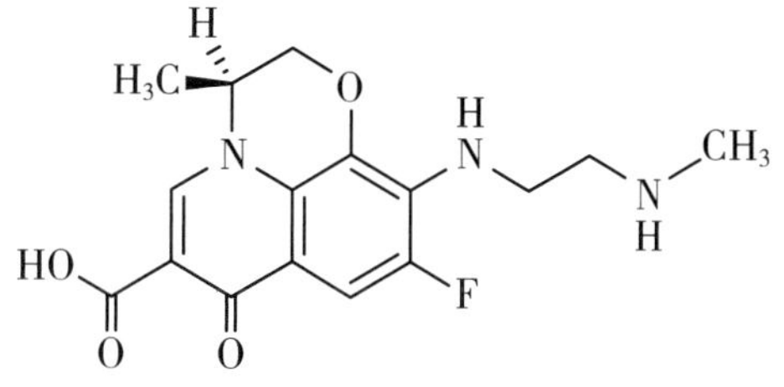

H

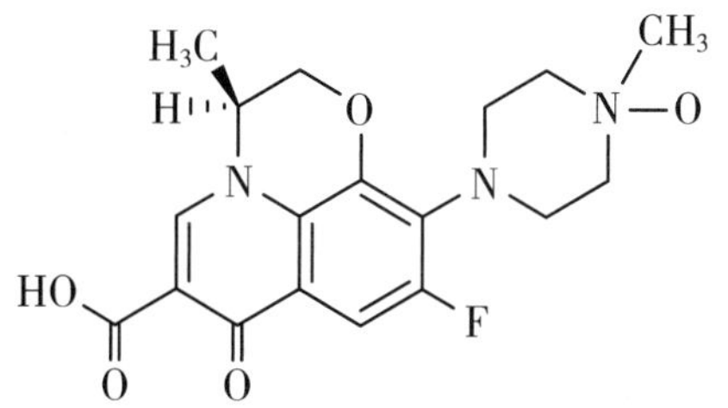

I

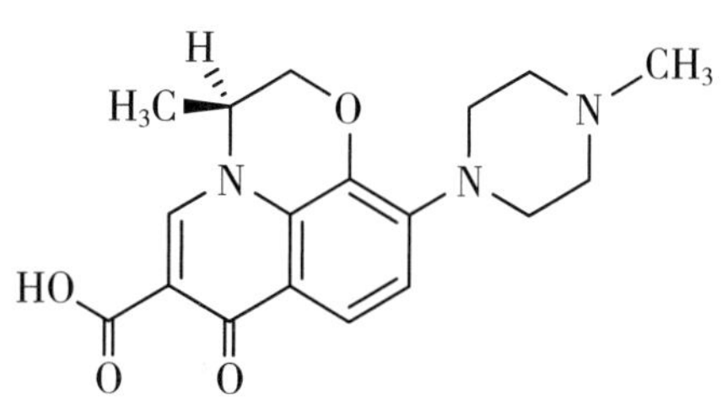

J

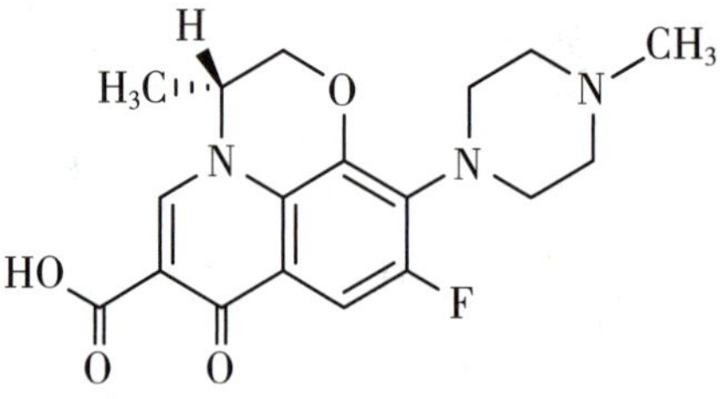

K

第二节　磺胺类药物及抗菌增效剂

磺胺类药物的发现,开创了化学治疗的新纪元,使死亡率很高的细菌性传染疾病得到控制。这类药物从发现、应用到作用机制学说的建立,只有短短十几年的时间。尤其是磺胺类药物作用机制的阐明,开辟了一条从代谢拮抗寻找新药的途径,对药物化学的发展起到了重要的推动作用。

磺胺类药物的母体对氨基苯磺酰胺(sulfanilamide)又称磺胺,1908年合成,最初仅作为合成偶氮染料的中间体来使用,未认识到它在医疗上的价值。直到1932年Domagk发现了百浪多息(prontosil),可以使鼠、兔兔受链球菌和葡萄球菌的感染,次年报告了用百浪多息治疗由葡萄球菌引起败血症的第一个病例,引起了世界范围的极大轰动。同时为克服百浪多息水溶性小、毒性大的缺点,又合成了可溶性百浪多息(prontosil soluble),取得了较好治疗效果。

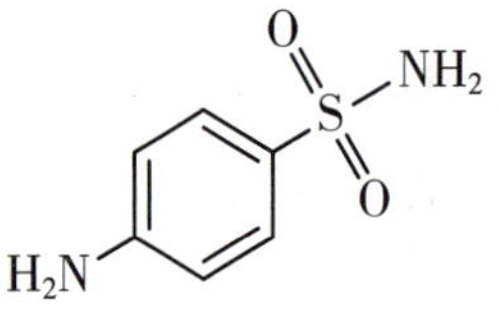

磺胺 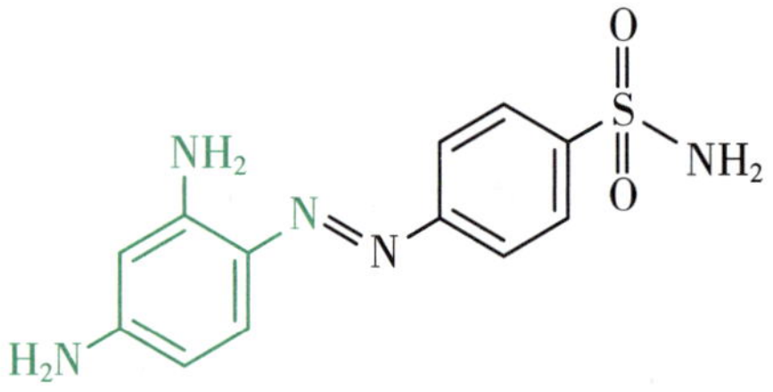　　　　　　　　百浪多息

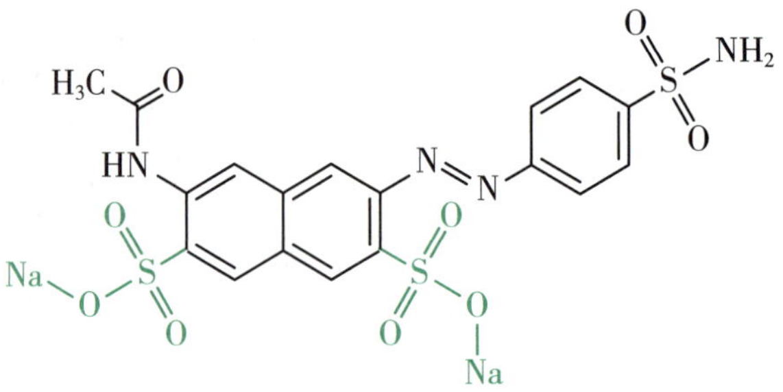

可溶性百浪多息

在研究百浪多息及可溶性百浪多息的基础上,法国巴斯特研究所合成了一系列的偶氮化合物。曾认为偶氮基团是染料的生色基团,也是抑菌的有效基团。但研究结果表明,只有含磺酰胺的偶氮染料才有抗链球菌的作用。百浪多息和可溶性百浪多息在体外均无效,只有在动物体内显效,从服药患者尿中分离得到对乙酰氨基苯磺酰胺,由于乙酰化是体内代谢的常见反应,因此推断百浪多息在体内代谢成磺胺,而产生抗菌作用。后续证明磺胺在体内、外均

有抑菌作用。至 1946 年共合成了 5 500 余种磺胺类化合物，20 余种在临床上使用。其中主要有磺胺醋酰（sulfacetamide）、磺胺嘧啶（sulfadiazine）、磺胺噻唑（sulfathiazole）等。由于磺胺嘧啶在脑脊髓液中浓度较高，对预防和治疗流行性脑炎有突出作用，使其在临床上占有一席之地。

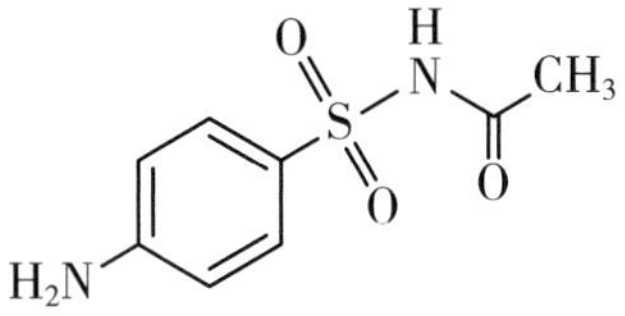

磺胺醋酰 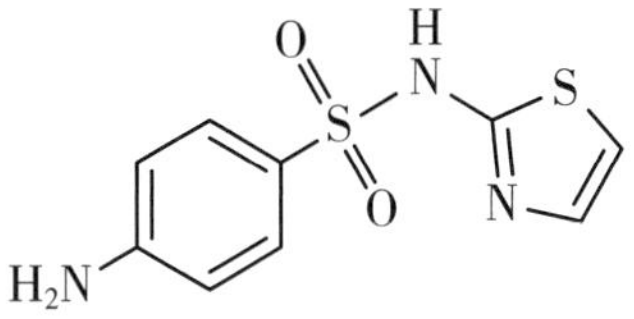　　　　　　　　　　磺胺噻唑

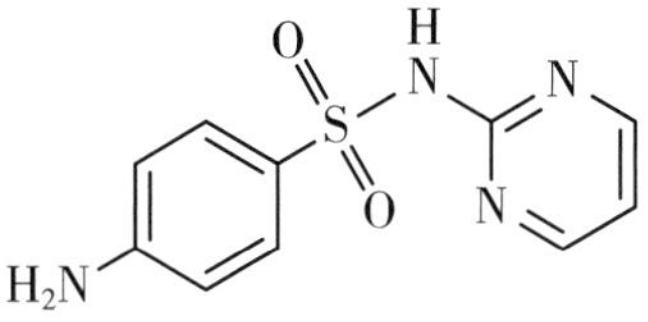

磺胺嘧啶 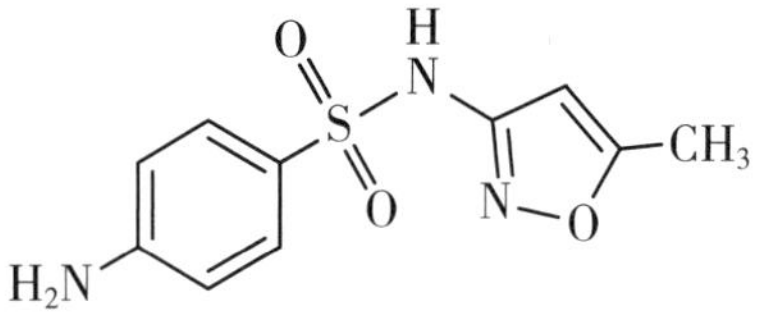　　　　　　　　　　磺胺甲噁唑

关于磺胺类药物的作用机制有许多学说，其中以 Wood-Fields 学说最为公认，并且被实验所证实。该学说认为磺胺类药物能与细菌生长所必需的对氨基苯甲酸（p-aminobenzoic acid，PABA）产生竞争性拮抗，干扰了细菌的酶系统对 PABA 的利用，PABA 是叶酸（folic acid）的组成部分，叶酸为微生物生长中必要物质，也是构成体内叶酸辅酶的基本原料。PABA 在二氢叶酸合成酶的催化下（图 16-2），与二氢蝶啶焦磷酸酯（dihydropteridine phosphate）及谷氨酸（glutamic acid）或二氢蝶啶焦磷酸酯与对氨基苯甲酰谷氨酸（p-aminobenzoylglutamic acid，PABG）合成二氢叶酸（dihydrofolic acid，FAH_2）。再在二氢叶酸还原酶的作用下还原成四氢叶酸（tetrahydrofolic acid，FAH_4），为细菌合成核酸提供叶酸辅酶。

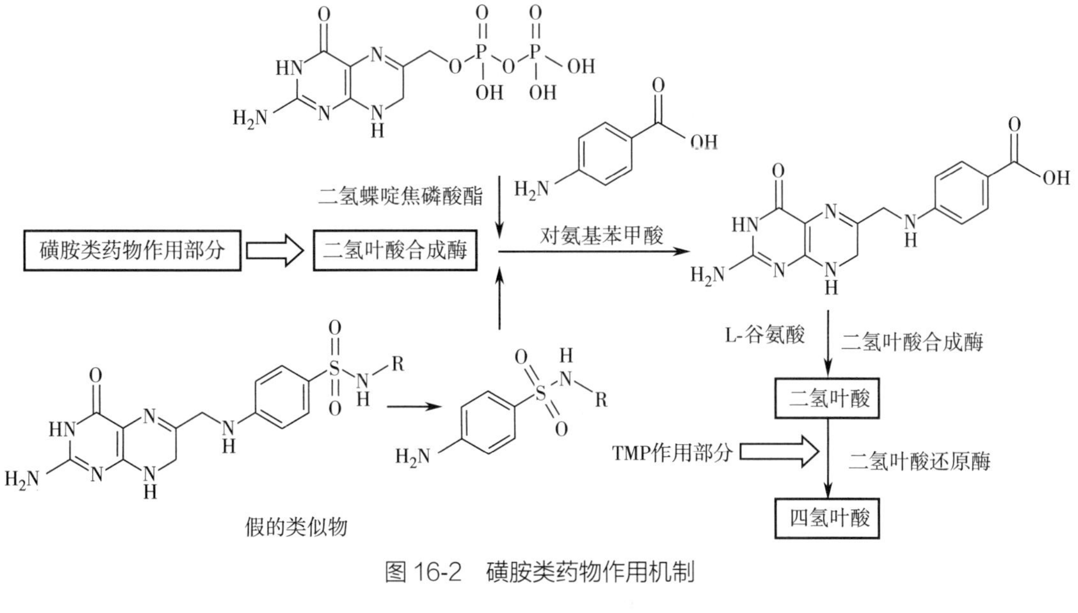

图 16-2　磺胺类药物作用机制

研究发现，磺胺类药物与 PABA 分子大小和电荷分布极为相似，由于磺胺类药物和 PABA 的这种类似性，使得在 PABG 的生物合成中，磺胺类药物可以取代 PABA 的位置，生

成无功能的化合物,妨碍了 PABG 的生物合成。PABG 经二氢叶酸还原酶作用还原为 FAH_4,后者进一步合成辅酶 F。辅酶 F 为 DNA 合成中所必需的嘌呤、嘧啶碱基的合成提供一个碳单位。

磺胺类药物   对氨基苯甲酸(PABA)

人体作为微生物的宿主,可以从食物中摄取 PABG,因此,磺胺类药物不影响正常叶酸代谢,而微生物靠自身合成 PABG,一旦叶酸代谢受阻,生命就不能继续,因此微生物对磺胺类药物都敏感。

Wood-Fields 学说开辟了从代谢拮抗寻找新药的途径,这是磺胺类药物在药物化学研究理论方面的巨大贡献。所谓代谢拮抗就是设计与生物体内基本代谢物的结构有某种程度相似的化合物,使与基本代谢物竞争性或干扰基本代谢物的被利用,或掺入生物大分子的合成之中形成伪生物大分子,导致致死合成(lethal synthesis),从而影响细胞的生长。抗代谢物的设计多采用生物电子等排原理(bioisosterism),代谢拮抗概念已广泛应用于抗菌、抗疟及抗癌药物等设计中,如抗结核分枝杆菌药物吡嗪酰胺是烟酰胺的生物电子等排体,是烟酰胺的抗代谢产物,具有抗结核作用;抗代谢肿瘤药物通过抑制 DNA 合成中所需要的叶酸、嘌呤、嘧啶及嘧啶核苷生物合成途径发挥抗肿瘤作用,如氟尿嘧啶、阿糖胞苷、巯嘌呤、甲氨蝶呤。

通过对大量磺胺类药物的结构与活性的研究,总结出其构效关系:

(1)对氨基苯磺酰胺结构是必要的结构。即苯环上的氨基与磺酰胺基必须处在对位,在邻位或间位无抑菌作用。

(2)芳氨基的氮原子上一般没有取代基,若有取代基则必须在体内易被酶分解或还原为游离的氨基才有效,如 RCONH—、R—N=N—、—NO_2 等基团,否则无效。

(3)磺酰胺基的氮原子上为单取代,大多为吸电子基团取代基,可使抗菌活性有所加强。吸电子基团可以是酰基,也可以是芳香杂环。N,N- 双取代化合物一般丧失活性。

(4)苯环若被其他芳环或芳杂环取代,或在苯环上引入其他基团,抑菌活性降低或丧失。

(5)磺胺类药物的酸性离解常数(pK_a)与抑菌作用的强度有密切的关系,当 pK_a 在 6.5~7.0 时,抑菌作用最强。

磺胺甲噁唑(sulfamethoxazole,SMZ)是 1959 年问世的磺胺类药物,半衰期为 11 小时,抗菌作用较强。现多与抗菌增效剂甲氧苄啶合用,将磺胺甲噁唑和甲氧苄啶按 5:1 比例配伍,这种复方制剂被称为复方磺胺甲噁唑,又名复方新诺明,其抗菌作用可增强数倍至数十倍,应用范围也扩大,临床用于泌尿道和呼吸道感染及伤寒、布鲁氏菌病等。

甲氧苄啶(trimethoprim,TMP)是在研究 5- 取代苄基 -2,4- 二氨基嘧啶类化合物对二氢叶酸还原酶的抑制作用时发现的广谱抗菌药。它对革兰氏阳性菌和革兰氏阴性菌具有广泛的抑制作用。其作用机制为可逆性抑制二氢叶酸还原酶,使二氢叶酸还原为四氢叶酸的过程受阻,影响辅酶 F 的形成,从而影响微生物 DNA、RNA 及蛋白质的合成,使其生长繁殖受到抑制。与磺胺类药物联用，使细菌代谢受到双重阻断，从而使其抗菌作用增强数倍至数十倍，同时使细菌的耐药性减弱。

磺胺嘧啶（sulfadiazine）

化学名为 N-2- 嘧啶基 -4- 氨基苯磺酰胺，4-amino-N-2-pyrimidinyl benzene sulfonamide。

本品为白色的结晶或粉末，无臭，无味，遇光色渐变暗。在乙醇或丙酮中微溶，不溶于乙醚和三氯甲烷，在稀盐酸、强碱中溶解。血清溶解度约为 1:620。熔点 255～256 ℃。

磺胺嘧啶钠盐水溶液能吸收空气中二氧化碳，析出磺胺嘧啶沉淀。与硝酸银溶液反应则生成磺胺嘧啶银（sulfadiazine silver），具有抗菌作用和收敛作用，用于烧伤、烫伤创面的抗感染，对铜绿假单胞菌有抑制作用。类似药物还有磺胺嘧啶锌（sulfadiazine zinc），用于烧伤、烫伤创面的抗感染。

磺胺嘧啶银 磺胺嘧啶锌

磺胺甲噁唑（sulfamethoxazole）

化学名为 4- 氨基 -N-（5- 甲基异噁唑 -3- 基）- 本磺酰胺，4-amino-N-5-（5-methyl-3-isoxazolyl）-benzenesulfonamide。简称 SMZ，又名新诺明（Sinomin），于 1959 年在美国批准上市。

本品抗菌谱广，抗菌作用强。半衰期约为 11 小时，现多与抗菌增效剂甲氧苄啶合用，将磺胺甲噁唑和甲氧苄啶按 5:1 比例配伍，这种复方制剂被称为复方新诺明（简称 SMZ-TMP），于 1973 年 5 月在美国批准上市。其抗菌作用可增强数倍至数十倍，应用范围也扩大，临床用于泌尿道和呼吸道感染外伤及软组织感染、伤寒、布鲁氏菌病等。

合成路线：磺胺甲噁唑的合成采用磺胺类药物的合成通法，以 3- 氨基 -5- 甲基异噁唑为原料与对乙酰氨基苯磺酰氯缩合而得。3- 氨基 -5- 甲基异噁唑的合成是通过草酸二乙酯和丙酮在乙醇钠存在下缩合得到乙酰丙酮酸乙酯，然后与盐酸羟胺环合得 5- 甲基 -3- 异噁唑羧酸乙酯, 氨解得 5- 甲基 -3- 异噁唑甲酰胺, 再经霍夫曼降解制得。3- 氨基 -5- 甲基异噁唑与对乙酰氨基苯磺酰氯在 NaHCO₃ 的作用下, 于室温中形成 3-(对乙酰氨基苯磺酰胺基)-5- 甲基异噁唑, 然后置于 10% NaOH 水溶液中加热沸腾 2 小时, 然后酸化得到磺胺甲噁唑。

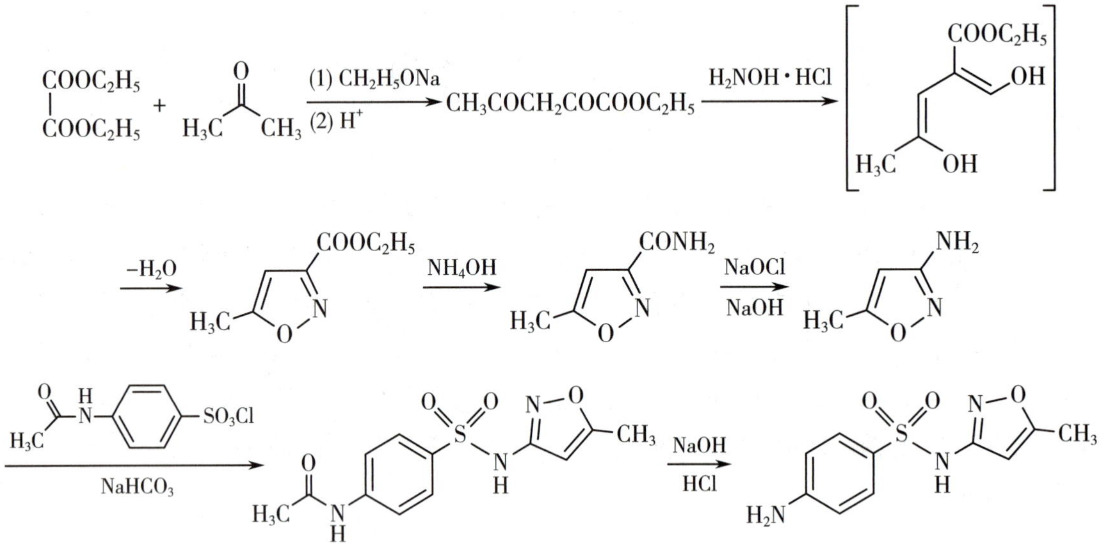

杂质主要有 A～F: A 为合成中间体; B、C 和 F 为合成副产物; D 和 E 为中间体降解产物。

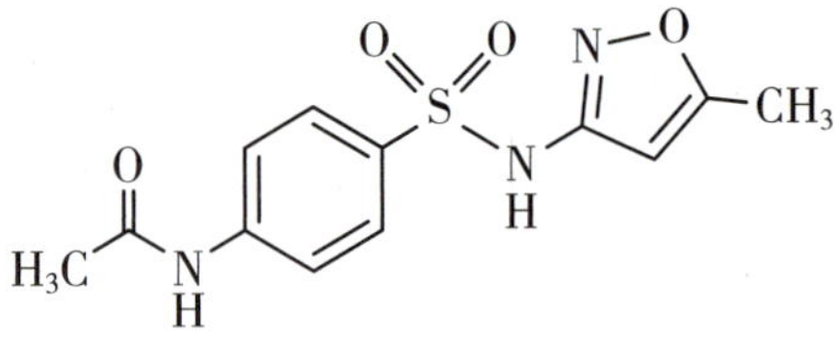

A

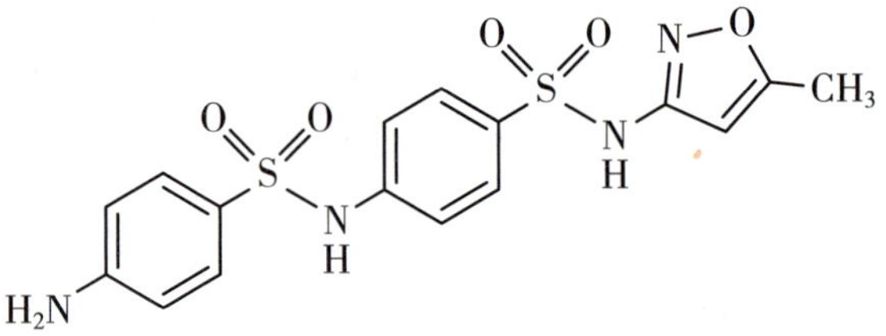

B

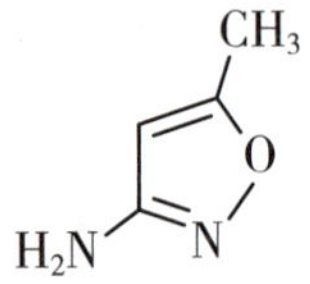

C

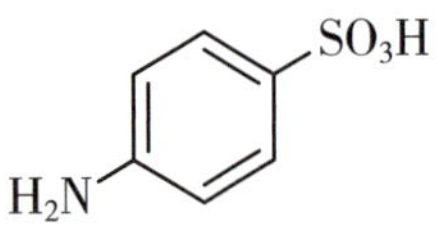

D

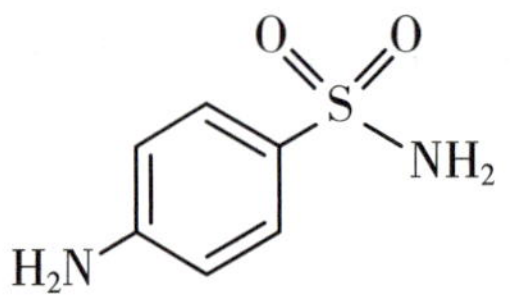

E

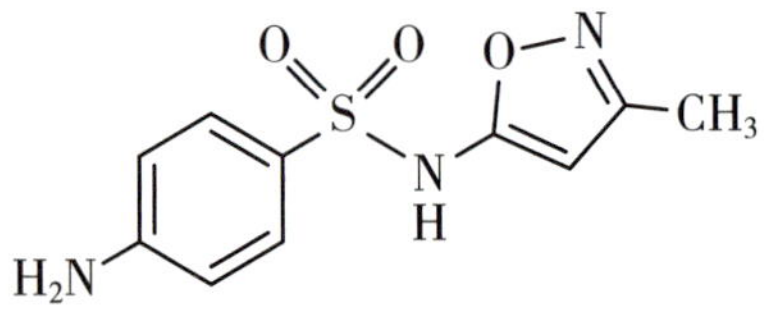

F

甲氧苄啶(trimethoprim)

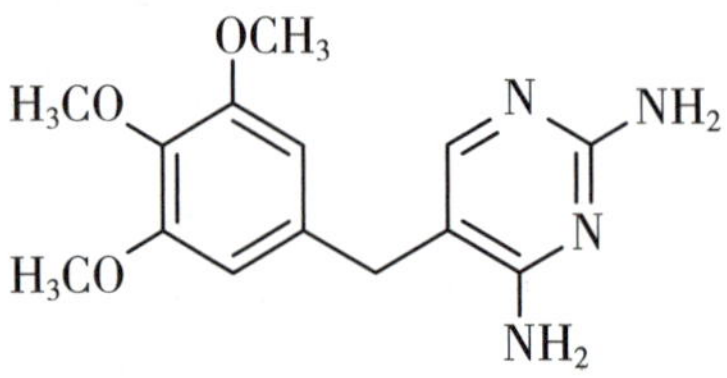

化学名为 5-[(3, 4, 5- 三甲氧基苯基)- 甲基]-2, 4- 嘧啶二胺, 5-[(3, 4, 5-trimethoxyphenyl)methyl]-2,4-pyrimidinediamine, 又名甲氧苄氨嘧啶, 简称 TMP, 于 1961 年在法国批准上市。

本品为白色或类白色结晶性粉末, 无臭, 味苦。在三氯甲烷中略溶, 在乙醇或丙酮中微溶, 在水中几乎不溶, 在乙酸中易溶。熔点为 199～203℃。

甲氧苄啶除与磺胺类药物合用外,还可增强多种抗生素(如四环素、庆大霉素)的抗菌作用。甲氧苄啶的抗菌谱与磺胺类药物类似。最低抑菌浓度低于 10mg/L。单用时易引起细菌的耐药性。

人和动物辅酶 F 的合成过程与微生物相同,因此,甲氧苄啶对人和动物的二氢叶酸还原酶的亲和力要比对微生物的二氢叶酸还原酶的亲和力弱 10 000~60 000 倍,所以它对人和动物的影响很小,其毒性也较弱。

本品口服后几乎可完全迅速吸收,分布于全身组织和体液。其在胃、肝、肺、前列腺及阴道分泌液的浓度多高于血药浓度,在脑脊液的浓度可达血药浓度的 1/4~1/2, $t_{1/2}$ 为 8~12 小时。本品 10%~20% 的药量在肝中代谢,大部分以原药形式由尿中排泄。本品可通过胎盘,并分泌于乳汁。

甲氧苄啶的合成路线主要有两条。

路线一:3,4,5-三甲氧基苯甲醛与 β-甲氧丙腈缩合生成 β-甲氧基-α-(3,4,5-三甲氧基苯甲烯基)丙腈,再在甲醇钠作用下与硝酸胍环合得到目标产物甲氧苄啶。

路线二:以丙烯腈为原料,在二甲胺和苯胺等辅助反应试剂参与下,生成 3-苯胺基-2-(3,4,5-三甲氧基苄基)-丙烯腈,再在甲醇钠和甲醇作用下与硝酸胍环合得到目标产物甲氧苄啶。

杂质主要有 A~K:A 为合成中间体;B、C 和 G 为产物副产物杂质;D、E、F 和 I 为中间体副产物反应后杂质;H 为原料副反应杂质;J 和 K 为原料中的杂质。

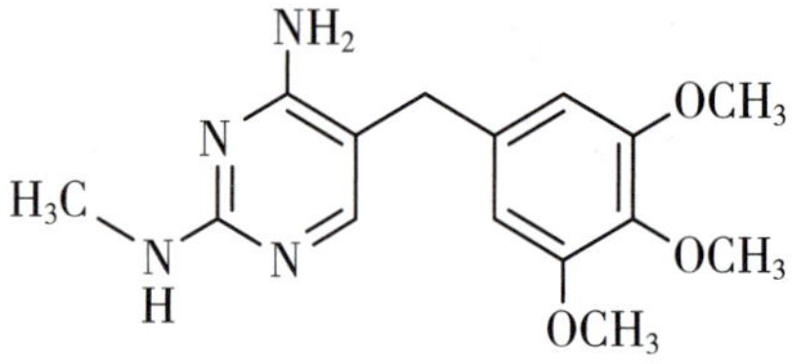

A 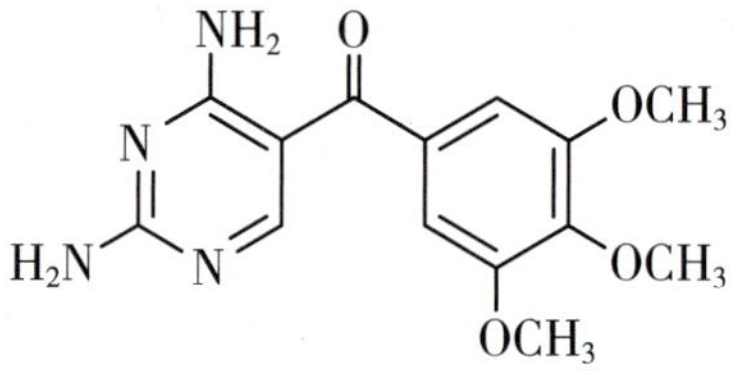   B

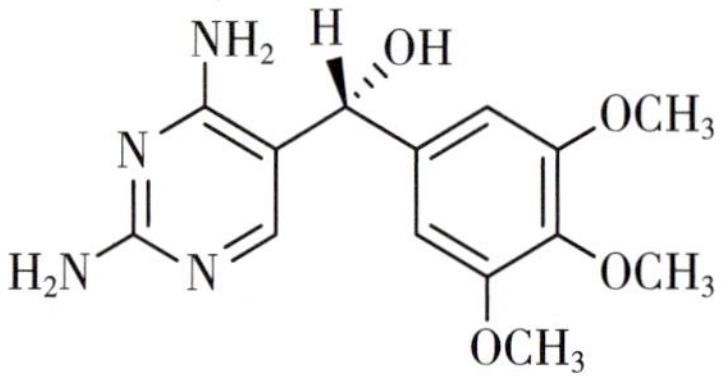

C 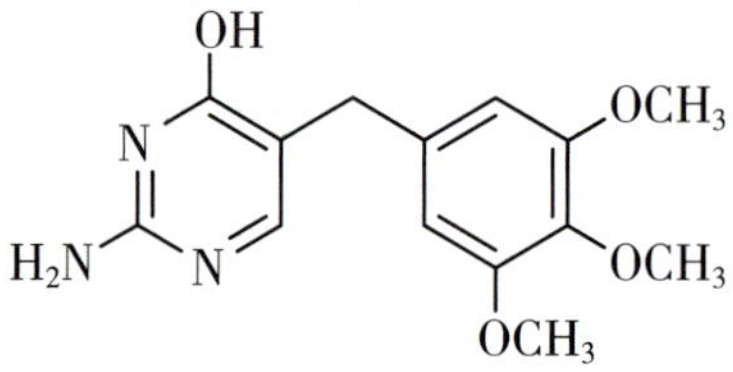   D

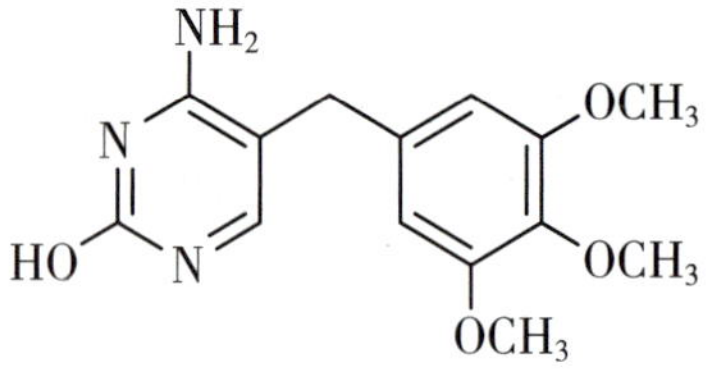

E 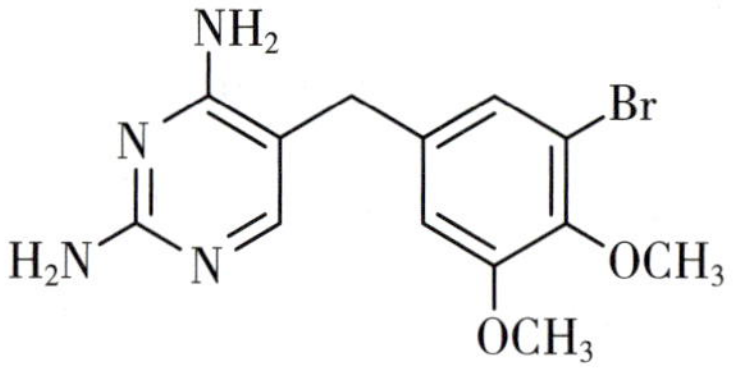   F

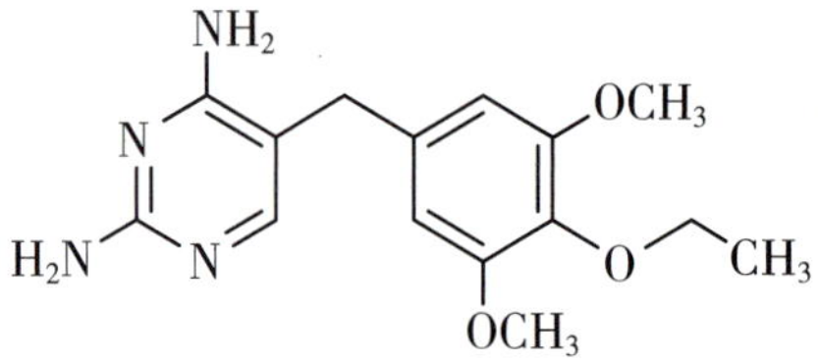

G 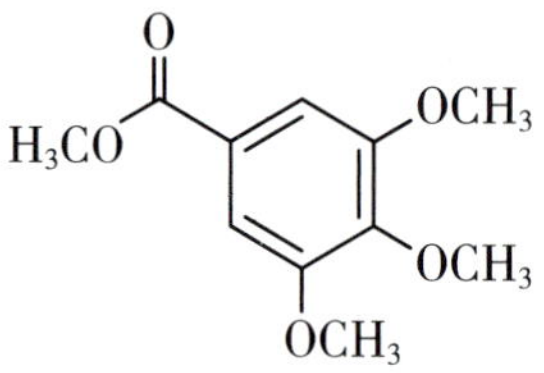   H

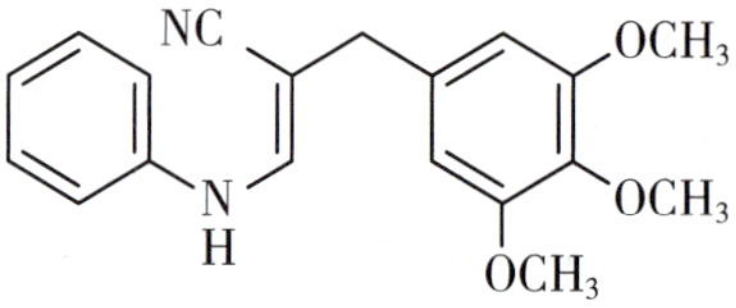

I 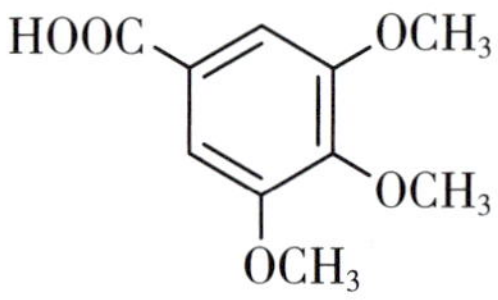   J 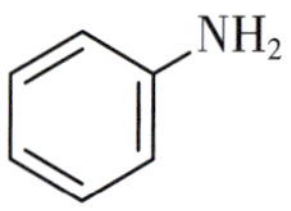   K

第三节　抗真菌药

真菌感染是一种常见病,早期使用水杨酸和苯甲酸等来治疗皮肤、指甲等真菌感染疾病,效果虽可满意,但刺激性太大。真菌感染分为浅表真菌感染和深部真菌感染。发生在皮肤、黏膜、皮下组织被称之为浅表感染,侵害人体的黏膜深处、内脏、泌尿系统、脑和骨骼等感染被称深部真菌感染。早期真菌感染疾病常为浅表层感染。很少发现有内脏的深部真菌感染。

由于抗生素的大量使用或滥用,皮质激素作为免疫抑制剂的大量应用,以及器官移植或诸如白血病、艾滋病等严重疾病,深部脏器的真菌感染发病率越来越高,也越来越严重,因而对抗真菌药物的研究与开发日益受到重视。

临床上使用的抗真菌药物(antifungals drugs)按结构不同可分为:①抗真菌抗生素;②唑

类抗真菌药;③其他抗真菌药。

一、抗真菌抗生素

抗真菌抗生素(antifungal antibiotics)分为多烯类和非多烯类。非多烯类抗生素主要有灰黄霉素(griseofulvin)和西卡宁(siccanin),它们对浅表真菌感染有效,其代表药物主要为灰黄霉素(griseofulvin),对皮肤真菌有效,但有一定毒性,一般只可外用。

灰黄霉素　　　　　　　　　　西卡宁

多烯类药物结构特点是含碳数目为12~14及35~37的大环内酯类,有独特的亲水和亲脂区域。亲水区包含几个醇、一个羧酸,通常还有一个糖。亲脂区包括由4~7个共轭双键构成的部分药效团。共轭双键的数目与其在体外的抗真菌活力直接相关。因结构中含有共轭多烯基团,此类药物性质不稳定,可被光、热、氧等迅速破坏。多烯类抗生素在水和一般有机溶剂中的溶解度较小,只是在二甲基甲酰胺、二甲基亚砜、吡啶等极性溶剂中溶解度较大。

多烯类药物是第一类能有效对抗深部真菌感染的药物,其作用机制是与真菌细胞膜上的甾醇结合,损伤膜的通透性,导致细菌细胞内钾离子、核苷酸、氨基酸等外漏,破坏真菌正常代谢而起到抑菌作用。除支原体外,细胞上缺少甾醇的细菌不能被多烯类抗生素所作用。此外,游离甾醇会和细胞膜上甾醇竞争结合多烯类抗生素,而使多烯类抗生素作用下降。

哺乳动物细胞膜上的甾醇主要为胆甾烷醇,多烯类抗生素可以使其对含有麦角甾醇囊的亲和力高于对含有胆固醇囊亲和力的10倍。代表药物有两性霉素 B(amphotericin B)。

两性霉素B

两性霉素 B 发现于 1956 年,它是一种七烯化合物,对哺乳动物细胞的毒性小,因此可以静脉注射,但它仍然是一种具有一定毒性的药物。副作用主要包括发热、寒战、血压过低和严重的肾脏毒性。尽管有一定毒副作用,两性霉素 B 仍然是治疗全身性、致命性真菌感染的首选药物。该药物不能通过血脑屏障,因此治疗中枢神经系统的真菌感染,必须鞘内注射给药。

临床使用的静脉注射用两性霉素 B,一直为去氧胆酸和磷酸缓冲液组成的胶体制剂,因此,该药有许多副作用,最严重的为低血钾和末梢管状酸中毒,使用脂质复合制剂后,其肾毒性已经降低许多,具有很好的耐受性,改变了药物的分布,提高了药物的血浆浓度。

二、唑类抗真菌药

唑类抗真菌药(azole antifungal agent)发展于 20 世纪 60 年代的后期,整体上看,该类药物优于抗真菌抗生素,不仅有外用药物,而且还有供口服和静脉注射用的药物,对浅表和深部真菌感染均能达到有效治疗效果。

唑类药物的化学结构特征是分子中有含有两个或三个氮原子的一个五元芳香环,并通过 N_1 连接到一个侧链上,在侧链至少含一个芳香环。依据分子中含有的五元芳香环上氮原子的数量将该类药物分为咪唑类和三唑类两类。

1. 咪唑类抗真菌药物　克霉唑(clotrimazole)是第一个上市的抗真菌药物,由于新颖的结构和良好的抗真菌活性,引起极大的关注,随后益康唑(econazole)、咪康唑(miconazole)和噻康唑(tioconazole)等药物上市,这些药物在体外有较高的活性,具有广谱抗真菌作用,对白念珠菌、曲菌、新生隐球菌、芽生菌、拟酵母菌等深部真菌和一些表皮真菌以及酵母菌等都具有良好的抗菌作用。此类药物局部使用效果较好,但口服生物利用度较低,在体内很快代谢失活,血浆浓度持续性较差,静脉给药时会产生较高的毒副作用。此外,此类药物亲脂性较强,和血浆蛋白有较高的结合能力,导致血液中游离的活性药物浓度较低,难以治疗深部真菌感染。

克霉唑　　　　　　　　　益康唑

咪康唑　　　　　　　　　噻康唑

该类药物结构修饰的目的是提高代谢稳定性、降低亲脂性。在噻康唑结构中引入了含有极性基团的烷基、苯基和杂环替代氯代噻吩结构,以降低化合物的亲脂性,取得了一定进展,在此基础上获得第一个可口服的咪唑类抗真菌药物酮康唑(ketoconazole)。

酮康唑与早期的咪唑类抗真菌药物相比较,代谢比较稳定,口服生物利用度较好,亲脂性也比较低,能够获得较高的血药浓度。但是大部分酮康唑仍被代谢,约有<1% 未变化的药物从尿中排出,与血浆蛋白的键合能力比较高,仅有<1% 为游离形式。

酮康唑较其他咪唑类抗真菌药物的优点在于,既可用于浅表真菌感染又可用于深部真菌感染,既可治疗真菌病又可治疗内脏真菌病,既可口服又可外用,长期服用未见有耐药菌株,对免疫功能低下的患者酮康唑还可预防真菌性疾病。但酮康唑的副作用比较大,主要是肝脏毒性和对激素合成的抑制作用,使其临床应用受到了限制。

酮康唑

伊曲康唑

2. 三唑类抗真菌药物 研究发现用三唑环取代咪唑环后,体内对大鼠全身念珠菌感染动物模型的效价是相应咪唑类化合物的 2 倍,但体外对念珠菌的效价比咪唑化合物低 6 倍,这说明三唑基团受到代谢失活的影响比咪唑基团小,因此开展了对三唑类抗真菌药物的研究。

双三唑的化合物氟康唑(fluconazole),具有广泛的抗真菌谱,口服和静脉注射对各种动物真菌感染有效。体外无活性,但体内抗真菌活性是酮康唑的 5~20 倍。伊曲康唑(itraconazole)是继氟康唑后上市的另一个三唑类抗真菌药物,其化学结构与酮康唑基本相似,但在体内、外抗真菌作用比酮康唑强。除了能治疗芽生菌病、球孢子菌病组织胞浆菌病外,对烟曲霉也有抑制作用。伊曲康唑口服吸收好,脂溶性比较强,在体内某些脏器,如肺、肾及上皮组织中浓度较高。但是与蛋白结合率较高。伊曲康唑在体内半衰期约为 20 小时。用药 2~4 周后半衰期约为 30 小时,在体内代谢产生羟基伊曲康唑,活性比伊曲康唑更强,但半衰期比伊曲康唑短。

3. 作用机制 甾醇是构成真菌和哺乳动物细胞膜的重要成分,同时对细胞膜上酶和离子转运蛋白的功能执行起着重要的作用。真菌与哺乳动物之间的区别是哺乳动物细胞膜的甾醇是胆固醇,而真菌中则是麦角甾醇。唑类药物的作用机制见图 16-3。

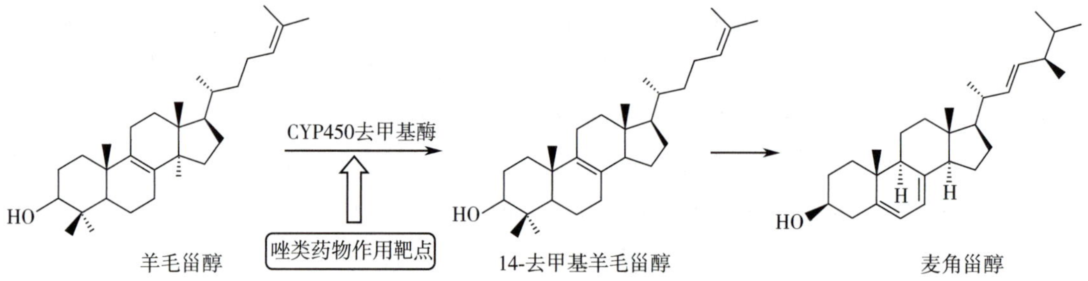

图 16-3 唑类药物作用机制

所有的唑类药物都通过抑制 14α- 去甲基化来抑制麦角甾醇的生物合成。唑类药物的 N 原子可以与真菌 CYP450 酶的辅基亚铁血红蛋白上的亚铁离子形成络合键,唑类抗真菌药的其余部分与辅基蛋白结合并相互作用,抑制了 CYP450 酶的脱 14α- 甲基过程,其结果是使聚集到真菌细胞膜的甾醇依然带有甲基基团。这些甾醇没有正常的麦角甾醇所具有的准确的形状和物理特性,导致膜的渗透性改变,发生泄漏,并使膜中蛋白的功能失常,从而导致真菌细胞死亡。

4. 构效关系 唑类抗真菌药物按其化学结构可以分为咪唑类和三唑类,其结构通式如下:

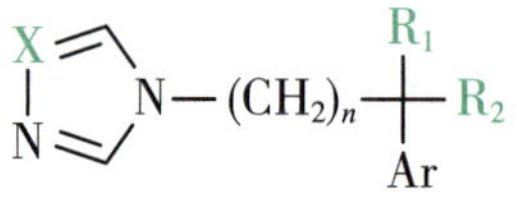

(1)分子中的氮唑环(咪唑或三唑)是必需的,咪唑环的 3 位或三唑的 4 位氮原子与血红蛋白铁原子形成配位键,竞争抑制酶的活性,当被其他基团取代时,活性丧失。比较咪唑和三氮唑类化合物可以发现三唑类化合物的治疗指数明显优于咪唑类化合物。

(2)氮唑上的取代基必须与氮杂环的 1 位上的氮原子相连。

(3)Ar 基团上取代基中苯环的 4 位取代基有一定的体积和电负性,苯环的 2 位有电负性取代基对抗真菌活性有利。

(4)R_1、R_2 上取代基结构类型变化较大,其中活性最好的有两大类:R_1、R_2 形成取代二氧戊环结构,成为芳乙基氮唑环状缩酮类化合物,代表性的药物有酮康唑(ketoconazole)、伊曲康唑。该类药物的抗真菌活性较强,但由于体内治疗时肝毒性较大,而成为目前临床上首选的外用药;R_1 为醇羟基,代表性药物为氟康唑(fluconazole),该类药物体外无活性,但体内活性非常强,是治疗深部真菌病的首选药。

(5)该类化合物的立体化学:氮唑类抗真菌药对立体化学要求十分严格,情况是在 3- 三唑基 -2- 芳基 -1- 甲基 -2- 丙醇类化合物中,(1R, 2R)立体异构与抗真菌活性有关。

氟康唑(fluconazole)

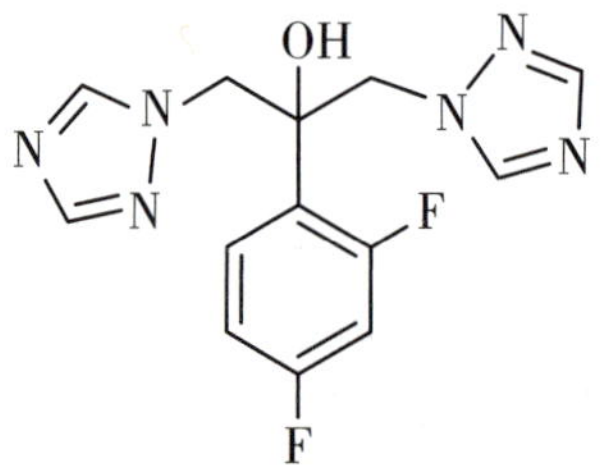

化学名为 α-（2，4-二氟苯基）-α-（1H-1，2，4-三氮唑-1-基甲基）-1H-1，2，4-三氮唑-1-基乙醇，α-（2，4-difluorophenyl）-α-（1H-1，2，4-triazol-1-ylmethyl）-1H-1，2，4-triazole-1-ethanol。

本品为白色或类白色结晶性粉末，无臭或微带特异臭，味苦。在甲醇中易溶，在乙醇中溶解，在二氯甲烷、水或乙酸中微溶，在乙醚中不溶。熔点 137～141℃。

氟康唑是根据咪唑类抗真菌药物构效关系研究结果，以三氮唑替换咪唑环后，得到的抗真菌药物。它与蛋白结合率较低，且生物利用度高并具有穿透中枢的特点。氟康唑对新型隐球菌、白念珠菌及其他念珠菌、黄曲菌、烟曲菌、皮炎芽生菌、粗球孢子菌、荚膜组织胞浆菌等有抗菌作用。

氟康唑对真菌的细胞色素 P450 甾醇 14α-去甲基化酶（CYP51）活性有高度的选择性，它可使真菌细胞失去正常的甾醇，而使 14α-甲基甾醇在真菌细胞内蓄积，起到抑制真菌的作用。氟康唑在尿中大量以原形排泄，胃的酸性并不影响其吸收。氟康唑口服吸收可达 90%。空腹服药，1～2 小时血药浓度达峰值，其 $t_{1/2}$ 约为 30 小时，在所有体液、组织中、尿液及皮肤中的药物浓度为血浆浓度的 10 倍，在唾液、痰、指甲中的浓度与血浆浓度相近，脑脊液中浓度低于血浆，为 0.5～0.9 倍。

氟康唑的合成主要有三条路线。

路线一：以间二氟苯为起始原料，先与氯乙酰氯发生傅克（Friedel-Crafts）反应后，再与 1H-1，2，4 三氮唑发生缩合反应，然后用三甲基碘化亚砜处理，增加一个碳原子使羰基形成环氧化物，最后与 1H-1，2，4-三氮唑第二次缩合，得到氟康唑。

路线二：以 2，4-二氟溴苯为原料，在无水乙醚中与 Mg 反应制得 2，4-二氟苯基溴化镁，与 1，3-二氯丙酮反应后再与 1H-1，2，4-三氮唑发生缩合反应，即可制得氟康唑。

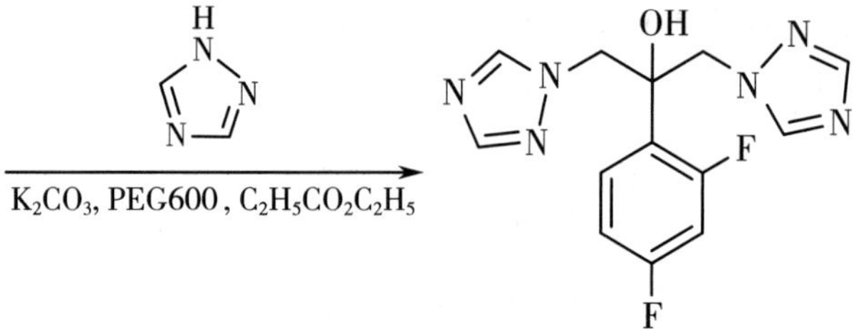

路线三：以 1H-1，2，4- 三氮唑为原料，先与多聚甲醛发生加成反应制得 1-（羟甲基）-1H-1，2，4- 三氮唑，然后与氯化亚砜进行氯化反应得 1-（氯甲基）-1H-1，2，4- 三氮唑，最后在无水 THF 中与镁形成格氏试剂后，再与 2，4- 二氟苯甲酸乙酯反应制得氟康唑。

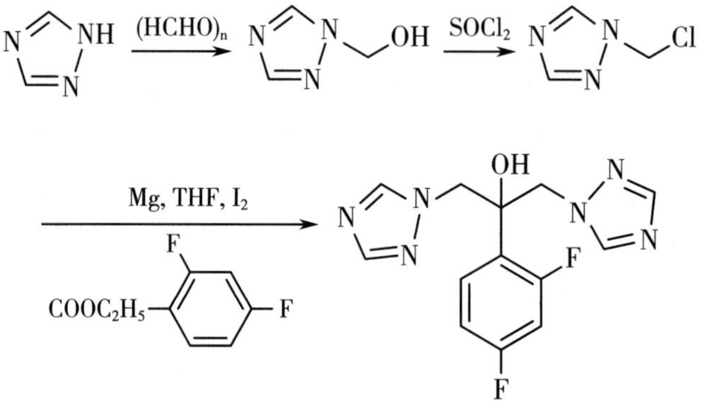

氟康唑的主要杂质有 A～I：A 为原料中的杂质反应生成的杂质；B、C、D 和 E 为副反应产物；F、G 和 H 为原料中的杂质反应生成的杂质；I 为副产物。

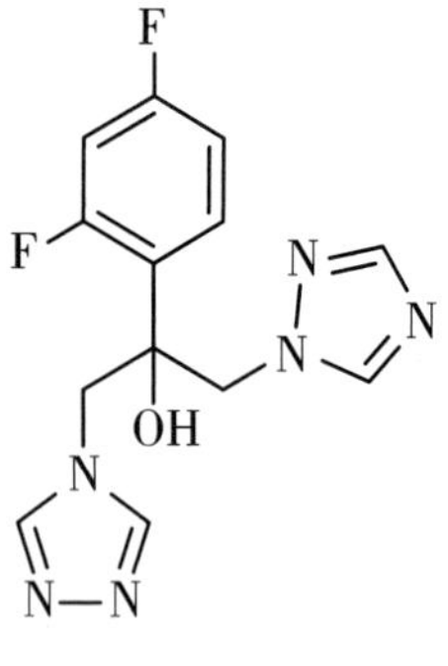

A

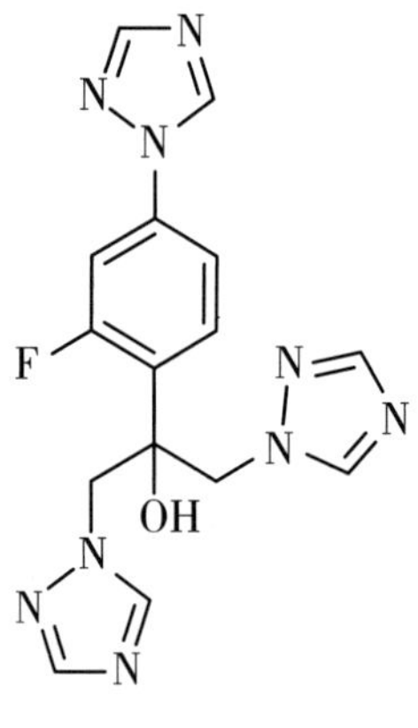

B

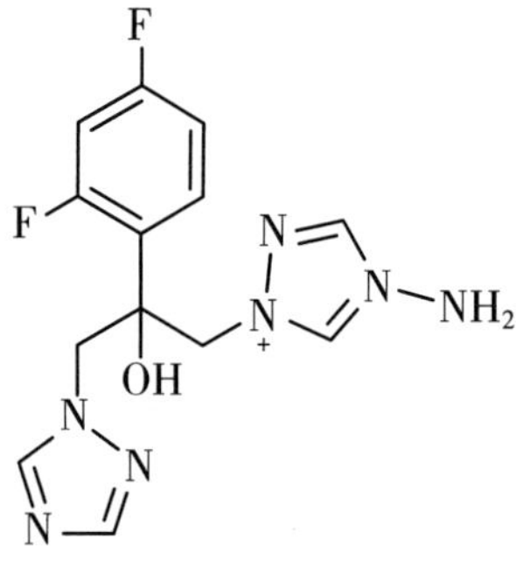

C

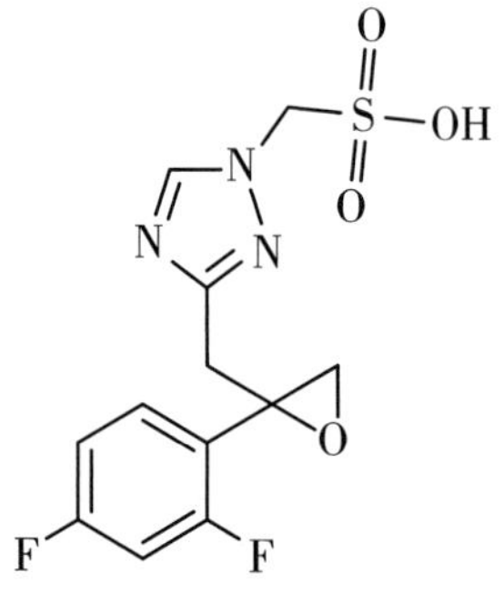

D

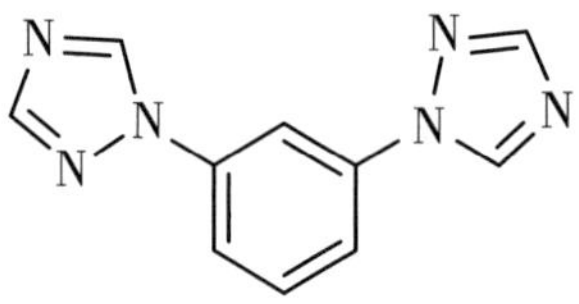

E

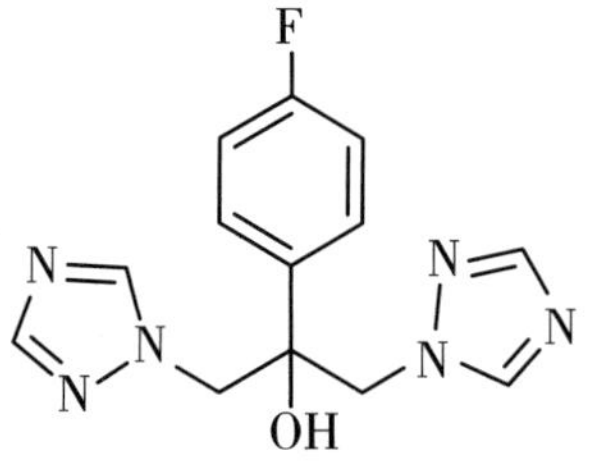

F

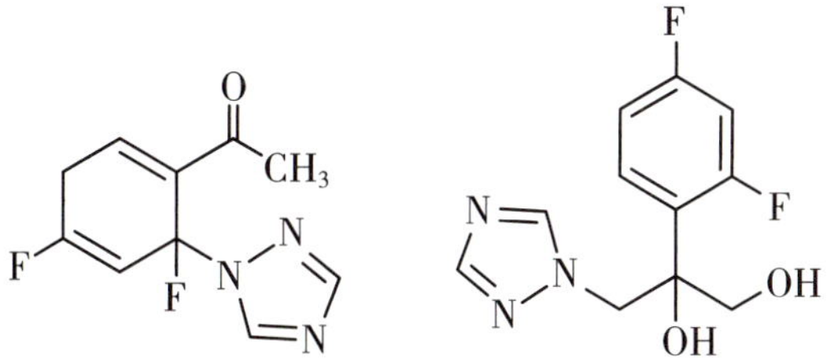

G   H   I

三、其他抗真菌药

1981 年发现了萘替芬(naftifine)为烯丙胺类结构的抗真菌药物,具有较高的抗真菌活性,局部使用治疗皮肤癣菌病的效果优于克霉唑和益康唑,治疗白色念珠菌病效果同克霉唑。由于其良好的抗真菌活性和新颖的结构特征,而受到重视。继而又发现抗真菌活性更高、毒性更低的特比萘芬(terbinafine)和布替萘芬(butenafine)。特比萘芬与萘替芬相比,其抗菌谱更广,抗真菌作用更强,安全、毒性低、副作用小,不仅可以外用,还可以口服。其药物作用机制与萘替芬相同,都是角鲨烯环氧化酶的抑制剂。布替萘芬则对发癣菌、小孢子菌和表皮癣菌等皮肤真菌具有较强的作用。且经皮肤、角质层渗透迅速,潴留时间长,24 小时仍可保留高浓度。

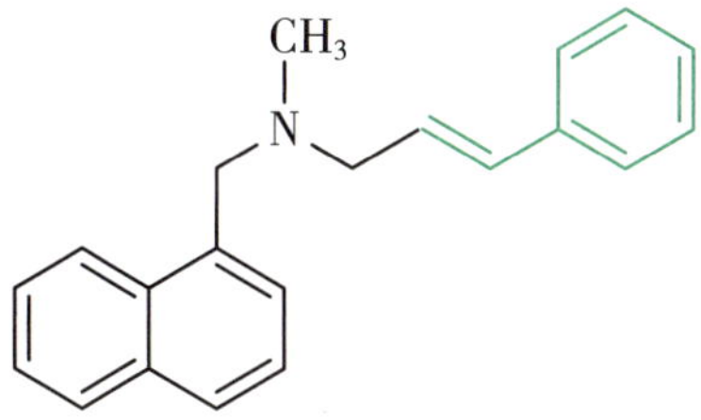

萘替芬 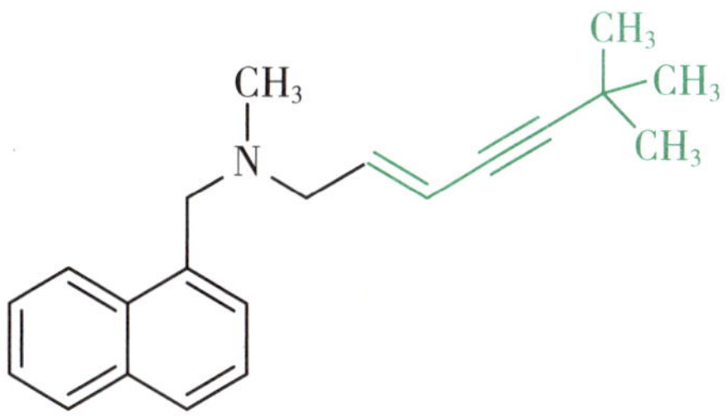   特比萘芬

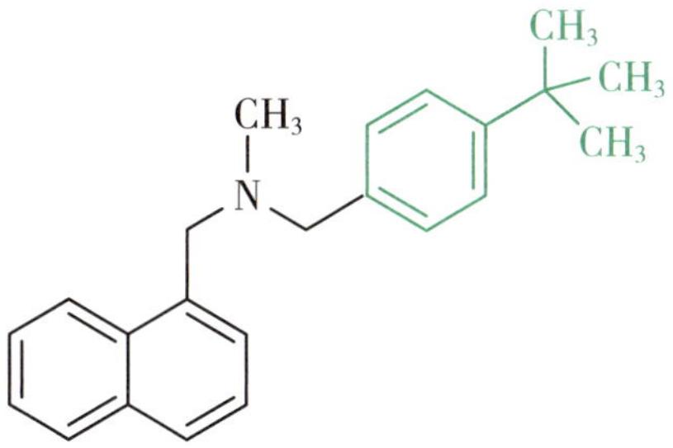

布替萘芬

烯丙胺类抗真菌药物对真菌的角鲨烯氧化酶有高度选择性抑制作用,使真菌细胞膜形成过程中的角鲨烯环氧化反应受阻,破坏真菌细胞膜的生成,进而产生杀死或抑制真菌作用。

托萘酯(tolnaftate)为适用于治疗体癣、股癣、手足癣、花斑癣的浅表皮肤真菌感染的药物,结构优化得到托西拉酯(tolciclate)和利拉萘酯(liranaftate)。托西拉酯对皮肤丝状菌体有很强的抗菌作用;利拉萘酯抗真菌谱广,对包括须发癣在内皮肤菌具有强大抗真菌活性,口服时不诱导胆固醇的生物合成。

托萘酯

托西拉酯

利拉萘酯

　　阿莫罗芬(amorolfine)原为农业使用的杀菌药物,后发现它对曲霉和青霉等非着色丝状菌以外的所有致病真菌显示很好的活性,其中对皮肤真菌和糠秕马色氏霉菌最为敏感(MIC为 0.428μg/ml),用于治疗白癣症、皮肤的念珠菌病、白癜风、甲癣等真菌感染。阿莫罗芬不仅能根治皮肤真菌感染,而且在涂抹指甲后、很容易向指甲扩散,并保持长时间的抗真菌作用,为理想的抗浅表真菌药物。

阿莫罗芬

第四节　抗结核药

　　抗结核药(antituberculotic drug)为能抑制结核分枝杆菌的一类药物,结核分枝杆菌为一种有特殊细胞壁的耐酸杆菌,细胞上富有类脂,具有高度的亲水性,因此对醇、酸、碱和某些消毒剂高度稳定。抗结核药物根据化学结构分为合成抗结核药和抗结核抗生素。

一、合成抗结核药

　　合成抗结核药(synthetic antitubercular agents)主要包括异烟肼(isoniazid)、对氨基水杨酸(p-aminosalicylic acid)、乙胺丁醇(ethambutol)等。

　　1952 年在研究含有−NH−CH＝S 基团的抗结核活性化合物时,得到具有抗结核活性的氨硫脲(thioacetazone),但由于对肝脏有一定毒性,怀疑是酰胺基水解后氨基所为,于是将氨硫脲(4- 乙酰氨基苯甲醛缩氨硫脲)的氮原子从苯核外移到苯核内,得到了异烟醛缩氨硫脲(isonicotinaldehyde thiosemicarbazone),出乎意料的是其中间体异烟肼对结核分枝杆菌显示出强大的抑制和杀灭作用,并且对细胞内外的结核分枝杆菌均显效,这使异烟肼成为抗结核的首选药物之一。

氨硫脲　　　　　　　　异烟醛缩氨硫脲　　异烟肼　　异烟肼类药物结构通式

发现异烟肼的抗结核活性后,为了探究其结构与活性关系,合成了大量的烟酸、异烟酸及取代异烟肼的衍生物,但研究发现异烟肼具有较强的结构专属性,众多衍生物中仅发现异烟腙具有生物活性,进一步研究发现异烟腙在胃肠道中不稳定,释放出异烟肼,由此推断异烟腙的抗结核活性主要来源于异烟肼本身。

异烟肼的肼基氮原子上的质子可以被烷基和芳基取代,与酰基相连的氮原子的质子被取代后无抗结核活性,与酰基不相连的氮原子的质子被取代后具有抗结核活性。常见的异烟肼与醛缩合生成的腙药用衍生物有异烟腙(isoniazone)、葡烟腙(glyconiazide)、丙酮酸异烟腙钙(pyruvic acid calcium ftivazide)。其抗结核作用与异烟肼相似,但毒性略低,不损害肝功能。常与乙胺丁醇(ethambutol)、乙硫酰胺(ethionamide)合用。

异烟腙　　　　　　　　　葡烟腙

丙酮酸异烟腙钙

1944年发现苯甲酸和水杨酸能促进结核分枝杆菌的呼吸,从抗代谢学说出发,在1946年发现对结核分枝杆菌有选择性抑制作用的对氨基水杨酸(p-aminosalicylic acid)。其作用机制是与对氨基苯甲酸竞争二氢叶酸合成酶,使二氢叶酸形成发生障碍,导致蛋白质合成受阻,致使结核分枝杆菌不能生长和繁殖。由于体内代谢快、给药剂量大,临床使用对氨基水杨酸钠(sodium aminosalicylate)常采用针剂。对氨基水杨酸与异烟肼共服时,能减少异烟肼乙酰化,从而提高异烟肼的血浆浓度,对于部分迅速乙酰化的患者,对氨基水杨酸的这种作用具有切实的实用价值。基于此,将对氨基水杨酸和异烟肼制成复合物得到帕司烟肼(pasiniazid)。

对氨基水杨酸　　　　　　　　帕司烟肼

盐酸乙胺丁醇(ethambutol hydrochloride)是运用随机筛选方法得到抗结核药物,其分子中含两个构型相同的手性碳,有三个旋光异构体,右旋体的活性是内消旋体的 12 倍,为左旋体的 200～500 倍,药用为右旋体。盐酸乙胺丁醇的结构也具有高度的结构专属性,结构优化未能获得活性更好的衍生物。盐酸乙胺丁醇的氢氧化钠溶液与硫酸铜试液反应,生成深蓝色络合物,此反应可用于鉴别。盐酸乙胺丁醇产生抗菌作用的机制可能是与二价金属离子如 Mg^{2+} 结合,干扰细菌 RNA 的合成。该药在体内两个羟基氧化代谢为醛,进一步氧化为酸,昼夜内口服量一半以上以原形由尿排出,仅 10%～15% 以代谢物形式排出。主要用于治疗对异烟肼、链霉素有耐药性的结核分枝杆菌引起的各型肺结核及肺外结核,可单用,但多与异烟肼、链霉素合用。

乙胺丁醇　　　　　　　吡嗪酰胺　　　　　　乙硫酰胺　　　　　丙硫异烟胺

吡嗪酰胺(pyrazinamide)为在研究烟酰胺时发现的抗结核分枝杆菌药物,它为烟酰胺的生物电子等排体,因为是烟酰胺的抗代谢产物,所以起到抗结核作用。尽管吡嗪酰胺单独作为抗结核药物已出现耐药性,但在联合用药中发挥作用较好,因此吡嗪酰胺已经成为不可缺少的抗结核药物。

乙硫酰胺(ethionamide)为二线抗结核药物,二线抗结核药物一般在耐受性和不良反应的发生率方面高于一线药物。乙硫酰胺为吡嗪酰胺的类似物,其分子中的乙基可以被丙基取代,即为丙硫异烟胺(prothionamide),两者对结核分枝杆菌都具有较好的活性。乙硫酰胺的作用机制与异烟肼类似,是前体药物,在体内经催化酶(过氧化酶)氧化成具有活性的亚砜化物才具有抗结核活性。乙硫酰胺可与异烟肼及其衍生物合用,以减少其耐药性。

异烟肼(isoniazid)

化学名为 4- 吡啶甲酰肼,4-pyridinecarboxylic acid hydrazide,又名雷米封(rimifon)。

异烟肼为无色结晶或白色结晶性粉末,无臭,味微甜后苦,遇光渐变质,在水中易溶,在醇中微溶。熔点为 170～173 ℃。临床上使用的剂型有片剂和针剂两种。

异烟肼对复制的病原微生物有杀死作用,而对非复制的病原微生物只有抑制作用,使用异烟肼治疗后,结核分枝杆菌失去了它的耐酸性,这点可以从异烟肼干扰细胞壁合成得以解释。

异烟肼的详细作用机制尚不十分清楚,有两种学说:一种认为异烟肼转换为异烟酸,作为烟酸的抗代谢物结合 NAD^+,从而阻断 NAD^+ 催化的正常氧化还原反应;另一种认为异烟肼阻断去饱和酶,抑制 C_{24} 和 C_{26} 饱和脂肪酸转换到 C_{24} 和 C_{25} 不饱和脂肪酸,而这些不饱和脂肪酸极有可能是霉菌酸的前体,霉菌酸则是细菌细胞壁的一种关键成分。异烟肼抑制霉菌酸的生物合成,从而使细菌的耐酸性丧失,这种机制充分说明了异烟肼对结核分枝杆菌细胞壁作用的选择性(图 16-4)。

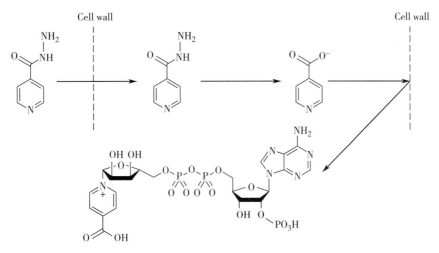

图 16-4 异烟肼的作用机制

异烟肼可与铜离子、铁离子、锌离子等金属离子络合,如与铜离子在酸性条件下生成分子螯合物,呈红色;在 pH 7.5 时,生成两分子螯合物。

微量金属离子的存在可使异烟肼溶液变色,故配制时,应避免与金属器皿接触。本品受光、重金属、温度、pH 等因素影响变质后,分解出游离肼,使毒性增大,所以变质后不可药用。

本品在碱性溶液中,有氧气或金属离子存在时,可分解产生异烟酸盐、异烟酰胺及二异烟酰双肼等。

异烟肼分子中含有肼的结构,具有还原性。弱氧化剂如溴、碘、溴酸钾等在酸性条件下均能氧化本品,生成异烟酸,放出氮气。本品与硝酸银作用,也被氧化为异烟酸,析出金属银。

异烟肼口服后迅速被吸收,食物和各种耐酸药物,特别是含有铝的耐酸药物,例如氢氧化铝凝胶,可以干扰或延误吸收。因此,异烟肼应空腹使用。异烟肼在包括病灶在内的各种组织中均能很好吸收,大部分代谢为失活物质。主要代谢物为 N- 乙酰异烟肼(图 16-5),占服用量的 50%~90%,并由尿排出,N- 乙酰异烟肼的抗结核活性仅为异烟肼的 1%。在人体内这种乙酰化作用受到乙酰化酶控制,它的活性是受其基因控制,以遗传正染色体形式产生,具有高浓度此酶的个体乙酰化迅速,而具有低浓度此酶的个体乙酰化速度则较慢,这种乙酰化速度的差异,决定了对乙酰化速度较快的患者需要调整使用剂量。异烟肼的另一种代谢物为异烟酸和肼,异烟肼与甘氨酸结合被排出,在尿中可以检出 20%~40% 的异烟肼甘氨酸结合体。异烟酸也可能是乙酰异烟肼水解的产物。在这种情况下,水解的另一种产物应为乙酰肼,乙酰肼被 M 乙酰化转移酶酰化成二乙酰肼,这种双乙酰肼的形成更有意义。在使用异烟肼治疗中,乙酰肼的存在始终与肝毒性相伴,乙酰肼被认为是微粒体 P450 的底物。乙酰肼被 P450 氧化形成 N- 羧基乙酰肼中间体,它可衍生出酰基自由基或酰基阳离子,导致乙酰肝蛋白的形成,引起肝坏死。异烟肼的代谢途径如图 16-5 所示。

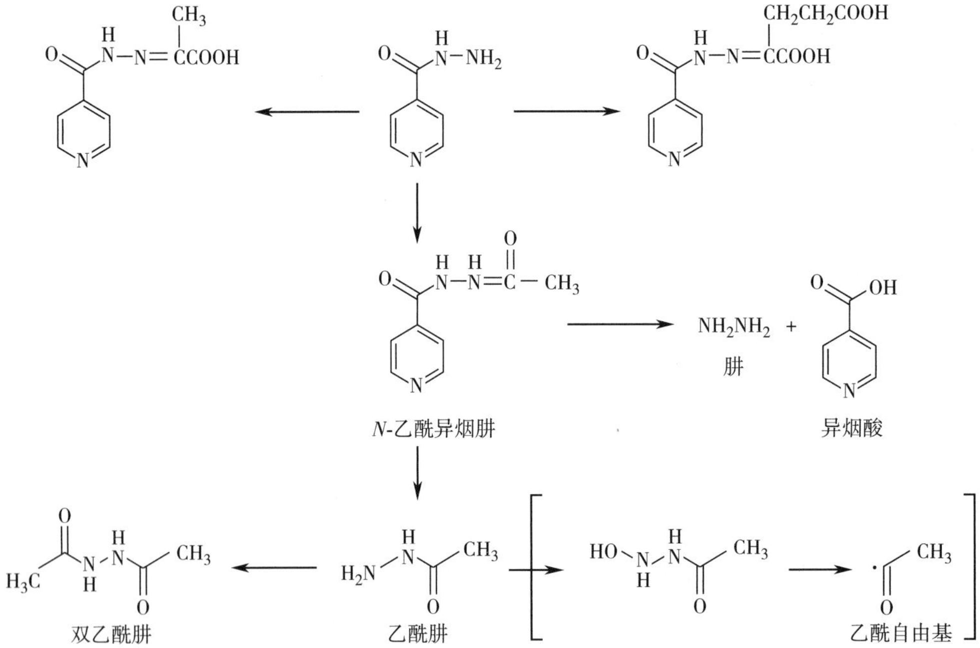

图 16-5 异烟肼的代谢途径

异烟肼的合成是以 4- 甲基吡啶为原料,在金属钒的催化下,与空气中的氧作用,氧化成为异烟酸;再和水合肼缩合得异烟肼。

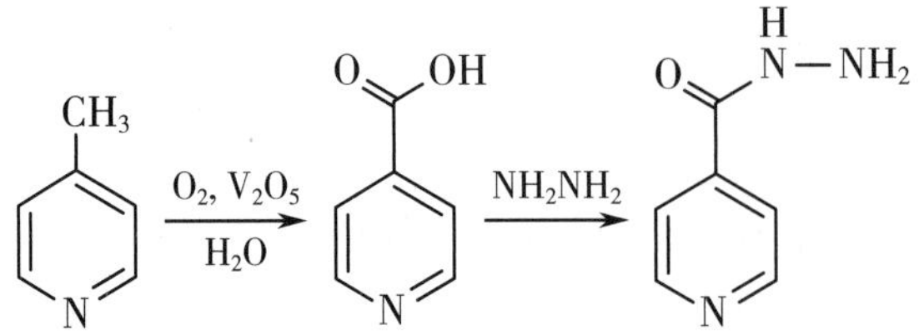

二、抗结核抗生素

抗结核抗生素(antitubercular antibiotics)主要有氨基糖苷类的链霉素(streptomycin)、卡那霉素(kanamycin)、利福霉素(rifamycins)、环丝氨酸(cycloserin)、紫霉素(viomycin)、卷曲霉素(capreomycin)等。

硫酸链霉素为抗结核病的常用药物,它通过与结核分枝杆菌核蛋白 30S 亚基结合,使结核分枝杆菌蛋白质合成受到抑制。临床上用于治疗各种结核病,对急、慢性浸润性肺结核有很好疗效。缺点是结核分枝杆菌对其易产生耐药性,对第八对脑神经有显著损害,严重时产生眩晕、耳聋,对肾也有毒性。它常与异烟肼合用,以克服其耐药性。

利福霉素(rifamycins)是由链丝菌(*Streptomyces mediterranei*)发酵液中分离出的利福霉素 A～E 等物质。它们均为碱性,性质不稳定,仅利福霉素 B 分离得到纯品。利福霉素的化学结构为 27 个碳原子的大环内酰胺,环中含一个萘核,它是一平面芳香核与一立体脂肪链相连所成桥环的大环内酰胺类抗生素。

利福霉素 B 的抗菌作用很弱,经氧化、水解和还原得到利福霉素 SV,对革兰氏阴性菌和结核分枝杆菌的作用较利福霉素 B 强,已用于临床,但口服吸收较差,对革兰氏阴性菌的作用弱。

将利福霉素 B 的羧基衍化成酯、酰胺和酰肼等,发现衍生物利福米特(rifamide)的效果与利福霉素 SV 相似,已用于临床,但吸收亦不好,只能注射给药。随后,对利福霉素进行结构改造寻找口服吸收好、抗菌谱广、长效和高效的抗结核药物。利福霉素 SV 和 1- 甲基 -4- 氨基哌嗪生成腙称为利福平(rifampin),属于半合成抗生素,其抗结核活性比利福霉素高 32 倍,但缺点是细菌对其耐药性出现较快。

基于利福平进一步结构修饰利得到利福定(rifandin)和利福喷丁(rifapentine),两者在临床和药效方面表现较为突出。利福定的抗菌谱与利福平相似,对结核分枝杆菌和麻风杆菌有良好的抗菌活性,用量仅为利福平 1/3 即可获得近似于或高于利福平的疗效,且比利福平的口服吸收好,毒性低;利福喷丁的抗菌谱与利福平相似,但其抗结核分枝杆菌作用比利福平强 2～10 倍。

利福霉素类抗生素能与分枝杆菌敏感菌的 DNA 依赖性 RNA 聚合酶(DNA-dependent RNA polymerase, DDRP)形成稳定的复合物,抑制 DDRP 酶活性,从而在细菌合成 RNA 时,抑制初始 RNA 链的形成,但并不抑制 RNA 链的延伸,此类抗生素的作用靶点为 RNA 多聚酶

的 β- 亚单位。来自其他细胞的 RNA 多聚酶不与其结合,故对其 RNA 合成没有影响。DDRP 的抑制导致 RNA 起始链的阻断。研究表明,利福平萘核 π—π 键键合到 DDRP 蛋白质的芳香 氨基酸的芳核上。DDRP 是一个含有两个锌原子的酶。利福平的 C5 和 C6 上氧原子与锌原 子螯合,这样增加了利福平对 DDRP 的键合,在利福平分子中的 C17 和 C19 上的氧和利福平 形成较强的氢键,也增加了利福平对 DDRP 的结合,从而增强了对 RNA 合成的抑制。细菌对 此类抗生素可迅速产生耐药性,其耐药均在 RNA 多聚酶基因 rpoB 的 507～503 编码突变。

通过对天然利福霉素及其衍生物结构和活性关系的研究,得出如下规律:

(1)在利福霉素的 5、6、17 和 19 位应存在自由羟基。

(2)这些基团在一个平面上,并且对与 DDRP 结合有着十分重要的作用。

(3)利福霉素的 C17 和 C19 乙酰物无活性。

(4)在大环上的双键被还原后,其活性降低。

(5)将大环打开也将失去其抗菌活性。

(6)在 C8 上引入不同取代基往往使抗菌活性增加,亚胺基、肟、腙等取代基的引入使抗 菌活性显著提高。

利福平(rifampin)

化学名为 3-[[(4- 甲基 -1- 哌嗪基)亚氨基]甲基]利福霉素,3-[[(4-methyl-1-piperazinyl) imino]methyl]rifamycin,又名甲哌利福霉素。

本品为鲜红或暗红色结晶性粉末,经不同溶剂重结晶得两种晶型。本品无臭,无味。在 三氯甲烷中易溶,在甲醇中溶解,在水中几乎不溶。其 1% 水混悬液的 pH 为 4～6.5。本品遇 光易变质,水溶液易氧化损失效价。

利福平分子中含 1,4- 萘二酚结构,在碱性条件下易氧化成醌型化合物。其醛缩氨基哌 嗪在强酸中易在 C＝N 处分解,成为缩合前的醛基和氨基哌嗪两个化合物。故利福平在 pH 4～6.5 范围内稳定。

利福平在肠道中被迅速吸收,但食物可以干扰这种吸收。因此,使用该药时,应空腹 服用。

利福平体内主要代谢为 C21 的酯键水解,生成脱乙酰基利福霉素(图 16-6),它虽然仍有 抗菌活性,但仅为利福平的 1/10～1/8。在尿中发现去乙酰化物与葡萄糖醛酸的结合物。利福 平的另一个代谢物为其水解物 3- 醛基利福霉素 SV。它虽然有抗菌活性,但比利福平低。利福平是酶的诱导剂，会增强代谢活性，促进水解。因此，最初两周内连续服药可导致进行性血药浓度下降和 $t_{1/2}$ 缩短，但经一定时间后，血药浓度即能相对稳定。本品代谢物具有色素基团，因而尿液、粪便、唾液、泪液、痰液及汗液常呈橘红色。

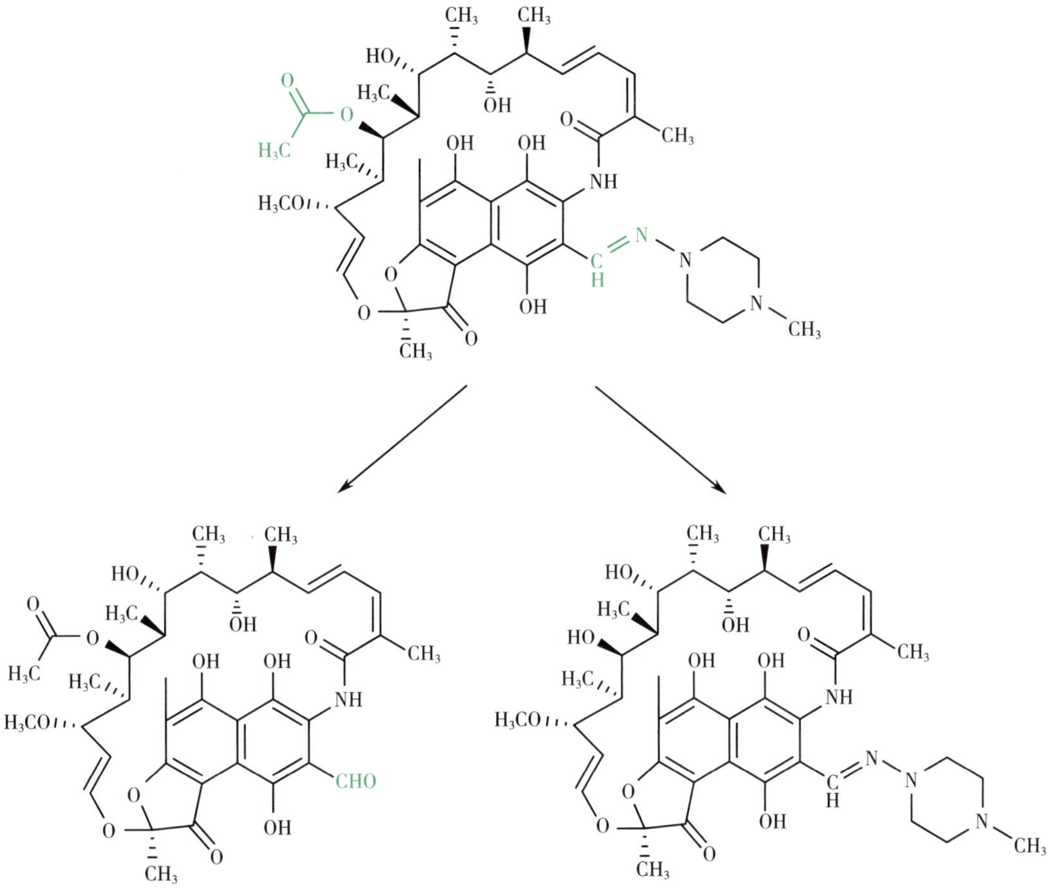

3-醛基利福霉素SV　　　　去乙酰利福霉素

图 16-6　利福平的体内代谢

第五节　抗寄生虫药

抗寄生虫药（antiparasitic drugs）是一类用于杀灭或抑制宿主（人和动物）体内的各种寄生虫生长和复制的药物。寄生虫病分布较广，遍布世界各地，为一种常见病。某些寄生虫病可发展成为某一地区的流行病，对社会经济造成严重的影响。与寄生虫感染有关的疾病多种多样，不同寄生虫在生态方面的差异很大，从蠕虫包括蛔虫、蛲虫、钩虫、丝虫、鞭虫、绦虫等到引起疟疾和阿米巴痢疾的单核细胞原生动物。针对不同的寄生虫可选择不同的抗寄生虫药物。一个理想的抗寄生虫药应具有高效、低毒、广谱、使用方便和价格低廉等优点。本章主要讨论抗疟药、驱肠虫药和抗血吸虫药。

一、抗疟药

疟疾由四种原生寄生虫(疟原虫属)引起,即恶性疟原虫、三日疟原虫、卵形疟原虫和间日疟原虫,但四者在地理分布、微观形态、临床表现和耐药选择性等方面各不相同。媒介控制和化学治疗是目前预防和治疗疟疾的主要手段,前者可通过中断疟原虫生命周期及隔离宿主与蚊虫的接触来实现,后者包括杀灭无性寄生虫以及对宿主采用支持疗法以增强其免疫力。随着抗疟药耐药性的逐年增加,目前能有效治疗疟疾的安全药物较少,故研发更具特点的新型抗疟药迫在眉睫。

(一)疟原虫的生命周期和抗疟药物的作用环节

引发疟疾的疟原虫具有一个复杂的生命周期(图16-7)。可分为雌性按蚊体内的有性生殖阶段和人体内的无性生殖阶段。不同的抗疟药物作用在不同的环节。

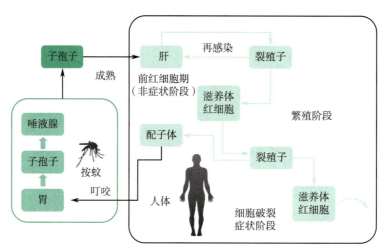

图 16-7　疟原虫的生命周期

1. 雌性按蚊体内的有性繁殖阶段　红细胞内期疟原虫一方面不断进行裂体增殖,同时也产生雌、雄配子体。当雌性按蚊叮咬疟疾患者时,雌、雄配子细胞可随血液进入蚊体内。两者在蚊子胃部成熟形成合子,合子生长形成卵囊。孢子体由卵囊发展而来,释放到蚊子的体腔,然后移行至唾液腺。当蚊子再次叮咬时,可将孢子体传播给人。乙胺嘧啶可抑制雌、雄配子体在按蚊体内的发育,由此,它具有控制疟疾传播和流行的作用。

2. 人体内的无性生殖阶段　人体内的无性生殖又分原发性红细胞外期、红细胞内期、继发性红细胞外期阶段。

(1)原发性红细胞外期:感染疟原虫的按蚊叮咬健康人体时,将其唾液中的孢子体输入人体,约在30分钟内孢子体侵入肝细胞,便开始红细胞前期的发育和裂殖子的繁殖,经过10~14天,生成大量的裂殖子。在此期间为疟疾的潜伏期,无症状发生。乙胺嘧啶对这一阶段的疟原虫有杀灭作用,可预防疟疾的发生。

(2)红细胞内期:在红细胞外期肝脏中产生的裂殖子破坏肝细胞而进入血液,侵入红细胞,先发育成营养体,再成为裂殖子,最后破坏红细胞,所释放的裂殖子及代谢物加之红细胞被破坏时产生的变性蛋白质,刺激机体而引起寒战、高热等症状,而从红细胞内逸出的裂殖子又反复进入红细胞进行发育。每当疟原虫完成一个无性生殖周期，其症状即发作一次。对这一期间疟原虫有杀灭作用的药物为氯喹、奎宁、青蒿素等。

（3）继发性红细胞外期：间日疟存在速发型孢子体和迟发型孢子体两种孢子亚型。两种孢子体同时进入肝细胞，速发型孢子体完成红细胞外期后，全部由肝细胞释放，进入红细胞内期；而迟发型孢子体则在处于一段休眠状态时间后，才进行红细胞外期的繁殖并进入血液释放裂殖子，引起疟疾的复发。此阶段的有效抗疟药物为伯氨喹。

（二）疟疾的治疗和预防药物

用于预防和治疗疟疾的药物按其结构可以分为喹啉类、嘧啶类和青蒿素类。

1. 喹啉类 生物碱奎宁（quinine）喹啉类抗疟药物的代表，是人类历史上第一个用于临床的抗疟疾药物，至今已有约 300 多年历史。喹啉类抗疟药物历史悠久、种类众多，按其结构可将该类药物进一步分为 4- 喹啉甲醇类、4- 氨基喹啉类和 8- 氨基喹啉类，它们都可以视为奎宁的结构衍化物（图 16-8）。

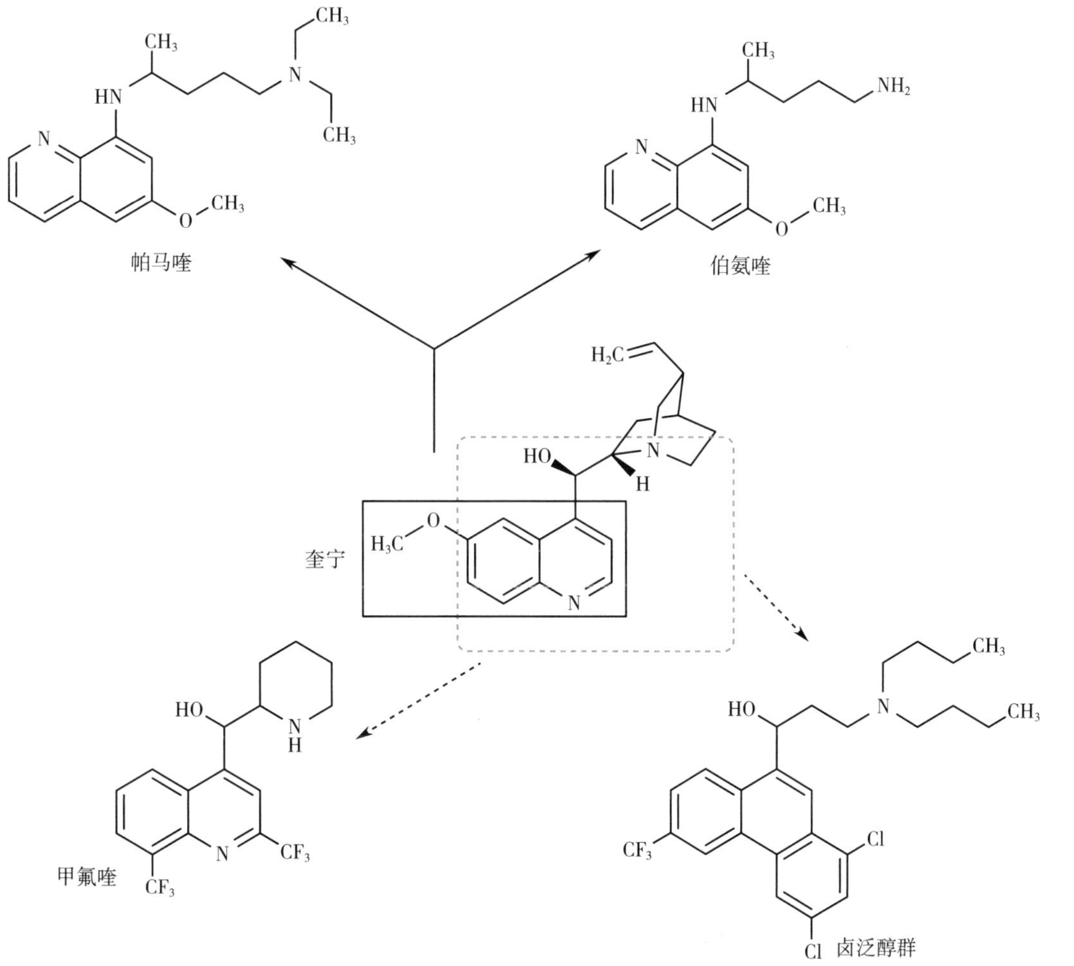

图 16-8　奎宁及喹啉类抗疟药物的结构类似性

（1）4- 喹啉甲醇类：此类代表药物为奎宁，它是从茜草科植物金鸡纳树皮中提取分离出的一种生物碱。金鸡纳树皮用于治疗发热和疟疾已有约 350 年的历史，1820 年 Pelletier 和

Caventou 从金鸡纳树皮中提取得到了奎宁。它对红细胞内期的疟原虫有较强的杀灭作用,可控制疟疾的症状。

除奎宁外,从金鸡纳树皮中还得到奎尼丁(quinidine)、辛可宁(cinchonine)和辛可尼定(cinchonidine)。它们有两个分开的双杂环,包括两个杂环母体即奎宁环和喹啉环。其主要差别在于喹啉环 4 位侧链上的四个手性碳原子的构型,这些化合物的绝对构型分别为奎宁(3R,4S,8S,9R)、奎尼丁(3R,4S,8S,9S)、辛可宁(3R,4S,8S,9S)、辛可尼定(3R,4S,8S,9R)。此类药物的光学异构体都具有抗疟活性,但内消旋体无活性。在金鸡纳生物碱中立体化学的差别可导致药效不同。奎尼丁是一个裂殖体杀灭剂,对氯喹敏感和耐氯喹恶性疟原虫的活性比奎宁大 2~3 倍,但它的毒性也高于奎宁。辛可宁和辛可尼定也有类似情况,这种由于非对映异构体产生的活性差异是由于奎宁环刚性部分所引起的。此后,药物化学家对这类抗疟药进行了大量的结构改造,尤其在第二次世界大战期间,金鸡纳树皮的供应受到干扰,喹啉类衍生物抗疟作用的各种研究受到广泛重视,并取得了明显进展。

奎宁
(3R, 4S, 8S, 9R)

奎尼丁
(3R, 4S, 8S, 9S)

辛可宁
(3R, 4S, 8S, 9S)

辛可尼定
(3R, 4S, 8S, 9R)

奎宁易在喹啉环的 2 位发生代谢,且代谢物的抗疟作用大大下降。甲氟喹(mefloquine)是一个奎宁的类似物,不同的是喹啉环 C4 位侧链用哌啶环替代奎宁环基,C2 和 C8 位用三氟甲基取代,并且 6 位不含给电子取代基,引入三氟甲基是用来封闭喹啉环的代谢位点。甲氟喹有两个手性中心,四个光学异构体活性均相同,因此临床上使用消旋体。主要用于对氯喹和多种药物显耐药性的疟疾的预防和治疗。由于甲氟喹会引起失眠、焦虑和视觉模糊等副作用,患有抑郁、焦虑和其他主要精神紊乱症状的患者不推荐使用此药。

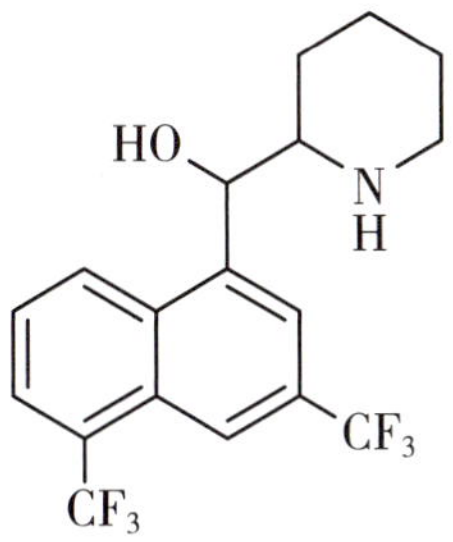

甲氟喹 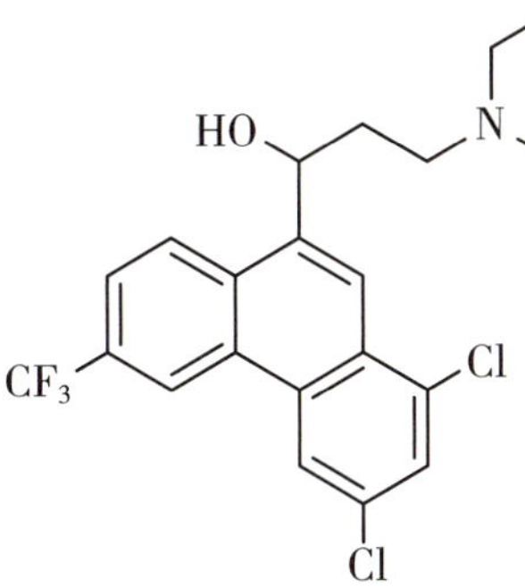　　　　　　　　　卤泛群 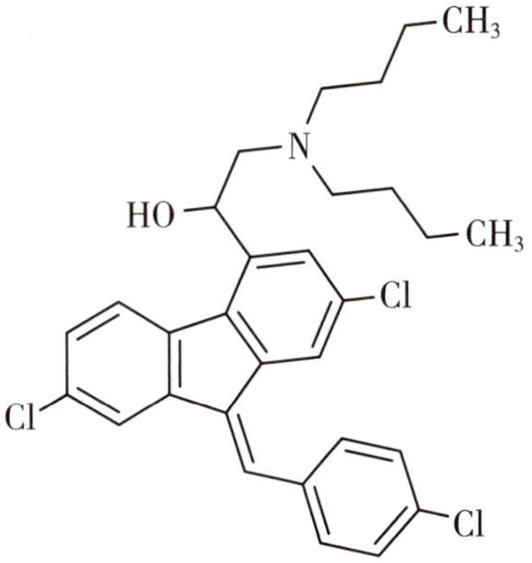　　　　　　　　　本芴醇

用稠合的菲环替换喹啉环得到另一个 4- 喹啉甲醇类抗疟药卤泛群(halofantrine),可用于对氯喹呈耐药性的疟原虫感染。卤泛群是一种杀裂殖体剂,但不影响孢子体、配子体或肝阶段。然而,心脏毒性限制了该药在临床的使用。本芴醇(lumefantrine)与卤泛群结构类似,脂溶性较高,但活性低于卤泛群。

(2)4- 氨基喹啉类:在抗疟药合成发展中起重要作用的是 9- 氨基吖啶,用长链碱性基团替代一个甲基,得到的化合物奎纳克林(quinacrine)具有弱的抗疟活性,揭示了长链碱性基团在抗疟作用中的重要意义。

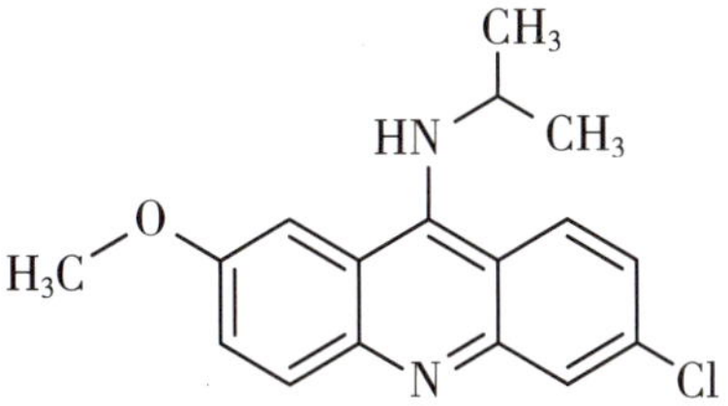

9–氨基吖啶 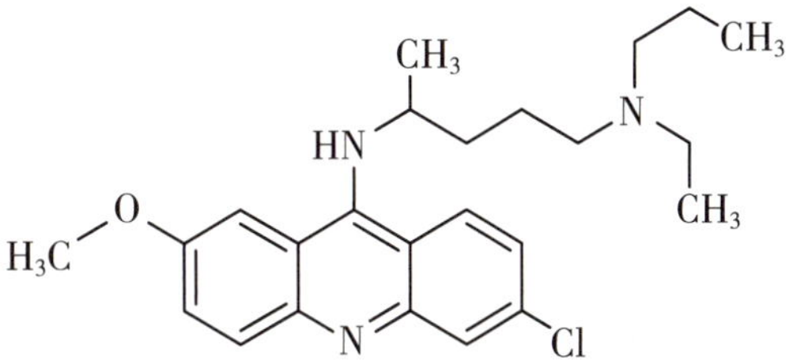　　　　　　　　　　　　奎纳克林

将 4- 氨基喹啉引入碱性侧链所得的衍生物对裂殖原虫具有明显的速效杀虫作用,其中最为突出的为氯喹。它可选择性地蓄积于寄生虫的食物泡中,并通过阻止毒性血红素的聚合而产生抗疟作用。氯喹对间日疟原虫和卵形疟原虫都十分敏感,对三日疟原虫和恶性疟原虫,也可以有效地治疗或进行预防。将氯喹结构中氮上乙基用羟基乙基替代后可得到羟氯喹(hydroxychloroquine),它也具有较好的抗疟作用且毒性较低。

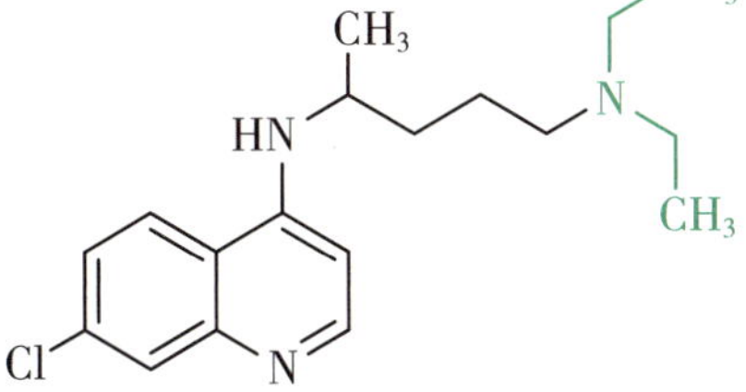

氯喹 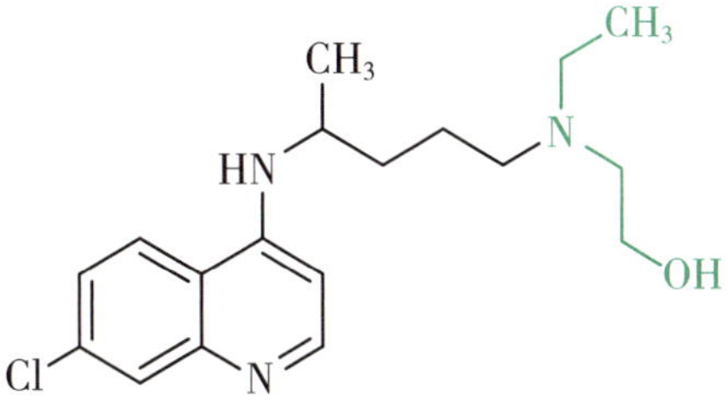　　　　　　　　　　　　　　　羟氯喹

哌喹　　　　　　　　　　　　　　　　　　咯萘啶

氯喹曾作为奎宁的替代品被广泛用于临床，成为治疗疟疾的首选药物之一。然而，在世界上多数地区已出现了对氯喹呈耐药性的恶性疟原虫。通过不同结构的连接子将两个 4- 氨基喹啉分子相连形成双喹啉是克服氯喹耐药性的策略之一。这种大体积的双分子不易与恶性疟原虫中耐药转运子（PfCRT）结合区结合，而其中 4 个碱性基团使其更易于插入酸性消化泡中。作为代表物的哌喹（piperaquine），其抗疟作用与氯喹相似，哌喹经口服吸收后，先贮存于肝脏，再缓慢地释放进入血液，故作用时间比氯喹更为持久，临床上常用于疟疾症状的抑制性预防。将氯喹的脂肪双氨基侧链转化成取代氨酚侧链，得到咯萘啶（malaridine），它能有效杀灭裂殖子，抗疟疗效显著，并且对氯喹呈耐药性的疟原虫的感染有效。

磷酸氯喹（chloroquine phosphate）

化学名为 N^4-（7- 氯 -4- 喹啉基 ）-N^1, N^1- 二乙基 -1, 4- 戊二胺二磷酸盐，N^4-（7-chloro-4-quinolinyl ）-N^1, N^1-diethyl-1, 4-pentanediamine diphosphate。

本品为白色结晶性粉末，遇光渐变色，在水中易溶，在乙醇、三氯甲烷、乙醚或苯中不溶。熔点 193～196 ℃，熔融时同时分解。

氯喹的分子中存在一个手性碳原子，光学异构体的活性差别不大，d-、l- 和 dl- 异构体的活性相等，但 d- 异构体较 l- 异构体对哺乳动物的毒性较低，临床上使用其外消旋体混合物。

氯喹口服经肠道吸收迅速而完全，1～2 小时达血药浓度峰值。氯喹在红细胞内的浓度比血浆浓度高 10～20 倍，而在有疟原虫的红细胞内浓度又比正常红细胞高 25 倍。氯喹在有疟原虫的红细胞内高度浓集的特异性，对迅速杀灭红细胞内裂殖子有利，氯喹与组织蛋白结合力很高，可迅速分布于肝、胃、脾、肺等组织内，其浓度为血浆中的 200～700 倍，又可释放进入血液发挥抗疟作用。氯喹的主要代谢物为去乙基氯喹（图 16-9），对于敏感的恶性疟，去乙基氯喹与氯喹等效，但对耐药的恶性疟原虫，其活性则明显降低。目前有部分恶性疟原虫对氯喹产生了耐药性,使本品疗效降低,因此在很多情况下需改用其他抗疟药或联合用药。

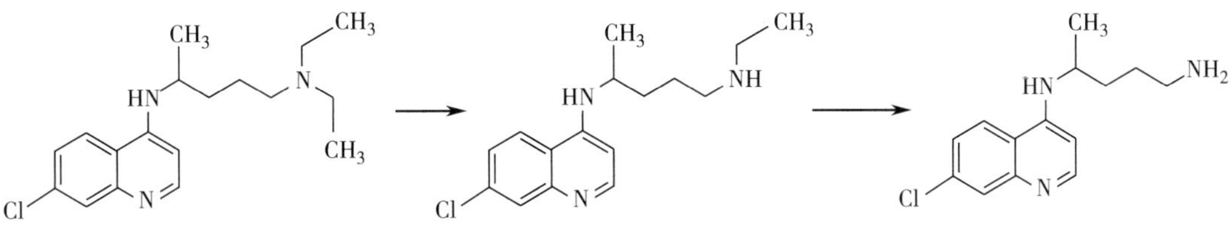

氯喹的主要代谢过程

图 16-9　氯喹的代谢过程

　　氯喹的合成主要由 4,7- 二氯喹啉和 4- 二乙基氨基 -1- 丁基甲胺反应得到,合成路线主要有两条。

　　路线一:采用间氯苯胺与乙氧基亚甲基丙二酸酯反应,然后经历高温杂环化生成 7- 氯 -4- 羟基喹啉甲酸乙酯,在氢氧化钠存在下水解,加热脱羧,得到 7- 氯 -4- 羟基喹啉,其与三氯氧磷反应,得到关键中间体 4,7- 二氯喹啉,然后在 180℃下与 4- 二乙基氨基 -1- 丁基甲胺反应,最后与磷酸成盐,得到目标化合物磷酸氯喹。

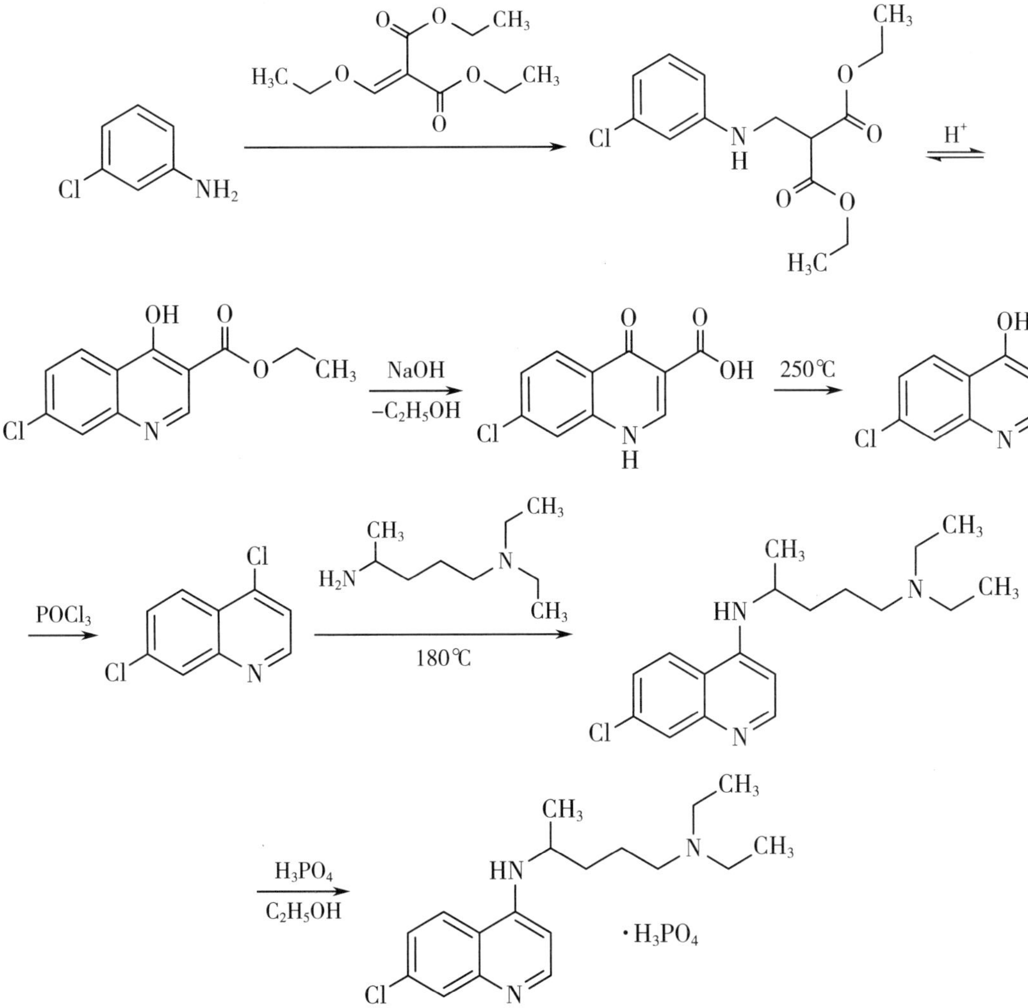

　　路线二:在乙酸存在下,3- 氯苯胺和草酰乙酸二乙酯生成相应的烯胺,再在高温下闭合成喹啉酮环,其在碱性下水解成 7- 氯 -4- 羟基喹啉甲酸,接着在高温下脱羧,得到 7- 氯 -4- 羟基

喹啉, 与三氯氧磷反应, 得到 4, 7- 二氯喹啉, 然后在苯酚存在下与 4- 二乙基氨基 -1- 丁基甲胺反应, 最后成盐, 得到目标化合物磷酸氯喹。

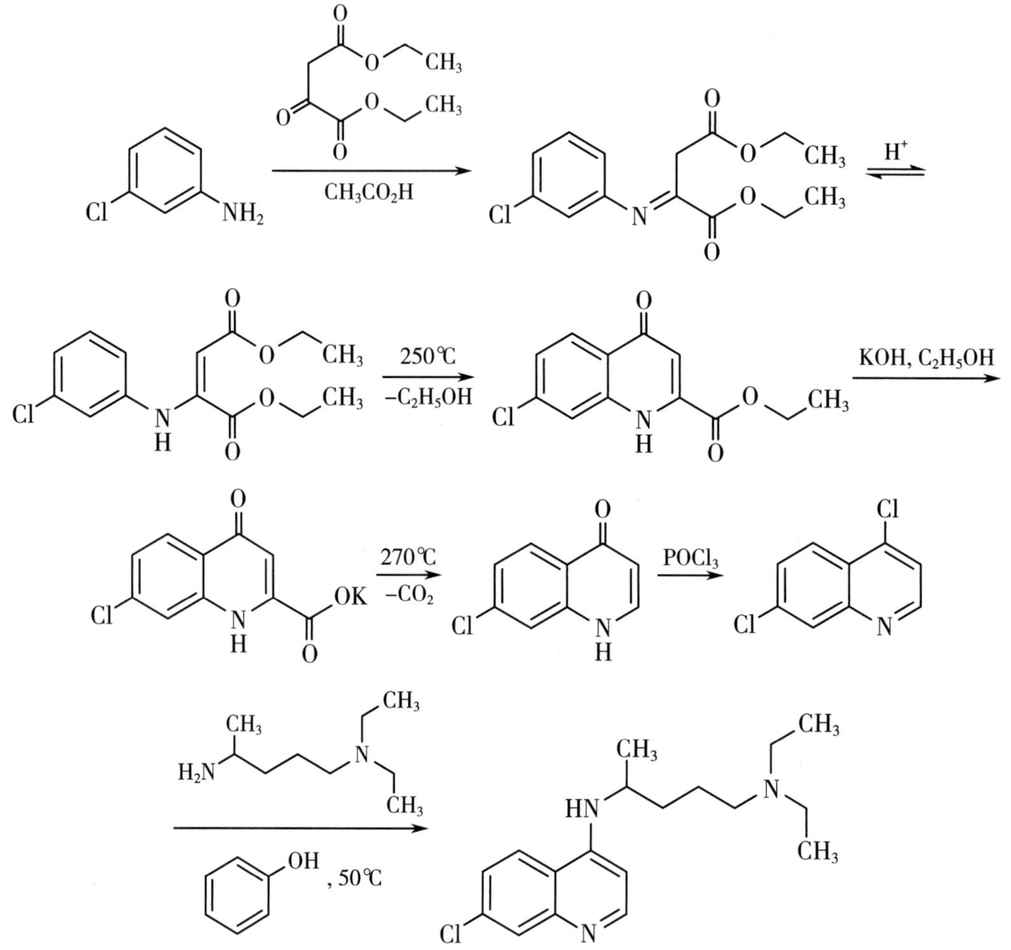

磷酸氯喹的特定杂质主要包括 A～D 四种: 杂质 A 是碱性侧链叔胺 N 上缺少一个乙基的单乙基氯喹; 杂质 B 是成盐前的前体氯喹; 杂质 C 是 5- 氯喹啉同分异构体; 杂质 D 是氯喹的碱性侧链叔胺 N 上氧化后的产物。

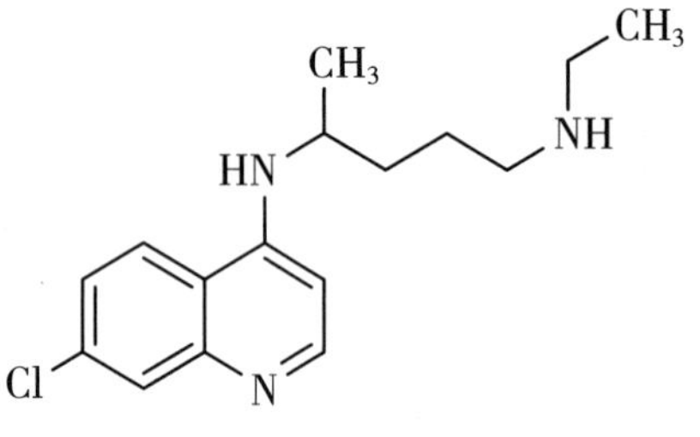

A

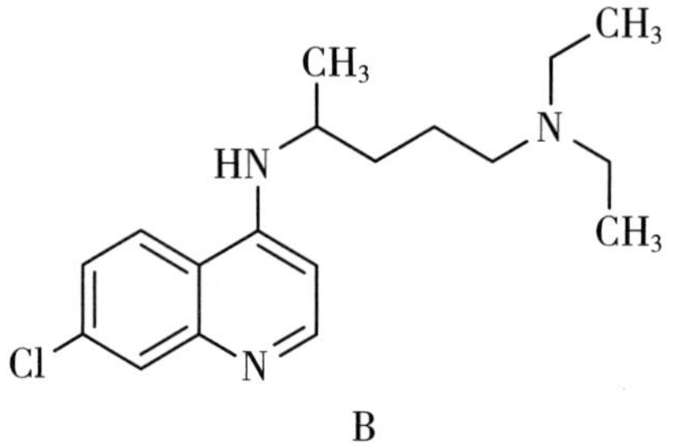

B

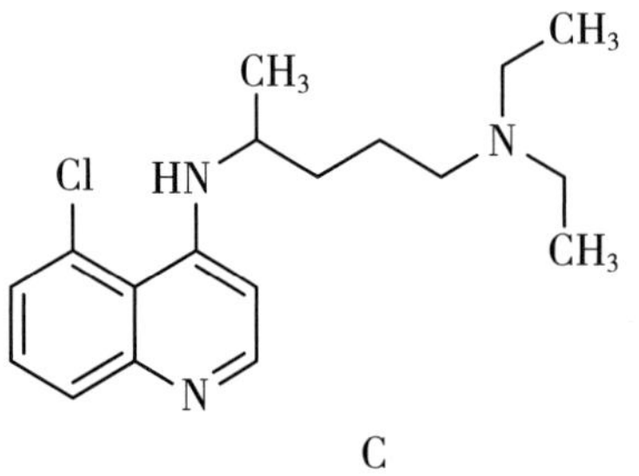

C

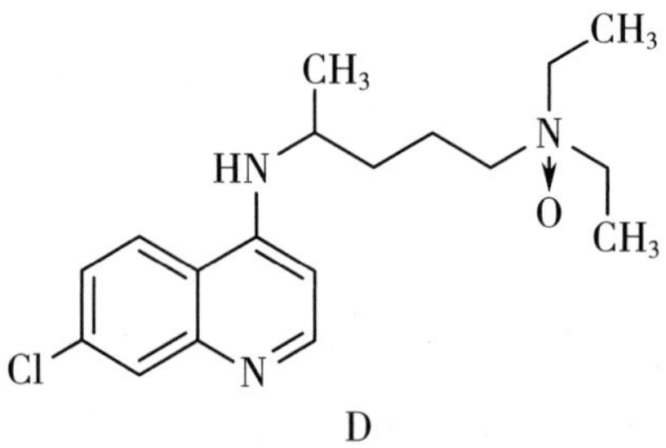

D

（3）8-氨基喹啉类：1925年德国科学家成功合成帕马喹（pamaquine），是第一个对间日疟复发具有预防作用的药物，但因其毒副作用而在临床上受到限制。第二次世界大战期间，日本人占领了爪哇岛，天然奎宁的供应收到干扰，故开展对喹啉类衍生物抗疟作用的各种研究。其中，用伯氨基替代帕马喹碱性侧链末端的二乙基氨基得到伯氨喹（primaquine），药效较为突出，其自1950年上市以来一直沿用至今。伯氨喹能杀灭人体血液中各型疟原虫的配子体，并对良性疟和红细胞外期的裂殖子也有较强的杀灭作用，故作为防止疟疾复发和传播的首选药物。但由于潜在的毒性和致光敏性，伯氨喹不能用于长期治疗。对伯氨喹进一步结构优化，发现他非诺喹（tafenoquine），其半衰期更长，毒性更小，可作用于红细胞内期和继发性红细胞外期，作用模式与4-氨基喹啉类药物类似。构效关系研究表明，与奎宁类似，8-氨基喹啉类抗疟药都具有6位甲氧基，但喹啉上的取代基都处于8位而不是金鸡纳生物碱的4位碳上。8-氨基喹啉类结构在两个氮之间有4~5个碳的烷基链或桥链。绝大多数8-氨基喹啉类都有不对称碳原子。尽管每一种立体异构体的代谢和副作用存在某些差异，但化合物的立体化学的抗疟活性几乎没有区别。

帕马喹　　　　　　伯氨喹　　　　　　他非诺喹

2. 嘧啶类　2,4-二氨基嘧啶可抑制疟原虫二氢叶酸还原酶，导致叶酸生物合成受阻，从而使得疟原虫生长受到阻遏。因此，基于2,4-二氨基嘧啶类衍生物发现乙胺嘧啶（pyrimethamine），对多数的疟原虫有较强的抑制作用，临床上多作为预防药物。硝喹（nitroquine）是1976年发现的苯并2,4-二氨基嘧啶类衍生物，二氢叶酸还原酶抑制剂，同样具有对疟疾的预防和治疗作用。

乙胺嘧啶　　　　　　　　　　硝喹

3. 青蒿素类　青蒿素（artemisinin）是我国科学家在1971年首次从菊科植物黄花蒿（*Artemisia annua* Linn）中分离得到的倍半萜内酯过氧化物，结构中不含氮原子，主要用于恶性疟、间日疟的症状控制，以及耐氯喹株疟原虫的治疗，是目前用于临床的各种抗疟药中起效最快的一种，但有半衰期短、生物利用度低、溶解度小等缺陷。由于代谢与排泄均快，有效血药浓度维持时间短，不利于彻底杀灭疟原虫，故复发率较高。因此，以其为先导化合物相继合成或半合成了大量的衍生物。其中将 C10 羰基还原得到的双氢青蒿素（dihydroartemisinin），抗疟作用比青蒿素强一倍，它也是青蒿素在体内的还原代谢物，双氢青蒿素经醚化后可得蒿甲醚（artemether）和蒿乙醚（arteether），其构型均为 β- 构型。蒿甲醚与青蒿素的抗疟作用方式相似，与氯喹几乎无交叉耐药性。蒿乙醚对耐氯喹原虫株的作用比青蒿素高。为解决青蒿素水溶性低的缺点，将双氢青蒿素进行酯化后得青蒿琥酯（artesunate），其钠盐水溶液不稳定，一般制成粉针用于静脉注射。青蒿琥酯作用强度与氯喹相当，但起效比氯喹快，适用于抢救脑疟和危重昏迷的疟疾患者。双氢青蒿素的醚、酯和羧酸衍生物都具有抗疟活性。鉴于青蒿素等药物在治疗疟疾上的巨大贡献，2015 年屠呦呦获得诺贝尔生理学或医学奖。

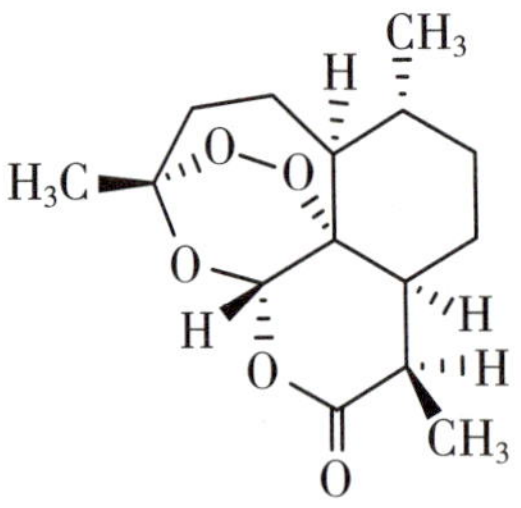

青蒿素 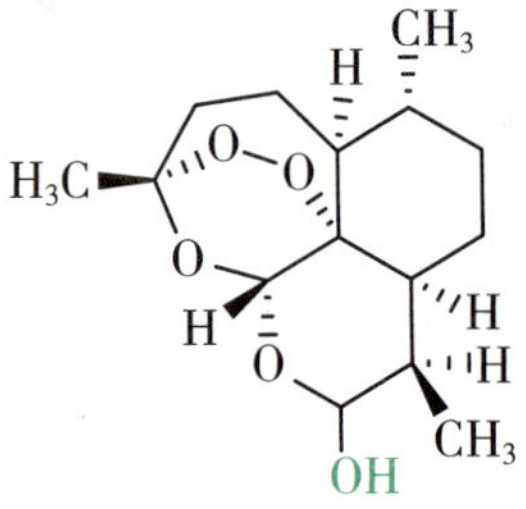　　　　　　　　　　双氢青蒿素

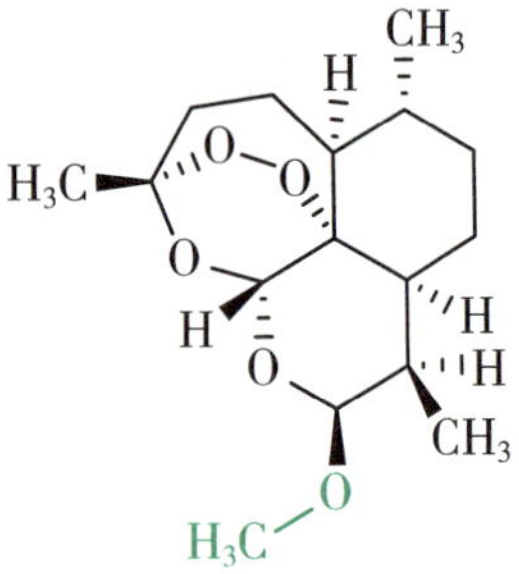

蒿甲醚 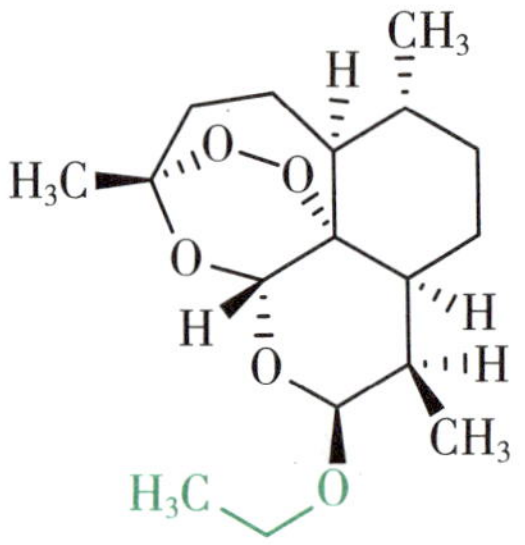　　　　　　　　蒿乙醚 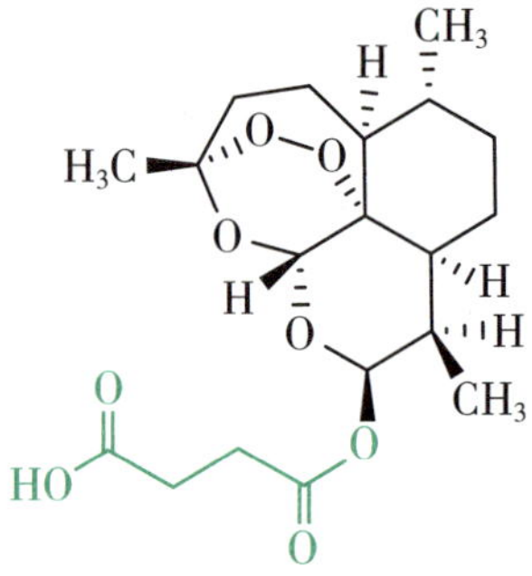　　　　　　　　青蒿琥酯

通过对青蒿素及其类似物的抗疟活性研究，总结出了青蒿素的结构与活性的关系。研究表明：

（1）内过氧化结构的存在对活性是必需的，脱氧青蒿素（双氧桥被还原为单氧）就完全丧失了抗疟活性。

（2）虽然内过氧化结构对产生抗疟活性是必需的，但只有内过氧桥还不能产生足够的抗疟活性，青蒿素抗疟活性的存在归因于内过氧桥 - 缩酮 - 乙缩醛内酯的结构，以及 1, 2, 4- 三氧杂环己烷的 5 位氧原子的存在。

（3）疏水基团的存在和过氧化结构的位置对其活性至关重要，在其分子中引入亲水性基团并使其极性增大，则导致抗疟活性减小，在很多青蒿素衍生物中，都可以看到为保留和增加抗疟活性，维持一定的亲脂性是非常重要的。

（4）C10 位的羰基对于保护抗疟活性并不是至关重要的，可被还原为羟基并进一步的烃化。

（5）C9 位取代基及其立体构型对活性有较大的影响，由于对过氧化物结构存在立体障碍，当甲基由 R 构型转为 S 构型时，抗疟活性降低；同样原因，将六元环变为七元环，由于构型改变,活性也降低。

青蒿素(artemisinin)

化学名为(3R , 5aS , 6R , 8aS , 9R , 12S , 12aR)- 八氢 -3,6,9- 三甲基 -3,12- 氧桥 -12H- 吡喃并[4,3-j]-1,2- 苯并二塞平 -10(3H)- 酮,(3R , 5aS , 6R , 8aS , 9R , 12S , 12aR)-octahydro-3,6,9-trimethyl-3,12-epoxy-12H-pyrano[4,3-j]-1,2-benzodioxepin-10(3H)-one。

本品为无色或白色针状结晶,在丙酮、乙酸乙酯、三氯甲烷中易溶,在甲醇、乙醇、稀乙醇、乙醚及石油醚中溶解,在水中几乎不溶;在冰醋酸中易溶。熔点150～153℃。

青蒿素的结构中包含有串联的过氧基团、缩酮、缩醛和内酯。这些基团在不同的条件下均可被还原。青蒿素体内代谢为双氢青蒿素、脱氧青蒿素、3α- 羟基脱氧双氢青蒿素、9,10-羟基双氢青蒿素。

脱氧青蒿素　　　　　双氢青蒿素　　　　　脱羰青蒿素

青蒿素化学合成基本上均为从光学活性的单萜或倍半萜出发进行的半合成。其中引入过氧基团的关键反应大都是通过光化学氧化反应实现的。化学氧化有两种不同的方法:单线态氧原子与烯醇醚的[2+2]加成反应或仿生合成的方法。

路线一:采用(－)异胡薄荷醇为手性纯原料,首先保护醇羟基,接着用硼烷与碳碳双键加成,然后用过氧化氢氧化成醇,再用苄基保护醇羟基,水解脱去甲氧基甲基保护基,随后在氯铬酸吡啶盐存在下把生成的羟基氧化成酮。用甲氧基三甲基硅基甲基锂在酮上增长一个碳原子,在氨基锂存在下脱除苄基保护基,接着形成内酯,再用间氯过氧苯甲酸把侧链双键氧化成酮,用四正丁基氟化铵脱除三甲基硅基保护基,引入过氧羟基基团,最后环合,得到目标分子青蒿素。

路线二：以青蒿酸为原料，先转化为二氢青蒿酸，再进行光氧化生成环状烯醇醚，用三氟乙酸处理后开环，氧化、环合可制备青蒿素。

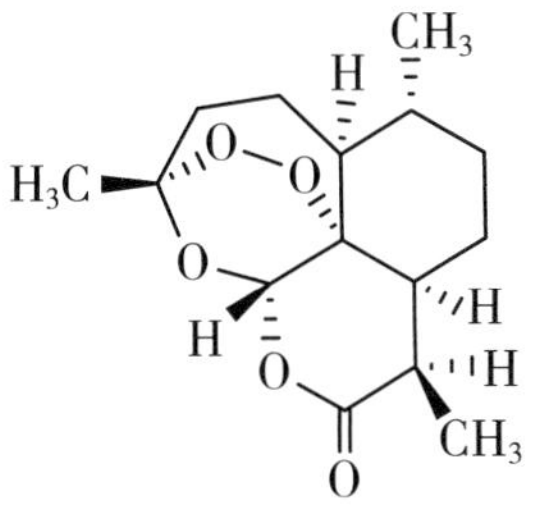

二氢青蒿酸的过氧化物经历的反应历程大约为：

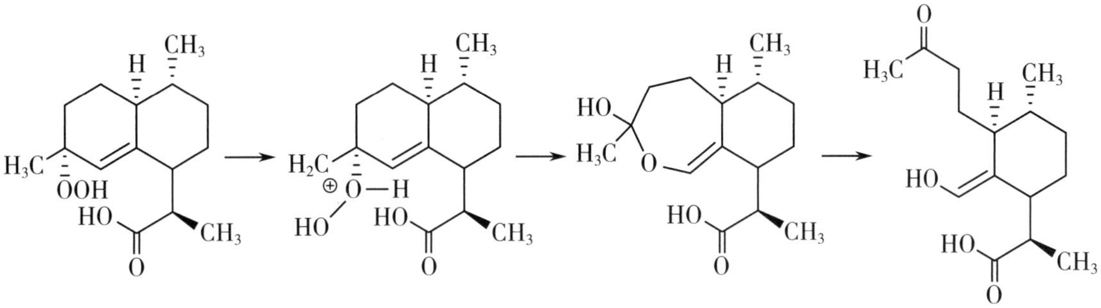

原料青蒿酸在植物黄花蒿中约为 10% 存在，可以分离提取得到。近年来，天然产物的合成生物学取得进展。例如，在酵母中导入关键酶紫穗槐 -4，11- 二烯合成酶（ADS）基因，同时优化倍半萜前体法尼基焦磷酸（FPP）的合成，可积累大量的紫穗槐 -4，11- 二烯，进一步构入 P450 合成酶（CYP7AV1）及其还原伴侣（CPR）的编码基因，可较高产率得到青蒿酸。

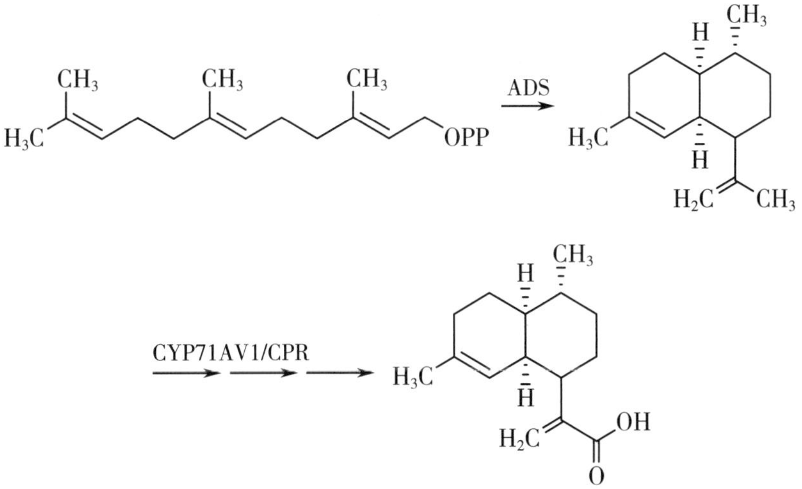

研究表明，青蒿素可通过自由基机制杀灭疟原虫。自由基与疟原虫蛋白形成共价复合物，使蛋白失活而产生抗疟作用。过氧桥还原分解形成自由基时需要低价过渡态金属离子的存在，目前公认的与自由基产生有关的金属离子是亚铁离子，包括亚铁血红素和游离亚铁离子。过氧桥被亚铁离子催化断裂后首先产生氧自由基，后者经分子重排转化为更具活性的碳自由基，这两种自由基对疟原虫的细胞膜结构和功能都有破坏作用。由于碳自由基可以直接将许多生物体的大分子烷基化，故现认为青蒿素更有可能通过碳自由基发挥活性作用。近年来在基因水平上研究，认为青蒿素可能通过阻断恶性疟原虫的 Ca^{2+}-ATP 酶即 PfATP6 酶活性而产生抗疟作用。PfATP6 酶通过将 Ca^{2+} 排出细胞来调节人体钙平衡。当它停止工作时，细胞内钙水平升高，细胞随之凋亡，继而达到抗疟效果。

青蒿素对疟原虫红细胞内期裂殖子有高度的杀灭作用,对于抗氯喹的恶性疟原虫引起的感染同样具有高效、迅速的抗疟作用,是目前用于临床的各种抗疟药中起效最快的一种。

二、驱肠虫药

肠道寄生虫是寄生于人体肠道,依靠吸食人体的营养而生存和繁殖的虫类。常见的肠道寄生虫有两类:一类为蠕虫类,包括蛔虫、钩虫、蛲虫、鞭虫、旋毛虫、绦虫和姜片虫等;另一类为原虫类,如梨形鞭毛虫。驱肠虫药是可以杀灭或驱除寄生于人体肠道的虫类的药物,其中有些药对多种肠虫感染均有效,又称为广谱驱肠虫药。理想的驱肠虫药,应对肠道寄生虫具有高度的选择性,对人体应吸收极少,毒性低,对胃肠道黏膜刺激性小。

1961 年发现噻苯达唑(thiabendazole)对多种胃肠道线虫具有广谱治疗作用。随后在苯并咪唑氨基甲酸酯 5 位引入苯甲酰基,得到甲苯咪唑(mebendazole),其驱虫作用广泛,可防止钩虫、蛔虫、蛲虫等肠道寄生虫。用丙氧基替换甲苯咪唑分子中 5 位苯甲酰基,得到奥苯达唑(oxibendazole),其对十二指肠钩虫和美洲钩虫疗效较好。把奥苯达唑分子中 5 位丙氧基换为丙硫基,得到高效驱虫药阿苯达唑(albendazole)。把丙硫基替换为丙基,或者将甲苯咪唑的苯甲酰基置换为环丙基甲酰基,分别得到两个广谱驱虫药帕苯达唑(parbendazole)和环苯达唑(ciclobendazole)。此类药物的作用机制是选择性抑制虫体肌肉中的琥珀酸脱氢酶,使延胡索酸不能还原为琥珀酸,从而干扰虫体肌肉的无氧代谢,减少能量的产生,而不影响哺乳动物体内的琥珀酸脱氢酶,使虫体肌肉麻痹随粪便排出体外。此类药物在临床上广泛使用的是阿苯达唑。

噻苯达唑

甲苯咪唑

奥苯达唑

阿苯达唑

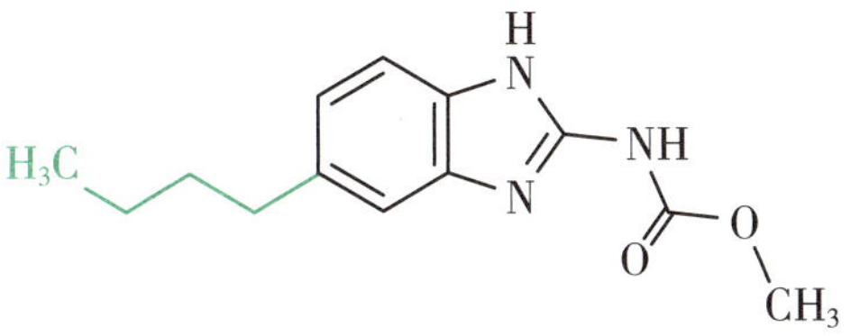

帕苯咪唑 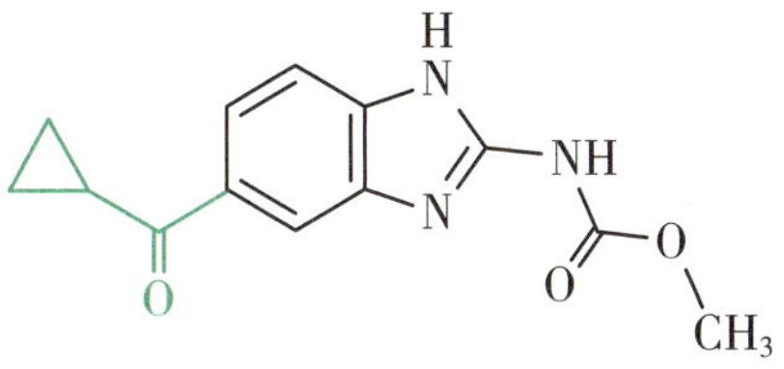　　　　　　　　　环苯达唑

阿苯达唑（albendazole）

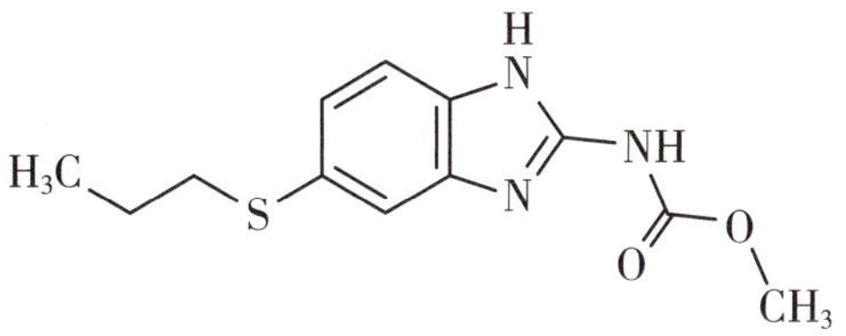

化学名为[（5-丙硫基）-1H-苯并咪唑-2-基]氨基甲酸甲酯，[（5-propylthio）-1H-benzimidazol-2-yl]carbamic acid methyl ester。

本品为白色或类白色粉末，无臭。在丙酮或三氯甲烷中微溶，在乙醇中几乎不溶，在水中不溶；在冰醋酸中溶解。熔点为206～212℃。

阿苯达唑在5位存在一个丙硫基会增加硫原子氧化的可能性，经CYP3A4和CYP1A2以及含氧的单加氧酶催化氧化，形成最初的代谢产物阿苯达唑亚砜（图16-10），仍具有较强的抗虫活性。亚砜化物经进一步氧化形成无活性的阿苯达唑砜。然后，结合生成阿苯达唑-2-氨基砜经肾脏排出体外。苯并咪唑类药物都具有广谱驱肠虫作用，对钩虫、鞭虫、蛔虫及蛲虫等的虫卵和成虫均具有良好抑制作用。但此类药物除有胃肠道副作用外，个别药物还有致畸和胚胎毒性。阿苯达唑也因具有致畸作用而禁止用于孕妇。

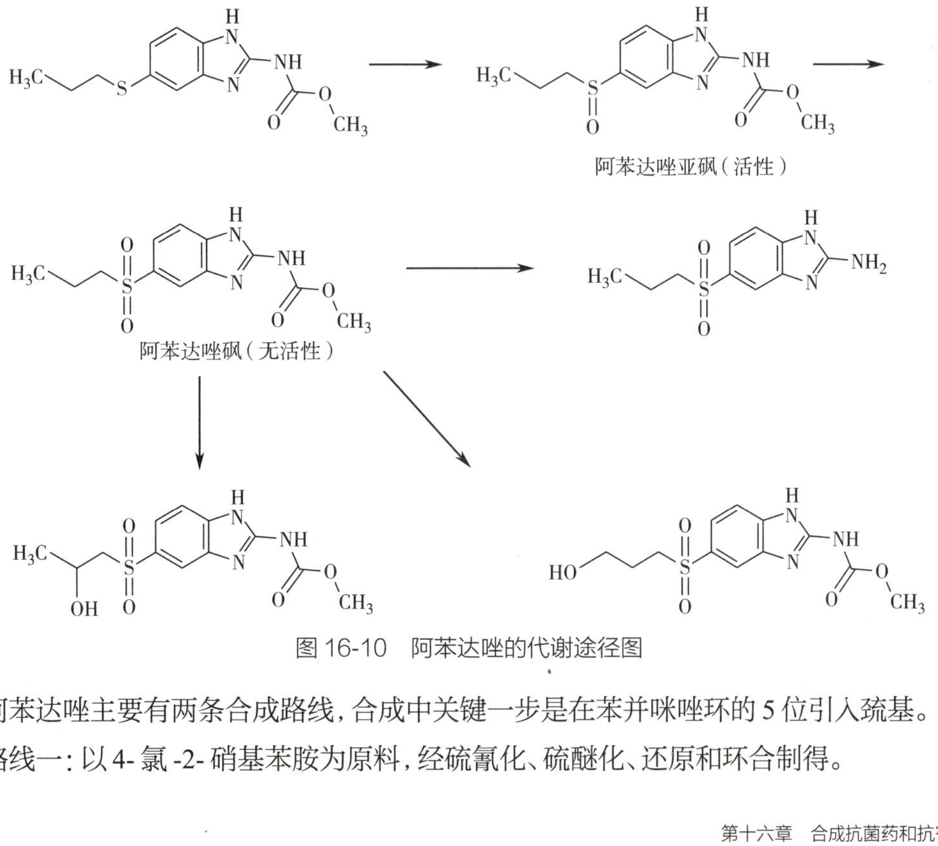

图 16-10　阿苯达唑的代谢途径图

阿苯达唑主要有两条合成路线，合成中关键一步是在苯并咪唑环的5位引入巯基。

路线一：以4-氯-2-硝基苯胺为原料，经硫氰化、硫醚化、还原和环合制得。

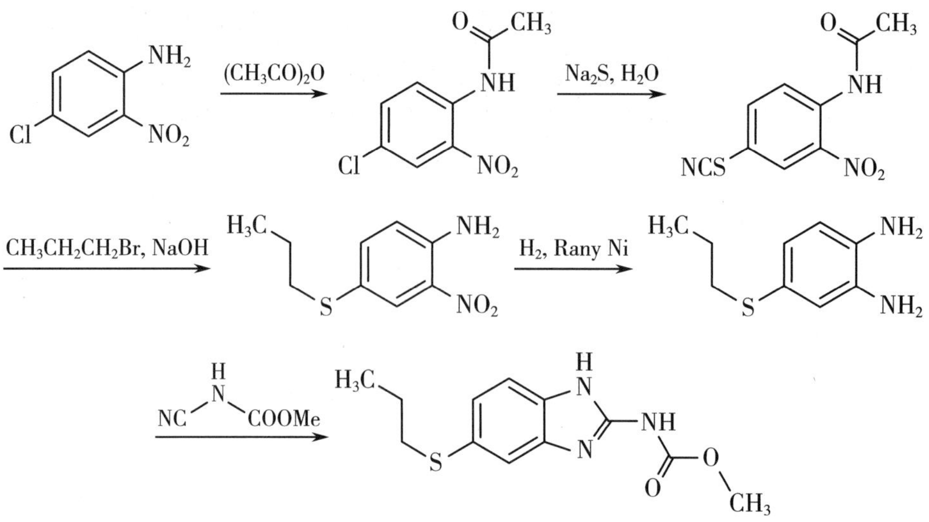

路线二：以农药苯并咪唑基-2-氨基甲酸酯（多菌灵）为起始原料，用冰醋酸作溶剂，通入氯气，与干燥硫氰酸钠反应，再将硫氰基转化为巯基，然后在乙醇中与溴丙烷反应，加热回流，制得本品。

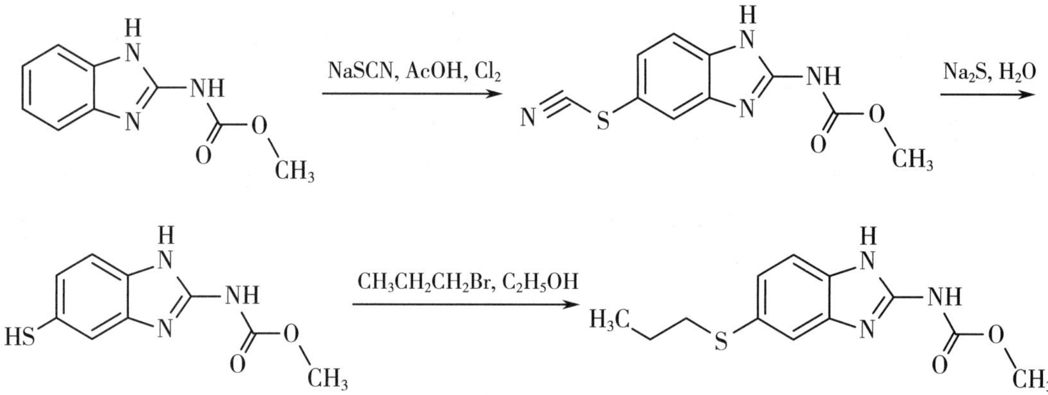

阿苯达唑的相关限量杂质有 A～F 六种，其中 A 和 D 为合成路线最后一步烷基化反应过程中脱甲氧基甲酰基的副产物；B 和 C 为最终目标化合物的硫原子氧化产物；E 为第一步未反应完全的原料苯并咪唑基-2-氨基甲酸酯；F 为合成路线最后一步烷基化反应过程中巯基甲基化副产物。

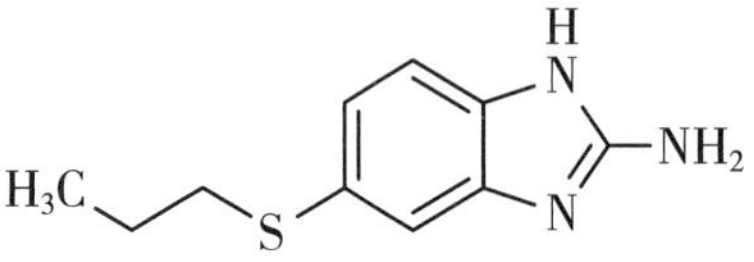

A

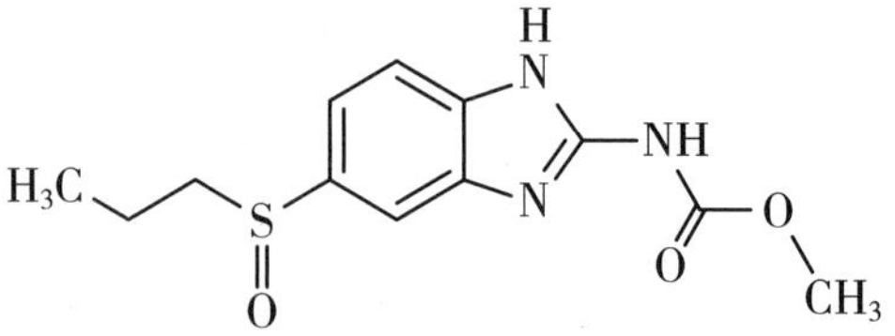

B

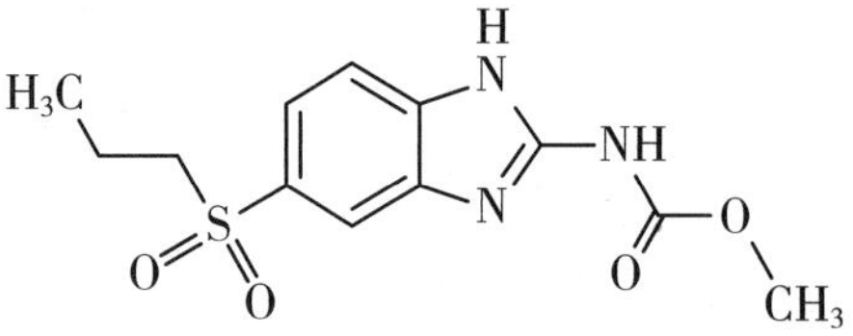

C

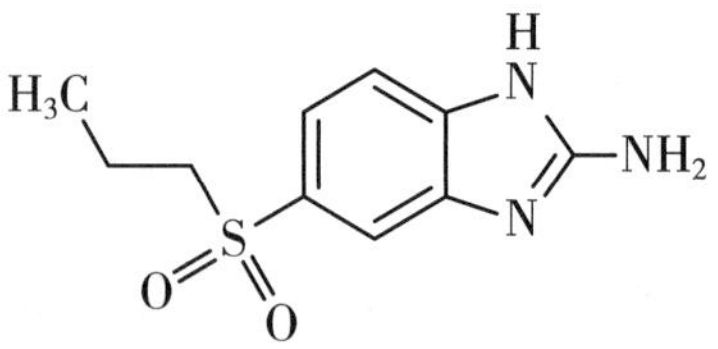

D

E   F

三、抗血吸虫药

血吸虫病是一种严重危害人类健康,影响社会经济发展的人畜共患寄生虫病。主要有三种血吸虫可引起人的血吸虫病:埃及血吸虫、曼氏血吸虫和日本血吸虫。在我国流行的血吸虫病由日本血吸虫引起的。

抗血吸虫药物可分为锑剂和非锑剂两类。锑剂的毒性较大,现已较少使用。非锑剂药物主要有异喹啉酮类吡喹酮(praziquantel)、异硫氰酸酯类硝硫氰胺(amoscanate)和硝硫氰酯(nitroscanate)。

硝硫氰胺   硝硫氰酯

硝硫苯酯

硝硫氰胺为广谱抗蠕虫药物,对血吸虫有显著的杀灭作用,其机制可能是干扰虫体的三羧酸循环代谢,导致虫体缺乏能量供应而死亡,临床上用于各种类型的血吸虫病,但由于排泄慢,可引起蓄积中毒。异硫氰酸酯类的另一个衍生物硝硫氰酯也有明显抗血吸虫作用,毒性略低于硝硫氰胺。将异硫氰基改为氨基硫代甲酸酯等基团也有抗日本血吸虫作用。例如,硝硫苯酯(phenithionate),其毒性明显小于硝硫氰胺。异硫氰酸酯类药物的结构与活性关系的研究表明,结构中的异硫氰基既是药效基团,也是毒性基团。

吡喹酮(praziquantel)

化学名为 2-(环己甲酰基)-1,2,3,6,7,11b- 六氢 -4*H*- 吡嗪并[2,1-*a*]异喹啉 -4- 酮,2-(cyclohexylcarbony1)-1,2,3,6,7,11b-hexahydro-4*H*-pyrazino[2,1-*a*]isoquinolin-4-one。

本品为白色或类白色结晶性粉末,在三氯甲烷中易溶,在乙醇中溶解,在乙醚或水中不溶。熔点为 136～141℃。

吡喹酮为异喹啉类广谱抗寄生虫药,对日本血吸虫有杀灭作用。作用机制是吡喹酮显著抑制虫体的糖代谢,影响虫体对葡萄糖的摄入,促进虫体内糖原的分解,使糖原明显减少或消失。吡喹酮有两个手性中心,左旋体具有生物活性,目前临床上使用其外消旋体。吡喹酮的半衰期仅为几小时,需要宿主免疫系统的后续参与,否则受损的虫体可能恢复。吡喹酮对三种血吸虫病都有效,尤其对日本血吸虫的作用突出,具有疗效高、疗程短、代谢快、毒性低的特点。

吡喹酮口服后易由肠道吸收,1～3 小时血药浓度达到峰值,体内分布在肝脏中浓度最高,也可分布至脑脊液。吡喹酮经肝脏首过效应后被代谢为羟基化物而失去活性(图 16-11),血清中主要的代谢产物为单羟基化物,而在尿液中代谢产物主要是二羟基化物,这些羟基化反应在 CYP2B6 和 CYP3A4 催化下进行,并多以结合形式存在。

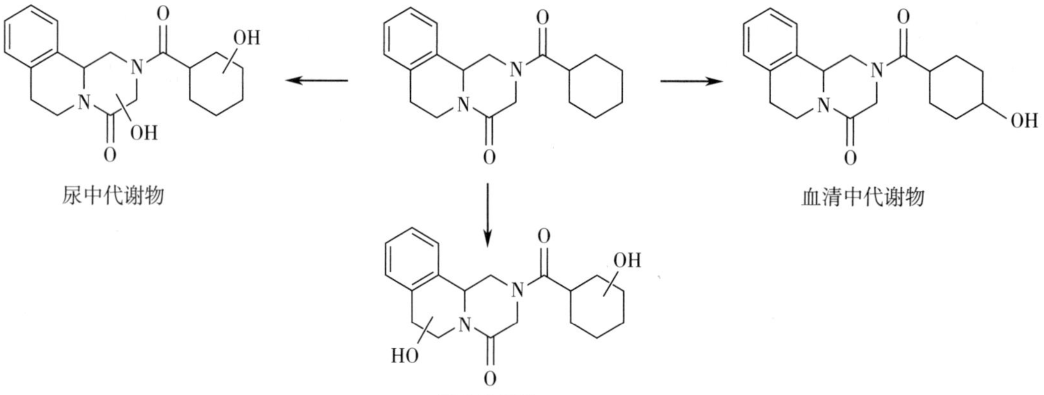

图 16-11　吡喹酮的代谢途径图

吡喹酮的化学合成方法主要有两种。

路线一:以异喹啉为起始原料,与苯甲酰氯和氰化钾经 Reissert 加成反应,生成氰基苯甲酰二氢异喹啉,催化氢化同时进行分子重排,生成 1- 苯甲酰氨基 -1,2,3,4- 四氢异喹啉,与氯乙酰氯缩合,生成 1- 苯甲酰氨基甲基 -2- 氯乙酰基 -1,2,3,4- 四氢异喹啉,在叔丁醇钾的存在下脱氯化氢环合,生成 2- 苯甲酰 -1,2,3,6,7,11b- 六氢 -4H- 吡嗪并[2,1-a]异喹啉 -4-酮,经磷酸水解脱去苯甲酰基,最后用环己甲酰氯进行酰化,生成吡喹酮。

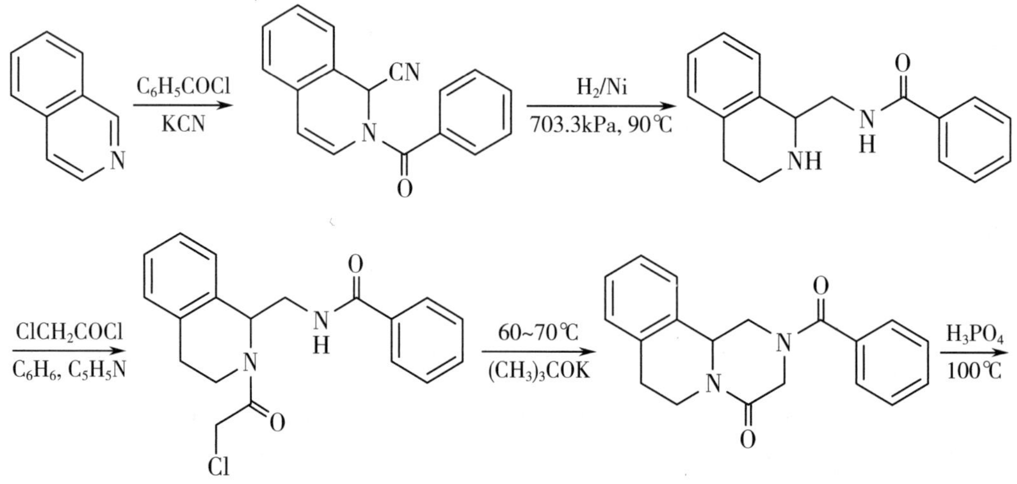

路线二：以氯乙酰氯和 β- 苯乙胺为起始原料，经酰化、N- 烷基化合成关键中间体 N-(2- 苯基)乙基 -2-[(2，2- 二甲氧基乙基)氨基]乙酰胺盐酸盐，再经酸化环合、酰化制得吡喹酮。该方法通过关键中间体的分子内 N- 烷基化和酰亚胺离子环合一步生成哌嗪与四氢异喹啉环，制得吡喹酮。

吡喹酮的相关限量杂质有 A～C 三种，其中 A 和 B 为合成路线一过程内的中间体之一；C 推测是闭环时仅形成了异喹啉环的副产物与环己甲酰氯形成的杂质。

A

B

C

第十六章　目标测试

（董国强）

第十七章　抗病毒药

病毒是一类最小的病原微生物,能感染所有的生物细胞。病毒没有完整的酶系统和线粒体等细胞器,它利用宿主的核酸和酶系统作为自身繁殖的物质和能源,因此,病毒的复制周期与宿主细胞代谢密切相关。抗病毒药是指能用于预防和治疗病毒感染性疾病的药物,特定的抗病毒药被用于特定的病毒。大多数抗病毒药现在可被设计用来应对人免疫缺陷病毒、疱疹病毒、甲型和乙型肝炎病毒、甲型和乙型流感病毒。与抗生素不同的是,抗病毒药不破坏它们的目标病原体,而只能抑制病毒的发展。

第一节　病毒及抗病毒药物的作用机理

一、病毒及其特征

病毒是一类个体微小,无完整细胞结构,必须在活细胞内寄生并复制的非细胞微生物。病毒的基本结构由一种核酸(DNA 或 RNA)和蛋白质衣壳组成,形成核衣壳,称为裸病毒。某些病毒的核衣壳外部还有一层包膜,称为包膜病毒。

病毒的特征主要有:①病毒的体积很小,能通过最细的细菌滤器;②病毒由保护性的蛋白质衣壳包裹的 DNA 或 RNA 基因组构成;③病毒只能在细胞内繁殖,完全依赖于宿主细胞提供合成的酶和能量,具有细胞内寄生性。

二、病毒复制周期

抗病毒药是用于治疗或控制病毒感染的药物。由于病毒复制与宿主细胞有着错综复杂的联系,任何对宿主细胞因子的干扰甚至较小程度的抗病毒药物都可能对宿主产生毒性,具体取决于使用的持续时间和剂量。抗病毒药物主要针对病毒生命周期的各个阶段。病毒生命周期的目标阶段包括:病毒与宿主细胞的吸附、脱壳、病毒 mRNA 的合成、mRNA 的翻译、病毒 RNA 和 DNA 的复制、新病毒蛋白的成熟、出芽、新合成病毒的释放以及体液中的游离病毒。

吸附:病毒粒子必须首先与宿主细胞的外表面结合。这涉及病毒粒子外表面上的特定分子与宿主细胞膜中存在的特定蛋白质或碳水化合物结合。因此,宿主细胞上的相关分子可以被视为病毒粒子的"受体"。当然,宿主细胞还没有产生这种分子作为病毒受体。相关分子通常是糖蛋白,它们具有重要的细胞功能,例如结合激素。然而,病毒粒子利用了这些优势,一旦它被结合,就可以进行下一阶段即将病毒核酸引入宿主细胞。

穿入和脱壳:不同的病毒通过不同的方法将其核酸引入宿主细胞。某些病毒通过细胞膜注入它们的核酸,其他完好无损地进入完整细胞然后脱壳。这也可以以多种方式发生。一些病毒粒子的病毒包膜与质膜融合,然后将核衣壳引入细胞。其他病毒粒子通过内吞作用进入细胞,其中细胞膜将自身包裹在病毒粒子周围,然后产生称为内涵体的囊泡。这些囊泡与溶酶体融合,宿主细胞酶在脱壳过程中帮助病毒。低内体 pH 酸碱度也会触发脱壳。在某些情况下,病毒包膜与溶酶体膜融合,核衣壳被释放到细胞中。无论过程如何,最终结果都是将病毒核酸释放到细胞中。

复制和转录:病毒基因可以分为早期或晚期。早期基因"接管"宿主细胞,从而合成病毒 DNA 和 / 或 RNA。所涉及的机制因病毒而异。例如,含负链单链 RNA 的病毒使用称为 RNA 依赖性 RNA 聚合酶(或转录酶)的病毒酶合成 mRNA,然后编码病毒蛋白质。

合成和组装:晚期基因指导衣壳蛋白的合成,这些自组装形成衣壳。然后病毒核酸被包入病毒衣壳,形成核衣壳。

释放:当细胞被破坏时,细胞裂解会释放裸病毒粒子(核衣壳周围没有外层的病毒粒子)。相比之下,带有包膜的病毒通常通过称为"出芽"的过程释放。病毒蛋白首先被整合到宿主细胞的质膜中。然后核衣壳与细胞膜的内表面结合,同时病毒蛋白聚集在这一位点,宿主细胞蛋白被排除在外。含有病毒蛋白的质膜然后将自身包裹在核衣壳周围,并从细胞上破裂下来以释放成熟的病毒粒子。

三、抗病毒药作用原理

病毒可以以游离形式留在宿主细胞内,或者被整合到宿主染色体 DNA 中而不参与活跃的病毒复制,即病毒潜伏状态。理想的抗病毒药应该对活跃的病毒复制和潜伏的病毒都有效。然而,大多数可用的抗病毒药物仅对复制病毒有效。对免疫功能正常的患者,治疗急性病毒感染的目标是降低疾病的严重程度及其并发症,并降低病毒的传播速度。治疗指数或疗效与毒性的比率必须非常高,以使治疗可以接受。对于慢性病毒感染,目标是防止病毒对内脏器官的损伤,因此疗效至关重要。

抗病毒药可用于预防、抑制、抢先治疗或治疗明显疾病。可以限制抗病毒药物效用的两个重要因素是毒性和病毒对抗病毒药物产生抗性。此外,由于基因组或表观遗传因素,宿主对抗病毒药物的表型行为可能会限制抗病毒药物在个体中的疗效。

目前用于治疗病毒性疾病的抗病毒药物有限,至少有一半的可用药物用于治疗人类免疫缺陷病毒(HIV)感染。其他用于治疗单纯疱疹病毒(HSV)、水痘带状疱疹病毒(VZV)、巨细胞病毒(CMV)、乙型肝炎病毒(HBV)、丙型肝炎病毒(HCV)、呼吸道合胞病毒(RSV)、人乳头瘤病毒(HPV)和流感病毒相关疾病。

第二节　干扰病毒复制初期的药物

一、流感病毒基质蛋白 2 抑制剂

　　流感病毒基质蛋白 2(matrix protein, M_2)是病毒包膜的膜蛋白,以二硫键连接成同型四聚体。M_2 蛋白可形成质子选择性离子通道,在病毒进入宿主细胞、复制、脱壳、转录、翻译、成熟和释放等过程中起主要作用。流感病毒基质蛋白 2 抑制剂通过干扰离子通道活性,改变宿主细胞表面电荷,抑制病毒穿入宿主细胞,抑制病毒蛋白加工和 RNA 的合成,干扰病毒的脱壳和成熟病毒的颗粒释放,从而抑制病毒的增殖,同时还能阻断病毒的装配。

　　M_2 蛋白抑制剂类抗病毒药物主要包括盐酸金刚烷胺(amantadine hydrochloride)和盐酸金刚乙胺(rimantadine hydrochloride),它们抑制病毒复制的早期步骤,可能是病毒脱壳步骤;对于某些病毒株,它们还对病毒组装的后期步骤产生影响,可能是通过改变血凝素加工诱导的。通过干扰 M_2 蛋白的功能,药物在复制早期抑制酸介导的核糖核蛋白复合物的解离,并在复制后期的细胞内转运过程中加强酸性 pH 诱导的血凝素构象变化。对这些药物的耐药性源于编码 M_2 蛋白跨膜结构域的 RNA 序列的突变;耐药毒株通常在开始治疗后 2~3 天内出现在接受治疗的患者体内。这类药物的基本结构特征是含有饱和三环癸烷金刚烷(adamantane)环,形成刚性笼状结构。

金刚烷胺　　　　　金刚乙胺

二、流感病毒神经氨酸酶抑制剂

　　流感是一种空气传播的呼吸道疾病,由感染上呼吸道上皮细胞的 RNA 病毒引起。流感病毒的核衣壳包含负链单链 RNA 和 RNA 聚合酶。在核衣壳周围有源自宿主细胞的膜状包膜,其包含两种分别称为神经氨酸酶(neuraminidase)和血凝素(heamagglutinin)的病毒糖蛋白。血凝素可以将病毒粒子与红细胞结合并引起血细胞凝集。神经氨酸酶和血凝素糖蛋白对感染过程至关重要。

　　为了到达宿主上呼吸道上皮细胞,病毒必须通过一层保护性黏液,病毒蛋白 NA 有助于实现这一目标。黏膜分泌物富含糖蛋白和糖脂,它们带有称为唾液酸(sialic acid)的末端糖取代基。唾液酸是由 N- 乙酰氨基甘露糖和丙酮酸缩合而成的九碳糖,是动物细胞质膜表面糖蛋白和糖脂的重要糖单位。神经氨酸酶(也称为唾液酸酶)从这些糖蛋白和糖脂中裂解唾液酸,从而降解黏液层并使病毒到达上皮细胞膜表面。

由于神经氨酸酶在病毒感染过程中具有两个重要作用，因此它是一个筛选潜在抗病毒药物的药物靶标。事实上，早在 20 世纪 60 年代，人们就启动了神经氨酸酶抑制剂的筛选计划，但未成功。随后，研究人员着手设计一种基于机制的过渡态抑制剂。

基于 X 射线晶体学研究结果，提出了由四个主要步骤组成的水解机制：①底物唾液酸糖苷与神经氨酸酶结合；②带负电荷的 Asp151 促进酶活性部位的水分子活化，以及内环型唾液酸基阳离子过渡态中间体的形成；③进而发生糖苷键的断裂和 C2 位羟基键的生成；④释放出唾液酸，其羧基处于直立键。

细胞表面唾液酸糖苷　　　　　唾液酸氧正离子过渡态　　　　　唾液酸

由于上述过渡态在 C2 位显示具有平面三角中心，于是合成的唾液酸类似物在 C2 与 C3 位之间含一个碳碳双键，以保持具有相同的平面三角中心。为得到需要的双键，唾液酸 C2 位的羟基被移除。第一个抑制剂化合物是 2- 脱氧 -2, 3- 二氢 -N- 乙酰基神经氨酸（Neu5Ac2en），但对动物模型无效。根据流感病毒神经氨酸酶的晶体结构，通过在 5, 6- 二氢吡喃基 -2- 甲酸骨架上化学修饰，并且经分子建模研究 Neu5Ac2en 及其类似物与流感病毒靶酶活性位点的相互作用，发现 4- 氨基 Neu5Ac2en 的活性和选择性高于 Neu5Ac2en。分子模拟的研究提示，在 Neu5Ac2en 的 4 位引入体积更大的碱性胍基，可增强底物与酶结合的氢键、范德瓦耳斯相互作用，得到抑酶活性提高 100 倍的扎那米韦（zanamivir）。

Neu5Ac2en　　　　　　　4–氨基Neu5Ac2en　　　　　　　扎那米韦

扎那米韦的分子中存在甘油侧链，极性很大，口服吸收差，患者使用吸入粉雾剂，经呼吸道吸收起效。

辛酸拉尼米韦（laninamivir octanoate）是拉尼米韦（laninamivir）的前药，结构上与扎那米韦类似，临床用于治疗 A 型和 B 型流感病毒引起的感染，并且该药对奥司他韦的耐药株也有较好抑制作用，其可在肺部停留较长时间，每周只需吸入一次即可有效地抗季节性流感。

辛酸拉尼米韦

拉尼米韦

研究发现，Neu5Ac2en、4- 氨基 Neu5Ac2en 和扎那米韦结构中的二氢吡喃环的氧并不是酶活性部位结合所必需的。因此，其可以用亚甲基电子等排体替换，以形成六元碳环类似物。扎那米韦的母核为二氢吡喃，双键在碳氧键间不可能形成稳定的化合物，所以母核中双键的位置难以与糖环的过渡态相对应。当环己烯骨架替代二氢吡喃核心结构时，双键的位置可有两种选择。进一步研究证实，双键的位置显著影响活性。使用环己烯作为生物电子等排体是因为它模拟了唾液酸裂解过渡态中的扁平氧鎓阳离子。

研究发现，将 C5 位的胍基改为氨基，对活性影响不明显。用疏水性取代基替换甘油侧链对于增加分子的亲脂性是有利的。在环己烯酸的 4 位确定为乙酰氨基、5 位为氨基(包括 C4 和 C5 的构型与唾液酸相同)、2 位和 6 位不宜有取代基的前提下，对 3 位的含氧烷基进行了系统的优化，包括不同长度的烷基、直链或支链、环烷基、环链烷基、苯烷基等。结果发现 GS-4071 成为对抗 A 型和 B 型流感病毒株的最有效流感病毒神经氨酸酶抑制剂之一，但生物利用度不高，其乙酯前药奥司他韦(oseltamivir)被证明可安全有效地口服治疗和预防人类流感。

GS-4071

奥司他韦

进一步研究发现，以四氢呋喃为母核的衍生物显示出与 Neu5Ac2en 相近的抑酶活性。通过解析四氢呋喃衍生物与神经氨酸酶的晶体结构并与 Neu5Ac2en 复合物的结构比较，发现二者外围基团例如羧基、甘油基侧链、乙酰氨基以及 C4 位羟基和侧链的配置和进入 4 个结合口袋的方式相同，二者侧链能很好地叠合，只是五元环上基团的连接方式不同。

四氢呋喃衍生物

环戊烷衍生物

变换四氢呋喃环为环戊烷，去除羟基，引入胍基，结果发现合成的环戊烷衍生物与扎那米韦的结合方式相同。复合物的晶体结构提示，环戊烷骨架有可能成为新的流感病毒神经氨酸酶抑制剂骨架。为解决活性不佳的问题，在环戊烷骨架上引入疏水性基团丁基以增强与靶酶的疏水—疏水相互作用，后根据晶体学研究分析，于是将丁基变换为 3- 戊基，发现帕拉米韦（peramivir）对 A、B 型流感病毒株的活性与奥司他韦和扎那米韦相当，但对细菌和哺乳动物的神经氨酸酶几乎无抑制作用，因此，对流感病毒活性更高，特异性更强。

环戊烷类似物   帕拉米韦

构效关系表明，若除去环戊烷骨架上的羟基，或者胍基侧链与烷基侧链的位置互换，对 A 型流感病毒的酶的半数抑制浓度在微摩尔水平，对 B 型流感病毒神经氨酸酶则没有活性。帕拉米韦仅用于对口服奥司他韦产生了耐药性又不能吸入扎那米韦的患者的治疗。但由于生物利用度低，给药方式为静脉注射。

磷酸奥司他韦（oseltamivir phosphate）

化学名为（$3R,4R,5S$）-4- 乙酰氨基 -5- 氨基 -3-（1- 乙基丙氧基）-1- 环己烯 -1- 羧酸乙酯磷酸盐，（$3R,4R,5S$）-4-acetylamino-5-amino-3-（1-ethylpropoxy）-1-cyclohexene-1-carboxylic acid ethyl ester phosphate。

本品为白色或类白色粉末，易溶于水和甲醇，几乎不溶于二氯甲烷，脂水分配系数 log P 为 0.36。本品是一碱性药物，pK_a 为 7.75。

奥司他韦为环己烯的衍生物，1 位为乙氧羰基，环上 1，2 位存在碳碳双键，3，4，5 位为连续三个连接含氧、氮、氮的手性中心，相对构型为反式、反式，而绝对构型相应为 R、R、S。因此，在奥司他韦的合成上可以从已有的六碳环原料出发，也可以在合成中构建六碳环，然后再逐步引入所需的官能团。

路线一以（-）- 莽草酸为起始原料，首先将莽草酸的羧基乙酯化，以缩丙酮保护莽草酸的邻位顺式二羟基，以甲磺酰基保护 C5 位羟基，在三氟甲磺酸催化下，实现缩丙酮到缩戊酮的转换，接下来以三乙基硅烷和四氯化钛在低温下缩酮开环，得到含 3- 戊醚基的中间体，再经碳酸钠处理得到关键中间体环氧化合物。用叠氮钠催化环氧化合物开环，得到一对叠氮醇的非对映异构体的混合物,它们经过还原环化反应均可得到同一化合物三元氮丙啶,又用叠氮钠打开三元氮杂环,得到叠氮氨基化合物,接着乙酰化保护氨基,用三丁基膦还原叠氮基,得到奥司他韦,随后以磷酸处理成盐。

由于合成路线一当中有两个步骤使用了较不安全的叠氮化钠和含有叠氮的中间体,所以路线二以关键中间体环氧化合物为起始原料,用叔丁胺催化环氧物开环,然后甲磺酰氯和三乙胺催化生成三元氮丙啶,再用二烯丙基胺打开三元氮杂环,接着乙酰化保护氨基,三氟乙酸存在下脱去叔丁基,用1,3-二甲基巴比妥酸和乙酸铅脱去烯丙基,成盐,得到目标物磷酸奥司他韦。

奥司他韦的限量杂质主要有 A～G 七种,其中杂质 A 是氨基乙酰化时未能在六元环 4 位氨基上进行,而是在环上 5 位氨基发生反应的结果;杂质 B 是叠氮化钠与奥司他韦环上双键发生加成反应的产物;杂质 C 是奥司他韦的羧酸酯水解产物即 GS4071;杂质 D 是关键中间体环氧化物发生芳构化后经过多步骤生成的副产物;杂质 E 是莽草酸乙酯化时试剂乙醇中含的甲醇也参与反应的结果。杂质 F 是莽草酸乙酯化后与夹带在试剂 3-戊酮中的 2-丁酮发生缩酮反应产生的物质;杂质 G 是杂质 A 的乙酯化副产物。

A   B   C

D   E

F   G

奥司他韦主要通过干扰病毒从被感染宿主细胞表面的释放来减少病毒传播。临床上用于预防和治疗 A 型及 B 型流感病毒导致的流行性感冒，是预防和治疗 H5N1 禽流感的首选药物。

第三节　抑制病毒核酸复制的药物

正常细胞被病毒感染后，成为病毒繁殖的场所，病毒的基因组和蛋白在宿主细胞内大量地合成，从而导致全身性疾病。因此干扰病毒的核酸复制就可以抑制病毒的繁殖，这类药物主要是通过选择性地抑制病毒的转录酶或其他重要酶，如激酶、多聚酶，从而阻断病毒特有的RNA 和 DNA 的合成。

核苷类抗病毒药物的作用模式是基于代谢拮抗原理，主要包括嘧啶核苷类和嘌呤核苷类化合物。三磷酸化是核苷类抗病毒药物的活性形式，也是抗病毒核苷类在体内必须经过的活化过程。

一、嘧啶核苷类

1959 年合成的碘苷（idoxuridine）为第一个临床有效的抗病毒药物，是 5- 碘代 -2′- 脱氧核苷。碘苷的化学结构与胸腺嘧啶脱氧核苷相似，在胸腺嘧啶的 5 位上以碘代替胸腺嘧啶 5 位的甲基，碘原子的范德瓦耳斯半径（0.215Å）与甲基的半径（0.200Å）相近，碘原子的诱导效应使碘苷的 pK_a 略低于胸腺嘧啶脱氧核苷，这些微小的差异不足以被胸苷激酶识别，它在体内被细胞和病毒胸腺嘧啶核苷激酶催化磷酸化，并作为胸苷酸合成酶的底物竞争掺入到病毒 DNA 中。碘苷本身无抗病毒活性，须经三磷酸化活化。由于单纯疱疹病毒的胸苷激酶活性高于宿主细胞内酶，导致碘苷在病毒中的浓度高于正常细胞的浓度，因而具有一定的选择性。碘苷对单纯疱疹病毒和牛痘病毒等 DNA 病毒有效，对流感病毒等 RNA 病毒无效。由于毒副作用较大，应用范围较窄，水溶性较小，现在临床上已少用。

| 胸腺嘧啶脱氧核苷 | 碘苷 | 曲氟尿苷 | 阿糖胞苷 |

以三氟甲基替代碘苷的 5 位碘原子得到曲氟尿苷（trifluridine），它是氟取代嘧啶核苷，水溶性优于碘苷。曲氟尿苷与碘苷的作用机制相类似，也抑制病毒 DNA 的合成。对 I 型和 II 型单纯疱疹病毒引起的主要角结膜炎和复发性上皮性角膜炎都有效。

阿糖胞苷（cytarabine）是阿拉伯糖替代胞苷的核糖，最初是用作抗肿瘤药物。阿糖胞苷能阻止细胞利用脱氧胞嘧啶核苷,因而可抑制病毒 DNA 的复制。与碘苷的作用机制类似,磷酸化激活后阻断 DNA 多聚酶和 C2 还原酶,使体内胞嘧啶二磷酸核苷不能转化为相应的脱氧衍生物酸。

二、嘌呤核苷类

另一类干扰病毒核酸复制的药物是嘌呤核苷类。阿糖腺苷(vidarabine)是天然腺苷的 2'-差向异构体,最初是作为化学合成候选抗肿瘤药进行研究,后发现对 DNA 病毒例如疱疹病毒、痘病毒、棒状病毒、肝炎病毒和某些 RNA 肿瘤病毒具有广谱活性。其在体内转化为三磷酸酯而干扰 DNA 合成的早期阶段。阿糖腺苷具有抗 I 型和 II 型单纯疱疹病毒作用,但对巨细胞病毒则无效。目前,阿糖腺苷从链霉菌(*Streptomyces Antihioticus*)中分离得到。

阿糖腺苷作为碘苷的替代物可用于治疗 HSV 角膜炎和 HSV 脑炎。它的缺点是进入体内后迅速被血液中的腺苷脱氨酶催化脱氨,生成没有活性的阿拉伯糖次黄嘌呤。

阿糖腺苷 →(腺苷脱氨酶)→ 阿拉伯糖次黄嘌呤

由于腺苷类药物在体内易被脱氨酶转化成脱氨化合物而丧失活性,因此在寻找腺苷脱氨酶抑制剂的过程中,通过对糖基进行修饰发现了一些开环的核苷有较好的抗病毒活性,例如阿昔洛韦(aciclovir)。

阿昔洛韦(aciclovir)是去氧鸟苷的合成类似物,戊糖被剖裂为链状结构。在使用过程中也有一定缺点,水溶性差,口服生物利用度较低,仅有 15%～30%,可产生抗药性。为克服这一不足,又研制了伐昔洛韦(valaciclovir),其为阿昔洛韦的缬氨酸酯前药,胃肠道吸收好,在体内经肠壁或肝脏代谢生成阿昔洛韦。但是,伐昔洛韦具有与阿昔洛韦相似的极性和离子化作用,因此与阿昔洛韦相比伐昔洛韦不能通过被动扩散穿过肠壁的细胞膜。伐昔洛韦一旦被吸收,就会在肝脏和肠壁中水解为阿昔洛韦。地昔洛韦(desciclovir)是阿昔洛韦的前药,它的嘌呤环 6 位缺少羰基并且更易溶于水。其一旦进入血液供应,细胞黄嘌呤氧化酶将 6 位氧化成阿昔洛韦。

伐昔洛韦 →(肝脏代谢)→ 阿昔洛韦 ←(黄嘌呤氧化酶)← 地昔洛韦

更昔洛韦(ganciclovir)是去氧鸟苷的开环类似物,比阿昔洛韦多一个羟甲基。更昔洛韦对病毒胸苷激酶的亲和力比阿昔洛韦高,但对人体细胞的毒性强于阿昔洛韦,主要用于巨细胞病毒感染。

喷昔洛韦(penciclovir)是更昔洛韦的电子等排体,该化合物的三磷酸酯稳定性比阿昔洛韦三磷酸酯高,且在病毒感染的细胞中浓度也较高。它在停药后仍可保持较长时间的抗病毒活性,而阿昔洛韦停药后活性迅速消失。由于喷昔洛韦的生物利用度较低,在寻找其高生物利用度的药物时,得到 6- 去氧喷昔洛韦的双乙酰基化物泛昔洛韦(famciclovir)。泛昔洛韦口服后在胃肠道和肝脏中迅速被代谢产生喷昔洛韦,因此是喷昔洛韦的一个前药。

更昔洛韦　　　　　　　　喷昔洛韦　　　　　　　　泛昔洛韦

阿昔洛韦(aciclovir)

化学名为 2- 氨基 -9-[(2- 羟乙氧基)甲基]-6 , 9- 二氢 -3*H*- 嘌呤 -6- 酮,2-amino-9-[(2-hydroxyethoxy)methyl]-6 , 9-dihydro-3*H*-purin-6-one。

本品为白色或类白色结晶性粉末,微溶于水,易溶于二甲基亚砜,极微溶于甲醇,可溶于碱金属氢氧化物或矿物酸的稀溶液。

本品的 pK_a 为 9.25(HA)和 2.27(HB)。

阿昔洛韦主要抑制病毒编码的胸苷激酶和 DNA 聚合酶,从而能显著地抑制感染细胞中 DNA 的合成,而不影响非感染细胞的 DNA 复制。

阿昔洛韦作用于酶 - 模板复合物,在病毒和宿主之间具有很高的选择性,是一个很好的抗病毒前药靶向作用的例子。阿昔洛韦仅在感染的细胞中被病毒的胸苷激酶磷酸化成单磷酸或二磷酸核苷(在未感染的细胞中不被细胞胸苷激酶磷酸化),而后在细胞酶系中转化为三磷酸形式,才能发挥其干扰病毒 DNA 合成的作用。因此,三磷酸阿昔洛韦更多存在于病毒感染的细胞内。阿昔洛韦对疱疹病毒有很高的治疗活性,但对腺病毒无活性,对未感染的宿主细胞仅有很低的活性。除在特定部位活化外,靶向作用的另一个重要因素是,生物转化得到的三磷酸核苷有高极性,导致药物驻留在作用部位。

阿昔洛韦的合成主要有两条路线。

路线一采用鸟嘌呤为原料,它的 2 位氨基和 6 位羟基先用六甲基二硅胺处理,生成三甲基硅烷保护基。然后,在三乙胺中与 1- 苯甲酰氧基 -2- 氯甲氧基乙烷反应,用水将产物水解,分离出 9-(2- 苯甲酰氧基乙氧基甲基)鸟嘌呤。用氨的甲醇溶液从羟乙氧基甲基片段除去苯甲酰基保护基，得到目标分子阿昔洛韦。

路线二仍采用鸟嘌呤为原料，用乙酸酐进行酰化得到双乙酰鸟嘌呤，然后在对甲苯磺酸催化下与 1，3- 二氧戊环缩合，最后用甲胺水溶液水解，得到目标分子阿昔洛韦。

阿昔洛韦的限量杂质主要包括 A～H 等 8 种。其中杂质 A 和 D 是在水解过程中仅脱除了嘌呤环 2 位乙酰基的副产物；杂质 B 为两条制备路线的起始原料；杂质 C 是缩合反应发生在嘌呤环 7 位的副产物；杂质 E 则是路线一水解反应时氨基与嘌呤环 6 位氧缩合，而 2 位的脱氨所致；杂质 F 是水解时未能脱去 2 位乙酰基所生成的副产物；杂质 G 和 H 是两条制备路线的阿昔洛韦的合成前体。

A   B   C

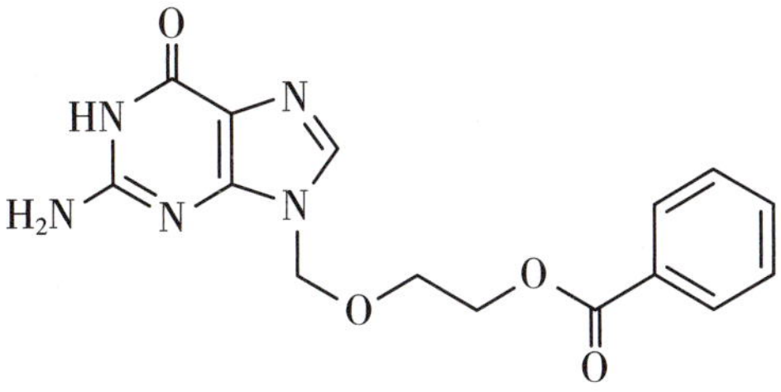

D

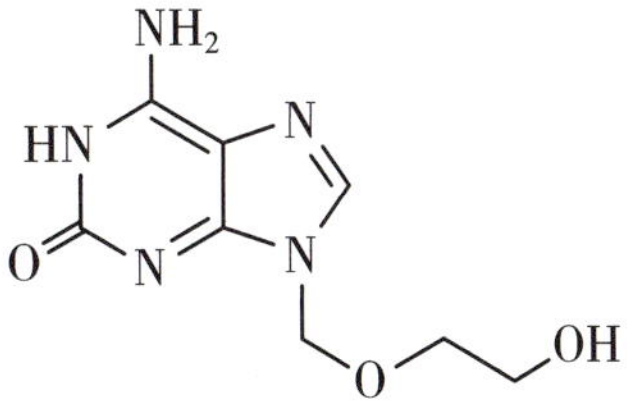

E

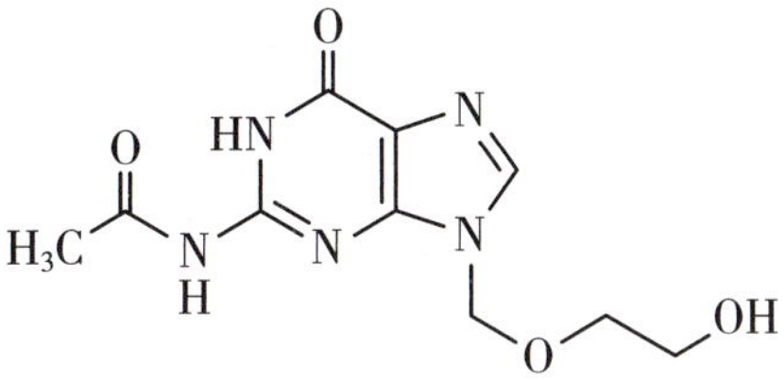

F

本品主要用于疱疹性角膜炎、生殖器疱疹、全身性带状疱疹和疱疹性脑炎治疗，也可用于治疗乙型肝炎。

法维拉韦（favipiravir）是一种嘌呤类似物，最初被批准用于治疗流感耐药病例。本品靶向 RNA 依赖性 RNA 聚合酶（RdRp），后者是病毒基因组转录和复制必需的酶。法维拉韦不仅抑制甲型和乙型流感病毒的复制，而且在治疗禽流感方面显示前景，并且可能是对神经氨酸酶抑制剂具有抗性的流感毒株的替代选择。法维拉韦已被研究用于治疗危及生命的病原体例如埃博拉病毒等。

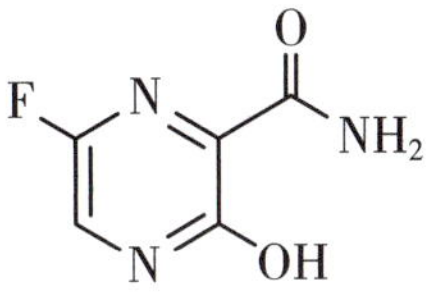

法维拉韦

第四节　基于其他机理的抗病毒药物

一、干扰素及干扰素诱导剂

干扰素（interferon）是 1957 年发现的低分子量天然来源的一类糖蛋白，当病毒或其他诱导剂进入机体后诱导宿主细胞产生干扰素，它具有抑制病毒生长、细胞增殖和免疫调节的活性。这类糖蛋白可使其他未受到感染的细胞免于病毒的感染，对包括 RNA 和 DNA 病毒在内的绝大部分病毒的繁殖，几乎都有抑制作用。干扰素只能作用于人体，其他哺乳动物的干扰素对人类无影响。人源干扰素共有三个类型：α、β 和 γ。现在通过重组 DNA 技术克隆出干扰素基因，生产得到的干扰素 α-2a 和干扰素 α-2b 临床用于治疗丙型肝炎。α- 干扰素具有广谱抗病毒活性,通过与病毒感染的细胞表面特定受体结合,抑制 mRNA 的转录和翻译。临床用于治疗乙型肝炎。也可与利巴韦林(ribavirin)联合用于丙型肝炎。

某些小分子化合物进入体内可诱导干扰素的产生。替洛隆(tilorone)是一个二乙氨基芴酮衍生物,能有效诱导干扰素的生成,具有广谱抗病毒作用。此外,还可促进细胞的吞噬作用,能够用于预防病毒感染后引起的呼吸道疾病。

人体内干扰素的产生也可以通过免疫调节剂诱导,这样可以避免使用外源性干扰素引起的副作用。咪喹莫特(imiquimod)是一个小分子免疫调节剂,属于咪唑喹啉类化合物。它不具有直接抗病毒活性,也不引起直接的、非特异的细胞溶解破坏作用,可诱导机体产生 α- 干扰素以及刺激免疫系统的其他细胞因子,但作用机制尚不清楚,临床用于治疗成人外生殖器和肛周尖锐湿疣。

替洛隆

咪喹莫特

二、非干扰素诱导广谱抗病毒药

利巴韦林(ribavirin)是一种嘌呤核苷类似物,1970 年合成了该化合物。1972 年科学家报道了其广谱抗病毒活性。1980 年中期,利巴韦林气雾剂被批准用于治疗呼吸窘迫儿童的呼吸道合胞病毒感染,1998 年,利巴韦林 / 干扰素 α 联合疗法用于丙型肝炎病毒治疗。

利巴韦林(ribavirin)

化学名为 1-β-D- 呋喃核糖基 -1H-1,2,4, - 三氮唑 -3- 羧酰胺,1-β-D-ribofuranosyl-1H-1, 2,4-triazole-3-carboxamide。

本品为白色或类白色结晶性粉末,易溶于水,微溶于乙醇,极微溶于二氯甲烷。利巴韦林的 pK_a 为 12.25。

利巴韦林有两条代谢途径(见图 17-1):一种是在有核细胞中进行可逆的磷酸化;另一种是包括脱核糖基化和胺水解产生一种三氮唑羧酸代谢物的代谢途径。利巴韦林及其三氮唑酰胺和三氮唑羧酸代谢物经肾排泄。

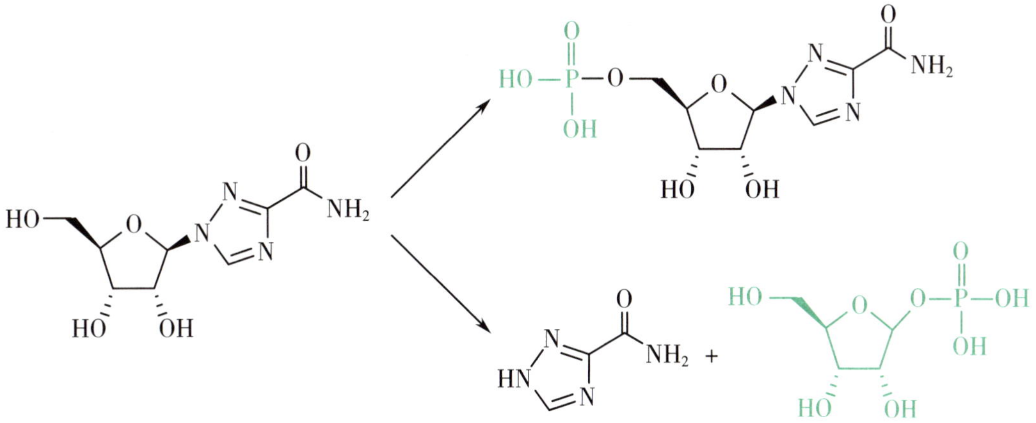

图 17-1 利巴韦林的代谢途径

口服利巴韦林后,在 336 小时内在尿及粪便中分别有 61% 和 12% 左右消除,其中未经转化的利巴韦林只占 17%。利巴韦林很少或几乎不通过细胞色素 P450 代谢,只有极少量潜在的酶 - 药物之间相互作用。

利巴韦林的第一条合成路线是先将三氮唑甲酸甲酯与六甲基二硅胺(HMDS)形成三甲基硅烷化物,再与三乙酰核糖溴化物在高温条件下进行缩合反应,再经氨解反应制备得到目标分子。这一方法存在反应时间长,收率低,缩合反应温度高,易使乙酰核糖溴化物分解等缺陷。

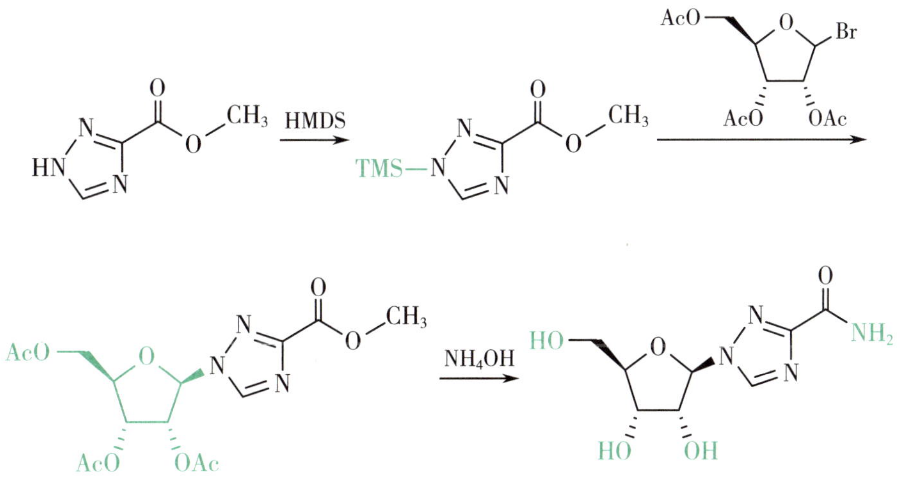

利巴韦林的第二条合成路线是先将四乙酰核糖与三氮唑甲酸甲酯在四氯化锡催化下进行缩合反应,再在甲醇钠作用下脱除核糖环上的乙酰基,然后经氨解反应制备得到目标分子。

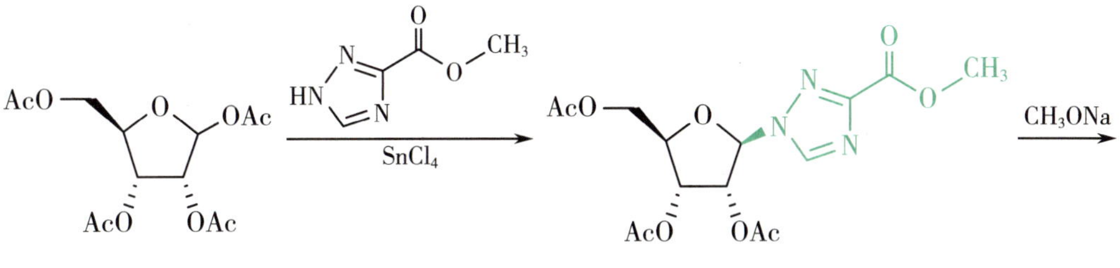

利巴韦林的限量杂质主要包括 A～G 七种。其中化合物 A 为利巴韦林的三氮唑环上甲酰胺水解成羧酸；化合物 B 为利巴韦林的端基差向异构体；化合物 G 则为利巴韦林的 *N*- 异构体，药典规定只需检查杂质 F 即可。

利巴韦林的作用机制尚不清楚。大量研究显示，它是广谱的抗病毒药物，体内和体外试验表明对 RNA 和 DNA 病毒都有活性，对多种病毒例如呼吸道合胞病毒、副流感病毒、单纯疱疹病毒、带状疱疹病毒等有抑制作用。对 A 和 B 型流感病毒引起的流行性感冒、腺病毒肺炎、甲型肝炎、疱疹、麻疹等有防治作用。

本品有较强的致畸作用，故禁用于孕妇和预期要怀孕的妇女。大剂量使用时，也可致心脏损害。

三、丙型肝炎病毒 NS5B 聚合酶抑制剂

丙型肝炎是由丙型肝炎病毒引起的一种肝脏疾病，可导致肝脏慢性炎症坏死和纤维化。丙型肝炎感染的治疗目标是减少并最终预防导致肝硬化、肝功能衰竭或肝细胞癌的进行性肝损伤。病毒治疗的重要目标是开发针对不同靶标的药物，因为这将允许开发涉及具有不同作用机制的不同药物的联合疗法。预期这将改善治疗效果，减少副作用，并降低耐药风险。为

此，已经进行了研究以开发针对 NS5B RNA 依赖性 RNA 聚合酶的 HCV 酶选择性抑制剂。该酶负责催化病毒基因组的复制，通过合成负链单链 RNA 的互补链，然后将其用作模板来生成正链单链 RNA 的副本，从而起到了催化作用。该酶具有多个结合口袋，并且各种研究项目已尝试开发竞争性和变构抑制剂。

2′- 氟 -2′- 甲基脱氧胞苷（PSI-6130）是一种有效的、选择性 HCV NS5B 聚合酶抑制剂，在细胞培养系统中表现出抗病毒活性，并且在临床试验上有效。但是作为胞苷类核苷，在体内易被胞苷脱氨酶催化脱氨，转变为尿苷而失去活性。

PSI-6130 → PSI-6206

研究发现，PSI-6130 的 5′- 位羟基经转化生成一磷酸、二磷酸和三磷酸化产物。同时，也发生脱氨作用，生成化合物 PSI-6206，提示胞苷脱氨是个失活过程。所以碱基为胞嘧啶的核苷类药物具有代谢不稳定性。然而，PSI-6206 的一磷酸化物经脱氨生成的一磷酸尿苷，在肝细胞内可发生二磷酸化和三磷酸化，生成的三磷酸尿苷（PSI-7409）具有较高的抑制 HCV NS5B 聚合酶的活性，而且可在肝细胞内长时间驻留，半衰期为 38 小时，这些性质成为寻找一磷酸尿苷类药物的依据。

PSI-6206一磷酸化物   PSI-7409

由于 PSI-6206 的一磷酸化物在生理 pH 条件下带有负电荷，极性强，不利于透过膜吸收，需要利用 ProTide 策略制成前药掩蔽极性基团克服极性问题。ProTide 的核苷酸由一个通过 P—N 键连接的氨基酸酯前体所掩蔽，较为常用的氨基酸是 L- 丙氨酸。这样形成 ProTide 型化合物就可以被动扩散透过细胞膜进入细胞。索磷布韦（sofosbuvir）是一种口服给予的 HCV NS5B 聚合酶的核苷抑制剂，也可导致病毒基因组链终止，并于 2013 年获得 FDA 批准。目前正在努力设计非核苷抑制剂。丙型肝炎病毒（HCV）是一种单链 RNA 病毒，分为九个不同的基因型，基因型 1 在北美最为常见。达沙布韦（dasabuvir）是一种非结构蛋白 5B（NS5B）抑制剂，可与 NS5B 蛋白的 palm 结构域相结合，并诱导蛋白构象变化，使聚合酶无法延长病毒 RNA 标记。非核苷 NS5B 抑制剂的结合位点在 HCV 基因型中保守性较差，导致达沙布韦的使用仅限于基因型 1。

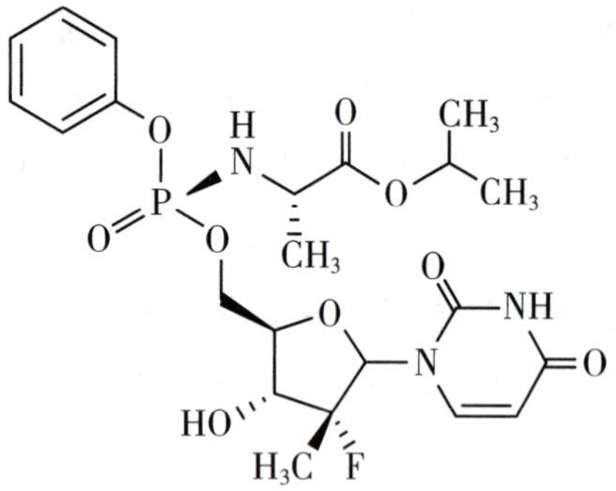

索磷布韦

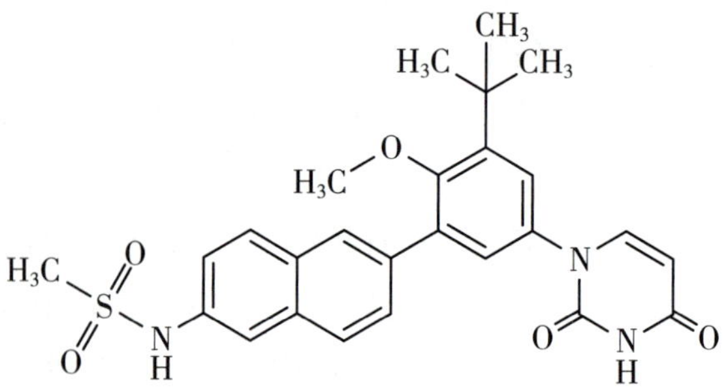

达沙布韦

另一个感兴趣的靶标是丙型肝炎病毒非结构蛋白 5A（NS5A）。这一蛋白没有催化功能，但对病毒复制周期至关重要。维帕他韦（velpatasvir）是一种小分子直接作用抗病毒药物，索磷布韦和维帕他韦联合给药，用于治疗基因 1-6 型慢性丙型肝炎病毒的成人感染患者。维帕他韦是通过抑制非结构蛋白 5A 来防止病毒复制。

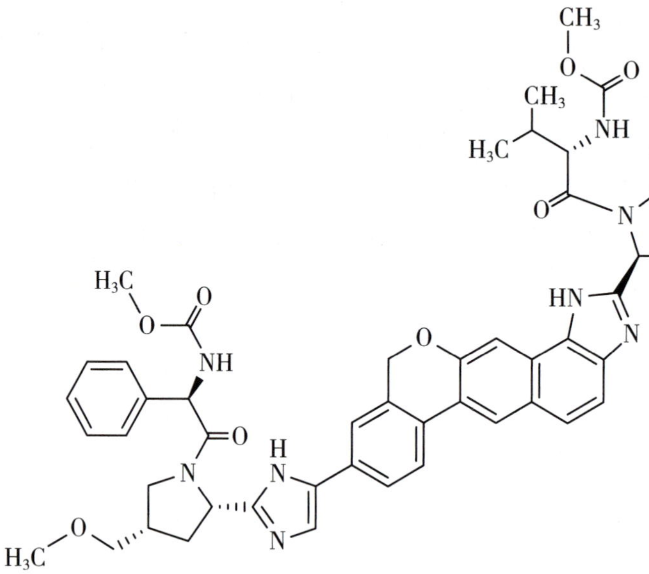

维帕他韦

四、CAP 依赖型核酸内切酶抑制剂

流感病毒是一类包含 8 个负性单链 RNA 基因组的病毒家族的总称，属于正黏病毒科。流感病毒的 RNA 依赖型 RNA 聚合酶（RdRp）可催化病毒 RNA 在被感染细胞的细胞核中的复制和转录。RdRp 蛋白是一个异源三聚体，其包含聚合酶酸性蛋白（polymerase acidic protein，PA）、聚合酶碱性蛋白 1（polymerase basic protein 1，PB1）和聚合酶碱性蛋白 2（polymerase basic protein 2，PB2）三个亚基，在病毒 RNA 复制和转录过程中起重要作用的是 RdRp 的 PA 亚基。RdRp 的 PA 亚基末端氨基酸残基含核酸内切酶的活性位点，且核酸内切酶能与两个锰离子结合。

作为流感治疗的替代方法，人们开发了巴洛沙韦（baloxavir）及其前药玛巴洛沙韦（baloxavirmarboxil），其中引入酚羟基的目的是增强巴洛沙韦的口服吸收。巴洛沙韦是基于多替拉韦的双金属药效团概念通过理性分子设计开发的化合物,已知多替拉韦是人类免疫缺陷病毒整合酶的链转移抑制剂。CAP 依赖型核酸内切酶和人免疫缺陷病毒整合酶都使用两种二价金属离子作为其核酸内切酶活性的辅助因子。由于多替拉韦在 HIV 整合酶活性位点与这些离子结合,因此提出多替拉韦的金属螯合化学骨架也可用于开发 CAP 依赖型核酸内切酶抑制剂。首先通过 CEN 酶法筛选金属螯合化合物,进行细胞表型筛选,然后结构优化以提高药代动力学性质和安全性。最终导致了针对甲型和乙型流感病毒 PA 蛋白中核酸内切酶的化合物巴洛沙韦和玛巴洛沙韦的产生。

巴洛沙韦　　　　　　　　　　　玛巴洛沙韦

由于核酸内切酶活性位点中的氨基酸在季节性、大流行和高致病性禽流感病毒中具有良好保守性,因此巴洛沙韦或玛巴洛沙韦可成为一种新的广谱治疗性抗流感疗法。单次给予玛巴洛沙韦实现了拭子病毒滴度的显著下降,导致临床研究中无并发症流感的流感症状减轻。

玛巴洛沙韦(baloxavirmarboxil)

化学名为 {(12aR)-12-[(11S)-7,8- 二氟 -6,11- 二氢二苯并[b,e]硫杂䓬 -11- 基]-6,8- 二氧代 -3,4,6,8,12,12a- 六氢 -1H-[1,4]噁嗪并[3,4-c]吡啶并[2,1-f][1,2,4]三嗪 -7- 基 } 氧代)甲基碳酸甲酯,{(12aR)-12-[(11S)-7,8-difluoro-6,11-dihydrodibenzo[b,e]thiepin-11-yl]-6,8-dioxo-3,4,6,8,12,12a-hexahydro-1H-[1,4]oxazino[3,4-c]pyrido[2,1-f][1,2,4]triazin-7-yl}oxy)methyl methyl carbonate。

人们根据多替拉韦设计思路,提取分子中与离子相互作用的关键结构,以其为母核进行结构改造得到酮醇化合物巴洛沙韦。巴洛沙韦与 CAP 依赖型核酸内切酶蛋白复合物晶体结构显示,巴洛沙韦的 7- 羟基 -6,8- 二羰基与 2 个锰离子形成配位键,进一步确证基于结构药物设计的合理性。此外,这一部分结构还与 3 个水分子形成氢键,二苯并硫䓬部分则与核酸内切酶部分氨基酸残基形成范德瓦耳斯相互作用。但这一活性分子的生物利用度仅有 4.2%，对 7 位羟基进行系列衍生化，最终得到羧酸酯化合物玛巴洛沙韦，生物利用度提高至 14.6%，提高了药物分子在体内的吸收。

本品的合成方法一是以 3，4- 二氟苯甲酸为起始原料，先进行 Bouveault 醛合成，然后分子内反应形成苯并呋喃酮中间体，然后与苯硫酚反应得到硫代缩醛，经历还原开环，多聚磷酸催化下得到三环硫化物中间体，通过钠硼氢还原为 7，8- 二氟 -6，11- 二氢二苯并[b，e]噻庚英 -11- 醇，然后与多替拉韦中间体噁嗪并吡啶并三嗪缩合，得到巴洛沙韦酸，酯化，得到目标分子玛巴洛沙韦。

本品的第二种合成路线是脱去噁嗪并吡啶并三嗪的苄基保护基团，然后经醚化反应引入己基，得到中间体对苯甲磺酸盐，再与 7,8- 二氟 -6,11- 二氢二苯并[b , e]噻庚英 -11- 醇缩合，酯化，得到目标物玛巴洛沙韦。

玛巴洛沙韦的限量杂质主要包括 A、B 和 C，它们均为合成中间体。

A   B   C

本品是前体药物，进入体内水解为活性物质巴洛沙韦，发挥抗流感病毒的活性。

五、天花病毒组装成熟抑制剂

天花(smallpox)病毒是一种极具传染性、致命性的传染病毒。未患过天花或没有接种天花疫苗的人均有可能被感染，其主要症状表现为病毒血症，感染后死亡率高。早在1980年，世界卫生组织宣布天花病毒已经彻底根除，天花疫苗也是人类成功开发的第一款疫苗。然而，疫苗相关的不良反应和抗体药物迟滞期的问题也一直困扰着人们。西多福韦(cidofovir)可作为天花爆发的应急治疗药物。但其口服无效，须静脉给药，且存在着较严重的剂量限制性的肾毒性。

为了得到具有一定专一性的、强效的正痘病毒抑制剂，人们使用牛痘病毒建立了一种"病毒诱导的细胞病变"模型的高通量筛选方法，筛选了化合物库中的356 000个具有较低分子量的小分子化合物。其中，一类具有三环壬烯甲酰胺的化合物表现出较好的抑制活性。初步研究表明，化合物结构中R为芳甲酰胺或芳杂环甲酰胺时，病毒诱导的细胞病变实验具有较好的抑制活性。进一步合成一系列衍生物的活性证明了当芳甲酰胺上有吸电子基团时，表现出最优的抑制活性。最后，构效关系研究明确了特考韦瑞(tecovirimat)在包括牛痘、猴痘、骆驼痘等多种正痘病毒家族中具有广谱的抑制活性，且对CDV耐受的牛痘病毒仍然有效，确证了其抗天花病毒的活性并显示出与CDV不同的作用机制。同时，特考韦瑞表现出很好的正痘病毒的选择性。

西多福韦 特考韦瑞

六、巨细胞病毒末端酶抑制剂

病毒末端酶是双链DNA病毒在人体细胞包装过程中普遍存在的，它是调控病毒包装所必需的功能性蛋白。来特莫韦(letermovir)属于非核苷类抗巨细胞病毒药物，其能够靶向于病毒末端酶亚单位pUL56，从而抑制巨细胞病毒DNA末端酶复合物pUL51、pUL56和pUL89的活性，阻遏病毒DNA的加工和包装。来特莫韦的耐药与蛋白亚单位pUL56产生突变有关。这一药物与病毒DNA聚合酶抑制剂西多福韦或更昔洛韦等无交叉耐药性。

来特莫韦

第五节　抗人类免疫缺陷病毒药物

人类免疫缺陷病毒(human immunodeficiency virus，HIV)属反转录病毒科慢病毒亚科，它分为2种亚型：HIV-1和HIV-2，这2种亚型的粒子形态完全相同，但基因组的DNA碱基序列则存在明显差异。HIV-1感染导致人免疫缺陷综合征(acquired immunodeficiency syndrome，AIDS)，又称艾滋病，这一疾病主要侵犯和破坏人体辅助性T细胞，使细胞免疫功能部分或完全丧失，继而发生条件致病性感染和肿瘤。自1981年在美国首次被发现以来，艾滋病已造成全世界3 770万人感染，成为严重危害人类健康和社会安全与稳定的重大传染性疾病之一。

HIV的生命周期已经被阐明。HIV外膜的糖蛋白与宿主细胞表面的CD4受体及辅受体具有较高的亲和力，通过两者识别，病毒粒子吸附到靶细胞表面，在趋化因子受体CXCR4和CCR5的引发下病毒细胞膜发生裂解，经穿入作用将自身的RNA核心部分注入宿主细胞。在逆转录酶(reverse transcriptase，RT)的催化作用下，病毒RNA逆转录为前病毒DNA；随后被易位进入细胞核，在整合酶(integrase，IN)的催化下插入宿主细胞的染色体，然后利用宿主细胞已有的基因和蛋白表达系统进行复制。新合成的蛋白质被蛋白酶(protease，PR)剪接修饰成活性蛋白质或酶，这些蛋白质RNA一起在浆膜上装配形成病毒的主要结构，然后转运至细胞膜，以出芽的方式获取宿主细胞脂质双层膜及吸附在上面的病毒外膜糖蛋白gp41和gp120，然后在与宿主的亲环素(cyclophilin)结合的衣壳蛋白的辅助下释放到细胞外，成为具有感染性的病毒粒子。

针对HIV的生命周期中的各个阶段，采用不同的策略抑制HIV-1病毒感染细胞并进行复制的过程中某一个或若干个关键步骤，从而达到阻遏病毒复制和感染的目的。抗艾滋病药物主要包括逆转录酶抑制剂、HIV蛋白酶抑制剂、整合酶抑制剂、融合酶抑制剂和进入抑制剂。

一、HIV逆转录酶抑制剂

逆转录酶是人类免疫缺陷病毒复制过程中的一个重要酶，在人类细胞中无此酶存在，而在动物的研究过程中发现对该酶具有抑制作用的抑制剂，从而使研究以逆转录酶为作用靶点的抗艾滋病药物成为可能。逆转录酶抑制剂药物分为核苷类和非核苷类。

（一）核苷类

齐多夫定(zidovudine，AZT)为脱氧核苷类似物，1964年由Jerome Horowitz合成，最初作为抗肿瘤药研究但未成药。1972年又用于抑制单纯疱疹病毒复制的研究，1985年，意外发现其体外可抑制HIV复制，成为第一个被批准进入临床的抗逆转录病毒药物。

地丹诺辛(didanosine，ddI)又名去羟肌苷，是第二个批准使用的嘌呤核苷类衍生物，它的分子中核酸碱基是一种不会天然掺入DNA的碱基肌苷，然而，一系列酶促反应将这一化合物转化为活性物质2′，3′-双脱氧腺苷三磷酸。对HIV逆转录酶活性位点的研究，人们发现拉米夫定(lamivudine，3TC)和恩曲他滨(emtricitabine，FTC)，这两个药物都是双脱氧胞苷的类似物，其中3′位的碳原子由硫原子替代。我国科技工作者研制的阿兹夫定(azvudine，FNC)的结构与拉米夫定类似,其 2′ 位氟原子可增强化合物的酸稳定性,影响了核苷的电子特性和构象形状,从而显著提高了核苷的活性,而在 4′ 位引入叠氮基使核苷呈现非自然的 3′-C-endo 构象,从而使化合物对人类免疫缺陷病毒和耐多药毒株具有活性。

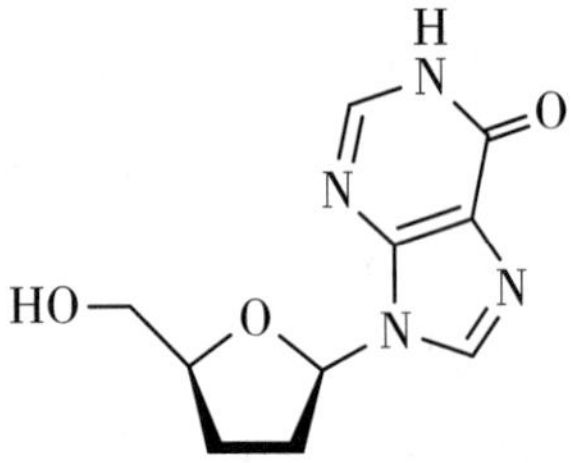

地丹诺辛 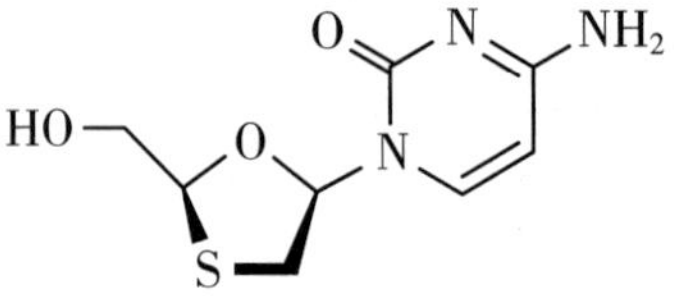　　　　　　　　拉米夫定 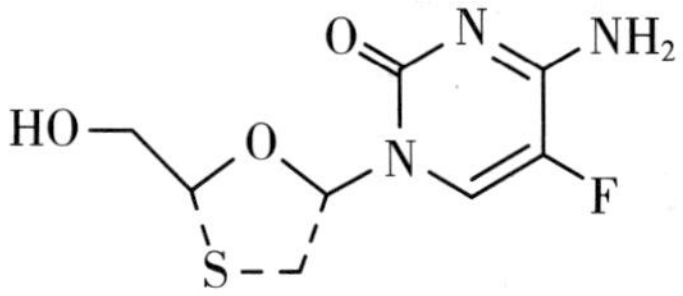　　　　　　　　恩曲他滨

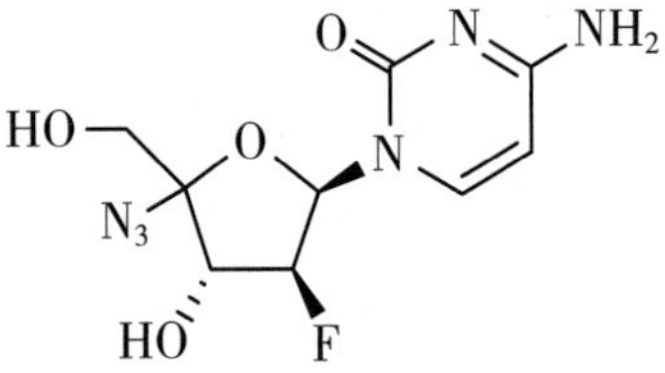

阿兹夫定 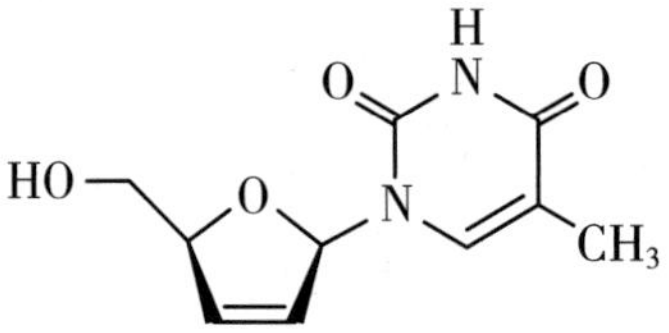　　　　　　　　司他夫定 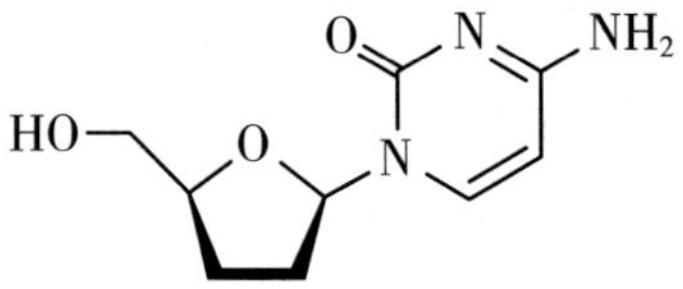　　　　　　　　扎西他滨

其他临床上用于抗 HIV 逆转录酶的药物包括阿巴卡韦(abacavir)、司他夫定(stavudine)和扎西他滨(zalcitabine)。替诺福韦酯(tenofovir disoproxil)和阿德福韦酯(adefovir dipivoxil)是修饰核苷的前药。两个药物的结构都包含一个由两个扩展酯保护的单磷酸基团。磷酸基团体内水解,然后可进行磷酸化转为三磷酸酯。

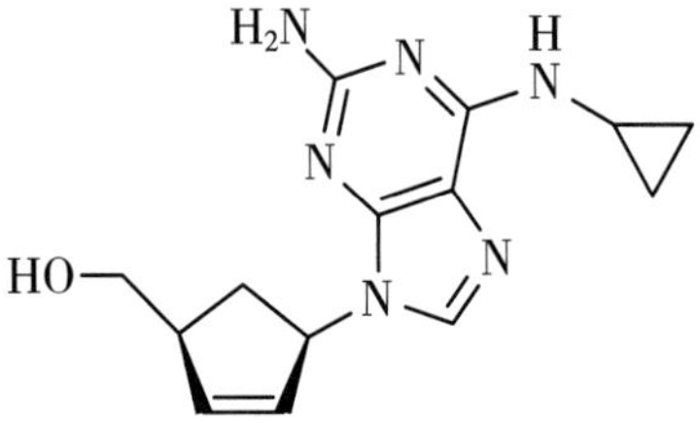

阿巴卡韦 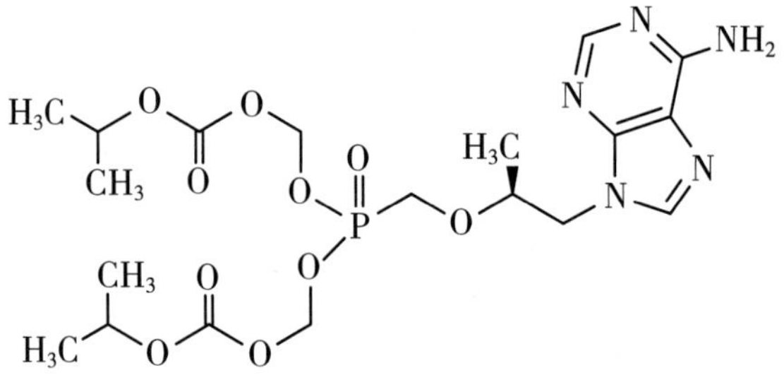　　　　　　　　　　　　替诺福韦酯

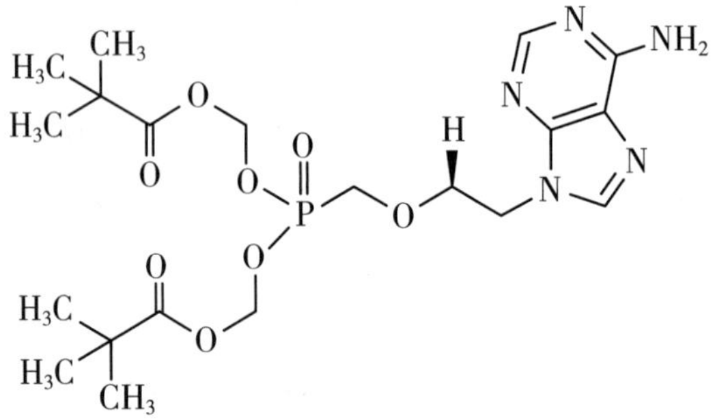

阿德福韦酯

我国药学工作者研制的艾米替诺福韦(tenofovir amibufenamide)是替诺福韦的亚磷酰胺药物前体,属于核苷类逆转录酶抑制剂。

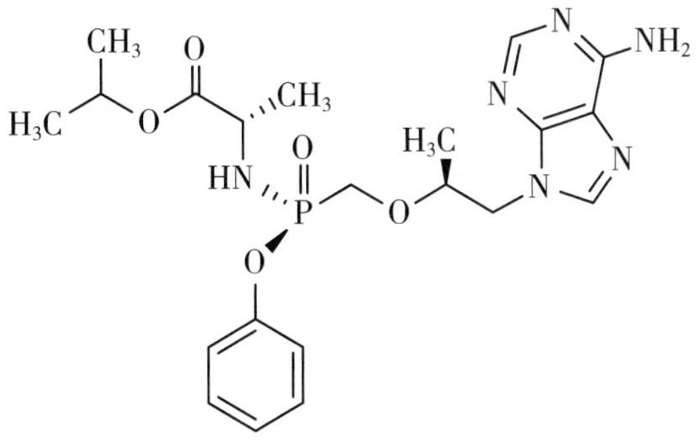

艾米替诺福韦

（二）非核苷类

非核苷类逆转录酶抑制剂通常是疏水性分子，它们结合到本质上是疏水性的变构结合位点。由于变构结合位点与底物结合位点是分开的，非核苷类逆转录酶抑制剂是非竞争性的可逆抑制剂。它们包括第一代药物如奈韦拉平（nevirapine）和地拉韦定（delavirdine）以及第二代药物如依法韦仑（efavivenz）、依曲韦林（etravirine）和利匹韦林（rilpivirine）。药物-靶酶复合物的 X 射线晶体学研究表明，变构结合位点与底物结合位点相邻。非核苷类逆转录酶抑制剂与变构位点的结合导致诱导配合，将相邻的底物结合位点锁定为非活性构象。但是由于结合位点的突变，出现了快速的耐药性，这种突变被定义为泛类耐药突变。耐药性问题可以通过从治疗开始就将非核苷类逆转录酶抑制剂与核苷类逆转录酶抑制剂结合来解决。由于结合位点不同，这两种药物可以一同使用。

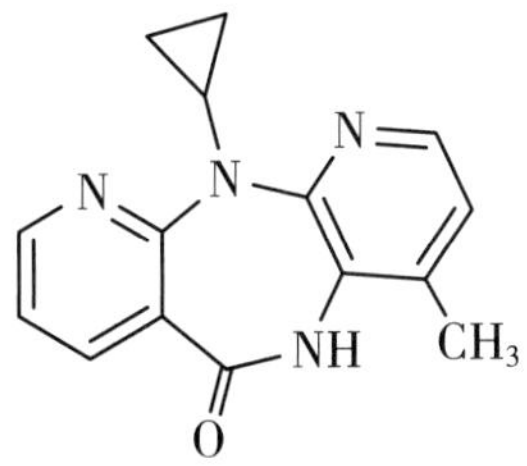

奈韦拉平

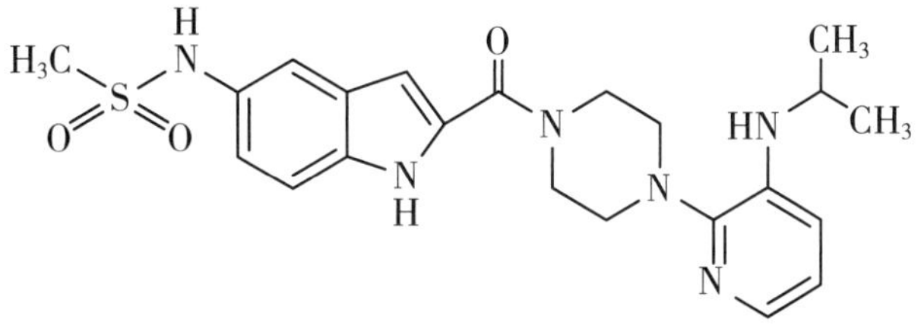

地拉韦定

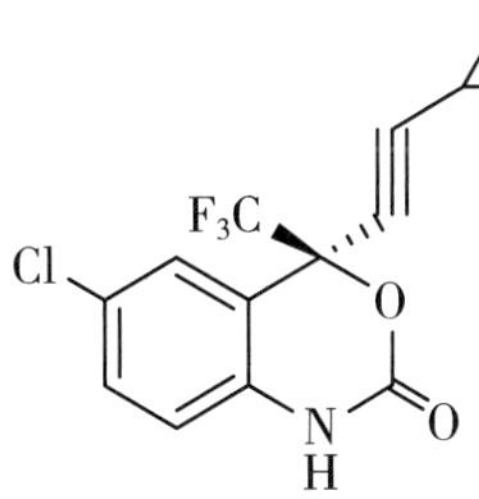

依法韦仑

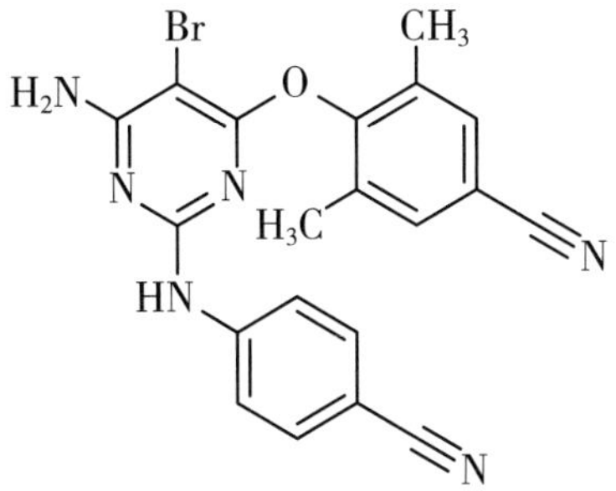

依曲韦林

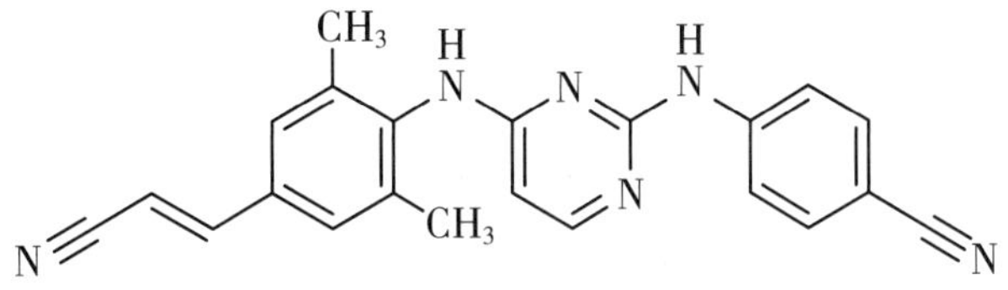

利匹韦林

第二代非核苷类逆转录酶抑制剂由于存在耐药屏障较低、不良反应较多以及药物相互作用等问题，临床应用逐渐受到限制。例如，依法韦仑存在中枢神经系统毒性，利匹韦林对心脏离子通道的脱靶效应使其具有潜在的心脏毒性，通过结构生物学和体外耐药性以及药物代谢特性研究，促进了吡啶酮骨架的第三代非核苷类抗病毒药物的合理设计，多拉韦林（doravirine）的药代动力学性质优于利匹韦林，耐受性和安全性高于依法韦仑和奈韦拉平，药物相互作用减少。艾诺韦林（ainuovirine）是我国药学工作者研制的非核苷类逆转录酶抑制剂，它具有嘧啶酮骨架，通过非竞争性结合并抑制 HIV 逆转录酶活性，从而阻止 HIV 转录和复制。其可与核苷类抗逆转录病毒药物联合使用，治疗成人 HIV-1 感染的初治患者。

多拉韦林　　　　　　　　艾诺韦林

非核苷类 HIV 逆转录酶抑制剂已成为临床上治疗艾滋病广泛应用的高效抗病毒疗法的重要组成部分，这类药物的最大缺陷是迅速产生耐药病毒株。

利匹韦林（rilpivirine）

化学名 4-[[4-[[4-[(E)-2- 氰基乙烯]-2,6- 二甲基苯基]氨基]-2- 嘧啶基]氨基]苯甲腈单盐酸盐，4-[4-[4-[(E)-2-Cyanovinyl]-2,6-dimethylphenylamino]pyrimidin-2-ylamino]benzonitrile hydrochloride。

利匹韦林是非核苷类逆转录酶抑制剂（NNRTI），用于治疗未接受过治疗的患者中的 HIV-1 感染。它是二芳基嘧啶衍生物。利匹韦林的内部构象柔性及其与结合位点相互作用的可塑性与其他 NNRTI 相比，它具有很高的效力，并减少了耐药的机会。利匹韦林与多替拉韦联合被批准为第一种完整治疗方案的一部分，仅用两种药物治疗成人 HIV-1。

路线一采用 4- 溴 -2,6- 二甲基苯胺为起始原料，与丙烯酰胺发生 Heck 反应，用三氯氧磷脱氢，成盐，得到关键中间体（2E)-3-(4- 氨基 -3,5- 二甲基苯基）丙 -2- 烯腈盐酸盐，然后与 4-[(4- 氯嘧啶 -2- 基）氨基]苯甲腈偶联，得到最终产物利匹韦林。

路线二采用 4- 碘 -2,6- 二甲基苯胺为起始原料，先与丙烯腈发生 Heck 反应，用氯化氢处理，得到关键中间体(2E)-3-(4- 氨基 -3,5- 二甲基苯基)丙 -2- 烯腈盐酸盐，然后与 4-[(4- 氯嘧啶 -2- 基)氨基]苯甲腈偶联，得到最终产物利匹韦林。

利匹韦林的限量杂质主要包括 A、B、C、D、E 和 F 六种，其中杂质 A 是夹杂在物质 C 的羟化产物；杂质 B 和 C 是未反应完全的中间体；杂质 D 是利匹韦林的同分异构体；杂质 E 和 F 分别是利匹韦林的水解和氧化降解产物。

本品与其他的抗逆转录病毒药物联合使用,适用于治疗开始时 1 型人免疫缺陷病毒核糖核酸低于或等于 100 000 拷贝 /ml 的 1 型人免疫缺陷病毒感染的初治患者。

二、HIV 蛋白酶抑制剂

HIV 蛋白酶是一种对称的二聚体,由两个相同的蛋白质单元组成,每个单元由 99 个氨基酸组成。活性位点位于蛋白质单元之间的界面处,具有双重旋转(C2)对称性。来自每个单元的氨基酸 Asp25、Thr26 和 Gly27 位于活性位点的底部,每个单元提供一个瓣作为顶部。该酶具有广泛的底物特异性,可以切割病毒多肽中的多种肽键,但至关重要的是它可以切割脯氨酸残基和芳香残基(苯丙氨酸或酪氨酸)之间的键。脯氨酸旁边的肽键断裂是不常见的,并且不会发生在哺乳动物蛋白酶(例如肾素、胃蛋白酶或组织蛋白酶 D)中,因此相对于哺乳动物蛋白酶实现针对 HIV 蛋白酶的选择性的机会很大。此外,病毒酶的对称性质及其活性位点在哺乳动物蛋白酶中不存在,再次表明药物选择性具有可能性。底物肽骨架与 HIV-1 蛋白酶活性位点之间的相互作用见图 17-2。

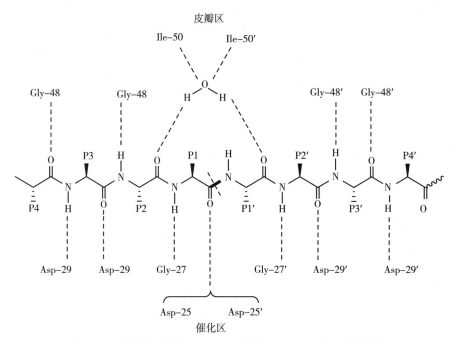

图 17-2 底物肽骨架与 HIV-1 蛋白酶活性位点之间的相互作用

肽类 HIV 蛋白酶抑制剂是在原有底物肽的基础上用 β- 羟基酸、羟乙基或羟乙氨基替代原有结构中被剪切位置的二肽,这样含有羟基的 sp^3 杂化碳原子很好地模拟了蛋白酶催化肽水解的过渡态。

最初从蛋白酶的最简单的底物二肽 L- 苯丙氨酰 -L- 脯氨酸出发,用羟基乙胺过渡态电子等排体替换肽键,并用苄氧基羰基和叔丁基分别保护 N 末端和 C 末端,得到的化合物 1 仅有很弱的抑制活性。在 N 末端与保护基之间插入天冬氨酸片段,得到的化合物 2 活性提高近 40 倍。

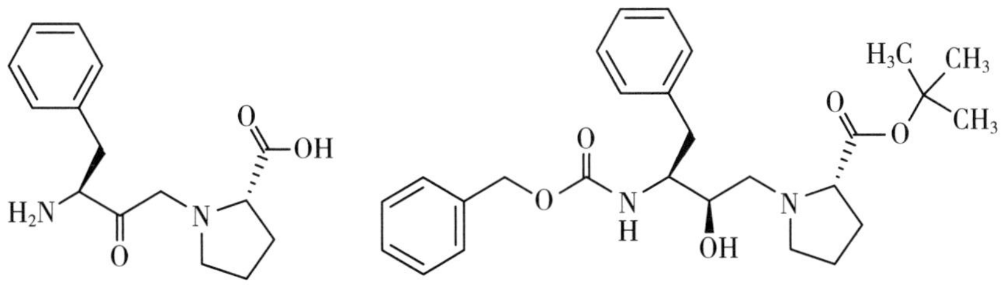

L-苯丙氨酰-L-脯氨酸化合物1

进一步研究发现,脯氨酸占据的 S1′ 亚基口袋,可用来容纳体积更大的十氢异喹啉环。叔丁基酯保护基占据 S2′ 亚基口袋,可用叔丁基酰胺基替换,这样结构变化使药物在体内更稳定,并且活性又提高 60 倍,得到第一个 HIV 蛋白酶抑制剂沙奎那韦(saquinavir)。

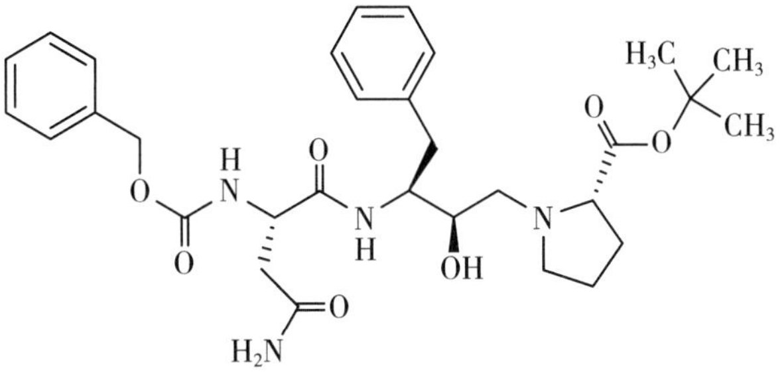

化合物2

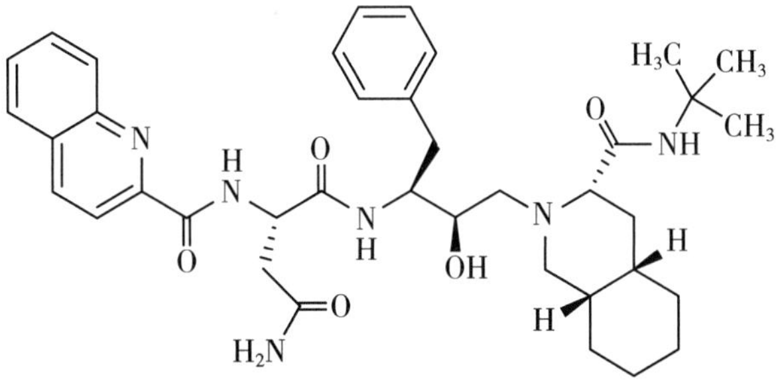

沙奎那韦

沙奎那韦的口服生物利用度不高,仅有 4%,并且易于产生药物抗性。于是各种努力用来设计结构比沙奎那韦更简单的(分子量更低)并且具有更少的肽的特征及性质和更好的口服生物利用度类似物。

由于利托那韦单独使用,易产生抗药性病毒株,通过 HIV 蛋白酶与抑制剂复合物的晶体结构分析,4- 噻唑基的异丙基可与蛋白酶 Val82 的异丙基产生疏水作用,导致产生耐药性。因此,除去连接有异丙基的 4- 噻唑环片段,改用环脲形成构象限制,另一端的 5- 噻唑基也由 2,6- 二甲基苯基替换,得到能够对抗耐利托那韦病毒株的洛匹那韦(lopinavir)。

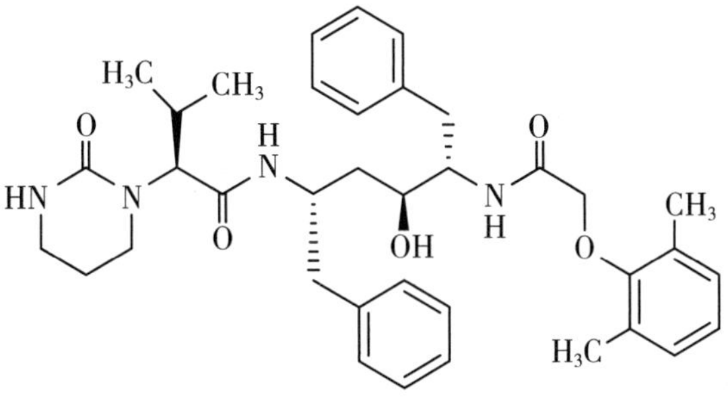

洛匹那韦

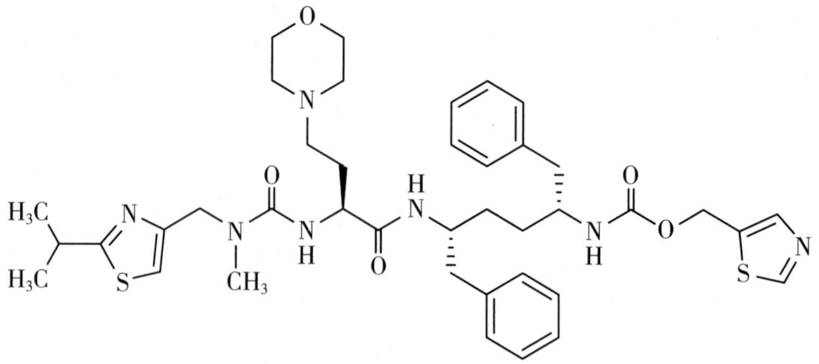

洛匹那韦考比司他

洛匹那韦易被细胞色素代谢酶 CYP3A4 迅速代谢,而利托那韦是 CYP3A4 抑制剂,两药合用,利托那韦有利于洛匹那韦增效。受此启发,在利托那韦的结构基础上优化出一种 CYP3A4 代谢酶抑制剂考比司他(cobicistat)。

以利托那韦作为二肽电子等排体,用氮原子替换碳原子,得到氮杂型 HIV 蛋白酶抑制剂,通过一系列化合物的优化,得到先导化合物 CGP53820,将环己基变为异丁基,两端的甲酰基替换为甲氧基甲酰基,尽管抗病毒活性得到改善,但是化合物的口服生物利用度仍需提高,须进一步优化。用联芳基替换连接酰肼部分的烷基,得到阿扎那韦(atazanavir)。

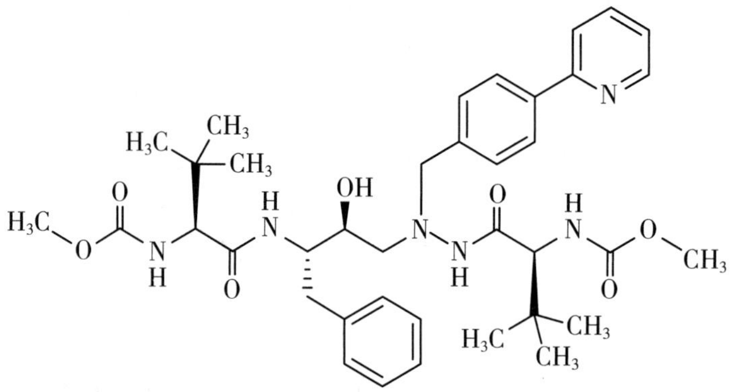

阿扎那韦

茚地那韦(indinavir)的设计涉及颇有意义的杂化策略。先导物 L685434 是一个羟亚乙基过渡态电子等排体,但具有肝毒性,生物利用度也较低。于是将先导物 L685434 的部分片段和沙奎那韦的十氢异喹啉环片段拼合,得到杂化体 L704486,其水溶性和口服生物利用度均有一定提高,但是 HIV 蛋白酶抑制活性降低。进一步结构修饰是用哌嗪环替换十氢异喹啉环,环上多余的氮原子有助于提高水溶性和口服生物利用度,吡啶环则有利于与靶酶 S3 亚基结合。

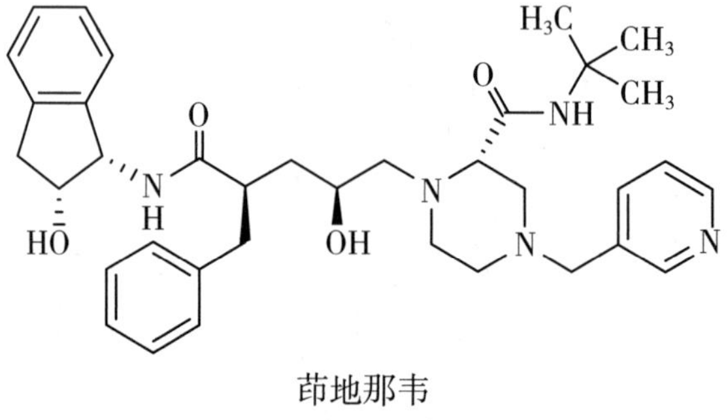

茚地那韦

为避免沙奎那韦的生物利用度低的缺陷和保留生物活性的需要，首先用异丁基磺酰胺基团替换沙奎那韦的十氢异喹啉基，这样的结构变化可以将先导物所含的 6 个不对称中心减至 3 个，使得类似物的合成更加容易。通过用与酶 S2 口袋有良好结合力的四氢呋喃氨基甲酸酯替换 P2 和 P3 基团减少了先导物的肽特征。最后苯磺酰胺基的对位引入氨基增加水溶性，并且可增强口服吸收，安普那韦（amprenavir）是以沙奎那韦作为先导化合物设计的一个非肽类 HIV 蛋白酶抑制剂。达芦那韦（darunavir）是在安普那韦的四氢呋喃环上又并合一个四氢呋喃环，因为稠合的双四氢呋喃环对 HIV 蛋白酶的 S2 口袋比单一四氢呋喃环的亲和力更佳，药物可以更完整地填充了活性部位口袋，与蛋白质骨架而不是氨基酸残基形成氢键，活性提高了近百倍，更不易引起药物抗性。晶体结构研究表明，达芦那韦的两个四氢呋喃环的氧原子与 Asp29′ 和 Asp30′ 形成氢键。

安普那韦   达芦那韦

利托那韦（ritonavir）

化学名为噻唑 -5- 基甲基[（1S，2S，4S）-1- 苄基 -2- 羟基 -4-[[（2S）-3- 甲基 -2-[[甲基 [[2-（ 1- 甲基乙基）噻唑 -4- 基]甲基]氨基甲酰基]氨基]丁酰基]氨基]-5- 苯基戊基]氨基甲酸酯，Thiazol-5-ylmethyl[（1S，2S，4S）-1-benzyl-2-hydroxy-4-[[（2S）-3-methyl-2-[[methyl [[2-（ 1-methylethyl ）thiazol-4-yl]methyl]carbamoyl]amino]butanoyl]amino]-5-phenylpentyl]carbamate

本品为白色或类白色粉末，不溶于水，易溶于甲醇和二氯甲烷，极易溶于乙腈。利托那韦在碱中的 pK_a 为 2.84，在酸中的 pK_a 为 13.68，$\log P$ 为 4.24。

利托那韦体外抗病毒的 EC_{50} 低于 0.022μmol/L。利托那韦阻止了 gag-pol 多蛋白的切割，从而产生非感染性的未成熟病毒颗粒。利托那韦是存在于肠道和肝脏中的细胞色素 P450

CYP3A4 同工酶 1 的强效抑制剂。它是一种Ⅱ型配体,完全适合 CYP3A4 活性位点腔,并通过噻唑环氮与血红素铁不可逆地结合,从而降低蛋白质的氧化还原电位,并阻止其与氧化还原伙伴细胞色素 P450 还原酶 3 一起还原。其还可能通过 P- 糖蛋白和 MRP 外排通道 1 在限制其他蛋白酶抑制剂的细胞转运和外排方面发挥作用。利托那韦的主要代谢途径见图 17-3。

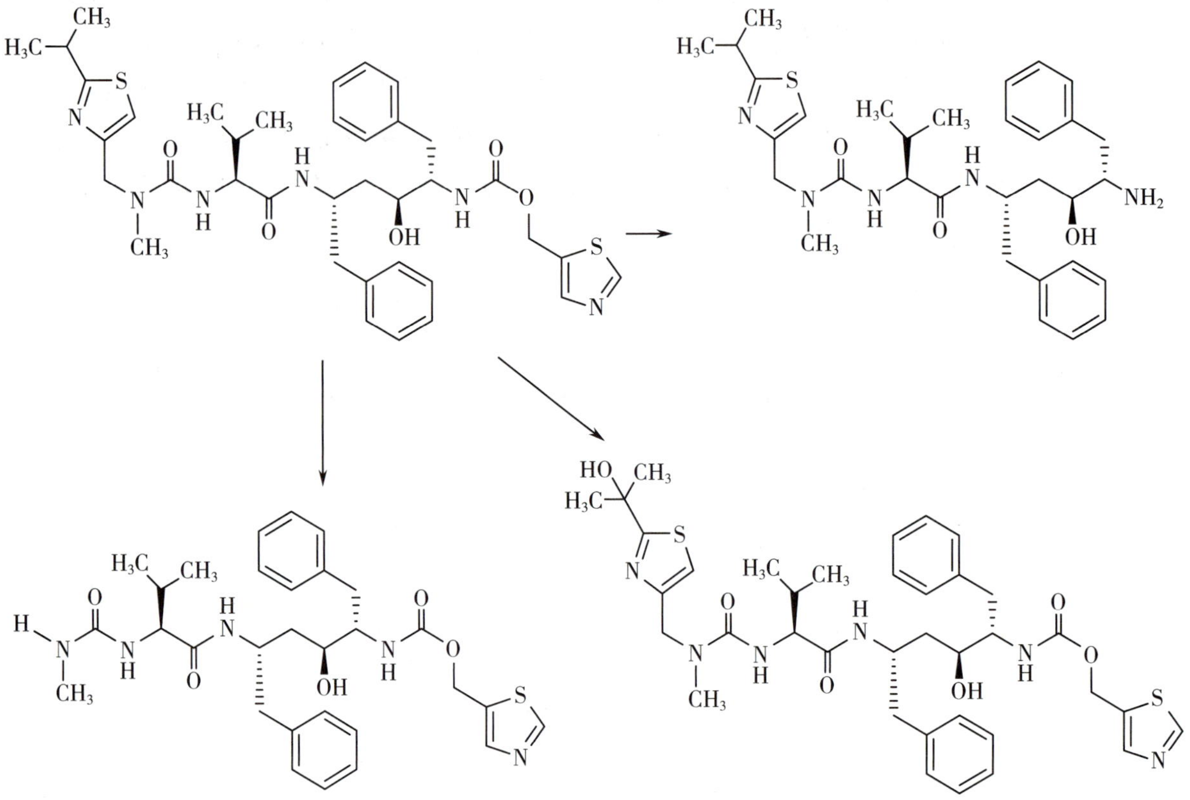

图 17-3　利托那韦的主要代谢途径

　　利托那韦临床上单独或与抗逆转录病毒的核苷类药物合用治疗晚期或非进行性的艾滋病患者。

三、HIV 整合酶抑制剂

　　整合酶(integrase)作为 HIV-1 病毒复制的关键酶,帮助逆转录病毒把携带病毒遗传信息的 RNA 整合到宿主的 DNA 中,使其基因得以表达,通常由病毒自身携带,并且不存在于宿主细胞,因此,HIV 整合酶是设计高效、低毒抗 HIV 药物的理想靶点。

　　整合酶以多聚体形式催化前病毒 DNA 整合到宿主细胞的 DNA 中,其整合过程分为 3'-加工和链转移阶段。3'- 加工阶段在细胞质内完成,整合酶以二聚体形式结合并水解切割掉病毒 DNA 3'- 末端的 2 个核苷酸 GT,产生 3'-CAOH 末端。链转移阶段在细胞核内完成,整合酶以四聚体形式结合并切割宿主细胞 DNA 的 5'- 末端,产生间隔 5 个碱基的交错切口,继而与病毒 DNA 的 3'-CAOH 末端形成新的磷酸二酯键,从而将病毒 DNA 整合到宿主细胞的 DNA 中,因此抑制整合过程的 3'- 加工或链转移能发挥抗整合酶活性。

研究人员从第一个纯化的整合酶蛋白报道开始就尝试阐明基本药效团。通过 250 000 个化合物中随机筛选出含二酮酸结构的化合物，但是二酮酸基团在生物学上不稳定。两个羧基是与整合酶作用的关键位点，用电子等排体替代酸性基团得到含 α, γ-二酮的衍生物。S-1360 是第一个进入临床试验的 HIV 整合酶抑制剂，但由于体内经过非细胞色素 P450 途径代谢和清除而导致临床试验失败。后用氨甲酰萘啶结构替代了二酮酸官能团，但长期大剂量治疗所产生的肝肾毒性使这一候选分子被淘汰。结果具有氨甲酰嘧啶结构的化合物拉替拉韦（raltegravir）在临床试验中表现出良好的活性，是第一个被 FDA 批准的 HIV 整合酶抑制剂，与替诺福韦或者恩曲他滨合用，治疗艾滋病患者。后续三个药物分别是多替拉韦（dolutegravir）、艾维雷韦（elvitegravir）和比克替拉韦（bictegravir）。

拉替拉韦

艾维雷韦

多替拉韦

比克替拉韦

整合酶本身含三个结构域：①氨基末端域；②催化核心域；③羧基末端结构域。所有三个结构域对病毒整合都是必不可少的，催化核心域用于称为崩解的逆反应。氨基末端结构域可以结合锌，而催化核心域与二价阳离子 Mn^{2+} 和 Mg^{2+} 结合。整合酶抑制剂多替拉韦的作用是通过与催化核心域中整合酶-供体-受体复合物界面处的二价阳离子螯合来抑制互补 DNA 整合。

多替拉韦与HIV整合酶的螯合复合物

高效抗逆转录病毒疗法（highly active antiretroviral therapy，HARRT）是联用 3 种或 3 种以上的抗病毒药物来治疗艾滋病的方法，可以显著降低各种相关机会性感染的发生率和艾滋病患者的死亡率，促进艾滋病患者免疫功能的重建。临床推荐的给药方案都是基于 1 种整合酶抑制剂和 2 种逆转录酶抑制剂。联合抗逆转录病毒药物治疗的理想方法是在 HIV 细胞复制的不同阶段起作用的药物。

多替拉韦（dolutegravir）

化学名（4R，12aS）-N-[2，4-二氟苯基甲基]-7-羟基-4-甲基-6，8-二氧代-3，4，6，8，12，12a-六氢-2H-吡啶并[1′，2′:4，5]吡嗪并[2，1-b][1，3]噁嗪-9-甲酰胺，（4R，12aS）-N-(2，4-difluorobenzyl)-7-hydroxy-4-methyl-6，8-dioxo-3，4，6，8，12，12a-hexahydro-2H-pyrido[1′，2′:4，5]pyrazino[2，1-b][1，3]oxazine-9-carboxamide。

多替拉韦主要通过 UGT1A1 转运体代谢形成醚葡萄糖醛酸。其他代谢物包括葡萄糖结合物和 N- 去烷基化产物。多替拉韦是血浆中主要的循环化合物，肾脏对未改变药物的清除率很低。

多替拉韦的合成路线主要分为以麦芽酚为起始原料的合成路线和以 4- 甲氧基乙酰乙酸甲酯及其衍生物为起始原料的合成路线。

路线一以简单的麦芽酚为起始原料，经亲核取代、消除、氧化、酯化等反应合成得到吡啶酮母核中间体，随后经"插羰偶联"策略将氟代苄胺引入母核，经催化加氢脱除苄基保护，获得目标产物多替拉韦。

路线二以 4- 甲氧基乙酰乙酸甲酯为起始原料，经缩合、Michael 加成、环合和脱甲基反应合成关键中间体 1-（2，2- 二甲氧基乙基）-1，4- 二氢 -3- 甲氧基 -4- 氧代 -2，5- 吡啶二甲酸 -2- 甲酯，再经脱除保护，环合，酰胺化，将氟代苄胺引入母核，最后脱去甲基，获得目标产物多替拉韦。

(structure diagram)

$$\xrightarrow[\text{2. LiBr}]{\text{1. MgBr}_2, \text{CH}_3\text{CN}}$$

多替拉韦的限量杂质主要包括 A 和 B 两种。其中 A 为终产物的开环物,B 为合成中间体。

A

B

本品联合其他抗逆转录病毒药物,用于治疗人类免疫缺陷病毒感染的成人和年满 12 岁的儿童患者。

第十七章　目标测试

（马玉卓）

第十八章 抗生素

抗生素是微生物的次级代谢产物或合成的类似物，在小剂量的情况下就能对各种病原性微生物有抑制或杀灭作用，而对宿主不会产生严重的毒副作用。目前抗生素是临床治疗细菌感染性疾病的主要药物。此外，有些抗生素还具有抗肿瘤活性，也用于肿瘤的化学治疗。

抗生素的主要来源是生物合成（发酵），也可以通过化学全合成和半合成方法制得。临床使用的头孢菌素类药物均为半合成方法得到，而大环内酯类抗生素多数也是半合成产品。以发酵得到的产物为起始原料，经半合成改造，可以降低抗生素的毒副作用，扩大抗菌谱，减少耐药性，提高生物利用度，因此半合成抗生素在临床上发挥着越来越重要的作用。

抗生素杀菌作用有四种主要机制：

（1）抑制细菌细胞壁的合成：抑制细胞壁的合成会导致细菌细胞膨胀、变形、破裂、自溶而死亡。青霉素类和头孢菌素都是以这种机理产生抗菌活性。由于哺乳动物的细胞没有细胞壁，故此类抗生素的毒性较小。

（2）与细胞膜的相互作用：一些抗生素与细菌的细胞膜相互作用而影响膜的渗透性，使菌体内蛋白质、核苷酸和氨基酸等重要物质外漏，导致细胞死亡。以这种方式作用的抗生素包括多黏菌素和短杆菌素等。

（3）干扰蛋白质的合成：干扰蛋白质的合成意味着细胞存活所必需的酶不能被合成，由此导致细菌的生长繁殖收到干扰或抑制。大环内酯类、氨基糖苷类、四环素类和氯霉素等抗生素以这种方式产生抗菌活性。

（4）抑制核酸的转录和复制：利福平通过抑制细菌 RNA 聚合酶，影响 RNA 的转录，使 DNA 和蛋白质的合成停止，导致细菌死亡。

随着抗生素在临床的广泛使用，很快出现了耐药菌。近年来，由于抗生素滥用而出现的耐药菌已成为人类健康和生存的潜在威胁，抗生素耐药已经成为这一领域研究的重要课题。

抗生素按化学结构可分为：① β- 内酰胺抗生素；②四环素类抗生素；③氨基糖苷类抗生素；④大环内酯类抗生素；⑤其他类抗生素。本章将对以上内容加以介绍。

第一节 β- 内酰胺类抗生素

β- 内酰胺抗生素是指分子中含有四元的 β- 内酰胺环的抗生素。β- 内酰胺环是该类抗生素发挥生物活性的必需基团，在和细菌作用时，β- 内酰胺环开环与细菌发生酰化作用，抑制细菌的生长。由于 β- 内酰胺是由四个原子组成，环的张力比较大，使其化学性质不稳定，易发生开环导致失活。

R=—H或—OCH₃ → R=—H或—OCH₃

青霉素
penicillins

头孢菌素
cephalosporins

碳青烯类
carbapenem

青霉烯
penem

氧青霉烷
oxypenam

单环β-内酰胺
monobactam

根据 β- 内酰胺环是否并合有其他杂环以及所并合杂环的化学结构,β- 内酰胺类抗生素又可分为青霉素类(penicillins)、头孢菌素类(cephalosporins)、碳青霉烯(carbapenem)、青霉烯(penem)、氧青霉烷(oxypenam)和单环 β- 内酰胺(monobactam)类抗生素。

在天然 β- 内酰胺抗生素中,诺卡菌素(nocardicins)为单环结构,分子中只有一个 β- 内酰胺环。其他抗生素的 β- 内酰胺环均与第二个杂环相稠合,这些稠合环都不共平面,青霉素沿着 C-5 和 N-1 折叠,而头孢菌素沿着 C-6 和 N-1 轴折叠;同时青霉素、头孢菌素、诺卡菌素的 β- 内酰胺环羰基的邻位有一个酰胺基。分子中含有多个手性中心,青霉素的绝对构型是 2S、5R、6R,而头孢菌素的绝对构型是 6R、7R。

青霉素

头孢菌素

β- 内酰胺抗生素通过抑制细菌细胞壁的合成而产生抗菌活性。细胞壁是包裹在微生物细胞外面的一层刚性结构,它决定着微生物细胞的形状,保护其不因内部的高渗透压而破裂。在细菌细胞壁的合成中,线型高聚物在黏肽转肽酶的催化下,经转肽反应形成网状的细胞壁。β- 内酰胺类抗生素的作用部位主要是抑制黏肽转肽酶,使其催化的转肽反应不能进行,从而阻碍细胞壁的形成。由于细胞不能定型和承受内部的高渗透压,引起溶菌,最后导致细菌死亡。β- 内酰胺类抗生素能够抑制黏肽转肽酶主要由于其结构与粘肽末端 D- 丙氨酰 -D- 丙氨酸的结构类似,空间构象也相识,导致酶的错误识别。β- 内酰胺类抗生素竞争性与黏肽转肽酶的活性中心以共价键结合,对其进行酰化反应,形成不可逆抑制。哺乳动物细胞无细胞壁,因而 β- 内酰胺类抗生素对哺乳动物无影响,其作用具有较高的选择性。此外,革兰氏阳性菌(G⁺)的细胞壁黏肽含量比革兰氏阴性菌(G⁻)高,因此青霉素一般对革兰氏阳性菌的活性较高。

青霉素是最早在临床使用的抗生素,但在其应用不久,即出现细菌对青霉素产生耐药。

20 世纪 50 年代通过结构改造获得的如甲氧西林暂时保持了对金黄色葡萄球菌的敏感性,但不久即出现耐甲氧西林的金黄色葡萄球菌。60 年代有文献报道细菌耐药现象与 β- 内酰胺酶(β-Lactamase)有关,随后发现 β- 内酰胺酶可以水解许多青霉素衍生物,进而揭示了 β- 内酰胺酶介导的耐药机制。由于 β- 内酰胺类抗生素是临床使用最广泛的抗生素,因此世界各国都非常重视其耐药性的问题。随着临床不断出现 β- 内酰胺酶变异体及 β- 内酰胺类抗菌药物研发速度逐渐减慢,针对抑制 β- 内酰胺酶活性的抑制剂成为研究热点。目前临床使用的氧青霉烷、青霉烷砜类化合物均为 β- 内酰胺酶不可逆抑制剂,这些化合物通过抑制 β- 内酰胺酶水解活性,增加抗菌药物稳定性和抗菌效果。近年来以二氮杂二环辛烷类化合物为代表的可逆性 β- 内酰胺酶抑制剂也开始投入临床使用,为抗生素耐药问题提供了新的选择。

β- 内酰胺类抗生素在临床使用时,对某些患者易引起过敏反应,严重时会导致死亡。β- 内酰胺类抗生素的过敏原有外源性和内源性,外源性过敏原主要来自 β- 内酰胺类抗生素在生物合成时带入残留的蛋白多肽类杂质;内源性过敏原可能来自生产、贮存和使用过程中 β- 内酰胺环开环自身聚合,生成包括青霉噻唑多肽、青霉噻唑蛋白和青霉噻唑聚合物的高分子聚合物。研究已经发现青霉素本身并不是过敏原,引起患者过敏的是合成、生产过程中引入的含有青霉噻唑基的聚合物,这些聚合物有二聚、三聚、四聚、五聚体,其聚合程度越高,过敏反应越强。生产过程中的许多环节如成盐、干燥、温度、pH 等因素均可诱发聚合反应。因此控制杂质含量就可以控制过敏反应发生率。另外,青霉素类药物在临床使用中常发生交叉过敏反应,认为青霉素中过敏原的主要抗原决定簇是青霉噻唑基,由于不同侧链的青霉素类药物都能形成相同结构的抗原决定簇青霉噻唑基,因此青霉素类抗生素之间能发生强烈的交叉过敏反应。头孢菌素比青霉素过敏反应发生率低,且彼此不引起交叉过敏反应。鉴于青霉素易产生严重的过敏反应,在临床应用中需严格按要求进行皮试后再进行使用。

一、青霉素类

青霉素类包括天然青霉素和半合成青霉素。天然青霉素是从菌种发酵制得,半合成青霉素是在 6- 氨基青霉烷酸与不同侧链相连得到的产物。

1. 天然青霉素 发酵得到的青霉素有以下七种,其中以青霉素 G 的产量最高活性最强。

青霉素G

青霉素X

青霉素K

青霉素V

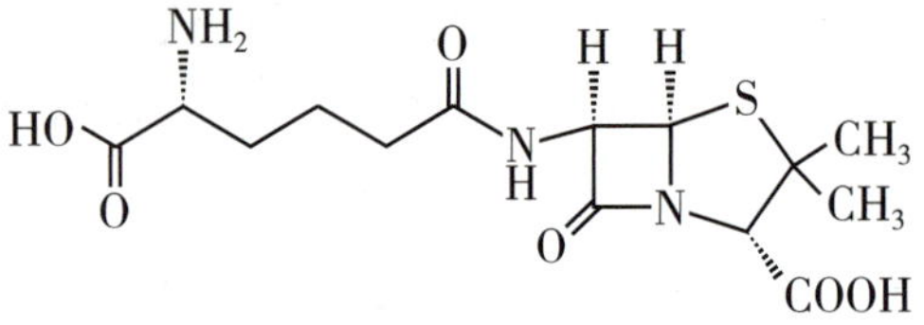

青霉素N

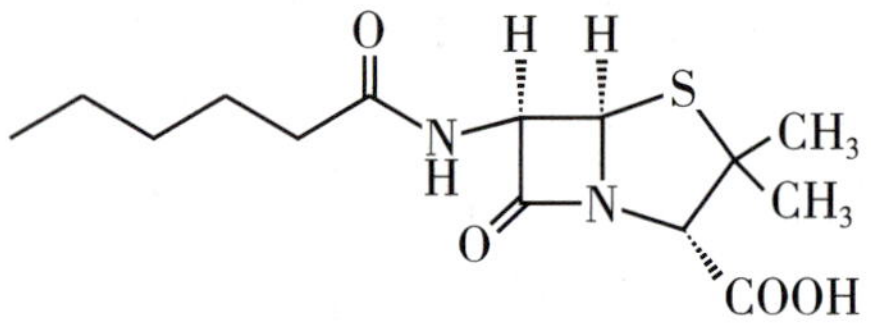

双氢青霉素F

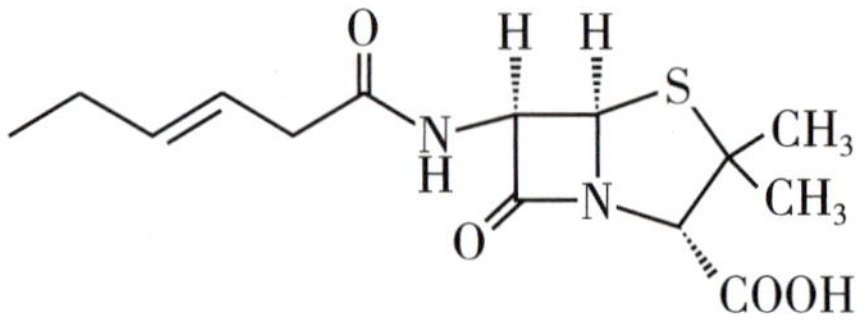

青霉素F

青霉素钠（benzylpenicillin sodium）

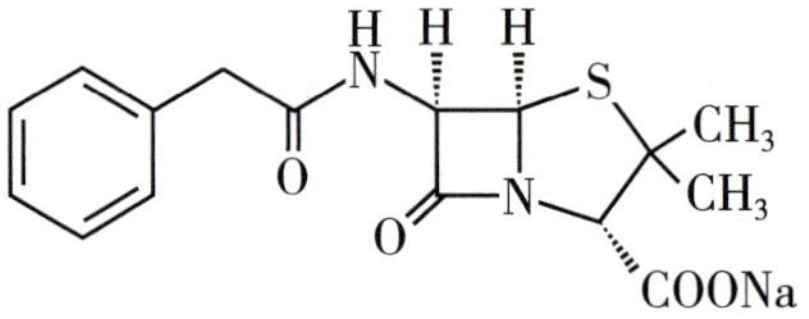

化学名为（2S,5R,6R)-3,3-二甲基-6-（2-苯乙酰氨基)-7-氧代-4-硫杂-1-氮杂双环 [3.2.0]庚烷-2-甲酸钠盐，monosodium（2S,5R,6R)-3,3-dimethyl-7-oxo-6-[（phenylacety-1） amino]-4-thia-1-azabicyclo[3.2.0]heptane-2-carboxylic acid。

本品为白色结晶性粉末；无臭或微有特异性臭；有吸湿性；水中极易溶解，在乙醇中溶解，在脂肪油或液体石蜡中不溶。临床上通常使用其粉针剂，注射前用注射用水新鲜配制。

青霉素在酸性条件下不稳定，发生的反应比较复杂。在强酸条件下或氯化汞的作用下，发生裂解，生成青霉酸（penicilloic acid)和青霉醛酸（penaldic acid)。青霉醛酸不稳定，释放出二氧化碳，生成青霉醛（penilloaldehyde)。

青霉酸
penicilloic acid

青霉醛酸
penaldic acid

青霉醛
penilloaldehyde

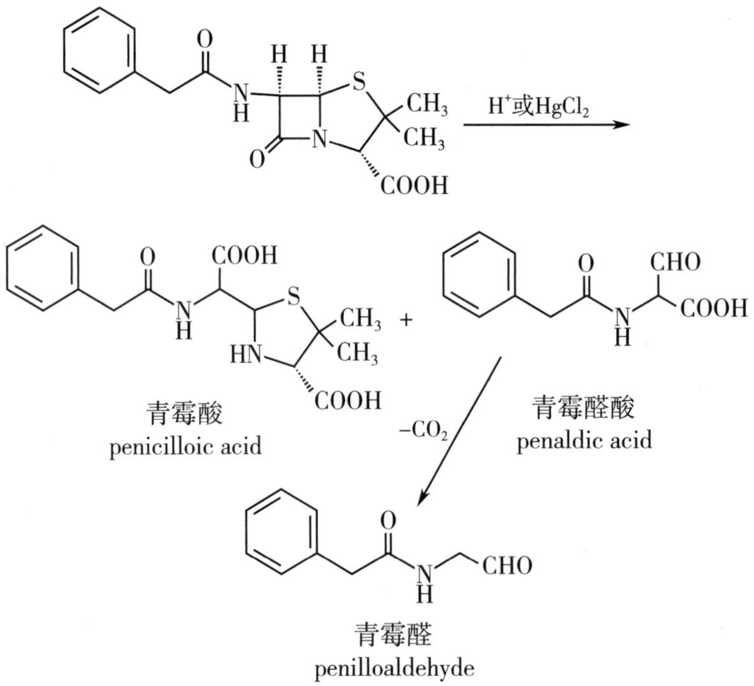

在稀酸溶液（pH 4.0）室温条件下，侧链上羰基氧原子上的孤对电子作为亲核试剂进攻 β-内酰胺环，生成中间体，再经重排生成青霉二酸（penillic acid），青霉二酸可经进一步分解生成青霉胺（penicillamine）和青霉醛（penilloaldehyde）。

在碱性条件下，或在某些酶（如 β- 内酰胺酶）的作用下，碱性基团或酶中亲核性基团向 β- 内酰胺环进攻，生成青霉酸。青霉酸加热时易失去二氧化碳，生成青霉噻唑酸（penilloic acid），遇氯化汞后，青霉噻唑酸进一步分解生成青霉胺和青霉醛。

青霉素遇到胺或醇时，胺或醇也同样会向 β- 内酰胺环进攻，生成青霉酰胺（amide of penicilloic acid）或青霉酸酯（ester of penicilloic acid）。

青霉素临床上主要用于革兰氏阳性菌，如链球菌、葡萄球菌、肺炎球菌等所引起的全身或严重的局部感染。

青霉素G的主要杂质有A～F：

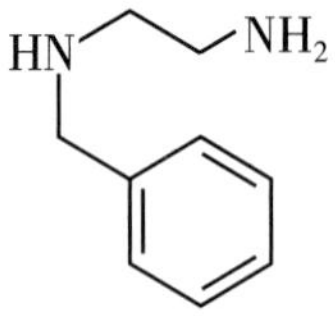

A. 发酵加的前体 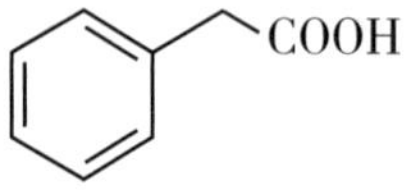   B. 发酵加的前体 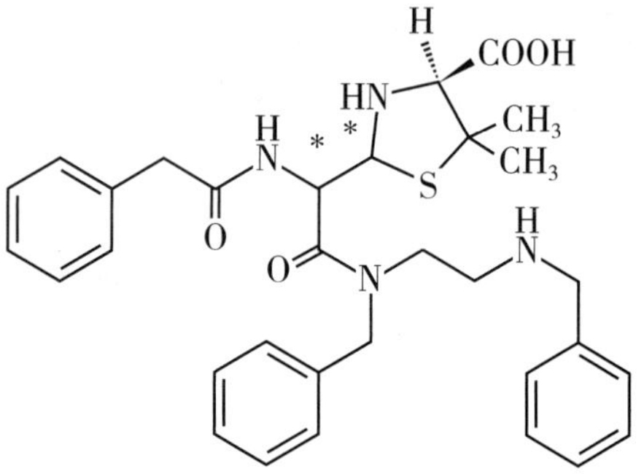   C. 前体与青霉素的反应物

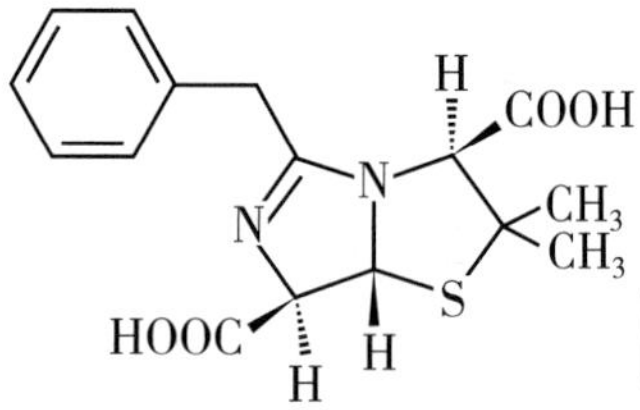

D. 青霉二酸 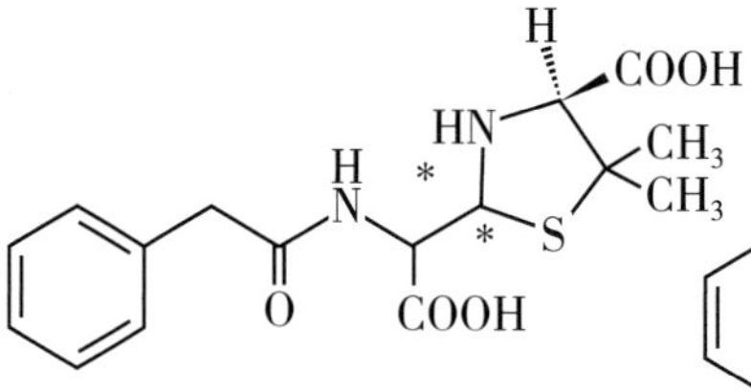   E. 青霉酸 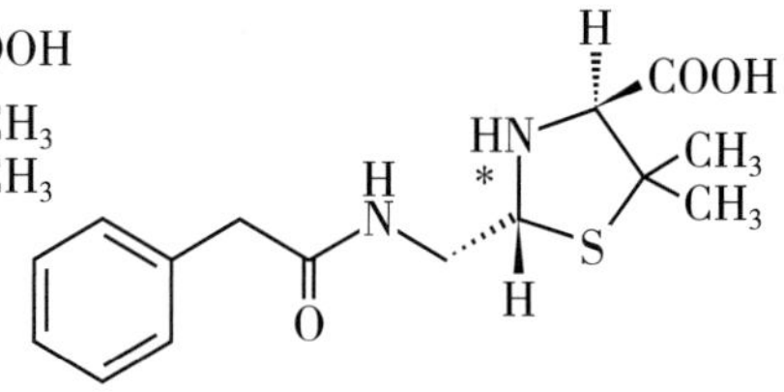   F. 青霉噻唑酸

2. 半合成青霉素

（1）半合成青霉素的中间体和缩合方法：青霉素 G 在长期临床应用中，暴露出许多缺点，如对酸不稳定，不能口服，只能注射给药；抗菌谱比较狭窄，对革兰氏阳性菌效果比对革兰氏阴性菌的效果好；在使用过程中，细菌逐渐产生一些分解酶（如 β- 内酰胺酶）使细菌产生耐药性。

为了克服青霉素 G 的诸多缺点，自 50 年代开始，人们对青霉素进行结构修饰，合成出数以万计的半合成青霉素衍生物。半合成青霉素都是以 6- 氨基青霉烷酸（6-aminopenicillanic acid，6-APA）为关键中间体经酰化反应合成的。而 6-APA 可以以青霉素 G 为原料，经青霉素酰化酶（penicillin acylase）进行酶解反应而得到。

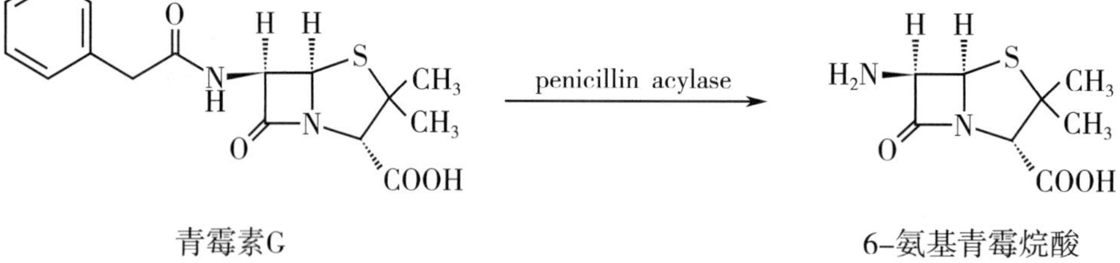

青霉素G
penicillin G

penicillin acylase

6-氨基青霉烷酸
6-APA

得到 6-APA 后，再与含有羧基相应的侧链进行缩合，即可制得各种半合成青霉素。其常用的缩合方法通常有以下三种。

1）酰氯法：通常将侧链羧基先转变成酰氯，然后再与 6-APA 缩合得到产物，其反应如下。

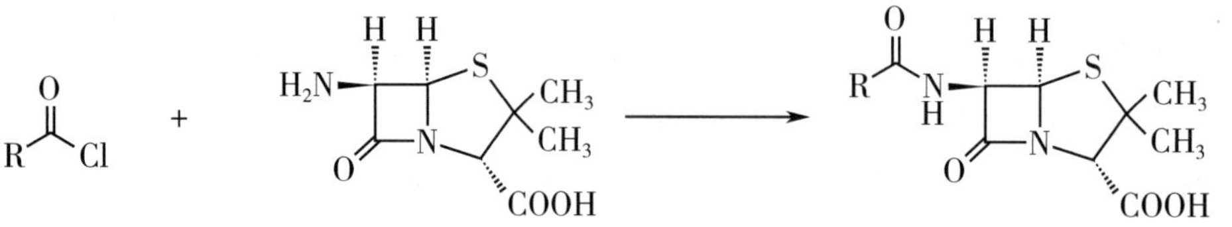

6-APA

由于酰氯活性较强,反应通常在低温条件下进行,同时还要加入三乙胺等碱作为缩合剂,用这种方法合成的产物通常副产物较多。

2)酸酐法:通常将侧链羧基与三甲基乙酰氯等反应得到混合酸酐,再与6-APA缩合得到产物。

6-APA

混合酸酐的反应活性低于酰氯,但仍需在低温条件下进行,反应副产物少,收率高,是工业上经常采用的缩合方法。

3)DCC法:将侧链羧酸和6-APA在有机溶剂中以N,N'-二环己碳亚胺(DCC)作为缩合剂进行反应。

6-APA

这种方法反应条件温和,N,N'-二环己碳亚胺与缩合脱去的水分子反应得到二环己基脲,可以过滤除去。但DCC价格较高,工业上不太常用。

(2)耐酶青霉素:伴随青霉素的广泛使用,出现了对抗生素不敏感的葡萄球菌,这一结果的产生是由于葡萄球菌产生了所谓的β-内酰胺酶或青霉素酶,使青霉素被分解失活。

在研究青霉素类似物的过程中,人们发现侧链含三苯甲基时,对青霉素酶稳定。人们设想可能是由于三苯甲基有较大的空间位阻,阻止了化合物与酶活性中心的结合。又由于空间阻碍限制酰胺侧链 R 与羧基间的单键旋转,从而降低了青霉素分子与酶活性中心作用的适应性,加之 R 基比较靠近β-内酰胺环,也可能有保护作用。甲氧西林(meticillin)及其一批耐酶抗生素都是根据这一设想而设计和合成的。甲氧西林侧链苯甲酰胺基中羰基的邻位有两个位阻较大的甲氧基,起到阻止其与青霉素酶结合的作用,是第一个用于临床的耐酶青霉素。

甲氧西林
meticillin

甲氧西林对酸不稳定,不能口服给药,必须大剂量注射给药才能保持活性,抗菌活性较低。另外,随着临床的广泛使用出现了耐甲氧西林的金黄色葡萄球菌,这种耐药菌株是通过对甲氧西林的蛋白质结合部位(protein binding position，PBP)进行修饰，而使细菌对药物不敏感所致。

在对耐酶青霉素的研究中，人们发现侧链结构中引入苯甲异噁唑基团，可以提高药物的耐酶活性。苯唑西林是利用生物电子等排原理发现的。以异噁唑取代甲氧西林的苯环，同时在 C3 和 C5 分别以苯基和甲基取代，其中苯基兼有吸电子和空间位阻的作用。因此侧链含有苯甲异噁唑环青霉素的发现，认为是耐酶青霉素的一大进展，这类化合物不仅能耐酶，还能耐酸，抗菌作用也比较强。

苯唑西林钠
sodium oxacillin

苯唑西林钠可以通过口服和注射给药，但在血清中半衰期比较短。尽管其在体外的活性比甲氧西林强 10 倍，但在体内的治疗剂量都和甲氧西林相似。本品主要用于耐青霉素 G 的金黄色葡萄球菌和表皮葡萄球菌的周围感染。

其他一些耐酶的半合成青霉素衍生物如下：

萘夫西林

氯唑西林

双氯西林

氟氯西林

（3）耐酸青霉素：青霉素 V 是在青霉素的发酵液中得到的天然青霉素。虽然抗菌活性低，但具有耐酸性质，不易被胃酸破坏，可以口服。深入研究发现青霉素 V 的侧链结构中，引入了苯氧甲基，苯氧甲基是吸电子基团，从而阻止了侧链羰基电子向 β- 内酰胺环的转移，增加了对酸的稳定性。

青霉素 V 的发现，使人们对耐酸青霉素的结构特征有了较为充分的认识。基于此以 6-APA 为起始原料，合成了大量 6 位侧链的 α- 碳上具有吸电性的取代基半合成青霉素，其中与青霉素 V 相似的耐酸青霉素有非奈西林(phenethicillin)、丙匹西林(propicillin)和阿度西林(azidocillin)。非奈西林和丙匹西林口服吸收良好，血药浓度均比青霉素 V 高，持续时间亦比青霉素 V 长。

非奈西林
phenethillin

丙匹西林
propicillin

阿度西林
azidocillin

（4）广谱青霉素：广谱的半合成青霉素的发现来源于对天然青霉素 N 的研究。青霉素对革兰氏阳性菌的作用比较强，对革兰阴性菌的效用较差。在研究过程中，人们从头孢霉菌发酵液中分离得到青霉素 N，在其侧链上含有 D-α- 氨基己二酸单酰胺的侧链。青霉素 N 对革兰氏阳性菌的作用远低于青霉素 G，但对革兰氏阴性菌的效用则优于青霉素 G。进一步的研究表明，青霉素 N 的侧链氨基是产生对革兰氏阴性菌活性的重要基团。在此基础上，设计和合成了一系列侧链带有氨基的半合成青霉素，并从中发现活性较好的氨苄西林（ampicillin）和阿莫西林（amoxicillin）。

氨苄西林
Ampicillin

阿莫西林
amoxicillin

阿莫西林（amoxicillin）

化学名为（2S，5R，6R）-3，3- 二甲基 -6-[（R）-（−）-2- 氨基 -2-（4- 羟基苯基）乙酰氨基]-7- 氧代 -4- 硫杂 -1- 氮杂双环 [3.2.0] 庚烷 -2- 甲酸三水合物，（2S，5R，6R）-6-[[（R）-（−）-2-amino-2-（4-hydroxyphenyl）acetyl]amino]-3，3-dimethyl-7-oxo-4-thia-1-azabicyclo[3.2.0] heptane-2-carboxylic acid trihydrate，又名羟氨苄青霉素。

本品为白色或类白色结晶性粉末；味微苦。微溶于水，不溶于乙醇。在水中（1mg/ml）比旋度为 +290°～+310°。

本品的侧链为对羟基苯甘氨酸，有一个手性碳原子，临床用其右旋体，其构型为 R 构型。

阿莫西林化学结构中含有酸性的羧基、弱酸性的酚羟基和碱性的氨基,因此阿莫西林的 pK_a 为 2.4、7.4 和 9.6。其 0.5% 水溶液的 pH 3.5～5.5。本品的水溶液在 pH 6 时比较稳定。

阿莫西林及其他含有氨基侧链的半合成 β- 内酰胺类抗生素,由于侧链中游离的氨基具有亲核性,可以直接进攻 β- 内酰胺环的羰基,引起聚合反应。聚合的速度随结构不同而不同,影响因素主要有 β- 内酰胺环的稳定性、游离氨基的碱性(pK_a)和空间位阻的影响等。其中阿莫西林的聚合速度最快,因为侧链结构中酚羟基的存在催化聚合反应的进行,其聚合速度比氨苄西林快 4.2 倍。

阿莫西林对革兰氏阳性菌的抗菌作用与青霉素 G 相同或稍低,对革兰氏阴性菌如淋球菌、流感杆菌、百日咳杆菌、大肠杆菌、布氏杆菌等的作用较强,但易产生耐药性。临床上主要用于泌尿系统、呼吸系统、胆道等的感染。

阿莫西林可以用混合酸酐法合成,即:以邓氏盐为起始原料,首先与三甲基乙酰氯反应得到混合酸酐;然后在低温条件下与 6-APA 缩合,经酸中和,碱性条件下脱保护得到产物。

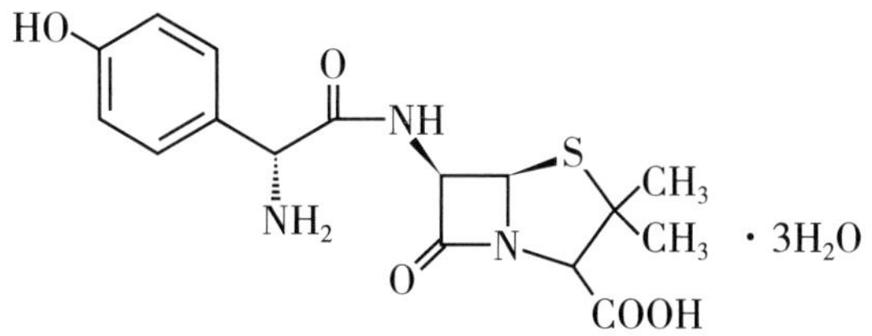

也可以采用酰氯法合成。酰氯法首先用氯甲酸苄酯保护对羟基苯甘氨酸的氨基和羟基，然后与氯化亚砜反应得到酰氯，再与 6-APA 缩合、水解脱保护得到目标产物，合成路线如下：

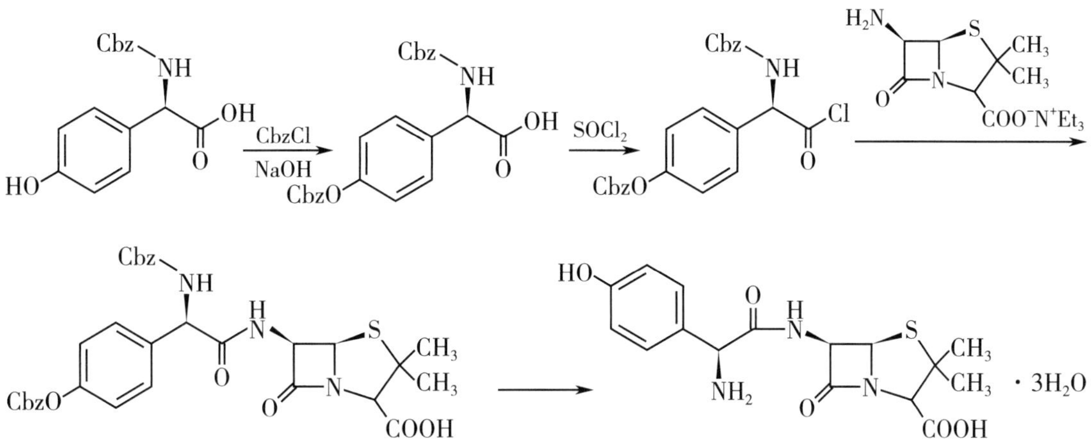

阿莫西林的主要杂质有：A 为原料 6-APA；B 是由原料 D- 苯甘氨酸生成物；C 为阿莫西林开环后与自身氨基缩合产物；D 和 E 是水解开环产物；F 为阿莫西林分子中羧基与苯甘氨酸氨基的缩合物；G 为苯甘氨酸自身缩合物；H 为苯甘氨酸带来的杂质；I 为阿莫西林分子中氨基与苯甘氨酸羧基的缩合物；J 为反应试剂与 6-APA 缩合物；K 和 L 分别是保护的苯甘氨酸和游离的苯甘氨酸；M 为阿莫西林多分子聚合物。

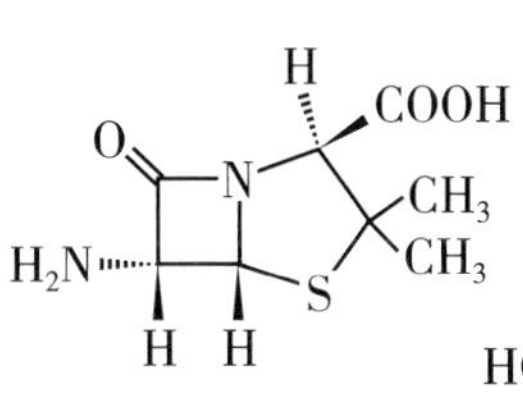

A

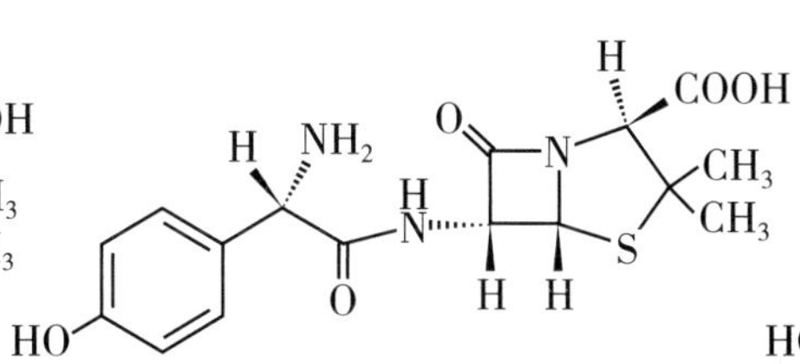

B

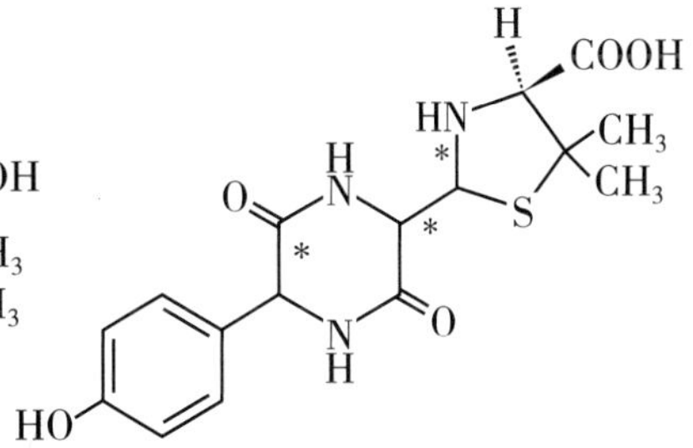

C

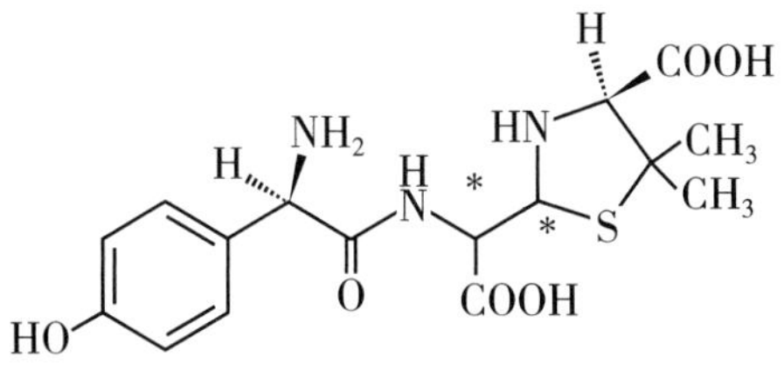

D

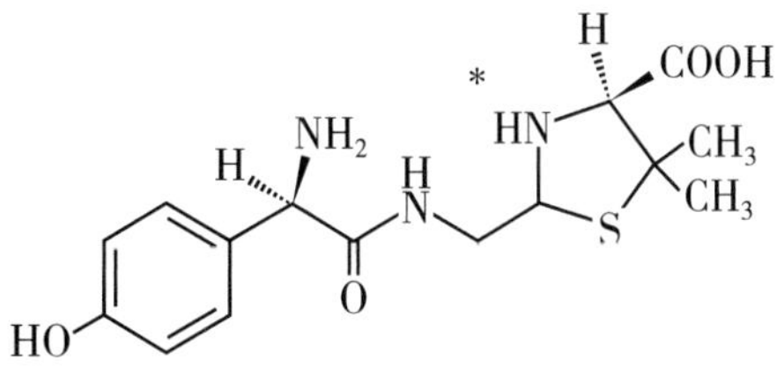

E

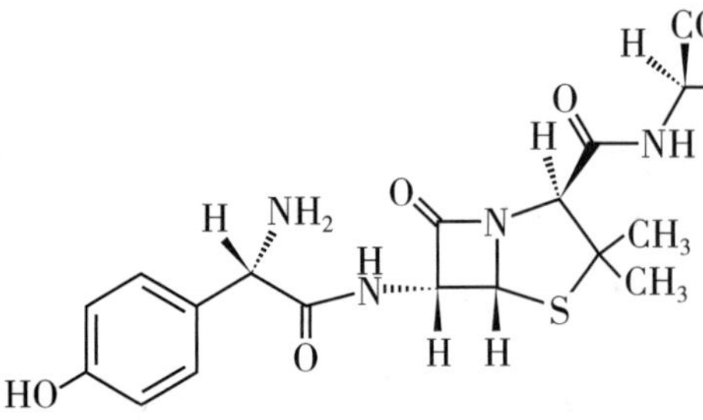

F

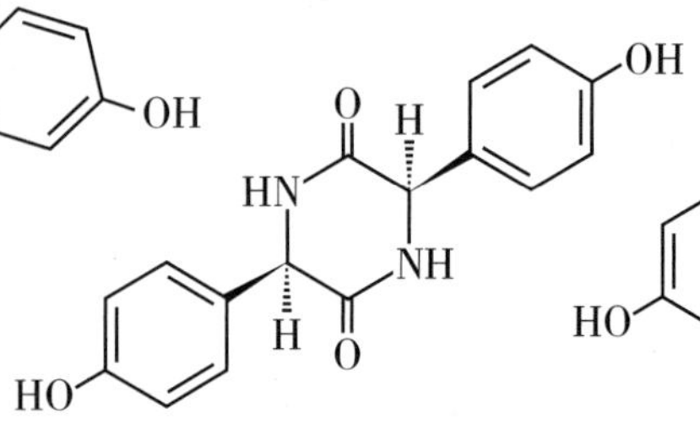

G

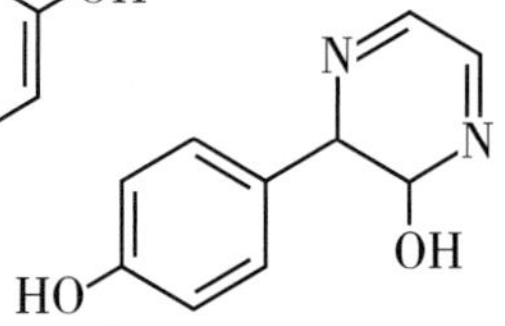

H

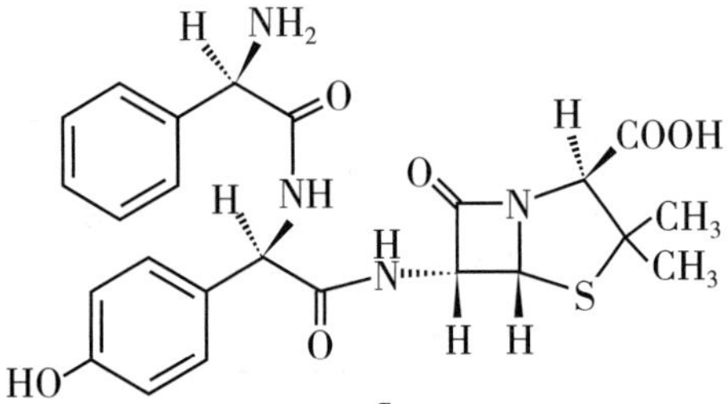

I

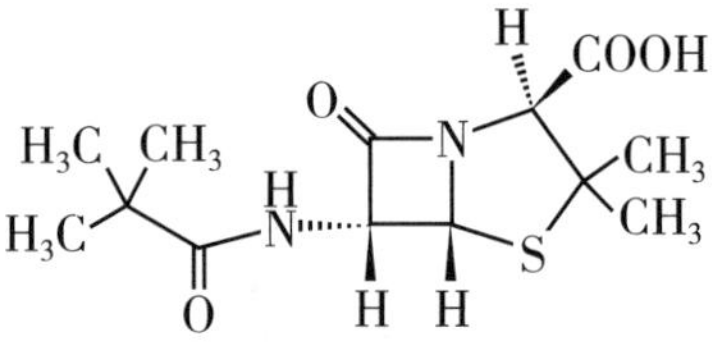

J

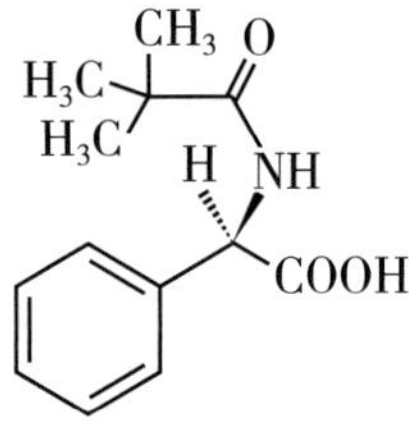

K

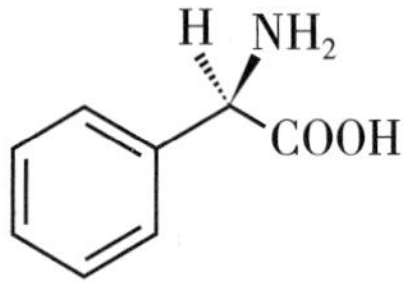

L

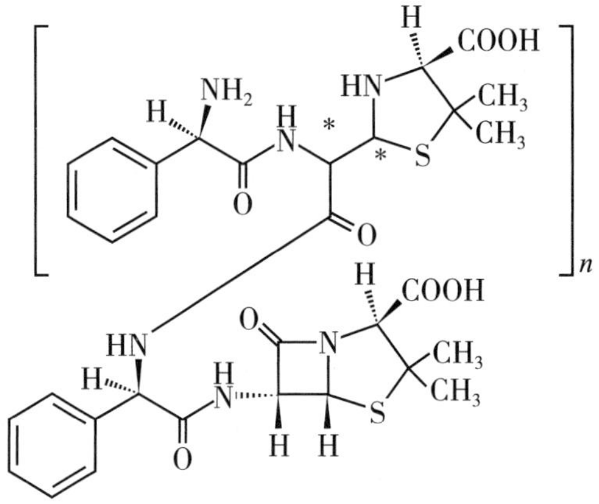

M

通过对青霉素侧链结构进行改造,得到了一些新的广谱的半合成青霉素。当用羧基或磺酸基代替氨基引入侧链得到羧苄西林(carbenicillin)或磺苄西林(sulbenicillin),对铜绿假单胞菌和变形杆菌有较强的作用;将氨苄西林或阿莫西林的侧链用脂肪酸、芳香酸、芳杂环酸酰化时,可显著扩大抗菌谱,尤其对铜绿假单胞菌有效。如果将氨苄西林或阿莫西林的羧基进行酯化,使其成为前药,可明显改善吸收效果,在体内水解成活性青霉素衍生物。其他一些耐酶的半合成青霉素衍生物如下:

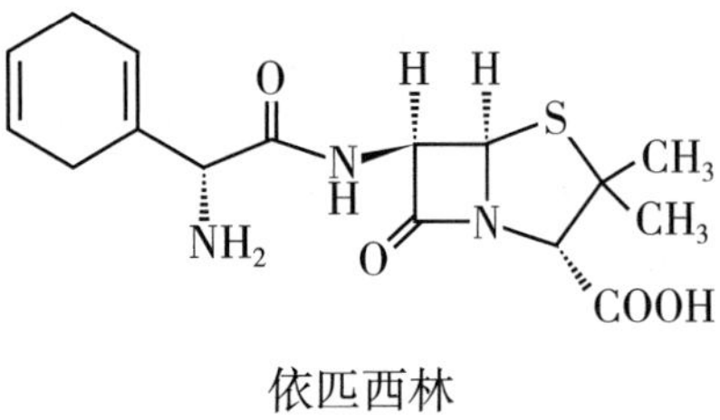

依匹西林
Epicillin

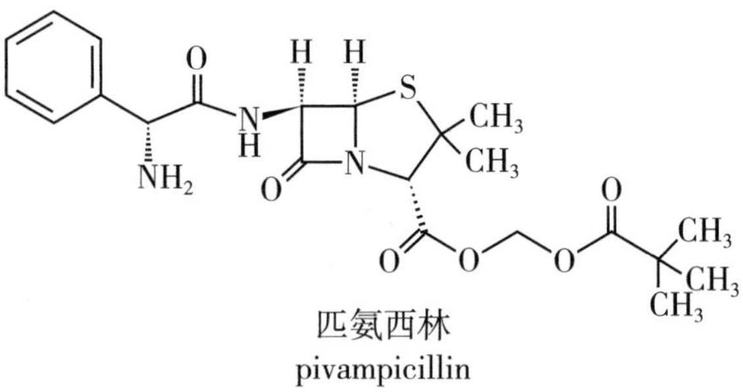

匹氨西林
pivampicillin

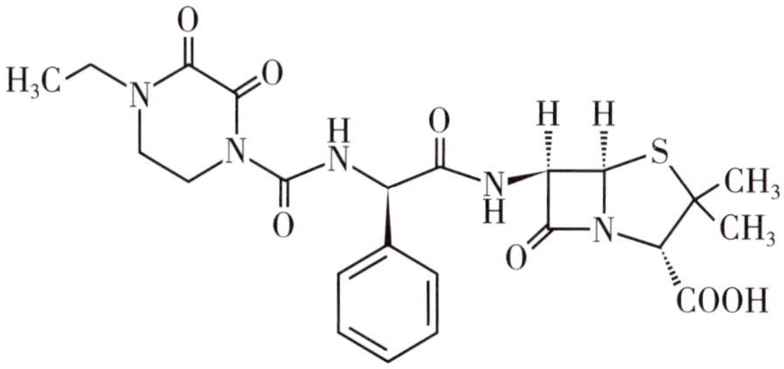

哌拉西林
piperacillin

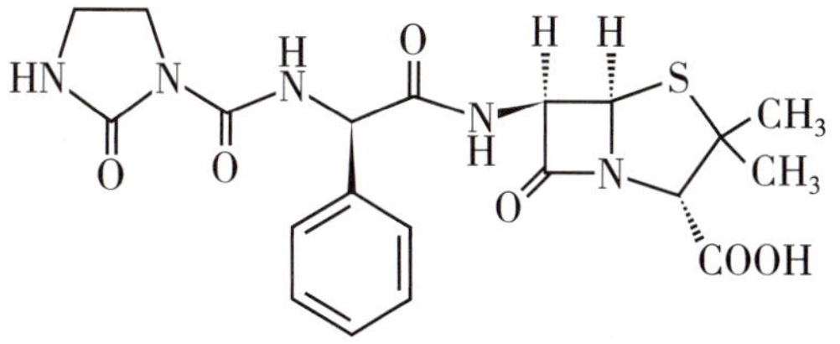

阿洛西林
azlocillin

二、头孢菌素类

1. 天然头孢菌素 天然头孢菌素(cephalosporins)是从青霉素近缘的头孢菌属(*Cephalosporium*)真菌中分离得到的β-内酰胺类抗生素,主要包括头孢菌素 C(cephalosporin C)、头孢菌素 P(cephalosporin P)和头霉素 C(cephamycin C)。头霉素 C 的抗菌活性很低,没有临床应用价值。头孢菌素 P 抗菌活性中等,但耐药性强;头孢菌素 C 抗菌谱广,能抑制产生青霉素酶的金黄色葡萄球菌,对革兰氏阴性菌亦有活性,同时对酸比较稳定,但其抗菌活性与其他头孢类半合成抗生素相比没有优势,主要作为 7-氨基头孢烯酸(7-ACA)的合成原料。

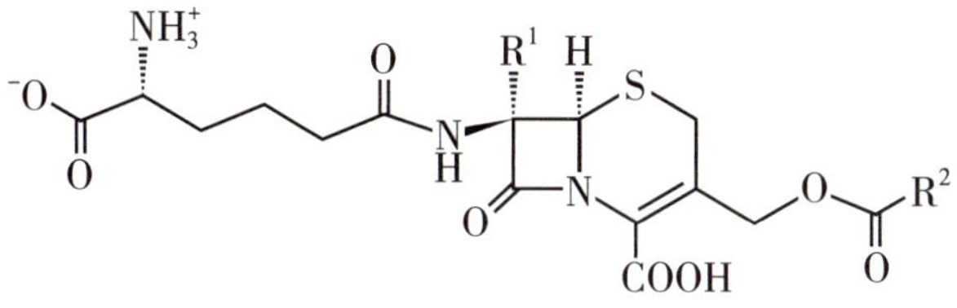

头孢菌素C
cephalosporin C　　　　R^1=H, R^2=CH$_3$

头霉素C
cephamycin C　　　　R^1=OCH$_3$, R^2=NH$_2$

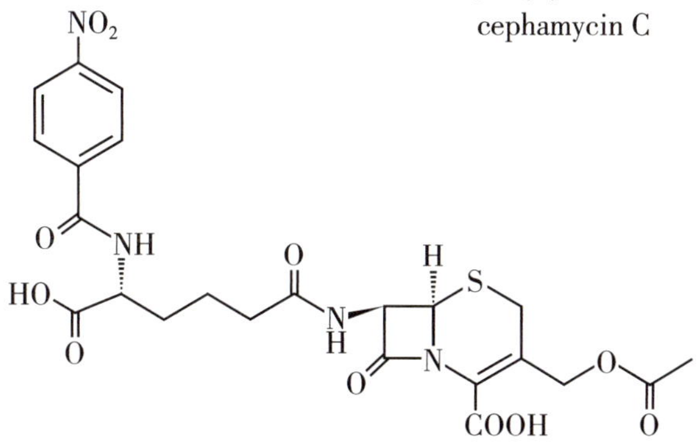

头孢菌素P
cephalosporin P

从结构上看,头孢菌素的母核是四元的β-内酰胺环与六元的氢化噻嗪环骈合而成。由于头孢菌素母核中"四元环骈六元环"的稠合体系受到的环张力比青霉素母核的环张力小,而且头孢菌素分子结构中 C-2=C-3 的双键可与 *N*-1 的未共用电子对共轭,因此头孢菌素比青霉素更稳定(图18-1)。

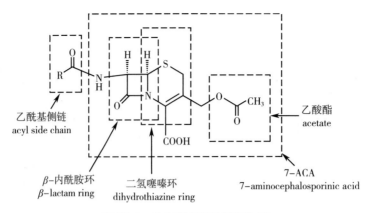

图 18-1　头孢菌素结构特征分析

但是由于 C3 位乙酰氧基的存在是一个较好的离去基团, 和 C2 与 C3 间的双键以及 β- 内酰胺环形成一个较大的共轭体系, 易接受亲核试剂对 β- 内酰胺羰基的进攻, 最后 C3 位乙酰氧基带着负电荷离去, 导致 β- 内酰胺环开环, 头孢菌素失活。这是引起头孢菌素类药物活性降低的最主要原因。

头孢菌素进入体内后, C3 位的乙酰氧基易被体内的酶水解而失活。体内酶使 C3 的乙酰氧基水解, 生成活性较小的 C3 羟基化合物（3-hydroxycephalosporin）, C3 羟基化合物的 C3 羟基和 C2 位的羧基处于 C2 与 C3 间的双键的同一侧, 这一特定的空间位置使 C3 羟基易和 C2 羧基形成较稳定的内酯环（cephalosporin lactone）。在青霉素作用机制中已介绍 β- 内酰胺类抗生素结构中 C2 的游离羧基是作用的必需基团, 而头孢菌素环内酯中没有游离的羧基存在, 因此没有活性。

C-3羟基化合物
3-hydroxycephalosporin

头孢菌素内酯环
cephalosporin lactone

2. 半合成头孢菌素的关键中间体及其合成　目前临床使用的头孢菌素均为半合成产物。头孢菌素的缩合方式和半合成青霉素类似, 但母核不同。半合成头孢菌素可以以 7- 氨基头孢烯酸（7-aminocephalosporanic acid, 7-ACA）为关键中间体合成。7-ACA 通常由以下两种方法合成。

（1）亚硝酰氯法: 以头孢菌素 C 为起始原料, 在无水甲酸和惰性溶剂中, 与亚硝酰氯反应, 分子内环合形成亚胺醚, 再水解得到 7-ACA。

（2）硅酯法：将头孢菌素 C 的两个羧基先用三甲基氯硅烷酯进行保护，然后与五氯化磷反应得到偕氯亚胺，再与正丁醇反应得到偕亚胺醚，最后水解脱保护得到 7-ACA。

去乙酰氧基头孢霉烯酸（7-ADCA）是半合成头孢菌素的另一个关键中间体，工业上利用来源较为广泛的青霉素 G 为原料，通过扩环的方式来制备。

青霉酸三氯乙酯

H₃PO₄ / Pyr

青霉亚砜

PCl₅ / C₆H₆

CH₃OH

7-苯乙酰胺基-3-去乙酰氧基头孢烷酸三氯乙酯

H₂O

7-氨基去乙酰氧基头孢烯酸

青霉素 G 的钾盐在吡啶存在下，与氯甲酸三氯乙酯反应保护游离的羧酸基；然后在甲酸中用过氧化氢氧化成青霉亚砜（sulfinyl penicillin），再以磷酸处理，二氢噻唑环 S—C 键先断裂形成不饱和的中间体次磺酸，然后扩环成较为稳定的 7- 苯乙酰胺基 -3- 去乙酰氧基头孢烯酸三氯乙酯（trichloroethyl 7-phenylacetamido-3-deacetoxylcephalosporinate）。经五氯化磷氯化后与甲醇作用，再经水解生成 7- 氨基去乙酰氧基头孢烯酸（7-aminodeacetoxycephalosporanic ccid, 7-ADCA）。

3. 半合成头孢菌素的分类及特点　半合成头孢菌素是发展得比较迅速的一个领域。头孢菌素在发展过程中，按其发明年代的先后和抗菌性能的不同，在临床上常将头孢菌素划分为一、二、三、四代。

第一代头孢菌素是 20 世纪 60 年代初开始上市的。第一代头孢菌素虽然对青霉素酶比较稳定，但对 β- 内酰胺酶的抵抗力较弱，主要用于 β- 溶血性链球菌和其他链球菌如葡萄球菌、流感嗜血杆菌、大肠杆菌、克雷白杆菌、奇异变形杆菌、沙门菌、志贺菌等导致的感染。部分一代头孢菌素类药物如下：

头孢噻吩

头孢噻啶

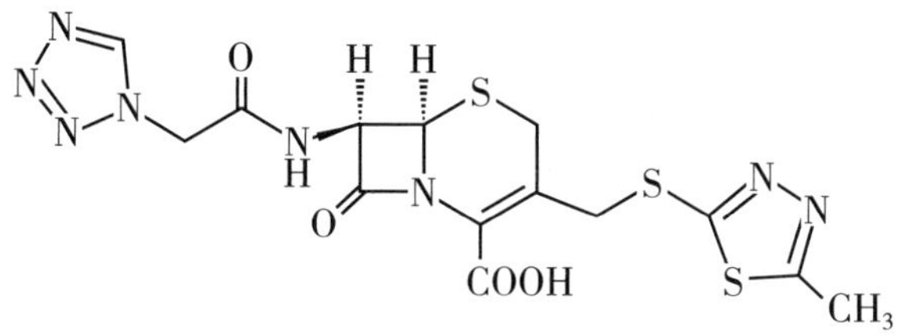

头孢唑林

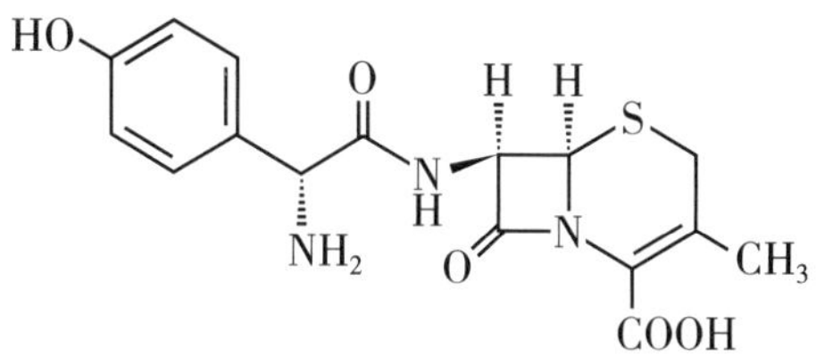

头孢羟氨苄

第二代头孢菌素对革兰氏阳性菌的抗菌效能与第一代相近或较低,而对革兰氏阴性杆菌的作用较好。主要特点为抗酶性能强,可用于对第一代头孢菌素产生耐药性的一些革兰氏阴性菌,抗菌谱较第一代头孢菌素有所扩大,部分二代头孢菌素类代表药物如下:

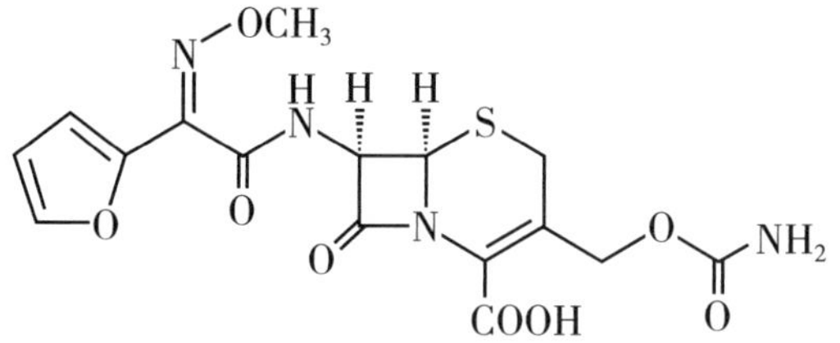

头孢呋辛

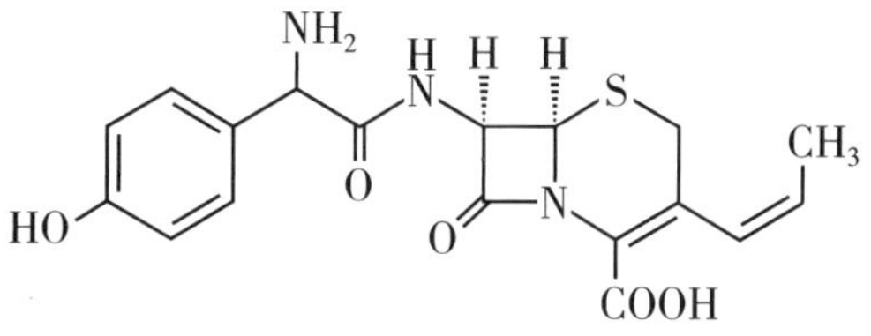

头孢丙烯

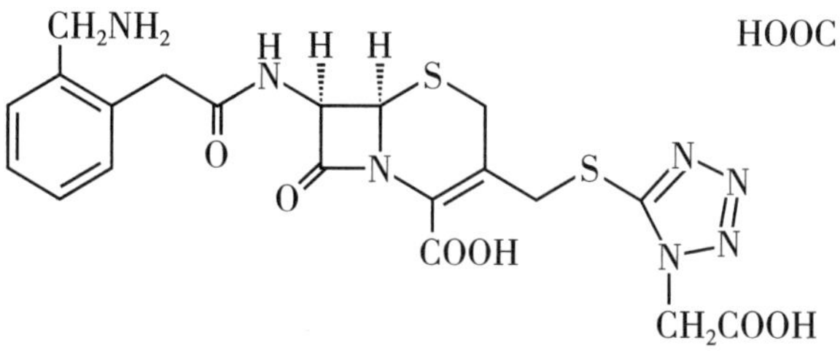

头孢雷特

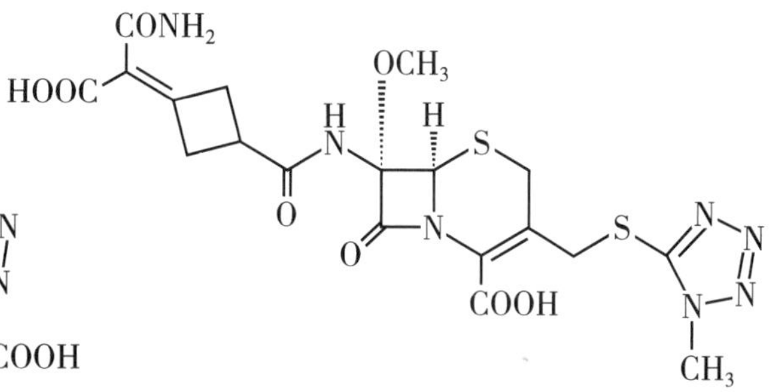

头孢替坦

第三代头孢菌素其侧链化学结构具有明显特征,在7-位氨基侧链上以2-氨基噻唑-α-甲氧亚胺及乙酰基居多。由于亚氨基双键的引入,使其具有顺反异构体,顺势侧链部分与β-内酰胺环接近,因此对多数β-内酰胺酶比较稳定;而反式异构体侧链与β-内酰胺环距离较远,对β-内酰胺酶不稳定。第三代头孢菌素的抗菌谱更广,对革兰氏阴性菌的活性强,但对革兰氏阳性菌的抗菌效能普遍低于第一代,部分药物对铜绿假单胞菌有效。部分三代头孢菌素类代表药物如下:

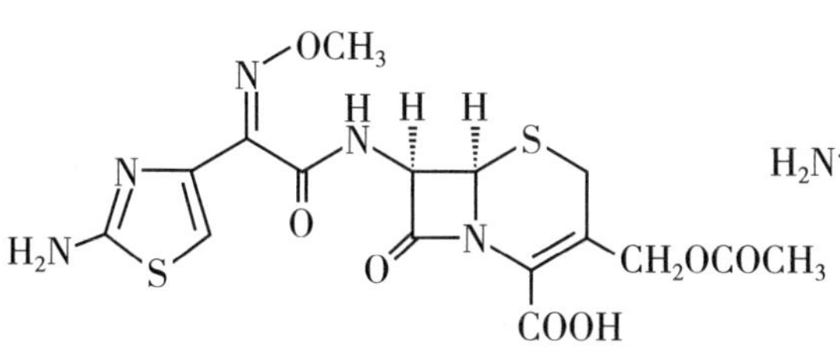

头孢噻肟

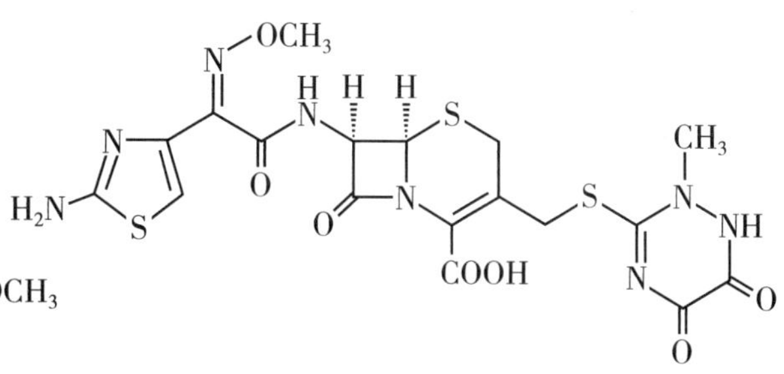

头孢曲松

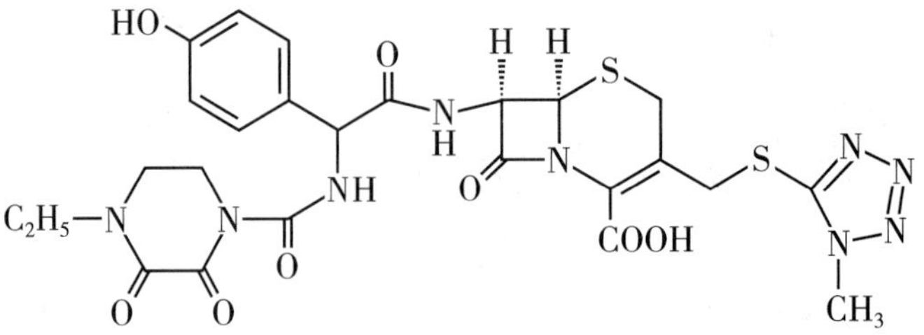

头孢哌酮

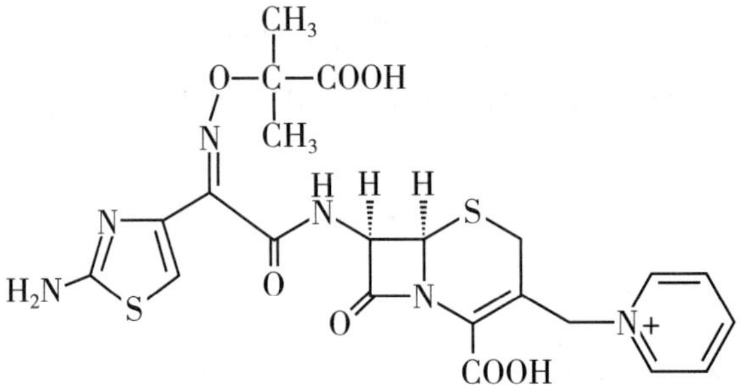

头孢他啶

第四代头孢菌素的结构特征为 3 位含有带正电荷的季铵基团。其季胺阳离子可与分子内的羧基形成内盐,具有较低的 β- 内酰胺酶亲和力和诱导性,可通过革兰氏阴性菌外膜孔道迅速扩散到细胞间质病维持较高浓度,对青霉素结合蛋白亲和力强,因此其抗菌活性更强,尤其对金黄色葡萄球菌等革兰氏阳性菌,同时对 β- 内酰胺酶具有一定稳定性。部分四代头孢菌素类代表药物如下:

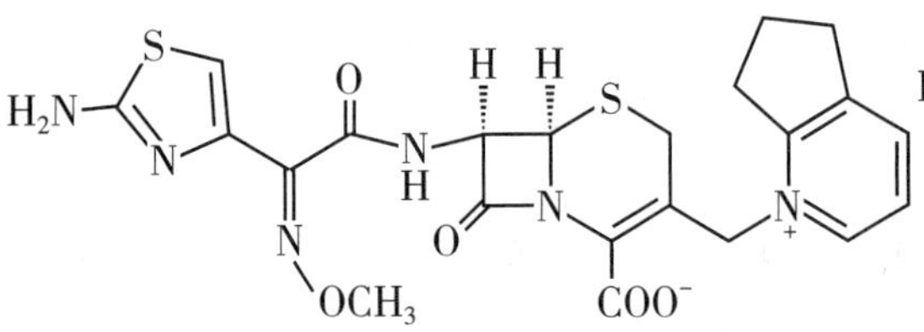

头孢匹罗

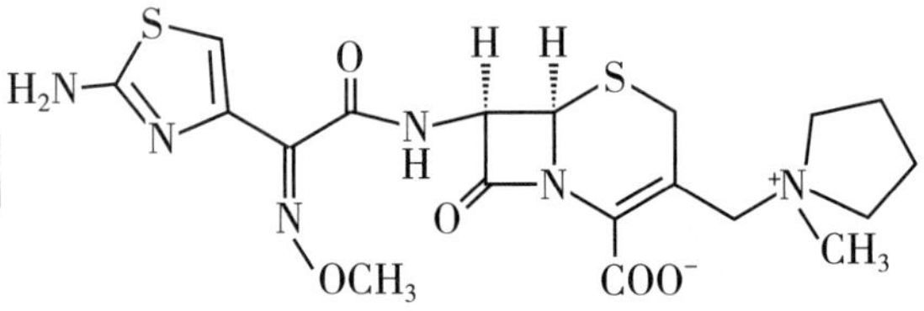

头孢吡肟

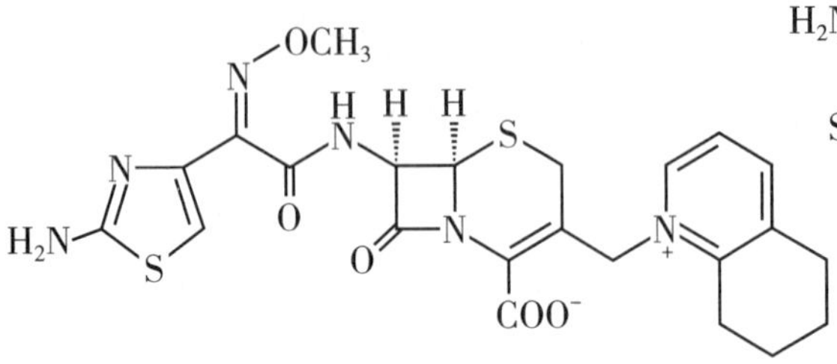

头孢喹咪

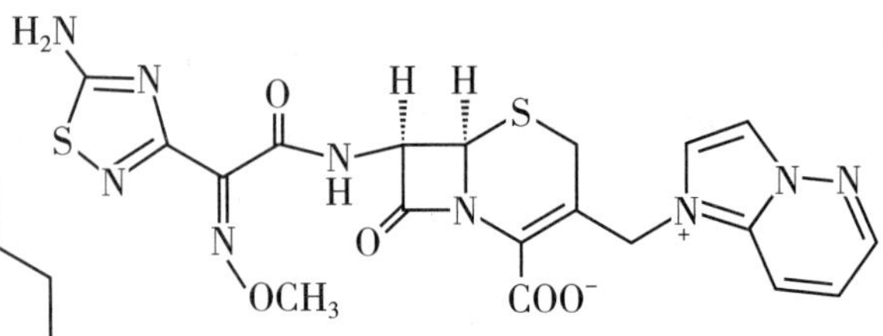

头孢唑兰

随着对头孢菌素研究的不断发展,新概念的第五代头孢菌素也相继问世,保持了第三代头孢菌素的特点,扩大了抗菌谱,增强了对耐药菌株的作用能力。

4. 半合成头孢菌素的构效关系　通过对大量上市半合成头孢菌素生物活性的研究总结出其构造关系如下:

（1）7 位侧链引入亲酯性基团,如苯环、噻吩、含氮杂环,并在 3 位引入杂环,可扩大抗菌谱,增强抗菌活性。如一代头孢菌素的头孢噻吩、头孢噻啶、头孢唑林和头孢匹林。

（2）7 位酰胺的 α 位引入亲水性基团—SO_3H、—NH_2、—COOH,可扩大抗菌谱得到广谱头孢菌素,此类药物对铜绿假单胞菌的外壁有很高的渗透作用。这些基团的引入既增加口服吸收,也极大地改变抗菌活性和对酶的稳定性。若同时用—CH_3、—Cl 或含氮杂坏取代基替代 3 位上的取代基,除改进口服吸收外还可使其对革兰氏阴性菌和铜绿假单胞菌都有效。

（3）带有 7-β 为顺式 - 甲氧亚胺基 -2- 氨噻唑的侧链可提高对 β- 内酰胺酶的稳定性。并且由于增强了对革兰氏阴性菌外膜的渗透,从而扩大了抗菌谱。这主要由于引入甲氧亚胺基后,甲氧基可占据靠 β- 内酰胺羰基的位置,阻止酶对 β- 内酰环的接近,而使药物具有耐酶、广谱的性质。

（4）7 位侧链肟型的甲氧基改变成羧基,可避免交叉过敏,如将头孢噻肟改造成头孢他啶、头孢克肟,且口服后血药浓度高,持续时间长,具有良好的生物利用度。

（5）3 位改造,如乙酰氧甲基被—CH_3、—Cl 等基团取代可增强抗菌活性,并改变药物在体内的吸收分布和对细胞的渗透性等药物代谢动力学性质。为了克服头孢菌素半衰期短,代谢不稳定,对 β- 内酰胺酶缺乏稳定的缺点,除在 7- 氨基上引入不同的酰基外,在 3- 甲基位置上以多种硫代杂环取代乙酰氧基。其硫代杂环的结构特征和理化性质,如环的大小、位置、杂原子的类型数目、芳香性和亲水性等均与其抗菌活性有关。用带有酸性功能基的杂环替代乙酰基,使蛋白结合力增强,在血浆中半衰期长,成为长效抗生素。

（6）2 位羧基是抗菌活性基团,不能改变。为改善药物代谢动力学性质,利用前药原理可制成酯,改善口服吸收,提高生物利用度,在体内须迅速被非特异性酯酶水解而释放出原药而发挥作用,可以延长药物作用时间。

（7）第四代头孢菌素品种逐渐增多,其特点是 3 位含有带正电荷季铵,正电荷增加了药物对细胞膜的穿透力,并对 β- 内酰胺酶显示低亲和性。

（8）7 位引入甲氧基的衍生物为头霉素类,由于甲氧基的空间位阻作用,阻滞内酰胺环与酶接近,增加了药物对 β- 内酰胺酶的稳定性,并提高对厌氧菌的活性。但如果继续增大烷氧基的体积,将极大降低其抗菌活性。

（9）5 位 S 用生物电子等排体—O—、—CH_2—取代时,分别称为氧头孢菌素和碳头孢烯类。碳头孢烯为一类新的 β- 内酰胺抗生素,由于立体位阻作用使药物耐 β- 内酰胺酶,具有广谱、耐酶、长效的性质;—CH_2—取代 S 原子后,还增加了药物在体内的稳定性。

头孢呋辛（cefuroxime）

化学名为(6R,7R)-7-[2-呋喃基(甲氧亚氨基)乙酰氨基]-3-氨基甲酰氧甲基-8-氧代-5-硫杂-1-氮杂双环[4.2.0]辛-2-烯-2-羧酸,(6R,7R)-3-[(carbamoyloxy)methyl]-7-{[furan-2-yl(methoxyimino)acetyl]amino}-8-oxo-5-thia-1-azabicyclo[4.2.0]oct-2-ene-2-carboxylic acid。

本品为白色、类白色或淡黄白色结晶,无臭或微有特殊臭。易溶于水,微溶于乙醇,不溶于三氯甲烷。水溶液(10mg/ml)的比旋度为+55°～+65°。

头孢呋辛是第二代半合成头孢菌素衍生物,既可口服,也可注射。注射使用其钠盐,口服使用头孢呋辛酯。头孢呋辛酯是其前体药物,进入体内经水解释放出原药产生生物活性。

头孢呋辛钠

头孢呋辛酯

与一般头孢类药物不同,头孢呋辛 3 位不是乙酸酯,而是一个氨基甲酸酯。其 7 位侧链羧基 α 位连一个甲氧肟基,同时连一个 2- 呋喃基。头孢菌素衍生物的构效关系研究表明:甲氧肟基可以增强化合物对 β- 内酰胺酶的稳定性,因此头孢呋辛对 β- 内酰胺酶稳定,对产生 β- 内酰胺酶耐药菌感染有效。而 2- 呋喃基可以增加药物与细菌青霉素结合蛋白的亲和力表现出广谱的特点。头孢呋辛对大多数革兰氏阳性菌、阴性菌和厌氧菌均敏感,但对革兰氏阳性菌的抗菌作用低于或接近于第一代头孢菌素。革兰氏阴性菌中的流感嗜血杆菌、淋球菌、脑膜炎球菌、大肠杆菌、克雷白杆菌、奇异变形杆菌、肠杆菌属、枸橼酸杆菌、沙门菌属、志贺菌属以及某些吲哚阳性变形杆菌均对本品敏感。临床上用于呼吸道、泌尿道、皮肤及软组织感染的治疗,也可用于敏感菌所致败血症和脑膜炎的治疗。

头孢呋辛的合成是以 7-ACA 为起始原料,采用酰氯法合成,即:7-ACA 首先在碱性条件下水解得到 3- 去乙酰基 -7- 氨基 - 头孢烯酸(D-7-ACA);然后与甲氧亚氨基呋喃乙酰氯缩合得到 3- 去氨甲酰基 - 头孢呋辛酸,再与氯磺酰异氰酸酯反应得到头孢呋辛酸;用其钠盐与 1-溴乙基乙酸酯反应得到头孢呋辛酯。

7-ACA

D-7-ACA

头孢呋辛酸

头孢呋辛钠 → 头孢呋辛酯

也可以 7-ACA 为起始原料，水解得 3- 去乙酰基 -7- 氨基 - 头孢烷酸，然后将 3 位的羟甲基转化为氨甲酰氧甲基，再将甲氧亚胺基呋喃乙酰氯缩合得到 3- 去氨甲酰基 - 头孢呋辛酸，然后成盐、成酯得到目标化合物。

头孢呋辛的主要杂质包括 A 和 B 两个：

A   B

头孢哌酮（cefoperazone）

化学名为（6R，7R）-3-[[（1- 甲基 -1H- 四唑 -5- 基）硫]甲基]-7-[（2R）-2-（4- 乙基 -2，3- 二氧代 -1- 哌嗪碳酰氨基 ）-2- 对羟基苯基 - 乙酰氨基]-8- 氧代 -5- 硫杂 -1- 氮杂双环 [4.2.0]辛 -2- 烯 -2- 甲酸，（6R，7R）-7-[[（2R）-2-[[（4-ethyl-2，3-dioxo-1-piperazinyl）carbonyl]amino]-2-（4-hydroxyphenyl）acetyl]amino]-Chemicalbook3-[[（1-methyl-1H-tetrazol-5-yl）thio]methyl]-8-oxo-5-thia-1-azabicyclo[4.2.0]oct-2-ene-2-carboxylicacid。

本品为白色或类白色结晶性粉末，在丙酮和二甲基亚砜中溶解，在甲醇和乙醇中微溶，在水中极微溶，临床使用其钠盐冻干粉针。

头孢哌酮是三代头孢的代表药物，其结构特点是含有一个 β- 内酰胺并氢化噻嗪的母核，3 位连有一个含四氮唑硫醚的侧链，7 位连有一个复杂的侧链。因此其合成以 7-ACA 为起始原料，首先 1- 甲基 -5 巯基四氮唑取代 3 位乙酰氧基，然后与 7 位侧链缩合得到产物。其 7 位侧链的缩合方法与青霉素类似，可采用酰氯法进行合成。

也可采用混合酸酐法进行合成,即侧链首先与氯甲酸乙酯形成混合酸酐,然后与母核缩合然后得到产物,具体合成路线如下:

《中华人民共和国药典》(2020 年版)收录的头孢哌酮杂质主要包括以下三个:

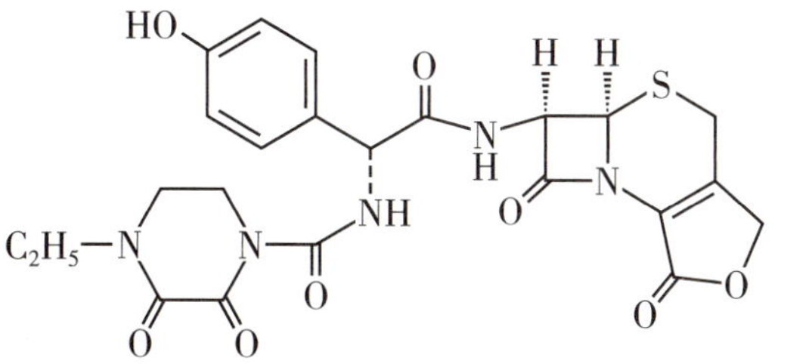

杂质A

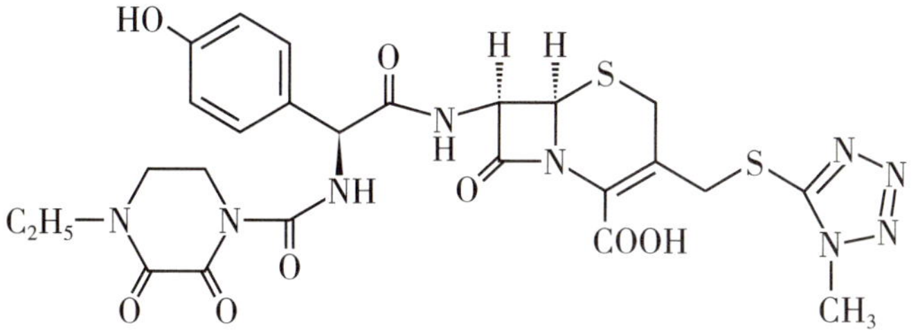

杂质B

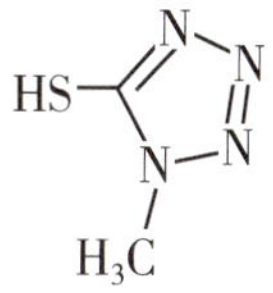

杂质C

杂质 A 为 3 位侧链水解与羧酸形成的内酯;杂质 B 为原料 7 位侧链的异构体;杂质 C 为与 7-ACA 反应的原料。

头孢哌酮临床上用于敏感菌引起的各种感染的治疗,如呼吸系统、生殖泌尿系统、胆道、胃肠道、胸腹腔、皮肤软组织感染的治疗,及对流感杆菌、脑膜炎球菌引起的脑内感染也有较好的疗效。

虽然头孢哌酮具有良好的抗菌活性,但对多数 β- 内酰胺酶稳定性差,会不同程度被 β- 内酰胺酶水解,因此与 β- 内酰胺酶抑制剂合用会极大增强其抑菌活性。2021 年 4 月 20 日国家药品监督管理局批准孢哌酮钠 / 他唑巴坦钠(6:1)上市,用于治疗由对头孢哌酮单药耐药、对本品敏感的产 β- 内酰胺酶细菌引起的中、重度感染。

三、β- 内酰胺酶抑制剂及非经典的 β- 内酰胺类抗生素

前面已经提及的青霉素、头孢菌素均为经典的 β- 内酰胺抗生素,碳青霉烯、青霉烯、氧青霉烷和单环 β- 内酰胺抗生素通常称为非经典的 β- 内酰胺类抗生素。

1. 碳青霉烯类抗生素 碳青霉烯类抗生素均具有以下结构。

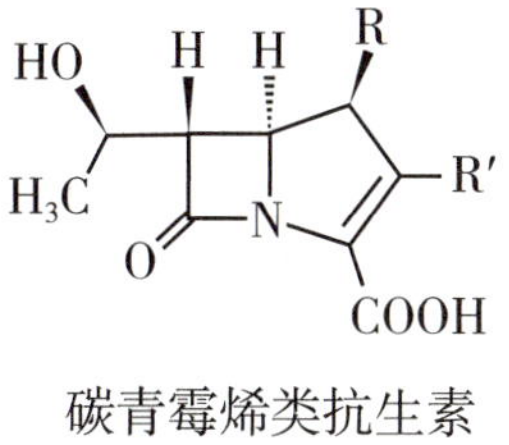

碳青霉烯类抗生素

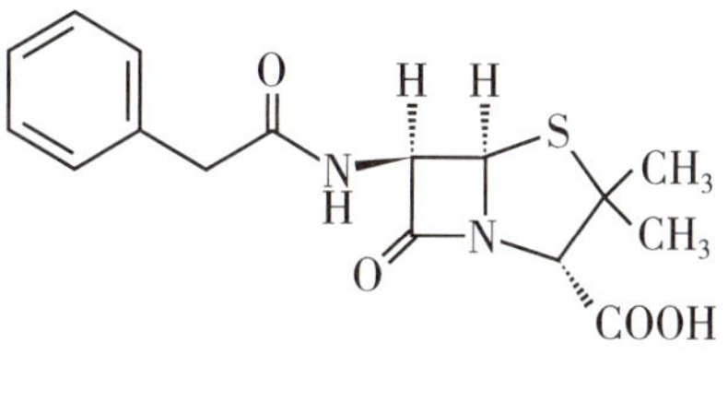

青霉素G

碳青霉烯类化合物具有 β- 内酰胺与二氢吡咯骈合的母环。与青霉素相比,碳青霉烯类化合物 2,3 位具有一个双键,青霉素类化合物的母核骨架上 4 位硫原子以碳原子替代,6 位连接一个羟乙基侧链,为反式构象。

碳青霉烯类化合物的发现始于 20 世纪 70 年代。1976 年 Merck 公司研究人员在筛选能作用于细胞壁生物合成抑制剂的过程中,从 *Streptomyces cattleya* 发酵液中分离得到的第一个碳青霉烯化合物即沙纳霉素(thienamycin)。初步药理学研究表明,沙纳霉素对葡萄球菌等革兰氏阳性菌及铜绿假单胞菌、类杆菌等革兰氏阴性菌有显著的抗菌活性,而且对 β- 内酰胺酶也有较强的抑制作用。但沙纳霉素水溶液稳定性差,而且 3 位侧链末端的氨基会进攻 β- 内酰胺环的羰基导致其开环失活。因此沙纳霉素未能在临床使用。

沙纳霉素
thienamycin

通过对沙纳霉素深入研究发现,其 6 位 α- 羟乙基侧链与 β- 内酰胺酶密切相关。当其保持反式构象时,对 β- 内酰胺酶的具有高度稳定性;若构象变为顺式或无此结构,则失去耐 β- 内酰胺酶作用。3 位侧链与化合物稳定性和生物活性密切相关,是主要的结构修饰位点。通过对 3 位侧链的改造,得到了一系列性质稳定、活性良好的新型抗生素。其中亚胺培南(imipenem),对革兰氏阳性菌、阴性菌和厌氧菌有广泛的抗菌活性,尤其对铜绿假单胞菌、耐甲氧西林金黄色葡萄球菌及粪球菌有显著的抗菌活性。亚胺培南单独使用时,在肾脏受肾肽酶代谢而分解失活。临床上亚胺培南通常和肾肽酶抑制剂西司他丁(cilastatin)合并使用,以增加疗效,减少肾毒性。

亚胺培南
imipenem

西司他丁
cilastatin

美罗培南(meropenem)是临床上第一个能单独使用的碳青霉烯类抗生素。对肾脱氢肽酶稳定,对革兰氏阳性菌和阴性菌均敏感,尤其对革兰氏阴性菌有很强的抗菌活性。美罗培南注射给药的体内分布广,能进入脑脊液和胆汁。

美罗培南
meropenem

比阿培南
biapenem

比阿培南(biapenem)是第二个带有 4 位甲基的碳青霉烯类抗生素,其肾毒性几乎为零,可以单独给药。本品抗菌谱广,抗菌活性强,抑制耐药铜绿假单胞菌的活性比美罗培南强 4~

8 倍,可用于细菌性脑膜炎的治疗。

碳青霉烯类抗菌稳定性好,抗菌活性强,是临床治疗中应用较为广泛的抗菌药物,可用于重度感染,或者是初期抗菌效果不理想的治疗。但随着在临床的大范围使用,使得细菌对其耐药性提高。2011 年碳青霉烯被归纳为特殊级药物,对其实际的应用给出了明确的规定,以保证该药物的用药安全,并确保其起到良好的抗菌和治疗效果。

2. 氧青霉烷类 β- 内酰胺酶抑制剂　随着 β- 内酰胺类抗生素的广泛应用,细菌对这类药物的耐药已经成为一个日益严峻的问题,其中最主要的耐药机制是细菌产生 β- 内酰胺酶使 β- 内酰胺类抗生素开环而失去抑菌活性。β- 内酰胺酶(β-lactamases)是由多种酶组成的酶家族,根据其氨基酸序列的同源性,可以分为四类:A 类,青霉素酶,主要包括丝氨酸 β- 内酰胺酶、超广谱 β- 内酰胺酶以及碳青霉烯酶;B 类,金属 β- 内酰胺酶,其作用需要金属离子参与,大多数为锌离子;C 类,头孢菌素酶,该酶的活性位点也含丝氨酸的残基;D 类,苯唑西林酶,该酶的特点是能够快速水解苯唑西林类底物,它也属于丝氨酸 β- 内酰胺酶。克服这类耐药问题可以将 β- 内酰胺类抗生素与 β- 内酰胺酶抑制剂联合使用,通过抑制 β- 内酰胺酶的活性,使不耐酶的抗生素发挥抗菌活性,这也是目前临床抑制细菌耐药的有效手段之一。

氧青霉烷类化合物具有 β- 内酰胺并氢化噁唑的母核,具有抗细菌、抗真菌、抗肿瘤等多种生物活性,但临床主要作为 β- 内酰胺酶抑制剂使用,克拉维酸钾是其代表药物。

<h3 style="text-align:center;color:green">克拉维酸钾(clavulanate potassium)</h3>

化学名为(Z)-(2S, 5R)-3-(2- 羟亚乙基)-7- 氧代 -4- 氧杂 -1- 氮杂双环[3.2.0]庚烷 -2-羧酸钾,potassium(Z)-)2R, 5R)-3-(2-hydroxyethylidene)-7-oxo-4-oxa-1-azabicyclo[3.2.0]heptane-2-carboxylate,又称为棒酸。

本品为白色或微黄色结晶性粉末,微臭,极易吸湿。易溶于水,水溶液不稳定,会分解变色。在碱性条件下极易降解,其降解速度比青霉素快 5 倍。在甲醇中溶解,在乙醇中微溶,在乙醚中不溶。比旋度为 $+55° \sim +60°$。

克拉维酸是从链霉菌(*Streptomyces clavuligerus*)的发酵液中分离得到的,是第一个用于临床的 β- 内酰胺酶抑制剂。

从结构上来看克拉维酸是由 β- 内酰胺和氢化噁唑环骈合而成,是一个典型的氧青霉烷类化合物。在氢化噁唑环氧原子的旁边有一个 sp^2 杂化的碳原子,形成乙烯基醚结构,C6 已无酰胺侧链存在。由此可见克拉维酸的环张力比青霉素要大得多。因此易接受 β- 内酰胺酶结构中亲核基团的进攻。当亲核试剂进攻 β- 内酰胺环时,导致其开环,形成亚胺结构,再经互变异构生成 isomer of clavulanic acid,生成不可逆的结合物(图 18-2),是有效的 β- 内酰胺酶抑制剂,可与多数 β- 内酰胺酶牢固结合,对 A 类和 D 类 β- 内酰胺酶有效,是一种不可逆 β- 内酰胺酶抑制剂。

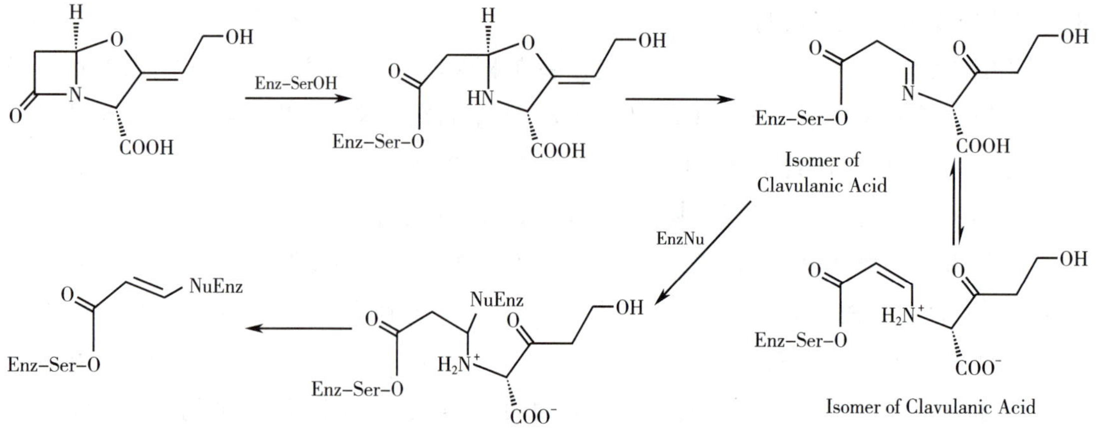

图 18-2 克拉维酸抑制 β- 内酰胺酶的机制

本品的抗菌活性微弱，单独使用无效，常与青霉素类药物联合应用以提高疗效。临床上使用克拉维酸钾和阿莫西林组成复方制剂（奥格门汀，augmentin），对产生 β- 内酰胺酶的 G⁺ 和部分阴性菌具有较强协同抗菌作用。对耐氨苄西林的各种 G⁻ 菌，本品比羟氨苄西林单独使用提高抗菌活性 250 倍，对耐甲氧西林的 G⁺ 和 G⁻ 同样有良好抗菌作用。克拉维酸也可与其他 β- 内酰胺类抗生素联合使用。

3. 青霉烷砜类 β- 内酰胺酶抑制剂 青霉烷砜类化合物具有 β- 内酰胺并氢化噻唑的母核，其 4 位硫原子被氧化成砜，是一类广谱 β- 内酰胺酶抑制剂。它们对 β- 内酰胺酶的抑制活性略低于克拉维酸，但化学结构很稳定，主要通过半合成方法进行制备。口服吸收差，一般通过静脉给药。舒巴坦钠和他唑巴坦是其代表药物。

舒巴坦钠（sulbactam sodium）

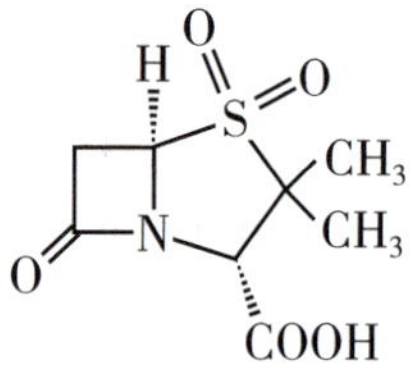

化学名为（2S, 5R）-3, 3- 二甲基 -7- 氧代 -4- 硫杂 -1- 氮杂双环［3.2.0］庚烷 -2- 羧酸钠 -4, 4- 二氧化物，（2S, 5R）-3, 3-dimethyl-7-oxo-4-thia-1-azabicyclo［3.2.0］heptane-2-carboxylicacid-4, 4-dioxide，又称为青霉烷砜。

临床常用其钠盐，为白色或类白色结晶性粉末，溶于水，在溶液中有一定的稳定性。舒巴坦为竞争性不可逆 β- 内酰胺酶抑制剂，其作用机制和克拉维酸基本相似，即与 β- 内酰胺酶发生不可逆的反应使酶失活，当抑制剂去除后，酶的活性也不能恢复。舒巴坦对 G⁺ 和 G⁻ 都有作用，当与阿莫西林合用时，能显著提高抗菌作用。可用于治疗对阿莫西林耐药的金黄色葡萄球菌、脆弱拟杆菌、肺炎杆菌、普通变形杆菌引起的感染。

舒巴坦口服吸收很少，通常按 1∶2 的形式与氨苄西林混合制成易溶于水的粉针，但其稳定性较差，极易破坏失效。对其进行前药的结构修饰，将氨苄西林与舒巴坦按 1∶1 的形式以次甲基相连制成含双酯结构的舒他西林（sultamicillin）。舒他西林口服后可迅速吸收，在体内非特定酯酶的作用下使其水解,给出较高的血清浓度的氨苄西林和舒巴坦。

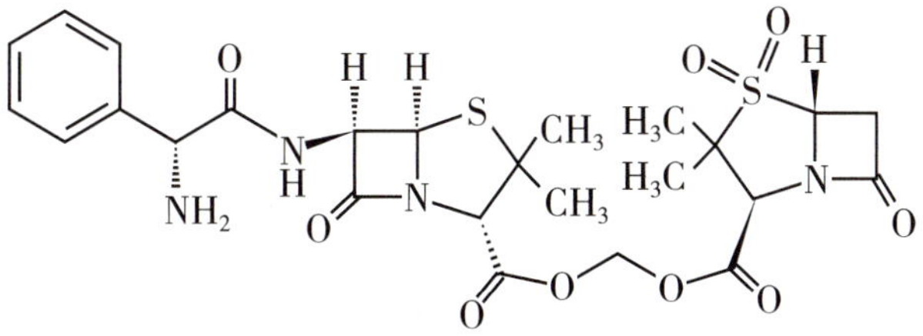

舒他西林(sultamicillin)

舒巴坦为半合成的化合物,其化学结构比 6-APA 少 6 位的氨基。工业上以 6-APA 为起始原料,经重氮化,溴代得到 6,6- 二溴青霉烷酸;再经氧化、催化氢解得到舒巴坦。

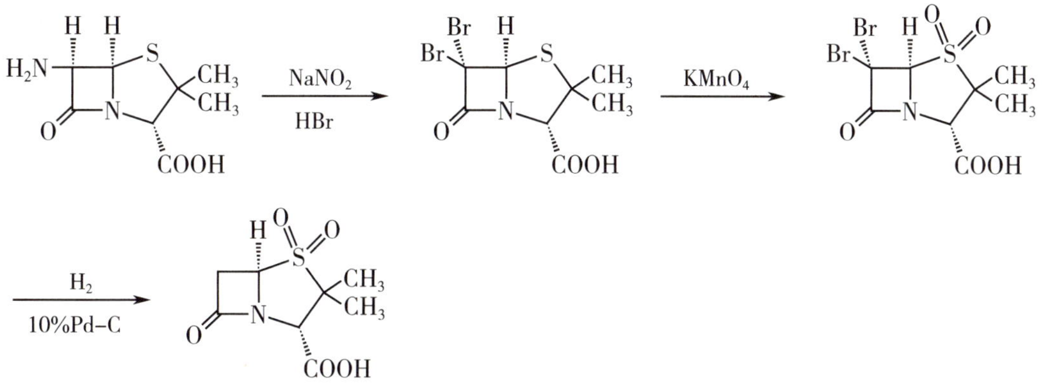

在舒巴坦的化学结构基础上,进一步研究发现其 3- 位甲基被取代后可以得到一系列新结构的化合物,这些化合物的活性更强,其中他唑巴坦(tazobactam)已经上市。与舒巴坦不同的是,他唑巴坦不仅对 A 类和 D 类 β- 内酰胺酶具有抑制作用,对 C 类 β- 内酰胺酶也具有一定抑制活性,是一种新型竞争性不可逆 β- 内酰胺酶抑制剂。

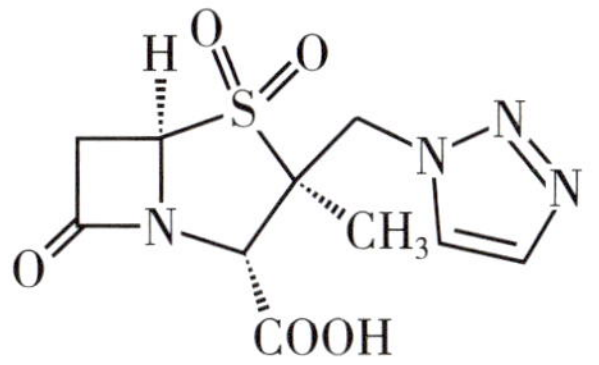

他唑巴坦(tazobactam)

4. 单环 β- 内酰胺类抗生素　单环 β- 内酰胺类抗生素的发展起源于诺卡霉素(nocardicins)的发现。天然的有活性的单环 β- 内酰胺抗生素的发现,改变了人们认为 β- 内酰胺环不与另一个环骈合就没有抗菌活性的观点。诺卡霉素是 *Nocardia uniformis* 菌所产生的第一个被发现的单环 β- 内酰胺类抗生素,含有 A~G 七个组分,其中 A 为七种诺卡霉素类似物中活性最强的一个。尽管诺卡霉素只含有单个 β- 内酰胺环,但对酸、碱都比较稳定,这是其他天然 β- 内酰胺抗生素所不具备的特点。

诺卡霉素A
nocardicin A

诺卡霉素对各种 β- 内酰胺酶都很稳定,对某些革兰氏阴性菌如铜绿假单胞菌、变形杆菌有效,毒性小,但抗菌活性弱,至今未用于临床。但利用其母核 3- 氨基诺卡霉素(3-ANA)进行结构修饰,制备多种衍生物。氨曲南(aztreonam)是在此基础上得到的第一个全合成单环 β- 内酰胺类抗生素,并用于临床。

氨曲南(aztreonam)

化学名为 [2S-[2,3(Z)]]-2-[[[1-(2- 氨基 -4- 噻唑基)-2-[(2- 甲基 -4- 氧代 -1- 羟磺酰基 -3- 氮杂环丁烷基)氨基]-2- 氧代亚乙基]氨基]氧代]-2- 甲基丙酸,[2S-[2,3(Z)]]-2-[[[1-(2-Amino-4-thiazolyl)-2-[(2-methyl-4-oxo-1-sulfo-3-azetidinyl)amino]-2-oxoethylidene] amino]oxy]-2-methylpropanoic acid。本品为单环 β- 内酰胺抗生素。

本品为白色晶体;无臭。在 DMF、DMSO 中溶解,在甲醇中微溶,在乙醇中极微溶,在甲苯、三氯甲烷、乙酸乙酯中几乎不溶。

在氨曲南结构中的 N 原子上连有强吸电子磺酸基团,更有利于 β- 内酰胺环打开。C-2 位的 α- 甲基可以增加氨曲南对 β- 内酰胺酶的稳定性。氨曲南对需氧的革兰氏阴性菌包括铜绿假单胞菌有很强的活性,对需氧的革兰氏阳性菌和厌氧菌作用较小,对各种 β- 内酰胺酶稳定,能透过血脑屏障,副作用少。临床用于呼吸道感染、尿路感染、软组织感染、败血症等,疗效良好。

氨曲南由 β- 内酰胺母核与侧链组成,其母核的合成路线如下:

以 L- 苏氨酸为起始原料,首先将羧基转变成酰胺;然后用苄氧羰基保护氨基,与甲烷磺酰氯反应得到甲烷磺酸酯;再与氯磺酸反应、碱性条件下关环、最后脱保护得到目标产物。

氨曲南耐受性好,副作用发生率低,并与青霉素和头孢菌素不发生交叉过敏反应,从而为寻找无过敏反应、高效、广谱的 β- 内酰胺类抗生素提供了一个新的研究方向。

卡芦莫南(carumonam)和替吉莫南(tigemonam)也为单环 β- 内酰胺类抗生素,具有广谱抗菌活性,组织穿透性好,对 β- 内酰胺酶稳定。卡芦莫南主要用于严重革兰氏阴性需氧杆菌引起的感染。

卡芦莫南
carumonam

替吉莫南
tigemonam

第二节　四环素类抗生素

四环素类抗生素(tetracyclines antibiotics)是由放线菌(*Streptomyces rimosus*)产生的一类口服广谱抗生素,包括金霉素(chlortetracycline)、土霉素(oxytetracycline)、四环素(tetracycline)及半合成衍生物,其结构均为并四苯(naphthacene)四环骨架。

	R^1	R^2	R^3	R^4
金霉素(chlortetracycline)	H	CH_3	OH	Cl
土霉素(oxytetracycline)	OH	CH_3	OH	H
四环素(tetracycline)	H	CH_3	OH	H

1948 年由金色链丝菌(*Streptomyces auraofaciens*)培养液中分离出金霉素,1950 年从土壤中皲裂链丝菌(*Streptomyces rimosus*)培养液中分离出土霉素,1953 年在研究金霉素和土霉素结构时发现若将金霉素进行催化氢化脱去氯原子,可得到四环素,随后在不含氯的培养基中生长的链霉菌菌株发酵液中分离出四环素。

在四环素类抗生素结构中都含有酸性的酚羟基和烯醇羟基及碱性的二甲胺基,该类药物均为两性化合物,具有三个 pK_a 值,分别为 2.8~3.4、7.2~7.8 和 9.1~9.7,其碱性基团为 4α-二甲胺基,在生产上用于和氯化氢成盐;C-10 与 C-12 共轭的酚羟基和烯醇羟基是弱酸性基团,pK$_a$ 约为 7.5;而 C-1 与 C-3 共轭的三羧基系统相当于乙酸的酸性。其等电点为 pH 5。临床上通常用其盐酸盐。

四环素类抗生素在干燥条件下比较稳定,但遇日光可变色。在酸性及碱性条件下都不够稳定,易发生水解。四环素类药物主要有以下化学性质。

(1)酸性条件下不稳定:在酸性条件下,四环素类抗生素 C6 上的羟基和 C5a 上氢发生消除反应,生成无活性的橙黄色脱水物(anhydrotetracycline)。因为 C6 上的羟基与 C5a 上的氢正好处于反式构型,在酸性条件下有利于发生消除反应。

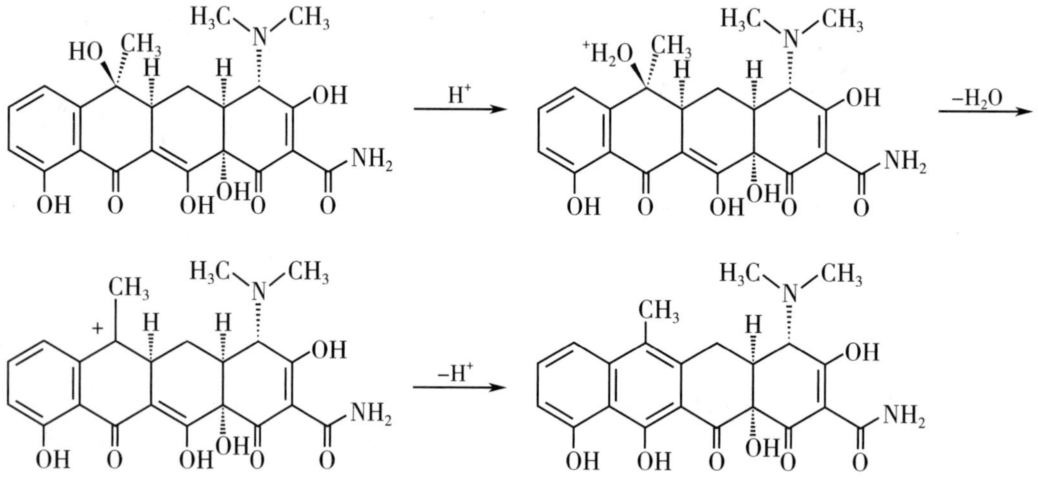

脱水四环素

另外,在 pH 2～6 条件下,C4 二甲胺基很易发生可逆的差向异构化,生成四环素 4 位差向异构体(4-epitetracycline)。某些阴离子如磷酸根、枸橼酸根、乙酸根离子的存在,可加速这种异构化。

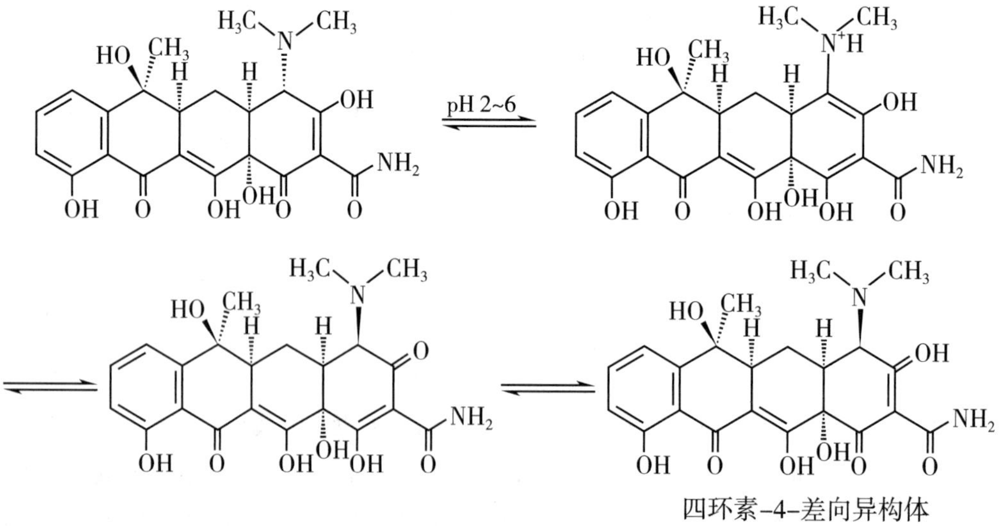

四环素-4-差向异构体

土霉素由于 C5 羟基与 C4 二甲胺基之间形成氢键,4 位的差向异构化难于四环素。而金霉素由于 C7 氯原子的空间排斥作用,使 4 位异构化反应比四环素更易发生。

4 位差向异构化产物在酸性条件下也会进一步脱水生成脱水差向异构化产物。四环素类(tetracyclines)药物的脱水产物及差向异构体的抗菌活性均减弱或消失。

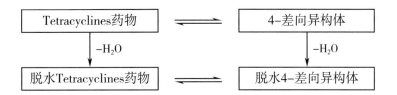

（2）碱性条件下不稳定：在碱性条件下，由于 OH^- 的作用，C6 上的羟基形成氧负离子，向 C11 发生分子内亲核进攻，经电子转移，C 环破裂，生成具有内酯结构的异构体。

（3）和金属离子的反应：四环素类药物分子中含有许多羟基、烯醇羟基及羰基，在近中性条件下能与多种金属离子形成不溶性螯合物。与钙或镁离子形成不溶性的钙盐或镁盐，与铁离子形成红色络合物，与铝离子形成黄色络合物。

这不仅给临床使用制备成合适的溶液带来不便，而且还会干扰口服时的血药浓度。由于四环素类药物能和钙离子形成络合物，在体内该络合物呈黄色沉积在骨骼和牙齿上，对儿童服用会发生牙齿变黄色，孕妇服用后其产儿可能发生牙齿变色、骨骼生长抑制。因此儿童和孕妇应慎用或禁用。

四环素类抗生素主要通过抑制核糖体蛋白质的合成抑制细菌的生长。四环素类药物与 30s 细菌核糖体亚单位结合，破坏 *t*RNA 和 RNA 之间密码子－反密码子反应，因而阻止了氨酰 *t*RNA 与核糖体受体 A 位点的结合，抑制细菌的生长，具有广谱的抗菌活性。

多西环素

米诺环素

依拉环素

随着四环素类抗生素在临床的广泛使用,其不良反应日益明显。同时了大量耐药菌株的产生导致部分四环素类抗生素逐渐从临床应用退出。为了开发性质稳定、抗菌谱更广、抗菌活性更强以及能克服耐药菌的新型四环素类抗生素,对四环素类抗生素进行了一系列结构改造。如将金霉素分子中的6-OH除去,得到多西环素(doxycycline);将四环素分子中的6-CH₃和6-OH除去,并在7位引入二甲氨基,得到米诺环素(minocycline)。多西环素和米诺环素亲脂性更强,有利于细胞吸收,但近年来也不断出现其耐药菌株而限制了它们的临床应用。后来在米诺环素的D环引入取代甘氨酰基得到替加环素,替加环素对广泛耐药的金黄色葡萄球菌和万古霉素耐药菌具有明显抑制作用,2005年美国食品药品管理局(FDA)批准其上市。此后与其结构类似的依拉环素(eravacycline)也获得FDA批准上市,用于治疗18岁以上成人由敏感菌引起的复杂腹腔感染。

替加环素(tigecycline)

化学名(4*S*,4a*S*,5a*R*,12a*S*)-4,7-双(二甲氨基)-9-[(叔丁基氨基)乙酰胺基]-3,10,12,12a-四羟基-1,11-二氧代-1,4,4a,5,5a,6,11,12a-八氢并四苯-2-甲酰胺,(4*S*,4a*S*,5a*R*,12a*S*)-4,7-Bis(dimethylamino)-9-[[[(1,1-dimethylethyl)amino]acetyl]amino]-1,4,4a,5,5a,6,11,12a-octahydro-3,10,12,12a-tetrahydroxy-1,11-dioxo-2-naphthacenecarboxamide。

本品为橘黄色结晶性粉末,无臭。在水中易溶,在甲醇和乙醇中微溶。应避光密闭保存。本品临床使用其冻干粉针。

本品抗菌机制与其他四环素类药物相同,但与核糖体30S亚单位和核糖体A位点结合方式与其他四环素类药物不同,对核糖体结合的紧密程度是其他四环素类药物的5倍,对抗细菌耐药性的能力优于其他四环素类药物。替加环素在体外对大多数细菌革兰氏阳性、革兰氏阴性需氧与厌氧菌,包括金黄色葡萄球菌、肠球菌、肺炎球菌、流感嗜血杆菌、黏膜炎莫拉菌、淋球菌、消化链球菌属、梭状芽孢杆菌、拟杆菌有很好的抗菌活性,临床用于复杂性皮肤软组织感染与复杂性腹腔感染。

替加环素是以盐酸米诺环素为起始原料合成,其合成路线如下:

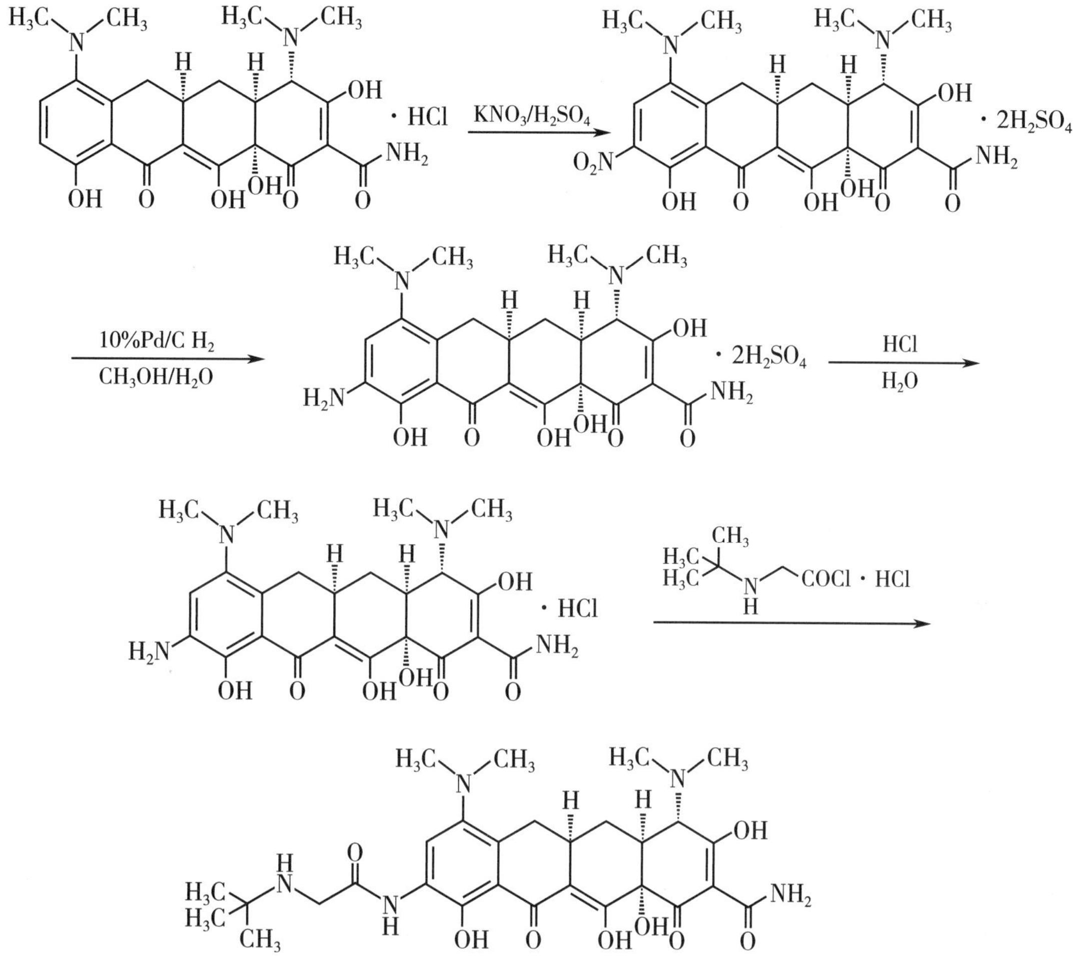

即以米诺环素为起始原料,首先经硝化反应在 9 位引入硝基;然后还原得到氨基化产物;将硫酸盐转变成盐酸盐后与取代甘氨酰氯反应得到产物。

与替加环素有关的杂质包括以下三个:

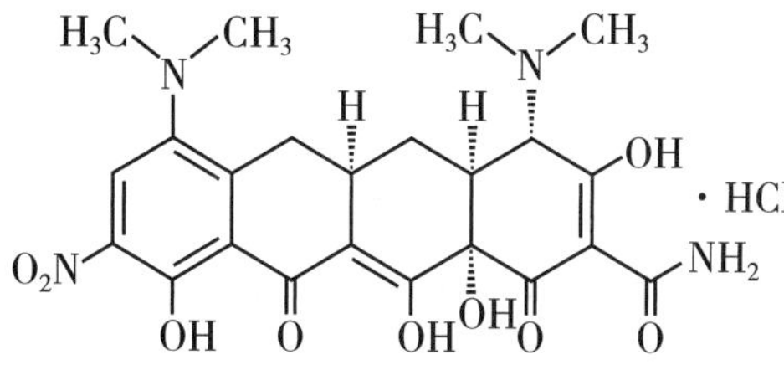

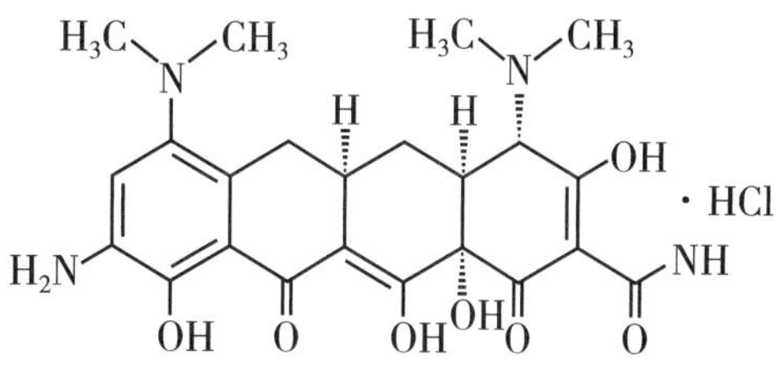

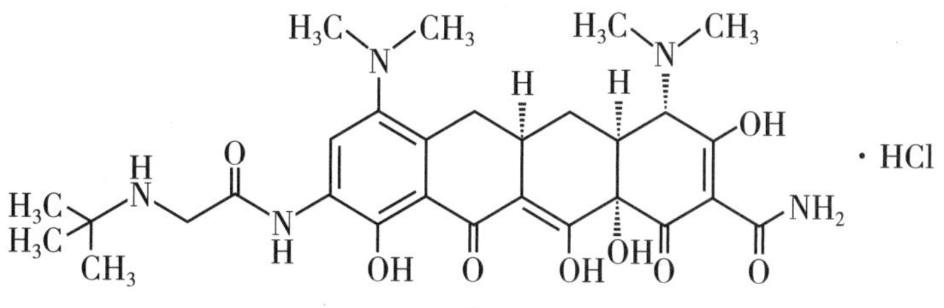

其中杂质 A 是第一步中间体的盐酸盐；杂质 B 是第二步中间体的盐酸盐；杂质 C 是没有完全中和最终产物的盐酸盐。

第三节　氨基糖苷类抗生素

氨基糖苷类抗生素（aminoglycoside antibiotics）是由链霉菌、小单孢菌和细菌所产生的具有氨基糖苷结构的抗生素，这类抗生素的化学结构通常由 1, 3- 二氨基肌醇，如链霉胺（streptamine）、2- 脱氧链霉胺（2-deoxystreptamine）、放线菌胺（spectinamine）为苷元与某些特定的氨基糖通过糖苷键相连而成。

链霉胺　　　　　　　　　2–脱氧链霉胺　　　　　　放线菌胺
streptamine　　　　　　2–deoxystreptamine　　　　spectinamine

氨基糖苷类抗生素具有水溶性好、性质稳定、抗菌谱广、抗菌能力强和吸收排泄良好等特点。临床上主要用于治疗需氧革兰氏阴性菌如肠杆菌属、克雷伯菌属、变形菌和铜绿假单胞菌以及葡萄球菌（包括耐青霉素与耐甲氧西林菌株）引起的各种中重度呼吸系统感染、尿路感染、肠道感染、皮肤及软组织感染等，是临床应用重要的抗菌药物之一。由于氨基糖苷类抗生素的药代动力学特性，胃肠道不吸收或极少吸收，故通常以静脉给药或肌内注射为主要的给药途径。

氨基糖苷类药物通过与细菌核糖体 30S 亚基的 16SrRNA 解码区 A 位点特异性结合来发挥作用，使 16SrRNA 形成稳定的内环结构。与此同时，核糖体长期处于活动状态，使得非互补配对的 tRNA 也能够通过 A 位点，最终导致错误蛋白的形成。

氨基糖苷类抗生素在临床使用过程中较易产生耐药性，产生耐药性的原因之一是通过氨基糖苷类抗生素修饰酶（aminoglycoside modifying enzymes，AME）对氨基糖苷类抗生素进行修饰，被修饰后的氨基糖苷类抗生素与细菌核糖体的亲和力减弱，从而产生耐药性。修饰酶主要包括氨基糖苷乙酰转移酶（aminoglycoside acetyhransferase，AAC）、氨基糖苷核苷转移酶（aminoglycoside nucleotidyhransferase，ANT 或 AAD）和氨基糖苷磷酸转移酶（aminoglycoside phosphotransferase，APH）三大类，分别对氨基糖苷类化合物上一些特定位置的活性基团进行 O- 磷酸化、O- 腺苷化和 N- 乙酰化，钝化氨基糖苷类抗生素。

临床上使用的氨基糖苷类抗生素主要有链霉素（streptomycin）、卡那霉素（kanamycin）、庆大霉素（gentamicin）、新霉素（neomycin）、巴龙霉素（paromomycin）和核糖霉素（ribostamycin）等。

链霉素是第一个发现的氨基糖苷类抗生素，由灰色链霉菌（*Streptomyces griseus*）的发酵液中分离得到。链霉素由链霉胍、链霉糖和 N- 甲基葡萄糖组成。在其分子结构中有三个碱性中心，可以和各种酸成盐，临床用其硫酸盐。

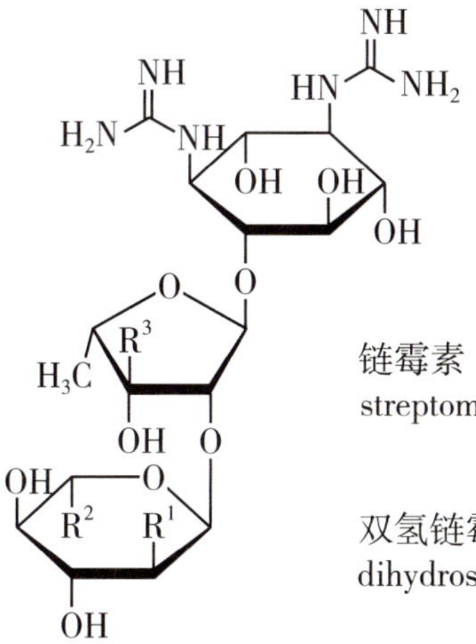

	R^1	R^2	R^3
链霉素 streptomycin	$NHCH_3$	CH_2OH	CHO
双氢链霉素 dihydrostreptomycin	$NHCH_3$	CH_2OH	CH_2OH

链霉素对结核分枝杆菌的抗菌作用很强，临床上用于治疗各种结核病，特别是对结核性脑膜炎和急性浸润性肺结核有很好的疗效。对尿道感染、肠道感染、败血症等也有效，与青霉素联合应用有协同作用。缺点是具有肾脏毒性和耳毒性，这也是这类药物共同的缺点。

双氢链霉素（dihydrostreptomycin）是链霉素的还原产物，由于毒性大已很少使用。

庆大霉素（gentamicin）是小单孢菌（*Micromonospora puspusa*）产生的混合物，包括庆大霉素 C_1、C_{1a} 和 C_2。三者抗菌活性和毒性相似，临床用其硫酸盐。

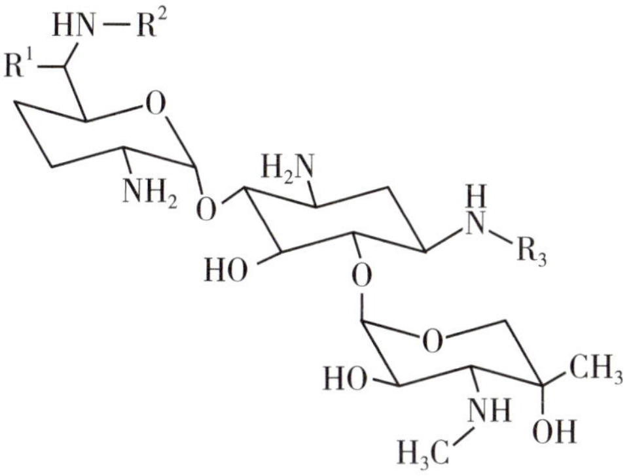

	R^1	R^2	R^3
庆大霉素C_1 (gentamicin C_1)	CH_3	CH_3	H
庆大霉素C_{1a} (gentamicin C_{1a})	H	H	H
庆大霉素C_2 (gentamicin C_2)	CH_3	H	H
小诺米星 (micronomicin)	H	CH_3	H
依替米星 (etimicin)	H	H	CH_2CH_3

庆大霉素为广谱的抗生素，尤其对革兰氏阴性菌、大肠埃希菌、铜绿假单胞菌、肺炎杆菌、痢疾杆菌有良好效用。临床上主要用于铜绿假单胞菌或某些耐药阴性菌引起的感染和败血症、尿路感染、脑膜炎和烧伤感染等。

依替米星是我国第一个氨基糖苷类创新药物，其以微生物发酵来源的庆大霉素 C1a 为原料，在其脱氧链霉胺 1-*N* 位上引入一个乙基得到。依替米星抗菌谱广，对多种病原菌具有较强的杀菌活性及一定的抗耐药性，同时还克服了庆大霉素、阿米卡星等传统氨基糖苷类药物治疗安全系数较低的缺点，现已被广泛应用于各类细菌感染治疗。

第四节　大环内酯类抗生素

大环内酯类抗生素是由链霉菌产生的一类弱碱性抗生素，其结构特征为分子中含有一个内酯结构的十四元或十六元大环。通过内酯环上的羟基和去氧氨基糖或 6- 去氧糖缩合成碱性苷。这类药物主要有麦迪霉素（midecamycin）、螺旋霉素（spiramycin）和红霉素（erythromycin）等。

这类抗生素通过结合细菌核糖体50S亚基从而抑制蛋白质合成来发挥其抗菌作用。对革兰氏阳性菌和某些阴性菌、支原体等有较强的作用，与临床常用的其他抗生素之间无交叉耐药性，毒性较低，无严重不良反应。但随着在临床的大规模使用，细菌对这类药物仍可产生耐药性。

这类抗生素在微生物合成过程中往往产生结构近似、性质相仿的多种成分。当菌种或生产工艺不同时，常使产品中各成分的比例有明显不同，影响产品的质量。

一、麦迪霉素及其衍生物

	R^1	R^2
麦迪霉素A_1	—OH	—$COCH_2CH_3$
麦迪霉素A_2	—OH	—$COCH_2CH_2CH_3$
麦迪霉素A_3	=O	—$COCH_2CH_3$
麦迪霉素A_4	=O	—$COCH_2CH_2CH_3$

麦迪霉素（midecamycin）是由米加链霉菌（*Streptomyces mycasofaciens*）产生的抗生素，具有16元环内酯的母核结构，与碳霉胺糖和碳霉糖结合成碱性苷，性状比较稳定，可溶于乙醇、甲醇、丙酮和三氯甲烷。和酒石酸成盐后可溶于水，配制成静脉滴注制剂供临床使用。麦迪霉素有A_1、A_2、A_3和A_4四种成分，但以A_1成分为主。

麦迪霉素对革兰阳性菌、奈瑟菌和支原体有较好的抗菌作用。主要用于治疗敏感菌所致的呼吸道感染和皮肤软组织感染。

麦迪霉素的活性与亲脂性有关，在麦迪霉素的C9、C2'、C3"及C4"上引入酰基，其酰化物更易透入细胞中去，在3"和4"位引入酰基，可提高化合物进入细菌细胞的渗透性，改善大环内酯抗生素所特有的苦味，且吸收好，可长时间维持高的组织浓度，因而具有很好的抗菌力，此外还减轻了肝毒性等副作用，使用范围广。

二、螺旋霉素及其衍生物

螺旋霉素（spiramycin）是由螺旋杆菌新种（*Streptomyces spiramyceticus nsp*）产生的含有双烯结构的16元环大环内酯抗生素，在其内酯环的9位与去氧氨基糖缩合成碱性苷。本身为多组分抗生素，主要有螺旋霉素Ⅰ、Ⅱ、Ⅲ三种成分。国外菌种生产的螺旋霉素以Ⅰ为主，国产螺旋霉素以Ⅱ和Ⅲ为主。

	R₁	R₂	R₃

螺旋霉素 I　　　　 H　　　　　 H　　 H
螺旋霉素 II　　　　 COCH₃　　　 H　　 H
螺旋霉素 III　　　　COC₂H₅　　　 H　　 H
乙酰螺旋霉素 I　　 H　　　　　 H　　 COCH₃
乙酰螺旋霉素 II　　COCH₃　　　 H　　 COCH₃
乙酰螺旋霉素 III　 COC₂H₅　COCH₃　COCH₃

　　螺旋霉素为碱性的大环内酯抗生素,味苦,口服吸收不好,进入体内后,部分水解脱碳霉糖变成活性很低的新螺旋霉素(neospiramycin),再进一步水解失活。

　　为了增加螺旋霉素的稳定性和口服吸收程度,在3″位和4″位将其乙酰化得到乙酰螺旋霉素(acetyl spiramycin)。乙酰螺旋霉素为螺旋霉素的三种成分乙酰化的产物。国外商品以4″单乙酰化合物为主,国内的乙酰螺旋霉素是以3″,4″双乙酰化物为主。乙酰螺旋霉素体外抗菌活性比螺旋霉素弱,但对酸稳定,口服吸收比螺旋霉素好,在胃肠道吸收后脱去乙酰基变为螺旋霉素后发挥作用。

　　乙酰螺旋霉素与螺旋霉素抗菌谱相同,对革兰氏阳性菌和奈瑟菌有良好抗菌作用,主要用于治疗呼吸道感染、皮肤、软组织感染、肺炎、丹毒等。乙酰螺旋霉素对艾滋病患者的隐孢子虫病、弓形体等有良好的疗效,并且有持续的抗菌后效应。螺旋霉素的抗菌效果是不如红霉素,但是螺旋霉素在人体内具有较高的组织内浓度,所以后续作用较强,同时不良反应低于红霉素。

三、红霉素及其衍生物

红霉素(erythromycin)

　　化学名为(2R,3S,4S,5R,6R,8R,10R,11R,12S,13R)-5-[(3-氨基-3,4,6-三脱氧-N,N-二甲基-β-D-吡喃木糖基)氧]-3-[(2,6-二脱氧-3-C-甲基-3-O-甲基-β-L-吡喃糖基)氧]-13-乙基-6,11,12-三羟基-2,4,6,8,10,12-六甲基-9-氧代十三内酯,(2R,3S,4S,5R,6R,8R,10R,11R,12S,13R)-5-(3-amino-3,4,6-trideoxy-N,N-dimethyl-β-D-xylo-hexopyranosyloxy)-3-(2,6-dideoxy-3-C,3-O-dimethyl-α-L-ribo-hexopyranosyloxy)-13-ethyl-6,11,12-trihydroxy-2,4,6,8,10,12-hexamethyl-9-oxotridecan-13-olide)。

本品为白色或类白色的结晶或粉末;无臭,味苦;微有引湿性。本品的水合物熔点为135～140℃,而无水物的熔点为190～193℃。易溶于甲醇、乙醇或丙酮,微溶于水。无水乙醇(20mg/ml)中比旋度为−71°～−78°。

红霉素是由红色链丝菌(*Streptomyces erythreus*)产生的抗生素,包括红霉素 A、B 和 C。三者的差别在于 C10 及克拉定糖(cladinose)中的 C3″ 位取代基的变化 -A:C12＝—OH/C3″＝—OCH$_3$;B:C12＝—H/C31＝—OCH$_3$;C:C12＝—OH/C32＝—OH。红霉素 A 为抗菌主要成分;C 的活性较弱,只为 A 的 1/5,而毒性则为 5 倍;B 不仅活性低,且毒性大。通常所说的红霉素即指红霉素 A,其他两个组分 B 和 C 则被视为杂质。

红霉素 A 是由红霉内酯(erythronolide)与去氧氨基糖(desosamine)和克拉定糖(cladinose)缩合而成的碱性苷。红霉内酯环为 14 原子的大环,无双键,偶数碳原子上共有六个甲基,9 位上有一个羰基,C3、C5、C6、C11、C12 共有五个羟基,内酯环的 C3 通过氧原子与克拉定糖相连,C5 通过氧原子与脱氧氨基糖连接(图 18-3)。

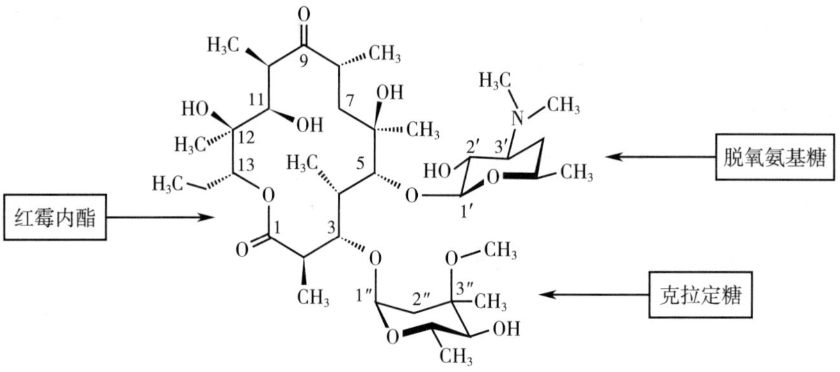

图 18-3　红霉素的结构特征

红霉素对各种革兰氏阳性菌有很强的抗菌作用,对革兰氏阴性百日咳杆菌、流感杆菌、淋球菌、脑膜炎球菌等亦有效,而对大多数肠道革兰氏阴性杆菌则无活性。红霉素为耐青霉素的金黄色葡萄球菌和溶血性链球菌引起感染的首选药物。

红霉素水溶性较小,只能口服,但在酸中不稳定,易被胃酸破坏。为了增加其在水中的溶解性,用红霉素与乳糖醛酸成盐,得到红霉素乳糖醛酸盐(erythromycin lactobionate),可供注射使用。

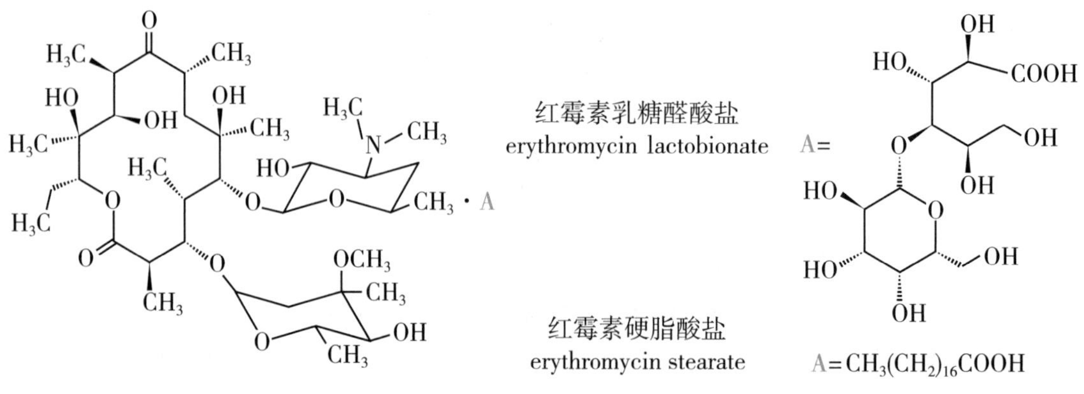

红霉素乳糖醛酸盐
erythromycin lactobionate

红霉素硬脂酸盐
erythromycin stearate

A＝

A＝CH$_3$(CH$_2$)$_{16}$COOH

为了增加红霉素的稳定性,将红霉素与硬脂酸成盐,得到红霉素硬脂酸盐(erythromycin stearate),不溶于水,但在酸中较红霉素稳定,适于口服。

虽然红霉素具有良好的抗菌活性,但红霉素水溶性差,口服生物利用度低,同时对酸不稳定,容易被胃酸破坏。为了增强其稳定性、扩大抗菌谱,对红霉素的结构进行了一系列改造。由于红霉素结构复杂,可修饰的位点较多,概括起来主要包括对母环的修饰和对侧链糖的修饰。

（1）母环的修饰:红霉素对酸不稳定,主要是由于红霉素在酸性条件下主要先发生 C9 羰基和 C6 羟基脱水环合,导致进一步反应而失活。在酸性溶液中,红霉素 C6 上的羟基与 C9 的羰基形成半缩酮的羟基,再与 C8 上氢消去一分子水,形成脱水物（8,9-anhydroerythromycin A-6,9-hemiketal）。脱水物 C12 上的羟基与 C8-C9 双键加成,得螺旋酮（anhydroerythromycin A-6,9-9,12-spiroketal）。然后其 C11 羟基与 C10 上的氢消去一分子水,同时水解成红霉胺和克拉定糖。因此在研究红霉素半合成衍生物时,均考虑将 C6 羟基和 C9 羰基进行保护,得到一系列新的药物。首先在红霉素 C9 位羰基的 α 位即 8 位引入电负性较强的氟原子,即得氟红霉素（flurithromycin）。由于氟原子的引入使羰基的活性下降,同时也阻止了 C8～C9 之间不可逆的脱水反应发生。

克拉霉素（clarithromycin）是对红霉素 C6 位羟基甲基化后的产物。6 位羟基甲基化以后,使红霉素 C9 羰基无法形成半缩酮而增加其在酸中的稳定性。

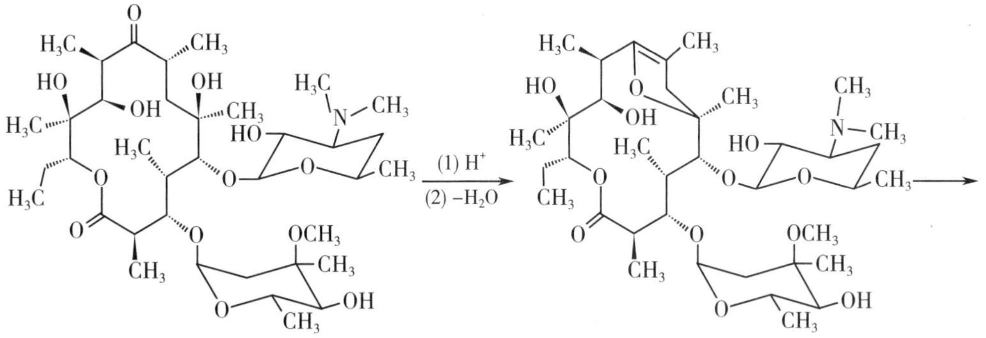

脱水物

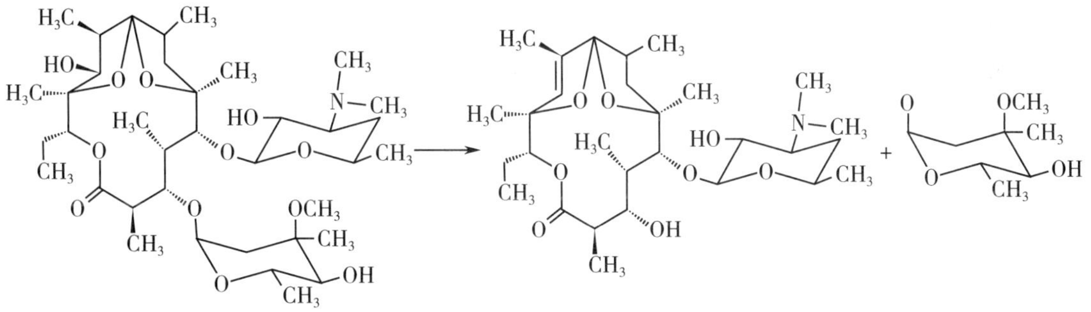

螺旋酮

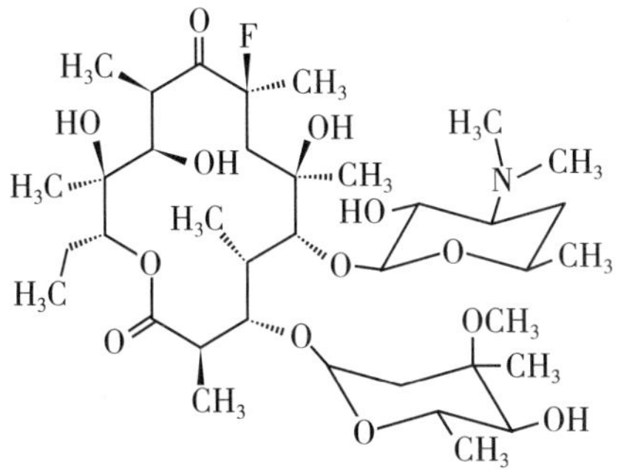

氟红霉素
flurithromycin

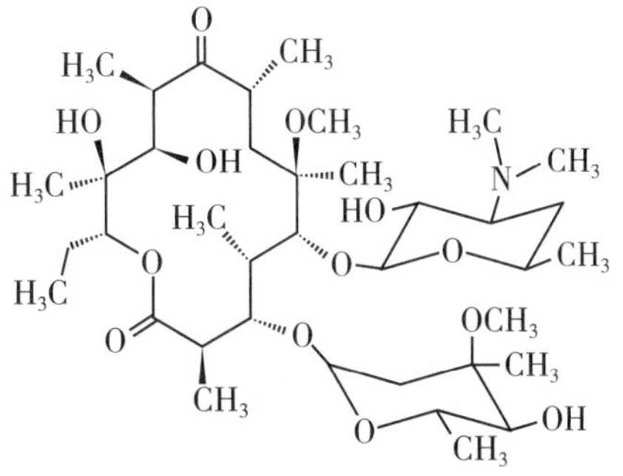

克拉霉素
clarithromycin

罗红霉素(roxithromycin)是红霉素 C9 肟的衍生物。研究过程中发现若将 9 位的羰基改换成肟或腙后,可以阻止 C6 羟基与 C9 羰基的缩合,可以增加其稳定性,但体外抗菌活性比较弱;当将 C9 的肟羟基取代后,可明显改变药物的口服生物利用度,口服给药时体内抗菌活性较好,毒性也较低。罗红霉素是从一系列 O 取代的红霉素肟衍生物中得到的一个活性最好的药物。罗红霉素具有较好的化学稳定性,抗菌作用比红霉素强 6 倍,在组织中分布广,同时具有很强的细胞穿透作用,在电镜下可观察到罗红霉素破坏支原体外面的胞壁层,也能影响细胞膜的完整性。利用罗红霉素的穿透作用,与其他药物联合使用,将其他药物引入细胞内而发挥更好的作用。

地红霉素(dirithromycin)是将 9- 氨基红霉素与 2-(2- 甲氧基乙氧基)乙醛进行反应,利用 C9 氨基和 C11 的羟基易和醛基反应形成噁嗪环得到的红霉素衍生物。地红霉素对酸稳定,作用比红霉素强 2～4 倍,在细胞中可以保持较高的和长时间的药物浓度,为长效药物。

红霉素肟

红霉胺

罗红霉素
roxithromycin

地红霉素
dirithromycin

在大量构效关系研究中发现 C3 位的克拉定糖并不是大环内酯类抗生素必需活性基团,但是引起细菌对大环内酯类抗生素耐药的原因,若将 14 元环大环内酯抗生素与 16 元环大环内酯结构进行对比,发现 16 元大环内酯没有 C3 位的糖基,但仍能保持对细菌的活性,且没有 14 元环的诱导耐药性。在此基础上人们将红霉素 C3 位的糖基通过酸水解脱去,再将剩余的羟基氧化为羰基,发现仍有微弱的活性,但没有了诱导耐药性。经研究发现,C3 位的酮羰基是对排除药物的耐药菌有效的重要基团。酮内酯的发现,改变了过去人们一直认为的 C3 位的糖基是抗菌活性必需基团的看法。泰利霉素是第一个上市的具有酮内酯结构的大环内酯类抗生素,用 3 位酮基取代 L- 克拉定糖,并在 6 位代入甲氧基;此外,在泰利霉素的 C11 和 C12 位之间形成一个氨基甲酸酯的结构。泰利霉素与红霉素具有相同的作用机制,即:通过直接与细菌核糖体的

50S 亚基结合,抑制蛋白质的合成,并阻抑其翻译和装配。但泰利霉素作用机制的最大区别在于它对野生型(wildtype)核糖体的结合力较红霉素和克拉霉素分别强约 10 倍和 6 倍;对核糖体结构 v 区修饰的微小差异使其对细菌的耐受能力提高了 20 倍,因此成为一种可以覆盖所有对大环内酯耐药菌的有效、广谱抗生素。目前泰利霉素主要用于治疗呼吸道感染,包括社区获得性肺炎(CAP)、慢性支气管炎急性加剧(AECB)、急性上颌窦炎(AMS)、咽炎和扁桃体炎。

泰利霉素
telithromycin

(2)克拉定糖的修饰:在对红霉素酮内酯母环研究与开发的同时,人们并没有停止对于克拉定糖的结构修饰。近年来对克拉定糖基的修饰做了大量的工作,研究发现克拉定糖 4″- 羟基是其活性位点,通过对其修饰有利于增强化合物的抑菌活性,拓宽其抑菌谱,是具有前景的结构修饰位点。虽然有一些活性较强的化合物被报道,但目前还没有化合物进入临床。

(3)脱氧氨基糖的修饰:依托红霉素是最早上市的对红霉素脱氧氨基糖结构修饰的产物。红霉素脱氧氨基糖 2′ 胺羟基与丙酸酯化然后与十二烷基磺酸成盐得到依托红霉素。依托红霉素在胃酸中比红霉素稳定,可用于溶血性链球菌、肺炎链球菌所致的急性扁桃体炎、咽炎和鼻窦炎。而琥乙红霉素是琥珀酸乙酯与脱氧氨基糖 2′-OH 的酯化产物,在胃酸中较红霉素稳定,对葡萄球菌属(耐甲氧西林菌株除外)、各组链球菌和革兰氏阳性杆菌均具抗菌活性。

脱氧氨基糖的另一个修饰位点是 3′ 点二甲氨基。但对 3′ 甲二甲氨基的结构修饰导致大部分化合物抑菌活性降低甚至消失,有些则表现出其他生物活性,如与抗肿瘤有关的酶抑制活性。

依托红霉素
erythromycin estolate

琥乙红霉素
erythromycin ethyl succinate

阿奇霉素（azithromycin）

化学名为（2R，3S，4R，5R，8R，10R，11R，12S，13S，14R）-13-[（2，6-二脱氧-3-C-甲基-3-O-甲基-α-L-核-已吡喃糖基）氧]-2-乙基-3，4，10-三羟基-3，5，6，8，10，12，14-七甲基-11-[[3，4，6-三脱氧-3-（二甲氨基）-β-D-木-已吡喃糖基]氧]-1-氧杂-6-氮杂环十五烷-15-酮，（2R，3S，4R，5R，8R，10R，11R，12S，13S，14R）-13-[[2，6-dideoxy-3-C-methyl-3-0-methyl-a-L-ribo-hexopyranosyl）oxy]-2-ethyl-3，4，10-trihydroxy-3，5，6，8，10，12，14-heptamethyl-11-[[3，4，6-trideoxy-3-（dimethylamino）-b-D-xylo-hexopyranosyl]oxy]-1-oxa-6-azacyclopentadecan-15-one。

本品为白色或类白色结晶性粉末，无臭，味苦，微有引湿性。本品在甲醇、丙酮、三氯甲烷、无水乙醇或稀盐酸中易溶，在水中几乎不溶。取本品，精密称定，无水乙醇溶液中的比旋度（20mg/ml）为 -45° ～ -49°。

阿奇霉素对金黄色葡萄球菌、肺炎链球菌、酿脓链球菌、溶血性链球菌等革兰氏阳性需氧菌有效；同时对流感嗜血杆菌、莫拉菌、脑膜炎奈瑟菌等革兰氏阴性菌也表现出很强的作用。临床上用于能够治疗呼吸道感染、软组织感染、泌尿系统感染和皮肤感染。

阿奇霉素经口服给药后，可以被人体快速吸收，生物利用率达37%，口服2.5～2.6小时后血药浓度达到峰值。阿奇霉素给药后可在巨噬细胞或多彩核白细胞内聚集，致使阿奇霉素相较于同类抗生素而言分布容积更广，细胞渗透性更广，更加便于口服给药。此外由于阿奇霉素在人体组织内的滞留时间较长，释放较缓慢，所以通常只需每日给药一次便可发挥疗效。

阿奇霉素的合成是以红霉素肟为起始原料，经贝克曼重排（Beckmann rearrangement）后得到扩环产物；再经还原、N-甲基化等反应得到目标产物。

红霉素肟   Beckmann rearrangement   还原

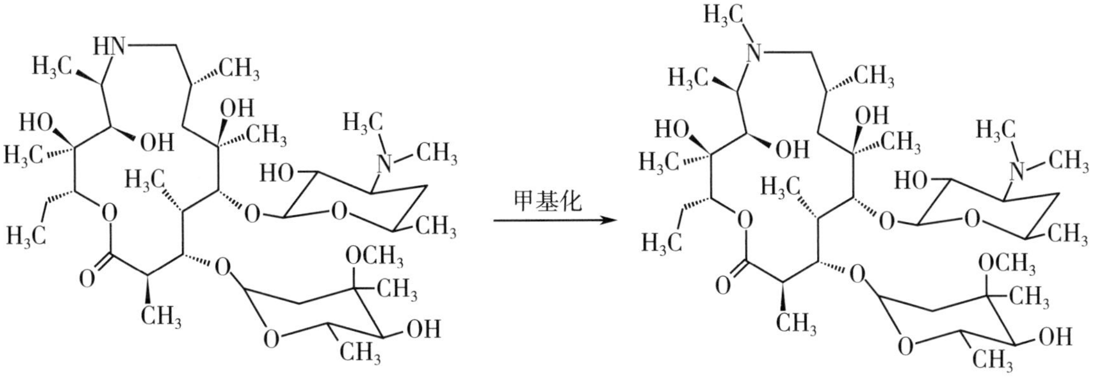

甲基化

阿奇霉素
azithromycin

《中华人民共和国药典》要求采用高效液相色谱配合紫外检测器法控制 5 个阿奇霉素相关物质,即:红霉素 A 偕亚胺醚、去甲基阿奇霉素、3-*O*- 去克拉定糖阿奇霉素、阿奇霉素杂质 Gx 和阿奇霉素 B,其中红霉素 A 偕亚胺醚是指红霉素 A 6,9- 亚胺醚和红霉素 A 9,11- 亚胺醚两种物质的混合物。

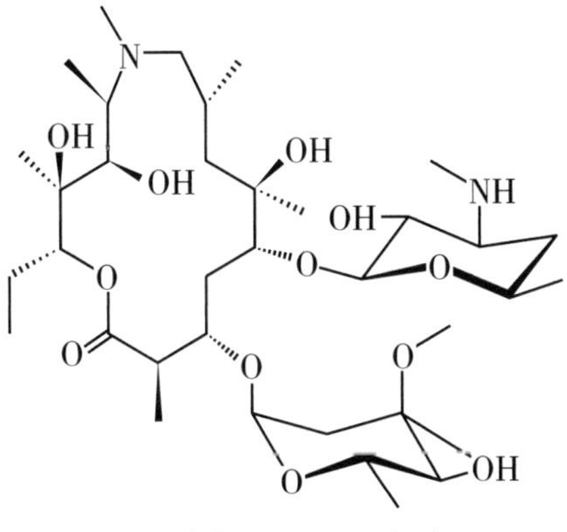

红霉素 A 6,9-亚胺醚

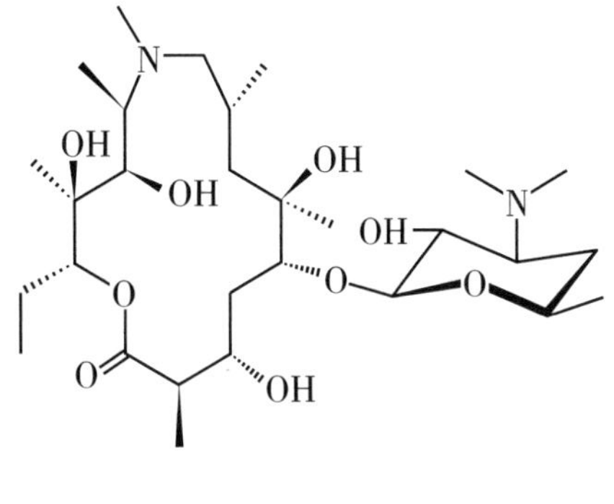

红霉素 A 9,11-亚胺醚

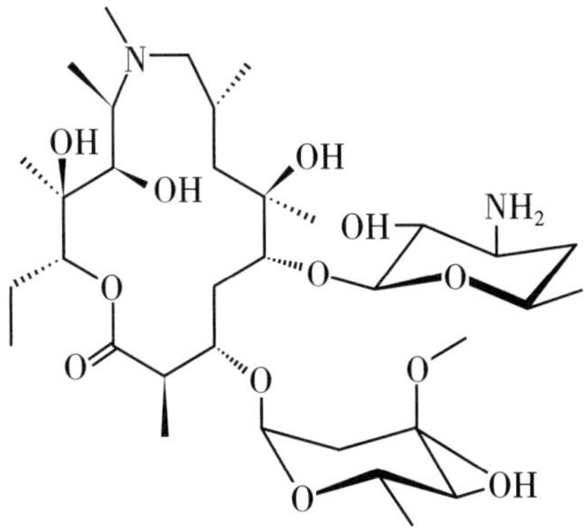

3′-*N*-去甲基阿奇霉素

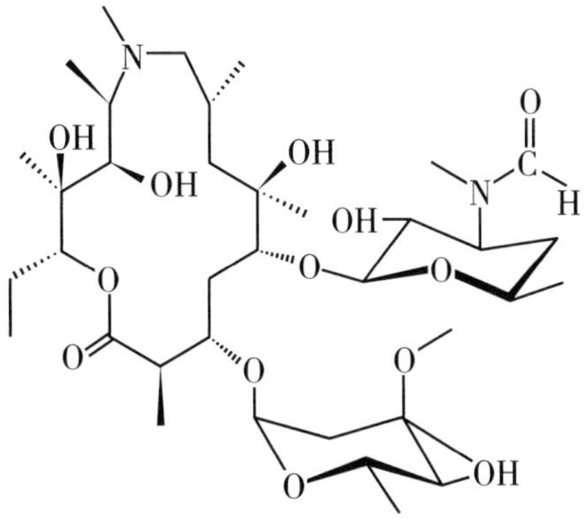

3-*O*-去克拉定糖阿奇霉素

阿奇霉素杂质Gx   阿奇霉素B

第五节　其他抗生素

一、氯霉素类抗生素

氯霉素类的抗生素主要有氯霉素和甲砜霉素。

氯霉素（chloramphenicol）

化学名为 D- 苏式 -(－)-N-[α-(羟甲基)-β- 羟基 - 对硝基 - 苯乙基 -2, 2- 二氯乙酰胺, 2, 2-dichloro-N-[(1R, 2R)-2-hydroxy-1-(hydroxymethyl)-2-(4-nitrophenyl)ethyl]acetamide。

本品为白色至灰白色或黄白色的针状、长片状结晶或结晶性粉末；味苦。在水溶微溶，在乙醇、丙酮、乙酸乙酯和丙二醇中易溶，在中性至中等强度酸性溶液中稳定。本品在无水乙醇中呈右旋性，比旋度为＋18.5°～＋21.5°；在乙酸乙酯中呈左旋性，比旋度为－25.5°。熔点150.5～151.5℃。

氯霉素的化学结构中含有对硝基苯基、丙二醇及二氯乙酰胺基，后者与抗菌活性有关。

1R, 2R-(−)　　　　1S, 2S-(+)　　　　1S, 2R-(+)　　　　1R, 2S-(−)
D-(−)-*threo*　　　L-(+)-*threo*　　　D-(+)-*erythro*　　L-(−)-*erythro*

本品含有两个手性碳原子,有四个旋光异构体。其中仅 1*R*,2*R*-(＋)或 D-(－)苏阿糖型(*threo*)有抗菌活性,为临床使用的氯霉素。合霉素(syntomycin)是氯霉素的外消旋体,疗效为氯霉素的一半。

氯霉素是 1947 年由委内瑞拉链霉菌 *Streptomyces venezuelae* 培养滤液中得到的,确立分子结构后次年即用化学方法合成,并应用于临床。合成的氯霉素有四种异构体,但活性均低于天然氯霉素。

氯霉素是人类所发现的第一个广谱抗生素,对革兰氏阴性及阳性菌都有抑制作用,但对前者的效力强于后者。临床上主要用以治疗伤寒、副伤寒、斑疹伤寒等。其他如对百日咳、沙眼、细菌性痢疾及尿道感染等也有疗效。但若长期和多次应用可损害骨髓的造血功能,引起再生障碍性贫血。

本品主要作用于细胞核糖体 50S 亚基(50S ribosomal subunit),能特异性地阻止 mRNA 与核糖体结合。因氯霉素的结构与 5′- 磷酸尿嘧啶核苷相似,可与 mRNA 分子中的 5′- 磷酸尿嘧啶核苷竞争核糖体上的作用部位,使 mRNA 与核糖体的结合受到抑制,从而阻止蛋白质的合成。氯霉素还可抑制转肽酶使肽链不能增长,因转肽酶可催化键合作用。大环内酯类抗生素的作用机制与此相似。

本品性质稳定,能耐热,在干燥状态下可保持抗菌活性 5 年以上,水溶液可冷藏几个月,煮沸 5 小时对抗菌活性亦无影响。在中性、弱酸性(pH 4.5～7.5)较稳定,但在强碱性(pH 9以上)或强酸性(pH 2 以下)溶液中均可引起水解。酸水解后生成的对硝基苯基 -2- 氨基 -1,3- 丙二醇(p-nitrophenyl-2-aminopropane-1,3-diol)与过碘酸作用,氧化生成对硝基苯甲醛(p-nitrobenzaldehyde);再与 2,4- 二硝基苯肼缩合,生成苯腙(p-nitrobenzene)。

(1*R*,2*R*)-1-(4-硝基苯基)
-2-氨基-1,3-丙二醇

对硝基苯甲醛

本品分子中硝基经锌粉还原成羟胺衍生物(chloramphenicol hydroxyamine),在乙酸钠催化下与苯甲酰氯进行苯甲酰化,再在弱酸性溶液中与高铁离子生成紫红色的异羟肟酸铁络合物。

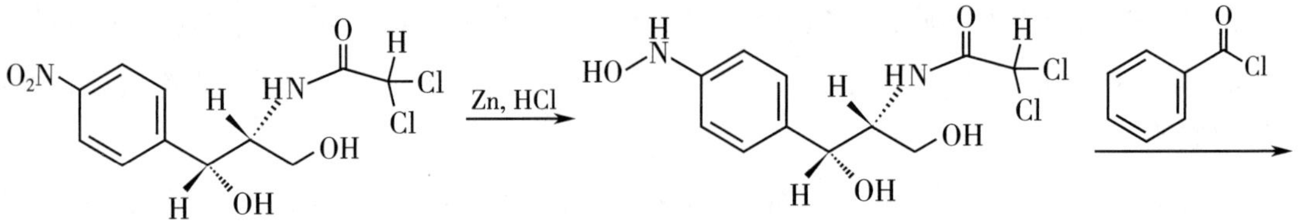

氯霉素羟胺衍生物

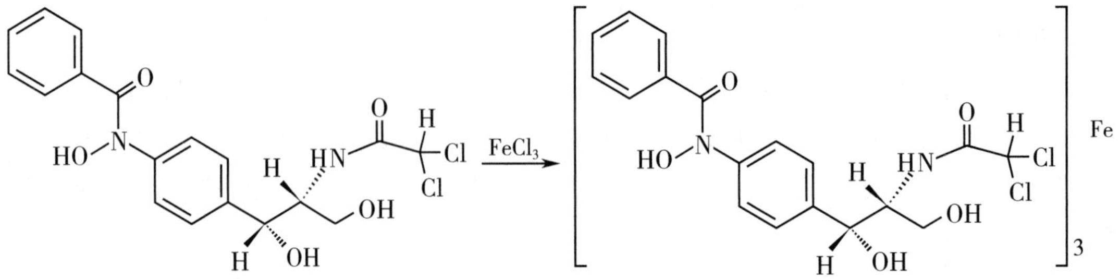

氯霉素的合成以对 - 硝基苯乙酮为原料，溴化生成对 - 硝基 -α- 溴代苯乙酮，与六次甲基四胺成盐后，以盐酸水解得对 - 硝基 -α- 氨基苯乙酮盐酸盐（p-nitro-α-aminophenylacetone）；用醋酐乙酰化再与甲醛缩合，羟甲基化得对硝基 -α- 乙酰胺基 -β- 羟基苯丙酮（p-nitro-α-acetamido-β-hydroxyphenylpropanone）；以异丙醇铝还原为（±）- 苏阿糖型 -1- 对硝基苯基 -2-乙酰胺基丙二醇（（±）-threo-1-p-nitrophenyl-2-acetamidopropane-1，3-diol），盐酸水解脱去乙酰基，以碱中和得（±）- 苏阿糖型 -1- 对硝基苯基 -2- 氨基丙二醇（氨基物）（（±）-threo-1-p-nitrophenyl-2-aminopropane-1，3-diol）。用诱导结晶法进行拆分，得 D-（-）- 苏阿糖型氨基物（D-（-）-threo-1-p-nitrophenyl-2-aminopropane-1，3-diol），最后经二氯乙酰化得产物。

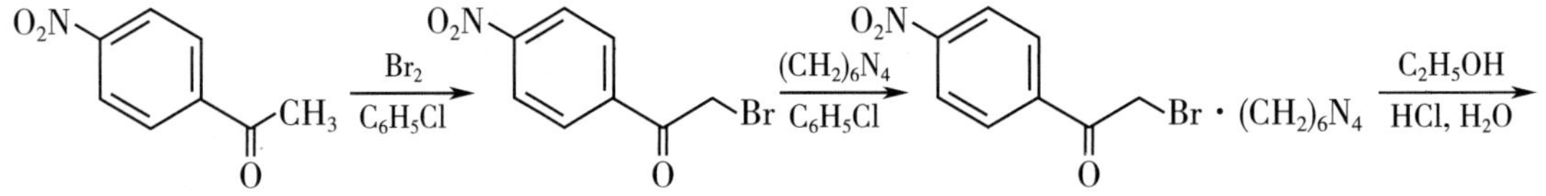

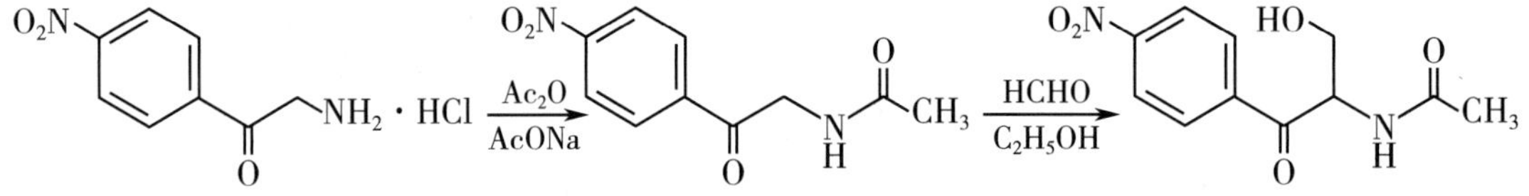

对硝基-α-氨基苯乙酮
盐酸盐

对硝基-α-乙酰胺基
-β-羟基苯丙酮

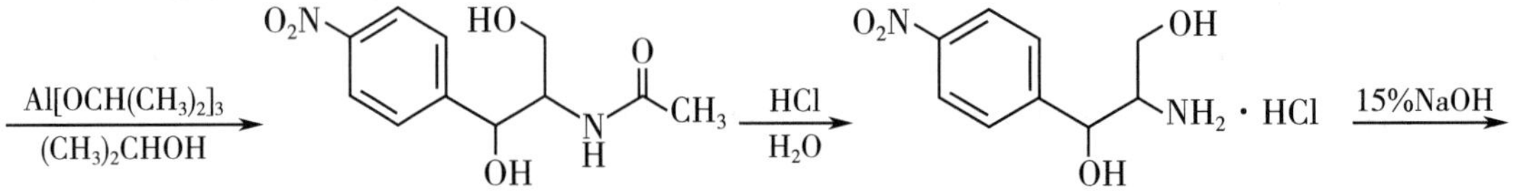

（±）-苏阿糖型-1-对硝基苯基
-2-乙酰胺基丙二醇

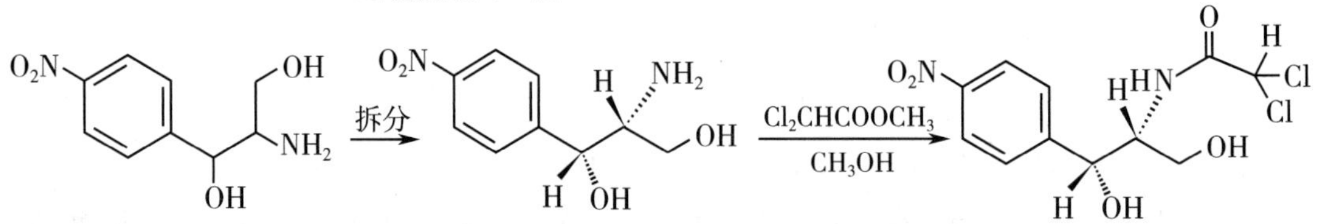

（±）-苏阿糖型-1-对硝基
苯基-2-氨基丙二醇

D-(-)-苏阿糖型-1-对硝基
苯基-2-氨基丙二醇

氯霉素

氯霉素的合成过程首先得到关键中间体 D-(−)-氨基醇。而 D-(−)-氨基醇的拆分系采用交叉诱导结晶拆分法。即在(±)氨基醇消旋体的饱和水溶液中,加入 D-(−)-氨基醇结晶作为晶种,适当冷却,结晶成长,析出 D-(−)-氨基醇结晶,迅速过滤,得产品。滤液再加入(±)氨基醇消旋体,使成适当的饱和溶液,适当冷却,析出 L-(+)-氨基醇,过滤后得 L-(+)产物。滤液再加入(±)氨基醇消旋体,适当冷却,析出 D-(−)-氨基醇结晶。如此交叉循环拆分多次。应用这种拆分法,消旋体必须是两个对映体独立存在的消旋混合物,消旋体的溶解度应比任何一种对映体大,在单旋体结晶析出时,消旋体仍留在母液中,达到分离的目的。

为了改善氯霉素的水溶性,增强抗菌活性,延长作用时间或减少毒性,合成了琥珀氯霉素(chloramphenicol succinate)。它是氯霉素的丁二酸单酯,为白色或类白色结晶性粉末,熔点 126~131℃。可溶于稀碱液、丙酮和乙醇,微溶于水。可与碱形成水溶性盐,如与无水碳酸钠混合制成无菌粉末,临用前加注射用水溶解供注射用。可用氯霉素与丁二酸酐作用制备。近年来,琥珀氯霉素的临床使用已经减少,原因是存在潜在的致命性血恶液质的风险。

琥珀氯霉素
chloramphenicol succinate

甲砜霉素
thiamphenicol

将氯霉素中的硝基用强吸电子基甲砜基取代后,得到甲砜霉素(thiamphenicol)。抗菌谱与氯霉素基本相似。由于甲砜霉素在肝内不与葡萄糖醛酸结合,因此体内抗菌活性较高。临床用于呼吸道感染、尿路感染、败血症、脑炎和伤寒等,副作用较少。作用机制与氯霉素相同,主要是抑制细菌蛋白质的合成。混旋体与左旋体的抗菌作用基本一致。

二、磷霉素

磷霉素(fosfomycin)

化学名为(−)-(1R, 2S)-1, 2-环氧丙基膦酸,(2R, 3S)-3-methyloxiranyl-phosphonic acid。本品为白色结晶,熔点 94℃,临床一般用其钠盐或钙盐。

磷霉素是一种广谱抗生素,通过与细菌烯醇丙酮酸转移酶(MurA)不可逆结合,抑制其活性,阻断 N-乙酰葡糖胺和磷酸烯醇丙酮酸合成 N-乙酰胞壁酸,干扰细菌细胞壁的合成,发挥广谱抗菌作用。对常见的革兰氏阳性和阴性菌都具抗菌活性,对比较耐药的吲哚变形杆菌、肺炎克雷伯菌、铜绿假单胞菌等也有效。临床上用于肺炎、脑膜炎、败血症、痢疾、尿路和皮肤软组织感染,可与其他抗生素联合使用。

磷霉素的合成可以(顺)-丙烯磷酸二叔丁酯为起始原料,首先水解得(顺)-丙烯磷酸;在右旋苯乙胺存在下,与过氧化氢反应得到磷霉素-d-α-苯乙胺盐,经强酸性阳离子交换树脂处理得磷霉素钠盐。

也可以丙酮基磷酸二甲酯为起始原料,首与溴化氢反应得到α-溴代产物,然后经还原、拆分得(1R,2S)-1-溴-2-羟基丙膦酸二甲酯,最后经消除、水解得到产物。

磷霉素的杂质主要是磷霉素的开环产物(1R,2R)-1,2-二羟丙基磷酸和(1S,2S)-1,2-二羟丙基)磷酸。

三、糖肽类抗生素

糖肽类抗生素是由放线菌属或链霉菌属发酵或半合成得到的复杂天然产物。糖肽类抗生素通常由7种氨基酸构成,其中有5种属于芳香氨基酸,并且每一种糖肽类抗生素均有此5种芳香氨基酸。糖肽类抗生素的空间构象基本相似,各类糖肽类抗生素的差异在于肽链上取代基的数量、类型和取代位置的不同。通常天然形成的糖肽类抗生素以一系列类似物(多组分)的形式存在,各组分结构相近,仅在取代基的类别或取代位置上存在小的差异。

糖肽类抗生素抑制细胞壁形成的最后阶段,通过与细菌细胞壁肽聚糖前体和新生肽聚糖特异性结合,阻止肽基转移酶、糖基转移酶和羧肽酶参与催化的交联反应,干扰细菌细胞壁合成,导致细胞无法形成刚性结构而产生渗透性溶解。因此糖肽类抗生素对几乎所有的革兰氏阳性细菌有活性,对耐甲氧西林葡萄球菌、肺炎链球菌和肠球菌有较强的抗菌活性。目前临床使用的糖肽类抗生素主要包括万古霉素、去甲万古霉素、替考拉宁、特拉万星等。

万古霉素是从东方拟无枝酸菌的发酵液中分离得到糖肽类抗生素,由美国礼莱公司开发,1958 年获得批准上市。主要用于葡萄球菌、难辨梭状芽孢杆菌等所致的系统感染和肠道感染。万古霉素的优点在于不容易对葡萄球菌产生耐药。20 世纪 80 年代随着 β- 内酰胺类抗生素的大量使用,由耐甲氧西林金黄色葡萄球菌所引起的感染逐渐流行,万古霉素是临床上用于治疗由甲氧西林耐药金黄色葡萄球菌所引起的严重感染疾病的重要药物,被称为抗革兰氏阳性菌感染的"最后一道防线"。

万古霉素

去甲万古霉素是我国从诺卡菌属培养液中分离获得的糖肽类抗生素。系以 D- 亮氨酸代替万古霉素中的 D-*N*- 甲基亮氨酸得到的化合物。去甲万古霉素与万古霉素具有相同的作用机理,对化脓性链球菌、肺炎链球菌、金黄色葡萄球菌、表皮葡萄球菌等有强力的抗菌作用。厌氧链球菌、难辨梭状芽孢杆菌、炭疽杆菌、放线菌、白喉杆菌、淋球菌对本品也甚敏感。对革兰氏阴性杆菌、分枝杆菌、拟杆菌、真菌等对本品不敏感。主要用于敏感革兰氏阳性菌所致严重感染,菌血症、心内膜炎、骨髓炎、肺炎、肺脓肿、软组织感染、脑膜炎等。当其他抗生素无效或不能耐受时,本品为优选药物,还可用于治疗耐甲氧西林金黄色葡萄球菌所致感染。

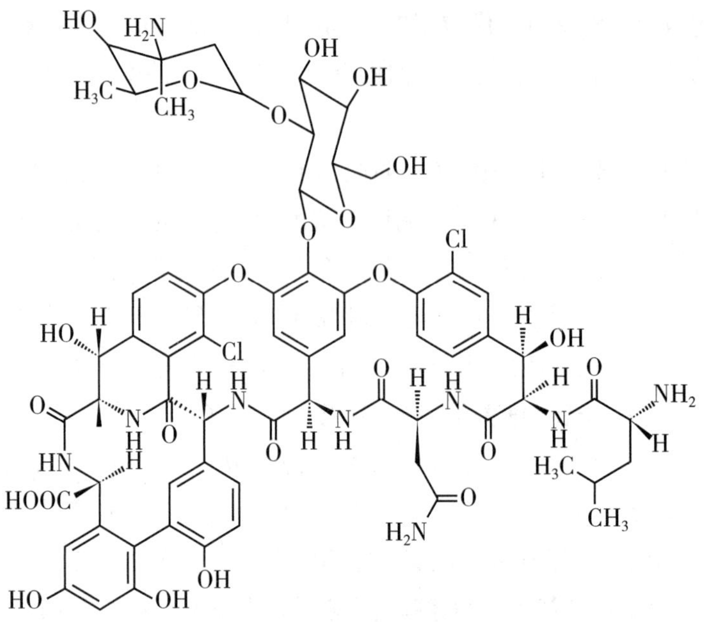

去甲万古霉素

替考拉宁(teicllarfin)又称肽可霉素,是继万古霉素后临床治疗多重耐药菌感染的一种新的糖肽类抗生素,由游动放线菌 *actinoplanes teichomyceticu* 产生,主要由五个结构相似的化合物(TA2-1、TA2-2、TA2-3、TA2-4、TA2-5)组成。替考拉宁对革兰氏阳性菌,特别是多重耐药菌如金黄色葡萄球菌和肠球菌活性强大,抗菌谱与万古霉素相似,但替考拉宁的半衰期较万古霉素长,替考拉宁的半衰期为 47 小时,而万古霉素的半衰期为 11 小时。对肾功能的损害小于万古霉素,所引起的过敏反应更少,治疗效果更为明显。

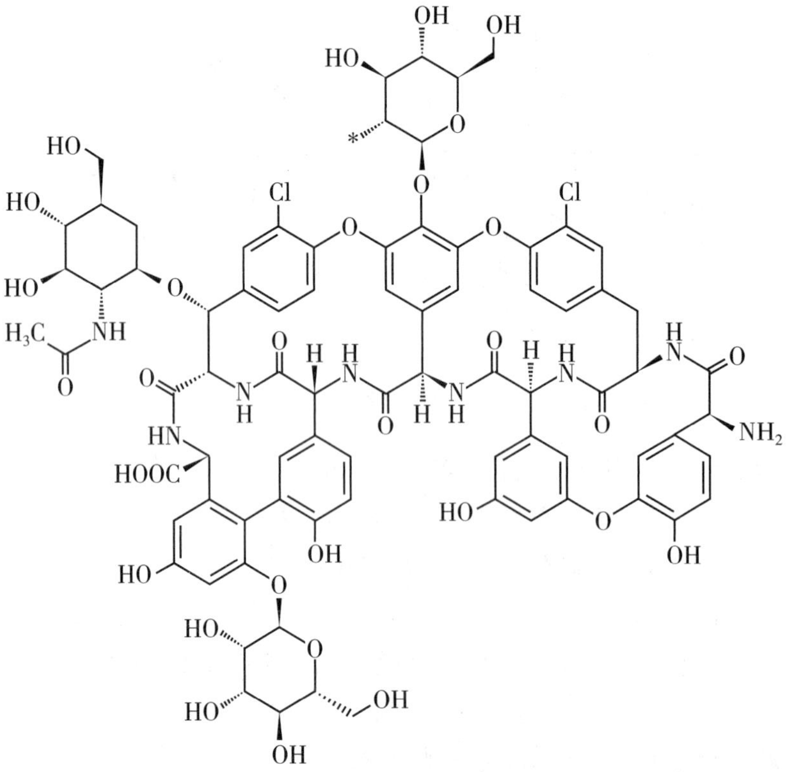

替考拉宁

第十八章 目标测试

（温鸿亮）

第十九章 抗肿瘤药

恶性肿瘤（malignant tumor）常称为癌症（cancer），是严重威胁人类健康的常见病、多发病。目前治疗恶性肿瘤的主要方法包括外科手术治疗、放射治疗、化学治疗和免疫治疗。自20 世纪 40 年代氮芥用于治疗恶性淋巴瘤以来，化学治疗（简称化疗）已经取得长足进步。抗肿瘤药（antineoplastic）在肿瘤综合治疗中占有重要地位。近年来，随着细胞分子生物学和肿瘤生物学的发展，为抗肿瘤药物的研究开发提供了新的靶标，相继研发出一些新型抗肿瘤药物。

本章按抗肿瘤药物的作用机制分类，重点讨论直接作用于 DNA 的药物，包括烷化剂、铂配合物、DNA 拓扑异构酶抑制剂；抗代谢药物；抗有丝分裂的药物以及基于肿瘤信号转导机制的药物。

第一节　直接作用于 DNA 的药物

一、烷化剂

烷化剂也称为生物烷化剂，在体内能形成缺电子活泼中间体或其他具有活泼亲电性基团的化合物，进而与生物大分子（如 DNA、RNA 或某些重要的酶类）中含有丰富电子的基团（如氨基、巯基、羟基、羧基、磷酸基等）发生共价结合，使 DNA 分子丧失活性或发生断裂。

（一）氮芥类

氮芥类（nitrogen mustard）是双 β- 氯乙胺类化合物。氮芥类药物的结构可分为两部分：载体部分（Ⅰ）和烷基化部分（Ⅱ）。烷基化部分是抗肿瘤活性的功能基，载体部分 R 可以是脂肪基，也可以是芳香基；不同的载体对药物在体内的分布、吸收以及溶解度和稳定性等都有一定影响，因而各种氮芥的抗肿瘤作用和副作用有一定差异。通过改变载体部分可以改善药物在体内的吸收、分布等药代动力学性质，提高药物的选择性和活性，降低药物的毒性。因此，选择适当的载体对设计氮芥类药物具有重要的意义。

脂肪氮芥的氮原子碱性比较强，在游离状态和生理 pH 7.4 时，易与 β 位的氯原子作用生成高度活泼的环状中间体——乙撑亚胺离子（aziridinium ion），成为强的亲电试剂，进攻生物大分子中富含电子的亲核中心。脂肪氮芥的烷基化历程是双分子亲核取代反应（S_N2），反应速度取决于烷化剂和亲核中心的浓度。脂肪氮芥属强烷化剂，对肿瘤细胞的杀伤能力也较大，抗肿瘤谱较广；但选择性比较差，毒性也比较大。

（其中X^-、Y^-代表细胞成分亲核中心）

芳香氮芥（载体部分 R 为芳香环）由于芳环的引入使氮原子的孤对电子与苯环产生共轭作用，减弱了氮原子的碱性，降低了其亲核性，其作用机制也发生了改变，不像脂肪氮芥能够很快形成稳定的环状乙撑亚胺离子，而是失去氯原子形成碳正离子中间体，再与亲核中心作用。其烷化历程一般是单分子亲核取代反应（S_N1），反应速率取决于烷化剂的浓度。

（其中X^-、Y^-代表细胞成分亲核中心）

氮芥类药物的细胞毒作用主要是与 DNA 中鸟嘌呤的 N-7 位形成共价键，由于氮芥是双功能烷化剂，其分子中的另一个氯乙基链也可以进行类似的反应，与 DNA 形成链内交联（intra-strand cross-linking，在同股 DNA 的两个鸟嘌呤 N-7 位之间形成）和链间交联（inter-strand cross-linking，在两股 DNA 的鸟嘌呤 N-7 位之间形成），从而影响或破坏 DNA 的结构和功能，使 DNA 在细胞增殖过程中不能发挥作用，进而阻止细胞分裂，发挥抗肿瘤作用。

乙撑亚铵正离子
aziridinium ion

DNA中的鸟嘌呤
guanine in DNA

烷基化的鸟嘌呤
alkylated guanine

乙撑亚铵正离子
aziridinium ion

与DNA的两个鸟嘌呤交联
cross-link between two guanines

氮芥类在 pH 7 以上的水溶液中不稳定,易水解失活;在弱酸性溶液 pH 为 3～5 中稳定性提高。

$$H_3C\text{—}N\text{=}CH\text{—}CH_2Cl \quad \xrightarrow[\text{pH}>7]{H_2O} \quad H_3C\text{—}N\text{=}CH\text{—}CH_2OH$$

盐酸氮芥(mechlorethamine hydrochloride)是唯一的临床应用的脂肪氮芥,由于其反应活性高,对正常细胞和肿瘤细胞无选择性,毒副作用较大,主要用于治疗血癌(如霍奇金病、慢性粒细胞白细胞和慢性淋巴细胞白血病)。

盐酸氮芥   苯丁酸氮芥

美法仑   氮甲

芳香氮芥主要是苯丁酸氮芥(chlorambucil)和美法仑(melphalan)。

苯丁酸氮芥结构中含有芳基烷酸,当羧基和苯环之间碳原子数为 3 时效果最好,即苯丁酸氮芥主要用于治疗慢性淋巴细胞白血病、恶性淋巴瘤和霍奇金病;临床上用其钠盐,水溶性好,易于被肠道吸收,在体内迅速转化为游离的苯丁酸氮芥。

为提高氮芥类药物的活性降低其毒性,将载体换成天然存在的氨基酸,期望增加药物在肿瘤部位的浓度和亲和性,从而提高药物的疗效。虽然这种希望增加药物在肿瘤部位浓度的早期的设想并未能获得成功,但是美法仑(melphalan)仍广泛用于临床,因为该药物对卵巢癌、乳腺癌、淋巴肉瘤和多发性骨髓瘤等恶性肿瘤有较好的疗效。我国研究者将美法仑分子中的氨基进行甲酰化得到氮甲(formylmelphalan),毒性低于美法仑。

环磷酰胺(cyclophosphamide)

化学名为 P-[N, N- 双(2- 氯乙基)]-1- 氧 -3- 氮 -2- 磷杂环己烷 -P- 氧化物一水合物,N, N-bis(2-chloroethyl)tetrahydro-2H-1, 3, 2-oxazaphosphorin-2-amine 2-oxide monohydrate。

本品含有一个结晶水时为白色结晶或结晶性粉末,熔点 48.5～52℃,失去结晶水即液化。水溶液不稳定,遇热更易分解。

环磷酰胺是一个前药,在体外几乎无抗肿瘤活性,进入体内经肝脏代谢活化发挥作用。环磷酰胺被细胞色素 P450 氧化生成 4- 羟基环磷酰胺(4-hydroxy-cyclophosphamide),

通过互变异构与醛基磷酰胺（aldophosphamide）平衡存在，两者在正常组织中都可经酶促反应转为无毒的代谢物 4- 酮基环磷酰胺（4-keto-cyclophosphamide）和羧基磷酰胺（carboxy-cyclophosphamide），故对正常组织一般无影响。而肿瘤细胞内因缺乏正常组织所具有的酶，不能进行上述转化，分解成为磷酰氮芥（phosphamidemustard）和丙烯醛（acrolein）（图 19-1）。

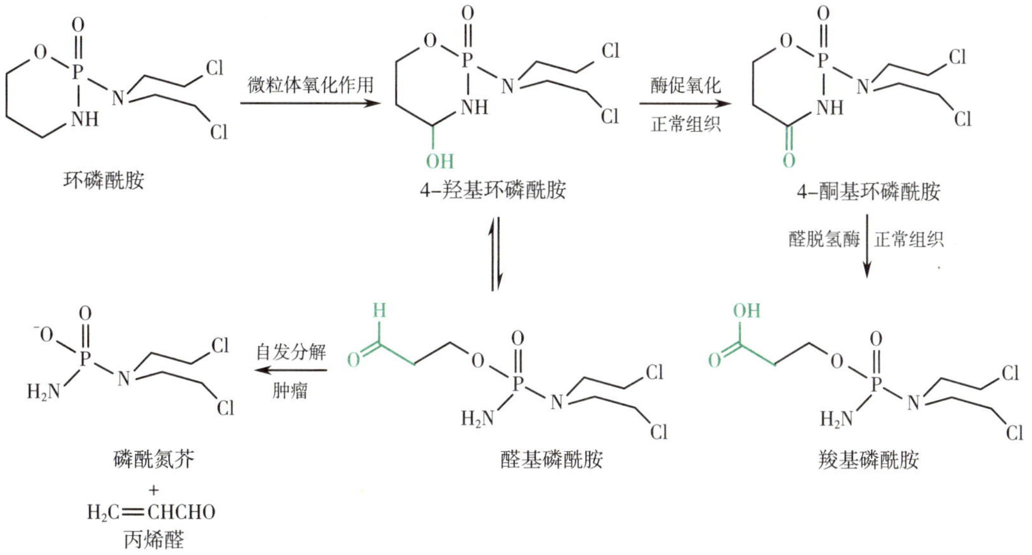

图 19-1　环磷酰胺的代谢

　　磷酰氮芥（phosphamidemustard）是环磷酰胺在肿瘤细胞内发挥作用的活性代谢物，丙烯醛是高活性的亲电试剂，能引起肾脏和膀胱细胞损伤。丙烯醛的主要产生部位是肝脏，在肝脏，丙烯醛易与还原型谷胱甘肽（reduced glutathione, GSH）结合形成丙烯醛 -GSH 结合物，当该结合物通过膀胱排泄时，会裂解释放出亲电性的丙烯醛；如果没有足量的 GSH 与丙烯醛结合，膀胱细胞的半胱氨酸（Cys）残基的巯基进攻丙烯醛末端的带部分正电荷的碳，从而产生膀胱毒性（图 19-2）。当大剂量应用环磷酰胺或与能引起肾脏毒性的药物（如顺铂）联合用药时，丙烯醛还会损伤肾脏。为了降低丙烯醛产生的膀胱毒性，可应用美司钠（mesna）作为辅助治疗。美司钠（mesna）是含巯基的药物，可与半胱氨酸残基竞争性地与丙烯醛发生烷基化反应（图 19-2），因此，美司钠可避免环磷酰胺对膀胱细胞的损伤。

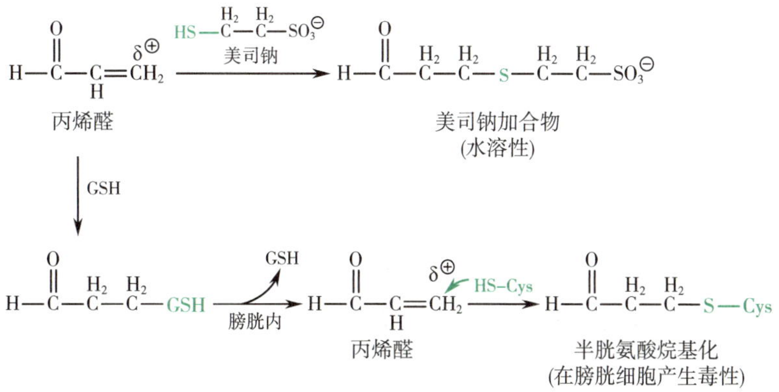

图 19-2　丙烯醛与巯基化合物的烷基化反应

环磷酰胺的合成主要有两条路线。

路线一：以二乙醇胺为原料，在无水吡啶中，用过量的三氯氧磷同时进行氯代和磷酰化，直接转化为氮芥磷酰二氯，再在二氯乙烷中与 3- 氨基丙醇缩合得油状物，在丙酮中和水反应生成水合物而析出结晶。

路线二：亦以二乙醇胺为原料，在三氯甲烷体系中和二氯亚砜加热回流得到二氯乙基胺的盐酸盐，再用三氯氧磷进行磷酰化转化为氮芥磷酰二氯，再与 3- 氨基丙醇缩合，用水处理所得水合物在冷的乙酸乙酯中析出结晶。

环磷酰胺的杂质有以下 4 个，其中 A 是未反应的中间体；B、C 和 D 是反应中生成的副产物。

环磷酰胺常与其他抗肿瘤药联合应用来治疗多种肿瘤，包括白血病、恶性淋巴瘤、多发性骨髓瘤、卵巢癌和乳腺癌。

异环磷酰胺（ifosfamide）是环磷酰胺的类似物，两者的结构差异在于环外 N 上的一个氯乙基移至杂环 N 原子上。异环磷酰胺也需要代谢活化（图 19-3），与环磷酰胺的代谢途径基本相同，被细胞色素 P450 氧化生成 4- 羟基异环磷酰胺，水解生成醛基异磷酰胺（aldoifosfamide），分解生成丙烯醛和异磷酰胺氮芥（ifosfamide mustard），环合生成乙撑亚胺正离子。与环磷酰胺不同的是异环磷酰胺环上 N- 氯乙基容易发生 N- 脱氯乙基反应（N-dechloroethylation），生成氯乙醛，而产生肾脏和神经毒性。

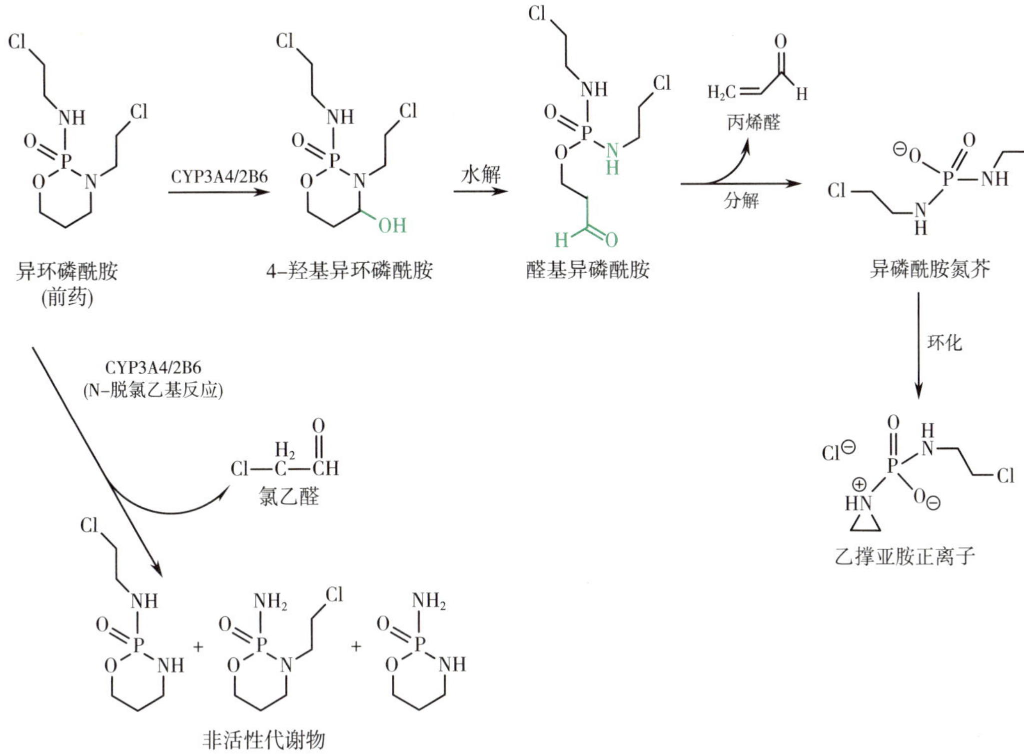

图 19-3　异环磷酰胺的代谢

由于异环磷酰胺比环磷酰胺的水溶性好,前者聚集在肾脏系统,而脱氯乙基的生物转化就在肾脏进行,所以异环磷酰胺代谢产生的氯乙醛导致对肾脏的毒性更严重。

因为异环磷酰胺的生物转化与环磷酰胺相同也产生丙烯醛引起出血性膀胱炎,所以也应该与美司钠(mesna)联合应用,以减小对膀胱的毒副作用,但美司钠不能避免氯乙醛导致的毒副作用。N- 乙酰半胱氨酸可减轻异环磷酰胺导致的肾脏毒性;但由于 N- 乙酰半胱氨酸不能通过血脑屏障,所以对缓解异环磷酰胺引起的神经毒性作用不大。

异环磷酰胺对多种实体瘤和血癌有效,目前主要用于治疗睾丸癌。

(二)乙撑亚胺类

氮芥类药物是通过转变为乙撑亚胺正离子发挥烷化作用,因此合成了一系列乙撑亚胺类(aziridines)化合物。为了降低乙撑亚胺基团的反应性,在氮原子上引入吸电子的基团,希望降低毒性。例如,塞替派(thiotepa)分子中的乙撑亚胺较乙撑亚胺正离子的反应活性低,属于弱烷化剂;由于硫原子的吸电子作用,在生理 pH 下乙撑亚胺质子化生成乙撑亚胺正离子的比例较低。

塞替派(thiotepa)在体内经氧化脱硫反应,生成活性代谢物替派(TEPA)。塞替派和替派进入肿瘤细胞后,通过水解释放出乙撑亚胺正离子与 DNA 发生烷基化反应;塞替派也能与 DNA 直接进行烷基化(图 19-4)。

塞替派主要用于治疗卵巢癌、乳腺癌和膀胱癌。

(三)甲磺酸酯类

甲磺酸酯类(methanesulfonates)是一类非氮芥类烷化剂。白消安(busulfan)是含有双甲磺酸酯结构的化合物。甲磺酸酯基是好的离去基团,使 C—O 键断裂与细胞内多种成分反应,

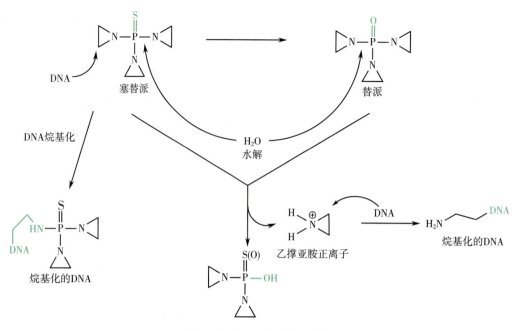

图 19-4 塞替派的作用机制

与 DNA 分子中鸟嘌呤的 *N*-7 位烷基化生成单烷基化 DNA 和交联 DNA，也可使蛋白质中半胱氨酸的巯基烷基化，是白消安产生细胞毒作用的机制。

白消安

单烷基化DNA

交联DNA

本品在氢氧化钠条件下水解生成丁二醇，再脱水生成具有乙醚样特臭的四氢呋喃。

白消安在水溶液中不稳定，但口服后胃肠道吸收良好，吸收后迅速分布到各组织。在体内代谢后生成的甲磺酸及其他代谢物（如3-羟基四氢噻吩-1，1-二氧化物）从尿中缓慢排出。

临床上主要用于治疗慢性粒细胞白血病，主要副作用是骨髓抑制。

（四）亚硝基脲类

N- 甲基亚硝基脲（N-methylnitrosourea）在动物模型中显示中等强度的抗肿瘤活性，以此为先导物研究开发了亚硝基脲类（nitrosoureas）抗肿瘤药物。含有 β- 氯乙基的亚硝基脲类化合物，例如卡莫司汀（carmustine）和洛莫司汀（lomustine），具有更强的抗肿瘤活性。

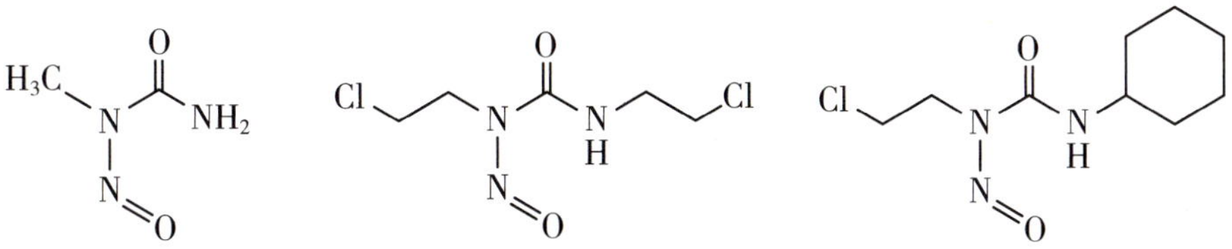

N–甲基亚硝基脲   卡莫司汀   洛莫司汀

因为 β- 氯乙基亚硝基脲类药物具有较强的亲脂性，易通过血脑屏障进入脑脊液中，因此适用于脑瘤、转移性脑瘤及其他中枢神经系统肿瘤、恶性淋巴瘤等治疗。与其他抗肿瘤药物合用时可增强疗效。其主要副作用为迟发性和累积性骨髓抑制。

亚硝基脲类药物的作用机制是在细胞环境中首先脱去一个质子，途径 A 是环合生成不稳定的噁唑烷衍生物（oxazolidine derivative）后，分解为具有烷基化作用的乙烯碳正离子（vinyl carbocation）；途径 B 是最终分解为 2- 氯乙基碳正离子（2-chloroethyl carbocation）和异氰酸酯（isocyanate）。2- 氯乙基碳正离子进攻 DNA 的碱基，使鸟嘌呤的 N-7 位和 O-6 位烷基化，使 DNA 链间交联（cross-linked DNA）；异氰酸酯作为氨甲酰化剂可使蛋白质中的游离氨基，特别是赖氨酸（Lys）残基的 ω- 氨基进行氨甲酰化而抑制酶的活性（图 19-5）。

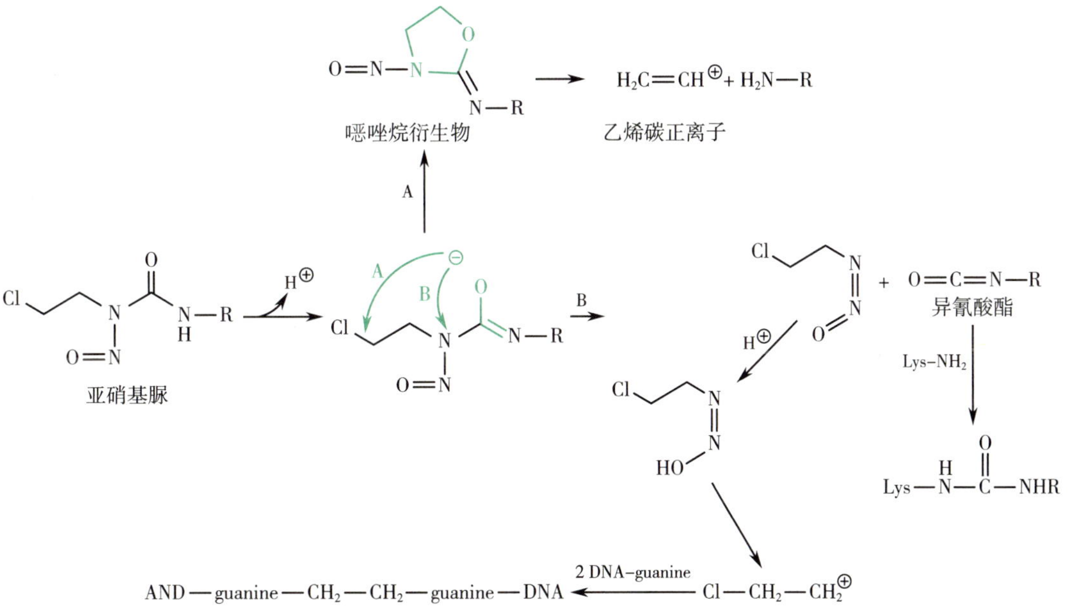

图 19-5　亚硝基脲类药物的作用机制

卡莫司汀（carmustine）

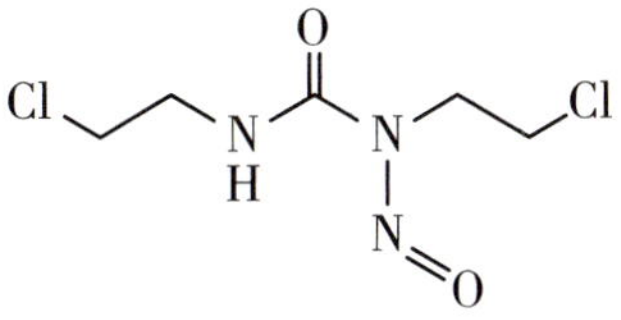

化学名为 N,N'- 双(2- 氯乙基)-N- 亚硝基脲，N,N'-bis(2-chloroethyl)-N-nitrosourea。又名卡氮芥，BCNU。

卡莫司汀的合成是以脲为原料，在 DMF 中与氨基乙醇环合为 2-噁唑烷酮，再与氨基乙醇反应，开环生成 1,3- 双 -(β-羟乙基)脲，与氯化亚砜反应，得 1,3- 双 -(β-氯乙基)脲，最后亚硝化即得。

HO—CH₂CH₂—NH₂ + H₂N—CO—NH₂ →(DMF) 2-噁唑烷酮 →(HO—CH₂CH₂—NH₂) HO—CH₂CH₂—NH—CO—NH—CH₂CH₂—OH

→(SOCl₂) Cl—CH₂CH₂—NH—CO—NH—CH₂CH₂—Cl （1,3-双-(2-氯乙基)脲） →(HCOOH, NaNO₂) Cl—CH₂CH₂—N(NO)—CO—NH—CH₂CH₂—Cl

卡莫司汀的限量杂质主要是 1,3- 双(2- 氯乙基)脲(1,3-Bis(2-chloroethyl)urea)，其来源主要是制备过程中亚硝化反应不完全引入的。

本品临床主要用于治疗脑瘤、恶性淋巴瘤及小细胞肺癌。

其他一些亚硝基脲类抗肿瘤药见表 19-1。

表 19-1 亚硝基脲类抗肿瘤药物

药物名称	药物结构	特点与用途
洛莫司汀 lomustine	(化学结构)	环己烷取代卡莫司汀分子中的一个氯乙基，脂溶性强，可进入脑脊液，用于脑部原发肿瘤及继发肿瘤；与氟尿嘧啶合用治疗胃癌及直肠癌；亦用于治疗霍奇金病。可口服
司莫司汀 semustine	(化学结构)	用甲环己基取代洛莫司汀中的环己基。抗肿瘤疗效优于卡莫司汀和洛莫司汀，毒性较低，临床用于脑瘤、肺癌和胃肠道肿瘤
尼莫司汀 nimustine	(化学结构)	临床上用其盐酸盐，是水溶性亚硝基脲类抗肿瘤药。用于治疗肺癌、胃癌、直肠癌和恶性淋巴瘤等
雷莫司汀 ranimustine	(化学结构)	以糖为载体的水溶性亚硝基脲类药物，主要用于治疗成胶质细胞瘤、骨髓瘤、恶性淋巴瘤、慢性骨髓性白血病。不良反应为胃肠道反应
链佐星 streptozocin	(化学结构)	分子结构中引入糖作为载体，其水溶性增加，毒副作用降低，尤其是骨髓抑制的副作用较低。氨基糖的结构很容易被胰中胰岛的 β 细胞所摄取，而在胰岛中有较高的浓度，对胰的胰小岛细胞癌有独特的疗效。由于该药物能够降低 β 细胞中烟酰胺腺嘌呤二核苷酸的浓度，而出现糖尿病样症状

药物名称	药物结构	特点与用途
氯脲霉素 chlorozotocin	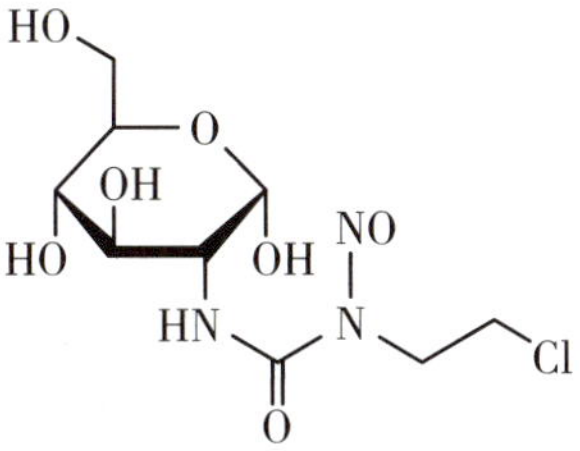	将链左星结构中的 N- 甲基换成 β- 氯乙基得到。其抗肿瘤活性相似，易溶于水，但毒副作用更小，特别是对骨髓抑制的副作用更小

（五）三氮烯类

三氮烯类（triazene）抗肿瘤药是通过代谢转化为甲基重氮正离子（methyldiazonium），对 DNA 进行甲基化。例如达卡巴嗪（dacarbazine）在体内经代谢转化，先脱一个甲基生成去甲基达卡巴嗪（MTIC），再经一系列反应，产生具有烷基化活性的甲基重氮正离子，使核酸鸟嘌呤的 O-6 位发生甲基化（图 19-6）。

替莫唑胺（temozolomide）是一个前药，具有咪唑并四氮唑环，在体内经非酶催化开环，转变为 MTIC 后，经进一步反应产生甲基重氮正离子，进行烷基化反应发挥抗肿瘤作用（图 19-6）。

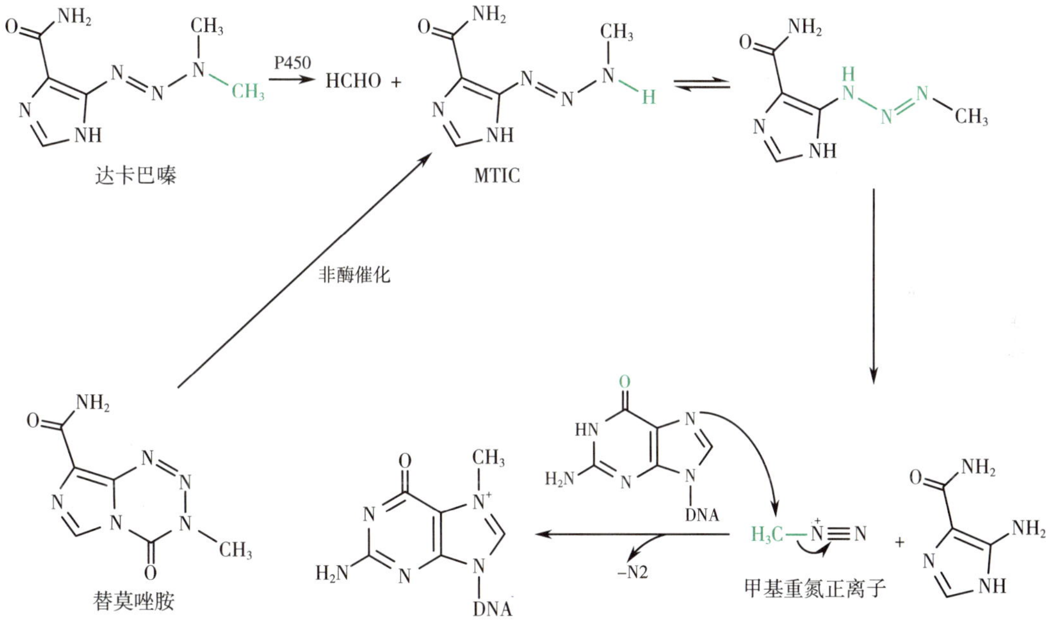

图 19-6　三氮烯类药物的代谢活化

达卡巴嗪（dacarbazine）主要用于黑色素病、霍杰金氏病等的治疗，对恶性淋巴病、脑瘤和软组织肉瘤也有一定疗效。本品需静脉注射给药，分布容积比较大，血浆中迅速消除。替莫唑胺（temozolomide）可口服给药，口服后迅速吸收进入脑部，用于脑瘤的治疗。

（六）肼类

甲基肼类（methylhydrazine）化合物被发现具有抗肿瘤活性，其中丙卡巴肼（procarbazine）主要用于治疗何杰金氏病（Hodgkin's disease）。

丙卡巴肼（procarbazine）是甲基化试剂，体外无活性，须经体内代谢活化而发挥抗肿瘤作用。在生理 pH 及氧存在下，丙卡巴肼经自身氧化途径转化为偶氮丙卡巴肼（azoprocarbazine）并释放出过氧化氢；偶氮化合物水解产生苯甲醛衍生物和甲肼（methylhydrazine）；甲肼被氧化为甲基二氮烯（methyldiazene），分解生成甲基自由基、氮和氢自由基；甲基自由基在 DNA 中鸟嘌呤（guanine）的 O^6、C^8 和 N^7 甲基化，发挥抗肿瘤活性（图 19-7）。

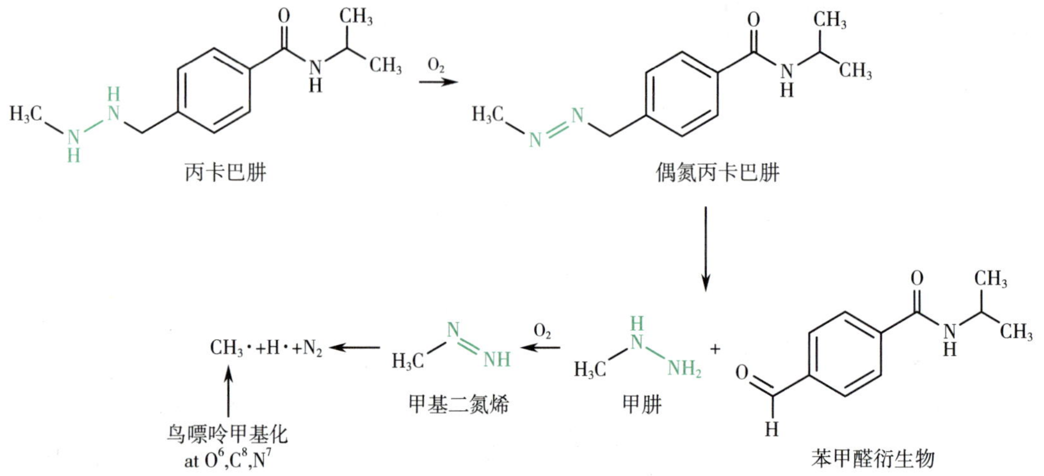

图 19-7 丙卡巴肼的代谢和作用机制

（七）丝裂霉素 C

丝裂霉素 C（mitomycin C）是经生物还原活化的 DNA 烷化剂。生物还原烷基化系指无活性的化合物经还原代谢转化为烷化剂的过程。

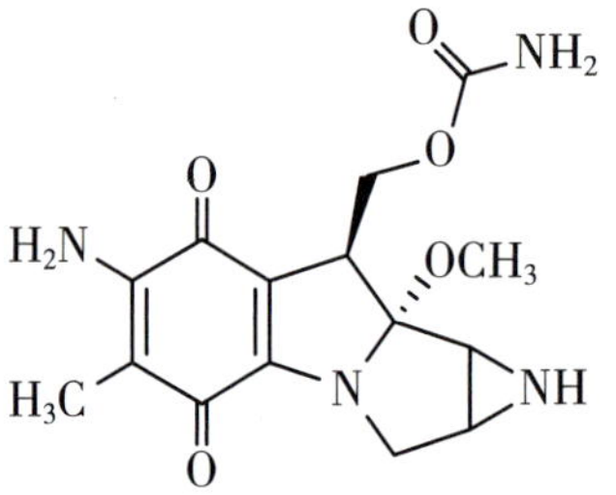

丝裂霉素 C

丝裂霉素 C 经过酶促还原活化作用，形成两个活性基团：氮丙啶基团及氨羰酰氧基。转化过程可能是苯醌经化学还原为氢醌（hydroquinone），消去 β- 甲氧离子（β-methoxide ion）生成亚铵离子（immonium ion），互变异构后氮丙啶环的 C1 位对 DNA 进行烷基化，同时氨羰酰氧基离去，形成 DNA 交联产物（cross-linking of DNA）（图 19-8）而使细胞死亡。

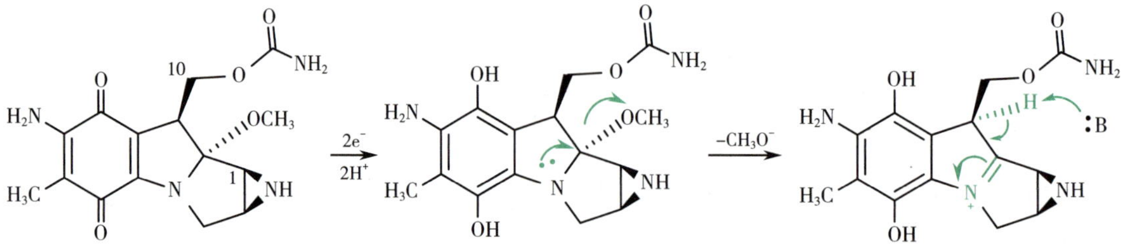

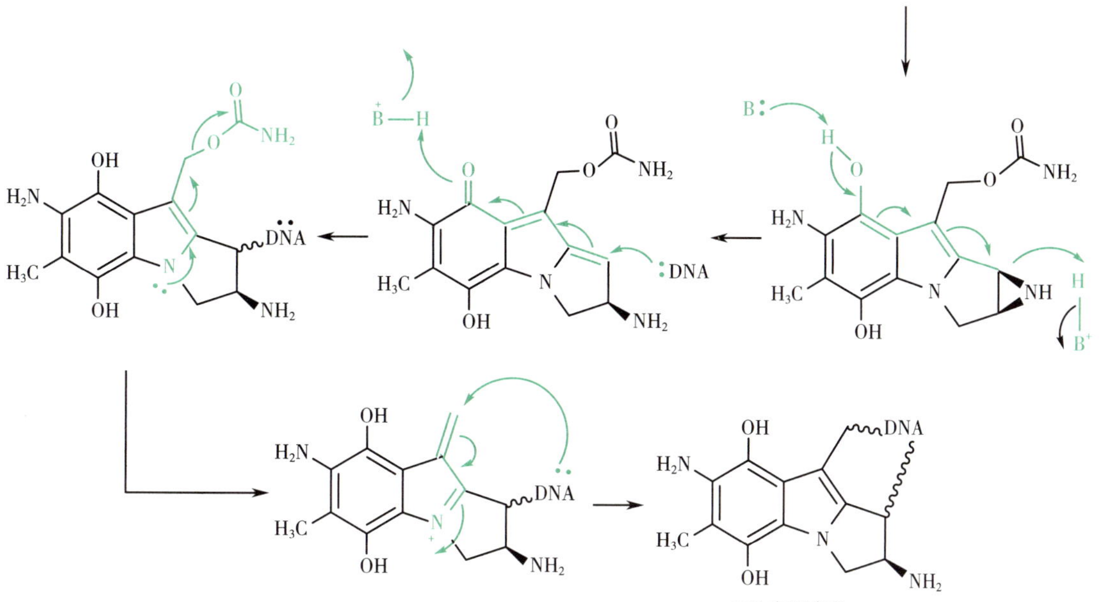

图 19-8　丝裂霉素 C 生物活化及对 DNA 烷基化机理

丝裂霉素 C 口服吸收很差，一般采用静脉注射给药。对各种腺癌有效（胃、胰腺、直肠、乳腺等），对某些头颈癌和骨髓性白血病也有效。由于能引起骨髓抑制的毒性反应，还有不可逆的肾衰竭，故较少单独使用。

二、铂配合物

自 1969 年首次发现顺铂对动物肿瘤有很强的抑制作用以来，对金属类抗肿瘤配合物抗肿瘤的研究引起了药学工作者的广泛重视，相继合成了金、铂、铑、钌等大量的金属类化合物，证实了这些化合物具有明确的抗肿瘤活性，对金属化合物的研究成为抗肿瘤药物研究中较为活跃的领域之一。铂类抗肿瘤药物已在临床上广泛使用。

顺铂（cisplatin）

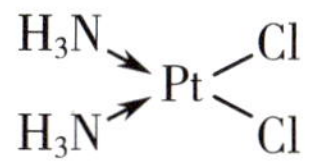

化学名为（Z）- 二氨二氯合铂，cis-diamminedichloroplatinum。

本品为亮黄色至橙黄色的结晶性粉末；无嗅；在二甲亚砜中易溶，在 N, N- 二甲基甲酰胺中略溶，在水中微溶，在乙醇中不溶。

顺铂的制备是用盐酸肼或草酸钾还原六氯铂酸二钾得四氯铂酸二钾，再与醋酸铵、氯化钾在 pH＝7 的条件下回流 1.5 小时即得。

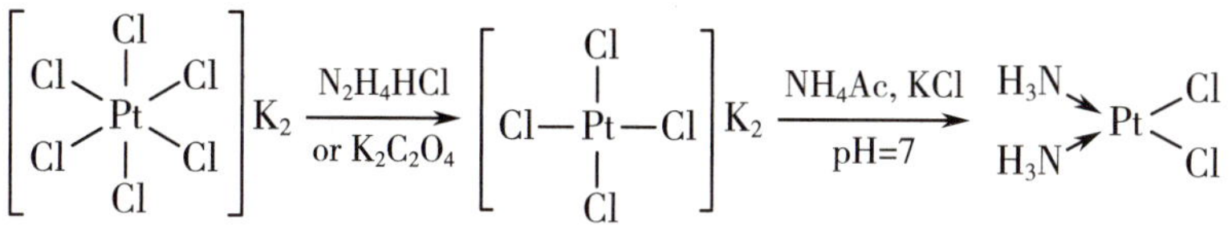

顺铂中的限量杂质是三氯氨铂酸钾[$KPt(NH_3)Cl$]。

铂配合物的作用机制是使肿瘤细胞 DNA 复制停止，阻碍细胞分裂。顺铂进入细胞后水解为水合物，再去质子化生成羟基络合物。水合物和羟基络合物比较活泼，在体内与 DNA 的两个鸟嘌呤碱基 N7 配位结合形成一个封闭的五元螯合环，该环的 65% 是与相邻的两个鸟嘌呤碱基[d(GpG)]的 N7 络合成螯合环，25% 是与相邻的鸟嘌呤和腺嘌呤碱基[d(ApG)]的 N7 络合成螯合环，1% 是与间隔一个碱基的两个鸟嘌呤碱基[d(GpNpG)]的 N7 络合成螯合环，从而其破坏了两条多聚核苷酸链上嘌呤基和胞嘧啶之间的氢键，扰乱了 DNA 的正常双螺旋结构，使其局部变性失活而丧失复制能力。反式铂配合物无此作用。

$$H_3N-Pt-Cl_2 \xrightleftharpoons[Cl^-]{H_2O} H_3N-Pt(II)-(\overset{+}{O}H_2)_2 \xrightleftharpoons[+H^+]{-H^+} H_3N-Pt(II)(OH)(\overset{+}{O}H_2) \xrightleftharpoons[+H^+]{-H^+} H_3N-Pt(II)-(OH)_2$$

$$
\begin{array}{ccc}
H_3N\quad NH_3 & H_3N\quad NH_3 & H_3N\quad NH_3 \\
Pt & Pt & Pt \\
5'-G-G-3' & 5'-A-G-3' & 5'-G-N-G-3' \\
3'-C-C-5' & 3'-T-C-5' & 3'-C-N-C-5'
\end{array}
$$

顺铂通常静脉注射给药，供药用的是含有甘露醇和氯化钠的冷冻干燥粉，用前用注射用水配成每毫升含 1mg 的顺铂、9mg 氯化钠和 10mg 甘露醇的溶液，pH 在 3.5～5.5 之间。顺铂在室温条件下，对光和空气稳定，在 270℃分解成金属铂。

本品加热至 170℃时即转化为反式，溶解度降低，颜色发生变化。继续加热至 270℃熔融，同时分解成金属铂。对光和空气不敏感，室温条件下可长期贮存。

本品水溶液不稳定，在氯离子浓度相对较低（4～20mmol/L）的环境中能逐渐水解和转化为反式，生成水合物（顺铂 hydrate-1、顺铂 hydrate-2），进一步水解生成无抗肿瘤活性且有剧毒的低聚物（顺铂 polymer-1、顺铂 polymer-2）。但是低聚物（顺铂 polymer-1、顺铂 polymer-2）在 0.9% 氯化钠溶液中不稳定，可迅速完全转化为顺铂，因此临床上不会导致中毒危险。

$$
\left[H_3N-Pt(II)(OH_2)(Cl) \right]^+
$$
cisplatin hydrate-1

$$
\left[H_3N-Pt(II)(OH_2)_2 \right]^{2+}
$$
cisplatin hydrate-2

$$
\left[H_3N-Pt(II)(\mu\text{-}O)_2Pt(II)(NH_3)_2 \right]^{2+}
$$
cisplatin polymer-1

$$
\left[H_3N-Pt(II)(\mu\text{-}O)_2Pt(II)(NH_3)_3 \right]^{3+}
$$
cisplatin polymer-2

顺铂临床用于治疗膀胱癌、前列腺癌、肺癌、头颈部癌、乳腺癌、恶性淋巴癌和白血病等。目前已被公认为治疗睾丸癌和卵巢癌的一线药物。与甲氨蝶呤、环磷酰胺等有协同作用，无交叉耐药性，并有免疫抑制作用。但该药物水溶性差，且仅能注射给药，缓解期短，并伴有严重的肾、胃肠道毒性、耳毒性及神经毒性，长期使用会产生耐药性。

为了克服顺铂的缺点，用不同的胺类（乙二胺、环己二胺等）和各种酸根（无机酸、有机酸）与铂（Ⅱ）络合，合成了一系列铂的配合物。

卡铂(carboplatin，又称碳铂)为顺-1,1-环丁烷二羧酸二氨基合铂。抗肿瘤活性以及抗瘤谱与顺铂类似，但肾脏毒性、消化道反应低；因为铂类药物的毒性是由水解生成的水合物决定，卡铂较顺铂的水解速率慢，故毒性较顺铂小。卡铂治疗小细胞肺癌、卵巢癌的效果比顺铂好，但对膀胱癌、头颈部癌的效果不如顺铂。临床上仍采用静脉注射给药。

卡铂　　　　　　　　　奥沙利铂　　　　　　　　　洛铂

奥沙利铂(oxaliplatin)为反式-1,2-环己二氨草酸铂，其性质稳定，在水中的溶解度介于顺铂和卡铂之间。奥沙利铂用于治疗结肠癌、直肠癌、胃癌、胰腺癌和胆管细胞癌。奥沙利铂是第一个上市的抗肿瘤手性铂配合物。1,2-环己二胺配体有三个立体异构体$[(R,R),(S,S)$和内消旋的$(R,S)]$，相对应的三个立体异构体铂配合物，体外和体内活性略有不同，但只有(R,R)异构体开发用于临床。

洛铂(lobaplatin)为1,2-二氨甲基-环丁烷-乳酸合铂，与顺铂和卡铂的抗肿瘤作用相当或更好，且与顺铂无交叉耐药性，抗癌活性强，不良反应小。该药的溶解度好，在水中稳定，主要用于慢性粒细胞白血病、无法手术治疗的转移性乳腺癌和小细胞肺癌的治疗。

在对大量铂类化合物抗肿瘤活性研究中，总结出这类化合物的构效关系：①取代顺铂中氯的配位体要有适当的水解速率，而且，双齿配位体较单齿配位体活性高；②烷基伯胺或环烷基伯胺取代顺铂中的氨，可明显增加治疗指数；③中性配合物要比离子配合物活性高；④平面正方形和八面体构型的铂配合物活性高。

三、DNA 拓扑异构酶抑制剂

DNA 拓扑异构酶(DNA topoisomerases)是调节 DNA 空间构型的动态变化的关键性核酶，通过连续的断链和再链聚反应调节 DNA 空间结构及合成的酶，在许多与 DNA 有关的遗传功能中显示重要作用，例如细胞的复制、转录及有丝分裂。天然状态时，DNA 分子是以超螺旋形式存在，在复制和转录时，DNA 拓扑异构酶催化 DNA 的超螺旋状态与解旋状态拓扑异构体之间相互转换。在 DNA 的复制过程中，两条 DNA 链之间的连接必须用拓扑异构酶打开，而转录过程中，转运 RNA 聚合酶导致的 DNA 超螺旋张力也必须加以释放。DNA 与组蛋白或其他蛋白的结合也生成一些超螺旋，也需要拓扑异构酶松弛。

拓扑异构酶可分为两类：拓扑异构酶Ⅰ(Topoisomerase Ⅰ，Topo Ⅰ)和拓扑异构酶Ⅱ(Topoisomerase Ⅱ，Topo Ⅱ)。Topo Ⅰ催化 DNA 单链的断裂-再连接反应：先切开双链 DNA 的一条链，使链末端沿螺旋轴按拧松超螺旋的方向转动，然后将切口接合；Topo Ⅱ则同时切断 DNA 的双链，使一段 DNA 通过切口，然后断端按原位连接而改变 DNA 的超螺旋状态。以拓扑异构酶为作用靶点的抗肿瘤药物，能够促进 DNA 的断裂，但是抑制拓扑异构酶对 DNA 的闭合，导致 DNA 的不可逆损伤使其不能进行复制。喜树碱类(camptothecins)、蒽醌类

（anthracyclines）和表鬼臼毒素类（epipodophyllotoxins）抗肿瘤药物是三类结构不同的 DNA 拓扑异构酶抑制剂。

（一）喜树碱类

喜树碱（camptothecin）和羟喜树碱（hydroxycamptothecin）是从珙桐科植物喜树（*Camptotheca acuminata* Decne.）中提取分离得到的生物碱。其化学结构结构由五个环稠合而成，其中 A、B 环构成喹啉环，C 环为吡咯环，D 环为吡啶酮结构，E 环为一个 α- 羟基内酯环。结构中有两个氮原子，一个为内酰胺的氮原子，另一个为喹啉的氮原子，碱性都比较弱，与酸不能形成稳定的盐。分子中有一手性中心 C_{20} 为 S 构型。

R=H 喜树碱，R=OH 羟喜树碱

喜树碱类化合物是拓扑异构酶 I（Topo I）抑制剂，使 DNA 复制、转录受阻，导致 DNA 断裂，而具有细胞毒性。完整的 α- 羟基内酯环是活性的必备条件。在 pH≤5 时，喜树碱类药物以内酯环为主；pH>7.5 时，以开环的羧酸盐为主。为提高喜树碱类化合物的水溶性，将喜树碱的内酯环打开制成水溶性的羟基酸钠盐，钠盐在体内环合形成内酯环而起作用，但钠盐的活性只有喜树碱的 1/10。

喜树碱对消化道肿瘤（如胃癌、结肠直肠癌）、肝癌、膀胱癌和白血病等恶性肿瘤有较好的疗效，但对泌尿系统的毒性比较大，主要为尿频、尿痛和尿血等。羟喜树碱临床主要用于治疗原发性肝癌、胃癌、头颈部癌、膀胱癌及直肠癌。

通过对喜树碱的结构改造发现了一些喜树碱类抗肿瘤药，其中代表性的有伊立替康、拓扑替康和鲁比替康。

伊立替康（irinotecan）在 10 位引入联哌啶羧酸酯基团，是喜树碱类的前体药物，在体内经肝羧酸酯酶作用，其甲酸酯基团发生水解，转化生成 7- 乙基 -10- 羟基喜树碱而起作用。临床主要用于治疗胰腺癌，转移性直肠或结肠癌，是晚期大肠癌的一线用药。主要剂量限制性毒性为延迟性腹泻和中性粒细胞减少。

拓扑替康（topotecan）是在喜树碱分子中增加酚羟基和二甲氨甲基得到的一种半合成喜树碱，其盐酸盐水溶性很好，副作用减少。临床主要用于治疗肺癌、卵巢癌、结肠直肠癌。

鲁比替康（rubitecan）是半合成水溶性喜树碱衍生物，第二代拓扑异构酶 I 抑制剂，对胰腺癌特别有效。

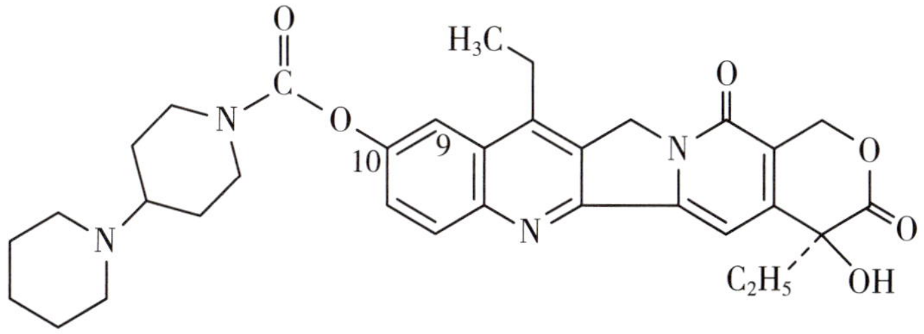

伊立替康

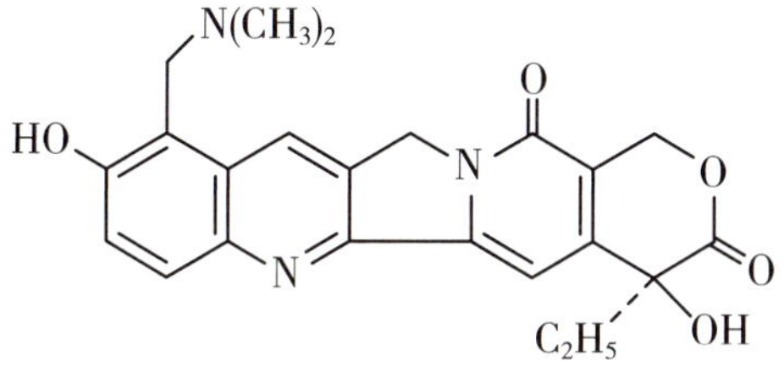

拓扑替康

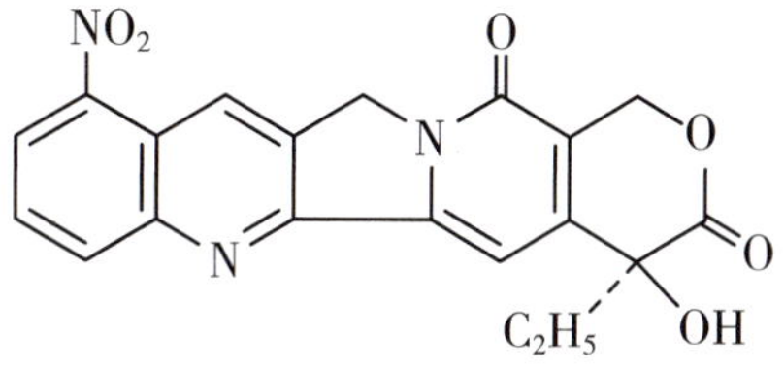

鲁比替康

（二）蒽醌类

多柔比星（doxorubicin），又称阿霉素（adriamycin）是由 *Streptomyces peucetium var. caesius* 培养液中分离得到的蒽环类（anthracyclines）抗生素。其结构特征为四环结构（A～D 环）结构的柔毛霉醌（daunomycinone）通过糖苷键与氨基糖（daunosamine）相连接。

蒽醌类抗生素主要作用于 DNA，抑制 DNA Topo Ⅱ 而起到抗肿瘤作用。分子结构中平坦的蒽醌环垂直于 DNA 的长轴插入其中，分子中的氨基糖与 DNA 中的糖磷酸酯骨架连接，使得这种结合更加稳定，导致单链或双链 DNA 断裂。对 DNA 损伤的另一种机理涉及电子转移。蒽醌环系统的存在，使蒽环类抗生素产生例如羟基自由基（·OH）和超氧化物阴离子自由基（·O—O）等活性氧。这些自由基可损伤 DNA，对细胞产生破坏作用。蒽环类抗生素对心脏的毒副作用可能与自由基的产生有关。

蒽环类抗生素口服无活性，静脉注射给药，它们可被快速地从血浆中清除。由于共轭蒽醌环的存在，该类抗生素略带红色，患者的尿液也呈红色。

多柔比星是广谱的抗肿瘤药物，临床主要用于治疗急性粒细胞白血病及急性淋巴细胞白血病。主要副作用是胃肠道反应、骨髓抑制和心脏毒性。

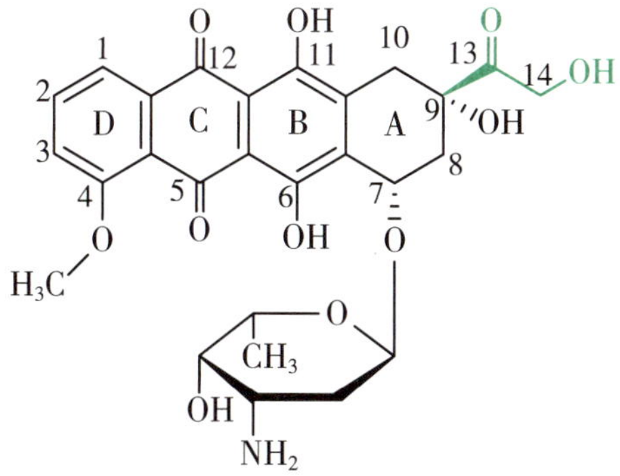

多柔比星

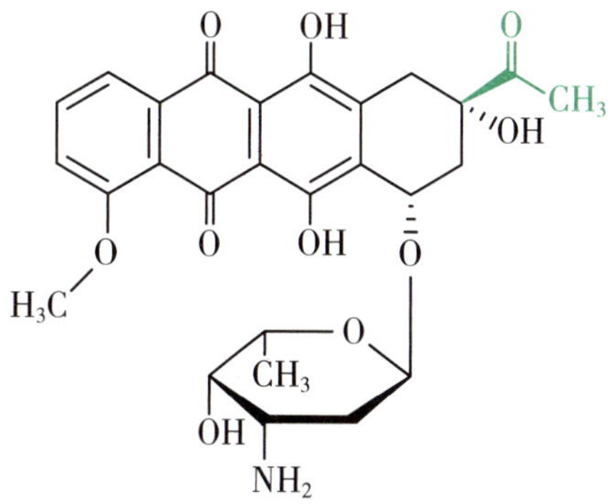

柔红霉素

表柔比星

柔红霉素（daunorubicin）与多柔比星在结构上的差异仅在于 C9 侧链上，柔红霉素是乙酰基，多柔比星是羟乙酰基。柔红霉素临床主要用于对常用抗肿瘤药耐药的急性淋巴细胞白血病和急性粒细胞白血病，但缓解期短，需与其他抗肿瘤药联合应用。

柔红霉素毒性较大，主要毒副作用为骨髓抑制和心脏毒性，其产生原因可能是醌环被还原成半醌自由基，诱发了脂质过氧化反应，引起心肌损伤。柔红霉素静脉注射后能广泛分布于各组织，但不能进入中枢神经系统。作用机制和其他蒽环类抗肿瘤抗生素的作用机制大致相同，都是抑制拓扑异构酶Ⅱ，导致 DNA 空间结构障碍。这类抗生素的研究致力于寻找心脏毒性较低的化合物，主要是对柔红霉糖的氨基和羟基的改造。

表柔比星（epirubicin）是多柔比星（doxorubicin）在柔红霉糖 4' 位的 OH 差向异构化的化合物。临床应用与多柔比星相似，但对心脏毒性降低，治疗指数较多柔比星高。

伊达比星（idarubicin）是柔红霉素 4 位脱甲氧基的类似物，脂溶性大于多柔比星或柔红霉素，可更好地被细胞摄取。临床主要用于急性淋巴细胞白血病和急性骨髓性白血病。

伊达比星

阿柔比星

阿柔比星（aclarubicin）是一种天然的蒽环抗生素。特点是选择性地抑制 RNA 的合成，心脏毒性低于其他蒽环抗生素。对柔红霉素产生耐药的病例仍有效。对子宫内膜癌、胃肠道癌、胰腺癌、肝癌和急性白血病有效。

蒽环类抗生素构效关系研究表明：①A 环的几何结构和取代基对保持其活性至关重要，C13 的羰基和 C9 的羟基与 DNA 双螺旋的碱基对产生氢键作用；②C9 和 C7 位的手性不能改变，否则将失去活性，若 C9，C10 引入双键，则使 A 环结构改变而活性丧失；③若将 C9 位羟基换成甲基，则蒽醌与 DNA 亲和力下降，而活性丧失。

由于蒽醌类抗生素具有心脏毒性,人们设想减少抗生素结构中的非平面环部分和氨基糖侧链,用其他含氨基的侧链代替氨基糖,设计合成了一些蒽环类化合物,例如盐酸米托蒽醌。

盐酸米托蒽醌(mitoxantrone hydrochloride)

化学名为1,4-二羟基-5,8-双[[2-[(2-羟基乙基)氨基]乙基]氨基]蒽-9,10-二酮二盐酸盐,1,4-dihydroxy-5,8-bis[[2-[(2-hydroxyethyl)amino]ethyl]amino]-anthracene-9,10-dione dihydrochloride。

盐酸米托蒽醌是一种拓扑异构酶Ⅱ抑制剂,通过抑制拓扑异构酶来干扰癌细胞DNA复制、转录与修复;它还能嵌入DNA双链的碱基之间,从而阻碍肿瘤细胞分裂;抗肿瘤作用是多柔比星的5倍,心脏毒性较小。用于治疗晚期乳腺癌、非何杰金氏病淋巴瘤和成人急性非淋巴细胞白血病复发。

盐酸米托蒽醌的合成是以1,4,5,8-四羟基蒽醌为原料,在二氧六环中与羟乙基乙二胺60℃反应得到米托蒽醌,将其于浓盐酸和95%乙醇的体系中加热回流,得盐酸米托蒽醌。

盐酸米托蒽醌的限量杂质有A、B、C和D四种,杂质来源为合成反应不完全的产物A、B或降解产物D及副产物C。

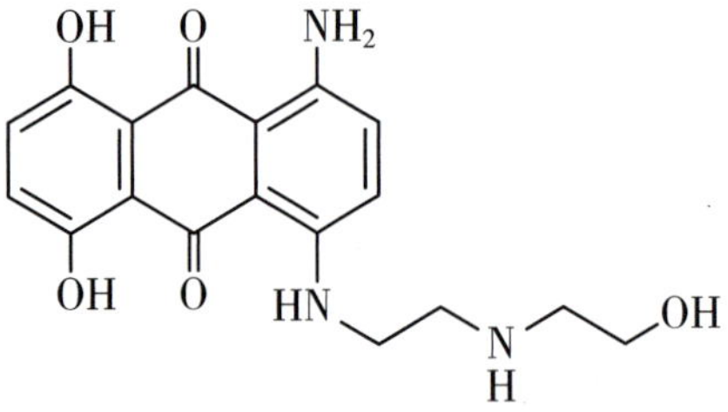

A

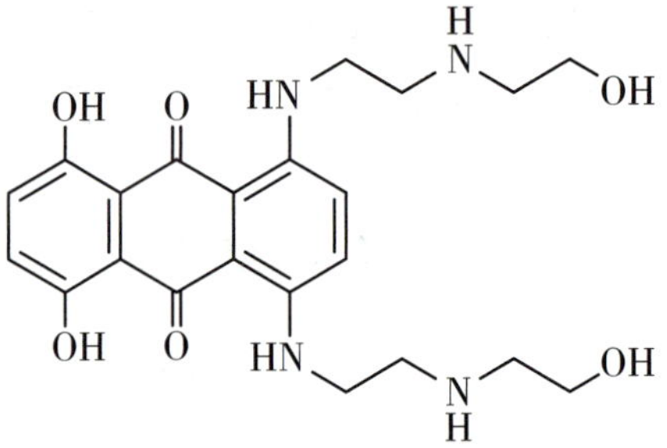

B

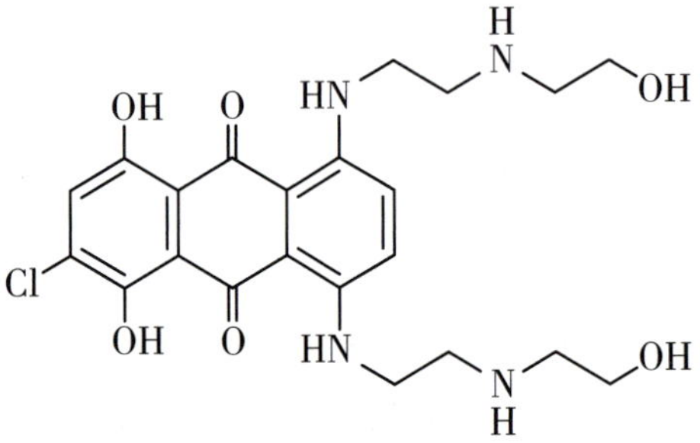

C

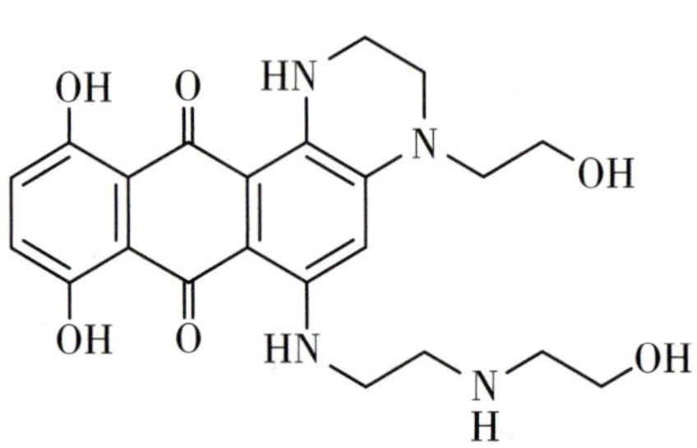

D

（三）表鬼臼毒素类

鬼臼毒素（podophyllotoxin）能抑制微管聚合，从而抑制细胞分裂，由于毒性反应比较严重不能用于临床。鬼臼毒素 4 位差向异构化得到的表鬼臼毒素可明显增强对细胞增殖的抑制作用，而毒性比鬼臼毒素低。将鬼臼毒素 4'- 脱甲基 4- 差向异构化得到 4'- 脱甲基表鬼臼毒素，再制成糖苷衍生物，得到依托泊苷（etoposide）和替尼泊苷（teniposide）。

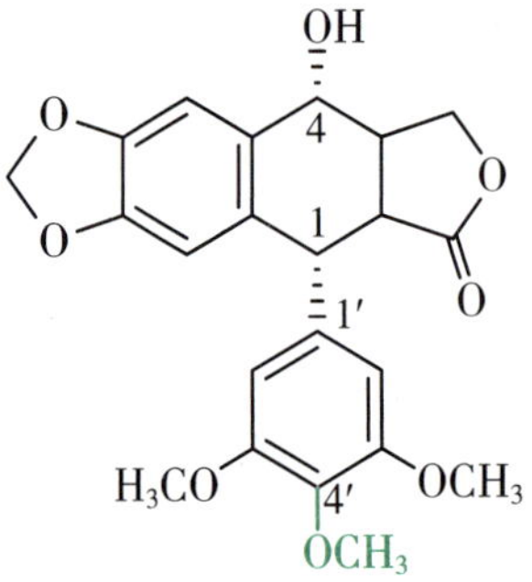

鬼臼毒素

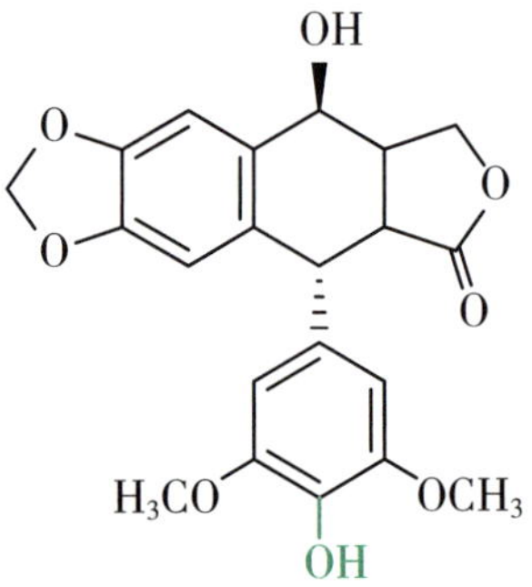

4'–脱甲基表鬼臼毒素

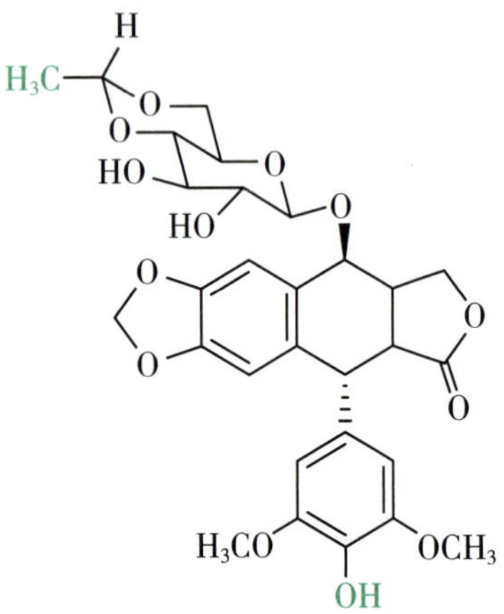

依托泊苷

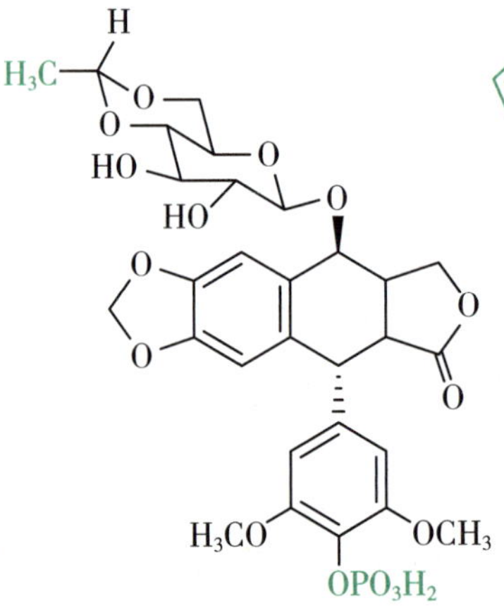

依托泊苷磷酸酯

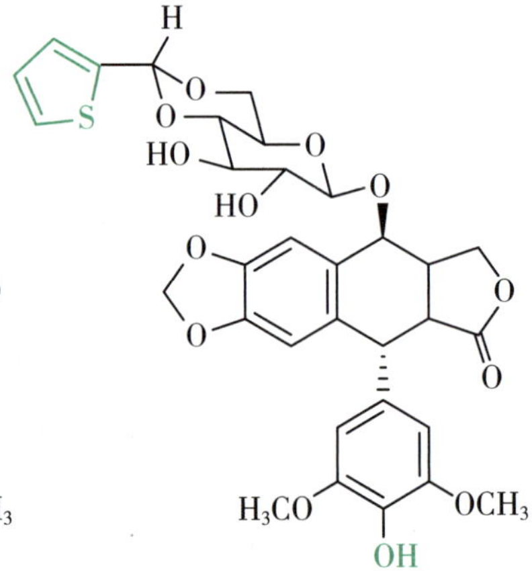

替尼泊苷

表鬼臼毒素类（epipodophyllotoxin）抗肿瘤药依托泊苷（etoposide）和替尼泊苷（teniposide）是 DNA 拓扑异构酶Ⅱ抑制剂，通过抑制拓扑异构酶Ⅱ导致 DNA 断裂。拓扑异构酶Ⅱ抑制剂可阻断有丝分裂于细胞周期 S 期晚期和 G2 期早期，使细胞不能进入 M 期。因为增殖期细胞内的 DNA 拓扑异构酶Ⅱ表达水平较高，而休眠期细胞的 DNA 拓扑异构酶Ⅱ表达水平很低，所以处于增殖期的肿瘤细胞对 DNA 拓扑异构酶Ⅱ抑制剂的细胞毒作用格外敏感。

依托泊苷结构中有内酯、苯酚、芳香醚、乙缩醛和吡喃葡萄糖苷等一系列功能基，但没有一个基团能形成稳定的盐使其溶于水。注射用依托泊苷的稀释液主要含有修饰的聚山梨醇酯 80/ 吐温 80、聚乙二醇 300 和乙醇，使用时往往会引起低血压和高过敏性。为了增加药物的水溶性，在依托泊苷的 4 位酚羟基上引入磷酸酯结构，得到依托泊苷磷酸酯（etoposide phosphate），是依托泊苷的水溶性前药，经静脉给药后，托泊苷磷酸酯被快速完全的水解生成依托泊苷发挥作用，未见明显的低血压及过敏反应。

依托泊苷在尿液中的主要代谢物来源于内酯的水解。除了尿苷酸化和形成硫酸酯，依托泊苷可作为 CYP3A4 的底物，经 O- 去甲基化反应形成儿茶酚代谢物。

依托泊苷临床主要用于治疗小细胞肺癌、淋巴瘤、睾丸肿瘤、急性粒细胞白血病。

替尼泊苷（teniposide）为中性亲脂性药物，在正辛醇 - 水的分配系数约为 100。作用机制与依托泊苷一样是作用于 DNA 拓扑异构酶Ⅱ，导致双链或单链破坏使细胞不能通过 S 期，停于晚 S 期或早 G2 期。临床主要用于治疗小细胞肺癌、急性淋巴细胞白血病、神经母细胞瘤和淋巴瘤。其高脂溶性，可通过血脑屏障，为脑瘤首选药物。

第二节　抗代谢药物

抗代谢抗肿瘤药物（antimetabolite antitumor agent）通过抑制 DNA 合成所必需的构建单元——核苷酸的形成，阻断 DNA 的生物合成而发挥抗肿瘤作用。抗代谢物（antimetabolite）的结构与 DNA 生物合成相关的嘌呤和嘧啶的结构相似，这些抗代谢物通过抑制代谢物生物合成中的酶，或者作为伪代谢物掺入到重要的生物大分子 DNA 中，从而干扰正常代谢物的生成和利用，导致肿瘤细胞死亡。

抗代谢物的结构特点是与代谢物相似，大多数抗代谢物是将代谢物的结构作细微的改变，例如利用生物电子等排原理，以 F 或 CH_3 代替 H、S 或 CH_2 代替 O、NH_2 或 SH 代替 OH 等。常用的抗代谢药物有嘧啶拮抗剂、嘌呤拮抗剂和叶酸拮抗剂。

一、嘧啶拮抗剂

氟尿嘧啶（fluorouracil）

化学名为 5- 氟 -2, 4(1*H*, 3*H*)- 嘧啶二酮, 5-Fluoro-2, 4(1*H*, 3*H*)-pyrimidinedione, 简称 5-FU。

氟尿嘧啶是应用最早的抗肿瘤药物之一, 是将尿嘧啶 5 位的氢用氟原子取代的产物, 是胸苷酸合成酶(thymidylate synthase)抑制剂。5-FU 及其衍生物在体内首先转变成 5- 氟尿嘧啶脱氧核苷酸(5-flurodeoxyuridine monophosphate, 5-F-dUMP), 与胸苷酸合成酶(thymidylate synthase)结合, 再与辅酶 5, 10- 次甲基四氢叶酸(5, 10-methylenetetrahydrofolate)作用, 由于 C—F 键稳定, 导致不能有效地合成胸腺嘧啶脱氧核苷酸(deoxythymidine monophosphate, dTMP), 而且不能使酶(thymidylate synthase)复活; 从而抑制 DNA 的合成, 使肿瘤细胞死亡(图 19-9)。

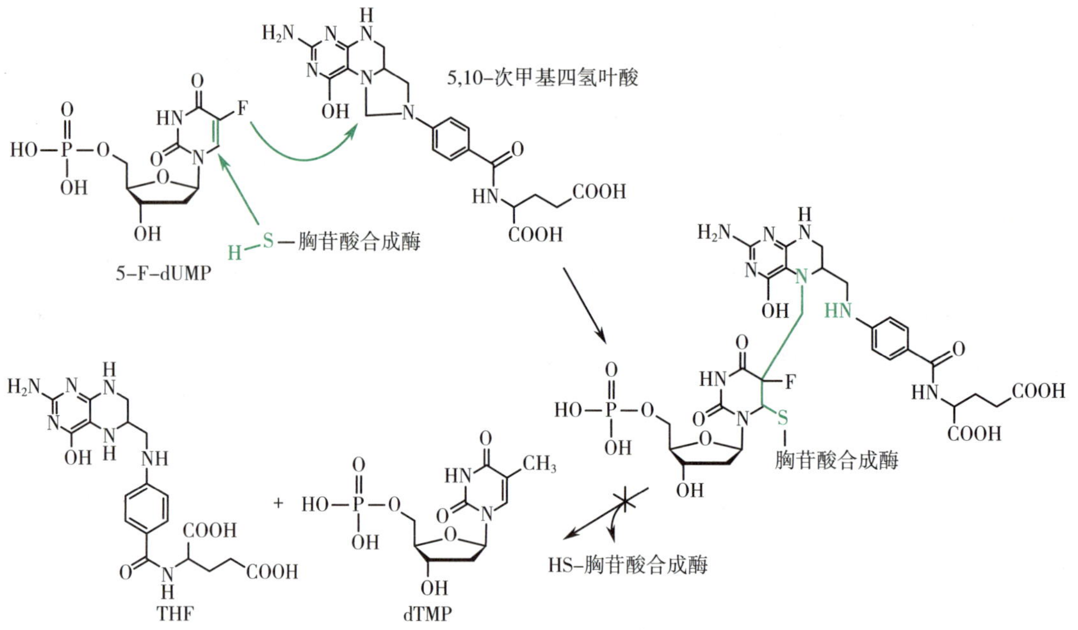

图 19-9 5-FU 的作用机制

氟尿嘧啶的合成是以氯乙酸乙酯为原料, 在乙酰胺中与无水氟化钾经氟化得氟乙酸乙酯, 在醇钠存在下与甲酸乙酯缩合得氟代甲酰乙酸乙酯烯醇式钠盐, 与甲基异脲缩合成环, 稀盐酸水解得到氟尿嘧啶。

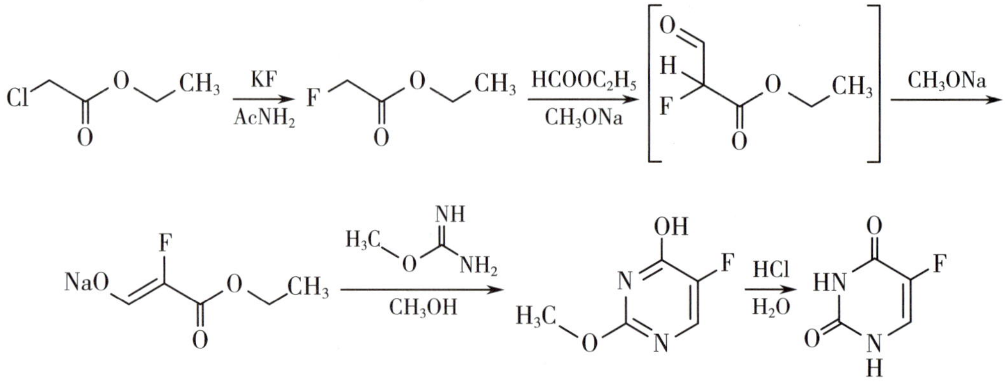

氟尿嘧啶制备过程中可能引入或反应生成的杂质有以下 6 个, A 是嘧啶 -2, 4, 6(1*H*, 3*H*,

5H)- 三酮；B 是二氢嘧啶 -2,4,5(3H)- 三酮；C 是尿嘧啶；D 是 5- 甲氧尿嘧啶；E 是 5- 氯尿嘧啶；F 是 2- 乙氧基 -5- 氟嘧啶 -4(1H)酮。

A   B   C   D   E   F

氟尿嘧啶口服吸收不完全，故注射给药，静脉注射后可迅速分布到全身各组织，包括脑脊液和肿瘤组织中。临床上用于对结肠癌、直肠癌、胃癌、乳腺癌和胰腺癌的姑息治疗。

氟尿嘧啶的疗效虽好，但毒性也较大，可引起严重的消化道反应和骨髓抑制等副作用。为了降低毒性、提高疗效，研制了大量的衍生物。一些氟尿嘧啶抗肿瘤药物的化学结构和作用特点见表 19-2。

表 19-2　其他氟尿嘧啶抗肿瘤药

名称	化学结构	作用特点
替加氟 tegafur		氟尿嘧啶 N-1 的氢被四氢呋喃替代的衍生物，在体内转化为氟尿嘧啶而发挥作用，作用特点和适应证与氟尿嘧啶相似，但毒性较低
双呋氟尿嘧啶 difuradin		为氟尿嘧啶的 1,3- 双四氢呋喃环取代的衍生物，作用特点同替加氟
卡莫氟 carmofur		进入体内后缓缓释放出 5-FU 而发挥抗肿瘤作用，抗瘤谱广，化疗指数高。临床上可用于胃癌、结肠、直肠癌、乳腺癌的治疗，特别是对结肠癌、直肠癌的疗效较高
去氧氟尿苷 doxifluridine		在体内经嘧啶核苷磷酸化酶作用，转化成游离的氟尿嘧啶而发挥作用。这种酶的活性在肿瘤组织内较正常组织高，所以本品在肿瘤细胞内转化为 5-FU 的速度快，而对肿瘤具有选择性作用。主要用于胃癌、结肠、直肠癌、乳腺癌的治疗

在研究尿嘧啶构效关系时发现，将尿嘧啶 4 位的氧用氨基取代后得到胞嘧啶的衍生物，同时以阿拉伯糖替代正常核苷中的核糖或去氧核糖，亦有较好的抗肿瘤作用。

盐酸阿糖胞苷（cytarabine hydrochloride）

化学名为 1-β-D- 阿拉伯呋喃糖基 -4- 氨基 -2（1H）- 嘧啶酮盐酸盐，4-amino-1-β-D-arabinofuranosyl-2（1H）-pyrimidinone hydrocloride。

本品为白色或类白色细小针状结晶或结晶性粉末熔点 189～195℃（熔融同时分解）。比旋度为＋127°～＋133°（10mg/ml H_2O 中）。在水中极易溶解，在乙醇中略溶，在乙醚中几乎不溶。

本品的合成是以 D- 阿拉伯糖为原料，与氰胺反应生成 2- 氨基 -D- 阿糖噁唑啉，与 α- 氯代丙烯腈环合，加热脱去氯化氢得环胞苷，用氨水处理得阿糖胞苷，与 HCl 成盐即得盐酸阿糖胞苷。

盐酸阿糖胞苷中可能含有 5 个杂质，其中 A 是阿糖尿苷；B 是尿嘧啶核苷；C 是尿嘧啶；D 是胞嘧啶；杂质 E 环胞苷是反应中间体。

A B C

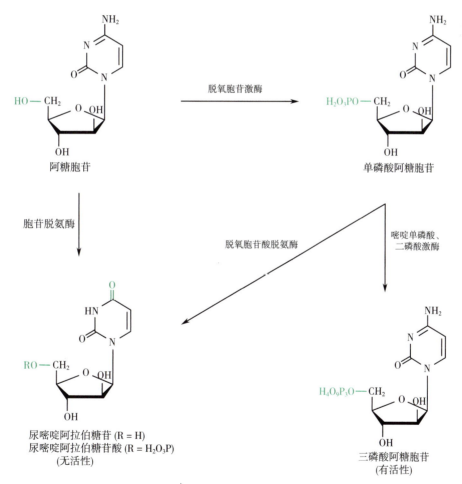

D   E

阿糖胞苷（cytarabine）在体内首先被脱氧胞苷激酶（deoxycytidine kinase）磷酸化为单磷酸阿糖胞苷（ara-cytidine monophosphate），再被嘧啶单磷酸和二磷酸激酶（pyrimidine monophosphate and diphosphate kinase）催化转化为有活性的三磷酸阿糖胞苷（ara-cytidine triphosphate），通过抑制 DNA 多聚酶及少量掺入 DNA，阻止 DNA 的合成，抑制细胞的生长。阿糖胞苷也可被胞苷脱氨酶（cytidine deaminase）和脱氧胞苷酸脱氨酶（deoxycytidylate deaminase）代谢为无活性的尿嘧啶阿拉伯糖苷（uracil arabinoside）和尿嘧啶阿拉伯糖苷酸（uracil arabinotide）（图 19-10）。

脱氧胞苷激酶

阿糖胞苷   单磷酸阿糖胞苷

胞苷脱氨酶

脱氧胞苷酸脱氨酶

嘧啶单磷酸、二磷酸激酶

尿嘧啶阿拉伯糖苷 (R = H)
尿嘧啶阿拉伯糖苷酸 (R = H₂O₃P)
(无活性)

三磷酸阿糖胞苷
(有活性)

图 19-10 阿糖胞苷的代谢

阿糖胞苷可静脉给药，也可皮下和鞘内给药，用于治疗各种类型的白血病。

因为阿糖胞苷会迅速被肝的胞苷脱氨酶或脱氧胞苷酸脱氨酶作用脱氨，生成无活性的尿嘧啶阿拉伯糖苷或尿嘧啶阿拉伯糖苷酸;为了减轻阿糖胞苷在体内脱氨失活,将其氨基用烷基酸酰化,得到依诺他滨(enocitabine)和棕榈酰阿糖胞苷(N-palmitoyl-arac)等胞嘧啶类抗肿瘤药(表19-3)。

表19-3 其他胞嘧啶类抗肿瘤药

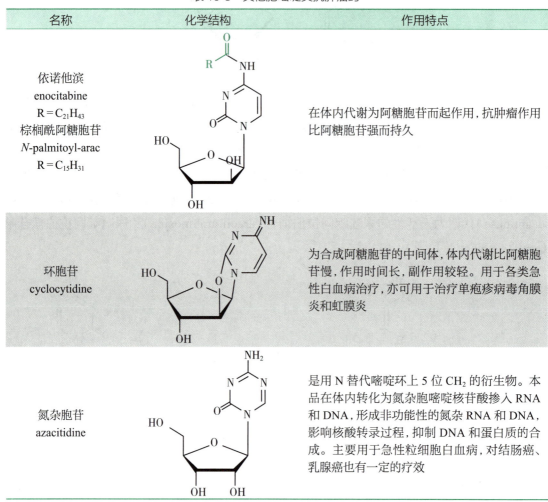

名称	化学结构	作用特点
依诺他滨 enocitabine R=C$_{21}$H$_{43}$ 棕榈酰阿糖胞苷 N-palmitoyl-arac R=C$_{15}$H$_{31}$		在体内代谢为阿糖胞苷而起作用,抗肿瘤作用比阿糖胞苷强而持久
环胞苷 cyclocytidine		为合成阿糖胞苷的中间体,体内代谢比阿糖胞苷慢,作用时间长,副作用较轻。用于各类急性白血病治疗,亦可用于治疗单疱疹病毒角膜炎和虹膜炎
氮杂胞苷 azacitidine		是用N替代嘧啶环上5位CH$_2$的衍生物。本品在体内转化为氮杂胞嘧啶核苷酸掺入RNA和DNA,形成非功能性的氮杂RNA和DNA,影响核酸转录过程,抑制DNA和蛋白质的合成。主要用于急性粒细胞白血病,对结肠癌、乳腺癌也有一定的疗效

盐酸吉西他滨(gemcitabine hydrochloride)

化学名4-氨基-1-(3,3-二氟-4-羟基-5-羟甲基四氢呋喃-2-基)-1H-嘧啶-2-酮盐酸盐,4-amino-1-[3,3-difluoro-4-hydroxy-5-(hydroxymethyl)tetrahydrofuran-2-yl]-1H-pyrimidin-2-one hydrochloride。本品是脱氧胞苷类似物,其结构特征是两个氟原子取代胞嘧啶核苷糖基C-2′位的氢和羟基。

盐酸吉西他滨的合成路线主要有两条。

路线一：3-羟基-2,2-二氟-3-(2,2-二甲基二氧环戊-4-基)丙酸乙酯在对甲苯磺酸催化下水解，80～115℃环合后与4-苯基苯甲酰氯（PhBzCl）反应生成2-脱氧-2,2-二氟-3,5-二-(4-苯基)苯甲酰基-D-呋喃核糖-1-酮，用三(叔丁氧基)氢化铝锂（LiAl-H[OC(CH₃)₃]₃）将呋喃核糖中的羰基还原为羟基，与甲磺酰氯（MsCl）反应，得2-脱氧-2,2-二氟-1-甲磺酰基-3,5-二-(4-苯基)苯甲酰基-D-呋喃核糖，在乙醇中与双（三甲基硅烷基）胞嘧啶缩合得β-2′-脱氧-2′,2′-二氟-3′,5′-二-(4-苯基)苯甲酰基-胞苷，在甲醇/甲醇钠中反应脱保护基，与盐酸成盐即得盐酸吉西他滨。

路线二：以D-核糖为原料，在酸催化下与甲醇反应得到甲基-β-D-核糖苷，与1,3-二氯-1,1,3,3-四异丙基-二硅氧烷反应保护核糖C3和C5位的羟基，用戴斯-马丁试剂[Dess-Martin Periodinane，1,1,1-Triacetoxy-1,1-dihydro-1,2-benziodoxol-3(1H)-one]将C2位羟基氧化为羰基，用四正丁基氟化铵（TBAF）脱保护基后再在氢化钠存在下与苄溴（BnBr）反应，得甲基-3,5-O-二苄基-2-氧代-β-D-核糖苷，在二氯甲烷中与二乙胺基三氟化硫（DAST）反应，得甲基-3,5-O-二苄基-2,2-二氟-β-D-核糖苷，水解、酯化得到3,5-O-二苄基-2,2-二氟-β-D-核糖乙酸酯，与双（三甲基硅烷基）胞嘧啶反应得到3,5-O-二苄基-2,2-二氟-β-D-胞苷，催化氢化脱苄基，与盐酸成盐即得盐酸吉西他滨。

盐酸吉西他滨含有的杂质 A（4- 氨基嘧啶 -2（1H）- 酮，即胞嘧啶）为确定的杂质；杂质 B（4- 氨基 -1-（2- 脱氧 -2,2- 二氟 -α-D- 赤型 - 呋喃戊糖基）嘧啶 -2（1H）- 酮，即吉西他滨 -α- 差向异构体）有可能检测到。

吉西他滨在体内首先被磷酸化生成有活性的三磷酸类似物，随后渗入 DNA 和 RNA 中抑制 DNA 和 RNA 的合成，导致细胞死亡。是细胞周期特异性抗代谢类药物，主要作用于 DNA 合成期的肿瘤细胞，即 S 期细胞。

吉西他滨的半衰期为 19 小时远远长于阿糖胞苷(半衰期 3.6 小时),原因是吉西他滨的代谢物二氟脱氧胞苷三磷酸能抑制脱氧胞苷酸脱氨酶(deoxycytidylate deaminase)。

吉西他滨用于治疗乳腺癌、胰腺癌和非小细胞肺癌。

二、嘌呤拮抗剂

腺嘌呤和鸟嘌呤是 DNA 和 RNA 的重要组分,次黄嘌呤是腺嘌呤和鸟嘌呤生物合成的重要中间体。嘌呤类抗代谢物主要是次黄嘌呤和鸟嘌呤的衍生物。

巯嘌呤(mercaptopurine,6-MP)为嘌呤类抗肿瘤药物,结构与黄嘌呤相似,在体内经次黄嘌呤 - 鸟嘌呤磷酸核糖转移酶(hypoxanthine-guanine phosphoribosyl transferase,HGPRT)催化,巯嘌呤转变为有活性的 6- 硫代次黄嘌呤核苷酸,在嘌呤生物合成过程中有效抑制 5- 磷酸核糖焦磷酸转化为 5- 磷酸核糖胺;还阻止次黄嘌呤核苷酸被氧化为黄嘌呤核苷酸,从而抑制 DNA 和 RNA 的合成。

巯嘌呤可用于急性淋巴和粒细胞白血病的治疗,对绒毛膜上皮癌、恶性葡萄胎也有效。

其他嘌呤类抗代谢药物见表 19-4。

表 19-4　巯嘌呤类抗代谢药物

药物名称	药物结构	作用与用途
巯鸟嘌呤 thioguanine		其作用与 6-MP 类似。主要作用于 S 期,是细胞周期特异性药物。临床用于各类型白血病,与阿糖胞苷合用,可提高疗效。药理作用和毒性与 6-MP 类似
喷妥司汀 pentostatin		扩环的嘌呤核苷衍生物,是腺苷脱氨酶(adenosine deaminase)抑制剂。本品可阻断 DNA 的合成,也可抑制 RNA 的合成,加剧 DNA 的损害。临床主要用于白血病的治疗

药物名称	药物结构	作用与用途
氟达拉滨 fludarabine		阿糖胞苷衍生物,其活性较阿糖胞苷强。在体内,氟达拉滨转变为 5'-三磷酸核苷而发挥作用,是核苷酸还原酶抑制剂。临床主要用于治疗慢性淋巴细胞白血病
克拉屈滨 cladribine		氟达拉滨的 2-氯类似物,通过抑制 DNA 修复的酶而发挥作用。临床主要用于治疗毛细胞白血病(hairy cell leukemia)

三、叶酸拮抗剂

甲氨蝶呤(methotrexate)是叶酸拮抗剂(folate antagonist),与二氢叶酸还原酶(DHFR)几乎是不可逆的结合,使二氢叶酸不能转化为四氢叶酸,从而影响 5,10-亚甲基四氢叶酸(N^5,N^{10}-Methylene-THF)的生成,干扰胸腺嘧啶脱氧核苷酸的合成,因而阻止 DNA 的合成,阻碍肿瘤细胞的生长。

甲氨蝶呤可口服,用于治疗乳腺癌、头颈癌及肺癌。服用药物剂量的 90% 以原药形式经、尿排泄。当肾功能不全或大剂量应用甲氨蝶呤时会引起毒性。甲酰四氢叶酸,可提供四氢叶酸使健康细胞中嘧啶和嘌呤核苷酸合成正常进行,以降低毒性。如果大剂量应用甲氨蝶呤出现毒性反应,应尽快静脉注射甲酰四氢叶酸钙(亚叶酸钙,calcium leucovorin)解救。

甲氨蝶呤

亚叶酸钙

第三节 抗有丝分裂的药物

药物干扰细胞周期的有丝分裂,可阻止细胞增殖。有丝分裂(mitotic)过程依赖于微管在结构和功能上的变化。微管(microtubule)作为细胞骨架维持细胞的形态;在有丝分裂期间,微管还牵引着染色体(chromosome)移动。微管由管蛋白二聚体(tubulin dimer)有序的聚合而成,单体管蛋白(monomeric tubulin)有 α、β 两种亚型,管蛋白二聚体由 α 管蛋白和 β 管蛋白组成(图 19-11)。

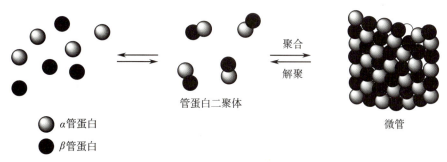

α 管蛋白

β 管蛋白

管蛋白二聚体

聚合

解聚

微管

图 19-11 管蛋白聚合成微管及其解聚

抗肿瘤的有丝分裂抑制剂主要有长春碱类和紫杉烷类两大类。长春碱类在有丝分裂期间通过干扰微管聚合,阻止新微管的生成而阻止细胞分裂;而紫杉烷类的作用相反,它们是促进聚合形成新的微管,稳定微管,抑制微管解聚,从而阻止细胞增殖。

一、紫杉烷类

紫杉烷类抗肿瘤药紫杉醇最初从短叶红豆杉(*Taxus brevifolia*)的树皮中提取得到,现在大都是以从浆果紫杉(*Taxus baccata*)的叶子中提取得到的无活性的 10- 去乙酰巴卡亭Ⅲ(10-deacetylbaccatin Ⅲ)为原料,经半合成获得。已上市的三个紫杉烷类抗肿瘤药是紫杉醇(paclitaxel)、多西他赛(docetaxel)和卡巴他赛(cabazitaxel);共同的化学结构特征是含有二萜的紫杉烷骨架,其紫杉烷骨架为三环[9.3.1.0]十五烷与环氧丁烷拼合构成,在 C13 位有一酯类侧链;三者的不同之处在 C13 位、C10 位和 / 或 C7 位。紫杉醇 C-13 位侧链含有苯甲酰氨基,多西他赛和卡巴他赛 C13 位侧链含叔丁氧甲酰氨基;C10 位:紫杉醇为乙酰氧基,多西他赛为羟基,卡巴他赛为甲氧基;C7位:紫杉醇和多西他赛为羟基,卡巴他赛为甲氧基。

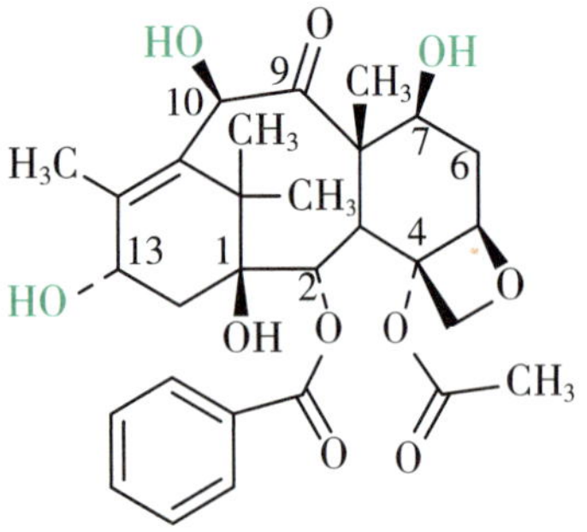

10-去乙酰巴卡亭Ⅲ

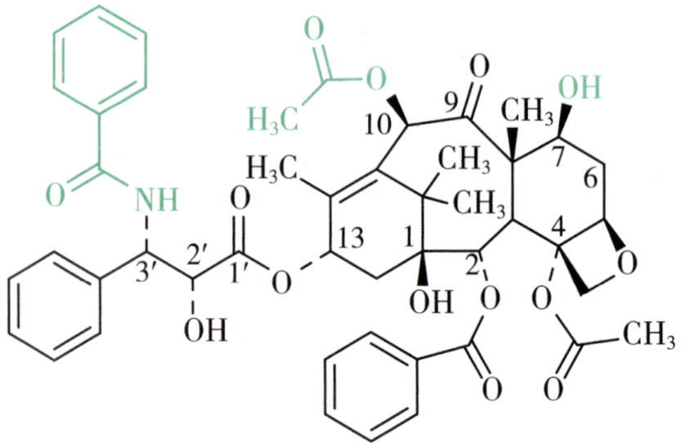

紫杉醇

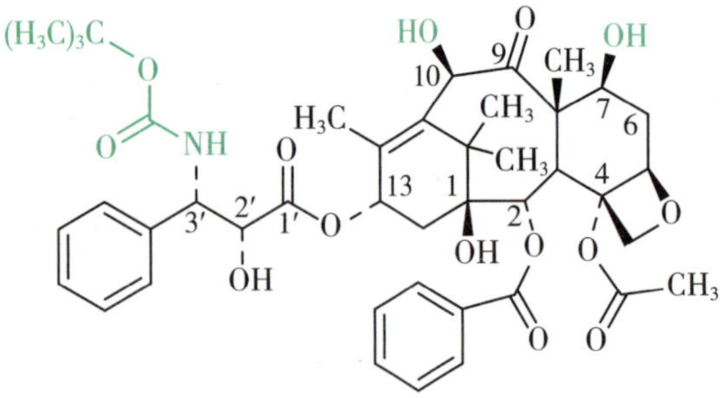

多西他赛

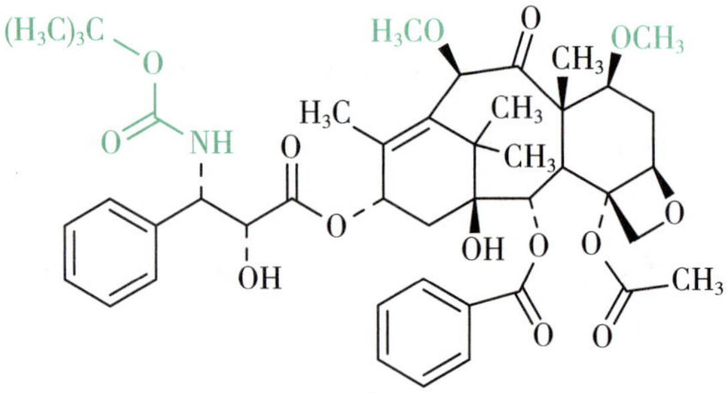

卡巴他赛

　　紫杉烷类抗肿瘤药主要作用于聚合态的微管,可促进微管形成并抑制微管解聚,导致细胞在有丝分裂时不能形成纺锤体和纺锤丝,使细胞停止于G_2/M期,抑制细胞分裂和增殖。长期使用可出现耐药性,原因一方面与多药耐药的P-糖蛋白相关,药物被P-糖蛋白从细胞内泵出;另一方面是由于微管蛋白变性。

　　紫杉醇(paclitaxel)在人体内的主要代谢物是6α-羟基紫杉醇(6α-hydroxypaclitaxel),其活性降低30倍。多西他赛(docetaxel)的主要代谢物是羟基多西他赛(hydroxydocetaxel),是3'-叔丁氧甲酰氨侧链的羟甲基衍生物。卡巴他赛(cabazitaxel)经生物转化生成三个活性代谢物:10-脱甲基卡巴他赛(10-desmethylcabazitaxel)、7-脱甲基卡巴他赛(7-desmethylcabazitaxel)和7,10-二脱甲基卡巴他赛(7,10-didesmethylcabazitaxel,dexetaxel)(图19-12)。

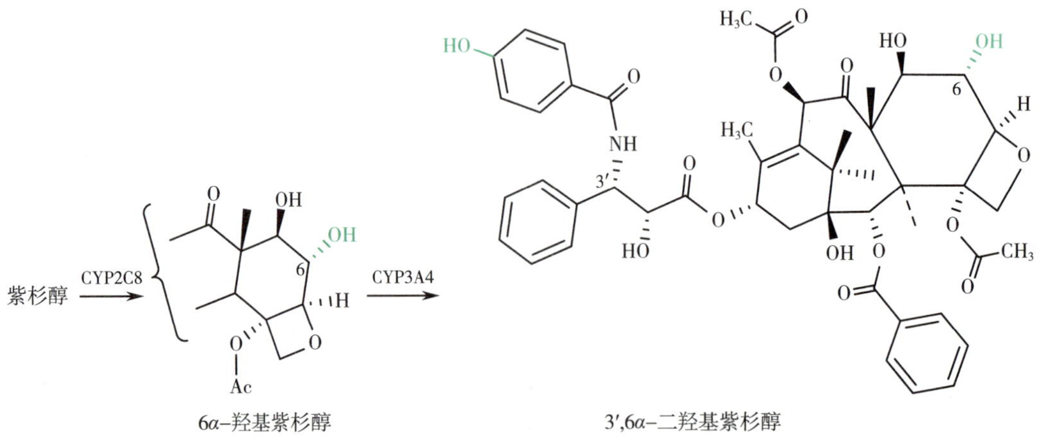

6α-羟基紫杉醇

3',6α-二羟基紫杉醇

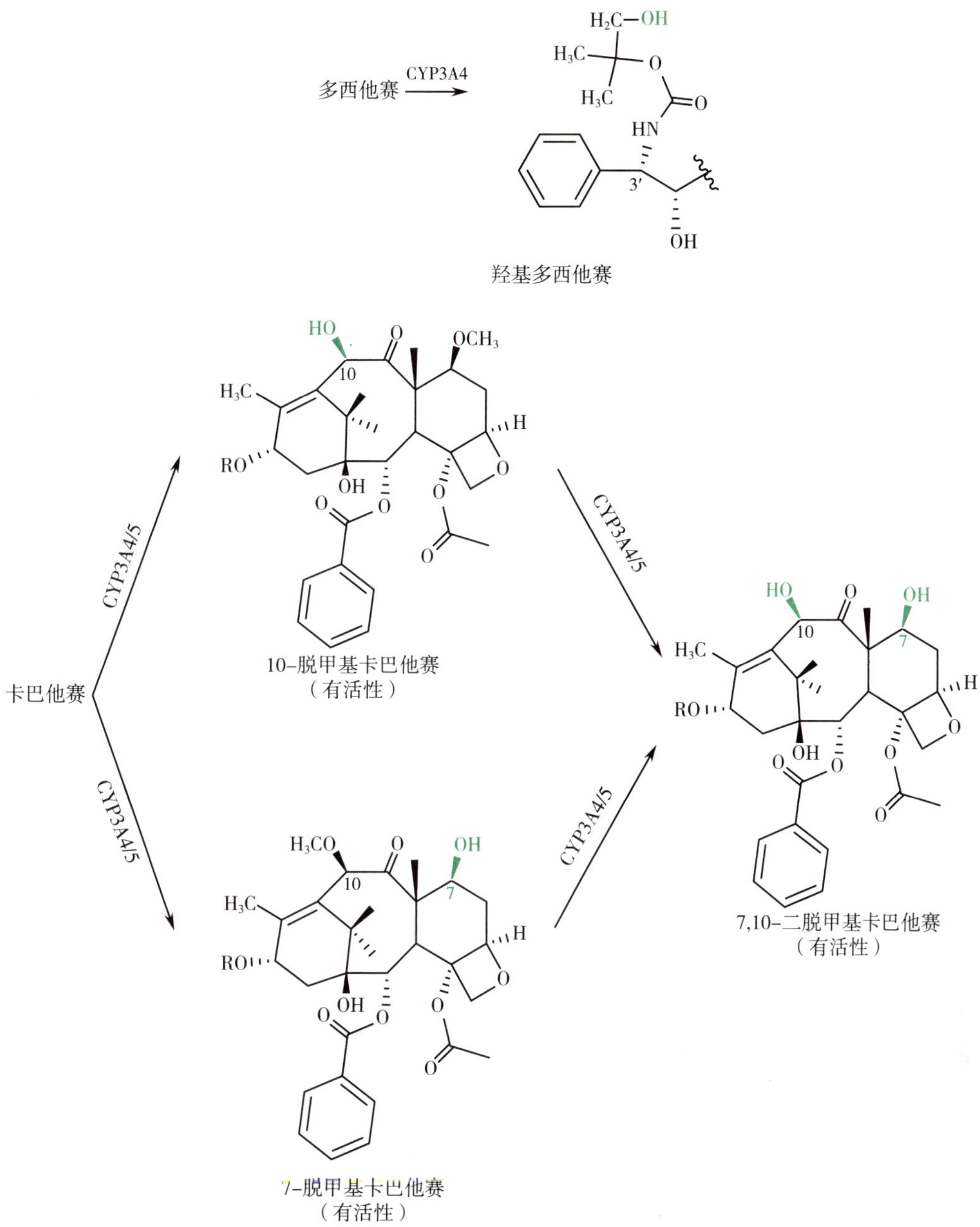

图 19-12　紫杉烷类的代谢

　　紫杉醇是广谱抗肿瘤药物，主要用于治疗卵巢癌、乳腺癌、肺癌、食管癌、前列腺癌、宫颈鳞癌、头颈部鳞癌、脑瘤等，包括对顺铂无效的难治性卵巢癌和乳腺癌。

　　紫杉醇最大的缺点是水溶性小，常用表面活化剂聚环氧化蓖麻油（cremophor）助溶。但常引起血管舒张，血压降低及过敏反应等副作用。目前对紫杉醇的结构改造主要集中在改善其水溶性方面，而这方面的研究又主要集中在 C2′ 衍生物的制备上。侧链上 C2′ 位羟基酯化后在体外试验中活性较差，而在体内试验中活性影响不大，说明酯化产物可能在体内水解成紫杉醇。因此，C2′ 位的修饰是寻找前药的一个可能途径。已报道的具有较好水溶性以及活性的衍生物有 2′-[3-（N,N- 二乙基氨）丙酰基]紫杉醇甲磺酸盐、2′-[2-（N,N- 二甲氨）乙酰基]紫杉醇甲磺酸盐、2′-[4-[3（N,N- 二甲基）丙氨酰]丁酰]紫杉醇盐酸盐以及 2'-（3- 磺丙酰基）紫杉醇钠盐等，其中 2'-（3- 磺丙酰基）紫杉醇钠盐的水溶性为紫杉醇的210 倍。

多西他赛水溶性比紫杉醇好，毒性较小，疗效相当，用于局部晚期或转移性乳腺癌、非小细胞肺癌的治疗。不良反应为骨髓抑制、过敏反应、体液潴留等。治疗前需口服糖皮质激素类，如地塞米松，以预防过敏反应减轻体液潴留的发生。

多西他赛在细胞内浓度比紫杉醇高 3 倍，细胞内滞留时间长，抗肿瘤活性高于紫杉醇。多西他赛在敏感细胞中抑制微管解聚的作用为紫杉醇的 2 倍，对动物和人癌细胞株的杀伤作用为紫杉醇的 1.3～12 倍，对紫杉醇耐药的细胞活性比紫杉醇强数倍。

卡巴他赛于 2010 年被美国食品药品管理局（FDA）批准用于治疗激素难治性前列腺癌。

二、长春碱类

长春碱类抗肿瘤药为从夹竹桃科植物长春花（*Catharanthus roseus* 或 *Vinca rosea*）中提取的生物碱。长春碱类药物具有二聚吲哚结构，其抗肿瘤活性及强度与分子特有基团结构密切相关。碳桥相连的二聚哚结构为抗肿瘤活性所必需。

		R_1	R_2	R_3
长春碱	vinblastine	$-CH_3$	$-OCH_3$	$-COCH_3$
长春新碱	vincristine	$-CHO$	$-OCH_3$	$-COCH_3$
长春地辛	vindesine	$-CH_3$	$-NH_2$	$-H$

长春瑞滨

长春碱（vinblastine，VLB）、长春新碱（vincristine）和长春瑞滨（vinorelbine）在化学结构上的差异在于 6' 和 9' 之间烷基桥链的长度不同（乙叉基或甲叉基）、4' 位取代基的不同（叔醇或烯）以及 N_1 位取代基的不同（甲基或甲酰基）。结构的细微变化导致抗肿瘤谱、功效和毒性的差异。在标准治疗剂量下长春新碱的骨髓抑制毒性相对较小,长春碱的神经毒性相对较小。游离羟基乙酰化使抗肿瘤活性消失。C4 位氧脱乙酰基生成的代谢物抗肿瘤活性与原药相似或稍高。将长春碱 C4 位乙酰氧基变换为羟基,C3 位的酯基修饰为酰胺得长春地辛(vindisine),疗效显著增加。

长春碱类抗肿瘤药与微管蛋白结合时,与微管蛋白的生长末端有较高的亲和力,从而阻止微管蛋白双聚体聚合成微管,可使肿瘤细胞有丝分裂停止于 M 期,从而阻止癌细胞增殖。

硫酸长春新碱静脉给药用于治疗急性白血病、霍奇金淋巴瘤和非霍奇金淋巴瘤。

硫酸长春碱静脉注射,用于治疗睾丸癌(通常与博来霉素和顺铂联合用药)、急性白血病和恶性淋巴瘤,特别对儿童急性白血病和实体瘤疗效显著。

长春地辛是半合成的长春碱衍生物,对移植性动物肿瘤的抗瘤谱较广,为周期特异性药物,强度为长春新碱的 3 倍,为长春碱的 10 倍;在高剂量作用强度与长春新碱相等,为长春碱的 3 倍。毒性介于长春碱和长春新碱之间。神经毒性只有长春碱的 1/2;骨髓抑制较长春碱弱,但较长春新碱强。

长春瑞滨(vinorelbine)是另一个半合成长春碱衍生物,对肺癌,尤其对非小细胞肺癌的疗效好,还用于乳腺癌、卵巢癌、食管癌等的治疗。长春瑞滨的神经毒性比长春碱和长春新碱低。

第四节　基于肿瘤信号转导机制的药物

传统的抗肿瘤药物大多数是以 DNA 为作用靶点。因为正常细胞和异常细胞内的 DNA 无论是整体形状还是化学结构都是无法区分的,所以作用于 DNA 的抗肿瘤药物通常对正常细胞有较强的毒性。随着分子生物学技术的发展和从细胞受体与增殖调控的分子水平对肿瘤发病机制认识的深入,分子靶向治疗在肿瘤治疗中发挥着越来越重要的作用。

所谓分子靶向治疗(molecular targeted therapy),是指利用能够靶向肿瘤细胞特定表达的基因表达产物(蛋白质)的药物,从而阻止肿瘤细胞的生长和扩散。药物作用的靶点包括细胞信号通路分子、细胞周期蛋白、细胞凋亡调节分子和促进血管生成的分子等。与传统细胞毒类药物不同,分子靶向抗肿瘤药物作用的分子在正常细胞中很少或不表达,从而最大限度地杀伤肿瘤细胞,而对正常细胞损伤小。肿瘤细胞的异质性(heterogeneity)决定了分子靶向抗肿瘤药物的多样性。

细胞信号转导调控细胞生长、增殖、分化、凋亡等细胞重大生命活动。细胞与细胞之间的协调,细胞与环境相互作用也是由信号转导来完成。细胞增殖和凋亡的不平衡导致癌症的发生,细胞癌变的本质是细胞信号转导的失调。大部分的癌基因和抑癌基因产物就是这些信号转导通路中的组分,几乎所有的肿瘤都伴随有多个癌基因和抑癌基因的突变。在信号转导通路中,底物的磷酸化和去磷酸化是重要的调节机制,而且许多原癌基因的表达产物都具有蛋白激酶活性,小分子蛋白激酶抑制剂在肿瘤分子靶向治疗中发挥着越来越重要的作用。然而，无论是细胞毒性药物还是分子靶向药物在癌症治疗过程中会出现耐药性的问题，需要不断研发新的药物来提高治疗效果。本节介绍蛋白激酶及其已上市的蛋白激酶抑制剂，重点介绍 Bcr-Abl 抑制剂。

一、蛋白激酶及其抑制剂

蛋白激酶（protein kinase）是将三磷酸腺苷（ATP）末端的 γ- 磷酸基转移到蛋白质分子的氨基酸残基上，使其磷酸化的酶。即催化下列反应：

$$MgATP^{1-} + protein–O:H \rightarrow protein–O:PO_3^{2-} + MgADP + H^+$$

根据其磷酸化的底物氨基酸残基，蛋白激酶可分为蛋白酪氨酸激酶（protein tyrosine kinases）和蛋白丝氨酸 / 苏氨酸激酶（protein serine/threonine kinases）。蛋白酪氨酸激酶有受体酪氨酸激酶和非受体酪氨酸激酶两种类型。受体酪氨酸激酶通常具有胞外区、跨膜区和胞内区。非受体酪氨酸激酶存在于细胞内。还有少数既能催化底物蛋白苏氨酸也能催化酪氨酸磷酸化的激酶，例如丝裂原激活胞外信号调控蛋白激酶 1（mitogen-activated extracellular signal-regulated kinase，MEK1）和 MEK2，又称为双特异性激酶。作为药物靶点的受体酪氨酸激酶包括表皮生长因子受体 EGFR 家族[epidermal growth factor receptor，包括 EGFR（HER1/ErbB-1）、HER2（ErbB-2/neu）、HER3（ErbB-3）和 HER4（ErbB-4）]，血管内皮细胞生长因子受体家族（vascular endothelial growth factor receptor，VEGFR family），血小板衍生生长因子受体（platelet-derived growth factor receptor，PDGFR α/β），成纤维细胞生长因子受体 FGFR 家族（fibroblast growth factor receptor，包括 FGFRl、FGFR2、FGFR3 和 FGFR4），间变性淋巴瘤激酶（anaplastic lymphoma kinase，ALK）、原肌球蛋白受体激酶（tropomyosin receptor kinases，TRK）；非受体酪氨酸激酶包括 Bcr-Abl、布鲁顿酪氨酸激酶（Bruton's tyrosine kinase，BTK）、JAK 激酶（Janus kinase）等；丝氨酸 / 苏氨酸蛋白激酶，包括周期蛋白依赖性激酶（Cyclin-dependent kinases，CDKs）、B-Raf（b-rapidly accelerated fibrosarcoma）等。

周期蛋白依赖性激酶（cyclin-dependent kinases，CDKs）是一个由 20 种丝氨酸 / 苏氨酸激酶组成的家族，具有调节细胞周期和调节蛋白质翻译的作用，是理想的抗癌靶点。这些酶可被多种细胞周期蛋白激活，例如 CDK4 和 CDK6 可被周期蛋白 D 激活，从而促进 G1/S 细胞周期进程。

大部分蛋白激酶抑制剂是 ATP 竞争性抑制剂，即能与活性构象或非活性构象之蛋白激酶的 ATP 结合口袋中腺嘌呤的结合部位结合，竞争性抑制 ATP 与蛋白激酶的结合。变构抑制剂与 ATP 结合口袋之外的激酶变构位点相结合，抑制蛋白激酶的活化。能与激酶形成共价键结合的药物，称为共价抑制剂。共价抑制剂通常与激酶的 ATP 结合位点结合并与酶的半胱氨酸的巯基通过共价结合形成迈克尔加成物（Michael adduct）。

小分子蛋白激酶抑制剂在癌症的分子靶向治疗中占有重要地位，由于耐药性的产生，不断有新的药物研究开发出来以提高治疗效果。截至 2020 年 1 月已批准上市的蛋白激酶抑制剂有五十多个（表 19-5）。

表 19-5 已上市的小分子蛋白激酶抑制剂

药物名称	结构式	主要作用靶点（激酶家族）	作用特点和适应证	上市时间
博马西林 abemaciclib		CDKs（蛋白丝氨酸 苏氨酸蛋白激酶）	选择性 CDK4、CDK6 抑制剂，阻止细胞由 G1 期进入 S 期。适用于雌激素受体阳性、HER2 阴性乳腺癌	2017 年
阿卡替尼 acalabrutinib		BTK（非受体蛋白酪氨酸激酶）	BTK 共价抑制剂。用于治疗套细胞淋巴瘤、慢性淋巴细胞白血病	2017 年
阿法替尼 afatinib		EGFR（受体蛋白酪氨酸激酶）	EGFR 共价抑制剂，抑制酪氨酸激酶自磷酸化，不可逆下调 ErbB 信号通路。用于非小细胞肺癌	2013 年
阿来替尼 alectinib		ALK（受体蛋白酪氨酸激酶）	间变性淋巴瘤激酶（ALK）抑制剂，用于治疗经克唑替尼治疗后进展的 ALK 阳性非小细胞肺癌	2015 年

药物名称	结构式	主要作用靶点（激酶家族）	作用特点和适应证	上市时间
阿昔替尼 axitinib		VEGFR（受体蛋白酪氨酸激酶）	VEGFR-1、VEGFR-2 和 VEGFR-3 抑制剂，抑制血管生成、肿瘤生长和癌症进展。用于一线治疗失败后的晚期肾细胞癌患者	2012 年
比美替尼 binimetinib		MEK1/2（双特异性激酶）	联合恩康非尼（encorafenib）治疗 B-Raf V600E 或 V600K 突变的黑色素瘤	2018 年
布吉替尼 brigatinib		ALK（受体蛋白酪氨酸激酶）	间变性淋巴瘤激酶（anaplastic lymphoma kinase, ALK）抑制剂，用于 ALK 阳性的非小细胞肺癌	2017 年

药物名称	结构式	主要作用靶点(激酶家族)	作用特点和适应证	上市时间
卡博替尼 cabozantinib		RET (受体蛋白酪氨酸激酶)	多靶点(RET、c-Met、VEGFR-1、VEGFR2、KIT、TrkB、Flt-3、AXL 和 TIE-2)激酶抑制剂。用于甲状腺髓样癌	2012 年
色瑞替尼 ceritinib		ALK (受体蛋白酪氨酸激酶)	间变性淋巴瘤激酶(ALK)抑制剂,用于治疗 ALK 阳性非小细胞肺癌	2014 年
考比替尼 cobimetinib		MEK1/2 (双特异性激酶)	联合使用 B-Raf 抑制剂维莫非尼治疗 B-Raf$^{V600E/K}$ 突变的黑素瘤	2015 年
克唑替尼 crizotinib		ALK (受体蛋白酪氨酸激酶)	间变性淋巴瘤激酶(ALK)抑制剂,ALK 阳性非小细胞肺癌一线治疗药物	2011 年

药物名称	结构式	主要作用靶点（激酶家族）	作用特点和适应证	上市时间
达拉非尼 dabrafenib		B-Raf （蛋白丝氨酸/苏氨酸蛋白激酶）	用于 B-Raf V600E 或 B-Raf V600K 突变阳性不能切除或转移性黑色素瘤	2013 年
达克替尼 dacomitinib		EGFR （受体蛋白酪氨酸激酶）	EGFR 共价抑制剂。用于 EGFR 突变的非小细胞肺癌	2018 年
恩康非尼 encorafenib		B-Raf （蛋白丝氨酸/苏氨酸蛋白激酶）	联合比美替尼（binimetinib）治疗 B-Raf V600E 或 V600K 突变的黑色素瘤	2018 年

药物名称	结构式	主要作用靶点（激酶家族）	作用特点和适应证	上市时间
恩曲替尼 entrectinib		TRK （受体蛋白酪氨酸激酶）	原肌球蛋白受体激酶（TRK）抑制剂，用于治疗具有 NTRK（neurotrophic tyrosine receptor kinase）融合蛋白的实体瘤、ROS1（c-ros oncogene 1）阳性的非小细胞肺癌	2019 年
厄达替尼 erdafitinib		FGFR （受体蛋白酪氨酸激酶）	抑制不同亚型 FGFR1、FGFR2、FGFR3、FGFR4 酪氨酸激酶活性。用于尿路上皮膀胱癌	2019 年
厄洛替尼 erlotinib		EGFR （受体蛋白酪氨酸激酶）	ATP 竞争性 EGFR 抑制剂。用于非小细胞肺癌、胰腺癌治疗	2004 年

药物名称	结构式	主要作用靶点（激酶家族）	作用特点和适应证	上市时间
依维莫司 everolimus		mTOM（蛋白丝氨酸/苏氨酸蛋白激酶）	雷帕霉素 C40 修饰的衍生物，又称 40-O-(2-羟乙基)-雷帕霉素。哺乳动物雷帕霉素靶点（mammalian target of rapamycinm, TOR）抑制剂。用于治疗乳腺癌、神经内分泌肿瘤、肾细胞癌	2009 年
吉非替尼 gefitinib		EGFR（受体蛋白酪氨酸激酶）	ATP 竞争性抑制剂，选择性 EGFR 酪氨酸激酶抑制剂。用于晚期或转移的非小细胞肺癌	2003 年
吉列替尼 gilteritinib		FLT3（受体蛋白酪氨酸激酶）	FLT3（FMS-like tyrosine kinase 3）抑制剂。用于治疗急性粒细胞白血病（AML）	2018 年

药物名称	结构式	主要作用靶点(激酶家族)	作用特点和适应证	上市时间
依布替尼 ibrutinib		BTK (非受体蛋白酪氨酸激酶)	BTK 共价抑制剂。结合于激酶 ATP 结合口袋, α,β-不饱和酮部分与半胱氨酸残基的巯基发生亲和加成, 形成迈克尔加成物。用于套细胞淋巴瘤、慢性淋巴细胞白血病、华氏巨球细胞白血症	2013 年
埃克替尼 icotinib		EGFR (受体蛋白酪氨酸激酶)	我国自主研发的第一个蛋白激酶抑制剂。用于治疗晚期小细胞肺癌	2011 年
拉帕替尼 lapatinib		EGFR (受体蛋白酪氨酸激酶)	是 EGFR 和 HER2 受体酪氨酸激酶双重抑制剂。用于过度表达 HER2 蛋白的晚期或转移性乳腺癌	2007 年

药物名称	结构式	主要作用靶点（激酶家族）	作用特点和适应证	上市时间
拉罗替尼 larotrectinib		TRK （受体蛋白酪氨酸激酶）	原肌球蛋白受体激酶（TRK）抑制剂，用于治疗具有 NTRK（neurotrophic tyrosine receptor kinase）融合蛋白的实体瘤	2018 年
仑伐替尼 lenvatinib		VEGFR （受体蛋白酪氨酸激酶）	多靶点（VEGFR1、VEGFR2、VEGFR3、FGFR1/2/3/4, PDGFR-α、RET、KIT）激酶抑制剂。用于难治性分化型甲状腺癌	2015 年
劳拉替尼 lorlatinib		ALK （受体蛋白氨酸激酶）	用于接受过克唑替尼和一种 ALK 抑制剂治疗转移性 ALK 阳性晚期非小细胞肺癌	2018 年

药物名称	结构式	主要作用靶点(激酶家族)	作用特点和适应证	上市时间
米哚妥林 midostaurin		FLT3 (受体蛋白酪氨酸激酶)	FMS样酪氨酸激酶3(FMS-like tyrosine kinase 3, FLT3)抑制剂。用于治疗急性粒细胞白血病、肥大细胞白血病	2017年
奈拉替尼 neratinib		EGFR (受体蛋白酪氨酸激酶)	含3-氰基喹啉环，6位的丙烯酰胺片段与EGFR激酶ATP口袋的亲核基团Cys806发生迈克尔加成反应形成共价键。用于HER2阳性乳腺癌	2017年
奥希替尼 osimertinib		EGFR (受体蛋白酪氨酸激酶)	第三代EGFR抑制剂，与EGFR催化结构域ATP口袋的半胱氨酸共价结合，阻断EGFR的活化和下游信号通路的转导。用于EGFR T790M突变阳性的非小细胞肺癌	2015年

续表

药物名称	结构式	主要作用靶点（激酶家族）	作用特点和适应证	上市时间
哌柏西利 palbociclib		CDKs （蛋白丝氨酸/苏氨酸蛋白激酶）	与活性构象 CDK 蛋白激酶的 ATP 结合口袋结合。抑制 CDK4、CDK6 活性，阻止细胞由 G1 期进入 S 期。用于雌激素受体阳性和 HER2 阴性乳腺癌	2015 年
帕唑帕尼 pazopanib		VEGFR （受体蛋白酪氨酸激酶）	多靶点（VEGFR1/2/3、PDGFR、FGFR）激酶抑制。肾癌、软组织肉瘤、卵巢癌	2009 年
培昔替尼 pexidartinib		CSF1R （受体蛋白酪氨酸激酶）	集落刺激因子 - 1 受体（colony-stimulating factor 1 receptor, CSF1R）抑制剂。用于治疗腱鞘巨细胞癌	2019 年
瑞戈非尼 regorafenib		VEGFR （受体蛋白酪氨酸激酶）	多靶点（VEGFR1/2/3、PDGFR、RET）激酶抑制剂。适用于转移性结直肠癌	2012 年

药物名称	结构式	主要作用靶点（激酶家族）	作用特点和适应证	上市时间
瑞博西尼 ribociclib		CDKs （蛋白丝氨酸/苏氨酸蛋白激酶）	CDK4、CDK6 抑制剂，联合芳香酶抑制剂（aromatase inhibitor）治疗 ER 阳性、HER2- 阳性乳腺癌	2017 年
索拉菲尼 sorafenib		VEGFR （受体蛋白酪氨酸激酶）	肾细胞癌、肝细胞癌、分化型甲状腺癌、胃肠道间质瘤	2005 年
舒尼替尼 sunitinib		VEGFR2 （受体蛋白酪氨酸激酶）	多靶点（VEGFR2、PDGFR、RET、FLT3）受体酪氨酸激酶抑制剂。胃肠道间质瘤、肾细胞癌、胰腺神经内分泌肿瘤、甲状腺癌	2006 年

续表

药物名称	结构式	主要作用靶点（激酶家族）	作用特点和适应证	上市时间
替西罗莫司 temsirolimus		mTOR （蛋白丝氨酸/苏氨酸蛋白激酶）	雷帕霉素 40 位羟基酯化的衍生物。哺乳动物雷帕霉素靶点（mammalian target of rapamycinm, TOR）抑制剂，用于肾细胞癌治疗	2007 年
曲美替尼 trametinib		MEK （双特异性激酶）	丝裂原激活胞外信号调控蛋白激酶1（MEK1）和 MEK2 抑制剂。单药或与达拉菲尼联合用于 B-Raf V600E 或 B-Raf V600K 突变的黑色素瘤	2013 年
凡德他尼 vandetanib		VEGFR （受体蛋白酪氨酸激酶）	多靶点（VEGFR、EGFR、RET）受体酪氨酸激酶抑制剂。用于甲状腺髓样癌	2011 年

续表

药物名称	结构式	主要作用靶点（激酶家族）	作用特点和适应证	上市时间
维莫非尼 vemurafenib		B-Raf（蛋白丝氨酸/苏氨酸蛋白激酶）	占据 B-Raf 蛋白激酶 ATP 结合口袋。抑制 B-Raf V600E 在内的 B-Raf 突变体。用于 B-Raf V600E 突变的黑色素瘤	2011 年
赞布替尼 zanubrutinib		BTK（非受体蛋白酪氨酸激酶）	BTK 共价抑制剂，α,β-不饱和酮部分与 BTK 激酶 ATP 结合口袋内的半胱氨酸残基的 -SH 发生亲和加成，形成迈克尔加成物。用于套细胞淋巴瘤治疗	2019 年

二、Bcr-Abl 抑制剂

Bcr-Abl 抑制剂伊马替尼（imatinib）是首个上市的酪氨酸激酶抑制剂，用于慢性粒细胞白血病的治疗。在几乎所有的慢性粒细胞白血病患者中可发现费城染色体（Philadelphia chromosome），即 9 号和 22 号染色体长臂的平衡易位，并产生致病性的 BCR-ABL 融合基因，该基因表达融合蛋白 Bcr-Abl 酪氨酸激酶，该酶是慢性粒细胞白血病患者细胞转移和过度增殖所必需。伊马替尼的发现揭开了慢性粒细胞白血病治疗的新篇章。虽然伊马替尼治疗费城染色体阳性的慢性粒细胞白血病疗效显著，但治疗一段时间后会出现耐药性，随即研究开发了 Bcr-Abl 非受体酪氨酸激酶第二代抑制剂尼洛替尼（nilotinib）、达沙替尼（dasatinib）、波舒替尼（bosutinib）以及第三代抑制剂帕纳替尼（ponatinib）。

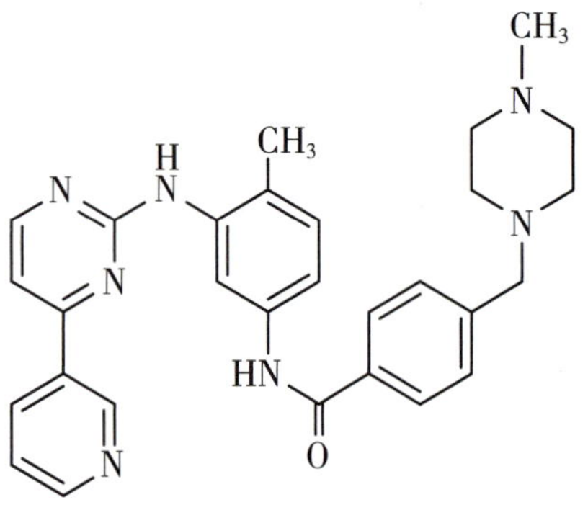

伊马替尼

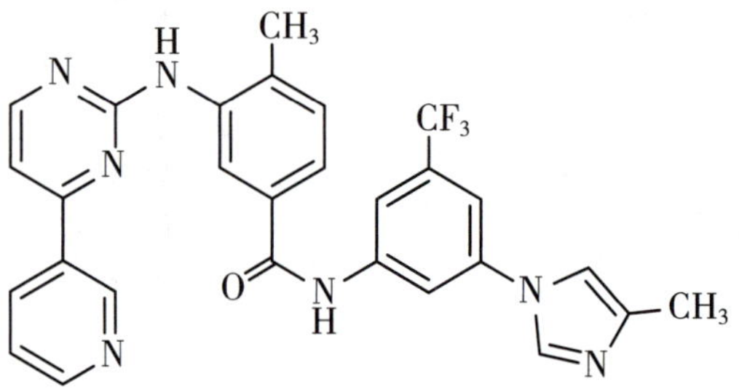

尼洛替尼

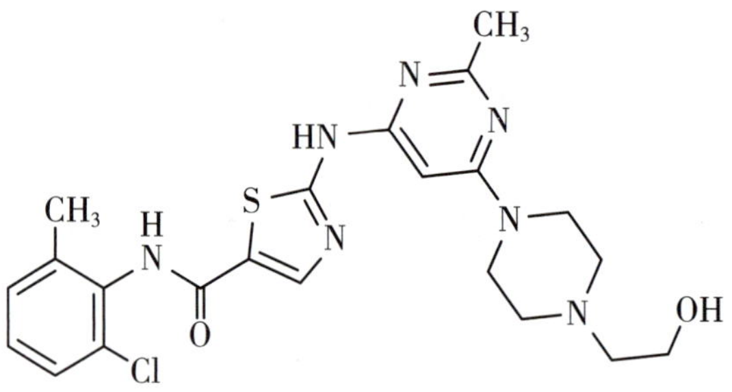

达沙替尼

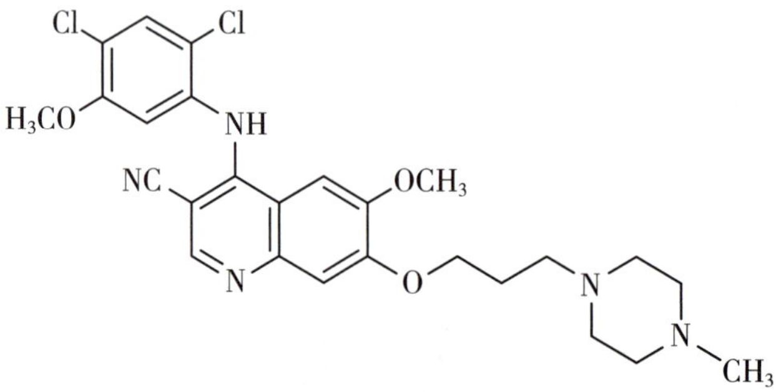

波舒替尼

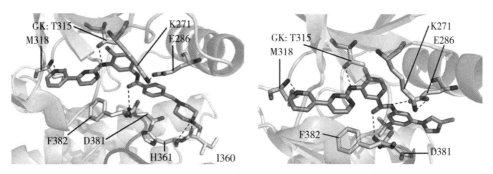

帕那替尼

伊马替尼和尼洛替尼结构中均含有 4- 吡啶 -2- 苯氨基嘧啶骨架,与连接含氮杂环的苯基通过酰胺键连接。两者能与 Bcr-Abl 激酶非活性构象的 ATP 铰链区及其附近的疏水区结合,从而阻碍 ATP 与 Bcr-Abl 蛋白的结合。苯环上邻位的甲基提高了对非活性构象 Bcr-Abl 蛋白的选择性。嘧啶环 4 位的吡啶基与激酶铰链区的 Met[318] 的酰胺 NH 通过形成氢键提高了亲和力。伊马替尼哌嗪环中的 N 与 His361 和 Ile360 成键。在伊马替尼和尼洛替尼结构中反转的酰胺基团与 Glu[286] 和 Asp[381] 形成氢键;Thr[315] 与连接嘧啶和苯环之间的 NH 形成氢键(图 19-13)。

A . imatinib-Abl complex(PDB ID:1IEP) B . nilotinib-Abl complex(PDB ID:3CS9)

图 19-13　伊马替尼和尼洛替尼分别与 Abl 激酶的相互作用

尼洛替尼对大多数 Abl 突变体有抑制活性,但对常见的 T315I 突变体无效,原因可能是当体积较小的苏氨酸残基突变为较大的异亮氨酸残基时,阻碍了药物进入结合口袋。

尼洛替尼用于治疗费城染色体阳性的慢性粒细胞白血病(Ph⁺ CML)或作为对伊马替尼耐药的 CML 二线用药。

达沙替尼可与活性构象以及非活性构象的激酶结合。达沙替尼分子中的氨基噻唑占据 Abl 激酶活性构象腺嘌呤的结合口袋,噻唑环中的氮原子与 Abl 蛋白铰链区的 Met[318] 的 NH 形成氢键;连接噻唑与嘧啶环的氨基与 Abl 铰链区的 Met[318] 的羰基氧形成氢键;与甲苯相连之酰胺的 NH 与 Thr[315] 形成氢键。达沙替尼结构中的 2- 氯 -6- 甲基苯环与噻唑环呈正交,哌嗪基团伸向溶剂区。达沙替尼与 L248、Y253、A269、V270、K271,M290、V299、I313、铰链区的 [317]FMTY[320]、L370 和 A330 发生疏水性相互作用(图 19-14)。

达沙替尼对几乎所有的 Abl 突变体(T315I 突变体除外)均有抑制活性,对 Bcr-Abl 和 Src 激酶均有强的亲和力,对由于 Src 激酶活化而引起的伊马替尼耐药有效,用于伊马替尼治疗失败的慢性粒细胞白血病或急性淋巴细胞白血病。

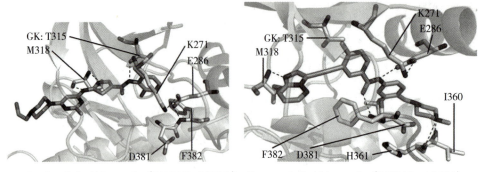

A．dasatinib-Abl complex（PDB ID：2GQG）　B．ponatinib-Abl complex（PDB ID：3OXZ）

图 19-14　达沙替尼和帕那替尼分别与 Abl 激酶的相互作用

波舒替尼是与 Scr 活性构象结合以及与 Bcr-Abl 非活性构象结合的酪氨酸激酶抑制剂。波舒替尼对 Abl 突变体有抑制活性，但对 Abl T315I 突变体无效。用于治疗伊马替尼耐药的费城染色体阳性的慢性粒细胞白血病。

帕纳替尼分子中的咪唑并哒嗪环中的氮原子与 Abl 激酶非活性构象铰链区 M318 的酰胺 NH 形成氢键；连接两个苯环的酰胺基团的 NH 与 E286 的羧基形成氢键，酰胺的羰基与 DFG-D381 的 NH 形成氢键；甲基哌嗪环中的氮原子（N4）与处于催化环的 I360 和 H361 的羧基成键（图 19-14）。帕纳替尼与 Abl 发生疏水性相互作用的氨基酸残基与尼洛替尼相似。帕纳替尼没有与 Abl 的 T315 形成氢键，是目前唯一对 Bcr-Abl T315I 突变体有效的药物，用于对伊马替尼耐药的费城染色体阳性（Ph⁺）的慢性粒细胞白血病或急性淋巴细胞白血病。

甲磺酸伊马替尼（imatinib mesylate）

化学名为 4-[（4- 甲基哌嗪 -1- 基）甲基]-*N*-[4- 甲基 -3-[[4-（吡啶 -3- 基）- 嘧啶 -2- 基]氨基]苯基]苯甲酰胺甲磺酸盐，4-[（4-methylpiperazin-1-yl）methyl]-*N*-[4-methyl-3-[[4-(pyridine-3-yl）pyrimidin-2-yl]amino]phenyl]benzamide methanesulfonate。

本品为白色至淡黄色结晶性粉末；无臭。本品在水中易溶，在甲醇或二甲基甲酰胺中溶解，在异丙醇中几乎不溶；在 0.1mol/L 盐酸溶液中易溶。

伊马替尼的发现是基于肿瘤发生机制研发分子靶向药物的典型案例。20 世纪 60—80 年代，人们发现几乎所有的慢性粒细胞白血病患者细胞内观察到一种异常染色体——费城染色体（Philadelphia chromosome），该染色体是由于 9 号和 22 号染色体长臂的平衡易位所引起，并产生 BCR-ABL 融合基因，该基因表达一种 210KD 的 Bcr-Abl 蛋白，1990 年证实 Bcr-Abl 融合蛋白具有酪氨酸激酶活性，该酶持续活化是引起慢性粒细胞白血病发生的关键因素。随之开始寻找能够抑制 Bcr-Abl 蛋白激酶的药物。20 世纪 90 年代初，有报道 2- 苯氨基嘧啶衍生物对多种蛋白激酶有抑制作用，通过对 2- 苯氨基嘧啶进行结构修饰发现：①在嘧啶环的 4 位引入吡啶环能提高对癌细胞的抑制活性；②苯环上引入苯甲酰氨基团能增强对酪氨酸激酶的抑制活性；③苯环上引入甲基提高了对 Abl 激酶的选择性，对 PKC 的抑制活性基本消失；④再引入 N- 甲基哌嗪基团，提高了化合物的水溶性和口服生物利用。经过一系列的构效关系研究筛选出的候选药物 CGP-57148（即伊马替尼，imatinib），1998 年进入临床试验，2001 年美国 FDA 批准上市用于治疗费城染色体阳性的慢性粒细胞白血病，从而揭开了慢性粒细胞白血病的治疗的新篇章。

CGP-57148

甲磺酸伊马替尼的合成路线主要有两条。

路线一是以 3- 乙酰基吡啶为原料，与 N,N- 二甲基甲酰胺二乙基缩醛反应生成 3- 二甲氨基 -1-（3- 吡啶基）-2- 丙烯 -1- 酮，与硝酸胍进行环合反应得 2- 氨基嘧啶类化合物，与 2- 甲基 -4- 硝基溴苯经乌尔曼反应，得嘧啶苯胺类化合物，用水合肼、钯 / 炭、氯化亚锡或肼 /Raney Ni 将硝基还原为氨基，与对氯甲基苯甲酰氯经酰化反应得氯甲基苯甲酰胺衍生物，与甲基哌嗪经取代反应得伊马替尼，与甲磺酸成盐得本品。

　　路线二以对甲基苯甲酸甲酯为原料,用 N- 溴代丁二酰亚胺(NBS)溴代后与甲基哌嗪经取代反应得 4-(4- 甲基哌嗪甲基)苯甲酸甲酯,与 3- 硝基 -4- 甲基苯胺反应得 N-(4- 甲基 -3- 硝基苯基)苯甲酰胺衍生物,经还原反应得 N-(4- 甲基 -3- 氨基苯基)苯甲酰胺衍生物,与氰胺反应得胍衍生物,与 3- 二甲氨基 -1- 吡啶基丙烯酮经环合反应得伊马替尼,与甲磺酸(在异丙醇中)成盐得本品。

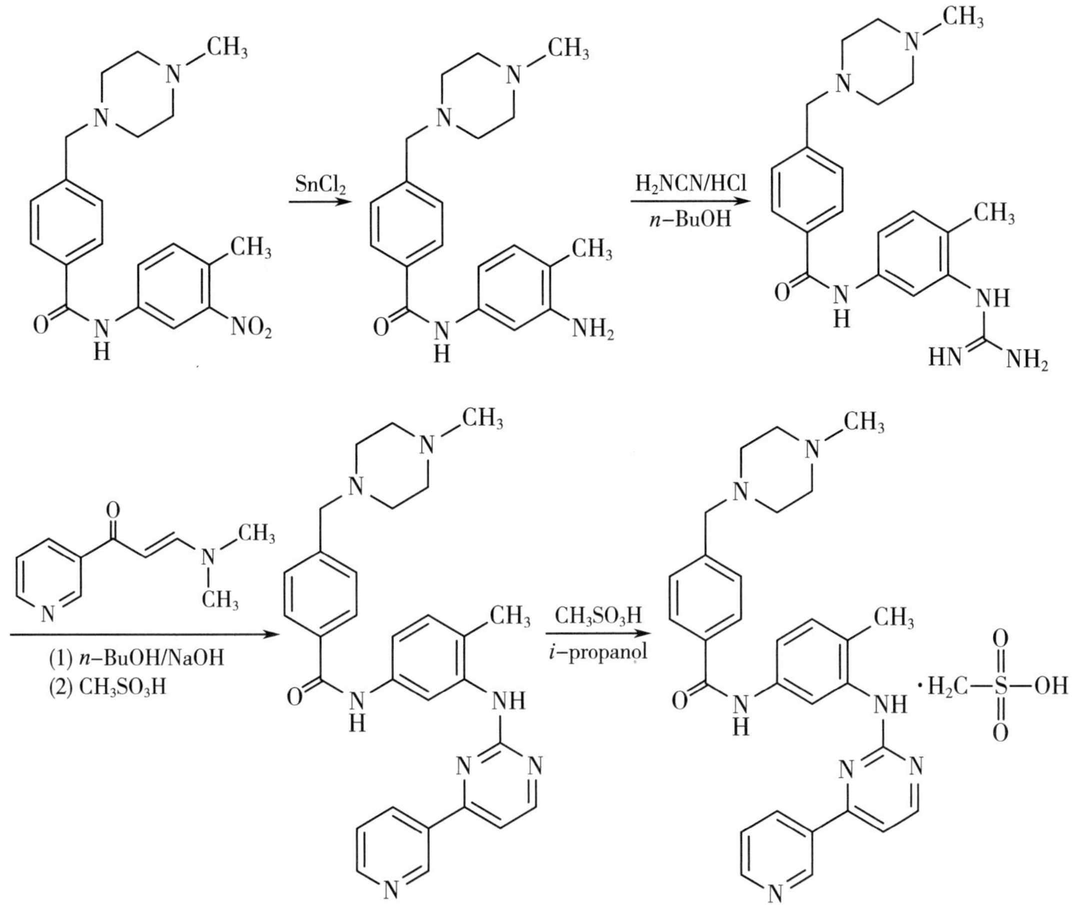

甲磺酸伊马替尼的杂质有以下 10 个，其中有未反应的原料和中间体是 A、B、C 和 D；反应中生成的副产物 E 和 F；杂质 G、H 和 I 可能是原料中的氧化性杂质生成的产物；杂质 J 是伊马替尼盐酸盐。

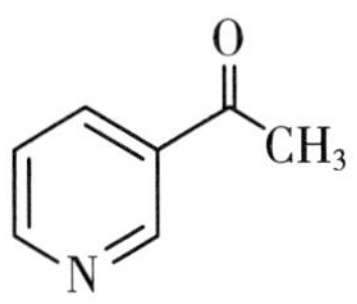

A

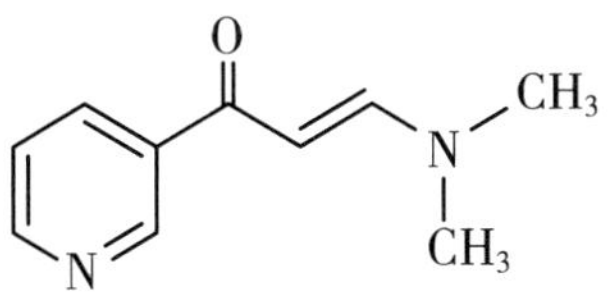

B

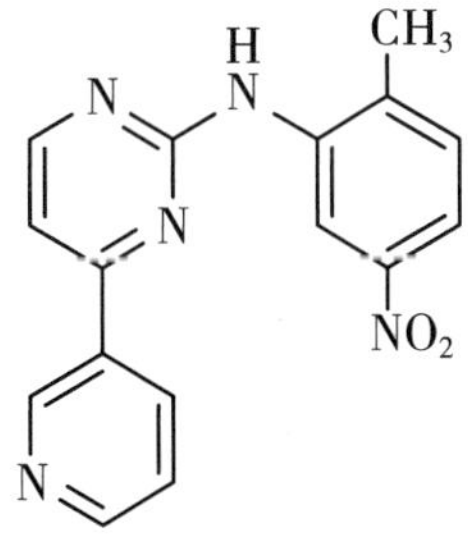

C

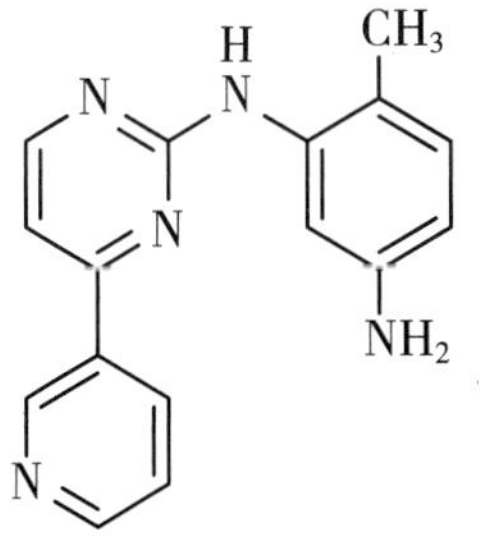

D

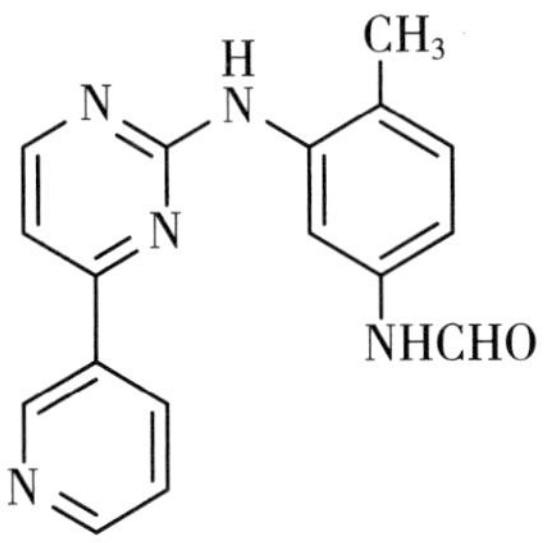

E

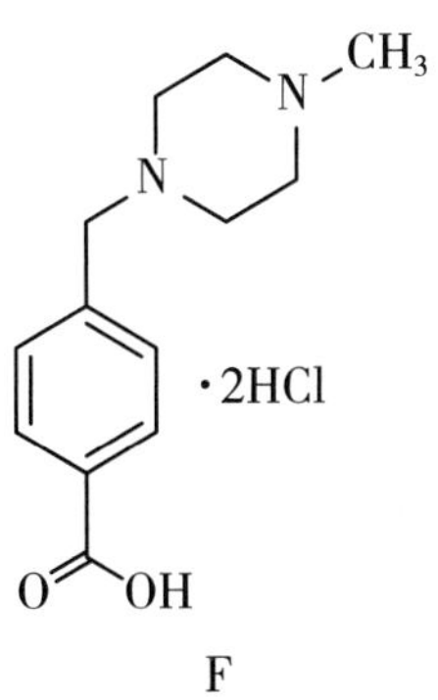

F

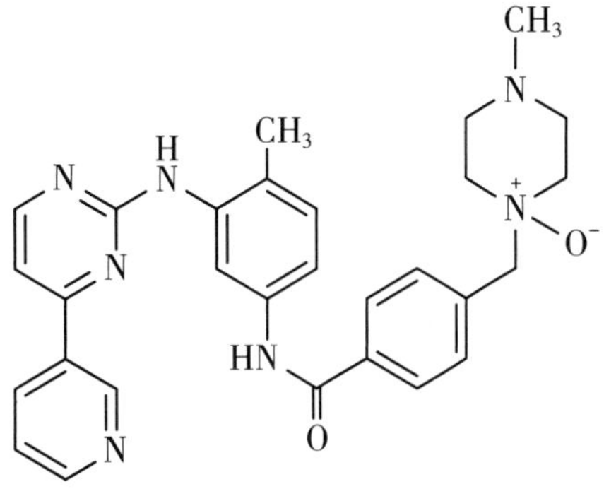

G

H

I

J

本品口服生物利用度高，在4小时内达到最大血药浓度，其主要代谢途径是通过CYP3A4介导的 *N*- 脱烷基化，去甲基代谢产物与原药具有同等活性。与CYP3A4抑制剂合用时，血清中本品浓度明显升高。

本品是选择性的酪氨酸激酶抑制剂，临床用于治疗慢性粒细胞白血病（CML）、费城染色体阳性的急性淋巴细胞白血病、KIT阳性的恶性胃肠道间质瘤（GIST）。

第十九章　目标测试

（赵桂森）

第二十章 解热镇痛药和非甾体抗炎药

　　炎症是机体受各种炎性因子刺激引起组织损害而产生的一种基本病理过程，也是机体对感染的一种防御机制。炎症反应包括红肿、发热、疼痛等症状。

　　早期曾广泛使用糖皮质激素治疗炎症，但长期使用会产生药物依赖性，而且容易引起肾上腺皮质功能衰退等副作用。20世纪50年代保泰松（phenylbutazone）用于临床，由此诞生非甾体抗炎药（nonsteroidal antiinflammatory drug，NSAID）的概念，并逐渐成为抗炎药研究和开发的重点。当生物组织受到外伤、出血或病原感染等刺激时，某些特定的细胞因子就会活化自身的环氧合酶，催化前列腺素生成，诱发一系列炎性反应。非甾体抗炎药的作用机制就是通过抑制环氧合酶，从而阻断前列腺素（prostaglandin，PG）的生物合成。

　　非甾体抗炎药以抗炎作用为主，兼有解热镇痛作用；而通常所说的解热镇痛药（苯胺类药物除外）大多也具有抗炎作用，因此本章将这两类药物合并进行介绍。

第一节　解热镇痛药

　　解热镇痛药作用于下丘脑的体温调节中枢，可使发热患者的体温降至正常，但对正常人的体温没有影响。该类药物对头痛、牙痛、神经痛和关节痛等常见的慢性钝痛效果较好，而对创伤性剧痛及内脏平滑肌痉挛引起的绞痛无效。这类药物从化学结构上可分为水杨酸类、苯胺类和吡唑酮类。除苯胺类无抗炎作用外，其他两类的多数药物还兼有抗炎作用。

一、水杨酸类

　　早在公元前四世纪，现代医学之父Hippocrates记载柳树皮可作为药用。1876年，McLogan从柳树中提取得到的活性成分水杨苷治疗发热和风湿病症状。1839年，Piria在从灌木绣线菊分离得到水杨醛后，使用水杨苷制备水杨酸，它的结构与消毒防腐剂苯甲酸相似。1853年意大利化学家Gerhardt最先实现了乙酰水杨酸（acetylsalicylic acid）合成，Kolbe在1874年用一氧化碳和二氧化碳对它的合成进行改进。但当时未能注意到乙酰水杨酸的药用价值。1897年Dreser比较了乙酰水杨酸与其他水杨酸酯，证实前者无害并且优于后者。1899

年,乙酰水杨酸命名为阿司匹林(aspirin)上市,这也是第一次阐明了化学与实用治疗学之间的密切关系。

水杨苷　　　　水杨醛　　　水杨酸　　　乙酰水杨酸

20世纪70年代后期,阿司匹林的抗炎作用机制得到阐明。它通过抑制环氧合酶(cycloxygenase,COX)从而阻断前列腺素(prostaglandins,PG)的生物合成。环氧合酶又称为前列腺素内过氧化物合成酶(prostaglandin-endoperoxide synthase,PTGS),目前已经鉴定存在三种同工酶,即COX-1、COX-2和COX-3,其中COX-3是COX-1的剪接异构体,故又称COX-1v。COX-1存在于大多数组织中,具有生理保护作用。在胃肠道,COX-1维持胃黏膜的完整性,也参与肾脏和血小板功能。COX-2主要存在于炎症部位。X射线衍射晶体结构分析表明,COX-1和COX-2在形状上大致相似,都呈发夹状,中间的通道可以让花生四烯酸进入,并被转化为前列腺素。两者的差异在于该通道一侧的434位和523位的氨基酸残基不同,酶COX-1是异亮氨酸残基,而酶COX-2为缬氨酸残基,由于COX-2的结构相对较小,留有较大的结合空间,能与相对较大的底物结合。

花生四烯酸的体内级联代谢在炎症过程中起着重要作用。当细胞膜受到刺激时,由磷脂酶A和磷脂酶C催化细胞膜磷脂水解释放花生四烯酸,首先转化为不稳定的前列腺素D_2和H_2,而后在COX的催化下,再进一步转化为代谢为前列腺素(prostaglandin,PG)和血栓素(thromboxane,TX)等。已释放的花生四烯酸除经环氧合酶途径以外还可通过另一条途径完成生物转化,即在脂氧合酶(lipoxygenase,LOX)的催化下生成白三烯(leukotriene,LT),后者是诱发支气管哮喘的炎性介质。花生四烯酸的代谢途径见图20-1。

前列腺素是花生四烯酸(arachidonic acid,AA)级联代谢的最终产物,是天然存在的一类含有20个碳原子的不饱和脂肪酸,分子中有一个五元环和两条侧链。按五元环上取代基团和双键位置的不同,可分为PGA、PGB、PGC、PGD、PGE、PGF、PGG、PGH、PGI等九种。前列腺素具有广泛而复杂的生物活性,其中PGE_2、PGI_2和PGD_2具有较强的血管扩张作用,能降低血管张力,提高血管通透性,并能增加其他炎症介质的致炎作用,促进炎症发展;PGE_2还是最强的致热物质之一,引起体温升高。

前列环素PGI_2和血栓素TXA_2体内维持动态平衡,一旦平衡被扰乱,则易于出现心血管的异常状态。

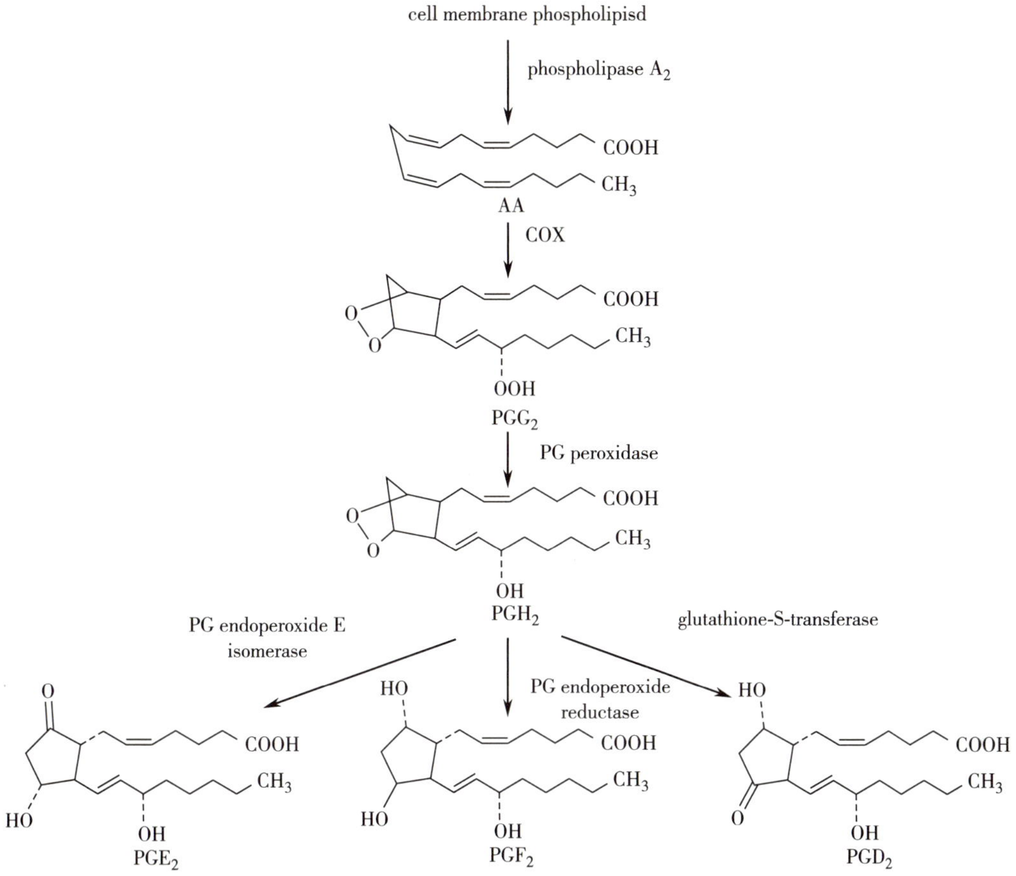

图 20-1　花生四烯酸的代谢途径

阿司匹林（aspirin）

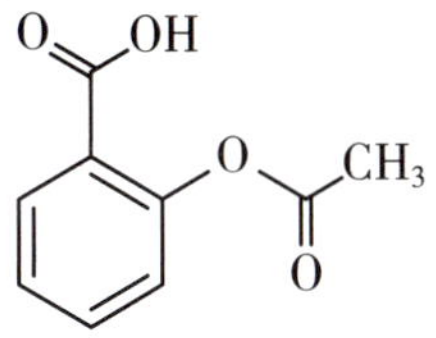

化学名为 2-（乙酰氧基）苯甲酸，2-（acetyloxy）benzoic acid。

本品为白色或类白色结晶性粉末，微溶于水，易溶于乙醇。阿司匹林含有一个游离的羧基，pK_a 为 3.5。

本品的制备是以水杨酸为原料，在硫酸催化下经乙酸酐酰化而得到。目前工业生产中一般采用上述方法。

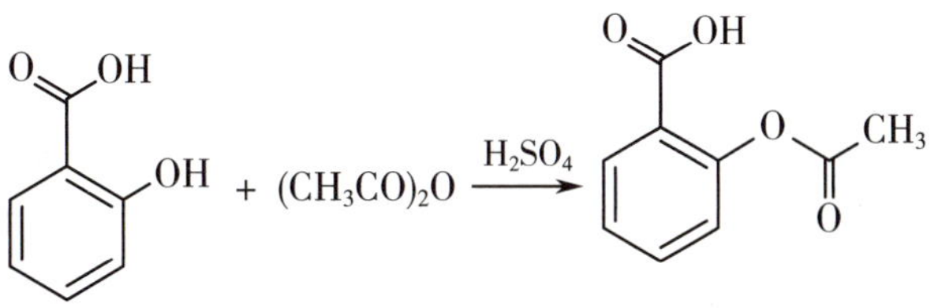

本品的限量杂质包括 A～E 等 5 种。其中 A 和 B 为制备原料水杨酸的过程中产生的副产物；C 可能是阿司匹林中未反应完全的原料；D 和 E 可能是阿司匹林的合成过程中目标产物

与水杨酸或水杨酸与自身分子缩合生成的副产物。

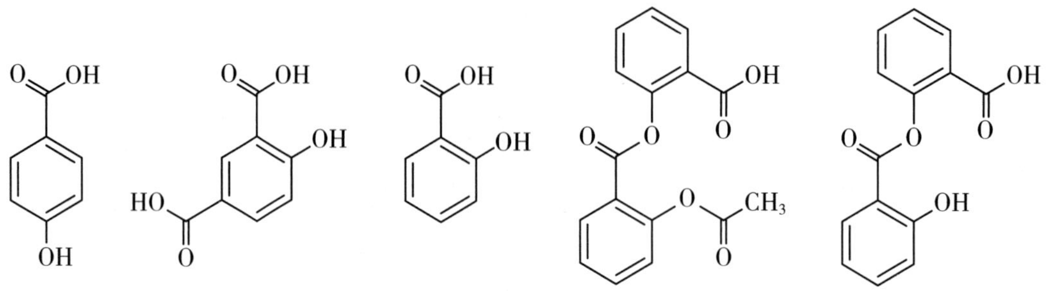

A   B   C   D   E

本品口服后易在酯酶的作用下水解成活性代谢物水杨酸。水杨酸代谢时大部分与甘氨酸或葡萄糖醛酸结合，以结合物的形式排出体外，仅一小部分氧化为2,5-二羟基苯甲酸(龙胆酸)、2,3-二羟基苯甲酸和2,3,5-三羟基苯甲酸。阿司匹林的代谢途径见图20-2。

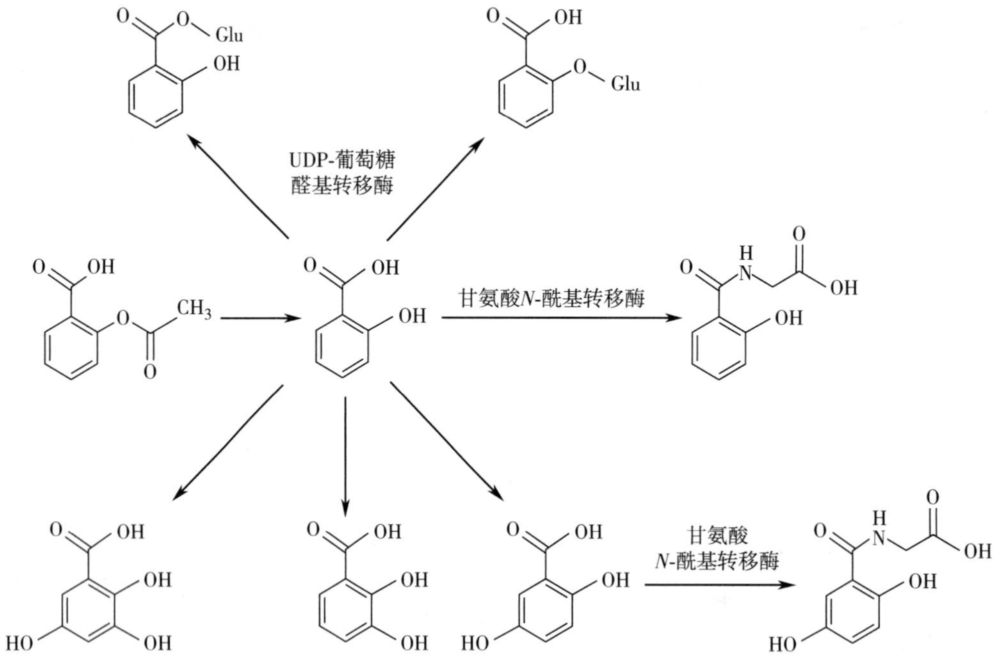

图20-2　阿司匹林的代谢途径

本品具有较强的解热镇痛作用和抗炎、抗风湿作用，临床上用于感冒发热、头痛、牙痛、神经痛、肌肉痛和痛经等，是风湿及活动型风湿性关节炎的首选药物。本品是COX不可逆抑制剂，对COX-1和COX-2没有选择性，结构中的乙酰基能使环氧合酶活性中心的丝氨酸乙酰化，从而阻断了酶的催化作用；而且形成的乙酰化丝氨酸的乙酰基较难脱落，酶活性不能恢复，从而抑制了前列腺素的生物合成。

口服大剂量或长期服用阿司匹林，对胃黏膜会产生刺激作用，甚至导致胃出血或胃穿孔，在阿司匹林的抗炎作用机制阐明之前，以为是与阿司匹林含有酸性羧酸基团对胃黏膜壁的刺激损伤所致。因此合成了大量的水杨酸及阿司匹林的盐、酰胺或酯的衍生物试图克服这一缺点。这些药物基本上是阿司匹林的前体药物,在临床上使用的主要是乙氧苯酰胺(ethoxybenzamide)、贝诺酯(benorilate)、阿司匹林铝(aluminum acetylsalicylate)、赖氨匹林(lysine acetylsalicylate)等。它们保留了阿司匹林的镇痛作用,对胃肠道几乎无刺激性,其中赖氨匹林的吸收良好,且水溶性增大,可以制成注射剂使用。

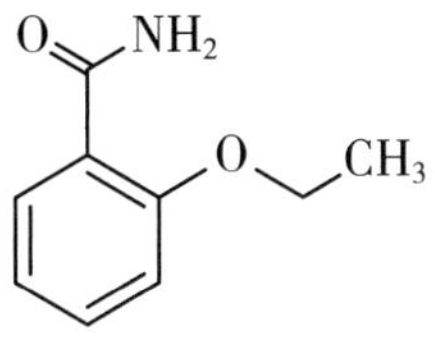

乙氧苯酰胺 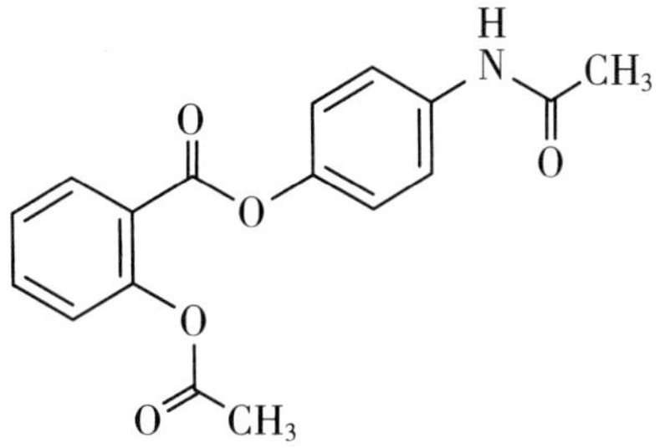　　　　　　　　贝诺酯

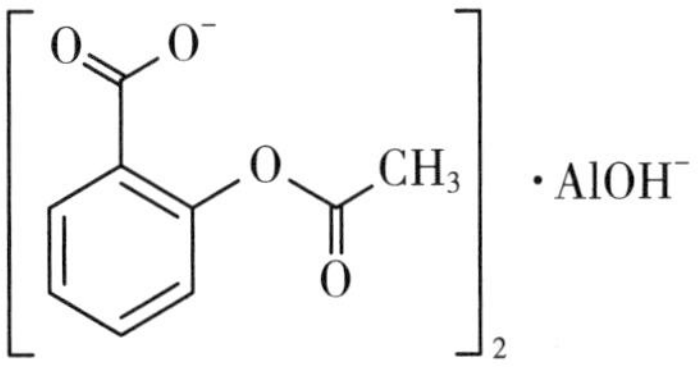

阿司匹林铝 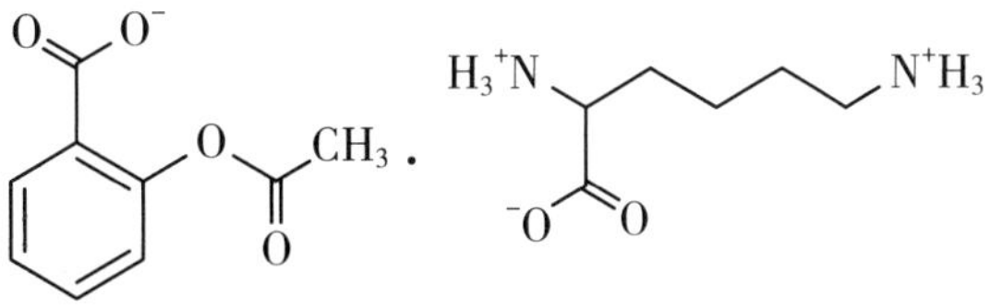　　　　　　　　赖氨匹林

在水杨酸的 5 位引入芳香环,可以增加其抗炎活性。例如,引入一氟代或者二氟代苯基得到二氟尼柳(diflunisal)、氟苯柳(flufenisal),其抗炎和镇痛活性均比阿司匹林强 4 倍,体内的维持时间长达 8~12 小时,胃肠道的刺激性小,可用于关节炎、手术后或癌症引发的疼痛的治疗。

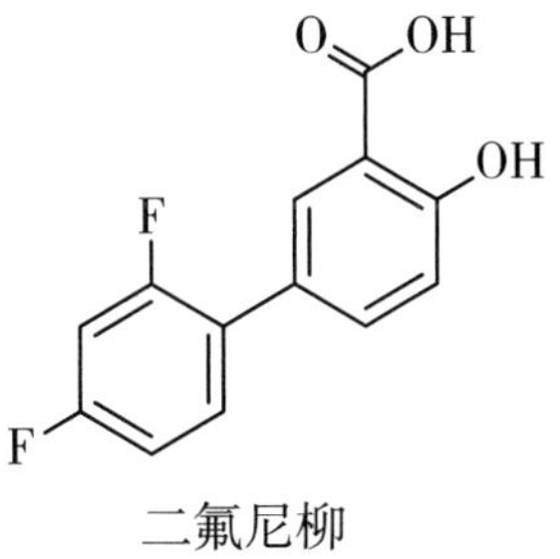

二氟尼柳 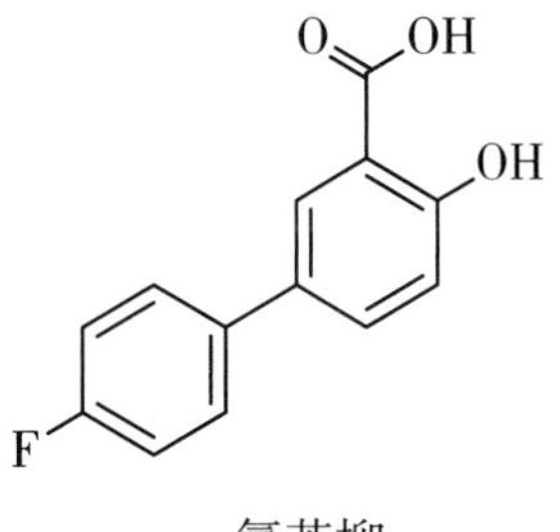　　　　　　　　氟苯柳

本品还能抑制血小板中血栓素(TXA_2)的合成(见图 20-3),具有强效的抗血小板聚集作用,因此可用于心血管系统疾病的预防和治疗。

近年来研究发现阿司匹林具有一定的抗肿瘤作用,规律地服用阿司匹林后结肠癌的发生率明显降低,而结直肠癌患者长期口服小剂量阿司匹林有助于改善预后效果。

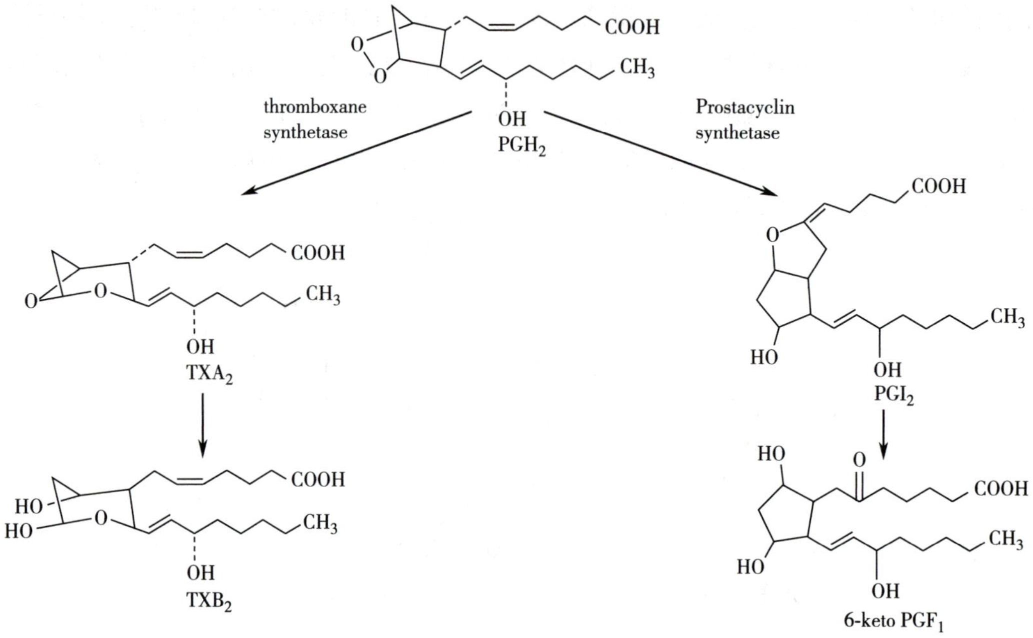

图 20-3 血栓素的生物合成

二、苯胺类

乙酰苯胺（acetanilide）又称退热冰，在 1886 年就用于解热镇痛，但不久发现其毒性很大，尤其是高剂量应用，因此被淘汰。后来在研究乙酰苯胺体内代谢的过程中，发现其能被氧化成对氨基酚，该化合物也具有解热镇痛作用，但仍有毒性。进一步将对氨基酚的羟基醚化，得到非那西丁（phenacetin），它的解热镇痛作用增强，曾广泛用于临床，随着该药在临床的大量应用，发现它对肾脏及膀胱有致癌作用，对血红蛋白与视网膜也有毒性，目前已停用。1948年 Brodie 发现非那西丁的代谢产物对乙酰氨基酚（paracetamol）的毒性及副作用都较低，临床上广泛用于镇痛和退烧。它是目前苯胺类化合物中唯一在临床上应用的解热镇痛药，但是没有抗炎活性。

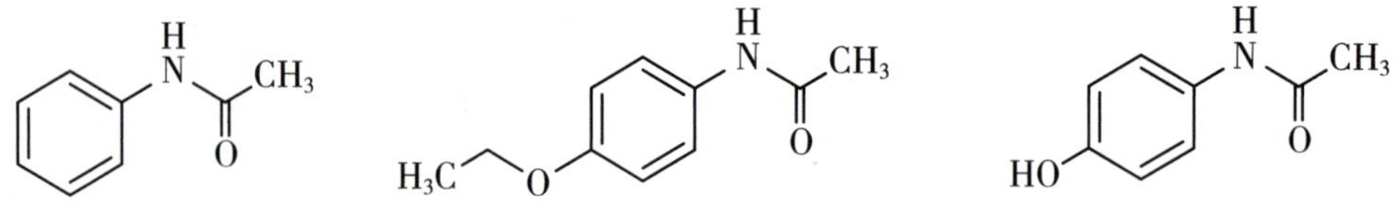

乙酰苯胺　　　　　　　　　非那西丁　　　　　　　　对乙酰氨基酚

对乙酰氨基酚（paracetamol）

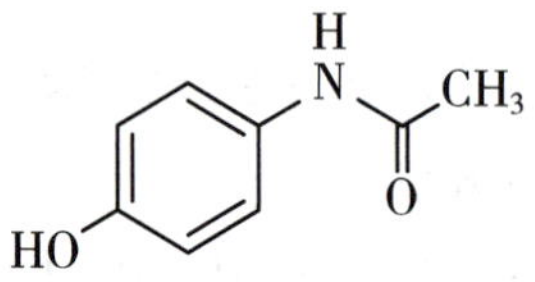

化学名为 *N*-(4-羟基苯基)-乙酰胺，*N*-(4-hydroxyphenyl)acetamide。

对乙酰氨基酚具有弱酸性,pK_a为9.5。

对乙酰氨基酚的合成方法很多,最关键的是对氨基苯酚中间体的制备。早期的合成工艺涉及硝化、铁酸还原等反应,污染较大,目前广泛采用的是 20 世纪 90 年代提出的工艺路线,即:以苯酚为原料,经乙酰化,Fries 重排,肟化后进行 Beckmann 重排,得到目标分子对乙酰氨基酚。

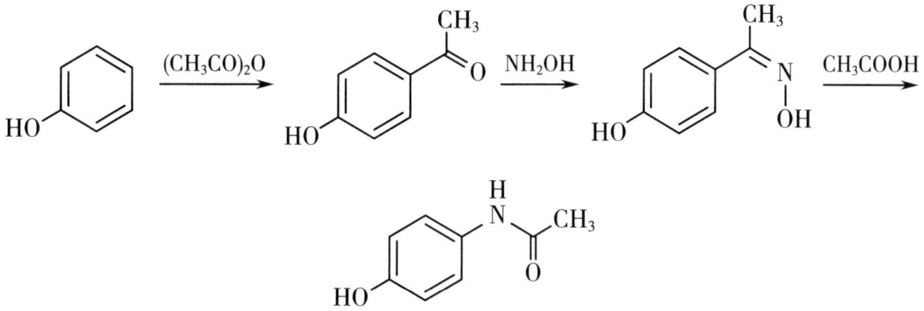

2010 年俄罗斯科学家又提出了新的合成方法,以苯酚为起始原料,在多聚磷酸中与硝基乙烷反应直接生成对乙酰氨基酚。

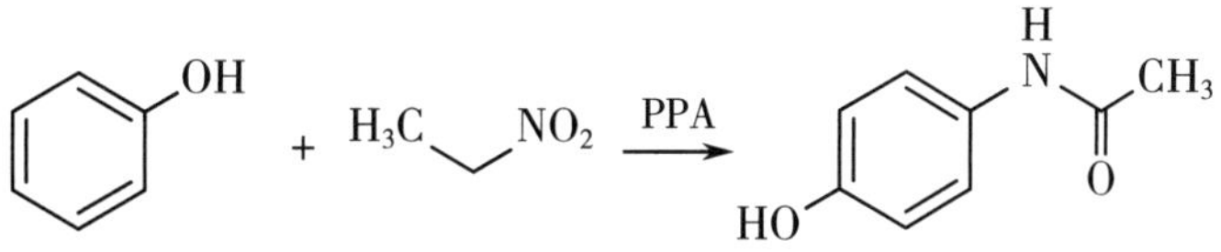

本品相关限量物质主要有 A～K 等 11 种。对氨基酚是制备过程的中间体,也是贮存过程中的水解产物。由于对氨基酚毒性较大,故《中华人民共和国药典》规定应检查其含量。

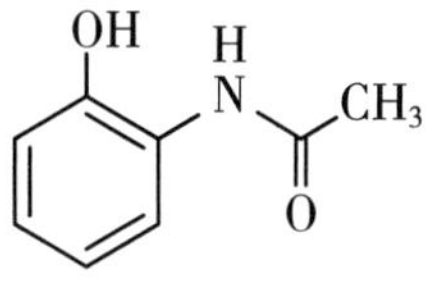

A

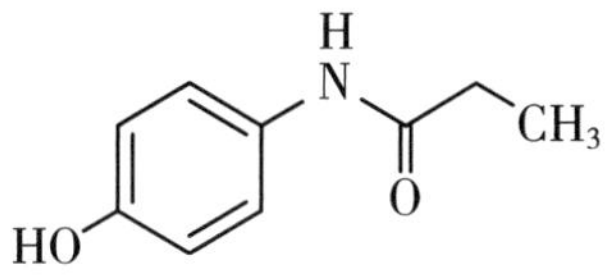

B

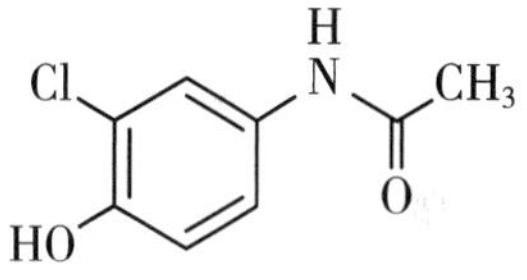

C

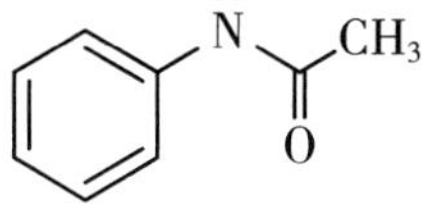

D

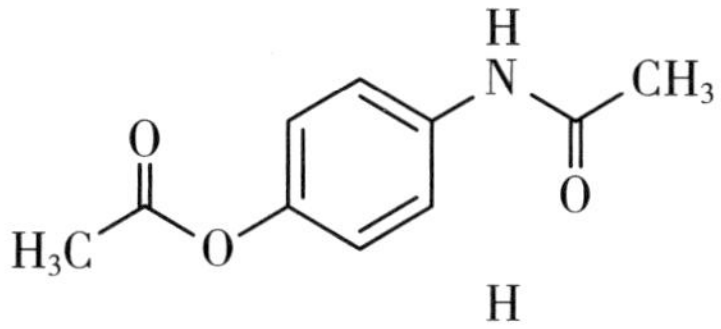

H

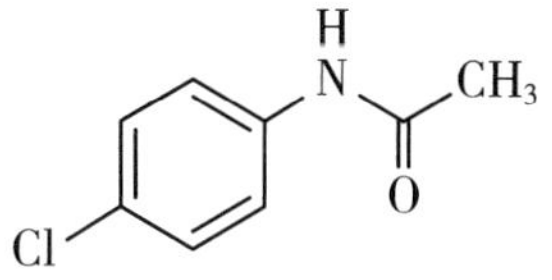

J

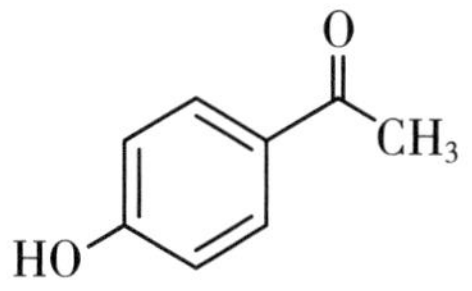

E

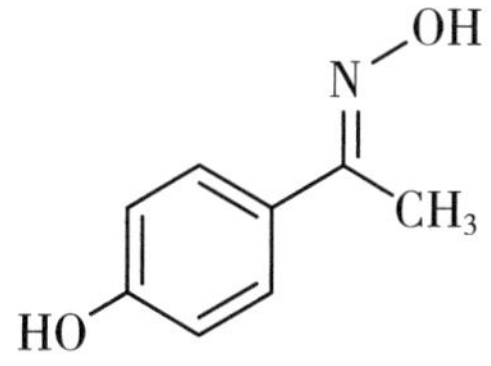

G

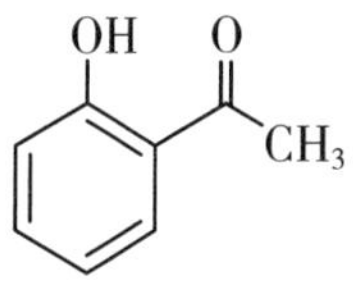

I

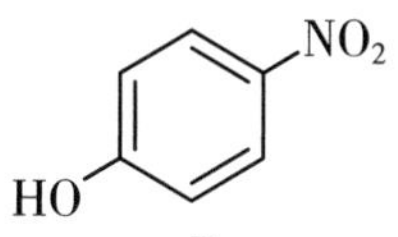

F

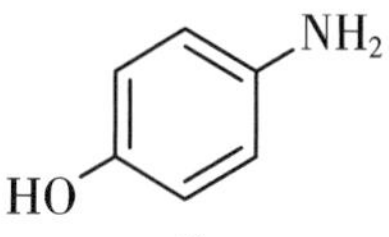

K

对乙酰氨基酚的体内代谢主要受 CYP450 酶系催化，主要的代谢途径是酚羟基与葡萄糖醛酸结合（55%～75%）和与硫酸结合（20%～24%），还有少量生成对肝细胞有毒害的 N- 羟基乙酰氨基酚，进一步转化成具有毒性的 N- 乙酰基亚胺醌（见图 20-4）。

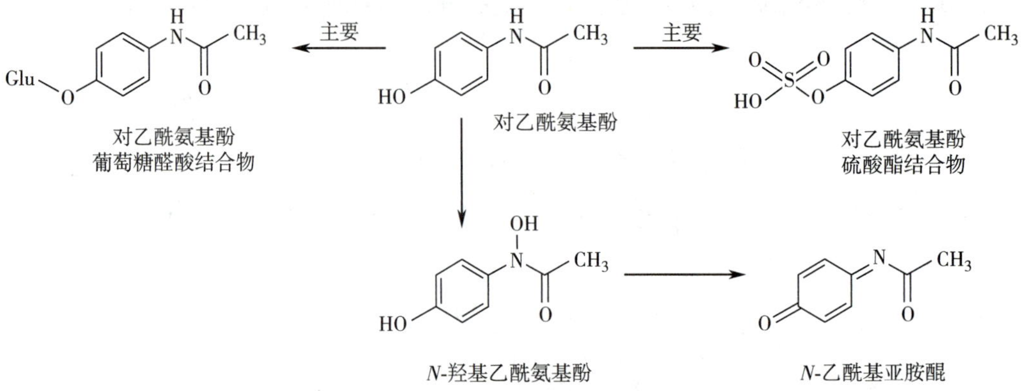

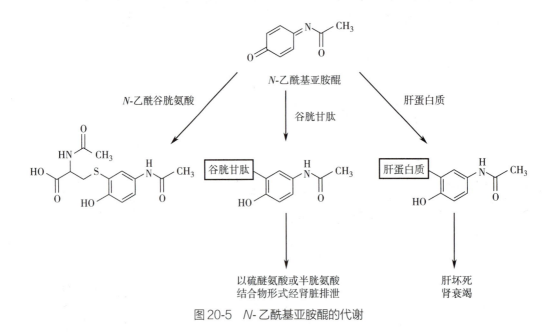

图 20-4 对乙酰氨基酚的代谢途径

毒性代谢物 N- 乙酰基亚胺醌在正常情况下可与内源性的谷胱甘肽结合而解毒，但在大量或过量服用对乙酰氨基酚后，肝脏内的谷胱甘肽会被耗竭，N- 乙酰基亚胺醌会进一步与肝蛋白质的亲核基团例如巯基结合而引起肝坏死。这也是过量服用对乙酰氨基酚会导致肝坏死、低血糖和昏迷的主要原因。各种含巯基的化合物可用于对乙酰氨基酚过量的解毒剂。N- 乙酰基亚胺醌的代谢见图 20-5。

图 20-5 N- 乙酰基亚胺醌的代谢

三、吡唑酮类

Knorr 在研究抗疟药奎宁类似物的过程中偶然发现了具有解热镇痛作用的药物安替比林（phenazone, antipyrine），1884 年该化合物用于临床，由于其毒性大，未能在临床长期使用。受镇痛药吗啡结构中具有二甲氨基的启发,在安替比林的分子中引入二甲氨基,得到氨基比林(aminophenazone,aminopyrine)。氨基比林的解热镇痛作用比安替比林优良,对胃肠道无刺激性,但该药可引起白细胞减少及粒细胞缺乏症等,现已淘汰。为了寻找水溶性更大的药物,将氨基比林结构中二甲氨基的一个甲基换成亚甲基磺酸钠,得到水溶性大的安乃近(metamizole sodium,analgin),可供注射用。虽然其解热镇痛作用强而迅速,但仍会引起粒细胞减少,对造血系统毒性较大,目前在欧美国家已完全禁用。2020年3月我国国家药品监督管理局对安乃近通过系统评价,认为其存在严重不良反应,使用风险大于获益,决定禁止使用此药。

安替比林 氨基比林 安乃近

为提高这类药物的解热镇痛作用,降低毒副作用,合成了一系列的4-取代吡唑酮类化合物,如异丙基安替比林(isopropyl antipyrine)、烟酰胺基安替比林(nicoti-noylamino antipyrine)等,它们的解热镇痛作用较好,毒性较小。

异丙基安替比林 烟酰胺基安替比林

第二节 非甾体抗炎药

非甾体抗炎药的研究始于19世纪末水杨酸钠的使用,20世纪40年代后,非甾体抗炎药迅速发展。早期的非甾体抗炎药作用于环氧合酶COX-1和COX-2,属于非选择性的非甾体抗炎药。其主要结构类型有3,5-吡唑烷二酮类、芳基烷酸类、邻氨基苯甲酸类和1,2-苯并噻嗪类。

一、3,5-吡唑烷二酮类

在3-吡唑酮类化合物5-位再引入一个羰基得到3,5-吡唑烷二酮类化合物。由于第二个酮羰基的引入，4-位氢的酸性增强同时这类化合物的抗炎作用也明显增强。其中1949年发现的保泰松（phenylbutazone），虽然镇痛作用弱，但抗炎作用较强，此外还有促尿酸排泄作用。该化合物的酸性与阿司匹林相似且抑制环氧合酶，但对胃肠道刺激较大，长期用药对肝、肾及心脏都有不良影响。1961年发现保泰松的代谢产物同样具有抗炎抗风湿作用。其中羟布宗的毒副作用较小，而γ-酮基保泰松（γ-ketophenylbutazone）也有较强的抗炎镇痛作用和促尿酸排泄作用。保泰松的代谢途径见图20-6。

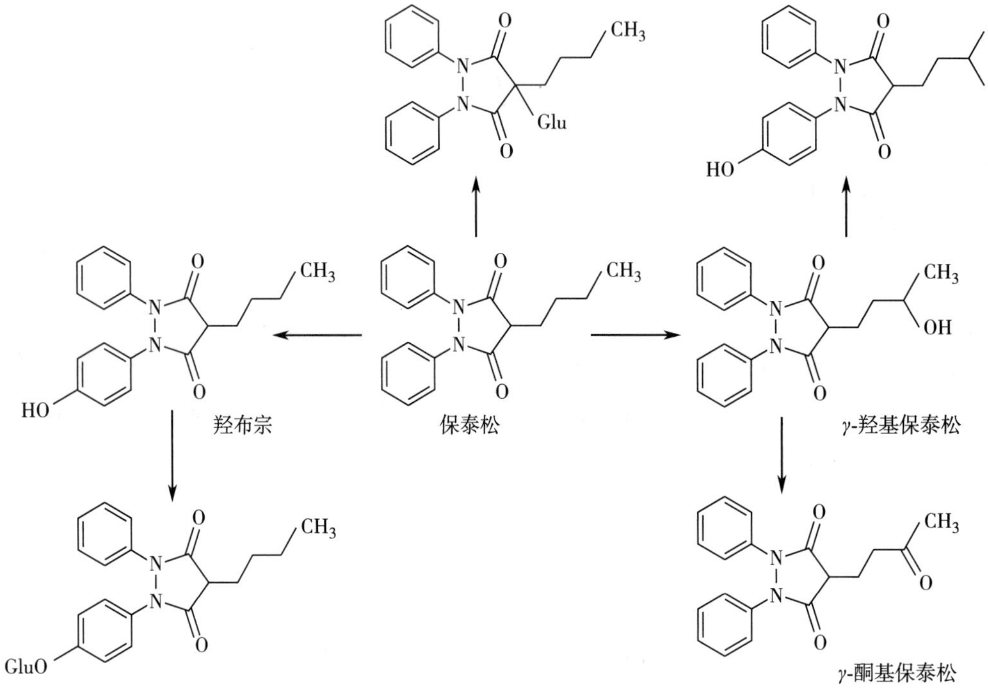

图20-6　保泰松的代谢途径

　　通过对3,5-吡唑烷二酮类化合物的构效关系研究表明，这类化合物的抗炎活性与其酸性密切相关，3,5-位的两个羰基增强了4位氢的酸性，可能是增强其抗炎活性的原因。因此保持3,5-吡唑烷二酮的基本结构不变，将吡唑环的1,2位与芳杂环稠合得到阿扎丙宗（azapropazone），其消炎镇痛作用强于保泰松，毒性降低。而保持3,5-吡唑烷二酮的基本结构，改造4-位侧链也得到了一系列化合物，其中在4-位引入异戊烯基得到非普拉宗（feprazone），可明显减少对胃肠道的刺激及其他副作用。

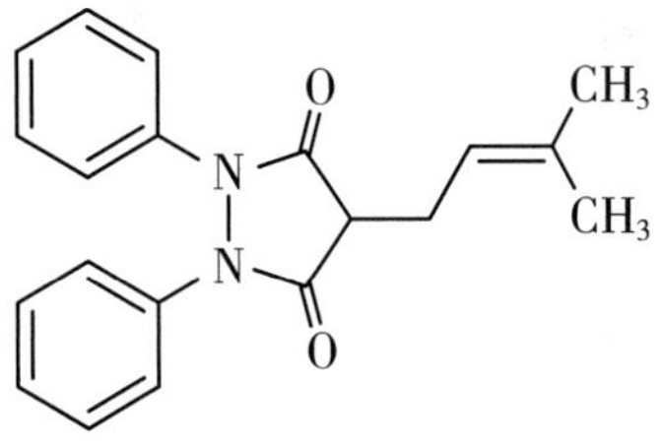

非普拉宗 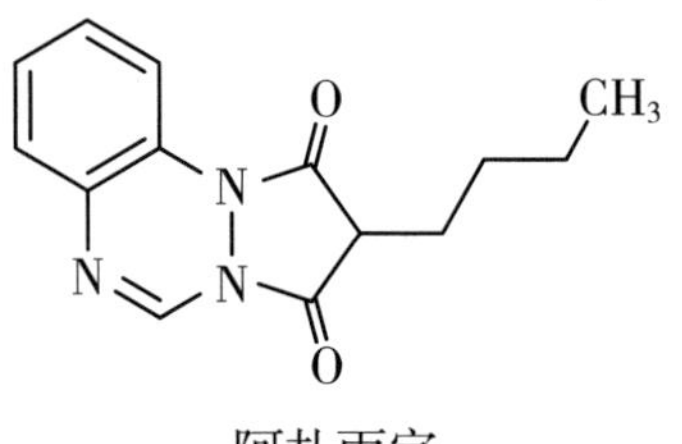　　　　　　　　　　　　　　　　阿扎丙宗

二、芳基烷酸类

芳基烷酸类是非甾体抗炎药中数量众多的一大类药物,也是 20 世纪 60 年代以来发展最快的一类药物。根据取代基团的不同,芳基烷酸类药物又可分为芳基乙酸类和芳基丙酸类两大类。

(一)芳基乙酸类

1. 吲哚乙酸类 由于保泰松在临床上呈现多种副作用,因此希望寻找与 3,5- 吡唑烷二酮类化合物不同的非甾体抗炎药。临床观察到风湿患者体内色氨酸的代谢水平高于正常人体,而 5- 羟色胺的生物合成与色氨酸有关,因此推断 5- 羟色胺可能是炎症因子,诱导或促进炎性反应。

基于这一最初的假设,设计并合成了一系列具有吲哚结构骨架的化合物,采用角叉菜胶诱发大鼠足爪肿胀模型对其进行了评价。从中筛选出吲哚美辛(indomethacin)作为临床开发最佳的候选分子。其抗炎活性比保泰松强 2.5 倍,比可的松强 5 倍。吲哚美辛的抗炎活性并非早先假设的那样阻断血清素的炎性作用,而是同阿司匹林一样,作用于 COX 而从抑制前列腺素的生物合成。

由于吲哚美辛临床存在胃肠道副作用,进一步结构改造发现了舒林酸(sulindac)。舒林酸是吲哚美辛的类似物,吲哚环变换为不含氮原子的茚环,茚环与苄基用碳碳不饱和双键相连,甲氧基改为氟原子。其抗炎效力是吲哚美辛的一半,镇痛效力略强于吲哚美辛。胃肠道副作用低于吲哚美辛,它是一种前体药物,在体内还原生成硫醚代谢物产生生物活性。

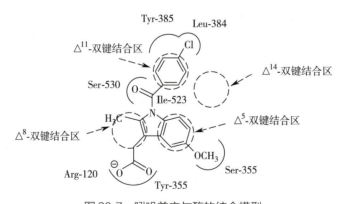

舒林酸 活性代谢物

后来发现吲哚美辛的抗炎活性并非早先假设的那样阻断血清素的炎症介质的作用,而是同阿司匹林一样,是一个花生四烯酸级联代谢途径酶 COX 非选择性抑制剂,能抑制炎性前列腺素的生物合成。结合晶体学和构效关系研究结果,建立了吲哚美辛与 COX-1 同工酶的假想结合模型(见图 20-7)。结果提示,吲哚美辛的 N- 对氯苯甲酰基对 △^{11}- 双键识别区以及吲哚环对 △^{5}- 和 △^{8}- 双键识别区的取向和位置与结合酶 COX-1 有关,并且这样的取向使酰胺羰基氧可与酶活性部位的氨基酸残基 Ser-530 以及吲哚环 5 位甲氧基与 Ser-355 相互作用。由于氨基酸残基 Ile-523 体积较大,阻碍了含氯苯环与 △^{14}- 双键识别区结合。这个模型也能解释舒林酸的 Z 型几何异构体的活性强于 E 型几何异构体,原因是茚环的环外双键以及氟原子取代 5 位甲氧基,使舒林酸与活性位点氨基酸残基 Tyr-385 以及 Leu-355 结合的空间更有限,而倾向于和 △^{44}- 双键识别区结合,这样也解释了舒林酸的胃肠道副作用低于吲哚美辛的原因。

Tyr-385　Leu-384

△^{11}-双键结合区　　　　Cl

Ser-530　　　　　　　　△^{14}-双键结合区

Ile-523

△^{8}-双键结合区　　H$_2$C　　　　△^{5}-双键结合区

OCH$_3$

Arg-120　　　　　　Ser-355

Tyr-355

图 20-7　吲哚美辛与酶的结合模型

吲哚美辛(indometacin)

化学名为 2- 甲基 -1-（ 4- 氯苯甲酰基)-5- 甲氧基 -1H- 吲哚 -3- 乙酸，1-（ 4-chlorobenzoyl)-5-methoxy-2-methyl-1H-indole-3-acetic acid。

本品为白色或黄色结晶性粉末，几乎不溶于水，微溶于乙醇。分子结构中含有一个游离的羧基，pK_a 为 4.5。

吲哚美辛的合成是以对甲氧基苯肼为起始原料，首先与乙醛缩合得乙醛缩对甲氧基苯肼；经对氯苯甲酰氯酰化、酸水解去保护基得到 N- 对氯苯甲酰对甲氧基苯肼；最后与 4- 氧代戊酸缩合、经 Fischer 吲哚环合成得到目标产物。

吲哚美辛的合成关键在于吲哚环的构建，我国化学家根据吲哚美辛的结构特点，设计了一条全新的合成路线：

这条合成路线以取代邻碘苯胺为起始原料，与炔丙基溴一步关环形成母核；然后再通过酰化反应引入1位对氯苯甲酰基，最后将3位侧链转化为乙酸。

吲哚美辛的杂质主要包括以下三个，其中化合物A是限量杂质，它是酰化反应过程的水解产物，或者是反应试剂对氯苯甲酰氯中含的杂质；杂质B和C是精制过程中产生的。

A	B	C

本品在肝脏代谢为O-脱甲基化物、N-脱苯甲酰化物和脱甲基及脱苯甲酰化物，它们与葡萄糖醛酸形成的结合物没有抗炎活性。吲哚美辛的代谢途径见图20-8。

本品具有抗炎、解热及镇痛作用，可以强烈抑制前列腺素的生物合成。本品副作用较大，对中枢神经系统的副作用包括精神抑郁、幻觉等；对肝功能和造血系统也有影响。

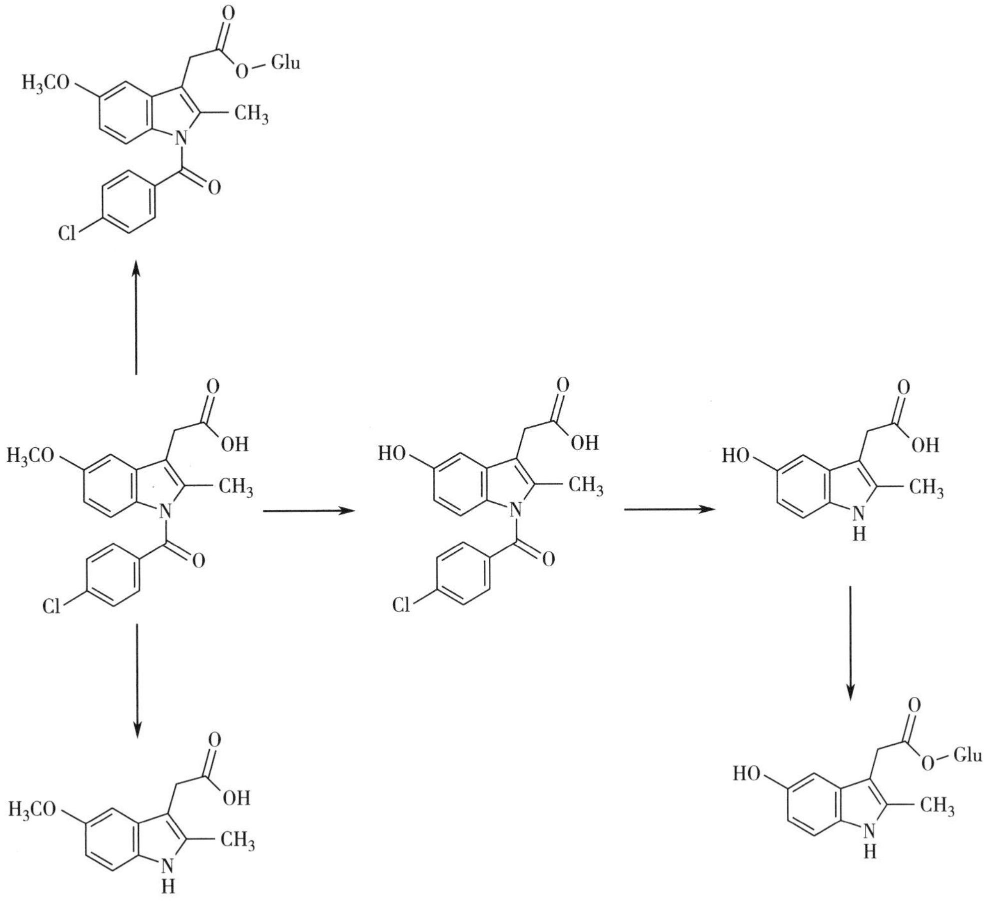

图 20-8　吲哚美辛的代谢途径

2. 其他芳基乙酸类　依托度酸（etodolac）是以二氢吡喃并吲哚为母核的乙酸类非甾体抗炎药，对 COX-2 稍有一定的选择性，耐受性好，镇痛作用强，临床上用于风湿性关节炎、类风湿关节炎及骨关节炎等症的治疗。

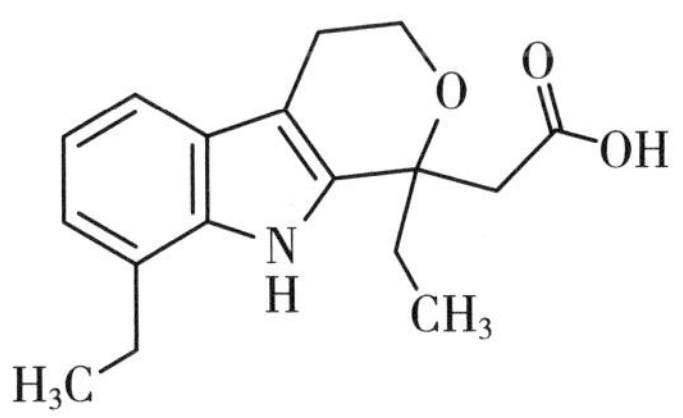

依托度酸

将吲哚美辛结构中的吲哚环换成吡咯环，即可得到吡咯乙酸类非甾体抗炎药，其代表药物主要包括托美汀（tolmetin）和佐美酸（zomepirac）。这类药物通常具有比保泰松更强的抗炎和镇痛作用。它们在体内的代谢产物是与葡萄糖醛酸形成的酯，该轭合物在生理调节下具有亲电性，可共价结合于肝脏的蛋白分子上。佐美酸（zomepirac）由于其代谢产物的肝毒性作用已被终止使用。托美汀尽管也在临床使用，但因其与葡萄糖醛酸的酯化产物仍会产生特质性不良反应，须要谨慎使用。

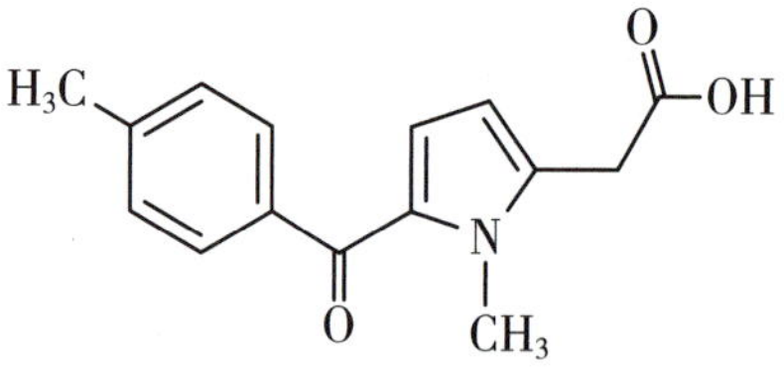

托美汀

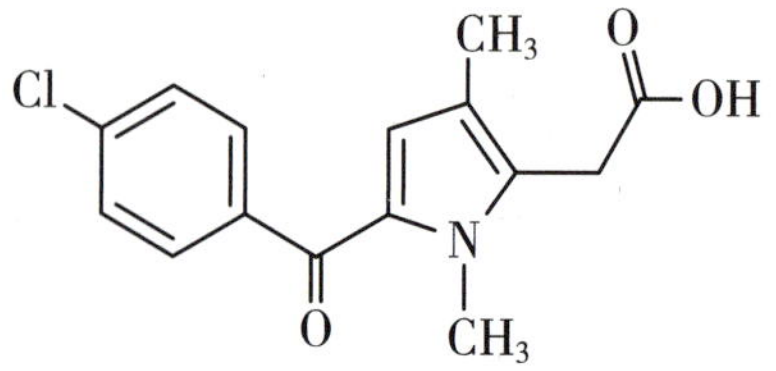

佐美酸

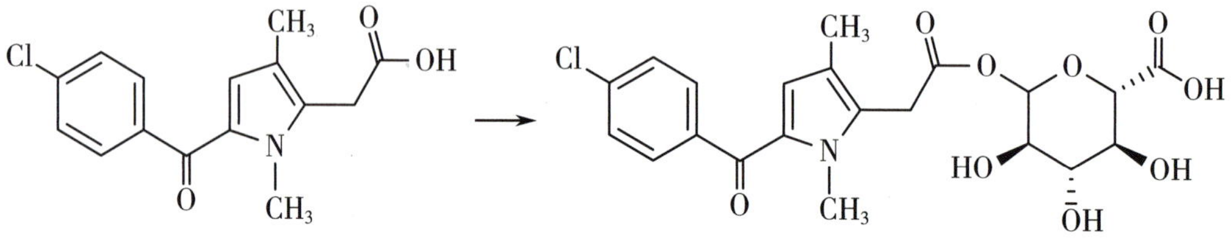

佐美酸 → 佐美酸葡萄糖醛酸酯

双氯芬酸钠(diclofenac sodium)

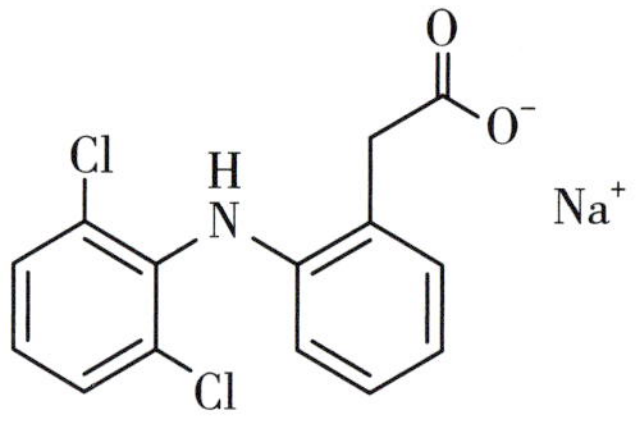

化学名为 2-[(2,6-二氯苯基)氨基]苯乙酸钠,2-[(2,6-dichlorophenyl)amino] benzeneacetic acid sodium salt。

本品为白色或类白色结晶性粉末,微溶于水,易溶于甲醇,溶于乙醇,微溶于丙酮。分子结构中含有一个羧基,呈弱酸性,pK_a 为 4.15。

双氯芬酸钠在体内的代谢以苯环的氧化为主,主要代谢产物是 4'-羟基衍生物,其他的 3 种代谢产物为 5-羟基衍生物、3'-羟基衍生物和 4',5-二羟基衍生物。所有代谢物的活性均低于原型(见图 20-9)。本品结构中含有二苯胺片段,在苯氨基的对位,由于缺少取代基,可被细胞色素 P450 酶 CYP3A4 或 MPO 催化氧化,其中不含卤素的芳环羟化得到 4-羟基双氯芬酸,进而发生双电子氧化,生成亚胺-醌,后者为强亲电试剂,可与体内蛋白质结合,具有潜在的肝脏毒性。

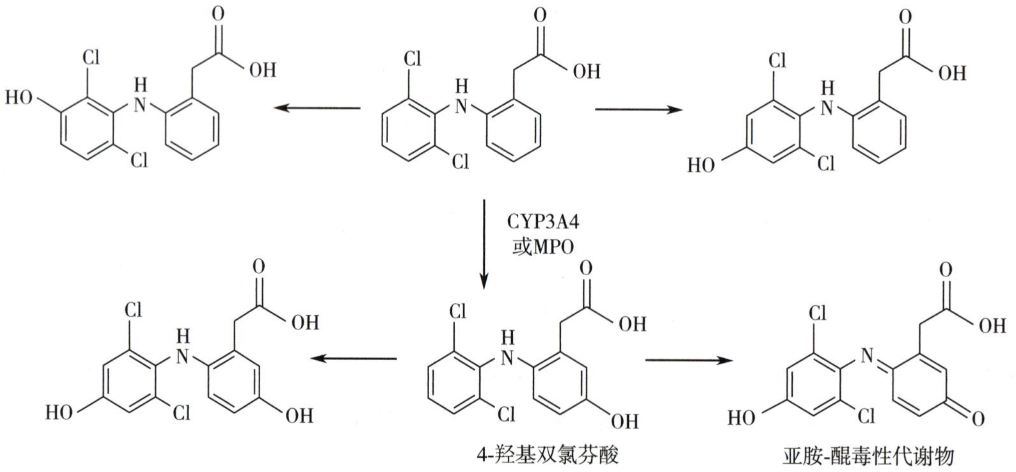

图 20-9 双氯芬酸的代谢途径

双氯芬酸钠的合成可以将 2,6- 二氯苯酚与苯胺缩合得到 N- 苯基 -2,6- 二氯苯胺,再与氯代乙酰氯缩合,得到 N-(2,6- 二氯苯基)-2,3- 二氢吲哚 -2- 酮,最后水解得到本品。

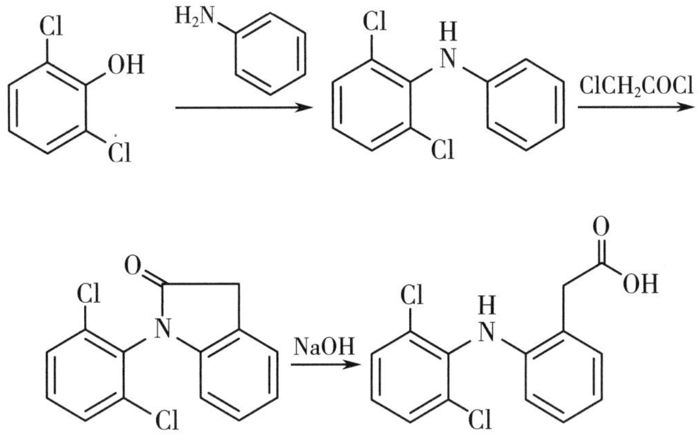

还有一条合成路线以苯乙酸为起始原料,首先经碘代反应在苯环邻位引入碘,然后在碘化亚铜的催化下与 2,6 二氯苯胺缩合得到目标分子双氯芬酸。

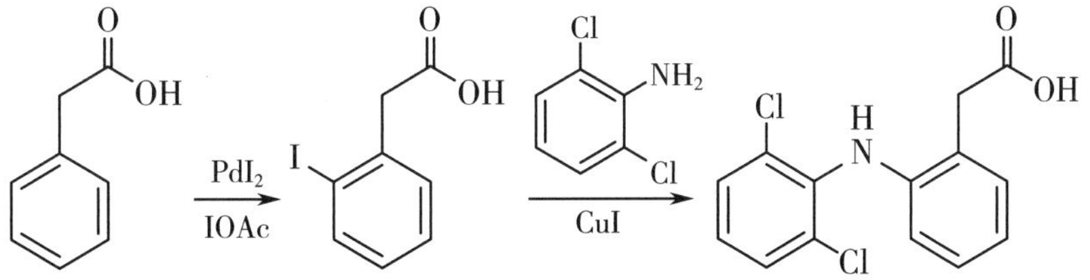

双氯芬酸钠的限量杂质主要有 A～E 等 5 种。其中 A 为路线一的中间体 N-(2,6- 二氯苯基)-2,3- 二氢吲哚 -2- 酮;E 为该化合物 N 上脱去 2,6- 二氯苯基形成的产物;D 为双氯芬酸钠的前体;双氯芬酸钠在水环境中的光解过程主要包括直接光解和自敏化光解,B 和 C 分别为光解反应过程中形成的主要产物。

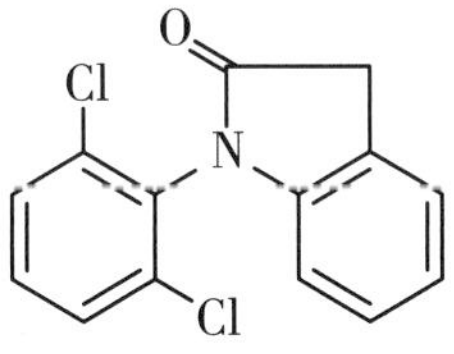

A

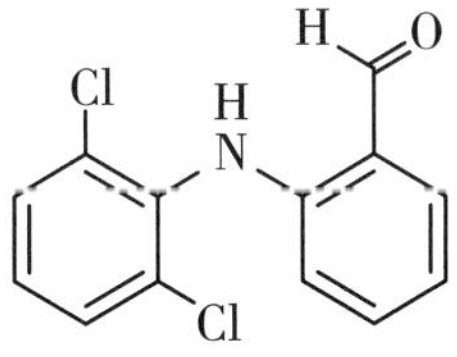

B

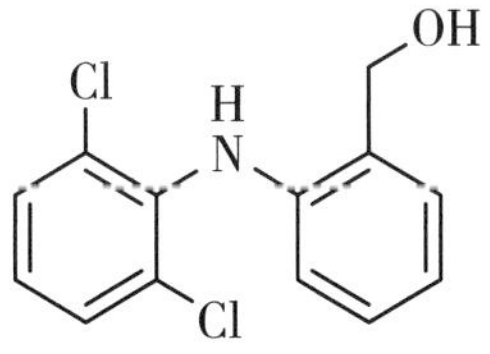

C

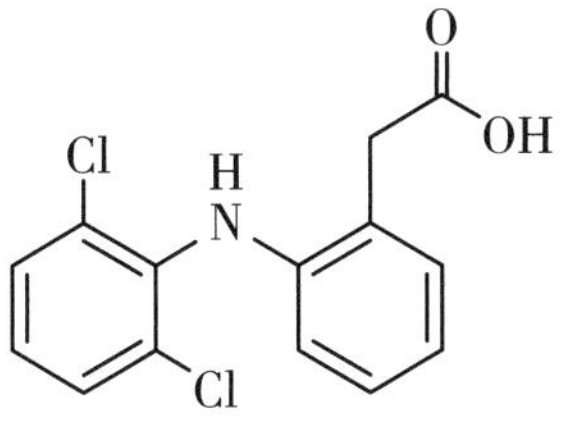

D

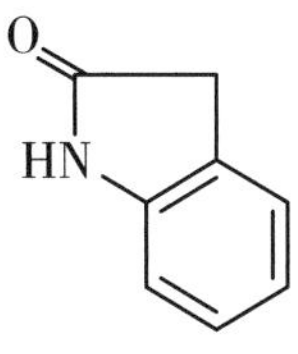

E

双氯芬酸钠的抗炎、镇痛和解热作用较强,它的解热作用为吲哚美辛的 2 倍,阿司匹林的 350 倍;其镇痛活性为吲哚美辛的 6 倍,阿司匹林的 40 倍。临床上用于类风湿关节炎、神经炎、红斑狼疮及癌症和手术后疼痛,以及各种原因引起的发热。

3. 芳基乙酸类前体药物　萘丁美酮（nabumetone）是一种非酸性非甾体抗炎药。口服后主要在十二指肠吸收，然后在肝脏经快速而完全的首过效应生成主要的活性代谢产物 6- 甲氧基 -2- 萘乙酸和一些非活性代谢物。6- 甲氧基 -2- 萘乙酸在体内分布并扩散至滑膜组织、滑液、纤维囊组织和各种炎症组织中，抑制其前列腺素的合成从而产生抗炎活性，临床上用于风湿性关节炎、骨关节炎和强直性脊柱炎的治疗。

萘丁美酮在体外几乎没有生物活性，进入体内经肝脏活化后产生抗炎作用，因此是一种典型的前体药物。由于分子结构不含有羧基，自身并不具有酸性，所以不会对胃肠道黏膜产生原发性损伤（直接的酸损伤）；同时它可以选择性地作用于引起炎症反应的 COX-2，对胃肠道的 COX-1 无影响，因此胃肠道副作用很小。

萘丁美酮　　　　　　　　　6–甲氧基–2–萘乙酸

芬布芬（fenbufen）是具有丁酮羧酸类的前体药物，在体内代谢生成联苯乙酸而产生抗炎活性。联苯乙酸（felbinac）是非选择性 COX 抑制剂，其抗炎作用的强度介于吲哚美辛与阿司匹林之间。口服芬布芬可以避免直接服用联苯乙酸对胃肠道产生的原发性损伤，故胃肠道反应较小。芬布芬在临床上用于治疗类风湿关节炎、风湿性关节炎，也可用于治疗牙痛、手术后疼痛及外伤疼痛。

芬布芬　　　　　　　　　　联苯乙酸

（二）芳基丙酸类

为寻找新的具有解热镇痛和抗炎作用的药物，鉴于阿司匹林结构中含有羧酸基团，药理学家从合成的 600 多种芳基乙酸和芳基丙酸类化合物中，筛选得到了异丁芬酸（ibufenac）。但异丁芬酸在临床使用中出现黄疸等肝毒性，出于安全性考虑，不久撤出市场。代谢研究表明，异丁芬酸易于在肝脏和其他多种组织中蓄积，而芳基丙酸类则不在肝组织中聚集并且在人体中代谢速度更快，毒性较低。于是注意力重新回到芳基丙酸类化合物，最终发现具有优良解热镇痛作用的布洛芬（ibuprofen）。该药仅在侧链 α 位比异丁芬酸多一个甲基。

异丁芬酸　　　　　　　　　布洛芬

由于布洛芬的发现,世界各国科学家的研究不约而同转向合成和开发芳基丙酸衍生物,相继开发了许多芳基丙酸类抗炎药,其中萘普生(naproxen)和酮洛芬(ketoprofen)就是后期开发成功的典型药物,它们和布洛芬、阿司匹林具有相同的作用机制,其应用范围与布洛芬相似。常用芳基丙酸类非甾体抗炎药见表20-1。

表20-1　常用芳基丙酸类非甾体抗炎药

通用名	结构式	pK_a	抗炎活性
布洛芬		4.4	0.1
氟比洛芬		4.2	5
酮洛芬		4.55	1.5
萘普生		4.39	1
非诺洛芬		4.5	0.1
吡洛芬			1
吲哚洛芬		5.8	2

通用名	结构式	pKa	抗炎活性
噻洛芬酸	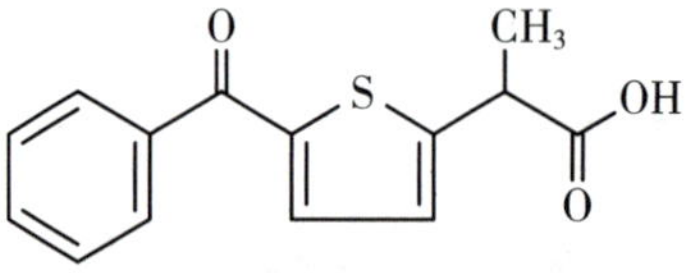	3.0	—
洛索洛芬	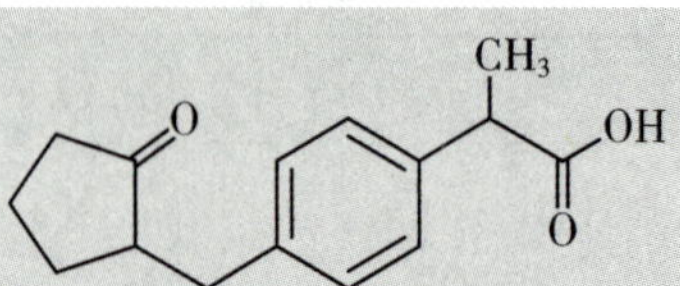	4.2	—

芳基丙酸类抗炎药的构效关系研究表明：

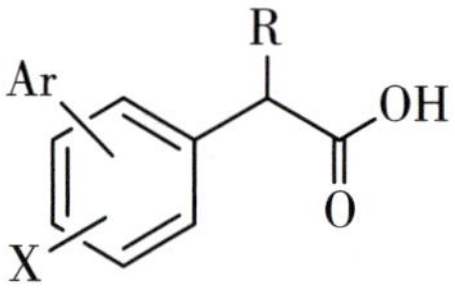

（1）羧基须连接在一个具有平面性的芳香环上，羧基与平面性的芳香环之间相距一个或一个以上碳原子。

（2）烷酸部分α位连接的 R 基团可以是甲基（或乙基），以限制羧酸官能团的自由旋转，使其构型保持适合与受体或酶结合的构象，可增强抗炎镇痛作用并减少许多副作用。

（3）芳基丙酸类衍生物的连接 R 基团的α碳原子产生手性中心，与之有关的立体化学在体内外活性中起重要作用。

（4）X 为疏水基团，如烷基、芳环（苯环或芳杂环），也可以是环己基、烯丙氧基等，X 可以处于羧基侧链的对位或间位。

（5）在芳环的对位引入另一个疏水取代基 Ar 后，还可在间位引入一个吸电子基团，如 F、Cl 等，这是因为间位的取代基可以使对位的疏水基团 Ar 与芳基丙酸的苯环处于非平面状态，从而有利于与受体或酶的结合，增强活性。

（6）疏水取代基 Ar 一般处于烷酸部分的对位，通常为平面性的芳香环或芳杂环。

由于芳基丙酸类抗炎药的乙酸侧链的α位含有手性碳，它们在体内对酶的抑制作用，通过脂膜的转运以及代谢均与其立体化学有关。因此，芳基丙酸类的对映体之间在生理活性、毒性、体内分布和代谢等方面都存在差异。通常芳基丙酸类的 S- 异构体比 R- 异构体的活性高，例如 S- 布洛芬与 R- 布洛芬的体外对 PG 合成酶的对映异构体活性比（eudismic ratio）约为 160，但在体内两个对映体的活性是等效的，原因是该类药物在体内手性异构体间会发生转化，通常是无活性的 R- 异构体转化为有效的 S- 异构体，其中约 60% 的 R- 布洛芬转化为 S- 布洛芬，而酮洛芬仅有约 10% 的 R- 异构体转化。目前布洛芬、萘普生和酮洛芬先后以 S- 异构体上市。

尽管用于临床的芳基丙酸类抗炎药大多数为消旋体，但研究发现这些化合物都存在 S- 绝对构型，考虑到芳基丙酸类是非选择性 COX 抑制剂，因此，它们的 S- 异构体不仅担负治疗作用，而且与药物引起的胃肠道副作用以及中毒性肾损害有关。

布洛芬（ibuprofen）

化学名为（R,S)-2-（4-（2-甲基丙基）苯基）丙酸，（R,S)-2-（4-（2-methylpropyl）phenyl）propanoic acid。

本品是芳基丙酸类化合物，pKa 为 4.4。丙酸 α 位含一个手性碳原子，因此存在一对光学异构体，工业生产中为外消旋体。（S)-（+）-布洛芬（dexibuprofen）体内外均有效，异构酶 α-甲基酰基-CoA 消旋酶可将（R)-布洛芬转化成（S)-布洛芬。

布洛芬合成的经典工艺（Boots 法）是以异丁基苯为原料，经 Friedel-Crafts 酰基化反应得到对异丁基苯乙酮；然后与氯乙酸乙酯发生 Darzens 反应得到 3-（4'-异丁基苯）2,3-环氧丁酸乙酯，经水解、脱羧重排生成 2-（4'-异丁基苯基）-丙醛；最后氧化得到目标产物。

布洛芬的合成还可以异丁基苯为原料，以氟化氢为催化剂，与醋酐反应得到对异丁基苯乙酮；然后经催化氢化反应将羰基还原为醇；最后以 PdCl$_2$（PPh$_3$)$_2$ 为催化剂与一氧化碳反应得到产物（BHC 法）。

与经典的 Boots 工艺相比，BHC 工艺是一个典型的原子经济性很高的合成路线，不但合成简单，原料利用率高，而且无须使用大量溶剂和避免产生大量废物，对环境造成的污染小。Boots 工艺从原料到产物要经过四步反应，每步反应中的底物只有一部分进入产物，所用原料中的原子只有 40% 进入最后产品中。而 BHC 工艺只需三步反应即可得到产品布洛芬，其原子经济性达到 77.4%。也就是说新方法可少产废物 37%。如果考虑副产物乙酸的回收，BHC 法成布洛芬工艺的原子有效利用率则高达 99%。这条路线清洁环保，原子经济性高。

布洛芬相关限量物质主要有 A、B、C、D 和 E 等 5 种。另外,化合物 F 至 R 是可检测杂质。

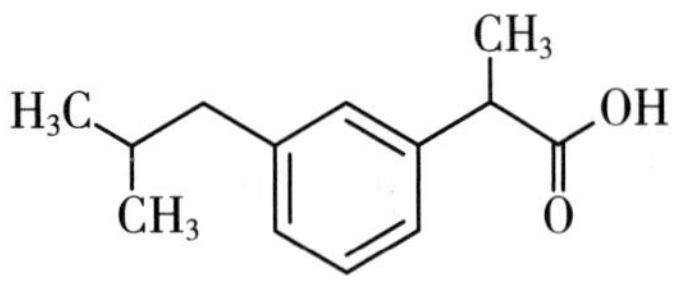

A

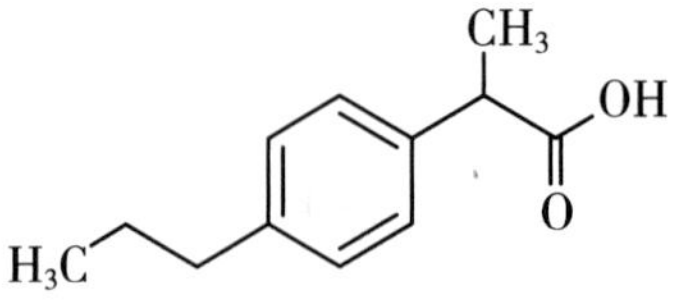

B

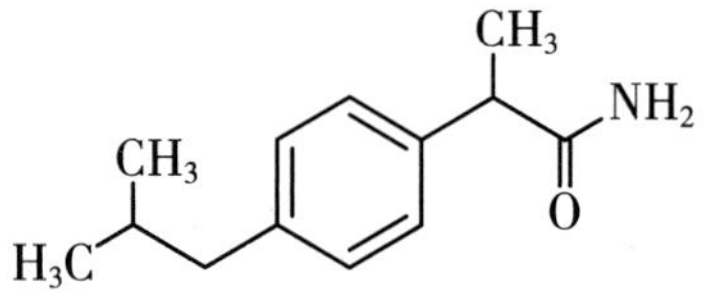

C

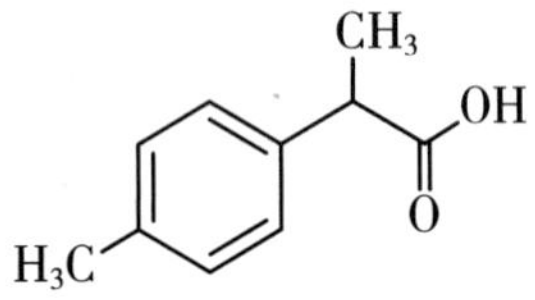

D

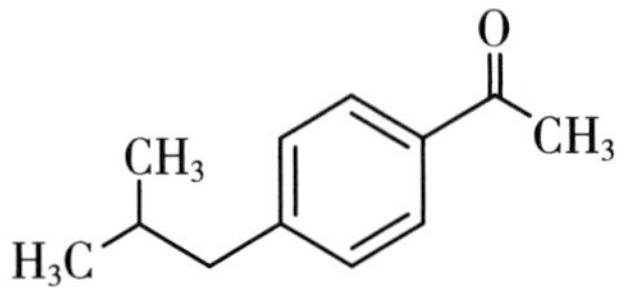

E

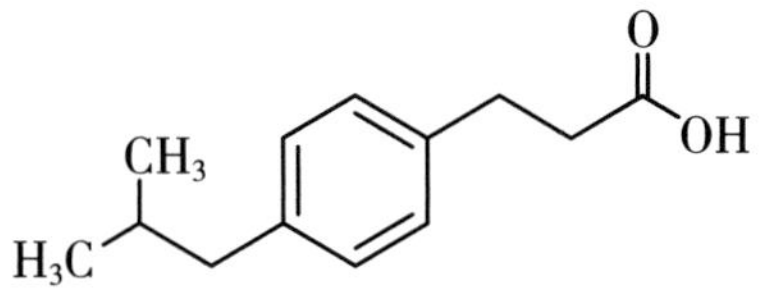

F

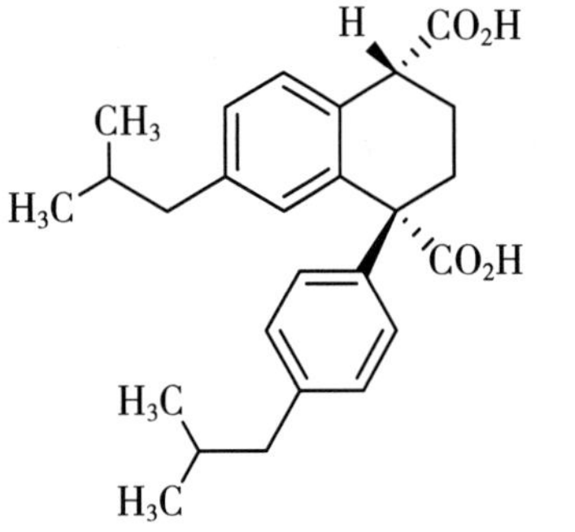

G

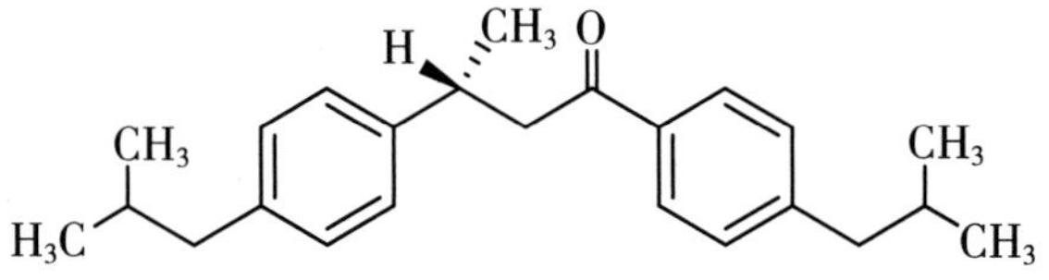

H

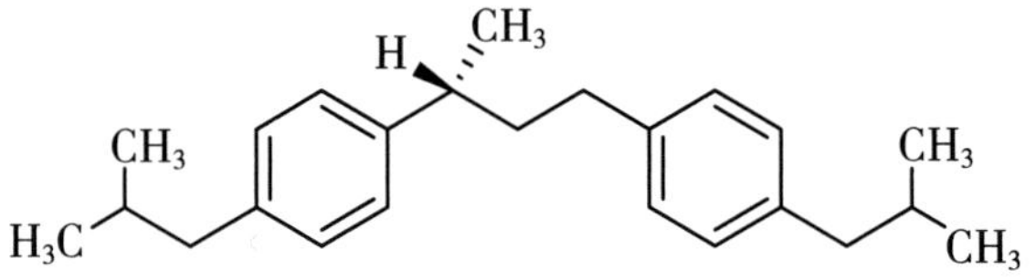

I

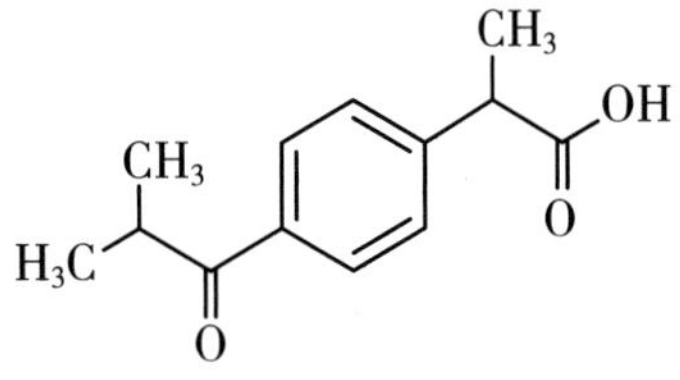

J

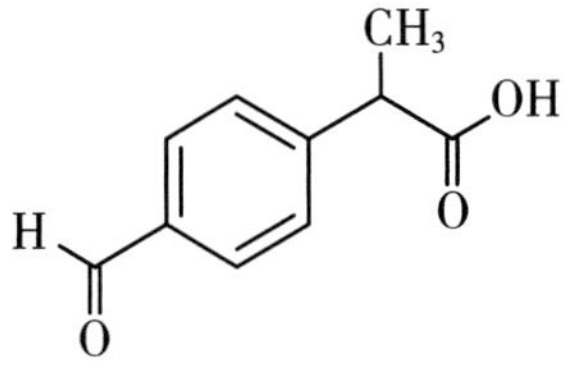

K

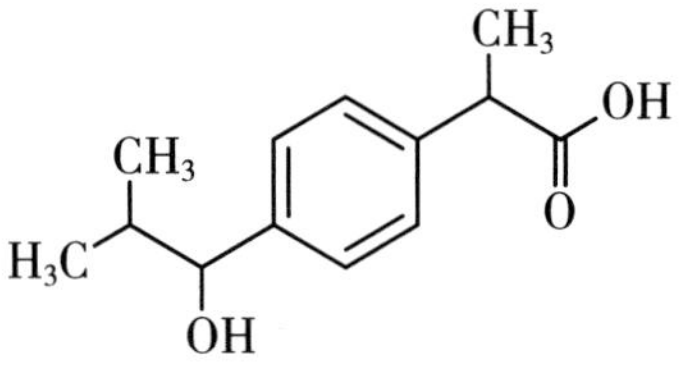

L

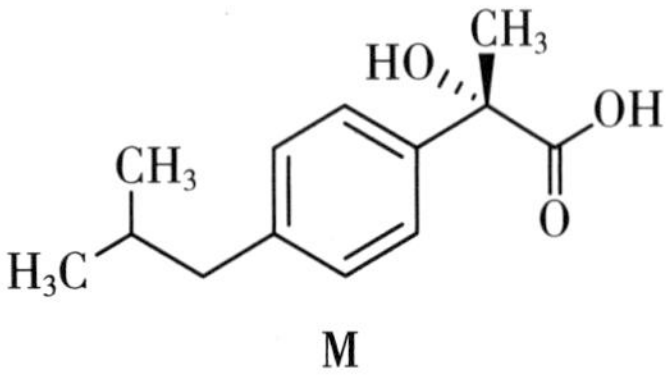

M

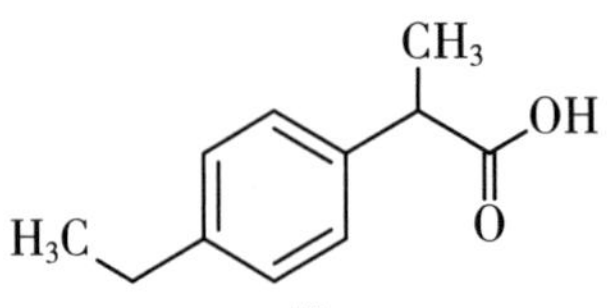

N

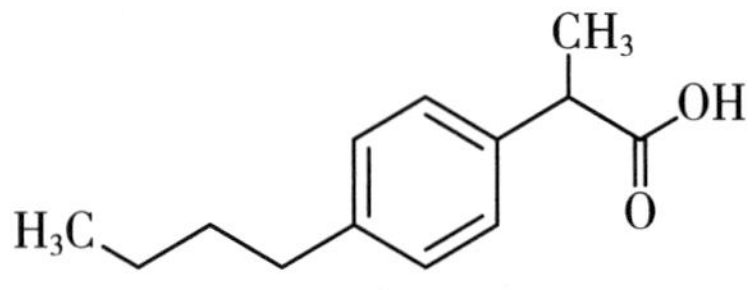

O

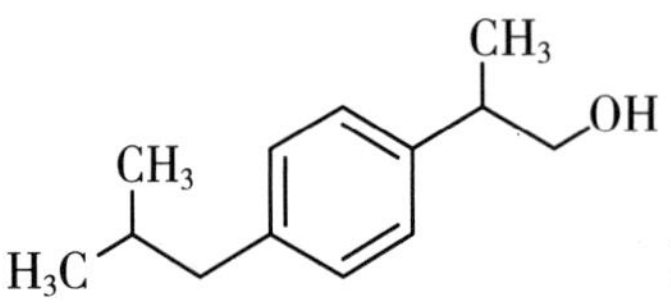

P

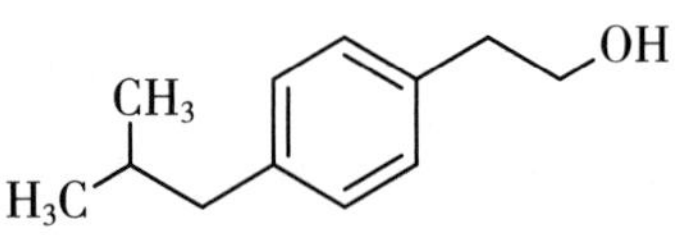

Q

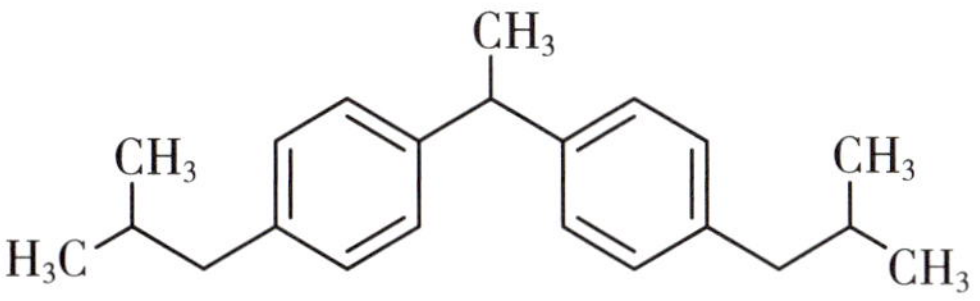

R

本品口服后，基本上以原型和氧化产物形式被完全排出。代谢物包括对异丁基侧链的氧化（羟基化产物），进而羟基化产物进一步被氧化成羧酸代谢物。所有的代谢物均无活性。布洛芬的代谢途径见图 20-10。

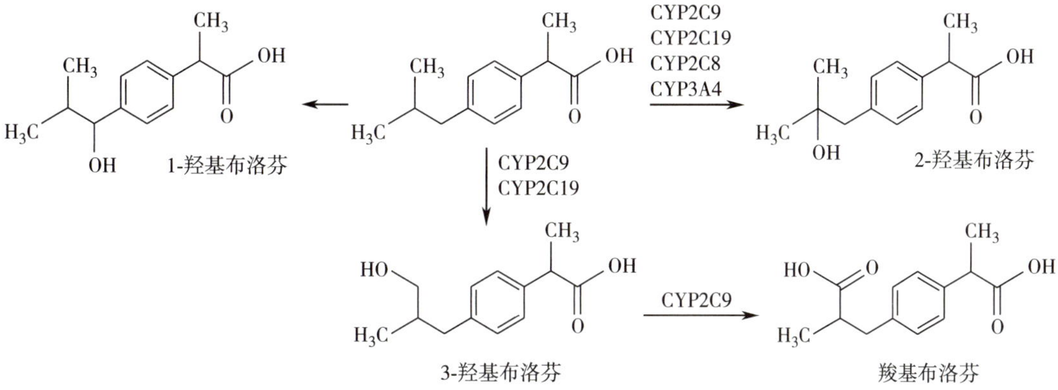

图 20-10　布洛芬的代谢途径

本品的抗炎、镇痛和解热作用是阿司匹林的 16～32 倍，胃肠道副作用小，对肝、胃及造血系统无明显副作用。临床上主要用于类风湿关节炎、风湿性关节炎等。

洛索洛芬钠（loxoprofen sodium）

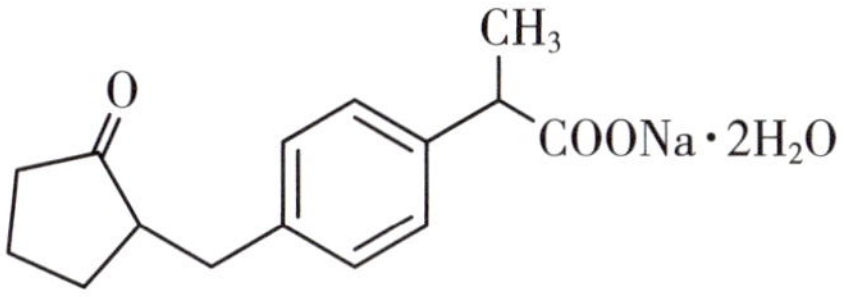

化学名为 2-[4-(2- 氧代环戊烷 -1- 基甲基) 苯基] 丙酸钠二水合物，sodium 2-[4-(2-oxocyclopentyl-1-methyl)] phenyl] propionate dehydrate。

洛索洛芬钠（loxoprofen sodium）作为一种芳基丙酸型的非甾体抗炎药，属于前体药物，本身没有活性，口服后需经肝脏代谢，将羰基还原成羟基后才能发挥生物活性，这样可以减少对胃肠道的损害。其作用机制主要是抑制前列腺素的生物合成。

其镇痛效果显著，比吲哚美辛、酮洛芬、萘普生强 10～20 倍，临床用于骨关节炎、类风湿关节炎、肩周炎等疾病的治疗，也用于手术、拔牙后的疼痛以及急性上呼吸道炎症等疾病。由于前体药物对消化道的不良反较低，副作用小，使用更加安全，可以长期服用。

三、N- 芳基邻氨基苯甲酸类

N- 芳基邻氨基苯甲酸类药物是 20 世纪 60 年代发展起来的一类非甾体抗炎药，这类药物是依据药物分子设计中的生物电子等排原理，将水杨酸的羟基用氨基替换而得到。邻氨基苯甲酸类药物的构效关系表明,它们分子结构中氮原子上的苯环在2,3,6位存在取代基的化合物活性较好,其中以2,3位取代的活性较高。由于邻位引入取代基,使N-芳基与苯甲酸的芳基难以共平面,这种非共平面的结构更适合于与抗炎靶酶结合。甲氯芬那酸的分子结构中2,6位同时具有取代基,使得两个芳环的非共平面效应更为显著,故抗炎活性更高。邻氨基苯甲酸的NH对抗炎活性十分重要,当NH被O、S或CH_2等基团取代时都会使活性大幅度下降。苯甲酸也可用3-吡啶甲酸替换,可得邻氨基苯甲酸的电子等排体。

甲芬那酸、氟芬那酸等药物临床上用于风湿性关节炎及类风湿关节炎的治疗,但这类药物的副作用较多,主要是胃肠道障碍,亦能引起粒性白细胞缺乏症、血小板减少性紫癜、神经系统症状如头痛、倦睡等。

甲芬那酸

氟芬那酸

甲氯芬那酸

氯尼辛

尼氟酸

氟尼辛

四、苯并噻嗪类

20世纪70年代为了得到不含羧酸基团的抗炎药物,化学家筛选了大量苯并杂环化合物,其中1,2-苯并噻嗪类类化合物表现出良好的抗炎镇痛活性。这类化合物虽然不含有羧基,但3,4位具有烯醇结构,与3位相连的羰基可以看成插烯的羧酸,因此具有一定酸性,pK_a多介于4~6之间。这类药物的虽然副反应发生率较高,但引起的胃肠道刺激左右比其他的非甾体抗炎药要小。进一步研究发现,该类药物对COX-2的抑制作用比对COX-1的作用强,具有一定的选择性,而且半衰期较长。代表药物有吡罗昔康(piroxicam)、舒多昔康(sudoxicam)、替诺昔康(tenoxicam)、氯诺昔康(lornoxicam)、屈噁昔康(droxicam)、美洛昔康(meloxicam)。

吡罗昔康是这类化合物中第一个上市的药物,具有显效迅速且持久、长期服用耐受性好、副反应较小等特点。舒多昔康口服吸收快,胃肠道耐受性好。美洛昔康对COX-2的选择性较高,因而致溃疡的副作用小。替诺昔康、氯诺昔康是用电子等排体噻吩环替代吡罗昔康的苯环而得到的衍生物,也是长效抗炎药。苯并噻嗪类抗炎药基本上属于非选择性环氧合酶-2抑制剂。

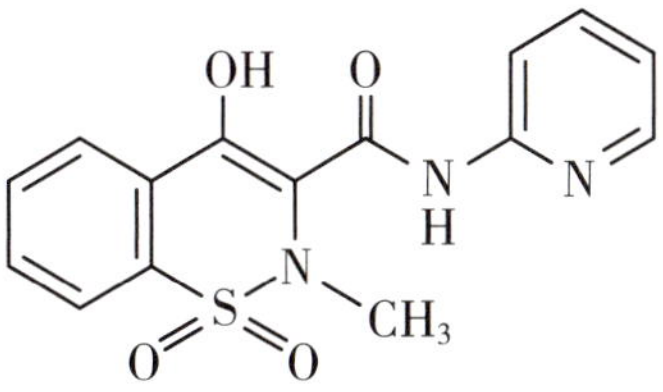

吡罗昔康

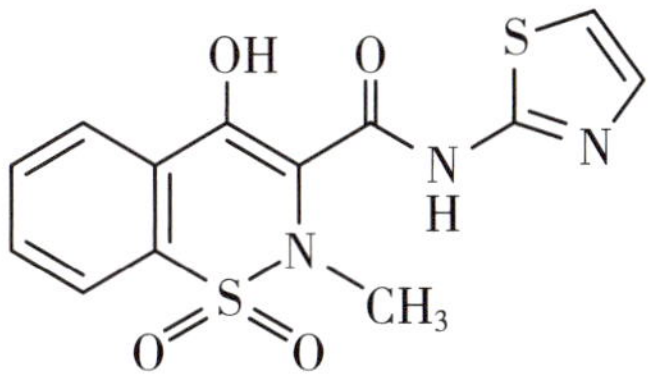

舒多昔康

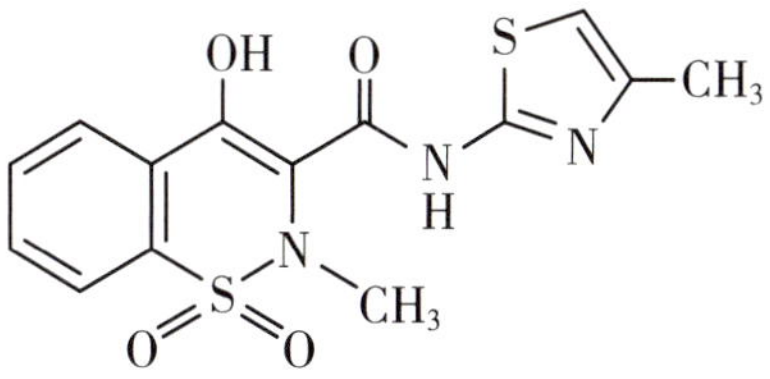

美洛昔康

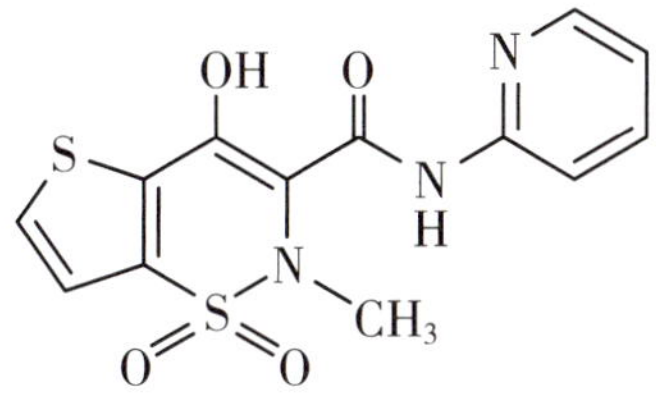

替诺昔康

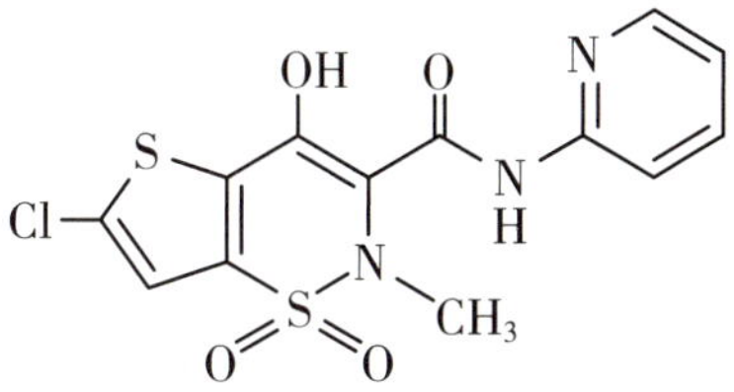

氯诺昔康

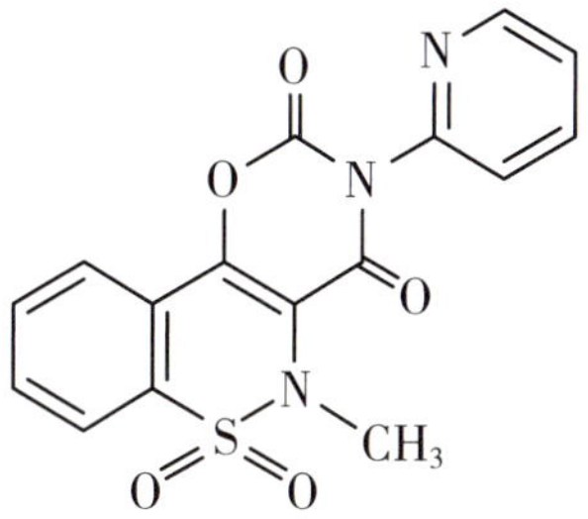

屈噁昔康

美洛昔康（meloxicam）

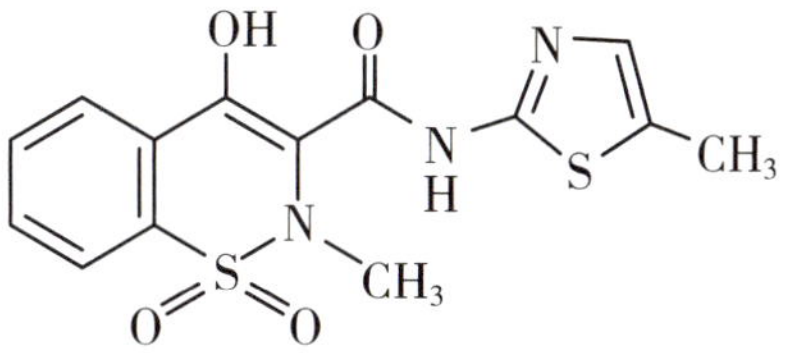

化学名为 2- 甲基 -4- 羟基 -N-（5- 甲基 -2- 噻唑基）-2H-1，2- 苯并噻嗪 -3- 甲酰胺 -1，1- 二氧化物，4-hydroxy-2-methyl-N-（5-methyl-2-thiazolyl）-2H-1，2-benzothiazine-3-carboxamide-1，1-dioxide。

本品为淡黄色或黄色粉末，在丙酮中微溶，在甲醇或乙醇中极微溶解，在水中几乎不溶。分子结构具有苯并噻嗪母核，4 位烯醇型羟基呈现酸性，为一弱酸性化合物，pK_a 为 4.08。

本品的合成以邻磺酰苯甲酰亚胺钠盐为原料，与 α- 氯代乙酸乙酯在二甲基甲酰胺溶液中反应得到邻磺酰苯甲酰亚胺的 N- 乙氧羰基甲基衍生物，经 Gabriel-Colman 重排扩环得 4- 羟基 -2H-1，2- 苯并噻嗪 -3- 羧酸乙酯 -1，1 二氧化物，然后用硫酸二甲酯甲基化，再与 2- 氨基 -5- 甲基噻唑缩合得到目标分子美洛昔康。

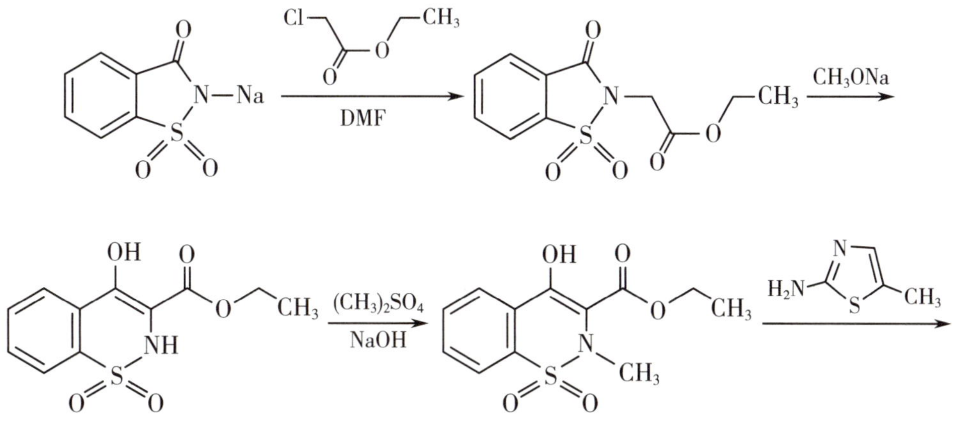

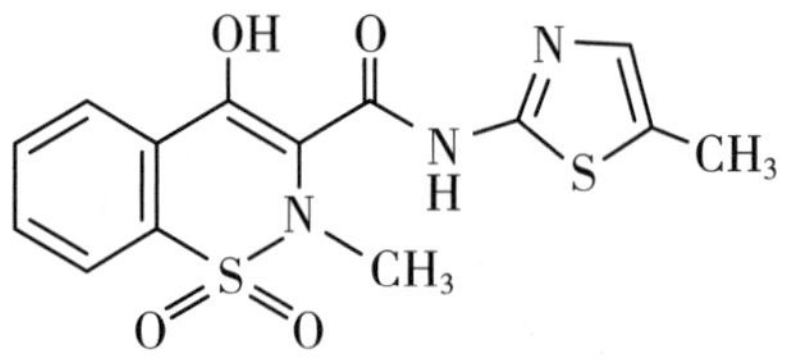

也可以用苯磺酰氯与甲胺反应得到 N- 甲基苯磺酰胺；然后在碱性条件下与 2- 溴丙二酸二乙酯发生取代，最后与 2- 氨基 -5 甲基噻唑缩合得到目标产物。

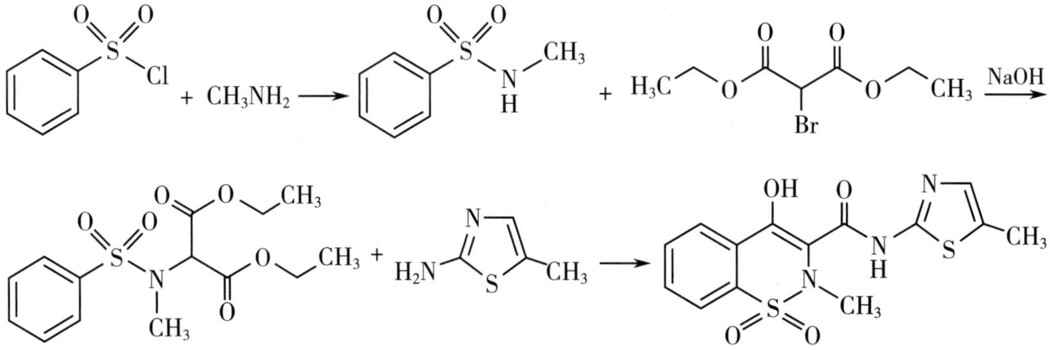

美洛昔康的相关限量物质主要有 A～F 等 6 种。其中 A 为最后一步的反应试剂；化合物 D、E、F 分别为制备美洛昔康过程中形成的多种中间体；B 和 C 分别为美洛昔康的降解产物。

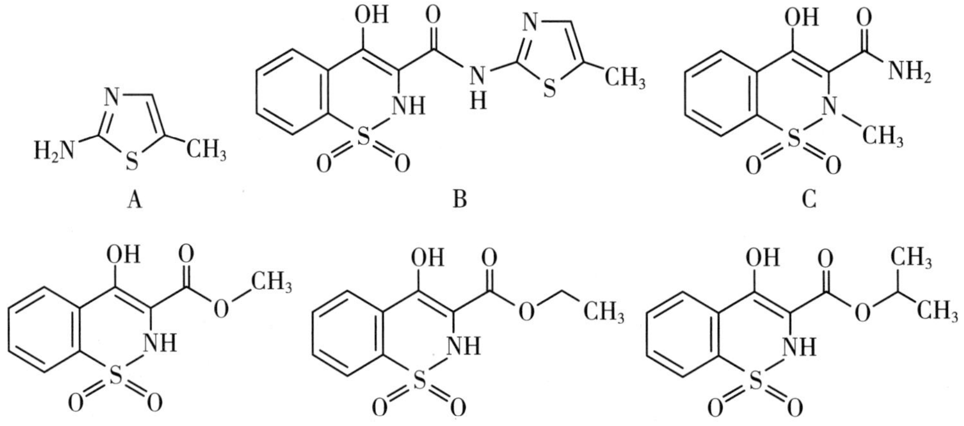

美洛昔康在体内经细胞色素 P450 酶系代谢，主要代谢产物是噻唑环 5 位甲基的氧化，首先氧化成醇，进而氧化生成羧酸排出体外（见图 20-11）。

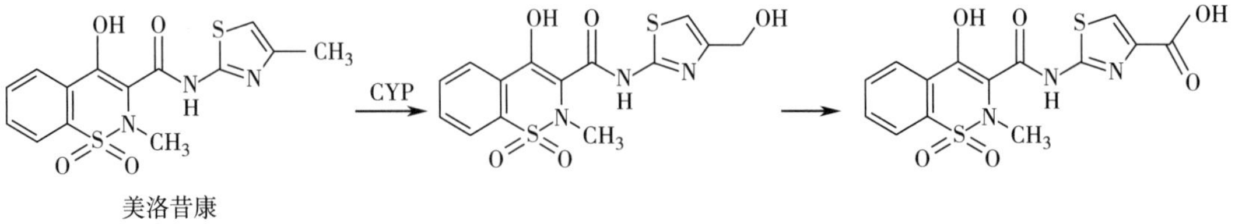

图 20-11　美洛昔康的代谢途径

舒多昔康与美洛昔康都是酰胺 N 原子上连有噻唑环的非甾体抗炎药，差别仅在于噻唑环的 5 位是否含有甲基，但二者毒性差异却很大。舒多昔康的主要代谢途径是 CYP 催化噻唑环开环,生成相应的酰基硫脲,为强亲电性基团,可与肝蛋白质中的亲核基团经共价键结合(见图 20-12)。在Ⅲ期临床试验中由于严重的肝脏毒性而终止开发。

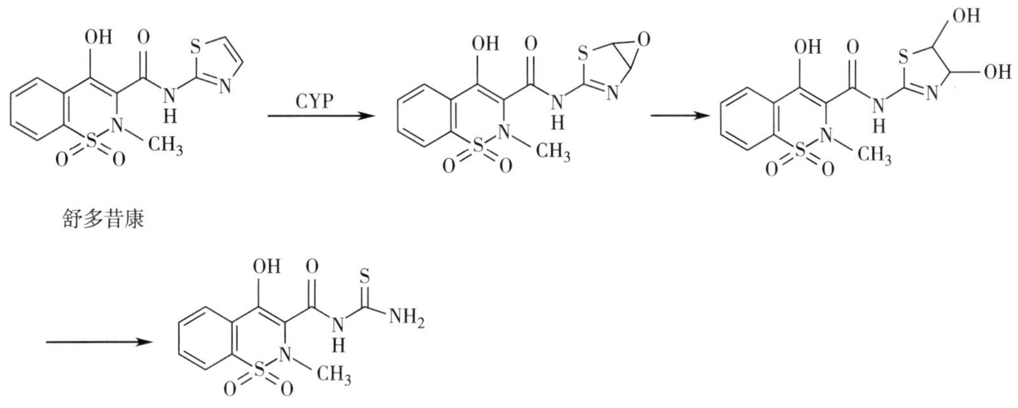

图 20-12 舒多昔康的代谢途径

美洛昔康临床用于类风湿关节炎和骨关节炎的治疗。由于对 COX-2 抑制活性较强,而对 COX-1 抑制活性较弱,因而具有强的抗炎作用和较少的胃肠道、肾脏副作用。

由于吡罗昔康在临床上呈现胃肠道副作用,后来又合成了它的前体药物安吡昔康(ampiroxicam)和辛诺昔康(cinnoxicam)。前者是吡罗昔康首先与乙醛形成缩醛,再与氯甲酸乙酯反应得到产物。整个化合物的脂-水分配系数远远高于原药,口服进入体内经水解释放出原药。安吡昔康与吡罗昔康具有相似的生物利用度,但胃肠道刺激作用远低于原药。后者是吡罗昔康 4- 位羟基与肉桂酸酯化后得到的产物。成酯以后,降低了 4- 位羟基对胃肠道的刺激作用,在体内经水解释放出吡罗昔康产生抗炎活性。与吡罗昔康相比,辛诺昔康的毒性明显降低,安全性高、耐受性好;不仅具有抗炎镇痛作用,还对血小板聚集具有抑制作用。

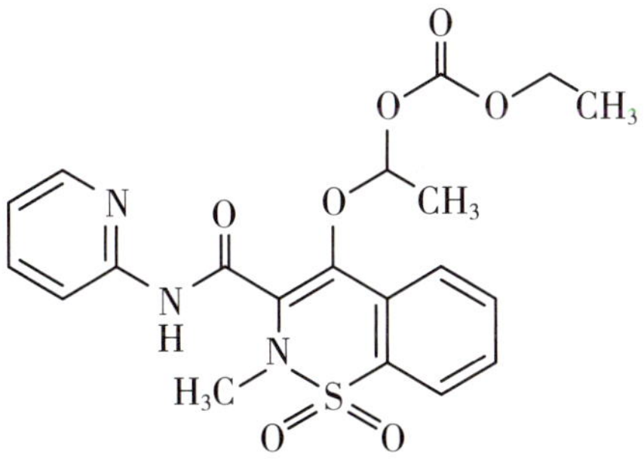

安吡昔康 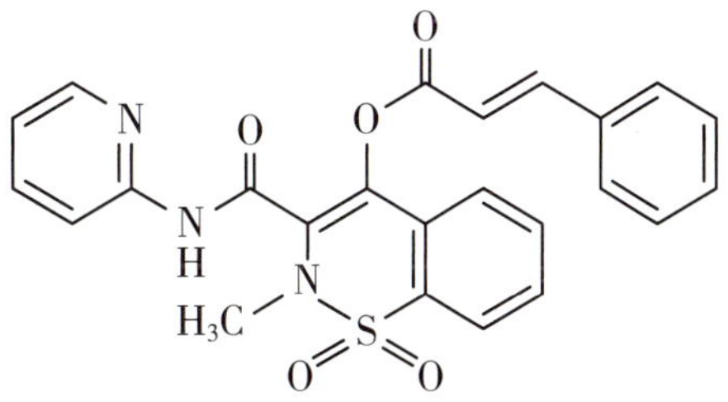　　　　　　　　　　　　　辛诺昔康

五、环氧合酶 -2 选择性抑制剂

随着非甾体抗炎药作用机制的揭示,最初人们认为该类药物对胃肠道的副作用和抗炎作用是平行发生的,要将其分开似乎不可能。1988 年,Simmons 先后发现了环氧合酶 -2(COX-2)和环氧合酶 -3(COX-3),1991 年 Herschman 成功克隆小鼠 COX-2 基因。由此,COX-2 成为设

计新型抗炎药的靶酶。

COX-1 和 COX-2 都是膜结合的蛋白,有大致相似的结合位点,但形状和容积不同。COX-2 含有 His90、Arg513 和 Val523 结合腔穴,但 COX-1 没有这些腔穴,而且 COX-1 的 Ile523 被 Val523 代替,这个差异成为设计选择性 COX-2 抑制剂的结构基础,有助于寻找环氧合酶选择性抑制剂。

Dupont 公司最早发现二芳基杂环化合物 DuP-697 选择性抑制 COX-2,而且发挥抗炎活性的同时不伴有胃肠道副作用,由此 DuP-697 成为 COX-2 抑制剂的合成砌块(building-block)。随后,Searle 公司开发出两个 COX-2 选择性抑制剂 SC-57666 和 SC-58125。其中通过合理设计得到的 SC-58125 作为先导化合物被进行进一步优化。苯环的取向对抑制 COX-2 作用是关键的,用磺酰氨基替换甲磺酰基可提高化合物体外对 COX-2 的选择性并且保持酶抑制作用。吡唑环上引入吸电子基团降低 COX 的活性,变化为给电子基团则提高对 COX-1 和 COX-2 的活性。吡唑环三个位置可以引入取代基,最后发现引入三氟甲基或二氟甲基可具有最佳效力和选择性。吡唑环 5 位连接的苯基对位引入一个甲基可以克服太长的半衰期,这一位置也是易于代谢的位点。1998 年,第一代 COX-2 选择性抑制剂塞来昔布(celecoxib)作为抗关节炎药上市,其对 COX-2 的 IC_{50} 为 0.87μmol/L,COX-2/COX-1 选择性指数 SI 为 325。

DuP 697

二芳基杂环骨架

SC-57666

SC-58125

塞来昔布

罗非昔布

深入研究二芳基呋喃酮类衍生物,发现当 R^1 为甲基磺酰基 R^2 为氟时,化合物是一个选择性 COX-2 抑制剂,其中连接药效团甲基磺酰基的苯基与 2(5H)呋喃酮五元环 3 位相连,4-氟取代苯基与五元碳环 4 位相连,两个取代苯环若互换位置,则化合物没有活性。若用氨基磺酰基替换 4 位甲基磺酰基,则导致对 COX-2 的选择性降低。通过结构优化得到罗非昔布(rofecoxib),它对 COX-2 的 IC_{50} 为 0.02μmol/L,COX-1/COX-2 选择性指数 SI 为 13104。

第一代选择性 COX-2 抑制剂塞来昔布和罗非昔布为药物设计提供了药效团和分子模型,为寻找特异性更高、副作用更小的第二代选择性 COX-2 抑制剂提供了依据。

塞来昔布是第一个花生四烯酸级联代谢途径酶 COX 选择性抑制剂。结合晶体学和构效关系研究结果,建立了塞来昔布与 COX-2 同工酶的假想结合模型(见图 20-13)。结果提示,塞来昔布的选择性最大可能是来自其磺酰氨基部分伸入靶酶的一个由氨基酸残基 His-76 和 Arg-499 围绕的疏水结合口袋。这一个疏水结合口袋的开启是由于体积更小的氨基酸残基 Val-509 替代了 COX-1 的氨基酸 Ile-523 的结果。应该指出的是这一疏水口袋在 COX-1 同工酶中也存在,只是入口处的体积较大的 Ile-523 残基使得无法进入这一疏水结合口袋与 $\triangle^{14}$-双键识别区结合。

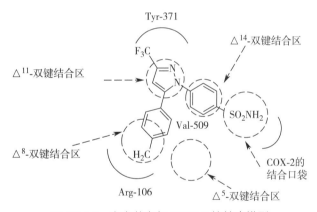

图 20-13　塞来昔布与 COX-2 的结合模型

在第一代 COX-2 抑制剂的基础上,国外又开发了第二代的 COX-2 抑制剂,主要产品有伐地昔布(valdecoxib)、依托昔布(etoricoxib)、帕瑞昔布(paracoxib)和鲁拉昔布(lumaricoxib)。临床证明第二代 COX-2 选择性抑制剂对疼痛和炎症是有效,溃疡的发生率与安慰剂相同。

伐地昔布　　　　　　　　　　帕瑞昔布

鲁拉昔布

已经上市的 COX-2 选择性抑制剂大都是三环类化合物,这类化合物具有显著的结构特征:含有两个芳环且呈顺式构型,其中一个芳环的对位含有磺酰基,另一个芳环上含有相对小体积的取代基,如卤素、甲基等;两个芳环之间的中心环可以是碳环,也可以是杂环,如环戊烯、苯环、环丁烯、呋喃环、吡啶环、吡咯环、咪唑环、噻吩环等。构效关系研究表明,不同结构类型的 COX-2 选择性抑制剂似乎并不拥有酶 COX-2 选择性需要的共同的药效团,但是分子形状、亲脂性、电子云密度、分子柔性和极性及氢键作用,都对 COX-2 的选择性产生显著影响。

长期使用选择性 COX-2 抑制剂有引起病人增加严重心血管血栓事件的风险,许多患者产生因心血管血栓引起心脏病发作、心肌梗死或卒中等严重不良反应,其主要原因是选择性 COX-2 抑制剂抑制血管内皮的前列腺素生成,使血管内的前列腺素和血小板中的血栓素动态平衡失调,导致血栓素升高,促进血栓形成。这一副反应是这类选择性 COX-2 抑制剂所具有的"类效应"。其中罗非昔布因长期高剂量服用有增加严重心血管系统不良反应发生的可能性而被撤市,因此各国药品管理部门均要求对这类药物的标签增加警示性标注。

塞来昔布(celecoxib)

化学名为 4-{[5-(4- 甲基苯基)-3- 三氟甲基]-1*H*- 吡咯 -1- 基 }- 苯磺酰胺,4-[5-*p*-tolyl-3-(trifluoromethyl)-1*H*-pyrazol-l-yl]benzenesulfonamide。

塞来昔布为二芳基吡唑衍生物,磺酰胺上的氢显弱酸性,pK_a 为 11.1。本品是 COX-2 选择性抑制剂,对 COX-2 的抑制作用是对 COX-1 的 400 倍。

塞来昔布可以由两条路线合成。路线一选用 *N*-(三氟乙酰基)咪唑为起始原料与 4- 甲基苯乙酮在强碱双(三甲基硅基)氨化钠催化下发生 Claisen 缩合反应,生成 1,3- 二羰基加成物。二酮与 4- 磺酰氨基苯肼盐酸盐缩合闭环,得到 1,5- 二芳基吡唑类药物塞来昔布。

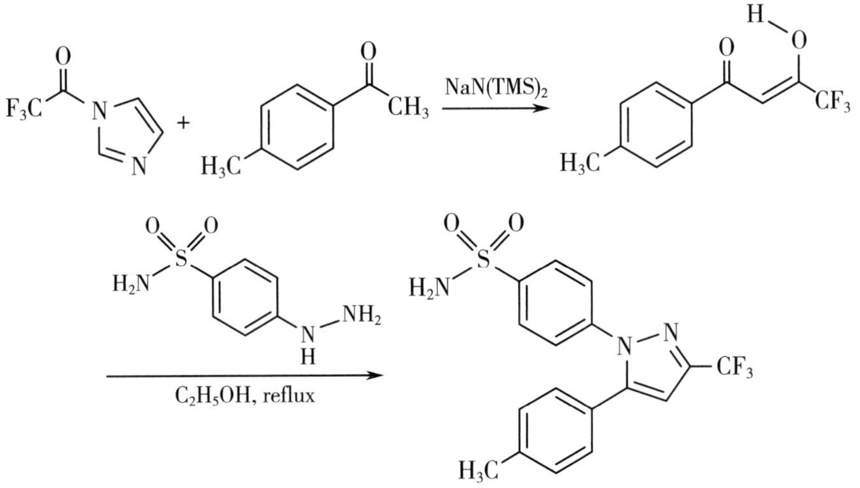

塞来昔布的合成路线二采用三氟乙酸乙酯为原料,与4-甲基苯乙酮在强碱乙醇钠催化下发生 Claisen 缩合反应,生成1,3-二羰基加成物。二羰基加成物与4-氨磺酰基苯肼盐酸盐缩合成环,得到1,5-二芳基吡唑类药物塞来昔布。

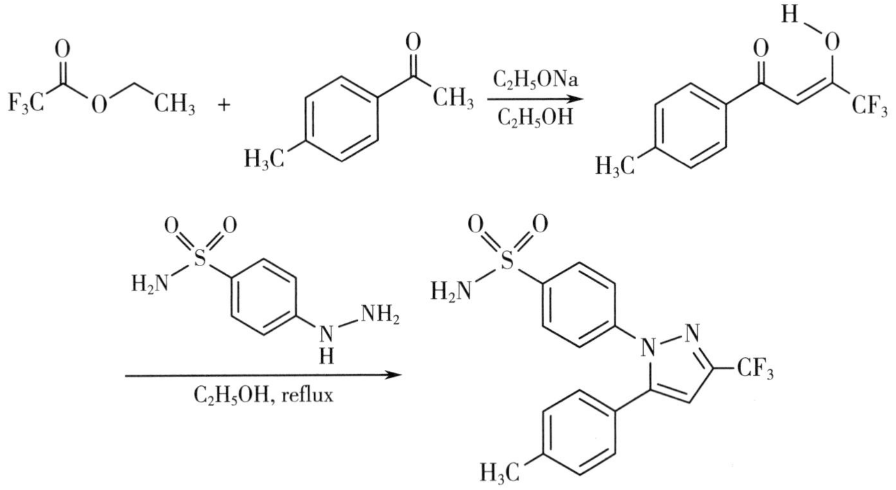

塞来昔布的相关限量杂质有 A 和 B 两种,其中 A 为混在4-甲基苯乙酮中的杂质3-甲基苯乙酮发生 Claisen 缩合,生成的1,3-二羰基加成物与4-磺酰氨基苯肼盐酸盐缩合成环的副产物;B 为1,3-二羰基加成物的1位羰基与4-磺酰氨基苯肼的肼基末端的氨基脱水,3位羰基与连接苯肼的亚氨基缩合形成的副产物。

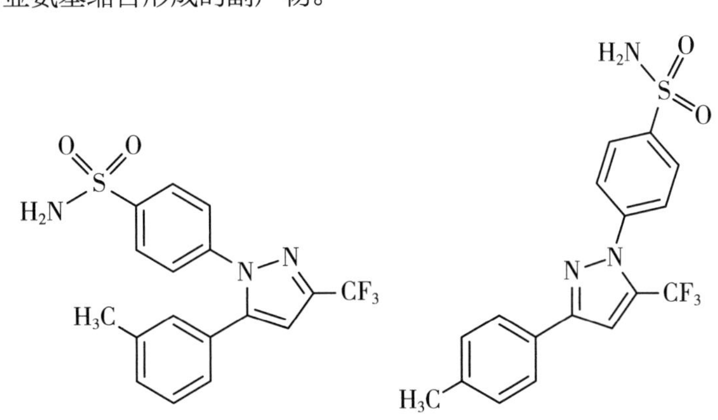

A

B

塞来昔布在肝中经 CYP2C9 氧化代谢，即苯环上 4- 甲基的羟基化，并进一步氧化成羧酸，羧酸代谢物可与葡萄糖醛酸结合从尿中消除。

本品于 1999 年上市，用于治疗风湿性关节炎和骨关节炎引起的疼痛。

艾瑞昔布（imrecoxib）

化学名为 3-（4-（甲磺酰基）苯基）-1- 丙基 -4- 对甲苯基 -1H- 吡咯 -2（5H）- 酮，3-（4-（methysulfonyl）phenyl）-1-propyl-4-p-tolyl-1H-pyrrol-2（5H）-one）。

艾瑞昔布是我国开发的具有独立知识产权的非甾体抗炎药。首先基于已有 COX-2 抑制剂的结构构建了药效团模型；通过系统检索规避专利，设计了以不饱和吡咯烷酮为中间环，连接两个相邻取代苯环的化合物。鉴于过分抑制 COX-2 会导致 PGI_2 水平降低，扰乱 PGI_2 和 TXA_2 之间的平衡，造成心血管的异常状态，药物化学家郭宗儒教授提出了"适度抑制"的理念作为研制 COX 抑制剂的原则，即对 COX-2 有选择性抑制作用，但选择性不宜过强，对 COX-2 和 COX-1 的抑制活性调节在一定的范围内，在消除炎症的同时应维持 PGI_2 和 TXA_2 之间功能的平衡。基于这一原则，筛选了一系列化合物，开展了体内外药效学、药代动力学、初步安全性等评价，最终艾瑞昔布通过临床前和临床研究成功上市。

艾瑞昔布的合成以 4- 甲磺酰基溴代苯乙酮为起始原料，经与对甲基苯乙酰氯在碱性条件下缩合成内酯，再用正丙胺氨解环合而得。

也可以以对甲磺酰基苯乙酮为起始原料,首先经溴代、氨解得 α- 氨基化产物;然后与对甲基苯乙酰氯反应得到酰化产物;再与三氟甲烷磺酸丙酯在碱性条件下发生 N- 烷基化反应;最后在强碱性条件下缩合得到产物。

艾瑞昔布在大鼠体内的代谢产物以氧化产物为主,氧化位点包括吡咯烷酮环和苯环上的甲基;人体内主要经 CYP2C9 代谢氧化成 4′- 羟甲基物,并进一步迅速氧化代谢为 4′- 羧基化合物,后者直接或以葡萄糖醛酸结合物形式排出,两个代谢产物的抗炎活性和选择性与艾瑞昔布相近(见图 20-14)。

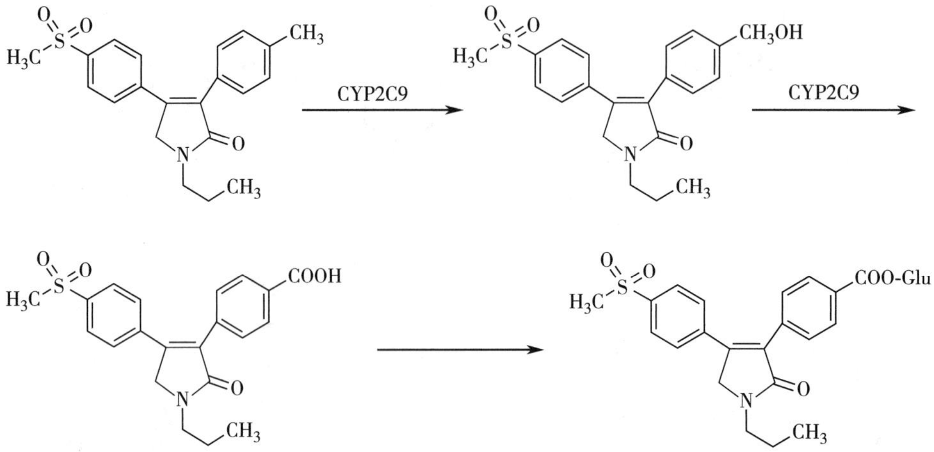

图 20-14　艾瑞昔布的代谢途径

本品主要用于缓解骨关节炎的疼痛症状,适用于男性及治疗期间无生育要求的女性。

第二十章　目标测试

（温鸿亮）

第二十一章　甾体激素药

　　激素是一类由内分泌腺上皮细胞分泌产生并经血液或淋巴传递至靶器官发挥作用的化学信使物质。甾体激素又称类固醇激素，是一类具有环戊烷并多氢菲母核结构的四环脂肪烃化合物。甾体激素及其相关药物在维持生命、调节性功能，对机体发展、免疫调节、皮肤疾病治疗及生育控制等方面有明确的作用。按照药理作用的不同，甾体激素主要包括性激素和肾上腺皮质激素两类；而按照结构和作用的不同，性激素又可分为雄激素、雌激素和孕激素三大类。

第一节　概述

一、甾体化合物的结构类型与命名

　　甾体是广泛存在于自然界中的一类天然化学成分。尽管种类繁多，但它们的基本骨架都为甾烷，即具有环戊烷并多氢菲的甾体母核结构，甾烷是由三个六元脂环烃和一个五元脂环烃以不同的方式稠合构成。"甾"字形象地表示了这类化合物的基本骨架。在甾体激素的基本母核环戊烷并多氢菲（甾环）中，A、B、C、D环均为全反式稠合。母核上各个碳都具有固定的编号。

甾烷

　　按照化学结构，甾烷又可分为雄甾烷、雌甾烷和孕甾烷三大类。孕甾烷和雄甾烷在 C13 和 C10 位上连接有甲基（即角甲基），分别为 C18 和 C19。孕甾烷还在 C17 上连接有一个乙基，分别为 C20 和 C21。而雌甾烷由于 A 环芳构化，故只在 C13 上连接有甲基。

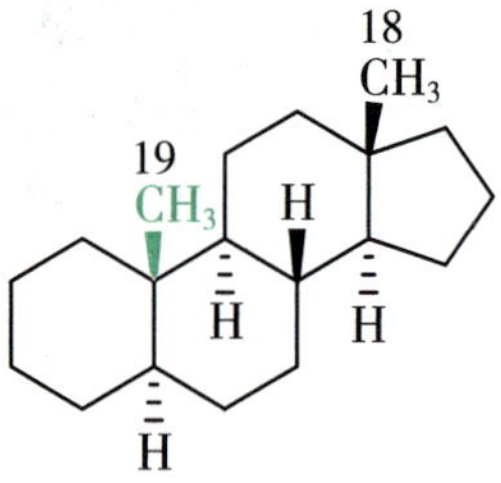

雄甾烷 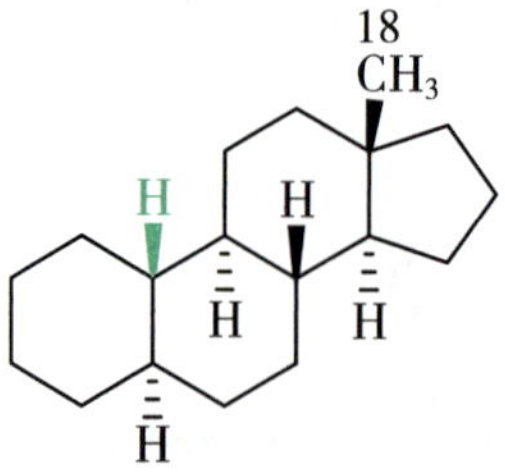　　　　　　　　　　雌甾烷 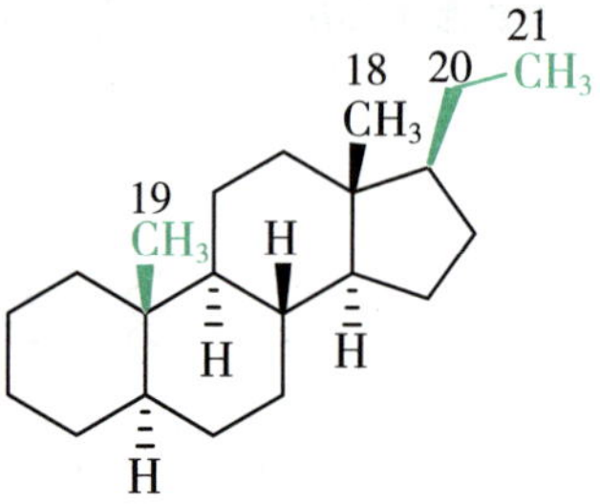　　　　　　　　　　孕甾烷

　　甾烷结构中有六个手性碳原子，理论上存在 64 种光学异构体，但是在天然甾体激素中，B 环与 C 环之间总是反式稠合，C 环和 D 环之间几乎也是反式稠合。根据 C5-H 构型的不同，可分为 5α- 系和 5β- 系。

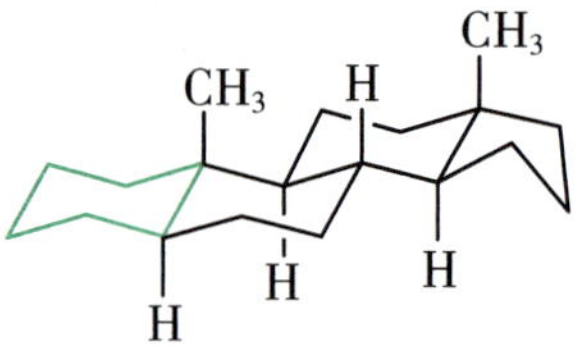

5α-系　　　　　　　　　　　　　　5β-系

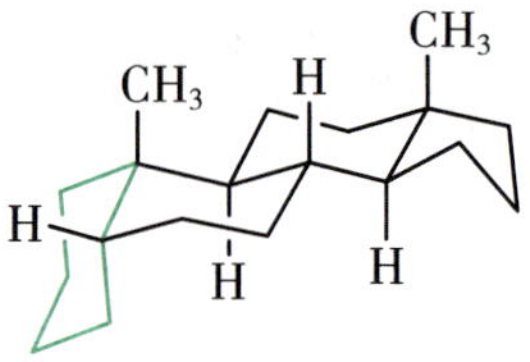

　　天然类固醇分子中的六元环 A、B、C 都呈"椅式"构象（环己烷结构），这是最稳定的构象（唯一的例外是雌激素分子内的 A 环是芳香环为平面构象）。D 环为五元环，它的构象取决于 D 环上的取代基及其所处的位置。

二、甾体激素的体内生物合成途径

　　胆固醇是甾体激素生物合成的主要前体。性激素分别在两性的性腺中合成。在肾上腺的皮质部分，既合成肾上腺皮质激素，也合成少量的性激素。主要的甾体激素的生物合成路线如下：

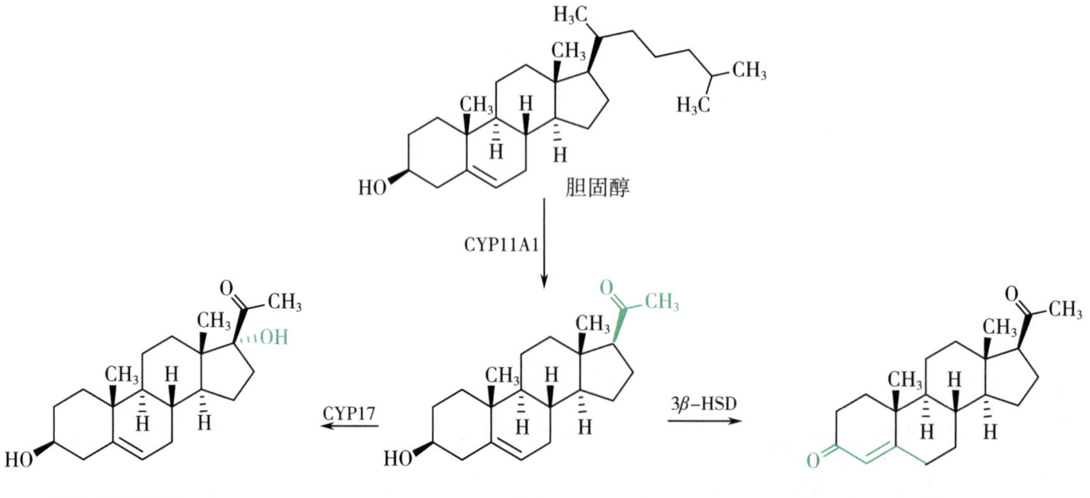

胆固醇

CYP11A1

17α-羟基孕烯醇酮　　　　CYP17　　　　孕烯醇酮　　　　3β-HSD　　　　黄体酮

3β-HSD　CYP17　CYP21

17α-羟基黄体酮　去氢表雄酮　21-羟基黄体酮

CYP21　3β-HSD　CYP11B2

11-去氧皮质醇　雄甾二酮　皮质酮

17β-HSD　睾酮

CYP11B1　CYP19　CYP11B2

氢化可的松　雌酚酮　5-AR　醛固酮

5-AR

雌二醇　5α-去氢睾酮

三、甾体激素的半合成原料和中间体

　　甾体类药物是销售额仅次于抗生素的世界第二大类药物,不同分子结构的甾体药物均由甾体激素中间体衍生物而来。甾体激素中间体的传统生产方法包括提取皂素法和化学全合成法,其对环境有害,反应产物结构不唯一且成本较高,不利于工业化生产。目前在工业上最主要的生产工艺是利用微生物对特殊原料进行转化的半合成法。

　　目前甾体激素药物多数是半合成产品。由于薯蓣皂苷元(diosgenin)的立体构型与甾体激素的构型一致,因此薯蓣皂苷元成为合成甾体激素的重要原料之一。薯蓣皂苷元的甾核A环带有羟基,B环带有双键,易于转变为多数性激素具有的 $\triangle^4$-3- 酮活性结构,合成工艺成熟。其他的植物甾醇,例如剑麻皂苷元(替柯皂苷元,tigogenin)、番麻皂苷元(海柯皂元,hecogenin),在某些同化激素及皮质激素的合成中也有采用。在我国主要以薯蓣皂素为半合成原料,剑麻皂素和番麻皂素的资源在我国也很丰富,但尚未得到充分利用。近年来随着C17 位侧链的微生物选择性氧化裂解工艺成熟,豆甾醇(stigmasterol)、β- 谷甾醇(β-sitosterol)和胆固醇(cholesterol)等植物甾醇也已成为半合成原料。

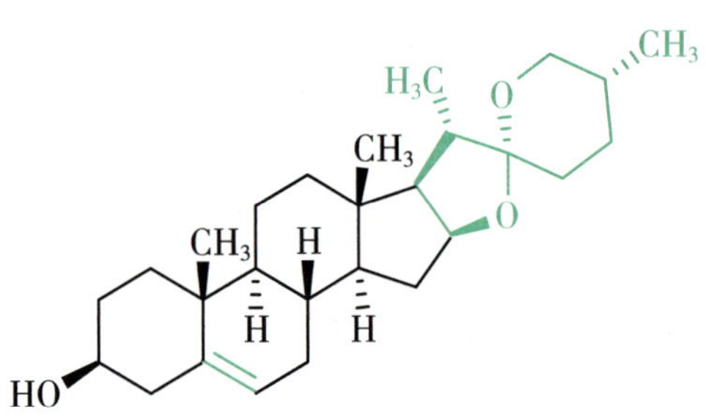

剑麻皂苷元

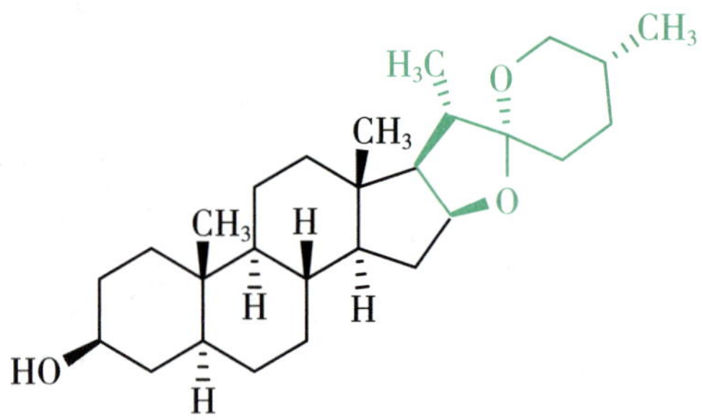

番麻皂苷元

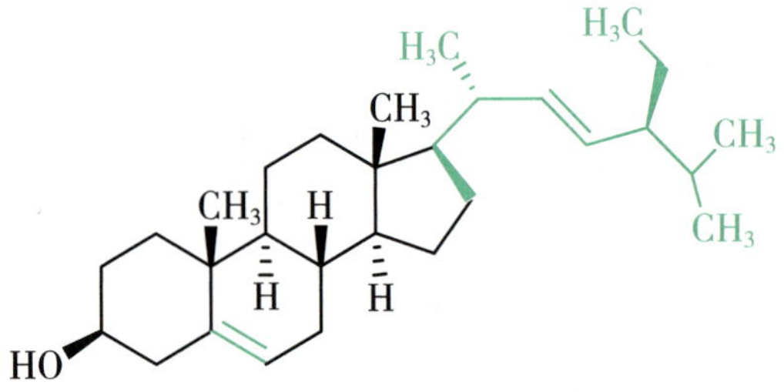

豆甾醇

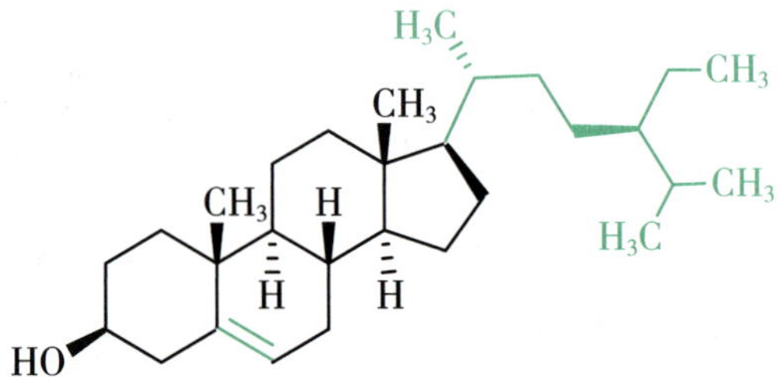

β-谷甾醇

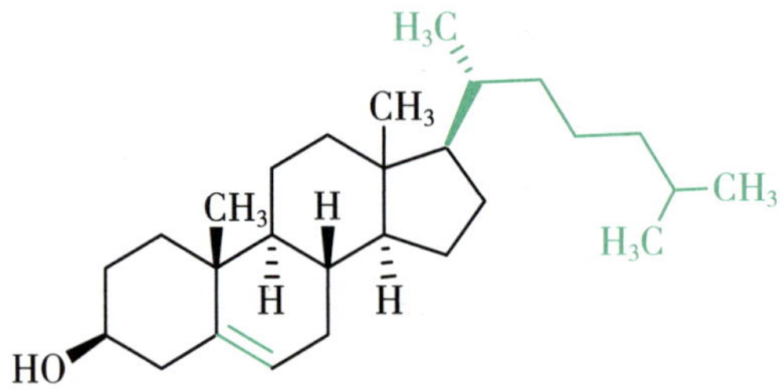

胆固醇

薯蓣皂苷元与乙酸酐在200℃下加压裂解，经氧化、水解等步骤后，可得醋酸孕甾双烯醇酮，它是合成具有孕甾烷类基本结构的甾体药物的关键中间体。

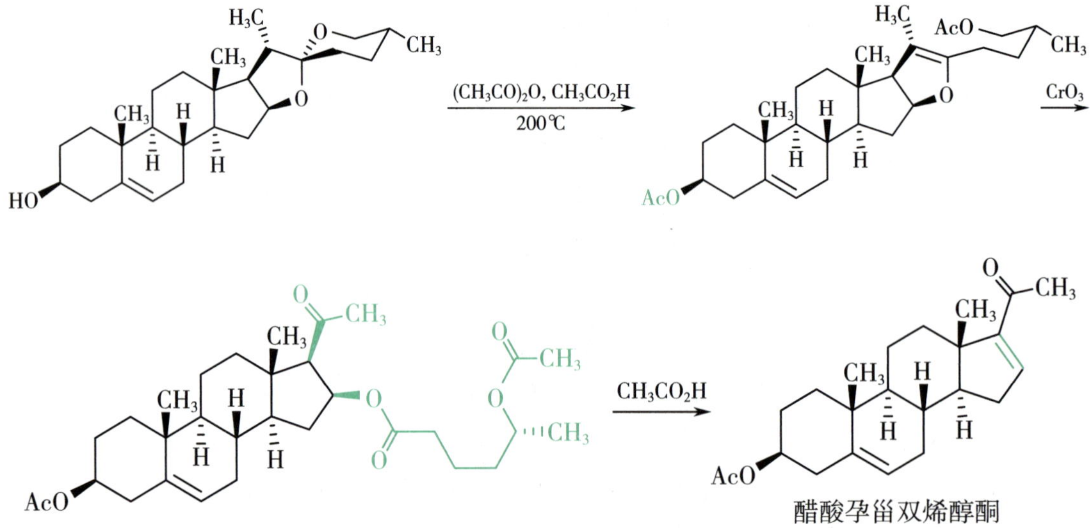

$(CH_3CO)_2O, CH_3CO_2H$
200℃

CrO_3

CH_3CO_2H

醋酸孕甾双烯醇酮

醋酸孕甾双烯醇酮结构中的 α,β-不饱和酮羰基再经酯化、Beckmann 重排、水解，得醋酸去氢表雄酮，它是合成雄烷及雌烷化合物的中间体。

醋酸去氢表雄酮

四、甾体激素受体和功能

甾体激素受体属于细胞核受体超家族,是高等动物基因转录调控中的重要反式作用因子,它广泛存在于动物体内几乎所有组织器官中。甾体激素受体是甾体激素发挥作用的关键,激素与受体结合后,通过和 DNA 上的特异序列甾体激素应答因子结合,在转录水平上调节基因表达,促进蛋白质(酶)的生物合成而引起生物效应。甾体激素受体家族包括雄激素受体、雌激素受体、黄体酮受体、糖皮质激素受体和盐皮质激素受体,它们大都已成为药物靶标。

甾体激素调节特定组织的基因表达。尽管各类激素之间的化学结构差异相对不大,但却呈现出显著的组织选择性。例如,雌激素如雌二醇能增强子宫细胞增殖,但并不影响前列腺细胞增殖,而雄激素如睾酮则相反;可是雌二醇和睾酮都不增强胃上皮细胞增殖。这种选择性的基础是在特定的组织中存在选择性的甾体激素受体。

甾体激素受体作为核受体家族成员,在基因表达中起重要作用,传统模型表明,这些受体一旦与激素配体结合,就会释放出如 Hsp90 之类的热休克蛋白,并转移到细胞核内,进一步在上游启动位点处以二聚体形式与激素反应元件(hormone response element, HRE)结合。但是,激素受体并非单独与 DNA 靶序列上的激素反应元件作用调节靶基因的表达,而是在一系列辅助调节因子参与下,通过蛋白质-蛋白质之间的相互作用,实现对靶基因的协同调控。而且各种辅助调节因子又受各种不同信号途径的调节,形成了不同信号途径之间的交叉调节。在辅助调节因子的参与下,激素-受体-靶基因调控方式与多种信号传导途径间通过交叉调节,从而形成基因表达网络调控模式。

各类甾体激素受体具有共同的结构域和功能区,例如 N 末端(A/B)区(也称作 A/B 调节区)、DNA 结合区、铰链区和 C 末端配体结合区等,但是每类受体的各个区域的氨基酸数目却不相同。图 21-1 表示了各类甾体激素受体的一级结构,系由克隆的 DNA 互补链演绎得到。甾体激素受体与配体的结合部位在 C 端,A/B 为受体的二聚化区段,在 N 端为高度可变区,是控制基因转录的位置。当激素受体与配体结合后,构象发生变化,使得原本处于掩蔽状态的 DNA 结合区段暴露出来,这样激素受体蛋白与 DNA 结合,与此同时 RNA 聚合酶活性增强,生成特异性的单链 mRNA,后者调控各种特异性蛋白的产生,发挥激素对细胞功能、细胞增殖及细胞分化的调节效应。

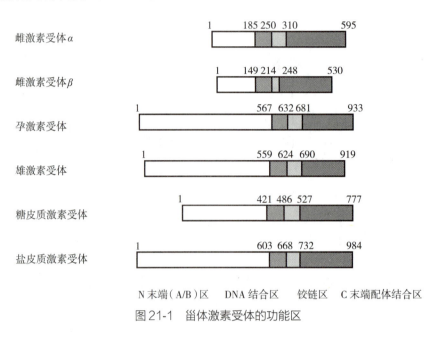

图 21-1 甾体激素受体的功能区

第二节 雄激素、蛋白同化激素及雄激素受体拮抗剂

雄性激素是促进雄性及副性征发育的激素,它还具有蛋白同化作用,即促使体内蛋白质的合成代谢作用(同化作用),使肌肉发达、体重增加。现已得到一些睾酮的衍生物,其雄性激素的作用很弱,在正常剂量下几无雄性作用,主要具有蛋白同化作用,被称为蛋白同化激素(或同化激素)。雄性激素多用于替补疗法,而蛋白同化激素用于病后虚弱或营养不良的治疗。至今尚不能把雄性作用和蛋白同化作用完全分开,即雄性激素具有蛋白同化作用的副作用,而蛋白同化激素也具有雄性作用的副作用。

一、雄激素

雄激素通常被称为"男性"激素,但这些激素在男性和女性中都存在并且是必不可少的。它们对正常的生殖功能、情感健康、认知功能、肌肉功能和生长以及骨骼强度都至关重要。雄激素在人体内起着多种作用,一些雄激素的作用包括刺激身体和阴毛的生长、性欲增强、肌肉的生长、脂肪细胞的活动和位置改变。在男性和女性中,雄激素是雌激素的前体。雄激素转化为雌激素的作用是雄激素在女性体内的主要作用之一。在女性中,雄激素产生于肾上腺、卵巢和脂肪细胞中。

1931 年,Butenandt 从 15 吨男子尿中分离出 15mg 雄酮(androsterone)结晶,因效力弱,无临床价值。1935 年又从雄仔牛睾丸中提取制得效力更高的睾酮(testosterone),这是最早获得的天然雄激素的纯品,经结构阐明为雄甾烷衍生物,同年人工全合成成功。

雄酮　　　　　　　　　　　睾酮　　　　　　　　　　环戊丙酸睾酮

丙酸睾酮　　　　　　　　　　　十一烯酸睾酮

其他天然存在的甾体雄激素是雄烯二酮(androstenedione)、雄烯三酮(androsenetrione)、5α-二氢睾酮(5α-dihydrotestosterone)及 11β-羟基雄烯二酮(11β-hydroxyandrostenedione)。在生物合成过程中,雄酮和睾酮可由 17β-羟甾脱氢酶羟基催化可逆互变。

睾酮可作为雄激素替代治疗药物。由于易于代谢,作用时间短暂,而且受到消化道菌群干扰,故口服无效,一般使用睾酮的油溶液进行肌内注射或植入皮下给药。为此,对睾酮进行结构修饰,以达到延长作用时间或能够口服目的。在临床上,多使用人工合成的睾酮衍生物,例如丙酸睾酮(testosterone propionate)和甲睾酮(methylmesterone)。

将睾酮的 17 位羟基进行酯化修饰成前药,制成油剂,注射后在人体内缓慢吸收。逐渐水解释放出原药起作用。这样的长效药物包括睾酮、环戊酸酯、丙酸酯和十一烯酸酯。其中又以丙酸睾酮在临床上的效果最优。

在睾酮的 17α 位引入甲基,增大 17 位的代谢位阻,可降低药物在肝脏的氧化代谢速度,使得口服有效。甲睾酮作用强度仅为睾酮的一半,是第一个口服雄激素药物,口服吸收快,生物利用度好。

甲睾酮

丙酸睾酮（testosterone propionate）

化学名为 17β- 羟基雄甾 -4- 烯 -3- 酮丙酸酯，(17β)-hydroxyandrost-4-en-3-one。

本品为白色或类白色粉末或无色结晶，几乎不溶于水，易溶于丙酮和乙醇，可溶于脂肪油。

本品的 pK_a 为 4.77，$\log P$ 为 19.09。

睾酮易于代谢，代谢位点在 A 环和 D 环，其 A 环 4，5 位双键还原的产物 5α- 二氢睾酮在前列腺的雄激素活性高于睾酮，而雄烯二酮的活性远低于睾酮，故认为它是睾酮的贮存形式。雄酮、3- 表雄酮和 5- 表雄酮与葡萄糖醛酸形成结合物后通过肾脏随尿液排出。

丙酸睾酮可用不同方法制备得到，包括用胆固醇，但是通常采用醋酸去氢表雄酮制得。

路线一以醋酸去氢表雄酮为原料，其 C17 位羰基可用硼氢化钠或者是 Raney 镍催化氢化还原为羟基，还原得到 17β- 羟基化合物。再在吡啶中用苯甲酰氯酰化，得到一个二酯。鉴于分子中两个酯基的酸性环境的差异，以及 17 位羟基酯衍生物比 3 位羟基酯衍生物更难水解，C3 位羟基的乙酰基保护基团用氢氧化钾在乙醇中选择性水解后得到醇。在环己酮作为氢质子受体存在的情况下，用异丙醇铝经 Oppenauer 氧化成酮，在这一过程中 C5-C6 位的双键转位至 C4-C5 位，然后在碱性下水解酯基得到睾酮，最后再用相应的酸酐或者酰氯酰化睾酮即可得到丙酸睾酮。

醋酸去氢表雄酮

路线二以去氢表雄酮为原料，先经 Oppenauer 氧化，再还原得到睾酮和二氢睾酮的混合物，其中二氢睾酮可采用二氧化锰脱氢得到睾酮，最后再用相应的酰氯或者酸酐酰化睾酮即可得到丙酸睾酮。

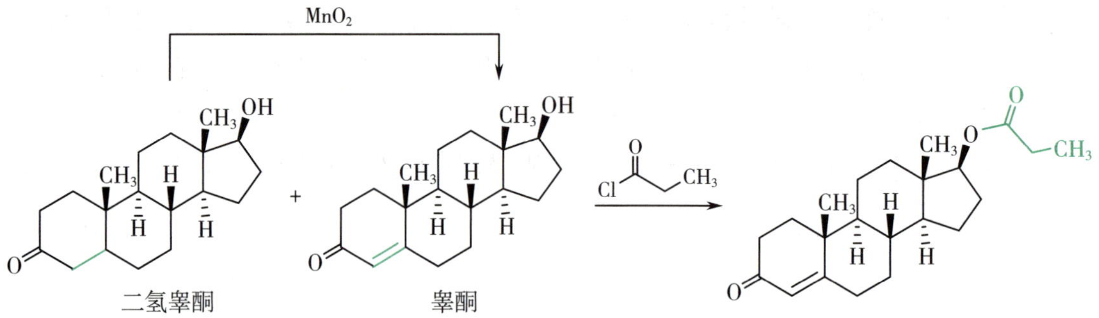

二氢睾酮 + 睾酮 → （丙酸睾酮产物）

丙酸睾酮的限量杂质检查主要包括 A～D 四种。其中杂质 A 和 B 为睾酮的丙酸酯和异丁酸酯，推测是夹带在试剂中的乙酰氯或异丁酰氯或者它们的酸酐参与副反应；杂质 C 系未反应完全的前体睾酮。D 则是甾体 A 环的 C1、C2 位在使用二氧化锰时也被氧化脱氢。

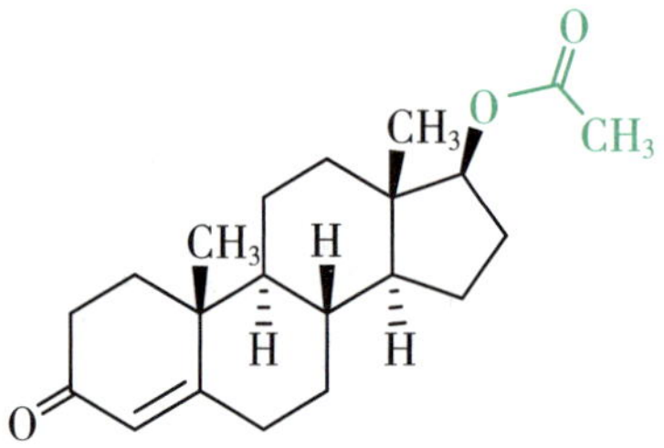

A 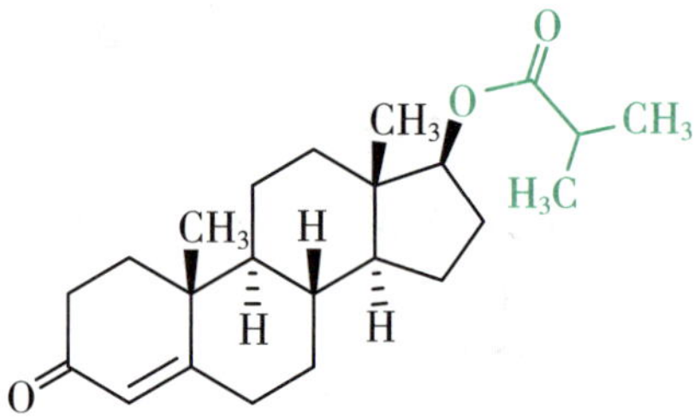   B

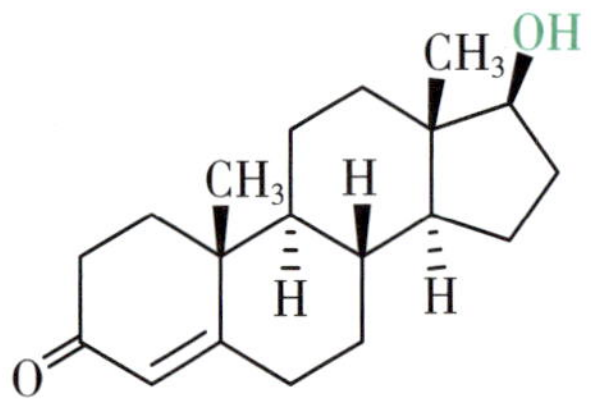

C 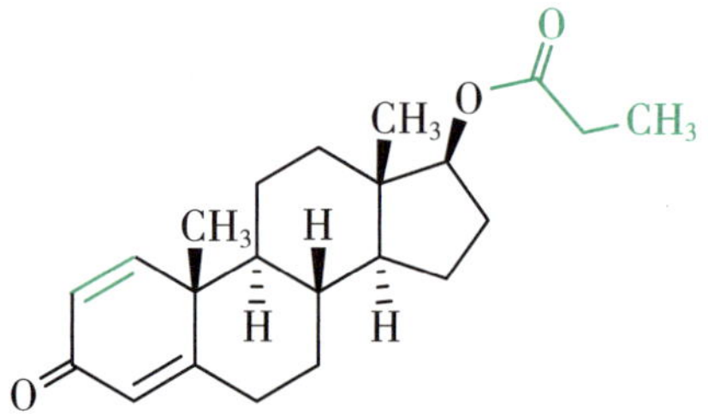   D

本品可作为雄激素替补疗法治疗药物。

二、蛋白同化激素

蛋白同化激素（anabolic androgenic steroids）俗称合成类固醇，是一类拟雄性激素的人工合成的甾体激素。蛋白同化激素家族从化学结构上看是一类含环戊烷并多氢菲基本骨架的化合物，根据生化结构与化学合成，又可分为睾酮衍生物、雄烷衍生物、诺龙（19-去甲基睾酮）衍生物、杂环衍生物、杂类合成类固醇五组。属于脂溶性化合物，弱极性或中等极性。由于其主要结构与雄激素颇为相似，因此具有与雄激素相似的生理作用，但其雄性化作用甚弱，而蛋白同化作用却很强，用药后易吸收，血中浓度高，体内活性大，具有多种作用。

蛋白同化激素的主要作用是促进蛋白质合成和抑制蛋白质异化,使食欲增加,肌肉增长,体重增加,体质增强。同时也能促使钙、磷在骨组织中沉积,促进骨细胞同质形成,加速骨钙化和骨生长。还可以刺激骨髓造血功能,使红细胞和血红蛋白量升高。

由于蛋白同化作用有较多的适应证,对雄激素的化学结构改造的主要目的是获得蛋白同化激素。雄激素活性的结构特异性很强,对睾酮的结构稍加变动,如19位去甲基、A环取代、A环并环等修饰,均可使雄性激素活性降低及蛋白同化活性增加。而男性化副反应是本类药物的主要缺点。

在4位引入卤素如氯司替勃(clostebol),低了蛋白同化作用,但同时雄性激素作用降低。

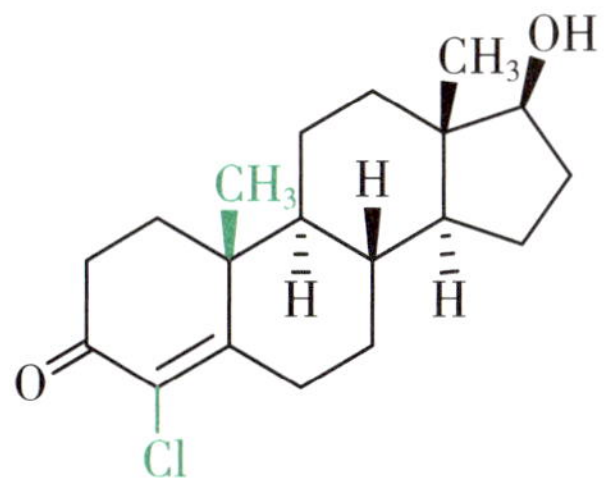

氯司替勃

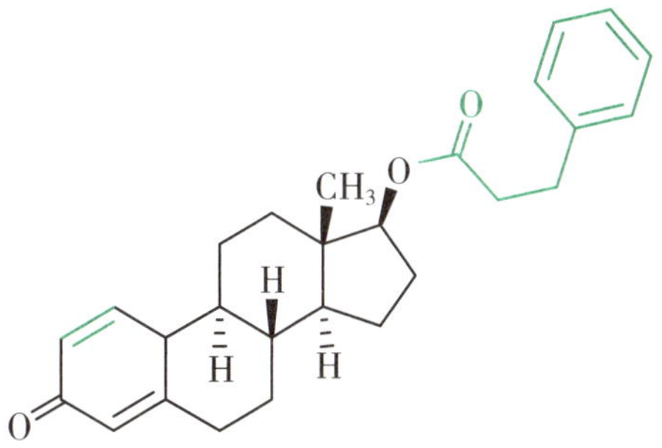

苯丙酸诺龙

将19位甲基去除,可显著降低雄性激素作用,提高蛋白同化作用。例如苯丙酸诺龙(nandrolonephenylpropionate)。

A环进行更为丰富的变化,并且辅以引入17α位甲基,得到更强效的口服蛋白同化激素。例如氧雄龙(oxandrolone)、羟甲烯龙(oxymetholone)、美雄酮(metandienone)、司坦唑醇(stanozolol)。

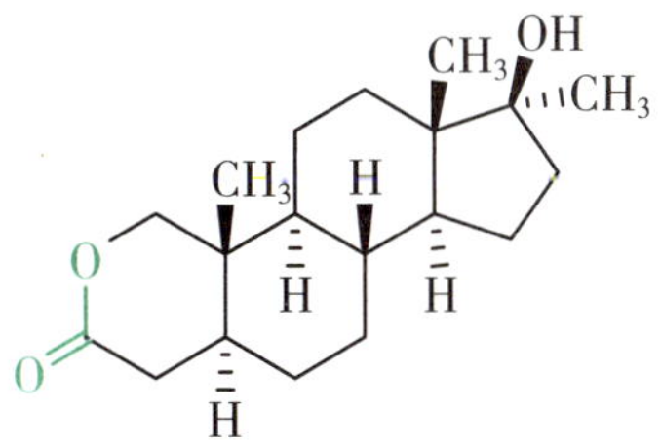

氧雄龙

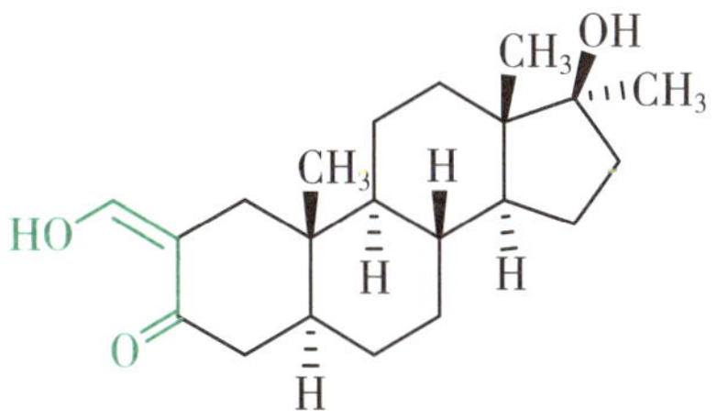

羟甲烯龙

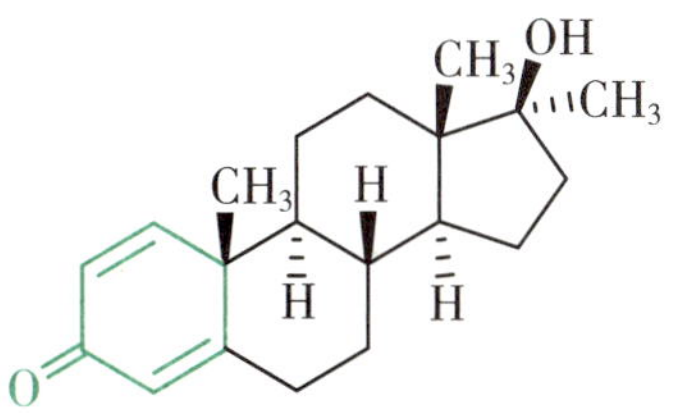

美雄酮

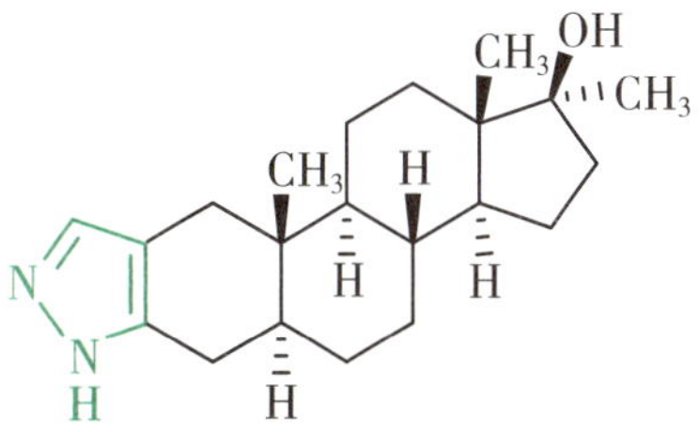

司坦唑醇

结构 - 活性关系研究表明，5α- 雄甾烷有雄激素作用，5β- 雄甾烷则无雄激素活性。雄激素的雄性活性结构专一性较高，而蛋白同化作用的结构专一性相对低一些。3 位 - 酮基和 3α 位 - 羟基引入能提高雄激素活性，17β 位 - 羟基对雄激素活性至关重要。在 4 位和 9 位引入卤素、19 位去甲基、A 环并合杂环乃至 3 位去酮基可增强蛋白同化作用。

由于雄激素和蛋白同化激素对心血管系统、神经系统、内分泌系统具有损害作用，故被国际奥林匹克委员会和多个专项体育组织列为禁用药物。

在一些重大体育赛事（如奥林匹克运动会）上兴奋剂事件迭出，其中甾体蛋白同化激素是使用频率最高、范围最广的一类兴奋剂。最常见的有达那唑、司坦唑醇、苯丙酸诺龙、癸酸诺龙等。本类药物具有增长肌肉的作用，因而可提高比赛成绩，所以极少数运动员铤而走险偷偷使用。但本类药物副作用也很严重，男人服用后会抑制雄性激素分泌，出现睾丸缩小、胸部扩大、早秃等现象；女人服用后，会发生男性化作用，出现肌肉增长、月经失调、毛发增多等现象。有些副作用是不可逆转的。

三、雄激素受体拮抗剂

抗雄激素是一组不同的药物的名称，能够抑制雄激素的生物合成和代谢，减少雄激素的产生和功能。一些抗雄激素药物通过降低体内雄激素的产生来发挥作用，而另一些则会阻断雄激素受体，限制身体利用产生的雄激素的能力。

其中雄激素拮抗剂可竞争性拮抗雄激素与其对应的受体的作用，对雄激素亢进性疾病如痤疮、女性男性化、前列腺增生、前列腺癌等具有治疗作用。理想的抗雄激素是无毒的、高度活性的而且没有任何激素的活性。甾体和非甾体抗雄激素都被深入研究，但甾体抗雄激素通常对其他激素受体也有作用，限制了它们在临床上使用，其中环丙孕酮（cyproterone）曾在欧洲上市，环丙孕酮是 17α- 羟孕酮类化合物，具有较强的孕激素样作用，可反馈抑制下丘脑 - 垂体系统，降低血浆中的 LH、FSH 水平，从而降低睾酮的分泌水平。另外，环丙孕酮还可阻断雄激素受体，从而抑制内源性雄激素的药理作用，抑制男性严重性功能亢进。对于前列腺癌患者，当其他药物使用无效或患者无法忍受时，可服用环丙孕酮。环丙孕酮与雌激素合用可治疗女性严重痤疮和特发性多毛症。随后人们转而寻找缺乏激素活性的非甾体抗雄激素。主要代表药物包括氟他胺（flutamide）、羟基氟他胺（hydroxyflutamide）、尼鲁米特（nilutamide）、比卡鲁胺（bicalutamide）。

氟他胺　　　　　　　羟基氟他胺　　　　　　　尼鲁米特

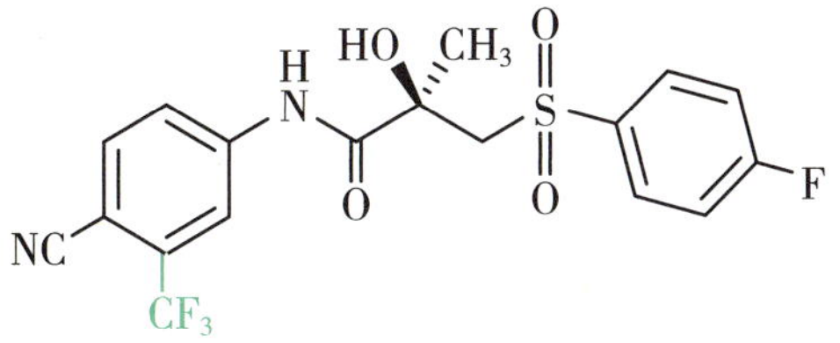

比卡鲁胺

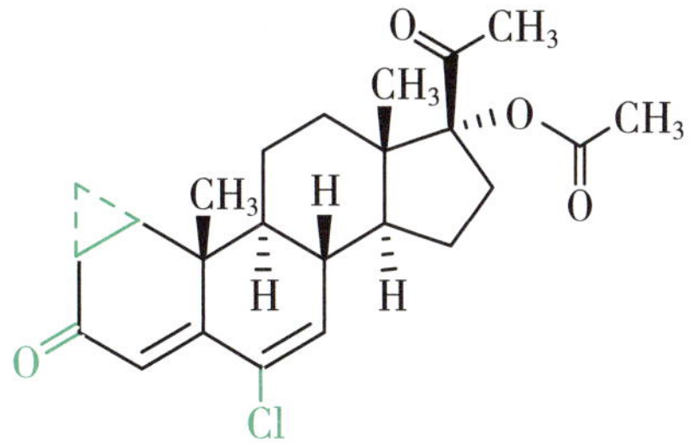

环丙孕酮

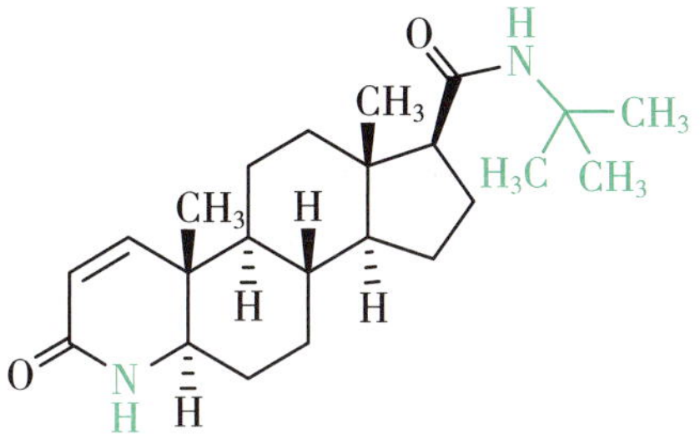

非那雄胺

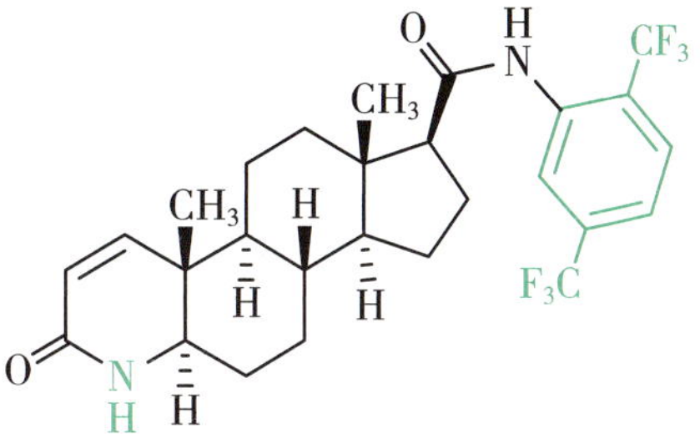

度他雄胺

达卢他胺（darolutamide）是一种抗雄激素药物，用于治疗非转移性去势性前列腺癌的男性。它被特别批准用于治疗非转移性去势抗性前列腺癌（nmCRPC）联合手术或药物去势。达卢他胺是一种非甾体抗雄激素（NSAA），作为雄激素受体（AR）的选择性拮抗剂。它被称为第二代或第三代 NSAA。达卢他胺于 2011 年获得专利，2020 年 3 月，它在欧盟和澳大利亚分别获批用于医疗用途。

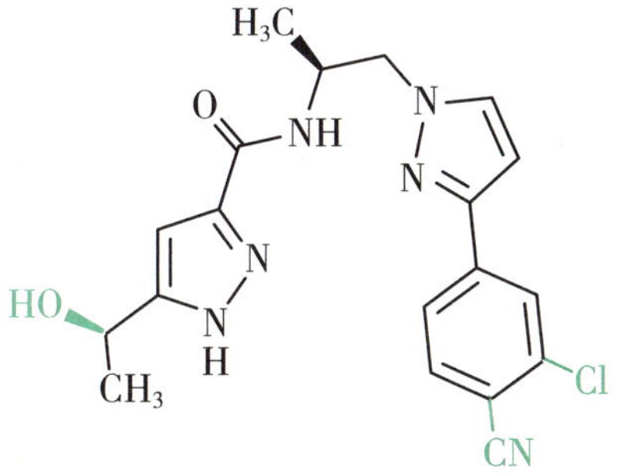

达卢他胺

四、甾体 5α- 还原酶抑制剂

5α- 二氢睾酮对维持男性前列腺功能是重要的，它主要通过 5α- 还原酶把睾酮还原而来。5α- 还原酶有两种亚型：Ⅰ型和Ⅱ型。Ⅰ型 5α- 还原酶主要分布在肝脏和某些外周组织并参与睾酮和其他 A 环烯酮类物质的新陈代谢，Ⅱ型则分布在前列腺和睾丸负责把睾酮转化为二氢睾酮来强化雄激素作用。5α- 还原酶抑制剂是一类通过抑制 5α- 还原酶的活性，减少 DHT 生成，是治疗雄激素依赖性疾病如前列腺增生、脱发、痤疮等的有效手段，也是 BHP 非手术治疗的主要途径。目前已开发的 5α- 还原酶抑制剂包括甾体和非甾体两类。

非那雄胺（finasteride）是Ⅱ型 5α- 还原酶相对选择性抑制剂，度他雄胺（dutasteride）是Ⅰ型和Ⅱ型 5α- 还原酶双重抑制剂,在 C17 位带有芳香酰胺,而不是非那雄胺的叔丁基酰胺,临床治疗良性前列腺肥大。

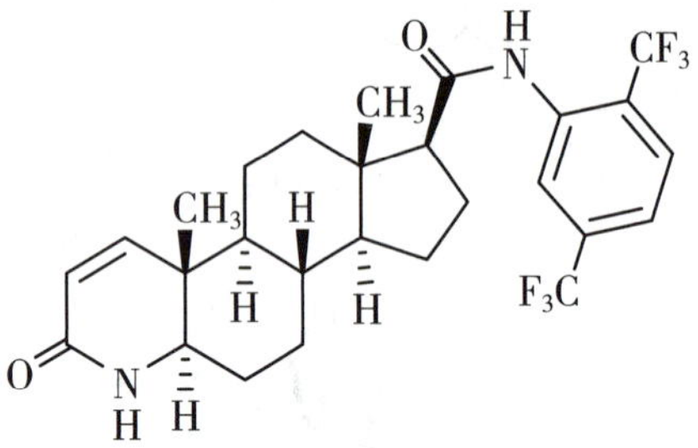

度他雄胺 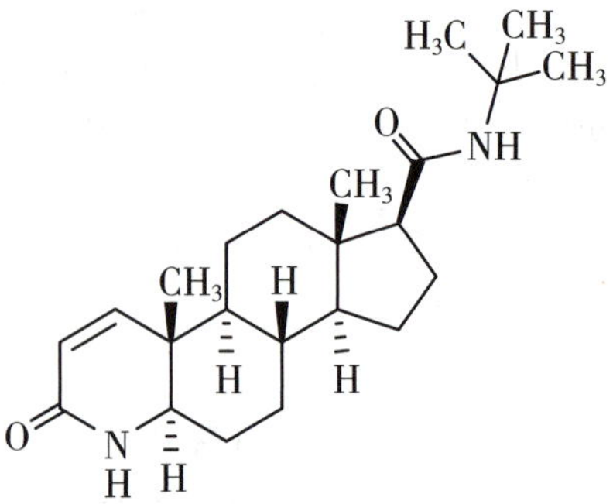 非那雄胺

第三节 雌激素和雌激素受体拮抗剂

一、雌激素

(一)甾体雌激素

雌激素又称女性激素,是一种能够促进雌性动物第二性征发育及性器官成熟的物质,具有促进和维持女性生殖器官和第二性征的重要生理作用。女性和男性体内都有这种激素,但女性分泌更多。人体内主要存在 3 种内源性雌激素:雌二醇(estradiol,E_2)、雌酮(estrone,E_1)和雌三醇(estriol,E_3),其中,雌二醇是由卵巢和睾丸分泌的主要天然雌激素,效应最强,而雌酮、雌三醇等其他雌激素多为雌二醇的肝脏代谢产物。

雌激素主要用于治疗更年期综合征、卵巢功能不全、闭经、晚期乳腺癌、放射病及骨质疏松症,还用作女性避孕药物的配伍成分。

20 世纪 30 年代已从孕妇尿中分离出雌性激素雌酮、雌二醇及雌三醇的结晶纯品。进一步发现前两种激素直接从卵巢分泌,雌三醇是它们的代谢产物。三种激素中雌二醇的活性最强,雌酮及雌三醇的活性分别是它的 1/3 和 1/100。

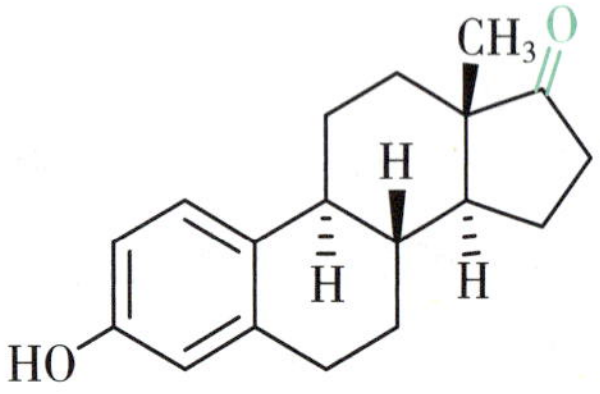

雌酮 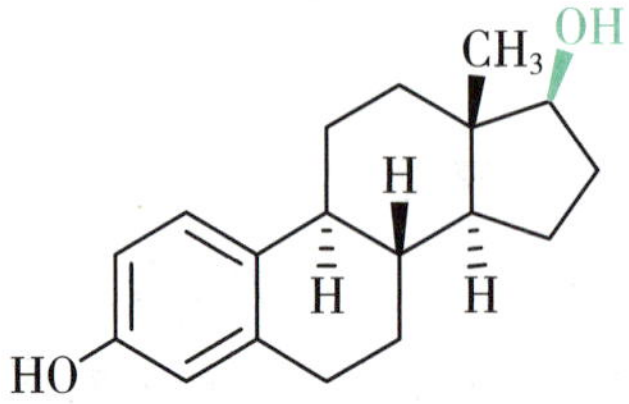 雌二醇 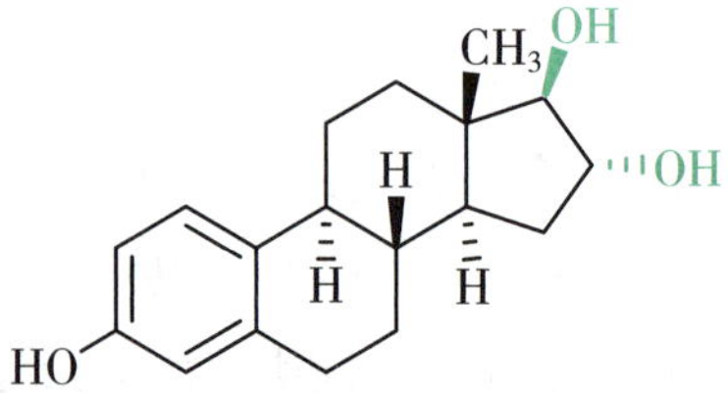 雌三醇

这些天然雌激素是 A 环芳香化的雌甾烷化合物,3 位有酚羟基,17 位氧代或 β- 羟基,雌三醇在 16 位有 α- 羟基。临床用的雌激素类药物主要是它们的衍生物。

由于雌二醇口服后经胃肠道吸收,在肝脏内被迅速代谢,故生物利用度低,需注射给药。

因此,对雌二醇进行结构修饰以改善它的药用性质,即延长作用时间和使之口服有效。

雌二醇的一类衍生物是 3 位或 17 位的酯化合物,其中 3 位的苯甲酸雌二醇,因脂溶性增加,注射后可延长作用时间,是最早使用的雌激素前药。17β 位以戊酸雌二醇(estradiol valerate)为代表。

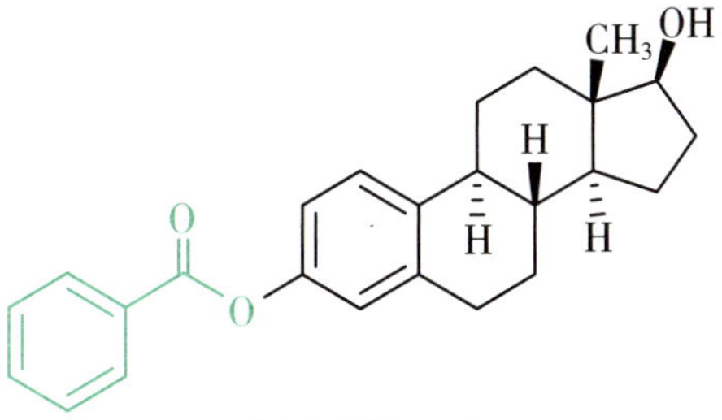

苯甲酸雌二醇 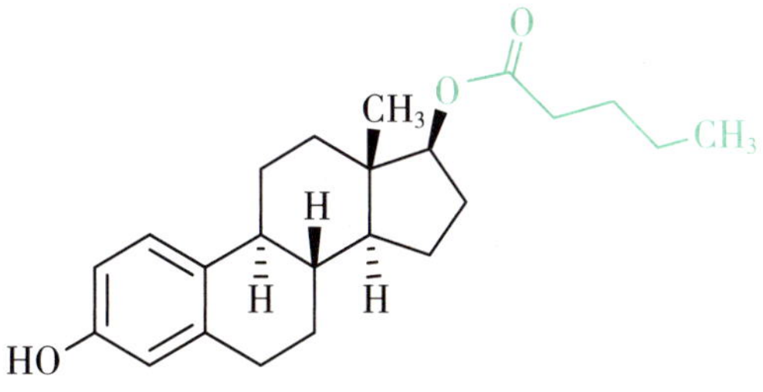   戊酸雌二醇

将雌酮 17 位乙炔化之后得到炔雌醇(ethinylestradiol)。由于乙炔基的引入 17β- 羟基的氧化代谢被避免,且 17β- 羟基的硫酸酯结合受阻,失活变慢。炔雌醇口服有效,强度是雌二醇的 15～20 倍。若再进一步将 3 位酚羟基换成环戊醚,得炔雌醚(quinestrol),其失活更慢。由于五元脂环的引入,增加其在人体脂肪球中的溶解度,口服后可贮存在体内脂肪中,并缓慢释放,代谢为炔雌醇而生效,作用可维持一个月以上。尼尔雌醇(nilestriol)是乙炔雌三醇的环戊醚衍生物,为可口服的长效雌激素。

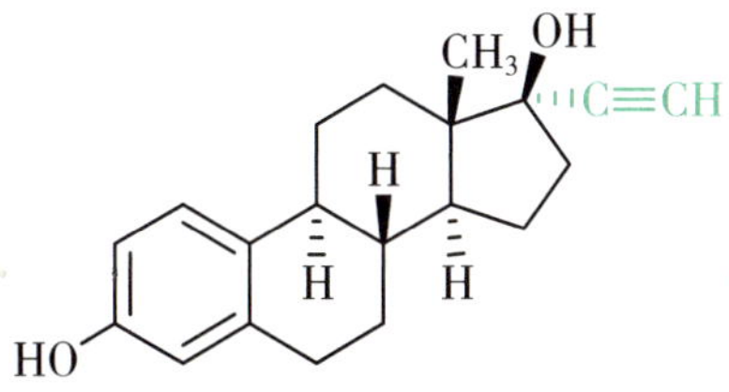

炔雌醇 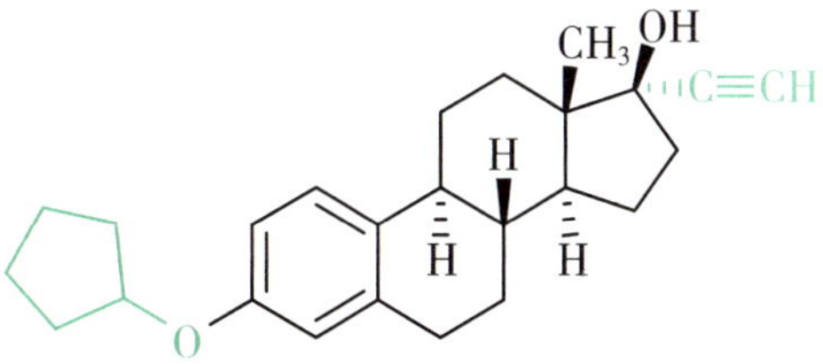   炔雌醚

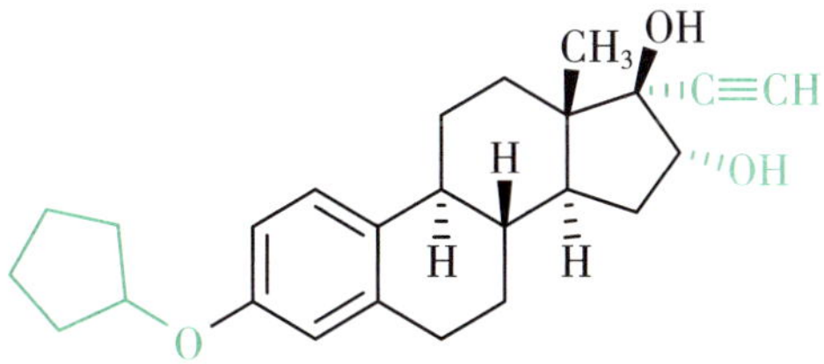

尼尔雌醇

雌二醇(estradiol)

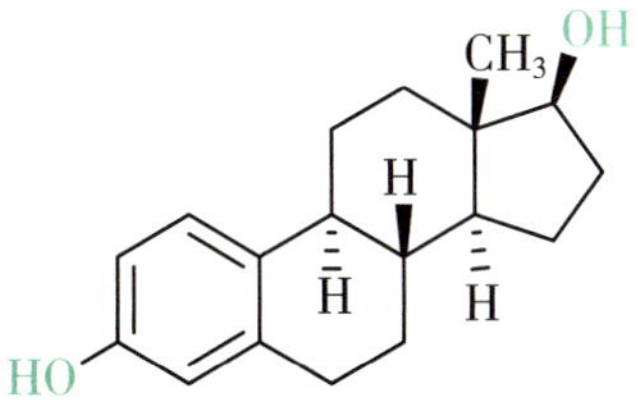

化学名为雌甾 -1,3,5(10)- 三烯 -3,17β- 二醇,(17β)-estra-1,3,5(10)-triene-3,17-diol。本品为白色或乳白色结晶性粉末,几乎不溶于水易溶于醇,溶于丙酮和二氧六环,略溶于

植物油。

雌二醇的 pK_a 为 4.01，$\log P$ 为 10.33。

雌二醇进入靶细胞后，先与 4s 型 ER（estrogen receptor，雌激素受体）结合，成为雌二醇-4s-ER 复合物，后经变构化为雌二醇-5s-ER 复合。此复合物对细胞核的亲和能力增强，进入细胞核后可与 DNA 上特定的核苷酸序列结合，诱导相应的 mRNA 的合成。得到的 mRNA 进一步诱导特定的蛋白质的合成，这种蛋白质产生着各种各样的生理活性。

雌二醇可从皮肤、黏膜、肌肉和胃肠道等途径吸收，口服后在肝脏内迅速代谢失活。其代谢产物绝大部分会形成葡萄糖醛酸或硫酸酯，随尿排出，小部分可通过胆汁排出，从而形成肠肝循环。

雌二醇可通过半合成或者全合成方法制得。

路线一以 2-萘酚为原料，经甲基保护、还原、选择性氧化得到 6-甲氧基-1，2，3，4-四氢萘-1-酮。其和格氏试剂乙烯基溴化镁反应后，再与 2-甲基环戊二酮加成，脱水构筑甾环骨架。经还原、脱保护基团得到雌酮，然后经过还原得到目标分子雌二醇。

路线二以醋酸去氢表雄酮为原料，用 Raney 镍催化氢化，还原分子中的羰基，接下来用苯甲酰氯酰化得到的羟基成二酯，经过一系列转化，特别是铂催化氢化还原 C5 和 C6 之间的双键，然后以甲醇为溶剂，碱性下水解除去 C3 位的乙酰基保护基，用三氧化铬氧化得到的羟基成羰基，用碱水解除去 C17 位苯甲酰基保护基，生成酮醇。经溴代生成二溴化物。再与三甲基吡啶供热，脱溴化氢得二烯酮。在四氢化萘中加热至约 325℃，从 C10 位脱去甲基，芳构化成 A 环，生成目标物雌二醇。

醋酸去氢表雄酮

雌二醇的限量杂质检查主要包括 A~D 四种。其中 A 为未反应完全的原料雌酮；杂质 B 是雌二醇的 17α 异构体；C 是反应过程中脱除的 3- 羟基上的甲基移位至 4 位；D 则是构筑 C 环时，7，8 位双键未与 D 环的双键共轭，而是移至 9，11 位。

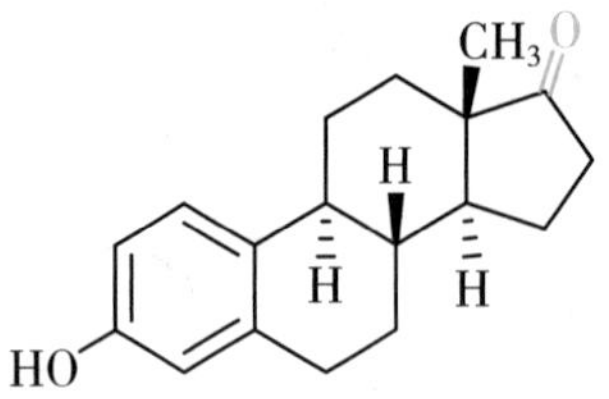

A 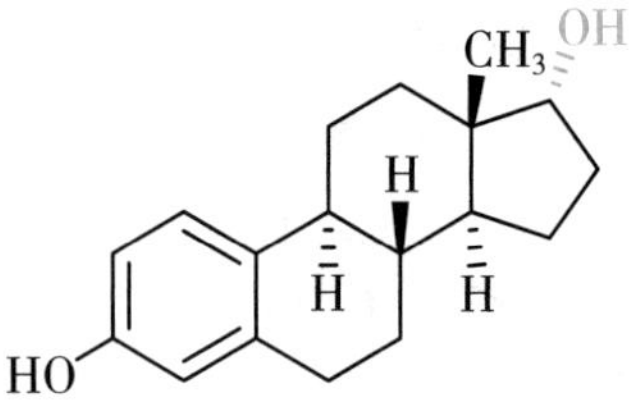   B

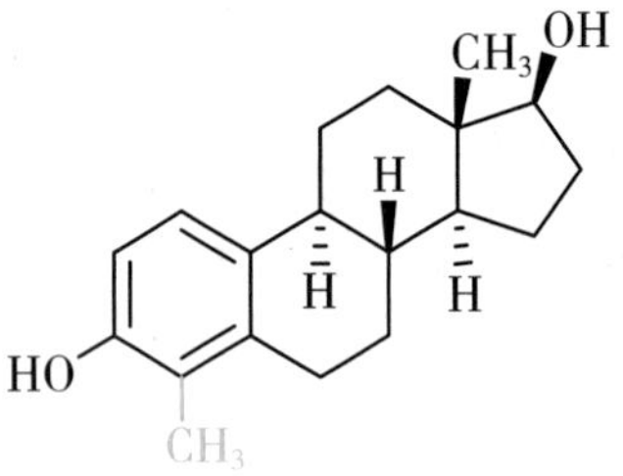

C 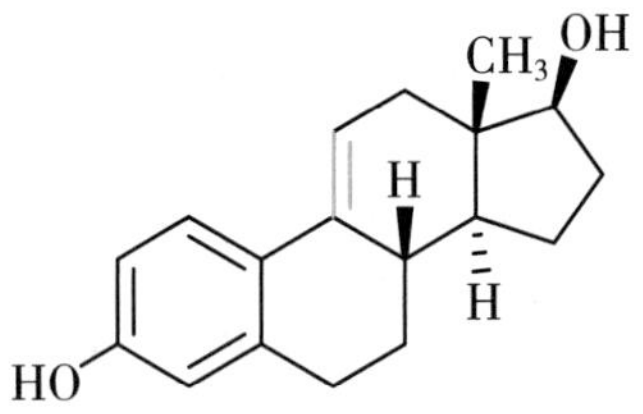   D

雌二醇进入体内后主要贮存在脂肪组织中，或与性激素球蛋白或白蛋白结合后再释放起作用。本品主要用于雌激素替补疗法。

（二）非甾体雌激素

在未得到工业生产雌激素的方法之前，雌激素的来源困难，价格昂贵。人们倾向于寻找结构简单、制备方便的代用品。研究表明这种在早年极难合成的甾体，其结构的特异性较差。经广泛筛选，至少有 3 类以上、10 多种非甾体化合物显示出有雌激素活性，从中得到了有效的非甾体雌激素药物。最常用的是二苯乙烯类化合物，如反式己烯雌酚。而结构特异性很强的雄激素、孕激素及肾上腺皮质激素，至今尚无相应的非甾体类似物用于临床。

反式己烯雌酚以及另一些非甾体雌激素显示活性的解释，多采纳 Schueler（1946 年）提出的假说，即在一个大体积刚性和惰性的母环上，两端的两个能形成氢键的基团（酮基、酚基或醇羟基）间的距离应是 1.45nm，只有符合这样的条件才具有雌激素活性。己烯雌酚的顺式异构体没有雌激素的活性，其相应的距离为 0.72nm，印证了上述的假说。

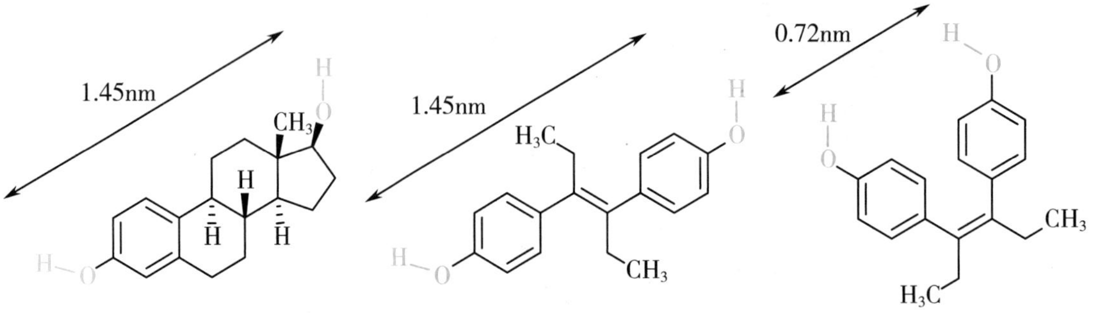

雌二醇   反式己烯雌酚   顺式己烯雌酚

反式己烯雌酚的药理作用与雌二醇相同，但活性更强。在肝脏中失活很慢，口服有效。

临床使用反式己烯雌酚,治疗绝经后妇女乳腺癌和男性前列腺癌,用于雌激素替补疗法,以及作为应急事后避孕药。

己烯雌酚结构中两个酚羟基是活性必需的,将其成酯修饰可制备前药。如二丙酸己烯雌酚长效油剂,进入体内缓慢水解释出己烯雌酚,作用可持续2~3天。

磷雌酚是己烯雌酚的双磷酸酯,可在体内磷酸酯酶的作用下水解活化释放出己烯雌酚。由于前列腺癌细胞中的磷酸酯酶活性较高,磷雌酚可在癌细胞释放更多的己烯雌酚,提高药物作用的部位选择性,故磷雌酚常制成双钠盐或四钠盐的水溶性注射剂用于治疗前列腺癌。

二、选择性雌激素受体调节剂

雌激素受体(ER)是发现于细胞内的一组蛋白质。它们是被雌激素(17β-雌二醇)激活的受体。内质网存在两类受体:核雌激素受体(ERα和ERβ),属于细胞内受体的核受体家族成员;膜雌激素受体(mERs)(GPER(GPR30),ER-x和Gq-mER),主要是G蛋白偶联受体。

雌激素受体拮抗剂与雌激素受体结合,从而抑制雌激素的作用。此类药物可阻断下丘脑的雌激素受体,消除雌二醇的负反馈抑制,促使垂体前叶分泌促性腺激素,从而诱发排卵。在临床上可以用于功能性不孕症、功能性子宫出血、晚期乳腺癌及长期应用避孕药后发生的闭经等。

从二苯乙烯类化合物发展得到了三苯乙烯类化合物氯米芬(clomifene)、他莫昔芬(tamoxifen)等,它们是第一代选择性雌激素受体调节剂(selective estrogen receptor modulators,SERMs),早期文献曾将氯米芬、他莫昔芬称作抗雌激素。三苯乙烯类化合物能与雌激素受体产生较强且持久的结合。在靶细胞中竞争性阻断雌激素与细胞浆受体的结合,形成生物活性较低的抗雌激素化合物雌激素受体复合物。该复合物一方面较难进入细胞的细胞核,另一方面即使少量缓慢地进入细胞核后,也不能够与核染色质的受体部位相互作用而激发出雌激素活性。同时也干扰雌激素受体的循环,使细胞溶质不能及时得到受体的补充,从而表现出抗雌激素作用。

他莫昔芬　　　　　　　　　氯米芬　　　　　　　　　托瑞米芬

他莫昔芬在乳腺组织内表现为雌激素受体拮抗剂,而在骨组织、子宫细胞和心血管系统中表现为雌激素受体激动剂。他莫昔芬主要用于治疗乳腺癌,同时还能降低血浆胆固醇、增加骨密度。他莫昔芬对子宫细胞有刺激作用,长期使用易导致子宫内膜癌。此外,它还能导致静脉血栓、血管舒张等不良反应。

三苯乙烯类化合物还有托瑞米芬(toremifene)、艾多昔芬(idoxifene)、米普昔芬(miproxifene)和屈洛昔芬(droloxifene),它们与他莫昔芬的作用相似,主要用于治疗乳腺癌和骨质疏松。其中在他莫昔芬的乙基侧链端头上引入氯原子,得到托瑞米芬,这使它具有更强的抗雌激素活性。在他莫昔芬的相当于甾体母核 A 环的 4 位上引入碘原子,得到艾多昔芬,这阻碍了药物代谢过程中的羟基化。屈洛昔芬为 3-羟基他莫昔芬,由于在其母核的一端有一个羟基,所以它与雌激素受体的亲和性大于他莫昔芬。另外,在他莫昔芬的相当于甾体母核 A 环的苯环上引入羟基,可增强化合物与雌激素受体的亲和力。改变或移去二甲氨基乙氧基侧链,化合物与受体的亲和力降低。

艾多昔芬　　　　　　　　　　　　米普昔芬

屈洛昔芬

以雷洛昔芬为代表的苯并噻吩类是第二代 SERMs。雷洛昔芬在乳腺和子宫细胞中为雌激素受体拮抗剂,而在骨组织、心血管系统中为雌激素受体激动剂。虽然使用雷洛昔芬作为治疗乳腺癌药物对子宫没有刺激作用,但它的临床效果不如他莫昔芬。因此,雷洛昔芬主要用于防治妇女绝经后骨质疏松。此外雷洛昔芬对心血管系统有良好作用,可降低冠心病的发生率。雷洛昔芬分子由母核和母核上的支链两部分组成,与雌二醇无论在结构上还是在与雌激素受体的作用方式上都很相似。它们的刚性都比较大,分子的两端各有一个羟基,这两个羟基对分子与激素受体的稳定结合起重要作用。用甲氧基替换雷洛昔芬的羟基得到阿佐昔芬(arzoxifene),它主要用于防治骨质疏松,同时它还可以降低乳腺癌的发生率。以吲哚环替代雷洛昔芬的苯并噻吩环得到巴多昔芬(bazedoxifene),可竞争性抑制雌二醇与雌激素受体结合,该化合物并不刺激乳腺和子宫组织,主要用于预防和治疗绝经期后骨质疏松。

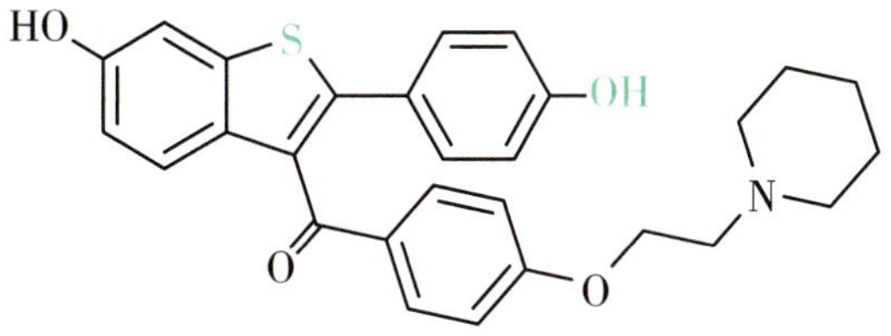

雷洛昔芬

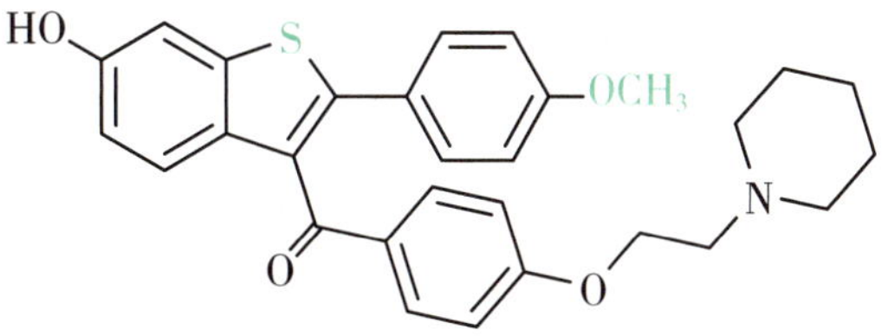

阿佐昔芬

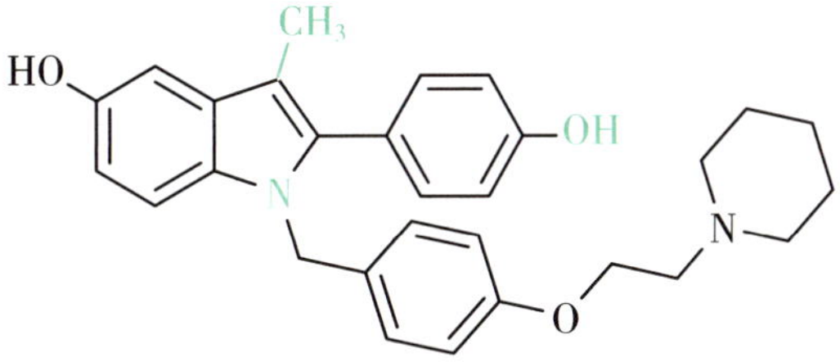

巴多昔芬

萘类化合物拉索昔芬(lasofoxifene)结构上可看作4-羟基他莫昔芬的饱和关环类似物,它对骨组织的作用与雌二醇相当,但对子宫没有刺激作用,是一种能预防并治疗骨质疏松、预防乳腺癌,以及有降血脂作用的药物。

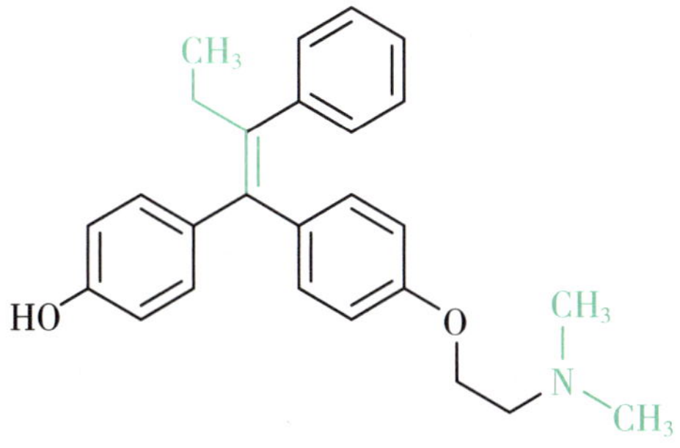

4-羟基他莫昔芬

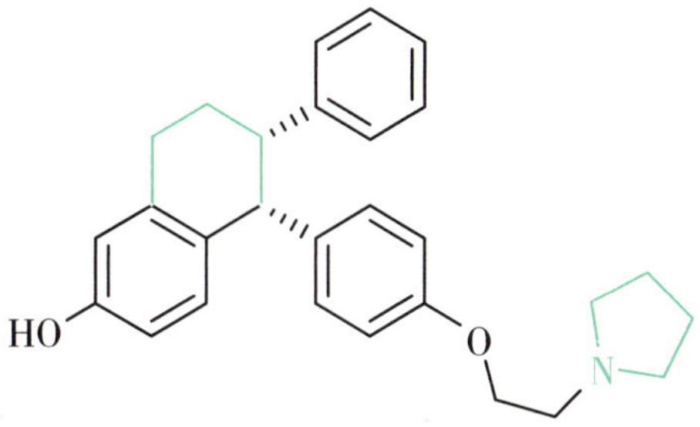

拉索昔芬

氟维司群(fulvestrant)是基于雌二醇结构的拮抗剂,甾核 7α 位有一个很长的疏水性氟取代烷基支链,当与受体结合时,烷基支链直链诱导受体形成与雌二醇或他莫昔芬结合的构象,从而完全阻断雌激素受体的反式激活作用,并可以阻遏雌激素受体的二聚化,还可使受体发生降解。它在乳腺和子宫内均表现为抗雌激素样作用,对一些抗他莫昔芬的疾病有效,已获准用于雌激素受体阳性的转移性乳腺癌的治疗。

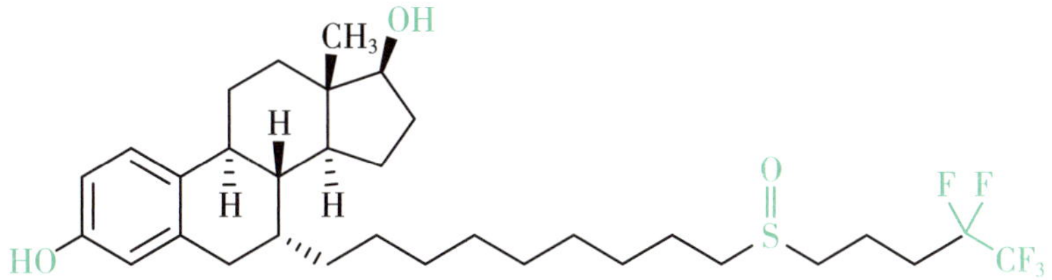

氟维司群

选择性雌激素受体调节剂(SERMs)是一系列结构各异的化合物,但它们在结构上具有一个很大的共同点,即均由一个母核和一条支链组成。SERMs 的母核部分刚性较大,一般由三四个环组成,环之间通过稠合或单双键的方式相连。在母核的一端或两端一般含有能与受体形成氢键的基团,如羟基、羰基等。母核在 SERMs 与雌激素受体的稳定结合中起主要作用。SERMs 的母核上有一较长的支链,柔性较之母核大。这一支链决定 SERMs 性质的主要部位,它的结构变化较大,但一般含有一个可与受体形成氢键的基团。

枸橼酸氯米芬(clomifene citrate)

枸橼酸氯米芬

化学名为 *N*,*N* 二乙基 -2-[4-(1 , 2- 二苯基 -2- 氯乙烯基)苯氧基]乙胺枸橼酸盐, 2-[4 (2-chloro-1 , 2-diphenylethenyl)phenoxy]-*N*, *N*-diethylethanamine citrate。

本品为白色或浅黄色结晶性粉末,微溶于水,略溶于乙醇。氯米芬的 pK_a 为 9.31, $\log P$ 为 7.2。

氯米芬化学上与他莫昔芬相似,但并不用来治疗乳腺癌或骨质疏松。它是两种异构体的药用混合物,其中顺式异构体珠氯米芬(zuclomifene)具有雌激素样活性,而反式异构体恩氯米芬(enclomifene)具有抗雌激素活性。因此,氯米芬的药理作用可能是两种几何异构体在人体内的加合。氯米芬作为一个促排卵剂,使下丘脑分泌促性腺激素释放激素(GnRH)增加。增加 GnRH 反过来会增加黄体生成素(LH)和卵泡刺激素(FSH)的分泌,这些分泌变化导致卵巢卵泡成熟,黄体功能发育和排卵。氯米芬与雌激素受体结合后阻止雌激素引起的负反馈引起了上述药理作用。

珠氯米芬　　　　　　　　　　　　恩氯米芬

氯米芬经口服给药后迅速吸收,在肝脏代谢,半衰期为 5 天。它的顺、反异构体经多种细胞色素 P450 酶代谢,生成 *N*- 去乙基氯米芬经酶 CYP2D6 等代谢为 4- 羟基 -*N*- 去乙基氯米芬;经 CYP3A4 代谢为 *N*,*N* 二去乙基氯米芬;经羟基化代谢成 4- 羟基氯米芬。

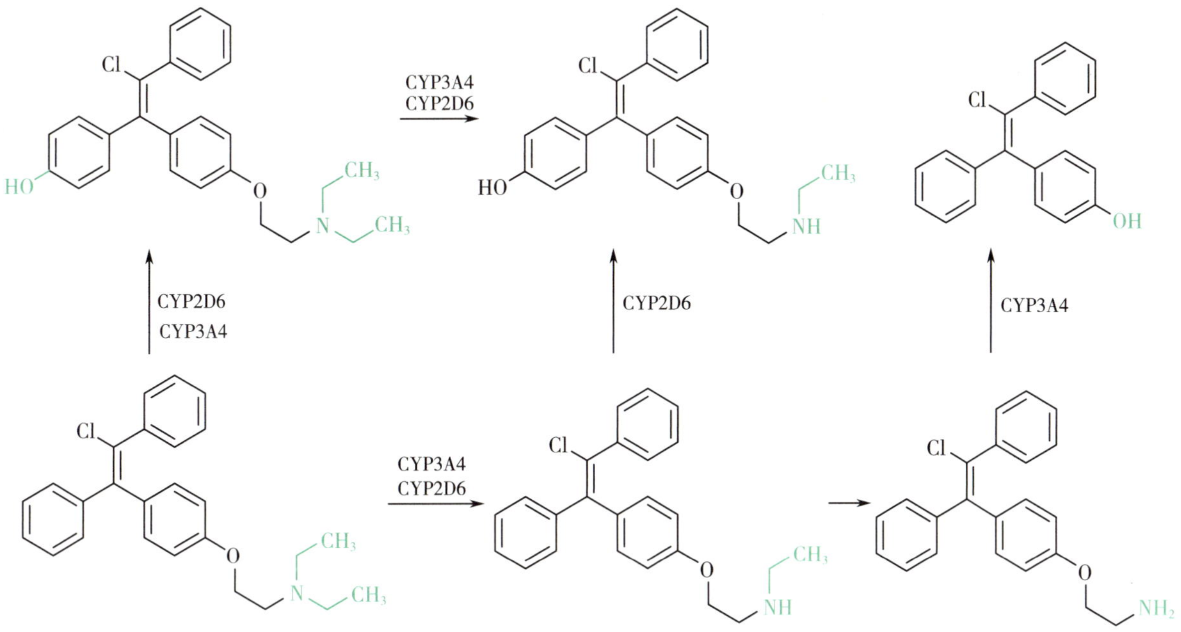

CYP3A4
CYP2D6

CYP2D6
CYP3A4

CYP2D6

CYP3A4

CYP3A4
CYP2D6

氯米芬反式异构体的主要代谢途径：氯米芬的合成以对羟基二苯甲酮为原料，与 2- 二乙氨基氯乙烷进行 Williamson 醚化反应，得到二乙氨基乙氧基二苯甲酮。再与苄基卤化镁发生 Grignard 反应，构建完成三苯乙烷的骨架。在酸性条件下叔醇羟基与苄位氢原子脱水消除，得三苯乙烯中间体 2-[4-(1, 2- 二苯乙烯基)苯氧基]三乙胺，它是顺反异构体的混合物，接着与 N- 氯代丁二酰亚胺进行卤代反应，得到目标分子，最后成盐得到枸橼酸氯米芬。

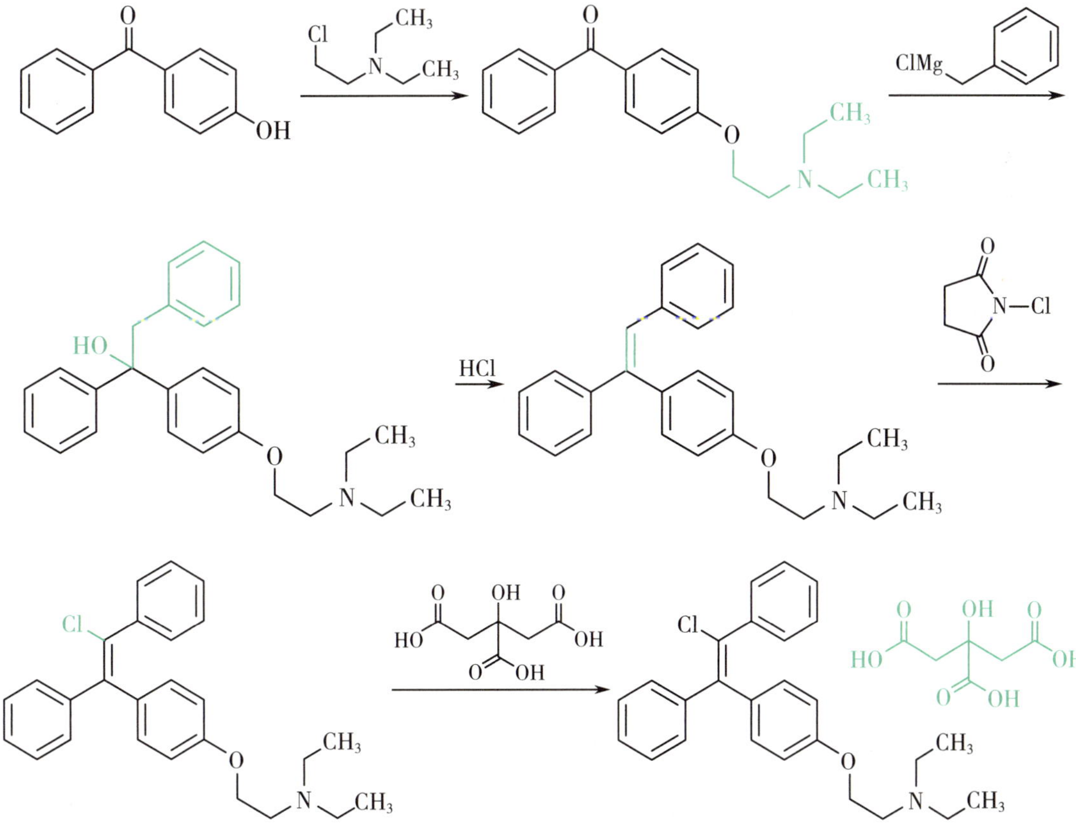

ClMg

HCl

N—Cl

路线二以二苯乙炔为原料，与二异丁基氢化铝反应，生成二苯乙烯铝烷，不须分离，接着在四(三苯基膦)钯催化下与4-(2-二甲氨基乙氧基)苯基溴于四氢呋喃中反应。接着与N-氯代丁二酰亚胺进行卤代反应,得到目标分子,最后成盐得到枸橼酸氯米芬。

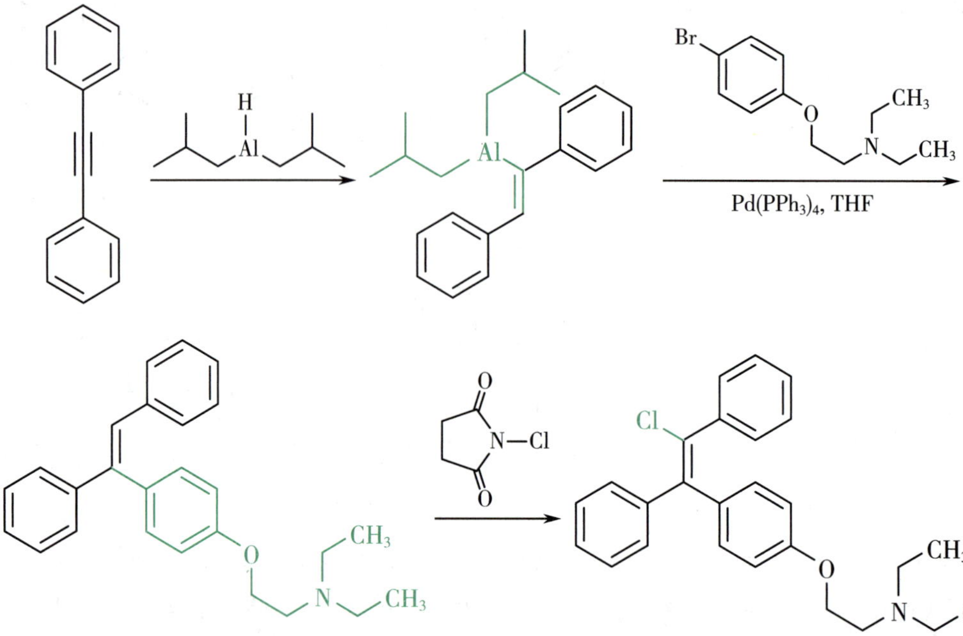

氯米芬的相关限量杂质有 A～H 八种,其中杂质 A 为氯米芬前体;B 为未除去的 Williamson 醚化反应产物;杂质 C 为叔醇的羟基移位至邻位碳的后氧化产物;杂质 D 为叔醇的羟基移位后形成的负碳离子与残余的 2-二乙氨基氯乙烷耦联产物;杂质 E、F、G 和 H 应为 2-[4-(1,2-二苯乙烯基)苯氧基]三乙胺与 N-氯代丁二酰亚胺反应时生成的多种氯代副产物,其中 G 为高熔点异构体,H 为低熔点异构体。

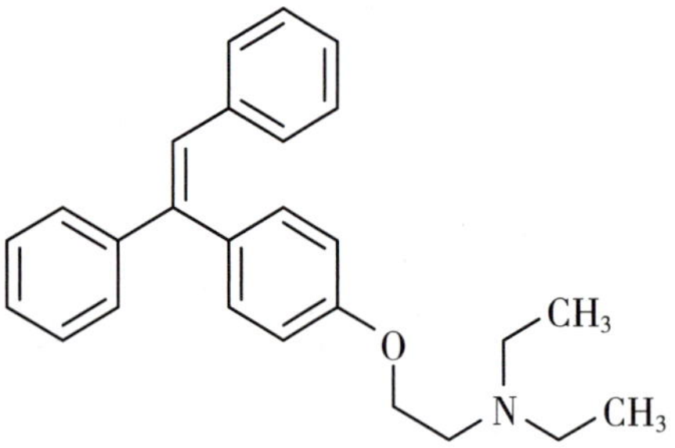

A

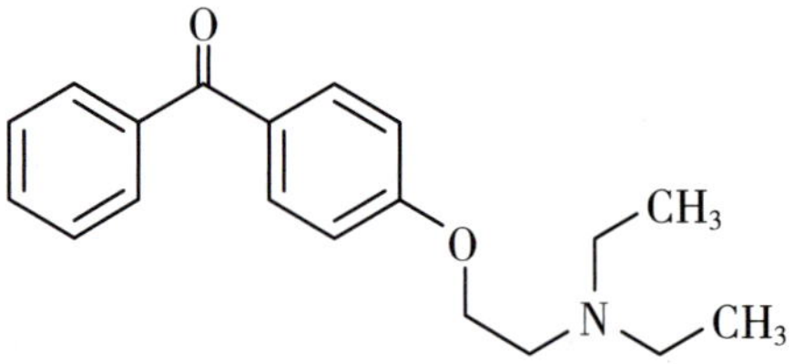

B

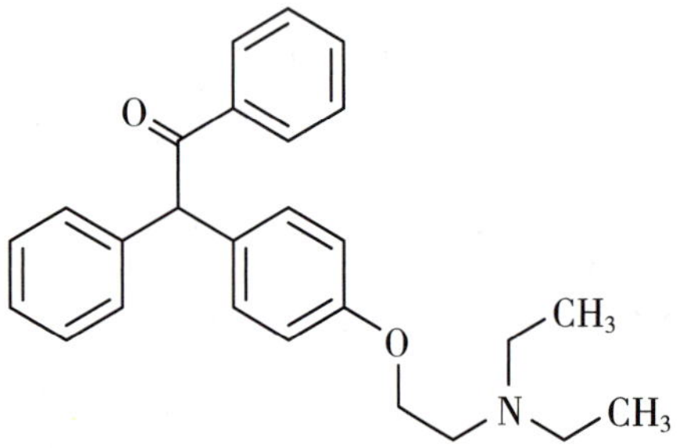

C

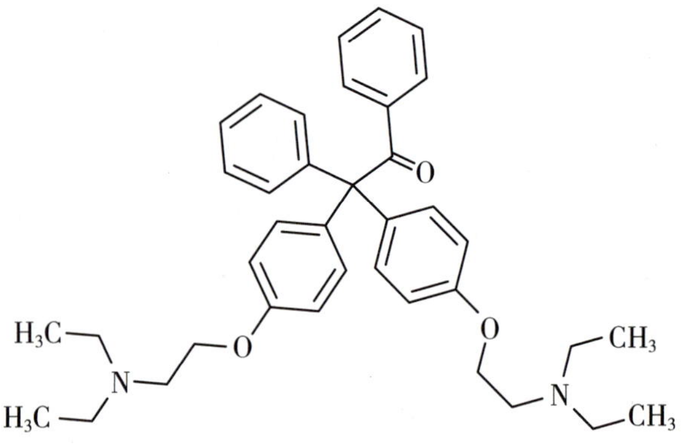

D

E

F

G

H

本品主要用于不孕症的治疗。

第四节　孕激素和孕激素受体拮抗剂

一、孕激素

孕激素是卵巢黄体分泌的甾体激素,在子宫内膜的分泌转化、蜕膜化过程、维持月经周期及保持妊娠等方面发挥着重要的作用。最重要的天然孕激素是黄体酮(progesterone),1933年从母猪的黄体中分离出来,1年后确定其结构为 Δ^4-3-酮孕甾烷。作为抗肿瘤药物使用的黄体酮包括醋酸甲羟孕酮和醋酸甲孕酮。雄激素被认为是通过抑制黄体生成素的产生,从而降低雌激素的合成。最常用的药物是氟氧甲酮和丙酸睾酮。后者是一种转化为双氢睾酮的前药。按照化学结构的特点可以把孕激素类药物分为三类,分别是孕酮类、19-去甲睾酮类和19-去甲孕酮类。孕激素可用于替补疗法,也是女用甾体口服避孕药的主要成分,因而药物化学家和药物研发公司对这类甾体药物的研究特别深入,上市的药物也较多。作为避孕药,口服的方式最能被妇女所接受。在寻找口服孕激素的研究中,最先上市的是睾酮的衍生物乙炔睾酮,即炔孕酮(ethisterone),它是在研究睾酮的 17α-烷基衍生物时偶然发现的,通过在 17α 位引入乙炔基,其雄激素的活性意外地减弱,显示出孕激素活性,且口服有效,随后研究发展成一类 19-去甲睾酮类孕激素药物。不久以后,在研究肾上腺皮质激素的生物代谢过程中,又发现了以 17α-羟基黄体酮乙酸酯为代表的口服黄体酮类激素。

孕激素类药物的结构修饰主要是在 C6 位和 C17 位上进行,如用烷基、卤素、双键等进行取代,可得到很多口服有效或高效的孕激素。17α-乙酰氧基黄体酮的 6α-甲基衍生物,即醋酸甲羟孕酮（medroxyprogesterone acetate）及 Δ^6-6- 氯衍生物，即醋酸甲地孕酮（megestrol acetate），及 Δ^6-6- 氯衍生物，即醋酸氯地孕酮（chlormadinone acetate）都是强效口服孕激素，其活性分别为炔诺酮的 20 倍、12 倍及 50 倍。

目前常用的孕激素药物及活性见表 21-1。

表 21-1　17α- 乙酰氧基黄体酮 6 位取代基对活性的影响

药物基本结构	取代基	相对孕激素活性
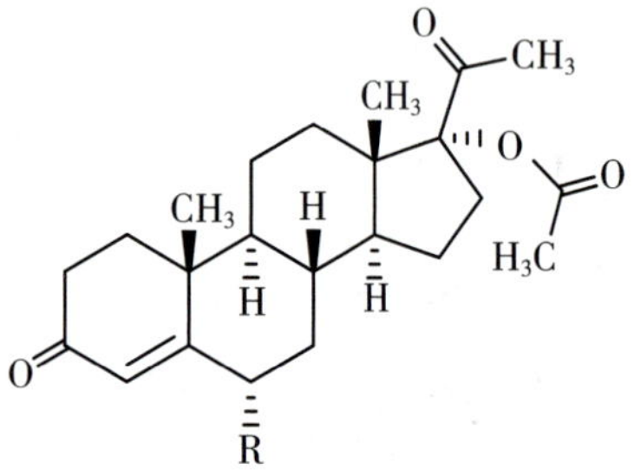	6α-Br	15
	6α-F	50
	6α-Cl	60
相对活性=1	6α-CH$_3$	260

从表 21-1 中可见，C6 位取代基通常占据 α 位，这是热力学稳定结构。

（一）孕酮类

天然来源的黄体酮在胃肠道吸收时、在通过肠黏膜时和在肝脏里会受到 4- 烯还原酶、20- 羟甾脱氢酶等的作用而被破坏失活，故黄体酮只能以油剂供注射用。

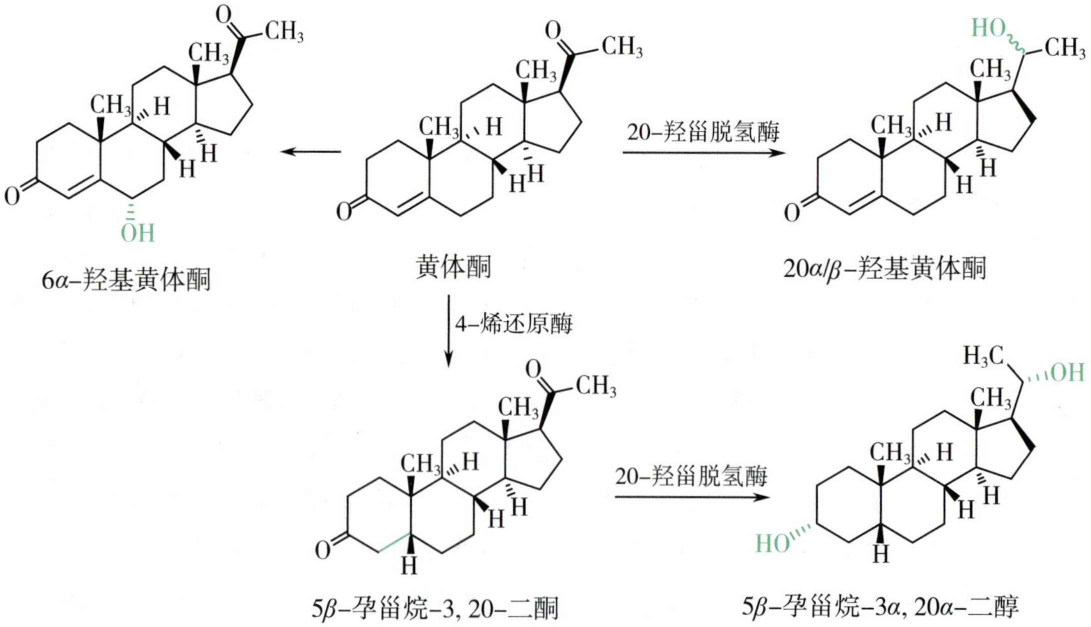

黄体酮的主要代谢失活途径

以黄体酮为先导化合物的结构改造研究，目标是得到可供口服的避孕药。研究中把无口服活性的 17- 羟基黄体酮，经乙酰化后得乙酸羟孕酮，增加了口服活性；但活性还不够高，只有炔孕酮的 1/2，炔诺酮的 1/100。

鉴于孕酮类失活的主要途径是 6 位羟基化、16 位和 17 位氧化,或 3,20- 二酮被还原成二醇,因而结构改变主要是在 C6 位及 C17 位引入占位基团,得到了 17α- 乙酰氧基黄体酮的 6α- 甲基衍生物,即醋酸甲羟孕酮(medroxyprogesterone acetate)。它属于 17α- 羟基孕酮类衍生物。主要用于痛经、功能性闭经、功能性子宫出血、习惯性流产、子宫内膜异位症、晚期乳腺癌、子宫内膜腺癌和肾癌的治疗等,大剂量可以用作长效避孕药。Δ⁶-6- 甲基衍生物,即醋酸甲地孕酮(megestrol acetate)是 17α- 羟基孕酮的衍生物,是一种高效的合成孕激素。口服时,其孕酮效果约为孕酮的 75 倍,注射时约为孕酮的 50 倍。该产品具有明显的抗雌激素作用,无雌激素或雄激素活性,且无蛋白同化作用。它可以抑制下丘脑促性腺激素释放激素(GnRH)的释放,并作用于垂体,降低其对 GnRH 的敏感性,从而阻断垂体促性腺激素的释放,从而具有显著的排卵抑制作用。Δ⁶-6- 氯衍生物,醋酸氯地孕酮(chlormadinone acetate)是一种有效的口服孕激素,没有雌激素和雄激素活性。它的排卵效果是炔诺酮的 18.4 倍。它与长效雌激素炔雌醇相容,形成复方炔雌醇片,可用作长效口服避孕药。它们都成为强效的口服孕激素,其活性分别是炔诺酮的 20 倍、12 倍及 50 倍,是目前最常用的口服避孕药。

醋酸甲羟孕酮　　　　　　　醋酸甲地孕酮　　　　　　　醋酸氯地孕酮

(二)19- 去甲基睾酮类

1937 年人们在对睾酮进行结构改造中,意外发现在睾酮引入 17α- 乙炔基引起雄激素活性减弱而具有孕激素活性,且口服有效。炔孕酮(ethisterone)的口服活性比黄体酮强 15 倍,但仍具有约 1/10 睾酮的雄激素样活性。后来发现 19 位甲基并非孕激素活性所必需,将 19- 去甲基之后,得到炔诺酮(norethisterone),其口服活性比炔孕酮强 5 倍,而雄激素活性仅为睾酮的 1/20,在治疗剂量很少显示出男性化的副作用。这一成功推动人们对 19- 去甲睾酮类化合物进行研究,合成出许多具有特色的强效孕激素。

炔孕酮　　　　　　　　　炔诺酮　　　　　　　　　醋酸炔诺酮

将炔诺酮酯化后得到前药醋酸炔诺酮(norethisterone acetate)和庚酸炔诺酮(norethisteronoenanthate），它们具有长效作用，后者油剂注射一次能持效一个月。

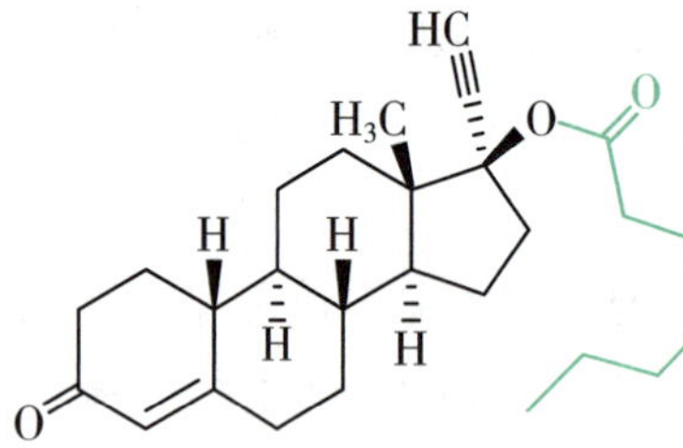

庚酸炔诺酮 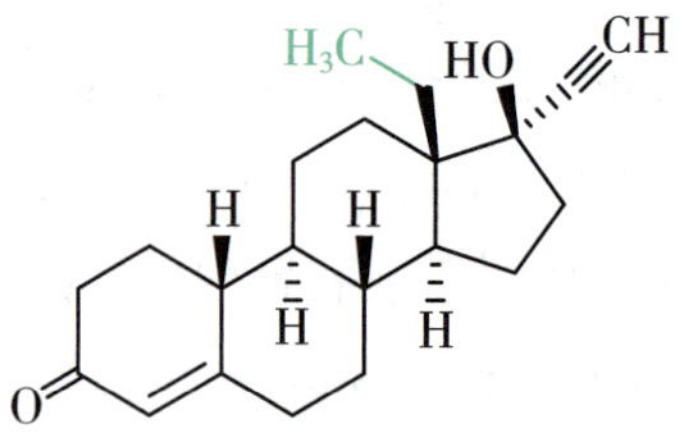 左炔诺孕酮

在炔诺酮 13 位的甲基换成乙基，即 18 位延长一个甲基，得到炔诺孕酮（norgestrel），活性比炔诺酮强 10 倍以上。其为消旋混合物，右旋体无效，只有左旋体有效，因此左旋体进入临床，称之为左炔诺孕酮（levonorgestrel）。它与炔诺孕酮伴有雄激素活性，但没有明显的雌激素活性。

左炔诺孕酮（levonorgestrel）

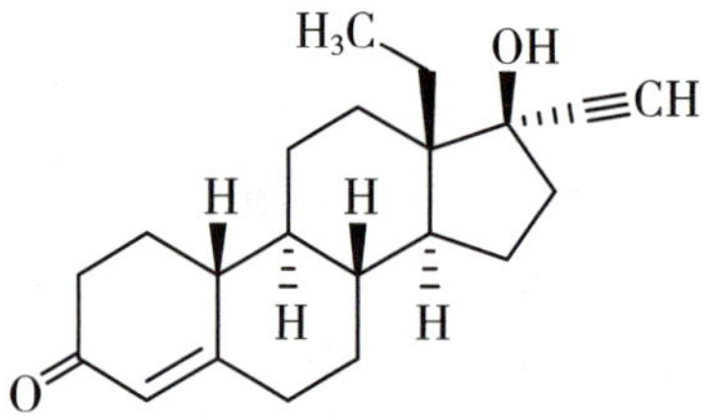

左炔诺孕酮

化学名为 D(−)-17α- 乙炔基 -17β- 羟基 -18- 甲基雌甾 -4- 烯 -3- 酮（(17a)-(−)-13-ethyl-17-hydroxy-18, 19-dinorpregn-4-en-20-yn-3-one ）。

左炔诺孕酮是一种有效的口服孕激素，其作用约为炔诺酮的 5～10 倍，并且具有雄激素、雌激素和抗雌激素活性。抗排卵作用比炔诺酮强，还可以改变宫颈黏液的稠度并抑制子宫内膜的发育。

左炔诺孕酮为白色或类白色结晶性粉末，几乎不溶于水，略溶于二氯甲烷，微溶于醇。左炔诺孕酮的 pK_a 为 17.91，$\log P$ 为 3.8。口服吸收后，本品 17β- 羟基与硫酸酯结合，或者少量与葡萄糖醛酸结合。在血浆中检出 3α, 5β- 四氢左炔诺孕酮、3α, 5α- 四氢左炔诺孕酮和 16β- 羟基左炔诺孕酮，这些代谢物数量不到 10%。

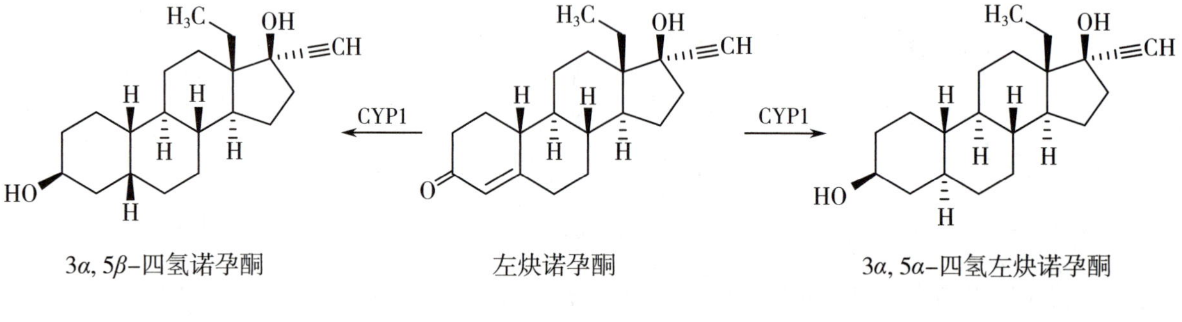

3α, 5β-四氢诺孕酮 左炔诺孕酮 3α, 5α-四氢左炔诺孕酮

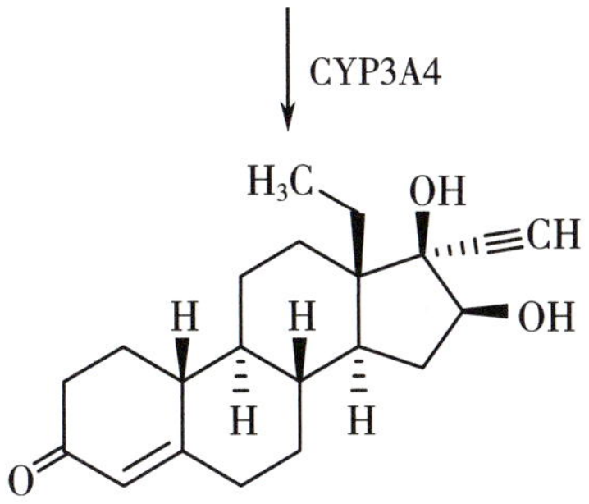

16β-羟基诺孕酮

左炔诺孕酮的主要代谢途径

左炔诺孕酮的合成关键在于其环戊烷并多氢菲的四环基本骨架的构建。由于它与天然甾体原料的基本骨架差异较大,在进行半合成时,需考虑如何将原料分子中 C10 位上的甲基移除并且在 C18 位上把甲基变换成乙基。因此采用全合成技术优于半合成方法。其合成策略可分为 AB → ABD → ABCD 路线与 CD → BCD → ABCD 路线。

Rufer 采用煤焦油副产品 2- 萘酚为原料,经甲基化、还原、选择性氧化得到 6- 甲氧基 -1,2,3,4- 四氢萘 -1- 酮,将 6- 甲氧基萘满酮与格氏试剂在低温下加成反应,得到萘满烯醇,将其与硫脲和冰醋酸反应,生成 6- 甲氧基萘满烯异硫脲醋酸酯。6- 甲氧基萘满烯异硫脲醋酸酯与2- 乙基环戊烷 1,3- 二酮发生加成,得到 13- 乙基 -3- 甲氧基 -8,14- 断甾 -1,3,5(10),9(11)-四烯 -14,17- 二酮。然后用啤酒酵母菌把 C17 位羰基立体专一性还原为羟基,而不使 C13 位羟基消旋化。在酸催化下脱水,从而构建起目标分子的骨架。将 D 环双键选择性氢化,然后经 Birch 还原、Oppenauer 氧化,再在 C17 位上进行选择性乙炔化,最后烯醚水解和双键转位,得到目标产物左旋炔诺酮。

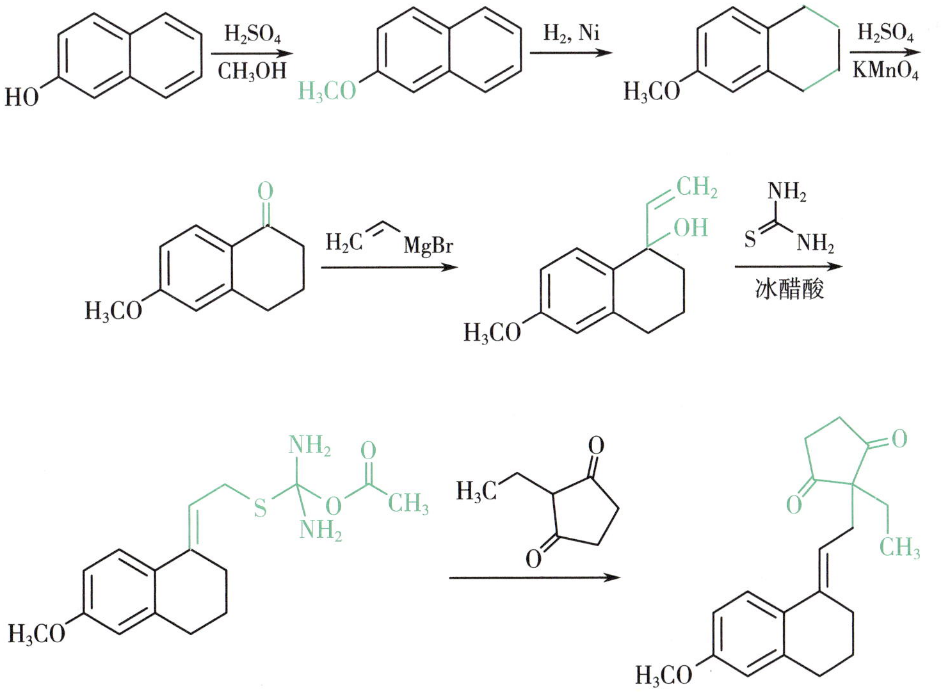

Roussel UCLAF 公司的 CD → BCD → ABCD 路线则是采用丙烯酰丁酸甲酯为原料先与 2- 乙基环戊 1, 3- 二酮加成, 然后部分还原酮羰基, 在酸性条件下闭环, 这样通过 1, 4 加成构筑 CD 环。催化氢化还原环上碳碳双键, 再在乙酸酐和乙酸钠催化下, 形成六元内酯环, 然后与格氏试剂反应, 构筑 BCD 环。再经过氧化、还原、缩合, 实现目标分子骨架的构建。再在 C17 位上进行选择性乙炔化, 可得目标产物左旋炔诺酮。

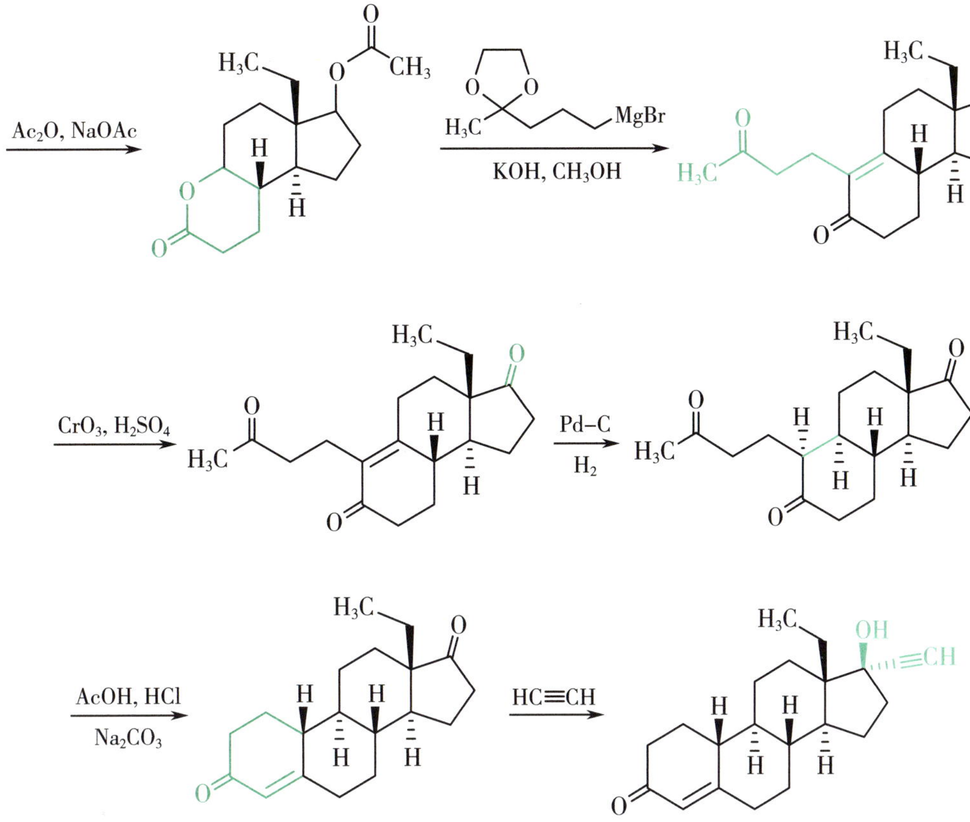

本品的限量检查杂质包括 A～F6 种，其中 A 在甾环 C 增加了一个双键；B 则是左炔诺孕酮的 A 环 4，5 位双键移为 5，10 位；C 在药物 A 环 3 位引入一个乙炔基并在 B 环再添一个双键；D 则丢失了 A 环的 3 位羰基；E 和 F 在 A 环出现了羟基和乙炔基并且 4 位双键移至 B 环。

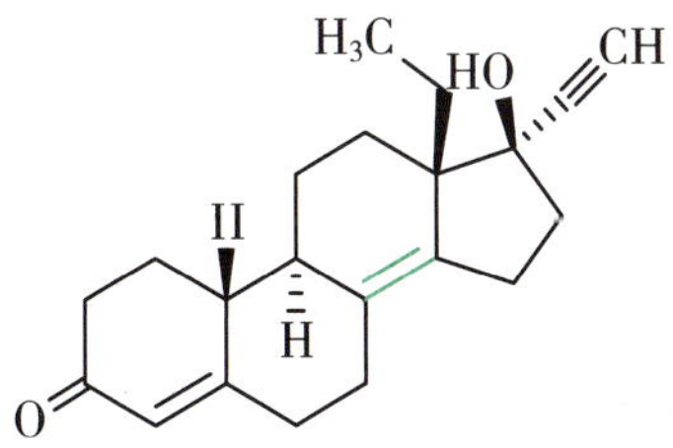

A

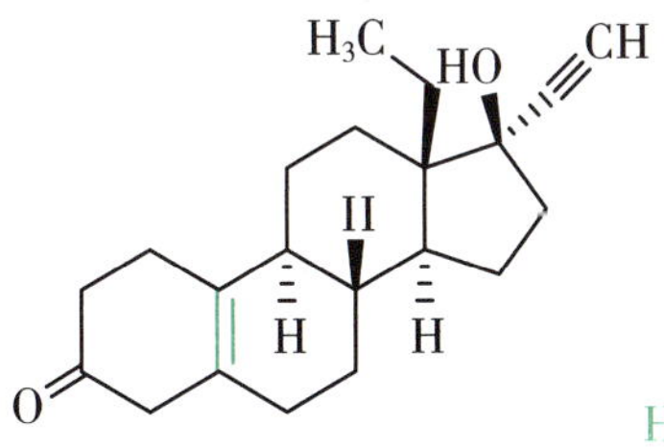

B

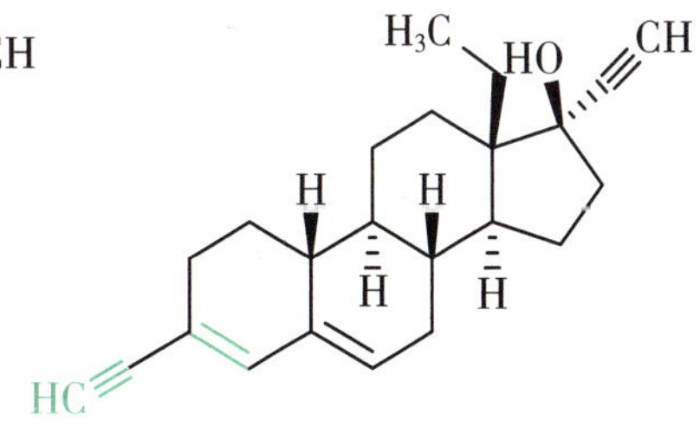

C

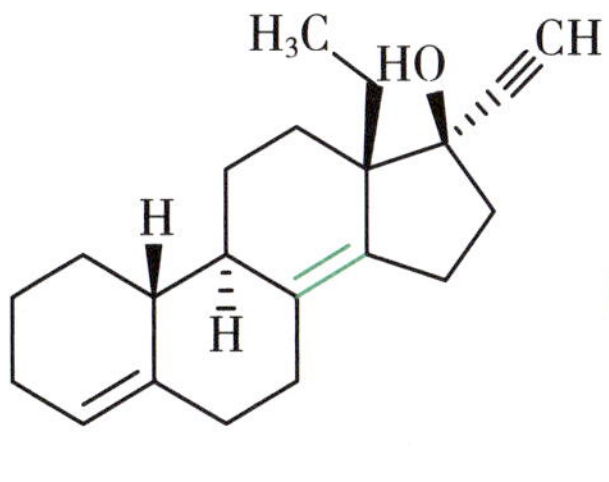

D

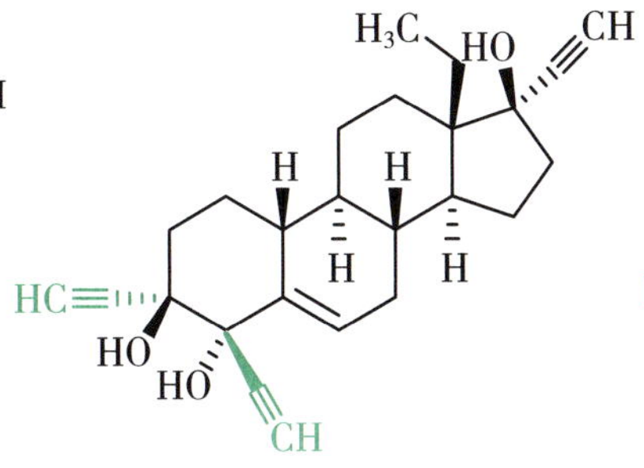

E

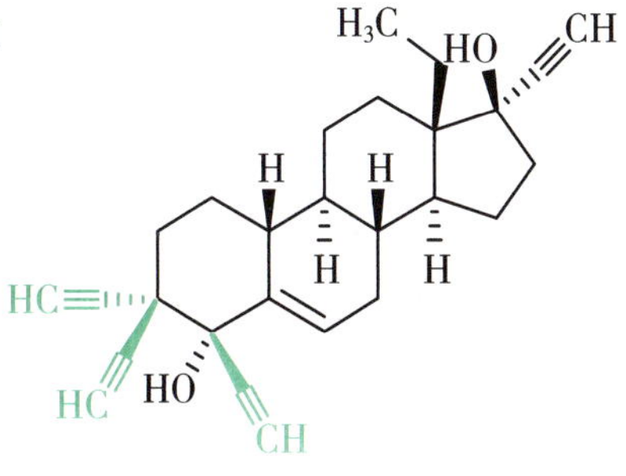

F

本品的作用机制是抑制排卵和阻止受精卵着床，并使宫颈黏液稠度增加，精子穿透阻力增大，从而发挥速效避孕作用。

为了提高左炔诺孕酮对孕酮受体的选择性，在它的结构上做进一步变化，得到了更具有选择性、副作用更低的孕激素药物，例如诺孕烯酮（norgestrienone）、屈螺酮（drospirenone）、诺孕酯（norgestimate）、去氧孕烯（desogestrel）、依托孕烯（etonogestrel）和孕二烯酮（gestodene）等。这些药物雄激素活性低，副作用小，特别是对脂肪代谢影响小，而孕激素活性更强。其中去氧孕烯在体内可以转化为依托孕烯发挥作用。

诺孕烯酮　　　　　　　　屈螺酮　　　　　　　　诺孕酯

去氧孕烯　　　　　　　　依托孕烯　　　　　　　　孕二烯酮

（三）19-去甲基孕酮类

临床使用的孕激素大多为睾酮衍生物，此类化合物由于不具有受体选择性，除具有孕激素活性外，还可与其他甾体激素受体相互作用，具有雄激素、糖皮质激素等其他辅助活性，导致不良反应的产生。具有雄激素作用的孕激素部分逆转雌激素降低低密度脂蛋白（LDL）、升高高密度脂蛋白（HDL）的作用，削弱雌激素对血管的保护作用，导致脂代谢改变、痤疮和体重增加。脂代谢改变常与心血管疾病的发生率增加相关。

因此，寻找专一性更强、安全性更高的新一代孕激素，在不影响效价的同时，最大程度改善口服避孕药和激素替补疗法的安全性和耐受性已经成为研究目标。理想的孕激素应在预防内膜增生的同时，不抵消雌激素对血管的保护作用。近年来，出现了一些19-去甲基的作用更强、副作用更低的孕酮衍生物，例如烯诺孕酮（nestorone）、诺美孕酮（nomegestrol）和曲美孕酮（trimegestone）。

烯诺孕酮　　　　　　诺美孕酮　　　　　　曲美孕酮

这类孕激素与孕酮受体的结合更具选择性，其他甾体激素受体几乎不结合。并且无雄激素、雌激素或糖皮质激素活性，不影响脂代谢，作用更接近于天然黄体酮。

二、甾体避孕药物

1956 年 Pincus 率先采用 19- 去甲雄甾烷衍生物异炔诺酮（norethynodrel）作为口服甾体避孕药物，进行临床试验并获得成功。该孕激素在合成过程中，总是混有少量美雌醇，临床试验用的是一种混合物。更有趣的是，当纯的异炔诺酮用于临床时，效果反而下降，长期服用后子宫内膜退化。后来人们有意识地在孕激素中加入少量雌激素，结果与最初进行的试验一致。因此，发明了这种复合避孕药物。该发现纯属偶然，但后来的生殖生理研究证实，这种复合剂的配伍是合理的。现在，大多数甾体口服避孕药物是孕激素和雌激素的复合物。

甾体口服避孕药物的研究成功开辟出了甾体药物重要的新领域，使甾体药物的使用范围明显地扩大。这是甾体药物划时代地成就，是人类长期追求、探索以及生理学、化学学科发展的结果。

甾体避孕类药物按药理作用分为：①抗排卵；②改变宫颈黏液的理化形状；③影响孕卵在输卵管中的运行；④抗着床及抗早孕。它们以不同剂型及方式使用，主要包括：复合避孕药物、单纯孕激素避孕药物（低剂量或缓释剂型）、事后避孕药物等。

三、孕激素受体拮抗剂

孕激素受体拮抗剂是一类药物，可防止孕激素（如孕酮）在体内介导其生物学作用，也称为抗孕激素（antiprogestins）。它们通过阻断孕激素受体（PR）或抑制孕激素的产生而起作用。抗孕激素是三种性激素拮抗剂之一，其他两种是抗雌激素和抗雄激素。抗孕激素被用作流产药和紧急避孕药以及子宫肌瘤的治疗。1980 年，法国 Roussel-Uclaf 公司化学家 Teutsch 在寻找糖皮质激素拮抗剂的研究中合成了化合物 RU-38486，后发现它是一个孕激素受体拮抗剂。1982 年作为通用名米非司酮（mifepristone）上市，这是人类历史上发现的第一个抗孕激素，米非司酮的基本母核是 19- 去甲炔诺酮，与孕激素和糖皮质激素相比较，缺少 C19 位甲基和 C17 位的 2 个碳原子的取代基侧链，C11β 位接上一个大体积的 4- 二甲基氨基苯基侧链，增加了与孕激素受体的亲和力并提高了稳定性，另外，该药 C17α 位的 1- 丙炔基侧链可增加化学稳定性,也增加了受体亲和力,B 环有一个与 A 环共轭的碳碳双键则可减弱孕激素活性。

米非司酮本身无孕激素活性,对子宫内膜孕酮受体的亲和力比黄体酮强 5 倍左右,除较强的抗孕激素作用外,有较强的抗糖皮质激素作用,通过研究米非司酮的代谢途径和活性代谢物,又陆续研究开发出利洛司酮(lilopristone)、奥那司酮(onapristone),它们结构上非常相似,只是 17 位侧链有差异,其中利洛司酮 C17α 位含顺式 1- 羟基丙烯基侧链,奥那司酮虽与米非司酮、利洛司酮分子大小相似,但是 C13 和 C17 位的构型与前两药相反。利洛司酮、奥那司酮与孕激素受体的相对亲和力与米非司酮相平行,但抗糖皮质激素作用弱于米非司酮,优力司特(ulipristal)属于 19- 去甲孕甾烷衍生物,对孕激素受体亲和力较强。它同时可与孕激素受体、糖皮质激素受体和雄激素受体结合,结合力分别为内源性配体的 6 倍、1.5 倍、0.2 倍,在体外显示出抗糖皮质激素和抗雄激素活性比抗孕激素活性弱 50 倍,抗糖皮质激素活性弱于米非司酮。

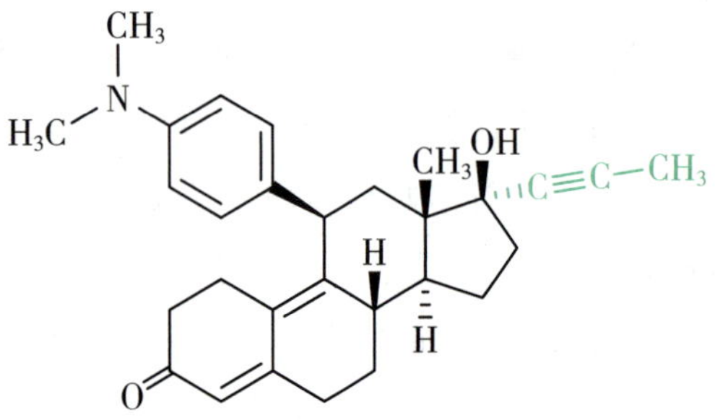

米非司酮

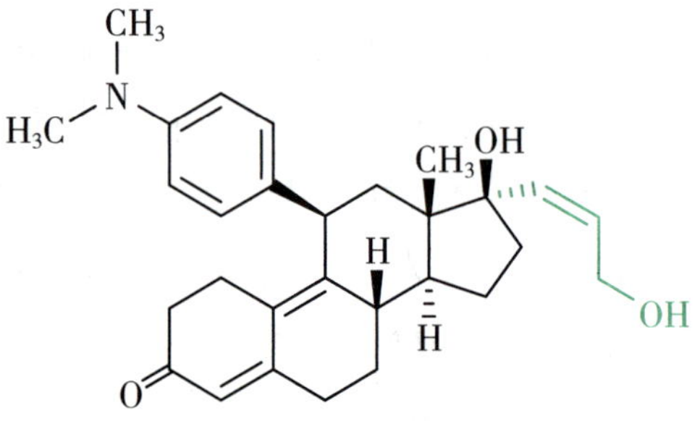

利洛司酮

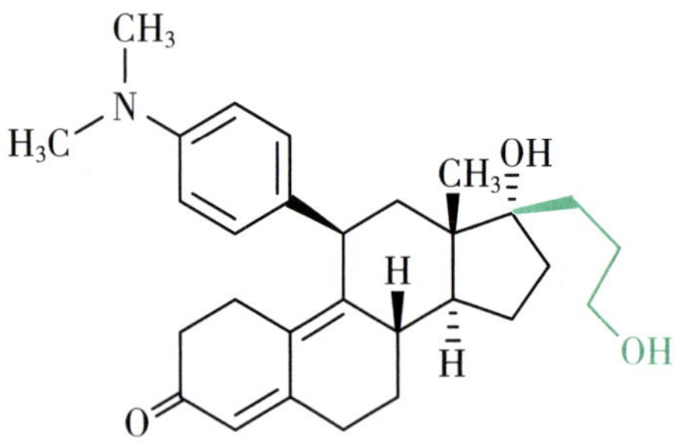

奥那司酮

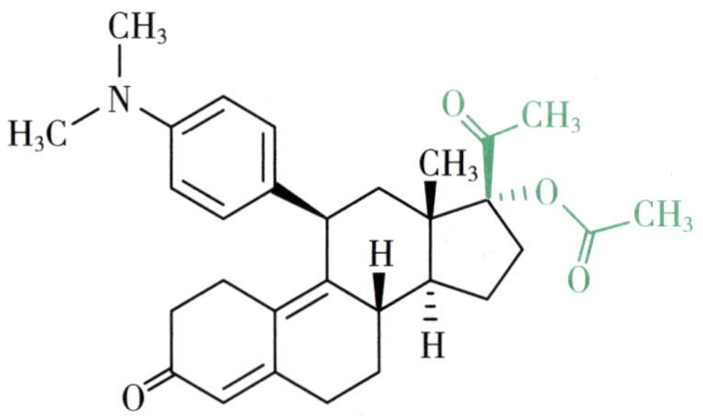

优力司特

米非司酮(mifepristone)

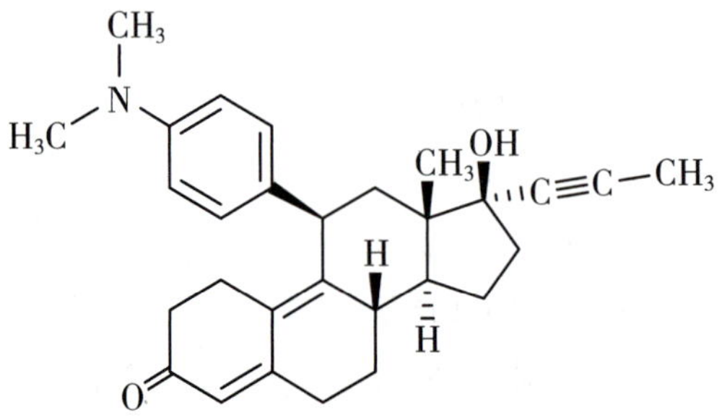

化学名为 11β-(4-二甲胺基苯基)-17β-羟基 17-(α-丙炔基)-雌甾 -4,9-二烯 -3-酮,(11β, 17β)-[(4-dimethylamino)phenyl]-17-hydroxy-17-(1-propynyl)estra-4,9-dien-one。

本品为白色或类白色结晶,熔点 191～196℃,比旋度为 +138.5(三氯甲烷)。米非司酮具有弱碱性,pK_a 为 12.87,$\log P$ 为 5.12。

米非司酮为分子水平的孕激素受体拮抗剂它和受体结合而阻断孕酮发挥生理作用。米非司酮对孕激素受体具有很高的亲和力。当两者结合以后,形成米非司酮 - 受体 - 热休克蛋白的复合物。该复合物进入细胞核后,核蛋白和热休克蛋白结合。受体及休克蛋白和核蛋白的相互作用增强,从而无法和 DNA 作用。米非司酮可引起孕激素受体的超级磷酸化,因此,即使孕激素受体和 DNA 结合以后,也无法完成基因的转录。此外,由于米非司酮的半衰期比较长,约为 20 小时,它可以有效阻断孕酮与孕激素受体结合,并自己与之结合,孕酮随后就被原位消除掉。

米非司酮口服吸收迅速,在肝脏有明显的首过效应。代谢过程中 N- 甲基最先被氧化为羟基化合物,继而脱去一个甲基为 N- 单甲基化合物,其仍保持活性,但与孕激素受体的亲和力只相当于米非司酮的 2/3。进一步的代谢生成 N- 双去甲基及羟丙炔基化合物。

米非司酮的主要代谢途径

米非司酮用全合成法制备,合成路线较长。

以 2- 萘酚为起始原料经四步反应制得萘满烯醇,再通过多步反应制得开环双酮,用酵母菌选择性还原得光学活性开环物,再经还原水解、上溴、脱溴化氢,得双烯酮。接着将保护后的缩酮氧化、丙炔化,再进行区域选择和立体选择氧化得环氧化物,最后引入 11 位取代基,再水解得到目标物米非司酮。

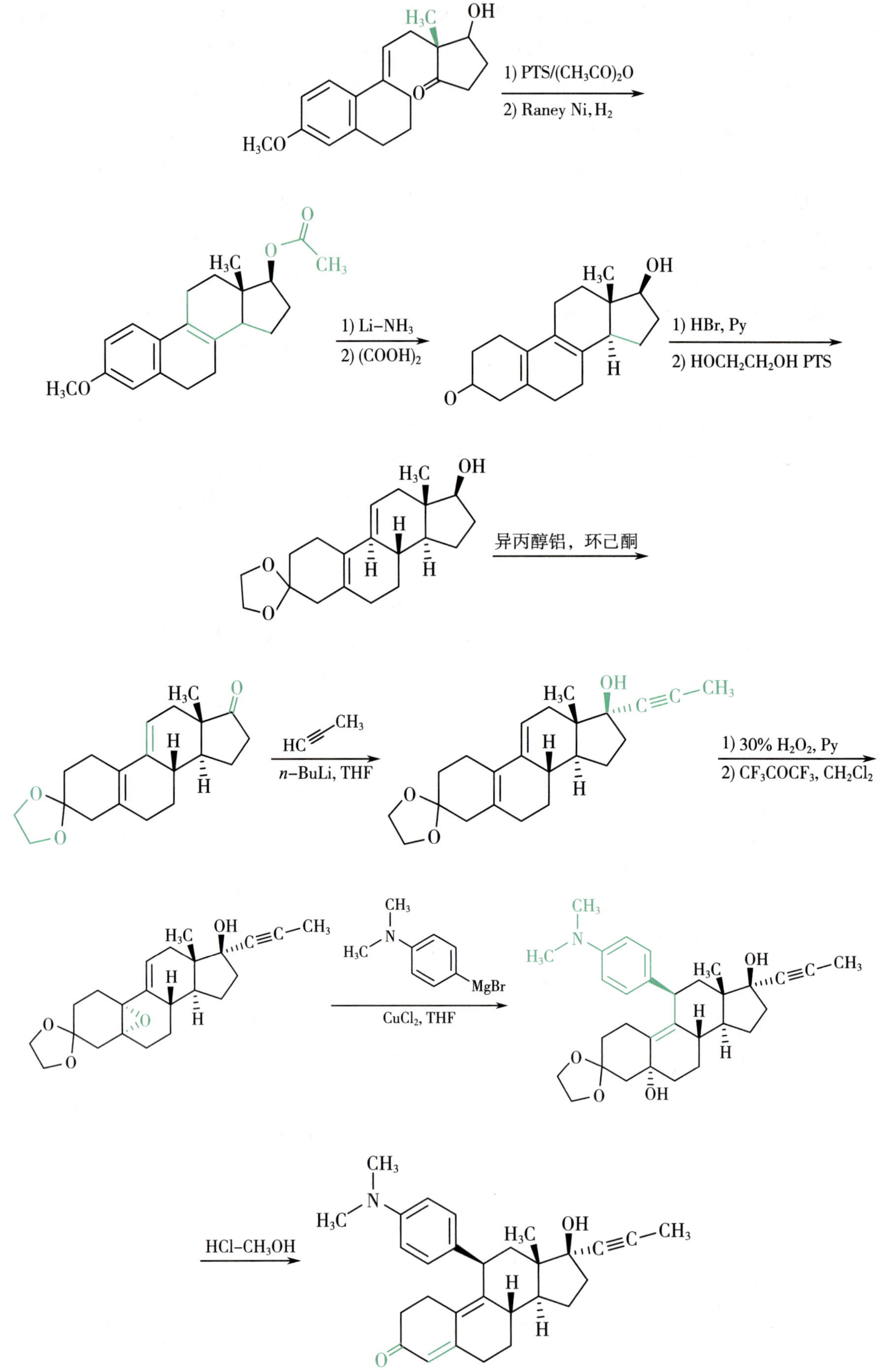

1) PTS/(CH₃CO)₂O
2) Raney Ni, H₂

1) Li—NH₃
2) (COOH)₂

1) HBr, Py
2) HOCH₂CH₂OH PTS

异丙醇铝，环己酮

HC≡CH CH₃
n—BuLi, THF

1) 30% H₂O₂, Py
2) CF₃COCF₃, CH₂Cl₂

CuCl₂, THF

HCl—CH₃OH

米非司酮的限量杂质检查主要包括 *N*- 脱甲基化合物以及 22- 羟基米非司酮。推测可能是原料 4- 溴 -*N*,*N* 二甲基苯胺中夹带了 4- 溴苯胺或 4- 溴 -*N*- 甲基苯胺。22- 羟基米非司酮可能是米非司酮 17 位丙炔基端基的碳较为活泼,与碱作用引入羟基。杂质 D 的带入是由于米非司酮合成原料丙炔气体中含有少量的乙炔气体所致。

A

B

C

D

本品用作抗早孕药物,与前列腺素药物米索前列醇(misoprostol)合用,在临床上用来终止早期妊娠,也可用于事后避孕、治疗稽留流产、胎死宫内、子宫内膜异位症和子宫肌瘤,以及激素相关型乳腺癌等。

第五节　肾上腺皮质激素

早在 1855 年就已描述了肾上腺皮质功能低下的 Addiso 病。1927 年 Rogoff 和 Stewart 用肾上腺提取物静脉注射,进行治疗,得到满意的结果。后来从肾上腺提取物中分离出了 40 种以上的化合物,其中以可的松(cortisone)、氢化可的松(hydrocortisone)、皮质酮(corticosterone)、11- 去氢皮质酮(11-dehydrocorticosterone)及 17α- 羟基 -11- 去氧皮质酮(17α-hydroxy-11-desoxycorticosterone)的生物活性较高,统称为天然皮质激素。为了判断合成的和天然的皮质激素两种活性的大小,实验药理以钠潴留(sodium retention)活力作为盐皮质激素活性大小的指标;以肝糖原沉积作用(liver-glycogen deposition)及抗炎作用(anti-inflammatory)大小作为糖皮质激素活性指标。一些天然皮质激素的生物活性见表 21-2。

表21-2　天然皮质激素类化合物相对生物活性

化合物	相对活性		
	肝糖原沉积	钠潴留	抗炎
可的松	1.00	1.00	1.00
皮质酮	0.54	2.55	0.03
皮质醇	1.55	1.50	1.25
醛甾酮	0.3	600	0.0

这些天然的皮质激素均具有孕甾烷的母核且含有 Δ^1-3,20- 二酮、21- 羟基官能团,大都在 11 位含有羟基或氧(缺乏时应在命名时注明);17 位含有羟基的化合物命名为可的松类,无羟基的化合物为皮质酮类化合物。1953 年又分离出醛甾酮(醛固酮,aldosterone)。

可的松　　　　　　　　　氢化可的松　　　　　　　　皮质酮

11-去氢皮质酮　　　　　17β-羟基-11-脱氧皮质酮　　　　醛固酮

肾上腺皮质激素按其主要生理作用分为盐皮质激素(mineralocorticoid)及糖皮质激素(glucocorticoid),两者在结构上有明显的区别:糖皮质激素通常同时具有 17α- 羟基和 11- 氧(羟基或氧代),而不同时具有 17α- 羟基和 11- 氧(羟基或氧代)的为盐皮质激素;盐皮质激素如醛固酮及去氧皮甾酮,主要调节机体的水、盐代谢和维持电解质平衡。因只限于治疗慢性肾上腺皮质功能不全,临床用途少,未开发成药物;其代谢拮抗物例如螺内酯,作为利尿药物使用。糖皮质激素主要与糖、脂肪、蛋白质代谢和生长发育等有密切关系,是一类重要的药物。但它仍具有一些影响水、盐代谢的作用,可以使钠离子从体内排出困难而发生水肿,视为糖皮质激素的副作用。

一、肾上腺皮质激素的构效关系

糖皮质激素有极广泛的、效果非常明显的临床用途。糖皮质激素化学结构改造的主要目标集中在如何将糖、盐皮质激素的两种活性分开,以减少副作用。随着甾体化学的发展,人们在 20 世纪 50 年代开始对氢化可的松进行结构改造,以降低其盐皮质激素活性,增强抗炎活性，寻找作用强、毒副作用低的糖皮质激素。

偶然发现的 9α- 氟代氢化可的松（fludrocortisone）是最早引起注意的合成皮质激素。在皮质醇的合成过程中，引入 11- 羟基时，同时产生 α- 和 β- 异构体。为了使无效的 α- 异构体转为有效的 β- 异构体，当时设计了几步路线。经药理筛选发现中间体 9- 卤化物的药理作用比母体化合物显著增加，其中以 9α- 氟化物作用最强，抗炎活性和糖原沉积活性比皮质醇大 10 倍。可惜由于钠潴留作用增加 50 倍，最终未能成为药物，然而这却鼓励人们去寻找只增加抗炎活性而不增加钠潴留作用的新药。

氢化可的松是孕激素的 11β，17α 及 21 位的三羟基取代物，也是皮质激素类药物的活性形式。内源性氢化可的松则由胆固醇经 17- 羟基黄体酮在酶促作用下生物合成得到。它在肝脏及其他组织中代谢，经 11- 羟甾脱氢酶转化成可的松。

氢化可的松　　　　　　　　　　　　　　　　　可的松

氢化可的松主要用于过敏性皮炎、湿疹、脂溢性皮炎、神经性皮炎、瘙痒症。眼科用于虹膜睫状体炎、角膜炎、巩膜炎、结膜炎等。

在醋酸氢化可的松（hydrocortisone acetate）分子中 A 环引入 C1，2- 双键，得到醋酸氢化泼尼松（hydroprednisone acetate）。其抗炎活性增大 4 倍，不增加钠潴留作用。抗炎活性增加的原因可能是由于 A 环几何形状改变所致，由半椅式构象变为平船式构象，增加了与受体的亲和力并改变了药代动力学性质。

醋酸氢化可的松　　　　　　　醋酸氢化泼尼松　　　　　　　6α- 氟代氢化可的松

在甾体激素中引入氟原子，已成为获得强效糖皮质激素类药物的最重要手段。6α- 或 9α- 氟代皮质激素的活性显著增加，可能的原因是在引入 9α- 氟原子后，增加了邻近 11β- 羟基的离子化程度；引入 6α- 氟原子后，则可阻止 6 位的氧化代谢失活。醋酸 6α- 氟代氢化可的松（6α-fluorohydrocortisone-acetate）及醋酸 6α- 氟代泼尼松（6α-fluoroprednisone acetate）的抗炎活性比未氟代的母体分别增大 10 倍和 20 倍，未增加钠潴留作用。

单纯的 9α- 氟代的皮质激素抗炎活性和钠潴留作用同时增加，无实用价值。后发现同时再在其他部位，如 C16 位引入羟基并与 C17α- 羟基一同制成丙酮的缩酮，C6 位引入卤素，可抵消 9α- 氟代物增加钠潴留作用，后成为优秀的糖皮质激素，例如曲安西龙（triamcinolone）、曲安奈德（triamcinolone acetonide）及氟轻松（fluocinoloneacetonide）。

6α-氟代氢化泼尼松　　　　　曲安西龙　　　　　曲安奈德

在皮质激素中引入 16- 甲基也是结构改造的重要手段，它使抗炎活性增加，钠潴留作用减少。在其他位置结构改变的基础上（Δ¹、9α- 氟），再引入 16- 甲基的化合物，得到地塞米松（dexamethasone）和倍他米松（betamethasone），其中后者是前者的 16β- 异构体。这是目前临床上应用最广泛的强效皮质激素。引入 16- 甲基后使抗炎活性增加的原因，主要是由于立体空间位阻妨碍了 17 位的氧化代谢。地塞米松适用于各种严重的炎症、休克、过敏性疾病等，但不适用于替代疗法。

氟轻松　　　　　地塞米松　　　　　倍他米松

与前述的雌激素、孕激素药物一样，通过结构修饰来制备前药。最常见的皮质激素的 21 位酯化合物是乙酸酯，适于制备外用软膏剂等。也可酯化修饰成丙酸酯、缬草酸酯、磷酸酯等。地塞米松可以修饰成前药，例如醋酸地塞米松、地塞米松磷酸钠以及 17，21- 双酯化例如丙酸地塞米松等，以增加稳定性以及适应不同制剂的需要。

醋酸地塞米松　　　　　地塞米松磷酸钠　　　　　丙酸倍氯米松

在上述改造的基础上，又有很多糖皮质激素类药物开发上市，大部分是局部使用的气雾剂、软膏剂、霜剂、滴眼剂等。这些药物的结构变化包括在 9 位引入卤原子，例如丙酸倍氯米松（beclometasonedipropionate）和 20- 硫醇酯化的丙酸氟替卡松（fluticasone propionate）。治疗哮喘的药物包括 21 氯代物例如丙酸氯倍他索（clobetasol propionate）和 21- 甲基化合物例如利美索隆（rimexolone）。D 环扩环物例如多泼尼酯（domoprednate）。

氟替卡松是一种三氟代糖皮质激素，它与氯倍他索结构类似，不同之处是 17α 位氟甲基硫代羧酸基团，而非 21 位酮醇结构。设计这一药物的目的，是使它的系统生物利用度减低并增加它对水解的代谢敏感性，以便将血浆氢化可的松水平的全身性影响降至最低。结构中的硫酸酯结构以及氟原子的高电负性促进了它对代谢水解的敏感性。丙酸氟替卡松体外对糖皮质激素受体的选择性高，其相对受体亲和力是布地奈德的 3 倍，是地塞米松的 18 倍。丙酸氟替卡松的亲脂性比倍氯米松增加 0.5 倍。

丙酸氟替卡松

丙酸氯倍他索

利美索龙

多泼尼酯

醋酸地塞米松（dexamethasone acetate）

醋酸地塞米松

化学名为 16α- 甲基 -11β，17α，21- 三羟基 -9α- 氟孕甾 -1，4- 二烯 -3，20- 二酮 -21- 醋酸酯，（11β，16α）-9-fluoro-11，17，21-trihydroxy-16-methylpregna-1，4-diene-3，20-dione-21-acetate。

本品为白色或类白色结晶性粉末，几乎不溶于水，易溶于乙醇，微溶于二氯甲烷。

醋酸地塞米松在体外抗炎活性较低，在肝脏代谢成无活性的葡萄糖醛酸酯和硫酸酯。

地塞米松有明显的化学结构特点，在孕甾烷的母核上，几乎所有可能被取代的位置都引入了取代基。如 $\Delta^{1,2}$ 双键、$\Delta^{4,5}$ 双键、C3 位酮基、C9α 位氟原子、C11β 羟基、17α- 羟基、21- 羟基和 16α- 甲基等官能团。地塞米松的合成包括半合成和生物合成两种途径。

路线一以醋酸孕甾双烯醇酮为原料,与甲基亚硝基脲反应,生成 16α,17α- 二氢吡唑环,经脱氮后引入 16α- 甲基,用过氧化氢使产物环氧化,再经开环、氢化、水解后得 16α- 甲基 -17α- 羟基化合物。它在酸性下用三氧化铬氧化生成 Δ⁴-3- 酮。按照氢化泼尼松的相同制备方法引入 C21 位乙酸酯及 C21 位羟基,按合成乙酸氟轻松的方法引入 9α- 氟和 Δ¹˒² 得目标产物醋酸地塞米松。

醋酸孕甾双烯醇酮

海柯皂苷元化学结构上 C12 位具有酮基，与其他甾体皂苷元相比，易于引入 C11α 位羟基。路线二以海柯皂苷元为原料，经乙酰化去氢、去酮、裂解、上氮、去氮、环氧开环、氢化、水解、溴化、置换、双酯化、微生物 $\Delta^{1,4}$、溴环、乙酰化、上氟、水解。其中在 C12 位酮基旁用二氧化硒氧化，生成的甾体再与水合肼进行 Wolff-Kishner- 黄鸣龙反应，即可得到以后的合成中间体，这里可以免去微生物转化一步。海柯皂苷元合成生产地塞米松的工艺路线是 13 步化学反应和一步微生物发酵。

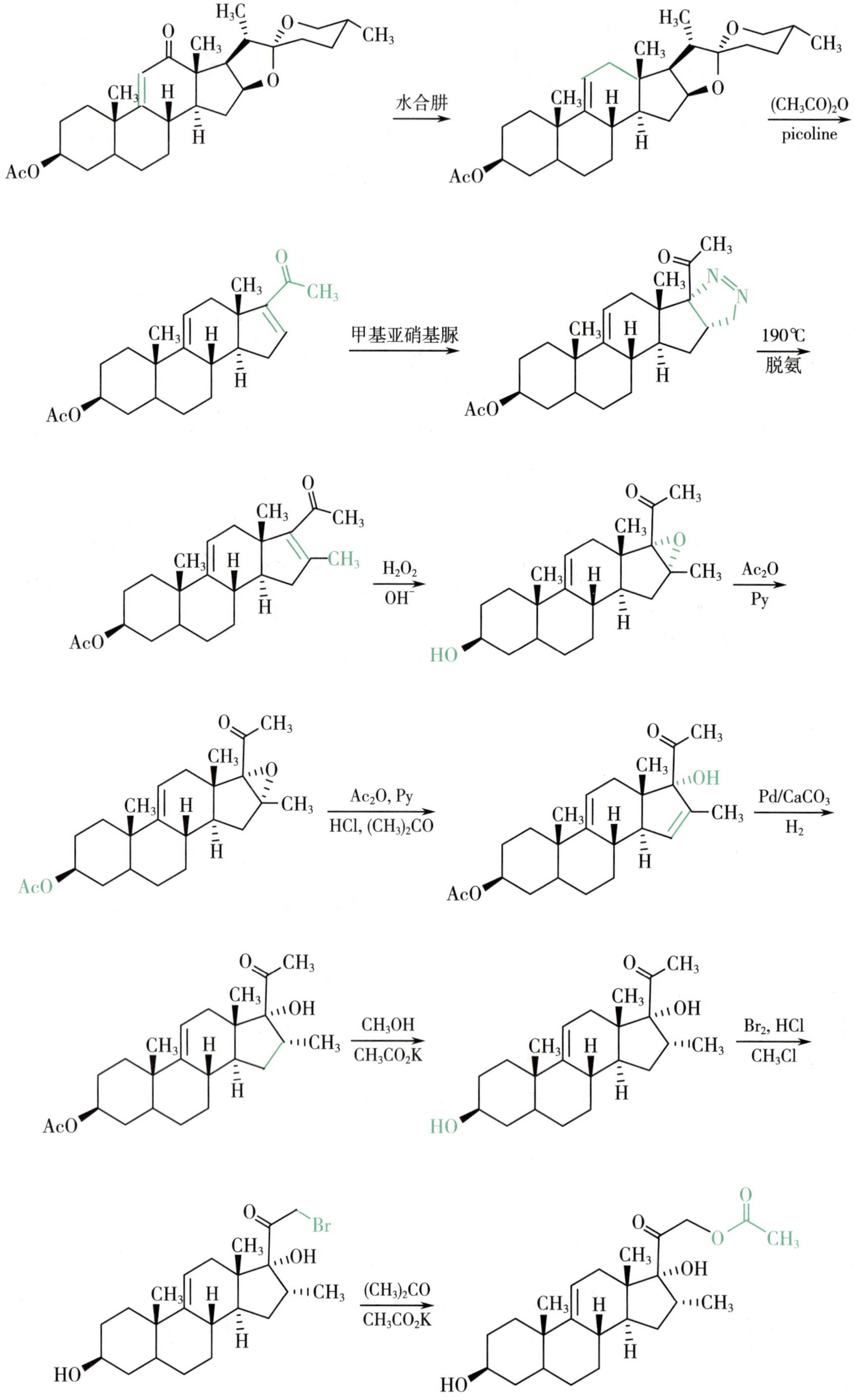

水合肼 → (CH₃CO)₂O / picoline

甲基亚硝基脲 → 190℃ 脱氨

H₂O₂ / OH⁻ → Ac₂O / Py

Ac₂O, Py / HCl, (CH₃)₂CO → Pd/CaCO₃ / H₂

CH₃OH / CH₃CO₂K → Br₂, HCl / CH₃Cl

(CH₃)₂CO / CH₃CO₂K

醉酸地塞米松的限量杂质检查包括 A～H 等 8 种。其中杂质 A 为地塞米松的降解产物；杂质 B 是甾环 C 环氧化后引入氟原子时发生重排；杂质 C 为 16α,17α- 环氧化物开环时生成的 17β- 羟基副产物；杂质 D 为 16β- 异构体，也是一个甾体药物倍他米松；杂质 E 是二氧化硒氧化时未反应完的前一步中间体；杂质 F 是醋酸地塞米松的前体；杂质 G 是 17- 去羟基地塞米松；杂质 H 是二氧化硒氧化时生成的中间体。

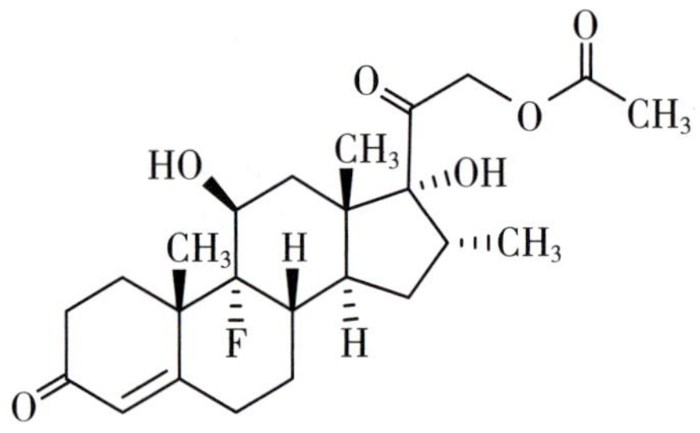

E

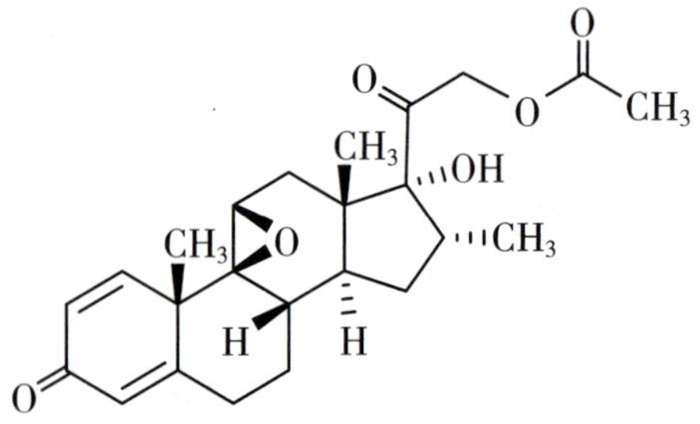

F

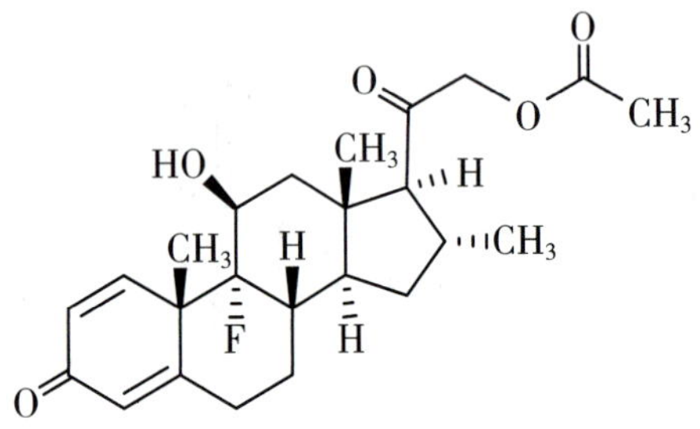

G

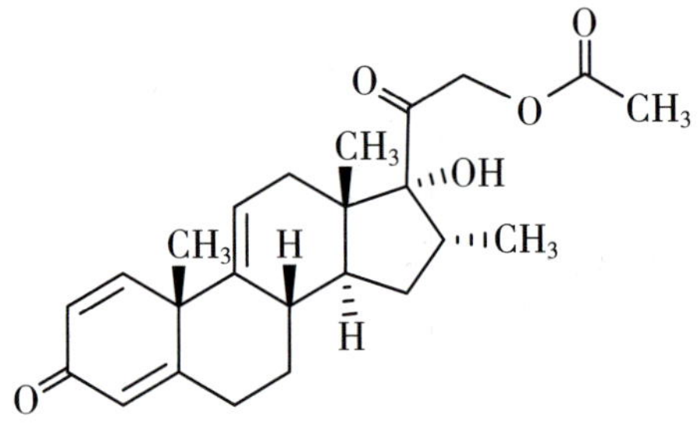

H

本品可口服和外用。口服主要用于治疗风湿热、类风湿关节炎、红斑狼疮和白血病等疾病。外用的适应证与醋酸氟轻松类似，用于湿疹、皮炎等。

二、肾上腺皮质激素生物合成抑制剂

自胆固醇开始的肾上腺皮质激素生物合成过程中，多种酶参与催化作用。这些酶的抑制剂可以减少内源性皮质激素的合成，从而产生抗皮质激素作用。曲洛司坦（trilostane）主要抑制皮质激素合成过程中的 3β- 脱氢酶，使皮质醇、醛固酮合成减少。本品也有明显的降低血睾酮水平作用，可能与抑制其生物合成有关，临床用于治疗库欣症和原发性醛固酮生症。

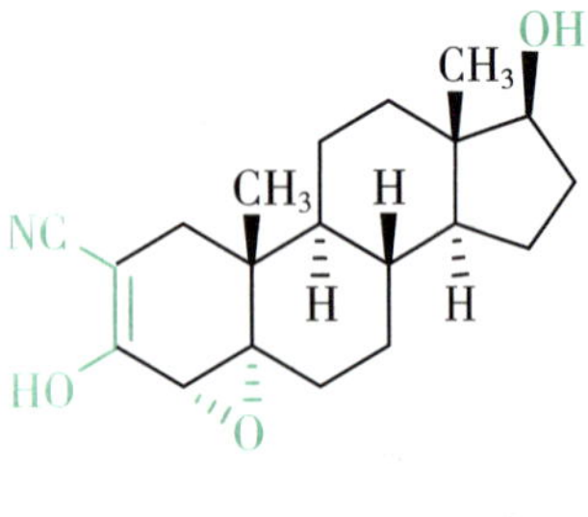

曲洛司坦

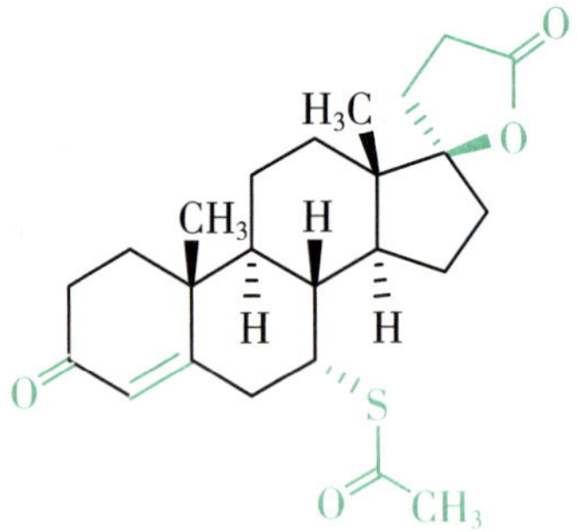

螺内酯

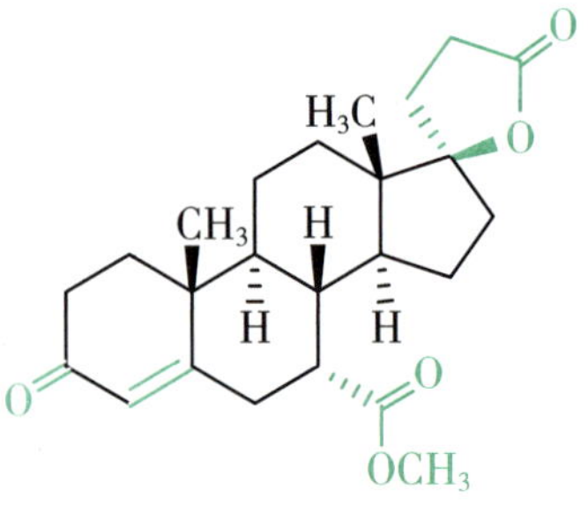

依普利酮

三、肾上腺皮质激素受体拮抗剂

许多激素药物被用于抗肿瘤治疗，如糖皮质激素泼尼松龙（prednisolone）和泼尼松（prednisone）。泼尼松作为前药，在体内在酶的作用下转化为泼尼松龙。

泼尼松龙　　　　　　　　　强的松

盐皮质激素受体的拮抗作用会对肾素 - 血管紧张素系统产生重要影响。已经上市的药物包括螺内酯（spironolactone）以及依普利酮（eplerenone）。这些药物分子结构中含 A 环烯酮，这对于受体识别是必需的，而 7 位引入的取代基和 D 环的螺内酯结构提供了导致激素受体拮抗作用的结构单元。

第二十一章　目标测试

（杜云飞）

第二十二章　降血糖药和骨质疏松治疗药物

糖尿病是一组由于胰岛素分泌缺陷和 / 或胰岛素作用缺陷引起的，以慢性高血糖伴碳水化合物、脂肪和蛋白质的代谢障碍为特征的代谢性疾病。糖尿病患者中骨质疏松的发生较普遍，并且随着病程延长而加重。骨质疏松是以骨量减少、骨的微细结构破坏导致骨脆性和骨折危险性增加为特征的慢性进行性疾病，其基本病理机理是骨代谢过程中骨吸收和骨形成的偶联出现缺陷，导致体内钙磷代谢失衡，骨密度逐渐减少。本章将降血糖药物和骨质疏松治疗药放在一起介绍。

第一节　降血糖药

采用 1999 年颁布的糖尿病病因学分型体系，根据病因学证据将糖尿病分为 4 种类型，即 1 型糖尿病（T1DM）、2 型糖尿病（T2DM）、特殊类型糖尿病和妊娠糖尿病。

高血糖的药物治疗基于纠正导致血糖升高的两个主要病理生理改变，即胰岛素抵抗和胰岛素分泌受损。根据作用效果的不同，口服降血糖药可分为以促进胰岛素分泌为主要作用的药物和通过其他机制降低血糖的药物，其中前者包括磺脲类、格列奈类、二肽基肽酶 -4 抑制剂，通过其他机制降低血糖的药物主要包括双胍类、噻唑烷二酮类、α- 葡萄糖苷酶抑制剂和钠 - 葡萄糖协同转运蛋白 2 抑制剂。

一、胰岛素及其类似物

胰岛素是由人体胰岛 β 细胞分泌的体内唯一能降低血糖的激素。1925 年，Banting 和 Best 从狗胰腺中提取得到胰岛素并发现其降血糖的作用，其粗提物用于糖尿病患者的治疗获得成功。由此开始了糖尿病的药物治疗，胰岛素成了糖尿病患者控制血糖的主要用药。以后胰岛素被纯化结晶。1958 年，Sanger 测定了胰岛素 A、B 链的氨基酸序列和二硫键位置。1969 年，Hodgkin 解析了胰岛素的六聚体晶体结构。1965 年，我国科学家完成了结晶牛胰岛素的全合成。1978 年，Boyer 等利用重组 DNA 技术生产出了重组人胰岛素。20 世纪 80 年代之前，临床一直使用猪或牛胰岛素用于治疗 1 型糖尿病。近年来，采用基因工程方法制备人胰岛素，现已成为胰岛素生产的重要手段。

胰岛素（insulin）

人胰岛素分子由通过两个二硫键连接在一起的两条肽链（A链和B链）组成。此外，A链另有一个链内二硫键。A链有11种21个氨基酸残基，B链有15种30个氨基酸残基，共16种51个氨基酸组成。胰岛素的活性形式为单聚体，但是在溶液中胰岛素作为二聚体和六聚体存在。天然胰岛素会自组装形成六聚体，在中性pH条件下由六个胰岛素分子组成三个二聚体，中性二聚体与两个锌原子均结合在B链10位组氨酸的咪唑环的氮原子上。

不同种族动物（人、牛、猪等）的胰岛素功能大体相同，成分稍有差异，其中以猪胰岛素与人胰岛素化学结构最为相似，只在B链C末端（B30）存在一个氨基酸的差异。从动物胰脏提取的胰岛素常含有来自胰脏中的其他多肽杂质，如胰高血糖素、胰多肽、血管肠多肽及胰岛素原等，临床上导致产生免疫反应及某些副反应，例如自发性低血糖，耐药性，加重糖尿病患者微血管病变，加速患者的胰岛功能衰竭和引起过敏等。某些国家的药典已将上述多肽杂质列为检查项目，允许含量规定在相当低的限度内，如低于10ppm，称为高纯度胰岛素，过敏反应已显著减少。另一方面，用酶化学和半合成法使猪胰岛素的B链C-末端的丙氨酸转变成苏氨酸则成为人胰岛素，已实现工业化生产并有商品上市。

胰岛素的主要作用是调节葡萄糖代谢。胰岛素促进肌肉和脂肪组织以及除大脑和肝脏以外的其他组织吸收葡萄糖和氨基酸。它还具有促进糖原、脂肪酸和蛋白质合成的合成代谢作用。胰岛素抑制肝脏中的糖异生。胰岛素受体是一种异源四聚体蛋白质，由两个细胞外 α 单位和两个跨膜 β 单位组成。胰岛素与受体 α 亚基的结合刺激受体 β 亚基固有的酪氨酸激酶活性。结合受体能够自磷酸化和磷酸化多种细胞内底物，这些激活的蛋白又导致包括PI3K和Akt激酶在内的下游信号分子的激活。Akt激酶调节葡萄糖转运蛋白4和蛋白激酶C的活性，它们在代谢和分解代谢中起关键作用。

用于治疗糖尿病的胰岛素类似物根据其起效速度分类。构效关系研究揭示胰岛素B链C端氨基酸残基的变异或去除可能会影响二聚体的形成速率，同时不会显著改变生物活性。抑制二聚体形成可以产生短效胰岛素。因此，已开发的各种胰岛素类似物在B链28位氨基酸进行了替换或添加。所得类似物相对于天然胰岛素具有更快的起效或更长的作用持续时间。这些类似物都是通过DNA重组技术使用修饰的DNA模板生产。

短效胰岛素包括赖脯胰岛素（insulin lispro）、门冬胰岛素（insulin aspart）和赖谷胰岛素

（insulin glulisine）。它们所有 B 链 C 端的氨基酸残基都发生了变化。通过颠倒 B 链两个位点的赖氨酸和脯氨酸位置，赖脯胰岛素可实现胰岛素单体的快速解离。

早期的胰岛素作用时间短，需要每天多次注射。科学家在胰岛素中添加鱼精蛋白和锌离子，形成性质更稳定的中性鱼精蛋白锌胰岛素（neutral protamine hagedorn insulin，NPH），其皮下注射后形成结晶，胰岛素单体缓慢释放，从而延长吸收入血的时间，但易引起血糖波动，低血糖发生风险较高。

利用基因工程技术对人胰岛素肽链上氨基酸进行替换、修饰、移位等改进以合成胰岛素类似物。例如，将人胰岛素 A 链 21 位的天冬酰胺替换为甘氨酸，B 链末端 30 位后增加 2 个精氨酸，从而改变胰岛素的等电点，得到甘精胰岛素（insulin glargine），使胰岛素在注射部位的中性 pH 环境下解离变慢，可实现长效降糖作用。甘精胰岛素与 NPH 相比，低血糖发生率更低。

地特胰岛素（insulin detemir）是在人胰岛素的基础上去掉 B 链上 30 位的苏氨酸，在 B 链 29 位上通过酰化作用加上一个十四碳的脂肪酸侧链而成。地特胰岛素在溶液中以六聚体形式存在，皮下注射后依然保持可溶性。在人胰岛素的基础上，去掉胰岛素分子 B 链第 30 位苏氨酸，然后通过 1 个谷氨酸连接子，将一个十六碳脂肪二酸侧链连接在 B29 位赖氨酸上，得到德谷胰岛素（insulin degludec）。其在溶液中以双六聚体形式存在，当皮下注射后，苯酚快速弥散，构象改变，双六聚体末端开放，结合其他的双六聚体，形成可溶稳定的多六聚体长链。随着时间延长，锌离子缓慢弥散，德谷胰岛素单体从长链末端缓慢释放，实现了其长效、平稳的降糖作用，符合生理性胰岛素的分泌模式。这些胰岛素类似物作用相似，但吸收速度有变化，可适用于特殊的患者。

胰岛素在体内发挥糖代谢调节作用，可增加葡萄糖的利用，加速葡萄糖的酵解和氧化，促进糖原的合成和贮存，并促使葡萄糖转变为脂肪，抑制糖异生和糖原分解，从而降低血糖。另外，它还能够促进脂肪合成并抑制其分解。

二、胰岛素分泌促进剂

（一）磺脲类

20 世纪 40 年代，药理学家 Marcel Janbon 尝试寻找有效的抗伤寒病分子，在动物体内试验了若干磺脲类化合物后，发现其中一个化合物氨磺丁脲（carbutamide）诱导动物的血糖迅速降低。在糖尿病患者身体上进一步试验发现，可降低他们的血糖水平，从而诱发了不同程度的低血糖。之后，发现磺脲类化合物可刺激胰岛素经过内分泌胰腺分泌。

氨磺丁脲   甲苯磺丁脲

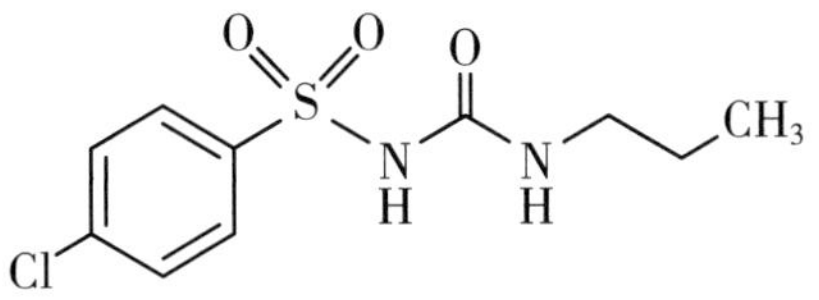

氯磺丙脲

通过对氨磺丁脲的作用机制进行研究,合成了成千上万个磺脲类化合物,约有 10 个开发成为口服磺脲类降血糖药。现常把这类药物分成三代。

20 世纪 50 年代开发的第一代磺脲类降血糖药以甲苯磺丁脲(tolbutamide)和氯磺丙脲(chlorpropamide)为代表,但它们具有对受体亲和力小,给药剂量大,作用时间过长,药物相互作用较多,存在严重而持久的低血糖反应等缺点。

第二代磺脲类降血糖药包括格列本脲(glibenclamide)、格列吡嗪(glipizide)和格列喹酮(gliquidone)等。与第一代磺脲类降血糖药相比较,对受体的亲和力高,脂溶性及细胞通透性提高,给药剂量减少,药物相互作用较少。但会导致体重增加,低血糖反应发生率仍较高。

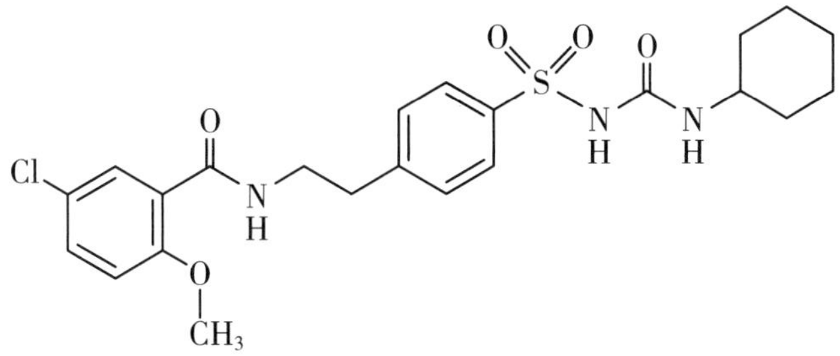

格列本脲

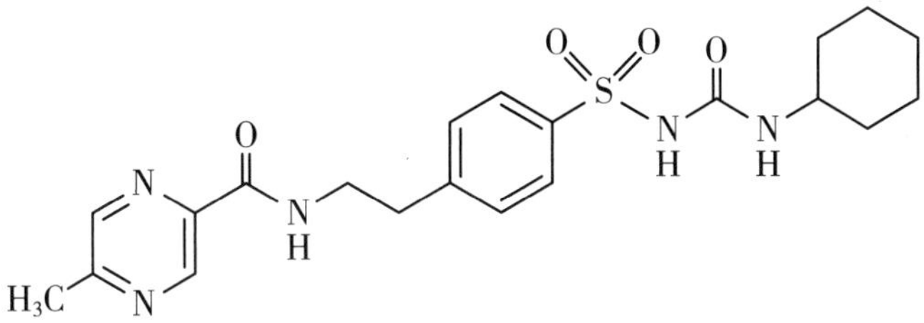

格列吡嗪

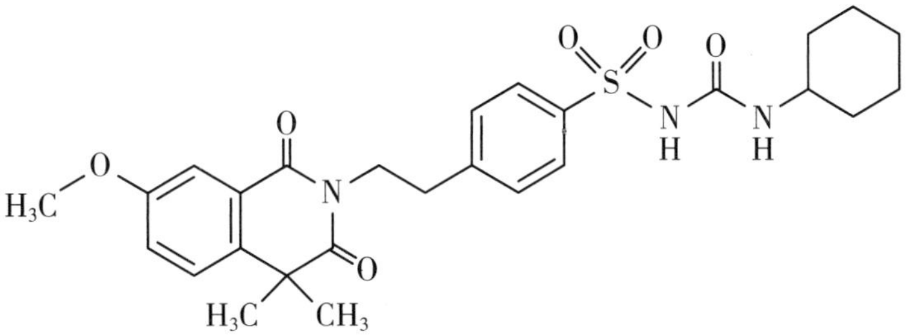

格列喹酮

随着研究深入,发现 β 细胞膜去极化是通过降低 K^+ 的通透性完成的,这与磺脲类降血糖药物的促胰岛素分泌机制有关。之后应用膜片钳技术鉴别出 K^+ 通道,并显示磺脲类能阻断这一通道。又证实 β 细胞膜上存在磺脲类药物高亲和力受体。1995 年以后,纯化并克隆出磺脲类药物高亲和力受体(sulphonylurea receptor,SUR),其中 SUR1 是与心血管安全性有关的关键受体。这些基础研究为后面磺脲类降血糖药研究开发提供了依据。

第三代磺脲类降血糖药格列美脲(glimepiride)于 1995 年上市,其对磺脲受体亲和力更高,与受体结合速度比第二代磺脲类快 3 倍,解离速度快 8 倍,降血糖活性更强,给药剂量更小。与第二代磺脲类相比,可有效改善胰岛素抗性。格列齐特(gliclazide)也能与 SUR1结合。

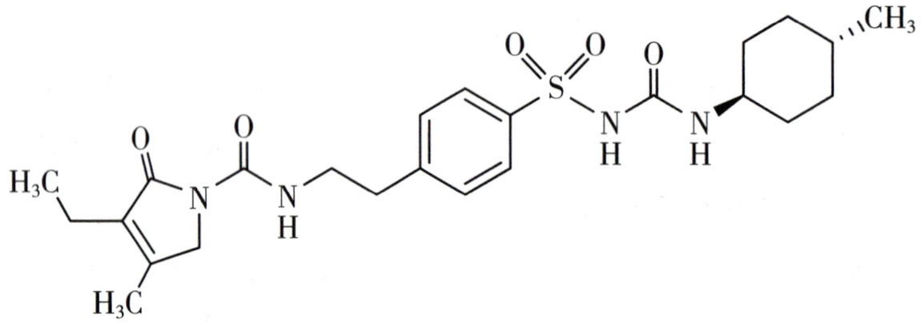

格列美脲

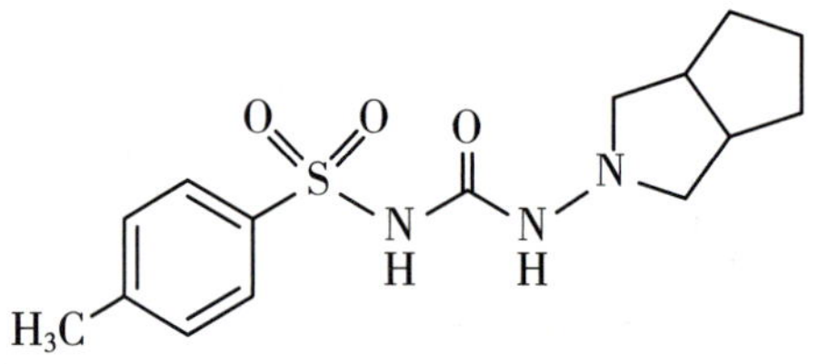

格列齐特

格列本脲(glibenclamide)

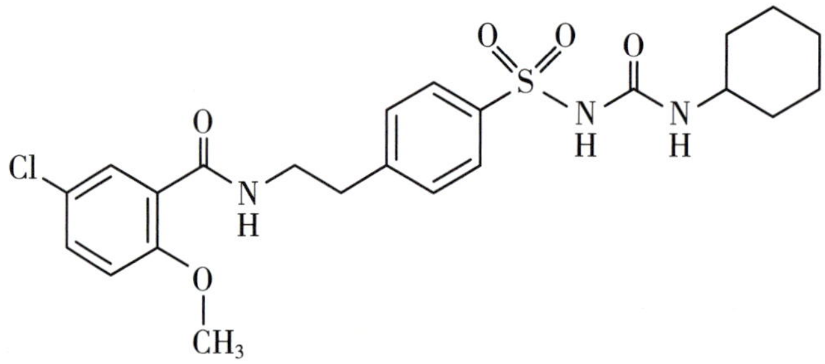

化学名 *N*-[2-[4-[[[(环己氨基)羰基]氨基]磺酰基]苯基]乙基]-2- 甲氧基 -5- 氯苯甲酰胺,1-[[4-[2-[(5-chloro-2-methoxybenzoyl)amino]ethyl]phenyl]sulfonyl]-3-cyclohexylurea。

本品为白色结晶性粉末;几乎无臭,无味。本品在三氯甲烷中略溶,在甲醇或乙醇中微溶,在水或乙醚中不溶。熔点为 170~174℃,熔融时同时分解。

本品的合成路线一是以 2- 甲氧基 -5- 氯苯甲酰氯为原料,经酰胺化、氯磺化、磺酰化、缩合反应得到目标物格列本脲。

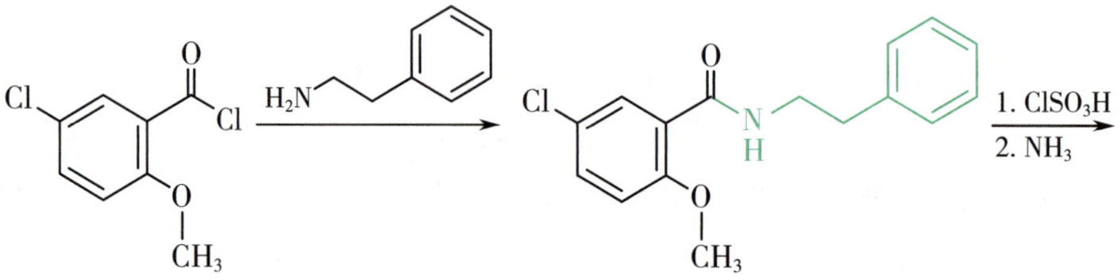

本品的合成路线二是我国科技工作者采用磺酰胺作为起始原料,先与氯甲酸乙酯缩合,然后再与环己胺形成复盐,最后脱醇,得到目标分子。

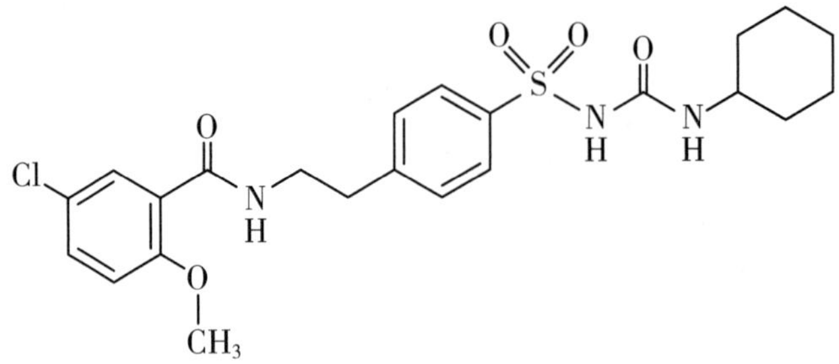

格列本脲相关限量杂质有 A～E 五种，其中 A 为格列本脲合成起始物；B 为格列本脲的磺酰胺缩合中间体；C 为格列本脲的副产物；D 为格列本脲 -3- 丁基取代物；其中 C 和 D 均为合成路线中的副产物。

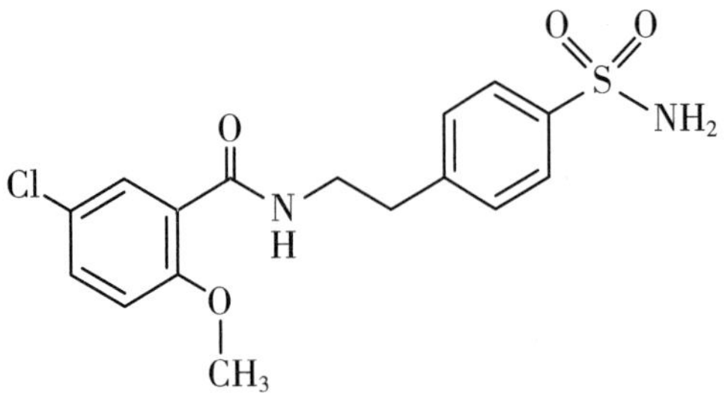

A

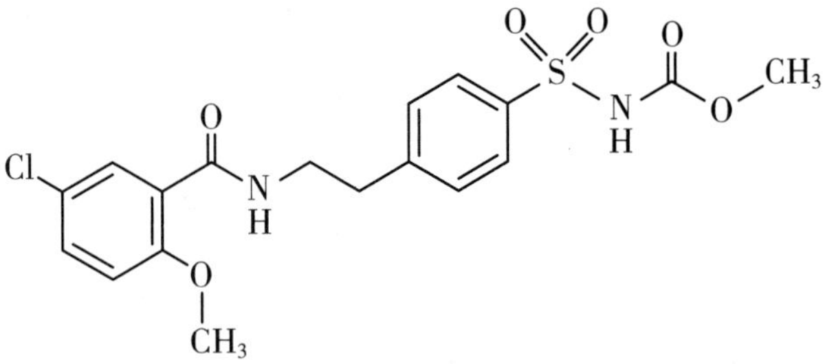

B

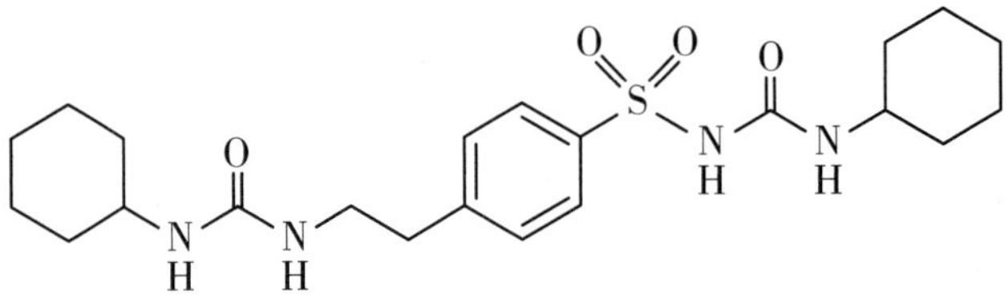

C

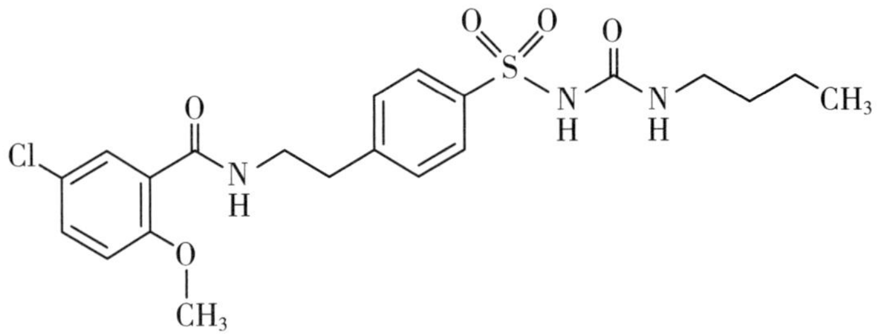

D

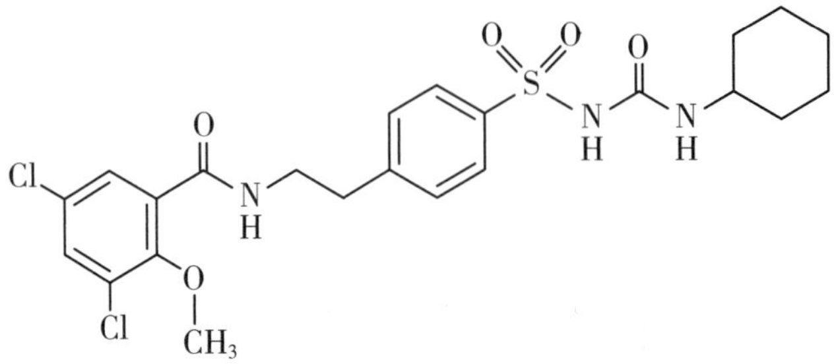

E

构效关系研究表明，磺脲类降血糖药都含酸性基团，酸性基团通常为磺脲基团，这对促胰岛素活性是必需的，亲脂性侧基（pendant lipophilic group）是同分子主链连接而分布在主链旁侧的化学基团,用亲脂性侧基取代酸性基团,可大大增强与 SUR1 受体的亲和力,并且提高对 SUR1 受体相对于 SUR2A 和 SUR2B 亚型的选择性。在早期的磺脲类化合物中,酸性基团的取代基一般是 *N*- 丁基或 *N*- 丙基,例如甲苯磺丁脲、氯磺丙脲,而后期的化合物连接酸性基团的取代基多为环烷基。酸性基团例如磺脲基团通常与苯环相连,对位常有取代基,在第一代磺脲类化合物中,对位取代基为小的基团,例如甲基、乙酰基、卤素,而引入由酰氨基连接臂连接尾端芳环或杂环的更大的基团则大大增强了第二代磺脲类药物的效力。在酰氨基连接臂中,酰胺连接臂为包括羰基碳与氮在内的四原子链,例如格列齐特、格列本脲和格列美脲都有类似的排布。

磺脲类药物对血糖的影响是诸因素和依赖于治疗时程的联合作用的结果。在治疗初期它能刺激胰岛素分泌,导致循环中的胰岛素水平的升高,从而改善高血糖症。在治疗后期它通过提高靶细胞对胰岛素的敏感性而维持其降血糖作用。

磺脲类降血糖药是一种弱酸,pK_a 约 5.0,与其他弱酸性药物一样,蛋白结合力强,因此,可与其他弱酸性药物竞争血浆蛋白的结合部位,导致后者游离药物浓度的提高。

(二)非磺脲类

在研究格列本脲(glibenclamide)的活性片段时用电子等排体羧酸部分替换磺脲部分,得到美格列奈(meglinide),发现其可通过阻断 ATP 敏感钾离子通道增强胰岛素分泌并且能够降低血糖。这就导致发现了一类非磺脲类降血糖药。美格列奈的类似物包括瑞格列奈(repaglinide)和那格列奈(nateglinide),它们通过与胰岛 β 细胞表面的磺脲受体结合后与细胞质膜上 ATP 敏感钾离子通道相偶联,诱导离子通道关闭,细胞膜上去极化,钙离子内流,使细胞质内钙离子浓度升高,从而促进胰岛素分泌。

美格列奈　　　　　　　　　　　瑞格列奈

那格列奈

构效关系研究表明,与磺脲类降血糖药一样,它们也含有对促胰岛素分泌活性有利的羧酸部分,其中瑞格列奈是取代芳基甲酸,那格列奈是取代芳基丙酸。非磺脲类也具有与 SUR1 受体结合的亲脂性侧基,苯甲酸衍生物瑞格列奈的类似基团是乙氧基,其可占据受体类似的结合部位,而苯丙氨酸衍生物那格列奈含与丙酸羰基相邻的手性中心,其中 R 构型对受体结合和生物活性有利。

瑞格列奈和那格列奈与磺脲类降血糖药的不同之处在于很少诱发低血糖副作用。给药后,它们很快从胃肠道吸收,经肝脏代谢酶如 CYP2C9 和 CYP3A4 代谢后快速消除。另外,它们呈现胰岛素依赖模式起效,并且与受体的解离速度更快,以便更迅速地再次激活 Ca^{2+} 依赖的 K^+ 通道。由于它们是短效促胰岛素分泌剂,须每次餐前给药,使之更符合胰岛素分泌的生理模式,同时也减少了因误餐引起的低血糖反应。

格列奈类药物主要通过刺激胰岛素的早时相分泌而降低餐后血糖,也有一定的降空腹血糖作用,可使糖化血红蛋白(HbA1c)降低。

瑞格列奈(repaglinide)

化学名为 2-乙氧基-4-[2-[(1S)-3-甲基-1-[2-(1-哌啶基)苯基]丁胺基]-2-氧代乙基]苯甲酸,2-Ethoxy-4-[2-[[(1S)-3-methyl-1-[2-(piperidin-1-yl)phenyl]butyl]amino]-2-oxoethyl]benzoic acid。

本品为白色或类白色粉末,几乎不溶于水,极易溶于甲醇和二氯甲烷。其在酸中的 pK_a 为 3.9,在碱中的 pK_a 为 6.0,$logP$ 为 5.9。

本品作为氨甲酰基甲基苯甲酸衍生物,具有一个手性碳原子,故存在一对对映异构体,其中 S-(+)-异构体的活性是 R-(-)-构型的 100 倍,临床上使用 S-(+)-异构体。

瑞格列奈在肝脏经细胞色素 P450 酶 CYP3A4 和 CYP2C8 氧化代谢为 M1 至 M4,其中 CYP3A4 催化生成 M1、M2 和 M3,CYP2C8 主要催化生成 M4。这些代谢物对瑞格列奈的降低血糖活性没有贡献,然后经胆汁排泄。

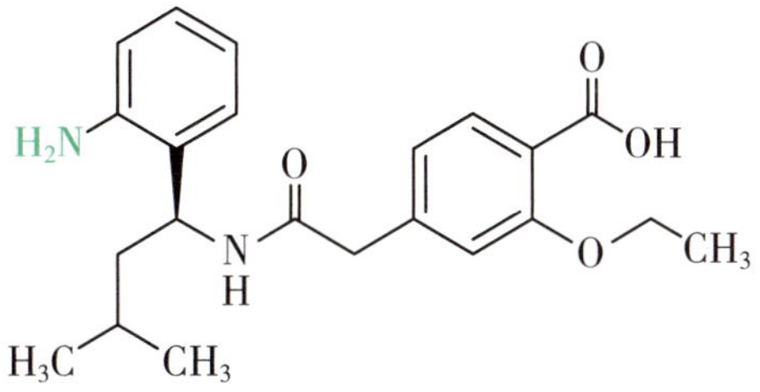

M1

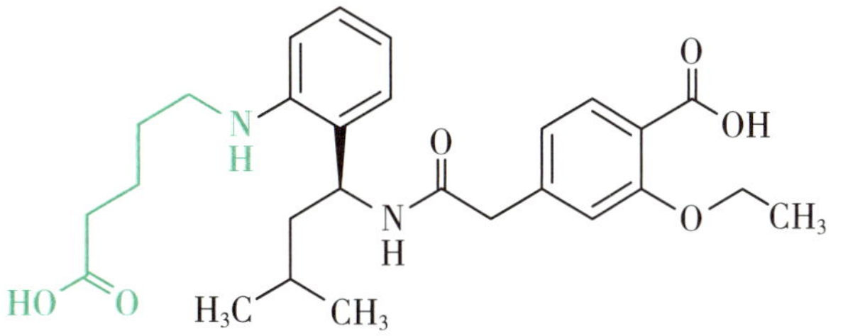

M2

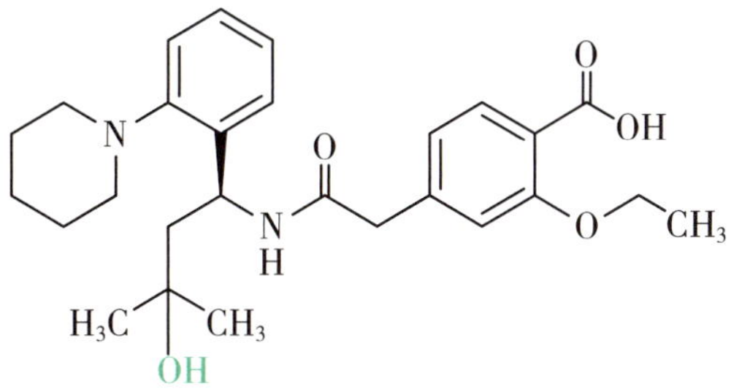

M3

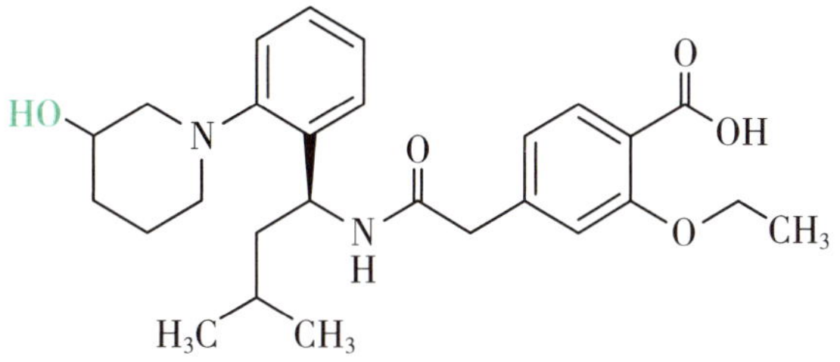

M4

　　瑞格列奈的合成路线一采用 2-(1- 哌啶基)苯甲腈作为原料,先与异丁基溴化镁发生 Grignard 反应,再与氨缩合形成亚胺,酰化,用 Ru(oAc)₂(BINAP)立体选择性还原碳氮双键,得到的手性胺与 4-(羧基甲基)-2- 乙氧基苯甲酸乙酯缩合,碱性下水解,得到目标分子瑞格列奈。

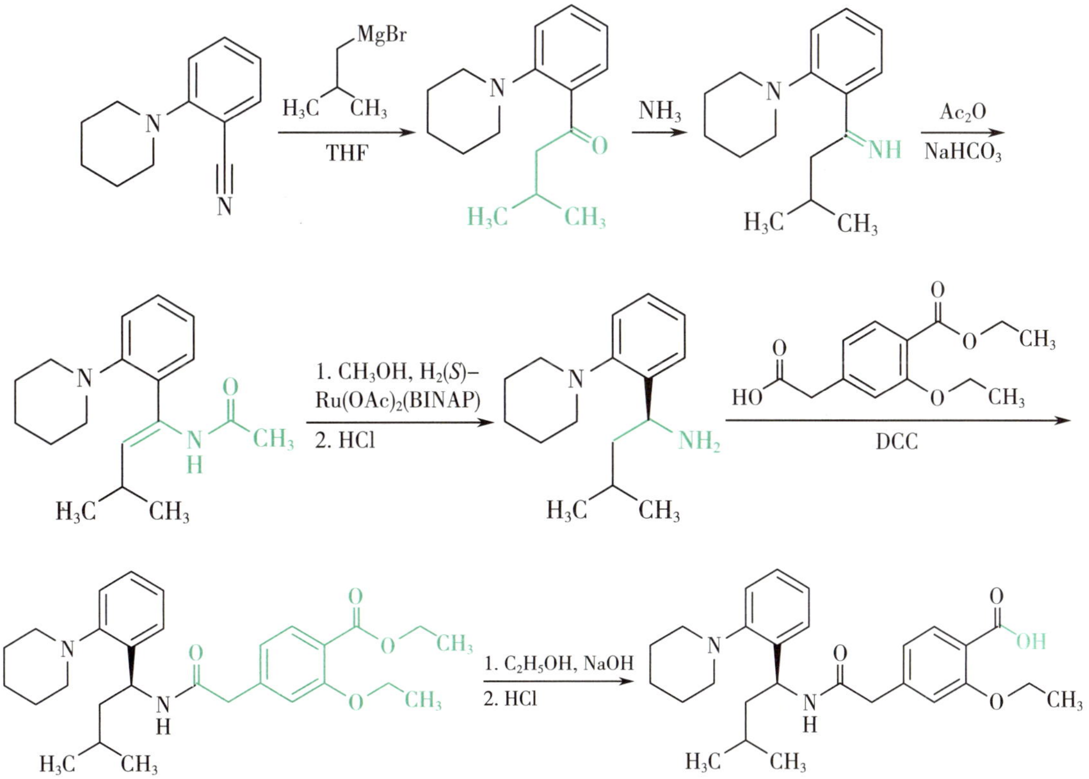

　　路线二用邻氟苯甲醛作为原料,先与异丁基溴化镁发生 Grignard 反应,生成后,用次氯酸钠氧化为羰基,引入哌啶环,肟化,用硼氢化钠还原羟基亚氨基,拆分,与路线一相似的步骤,合成得到目标分子瑞格列奈。

瑞格列奈相关限量杂质有 A～E 五种，其中 B 和 A 分别为制备瑞格列奈前体使用的未反应完全的试剂 3- 乙氧基 -4- 乙氧基甲酰基苯乙酸及其水解产物；C 为瑞格列奈的中间体邻 - 哌啶基 -α- 异丁基苄基胺；D 为未能完全水解成瑞格列奈的前体；杂质 E 为瑞格列奈的 *R*- 异构体。

D   E

本品用于经膳食控制、减轻体重及运动锻炼都不能有效控制其高血糖水平的 2 型糖尿病患者。它可与二甲双胍合用,两药合用产生的协同疗效比各自单独使用时更能有效控制血糖水平。

三、胰岛素增敏剂

胰岛素增敏剂是能够提高细胞对胰岛素代谢作用敏感性的药物,包括噻唑烷二酮类和双胍类。

(一)噻唑烷二酮类

在 20 世纪 70 年代初期,Kawamatsu 等人在以氯贝丁酯(clofibrate)为先导化合物的降血脂药物研究过程中,发现一系列 2- 氯 -3- 苯基丙酸衍生物可降低动物体内的胆固醇和甘油三酯。其中发现化合物 AL-294 不仅降低甘油三酯 TG 而且能够降低血糖水平。已证实存在一种降低 KK 小鼠血糖的药物,该药物对磺脲类降血糖药完全无效。AL-294 及其衍生物是最早的胰岛素增敏剂。但是,AL-294 降血糖作用不强,因此需要继续合成衍生物,以增强其活性并改善其物理性质。

氯贝丁酯   AL-294

考虑到 AL-294 是酯类衍生物,其水解后的羧酸可能是活性物质。因此,在预期与羧酸具有生物等效性时,主要合成了酸性杂环衍生物并研究了它们的降血糖作用。结果,发现 AL-294 与硫脲反应后,通过酸水解获得的 2,4- 噻唑烷二酮衍生物 AL-321 具有更强的降血糖作用。

AL-321   环格列酮

因此,出于结构优化的目的,主要对 5- 苄基 -2,4- 噻唑烷二酮骨架苄基上的取代基进行修饰,并且研究了这些化合物的活性和安全性,选择环格列酮(ciglitazone)作为候选化合物进行开发。环格列酮具有前所未有的独特性能，它在与胰岛素受体作用后可增强细胞对胰岛素的敏感性并提高胰岛素利用效率。环格列酮对于胰岛素抗性的动物具有降血糖活性，但由于不能促进胰岛素分泌，故在胰岛素不足的动物模型上无效，未能成药。

　　然而，作为初始临床Ⅱ期研究的结果，发现环格列酮的功效较弱，并且有必要进一步增强其活性。在旨在增强活性的修饰中，重新检查了在环格列酮的选择过程中合成的化合物的活性以及环格列酮的代谢产物的活性。结果发现，AL-321 的末端苯基被 2- 吡啶基取代以及环格列酮的代谢产物降低血糖和 TG 的作用优于原型，而 5- 苄基 -2，4- 噻唑烷二酮骨架的苄基的 4- 位取代基中引入极性基团对于增强活性是有用的。例如，在环格列酮的环己烷片段上进行修饰，用苯并二氢吡喃骨架替换，得到曲格列酮（troglitazone），1997 年上市，后因引起肝毒性撤市。

曲格列酮

　　由于曲格列酮存在临床应用缺陷，在它的结构基础上进一步优化。先后发现了吡格列酮（pioglitazone）和罗格列酮（rosiglitazone），其中后者有引发心血管事件的风险。

吡格列酮　　　　　　　　　　　　　　罗格列酮

　　噻唑烷二酮类降血糖药通过结合于一组过氧化物酶体 - 增殖体活化受体（peroxisome proliferator-activated receptors，PPARs）起效，并且特异性与 PPARγ 结合。过氧化物酶体 - 增殖体活化受体属于核受体家族，它们的配体为游离脂肪酸（FFA）和前列腺素。当活化时，PPAR受体迁移至 DNA，激活特异的基因转录，这些基因参与控制葡萄糖的产生、运输和利用。通过这种方式，噻唑烷二酮类药物增强了组织对胰岛素的敏感性，故又称之为胰岛素受体增敏剂。

　　噻唑烷二酮类降血糖药单独使用时不导致低血糖，但与胰岛素或胰岛素促分泌剂联合使用时可增加低血糖发生的风险。噻唑烷二酮类药物的常见不良反应是体重增加和水肿，这些不良反应在与胰岛素联合使用时表现更加明显。噻唑烷二酮类药物的使用与骨折和心力衰竭风险增加相关，故有心力衰竭、活动性肝病或转氨酶升高超过正常上限 2.5 倍及严重骨质疏松和有骨折病史的患者应禁用本类药物。

吡格列酮（pioglitazone）

化学名(±)5-{4-[2-(5- 乙基 -2- 吡啶基)乙氧基]苯甲基 }-2, 4- 噻唑烷二酮, 5-({4-[2-(5-ethylpyridin-2-yl)ethoxy]phenyl}methyl)-1, 3-thiazolidine-2, 4-dione。

本品为白色或类白色结晶性粉末, 无臭。在甲醇中溶解, 在乙醇中微溶, 在水或三氯甲烷中几乎不溶。

吡格列酮的代谢已在大鼠和狗中进行了研究, 并导致发现了多达八种代谢产物。这些产物由与吡啶环相邻的任一碳的氧化产生, 并在尿液和胆汁中以各种结合物的形式存在。代谢物 M-1、M-2 和 M-3 似乎有助于吡格列酮的生物活性(见图 22-1)。

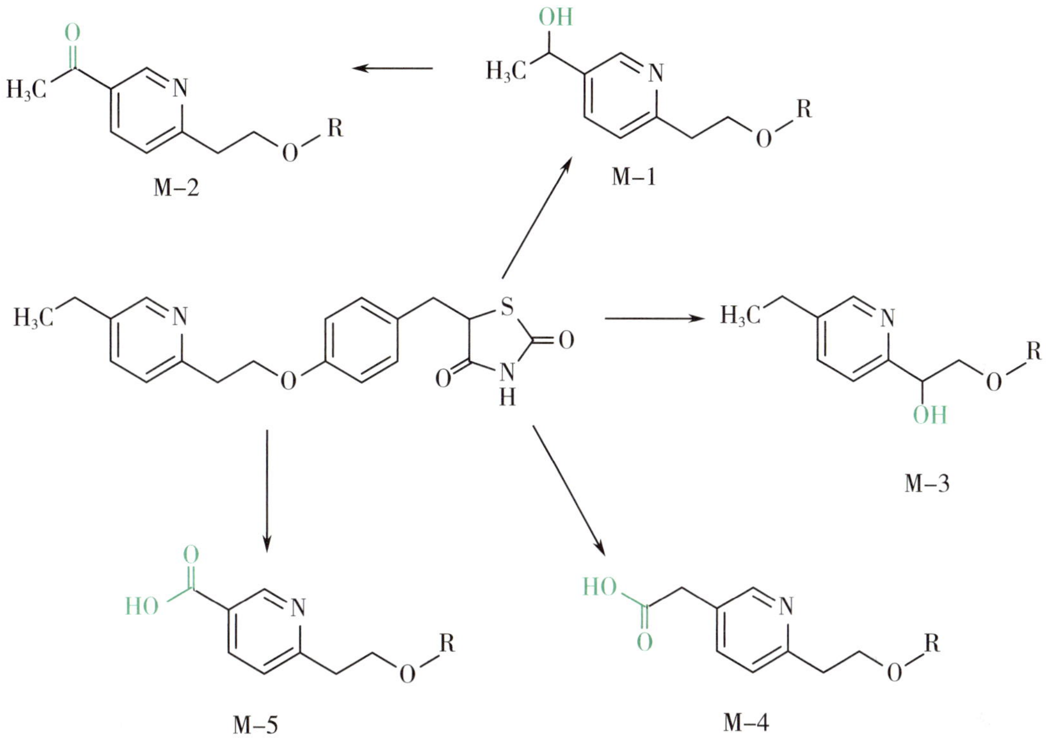

图 22-1　吡格列酮的代谢途径

吡格列酮体内代谢产物主要是吡啶环上的乙基被氧化成羟基和乙酰基化合物, 以及氧乙基链的氧化脱烷基形成酚基化合物, 而噻唑烷二酮被氧化成亲电性基团的概率较小, 这与被撤市停止使用的曲格列酮不同, 加之服用剂量较小, 因而发生特质性药物毒性不明显。

吡格列酮的早期合成路线是以 2-(5- 乙基 -2- 吡啶基)乙醇与 4- 氟硝基苯在氢化钠催化下, 得到 4-[2-(5- 乙基 -2- 吡啶基)乙氧基]硝基苯, 催化氢化得到相应的取代苯胺。其与丙烯酸甲酯反应, 得到 2- 溴代丙酸酯衍生物, 再与硫脲环合, 得到 2- 亚氨基 -4- 噻唑烷酮, 最后在盐酸中水解为目标分子。

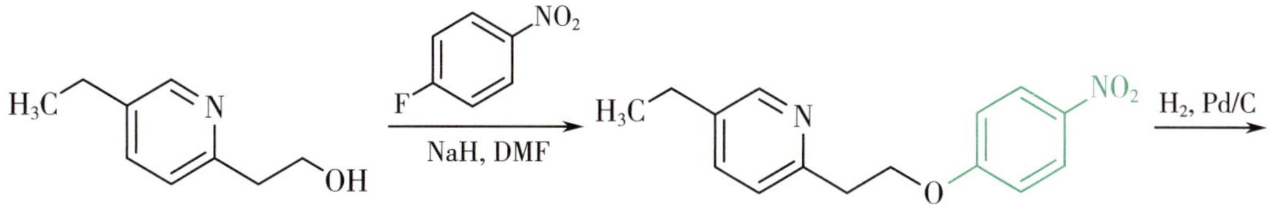

吡格列酮的合成路线二仍以 2-（5- 乙基 -2- 吡啶基）乙醇为起始原料，保护，与 4- 羟基苯甲醛缩合，得到取代芳醛，与噻唑烷二酮反应，得到 2,4- 噻唑烷二酮缩合物，最后催化还原为目标分子。

吡格列酮的相关限量杂质有 A～E 五种，其中 A 和 B 分别为制备吡格列酮前体；C 和 D 为吡格列酮的开环产物及脱氨基酰硫基物质；E 为吡格列酮与起始原料吡啶乙醇的缩合物质。

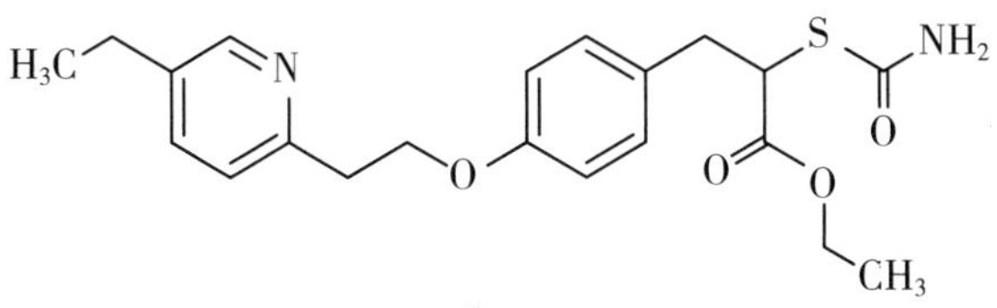

C

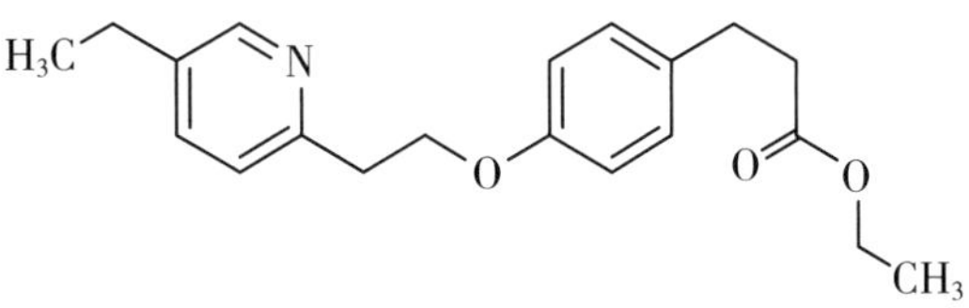

D

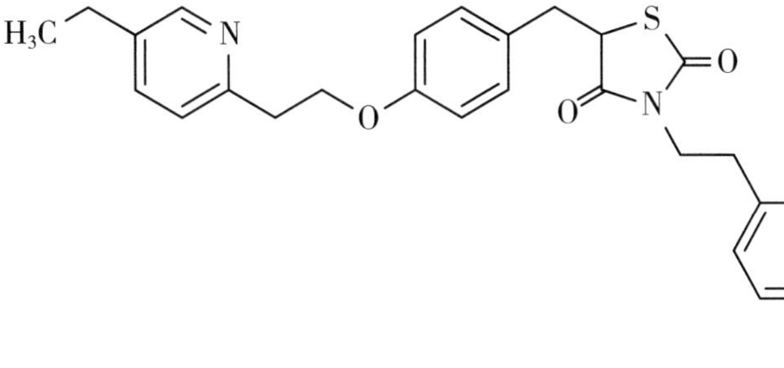

E

本品主要适用于单靠饮食和运动不能控制血糖的 2 型糖尿病患者的治疗。可单独治疗或与磺脲类降血糖药、二甲双胍和胰岛素合用治疗。

（二）双胍类

早在 19 世纪末，欧洲民间用豆科植物山羊豆（*Galega officinalis*）治疗糖尿病。1918 年，研究发现植物中含胍类次生代谢产物具有降血糖作用，但毒性大。随后在 20 世纪 20 年代将山羊豆中分离的生物碱山羊豆碱（galegine）治疗患者的糖尿病，表明山羊豆碱能显著降低患者血糖水平，毒性低，但因作用时间短，限制了临床应用。

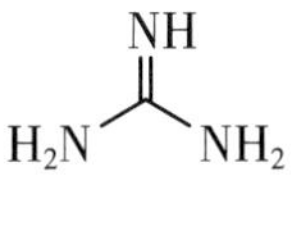

胍

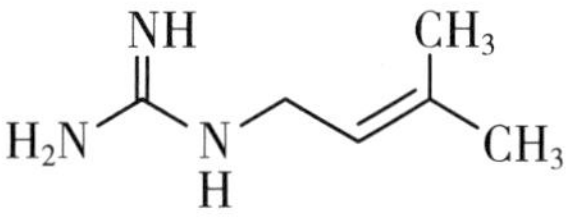

山羊豆碱

20 世纪 40 年代，人们应用抗疟药氯胍（chloroguanide）治疗疟疾患者，发现有较弱的降血糖作用，验证了双胍片段是降低血糖的药效团结构。在用二甲双胍（metformin）治疗糖尿病的同时，还对丁双胍（buformin）和苯乙双胍（phenformin）进行了临床研究。丁双胍抑制胃肠道的葡萄糖吸收，提高胰岛素的敏感性和细胞对葡萄糖的摄取，也抑制肝脏的葡萄糖合成等。它的降低血糖作用强于二甲双胍，但丁双胍可引起乳酸性酸中毒，治疗剂量接近中毒剂量，临床已停止应用。苯乙双胍的降糖作用特点与二甲双胍和丁双胍相同，而且活性显著强于二甲双胍，临床治疗的剂量较低，但也因为可引发乳酸性酸中毒的不良反应，许多国家不使用苯乙双胍。1995 年，二甲双胍被批准上市。

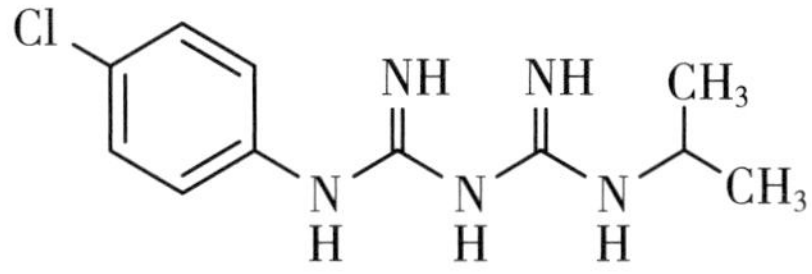

氯胍

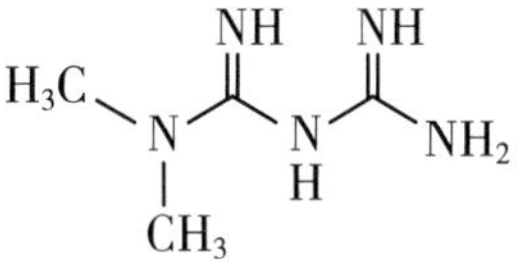

二甲双胍

丁双胍　　　　　　　　　　苯乙双胍

目前临床上使用的双胍类药物主要是盐酸二甲双胍。双胍类药物的主要药理作用是通过减少肝脏葡萄糖的输出和改善外周胰岛素抵抗而降低血糖。

盐酸二甲双胍（metformin hydrochloride）

化学名为 1,1-二甲基双胍盐酸盐, 1,1-dimethylbiguanide hydrochloride。

二甲双胍的作用靶点尚不清楚，研究发现药物可以通过多种途径改善 2 型糖尿病胰岛素敏感性，例如通过抑制细胞线粒体呼吸链复合体 I，减少 ATP 的生成，激活腺苷酸活化蛋白激酶，进而增加外周摄取葡萄糖和脂肪酸氧化，增强胰岛素敏感性，改善胰岛素抵抗。二甲双胍还可以使腺苷酸活化蛋白激酶磷酸化，使胰腺辅酶 A 羧化酶失活，抑制脂肪酸合成酶活性，抑制肝脏糖异生，从而改善胰岛素抗性。该药还能上调胰岛素受体数目，增强胰岛素与靶细胞受体的亲和力，提高胰岛素敏感性。除此以外，二甲双胍还可抑制线粒体甘油磷酸脱氢酶，从而抑制肝脏糖异生，降低血糖。

二甲双胍为 2 型糖尿病患者控制高血糖的一线用药和药物联合中的基本用药。单独使用二甲双胍不增加低血糖风险，但二甲双胍与胰岛素或胰岛素分泌促进剂联合使用时，可增加发生低血糖的风险。二甲双胍的主要不良反应为胃肠道反应。

四、α-葡萄糖苷酶抑制剂

通过抑制肠道内 α-葡萄糖苷酶活性，减少多糖类物质水解成单糖被吸收入血，从而降低血糖是又一种降血糖研究思路。α-葡萄糖苷酶抑制剂（α-glucosidase inhibitor）是一类以延缓肠道碳水化合物吸收而达到治疗糖尿病的口服降糖药物，已广泛应用于临床。α-葡萄糖苷酶抑制剂竞争性抑制位于肠刷缘的多种 α-葡萄糖苷酶如麦芽糖酶、蔗糖酶、淀粉酶，使碳水化合物如淀粉、多糖和二糖等分解为单糖的速度减慢，从而减缓肠道内葡萄糖的吸收，降低餐后高血糖。α-葡萄糖苷酶抑制剂不刺激 β 细胞分泌胰岛素，但可降低餐后胰岛素水平，还可以刺激胰高血糖素样肽 -1（glucagon-like peptide-1, GLP-1）分泌。这类药物包括微生物发酵的低聚糖阿卡波糖（acarbose）、山梨糖衍生物的还原产物米格列醇（miglitol）和氨基糖类似物伏格列波糖（voglibose）。

阿卡波糖

伏格列波糖

米格列醇

五、二肽基肽酶-4抑制剂

二肽基肽酶-4（dipeptidyl peptidase-4，DPP-4）是一种丝氨酸蛋白酶，其以膜结合形式和血浆可溶性形式存在。DPP-4酶是一种脯氨酸特异性氨肽酶，负责降解包括GLP-1和GIP在内的多种生物学上重要的肽。DPP-4属于二肽基肽酶家族，这一蛋白家族还包括DPP-6至DPP-9、DPP-10、成纤维细胞蛋白α、脯氨酰羧肽酶和静止细胞脯氨酸二肽酶。由于这些脯氨酰肽酶的临床重要性尚未确定，所以抑制剂对酶DPP-4具有特异性是非常重要的。

最近，抑制人二肽基肽酶-4（dipeptidyl peptidase-4，DPP-4）已成为一种治疗2型糖尿病新的选择。DPP-4酶可选择性地除去底物N末端含脯氨酸或丙氨酸残基的二肽。DPP-4最重要的底物是多肽肠促胰岛素，例如胰高血糖素样肽-1（glucagon-like peptide-1，GLP-1）和葡萄糖依赖性胰岛素释放多肽（glucose-dependent insulinotropic polypeptide，GIP）。正常人开始进餐后，GLP-1自肠道L细胞分泌并发挥作用，包括刺激胰岛素的合成与分泌，降低胰高血糖素的释放，延缓胃排空，降低食欲，并刺激胰岛β细胞再生和分化。另外，GIP从十二指肠K细胞产生并通过促进胰岛素分泌广泛参与糖代谢。由于DPP-4酶迅速降解GLP-1和GIP，这两种肽在体内极不稳定，半衰期很短，失去诱导胰岛素分泌活性。因此，通过对天然GLP-1及其类似物进行氨基酸修饰或者寻找选择性抑制DPP-4酶活性的小分子化合物能够加强、放大GLP-1的生理功能，能够为治疗2型糖尿病提供新的治疗策略。

GLP-1及其类似物的开发研究关键在于延缓体内GLP-1及其类似物的降解速度。根据分子结构，GLP-1受体激动剂可分为两大类：第一类是基于美洲毒蜥唾液中的多肽

Exendin-4，包括由人工合成的利司那肽、艾塞那肽、洛塞那肽，其氨基酸序列与人 GLP-1 同源性较低；第二类是通过对人 GLP-1 分子结构进行局部修饰加工而成的利拉鲁肽、贝那鲁肽、度拉糖肽，其氨基酸序列与人 GLP-1 的同源性≥90%。司美格鲁肽是第一个可以口服给药的 GLP-1 受体激动剂。

抑制 DPP-4 酶的作用可延长内源性 GLP-1 和 GIP 的作用，改善血糖稳态，降低血糖过低的风险。按照化学结构不同，DPP-4 抑制剂可分为拟肽类和非肽类。

DPP-4 酶抑制剂的早期研究策略源于模拟 DPP-4 酶降解的天然二肽底物结构，这些 α- 氨基酸衍生物通常含一个脯氨酸，模拟二肽的 P1 部分，与 P2 部位的 α- 支链氨基酸或 N- 取代的甘氨酸偶联。它们可以归类为底物样不可逆抑制剂、共价可逆过渡态样抑制剂和非共价底物样抑制剂。围绕基于脯氨酸的化合物进行简单修饰，脯氨酸结构中被酶切断的酰胺键部分则用氰基替代。已知氰基可与靶酶活性部位的氨基酸残基的羟基发生共价作用，从而提高亲和力。但是，羧基 α- 位的氨基也可以与氰基发生亲核加成，形成六元环产物，这样会削弱氰基与靶酶的色氨酸残基的羟基相互作用，造成化学稳定性差，作用时间短暂。

典型的 2- 氰基吡咯烷类 DPP-4 酶抑制剂具有与天然脯氨酸一致的构型，即四氢吡咯烷环 2 位为 S 构型。P2 部分 α- 位通常有位阻较大的烷基取代。通过研究 α- 氨基酰基吡咯烷类衍生物构效关系，在吡咯烷 2 位引入氰基，酰胺侧链引入带有氰基取代的吡啶环，得到先导物 NVP-DPP728，但是氰基易与 α- 氨基在生理环境下构成六元环，化学性质不稳定，活性降低。于是将大位阻的金刚烷基连接到 α- 氨基上，使之不易与氰基发生环合反应，得到化学稳定性好，活性更强的维格列汀（vildagliptin），临床用于治疗 2 型糖尿病，其可与二甲双胍联合给药。对先导物 NVP-DPP728 的优化策略也可在吡咯烷 3,4 位或 4,5 位引入三元环，使四氢吡咯环在空间上更为平坦，这导致分子内产生范德瓦耳斯相互作用，避免不合适的环合反应。构效关系研究表明，氰基与环丙基处于同侧时活性优于异侧。金刚烷基引入羟基，增加化合物对代谢酶的稳定性，这样也可提高化合物的化学稳定性。沙格列汀（saxagliptin）是这类化合物的典型代表，其为一种长效、共价可逆 DPP-4 酶抑制剂。

NVP-DPP728   维格列汀

沙格列汀

当意识到 DPP-4 有可能成为重要的药物设计靶标时,通过高通量筛选化合物库,得到了基本结构呈多样性的酶抑制剂。各种酶晶体结构和复合物相互作用的信息逐步增多,使得基于 DPP-4 靶点的全新药物设计得以开展。

通过高通量筛选化合物库,得到一系列基于脯氨酸片段的 β- 氨基酸类化合物。其中对 DPP-4 有选择性的 β- 氨基酸化合物 A 作为先导物,IC_{50} 为 1 900nmol/L。通过改变烷氧基取代位置得到先导物 B,IC_{50} 为 0.4nmol/L,并且对 DPP-4 的选择性较 DPP-8 和 DPP-9 高 100 000 倍以上,但口服几乎不吸收。

β-氨基酸化合物A

β-氨基酸化合物B

考虑到拟肽 P32/98 含有五元杂环,并且含哌嗪环的 β- 氨基酸也有较好的抑酶活性但代谢都不稳定,于是用稠合的三氮唑并[4,3-a]哌嗪环替换吡咯烷环,并且酰胺侧链引入 3,4- 二氟苯基,得到的 β- 氨基酰胺类化合物 C 代谢稳定,但口服生物利用度约为 2%。改用三氟甲基取代三氮唑并哌嗪环上的乙基,化合物 D 口服生物利用度增至 44%。用 2,4,5- 三氟苯基替换含氟的苯环,得到西格列汀(sitagliptin),其口服生物利用度为 76%,对酶 DPP-4、DPP-8 和 DPP-9 的 IC_{50} 分别为 18nmol/L、48 000nmol/L 和 100 000nmol/L,因此它对 DPP-4 具有高度选择性。

β-氨基酸化合物C

β-氨基酸化合物D

西格列汀

β-氨基酰胺类化合物的结构-药效关系如下：①β-氨基及其手性碳原子的构型对生物活性是必需的，R构型的活性优于S构型；②1位羰基是活性必需基团，如果用亚甲基替代则没有抑酶活性；③苯基是活性必需基团，若用芳杂环或环烷基取代，活性下降，苯环上引入取代基可提高活性，取代基为氟原子或甲基时，活性优于其他基团，多取代活性优于单取代；④增加或减少苯基与氨基之间连接子的碳原子都会使抑酶活性降低；⑤化合物的结构中取代吡咯烷基团为非活性必需基团，可用其他杂环或芳杂环如噻唑环、哌嗪环、三氮唑并哌嗪环等替换。在杂环或芳杂环上引入适当的取代基，可使抑酶活性增强。

非肽类DPP-4酶抑制剂主要以黄嘌呤类衍生物为代表，其中喹唑啉结构片段被认为是与DPP-4酶复合物的活性部位相互作用的必需基团，但是化合物代谢半衰期短，鉴于苯环氧化可引起半衰期变短，故在苯环上引入氟取代基，尽管代谢稳定性进一步得到改善，也发现化合物抑制代谢酶CYP3A4并阻断hERG钾通道。当用嘧啶二酮环替换喹唑啉环时，得到阿格列汀（alogliptin），其半衰期延长，代谢稳定性增加。它对靶酶具有高度选择性。其对DPP-4的选择性较DPP-8和DPP-9高10 000倍以上，即使浓度达30μmol/L也不抑制CYP3A4和hERG钾通道。构效关系研究表明，嘌呤环7位氮上的取代基对活性是必需的，多以苄基、丁烯基、丁炔基取代；8位哌嗪或3-氨基哌啶取代基对活性也是必要的，例如利格列汀（linagliptin）就是引入了3-氨基哌啶环，对DPP-4的IC_{50}为1nmol/L。酶复合物射线衍射单晶结构表明，哌啶环的氨基与氨基酸残基Glu205、Glu206和Tyr662可形成氢键，丁炔基占据S1疏水口袋，黄嘌呤部分同氨基酸残基Tyr547形成π键堆积作用，1位的喹唑啉环与氨基酸残基Trp629形成π键重叠；母环不是活性的必需片段，其可由尿嘧啶、咪唑等杂环替代。

阿格列汀

利格列汀

磷酸西格列汀（sitagliptin phosphate）

化学名称为 7-[（3R）-3- 氨基 -1- 氧代 -4-（2，4，5- 三氟苯基）丁基]-5，6，7，8- 四氢 -[3-（三氟甲基）-1，2，4- 三氮唑并[4，3-a]哌嗪磷酸盐（1∶1）一水合物，7-[（3R）-3-amino-1-oxo-4-（2，4，5-trifluorophenyl）butyl]-5，6，7，8-tetrahydro-[（trifluoromethyl）-1，2，4-triazolo[4，3-a]pyrazine phosphate（1∶1）monohydrate。

本品为白色或类白色结晶性粉末，溶于二甲基甲酰胺和水，微溶于甲醇，极微溶于乙醇、丙酮和乙腈。其 pK_a 为 8.78，$\log P$ 为 1.5。

本品含有一个手性碳原子，应有两个旋光异构体。临床主要使用其 R 异构体。S 异构体被视为杂质。

西格列汀主要以未改变的形式经尿液排出体外，约有 79% 的药物以原型代谢。给予 ^{14}C 同位素标记的西格列汀后，血液中共检出 M1～M6 等 6 种微量代谢物（见图 22-2），但它们无助于西格列汀对血中 DPP-4 的抑制活性。体外研究显示，细胞色素氧化酶 CYP3A4 参与西格列汀的有限代谢过程，另外 CYP2C8 也涉及其中。

M1   M3

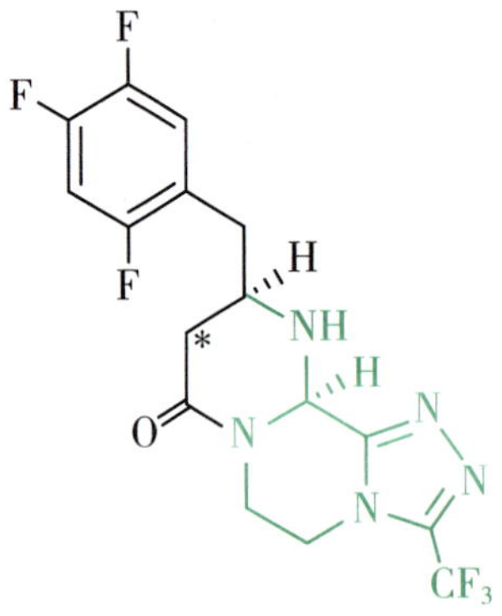

M2

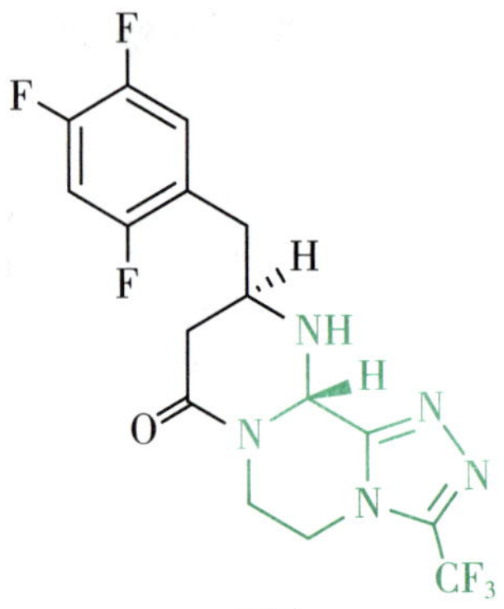

M5

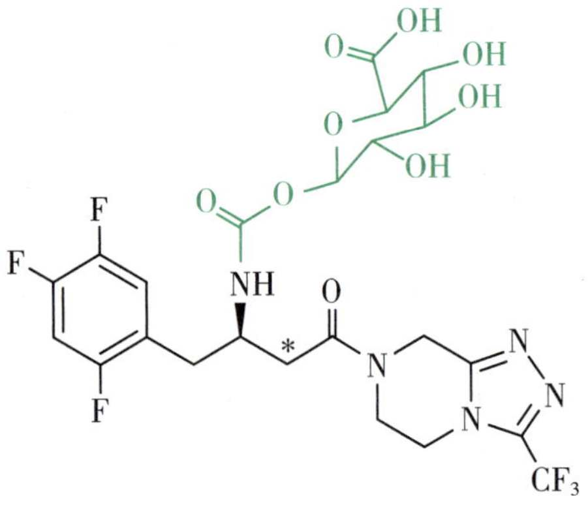

M4

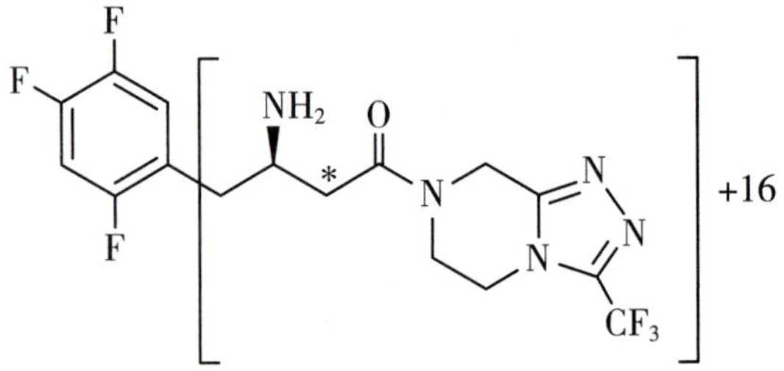

M6

图 22-2　同位素 ^{14}C 标记的西格列汀的代谢物

西格列汀的化学合成主要包括两条路线，合成关键主要为杂环 3-(三氟甲基)-1，2，4- 三氮唑并[4，3-*a*]哌嗪的制备和手性的引入。

路线一主要依靠绿色化学和不对称合成技术，起始原料为 2，4，5- 三氟苯乙酸，转化成酰氯后，在 *N*，*N*- 二异丙基乙胺和 4- 二甲胺基吡啶(DMAP)作用下，与麦尔酮酸(2，2- 二甲基 -1，3- 二噁烷 -4，6- 二酮)缩合，然后与 3-(三氟甲基)-1，2，4- 三氮唑并[4，3-*a*]哌嗪盐酸盐缩合，再与乙酸铵反应得到关键中间体烯胺物。用二聚氯代(1，5- 环辛二烯)铑(Ⅰ)$[(COD)RhCl]_2$ 和(*R*)-(−)-1-[(*S*)-2-[二(4- 三氟甲基苯基)膦]二茂铁基乙基 -2- 叔丁基膦[*R*，*S*-*t*-Bu Josiphos]不对称氢化烯胺，成盐，得到西格列汀。

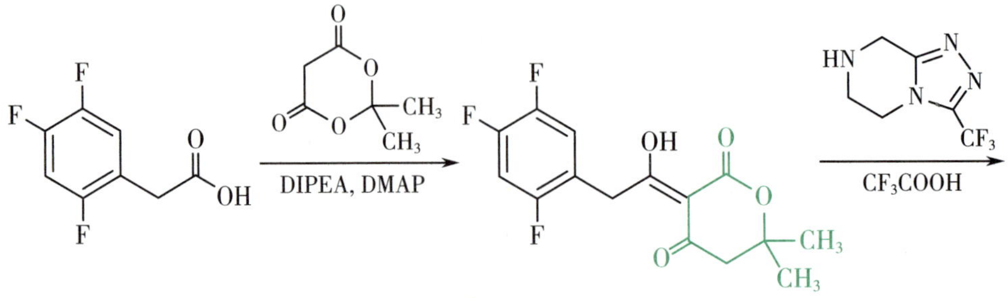

路线二是通过转氨酶催化酮基转化为氨基，成盐，得到目标分子西格列汀。

除了它的 S- 异构体以外，西格列汀的杂质还包括苯环脱去一个氟原子的物质。

本品是第一个用于治疗 2 型糖尿病的 DPP-4 酶抑制剂,通过保护内源性肠降血糖素和增强其作用而控制血糖水平。可抑制 β 细胞凋亡,促进 β 细胞新生,增加糖尿病患者 β 细胞数量,明显降低血糖,并对磺脲类药物失效的患者仍有很好的降血糖效果,但对 1 型糖尿病和酮酸中毒症无效。本品可与二甲双胍合用,主要通过配合运动和饮食控制实现对 2 型糖尿病患者的血糖控制。

六、钠 - 葡萄糖协同转运蛋白 2 抑制剂

钠 - 葡萄糖协同转运蛋白(SGLT)是一类在小肠黏膜(SGLT1)和肾近曲小管(SGLT1, SGLT2)中发现的葡萄糖转运基因家族。它们用于肾脏血糖的重吸收。SGLT2 是一种低亲和力的转运系统,其在肾脏中特异性地表达并且在近曲小管的肾脏血糖中发挥作用。选择性抑制钠 - 葡萄糖协同转运蛋白 2 是治疗 2 型糖尿病的治疗策略,可以通过增加尿糖的排出治疗糖尿病患者。

第一个 SGLT 抑制剂是从苹果树根皮中分离到的根皮苷(phlorizin),其为苷元的 O- 葡萄糖苷。虽然根皮苷通过增加肾中尿糖的排出,表现出抗糖尿病活性、降低血糖和改善胰岛素抵抗,但是由于选择性不高和在肠道易被根皮苷水解酶水解导致生物利用度低,最终未能成药。

以根皮苷为先导化合物开发了第一个口服吸收的 SGLT2 抑制剂 T-1095,它克服了根皮苷的一些缺点。作为一个甲基碳酸酯前药,口服 T-1095 后在小肠里很快转化为活性形式 T-1095A。而 T-1095A 是 SGLT1 和 SGLT2 的双重抑制剂,选择性不高,仍未能克服 O- 糖苷的不稳定性。将两个苯环间 3 个原子的连接基减少至 1 个的化合物仍保持对 SGLT2 的选择性作用,提示对先导化合物的骨架可进行较大的变换。

根皮苷　　　　　　　　　　　　　　　T-1095

将 T-1095 的 O- 糖苷换为 C- 糖苷,使糖基通过 C—C 键与苷元连接,发现化合物仍能保持选择性和活性,而且化学和代谢稳定性显著提高。为了优化活性和选择性以及实现结构的新颖性,对两个苯环分别用杂环进行生物电子等排置换,最终得到第一个可以口服的 SGLT2 抑制剂卡格列净(canagliflozin)。达格列净(dapagliflozin)结构上可视为卡格列净的噻吩环被苯环替换的类似物,其对 SGLT2 的选择性作用更强。

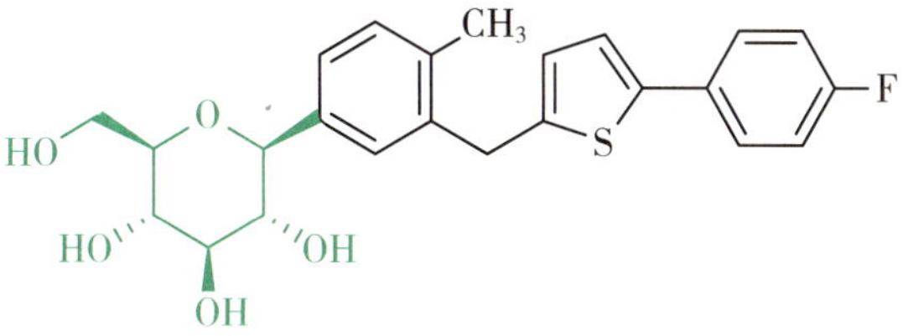

卡格列净

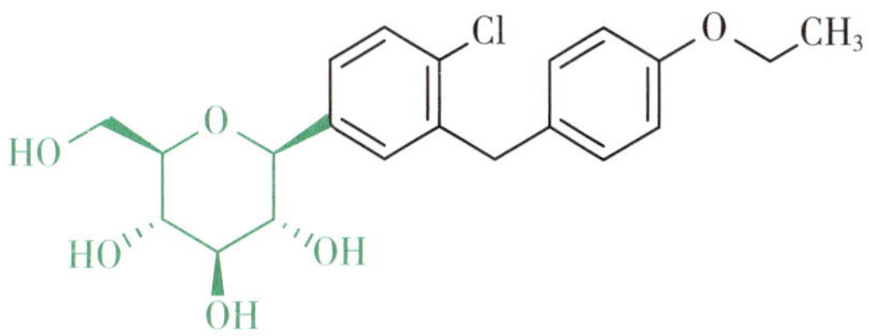

达格列净

恩格列净（empagliflozin）与达格列净的骨架结构相同，只是将外侧苯环的乙基变为四氢呋喃片段，其对 SGLT2 的选择性高于 T-1095 约 300 倍。伊格列净（ipragliflozin）也是 C-糖苷，它的结构中含苯并噻吩环，相当于卡格列净的结构中噻吩与苯环的并合。托格列净（tofogliflozin）是糖基与苯并二氢呋喃形成的螺环化合物，选择性达约 3 000 倍。鲁格列净（luseogliflozin）结构特征中最重要的是用硫原子替代糖苷片段中的氧原子，可以增强代谢稳定性和药效。

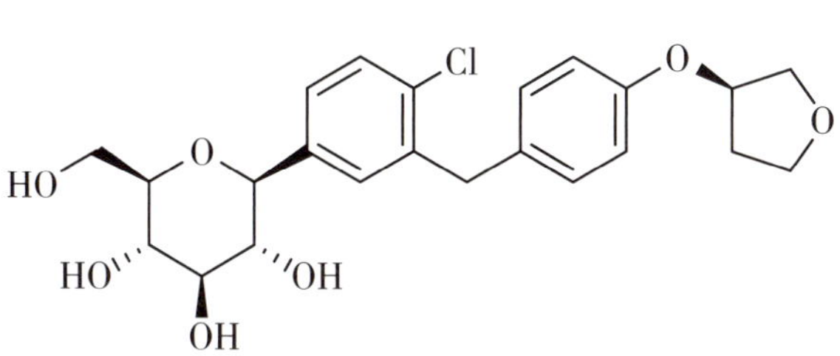

恩格列净

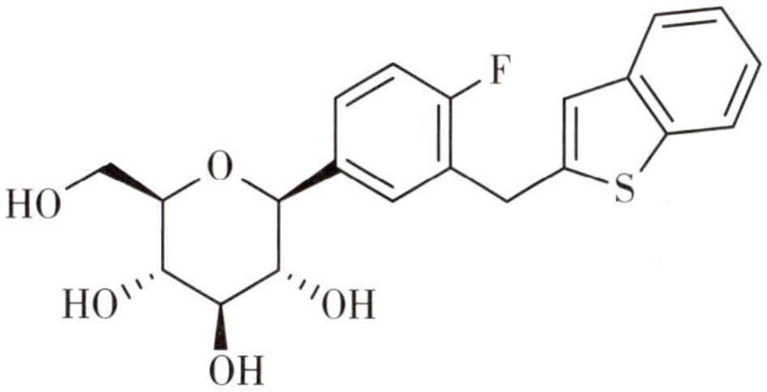

伊格列净

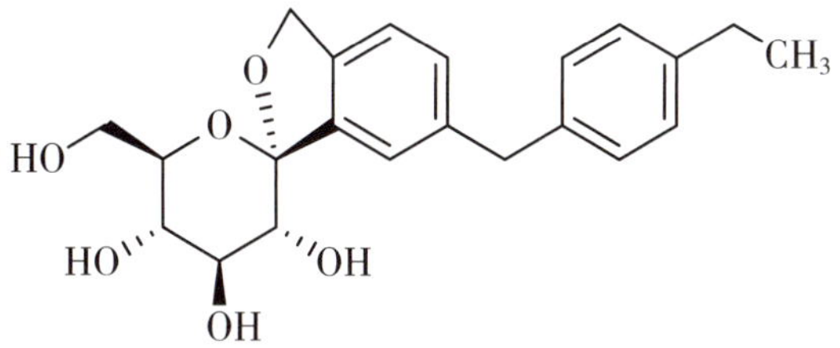

托格列净

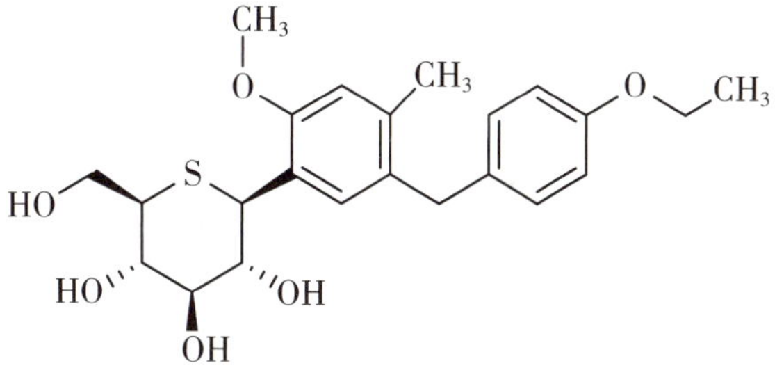

鲁格列净

最近，意外发现 SGLT2 抑制剂恩格列净临床上可用于治疗射血分数降低的心力衰竭成人患者，降低心血管死亡和心衰住院风险。

达格列净（dapagliflozin）

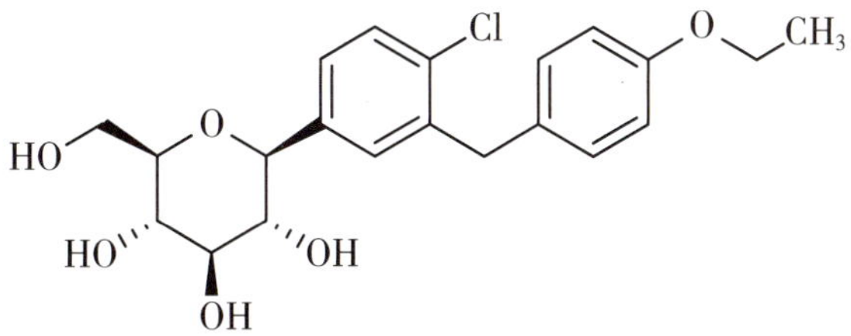

化学名为（2S,3R,4R,5S,6R）-2-[3-（4-乙氧基苯甲基）-4-氯苯基]-6-羟基甲基四氢-2H-吡喃-3,4,5-三醇（（2S,3R,4R,5S,6R）-2-[4-chloro-3-（4-ethoxybenzyl）phenyl]-6-（hydroxymethyl）tetrahydro-2H-pyran-3,4,5-triol）。

本品为白色细淡黄色白色粉末。微溶于 N,N-二甲基乙酰胺，易溶于甲醇或乙醇，微溶于乙腈,难以溶于水。

本品主要被葡萄糖醛酸化,成为无活性的 3-O- 葡萄糖醛酸代谢物。本品还产生另一种次要的葡萄糖醛酸化代谢物、脱乙基代谢物和羟基化代谢物。达格列净的代谢由代谢酶 CYP1A1、CYP1A2、CYP2A6、CYP2C9、CYP2D6、CYP3A4、尿苷二磷酸葡萄糖醛酸转移酶(UGT)1A9、UGT2B4 和 UGT2B72 介导。

β 型 C- 芳基糖苷键的形成是达格列净合成路线中的关键点。路线一采用 1- 氯 -2-(4- 乙氧基苯甲基)苯与 2,3,4,6- 四 -O- 三甲基硅烷基 -D- 吡喃葡萄糖酸 -1,5- 内酯经历亲核取代、甲基化、乙酰化、脱甲氧基、脱保护,得到目标物达格列净。

路线二是我国药学工作者发明的合成路线,即以 1- 溴 -4- 氯 -3-(4- 乙氧基苯甲基)苯与 2,3,4,6- 四 -O- 三甲基硅烷基 -D- 吡喃葡萄糖酸 -1,5- 内酯经历亲核取代、醚化、脱乙氧基等反应步骤,得到目标物达格列净。

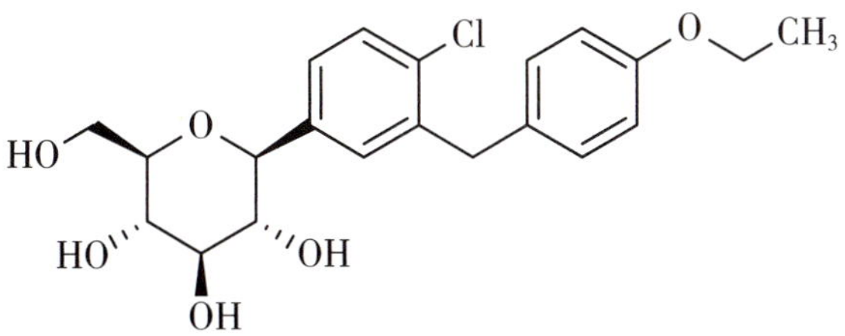

除了它的 R- 异构体以外,达格列净的杂质还包括连接糖苷的苯环脱去一个氯原子的物质、糖苷开环物、缩环物和位置异构体等。

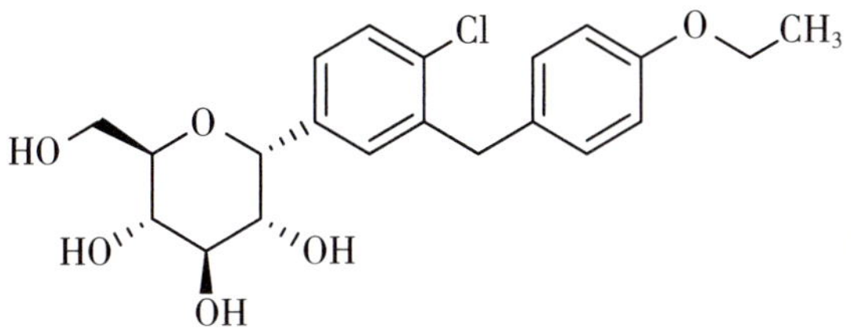

A

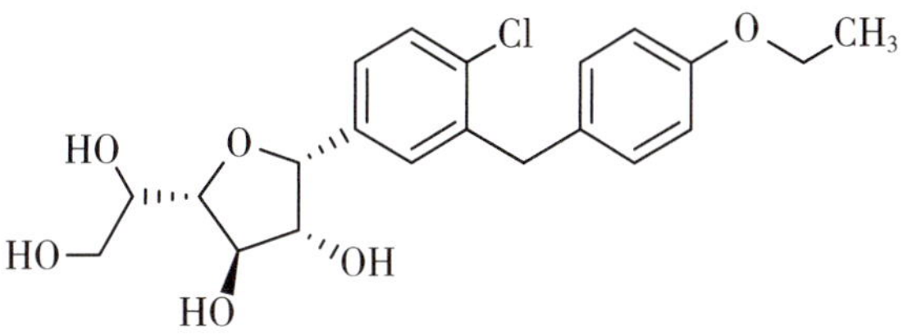

B

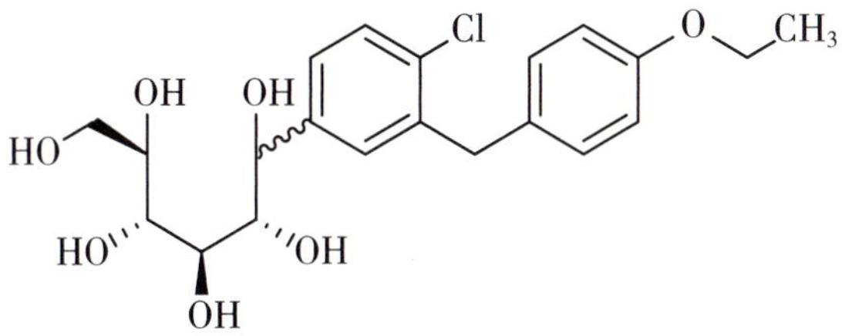

C

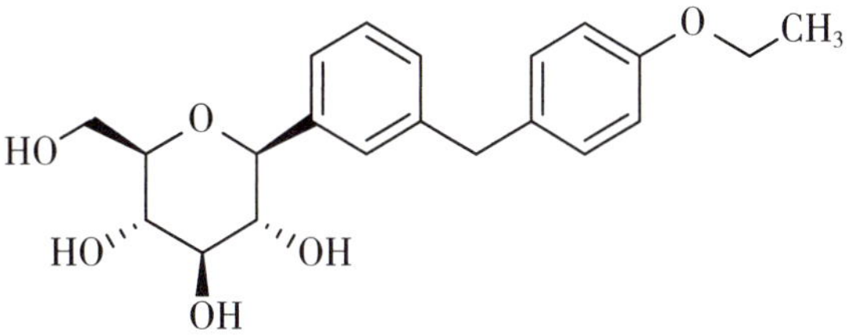

D

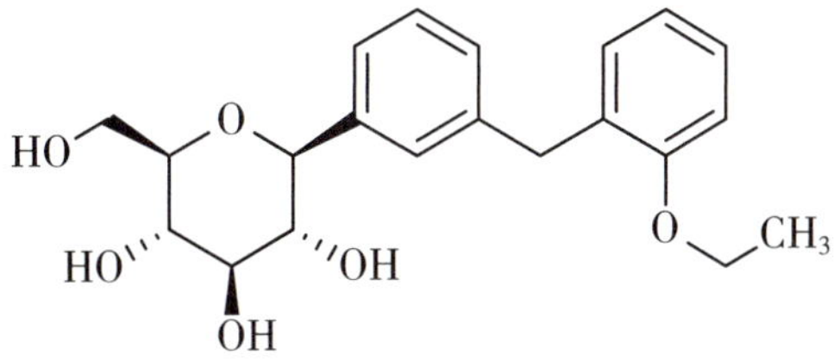

E

第二节　骨质疏松治疗药物

骨质疏松的产生与体内钙磷代谢的骨吸收和骨形成两个方面相关,故目前把骨质疏松的治疗药物按照作用机制分为两大类:抑制骨吸收和刺激骨形成的药物。抑制骨吸收的药物,有降钙素、雌激素、双膦酸盐类;刺激骨形成的药物,有氟制剂、甲状旁腺激素等。钙制剂、维生素 D 等可促进骨的矿化,对抑制骨吸收和刺激骨形成都起作用。

一、抗体药物

核因子 κB 受体活化因子配体(RANKL)是破骨细胞维持其结构、功能和存活所必需的一种跨膜或可溶性的蛋白。人类 RANKL 的 mRNA 主要在骨骼、骨髓以及淋巴组织中,在骨骼中的主要作用为刺激破骨细胞的分化和活性,抑制破骨细胞的凋亡。破骨细胞负责骨的再吸收,破骨细胞前体在分化为成熟破骨细胞的过程中必须有低水平巨噬细胞集落刺激因子和RANKL 的存在。

RANK 的配体与前体和成熟破骨细胞表面的同源受体 RANK 结合,刺激这些细胞成熟并吸收骨。骨保护素与 RANK 竞争结合 RANKL,是 RANKL 的生理抑制剂。地诺单抗(denosumab)是一种人单克隆抗体,与 RANK 具有高亲和力,模拟 OPG 的作用,从而降低RANKL 与 RANK 的结合。地诺单抗阻断破骨细胞的形成和活化。每 6 个月一次 60mg 皮下注射时,它会增加 BMD 并降低骨转换。

罗莫珠单抗(romosozumab)是一种 IgG2 人源化单克隆抗体,可以结合和抑制硬化蛋白,促进骨形成,减少骨吸收,改善骨密度,降低骨折发生率,具有良好的可耐受性。该药已被批准用于治疗骨折风险较高的骨质疏松症患者。

二、双膦酸盐类

双膦酸盐类成为治疗骨质疏松症的重要药物,主要用于治疗和预防各种骨病,如骨质疏松症、变形性骨炎、恶性肿瘤引起的高血钙症及骨痛症等。双膦酸盐类药物是一种高效的骨吸收抑制剂,可有效地抑制破骨细胞介导的骨吸收,增加骨密度和骨量,从而降低骨质疏松性骨折的发病率,提高患者的生活质量。双膦酸盐现已成为恶性高钙血症和变形性骨炎的一线治疗药物。

早在 20 世纪 60 年代,人们就发现无机焦磷酸盐存在于体液中,并且是通过与羟磷灰石相互作用来阻止钙化的天然抑制剂。除了抑制磷酸钙的形成以外,焦磷酸盐还抑制羟基磷灰石晶体的溶解,这引起了对它治疗与过度骨吸收有关的疾病的药理作用的关注。但是,焦磷酸盐的 P-O-P 骨架在胃肠道的水解酶催化下快速水解,从而使它变得代谢不稳定。

在寻找代谢更稳定的焦磷酸盐类似物时,一类称之为双膦酸盐(bisphosphonates)的化合物引起人们的关注。双膦酸盐又称偕二磷酸盐,与内源性焦磷酸盐结构类似,是焦磷酸分子中连接两个磷酸根的氧原子被碳原子置换并对该原子的侧链进行结构修饰后产生的一类化合物。第一个双膦酸盐在 19 世纪即被合成并在工业中广泛应用。衍生于内源性焦磷酸盐的双膦酸盐用碳原子置换焦磷酸盐的桥氧原子,形成耐水解的 P-C-P 部分,从而解决了稳定性问题,另外,与焦磷酸盐不同的是,双膦酸盐的中心碳原子连接有两个取代基,其中取代基 R^1 为羟基时,两个膦酸基团和偕碳原子上的羟基作为与钙特异性结合的三齿配体以骨钩(bone hook)的形式迅速而有效地吸附于骨矿物表面,取代基 R^2 则担负抗骨吸收活性。当定位于骨时,分子内的双膦酸基团、侧链结构及三维构型将决定药物与特定分子靶标的结合能力以及分子的生物活性。

焦磷酸　　　双膦酸

按照化学结构和分子作用机制，双膦酸盐可分为不含氮的双膦酸盐和含氮的双膦酸盐两类。

不含氮的双膦酸盐进入细胞后，置换三磷酸腺苷的焦磷酸部分，代谢形成非功能性分子，同细胞能量代谢中的 ATP 竞争，因而可以视为非水解的细胞毒 ATP 类似物。这样，破骨细胞活化启动凋亡并程序性死亡，导致骨损伤全面降低。不含氮的双膦酸盐主要有依替膦酸钠（etidronate）、氯屈膦酸钠（clodronate）和替鲁膦酸钠（tiludronate）。

更为有效的含氮的双膦酸盐包括帕米膦酸钠（pamidronate）、奈立膦酸（neridronate）、奥帕膦酸（olpadronate）、阿仑膦酸（alendronate）、伊班膦酸（ibandronate）、利鲁膦酸（risedronate）和唑来膦酸（zoledronate）。含氮双膦酸盐通过结合和阻断甲羟戊酸途径关键酶法呢基焦磷酸酯合成酶（farnesyl pyrophosphate synthase，FPP 合成酶），使破骨细胞活性降低，凋亡增加。

不含氮的双膦酸盐和含氮的双膦酸盐之间的区别主要是后者在生理 pH 条件下在化合物的氮原子上形成正电荷。带有更多正电荷的双膦酸盐例如唑来膦酸、伊班膦酸和阿仑膦酸在骨矿物上形成正电性表面，吸引更多的双膦酸盐到骨上。

双膦酸盐在抑制 FPP 合成酶与体外抑制蛋白质异戊烯化及体内抑制骨重吸收能力之间存在密切的相关性，例如，含氮的双膦酸盐阿仑膦酸可抑制人重组 FPP 合成酶，IC_{50} 为 0.460μmol/L，但它不抑制异戊烯焦磷酸酯异构酶或牻牛儿基牻牛儿基焦磷酸酯合成酶，而不含氮的双膦酸盐依替膦酸的 IC_{50} 为 80μmol/L，氯屈膦酸则没有抑制作用。利塞膦酸亦能抑制 FPP 合成酶，当用羧基置换利塞膦酸的一个磷酸基团后，其抑制 FPP 合成酶能力大大降低。酶动力学研究也表明，双膦酸盐 FPP 合成酶的机制非常复杂，抑制 FPP 合成酶的能力取决于化合物与酶的亲和能力以及与底物两个结合位点的结合方式。双膦酸盐抑制重组人 FPP 合成酶的顺序依次为：唑来膦酸>米诺膦酸>利塞膦酸>伊班膦酸>英卡膦酸>阿仑膦酸>帕米膦酸，这与药物抑制骨重吸收的能力相一致。常用的双膦酸类药物见表22-1。

表22-1 常用双膦酸类药物

通用名	结构式	抗骨吸收强度
依替膦酸钠		1
氯屈膦酸钠		10
帕米膦酸钠		100

通用名	结构式	抗骨吸收强度
替鲁膦酸钠		10
阿仑膦酸钠		1 000
伊班膦酸钠		8 000~10 000
利塞膦酸钠		5 000
奥帕膦酸钠		10 000
斯孟膦酸钠		9 000~10 000
唑来膦酸		20 000

双膦酸类构效关系研究表明：双膦酸基团的存在是抗骨吸收活性的必要条件；含氮双膦酸类结构中偕碳原子上的取代基对生物活性影响很大，其中双膦酸偕碳原子上含有羟基则活性较高，原因是双膦酸基团与偕碳原子上的羟基能以骨钩的方式快速高效地结合到骨矿物表面；侧链为氨烷基或者含氮杂环的活性比较高，侧链的长度对氨基直链系列双膦酸的活性非常重要，例如帕米膦酸钠侧链延长一个碳，就成为阿仑膦酸，它的抗骨重吸收活性增加100倍；含氮侧链的化学结构和三维构象会影响化合物和FPP合成酶的结合。

双膦酸盐的生物利用度很差，用药方式存在局限，口服给予双膦酸盐时需要空腹并采取立姿和坐姿。

利塞膦酸钠（risedronate）

化学名为[1-羟基-2-(3-吡啶基)亚乙基]双[膦酸]一钠盐，1-hydroxy-2-(3-pyridinyl) ethylidene]bis[phosphonic acid]monosodium salt。

本品为白色或类白色结晶性粉末，可溶于水，几乎不溶于甲醇。它溶于碱金属氢氧化物和矿物酸的稀溶液。其在酸中的 pK_a 为0.68，在碱中的 pK_a 为4.91。

利塞膦酸钠的合成主要有两条路线，其中3-吡啶乙酸是制备利塞膦酸钠的关键中间体，方法一是以3-甲基吡啶为起始原料，经氯化、氰化、水解得3-吡啶乙酸盐酸盐，再与三氯化磷和亚磷酸反应制得目标物。

方法二是以3-乙酰吡啶为起始原料，与吗啡啉和硫经 Willgerodt-Kindler 重排反应、碱性下水解得3-吡啶乙酸盐酸盐，再与三氯化磷和亚磷酸反应制得目标物利塞膦酸钠。

利塞膦酸钠的相关限量杂质有 A～C 三种，其中 A 为利塞膦酸钠前体；B 为利塞膦酸钠的两分子缩合产物；C 为利塞膦酸钠的副产物。其中 B 和 C 均为合成路线中的副产物。

A   B   C

本品不仅应用于治疗骨质疏松症,也用于治疗骨佩吉特病。它的效果是第二代双膦酸盐的 100 倍,是第一代帕米膦酸的 1 000～5 000 倍。

三、激素及其相关药物

已发现维持骨骼的钙生化功能远比维持骨矿物质更重要。所有的细胞都有严格控制钙离子进出细胞的钙通道,因此紧密调控体内血钙水平对防治骨质疏松疾病非常必要,这主要由三种激素即甲状旁腺激素(parathyriod hormone,PTH)、骨化三醇(calcitriol)和降钙素(calcitonin,CT)参与进行。这些激素通过调节骨靶器官钙的释放,调节肠道对钙的吸收、肾脏对钙的排泄。甲状旁腺激素、降钙素、维生素 D 及其相关药物作为替补治疗,用于治疗骨质疏松疾病。

(一)甲状旁腺激素

甲状旁腺激素(parathyriod hormone,PTH)是由位于甲状腺后面的甲状旁腺主细胞分泌的含 87 个氨基酸的单链多肽激素。甲状旁腺存在监控血钙水平的钙敏感受体,当血钙水平过低,甲状旁腺主细胞就释放 PTH 以提高破骨细胞活性来增加骨吸收。多肽激素 PTH 也可作用于肾脏,使肾小管重吸收钙最大化,并激活细胞色素 P450 混合功能氧化酶使骨化二醇(calcidiol)羟基化后转化为骨化三醇。骨化三醇转运至肠道黏膜作为配体与维生素 D 受体(vitamin D receptor,VDR)结合,其结果是饮食中钙主动转运至全身循环。除了体内调节膳食中钙自肠道摄取,甲状旁腺还与骨化三醇一同增强骨的钙流动。PTH 可以调节骨代谢,直接刺激成骨细胞和破骨细胞,小剂量下具有明显的成骨作用。

甲状旁腺激素受体(parathyriod hormone receptor,PTHR)为 G 蛋白偶联受体,目前已鉴定两种蛋白亚型即 PTHR1 和 PTHR2。PTHR1 主要位于肾脏和骨骼。甲状旁腺激素与 PTHR1 结合,发挥其主要生理功能。由于甲状旁腺激素 N 端 1-34 片段保留了全部的成骨活性,因此其结构研究主要集中在 N 端。特立帕肽(teriparatide)是人工合成的甲状旁腺激素 N 端 1-34 片段,临床用于治疗骨质疏松症,是唯一有效的骨形成刺激剂。阿巴帕肽(abaloparatide)是由 34 个氨基酸残基组成的多肽,是一种 PTHR1 亚型选择性激活剂,由于其具有良好的成骨活性,临床用于伴有骨折高风险的绝经后女性骨质疏松症的治疗。

（二）骨化醇类似物

骨化三醇（calcitriol）是维生素 D 的代谢活化形式,可激活 VDR 受体发挥生理作用。VDR 受体存在于靶细胞表面,活化的 VDR 可作为转录因子调节运载蛋白如 TRPV6 和钙结合蛋白的表达,参与小肠内钙的吸收。

骨化三醇被认为是一种肾脏激素。由于肾衰竭患者不能通过细胞色素 P450 将骨化二醇代谢羟基化,故给予骨化三醇可预防佝偻病和软骨病。对于肾缺损或肾切除的患者,给予骨化三醇则作用甚微,而须由甲状旁腺过度分泌甲状旁腺激素来维持血钙水平。为更好地调节甲状旁腺功能,基于麦角骨化醇结构修饰先后得到多西骨化醇（doxercalciferol）和帕立骨化醇（paricalcitol）,它们可以调节甲状旁腺,降低血液中钙的含量。多西骨化醇、帕立骨化醇与骨化三醇的结构差异很小,多西骨化醇比后者多一个 C22 烯键,但不带有侧链羟基,帕立骨化醇与多西骨化醇相比则缺少一个环外双键。

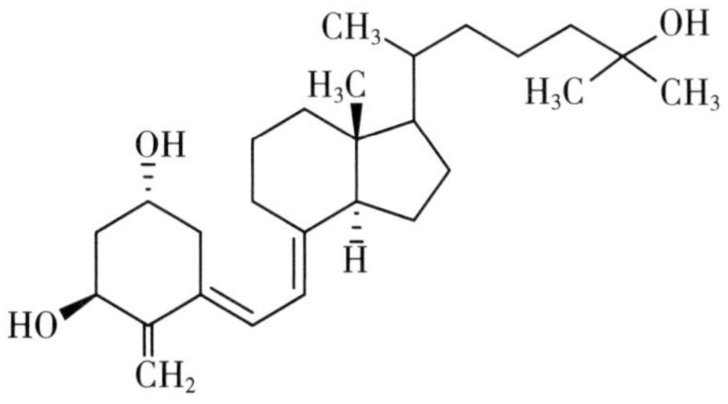

骨化三醇

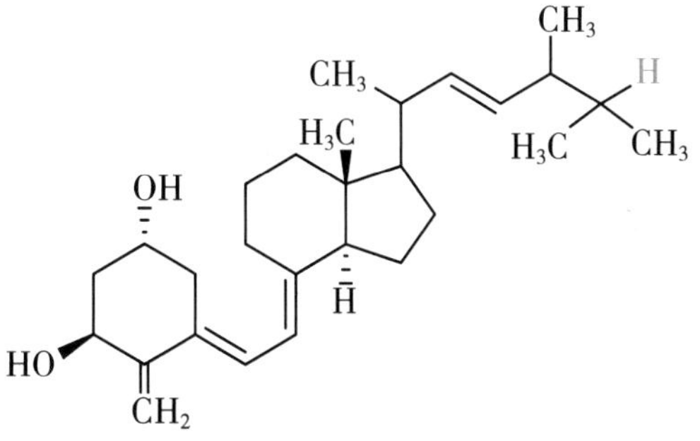

多西骨化醇

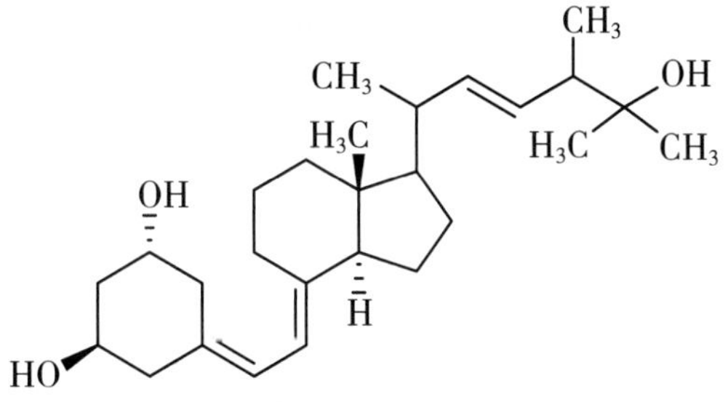

帕立骨化醇

艾地骨化醇（eldecalcitol）是维生素 D 衍生物,其作用于人破骨前体细胞,抑制破骨细胞的形成,疗效优于阿法骨化醇（alfacalcidol）且安全性与阿法骨化醇相似。

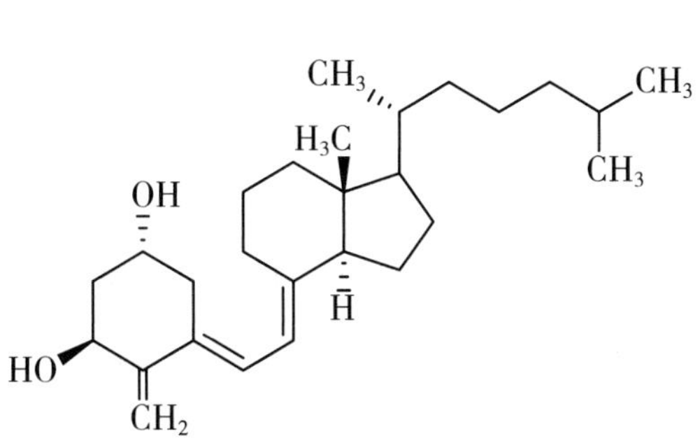

阿法骨化醇

艾地骨化醇

西那卡塞(cinacalcet)是一种钙敏感受体激动剂,它通过增加钙敏感受体对细胞外钙激活的敏感性直接降低 PTH 水平,从而抑制 PTH 分泌。临床用于治疗进行透析的慢性肾脏病患者的继发性甲状旁腺功能亢进症,也用于治疗甲状旁腺癌患者的高钙血症。

西那卡塞

(三)降钙素

降钙素是一种含 32 个氨基酸的多肽类激素,在人体内由甲状腺滤泡旁细胞分泌,又称作甲状腺抑钙素(thyrocalcitonin)。当血钙水平过高时,甲状腺滤泡旁细胞释放降钙素。这种激素通过抑制肾小管重吸收钙来降低血钙水平,从而增强尿钙排泄,并且抑制骨吸收使骨内钙流动最小化。

H–Cys–Ser–Asn–Leu–Ser–Thr–Cys–Val–Leu–Gly–Lys–Leu–Ser–Gln–Glu–Leu–
His–Lys–Leu–Gln–Thr–Tyr–Pro–Arg–Thr–Asn–Thr–Gly–Ser–Gly–Thr–Pro–NH_2
降钙素

目前人工合成的降钙素主要有 4 种,即鲑鱼降钙素、鳗鱼降钙素、人降钙素和猪降钙素,其中鲑鱼降钙素、鳗鱼降钙素较为常用。

来源不同的降钙素的氨基末端为半胱氨酸,其中 1 位半胱氨酸与 7 位半胱氨酸形成二硫键桥。降钙素的羧基末端均为脯氨酰胺,若将这一酰胺片段除去,留下的 31 个氨基酸几乎没有活性,从而表明是降钙素整个分子起作用。不同来源的降钙素的其他位置的氨基酸大都不同,这样导致三级结构出现差异。基于这样的差异鲑鱼降钙素降低哺乳动物的血钙水平比人降钙素高出一个数量级。然而,这些氨基酸序列的明显差异也增加了引起患者的免疫系统不良反应的风险。

这些合成的降钙素可与破骨细胞上的降钙素受体结合,激活霍乱毒素敏感蛋白,进而活化腺苷酸环化酶,导致 cAMP 水平提高,后者再激活 cAMP 依赖性蛋白激酶,从而引发一系列蛋白磷酸化和脱磷酸化的级联反应,发挥抑制骨吸收的作用。

经批准的鲑鱼降钙素的适应证为血钙过多、佩吉特病和绝经后骨质疏松症。

第二十二章　目标测试

（马玉卓）

第二十三章　维生素

　　维生素（vitamin）是维持人类机体正常代谢功能的必需营养物质，它不是构成人体组织的原料，也不是能量来源，但它作用于机体的能量转移和代谢调节。由于人体自身不能合成或合成量很少，须从外界摄取；与体内微量元素不同，维生素都是有机化合物。绝大多数维生素是各种辅酶或是辅酶的组成部分，参与机体内各种酶促反应。因此，人类每天需摄入一定量的各种维生素，以满足机体正常的生长、发育、生殖、劳动等生命活动。维生素摄取量不足或过多都可能引起疾病，如缺乏维生素 A，就可能引起干眼症和夜盲症等疾病；缺乏维生素 D，可能会患佝偻症或软骨症等；缺乏维生素 C，会导致坏血病。因此，维生素既是日常所需的必需营养物质，也是缺乏维生素所致疾病的治疗药物。

　　天然维生素最初都是从某些食物中获得的，迄今为止，已发现的维生素有 60 余种，目前临床使用的维生素类药物大都是化学合成品或生物合成的代用品及衍生物。由于维生素种类繁多，理化性质和生理功能各异，因此，根据溶解性质将维生素分成脂溶性维生素和水溶性维生素两大类。

第一节　脂溶性维生素

　　脂溶性维生素包括维生素 A、维生素 D、维生素 E 和维生素 K，它们的化学结构中往往含有较长的脂肪烃链。

一、维生素 A

　　维生素 A（vitamin A）主要来源于动物，如肝、奶、蛋黄等。1913 年美国学者发现在脂溶性食物如鱼肝油、蛋黄以及黄油中，存在一种必需营养品，并将其命名为脂溶性维生素 A。1931 年 Karrer 等人从鱼肝油中分离得到了视黄醇（retinol），并确定了其结构，即为维生素 A，现也称为维生素 A_1（vitamin A_1）。后来又从淡水鱼的鱼肝中分离得到了 3- 脱氢视黄醇（3-dehydroretinol），也称为维生素 A_2（vitamin A_2）。维生素 A 主要以酯的形式存在于动物肝脏和海水鱼中，而维生素 A_2 则主要存在于淡水鱼中，生物效价约为维生素 A_1（视黄醇）的 30%～40%。

維生素A₁   維生素A₂

在植物中含有可在动物体内转变为维生素 A 的胡萝卜素(carotene),称之为维生素 A 原
(provitamin A)。α- 胡萝卜素(α-carotene)、β- 胡萝卜素(β-carotene)和 γ- 胡萝卜素(γ-carotene)
可在动物体内转化为维生素 A,其中以 β- 胡萝卜素的转化率最高。一分子 β- 胡萝卜素在酶
催化下氧化裂解可生成两分子维生素 A₁(视黄醇)。

α–胡萝卜素

β–胡萝卜素

γ–胡萝卜素

维生素 A 的结构具有高度特异性,其构效关系如图 23-1。

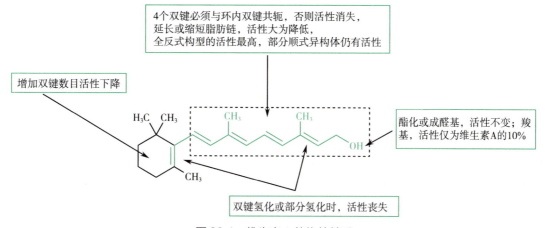

4个双键必须与环内双键共轭,否则活性消失,
延长或缩短脂肪链,活性大为降低,
全反式构型的活性最高,部分顺式异构体仍有活性

增加双键数目活性下降

酯化或成醛基,活性不变;羧
基,活性仅为维生素A的10%

双键氢化或部分氢化时,活性丧失

图 23-1　维生素 A 的构效关系

维生素 A 在视觉的形成过程中发挥着重要作用。反式视黄醇（*trans*-retinol）异构化为 11- 顺式视黄醇（11-*cis*-retinol），在 11- 顺式视黄醛脱氢酶（11-*cis*-retinal dehydrogenase）催化下，形成 11- 顺式视黄醛（11-*cis*-retinal），与视蛋白（opsin）形成席夫碱并转化为视紫红质（rhodopsin）；视紫红质吸收光子后可影响 G 蛋白结合受体（G protein-coupled receptor，GPCR）的钠传导（sodium conductance），使视觉信号通过视神经传导至脑皮质视中枢，同时释放视蛋白和反式视黄醛（*trans*-retinal），反式视黄醛被氧化为反式视黄醇，参与视循环（图 23-2）。

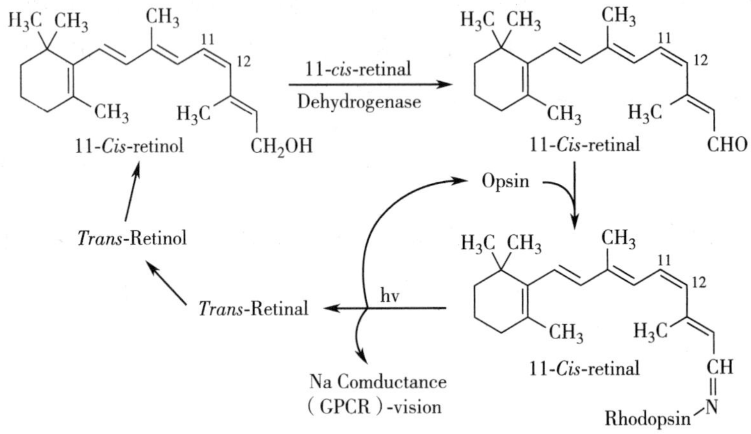

图 23-2　维生素 A 在视觉中的作用

维生素 A 结构中末端的烯丙式伯醇易被氧化代谢，生成维生素 A 的两个活性形式：视黄醛（retinal）及视黄酸（retinoic acid）。视黄醛可以互变异构成 4- 顺式视黄醛（4-*cis*-retinal），其与视蛋白结合而产生的视紫红质为一种可感受弱光的视色素，维持弱光下视觉，在视觉的形成和视循环过程中有重要作用（图 23-3）。

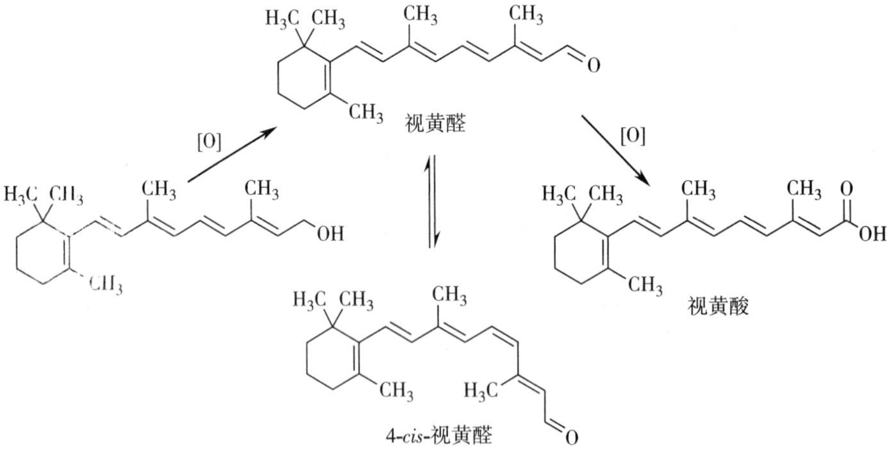

图 23-3　维生素 A 的体内代谢过程

视黄酸在肝脏中与葡糖醛酸结合或进一步氧化成其他代谢物，随胆汁或尿液排出体外。视黄酸作为维生素 A 的活性代谢产物，能与特定的核受体结合，具有与维生素 A 相似的生物活性，可影响骨骼的生长和上皮组织的代谢，有促进上皮细胞分化和角质溶解等作用。

视黄酸及其异构体异维生素 A 酸（2-*cis*-retinoic acid），临床上被用于寻常痤疮、扁平苔藓、银屑病等疾病的治疗。在治疗癌症方面也有一定的疗效，视黄酸作为诱导分化剂是诱导急性早幼粒细胞白血病的首选药物。

维生素 A 醋酸酯（vitamin A acetate）

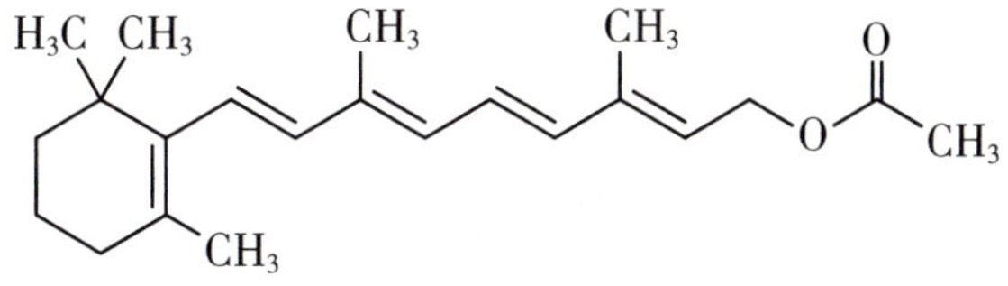

化学名为（全 E 型）-3，7- 二甲基 -9-(2，6，6- 三甲基 -1- 环己烯 -1- 基)-2，4，6，8- 壬四烯 -1- 醇醋酸酯，(all E)-3,7-dimethyl-9-(2,6,6-trimethyl-1-cyclohexene-1-yl)-2,4,6,8-nona-tetraene-1-olacetate。

本品为黄色棱形结晶。熔点 57～60℃。易溶于乙醇、三氯甲烷、乙醚、脂肪烃和油，不溶于水。水解后生成的维生素 A（retinol，视黄醇）为多烯键共轭烯丙型醇结构，很不稳定，易脱水，最后降解为脱水维生素 A，其活性仅为视黄醇的 0.4%。

维生素 A 容易被空气氧化，紫外线、加热或有金属离子存在时可促进其氧化。氧化的初步产物为环氧化物，在酸性条件下可重排成呋喃型氧化物。

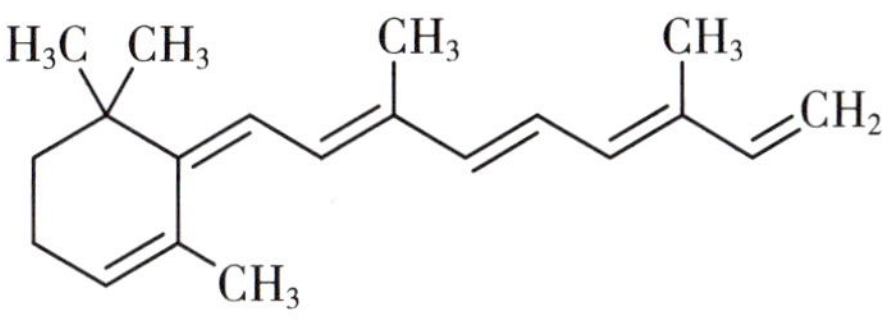

脱水维生素A

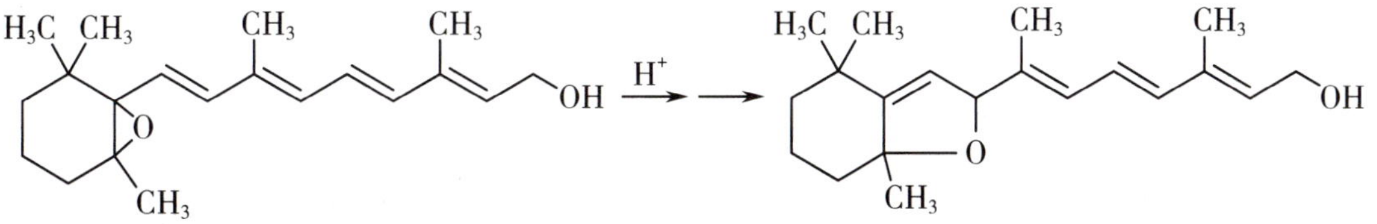

环氧化物　　　　　　　　　　　　　　呋喃型氧化物

维生素 A 醋酸酯的合成路线如下。

路线一：以 β- 紫罗兰酮为原料，经过格式缩合与 witting 反应得到维生素 A 醋酸酯。

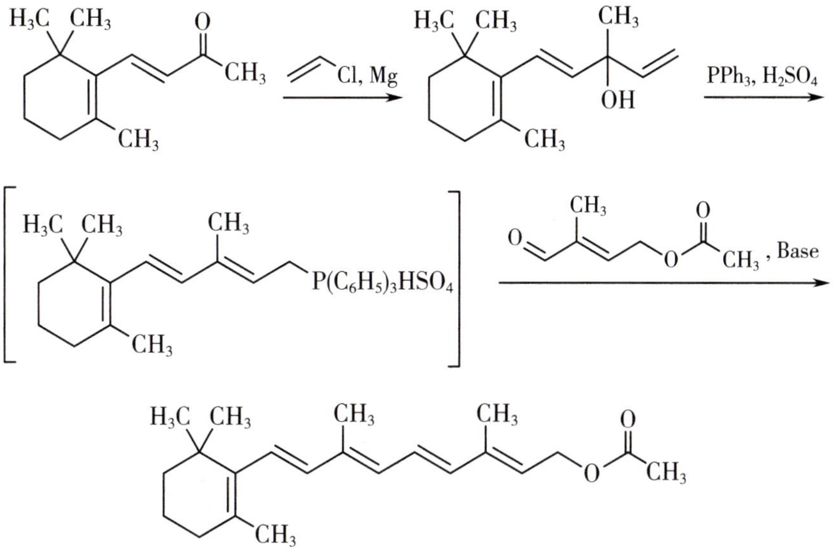

路线二:同样以β-紫罗兰酮为原料,但是这一路线的立体选择性高,对反应物醛酯进行提纯后,避免了 13-位顺式异构体的产生,其最终产物的全反式比例达 90% 以上。

二、维生素 D

维生素 D(vitamin D)是一类具有抗佝偻病活性的维生素,它们都属于固醇的开环类衍生物,已知的维生素 D 有十余种,以维生素 D_2(vitamin D_2,麦角骨化醇,ergocalciferol)和维生素 D_3(vitamin D_3,胆骨化醇,cholecalciferol)最为重要。两者都具有调节机体钙、磷代谢,促进成骨作用的生物活性,生物效价相等,化学结构相似,前者比后者在侧链上多一个甲基和双键,但化学稳定性不如后者。

维生素 D_2(vitamin D_2)
麦角骨化醇(ergocalciferol)

维生素 D_3(vitamin D_3)
胆骨化醇(cholecalciferol)

植物油和酵母中含有不能被人体吸收的麦角固醇(ergosterol),在日光或紫外线的照射下,可转变为能被人体吸收的维生素 D_2,因此,麦角固醇又被称为植物来源的维生素 D_2 原。

动物肝脏、乳制品以及蛋黄等食物中均含有丰富维生素 D_3。另外,维生素 D_3 可在人体内以胆固醇(cholesterol)为源头进行生物合成,是体内唯一可以自行合成的维生素(图 23-4)。在脱氢酶的作用下,胆固醇先被转变成 7- 脱氢胆固醇(7-dehydrocholesterol),储存在皮肤中,在日光或紫外线照射下,后者 B 环断裂转变为维生素 D_3。7- 脱氢胆固醇也称为动物来源的维生素 D 原,所以多晒太阳是预防维生素 D 缺乏的主要方法之一,一般情况下,暴露于日光下的手臂和面部的皮肤日晒 10 分钟,所合成的维生素 D_3 足够维持机体在一天中的需求。

图 23-4 维生素 D 的光照生物合成

维生素 D_3 的构效关系表明: 3- 位羟基以及 17- 位的长链是活性必需基团,5- 位和 7- 位的双键氢化将导致活性消失,1α- 位和 25- 位引入羟基活性最高(图 23-5)。

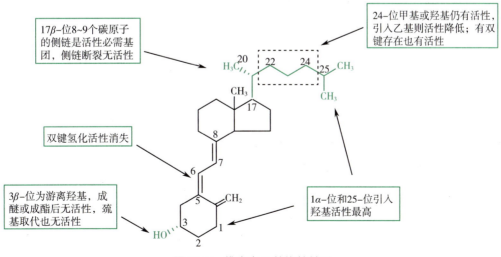

图 23-5 维生素 D 的构效关系

维生素 D₃（vitamin D₃）

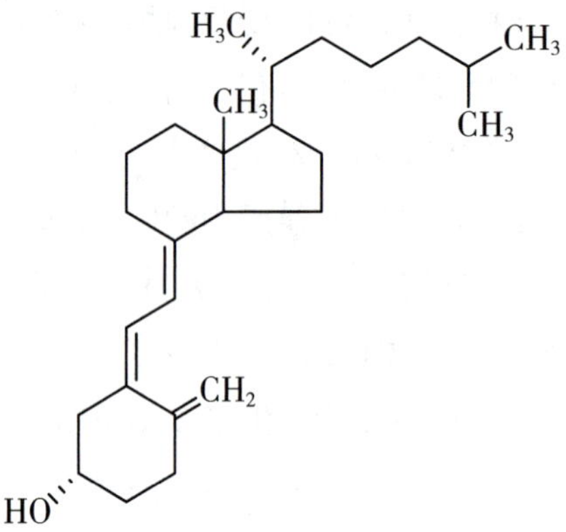

化学名为 9,10- 开环胆甾 -5,7,10(19)- 三烯 -3β- 醇,(3β,5Z,7E)-9,10-secocholesta-5,7,10(19)-trien-3β-ol,又名胆骨化醇(cholecalciferol)。

1966 年首次确定维生素 D₃ 的活化必须经过两步氧化代谢过程(图 23-6)。第一步在肝脏中,维生素 D₃ 在维生素 D-25- 羟化酶的催化下,被羟基化生成 25-OH-D₃(25- 羟基胆骨化醇,25-hydroxycholecalciferol),这是维生素 D₃ 在血液循环中的主要存在形式。第二步在肾脏中,经 25-OH-D-1α- 羟化酶(25-OH-D-1α-hydroxylase)催化,生成 1,25-(OH)-D₃(骨化三醇,calcitriol)。骨化三醇是维生素 D₃ 的活化形式,通过调控 mRNA 的转录,促进蛋白质的合成,进而增加钙离子的吸收。

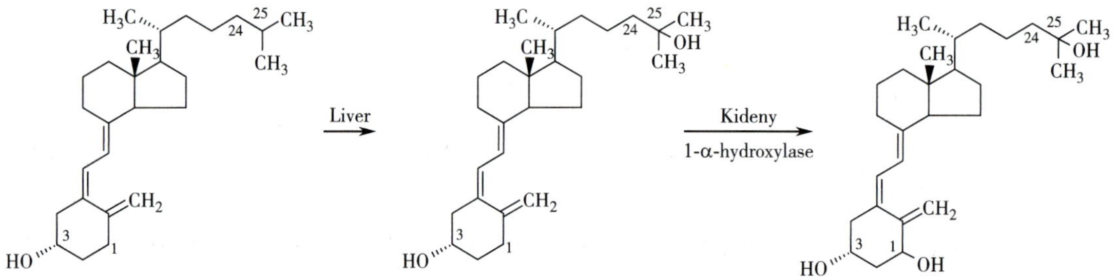

图 23-6　维生素 D₃ 的代谢活化

维生素 D 的主要生理功能是调节钙、磷代谢并促进成骨作用。维生素 D₃ 以其活性代谢形式 25-OH-D₃ 与靶器官的细胞质受体蛋白结合,从细胞质转运到细胞核,诱导钙结合蛋白的合成,增加 Ca^{2+}-ATP 酶的活性,促进 Ca^{2+} 的吸收。维生素 D 还具有促进成骨细胞的形成和促进钙离子在骨质中沉积形成磷酸钙、碳酸钙等骨盐的作用,有助于骨骼和牙齿的形成。缺乏维生素 D 时,小肠对钙磷吸收发生障碍,使血液中钙磷量下降。儿童缺乏维生素 D 会患佝偻病,表现为骨骼畸形,骨质疏松,多汗等;成人骨软化,骨骼含有过量未钙化的基质,出现骨骼疼痛,软弱乏力等症状。

维生素 D 临床用于防治佝偻病、骨软化症及老年性骨质疏松症。长期大剂量服用可引起维生素 D 过多症,表现为血钙过高、骨损伤、异位钙化和动脉硬化。

卡泊三醇(calcipotriene)、他卡西醇(tacalcitol)作为维生素 D 的衍生物,可用于严重银屑病的治疗。

卡泊三醇(calcipotriene)　　　　　他卡西醇(tacalcitol)

三、维生素 E

维生素 E(vitamin E)是一类与生育功能有关的脂溶性维生素,它们是苯并二氢吡喃类衍生物,且苯环上含有酚羟基,因此,这类化合物又称为生育酚(tocopherol)。已知的维生素 E 有 8 种,按结构可分为生育酚和生育三烯酚(tocotrienol)两大类,苯并二氢吡喃衍生物 2 位有一个 16 碳原子饱和长侧链(又称植基尾,phytyl tail)的为生育酚;长链上 3′、7′、11′ 位上有三个不饱和双键的为生育三烯酚。由于苯并二氢吡喃环上甲基的数目和位置不同,生育酚和生育三烯酚又各有四个类似物,分别为 α、β、γ、δ 型,它们大多存在于植物中,其中麦胚油、花生油、玉米油中含量最高。

α-生育酚：$R_1=CH_3$, $R_2=CH_3$　　　β-生育酚：$R_1=CH_3$, $R_2=H$
γ-生育酚：$R_1=H$, $R_2=CH_3$　　　δ-生育酚：$R_1=H$, $R_2=H$

α-生育三烯酚：$R_1=CH_3$, $R_2=CH_3$　　　β-生育三烯酚：$R_1=CH_3$, $R_2=H$
γ-生育三烯酚：$R_1=H$, $R_2=CH_3$　　　δ-生育三烯酚：$R_1=H$, $R_2=H$

类似物的生物活性强弱因苯环上取代的甲基数目多少及位置不同而有所差别,其中 α- 生育酚活性最强,β 体和 γ 体活性约为 α 体的 50%,δ- 生育酚活性最低,通常所称的维生素 E 即

为 α- 生育酚。天然的 α- 生育酚于 1936 年被分离得到,并在 1938 年被人工合成。天然 α- 生育酚含 3 个手性碳原子,为右旋体(2R,4′R,8′R);人工合成品则为外消旋体(共 8 种异构体,其中的 RRR 异构体活性最高(100%),RRS 90%,RSS 73%,SSS 60%,RSR 57%,SRS 37%,SRR 31% 以及 SSR 21%)。天然 α- 生育三烯酚比 α- 生育酚少两个手性碳,多三个双键,为 2R,3′E,7′E 构型。

维生素 E 的构效关系研究表明:分子中羟基为活性必需基团,且必须在杂环氧原子的对位。苯环的甲基数目减少或位置发生改变,均导致活性降低;缩短或除去分子中的侧链,活性降低甚至丧失;天然右旋维生素 E 的活性最强,左旋维生素 E 的活性仅为天然右旋维生素 E 的 42%。

维生素 E 醋酸酯(vitamin E acetate)

化学名为(±)-2,5,7,8- 四甲基 -2-(4′,8′,12′- 三甲基十三烷基)-6- 苯并二氢吡喃醇醋酸酯,(±)3,4-dihydro-2,5,7,8-tetramethyl-2-(4,8,12-trimethyl-tridecy)-2H-1-henzopyran-6-ol acetate,又名 α- 生育酚醋酸酯(α-tocopherol acetate)。

本品为黄色或金黄色透明液体,遇光、空气可被氧化,部分氧化产物为 α- 生育醌(α-tocopherol quinone)及 α- 维生素 E 二聚体。

α-生育醌   维生素E   α-维生素E二聚体

维生素 E 醋酸酯在体内水解生成 α- 生育酚,在细胞色素 P450(CYP4F2)催化下,被氧化为水溶性大的代谢物:α- 羧甲己基羟基苯并二氢吡喃(α-carboxymethylhexylhydroxylchrom-an),α- 羧甲丁基羟基苯并二氢吡喃(α-carboxymethylbutylhydroxychroman)和 α- 羧乙基羟基苯并二氢吡喃(α-carboxyethylhydroxychroman)其代谢途径包括 α- 生育酚脂溶性侧链的 ω- 氧化反应后,消除一分子丙酸和乙酸,并进一步发生 β- 氧化(β-oxidations)和消除反应(eli-minations),最终以羟基苯并二氢吡喃类化合物(hydroxychromans)的形式排出体外(图 23-7)。

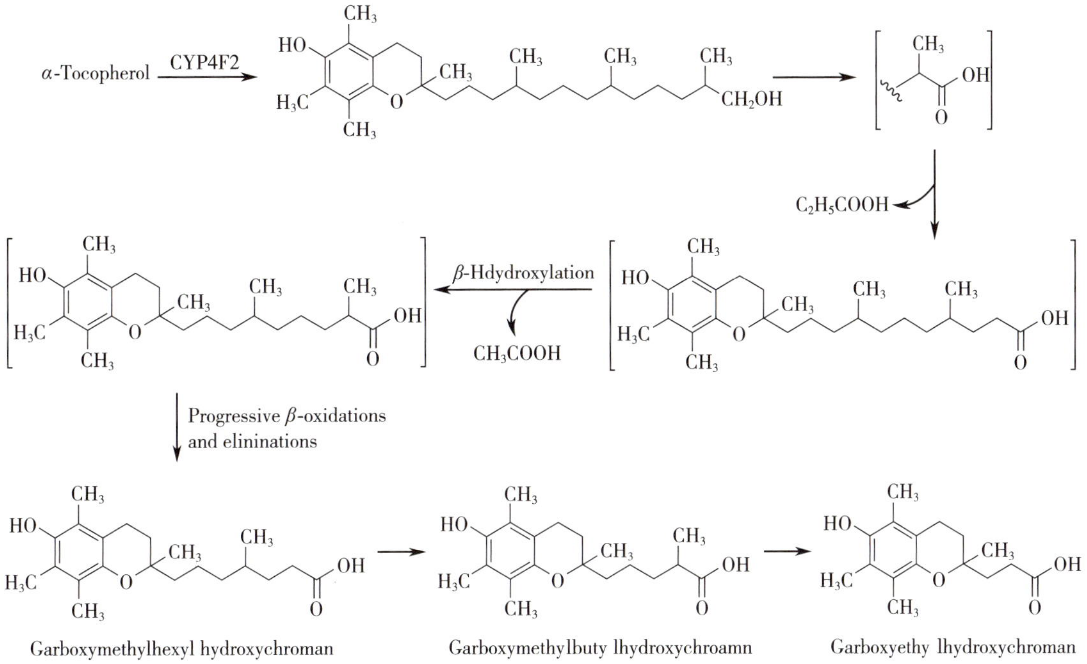

图 23-7　α- 生育酚的代谢

维生素 E 的还原性使其成为可阻断自由基链式反应的脂溶性抗氧剂,在体内的主要作用为清除脂质过氧化自由基(ROO•),避免不饱和脂质的过氧化,减少过氧化脂质的生成;也具有保护生物膜的作用。临床上用于习惯性流产、不孕不育、更年期综合征、进行性肌营养不良、间歇性跛行以及动脉粥样硬化等的防治。还可用于调节免疫功能和抗衰老。

四、维生素 K

维生素 K(vitamin K)是一类具有凝血作用维生素的总成。人体的维生素 K 主要有两大来源:从食物中摄取和肠道细菌合成。食物中的维生素 K,和所有脂溶性维生素一样,可与食物中的脂类一起被吸收,而且只有在胆汁酸盐存在下,才能被消化道吸收。然后,与乳糜微粒相结合由淋巴系统运输入血,经肝门静脉被肝脏利用,很少一部分被贮存。在正常情况下人体并不缺乏维生素 K,一方面,它在食物中广泛分布,另一方面,人体肠道内的大肠杆菌可合成维生素 K,经肠道吸收后可供人体利用。但由于维生素 K 在体内贮存量较少,如果消化吸收方面的疾病引起吸收不良或使用抗生素等药物抑制了肠道菌群的活动,从而减少了维生素 K 的吸收,而储存的维生素 K 可能在一周内耗尽,从而发生维生素 K 缺乏症。新生婴儿的肠道在出生时是无菌的,不能靠肠道细菌来合成维生素 K,如果无法从母体中获得足够的维生素 K,就可能患新生儿出血症。

维生素 K 可大致分为 2- 甲萘醌和 2- 甲萘酚 / 胺两大类。维生素 K_1 的 3- 位侧链为 20 个碳原子的植基。

维生素 K_2(vitamin K_2)表示一系列化合物,又称甲萘醌类(menaquinones),其结构的不同之处在于侧链含有的异戊二烯结构单元的数目不同。维生素 K_3 的 3- 位没有侧链,与亚硫酸氢钠发生加成反应后生成水溶性的亚硫酸氢钠甲萘醌,作用与维生素 K_3 相同,在《中华人民共和国药典》中这一物质被称为亚硫酸氢钠甲萘醌。

维生素 K_2(Menaquinones)　　　　维生素 K_3

亚硫酸氢钠甲萘醌

萘醌类化合物 2、3- 位取代基的变化对其活性的影响较为明显,3- 位侧链含有 20～30 个碳原子时活性最强,2- 位甲基被乙基、烷氧基或氢原子取代后活性降低,2- 位或 3- 位引入氯原子则可生成维生素 K 的对抗物。

<h2 style="color:green; text-align:center">维生素 K_3(vitamin K_3)</h2>

化学名为 1,2,3,4- 四氢 -2- 甲基 -1,4- 二氧 -2- 萘磺酸钠盐三水合物(1,2,3,4-tetrah-ydro-2-methyl-1,4-dioxo-2-naphthalenesulfonic acid sodium salt trihydrate),又名亚硫酸氢钠甲萘醌。

本品为白色或类白色结晶性粉末,易吸湿,吸湿后结块。常温下稳定,遇光分解。高温下分解为甲萘醌,该物质对皮肤有强刺激,且对酸性物质敏感。

在水溶液中,本品与甲萘醌和亚硫酸氢钠间存在着平衡,当与空气中的氧气、酸或碱作用时,亚硫酸氢钠分解,平衡被破坏,从而使甲萘醌从溶液中析出。

光照或加热可加速上述变化。加入氯化钠或焦亚硫酸钠可增加稳定性。将含有焦亚硫酸钠的本品水溶液贮存于惰性气体中,不会变黄或生成沉淀,但受光线照射后,仍会变色。

本品水溶液在密闭容器中加热 24 小时,约有 20%～30% 会转化为 2- 甲基 -1,4- 萘氢醌 -3- 磺酸钠。该化合物活性仅为本品的 10%。该异构体与邻二氮杂菲试液作用,会析出深红色沉淀,此沉淀能溶于乙醇中。为防止这一反应的发生,可将溶液的 pH 调节至 2～5,并加入亚硫酸氢钠作为稳定剂。

本品临床上用于凝血酶原过低症、新生儿出血症的防治以及维生素 K 缺乏导致的各种出血。

第二节　水溶性维生素

水溶性维生素(water-soluble vitamins)是指只溶于水而不溶于油脂的一类维生素,但有个别水溶性维生素可微溶于有机溶剂,它们的主要功能是维持细胞的新陈代谢。与脂溶性维生素不同,水溶性维生素摄取过多也不会出现中毒症状,因为人体可以通过尿液及粪便迅速将其排泄。水溶性维生素主要包括 9 种不同类型的维生素 B 和维生素 C。

一、B 族维生素

B 族维生素包括: B_1(硫胺)、B_2(核黄素)、B_3(烟酸)、B_4(6- 氨基嘌呤)、B_5(泛酸)、B_6(吡多辛)、B_7(生物素)、B_{12}(氰钴胺)、Bc(叶酸)。

1. 维生素 B_1　1880 年,俄国生物学家 Lunin 发现,在米糠、麦麸和酵母中含有与人体糖代谢密切相关的物质,1896 年荷兰的 Eijkman 进一步证明了该化合物的存在,并将其命名为维生素 B_1(vitamin B_1,硫铵,thiamine),直到 1926 年才从米糠中分离得到纯品,并在 1935 年确定其化学结构,1936 年 Williams 等人将其人工合成。

维生素 B_1(vitamin B_1)

化学名为氯化 -4- 甲基 -3-[(2- 甲基 -4- 氨基 -5- 嘧啶基)甲基]-5-(2- 羟乙基)噻唑鎓盐酸盐,3-[(4-amino-2-methy-5-pyrimidinyl)methyl]-5-(2-hydroxyethyl)-4-methyl thiazolium chloride hydrochloride,又称盐酸硫铵(thiamine hydrochloride)。

本品为白色结晶或白色结晶性粉末,熔点 245～250℃(分解);味苦;气味香。干燥品有一定的吸潮性,置于空气中可迅速吸水分并增重 4%。易溶于水,能溶于甘油和乙醇,难溶于丙酮、三氯甲烷、乙醚等有机溶剂。1%～1.5% 水溶液 pH 为 2.8～3.3。

本品在干燥状态下稳定,其水溶液随着碱性增强稳定性下降,在碱性溶液中易发生分解反应。可被空气氧化,生成具有荧光的硫色素。光照与金属离子,均能加速氧化。

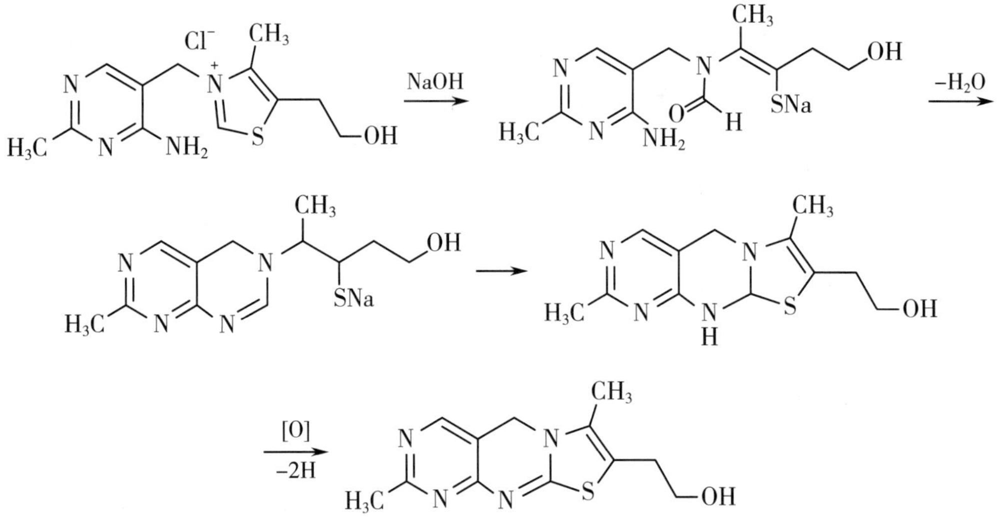

硫色素

硫色素在异丙醇中呈蓝色荧光,加酸导致荧光消失,再加碱又可恢复荧光,该反应可作为维生素 B_1 的特征鉴别反应。

本品的水溶液在 pH 5～6 时与亚硫酸氢钠作用可发生开环反应,因此,维生素 B_1 不能与碱性药物合用,也不能使用亚硫酸氢钠作为抗氧化剂。

维生素 B_1 缺乏时,糖代谢受阻,丙酮酸积累,使血液、尿液和脑组织中丙酮酸水平升高,导致多发性神经炎,肌肉萎缩以及下肢浮肿等症状,临床上称之为脚气病。维生素 B_1 还具有维持消化腺分泌和胃肠蠕动的作用。当维生素 B_1 缺乏时会出现食欲不振和消化不良等症状。

本品被人体吸收后,会转变为具有生物活性的硫胺焦磷酸酯(thiamine pyrophosphate,TPP)。TPP 是糖代谢过程中 α- 酮酸脱羧酶的辅酶,参与丙酮酸或 α- 酮戊二酸的氧化脱羧反应,丙酮酸的羰基与 TPP 的噻唑环 C-2 位结合生成 α- 羟丙酸基 -TPP,之后脱去一分子的 CO_2,生成羟乙基 -TPP。羟乙基 -TPP 再通过氧化型硫辛酸,α- 羟乙基 -TPP 将乙酰基转移给辅酶 A,生成的乙酰辅酶 A 可参与三羧酸循环(图 23-8)。

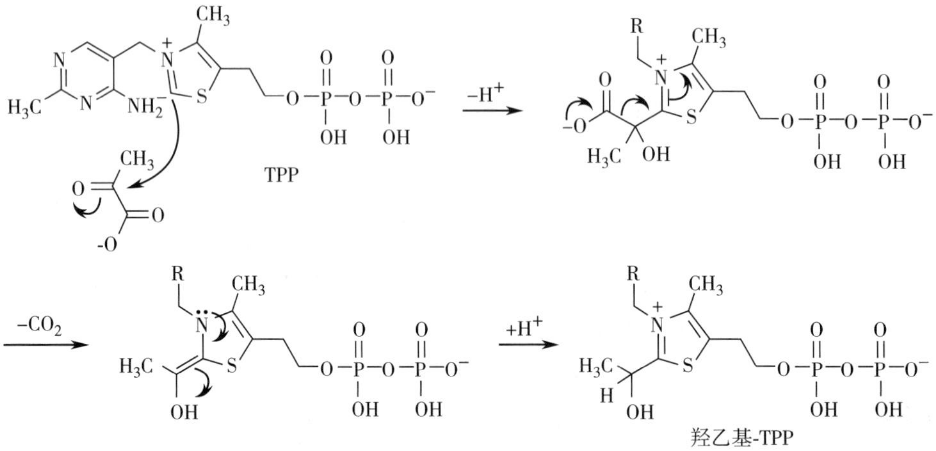

图 23-8 TPP 在 α- 酮酸脱羧过程中的作用

2. 维生素 B₂　维生素 B₂(vitamin B₂, 核黄素, riboflavin)是一种与体内氧化、还原过程有关的物质,它主要有传递氢原子或电子的功能。维生素 B₂ 分布较广,绿色蔬菜、蛋、乳、肝脏中含量较多,现在通常采用微生物合成或化学合成的方法进行制取。

维生素 B₂(vitamin B₂)

化学名为 7,8- 二甲基 -10-(1′-D- 核糖型 -2,3,4,5- 四羟戊基)- 异咯嗪,7,8-dimethyl-10-(D-ribo-2,3,4,5-tetrahydroxypentyl)isoalloxazine。

本品为橙黄色结晶性粉末,在水中几乎不溶,可与硼砂形成分子化合物 ($C_{17}H_{19}O_6N_4Na_2B_4O_7\cdot 10H_2O$),溶解度增大;烟酰胺亦能增大本品在水中的溶解度,配制注射液时常用烟酰胺作为助溶剂,1ml 含烟酰胺 200mg 的水溶液可溶解本品约 5mg。

本品对光线极不稳定,分解速度随温度升高而加快,不同 pH 环境下其分解方式也不同。在碱环境下分解为感光黄素,在酸性或中性环境下分解为光化色素。

感光黄素　　　　　　　光化色素

本品为两性化合物,$K_a = 6.3 \times 10^{-12}$,$K_b = 0.5 \times 10^{-12}$,可溶于酸和碱,其水溶液具有黄绿色荧光,荧光在接近中性 pH 6~7 时最强;在酸性或碱性溶液中本品会发生解离,导致荧光消失。本品在无机酸水溶液中较稳定,但在碱性溶液中极易变质,在 1% 氢氧化钠溶液中仅需 24 小时就可完全分解。

本品在干燥时性质稳定,在密闭容器中室温下避光放置 5 年,仍无明显变化。耐热性好,120℃下加热 6 小时,无分解。对大多数氧化剂稳定,但可被铬酸或高锰酸钾等强氧化剂氧化。

维生素 B₂ 在体内以黄素单核苷酸(flavin mononucleotide,FMN)和黄素腺嘌呤二核苷酸（flavin adenine dinucleotide，FAD）形式存在，这些都是氧化还原酶的辅酶。它们以氧化型（oxidized）和还原型（reduced）形式存在，具有传递氢的作用。

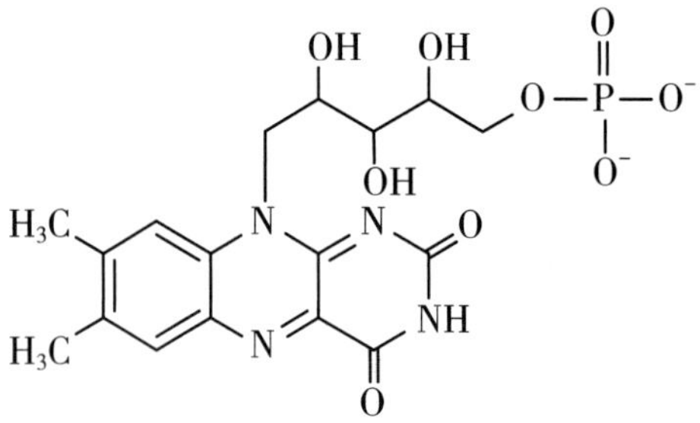

黄素单核苷酸，FMN

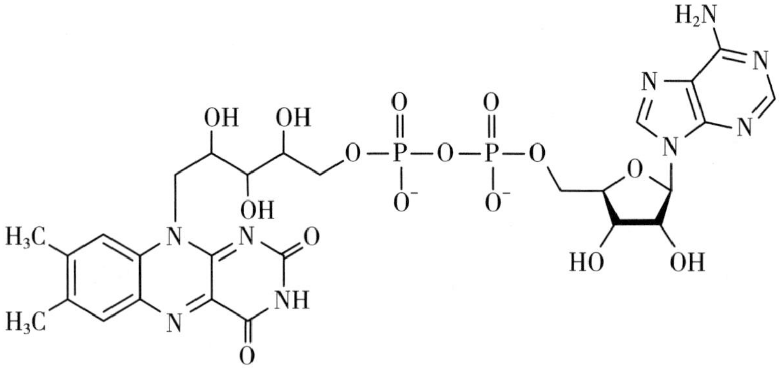

黄素腺嘌呤二核苷酸，FAD

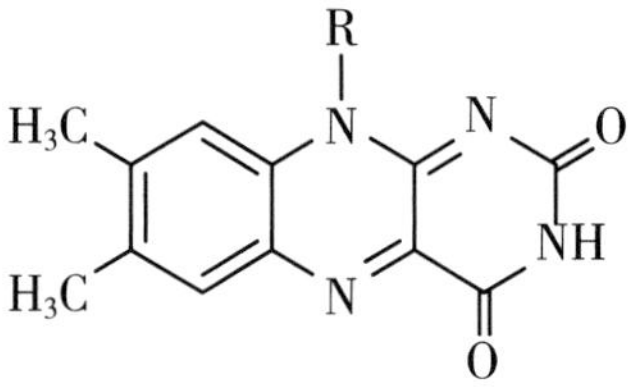

氧化型 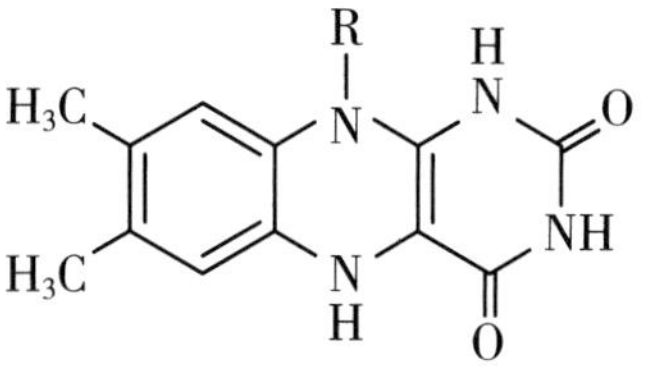　　　　　　　　还原型

维生素 B_2 能促进糖、脂肪和蛋白质的代谢。当维生素 B_2 缺乏时，可影响机体的生物氧化，造成代谢障碍，其缺乏症多表现为口、眼或外生殖器部位的炎症，如口角炎、唇炎、舌炎、眼结膜炎和阴囊炎等。临床上可使用维生素 B_2 治疗上述疾病。本品的伯醇羟基可与脂肪酸反应成酯，制成前药，在体内缓慢水解并释放出游离的核黄素，发挥长效作用，如核黄素月桂酸酯（riboflavin laurate），一次肌内注射可维持有效血药浓度约 60～90 天。

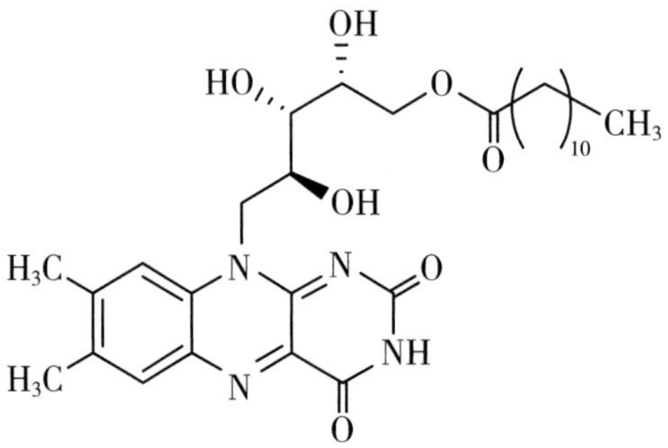

核黄素月桂酸酯riboflavin laurate

3. 维生素 B₆　1926 年发现，当小鼠饲料中缺乏一种物质时，会引起小鼠诱发性糙皮病（pellagra），后来该物质在 1934 年被定名为维生素 B₆（vitamin B₆），但直到 1939 年才被分离纯化，并确定其物理与化学性质。

维生素 B₆（vitamin B₆）

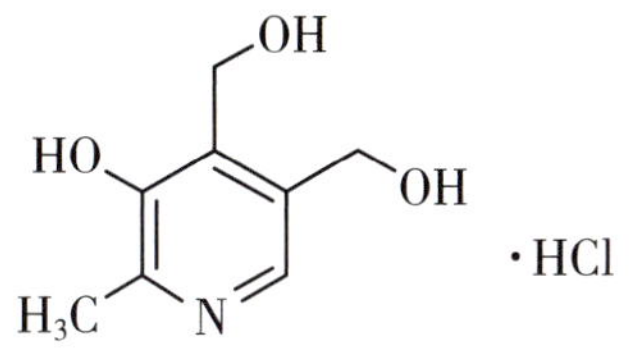

化学名为 6-甲基-5-羟基-3,4 吡啶二甲醇盐酸盐，（5-hydroxy-6-methylpyridine-3,4-diyl）dimethanol hydrochloride，又称吡多辛（pyridoxine），吡哆醇（pyridoxol）。

维生素 B₆ 有三种结构相似的类似物，即吡多辛（pyridoxine）、吡哆醛（pyridoxal）和吡哆胺（pyridoxamine）。

常以吡哆辛作为维生素 B₆ 的代表。吡哆辛磷酸酯（pyridoxine phosphate）、吡哆醛磷酸酯（pyridoxal phosphate）和吡哆胺磷酸酯（pyridoxamine phosphate）在体内可以相互转化（图 23-9），参与氨基酸代谢的是吡哆醛磷酸酯，在氨基酸的转氨基酶作用、脱羧作用中起辅酶作用。吡哆酸（pyridoxic acid）是主要的代谢产物。

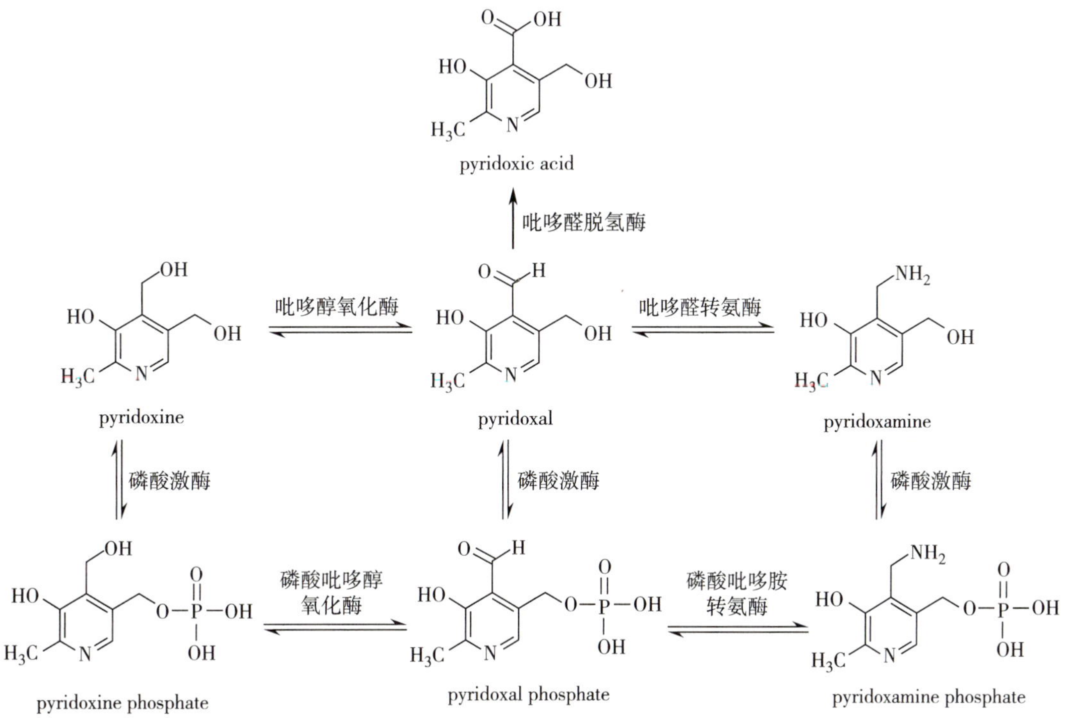

图 23-9　维生素 B₆ 族的相互转化

临床上维生素 B₆ 用于缓解放疗引起的恶心、妊娠呕吐等症状，也用于治疗异烟肼和肼屈嗪等药物引起的周围神经炎、白细胞减少症以及痤疮和脂溢性湿疹等。

4. 叶酸　又名维生素 Bc（vitamin Bc）或维生素 M（vitamin M），1941 年由 Williams 等

人在菠菜中提取得到，1948 年 Waller 等人确定了其化学结构，并进行了化学全合成。叶酸是蝶啶(pteridine)衍生物，主要参与体内氨基酸及核酸的合成，也与维生素 B_{12} 一同促进红细胞的生成。

叶酸(folic acid)

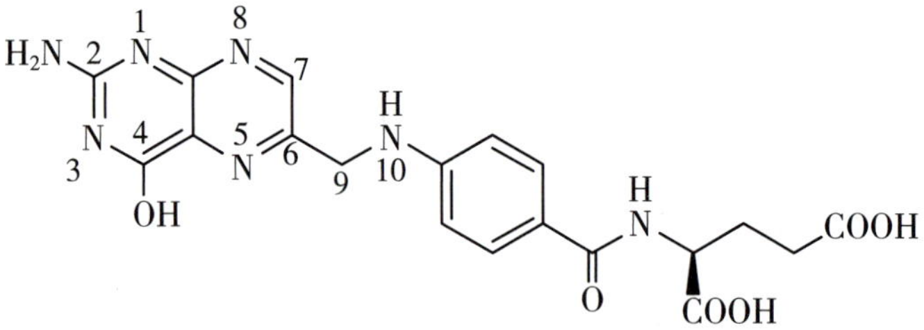

化学名为 N-[4-[[(2- 氨基 -4- 羟基 -6- 蝶啶)甲基]氨基]苯甲酰基]-L- 谷氨酸，N-[4-[[(2-amino-4-hydroxy-6-pteridiny1)methyl]amino]benzoyl]-L-glutamic acid。

本品为淡橙黄色结晶或薄片，熔点 250～253℃，溶于热的稀盐酸和稀硫酸，微溶于乙酸、酚吡啶、氢氧化钠及碳酸钠溶液，在乙醇、丁醇、醚、丙酮、三氯甲烷和苯中不溶。

叶酸分子由2- 氨基 -4- 羟基蝶啶、对氨基苯甲酸和L- 谷氨酸三部分构成。

叶酸进入体内后，在二氢叶酸还原酶(dihydrofolate reductase)的催化下，以还原型磷酸烟酰胺腺嘌呤二核苷酸(NADPH)为供氢体，经还原反应，得到二氢叶酸(dihydrofolic acid，FH 或 DHF)，在四氢叶酸还原酶(tetrahydrofolate reductase)的催化下形成四氢叶酸(tetrahydrofolic acid，FH 或 THF)(图 23-10)。

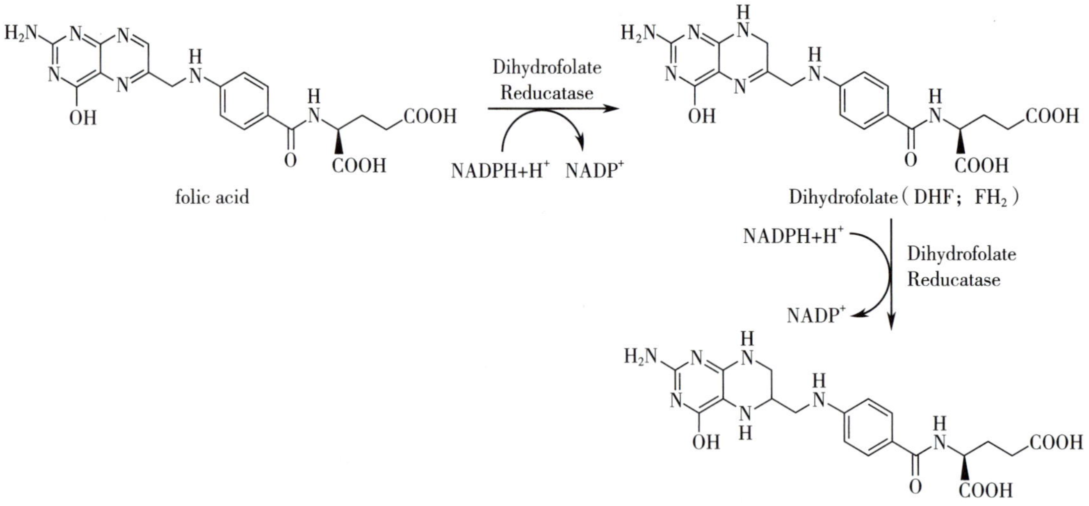

图 23-10　叶酸还原为四氢叶酸

四氢叶酸有四种辅酶形式，10- 甲酰四氢叶酸(N^{10}-formyl-THF)、5，10- 次甲基四氢叶酸(N^5，N^{10}-methenyl-THF)、5，10- 亚甲基四氢叶酸(N^5，N^{10}-Methylene-THF)以及 5- 甲基四氢叶酸(N^5-methyl-THF)(图 23-11)。这些物质在生物合成过程中起转移和利用一个碳单位的作用。例如 5，10- 次甲基四氢叶酸是尿嘧啶脱氧核苷酸转化为胸腺嘧啶脱氧核苷酸的辅酶(图 23-11)。

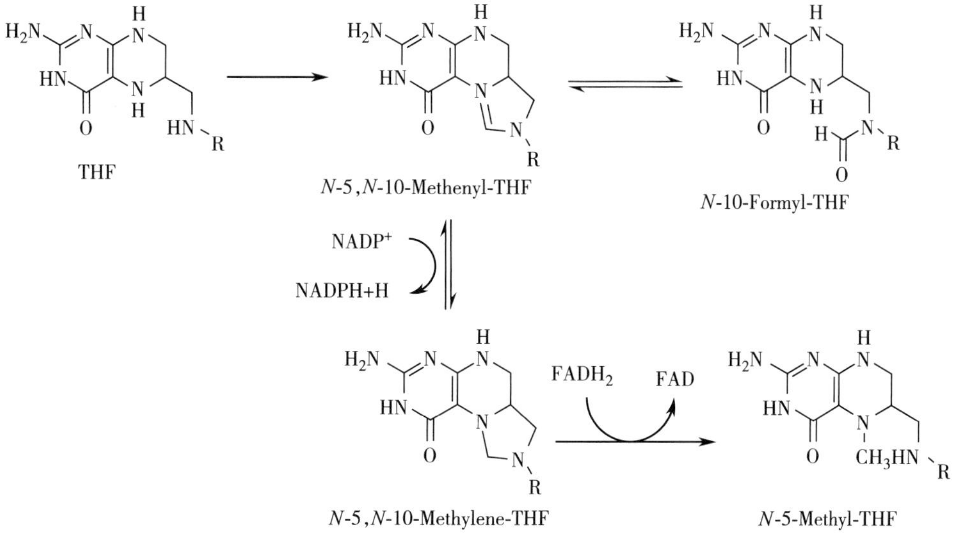

图 23-11 携带一碳单位的四氢叶酸

当体内叶酸缺乏时,可能影响血细胞的发育和成熟,造成溶血性贫血,因此,临床使用叶酸治疗巨幼红细胞性贫血,尤其适用于妊娠及婴儿巨幼红细胞性贫血。

5. 其他 B 族维生素

(1)维生素 B_3 又名烟酸(nicotinic acid),存在于动物肝脏、肉类、米糠、酵母、鱼、番茄等动植物体内。性质较稳定且耐高温,其水溶液用高压蒸汽灭菌也不会破坏其结构。其本身以及结构修饰物烟酰胺(维生素 PP,nicotinamide)均促进细胞新陈代谢,临床上多用于防治粗糙病。此外,烟酸还有扩张血管和降低血脂的作用,而烟酰胺无此作用。

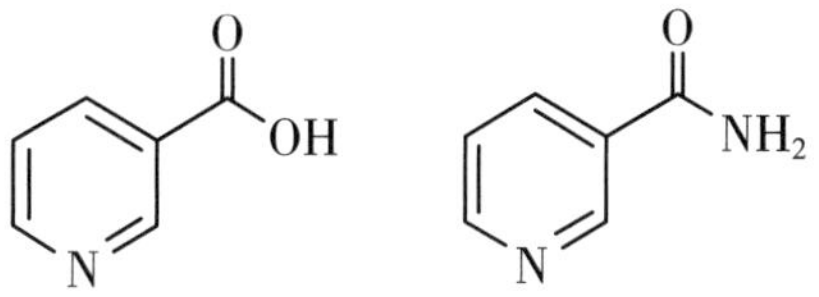

烟酸　　　　　　　烟酰胺

(2)维生素 B_4(vitamin B_4)又称 6- 氨基嘌呤(6-aminopurine)或腺嘌呤(adenine),是组成 DNA 和 RNA 分子的四种核碱基之一。体内主要以腺嘌呤核苷酸的形式存在。具有刺激白细胞增殖的作用,可用于各种原因引起的白细胞减少症。

(3)维生素 B_5(vitamin B_5)是泛酸的钙盐,左旋体无效,临床上使用其右旋体,故称为右旋泛酸钙(calcium D-pantothenate)。维生素 B_5 为辅酶 A 的组成成分,它在蛋白质、脂肪和糖类的代谢过程中均发挥重要作用,可用于维生素 B_5 缺乏引起的疾病及周围神经炎,现多作为营养辅助药。

(4)维生素 B_7(vitamin B_7)又称生物素(biotin)、维生素 H 或辅酶 R,也是水溶性 B 族维生素之一。1936 年,Koegl 等人首次从蛋黄中分离得到了纯的生物素。1939 年,CGyoergy 等人又分别从牛肝和浓牛奶中获得了生物素。1941 年,Vigneaud 等确定了生物素的分子式并在一年后确定了其化学结构。1947 年,Harris 等人首次完成了生物素的化学全合成。20 世纪 60 年代初,通过 X 射线衍射法确定了生物素的绝对构型。生物素分子中含有 3 个手性碳原子,共有 8 个立体异构体,Ronald 等人将它们合成并分离出来。在 8 个立体异构体中,只有全顺式的 $D(+)$- 生物素才具有生物活性。

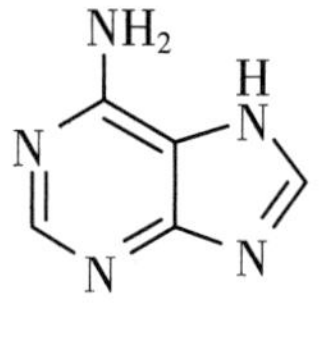

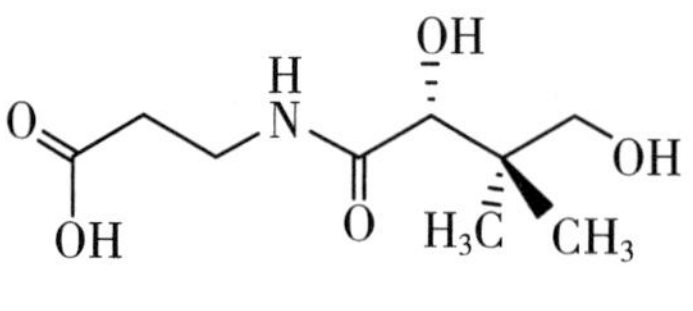

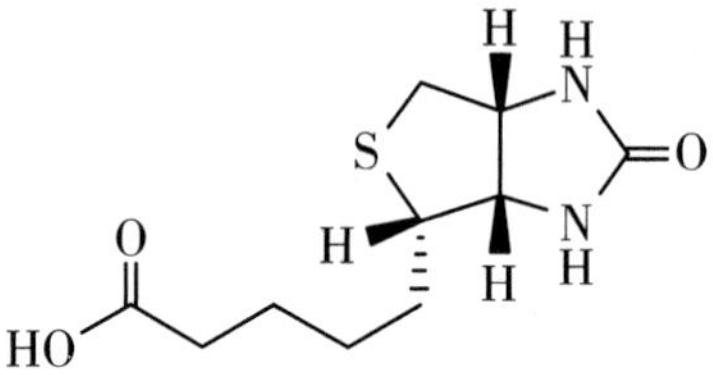

维生素B₄ 泛酸 生物素

生物素广泛存在于动植物的组织中,如动物肝脏、肾、蛋黄、酵母和奶,也存在于植物的种子、花粉、糖蜜、菌类、新鲜的蔬菜和水果中。人类缺乏生物素会引起皮炎、食欲减退、恶心、呕吐、褪色素、脱发、贫血、胆固醇升高、情绪抑郁、体重减轻等症状。

生物素是酶的辅酶,作用机制是通过其羧基与酶活性中心的赖氨酸残基的 ε- 氨基以共价键的方式结合成一种化合物 ε- 生物素赖氨酸,称为生物胞素。在羧化作用时,脲环上的 N^+ 可与羧酸根结合,参与体内固定 CO_2 的羧化反应,它对糖、脂肪、蛋白质和核酸等代谢具有重要意义。在脂肪酸合成过程中,生物素作为乙酰辅酶 A 羧基酶的组成成分发挥重要作用。在葡萄糖合成过程中,作为丙酮酸激酶的组成成分起作用。生物素还在氨甲酰酶转移、嘌呤合成、糖代谢、色氨酸分解过程中起作用,并与其他维生素相互配合,共同调节生命活动。

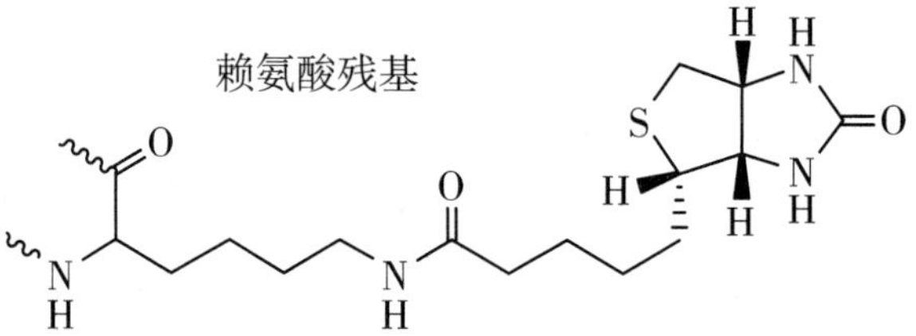

赖氨酸残基

生物素

（5）维生素 B_{12}（vitamin B_{12}）又称氰钴胺（cobalamin）,是由苯并咪唑核苷酸与考啉（corrin）环形成的钴内络盐。

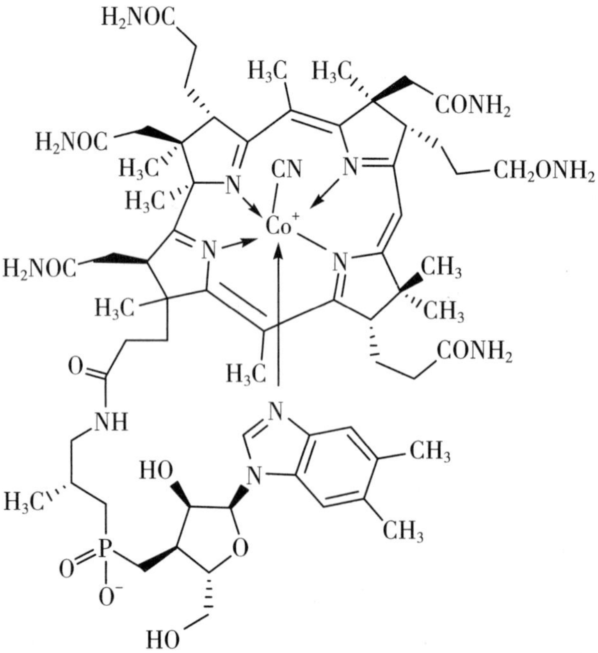

维生素 B_{12}（氰钴胺）

维生素 B_{12} 是体内多种代谢过程中所必需的辅酶,参与蛋白质、脂肪和糖代谢过程。在造血系统中,对红细胞的形态和代谢有重要作用;对中枢神经和外周神经功能的完整性,以及维持消化系统上皮细胞的功能完整性都有重要意义。缺乏维生素 B_{12} 可引起巨幼红细胞性贫血,血液和骨髓中的红细胞发生形态变化,导致畸形和功能异常;神经系统会发生神经炎、神经萎缩等症状。临床上维生素 B_{12} 用于治疗恶性贫血、巨幼红细胞贫血及坐骨神经痛等。

二、维生素 C

维生素 C(vitamins C)又名抗坏血酸(ascorbic acid),是一类含有六个碳原子的酸性多羟基化合物,包括 L-(+)- 抗坏血酸、D-(−)- 抗坏血酸、D-(−)- 异抗坏血酸、L-(+)- 异抗坏血酸,实际上它们都是由于同一分子结构中的两个手性碳原子而产生的 4 个光学异构体,这 4 个异构体的活性差别较大,以 L-(+)- 抗坏血酸的活性最高,D-(−)- 异抗坏血酸的活性仅为 L-(+)- 抗坏血酸活性的 5%,D-(−)- 抗坏血酸和 L-(+)- 异抗坏血酸几乎无效,因此,习惯上将 L-(+)- 抗坏血酸称为维生素 C。因维生素 C 的立体结构与 L 系的己糖相似,故又称为 L-抗坏血酸。

L-(+)-抗坏血酸　　L-(−)-抗坏血酸　　D-(+)-抗坏血酸　　D-(−)-抗坏血酸

维生素 C 广泛存在于新鲜水果及绿叶蔬菜中,尤以在番茄、橘子、鲜枣、山楂、刺梨以及辣椒等果蔬中含量较高。维生素 C 为合成胶原和细胞间质所必需的物质,若摄入不足可引发坏血病。维生素 C 在生物氧化和还原过程中也起着重要作用,参与氨基酸代谢,神经递质的合成、胶原蛋白以及组织细胞间质的合成。可降低毛细血管通透性,降低血脂,增加机体免疫力,并且有一定解毒和抗组胺作用。

维生素 C(vitamin C)

化学名为 L-(+)- 苏糖型 -2,3,4,5,6- 五羟基 -2- 己烯酸 -4- 内酯(L-(+)-threo-2,3,4,5,6-pentahydroxy-2-hexenoic acid-4-lactone),又称抗坏血酸(ascorbic acid)。

本品干燥固体较稳定,遇光照或潮湿空气,颜色逐渐变黄,应避光密封保存。本品在水溶液中可发生互变异构,主要以烯醇式存在,酮式很少。两种酮式异构体中,2- 氧代物较 3- 氧代物稳定,可分离出来,3- 氧代物极不稳定,易变成烯醇式结构。

2-氧代物   烯醇式   3-氧代物

本品分子中含有连二烯醇结构,显酸性。2- 位羟基与 1- 位羰基可形成分子内氢键,故酸性较 3- 位上的羟基弱,pK_{a1} 为 4.2,pK_{a2} 为 11.6。

3- 位羟基可与碳酸氢钠或稀氢氧化钠溶液反应,生成烯醇钠盐。

但在强碱条件下(如浓氢氧化钠溶液中),内酯环被水解,生成酮酸钠盐。

维生素 C 还具有很强的还原性,在水溶液中可被空气氧化,生成去氢抗坏血酸(dehydroascorbic acid),后者有生物学活性与维生素 C 相当,两者间可相互转化。但后者易被水解,生成无活性的开环产物。

维生素 C 可被硝酸银、三氯化铁、碱性酒石酸铜、碘和碘酸盐等氧化剂氧化成去氢抗坏血酸,金属离子可催化这一反应,催化作用顺序为 $Cu^{2+}>Cr^{3+}>Mn^{2+}>Zn^{2+}>Fe^{3+}$。去氢抗坏血酸在氢碘酸、硫化氢等还原剂的作用下,又可逆转为维生素 C。维生素 C 在酸性条件下可被碘氧化,故可用碘量法测含量。

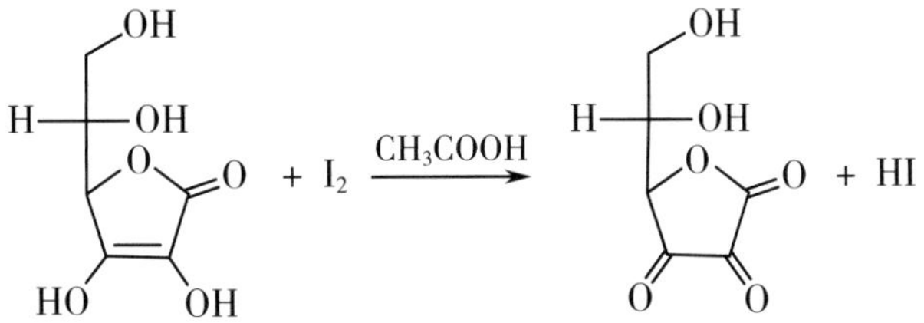

去氢抗坏血酸在无氧条件下会发生脱水和水解反应。进一步发生脱羧、脱水反应生成糠醛，糠醛会聚合而呈现黄色斑点，这是本品在生产贮存过程中变色的主要原因。空气、光线、受热和金属离子都可加速反应的进行。所以本品应密闭避光贮存，配制注射液时应使用 CO_2 饱和的注射用水，pH 范围控制在 5.0～6.0 之间，并加入乙二胺四乙酸等络合剂及焦亚硫酸钠或半胱氨酸等抗氧剂作为稳定剂。为了提高维生素 C 的稳定性，可制成磷酸酯更方便贮存和制剂。

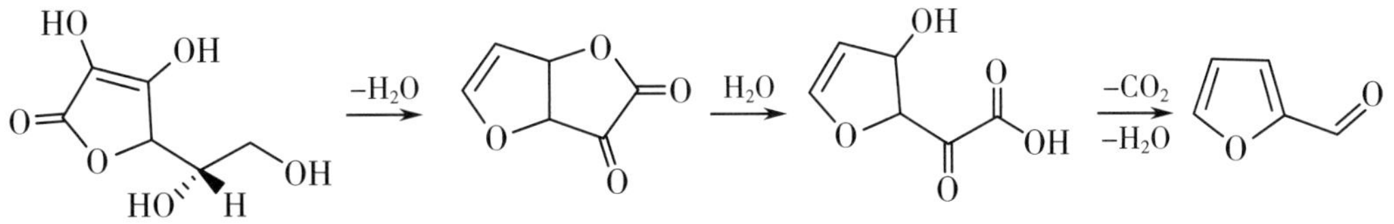

在体内，维生素 C 和去氢抗坏血酸形成可逆的氧化还原系统，维生素 C 失去两个电子被氧化为去氢抗坏血酸，后者可被谷胱甘肽（glutathione）还原为维生素 C（图 23-12）。此系统在生物氧化和还原以及细胞呼吸过程中起重要作用。临床上维生素 C 被用于坏血病、肝硬化、急性肝炎以及砷、铅中毒等慢性疾病的治疗。大剂量可用于克山病患者发生心源性休克的治疗。

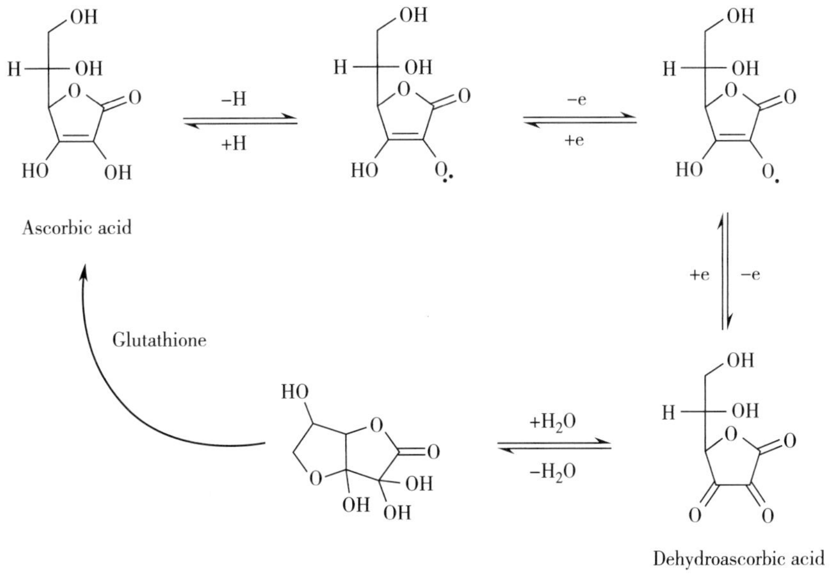

图 23-12　维生素 C 的抗氧化机制

药用维生素 C 主要用化学或生物合成方法进行制备，合成方法有"双酮法"和"两步发酵法"（又称双发酵法）。

1. 双酮法　D- 葡萄糖经催化氢化得 D- 山梨醇，再经生物氧化为 L- 山梨糖，用丙酮保护后，用次氯酸氧化未保护得伯醇生成双酮古龙酸，最后经盐酸水解除去保护基得 2- 酮 -L- 古龙酸，经内酯化和烯醇化得到维生素 C。

D-葡萄糖 → H₂, Ni → D-山梨醇 → [O] 黑醋酸菌 → ⇌ L-山梨糖

CO(CH₃)₂, H₂SO₄ → 2,3,4,6-双缩丙酮山梨糖 → NaOCl, NaOH → 双酮古龙酸

HCl → 2-酮-L-古龙酸 → 内酯化，烯醇化 → 维生素C

2. 两步发酵法 以 D- 山梨醇为原料，经醋酸霉菌生物氧化，得到山梨糖，再经假单胞菌生物氧化，得 2- 酮 -L- 古龙酸，再经过内酯化和烯醇化得到维生素 C。该方法的优点是省去了丙酮保护等反应步骤，缺点是两步生物氧化，反应体积较大。

[O] 黑醋酸菌 → [O] 假单胞菌 → 内酯化 烯醇化 → ⇌

维生素 C 含有特定杂质：杂质 B（D- 山梨糖酸）、杂质 C（D- 山梨糖酸甲酯）和杂质 D（草酸）；有可能检测到得杂质为：杂质 A（糠醛）、杂质 E（D-(－)- 异抗坏血酸）、杂质 F（(2R)-2-[(2R)-3,4- 二羟基 -5- 氧代 -2,5- 二氢呋喃 -2- 基]-2- 羟基乙酸）和杂质 G（(2R)-2-[(2R)-3,4- 二羟基 -5- 氧代 -2,5- 二氢呋喃 -2- 基]-2- 羟基甲酸甲酯）。

A   B   C   D

E   F   G

第二十三章　目标测试

（孟艳秋）